资治通鉴全本新注

（全十四册）

第六册

卷一〇五至卷一二二（晋纪二十七至宋纪四）

［宋］司马光　编著
张大可　注释

華中科技大學出版社
http://press.hust.edu.cn
中国·武汉

第六册目录

卷一〇五　晋纪二十七

晋孝武帝太元八年至九年（383—384 年）

【起昭阳协洽（癸未，383 年），尽阏逢涒滩（甲申，384 年），凡二年】

【大事提要】

本卷记事起于公元 383 年，到公元 384 年，凡二年，时当晋孝武帝（司马曜）太元八年至太元九年。本卷所载大事，主要有四个方面。其一，公元 383 年，前秦主苻坚大举南犯，兵败淝水，前秦灭亡，北方重又陷入混乱。其二，慕容垂自立为燕王。公元 383 年，前秦冠军将军慕容垂叛秦，至荥阳自称大将军、燕王，以慕容德为车骑大将军，翟斌为建义大将军，率众 20 多万，长驱向邺城。慕容垂至邺城外，其子慕容农也引兵来会。慕容垂立慕容宝为太子，改立燕国，史称后燕。其三，慕容泓建立西燕。公元 384 年，前秦北地长史慕容泓乘后燕主慕容垂攻邺之机逃往关东，收集鲜卑残部，击败前秦将军强永，自称都督陕西诸军事、大将军、济北王。刚被秦将窦冲击败的慕容冲也率兵来投奔慕容泓。慕容泓改元燕兴，建立燕国，史称西燕。其四，后秦姚苌建国。公元 384 年，慕容泓起兵反秦。前秦主苻坚派巨鹿公苻睿为统帅、龙骧将军姚苌为司马攻打慕容泓。前秦军战败，苻睿被斩首。苻坚大怒，杀掉姚苌部将。姚苌十分恐惧，逃到渭水北，自称大将军、大单于、万年秦王，建元白雀，史称后秦。

烈宗孝武皇帝上之下

太元八年（癸未，383 年）

春，正月，秦吕光发长安，以鄯善王休密驮、车师前部王弥窴为乡导[1]。

三月，丁巳[2]，大赦。

夏，五月，桓冲帅众十万伐秦，攻襄阳[3]；遣前将军刘波[4]等攻沔北[5]诸城；辅国将军杨亮攻蜀，拔五城[6]，进攻涪城[7]；鹰扬将军郭铨攻武当[8]。

六月，冲别将攻万岁、筑阳[9]，拔之。秦王坚遣征南将军巨鹿公睿[10]、冠军将军慕容垂等帅步骑五万救襄阳，兖州刺史张崇救武当，后将军张蚝、步兵校尉姚苌救涪城。睿军于新野[11]，垂军于邓城[12]，桓冲退屯沔南[13]。

秋，七月，郭铨及冠军将军桓石虔败张崇于武当，掠二千户以归。巨鹿公睿遣慕容垂为前锋，进临沔水。垂夜命军士人持十炬[14]，系于树枝，光照数十里。冲惧，退还上明[15]。张蚝出斜谷[16]，杨亮引兵还。冲表其兄子石民[17]领襄阳[18]太守，戍夏口[19]。冲自求领江州刺史，诏许之。

秦王坚下诏大举入寇，民每十丁遣一兵，其良家子[20]年二十已下，有材勇[21]者，皆拜羽林郎，又曰："其以司马昌明[22]为尚书左仆射，谢安为吏部尚书，桓冲为侍中，势还不远[23]，可先为起第[24]。"良家子至者三万余骑，拜秦州主簿赵盛之为少年都统[25]。

是时，朝臣皆不欲坚行，独慕容垂、姚苌及良家子劝之。阳平公融言于坚曰："鲜卑、羌虏[26]，我之仇雠[27]，常思风尘之变以逞[28]其志，所陈策画[29]，何可从也！良家少年皆富饶子弟，不闲[30]军旅，苟为谄谀之言以会陛下之意。今陛下信而用之，轻举[31]大事，臣恐功既不成，仍有后患[32]，悔无及也！"坚不听。

八月，戊午[33]，坚遣阳平公融督张蚝、慕容垂等步骑二十五万为前锋；以兖州刺史姚苌为龙骧将军，督益、梁州诸军事。坚谓苌曰："昔朕以龙骧建业，未尝轻以授人，卿其勉之！"左将军窦冲[34]曰："王者无戏言，此不祥之征[35]也！"坚默然。

慕容楷、慕容绍言于慕容垂曰："主上骄矜[36]已甚，叔父建中兴之业[37]，在此行也！"垂曰："然。非汝，谁与成之[38]！"

甲子[39]，坚发长安，戎卒六十余万，骑二十七万，旗鼓相望，前后千里。

九月，坚至项城[40]，凉州之兵始达咸阳，蜀、汉之兵方顺流而下，幽、冀之兵至于彭城[41]，东西万里，水陆齐进，运漕[42]万艘。阳平公融等兵三十万，先至颍口[43]。

诏以尚书仆射谢石为征虏将军、征讨大都督，以徐、兖二州刺史谢玄为前锋都督，与辅国将军谢琰[44]、西中郎将桓伊[45]等众共八万拒之，使龙骧将军胡彬[46]以水军五千援寿阳[47]。琰，安之子也。

是时，秦兵既盛，都下震恐。谢玄入，问计于谢安，安夷然[48]，答曰："已别有旨[49]。"既而寂然[50]。玄不敢复言，乃令张玄重请[51]。安遂命驾出游山墅[52]，亲朋毕集[53]，与玄围棋赌墅[54]。安棋常劣于玄[55]，是日，玄惧，便为敌手而又不胜[56]。安遂游陟至夜[57]，乃还。桓冲深以根本[58]为忧，遣精锐三千入卫京师，谢安固却之[59]，曰："朝廷处分已定[60]，兵甲无阙[61]，西藩[62]宜留以为防。"冲对佐吏[63]叹曰："谢安石有庙堂之量[64]，不闲将略[65]。今大敌垂至，方游谈不暇[66]，遣诸不经事少年[67]拒之，众又寡弱，天下事[68]已可知，吾其左衽[69]矣！"

以琅邪王道子录尚书六条事[70]。

（以上为第一段，写前秦主苻坚一意孤行，拒绝接受任何人意见，倾巢出动，发动了八十七万大军进攻东晋；东晋朝野震恐，唯有谢安沉着应战，一副胸有成竹的样子。）

【注释】

[1]乡导：即向导。乡，同"向"。[2]丁巳：三月二十八日。[3]襄阳：城名，在今湖北襄阳市襄城区。[4]刘波：字道则，彭城（今江苏徐州市）人，东晋襄阳太守，后为淮南内史。前秦围襄阳，刘波奉命率军八千前来援救，畏敌不进。后桓冲攻打前秦，刘波与诸将攻打沔北。后去世。[5]沔（miǎn）北：汉水以北。沔，沔水，水名，汉水的上游，在陕西，古代也指整个汉水。[6]五城：县名，县治在今四川中江县。[7]涪（fú）城：县名，在今四川绵阳市东北侧。[8]武当：县名，在今湖北十堰市东北。[9]万岁：城名，在今湖北谷城县。筑阳：县名，县治在今湖北谷城县东。[10]巨鹿公睿：即苻睿，苻坚之子。封巨鹿公，任雍州刺史。参加淝水之战，后出任卫大将军、都督中外诸军事、录尚书事，带领左将军窦冲、龙骧将军姚苌，共同讨伐西燕国主慕容泓，兵败被杀。[11]新野：县名，县治在今河南新野县。[12]邓城：县名，县治在今湖北襄阳市西北。[13]沔南：汉水之南。[14]人持十炬：每个人拿着十个火把。持，拿。[15]上明：军事据点名，在今湖北江陵县长江南岸。[16]出斜谷：即自陕西经由斜谷进入四川。斜谷，山路名，是由今陕西眉县翻越秦岭进入汉中地区，再进入四川的一条

山路。［17］石民：即桓石民，征西大将军桓豁之子，冠军将军桓石虔之弟，东晋重要将领。曾为谢安参军，都督荆州、江州、豫州三州共十郡的军事，为振武将军，领襄城太守。多次指挥部属击败敌国的入侵，升左将军。传见《晋书》卷七十四。［18］领：兼任。襄阳：原作“襄城”，据张敦仁《资治通鉴刊本识误》。［19］夏口：汉水入长江之口，在今湖北武汉市。［20］良家子：清白人家的子弟，主要指从事农业的人家。古代除医、巫、商贾、百工、囚徒，均属良家。当时多用奴隶或犯罪的人当兵，故士兵的身份很低；如有清白人家的子弟自愿从军入伍，则在军中的身份较高，故史家特别标出。［21］材勇：有才力而又勇武。［22］司马昌明：即司马曜，东晋的皇帝，字昌明。［23］势还不远：从形势看，灭晋还师的日期不会很远。［24］可先为起第：指预先为安置司马曜、谢安、桓冲等东晋三位君臣修好府第，等着他们投降。其时苻坚至为猖狂。［25］赵盛之：金城人，前秦秦州主簿、建威将军、少年都统。都统：意同都督，军队的统领，前秦始置。［26］鲜卑：指慕容垂等鲜卑人。羌虏：指姚苌等羌族人。［27］我之仇雠（chóu）：慕容垂原为前燕国人，姚苌的父兄原曾占据关中，上述地区后来都被苻坚所占，皆有灭国夺地之仇。［28］常思风尘之变：总是盼着局势动荡和战乱。风尘，以喻战乱。逞：意愿实现。［29］策画：策略，谋划。［30］不闲：不熟悉，不习惯。闲，通“娴”，娴熟，熟悉。［31］轻举：轻率地举行。［32］仍有后患：反而会有后患。仍，乃，反而。［33］戊午：八月二日。［34］窦冲：前秦名将。初任左将军、长史。平定苻洛、苻重叛乱，多次率军攻打后秦、西燕，拜大司马、雍州牧，领左丞相。传见《晋书》卷一百十五。［35］此不祥之征：这是不吉祥的征兆，意思是姚苌亦将以“龙骧将军”称帝。［36］骄矜（jīn）：骄傲，自负。［37］叔父：以称慕容垂。慕容楷、慕容绍皆慕容恪之子，慕容垂之侄，故称慕容垂为叔叔。中兴之业：指重建自己的国家。前燕的亡国之君是慕容暐，其父是慕容儁。慕容儁是慕容垂胞兄。故称再建前燕国之业曰“中兴”。［38］非汝，谁与成之：除了你们，还有谁能帮着我干成这件大事呢？谁与，与谁一道，这里是客气的说法。胡三省曰：“至此，垂知坚必败，方与兄子明言之。”太元二年（377）慕容垂之子慕容农对慕容垂说“自王猛之死，秦王法制，日以颓靡，今又重之以奢侈，殃将至矣，图谶之言，行当有验。大王宜结纳英杰以承天意，时不可失”时，慕容垂还在装傻地说：“天下事非尔所及！”现在则不再装了。［39］甲子：八月八日。［40］项城：项县县城，在今河南沈丘县。［41］彭城：彭城郡治所，在今江苏徐州市。［42］运漕：水路运送粮食的船只。［43］颍口：颍水入淮河之口，在今安徽颍上县东南。［44］谢琰（yǎn）：字瑗度，太保谢安次子、车骑将军谢玄从弟，东晋重要将领。为散骑常侍、侍中，拜辅国将军，参加淝水之战，击溃前秦军队，封望蔡县公。传见《晋书》卷七十九。［45］桓伊：字叔夏，小字子野，丹阳尹桓景之子，东晋将领。曾为桓温参军，出任淮南、历阳太守，迁西中郎将、豫州刺史，封永修县侯，加号右军将军。传见《晋书》卷八十一。［46］胡彬：东晋将领，为龙骧将军。［47］寿阳：县名，县治在今安徽寿县，当时称作寿春。［48］夷然：态度安静坦然的样子。［49］已别有旨：皇上已经有别的安排，意思是你不用担心。［50］寂然：不再说别的话，肃静的样子。［51］张玄：一作张玄之，晋司空顾和外孙，少以学显，历吏部尚书，出为冠军将军，任吴郡太守、会稽内史等，名望亚于谢玄，时亦称南北二玄，列江左十贤。重请：再次向谢安询问破敌方略，因为谢安是当朝宰相。［52］命驾：命令下人安排车马。出游山墅：到山中的别墅游玩。［53］毕集：全都来了。毕，尽。［54］围棋赌墅：与谢玄下围棋，以山间的别墅赌输赢。此处的文意，应是谢安向谢玄挑战，说你要是赢了我，我就把这套别墅给你。［55］劣于玄：比谢玄的水平差一些。［56］为敌手而又不胜：是说谢玄平日常胜谢安，这天因心情惊慌，不能发挥正常水平，只能下成平手，而又不能取胜。而谢安心里平和，水平得到超常发挥。敌手，对手，指双方棋艺相当。［57］游陟（zhì）至夜：登山临水一直玩到半夜。这里是说谢安在出征的人士与在朝的人士面前充分地表现出他的胸有成竹，临事不慌。与《资治通鉴》卷一百四所说的“谢安为宰相，秦人屡入寇，边兵失利，众心危惧，安每镇之以和静”意思相同。陟，登。［58］根本：指京城的安危。［59］固却之：坚决地退回不要。［60］处分已定：朝廷已把各方面的事情都安排好了。处分，处理，安排。［61］兵甲无阙：兵器铠甲都不缺少。阙，同“缺”。［62］西藩：西部的国防前线。时桓冲为荆、江二州刺史，在京都建康以西，故称西藩。［63］佐吏：手下的僚属。［64］谢安石：即谢安，字安石。有庙堂之量：有朝廷大臣的气度。庙堂，宗庙与朝堂，这里代指朝廷。量，气度，胸襟。［65］不闲将略：不懂用兵作战的谋略。不闲，不熟悉，不懂得。闲，通“娴”。［66］方游谈不暇（xiá）：还在迷恋于游览与清谈。方，尚，还在。［67］不经事少年：没有经过大事的年轻人，指谢玄、谢琰等。［68］天下事：指东晋王朝的前途、命运。［69］吾其左衽（rèn）：意即我们将国破家亡，沦于异族的统治之下，接受异族的风俗习惯。左衽，我国古代少数民族服装前襟向左，是为左衽，不同于华夏民族的右衽。［70］录尚书六条事：位在“录尚书事”之下，参录、分录尚书事之意。

冬，十月，秦阳平公融等攻寿阳，癸酉[1]，克之，执平虏将军徐元喜等。融以其参军河南郭褒为淮南[2]太守。慕容垂拔郧城[3]。胡彬闻寿阳陷，退保硖石[4]，融进攻之。秦卫将军梁成等帅众五万屯于洛涧[5]，栅淮以遏东兵[6]。谢石、谢玄等去洛涧二十五里而军，惮成，不敢进。胡彬粮尽，潜遣使告石等曰：“今贼盛粮尽，恐不复见大军！”秦人获之，送于阳平公融。融驰使白秦王坚曰：“贼少易擒，但恐逃去，宜速赴之。”坚乃留大军于项城[7]，引轻骑八千，兼道[8]就融于寿阳。遣尚书朱序来说谢石等，以为：“强弱异势[9]，不如速降。”序私谓石等曰：“若秦百万之众尽至，诚难与为敌。今乘诸军未集，宜速击之；若败其前锋，则彼已夺气[10]，可遂破也。”

石闻坚在寿阳，甚惧，欲不战以老秦师[11]。谢琰劝石从序言。十一月，谢玄遣广陵相刘牢之帅精兵五千趣[12]洛涧，未至十里，梁成阻涧为陈[13]以待之，牢之直前渡水，击成，大破之，斩成及弋阳太守王咏[14]；又分兵断其归津[15]，秦步骑崩溃，争赴淮水[16]，士卒死者万五千人，执秦扬州刺史王显[17]等，尽收其器械军实[18]。于是，谢石等诸军，水陆继进。秦王坚与阳平公融登寿阳城望之，见晋兵部阵严整[19]，又望八公山[20]上草木皆以为晋兵，顾谓融曰："此亦勍敌[21]，何谓弱也！"怃然[22]始有惧色。

秦兵逼肥水而陈[23]，晋兵不得渡。谢玄遣使谓阳平公融曰："君悬军深入[24]，而置陈逼水[25]，此乃持久之计，非欲速战者也。若移陈少却[26]，使晋兵得渡，以决胜负，不亦善乎！"秦诸将皆曰："我众彼寡，不如遏之，使不得上[27]，可以万全。"坚曰："但引兵少却，使之半渡，我以铁骑蹙而杀之[28]，蔑[29]不胜矣！"融亦以为然，遂麾兵[30]使却。秦兵遂退，不可复止[31]。

谢玄、谢琰、桓伊等引兵渡水击之。融驰骑略陈[32]，欲以帅退者[33]，马倒，为晋兵所杀，秦兵遂溃。玄等乘胜追击，至于青冈[34]，秦兵大败，自相蹈藉[35]而死者，蔽野塞川[36]。其走者闻风声鹤唳[37]，皆以为晋兵且至，昼夜不敢息，草行露宿[38]，重以饥冻[39]，死者什七、八[40]。

初，秦兵少却，朱序在陈后呼曰："秦兵败矣！"众遂大奔。序因与张天锡[41]、徐元喜皆来奔。获秦王坚所乘云母车[42]及仪服、器械、军资、珍宝、畜产，不可胜计[43]。复取寿阳，执其淮南太守郭褒。

坚中流矢[44]，单骑走至淮北，饥甚，民有进壶飧、豚髀[45]者，坚食之，赐帛十匹，绵十斤。辞曰："陛下厌苦安乐[46]，自取危困。臣为陛下子，陛下为臣父，安有子饲[47]其父而求报乎！"弗顾而去。坚谓张夫人曰："吾今复何面目治天下乎！"潸然流涕[48]。

是时，诸军皆溃，惟慕容垂所将三万人独全，坚以千余骑赴之。世子宝[49]言于垂曰："家国倾覆[50]，天命人心皆归至尊[51]，但时运未至，故晦迹[52]自藏耳。今秦主兵败，委身[53]于我，是天借之便以复燕祚[54]，此时不可失也，愿不以意气微恩忘社稷之重[55]！"垂曰："汝言是也。然彼以赤心投命于我[56]，若之何害之[57]，天苟弃之[58]，不患不亡。不若保护其危[59]以报德，徐俟其衅[60]而图之，既不负宿心[61]，且可以义取天下[62]。”

奋威将军慕容德[63]曰：“秦强而并燕，秦弱而图之，此为报仇雪耻，非负宿心也，兄奈何得而不取，释数万之众以授人[64]乎？”垂曰：“吾昔为太傅所不容[65]，置身无所，逃死于秦，秦主以国士遇我[66]，恩礼备至。后复为王猛所卖[67]，无以自明，秦主独能明之，此恩何可忘也！若氐运必穷[68]，吾当怀集关东[69]，以复先业耳，关西会非吾有[70]也。”

冠军行参军赵秋[71]曰：“明公当绍复燕祚[72]，著于图谶[73]，今天时已至，尚复何待！若杀秦主，据邺都鼓行而西[74]，三秦[75]亦非苻氏之有也！”垂亲党多劝垂杀坚，垂皆不从，悉以兵授坚。平南将军慕容暐[76]屯郧城，闻坚败，弃其众遁去，至荥阳[77]，慕容德复说暐起兵以复燕祚，暐不从。

谢安得驿书[78]，知秦兵已败，时方与客围棋，摄书置床上[79]，了无喜色[80]，围棋如故。客问之，徐答曰：“小儿辈遂已破贼。”既罢，还内[81]，过户限[82]，不觉屐齿之折[83]。

丁亥[84]，谢石等归建康，得秦乐工，能习旧声[85]，于是宗庙始备金石之乐[86]。乙未[87]，以张天锡为散骑常侍，朱序为琅邪内史[88]。

（以上为第二段，写东晋在淝水之战中以少胜多，打败前秦军队；前秦主苻坚逃到慕容垂营地，众人劝慕容垂杀掉苻坚，举兵起义，慕容垂念其旧恩，没有听从。）

【注释】

[1]癸酉：十月十八日。 [2]郭褒：前秦官员，为参军、淮南太守。淮南：郡名，郡治寿春，在今安徽寿县。 [3]郧（yún）城：郧县县城，在今湖北安陆市。 [4]硖（xiá）石：山名，在今安徽寿县西北的淮河两岸。六朝时两岸山上各筑有城，为淮南屏障。 [5]洛涧（jiàn）：又名洛水、清洛河，源出于今安徽定远县东南，西北流至淮南市东注入淮河。因下游流势不畅，中游壅为高塘湖、窑湖。其入淮口称洛口。 [6]栅淮：立木栅阻断淮河，以防晋兵乘船来攻。遏（è）：阻止，禁止。东兵：指由东方前来的谢石、谢玄的救胡彬之兵。 [7]项城：县名，县治在今河南项城市。 [8]兼道：兼程，加倍赶路。 [9]强弱异势：双方的强弱之差不成比例，即悬殊太大。[10]夺气：丧气，失去信心、斗志。 [11]以老秦师：通过持久消耗，使敌方变得疲惫懒散。老，

衰老，引申为疲惫、丧失战斗力。［12］刘牢之：字道坚，徐州彭城人，雁门太守刘羲之孙，征虏将军刘建之子，东晋名将。传见《晋书》卷八十四。趣：同“趋”，奔赴。［13］阻涧（jiàn）为陈：以洛水为屏障摆开阵势。阻，凭借，依托。涧，山间流水的沟。陈，同“阵”，战阵。［14］弋阳：郡名，郡治弋阳，在今河南潢川县西。王咏：前秦弋阳太守，在淝水之战中被杀。［15］归津：回逃的渡口。［16］争赴淮水：争先恐后地往淮河里跳。［17］王显：前秦强弩将军、扬州刺史，在淝水之战中被俘。［18］军实：指军队中的粮食。［19］部阵：行列阵势。严整：严明整齐。［20］八公山：山名，在今安徽寿县城北的淝水之北，以汉代淮南王刘安在此养士而得名。［21］勍（qíng）敌：强大的敌人。勍，强。［22］怃（wǔ）然：怅然失意的样子。［23］逼肥水而陈：紧靠肥水列开阵势。肥水，即淝水，指今东肥河，源出今安徽肥西县西北，北流经寿县城东，又西北经八公山南入淮。后下游壅为瓦埠湖。逼，逼近，靠近。［24］悬军深入：远离根据地，深入到敌方区域。［25］置陈逼水：把阵势列在肥水边上。置阵，布阵。［26］移陈少却：把你们的军阵稍微后退一点。少，同“稍”，稍微，略微。［27］不得上：不能上岸。［28］铁骑：士兵与战马均披戴铁甲的骑兵。蹙（cù）而杀之：围困、挤压，继而消灭他们。蹙，围逼，收缩。［29］蔑：无，没有。［30］麾兵：指挥士兵。麾，同“挥”。［31］不可复止：再也刹不住脚了，控制不住了。［32］驰骑略陈：乘马疾奔，巡视军阵。略，巡视，整顿。［33］以帅退者：以组织军队有秩序地稍向后移。帅，同“率”，组织，引导。［34］青冈：古地名，在今安徽凤台县西北。［35］自相：自己人相互之间。蹈藉（jí）：践踏，蹂躏。［36］蔽野塞川：遮蔽旷野，堵塞河流，极言死者之多。［37］风声鹤唳（lì）：风吹声与鹤鸣声。唳，鸟叫，鸣叫。［38］草行露宿：涉草而行，不敢走大路；露天而宿，不敢进人家。极言其惧怕追兵。［39］重以饥冻：再加上挨饿受冻。重，又，再加。［40］什七、八：十分之七八。［41］张天锡：投降前秦的前凉末代国主。［42］云母车：以云母为饰的车，帝王与王公所乘。赵彦绘《续古今注》有所谓“石虎皇后乘辇，以纯云母代纱，四望皆通彻”。［43］及仪服、器械、军资、珍宝、畜产，不可胜计：十五字原无，据章校补。［44］流矢：交战中飞来的乱箭。［45］壶飧（sūn）：用壶盛的水泡饭。飧，熟食，晚饭。豚髀（bì）：小猪的大腿。髀，大腿，大腿骨。［46］厌苦安乐：不愿过安乐的生活。厌苦，厌恶，厌烦以为苦事。［47］饲：同“侍”，侍奉。［48］潸（shān）然：流泪的样子。流涕：流泪。［49］世子宝：即慕容宝，字道佑，小字库勾，慕容垂第四子，慕容垂建立后燕，立为太子。后即位帝，为后燕第二位国主。传见《晋书》卷一百二十四。［50］倾覆：颠覆，灭亡。［51］皆归至尊：都归心于陛下您。至尊，至高无上的皇帝，这里指慕容垂。［52］晦迹：隐蔽形迹，不露声色。［53］委身：置身，寄身。［54］天借之便以复燕祚（zuò）：老天爷为我们提供方便，让我们重建燕国政权。复，恢复，重建。燕祚，燕国的宗庙社稷，亦即燕国政权。祚，福。［55］“愿不以”句：希望您不要因为受到过恩义的小惠而忘了复国的重任。意气微恩：指对苻坚应讲的义气与应报的恩情。苻坚对慕容垂父子的恩情应该说是太大了，让慕容垂非常感念。社稷：土神和谷神，代指国家。［56］赤心：真诚之心。投命于我：在走投无路的时刻，投我以求活。投命，托命。［57］若之何害之：怎么能杀害他呢？［58］天苟弃之：如果老天爷真的是不再关照他了。苟，假如。［59］保护其危：在他危难的时刻给予保护。［60］徐俟（sì）其衅（xìn）：慢慢地等待机会。俟，等候，等待。衅，间隙，机会。［61］不负宿心：不辜负他平素对待我们的一片好心。宿，平素，一贯。［62］且可以义取天下：胡三省曰："慕容垂此言，犹有君人之度。"义，道义，德义。［63］慕容德：字玄明，慕容垂之弟，后为南燕开国国主。传见《晋书》卷一百二十七。［64］释数万之众以授人：指慕容垂想把他手下的三万人送给前秦主苻坚。［65］太傅：指前燕太傅慕容评。所不容：指慕容垂率军大败桓温后，威名大振，慕容评对他又忌又恨。太后可足浑氏素恨慕容垂，遂与慕容评相谋，欲杀慕容垂。慕容垂逃奔前秦。事见《资治通鉴》卷一百二晋废帝太和四年（369）。［66］以国士遇我：像接待一国所少有的杰出之士那样接待我。遇，对待，接待。［67］为王猛所卖：被王猛欺骗、陷害，王猛用"金刀计"陷害慕容垂父子，事见《资治通鉴》卷一百二晋废帝太和五年（370）。［68］氐运必穷：如果苻坚政权的命运的确是完了。氐运，苻坚的命运，苻坚是氐族人。［69］怀集关东：意即收复关东。怀集，招集，团聚。关东，函谷关以东，指前燕慕容氏政权的故地。［70］会非吾有：绝对不应该是属于我。会非，当非，应不是。会，绝对，一定。［71］冠军行参军：冠军将军慕容垂的僚属。时慕容垂被前秦主苻坚封为冠军将军。行参军，古官名。晋初制度，中央任命者为参军，诸府自辟者为行参军，相当于代理参军，品阶低于参军。行，代理。赵秋：汲郡人，冠军将军慕容垂的行参军。［72］绍复燕祚（zuò）：重建燕国政权。绍复，继承，恢复。祚，福，此指帝位。［73］图谶（chèn）：图箓与谶语，秦汉间巫师、方士编造的预示吉凶以蛊惑人心的隐语，当时有谶语说："今彗星起尾、箕而扫东井，十年之后，燕当灭秦；二十年之后，代当灭燕"，等等，其实是起事者利用古人的迷信制作的宣传。［74］邺都：三国时曹操、后赵石虎、前燕慕容氏的都城。鼓行而西：意即统率大军，公然西上。鼓行，古人行军，击鼓则进，鸣金则止，故称进军为鼓行。［75］三秦：指关中地区。［76］慕容暐（wěi）：字景茂，前燕末代国主，国灭降前秦，任尚书，为平南将军，封新兴侯，后欲诱杀苻坚，阴谋败露，被反杀。传见《晋书》卷一百十一。［77］荥（xíng）阳：军镇名，在今河南荥阳市东北的古荥镇，自古以来的军事重地。［78］驿书：通过驿站送来的文书，即谢玄等攻破前秦的捷报。［79］摄书：把书信又装回信封。摄，收起。置床上：放在身边的凳子上。［80］了无喜色：一点高兴的样子都没有。了无，丝毫没有。［81］还内：回到里屋。［82］过户限：迈过门槛的时候。［83］不觉屐（jī）齿之折：没有发觉他脚下木屐的齿已被门槛碰断了。以上是写谢安当着客人的面看了捷报，故意装得平静如常；等到客人一走，回身进入内屋的时候，这才迸发出喜悦之情，以至于连过门槛时屐齿被碰掉了都没有发觉。［84］丁亥：十一月二日。［85］旧声：指当年西晋朝廷演奏的雅声、雅乐。［86］宗庙：供奉历朝历代国王牌位、举行祭祀的地方。始备金石之乐：永嘉乱后，西晋宫廷乐工、乐器散亡，东晋初只好将太乐署并入鼓吹署，此后则金石乐始齐备。金石之乐，用钟、磬等乐器演奏的雅乐。［87］乙未：十一月十日。［88］琅邪：诸侯国名，都城原在今山东临沂市北。此处朱序所任之琅邪乃指侨郡，在今江苏扬州市内。内史：诸侯国的军事行政主管官员。

秦王坚收集离散，比至[1]洛阳，众十余万，百官、仪物、军容粗备[2]。

慕容农[3]谓慕容垂曰："尊不迫人于险[4]，其义声足以感动天地。农闻秘记[5]曰：'燕复兴，当在河阳[6]。'夫取果于未熟与自落[7]，不过晚旬日之间[8]。然其难易美恶，相去[9]远矣！"垂心善其言，行至渑池[10]，言于坚曰："北鄙[11]之民，闻王师[12]不利，轻相扇动[13]，臣请奉诏书以镇慰安集[14]之，因过谒陵庙[15]。"坚许之。

权翼[16]谏曰："国兵新破，四方皆有离心，宜征集名将，置之京师，以固根本，镇枝叶。垂勇略过人，世豪东夏[17]，顷[18]以避祸而来，其心岂止欲作冠军[19]而已哉！譬如养鹰，饥则附人[20]，每闻风飙[21]之起，常有陵霄[22]之志，正宜谨其绦笼[23]，岂可解纵[24]，任其所欲哉！"坚曰："卿言是也。然朕已许之，匹夫犹不食言[25]，况万乘[26]乎！若天命有废兴[27]，固非智力所能移[28]也。"翼曰："陛下重小信而轻社稷，臣见其往而不返，关东之乱，自此始矣。"坚不听，遣将军李蛮、闵亮、尹固[29]帅众三千送垂，又遣骁骑将军石越帅精卒三千戍邺[30]，骠骑将军张蚝帅羽林五千戍并州[31]，镇军将军毛当[32]帅众四千戍洛阳。权翼密遣壮士邀垂于河桥[33]南空仓中，垂疑之，自凉马台[34]结草筏以渡，使典军程同[35]衣己衣，乘己马，与僮仆趣河桥[36]。伏兵发[37]，同驰马[38]获免。

十二月，秦王坚至长安，哭阳平公[39]而后入，谥曰"哀公"。大赦，复死事者家[40]。

庚午[41]，大赦。以谢石为尚书令；进谢玄号前将军，固让不受。

谢安婿王国宝[42]，坦之之子也，安恶[43]其为人，每抑而不用[44]，以为尚书郎。国宝自以望族，故事唯作吏部[45]，不为余曹[46]，固辞不拜，由是怨安。国宝从妹为会稽王道子妃，帝与道子皆嗜酒，狎昵邪谄[47]，国宝乃谮安于道子，使离间之于帝，安功名既盛，而险诐求进[48]之徒，多毁短安[49]，帝由是稍疏忌之[50]。

初开酒禁[51]，增民税米[52]，口五石[53]。

（以上为第三段，写慕容垂虽然不杀苻坚，却在内心盘算反秦复国之事，借言镇抚招纳北方民众，脱离前秦，苻坚允诺，而权翼劝说苻坚留住慕容垂，趁机清除，慕容垂用计成功逃脱。）

【注释】

[1]比至：及至，到。[2]仪物：用于礼仪的器物。军容：军队的武器、装备。粗备：大体具备。[3]慕容农：字道厚，小字恶奴，慕容垂第三子，十六国时后燕名将。[4]尊：犹今所谓“父亲大人”，对其父慕容垂的敬称。不迫人于险：不在人家危险的时候加害于人。[5]秘记：指图谶一类的书籍。[6]河阳：黄河以北。[7]取果于未熟与自落：以比喻用武力灭掉前秦国，与等候前秦国自己灭亡。[8]晚旬日之间：推迟个十天八天。旬，十天。[9]相去：相距，相差。[10]渑（miǎn）池：县名，县治在今河南洛宁县西。[11]北鄙：北部边境，北部地区。[12]王师：敬称苻坚的军队。[13]轻相扇动：会很容易地彼此煽动造反。扇动，同“煽动”，煽动，鼓动。扇，同“煽”。[14]镇慰：安抚，慰问。安集：安定，和睦。[15]因过谒（yè）陵庙：顺路去祭扫一下我家的陵墓与宗庙。过谒，行经其地而顺路省谒。陵庙，指慕容氏家族在邺城的陵墓与宗庙。邺城是前燕都城，在今河北临漳县西南。[16]权翼：字子良，前秦名臣，苻坚亲信。[17]世豪东夏：世世代代在中国东部称霸一方。豪，用如动词，称豪，称霸。东夏，即中国东部。[18]顷：前者，近些年。[19]冠军：指慕容垂所任的冠军将军。[20]饥则附人：饿了就来依附猎人，以求供养。俗语有所谓“饥附饱扬”，就是指此而言。[21]风飙（biāo）：泛指大风。飙，暴风。[22]陵霄：也作“凌霄”，冲上云霄，比喻气势才干不凡，志气高远。陵，同“凌”。[23]谨其绦（tāo）笼：意即加紧看管，严防逃走。绦，拴住鹰腿的绳子。笼，养鸟的笼子。[24]解纵：释放，解开绳子，打开笼子，让雄鹰纵飞而去。[25]匹夫：平民，百姓。食言：说话不算数，不守信用。[26]万乘：万乘之君，代指皇帝。[27]天命有废兴：意即命运该当苻氏废灭，慕容氏兴起。[28]固非智力所能移：那就绝不是个人的智慧力量所能改变的。[29]李蛮、闵亮、尹固：前秦将领，为将军。尹固，一作“尹国”。[30]石越：始平郡（今陕西兴平市）人，前秦名将，有智勇之名，与毛当齐名。戍邺（yè）：镇守邺城。[31]羽林：意为国羽翼，如林之盛，即禁卫军，为皇帝护卫。并州：州治晋阳，在今山西太原市西南。[32]毛当：武都（今甘肃陇南市）人，前秦名将，与石越齐名。传见《晋书》卷一百十三。[33]邀垂：半路袭击慕容垂。河桥：黄河上的渡口名，西晋泰始十年，杜预造河桥于富平津，在今河南孟州市西南的黄河上。[34]凉马台：在河南富平津黄河南岸的桥西。[35]典军：官名，掌管近卫禁军。程同：慕容垂僚属，为典军。[36]趣河桥：朝着河桥的方向走。趣，向。[37]发：发起攻击。[38]驰马：驱马飞跑。[39]阳平公：即苻融，封阳平公。[40]复死事者家：免除所有在淝水之战中牺牲者家属的赋税与徭役。复，免除赋役。[41]庚午：十二月十五日。[42]王

国宝：中书令王坦之第三子，太保谢安的女婿，东晋宰相。品行不端，不受岳父谢安重用，凭姻亲关系，投靠琅邪王司马道子门下。拜中书令、中领军，任左仆射、丹阳尹，后坐罪逮捕赐死，又追复原官。［43］恶（wù）：厌恶，讨厌。［44］抑而不用：该提升而不提升。抑，压制，裁抑。［45］故事：按历来的规矩。唯作吏部：只作吏部郎。西晋尚书台设三十五曹，置尚书郎二十三人。东晋康帝、穆帝时仅有十八曹。其中吏部曹最重要，因而担任吏部郎的人，都是经过精心慎重挑选的，多是名门望族子弟。［46］余曹：其他官署。曹，古代分科办事的官署。［47］狎（xiá）昵（nì）邪谄：王国宝与司马道子关系亲昵，行为不正，王国宝常用一些花言巧语向司马道子买好。狎昵，过于亲近而态度不庄重。邪谄，邪恶而谄谀。［48］险诐（bì）求进：为人邪僻不正，又想升官进爵。［49］毁短安：说谢安的坏话，揭谢安的短处。［50］稍疏忌之：渐渐地疏远猜忌谢安。［51］初开酒禁：解除有关酿酒、饮酒的禁令。东汉末建安年间，曹操曾制定严厉的禁酒令。［52］增民税米：东晋成帝咸和五年（330），成帝始度量百姓耕地，每亩收税米三升。哀帝减田租，每亩收二升。太元二年（377），孝武帝废除度田收租制，改用口税制，公、王以下，每口交税三斛，至此年又增税米，每口五石。［53］石（dàn）：重量单位，一百二十斤为一石。

秦吕光行越流沙[1]三百余里，焉耆[2]等诸国皆降。惟龟兹[3]王帛纯[4]拒之，婴城[5]固守，光进军攻之。

秦王坚之入寇也，以乞伏国仁[6]为前将军，领先锋骑，会国仁叔父步颓反于陇西[7]，坚遣国仁还讨之。步颓闻之，大喜，迎国仁于路。国仁置酒，大言[8]曰："苻氏疲民逞兵[9]，殆[10]将亡矣，吾当与诸君共建一方之业[11]。"及坚败，国仁遂迫胁诸部，有不从者，击而并之，众至十余万。

慕容垂至安阳[12]，遣参军田山修笺[13]于长乐公丕[14]。丕闻垂北来，疑其欲为乱，然犹身自迎之。赵秋劝垂于座取丕[15]，因据邺起兵，垂不从。丕谋袭击垂，侍郎天水姜让[16]谏曰："垂反形未著，而明公擅杀之[17]，非臣子之义，不如待以上宾之礼，严兵卫之[18]，密表情状[19]，听敕[20]而后图之。"丕从之，馆垂于邺西[21]。

垂潜与燕之故臣谋复燕祚，会丁零翟斌[22]起兵叛秦，谋攻豫州牧平原公晖[23]于洛阳，秦王坚驿书使垂将兵讨之。石越言于丕曰："王师新败，民心未安，负罪亡匿之徒，思乱者众，故丁零一唱[24]，旬日之中，众已数千，此其验[25]也。慕容垂，燕之宿望[26]，有兴复旧业之心，今复资[27]之以兵，此为虎傅翼[28]也。”丕曰：“垂在邺，如藉虎寝蛟[29]，常恐为肘腋[30]之变，今远之于外，不犹愈乎[31]！且翟斌凶悖[32]，必不肯为垂下，使两虎相毙[33]，吾从而制之，此卞庄子[34]之术也。”乃以羸兵二千及铠仗[35]之弊者给垂，又遣广武将军苻飞龙[36]帅氐骑一千为垂之副。密戒飞龙曰：“垂为三军之帅，卿为谋垂之将，行矣，勉之！”

垂请入邺城拜庙[37]，丕弗许，乃潜服[38]而入；亭吏[39]禁之，垂怒，斩吏烧亭而去。石越言于丕曰：“垂敢轻侮方镇[40]，杀吏烧亭，反形已露，可因此除之。”丕曰：“淮南之败[41]，垂侍卫乘舆[42]，此功不可忘也。”越曰：“垂尚不忠于燕，安能尽忠于我？失今不取，必为后患。”丕不从。越退，告人曰：“公父子好为小仁，不顾大计，终当为人擒[43]耳。”

垂留慕容农、慕容楷、慕容绍于邺，行至安阳之汤池[44]，闵亮、李毗[45]自邺来，以丕与苻飞龙所谋告垂。垂因激怒其众曰：“吾尽忠于苻氏，而彼专欲图吾父子，吾虽欲已[46]，得乎！”乃托言兵少，停河内[47]募兵，旬日[48]间，有众八千。

平原公晖遣使让[49]垂，趣[50]使进兵。垂谓飞龙曰：“今寇贼不远，当昼止夜行，袭其不意[51]。”飞龙以为然。壬午[52]，夜，垂遣世子宝将兵居前，少子隆勒兵[53]从己，令氐兵五人为伍[54]，阴与宝约，闻鼓声，前后合击氐兵及飞龙，尽杀之，参佐[55]家在西者皆遣还，并以书遗[56]秦王坚，言所以杀飞龙之故。

初，垂从坚入邺[57]，以其子麟[58]屡尝告变于燕[59]，立杀其母，然犹不忍杀麟，置之外舍，希得侍见[60]。及杀苻飞龙，麟屡进策画[61]，启发垂意[62]，垂更奇之，宠待与诸子均矣。

慕容凤[63]及燕故臣之子燕郡王腾[64]、辽西段延[65]等闻翟斌起兵，各帅部曲[66]归之。平原公晖使武平武侯毛当讨斌。慕容凤曰：“凤今将雪先王之耻[67]，请为将军斩此氐奴[68]。”乃擐甲[69]直进，丁零之众随之，大败秦兵，斩毛当，遂进攻陵云台戍[70]，克之，收万余人甲仗。

癸未[71]，慕容垂济河[72]焚桥，有众三万，留辽东鲜卑可足浑谭[73]集兵于河内之沙城[74]。垂遣田山如邺，密告慕容农等使起兵相应。时日已暮，农与慕容楷留宿邺中，慕容绍先出，至蒲池[75]，盗丕骏马数百匹以待农、楷。甲申晦[76]，农、楷将数十骑微服[77]出邺，遂同奔列人[78]。

（以上为第四段，写慕容垂脱险后直奔邺城，谋划反秦；前秦长乐公苻丕对慕容垂有所怀疑，但苦于没有证据，仅有所防备，慕容垂见招拆招，做好反秦准备。）

【注释】

[1]流沙：指玉门关以西、今新疆东部的沙漠地区。 [2]焉耆（qí）：西域国名，都城员渠城，在今新疆境内的焉耆回族自治县。 [3]龟（qiū）兹（cí）：又称丘慈、邱兹、丘兹，汉西域三十六国之一，位于天山南麓，在汉通西域北道的交通线上，属西域都护府。以库车绿洲为中心，最盛时辖境相当于今新疆轮台、库车、沙雅、拜城、阿克苏、新和六县市。国都延城，魏晋时在今新疆沙雅县北羊达克沁废城。 [4]帛纯：东晋时龟兹王。 [5]婴城：环城而守。婴，绕，围绕。 [6]乞伏国仁：陇西襄武（今甘肃陇西县）人，乞伏司繁之子，前秦任命为前将军、先锋骑。后叛前秦，自称大都督、大将军、大单于，建立西秦，年号建义，建都勇士川。传见《晋书》卷一百二十五。 [7]会：刚好，正碰上。步颓：即乞伏步颓，西秦主乞伏国仁叔父，在陇西起兵反叛。 [8]大言：大声说话。 [9]疲民逞兵：疲劳百姓，以兴兵逞能。 [10]殆（dài）：大概，差不多。 [11]建一方之业：建立一个地方性的割据政权。 [12]安阳：县名，县治在今河南安阳县西南，北距邺城不远。 [13]田山：前秦冠军将军慕容垂的参军。修笺：写信。笺，文体名，通常指写给贵族与上层官僚的短信。 [14]长乐公丕：即苻丕，字永叔，氐族，苻坚庶长子，封为长乐公，奉命镇守襄阳、邺城。苻坚去世，苻丕登基，为前秦第四位国主。传见《晋书》卷一百十五。 [15]取丕：拘捕或刺杀苻丕。 [16]侍郎：古官名。姜让：天水人，前秦官员，为侍郎。 [17]明公：对权贵长官的敬称，这里称苻丕。擅（shàn）杀之：擅自做主将其杀害。[18]严兵卫之：派兵严密地将他看管起来。卫，这里是以保护的名义将其看管。 [19]密表情状：把慕容垂的情况秘密地向苻坚报告。 [20]听敕（chì）：接到皇帝的诏令。 [21]馆垂于邺西：安排慕容垂住在邺城西部。 [22]丁零：也作“丁令”“丁灵”，生活在今俄罗斯贝加尔湖一带的游牧民族名。秦汉时为匈奴属国，游牧于中国北部和西北部广大地区。东晋时有一支入居于中山，在今河北定州市一带。翟（zhái）斌：丁零族部落首领，后归前秦主苻坚。丁零人本居中山国，苻坚灭前燕后，将其迁至新安（河南渑池县东）一带，翟斌仕秦任卫军从事中郎。 [23]平原公晖：即苻晖，苻坚之子，任平原公、豫州牧。淝水之战后，在与后燕慕容凤、西燕慕容冲的交战中，掌握重兵却被屡屡击败，被苻坚责备，惭而自杀。传见《晋书》卷一百十四。 [24]唱：倡导，带头做出动静。 [25]验：证明，证明前句所谓“思乱者众”。 [26]宿望：素有声望的人。宿，素昔，平常。 [27]资：资助，提供。 [28]为虎傅翼：意即为虎添翼。傅，通“附”，插上。 [29]藉虎寝蛟：坐在老虎身上，睡在蛟龙身上，以比喻形势之极度危险。藉，坐。寝，睡。 [30]肘腋

(yè)：胳膊肘与胳肢窝，这里指密切亲近的人。［31］不犹愈乎：不是更好一些吗？［32］凶悖(bèi)：凶悍，狂悖。［33］相毙：相互争斗而疲惫。毙，同“敝”，疲惫。［34］卞庄子：亦作管庄子、辨庄子，春秋时期鲁国卞邑大夫，好勇，善事母。传说有两虎相斗，卞庄子欲刺虎，有人给他出主意说：“两虎相斗，必有一伤，等虎伤后再刺，可一举而得两虎。”于是，后人用来比喻“一举两得”。［35］羸(léi)兵：疲弱的士兵。铠(kǎi)仗：甲胄和作战兵器。［36］苻飞龙：前秦宗室将领，任广武将军。曾攻击姚兰，将姚兰成功擒获。淝水之战后，翟斌反于河南，苻丕命慕容垂及苻飞龙征讨，在行军中苻飞龙被慕容垂所杀。［37］拜庙：拜谒慕容氏的祖庙。［38］潜服：外披便服，内穿铠甲。［39］亭吏：地方上的基层小吏。县下有乡，乡下有亭，亭有亭长、三老、求盗。求盗的职责即缉捕坏人。［40］轻侮方镇：轻慢、藐视苻丕，不把苻丕看在眼里。方镇，当时对刺史、督军这种方面大员的敬称。［41］淮南之败：即淝水之败。［42］侍卫乘舆：保护过皇上，指慕容垂将自己的三万兵马给了苻坚。乘舆，皇帝用的车子，后来用为皇帝的代称，这里指苻坚。［43］为人禽：被人所擒。禽，通“擒”。［44］汤池：古地名，在安阳城外，在今河南安阳市。［45］闵亮、李毗(pí)：苻丕部属，以机密告慕容垂。［46］吾虽欲已：即使我想不动手。已，罢休，停止行动。［47］河内：郡名，也是地区名，大体指今太行山以东的河南的黄河以北地区，包括上文所说的安阳、邺城在内。［48］旬日：十天，泛指在较短的时间内。［49］让：责让，批评。［50］趣：催促。［51］袭其不意：乘其不注意而袭击之。不意，意料之外。［52］壬午：十二月二十七日。［53］隆：即慕容隆，慕容垂少子，后燕名将。传见《晋书》卷一百二十三。勒兵：统兵，率兵。［54］令氐兵五人为伍：将氐兵化整为零，使其丧失协同作战的能力。［55］参佐：指前秦主苻坚派给慕容垂做僚属的官员。［56］遗：送。［57］从坚入邺：指跟随苻坚一道攻灭前燕国政权。据史载，太和四年(369)十一月，王猛灭前燕，慕容垂随苻坚入邺，收集诸子，相对而哭。慕容垂见前燕公卿大夫及故时僚吏，想起当年的窘迫，有不悦之色。［58］麟：即慕容麟，字贺麟，慕容垂庶子，慕容宝、慕容熙异母兄弟。淝水之战后，辅佐慕容垂复国，拜抚军大将军，封为赵王。后一度称帝，为后燕第四位国主，又放弃帝位，拥立慕容德为帝，嗣后兴兵谋反，被赐死滑台。［59］屡尝告变于燕：指慕容垂在受前燕之朝廷迫害率众子侄向外逃奔时，慕容麟曾经屡次向前燕国朝廷告发慕容垂的亡叛之事。事见《资治通鉴》卷一百二晋废帝太和四年(369)。［60］希得侍见：很难再到其父跟前。希，通“稀”。［61］策画：谋划，计谋。［62］启发垂意：打开慕容垂的思路，或提示其考虑未周的地方。［63］慕容凤：字道翔，前燕宜都王慕容桓幼子。天性纯善，骁勇善战。淝水之战后跟随叔父慕容垂复兴燕国，斩杀秦国名将毛当，攻克前秦重镇陵云台，逼使平原公苻晖退回关中。［64］王腾：燕郡人，部曲将。［65］辽西：延：辽西人，部曲将。［66］部曲：地方豪门大族团聚许多乡民，组成一种军民合一的、独立的自卫组织。［67］先王之耻：指其父慕容桓被苻坚所杀的仇恨。东晋太和五年(370)，前秦讨伐前燕，慕容桓率军抵抗，被前秦名将郭庆击败后退往龙城防御，途中杀死勃海王慕容亮，兼并了他的部队，后被前秦大将朱嶷所杀。［68］氐奴：指毛当。［69］擐(huàn)甲：披甲。

擐，穿，贯。［70］陵云台戍：秦国在陵云台所设置的军事据点。陵云台，在今河南洛阳市东北的洛阳故城内，为魏文帝曹丕黄初二年筑。［71］癸未：十二月二十八日。［72］济河：渡过黄河，来到黄河以南，因其欲进攻洛阳。［73］可足浑谭：姓可足浑，鲜卑人，后燕新平公，可足浑健之子，鲜卑族辽东部落头领。慕容详在中山（今河北定州市）称皇帝，改元建始，用新平公可足浑谭为车骑大将军，领尚书令。不久，又杀之。［74］河内：郡名，郡治野王县，在今河南沁阳市。沙城：城名，在今河南沁阳市东北。［75］蒲池：地名，在今河北临漳县西南故邺城外，是当年前燕主慕容儁与群臣宴会处。［76］甲申晦：十二月是小月，这个月的二十九日是甲申。晦（huì），阴历每月的最后一天。［77］微服：乔装打扮。［78］列人：县名，县治在今河北邯郸市肥乡区东北。

九年（甲申，384年）

春，正月，乙酉朔［1］，秦长乐公丕大会宾客，请慕容农不得，始觉有变，遣人四出求［2］之，三日，乃知其在列人，已起兵矣。

慕容凤、王腾、段延皆劝翟斌奉慕容垂为盟主，斌从之。垂欲袭洛阳，且未知斌之诚伪，乃拒之曰："吾来救豫州［3］，不来赴君［4］。君既建大事［5］，成享其福，败受其祸，吾无预［6］焉。"丙戌［7］，垂至洛阳，平原公晖闻其杀苻飞龙，闭门拒之。翟斌复遣长史郭通［8］往说垂，垂犹未许。通曰："将军所以拒通者，岂非以翟斌兄弟山野异类［9］，无奇才远略，必无所成故邪？独不念将军今日凭之，可以济大业［10］乎！"垂乃许之。于是，斌帅其众来与垂会，劝垂称尊号。垂曰："新兴侯［11］，吾主也，当迎归返正［12］耳。"

垂以洛阳四面受敌，欲取邺而据之，乃引兵而东。故扶余王余蔚为荥阳［13］太守，及昌黎鲜卑卫驹［14］各帅其众降垂。垂至荥阳，群下固请上尊号［15］，垂乃依晋中宗故事［16］，称大将军、大都督、燕王，承制行事［17］，谓之统府［18］。群下称臣，文表奏疏，封拜官爵，皆如王者。以弟德为车骑大将军，封范阳王［19］；兄子楷［20］为征西大将军，封太原王［21］；翟斌为建义大将军［22］，封河南王［23］；余蔚为征东将军、统府左司马，封扶余王；卫驹为鹰扬将军［24］，慕容凤为建策将军［25］。帅众二十余万，自石门［26］济河，长驱向邺。

慕容农之奔列人也，止于乌桓鲁利［27］家，利为之置馔［28］，农笑而不食。利谓其妻曰："恶奴[29]，郎[30]，贵人，家贫无以馔之[31]，奈何？"妻曰："郎有雄才大志，今无故而至，必将有异[32]，非为饮食来也。君亟出[33]，远望以备非常。"利从之。农谓利曰："吾欲集兵列人以图兴复，卿能从我乎？"利曰："死生唯郎是从[34]。"农乃诣乌桓张骧[35]，说之曰："家王已举大事[36]，翟斌等咸相推奉[37]，远近响应，故来相告耳。"骧再拜曰："得旧主而奉之，敢不尽死！"于是，农驱列人居民为士卒，斩桑榆为兵[38]，裂襜裳为旗[39]，使赵秋说屠各毕聪[40]，聪与屠各卜胜、张延、李白、郭超[41]及东夷余和、敕勃[42]、易阳乌桓刘大[43]各帅部众数千赴之。农假张骧辅国将军[44]，刘大安远将军，鲁利建威将军。农自将攻破馆陶[45]，收其军资器械，遣兰汗[46]、段赞[47]、赵秋、慕舆悕略取康台牧马[48]数千匹。汗，燕王垂之从舅[49]；赞，聪[50]之子也。

于是，步骑云集，众至数万，骧等共推农为使持节、都督河北诸军事、骠骑大将军，监统[51]诸将，随才部署[52]，上下肃然[53]。农以燕王垂未至，不敢封赏将士，赵秋曰："军无赏，士不往，今之来者，皆欲建一时之功[54]，规万世之利[55]，宜承制封拜[56]，以广中兴之基[57]。"农从之，于是，赴者相继，垂闻而善之。

农西招库傉官伟于上党[58]，东引乞特归于东阿[59]，北召光烈将军平睿[60]及睿兄汝阳太守幼[61]于燕国，伟等皆应之。又遣兰汗攻顿丘[62]，克之。农号令整肃[63]，军无私掠[64]，士女喜悦。

（以上为第五段，写慕容垂起兵反秦，其子慕容农充当了急先锋，在列人县招兵买马，迅速结集队伍，并且承制封拜，赴者相继，号令整肃，军无私掠，士女喜悦。）

【注释】

[1]乙酉朔：正月一日是乙酉日。[2]求：寻找。[3]救豫州：援救苻晖，时平原公苻晖为豫州牧，驻守洛阳。[4]不来赴君：不是来与你会合以攻洛阳的。赴，投向，前来会合。[5]建大事：指反击苻氏，自己称王。[6]无预：我不掺合，与我无关。预，参与，过问。[7]丙戌：正月二日。[8]长史：高级僚属。郭通：翟斌长史。[9]翟（zhái）斌兄弟：指翟斌、翟檀诸人。山野异类：生活在山野之地的另一民族。异类，另一民族。[10]济大业：成大

功。济，成就。大业，称帝称王的事业。［11］新兴侯：即慕容暐，原是前燕的末代皇帝，苻坚消灭前燕，将其俘获后，封为新兴侯。［12］返正：恢复他的皇帝之位。［13］扶余王余蔚：原曾为扶余国国王的余蔚。扶余，古国名，领土在今吉林与黑龙江境内。慕容氏建立前燕后，曾攻灭其国，余蔚在前燕曾任散骑侍郎。太和五年（370），王猛攻打燕邺城，余蔚率扶余、高句丽及上党质子开邺都北门纳前秦士兵。余蔚在前秦，被任为荥阳太守。荥阳：县名，县治在今河南荥阳市东北古荥镇。［14］卫驹：昌黎人，鲜卑族。部首领。［15］上尊号：称帝，为帝王。［16］晋中宗故事：晋元帝中宗司马睿称帝旧例，先称“晋王”，而后再过渡到称“皇帝”。事见《资治通鉴》卷九十晋元帝建武元年（317）。［17］承制行事：意即暂时代行皇帝的职权。承制，秉承皇帝的意旨，实即代行皇帝职权。［18］统府：意即总统万机之府。［19］封范阳王：前燕本封慕容德为范阳王，今复其故。［20］兄子楷：即慕容恪之子慕容楷。［21］封太原王：前燕封慕容恪为太原王，今以其子楷袭其父之爵位。［22］建义大将军：杂号将军之名。［23］封河南王：封翟斌为河南王，封地河南郡，都城洛阳，在今河南洛阳市。［24］鹰扬将军：杂号将军之名。［25］建策将军：杂号将军之名。［26］石门：地名，在今河南荥阳市北的黄河边上。［27］乌桓：古部落名，原本居住在今辽宁西部与内蒙古交界一带地区，前燕时期被慕容氏所征服；前燕灭，遂又落入前秦的统治下，一部居住在列人县，在今河北邯郸市肥乡区东北。鲁利：人名，乌桓人。［28］置馔（zhuàn）：摆上饭菜。馔，饭食。［29］恶奴：鲁利骂其妻子的话。［30］郎：对男主人的尊称，此称其旧时的主子慕容农。［31］无以馔之：没有什么可拿来招待。馔，原指饭菜，这里用如动词，意即请人吃。［32］有异：有非同寻常的举动。［33］亟（jí）出：赶紧出去放哨。亟，意思同“急”，赶快。［34］唯郎是从：你怎么说，我就怎么干，一切都听你的。［35］乌桓张骧：应是乌桓部落的小头领。［36］家王：我们家的王爷，指慕容垂。慕容垂在前燕时被封为吴王。“家”字也表示客气。举大事：起兵造反，称王。［37］咸相推奉：大家都推举，以为首领。咸，皆，都。［38］斩桑榆为兵：砍取桑树、榆树的树干作为兵器。［39］裂襜（chān）裳为旗：撕开衣服做旗帜。襜，遮前至膝的短衣，即围裙。裳，下衣，即裙子。［40］屠各毕聪：匈奴屠各部人名叫毕聪。屠各，即休屠，匈奴部落名，后汉至西晋，杂居于并州、凉州、关中等地。前被前燕国征服，后又被前秦国征服。［41］卜胜、张延、李白、郭超：皆匈奴屠各部人。［42］东夷：当时是泛指与今辽宁邻近的少数民族，即古代的朝鲜人与日本人。余和、敕勃：车夷人。［43］易阳：县名，县治在今河北邯郸市永年区东南。乌桓刘大：乌桓人名叫刘大。［44］假：加，授予。辅国将军：杂号将军之名。后句“安远将军”“建威将军”，也是如此。［45］馆陶：县名，在今河北馆陶县。［46］兰汗：慕容垂的舅父，慕容楷、慕容盛的岳父。其兄长为兰堤，弟弟为兰加难。生有三个儿子：太子兰穆、鲁公兰和、陈公兰扬。后来，自称“昌黎王”，与段速骨密谋叛乱，又杀段速骨，派兰加难诱杀慕容宝，改元青龙。夺位当年即为后燕主慕容盛所杀。亲属子嗣也全被诛杀。［47］段赞：段思之子，段勤之侄，仕后燕。后谋反，阴谋率领禁卫军袭击慕容盛，事情暴露，牵连致死的有五百多人。［48］慕舆悕（xī）：复姓慕舆，名悕，后燕将领。略取：攻打，夺取。胡三省引杜预注曰："不以道取，曰'略'。"康台牧马：前秦国在康台所驯养的马匹。康台，古地名，在今河北邱县西。［49］从舅：外祖父的亲兄弟之男称为从父舅父，简称从舅，即母亲的叔伯兄弟。［50］聪：即段聪，段赞之父。［51］监统：监管，统帅。［52］随才部署：按照才能分派任务。［53］肃然：形容十分恭敬、严肃的样子。［54］建一时之功：建立名震一时的功勋。［55］规万世之利：谋求一种可以传给子孙的长久利益，即封王封侯等。规，谋划，打主意。［56］承制封拜：以帝王慕容垂的名义分封、任命各个功臣将领。［57］广中兴之基：壮大为燕国中兴作贡献的力量。［58］农西招：原文"西"作"间"，据章校改。库傉（nù）官伟：鲜卑族。东晋永和七年（351），率领部众投降前燕，为岷山公。燕亡后臣于前秦。慕容垂建立后燕，以为左长史，封安定王，迁太尉。慕容宝即位，任太师、征南将军。后与开封公慕容详相攻，战败，库傉官氏尽灭，死于难。上党：郡名，郡治壶关，在今山西长治市北。［59］乞特归：人名，前燕慕容暐时代的旧臣。东阿：县名，县治在今山东东阿县西南。［60］平睿：人名，在前燕慕容暐时代，曾被任为光烈将军。［61］幼：即平幼，平睿之兄，在前燕慕容暐时代曾被任为汝阳太守。后投奔后燕，为护军将军、征北长史。［62］顿丘：郡名，郡治在今河南浚县北。［63］整肃：整齐，严肃。［64］私掠：私自掠取财物。

长乐公丕使石越将步骑万余讨之。农曰："越有智勇之名，今不南拒大军[1]而来此，是畏王而陵我[2]也，必不设备[3]，可以计取之。"众请治列人城[4]，农曰："善用兵者，结士以心[5]，不以异物[6]。今起义兵，唯敌是求[7]，当以山河为城池，何列人之足治[8]也！"辛卯[9]，越至列人西，农使赵秋及参军綦毋滕[10]击越前锋，破之。参军太原赵谦[11]言于农曰："越甲仗[12]虽精，人心危骇[13]，易破也，宜急击之。"农曰："彼甲在外，我甲在心[14]，昼战，则士卒见其外貌而惮[15]之，不如待暮击之，可以必克。"令军士严备以待，毋得妄动。越立栅[16]自固，农笑谓诸将曰："越兵精士众，不乘初至之锐以击我，方更立栅，吾知其无能为也。"向暮[17]，农鼓噪[18]出，陈于城西，牙门刘木[19]请先攻越栅，农笑曰："凡人见美食，谁不欲之，何得独请[20]！然汝猛锐[21]可嘉，当以先锋惠汝[22]。"木乃帅壮士四百腾栅[23]而入，秦兵披靡[24]；农督大众随之，大败秦兵，斩越，送首于垂。越与毛当，皆秦之骁将[25]也，故秦王坚使助二子镇守[26]。既而相继败没[27]，人情骚动[28]，所在盗贼群起。

庚戌[29]，燕王垂至邺，改秦建元二十年为燕元年[30]，服色朝仪[31]，皆如旧章[32]。以前岷山公库傉官伟为左长史[33]，前尚书段崇[34]为右长史，荥阳郑豁等为从事中郎[35]。慕容农引兵会垂于邺，垂因其所称之官而授之[36]。立世子宝为太子，封从弟拔[37]等十七人及甥宇文翰[38]、舅子兰审[39]皆为王；其余宗族及功臣封公者三十七人，侯、伯、子、男者八十九人。可足浑谭集兵得二万余人，攻野王[40]，拔之，引兵会攻邺。平幼及其弟睿、规亦帅众数万会垂于邺。

长乐公丕使姜让诮让[41]燕王垂，且说之曰："过而能改[42]，今犹未晚也。"垂曰："孤受主上不世之恩[43]，故欲安全长乐公[44]，使尽众赴京师[45]，然后修复国家之业[46]，与秦永为邻好[47]。何故暗于机运[48]，不以邺城见归[49]？若迷而不复[50]，当穷极兵势[51]，恐单马求生，亦不可得也。"让厉色[52]责之曰："将军不容于家国，投命圣朝，燕之尺土，将军岂有分乎[53]？主上与将军风殊类别[54]，一见倾心，亲如宗戚[55]，宠逾勋旧[56]，自古君臣际遇[57]，有如是之厚者乎？一旦因王师小败，遽有异图[58]！长乐公，主上元子[59]，受分陕之任[60]，宁可束手输将军以百城之地[61]乎？将军欲裂冠毁冕[62]，自可极其兵势[63]，奚更云云[64]！但惜将军以七十之年，悬首白旗[65]，高世之忠[66]，更为[67]逆鬼耳！"垂默然[68]。左右请杀之，垂曰："彼各为其主耳，何罪！"礼而归之，遗丕书及上秦王坚表，陈述利害，请送丕归长安。坚及丕怒，复书切责[69]之。

（以上为第六段，写慕容农打败了前秦骁将石越，慕容垂到达邺城，建立后燕，称燕王，大封王侯，与前秦决裂。）

【注释】

［1］大军：指慕容垂统率的大部队。［2］王：谓慕容垂。陵我：欺侮我。陵，同"凌"，欺凌，欺侮。［3］设备：防备。［4］请治列人城：请求修筑列人县的县城。治，修筑。［5］结士以心：用诚心结交战士。［6］异物：犹言别的物体，即加固城墙，不如万众一心。［7］唯敌是求：意即要主动出击敌人，消灭敌人的有生力量。［8］何列人之足治：一个小小的列人县，哪里值得我们筑城防守？［9］辛卯：正月七日。［10］綦（qí）毋（wú）滕：人名，为慕容农参军。［11］赵谦：亦慕容农参军。［12］甲仗：兵器。［13］危骇（hài）：畏惧，惊恐。［14］我甲在

心：意即士心欲战，虽无甲胄，而勇于赴战，所谓甲胄，是靠着意志坚强。［15］惮（dàn）：畏惧，害怕。［16］立栅（zhà）：在军营四周扎起防卫用的栅栏。［17］向暮：傍晚。［18］鼓噪：鸣鼓，喧哗。［19］牙门：即牙门将，以负责为主帅守卫军帐之门而得名。军门所以称为“牙门”，是其门前立有牙旗的缘故。刘木：为慕容农牙门将。［20］何得独请：怎么能让你一个人独享这一分美差。［21］猛锐：勇猛而富有锐气。［22］当以先锋惠汝：我可以让你充当先锋官。惠，赐，赠。［23］腾栅：翻越栅栏。［24］披靡：像草木随风倒伏一样而惊慌溃败。［25］骁（xiāo）将：勇猛善战的将军。［26］使助二子镇守：石越助苻丕镇守邺城，毛当助苻晖镇守洛阳。［27］败没（mò）：犹覆灭，指军队被敌方歼灭。没，通“殁”，灭亡。［28］人情：人心，众人的情绪、愿望。骚动：动荡，不安宁。［29］庚戌：正月二十六日。［30］改秦建元二十年为燕元年：即后燕元年，为慕容垂建立后燕国之始，此年为384年。［31］服色：古代王朝所规定的不同于其他朝代的车马、服饰、祭牲的颜色。如夏尚黑，商尚白，周尚赤之类。朝仪：朝廷的各种礼仪。［32］旧章：都和以前慕容皝、慕容俊那个朝代的规定一样。［33］前岷山公：前燕时的公爵库傉官伟。前，指前燕。左长史：慕容垂的高级僚属，为慕容垂属下的诸史之长。［34］前尚书：在慕容俊时代曾任尚书郎。段崇：鲜卑人，历任前燕尚书，后燕右长史、太保。［35］郑豁：荥阳人，慕容垂为后燕主，任从事中郎。从事中郎：郎官的一种，为帝王近侍官。［36］因其所称之官而授之：按照慕容农所任命的官职一一地加以正式确认，实授给他们。因，根据，按照。［37］从弟：堂弟。拔：即慕容拔，鲜卑慕容部人，慕容垂建立后燕，封为王，后为中垒将军。［38］宇文翰：原文为宇文输，据严衍《资治通鉴补》改。宇文翰，慕容垂的外甥。［39］兰审：兰建之子，慕容垂的表兄弟，后燕北平王。［40］野王：县名，县治在今河南沁阳市。［41］姜让：前秦官员。诮（qiào）让：谴责。诮，责备，讥讽。［42］过而能改：意即劝慕容垂仍回到苻坚属下。［43］不世之恩：今生一世所报答不完的恩情。［44］故欲安全长乐公：想保护长乐公您的安全。长乐公，即苻丕，封长乐公。［45］使尽众赴京师：让您把您部下的军队全部带回到长安去。京师，苻坚的都城长安。［46］修复国家之业：把从前燕国的大业建立好。修复，恢复。［47］与秦永为邻好：与你们秦国永远成为睦邻友好的国家。［48］暗于机运：看不清目前形势的发展走向。机运，时机，运命。［49］不以邺城见归：不把邺城归还我们。邺城原来是燕国的都城。［50］迷而不复：即执迷不悟。［51］当穷极兵势：我将发动不遗余力的进攻。穷极，穷尽，竭尽全力。［52］厉色：严厉的面色，愤怒的表情。［53］燕之尺土，将军岂有分乎：在燕国的领土中，能有一尺属于你吗？分，同“份”。［54］主上：指苻坚。风殊类别：风俗和种族都不一样。［55］亲如宗戚：亲密得如同一家、如同亲戚。［56］宠逾勋旧：你所受到的恩宠超过功勋旧臣。［57］自古君臣际遇：自古以来的君主与大臣的知心友好。际遇，彼此相知相合。［58］遽（jù）有异图：你立马就另有打算。遽，立即。［59］元子：皇帝的嫡长子。苻坚的嫡长子应为太子宏，姜让以“元子”称苻丕，不过是极言其地位之贵重。［60］受分陕之任：即接受重任，镇守一方。分陕，相传西周初期，周公姬旦与召公姬奭二人以陕县为界，周公管理陕县以东，召公管理陕县以西。后来遂常以“分陕”喻指管理一方的军政大员，如晋朝的刺史、督军等。［61］宁可：岂可，怎么能。束手输将军以百城之地：拱手将百城之地送给你。输，献纳，奉送。百城之地，时苻丕以冀州牧的身份镇守邺城，此即指冀州所属的诸郡县。［62］裂冠毁冕：毁坏皇帝所赐的冠冕，即指背叛王室。语出《左传·昭公九年》，其中曰：“王使詹桓伯辞于晋，曰：‘我在伯父，犹衣服之有冠冕，木水之有本原，民人之有谋主也。伯父若裂冠毁冕，拔本塞原，专弃谋主，虽戎狄，其何有余一人？’”［63］自可极其兵势：你当然可以使出你军队的全部兵力。极，尽。［64］奚更云云：何必再说什么。奚，何。云云，如此，指慕容垂上面说的那些话。［65］悬首白旗：指战败后被斩首悬挂示众。《魏周书·世俘》载周武王灭殷后，斩纣之头悬挂于大白之旗，此取其意。［66］高世之忠：意谓你慕容垂本来是一个对秦国忠心耿耿，名高出世的人。高世，高出于世人。［67］更为：结果变成。［68］默然：沉默不语的样子。［69］切责：严厉谴责。

鹰扬将军刘牢之攻秦谯城［1］，拔之。桓冲遣上庸太守郭宝攻秦魏兴、上庸、新城［2］三郡，拔之。将军杨佺期进据成固［3］，击秦梁州刺史潘猛，走之。佺期，亮之子也。

壬子［4］，燕王垂攻邺，拔其外郭［5］，长乐公丕退守中城［6］。关东六州郡县多送任［7］请降于燕。癸丑［8］，垂以陈留王绍［9］行冀州刺史，屯广阿［10］。

丰城宣穆公桓冲闻谢玄等有功，自以失言［11］，惭恨［12］成疾，二月，辛巳［13］，卒。朝议欲以谢玄为荆、江二州刺史。谢安自以父子名位太盛，又惧桓氏失职怨望［14］，乃以梁郡太守桓石民［15］为荆州刺史，河东太守桓石虔为豫州［16］刺史，豫州刺史桓伊［17］为江州刺史。

燕王垂引丁零、乌桓之众二十余万为飞梯地道［18］以攻邺，不拔，乃筑长围［19］守之，分处老弱于肥乡［20］，筑新兴城以置辎重［21］。

秦征东府官属疑参军高泰，燕之旧臣，有贰心，泰惧，与同郡虞曹从事吴韶逃归勃海［22］。韶曰：“燕军近在肥乡，宜从之。”泰曰：“吾以避祸耳，去一君，事一君［23］，吾所不为也！”申绍［24］见而叹曰：“去就以道［25］，可谓君子矣！”

燕范阳王德击秦枋头［26］，取之，置戍而还。

东胡王晏［27］据馆陶，为邺中声援［28］，鲜卑、乌桓及郡县民据坞壁［29］不从燕者尚众，燕王垂遣太原王楷与镇南将军陈留王绍讨之。楷谓绍曰："鲜卑、乌桓及冀州之民，本皆燕臣，今大业始尔，人心未洽[30]，所以小异[31]，唯宜绥之以德[32]，不可震之以威。吾当止一处[33]，为军声之本[34]，汝巡抚民夷[35]，示以大义，彼必当听从。"楷乃屯于辟阳[36]。绍帅骑数百往说王晏，为陈祸福，晏随绍诣楷降。于是，鲜卑、乌桓及坞民降者数十万口。楷留其老弱，置守宰[37]以抚之，发其丁壮十余万，与王晏诣邺[38]。垂大悦曰："汝兄弟才兼文武，足以继先王[39]矣！"

三月，以卫将军谢安为太保。

秦北地长史慕容泓[40]闻燕王垂攻邺，亡奔关东，收集鲜卑，众至数千，还屯华阴[41]，败秦将军强永[42]，其众遂盛，自称都督陕西诸军事、大将军、雍州牧、济北王[43]，推垂为丞相、都督陕东诸军事、领大司马、冀州牧、吴王。

秦王坚谓权翼曰："不用卿言，使鲜卑至此。关东之地，吾不复与之争，将若泓何[44]？"乃以广平公熙[45]为雍州刺史，镇蒲阪[46]，征雍州牧巨鹿公睿[47]为都督中外诸军事、卫大将军、录尚书事，配兵五万；以左将军窦冲为长史，龙骧将军姚苌为司马，以讨泓。

平阳太守慕容冲[48]亦起兵于平阳，有众二万，进攻蒲坂，坚使窦冲讨之。

库傉官伟帅营部[49]数万至邺，燕王垂封伟为安定[50]王。

秦冀州刺史阜城侯定守信都[51]，高城男绍在国[52]，高邑侯亮[53]、重合侯谟守常山[54]，固安侯鉴守中山[55]。燕王垂遣前将军、乐浪王温[56]督诸军攻信都，不克。

夏，四月，丙辰[57]，遣抚军大将军麟[58]益兵助之。定、鉴，秦王坚之从叔；绍、谟，从弟；亮，从子也。温，燕王垂之弟子也。

慕容泓闻秦兵且至[59]，惧，帅众将奔关东。秦巨鹿愍公睿粗猛轻敌，欲驰兵邀[60]之。姚苌谏曰："鲜卑皆有思归[61]之志，故起而为乱，宜驱令出关，不可遏[62]也。夫执鼷鼠[63]之尾，犹能反噬[64]于人，彼自知困穷，致死于我[65]，万一失利，悔将何及？但可鸣鼓随之，彼将奔败不暇[66]矣。"睿弗从，战于华泽[67]，睿兵败，为泓所杀。苌遣龙骧长史赵都、参军姜协诣秦王坚谢罪，坚怒，杀之。苌惧，奔渭北马牧[68]，于是天水尹纬、尹详[69]、南安庞演[70]等，纠扇羌豪[71]，帅其户口归苌者五万余家，推苌为盟主[72]。苌自称大将军、大单于、万年秦王，大赦，改元白雀[73]，以尹详、庞演为左、右长史，南安姚晃及尹纬为左、右司马，天水狄伯支[74]等为从事中郎，羌训等为掾属，王据等为参军，王钦卢、姚方成等为将帅。

（以上为第七段，写前秦北地长史慕容泓收聚鲜卑人反秦，巨鹿公苻睿等率兵攻打，被打败；龙骧将军姚苌也起兵造反，建立后秦，自称万年秦王，改元白雀；平阳太守慕容冲也在平阳起兵。）

【注释】

[1]谯（qiáo）城：谯郡的郡治所在地，在今安徽亳州市。[2]魏兴、上庸、新城：皆郡名。魏兴，郡治西城，在今陕西安康市西北的汉江北岸。上庸，郡治上庸，在今湖北竹山县东南。新城，郡治房陵，在今湖北房县。[3]杨佺期：弘农华阴（今陕西华阴市）人，梁州刺史杨亮之子，东晋将领。历任河南、新野、堂邑三郡太守，后为荆州司马、南郡相，迁龙骧将军、雍州刺史。传见《晋书》卷八十四。成固：县名，县治在今陕西城固县西北。[4]壬子：正月二十八日。[5]外郭：外城。内城称“城”，外城称“郭”。[6]中城：即内城，大城中的小城。[7]关东六州：指幽州、并州、冀州、司州、兖州、豫州六州。送任：送出人质。古代与人结盟，常把儿子或兄弟派出做人质，故称“任子”，也称“质子”。[8]癸丑：正月二十九日。[9]陈留王绍：即慕容绍，慕容恪之子，慕容楷之弟，慕容垂之侄，被慕容垂封为陈留王。陈留，郡名，郡治小黄县，在今河南开封市东。[10]广阿：县名，县治在今河北隆尧县东。隆尧、巨鹿和任县间原有广阿泽，即大陆泽。[11]自以失言：说了错误估计形势的话。指淝水之战前，他说谢玄等是“不经事少年”以及“吾其左衽矣”云云。[12]惭恨：惭愧，悔恨。[13]辛巳：二月二十七日。[14]失职怨望：由于失去权位而产生怨恨。[15]梁郡：郡名，郡治远在睢阳县，在今河南商丘市睢阳区，时侨设在今江苏扬州市。桓石民：桓冲之弟桓豁的第三子，时为侨置梁郡太守。由郡太守升为大州刺史。[16]河东：郡名，郡治原在今山西夏县西北，时侨设在今江苏扬州市。桓石虔（qián）：桓豁的长子，时为河东太守。豫州：州治原为洛阳，在苻坚的占领区。时为侨置州，寄设在今江苏扬州市。以上三个侨置的州郡，靠近前线。[17]桓伊：桓宣的族子。桓宣是东晋名将，与桓冲等不是一族。[18]飞梯：即“云梯”，从空中攻城的用具。地道：从地下挖隧道通到城中。[19]长围：在敌城之外再筑围墙，一方面防止敌人突围逃跑，一方面也是攻城者的防御工事。[20]肥乡：县名，县治在今河北邯郸市肥乡区西南。[21]新兴城：古城名，在今河北邯郸市肥乡区东南。辎（zī）重：军队携带运行的粮草物资。[22]勃海：郡名，郡治南

皮县，在今河北南皮县东北。［23］去一君，事一君：刚离开一个主子，转身就去侍候另一个主子。［24］申绍：原为前燕官员，慕容暐时代的旧臣，历尚书右丞、左丞。慕容评专权，乃上疏建议革新政治，没有采纳。后为前秦官员，任别驾。［25］去就以道：离开谁、投奔谁，都有一定的原则。［26］范阳王德：即慕容德，慕容皝之子，慕容垂之弟，后燕范阳王。枋（fāng）头：古地名，也称淇门渡，在今河南浚县西南，为古淇水入黄河之口。［27］东胡王晏：即东胡人王晏，当时忠于前秦苻氏。［28］声援：遥作支援。［29］坞（wù）壁：村民、部落为了自卫而集结修筑的堡垒、据点。［30］未洽：还没有理解我们、归心于我们。［31］小异：小矛盾，小冲突，稍不同心。［32］绥（suí）之以德：以恩德安抚他们。绥，安抚。［33］止一处：停留在一个地方。止，止息，停留。［34］为军声之本：为我军大造声势、打好基础。［35］巡抚：巡视，抚慰。民夷：汉族民众与少数民族民众。［36］辟阳：汉代的辟阳县城，在今河北衡水市冀州区东南。［37］守宰：太守与县令，这里是泛指地方官。［38］诣（yì）邺：到达邺城城下。诣，到，至。［39］继先王：继承你们父亲太原王司马恪的功勋事业。慕容楷与慕容绍是亲兄弟，都是慕容垂之兄慕容恪的儿子。［40］北地：郡名，郡治在今陕西铜川市耀州区。慕容泓：前燕主慕容儁之子，慕容暐之弟，西燕政权建立者。初封济北王。前燕灭亡后，前秦封为北地王的长史。后建立西燕政权，年号燕兴，后被弑杀，其子慕容忠称帝后，上庙号肃宗，谥烈文皇帝。传见《晋书》卷一百十四。［41］华阴：县名，县治在今陕西华阴市城东。［42］强永：前秦将领，为将军。［43］济北王：慕容泓在前燕时曾被封为济北王，此沿旧称。济北，郡名，郡治在今山东泰安市西北。［44］将若泓何：关东之地可以抛给慕容垂，而慕容泓又在关中的华阴一带闹起来，这将如何处置。若……何，对之怎么办。［45］广平公熙：即苻熙，苻坚之子，苻丕、苻晖之弟，任广平公、镇东大将军、雍州刺史，镇守蒲坂，苻坚亡后不知所终。［46］蒲阪：县名，县治在今山西永济市西南的蒲州镇。［47］巨鹿公睿：即苻睿，苻坚之子，苻熙之弟。［48］慕容冲：前燕主慕容儁之子，前秦任平阳太守，后为西燕第二位国主。传见《晋书》卷一百十三。［49］营部：各少数民族部落的人。［50］安定：郡国名，郡治临泾，在今甘肃泾川县北。［51］阜城侯定：即苻定，前秦主苻坚的堂叔，任征东将军、冀州刺史，后投降慕容垂。信都：郡名，郡治在今河北衡水市冀州区。［52］高城男绍：即苻绍，前秦主苻坚堂弟，前秦征西将军、幽州牧，封为高城男，后改封高城公。在国：在所封之地，即高城县。［53］高邑侯亮：即苻亮，前秦主苻坚侄子，封高邑侯，任镇北大将军，都督幽、并二州诸军事。［54］重合侯谟（mó）：即苻谟，封重合侯。前秦主苻坚堂弟，为征西将军、幽州牧。常山：郡名，郡治元氏，在今河北元氏县西北。［55］固安侯鉴：即苻鉴，司空苻安之子，苻坚堂叔。淝水之战后，把守中山，封固安侯。固安，县名，在今河北固安县。中山：郡名，郡治在今河北定州市。［56］乐浪王温：即慕容温，慕容儁之子，慕容垂堂弟，封为带方王，后任后燕司隶校尉、尚书右仆射、乐浪王。乐浪，古郡国名，郡治在今朝鲜平壤市。［57］丙辰：四月三日。［58］麟：即慕容麟，慕容垂之子。［59］且至：将至。［60］邀：拦截。［61］思归：思归东北。［62］遏（è）：遏制，阻止。［63］鼷（xī）鼠：

一种小鼠，尾与体长相当，或略短于体长。［64］反噬（shì）：回头咬。噬，咬。［65］致死于我：和我们拼命。［66］奔败不暇：只顾奔逃，无暇再顾及别的事情。不暇，没有空闲，犹言“顾不上”。［67］华泽：华阴县的沼泽之地，在今陕西华阴市东南。［68］渭北马牧：渭水北岸的牧马场。［69］尹纬：字景亮，祖籍陇右天水，因同族的尹赤叛秦追随姚襄，故尹氏在前秦仅任职令史小吏。淝水之战后天下动荡，尹纬促使姚苌自立，成为后秦开国元勋。尹详：尹赤长子，为后秦姚苌长史。［70］庞演：南安人，归附姚苌。［71］纠扇羌豪：纠集、煽动羌族中的头面人物。扇，同“煽”，煽动。豪，有势力、有影响的人物。［72］盟主：古代诸侯会盟的领袖或主持者，此指各支起义军的反秦首领。［73］白雀：十六国时后秦君主姚苌的第一个年号，共三年，公元384年四月至公元386年四月。［74］天水狄伯支：天水郡的狄族人狄伯支，任后秦从事中郎，迁尚书。

秦窦冲击慕容冲于河东，大破之。冲帅鲜卑骑八千奔慕容泓。泓众至十余万，遣使谓秦王坚曰：“吴王已定关东，可速资备大驾［1］，奉送家兄皇帝［2］，泓当帅关中燕人翼卫乘舆［3］，还返邺都，与秦以虎牢［4］为界，永为邻好［5］。”坚大怒，召慕容暐责之曰：“今泓书如此，卿欲去者，朕当相资。卿之宗族，可谓人面兽心，不可以国士期［6］也！”暐叩头流血，涕泣陈谢。坚久之曰：“此自三竖［7］所为，非卿之过。”复其位，待之如初。命暐以书招谕［8］泓、冲及垂。暐密遣使谓泓曰：“吾笼中之人，必无还理，且燕室之罪人也，不足复顾。汝勉建大业，以吴王为相国［9］，中山王为太宰［10］、领大司马［11］，汝可为大将军、领司徒，承制封拜［12］，听吾死问［13］，汝便即尊位［14］。”泓于是进向［15］长安，改元燕兴［16］。

燕王垂以邺城犹固，会僚佐议之。右司马封衡［17］请引漳水灌之，从之。垂行围［18］，因饮于华林园［19］，秦人密出兵掩之［20］，矢下如雨，垂几不得出，冠军大将军隆［21］将骑冲之，垂仅而得免。

竟陵太守赵统［22］攻襄阳，秦荆州刺史都贵奔鲁阳［23］。

五月，秦洛州刺史张五虎据丰阳［24］来降。

梁州刺史杨亮帅众五万伐蜀，遣巴西太守费统将水陆兵三万为前锋。亮屯巴郡［25］，秦益州刺史王广遣巴西太守康回等拒之。

秦苻定、苻绍皆降于燕。燕慕容麟引兵西攻常山。

后秦王苌进屯北地［26］，秦华阴、北地、新平、安定［27］羌胡降之者十余万。

六月，癸丑朔[28]，崇德太后褚氏崩。

秦王坚自帅步骑二万以击后秦，军于赵氏坞[29]，使护军将军杨璧[30]等分道攻之；后秦兵屡败，斩后秦王苌之弟镇军将军尹买[31]。

后秦军中无井，秦人塞安公谷[32]、堰同官水[33]以困之。后秦人恟惧[34]，有渴死者。会天大雨，后秦营中水三尺，绕营百步之外，寸余而已，后秦军复振。秦王坚叹曰："天亦佑贼乎！"

（以上为第八段，写原前燕主慕容暐深陷前秦，自度不得脱，捎信勉励慕容泓等建成大业；前秦主苻坚亲率大军攻打后秦，断水以困后秦军，老天垂怜，下了及时雨。）

【注释】

[1]资备大驾：准备好帝王乘坐的车驾。[2]家兄皇帝：指慕容暐。慕容暐是慕容泓之兄。[3]翼卫乘舆：护卫皇帝的车驾。翼卫，护卫。[4]虎牢：关名，在今河南荥阳市西北汜水镇，其西侧即秦汉时代的成皋城。[5]邻好：睦邻友好，相互友善。[6]不可以国士期：不能指望你们能成为国士。国士，一国中的杰出之士，此指能守信义而言。期，望，希望能成为。[7]三竖：谓慕容垂、慕容泓、慕容冲。竖，对人的蔑称，犹"小子""混蛋"。[8]招谕：招降，劝说。[9]吴王：即慕容垂，为吴王。相国：佐助君王处理军国大事。[10]中山王：即慕容冲，为中山王。太宰：辅佐国王治理国家。[11]领：代理，兼任。大司马：古代专司武职的最高长官。[12]承制封拜：以皇帝的名义任命自己管辖地区的官员。承制，秉承皇帝的旨意。[13]听吾死问：一旦听到了我死的消息。问，意思同"闻"，消息。[14]即尊位：即皇帝之位，称帝。[15]进向：进攻。[16]燕兴：西燕君主慕容泓的第一个年号，共九年，公元384年四月至公元384年十二月。[17]封衡：后燕主慕容垂的属官右司马。[18]行围：巡视后燕军对邺城包围的情景。行，巡视。[19]华林园：古园林名，在今河北临漳县西南的古邺城北，曹操始建，后赵扩建，园周数十里，起三观，建四门，构筑豪华。[20]密：暗中，悄悄地。掩之：突然袭击。[21]冠军大将军隆：即慕容隆，慕容垂之子，慕容农之弟。[22]竟陵：郡名，郡治在今湖北钟祥市。赵统：东晋竟陵太守。[23]鲁阳：县名，县治在今河南鲁山县。[24]丰阳：县名，县治在今陕西山阳县，当时为洛州州治所在地。[25]巴郡：郡名，郡治在今重庆市。[26]北地：郡名，郡治在今陕西铜川市耀州区东。[27]华阴、北地、新平、安定：皆郡名。新平郡的郡治在今陕西彬州市，安定郡的郡治在今甘肃镇原县东南。[28]癸丑朔：六月一日。[29]赵氏坞：古地名，在今陕西铜川市耀州区。[30]杨璧：前秦大将、驸马，娶前秦主苻坚长女顺阳公主，任秦州刺史、护军将军、司空、梁州牧、益州牧、都督陇右诸军事。传见《晋书》卷一百十五。

［31］尹买：即姚尹买，后秦主姚苌之弟。苻坚率军围剿后秦军队，姚苌派姚尹买出战，最终被前秦名将窦冲斩杀。［32］塞安公谷：堵住了安公谷向赵氏坞的流水。安公谷，古地名，在今陕西铜川市。［33］堰同官水：筑堤隔断了同官水，也不让它向赵氏坞流。同官水，古水名，在今陕西铜川市。［34］恟（xiōng）惧：惊慌，恐惧。

慕容泓谋臣高盖[1]等，以泓德望不如慕容冲，且持法苛峻[2]，乃杀泓，立冲为皇太弟[3]，承制[4]行事，置百官；以盖为尚书令。后秦王苌遣子嵩为质于冲以请和。

将军刘春攻鲁阳，都贵奔还长安。

后秦王苌帅众七万击秦，秦王坚遣杨壁等拒之，为苌所败，获杨壁及右将军徐成、镇军将军毛盛等将吏数十人，苌皆礼而遣之。

燕慕容麟拔常山，秦苻亮、苻谟皆降。麟进围中山，秋，七月，克之，执苻鉴。麟威声大振，留屯中山。

秦幽州刺史王永[5]、平州刺史苻冲[6]帅二州之众以击燕。燕王垂遣宁朔将军平规[7]击永；永遣昌黎太守宋敞逆战于范阳[8]，敞兵败，规进据蓟南[9]。

秦平原公晖帅洛阳、陕城[10]之众七万归于长安。

秦王坚闻慕容冲去长安浸近[11]，乃引兵归[12]，遣抚军大将军、高阳公方戍骊山[13]，拜平原公晖为都督中外诸军事、车骑大将军、录尚书事，配兵五万以拒冲。冲与晖战于郑西[14]，大破之。坚又遣前将军姜宇与少子河间公琳帅众三万拒冲于灞上[15]。琳、宇皆败死，冲遂据阿房城[16]。

秦康回兵数败，退还成都。梓潼太守垒袭[17]以涪城来降。荆州刺史桓石民据鲁阳，遣河南太守高茂[18]北戍洛阳。

己酉[19]，葬康献皇后于崇平陵。

燕翟斌恃功骄纵，邀求无厌[20]，又以邺城久不下，潜有贰心[21]。太子宝请除之，燕王垂曰："河南之盟，不可负也。若其为难[22]，罪由于斌。今事未有形[23]而杀之，人必谓我忌惮其功能。吾方收揽豪杰以隆大业[24]，不可示人以狭[25]，失天下之望也。藉[26]彼有谋，吾以智防之，无能为也。”范阳王德、陈留王绍、骠骑大将军农皆曰：“翟斌兄弟恃功而骄，必为国患。”垂曰：“骄则速败，焉能为患。彼有大功，当听其自毙[27]耳。”礼遇弥重[28]。

斌讽丁零[29]及其党请斌为尚书令。垂曰：“翟王之功，宜居上辅[30]，但台既未建[31]，此官不可遽置[32]耳。”斌怒，密与前秦长乐公丕通谋，使丁零决堤溃水[33]。事觉，垂杀斌及其弟檀、敏[34]，余皆赦之。

斌兄子真[35]，夜将营众北奔邯郸[36]，引兵还向邺围[37]，欲与丕内外相应，太子宝与冠军大将军隆击破之。真还走邯郸。

太原王楷、陈留王绍言于垂曰：“丁零非有大志，但宠过为乱耳。今急之则屯聚[38]为寇，缓之则自散，散而击之，无不克矣。”垂从之。

（以上为第九段，写西燕反秦的势头正盛，慕容冲逼近长安，占据阿房宫城；翟斌自恃有功，邀官求赏，后燕将领请求杀之，慕容垂待其反迹显露而杀之。）

【注释】

［1］高盖：西燕尚书令。曾谋杀慕容泓，推慕容冲统领全军，立慕容冲为皇太弟；后屡次率兵交战前秦，被前秦太子苻宏、左将军窦冲、前禁将军李辩等人击退。［2］苛峻：苛刻，严酷。［3］皇太弟：皇帝无子，立其弟为接班人，称皇太弟。当时燕国的皇帝名义上是慕容暐，但慕容暐身陷苻坚的掌握之中，故燕人立慕容暐之弟慕容冲为接班人，代行其职。［4］承制：秉承皇帝旨意而便宜行事。承，继。［5］王永：北海剧县人，前秦名相王猛之子，为幽州刺史，镇守蓟城。事见《晋书》卷一百十五。［6］平州：州治在今辽宁辽阳市。苻冲：前秦皇族。苻坚时，为平州刺史；苻丕登基时，为左光禄大夫、尚书左仆射、西平王。［7］宁朔：原文为“平朔”，据章校改。宁朔将军，杂号将军之名。平规：平幼之弟，不是与苻洛同反的平规。［8］宋敞：前秦昌黎太守。逆战：迎战。范阳：郡名，郡治涿县，在今河北涿州市。［9］蓟（jì）南：蓟县城南。蓟县县治在今北京市西南部。［10］陕城：即陕县县城，为弘农郡治所在地。［11］去长安浸近：离自己的都城长安越来越近。浸，同“渐”。［12］乃引兵归：胡三省曰：“归自北地赵氏坞。使冲不逼长安，坚尚与苌相持，胜负之势未有所定也。冲兵既逼，坚不容不还长安，苌得收岭北以为资。坚、冲血战而苌伺其敝；坚死而鲜卑东出，苌坐而取关中。真所谓鹬蚌相争，渔人之利也。”［13］高阳公方：即苻方，苻健之子，封为高阳公，进封高阳王。苻坚在位时任抚军将军，戍长安骊山。后被慕容永在骊山打败。高阳公：三字原无，据章校补。骊山：山名，在当时长安城的东边，今陕西西安市临潼区东南侧。［14］郑西：郑县城西，郑县县治在今陕西华县北。［15］河间公琳

（lín）：即苻琳，字永瑶，前秦主苻坚幼子，擅于射术，封为河间公。西燕慕容冲等逼近长安，苻琳在灞上阻击，误中箭矢，不治身亡。灞（bà）上：古地名，在当时的长安城东南，今陕西西安市东的灞水西侧。［16］阿房城：即阿房宫城，在当时长安城的西南方，今陕西西安市西郊的阿房村、古城村一带。［17］梓潼：郡名，郡治涪县，在今四川绵阳市涪城区。垒袭：前秦梓潼太守。［18］高茂：东晋河南太守，镇守洛阳。［19］己酉：七月二十八日。［20］邀求：同“要求”，企求，向慕容垂邀功请赏。无厌：没有满足的时候。［21］潜：暗藏。贰心：犹言异心，叛变之心。［22］为难：叛变，作乱。［23］未有形：没有明显的犯罪表现。形，表露，表现。［24］隆大业：振兴我们的复国事业。［25］示人以狭：让人家看着我们心胸狭窄，待人不宽厚。［26］藉：即使，假使。［27］听其自毙：让他自取灭亡。毙，灭亡。［28］弥重：更加隆重。［29］讽：暗示。丁零：翟斌是丁零人，故以“丁零”代指其部将、死党。［30］上辅：最高的辅政大臣，对宰相的尊称。［31］台既未建：朝廷还尚未正式建立。当时对朝廷的中书省、尚书省等称台，故用“台”代指朝廷。慕容垂以慕容暐尚在，故自己未称尊号、未建朝廷。［32］不可遽（jù）置：不能一下子就设置这个官职。遽，立刻。［33］决堤溃水：当时慕容垂正引漳水灌邺城，翟斌要反帮苻丕，故欲决堤将水放走。［34］檀、敏：即翟檀、翟敏，翟斌之弟，因反叛后燕主慕容垂，被杀。［35］斌兄子真：即翟真，十六国时丁零部落首领之一，是前任首领翟斌之侄。曾依附翟斌随后燕军攻邺城，久攻不下，始有贰心，遂叛后燕，后被属下鲜于乞杀死。［36］邯郸：都邑名，在今河北邯郸市。［37］还向邺围：回兵指向包围邺城的后燕军队。［38］急之：对他们逼得太急。急，逼。屯聚：集结。

龟兹王帛纯窘急［1］，重赂狯胡［2］以求救。狯胡王遣其弟呐龙［3］、侯将馗［4］帅骑二十余万，并引温宿、尉头［5］等诸国兵合七十余万以救龟兹。秦吕光与战于城西，大破之。帛纯出走，王侯降者三十余国。光入其城；城如长安市邑，宫室甚盛。光抚宁［6］西域，威恩甚著，远方诸国，前世所不能服者，皆来归附，上汉所赐节传，光皆表而易之［7］，立帛纯弟震为龟兹王。

八月，翟真自邯郸北走，燕王垂遣太原王楷、骠骑大将军农帅骑追之，甲寅［8］，及于下邑［9］。楷欲战，农曰：“士卒饥倦，且视贼营不见丁壮，殆［10］有他伏。”楷不从，进战，燕兵大败。真北趋中山，屯于承营［11］。

邺中刍粮［12］俱尽，削松木以饲马。燕王垂谓诸将曰：“苻丕穷寇，必无降理，不如退屯新城［13］，开丕西归之路，以谢秦王畴昔［14］之恩，且为讨翟真之计[15]。”丙寅[16]夜，垂解围趋新城。遣慕容农徇清河、平原[17]，征督[18]租赋。农明立约束[19]，均适有无[20]，军令严整，无所侵暴，由是谷帛属路[21]，军资丰给。

戊寅[22]，南昌文穆公郗愔薨。

太保安奏请乘苻氏倾败，开拓中原，以徐、兖二州刺史谢玄为前锋都督，帅豫州刺史桓石虔伐秦。玄至下邳[23]，秦徐州刺史赵迁弃彭城走，玄进据彭城。

秦王坚闻吕光平西域，以光为都督玉门[24]以西诸军事，西域校尉[25]。道绝，不通。

秦幽州刺史王永求救于振威将军刘库仁，库仁遣其妻兄公孙希帅骑三千救之，大破平规于蓟南，乘胜长驱，进据唐城[26]，与慕容麟相持[27]。

九月，谢玄使彭城内史刘牢之攻秦兖州刺史张崇[28]。辛卯[29]，崇弃鄄城[30]奔燕，牢之据鄄城，河南城堡皆来归附。

太保安上疏自求北征。甲午[31]，加安都督扬、江等十五州[32]诸军事，加黄钺[33]。

慕容冲进逼长安，秦王坚登城观之，叹曰："此虏何从出哉[34]！"大呼责冲曰："奴何苦来送死！"冲曰："奴厌奴苦[35]，欲取汝为代[36]耳！"冲少有宠于坚，坚遣使以锦袍称诏遗之[37]。冲遣詹事称皇太弟令[38]答之曰："孤今心在天下，岂顾一袍小惠！苟能知命[39]，君臣束手，早送皇帝[40]，自当宽贷苻氏以酬曩好[41]。"坚大怒曰："吾不用王景略[42]、阳平公[43]之言，使白虏[44]敢至于此！"

（以上为第十段，写前秦军吕光出兵西域，打败违抗不从者，获得全胜；东晋太保谢安率军北伐，收复失地；西燕将领慕容冲进逼长安，前秦主苻坚悔之无及。）

【注释】

[1]龟兹王帛纯：龟兹国的国王名叫帛纯。龟兹是西域古国名，位于天山南麓，国都延城，在今新疆库车市。窘（jiǒng）急：被苻坚的部将吕光围困得非常危急。窘，无计可施。［2］赂：贿赂，收买。狯（kuài）胡：古代西北民族名，在龟兹国以西。［3］呐龙：狯胡王的弟弟。太元九年（384），前秦吕光所部在西域龟兹城南集中，设营筑垒，攻城激战，龟兹王渐渐不支，急忙

向猃胡请求援兵。猃胡王星夜派遣其弟呐龙、大将侯将馗率骑兵前往救援，被打败。［4］侯将馗（kuí）：有侯爵身份的将军名馗。［5］温宿、尉头：两西域国名。温宿，也称温肃，位于西部天山中段的托木尔峰南麓，塔里木盆地西北边缘，在今新疆温宿县、乌什县境内。都城在今新疆乌什县。尉头，治所在今新疆阿合奇县的哈拉奇乡一带，从事游牧，兼营农业，三国到北魏，附属于龟兹，被龟兹所吞并。［6］抚宁：安抚，稳定。［7］表而易之：上表报告苻坚，都给他们换成了前秦国的信物。易，更换。［8］甲寅：二字原无，据章校，应有之，故补。甲寅，八月三日。［9］及于下邑：追到下邑，追上了翟真。下邑，县名，县治在今安徽砀山县东。［10］殆（dài）：恐怕，大概。［11］承营：古地名，在今河北定州市东南。［12］刍粮：喂马的草与人吃的粮食。［13］新城：即肥乡的新兴城，在今河北邯郸市肥乡区东南。［14］畴（chóu）昔：过去，从前。［15］为讨翟真之计：意即集中力量对付翟真。［16］丙寅：八月十五日。［17］徇清河、平原：带兵巡行清河、平原二郡。清河，郡治在今河北清河县东；平原，郡治在今山东平原县南。［18］征督：征讨，督促。［19］明立约束：明确地订下各种章程。［20］均适有无：都按照各地居民贫穷与富有的实际情况。［21］谷帛属路：给慕容垂军队送粮、送衣的车子络绎不绝。帛，丝织物，这里即指衣物。属，连，连续不断。［22］戊寅：八月二十七日。［23］下邳：郡名，郡治在今江苏邳州市。［24］玉门：古关名，因西域输入玉石时取道于此而得名，是古代通往西域各地的门户，故址在今甘肃敦煌市西北小方盘城。［25］西域校尉：官名，掌管西域少数民族事务。［26］唐城：在今河北定州市北，相传唐尧曾都此，故名唐城，亦名尧城。［27］与慕容麟相持：六字原无，据章校补。［28］张崇：前秦兖州刺史。［29］辛卯：九月十一日。［30］鄄（juàn）城：县名，县治在今山东鄄城县北旧城镇。［31］甲午：二字原无，据章校补。甲午，九月十四日。［32］扬、江等十五州：指扬州、徐州、南徐州、兖州、南兖州、豫州、南豫州、江州、青州、冀州、幽州、并州、司州、荆州、雍州。［33］加黄钺（yuè）：授予黄钺。黄钺，以黄金为饰的大斧。古代为帝王所专用，或特赐给专主征伐的重臣，以象征他具有无上权威。［34］何从出哉：是从哪里冒出来的呢？苻坚言此，乃后悔自己养痈遗患。［35］奴厌奴苦：我这个"奴"讨厌做奴隶的辛苦。上"奴"字是就苻坚的话用来指自己，下"奴"字指奴仆。［36］欲取汝为代：想让你来代替我做奴隶。［37］称诏遗之：说是皇帝特别送给你的。［38］詹事：官名，为东宫诸官之长，也就是慕容冲的僚属之长。称皇太弟令：以燕国储君身份的名义。［39］苟能知命：如果你真是知天命、识时务。［40］早送皇帝：早早地把我们的皇帝慕容暐送回燕国。［41］宽贷：即宽待，宽大对待。贷，通"待"。以酬曩（nǎng）好：以报答你们过去对我们的友好。酬，谢。曩好，旧恩。［42］王景略：称王猛之字。［43］阳平公：即苻融，封阳平公，故称。［44］白虏：前秦人称鲜卑人为"白虏"。

冬，十月，辛亥朔[1]，日有食之。

乙丑[2]，大赦。

谢玄遣阴陵太守高素攻秦青州刺史苻朗[3]，军至琅邪，朗来降。朗，坚之从子也。

翟真在承营，与公孙希、宋敞遥相首尾。长乐公丕遣宦者冗从仆射[4]清河光祚将兵数百赴中山，与真相结。又遣阳平太守邵兴将数千骑招集冀州故郡县，与祚期会襄国[5]。

是时，燕军疲弊，秦势复振，冀州郡县皆观望成败，赵郡人赵粟等起兵柏乡[6]以应兴。燕王垂遣冠军大将军隆、龙骧将军张崇将兵邀击[7]兴，命骠骑大将军农自清河[8]引兵会之。隆与兴战于襄国，大破之。兴走至广阿[9]，遇慕容农，执之。光祚闻之，循西山[10]走归邺。隆遂击赵粟等，皆破之，冀州郡县复从燕。

刘库仁闻公孙希已破平规，欲大举兵以救长乐公丕，发雁门、上谷、代郡[11]兵，屯繁畤[12]。燕太子太保慕舆句之子文[13]、零陵公慕舆虔之子常[14]时在库仁所，知三郡兵不乐远征，因作乱，夜攻库仁，杀之，窃其骏马，奔燕。公孙希之众闻乱自溃，希奔翟真。库仁弟头眷代领库仁部众。

秦长乐公丕遣光祚及参军封孚召骠骑将军张蚝、并州刺史王腾于晋阳以自救；蚝、腾以众少不能赴。丕进退路穷，谋于僚佐。司马杨膺请自归于晋[15]，丕未许。会谢玄遣龙骧将军刘牢之等据碻磝[16]，济阳太守郭满据滑台[17]，将军颜肱、刘袭军于河北[18]，丕遣将军桑据屯黎阳[19]以拒之。刘袭夜袭据，走之，遂克黎阳。丕惧，乃遣从弟就与参军焦逵[20]请救于玄，致书称："欲假涂求粮[21]，西赴国难[22]，须援军既接[23]，以邺与之。若西路不通，长安陷没，请帅所领保守邺城[24]。"逵与参军姜让密谓膺曰："今丧败如此，长安阻绝，存亡不可知，屈节竭诚[25]以求粮援，犹惧不获；而公豪气不除[26]，方设两端[27]，事必无成。宜正书为表[28]，许以王师之至，当致身南归[29]，如其不从[30]，可逼缚与之[31]。"膺自以力能制丕，乃改书[32]而遣之。

谢玄遣晋陵太守滕恬之[33]渡河守黎阳。恬之，修之曾孙也。朝廷以兖、青、司、豫既平，加玄都督徐、兖、青、司、冀、幽、并七州诸军事。

（以上为第十一段，写投降前秦的匈奴首领刘库仁欲大举出兵救援长乐公苻丕，驻扎繁畤，慕舆文等背叛，将其杀之；苻丕被困守邺城，走投无路，向东晋求援。）

【注释】

［1］辛亥朔：十月一日。［2］乙丑：十月十五日。［3］青州：州治广固城，在今山东淄博市东。苻朗：字元达，苻坚之侄，前秦青州刺史，封乐安男，后投降东晋，加封员外散骑侍郎。到扬州后，和东晋豪门斗富争奇，侮辱骠骑长史王忱兄弟。几年后，被王氏兄弟王国宝进谗言杀害。［4］冗从仆射：官名，宫中侍卫的主官。［5］期会：相会，约会。襄国：古地名，在今河北邢台市，当年石勒曾用为后赵的都城。［6］柏乡：县名，故城在今河北柏乡县西南。［7］邀击：拦击，截击。［8］清河：郡名，因境内有清河流经而得名，郡治清阳县，在今河北清河县东高庄一带。［9］广阿：县名，县治在今河北隆尧县东。［10］循西山：顺着西侧的太行山。循，顺着。［11］雁门、上谷、代郡：三郡名，雁门郡郡治在今山西代县西南侧，上谷郡郡治在今河北怀来县东南，代郡郡治在今河北蔚县东北的代王城。［12］繁畤（zhǐ）：县名，县治在今山西浑源县西南。［13］太子太保：太子保傅，职同“太子太师”。慕舆句：前燕官员，为太子太保。慕容廆时，曾掌府库，主财务。慕容俊使其督蓟中留事。文：即慕舆文，慕舆句之子。［14］零陵公：封地零陵郡，郡治在今湖南永州市零陵区。其地不在前燕统治区内，此为遥封虚衔。慕舆虔：前燕中军将军，封零陵公。曾率军攻打敕勒部族，彻底攻破，俘获斩首十多万人。常：即慕舆常，零陵公之子。［15］杨膺：苻丕的妃子之兄，前秦射声校尉、征东左司马。自归于晋：前往投降东晋。［16］碻（qiāo）磝（áo）：城名，在今山东聊城市茌平区西南的古黄河南岸，当时为济北郡的郡治所在地。［17］济阳：郡名，西晋惠帝时，分兖州陈留国，置济阳国，后降为济阳郡，治所济阳县，在今河南兰考县东北。郭满：东晋官员，时为济阳太守。滑台：古城名，在今河南滑县东。［18］颜肱、刘袭：东晋将军。河北：指滑台的古黄河北岸。［19］桑据：前秦将军。黎阳：县名，县治在今河南浚县东北。［20］就：即苻就，前秦将领，苻丕的堂弟。焦逵：前秦将领，为参军。［21］假涂求粮：借给通道与支持粮草。假，借。涂，同“途”。［22］西赴国难：解救长安的危急。［23］须援军既接：等与西上的援军会合后。须，等待。援军，指谢玄之军。接，连接，会合。［24］请帅所领保守邺城：请准许他统率自己所辖秦军固守邺城，以抵抗后燕军。［25］屈节竭诚：放下架子，真诚投降。［26］豪气不除：狂傲之气一点没减。［27］方设两端：左右摇摆。［28］正书为表：端端正正地写一篇表章。正书，楷书。古时给皇帝上表，均写楷书，表示恭敬。［29］致身南归：一齐委身归晋。致身，委身。［30］如其不从：如果苻丕不同意。［31］可逼缚与之：指用武力捆绑，将其交与东晋。［32］改书：改写了苻丕的书信。［33］晋陵：郡名，郡治丹徒，在今江苏镇江市。滕恬之：西晋安南将军滕修曾孙，东晋龙骧将军、魏郡太守，守黎阳，被翟辽所害。传见《晋书》卷五十七。

后秦王苌闻慕容冲攻长安，会群僚议进止[1]，皆曰：“大王宜先取长安，建立根本，然后经营四方。”苌曰：“不然。燕人因其众有思归之心以起兵，若得其志，必不久留关中，吾当移屯岭北[2]，广收资实[3]，以待秦亡燕去，然后拱手取之[4]耳。”乃留其长子兴守北地[5]，使宁北将军姚穆守同官川[6]，自将其众攻新平[7]。

初，新平人杀其郡将[8]，秦王坚缺其城角以耻之[9]，新平民望深以为病[10]，欲立忠义以雪[11]之。及后秦王苌至新平，新平太守南安苟辅[12]欲降之，郡人辽西太守冯杰、莲勺令冯羽、尚书郎赵义、汶山太守冯苗谏曰：“昔田单[13]以一城存齐[14]，今秦之州镇，犹连城过百，奈何遽[15]为叛臣乎！”辅喜曰：“此吾志也，但恐久而无救，郡人横被无辜[16]，诸君能尔，吾岂顾生哉！”于是，凭城固守。后秦为土山地道，辅亦于内为之，或战地下，或战山上，后秦之众死者万余人。辅诈降以诱苌，苌将入城，觉之而返，辅伏兵邀击[17]，几获之，又杀万余人。

陇西处士王嘉，隐居倒虎山[18]，有异术[19]，能知未然[20]，秦人神之。秦王坚、后秦王苌及慕容冲皆遣使迎之。十一月，嘉入长安，众闻之，以为坚有福，故圣人助之，三辅堡壁及四山氐、羌[21]，归坚者四万余人。坚置嘉及沙门道安[22]于外殿，动静咨之[23]。

燕慕容农自信都西击丁零翟辽于鲁口[24]，破之。辽退屯无极[25]，农屯藁城[26]以逼之。辽，真之从兄也。

鲜卑[27]在长安城中者犹千余人，慕容绍之兄肃[28]，与慕容暐阴谋结鲜卑为乱。十二月，暐白坚，以其子新昏[29]，请坚幸其家，置酒，欲伏兵杀之。坚许之，会天大雨，不果往[30]。事觉，坚召暐及肃，肃曰：“事必泄矣，入则俱死。今城内已严[31]，不如杀使者驰出，既得出门，大众便集[32]。”暐不从，遂俱入。坚曰：“吾相待何如，而起此意？”暐饰辞[33]以对。肃曰：“家国事重，何论意气[34]！”坚先杀肃，乃杀暐及其宗族，城内鲜卑无少长、男女，皆杀之。燕王垂幼子柔[35]，养于宦者宋牙[36]家为牙子，故得不坐[37]，与太子宝之子盛乘间[38]得出，奔慕容冲。

燕慕容麟、慕容农合兵袭翟辽，大破之，辽单骑奔翟真。

燕王垂以秦长乐公丕犹据邺不去，乃更引兵围邺，开其西走之路。焦逵见谢玄，玄欲征丕任子[39]，然后出兵。逵固陈丕款诚[40]，并述杨膺之意，玄乃遣刘牢之、滕恬之等帅众二万救邺。丕告饥，玄水陆运米二千斛以馈[41]之。

秦梁州刺史潘猛[42]弃汉中，奔长安。

（以上为第十二段，写后秦主姚苌听说慕容冲攻打长安，决定按兵不动，坐收渔人之利；慕容肃与慕容暐密谋作乱，谋杀苻坚，事泄，在长安的鲜卑人全部被杀。）

【注释】

[1]议进止：商量应如何采取行动。进止，是进，还是止。[2]岭北：指九嵕山以北的新平郡、北地郡、安定郡一带地区。九嵕山在今陕西礼泉县东北。[3]资实：指各种财物粮食。[4]拱手取之：不费任何力气地将地盘夺过来。拱手，又称作揖，行礼时，双手互握合于胸前，极言其清闲不费力。[5]兴：即姚兴，字子略，后秦主姚苌嫡长子，后秦第二位国主。传见《晋书》卷一百十七。北地：郡名，郡治在今陕西铜川市耀州区。[6]姚穆：后秦宁北将军。同官川：即同官水，在今陕西铜川市附近。[7]新平：郡名，郡治漆县，在今陕西彬州市。[8]杀其郡将：杀了本郡的太守。郡将，指太守。[9]缺其城角以耻之：据《晋书》卷一百十四《苻坚载记下》，石虎末年，清河人崔悦为新平相，被郡人所杀。崔悦子液后来在苻坚手下做尚书郎，自表父仇不共戴天，请还冀州。苻坚怜悯他，为他处罚新平人，勒令不准做官，并拆毁新平城角以羞辱他们。[10]民望：谓郡中有声望的豪绅。深以为病：深感到这是新平郡的莫大耻辱。病，羞耻。[11]雪：洗刷。[12]苟辅：南安（今甘肃陇西县）人，前秦新平太守。姚苌攻新平，苟辅固守，粮矢皆尽，外援不至，中姚苌计，率众出城返长安，尽被姚苌坑杀。谥节愍。[13]田单：战国时齐国名将。传见《史记》卷八十二。[14]以一城存齐：指田单坚守即墨，用火牛阵大破燕军，并进而收复失地，重建齐国。[15]遽（jù）：急忙，着急。[16]横被无辜：无缘无故地被人残杀。横，无端，无辜。[17]邀击：拦击，截击。[18]倒虎山：山名，在今陕西渭南市东南。[19]异术：奇特的本领，指占卜、星相之术。[20]未然：尚未发生的事。[21]三辅堡壁：三辅地区的碉堡、坞壁。三辅，指京兆尹、左冯翊、右扶风，是长安与其周围地区的三个郡级行政单位。堡壁，战时平民为自保而修筑的防御工事。四山氐（dī）、羌：四周山区的氐族人、羌族人。[22]沙门：出家的佛教徒的总称。道安：东晋高僧。曾编纂《综理众经目录》，确立僧尼戒规，主张僧侣以“释”为姓。传见南朝梁释慧皎《高僧传》。[23]动静咨之：有什么行动都听取他们的意见。动静，偏义复词，这里即指行动、活动。[24]信都：城名，在今河北衡水市冀州区。翟辽：丁零族，丁零首领翟真堂兄，十六国时翟魏政权建立者。父亲被杀后，逃奔黎阳太守滕恬之。后杀死滕恬之，占据黎阳郡。后燕攻打时，遣使投降，受封徐州牧，封河南郡公，不久反叛，又遣

使谢罪，遭拒，遂自称天王，建立翟魏政权。传见《晋书》卷八十一。鲁口：县名，县治在今河北饶阳县。［25］无极：县名，县治在今河北无极县。［26］藁城：县名，县治在今河北石家庄市藁城区西南。［27］鲜卑：此指鲜卑族的慕容氏。［28］肃：即慕容肃，前燕宗室大臣，前燕灭亡后受到苻坚善待，后伙同慕容暐谋反，欲以慕容暐之子婚礼诱杀苻坚，最终事情败露，被苻坚诛杀。［29］新昏：同“新婚”。［30］不果往：没有去成。果，果真。［31］已严：谓鲜卑人已严阵以待。［32］大众便集：人便会越集越多。［33］饰辞：编造谎言。［34］何论意气：哪里还顾得上讲私人情谊。意气，情谊，指苻坚厚待慕容氏的情意。［35］柔：即慕容柔，慕容垂的小儿子，养育在宦官宋牙家里，作为宋牙的儿子，没有坐罪被杀，后乘机逃出，投奔西燕，与慕容盛等人回到了后燕，封爵阳平王，谥号孝。［36］宋牙：前秦宦官。［37］不坐：没有牵连被杀。坐，连坐，牵连定罪。［38］盛：即慕容盛，字道运，燕惠愍帝慕容宝长子，后燕国主。传见《晋书》卷一百二十四。乘间：趁空子，趁机会。［39］征丕任子：要求苻丕派出儿子为人质。［40］款诚：恳挚，忠诚。［41］斛（hú）：古代容量单位，十斗为一斛，一斛也叫一石。馈（kuì）：赠送。［42］潘猛：前秦梁州刺史，后放弃州治所在地汉中，逃奔长安。梁州地区又回归东晋王朝。

【点评】

淝水之战。淝水之战是中国历史上著名的以少胜多的战例。前秦军投入的兵力有七十多万，而东晋只出动了八万兵马。

首先，前秦主苻坚不顾众多大臣的反对，一意孤行，失败是必然的。有诸葛亮之称的前秦宰相王猛，在八年前去世时就说过，晋朝虽然偏安江南，但为华夏正统，而且上下安和，千万不可图灭晋朝。在出征前的御前会议上，群臣几乎众口一词，反对出兵攻打东晋，接替王猛职位的大将军苻融，甚至声泪俱下，劝说不要出兵，苻坚根本听不进去。而劝说出兵的，是前燕投诚过来的冠军将军慕容垂，他是别有用心，不怀好意，可正中苻坚下怀。那么苻坚为什么要一意孤行呢？这种举动也不可一概否定。其中有苻坚的统一情怀，并进行了坚持不懈的努力；也有他的轻敌思想，他在前几次攻打前燕、前凉、代国取得成功的基础上，有些骄傲，认为东晋不足惧，并且要亲自出征。可是，一出战成千古恨。

其次，东晋宰相谢安在淝水之战中起了重要作用。其一，作为宰相，在皇帝司马曜非常懦弱的情况下，掌控朝局，专擅朝政，能够注重调节各方面的利益和矛盾，如处理与桓温势力的平衡问题，既不像当年庾亮处理苏峻而引发冲突那样，也不是一味退让、迁就，使得朝野上下非常和谐，同心并力，这可以说是取得淝水之战胜利的重要基础。当年桓温北伐，不能奏效，就是因为朝野上下矛盾重重，近乎孤军奋战所致。其二，谢安举贤不避亲，力荐侄儿谢玄出任建武将军，谢玄招募北来民众中的骁勇之士，组建训练一支精锐部队，号为“北府兵”。如果没有谢玄以及他的北府兵，淝水之战能否取胜，要打上一个大大的问号。其三，在淝水大战前，东晋朝野上下惴惴不安，人心惶惶，而谢安始终不动声色，甚至桓冲派出三千得力干将前来保护朝廷，都被谢安退回去了，这对稳定朝局确实起了重要作用。

再次，朱序在淝水之战中起到了关键性的作用。朱序在淝水之战中的功绩不可埋没。朱序原是东晋梁州刺史，镇守襄阳，秦军攻下襄阳，把他捉了过去，苻坚觉得朱序非常忠贞，就任以为将，而他身在曹营心在汉。在淝水之战前，苻坚自认为能够速战速决，就派朱序前去劝降谢石，朱序前去通风报信，送去了至关紧要的军事情报，并提示谢石要先发制人，击溃前秦的先锋部队。他说："秦军虽有百万之众，但还在进军中，如果兵力集中起来，晋军将难以抵御。现在情况不同，应趁秦军没能全部抵达的时机，迅速发动进攻，只要能击败其前锋部队，挫其锐气，就能击破秦国百万大军。"这番话如醍醐灌顶，改变了谢石原来认为秦军强大，而采用坚守不战，待敌疲惫后再伺机反攻的战略，决定转守为攻，主动出击。这才有了后面的压轴好戏。谢石派谢琰挑选八千名勇士渡过淝水挑战。秦军稍微向后撤退一点，朱序在军阵后面高声呼喊："秦军失败了！"这一喊不要紧，秦军真的以为是失败了，潮水般地向后撤退。后人曾评论淝水之战说："幸而朱序私通军情，苻坚骄傲自满，苻融未谙军机，临阵自退，以致晋军乘势得胜耳。"其说符合实情，朱序所起的作用不可忽视。

最后，谢石以征虏将军兼假节、征讨大都督的身份，在淝水之战中发挥了统率作用。年轻将领谢玄临阵随机应变，劝说临河布阵的秦军向后退一点，造成秦军的致命被动。

卷一〇六　晋纪二十八

晋孝武帝太元十年至十一年（385—386 年）

【起旃蒙作噩（乙酉，385 年），尽柔兆阉茂（丙戌，386 年），凡二年】

【大事提要】

本卷记事起于公元 385 年，到公元 386 年，凡二年，时当晋孝武帝（司马曜）太元十年至太元十一年。本卷所载大事，主要有五个方面。其一，慕容冲即帝位。原前燕主慕容暐之弟慕容冲，起兵于河东，投靠济北王慕容泓。慕容泓被谋杀，其为皇太弟，承制行事，又占据阿房。公元 385 年，慕容冲在阿房即帝位，改元更始，是为“西燕”。而后亲率军队围攻前秦都城长安，大肆抢掠、杀人无数。其二，姚苌在新平杀苻坚。西燕慕容冲围攻前秦都城长安，前秦主苻坚率领数百骑兵出奔五将山。公元 385 年，后秦主姚苌骁骑将军吴忠率兵包围并俘获苻坚。姚苌派人向苻坚索要传国玉玺，苻坚不给。姚苌又要求禅位，也被苻坚拒绝，姚苌派人在新平佛寺将苻坚缢死。其三，苻丕在晋阳即帝位。前秦主苻坚新平遇难时，其子长乐公苻丕率领邺城 6 万多人向长安进发，途中被骠骑将军张蚝、并州刺史王腾等迎入晋阳。苻丕方知苻坚被害，长安已失守，于公元 385 年在晋阳发丧，即位，改元大安。追谥苻坚为宣昭皇帝，庙号世祖。其四，乞伏国仁建西秦。鲜卑首领乞伏国仁出于陇西，其父乞伏司繁率领部众归附前秦主苻坚，为南单于。淝水之战后，乞伏国仁召集部落，聚众十多万人。公元 385 年，乞伏国仁自称大都督、大将军、大单于，建元建义，建立西秦，设置十二郡，建都于勇士城。其五，拓跋珪初称魏王。前秦消灭代国后，拓跋什翼犍之孙拓跋珪先后流寓于独孤部和贺兰部。公元 386 年，在牛川召开部落大会，十六岁的拓跋珪趁乱重兴代国，即代王位，建元登国，设立百官，后改称魏王。拓跋氏自此以魏为国号，从此兴盛。史称拓跋魏或北魏。

烈宗孝武皇帝中之上

太元十年（乙酉，385 年）

春，正月，秦王坚朝飨群臣[1]。时长安饥，人相食，诸将归，吐肉以饲妻子[2]。

慕容冲即皇帝位于阿房[3]，改元更始。冲有自得[4]之志，赏罚任情[5]。慕容盛[6]年十三，谓慕容柔[7]曰："夫十人之长，亦须才过九人，然后得安。今中山王才不逮人[8]，功未有成，而骄汰已甚[9]，殆难济乎[10]！"

后秦[11]王苌留诸将攻新平[12]，自引兵击安定[13]，擒秦安西将军勃海公珍[14]，岭北[15]诸城悉降之。

甲寅[16]，秦王坚与西燕主冲战于仇班渠[17]，大破之。乙卯[18]，战于雀桑[19]，又破之。甲子[20]，战于白渠[21]，秦兵大败。西燕兵围秦王坚，殿中将军邓迈力战却之，坚乃得免。壬申[22]，冲遣尚书令高盖[23]夜袭长安，入其南城，左将军窦冲[24]、前禁将军李辩[25]等击破之，斩首八百级，分其尸而食之。乙亥[26]，高盖引兵攻渭北诸垒[27]，太子宏与战于成贰壁[28]，大破之，斩首三万。

燕带方王佐[29]与宁朔将军平规[30]共攻蓟，王永[31]兵屡败。二月，永使宋敞烧和龙[32]及蓟城宫室，帅众三万奔壶关[33]，佐等入蓟。

慕容农引兵会慕容麟于中山[34]，与共攻翟真。麟、农先帅数千骑至承营[35]，观察形势[36]。翟真望见，陈兵而出。诸将欲退，农曰："丁零非不劲勇，而翟真懦弱，今简精锐[37]，望真所在而冲之，真走，众必散矣，乃邀门而蹙之[38]，可尽杀也。"使骁骑将军慕容国[39]帅百余骑冲之，真走，其众争门，自相蹈藉[40]，死者太半[41]，遂拔承营外郭[42]。

癸未[43]，秦王坚与西燕主冲战于城西[44]，大破之，追奔至阿城[45]。诸将请乘胜入城，坚恐为冲所掩[46]，引兵还。

乙酉[47]，秦益州刺史王广[48]以蜀人江阳太守李丕[49]为益州刺史，守成都。己丑[50]，广帅所部奔还陇西[51]，依其兄秦州刺史统[52]，蜀人随之者三万余人。

刘牢之至枋头[53]。杨膺、姜让谋泄[54]，长乐公丕收杀之。牢之闻之，盘桓[55]不进。

秦平原悼公晖[56]数为西燕主冲所败，秦王坚让之曰："汝，吾之才子也，拥大众与白虏小儿[57]战，而屡败，何用生为[58]！"三月，晖愤恚自杀[59]。

前禁将军李辩、都水使者陇西彭和正[60]恐长安不守，召集西州[61]人，屯于韭园[62]，坚召之，不至。

西燕主冲攻秦高阳愍公方于骊山[63]，杀之，执秦尚书韦钟，以其子谦为冯翊[64]太守，使招集三辅[65]之民，冯翊垒主邵安民[66]等责谦曰："君雍州望族[67]，今乃从贼，与之为不忠不义，何面目以行于世乎！"谦以告钟，钟自杀，谦来奔[68]。

秦左将军苟池[69]、右将军俱石子[70]与西燕主冲战于骊山，兵败。西燕将军慕容永[71]斩苟池，俱石子奔邺。永，廆弟运之孙；石子，难之弟也。

秦王坚遣领军将军杨定[72]击冲，大破之，虏鲜卑万余人而还，悉坑之。定，佛奴之孙、坚之婿[73]也。

（以上为第一段，写长安发生灾荒，人相食，慕容冲称帝阿房，改元更始，史称西燕，与前秦角逐争斗，互有胜负；前秦主苻坚十分痛恨，俘获了一万多人，全部坑杀。）

【注释】

［1］朝飨群臣：在朝廷宴请群臣，一说祭祀太庙。飨，用酒食款待人。［2］饲妻子：给妻子与儿子吃。［3］慕容冲：小字凤皇，前燕主慕容俊之子，称帝于关中。传见《晋书》卷一百十三。阿房：秦朝未修完的宫殿名，遗址在今陕西西安市西郊阿房村、古城村一带。［4］自得：自觉得意，沾沾自喜。［5］赏罚任情：凭着个人的感情意愿，对人进行赏赐或惩罚。［6］慕容盛：字道运，慕容宝长子，后燕国主。传见《晋书》卷一百二十四。［7］慕容柔：慕容垂小儿子。［8］才不逮（dài）人：才能不如别人。不逮，不如，赶不上。逮，及，赶得上。［9］骄汰（tài）：傲慢，奢侈。已甚：过甚，过分。［10］殆（dài）难济乎：恐怕是难以成功的吧。殆，恐怕，大概。济，成功。［11］后秦：十六国时羌族首领姚苌继前秦在关中建立的政权。［12］新平：郡名，郡治在今陕西彬州市。［13］安定：郡名，郡治在今甘肃泾川县北的泾河北岸。［14］珍：即苻珍，前秦安西将军，封勃海公，守安定，太元十年（385）被姚苌擒获。［15］岭北：指九嵕山以北的新平郡、北地郡、安定郡一带地区。九嵕山在今陕西礼泉县东北。［16］甲寅：二月六日。［17］仇班渠：渠名，在今陕西西安市西北。［18］乙卯：二月七日。［19］雀桑：古地名，在今陕西西安市西北。［20］甲子：二月十六日。［21］白渠：渠名，汉代白公所凿，自今陕西礼泉县西北的谷口引泾水东南流，经西安市高陵区和临潼区，至渭南市下邽镇南注入渭河。

［22］壬申：二月二十四日。［23］高盖：西燕尚书令。曾谋杀慕容泓，推慕容冲统领全军，立慕容冲为皇太弟；后屡次率兵交战前秦，被前秦太子苻宏、左将军窦冲、前禁将军李辩等人击退。［24］窦冲：十六国时秦州武都人，前秦名将。官至大司马、雍州牧，领左丞相。至苻坚远亲苻登继承帝位，因不满而反叛，自称秦王，年号元光。太元十九年（394），窦冲逃奔汧川，被擒，解送后秦。传见《晋书》卷一百十五。［25］前禁将军：主管宫中宿卫。李辩：前秦前禁将军、河州刺史，曾参与前秦灭前凉之战。后同窦冲联手大败西燕高盖。［26］乙亥：二月二十七日。［27］渭北：指渭河以北地区。渭河，发源于今甘肃渭源县鸟鼠山，由陕西潼关县汇入黄河。诸垒：各个坞垒、堡垒，构筑的防御工事。［28］成贰壁：古地名，成贰是人名，关中大乱，立壁自保，因以为地名，在今陕西咸阳市。［29］带方王佐：即慕容佐，后燕宗室，被封为带方王。带方，古郡名，辖地约当今朝鲜境内的黄海南道、黄海北道一带地区。［30］平规：平幼之弟，西燕宁朔将军。［31］王永：前秦名相王猛之子，幽州刺史，镇守蓟城。［32］和龙：也称龙城，在今辽宁朝阳市，前燕前期的都城。［33］壶关：县名，县治在今山西长治市东南。因其山形似壶，设关于此，故名。［34］中山：诸侯国名，都城在今河北定州市。［35］承营：古地名，在今河北定州市东南，当时翟真率兵驻扎于此。［36］形势：地形地貌以及敌方的发展态势。［37］简：选拔，挑选。精锐：精干，勇猛。［38］邀门而蹙（cù）之：堵着门口攻击他。邀，拦截，这里指迎面。蹙，逼迫，收缩，这里即指攻击。［39］慕容国：鲜卑族，十六国时后燕宗室，历任后燕骁骑将军，左将军。后与殿中将军秦舆、段赞等人密谋暗杀后燕主慕容盛，未果事泄，被杀。［40］蹈藉：踩，践踏。［41］太半：大半，三分之二。［42］外郭：外城。内城为城，外城为郭。［43］癸未：三月六日。［44］城西：指长安城西。［45］阿城：阿房宫旧址的城堡。［46］所掩：被其埋伏所袭击。掩，乘其不备突然袭击。［47］乙酉：三月八日。［48］益州：州治在今四川成都市。王广：前秦益州刺史、益州牧、安西将军。［49］江阳：郡名，郡治在今四川泸州市。李丕：前秦官员，为江阳太守、益州刺史。［50］己丑：三月十二日。［51］陇西：郡名，郡治在今甘肃陇西县的东南侧。［52］依其兄秦州刺史统：八字原无，据章校补。［53］枋（fāng）头：古地名，在今河南卫辉市西南的淇门渡，军事要地。［54］谋泄：杨膺等欲拘捕苻丕，迫使其归顺东晋之谋泄漏。［55］盘桓：逗留，徘徊不前。［56］平原悼公晖（huī）：即苻晖，前秦主苻坚之子，封任平原公、任豫州牧，迁车骑大将军、都督中外诸军事、录尚书事。统兵驻洛阳，被西燕屡屡击败，引兵退回长安，被苻坚责备，惭而自杀。传见《晋书》卷一百十四。［57］白虏小儿：指慕容冲。秦人称鲜卑人为白虏。［58］何用生为：犹言还有脸活着，还活着做什么？“为”字倒置，表示疑问。［59］愤恚（huì）自杀：胡三省曰：“坚怒责晖，欲其死战耳，岂意其自杀哉？”然而，前秦大势已去，苻晖感到绝望，故自杀了事。恚，愤怨。［60］都水使者：掌舟楫航运之事，为总领各都水长之官。晋置都水台，有都水使者一人。彭和正：陇西人，仕前秦，为晋兴太守、黄门侍郎、都水使者。［61］西州：西部之州，指陇山以西的秦州、凉州。［62］韭园：古地名，在今陕西西安市西。［63］高阳愍公方：即苻方，苻健之子，封为高阳公，进封高阳王。

苻坚在位时任抚军将军，戍长安骊山。骊山：山名，在当时的长安城东南方，今陕西西安市东北方的临潼区东南。［64］谦：即韦谦，京兆杜陵人，前秦尚书韦钟之子，韦华之兄，为西燕冯翊太守。冯翊（yì）：也称左冯翊，郡名，郡治在今陕西之大荔县。［65］三辅：长安与其邻近地区的三个郡，指京兆尹、左冯翊、右扶风。［66］邵安民：为冯翊垒主。［67］雍州望族：雍州地区有声望的世家豪族。韦氏为西汉丞相韦贤之后，曾出过七个宰相、五个公爵。韦氏祖居山东邹县，韦贤以后世代居住在长安西北方的平陵，属右扶风，上属于雍州。雍州，州治在今陕西西安市。［68］来奔：逃出关中投降东晋王朝。［69］苟池：前秦将领，任左将军、领军将军。参与前秦灭前凉之战，又统军与诸将攻襄阳，皆取得胜利。后为西燕大将慕容永所杀。［70］俱石子：凉州金城人，前秦并州刺史俱难之弟，苻坚在位时为右将军，后逃奔邺城投奔苻丕；苻丕即位，为卫大将军、尚书右仆射，封濮阳公；后来苻丕与西燕慕容永交战，秦军大败，俱石子战死。［71］慕容永：字叔明，前燕西平公慕容运之孙，西燕末代国主。传见《魏书》卷九十五。［72］杨定：仇池国宗室杨佛奴之孙，杨宋奴之子，前秦名将、前秦驸马爷，官拜左丞相、上大将军、都督中外诸军事。曾以两千五百人大败西燕军，俘斩万余人而还。后到陇右建立国家，为后仇池国第一任君主。后兵败身死。［73］坚之婿：三字原无，据章校补。

荥阳人郑燮以郡来降[1]。

燕王垂攻邺，久不下，将北诣冀州，乃命抚军大将军麟屯信都，乐浪王温屯中山，召骠骑大将军农还邺。于是，远近闻之，以燕为不振，颇怀去就[2]。

农至高邑[3]，遣从事中郎眭邃[4]近出，违期[5]不还。长史张攀[6]言于农曰："邃，目下参佐[7]，敢欺罔不还，请回军讨之。"农不应，敕备假版[8]，以邃为高阳[9]太守，参佐家在赵北[10]者，悉假署遣归[11]。凡举补太守三人，长史二十余人，退谓攀曰："君所见殊误[12]，当今岂可自相鱼肉[13]！俟吾北还[14]，邃等自当迎于道左[15]，君但[16]观之。"

乐浪王温在中山，兵力甚弱，丁零四布，分据诸城。温谓诸将曰："以吾之众，攻则不足，守则有余。骠骑、抚军[17]，首尾连兵[18]，会须灭贼[19]，但应聚粮厉兵以俟时[20]耳。"于是，抚旧招新，劝课农桑[21]，民归附者相继，郡县壁垒[22]争送军粮，仓库充溢。翟真夜袭中山，温击破之，自是不敢复至。温乃遣兵一万运粮以饷[23]垂，且营中山宫室[24]。

刘牢之攻燕黎阳太守刘抚于孙就栅[25]，燕王垂留慕容农守邺围，自引兵救之。秦长乐公丕闻之，出兵乘虚夜袭燕营，农击败之。刘牢之与垂战，不胜，退屯黎阳，垂复还邺。

吕光以龟兹饶乐[26]，欲留居之。天竺沙门鸠摩罗什[27]谓光曰："此凶亡之地，不足留也。将军但[28]东归，中道[29]自有福地可居。"光乃大飨[30]将士，议进止[31]，众皆欲还。乃以驼二万余头载外国珍宝奇玩，驱骏马万余匹而还。

夏，四月，刘牢之进兵至邺，燕王垂逆战[32]而败，遂撤围，退屯新城[33]。乙卯[34]，自新城北遁[35]。牢之不告秦长乐公丕，即引兵追之。丕闻之，发兵继进。庚申[36]，牢之追及垂于董唐渊[37]。垂曰："秦、晋瓦合[38]，相待为强[39]，一胜则俱豪[40]，一失则俱溃[41]，非同心也。今两军相继，势既未合[42]，宜急击之。"牢之军疾趋[43]二百里，至五桥泽[44]，争燕辎重[45]，垂邀击[46]，大破之，斩首数千级；牢之单马走，会秦救至，得免。

燕冠军将军宜都王凤[47]，每战奋不顾身，前后大小二百五十七战，未尝无功。垂戒之曰："今大业甫济[48]，汝当先自爱！"使为车骑将军德[49]之副以抑其锐[50]。

邺中饥甚，长乐公丕帅众就晋谷于枋头[51]。刘牢之入邺城，收集亡散，兵复少振[52]；坐军败[53]，征还。

（以上为第二段，写后燕主慕容垂围攻邺城，久攻不下；前秦长乐公苻丕困守邺城，东晋将领刘牢之出兵救援，惨败逃回；前秦将领吕光攻打龟兹，得胜返回。）

【注释】

[1]郑燮：荥阳人。以郡来降：以荥阳郡的整个地区投降东晋王朝。[2]颇怀去就：意即去留不定，犹豫观望。[3]高邑：县名，县治在今河北柏乡县北。[4]从事中郎：郎官的一种，为帝王近侍官。眭（suī）邃（suì）：字怀道，赵郡高邑人，出仕后燕慕容垂，为从事中郎，转高阳太守，慕容宝永康初年，任中书令。北魏拓跋珪南征后燕国时，向慕容宝献策，请求坚壁清野，挖深沟，编数千家为一堡，抵抗魏军，未被采纳。[5]违期：超过约定的时间。[6]张攀：后燕官员，为长史。[7]目下参佐：在身边眼皮下的一个属员。[8]敕（chì）备假版：下令准备好封任官员的委任状。敕，下令。假版，即假署之版，用来书写暂时授予官职命令的手版。[9]高阳：郡名，郡治博陆县，在今河北蠡县南。[10]赵北：赵郡以北，时赵郡的郡治在今河北赵县西南。[11]悉假署遣归：全部派他们回到故乡一带任职。假署，使暂时代理官职。[12]殊误：

非常错误。［13］自相鱼肉：彼此把对方视为鱼肉，意即自相残杀。［14］俟吾北还：等我再回到这个地区来的时候。［15］道左：道旁。古代尚右，故以左为较低的地位。迎尊者均于道左。［16］但：只，只是。［17］骠骑、抚军：谓骠骑大将军慕容农、抚军大将军慕容麟。［18］首尾连兵：都在和敌军艰苦作战。［19］会须灭贼：一定能消灭敌人。会须，一定。［20］厉兵：磨砺兵器。俟（sì）时：等待时机。［21］劝课农桑：勉励督促农民种好庄稼。课，勉励，督促。［22］壁垒：犹言坞堡、坞垒，一种民间防卫性建筑，古时社会动荡不安，富豪之家为求自保，纷纷构筑坞堡营壁。［23］饷：供给，提供。［24］且营中山宫室：意即希望慕容垂以中山为都城。营，修建，建造。中山，在今河北定州市，其地有旧时诸侯国的宫室，兴建、修复都比较容易。［25］黎阳：郡名，郡治在今河南浚县东南。刘抚：后燕黎阳太守。孙就栅（zhà）：古地名，孙就是前代人名，曾立栅于黎阳县界，今刘抚驻兵于此。栅，用竹木铁条等做成的阻拦物。［26］龟（qiū）兹（cí）：又称丘慈、邱兹、丘兹，古代西域大国之一，位于天山南麓，在汉通西域北道的交通线上。以库车绿洲为中心，最盛时辖境相当于今新疆轮台、库车、沙雅、拜城、阿克苏、新和六县市。国都延城，在今新疆沙雅县北羊达克沁废城。饶乐：富庶、快乐。［27］天竺（zhú）：古代中国以及其他东亚国家对当今印度和其他印度次大陆国家的统称。沙门：僧徒，和尚，出家的佛教徒的总称。鸠摩罗什：古印度人，后秦时来到中国传佛教的高僧，是中国汉传佛教四大佛经翻译家之一。七岁随母出家，先后习小乘与大乘，讲佛学于西域诸国。吕光伐龟兹，随吕光东至凉州，居十八年；吕氏灭，遂东入长安，为姚兴国师，立译场于逍遥园，译经论74部、384卷。［28］但：尽管。［29］中道：中途，沿途，指东归途中。［30］飨（xiǎng）：以酒食款待。［31］议进止：讨论走还是不走。［32］逆战：迎战。［33］新城：即肥乡的新兴城，在今河北邯郸市肥乡区东南。［34］乙卯：四月八日。［35］遁：逃遁，逃跑。［36］庚申：四月十二日。［37］董唐渊：古地名，又名“董塘陂”，在今河北曲周县西北。魏、晋时导漳水入陂，为灌溉之利。［38］瓦合：意同“乌合”，临时勉强结盟，没有稳固根基。［39］相待为强：相互依靠而暂时强大。待，依靠。［40］一胜则俱豪：一家战胜则都振奋。豪，豪强，强大。［41］一败则俱溃：一家战败则都逃散。溃，溃散，败没。［42］势既未合：两支军队的力量并未联合在一起。势，兵势，兵力。［43］疾趋：急行军，快速前进。［44］五桥泽：泽名，在今河北临漳县北。［45］辎重：粮草等物资。［46］邀击：拦腰截杀。［47］宜都王凤：即慕容凤，字道翔，后燕宗室名将，封爵宜都王，前燕宜都王慕容桓幼子。天性纯善，骁勇善战。淝水之战后跟随叔父慕容垂复兴燕国，斩杀秦国名将毛当，攻克前秦重镇陵云台，逼使平原公苻晖退回关中。宜都：郡名，郡治在今湖北宜都市。［48］甫（fǔ）济：就要成功了。甫，接近。［49］德：即慕容德，字玄明，慕容垂之弟，南燕开国国主。曾任幽州刺史，册封范阳王。历事前燕、前秦、后燕。后建立南燕政权，称帝。谥号献武，庙号世宗。传见《晋书》卷一百二十七。［50］以抑其锐：因慕容德为人持重，故使凤居其下，望能得以稍抑他的刚猛之气。［51］枋（fāng）头：古地名，在今河南卫辉市西南的淇门渡。［52］少振：稍有振作，指军队的人数与士气都有所恢复。少，同“稍”，渐渐，逐渐。［53］坐军败：因为打了败仗。坐，因某事而获罪。

燕、秦相持经年[1]，幽、冀大饥，人相食，邑落萧条[2]。燕之军士多饿死。燕王垂禁民养蚕，以桑椹[3]为军粮。

垂将北趣[4]中山，以骠骑大将军农为前驱，前所假授吏[5]眭邃等皆来迎候，上下如初[6]，张攀[7]乃服农之智略。

会稽王道子[8]好专权，复为奸谄者所构扇[9]，与太保安有隙。安欲避之，会秦王坚来求救，安乃请自将救之。壬戌[10]，出镇广陵之步丘[11]，筑垒曰“新城”而居之。

蜀郡太守任权攻拔成都，斩秦益州刺史李丕，复取益州。

新平粮竭矢尽[12]，外救不至。后秦王苌使人谓苟辅[13]曰：“吾方以义取天下，岂仇忠臣邪！卿但[14]帅城中之人还长安，吾正欲得此城耳。”辅以为然，帅民五千口出城，苌围而坑之，男女无遗[15]。独冯杰子终[16]得脱，奔长安。秦王坚追赠辅等官爵，皆谥曰“节愍侯”，以终为新平太守。

翟真自承营徙屯行唐[17]，真司马鲜于乞[18]杀真及诸翟，自立为赵王。营人共杀乞，立真从弟成[19]为主，其众多降于燕。

五月，西燕主冲攻长安，秦王坚身自[20]督战，飞矢[21]满体，流血淋漓[22]。冲纵兵暴掠，关中士民流散，道路断绝，千里无烟。有堡壁[23]三十余，推平远将军赵敖[24]为主，相与结盟，冒难[25]遣兵粮助坚，多为西燕所杀。坚谓之曰：“闻来者率不善达[26]，此诚忠臣之义，然今寇难殷繁[27]，非一人之力所能济[28]也，徒相随入虎口，何益！汝曹宜为国自爱[29]，畜粮厉兵[30]，以俟天时，庶几善不终否[31]，有时而泰[32]也！”

三辅之民为冲所略[33]者，遣人密告坚，请遣兵攻冲，欲纵火为内应。坚曰：“甚哀[34]诸卿忠诚！然吾猛士如虎豹，利兵如霜雪[35]，困于乌合[36]之虏，岂非天乎！恐徒使诸卿坐致夷灭[37]，吾不忍也！”其人固请不已，乃遣七百骑赴之。冲营纵火者，反为风火所烧，其得免者什一、二[38]，坚祭而哭之。

卫将军杨定与冲战于城西，为冲所擒。定，秦之骁将也。坚大惧，以谶书云“帝出五将久长得[39]”，乃留太子宏守长安，谓之曰：“天其或者欲导予出外[40]。汝善守城，勿与贼争利，吾当出陇[41]收兵运粮以给汝。”遂帅骑数百与张夫人及中山公诜[42]、二女宝、锦出奔五将山，宣告州郡，期以孟冬[43]救长安。坚过袭韭园[44]，李辩奔燕，彭和正惭，自杀。

（以上为第三段，写东晋会稽王司马道子好专权，与太保谢安有隔阂，谢安率军出征以避祸；西燕主慕容冲攻打长安，势头正盛；前秦主苻坚奔往五将山避难。）

【注释】

[1]相持：双方对立，互不相让。经年：已过一年之久。上年正月慕容垂攻邺，至此已一年有余。 [2]邑落：城镇与乡村。邑，乡镇。落，村落，居民点。萧条：寂寥冷清的样子。 [3]桑椹（shèn）：桑树的果实。 [4]趣：同“趋”，奔赴。 [5]假授吏：以帝王的名义暂时委任的官吏。 [6]上下如初：指慕容农与眭邃之间的上下级关系还跟过去一样。 [7]张攀：原文作李攀，前文作“张攀”，据严衍《资治通鉴补》。 [8]会稽王道子：即司马道子，晋简文帝司马昱第七子，初封琅邪王，后徙封会稽王。曾担任司徒、扬州刺史、录尚书六条事等职。后被毒杀。传见《晋书》卷六十四。[9]奸谄者：为人邪恶而又善于巴结奉承的人。构扇：挑拨，煽动。扇，同“煽”。[10]壬戌：四月十五日。 [11]广陵：郡名，郡治在今江苏扬州市。步丘：古地名，在今江苏扬州市江都区西北邵伯镇。谢安镇广陵时，见步丘地势西高东低，遂筑堰阻隔，高下两利。民思其德，比为邵伯甘棠。 [12]新平粮竭矢尽：秦之新平郡自去年被姚苌所围攻，至今粮竭矢尽。新平，郡名，郡治漆县，在今陕西彬州市。 [13]苟辅：前秦新平太守。曾大破姚苌于新平城下。后姚苌攻新平，苟辅固守，粮矢皆尽，外援不至，中姚苌计，率众出城返长安，尽被姚苌坑杀。谥节愍。 [14]但：只要，仅仅。 [15]无遗：无遗漏，一个不剩。 [16]冯杰：前秦辽西太守，上年曾鼓励太守苟辅坚守新平郡城。终：即冯终，冯杰之子，苻坚任为新平太守。 [17]行唐：县名，县治在今河北行唐县东北。 [18]鲜于乞：丁零部落首领翟真的司马，杀翟真及翟氏族人，自立为赵王。不久，又被丁零部众所杀。 [19]成：即翟成，丁零部落前任首领翟真的堂弟，翟真被杀，继为首领。后燕军包围翟成据守的行唐，翟成的长史鲜于得斩翟成出降，后燕主慕容垂下令坑杀翟成全部的部众。 [20]身自：亲自。 [21]飞矢：流矢，无目的飞来的箭。 [22]淋漓（lí）：血液缓缓地流下、滴落的样子。 [23]堡壁：堡垒。 [24]推：推举，推奉。赵敖：前秦关中壁主，推为平远将军。 [25]冒难：冒着生命危险。 [26]率不善达：大都来不到我们这里。率，一般，大都。不善达，不能完好地到达。 [27]寇难殷繁：敌寇造成的困难沉重而繁多。[28]所能济：所能克服，所能挽救。 [29]自爱：好好保护自己。 [30]畜粮：积蓄、储备粮食。

畜，同“蓄”。厉兵：磨砺兵器，使之锋利。厉，同“砺”。［31］庶几：希望能，争取能。善不终否：为善者不会总是倒霉下去，总会有时来运转的一天。否，《易经》卦名，显示的是一种天地隔阂、闭塞不通的征象。通常用以表示倒霉、走背运，运气不好。［32］有时而泰：到时候就能时来运转了。泰，《易经》卦名，显示的是一种上下交通、通行无阻的征象。引申为万事亨通、万事吉祥。［33］略：同“掠”，掠夺，这里指被劫持、俘获。［34］甚哀：很是感谢、心疼。哀，怜悯，同情。［35］利兵如霜雪：极言武器之精良，兵刃锋利，寒光四射。［36］乌合：形容人群没有严密组织而临时凑合，如群乌暂时聚合。［37］坐致夷灭：白白做出牺牲。坐致，白白招致。坐，无故。夷灭，被人杀光。［38］什一、二：十分之一、二。什，同“十”。［39］帝出五将久长得：意谓皇帝如能到五将山上，就一切大吉了。据《晋书·苻坚载记下》，此语出自《古符传贾录》，当时民间也有谶谣说：“坚入五将山长得。”可能是别有用心的人故意编出，以误导前秦主苻坚。五将，即五将山，山名，在今陕西岐山县东北。［40］欲导予出外：想引导我出城。导，引导，指引。［41］出陇：到陇山以西。胡三省曰：“秦王坚始也禁人学谶，及丧败之极，乃欲用谶书，奔五将山以求免，其颠倒错缪甚矣，盖死期将至也。”［42］中山公诜（shēn）：即苻诜，前秦主苻坚幼子，为中山公。曾与母亲张夫人一起劝阻苻坚发动淝水之战，但苻坚没有听从。后叛将姚苌在新平寺缢杀苻坚，苻诜与母亲张夫人亦自刎而死。［43］期：期望，约定。孟冬：冬季的第一个月，即阴历十月。［44］过袭韭园：路过韭园时，对韭园的守军李辩等发起攻击。因苻坚召之入长安，李辩等不至。

闰月[1]，以广州刺史罗友为益州刺史，镇成都。

庚戌[2]，燕王垂至常山，围翟成于行唐。命带方王佐镇龙城。六月，高句丽寇辽东[3]，佐遣司马郝景[4]将兵救之，为高句丽所败，高句丽遂陷辽东、玄菟[5]。

秦太子宏不能守长安，将数千骑与母、妻、宗室西奔下辨[6]；百官逃散，司隶校尉权翼等数百人奔后秦。西燕主冲入据长安，纵兵大掠，死者不可胜计。

秋，七月，旱，饥，井皆竭。

后秦王苌自故县如新平[7]。

秦王坚至五将山，后秦王苌遣骁骑将军吴忠帅骑围之。秦兵皆散走，独侍御十数人在侧，坚神色自若[8]，坐而待之，召宰人[9]进食。俄而[10]忠至，执之，送诣新平，幽于别室[11]。

太子宏至下辨，南秦州刺史杨璧[12]拒之。璧妻，坚之女顺阳公主[13]也，弃其夫从宏。宏奔武都，投氐豪强熙[14]，假道来奔[15]，诏处之江州[16]。

长乐公丕帅众三万自枋头[17]将归邺城，龙骧将军檀玄[18]击之，战于谷口[19]，玄兵败，丕复入邺城。

燕建节将军余岩叛，自武邑北趣幽州[20]。燕王垂驰使敕幽州将平规曰："固守勿战，俟[21]吾破丁零自讨之。"规出战，为岩所败。岩入蓟[22]，掠千余户而去，遂据令支[23]。癸酉[24]，翟成长史鲜于得斩成出降，垂屠行唐[25]，尽坑成众[26]。

太保安有疾求还，诏许之。八月，安至建康。

甲午[27]，大赦。

丁酉[28]，建昌文靖公谢安薨。诏加殊礼，如大司马温故事。庚子[29]，以司徒琅邪王道子领扬州刺史、录尚书、都督中外诸军事；以尚书令谢石为卫将军。

后秦王苌使求传国玺[30]于秦王坚，曰："苌次应历数[31]，可以为惠[32]。"坚瞋目叱[33]之曰："小羌敢逼天子，五胡次序[34]，无汝羌名[35]。玺已送晋，不可得也！"苌复遣右司马尹纬[36]说坚，求为禅代[37]。坚曰："禅代，圣贤之事，姚苌叛贼，何得为之！"坚与纬语，问纬："在朕朝何官？"纬曰："尚书令史[38]。"坚叹曰："卿，王景略之俦[39]，宰相才也，而朕不知卿，宜其亡也。"坚自以平生遇苌有恩，尤忿[40]之，数[41]骂苌求死，谓张夫人曰："岂可令羌奴辱吾儿[42]？"乃先杀宝、锦。辛丑[43]，苌遣人缢[44]坚于新平佛寺。张夫人、中山公诜皆自杀。后秦将士皆为之哀恸[45]。苌欲隐其名[46]，谥坚曰"壮烈天王"。

臣光曰：论者皆以为秦王坚之亡，由不杀慕容垂、姚苌故也。臣独以为不然。许劭[47]谓魏武帝治世之能臣，乱世之奸雄。使坚治国无失其道，则垂、苌皆秦之能臣也，乌能[48]为乱哉！坚之所以亡，由骤胜而骄[49]故也。魏文侯[50]问李克[51]，吴之所以亡[52]，对曰："数战数胜[53]。"文侯曰："数战数胜，国之福也，何故亡？"对曰："数战则民疲，数胜则主骄，以骄主御疲民，未有不亡者也。"

秦王坚似之矣。

（以上为第四段，写前秦主苻坚信谶言离开长安，被后秦主姚苌俘获、杀害；太子苻宏无法坚守长安，也出逃，投降东晋；西燕主慕容冲占领长安。）

【注释】

[1]闰月：闰五月。[2]庚戌：闰五月四日。[3]辽东：郡名，郡治襄平，在今辽宁辽阳市。[4]郝景：后燕带方王慕容佐司马。[5]陷：陷没，攻下。玄菟（tú）：郡名，郡治在今辽宁沈阳市东，辖境相当我国辽宁东部及朝鲜咸镜道一带。[6]下辨：县名，在今甘肃成县西北侧，为武都郡的郡治所在地。[7]故县：古地名。汉安定郡有安定县，东汉、西晋省，故称其城曰故县，县治在今甘肃泾川县北。如：到，至。新平：郡名，郡治漆县，在今陕西彬州市。[8]自若：自如，和平时一样。[9]宰人：掌管膳食之官。[10]俄而：不久，一会儿。[11]幽于别室：囚禁于别的房间。别室，区别于正室的另设房间。[12]南秦州：十六国前秦苻坚置，治所武都县，在今甘肃成县西北。其地也是仇池郡的郡治所在地，离前文所说的“下辨”相隔不远。杨璧：前秦大将、驸马，娶前秦主苻坚长女顺阳公主，任南秦州刺史、护军将军、司空、梁州牧、益州牧、都督陇右诸军事。传见《晋书》卷一百十五。[13]顺阳公主：前秦主苻坚长女，嫁给杨璧。自长安逃至下辨投靠驸马杨璧，却被其拒之门外。顺阳公主怒斥丈夫不义，离开丈夫，出城随弟弟而去。姐弟归顺了东晋，安置于江州。[14]氐（dī）豪：氐族的豪绅。强熙：前秦氐族豪强，任后秦安南将军，后逃奔仇池，又转而投奔东晋。[15]假道来奔：向当地的少数民族借路前来投奔东晋王朝。当时的武都郡距东晋所辖的梁州（在今陕西汉中市）不远。假道，借道。假，同“借”。[16]江州：州治浔阳，在今江西九江市。[17]枋（fāng）头：古地名，在今河南卫辉市西南的淇门渡。[18]檀（tán）玄：东晋龙骧将军，刘牢之因与慕容垂作战失败被召回朝后，檀玄代刘牢之驻守鄴城，曾出兵攻打前秦长乐公苻丕，被打败。[19]谷口：古地名，在枋头，在今河南浚县西南的淇门渡西。[20]武邑：县名，武夷郡治，在今河北武强县旧城村。北趣幽州：向北攻击慕容垂的部将平规所占据的幽州。[21]俟（sì）：等待，等候。[22]蓟（jì）：县名，县治在今北京市城西南。[23]令支：县名，县治在今河北迁安市西。[24]癸酉：七月二十八日。[25]屠行唐：杀光了行唐全城的百姓。[26]尽坑成众：全部活埋了翟成的部下。[27]甲午：八月十九日。[28]丁酉：八月二十二日。[29]庚子：八月二十五日。[30]传国玺（xǐ）：古代皇帝相传之印玺，相传为秦始皇之命所镌，正面刻有“受命于天既寿永昌”八字，是中国历代正统皇帝的信物。[31]次应历数：按次序我姚苌应该为帝。次，按次序。应历数，上应历数，符合老天爷排好的朝代更替的顺序。应，顺应。[32]可以为惠：可以给我。惠，赠与，向人讨要的客气说法。[33]瞋（chēn）目：睁大眼睛。叱（chì）：大声呵斥。[34]五胡次序：五胡中可以称帝的名单，指当时谶文的说法。五胡，指匈奴、羯、鲜卑、氐、羌。[35]无汝羌名：没有你这个小羌的名字，也是指当时谶文的说法而言。据《晋书·苻坚载记下》，坚瞋目叱苌曰：“五

胡次序，无汝羌名。违天不祥，其能久乎！”［36］尹纬：字景亮，后秦尚书左仆射，促使姚苌自立，成为后秦开国元勋。姚兴即位后，尹纬运筹，一举荡平与后秦纠缠多年的苻登。［37］求为禅代：请求苻坚举行一个将帝位传给他的仪式。［38］尚书令史：尚书省里的文秘小吏，秩二百石。［39］王景略之俦（chóu）：是和王猛同一个水平的人物。［40］忿：同“愤”，愤怒，怨恨。［41］数：屡次，多次。［42］吾儿：谓其女儿苻宝、苻锦。［43］辛丑：八月二十六日。［44］缢（yì）：勒死，吊死。［45］哀恸（tòng）：极为悲痛，悲哀到了极点。［46］隐其名：掩盖自己杀害苻坚的恶名。［47］许劭：字子将，东汉末年著名人物品评家。曾品评魏武帝曹操，说他是：“治世之能臣，乱世之奸雄。”［48］乌能：岂能，焉能。［49］骤胜而骄：屡次胜利，从而产生骄傲。骤，屡屡。［50］魏文侯：姬姓，魏氏，名斯，安邑（今山西夏县）人，晋元卿之一魏桓子之孙。公元前445年继承晋国魏氏领袖，魏国开国君主，百年霸业的开创者。［51］李克：战国初期魏国大夫，名臣。曾协助魏文侯灭中山，向文侯提出选拔相国的标准与赏罚群臣的原则；魏武侯时任中山相。［52］吴之所以亡：指吴王夫差为什么会亡国。［53］数战数胜：屡战屡胜。数，屡。

长乐公丕在邺，将西赴长安，幽州刺史王永在壶关[1]，遣使招丕，丕乃帅邺中男女六万余口西如潞川[2]，骠骑将军张蚝、并州刺史王腾迎之入晋阳[3]。王永留平州刺史苻冲守壶关，自帅骑一万会丕于晋阳[4]，丕始知长安不守，坚已死，乃发丧，即皇帝位，追谥坚曰“宣昭皇帝”，庙号世祖，大赦，改元大安[5]。

燕王垂以鲁王和[6]为南中郎将，镇邺。遣慕容农出蠮螉塞[7]，历凡城[8]，趣龙城[9]，会兵讨余岩，慕容麟、慕容隆自信都徇勃海、清河。麟击勃海太守封懿，执之，因屯历口[10]。懿，放之子也。

鲜卑刘头眷击破贺兰部于善无[11]，又破柔然于意亲山[12]。头眷子罗辰[13]言于头眷曰：“比来行兵[14]，所向无敌，然心腹之疾，愿早图之！”头眷曰：“谁也？”罗辰曰：“从兄显[15]，忍人也[16]，必将为乱。”头眷不听。显，库仁之子也。

顷之[17]，显果杀头眷自立。又将杀拓跋珪，显弟亢䧱妻，珪之姑也，以告珪母贺氏。显谋主梁六眷[18]，代王什翼犍之甥也，亦使其部人穆崇、奚牧[19]密告珪，且以其爱妻、骏马付崇曰：“事泄，当以此自明[20]。”贺氏夜饮显酒[21]，令醉，使珪阴与旧臣长孙犍、元他、罗结轻骑[22]亡去。向晨[23]，贺氏故惊厩[24]中群马，使显起视之。贺氏哭曰：

"吾子适在此[25]，今皆不见，汝等谁杀之邪？"显以故不急追。珪遂奔贺兰部，依其舅贺讷[26]。讷惊喜曰："复国[27]之后，当念[28]老臣！"珪笑曰："诚[29]如舅言，不敢忘也。"

显疑梁六眷泄其谋，将囚之。穆崇宣言曰："六眷不顾恩义，助显为逆，我掠得其妻、马，足以解忿[30]。"显乃舍之。

贺氏从弟外朝大人贺悦[31]举所部以奉珪[32]。显怒，将杀贺氏，贺氏奔亢遲家，匿神车[33]中三日，亢遲举家[34]为之请，乃得免。

故南部大人长孙嵩[35]帅所部七百余家叛显，将奔五原[36]。时拓跋寔君[37]之子渥亦聚众自立，嵩欲从之，乌渥[38]谓嵩曰："逆父之子[39]，不足从也。不如归珪。"嵩从之[40]。久之，刘显所部有乱，故中部大人庾和辰[41]奉贺氏奔珪。

贺讷弟染干[42]以珪得众心，忌之，使其党侯引七突[43]杀珪。代人尉古真知之，以告珪，侯引七突不敢发。染干疑古真泄其谋，执而讯[44]之。以两车轴夹其头，伤一目，不伏[45]，乃免之。染干遂举兵围珪，贺氏出，谓染干曰："汝等欲于何置我[46]，而杀吾子乎！"染干惭而去。

（以上为第五段，写前秦长乐公苻丕投奔幽州刺史王永，到达晋阳知坚死，自即帝位；后燕主慕容垂占领邺城；匈奴独孤部刘显杀首领刘头眷自立，又谋杀拓跋珪，珪成功逃脱。）

【注释】

[1]壶关：县名，也是要塞名，在今山西长治市北。 [2]潞（lù）川：又名"潞水"，今称浊漳水，为漳河上源之一，流经今山西东南部。 [3]晋阳：古城名，在今山西太原市西南，当时为并州州治所在地。 [4]王永留平州刺史苻冲守壶关，自帅骑一万会丕于晋阳：二十二字原无，据章补。 [5]大安：一作"太安"，前秦哀平帝苻丕的年号。 [6]鲁王和：即慕容和，后燕主慕容垂之侄，为南中郎将，封鲁阳王。 [7]蠮（yē）螉（wēng）塞：即今之居庸关，在今北京市西北，八达岭的东南方。 [8]凡城：古城名，在今河北平泉市西南。 [9]龙城：也称和龙，前燕早期的都城，在今辽宁朝阳市。 [10]历口：古地名，在今河北景县西南，为清河上的渡口。因渡口处有历城亭，故名历口。 [11]贺兰部：古代部族，原依附于匈奴，在拓跋部兴起时，与拓跋部有姻亲关系，成为重要贵族。善无：县名，县治在今山西右玉县东南。 [12]柔然：是蒙古草原上继匈奴、鲜卑等之后崛起的部落制汗国。意亲山：古山名，又名"意辛山"，在今内蒙古二连浩特市西南。 [13]罗辰：即刘罗辰，本姓独孤，字奴真，代郡（治今山西大同市）人，出身匈奴

独孤部，北部大人刘眷之子，北魏外戚、大臣。父亲遇害后，投奔太祖拓跋珪。从平刘显叛乱，拜南部大人。谥号敬。传见《魏书》卷八十三上。［14］比来行兵：近来用兵。［15］从兄显：即刘显，匈奴独孤部首领刘库仁之子。试图加害拓跋珪，支持拓跋窟咄争夺代国领导权。后兵败逃走，夺取后燕战马，被慕容垂击败，投奔西燕主慕容永。后慕容垂攻破西燕都城，灭亡西燕，刘显被杀死。传见《魏书》卷二十三。［16］忍人：残忍的人。［17］顷之：不久。［18］谋主：犹言“智囊”，为之筹谋划策的人。梁六眷：代王什翼犍之甥，为刘显谋主。［19］穆崇、奚牧：十六国时匈奴独孤部人。［20］当以此自明：以此证明自己无罪，洗清自己。［21］夜饮显酒：夜间置酒请刘显饮。［22］长孙犍、元他：北魏主拓跋珪旧臣。罗结：复姓叱罗。早年跟随代王拓跋珪，避居于贺兰部。拓跋珪即位，封屈邑侯。轻骑：轻装骑马。［23］向晨：犹凌晨、黎明，天色将明。［24］厩（jiù）：马棚。［25］适在此：刚才还在这里。适，刚才。［26］贺讷：即贺兰贺讷，道武帝拓跋珪亲舅舅，东部大人贺野干之子，献明贺皇后兄长。支持外甥拓跋珪在牛川召开部落联盟会议，继承代国王位。后被拓跋部打败，投降拓跋珪，拜安远将军。传见《魏书》卷八十三。［27］复国：重建代国。［28］当念：应当想着。［29］诚：果真，笃定。［30］解忿：解恨。［31］外朝大人：北魏登国元年（386）置，统率侍中以下至中散等官员，主受诏命，出入禁中，参议军国大事及奉命出使。贺悦：贺讷从父弟。拓跋珪居贺兰部下，人情未甚附，唯贺悦举部随从，拓跋珪嘉之，甚见宠待。后平中原，以功赐爵巨鹿侯，进爵北新公。［32］举所部以奉珪：带领他的所有部众都拥护拓跋珪。［33］匿：藏匿，隐蔽。神车：供奉神像的车子。古代游牧民族逐水草而居，故把神像安置在车中供奉。［34］举家：全家。［35］长孙嵩：本姓拔拔，代郡高柳（今山西阳高县）人，鲜卑族，南部大人长孙仁之子，北魏名臣。传见《魏书》卷二十五。［36］五原：郡名，郡治九原县，在今内蒙古包头市西北。［37］拓跋寔（shí）君：担任南部大人，曾举兵发动政变，弑杀父王拓跋什翼犍及诸弟。前秦天王苻坚趁机攻破代国，兵败被俘，处以车裂极刑。传见《魏书》卷十五。［38］乌渥：长孙嵩的部下。［39］逆父之子：指拓跋渥，是叛逆人拓跋寔君的儿子。［40］嵩从之：长孙嵩从此遂为拓跋珪的佐命功臣。［41］中部大人：北魏置，原为鲜卑拓跋氏部落首领的称号，北魏初建国时，仍沿用此名。庾和辰：鲜卑拓跋氏中部大人。［42］染干：即贺染干，代国人，北魏道武帝拓跋珪的舅舅、姑表兄，贺夫人之兄。拓跋什翼犍死后，诸部大乱，贺夫人与儿子拓跋珪及卫、秦二王归附贺染干的哥哥贺讷。贺染干粗暴，不服拓跋珪，想杀之。后投奔后燕主慕容垂。［43］侯引七突：人名。贺染干的党羽，曾欲刺杀拓跋珪。［44］执：捉拿。讯：审讯，拷问。［45］不伏：不承认，不认罪。伏，通“服”。［46］汝等欲于何置我：你们打算如何安置我？此句与下句相连，意思是：你们杀了我的儿子，准备置我于何地呢？贺氏所以如此说话，因为她与贺讷、贺染干都是兄妹。

九月，秦主丕以张蚝为侍中、司空，王永为侍中、都督中外诸军事、车骑大将军、尚书令，王腾为中军大将军、司隶校尉，苻冲为尚书左仆射，封西平王；又以左长史杨辅为右仆射，右长史王亮为护军将军，立妃杨氏为皇后，子宁为皇太子，寿为长乐王，锵为平原王，懿为勃海王，昶为济北王。

吕光自龟兹还至宜禾[1]，秦凉州刺史梁熙谋闭境[2]拒之。高昌太守杨翰[3]言于熙曰："吕光新破西域，兵强气锐，闻中原丧乱，必有异图。河西[4]地方万里，带甲[5]十万，足以自保。若光出流沙[6]，其势难敌[7]。高梧谷口险阻之要[8]，宜先守之而夺其水。彼既穷渴，可以坐制[9]。如以为远，伊吾关[10]亦可拒也。度此二厄[11]，虽有子房[12]之策，无所施矣！"熙弗听。美水令犍为张统谓熙曰："今关中大乱，京师存亡不可知[13]。吕光之来，其志难测[14]，将军何以抗之？"熙曰："忧之，未知所出[15]。"统曰："光智略过人，今拥[16]思归之士，乘[17]战胜之气，其锋未易当[18]也。将军世受大恩[19]，忠诚夙著[20]，立勋王室，宜在今日。行唐公洛[21]，上之从弟，勇冠一时[22]，为将军计，莫若奉为盟主以收众望，推忠义以帅群豪[23]，则光虽至，不敢有异心也。资其精锐[24]，东兼毛兴[25]，连王统、杨璧[26]，合四州之众[27]，扫凶逆[28]，宁帝室[29]，此桓、文之举[30]也。"熙又弗听，杀洛于西海[31]。

光闻杨翰之谋，惧，不敢进。杜进[32]曰："梁熙文雅有余，机鉴[33]不足，终不能用翰之谋，不足忧也。宜及[34]其上下离心，速进以取之。"光从之。进至高昌，杨翰以郡迎降[35]。至玉门[36]，熙移檄责光擅命还师，以子胤为鹰扬将军，与振威将军南安姚皓、别驾卫翰帅众五万拒光于酒泉[37]。敦煌太守姚静、晋昌太守李纯以郡降光。光报檄凉州[38]，责熙无赴难之志[39]，而遏归国之众[40]，遣彭晃、杜进、姜飞[41]为前锋，与胤战于安弥[42]，大破，擒之。于是，四山胡、夷[43]皆附于光。武威太守彭济[44]执熙以降，光杀之。

光入姑臧，自领凉州刺史，表杜进为武威太守，自余将佐，各受职位。凉州郡县皆降于光，独酒泉太守宋皓[45]、西郡太守索泮[46]，城守不下[47]。光攻而执之，让[48]泮曰："吾受诏平西域，而梁熙绝我归路，此朝廷之罪人，卿何为附之？"泮曰："将军受诏平西域，不受诏乱凉州，梁公何罪而将军杀之？泮但苦[49]力不足，不能报君父[50]之仇耳，岂肯如逆氏彭济[51]之所为乎！主灭臣死，固其常也。”光杀泮及皓。

主簿尉祐[52]，奸佞倾险[53]，与彭济俱执梁熙，光宠信之。祐谮杀名士姚皓[54]等十余人，凉州人由是不悦。光以祐为金城[55]太守，祐至允吾[56]，袭据其城以叛，姜飞击破之，祐奔据兴城[57]。

乞伏国仁[58]自称大都督、大将军、单于，领秦、河二州牧，改元建义，以乙旃童埿[59]为左相，屋引出支[60]为右相，独孤匹蹄[61]为左辅，武群勇士[62]为右辅，弟乾归[63]为上将军，分其地置武城等十二郡[64]，筑勇士城[65]而都之。

秦尚书令、魏昌公纂[66]自关中奔晋阳。秦主丕拜纂太尉，封东海王。

（以上为第六段，写前秦将领吕光从龟兹返回，打败了前秦凉州刺史梁熙，自称凉州刺史，凉州郡县全都投降；乞伏国仁建立西秦，改年号建义，建都勇士城。）

【注释】

[1]宜禾：县名，县治在今甘肃瓜州县南。［2］梁熙：凉州姑臧人，梁谠之弟，前秦凉州刺史。淝水之战苻坚战败，梁熙阻遏从西域回国的吕光大军。后被吕光擒斩。闭境：关闭国境，不使其入境。［3］高昌：郡名，郡治在今新疆吐鲁番市东南高昌故城。杨翰：前秦高昌太守。［4］河西：黄河以西，这里即指凉州，今甘肃河西走廊一带地区。［5］带甲：意即拥有披甲的士兵。［6］出流沙：向东越过今新疆东部的沙漠地带。今新疆吐鲁番市以东至玉门关有沙漠称白龙堆，亦称流沙。［7］难敌：难以阻挡。［8］高梧谷口：古地名，在高昌郡的西界，在今新疆吐鲁番市西。险阻之要：是形势险峻的要塞。［9］坐制：坐着制服，极言其易。［10］伊吾关：古关名，在伊吾县，在今甘肃瓜州县北。［11］度此二厄：敌人一旦度过这两处险要的关口。度，度过。厄，险要的地方。［12］子房：即西汉开国功臣，谋士张良，字子房。此以张良喻良谋善计。［13］京师：指前秦都城长安。存亡不可知：长安已陷，而凉州不知，道路阻塞的原因。［14］难测：难以预料。［15］未知所出：不知道用什么办法。［16］拥：拥有，掌握。［17］乘：凭借。［18］其锋未易当：其势头不好抵挡。锋，锋芒，锐气，亦即势头。［19］世受大恩：世世代代受到苻氏的大恩。［20］忠诚夙（sù）著：对苻氏的忠诚早就人所共知。夙，平素。著，明显。［21］行唐公洛：即苻洛，前秦主苻坚堂弟，前秦宗室名将，苻健兄子。前秦建立后，封为行唐公，官至北讨大都督、安北将军、幽州刺史、大司马。后参与谋反，被苻坚迁往西海郡，被凉州梁熙杀害。［22］勇冠一时：苻洛勇而多力，能坐制奔牛，射洞犁耳。冠，位居第一。［23］推忠义以帅群豪：以你的忠义之心，给各路贤豪作出表率。帅，同“率”，作表率。［24］资其精锐：凭借着吕光这支精锐的部队。资，凭借，借用。精锐，精练、勇锐的部队。［25］东兼毛兴：向东

联合河州刺史毛兴的势力。毛兴，前秦将领，任河州刺史，河州治所在今甘肃临夏市 [26]连王统、杨璧：再联合秦州刺史王统、南秦州刺史杨璧的兵力。秦州州治在今甘肃天水市；南秦州州治仇池，在今甘肃成县西。 [27]合四州之众：把四个州的兵力联合起来。四州，指凉州、河州、秦州、南秦州。 [28]扫凶逆：荡平一切与秦国势力作对的人，主要指慕容垂、慕容冲、姚苌等。扫，扫平，荡平。凶逆，凶恶作乱之人。 [29]宁帝室：稳定前秦政权。 [30]桓、文之举：这是齐桓公、晋文公一样的壮举。齐桓公、晋文公，在春秋时尊王攘夷而成为霸主，此喻梁熙尊奉苻洛为主，兴复前秦，将建立如同齐桓公、晋文公一样的不世之功。 [31]西海：郡名，郡治居延县，在今内蒙古额济纳旗东南。 [32]杜进：原为前秦将领，为将军，时在吕光帐下效力，后在吕光平定河西、建立后凉政权的过程中功勋卓著，被吕光任命为辅国将军、武威太守，封武始侯。杜进权势很大，平时出行的仪仗仅次于吕光，甚至威望盖过吕光，被吕光杀死。 [33]机鉴：随机应变，根据事物变化迅速做出决断。 [34]及：趁着。 [35]以郡迎降：梁熙不能用杨翰之谋，杨翰遂恨而降于吕光。 [36]玉门：县名，县治在今甘肃玉门市西北的赤金镇。 [37]酒泉：郡名，郡治福禄县，在今甘肃酒泉市。 [38]报檄：对梁熙的指责做出反应的檄文。报，回答。凉州：指凉州刺史梁熙。 [39]无赴难之志：没有奔赴国难的思想。 [40]遏（è）归国之众：有人想回去救国，他反而挡着不让回去。遏，阻挡。归国之众，吕光等人自指。 [41]姜飞：前秦将领，为凌江将军。 [42]安弥：县名，县治在今甘肃酒泉市东。 [43]四山胡、夷：周围依山而居的胡人、夷人。 [44]武威：郡名，郡治姑臧，在今甘肃武威市。彭济：前秦武威太守。凉州刺史梁熙驻节姑臧，彭济降吕光，故擒梁熙为投名状。 [45]宋皓：前秦官员，为酒泉太守。因不屈服于吕光被杀。 [46]西郡：郡名，郡治在今甘肃永昌县西北、山丹县东南。索泮（pàn）：原文作宋泮，据章校改。索泮，字德林，前秦西郡太守、典戎校尉，政务宽和，深受敬重。传见《晋书》卷一百十五。 [47]城守不下：坚守城池，决不投降。城守，守城。下，攻陷，降服。[48]让：责让，批评。 [49]但苦：只是苦于。 [50]君父：这里即指其主官凉州刺史梁熙。僚属可对主官称“君”。事君如事父，故称梁熙为“君父”。 [51]逆氐彭济：彭济是氐族人，故索泮骂之“逆氐”。 [52]主簿：州刺史的高级僚属。尉祐：前秦凉州刺史梁熙的主簿。 [53]奸佞倾险：奸诈巧媚，邪恶阴险。 [54]谮（zèn）杀：进谗言，挑动其上司杀人。姚皓：为当时名士。[55]金城：郡名，郡治金城，在今甘肃兰州市西北。 [56]允吾：城名，在今甘肃永靖县西北的湟水南岸。 [57]兴城：城名，在允吾城西，在今青海循化县北的黄河北岸。 [58]乞伏国仁：鲜卑乞伏司繁之子，前秦任命为前将军、先锋骑。趁势背叛前秦，自称大都督、大将军、大单于，建立西秦，年号建义，建都勇士川，成为西秦的开国之主。传见《晋书》卷一百二十五。 [59]乙旃童埿：鲜卑部落首领，乞伏国仁建立西秦，以其为左相。 [60]屋引出支：人名，乞伏国仁建立西秦，以其为右相。[61]独孤匹蹄：人名，乞伏国仁建立西秦，以其为左辅。[62]武群勇士：人名，乞伏国仁建立西秦，以其为右辅。 [63]乾归：即乞伏乾归（388—400、409—412 在位），西秦主乞伏国仁之弟。西秦建立后，授上将军，为西秦第二位国主。传见《晋书》卷一百二十五。

[64]置武城等十二郡：指武城、武阳、安固、武始、汉阳、天水、略阳、灄川、甘松、匡朋、白马、苑川。[65]勇士城：勇士川（苑川）的西城，在今甘肃榆中县的大营川地区。[66]魏昌公纂（zuǎn）：即苻纂，略阳氐族人，前秦宗室大臣，初封魏昌公，进封东海王、大司马。

冬，十月，西燕主冲遣尚书令高盖帅众五万伐后秦，战于新平南，盖大败，降于后秦。初，盖以杨定为子，及盖败，定亡奔陇右，复收集其旧众。

苻定、苻绍、苻谟、苻亮闻秦主丕即位，皆自河北遣使谢罪[1]；中山太守王兖[2]，本新平氐也，固守博陵[3]，为秦拒燕。十一月，丕以兖为平州刺史，定为冀州牧，绍为冀州都督，谟为幽州牧，亮为幽、平二州都督，并进爵郡公。左将军窦冲据兹川[4]，有众数万，与秦州刺史王统、河州刺史毛兴、益州刺史王广、南秦州刺史杨壁、卫将军杨定，皆自陇右遣使邀丕，共击后秦。丕以定为雍州牧，冲为梁州牧，加统镇西大将军，兴车骑大将军，璧征南大将军，并开府仪同三司，加广安西将军，皆进位州牧。

杨定寻徙治历城[5]，置储蓄于百顷[6]，自称龙骧将军、仇池[7]公，遣使来称藩[8]，诏因其所号假之[9]。其后，又取天水、略阳[10]之地，自称秦州刺史、陇西[11]王。

绎幕人蔡匡据城[12]以叛燕，燕慕容麟、慕容隆共攻之。泰山太守任泰潜师[13]救匡，至匡垒[14]南八里，燕人乃[15]觉之。诸将以匡未下而外敌奄至[16]，甚患之。隆曰："匡恃外救，故不时下[17]。今计泰之兵不过数千人，及其未合[18]，击之，泰败，匡自降矣。"乃释匡击泰，大破之，斩首千余级。匡遂降，燕王垂杀之，且屠其垒[19]。

慕容农至龙城[20]，休士马十余日。诸将皆曰："殿下之来，取道甚速，今至此久留不进，何也？"农曰："吾来速者，恐余岩过山钞盗[21]，侵扰良民[22]耳。岩才不逾人，诳诱饥儿[23]，乌集为群[24]，非有纲纪[25]，吾已扼其喉[26]，久将离散，无能为也。今此田善熟[27]，未取而行，徒自耗损[28]，当俟收毕[29]，往则枭[30]之，亦不出旬日[31]耳。"顷之[32]，农将步骑三万至令支[33]，岩众震骇[34]，稍稍[35]逾城归农。

岩计穷出降，农斩之，进击高句丽[36]，复辽东、玄菟[37]二郡。还至龙城，上疏请缮修陵庙[38]。

燕王垂以农为使持节、都督幽·平二州·北狄[39]诸军事、幽州牧，镇龙城。徙平州刺史带方王佐镇平郭[40]。农于是创立法制，事从宽简，清刑狱[41]，省赋役[42]，劝课农桑[43]，居民富赡[44]，四方流民前后至者数万口。先是[45]幽、冀流民多入高句丽，农以骠骑司马范阳庞渊为辽东[46]太守，招抚之。

慕容麟攻王兖于博陵，城中粮竭矢尽，功曹张猗逾城[47]出，聚众以应麟。兖临城数[48]之曰："卿是秦民，吾是卿君，卿起兵应贼，自号'义兵'，何名实之相违也？古人求忠臣必于孝子之门[49]，卿母在城，弃而不顾，吾何有焉[50]！今人取卿一切之功[51]则可矣，宁能[52]忘卿不忠不孝之事乎？不意中州[53]礼义之邦，乃有[54]如卿者也！"十二月，麟拔博陵，执兖及苻鉴，杀之。昌黎太守宋敞帅乌桓、索头之众救兖，不及[55]而还。秦主丕以敞为平州刺史。

燕王垂北如中山，谓诸将曰："乐浪王[56]招流离，实仓廪[57]，外给军粮，内营宫室，虽萧何[58]之功，何以加之！"丙申[59]，垂始定都中山。

秦苻定据信都以拒燕，燕王垂以从弟北地王精[60]为冀州刺史[61]，将兵攻之。

拓跋珪从曾祖纥罗与其弟建及诸部大人共请贺讷推珪为主。

（以上为第七段，写后燕将领慕容农率军攻打叛将余岩，余岩投降被杀；又进军攻打高句丽，夺回辽东、玄菟二郡；后燕主慕容垂定都中山，令慕容农镇龙城。）

【注释】

[1]遣使谢罪：投降后燕的前秦宗室大臣，苻坚堂叔苻定，苻坚堂弟苻绍、苻谟，苻坚侄子苻亮都派出使者向称帝的苻坚之子苻丕谢罪。 [2]王兖（yǎn）：氐族，前秦中山太守，固守博陵。 [3]博陵：县名，在今河北安平县。 [4]兹川：又名"霸川""霸水"，源出今陕西蓝田县东山谷中，经西安市东，过灞桥，北流注入渭河。 [5]治历城：以历城为其办事衙门的所在地。历城，古城名，在今甘肃西和县北。 [6]储蓄：指积贮备用的粮草物资。百顷：即仇池山，在今甘肃成县西。东汉建安后，世代为氐族杨氏所据。 [7]仇池：县名，县治在今甘肃成县西。 [8]来称

藩：来向东晋王朝称臣，愿做东晋王朝的藩国。［9］因其所号假之：按其原有的官号又加封了一遍。假，加，授予。［10］天水、略阳：二郡名。天水，郡治在今甘肃天水市。略阳，郡治临渭县，在今甘肃秦安县东南。［11］陇西：郡名，郡治襄武，在今甘肃陇西县南。［12］绎幕：县名，县治在今山东平原县西北。蔡匡：绎幕人，曾占据绎幕县城以叛燕，后被杀。据城：占据绎幕县城。［13］泰山：郡名，郡治在今山东泰安市东南。任泰：东晋泰山太守。潜师：秘密进军。［14］匡垒：蔡匡的堡垒。垒，城堡。［15］乃：才。［16］外敌奄（yǎn）至：指东晋军队突然到来。奄，突然。［17］不时下：不立即投降。时，及时，立即。［18］未合：未与蔡匡会合。［19］屠其垒：杀光了其城内的人。［20］龙城：又称"和龙""黄龙城"，在今辽宁朝阳市，是前燕都城，后来慕容垂的后燕也都于此。［21］过山钞盗：翻越白狼山来袭击我们。白狼山，在今辽宁喀喇沁左翼蒙古族自治县东的白鹿山，余岩当时驻兵于令支县（今河北迁安市西），在白狼山南。钞盗，抢掠，这里即指袭击。钞，同"抄"，包抄。［22］侵扰良民：当时这些少数民族军队多为兵民一起，男女老幼都跟随军队行动。［23］诳诱：欺骗，诱惑。饥儿：遭受饥荒、穷困潦倒的民众。［24］乌集为群：像乌鸦一样地临时凑合在一起，即所谓"乌合之众"。［25］非有纲纪：没有章程法度。［26］扼其喉：控制了他们的出入通道。指慕容农进据龙城，控制了余岩从令支通往辽西、辽东的通道。［27］此田善熟：这里的土地正要丰收。善熟，丰收。［28］徒自耗损：白白地损失掉。［29］俟（sì）：等待，等候。收毕：收割完毕，成了自己的军粮。［30］枭（xiāo）：取其首，这里即指征讨、消灭。［31］旬日：数日，指较短的时日。旬，十日为一旬。［32］顷之：不久。［33］令支：县名，县治在今河北迁安市西。［34］震骇（hài）：震动，震惊。［35］稍稍：渐渐。［36］高句（gōu）丽：当时跨鸭绿江两岸的一个古国名。［37］辽东：郡名，郡治在今辽宁辽阳市。玄菟（tú）：郡名，郡治在今辽宁沈阳市东。［38］缮修陵庙：修补龙城往日的陵园。前燕慕容廆以前的君主都葬在龙城。陵庙，古代陵园的建制通常都是前有祭庙，后为陵墓。［39］北狄：古代北方少数民族的统称，居住于今山西、河北的非华夏部落。周朝时，中原人把周围非华夏的四方，称为东夷、南蛮、西戎、北狄，以区别于华夏。［40］平州：州治昌黎，在今辽宁义县。平郭：县名，县治在今辽宁盖州市西南。［41］清刑狱：理清刑事案件，纠正冤假错案。刑狱，犹刑罚。［42］省赋役：减免徭役赋税。［43］劝课农桑：采取相应措施，督促和勉励以农业为主的经济发展。劝，勉励。课，督促。［44］富赡（shàn）：财物富足。赡，丰富，充足。［45］先是：在此以前。［46］庞渊：范阳人，后燕辽东太守。辽东：郡名，郡治在今辽宁辽阳市。［47］功曹：亦称功曹史，为郡守、县令的主要佐吏，主管考察记录业绩。张猗（yī）：为前秦中山太守王兖功曹。逾城：越城。［48］数：数落，责备。［49］求忠臣必于孝子之门：东汉韦彪之言。［50］吾何有焉：我还能对你说什么呢？［51］今人：谓后燕人。一切之功：只看你眼前的功劳而不顾其他任何事。一切，只看眼前，只取这一点。［52］宁能：怎么能。［53］不意：没有料到。中州：中原，中国，华夏地区。［54］乃有：竟然有。［55］不及：没赶上，指还没到达，那里的事情就结束了。［56］乐浪王：即慕容温，封为乐浪王。乐浪，郡名，郡治在今朝鲜平壤市南。［57］实仓廪：让仓库里堆满粮食。［58］萧何：西汉开国功臣、丞相。楚汉相争，萧何留守关中，足食足兵，立下了保障前线供给的后勤之功。［59］丙申：十二月二十三日。［60］北地王精：即慕容精，慕容部首领慕容涉归曾孙，为冀州刺史、左卫将军，封北地王。后赵王慕容麟派兵劫持他，派他率领禁军去刺杀皇帝慕容宝。他以大义拒绝，慕容麟大怒，将其杀之。谥号愍。［61］冀州刺史：冀州的州治即“信都”，在今河北衡水市冀州区，当时正被苻定所占领。慕容垂任慕容精为冀州刺史，盖令其自往取之。

十一年（丙戌，386 年）

春，正月，戊申[1]，拓跋珪大会于牛川[2]，即代王位，改元登国[3]。以长孙嵩为南部大人[4]，叔孙普洛为北部大人，分治其众。以上谷张衮[5]为左长史，许谦[6]为右司马，广宁王建、代人和跋、叔孙建、庾岳为外朝大人[7]，奚牧为治民长[8]，皆掌宿卫及参[9]军国谋议；长孙道生[10]、贺毗[11]等侍从左右，出纳教命[12]。王建娶代王什翼犍之女；岳，和辰之弟；道生，嵩之从子也。

燕王垂即皇帝位。

后秦王苌如安定[13]。

南安秘宜[14]帅羌、胡五万余人攻乞伏国仁，国仁将兵五千逆击[15]，大破之。宜奔还南安。

鲜于乞之杀翟真[16]也，翟辽奔黎阳[17]，黎阳太守滕恬之[18]甚爱信之。恬之喜畋猎[19]，不爱士卒，辽潜施奸惠[20]以收众心。恬之南攻鹿鸣城[21]，辽于后闭门拒之，恬之东奔鄄城[22]，辽追执之，遂据黎阳。豫州刺史朱序[23]遣将军秦膺、童斌与淮、泗诸郡共讨之。

秦益州牧王广[24]自陇右引兵攻河州牧毛兴于枹罕[25]，兴遣建节将军卫平[26]帅其宗人一千七百夜袭广，大破之。二月，秦州牧王统遣兵助广攻兴，兴婴城[27]自守。

燕大赦，改元建兴[28]，置公卿尚书百官，缮宗庙、社稷。

西燕主冲乐在长安，且畏燕主垂之强，不敢东归，课农筑室，为久安之计，鲜卑咸怨之[29]。左将军韩延[30]因众心不悦，攻冲，杀之，立冲将段随[31]为燕王，改元昌平[32]。

初，张天锡之南奔也，秦长水校尉王穆[33]匿其世子大豫[34]，与俱奔河西，依秃发思复鞬[35]，思复鞬送魏安[36]。魏安人焦松、齐肃、张济等聚兵数千人迎大豫为主，攻吕光昌松郡[37]，拔之，执太守王世强。光使辅国将军杜进击之，进兵败，大豫进逼姑臧。王穆谏曰："光粮丰城固，甲兵精锐，逼之非利；不如席卷岭西[38]，砺兵[39]积粟，然后东向与之争，不及期年[40]，光可取也。"大豫不从，自号抚军将军、凉州牧，改元凤凰[41]，以王穆为长史，传檄[42]郡县，使穆说谕[43]岭西诸郡，建康太守李隰[44]、祁连都尉严纯[45]皆起兵应之，有众三万，保据杨坞[46]。

代王珪徙居定襄之盛乐[47]，务农息民[48]，国人悦之。

三月，大赦[49]。

泰山太守张愿[50]以郡叛降翟辽。初，谢玄欲使朱序屯梁国[51]，玄自屯彭城，以北固河上，西援洛阳。朝议以征役[52]既久，欲令玄置戍[53]而还。会翟辽、张愿继叛，北方骚动[54]，玄谢罪[55]，乞解职，诏慰谕[56]，令还淮阴[57]。

（以上为第八段，写北魏拓跋珪历尽千难万苦，即代王位，改元登国，迁居定襄盛乐，让百姓休养生息；前凉主张天锡世子大豫被推为盟主，重建前凉，昙花一现。）

【注释】

［1］戊申：正月六日。［2］牛川：水名，在今内蒙古乌兰察布市内的塔布河。［3］登国：北魏道武帝拓跋珪的年号，也是北魏的第一个年号。［4］南部大人：为少数民族部落首领的称号。［5］张衮（gǔn）：字洪龙，上谷沮阳（今河北怀来县）人，昌黎太守张卓之子，为代国左长史，任奋武将军、幽州刺史。传见《魏书》卷二十四。［6］许谦：字元逊，代郡蔚州（今河北蔚县）人，北魏开国功臣，立国二十一功臣之一。传见《魏书》卷二十四。［7］外朝大人：拓跋珪置，以鲜卑贵族、外戚以及勋臣充任，平时出入禁中，参与谋议，决定军国大事，亦常受诏命出使。广宁人王建、代国人和跋、叔孙建、庾岳等人都进入中枢为外朝大人。［8］奚牧：本姓达奚氏，代郡（治今山西大同市）人，深得拓跋珪宠遇，拜为治民长，敷奏政事，参与计谋。传见《魏书》卷二十八。治民长：拓跋珪置，掌民事。［9］掌：主持，主管。宿卫：值宿宫禁，守卫宫廷。参：参加，参与。［10］长孙道生：北平王长孙嵩之侄，任内侍长，为征南将军、冀州刺史。传见《魏书》卷二十五。［11］贺毗（pí）：北魏初期拓跋珪的官员，为侍从官。［12］出纳教命：把帝王的诏

命向下宣告，把下面意见向帝王禀报，在今所谓“传达”。教命，泛指帝王的各种命令。［13］如安定：由新平到安定郡去。如，到，至。安定，郡名，郡治在今甘肃泾川县北。［14］秘宜：南安（今甘肃陇西县）人，后任西秦东秦州刺史、右长史、右仆射。［15］逆击：迎击，迎头痛击。［16］鲜于乞之杀翟（zhái）真：事见《资治通鉴》卷一百六晋武帝太元十年四月。［17］翟辽：丁零族，丁零首领翟真堂兄，十六国时翟魏政权建立者。传见《晋书》卷八十一。黎阳，郡名，郡治黎阳县，在今河南浚县东北。［18］滕恬之：滕修曾孙，东晋龙骧将军、魏郡太守，守黎阳，被翟辽所害。传见《晋书》卷五十七。［19］畋（tián）猎：打猎。畋，打猎、耕种。［20］潜施奸惠：暗中对人行使小恩小惠，以收买人心。奸惠，奸诈之恩。惠，恩惠。［21］鹿鸣城：古城名，在今河南浚县东南。［22］鄄（juàn）城：县名，县治在今山东鄄城县北。［23］豫州：州名，州治在今河南洛阳市。朱序：东晋名将，时为豫州刺史。传见《晋书》卷八十一。［24］益州牧王广：王广是前秦的益州刺史，驻节在成都，遭东晋攻击，率其部众回到了他的故乡陇西，投靠秦州刺史王统。［25］枹（fú）罕：县名，为河州州治，在今甘肃临夏市。［26］卫平：前秦建节将军，河州牧毛兴部属。［27］婴城：环城而守。［28］改元建兴：后燕国主慕容垂改年号燕元为建兴。［29］咸怨之：怨其不回到前燕国旧地。［30］韩延：西燕左将军，兵变首领，曾杀西燕主慕容冲。［31］段随：西燕第三位国主（386）。西燕主慕容冲不愿东归导致兵变遇害，左将军韩延立段随为燕王，改元昌平。不久，段随为燕国宗室尚书左仆射慕容恒、尚书令慕容永杀害，宜都王慕容桓的儿子慕容𫖮被立为燕王。［32］昌平：西燕国主段随所改的年号，仅存两个月。公元386年二月至三月。［33］长水校尉：汉武帝始置，掌屯于长水与宣曲的骑兵，前秦沿置。长水，关中河名。王穆：前秦长水校尉。曾起兵酒泉，后败于吕光，王穆单骑逃走，在骍马（甘肃玉门市东北骟马镇）被骍马令郭文斩首送给吕光。［34］匿（nì）：隐藏。大豫：即张大豫，前凉悼公张天锡之子，前凉末代国主（386—387），为吕光斩杀。［35］秃发思复鞬（jiān）：秃发鲜卑首领，南凉政权的创立者。传见《晋书》卷一百二十六。［36］送魏安：将张大豫送到了魏安郡。魏安，郡治在今甘肃古浪县东。［37］昌松郡：郡治昌松县，在今甘肃武威市东南。［38］岭西：指西郡以西的张掖、酒泉、建康、晋昌等郡。［39］砺兵：磨砺兵器。［40］期年：周年，满一年。［41］凤凰：前凉主张大豫的年号，公元386年。［42］传檄（xí）：犹今通告。檄，官方文书为檄。［43］说谕：游说，劝说。谕，晓谕。［44］建康：郡名，郡治在今甘肃酒泉市东南。李隰（xí）：后凉建康太守，一度支持前凉残余势力张大豫，从而使张大豫的人马发展至三万人，暂时保据了杨坞（今甘肃武威市西）一片天地。［45］祁连都尉：祁连郡的武官。祁连，郡治在今甘肃张掖市南。严纯：后凉祁连都尉。曾支持前凉残余势力张大豫。后大败。［46］保据：占据，保有。杨坞（wù）：古地名，在姑臧城西，在今甘肃武威市西，其地有堡坞。［47］定襄：郡名，位于今内蒙古呼和浩特市附近。盛乐：古城名，在今内蒙古和林格尔县西北的土城子。［48］息民：让百姓得到休息。［49］大赦：指东晋王朝实行大赦。［50］泰山：郡名，郡治在今山东泰安市东南。张愿：东晋泰山太守。太元十一年（386），以郡降丁零翟辽。后彭城太守刘牢之进平泰山，败翟辽于滑台（今河南滑县)，被俘，遂降。［51］梁国：诸侯国名，都城在今河南商丘市城南。［52］征役：指征战和劳役。［53］置戍：只留下一些小部队的防守据点。［54］骚动：动荡，不安宁。［55］谢罪：表示认错，请求原谅。［56］慰谕：用好话安慰。［57］淮阴：郡名，在今江苏淮安市。

燕主垂追尊母兰氏[1]为文昭皇后，欲迁文明段后[2]，以兰氏配享太祖[3]，诏百官议之，皆以为当然。博士刘详、董谧[4]以为："尧母为帝喾妃，位第三[5]，不以贵陵姜原[6]，明圣之道[7]，以至公为先[8]；文昭后宜立别庙[9]。"垂怒，逼之[10]，详、谧曰："上所欲为，无问于臣。臣按经奉礼[11]，不敢有贰[12]。"垂乃不复问诸儒，卒迁段后[13]，以兰后代之。又以景昭可足浑后倾覆社稷，追废之[14]；尊烈祖昭仪段氏为景德皇后[15]，配享烈祖[16]。

崔鸿[17]曰：齐桓公命诸侯无以妾为妻[18]。夫之于妻，犹不可以妾代之，况子而易其母乎！《春秋》[19]所称母以子贵[20]者，君母既没[21]，得以妾母为小君[22]也，至于享祀宗庙[23]，则成风终不得配庄公[24]也。君父之所为，臣子必习而效之，犹形声之于影响[25]也；宝[26]之逼杀其母[27]，由垂为之渐[28]也。尧、舜之让，犹为之、哙之祸[29]，况违礼而纵私者乎！昔文姜得罪于桓公[30]，《春秋》不之废[31]。可足浑氏虽有罪于前朝，然小君之礼成[32]矣，垂以私憾[33]废之，又立兄妾之无子者[34]，皆非礼也。

（以上为第九段，写后燕主慕容垂称帝后，追尊母亲兰氏为文昭皇后，配享太祖慕容皝；又追废慕容俊的皇后可足浑氏，尊奉昭仪段氏，招致司马光借论讥评。）

【注释】

［1］兰氏：昌黎棘城（今辽宁义县）人，前燕开国皇帝慕容皝的淑仪，后燕开国皇帝慕容垂的母亲。慕容垂即位后，撤销对文明皇后段氏的配享，改由兰氏配享慕容皝的宗庙，追尊兰氏为文昭皇后。［2］迁文明段后：从太庙里移出文明段皇后的神牌。段氏原为皇后，故用其夫慕容皝之谥号"文明"相称，并在太庙配享。现慕容垂为帝，欲提高其生母的地位，故改尊其生母为慕容皝的皇后，以配享其父。迁，指从太庙迁出。段后，慕容皝皇后，慕容俊生母，谥文明太后。［3］配享太祖：随同慕容皝一道享受祭祀。太祖，慕容皝的庙号。［4］刘详、董谧（mì）：后燕博士。［5］位第三：帝尧之母在帝喾的妃子里名列第三。传说帝喾有四妃。《帝系姓》曰："帝喾卜其四妃之子，而皆有天下。上妃有邰氏之女也，曰姜原氏，产后稷；次妃有娀氏之女也，曰简

狄氏，产契；次妃曰陈隆氏，产帝尧；次妃陬訾氏，产帝挚。”［6］不以贵陵姜原：不因为自己是帝尧的生母，而凌驾于帝喾的元妃（正妻）姜原之上。陵，同“凌”，凌驾，超越，高出居上。姜原，也作“姜嫄”，传说为有邰氏女，帝喾的元妃，其子后稷，为周民族的始祖，也是古代的农神。［7］明圣之道：彰显至高无上的道德准则。［8］以至公为先：首先讲究的是大公无私。至公，最公正，极公正。［9］文昭后宜立别庙：意即慕容垂的生母不能配享太祖慕容皝，应该给她另外立庙供奉。［10］逼之：逼迫他们改变意见。［11］按经奉礼：我们是遵奉圣人的经典、固有的礼节行事。［12］不敢有贰：不敢再有别的说法。贰，两样，不一致。［13］卒：终于。迁段后：将段后迁出宗庙。［14］“又以景昭”二句：谓景昭可足浑皇后导致国家倾覆，追废了她的皇后，迁出宗庙。景昭，指前燕国主景昭皇帝慕容儁。可足浑后，景昭帝慕容儁皇后。慕容恪死后，可足浑后与慕容评专权，逼走慕容垂，败乱国政，招致国家被苻坚所灭。追废之：慕容垂对可足浑后怀有怨仇。前燕主慕容儁嫉妒吴王慕容垂，可足浑氏也痛恨吴王慕容垂妃段夫人，以巫蛊诅咒为由陷其下狱，欲连诬慕容垂，但段氏不屈，死于狱中。两恨使慕容垂委实不平，即位后追废可足浑后为庶人。［15］烈祖：即慕容儁，庙号烈祖。昭仪：妃嫔的称号，地位与丞相相同。段氏：即段昭仪，为慕容儁之妃。慕容垂将其皇后可足浑氏废去，将段妃封为景德皇后。［16］配享：亦作“配飨”“配食”，祭名，即合享之祭，是将新死者的灵位与祖先或配偶并列一处共同接受祭礼。在古代，只有帝王元妃（帝后或王后）死后才有资格配享太庙，其他宗室、妃嫔则应立别庙。［17］崔鸿：字彦鸾，北魏大臣、史学家。著有史书《十六国春秋》。传见《魏书》卷六十七。［18］命诸侯无以妾为妻：不能把小妾扶正为妻室。这条规定见《孟子·告子下》。据说齐桓公在召集各国诸侯在葵丘会盟时，曾命令各国诸侯，要“诛不孝，无易树子，无以妾为妻”。《史记》不载此事。［19］《春秋》：古代儒家典籍“六经”之一，是我国第一部编年体史书，相传为孔子依据鲁国史官所编的《春秋》加以整理而成。《春秋》对所记事件和人物都有褒有贬，后世称为“《春秋》笔法”。［20］所称母以子贵者：孔子之《春秋》无“母以子贵”之语，此语当出自《春秋公羊传·隐公元年》。《公羊传》曰：“桓何以贵？母贵也。母贵则子何以贵？子以母贵，母以子贵也。”［21］君母：老国君的正妻。古代国君的儿子们，不仅正妻所生的儿子称正妻为母，其他姬妾所生的儿子也都得称父亲之正妻为母。没（mò）：同“殁”，去世。［22］得以妾母为小君：古代的帝王或诸侯，如果是姬妾所生，而老帝王或老诸侯的正妻又已经死了，那么，由姬妾生的帝王或诸侯，可以把生他的这位姬妾称之为“小君”。小君，原本是古人对诸侯正妻的称呼，只有在上述特定的情况下，姬妾才能享受这种类似父亲正妻的称号。［23］至于享祀宗庙：至于死后谁应该陪同父亲享受祭祀于太庙的问题。［24］成风终不得配庄公：意即这位生了帝王或诸侯的姬妾还是不能以“小君”的名义供入太庙，还是只能把先前那位正妻供入太庙，为其丈夫当配享。成风，春秋时鲁庄公的姬妾，鲁僖公的生母，鲁庄公的正妻名为哀姜。鲁僖公即位后，想做些改变，请示齐桓公，结果仍只能以哀姜配享庄公，而僖公的生母成风仍未能配享庄公。庄公，即鲁庄公，姬姓，名同，鲁国第十六任君主。传见《史记》卷三十三。［25］犹形声之于影响：就如同有什么形状、声音，就有什么影子与回声一样。［26］宝：即慕容垂第四子慕容宝，后燕第二位国主。传见《晋书》卷一百二十四。［27］逼杀其母：慕容宝与慕容令是同胞兄弟，为慕容垂的第一任王后段末柸之女段氏所生。段王后被前燕主慕容儁及其后可足浑氏害死。慕容垂接着又娶段氏侄女为继室。慕容令死后，慕容宝被立为太子。由于第二个段氏曾劝慕容垂废掉太子慕容宝，故慕容宝登基后，逼段氏自杀。［28］由垂为之渐：慕容宝逼着段后自杀，就是当初慕容垂想改变其生母地位开的头。渐，渐进，逐步发展。［29］“尧舜之让”二句：谓战国时燕王哙效法尧禅让位于舜，将王位禅让于子之，造成了燕国的内乱。此谓禅让美德，违背礼法也要生出祸乱。战国时父子相继才合于礼法，不是禅让的时代。之、哙：之，指燕臣子之；哙，指燕王哙。［30］文姜：姜姓，齐僖公之女，齐襄公异母妹，鲁桓公夫人，鲁庄公之母。得罪于桓公，指文姜与其兄齐襄公私通，导致其丈夫鲁桓公被齐襄公所杀。事见《史记》卷三十三。［31］《春秋》不之废：孔子写《春秋》，仍没有废弃她。《春秋》鲁庄公二十一年书文姜之死曰“夫人姜氏薨”，二十二年书曰“葬我小君文姜”。可见《春秋》还是把文姜当作鲁桓公的夫人来叙述的。不之废，即“不废之”，不废黜她。［32］小君之礼成：可足浑氏作为慕容儁的正式皇后，是名正言顺的。［33］私憾：心中不满，怨恨，指慕容垂的第一个王后段氏被可足浑氏诬陷迫害致死，又进谗言于慕容玮，致使慕容垂流落于国外。［34］立兄妾之无子者：即前文所说的“昭仪段氏”，慕容儁的嫔妃，无子。

刘显自善无南走马邑[1]，其族人奴真[2]帅所部请降于代。奴真有兄犍，先居贺兰部，奴真言于代王珪，请召犍而以所部让之，珪许之。犍既领部，遣弟去斤遗[3]贺讷金马。贺染干[4]谓去斤曰：“我待汝兄弟厚，汝今领部，宜来从我。”去斤许之。奴真怒曰：“我祖父以来，世为代忠臣，故我以部让汝等，欲为义也。今汝等无状[5]，乃谋叛国，义于何在[6]！”遂杀犍及去斤。染干闻之，引兵攻奴真，奴真奔代。珪遣使责染干，染干乃止。

西燕仆射慕容恒[7]、尚书慕容永袭段随，杀之；立宜都王子颢为燕王[8]，改元建明，帅鲜卑男女四十余万口去长安而东。恒弟护军将军韬诱颢，杀之于临晋[9]。恒怒，舍韬去[10]。永与武卫将军刁云[11]帅众攻韬，韬败，奔恒营。恒立西燕主冲[12]之子瑶[13]为帝，改元建平[14]，谥冲曰“威皇帝”。众皆去瑶奔永，永执瑶，杀之，立慕容泓子忠为帝，改元建武[15]。忠以永为太尉，守尚书令，封河东公。永持法宽平，鲜卑安之。至闻喜[16]，闻燕主垂已称尊号，不敢进，筑燕熙城[17]而居之。

鲜卑既东，长安空虚。前荥阳太守高陵赵谷[18]等招杏城卢水胡郝奴[19]帅户四千入于长安，渭北[20]皆应之，以谷为丞相。扶风王驎[21]有众数千，保据马嵬[22]，奴遣弟多攻之。

夏，四月，后秦王苌自安定[23]伐之，驎奔汉中。苌执多而进，奴惧，请降，拜镇北将军、六谷大都督[24]。

癸巳[25]，以尚书仆射陆纳[26]为左仆射，谯王恬[27]为右仆射。纳，玩[28]之子也。

毛兴袭击王广[29]，败之，广奔秦州；陇西鲜卑匹兰[30]执广送于后秦。兴复欲攻王统于上邽[31]，枹罕诸氐皆厌苦[32]兵事，乃共杀兴，推卫平[33]为河州刺史，遣使请命于秦[34]。

燕主垂封其子农为辽西王[35]，麟为赵王[36]，隆为高阳王[37]。

代王珪初改称魏王。

张大豫自杨坞进屯姑臧城西，王穆及秃发思复鞬子奚于[38]帅众三万屯于城南，吕光出击，大破之，斩奚于等二万余级。

秦大赦，以卫平为抚军将军、河州刺史，吕光为车骑大将军、凉州牧。使者皆没于后秦[39]，不能达。

燕主垂以范阳王德为尚书令，太原王楷[40]为左仆射，乐浪王温为司隶校尉。

后秦王苌即皇帝位于长安，大赦，改元建初[41]，国号大秦[42]。追尊其父弋仲为景元皇帝，立妻蛇氏为皇后，子兴为皇太子，置百官。苌与群臣宴，酒酣[43]，言曰："诸卿皆与朕北面秦朝[44]，今忽为君臣，得无耻乎[45]！"赵迁[46]曰："天不耻以陛下为子，臣等何耻为臣！"苌大笑。

（以上为第十段，写西燕内讧，其主段随被杀，又立慕容觊为王，杀之，改立慕容忠为帝；代王拓跋珪始称魏王；后秦主姚苌占领长安，即皇帝位，国号大秦。）

【注释】

[1]南走马邑：刘显畏惧代国的威胁，且害怕其报昔日之仇。马邑，县名，在今山西朔州市。[2]奴真：即刘奴真，鲜卑族。拓跋珪即位，奴真领部来附。兄刘犍先居贺兰部，奴真请召刘犍，以所部让之，拓跋珪许之。[3]遗：赠送。[4]贺染干：贺讷之弟。[5]无状：无礼，不讲道理。[6]义于何在：即于义何在，义在哪里，意即不讲正义。[7]慕容恒：鲜卑族人，西燕

宗室将领，曾扶持慕容瑶为帝。［8］立宜都王子觊为燕王：宜都王，即慕容恒，其子慕容觊为众推举为燕王，是西燕第四位国主。慕容觊改年号为建明，率领鲜卑男女四十多万人离开长安东去。被其弟护军将军慕容韬诱骗到临晋杀死。［9］临晋：县名，在今陕西大荔县。［10］舍韬去：慕容恒愤怒，离慕容韬而去。舍，丢弃，放弃，撇下不要。［11］永：慕容永。刁云：西燕武卫将军、尚书令。后为后燕军所杀。［12］冲：即慕容冲，前燕主慕容俊之子，西燕第二位国主。传见《晋书》卷一百十三。［13］瑶：即慕容瑶，一作慕容望，西燕威帝慕容冲之子。被拥立为帝，是西燕第五位国主，改年号建平。后被慕容永抓获并杀害，立慕容泓之子慕容忠为帝。［14］改元建平：慕容瑶改年号更始为建平（386），只用了不到一个月，随瑶被杀而废。［15］“立慕容泓子忠”二句：慕容永杀慕容瑶，立慕容忠为帝，是为西燕第六位国主，改年号为建武，只三个月，随忠被杀而废。［16］闻喜：县名，县治在今山西闻喜县。［17］燕熙城：城名，在今山西闻喜县北。［18］荥阳：郡名，郡治荥阳，在今河南荥阳市。太守：二字原无，据章校补。高陵：县名，县治在今陕西西安市高陵区西南。赵谷：高陵人，时为荥阳太守。［19］杏城：古城名，在今陕西黄陵县西南。卢水胡：匈奴族的一个分支，汉代至南北朝时期活跃于西北地区的少数民族。郝奴：卢水胡人部落头领。［20］渭北：地区名，指渭河水以北地区。渭河发源于今甘肃渭源县的鸟鼠山，由陕西潼关县汇入黄河。［21］王驎：扶风人。［22］马嵬（wéi）：地名，在今陕西兴平市西的马嵬坡。［23］安定：郡名，郡治在今甘肃泾川县北。［24］六谷大都督：官名。六谷，指今陕西西安市的子午谷、梓谷、石赣谷、甘谷、赤谷、涝谷。［25］癸巳：四月二十二日。［26］陆纳：字祖言，东晋司空陆玩之子，东吴以来的江东士族，为尚书仆射、左仆射，为人贞厉绝俗，对东晋的腐朽强烈不满。传见《晋书》卷七十七。［27］谯（qiáo）王恬（tián）：即司马恬，司马懿之弟中郎司马进玄孙，谯烈王司马无忌之子，东晋宗室、宰相。官至镇北将军、兖青二州刺史，袭封谯王爵位。传见《晋书》卷三十七。［28］玩：即陆玩，字士瑶，为东吴丞相陆逊侄孙，东晋重臣，官至司空。去世后，获赠太尉，故被称为“陆太尉”。传见《晋书》卷七十七。［29］毛兴袭击王广：毛兴与王广，与下文所说的王统，都是前秦苻氏的将领，毛兴为河州刺史，王广为益州刺史，王统为秦州刺史，三人彼此相攻。［30］陇西：郡名，郡治襄武，在今甘肃陇西县东南。匹兰：陇西鲜卑人。［31］上邽（guī）：县名，县治在今甘肃天水市西南。［32］厌苦：厌烦，以为苦事。［33］推卫平：因卫平是当地的强族，故推之。推，推举，推奉。［34］请命于秦：请命于寄居壶关的苻坚之子苻丕。请命，请求任命。［35］辽西王：封地辽西郡，郡治在今河北昌黎县北。［36］赵王：封地赵郡，郡治在今河北赵县西南。［37］高阳王：封地高阳郡，郡治在今河北高阳县西南。［38］奚于：即秃发奚于，南凉宗室，河西鲜卑秃发思复鞬之子，南凉国王秃发乌孤、秃发利鹿孤、秃发傉檀的兄弟。曾率领三万兵众驻扎在姑臧城南，被后凉吕光打得大败，被斩杀。［39］皆没于后秦：都被姚苌的部下俘获而去。没，沉没，引申为被扣押起来。［40］楷：即慕容楷，前燕吴王慕容垂之侄。投奔前秦，任积弩将军。慕容垂复兴后燕，历任征西大将军、尚书左仆射、兖州刺史、冀州牧、司空，封太原王，传见《晋书》卷一百二十三。

［41］建初：后秦主姚苌的第二个年号。［42］国号大秦：历史上称之为“后秦”。［43］酒酣（hān）：饮酒尽兴，似醉未醉。［44］北面秦朝：曾向前秦朝称臣。古代臣见君，君面朝南坐，群臣面北叩见。［45］得无耻乎：难道不感到耻辱吗？［46］赵迁：前秦尚书、洛州刺史、徐州刺史。后归服后秦。

魏王珪东如陵石[1]，护佛侯部帅侯辰[2]、乙佛部帅代题[3]皆叛走。诸将请追之，珪曰：“侯辰等累世服役[4]，有罪且当忍之。方今国家草创[5]，人情未壹[6]，愚者固宜前却[7]，不足追也！”

六月，庚寅[8]，以前辅国将军杨亮为雍州刺史，镇卫山陵[9]。荆州刺史桓石民[10]遣将军晏谦[11]击弘农[12]，下之。初置湖、陕二戍[13]。

西燕刁云等杀西燕主忠，推慕容永为使持节、大都督中外诸军事、大将军、大单于、雍·秦·梁·凉四州牧、录尚书事、河东王，称藩于燕[14]。

燕主垂遣太原王楷、赵王麟、陈留王绍、章武王宙攻秦苻定、苻绍、苻谟、苻亮等，楷先以书与之，为陈祸福。定等皆降。垂封定等为侯，曰：“以酬秦主之德[15]。”

秦主丕以都督中外诸军事、司徒、录尚书事王永为左丞相，太尉、东海王纂为大司马，司空张蚝为太尉，尚书令咸阳徐义[16]为司空，司隶校尉王腾为骠骑大将军、仪同三司。永传檄四方公侯、牧守、垒主、民豪[17]，共讨姚苌、慕容垂，令各帅所统，以孟冬上旬会大驾于临晋[18]。于是，天水姜延、冯翊寇明、河东王昭、新平张晏、京兆杜敏、扶风马朗、建忠将军高平牧官都尉扶风王敏等咸承檄起兵[19]，各有众数万，遣使诣秦，丕皆就拜[20]将军、郡守，封列侯。冠军将军邓景拥众五千据彭池[21]，与窦冲为首尾[22]，以击后秦。

丕以景为京兆尹。景，羌之子也。

后秦王苌徙安定五千余户于长安。

秋，七月，秦平凉太守金熙、安定都尉没弈干与后秦左将军姚方成战于孙丘谷[23]，方成兵败。后秦主苌以其弟征虏将军绪[24]为司隶校尉，镇长安，自将至安定，击熙等，大破之。金熙本东胡之种[25]；没弈干，鲜卑多兰部帅[26]也。

枹罕诸氐以卫平[27]衰老，难与成功，议废之，而惮[28]其宗强，累日[29]不决。氐啖青[30]谓诸将曰："大事宜时定[31]，不然，变生。诸君但请卫公为会[32]，观我所为。"会七夕大宴[33]，青抽剑而前曰："今天下大乱，吾曹休戚同之[34]，非贤主不可以济大事。卫公老，宜返初服以避贤路[35]。狄道长苻登[36]，虽王室疏属[37]，志略雄明[38]，请共立之[39]，以赴大驾[40]。诸君有不同者，即下异议[41]。"乃奋剑攘袂[42]，将斩异己者。众皆从之，莫敢仰视。于是，推登为使持节、都督陇右诸军事、抚军大将军、雍·河二州牧、略阳公[43]，帅众五万，东下陇[44]，攻南安[45]，拔之，驰使请命于秦。登，秦主丕之族子[46]也。

秘宜与莫侯悌眷[47]帅其众三万余户降于乞伏国仁，国仁拜宜东秦州刺史，悌眷梁州刺史。

己酉[48]，魏王珪还盛乐，代题复以部落来降，十余日，又奔刘显；珪使其孙倍斤代领其众。刘显弟肺泥帅众降魏。

八月，燕主垂留太子宝守中山，以赵王麟为尚书右仆射，录留台[49]。庚午[50]，自帅范阳王德等南略地，使高阳王隆东徇平原[51]。丁零鲜于乞保曲阳西山[52]，闻垂南伐，出营望都[53]，剽掠[54]居民。赵王麟自出讨之，诸将皆曰："殿下虚镇[55]远征，万一无功而返，亏损威重[56]，不如遣诸将讨之。"麟曰："乞闻大驾在外[57]，无所畏忌，必不设备[58]，一举可取，不足忧也。"乃声言至鲁口[59]，夜，回趣乞[60]，比明[61]，至其营，掩击[62]，擒之。

翟辽寇谯[63]，朱序击走之。

秦主丕以苻登为征西大将军、开府仪同三司、南安王[64]，持节、州牧、都督，皆因其所称而授之。又以徐义为右丞相。留王腾守晋阳，右仆射杨辅戍壶关，帅众四万，进屯平阳[65]。

初，后秦主苌之弟硕德[66]统所部羌居陇上[67]，闻苌起兵，自称征西将军，聚众于冀城[68]以应之；以兄孙详[69]为安远将军，据陇城[70]，从孙训[71]为安西将军，据南安之赤亭[72]，与秦秦州刺史王统[73]相持。苌自安定引兵会硕德攻统，天水屠各[74]、略阳羌胡应之者二万余户。秦略阳太守王皮[75]降之[76]。

（以上为第十一段，写前秦灭亡后，北方群雄争立为帝，各种势力争强斗胜。西燕杀掉国主慕容忠，推奉慕容永，称藩后燕；枹罕氐族推荐苻登为首领，接受前秦主苻丕节制。）

【注释】

[1]陵石：古地名，在当时的盛乐城东，在今内蒙古和林格尔县西北的土城子东。[2]侯辰：人名。护佛侯部的部落首领。[3]代题：人名。乙佛部的部落首领。[4]累世服役：世代为我们代国效劳出力。[5]草创：开始创建。[6]人情未壹：人心没有统一。壹，同"一"。[7]愚者固宜前却：看不清形势的人，忽而向前，忽而后退，是理所当然的。愚者，谓糊涂不明事理的人。固宜，理所当然。前却，指叛服无常。[8]庚寅：六月二十日。[9]镇卫山陵：意即遣杨亮以雍州刺史的身份向北进驻到洛阳，以镇洛、雍，守卫西晋诸帝的陵墓。山陵，以称帝王的陵墓，此指西晋帝陵。[10]桓石民：冠军将军桓石虔之弟，东晋重要将领。曾为谢安参军，都督荆州、江州、豫州三州共十郡的军事，为振武将军，领襄城太守。传见《晋书》卷七十四。[11]晏谦：东晋荆州刺史桓石民属将。[12]弘农：郡名，郡治弘农县，在今河南灵宝市东北的函谷关故城。[13]初置湖、陕二戍：首次在湖县、陕县建立了两个防守据点。湖县县治在今河南灵宝市西北，陕县县治在今河南三门峡市陕州区。[14]称藩于燕：向建都于中山的后燕主慕容垂称臣。西燕不断内讧，力不能支，终于自降身份，向后燕称臣，以图自保。[15]以酬秦主之德：以报答苻坚当年对自己的恩情。酬，答谢。德，恩情。[16]徐义：前秦官员，苻丕时为尚书令、司空至右丞相。后为慕容永所俘，夜遁，奔杨佺期，为洛阳令。[17]公侯：公爵与侯爵，泛指有爵位的贵族和官高位显的人。牧守：州郡的长官。州官称牧，郡官称守。垒主：豪强地主或官僚贵族聚众筑垒以武装自守，因未有朝命，故称垒主。民豪：民间有权势者。[18]孟冬上旬：农历十月的前十天。孟冬，冬季里的第一个月，即农历十月。会大驾于临晋：指前秦残存的各路兵马，一齐与苻丕相会于临晋关。大驾，天子的车驾，这里即指在壶关称帝的苻丕。临晋，在今陕西大荔县。[19]"天水姜延……等咸承檄起兵"句：天水郡及关中、河东各地的豪杰姜延、寇明、王昭、张晏、杜敏、马朗，以及高平牧官都尉王敏，响应通告，起兵攻打后秦姚苌、后燕慕容垂。[20]就拜：派人前往予以委任。[21]邓景：邓羌之子，前秦官员，为京兆尹。彭池：胡三省注以为当作"彪池"。彪池，古地名，在今陕西西安市城西。[22]窦冲：前秦名将，多次率军攻打后秦、西燕，拜大司马、雍州牧，领左丞相。至苻坚远亲苻登继承帝位，因不满而反叛，自称秦王，年号元光。太元十九年（394），窦冲逃奔汧川，被擒，解送后秦。传见《晋书》卷一百十五。为首尾：指窦冲据兹川（潇水），在今陕西西安市东南，与邓景正相首尾，即相邻，相连接。[23]孙丘谷：古地名，在今甘肃平凉市东南，当时属陇东郡，东离安定郡治不远。[24]绪：即姚绪，姚苌之弟、姚兴叔父，后秦大臣。姚苌称帝，姚绪为征虏将军、司隶校

尉，镇守长安；姚兴即位，封晋王，守卫后秦东部；后出击并降服西燕河东太守柳恭，任并、冀二州牧，镇守蒲阪。后为丞相，主持后秦国家政务。［25］东胡之种：金熙是东胡部族人。东胡，指辽宁鲜卑。［26］多兰部帅：多兰部首领。多兰部，一作破多罗，鲜卑部落，居高平（宁夏固原市）一带。［27］卫平：枹罕当地豪族，前秦建节将军。［28］惮（dàn）：害怕，畏惧。［29］累日：一连多日。［30］啖（dàn）青：氐族人。［31］宜时定：应该赶紧决定。时，当时，及时。［32］请卫公为会：请卫平来参加会议。［33］会七夕大宴：当时正赶上有七月七日的盛大宴会。七夕，节日名，相传是天上牛郎会织女的日子，同时也是古代青年女子向织女学习手工技巧的日子。［34］吾曹休戚同之：我等应该有福同享，有难同当。吾曹，我等。休戚，享福或受罪。［35］返初服：脱掉官服，回去穿原来的衣服，指辞去官职，回到原来的岗位上去。避贤路：为贤者让路。［36］狄道长：狄道县的县长。狄道，古县名，在今甘肃临洮县。苻登：字文高，苻坚从孙，陇东太守苻敞之子，前秦狄道长，为众推为使持节、抚军大将军、略阳公。后即帝位为前秦第五位国主，被后秦攻杀。传见《晋书》卷一百十五。［37］王室疏属：前秦皇帝血缘疏远的同族。［38］志略：抱负，才略。雄明：宏大，明晰。［39］请共立之：请一同立他为河州刺史。［40］以赴大驾：以率众奔赴临晋，与前秦主苻丕会合。［41］即下异议：请马上说出你们的不同意见。下，下达，发布。［42］奋剑攘袂（mèi）：举起宝剑，捋起袖子。［43］略阳公：封地略阳郡，郡治在今甘肃天水市东北。［44］东下陇：离开陇山而东出。陇山，在甘肃与陕西的交界处。［45］南安：郡名，郡治在今甘肃陇西县的东北侧。［46］族子：同族兄弟之子。即苻登与苻丕为同族兄弟一辈。［47］秘宜与莫侯悌眷：二人原皆前秦将领。［48］己酉：七月十日。［49］录留台：总领朝廷的留守事务。台，晋、宋间谓朝廷禁省为台，称禁城为台城。天子外出，在台城置官留守，称留台。［50］庚午：八月一日。［51］东徇平原：向东略取平原郡。平原，郡治在今山东平原县南。［52］保曲阳西山：据守在曲阳以西的山岭。曲阳，县名，在中山（在今河北定州市）之西，县治在今河北曲阳县。［53］出营望都：出兵在望都扎营。望都，县名，在今河北望都县，在当时中山的东北方。［54］剽（piāo）掠：抢劫，掠夺。［55］虚镇：使所镇的中山城变得空虚。［56］亏损威重：对你的名声有损。［57］大驾在外：指后燕主慕容垂不在中山。［58］设备：设防，防备。［59］声言至鲁口：扬言要到鲁口去。鲁口，古城名，在今河北饶阳县，在中山的东南方。［60］回趣乞：转头向鲜于乞杀去。趣，同“趋”，趋向，奔向。［61］比明：等到天亮。［62］掩击：突然发起攻击。［63］寇谯：自黎阳入侵谯郡。谯郡郡治在今安徽亳州市。［64］南安王：封爵南安郡，郡治在今甘肃陇西县东南。［65］平阳：古城名，在今山西临汾市西部，前赵刘渊、刘聪时代的都城。［66］硕德：即姚硕德，姚苌同母弟。姚苌起兵，姚硕德自称征西将军。聚兵以应，多次率军击败前秦军队。姚兴继位，深得敬重，封陇西王，连续败降西秦、后凉、后仇池国政权。传见《晋书》卷一百十六。［67］陇上：古地名，陇山之上，今陕北、甘肃及其以西一带地方。［68］冀城：古城名，故冀县县治，在今甘肃天水市西北。［69］孙详：即姚襄之孙。姚详，姚苌时为安远将军、始平太守。［70］陇城：古城名，故陇县的县治，在今甘肃清水县北。［71］从孙：亲兄弟的孙子。训：即姚训，后秦安西将军。［72］南安：郡名，郡治在今甘肃陇西县东南。赤亭：古地名，在今甘肃陇西县西。姚苌之父姚弋仲就是南安赤亭的羌族人。［73］王统：前秦将领，为秦州刺史，当时驻兵上邽县，在今甘肃天水市西南。［74］天水屠各：天水郡的匈奴部落之一。［75］王皮：前秦丞相王猛次子，苻坚册封王皮为员外散骑侍郎、略阳太守。［76］降之：王皮投降后秦姚苌。

初，秦灭代，迁代王什翼犍少子窟咄[1]于长安，从慕容永东徙，永以窟咄为新兴[2]太守。刘显遣其弟亢埿迎窟咄，以兵随之，逼[3]魏南境，诸部骚动[4]。魏王珪左右于桓[5]等与部人谋执珪以应窟咄，幢将[6]代人莫题[7]等亦潜与窟咄交通[8]。桓舅穆崇告之[9]，珪诛桓等五人，莫题等七姓悉原不问[10]。珪惧内难[11]，北逾阴山[12]，复依贺兰部，遣外朝大人辽东安同[13]求救于燕，燕主垂遣赵王麟救之。

九月，王统以秦州降于后秦。后秦主苌以姚硕德为使持节、都督陇右诸军事、秦州刺史，镇上邽[14]。

吕光得秦王坚凶问[15]，举军缟素[16]，谥曰“文昭皇帝”。冬，十月，大赦，改元大安[17]。

西燕慕容永遣使诣秦主丕求假道[18]东归，丕弗许，与永战于襄陵[19]，秦兵大败，左丞相王永、卫大将军俱石子皆死。

初，东海王纂自长安来，麾下[20]壮士三千余人，丕忌之，既败，惧为纂所杀，帅骑数千南奔东垣[21]，谋袭洛阳。扬威将军冯该[22]自陕邀击[23]之，杀丕，执其太子宁、长乐王寿，送建康，诏赦不诛，以付苻宏[24]。纂与其弟尚书永平侯师奴帅秦众数万走据杏城[25]，其余王公百官皆没[26]于永。

永遂进据长子[27]，即皇帝位，改元中兴[28]。将以秦后杨氏[29]为上夫人，杨氏引剑[30]刺永，为永所杀。

（以上为第十一段，写北魏主拓跋珪北度阴山避乱，依附贺兰部；吕光得知前秦主苻坚去世，举哀，改元大安；西燕主慕容永消灭前秦主苻丕，即位，改元中兴。）

【注释】

［1］窟咄（duō）：即拓跋窟咄，代王拓跋什翼犍幼子。前秦灭亡代国后，进入长安，得到苻坚

礼遇。后支持慕容永复国，为新兴太守。西燕灭亡后，投靠匈奴部落首领刘显，与侄子拓跋珪争夺代国领导权，兵败被杀。传见《魏书》卷十五。［2］新兴：郡名，郡治在今山西忻州市。［3］逼：靠近，迫近。［4］骚动：害怕惊惶，动荡不安。［5］于桓：北魏拓跋珪的侍从官。［6］幢（zhuàng）将：禁卫军将领。当时魏国禁卫军的将领有内幢将、羽林幢将、虎贲幢将，合称三郎幢将，平时率三郎卫士执仗宿值禁中，战时亦从征出战。［7］莫题：本姓莫那娄氏，代郡平城（今山西大同市）人，属匈奴贺兰部，北魏大臣。初为幢将，统领宫中军队，暗中与拓跋窟咄通联，藐视拓跋珪；后拜平远将军、扶柳公，迁左将军、高邑郡公。出任中山太守，管理司州辖下山东七郡事务。后卷入拓跋窟咄谋反事件，坐罪处死。［8］潜：暗中，悄悄地。交通：通联，勾结。［9］穆崇：本姓丘穆陵氏，代郡平城（今山西大同市）人，北魏开国功臣。少时追随并侍奉拓跋珪，拓跋珪为魏王，任为征虏将军、散骑常侍，拜豫州刺史，累迁太尉，封宜都公。后参与卫王拓跋仪谋反，拓跋珪念及功劳，秘而不宣。后病逝，谥号丁公。传见《魏书》卷二十七。告之：告发了于桓。［10］七姓：七人。悉原不问：全部赦免，不加追问。原，宽恕，原谅。［11］内难：内部叛乱。［12］北逾阴山：向北退到了阴山以北。阴山，今内蒙古境内东西走向的大山，横亘在今呼和浩特、包头等城市的北方。［13］安同：祖籍安息（今伊朗），粟特族。安屈之子，北魏开国功臣。世居辽东，追随拓跋珪，拜广武将军、外朝大人。官至征东大将军、冀青二州刺史，册封高阳郡公。传见《魏书》卷三十。［14］上邽（guī）：县名。在今甘肃天水市。［15］凶问：死亡的消息。［16］举军缟（gǎo）素：全军披麻戴孝。缟素，白色的丧服。［17］大安：后凉懿武皇帝吕光的年号，共四年，公元 386 年至公元 389 年。［18］假道：借道。假，同“借”。［19］襄陵：县名，县治在今山西临汾市东南的古城庄。［20］麾（huī）下：帐下，属下。麾，古代指挥军队的旗子。［21］东垣：县名，在今河南新安县东。［22］冯该：雍州京兆（今陕西西安市）人。东晋扬威将军、雍州刺史，镇守洛阳，前秦主苻丕率军来犯，自陕城拦击，大败苻丕，俘获其太子苻宁、长乐王苻寿。后追随桓玄兄弟，割据荆州，迁镇东将军。江陵陷落后，受到刘怀肃讨伐，兵败被杀。传见《晋书》卷七十四。［23］陕：即陕县，县治在今河南三门峡市陕州区。邀击：半路拦击，截击。［24］以付苻宏：把他们几个人交给了苻宏。苻宏是苻坚的太子，太元十年（385）离开长安，投奔东晋，东晋将其置于江州刺史桓玄部下。［25］永平侯师奴：即苻师奴，苻纂之弟，为人贪婪凶狠，初封永平侯，后进封朔方公，历任尚书、抚军大将军、并州牧。教唆苻纂篡位不成，反而杀害兄长苻纂，后被后秦主姚苌击败，逃奔鲜卑。杏城：县名，县治在今陕西黄陵县西北。［26］没：败没，落入。［27］长子：县名，县治在今山西长子县西南。［28］中兴：西燕君主慕容永的年号，共九年，公元 386 年十月至公元 394 年八月。［29］秦后杨氏：苻丕的皇后。［30］引剑：拔剑。

甲申[1]，海西公奕薨于吴[2]。

燕寺人吴深据清河[3]反，燕主垂攻之，不克。

后秦主苌还安定[4]。

秦南安王登既克南安，夷、夏归之者三万余户。遂进攻姚硕德于秦州[5]，后秦主苌自往救之。登与苌战于胡奴阜[6]，大破之，斩首二万余级，将军啖青射苌，中之。苌创重[7]，走保上邽[8]，姚硕德代之统众。

燕赵王麟军未至魏，拓跋窟咄稍前逼魏王珪，贺染干侵魏北部以应之。魏众惊扰，北部大人叔孙普洛亡奔刘卫辰。麟闻之，遽遣安同等归。魏人知燕军在近，众心少安。窟咄进屯高柳[9]，珪引兵与麟会击之，窟咄大败，奔刘卫辰，卫辰杀之。珪悉收其众，以代人库狄干为北部大人。麟引兵还中山。

刘卫辰居朔方[10]，士马甚盛。后秦主苌以卫辰为大将军、大单于、河西王、幽州牧，西燕主永以卫辰为大将军、朔州牧。

十一月，秦尚书寇遗[11]奉勃海王懿、济北王昶自杏城奔南安，南安王登发丧行服[12]，谥秦主丕曰“哀平皇帝”。登议立懿为主，众曰：“勃海王虽先帝之子，然年在幼冲[13]，未堪多难。今三虏窥覦[14]，宜立长君[15]，非大王不可。”登乃为坛于陇东[16]，即皇帝位，大赦，改元太初[17]，置百官。

慕容柔、慕容盛及盛弟会[18]皆在长子，盛谓柔、会曰：“主上已中兴幽、冀[19]，东西未壹[20]，吾属居嫌疑之地[21]，为智为愚[22]，皆将不免[23]，不若以时东归[24]，无为坐待鱼肉[25]也！”遂相与亡归燕[26]。后岁余，西燕主永悉诛燕主儁及燕主垂之子孙，男女无遗。

张大豫自西郡入临洮[27]，掠民五千余户，保据俱城[28]。

十二月，吕光自称使持节、侍中、中外大都督，督陇右·河西诸军事、大将军、凉州牧、酒泉公。

秦主登立世祖神主[29]于军中，载以辎軿[30]，建黄旗青盖[31]，以虎贲[32]三百人卫之，凡所欲为，必启主[33]而后行。引兵五万，东击后秦，将士皆刻鉾、铠为“死”“休”字[34]；每战以剑矟[35]为方圆大阵，知有厚薄[36]，从中分配[37]，故人自为战，所向无前[38]。

初，长安之将败[39]也，中垒将军徐嵩[40]、屯骑校尉胡空[41]各聚众五千，结垒自固[42]，既而受后秦官爵[43]。后秦主苌以王礼葬秦主坚于二垒之间。及登至，嵩、空以众降之。登拜嵩雍州刺史，空京兆尹，改葬坚以天子之礼。

乙酉[44]，燕主垂攻吴深垒[45]，拔之，深单马走。垂进屯聊城之逢关陂[46]。初，燕太子洗马温详[47]来奔，以为济北[48]太守，屯东阿[49]。燕主垂遣范阳王德、高阳王隆攻之，详遣从弟攀[50]守河南岸，子楷守碻磝[51]以拒之。

燕主垂以魏王珪为西单于，封上谷[52]王，珪不受。

（以上为第十二段，写前秦将领苻登在陇东即帝位，改元太初；慕容垂小儿子慕容柔等人从西燕逃回后燕；西燕主慕容永将前燕主慕容俊以及后燕主慕容垂的子女全部诛杀。）

【注释】

［1］甲申：十月十六日。［2］海西公奕（yì）：即司马奕，字延龄，晋哀帝司马丕胞弟，东晋第七位皇帝，公元365年至公元371年在位。被权臣桓温所废。［3］吴深：后燕宦官，背叛被杀。清河：郡名，郡治在今河北清河县东南。［4］安定：郡名，郡治在今甘肃泾川县北。［5］秦州：州治冀县，在今甘肃甘谷县东南。［6］胡奴阜：古地名，在今甘肃天水市西。［7］创重：伤势严重。［8］上邽（guī）：古城名，在今甘肃天水市西南。［9］高柳：县名，故治在今山西阳高县西北。［10］朔方：郡名，郡治在今内蒙古乌拉特前旗南。［11］寇遗：人名。前秦尚书，淝水之战后苻丕守邺败走，寇遗奉丕子勃海王苻懿、济北王苻昶自杏城（今陕西黄陵县西南）奔苻登。［12］发丧行服：指哭吊苻丕。行服，穿孝服。［13］幼冲：年纪幼小。［14］三虏：谓姚苌、慕容垂、慕容永。窥觎（yú）：伺隙而动。觎，非分的希望。［15］长君：年长的君王。［16］为坛于陇东：在陇东郡筑坛以祭告天地。陇东，郡治泾阳县，在今甘肃平凉市西北。［17］太初：前秦高帝苻登的年号，共九年，公元386年十一月至公元394年六月。［18］慕容柔、慕容盛及盛弟会：三人皆慕容垂之子孙。慕容柔为慕容垂幼子，慕容盛与慕容会为太子慕容宝之子。［19］主上中兴幽、冀：指后燕主慕容垂在幽州、冀州一带即位称帝。［20］东西未壹：两个政权没有统一。东，谓后燕主慕容垂；西，谓西燕主慕容永。壹，同“一”。［21］居嫌疑之地：生活在被人（指慕容永等）怀疑猜测的环境中。［22］为智为愚：意思是不论如何表现。［23］皆将不免：最后都将是不免一死。［24］以时：及时，寻找时机。［25］坐待鱼肉：像鱼肉一样地等着让人家宰割，以比喻毫无反抗的可能。［26］亡归燕：逃归后燕。［27］西郡：郡名，郡治在今甘肃山丹县东南、武威市西北。临洮（táo）：县名，在今甘肃岷县。［28］保据：依托，据守。俱城：古城名，在临洮县，在今甘肃岷县境内。［29］世祖神主：苻坚的牌位。苻坚，庙

号世祖。神主，即牌位。［30］载以辎軿（píng）：用一辆轿车拉着。辎軿，有篷盖、有帷幕的车子。［31］建黄旗青盖：车上竖有黄色的旌旗与青色的大伞。盖，大伞。［32］虎贲（bēn）：由勇士组成的仪仗队。［33］必启主：一定要先向苻坚的神主禀告。启，禀告，陈说。［34］皆刻铧（máo）、铠为"死""休"字：都在长矛和铠甲上镌刻"死""休"二字，表示坚决复仇，至死方休。铧，古"矛"字，长矛。［35］稍（shuò）：也作"槊"，古兵器名，即长矛。［36］知有厚薄：一旦发现哪里有薄弱环节。厚薄，偏义复词，这里即指薄弱。［37］从中分配：随时加以调配。［38］所向无前：不论打到哪里，都无人敢居其前，意即所向无敌。［39］长安之将败：指苻坚守长安，将败之时。［40］徐嵩：字元高，前秦大臣徐盛之子，名将徐成之侄，前秦中垒将军。后被后秦擒获，拒不投降，怒斥姚苌忘恩负义，被后秦大将姚方成残忍杀害，用头颅做成便盆。传见《晋书》卷一百十五。［41］胡空：人名。前秦屯骑校尉。［42］结垒自固：构筑堡垒以加强防守。［43］受后秦官爵：指徐嵩、胡空接受后秦官爵以缓后秦之攻。［44］乙酉：十二月十八日。［45］攻吴深垒：当时吴深正叛据清河郡。［46］聊城：县名，县治在今山东聊城市西北。逢关陂（bēi）：在当时的聊城县，在今山东聊城市内。［47］太子洗（xiǎn）马：官名，太子的侍从官员，辅佐太子，教导太子政事、文理，出行时充当先遣队。温详：后燕太子洗马，投奔东晋，为济北太守。［48］济北：郡名，郡治在今山东泰安市西北。［49］东阿：县名，县治在今山东阳谷县东北阿城镇。［50］攀：即温攀，温详之弟。［51］楷：即温楷，温详之子。碻磝：古津渡、城名，故址在今山东聊城市茌平区西南古黄河南岸，城在津东，东晋、南北朝时为军事要地。［52］上谷：郡名，郡治沮阳县，在今河北怀来县小南辛堡镇大古城村。

【点评】

东晋贤相谢安。谢安是东晋时期不可多得的定国安邦的宰相。他曾高卧东山四十年，后来出仕，做了桓温的征西司马，当过吴兴太守，在朝廷担任侍中，后来接受遗诏，做了十多年的辅政大臣。

谢安稳定朝局，使东晋避免了动荡不安的局面出现。谢安的性格沉稳，处理事情有条不紊，危急关头能够镇静自若，桓温后期凌驾朝廷之上，驻在外地，遥控指挥，曾入京朝见孝武帝司马曜，建康城里人心浮动，认为桓温要大开杀戒，辅政大臣谢安、王坦之的性命危矣。桓温来到京城，旁若无人。王坦之吓得汗流浃背，而谢安则从容镇静，谈笑自若，机智应对，使得桓温的野心有所收敛。在淝水之战中，谢安也是如此。

谢安淡泊功利，缓和了矛盾和冲突。桓温去世后，东晋朝廷的权力重心逐渐转到谢安，如何缓和矛盾、稳定政局，是处理政事的重中之重。桓温去世后，有人主张尽罢桓温一族的权力。而谢安则认为，桓温虽然死了，但势力还在，如果骤夺其权，会引发一系列新的矛盾和争斗。于是，他继续用桓温之弟桓冲都督徐、豫等五州诸军事，担任徐州刺史，镇守京口，后又转任都督七州诸军事，兼任荆州刺史。桓冲的名望不如谢安，而谢安的军事才能不及桓冲，两人相辅相成，相得益彰，共同对付北方的前秦政权。谢安能做到这一点，实在是不容易啊！东晋的王敦、桓温，应当说都是有一些大才能的人，但就是过于揽权，恨不得把朝廷卷到自己家中，一则威逼皇帝，一则废立皇帝，弄得天怨人怒，甚至还搭上了自己的千古名声。何必呢？

桓冲去世又引发了新的矛盾。谢安仍然以大局为重。桓冲在淝水之战后不久就心存愧疚去世了。谢安没有让亲信谢玄接替桓冲的职务，担任荆、江两州刺史，他担心桓氏失去荆、江二州的职权会不服气，就任命桓石民为荆州刺史，桓伊改镇江州，桓石虔镇守豫州，使三桓统辖三州，各无怨言，各得其所，相安无事。如果谢安存有私心，或是才力不济，焉能做到如此？作为朝廷的首辅大臣，职任不在于自己如何标新立异，立功显名，而在于把握运筹，掌控时势，扭转时风，稳定人心。谢安当之无愧地做到了这一切。

历代人们将谢安与王导相提并论。应当说，他们对于东晋王朝的建立和巩固，起到了关键的作用，两人各有所长，而在文雅方面，谢安则更胜一筹。清朝诗人侯方域曾写有《谢安论》，其中说："晋氏之既东也，其相臣前有王导，后有谢安。导有大有为之识，而无大有为之才；安有大有为之量，而无大有为之干。"是说王导、谢安各有其突出才能以及不足之处。人无完人，其说是矣。

桓温和谢安，都是朝廷的权臣，而两人的行事作风则迥然不同，桓温处处好强，稍有不慎，则是弦断难续，因此，朝廷上下都在提防着他，处处予以掣肘，甚至与之为敌，朝廷请殷浩出山，就有这种明显的意图。桓温的三次北伐，其功甚微，与这种政治环境就有很大关系。而谢安悠游自在，与世不争，相对比较宽容，故朝野上下都信任他、拥护他。如果将两人相比较，在这一点上就高下立分。

谢安和王猛是当时东晋和前秦两个对国家有大贡献的宰相，有一副对联说："关中良相唯王猛，天下苍生望谢安。"其说恰如其分。王猛遇到前秦主苻坚这种具有大抱负的帝王，就如同商鞅遇到了秦孝公，但他比商鞅更幸运，于是就放开手来一搏，无论是改革内政，还是消灭前燕，都立下了不朽的功劳，因为他的身后有强大的帝王在为他撑腰啊！而谢安却要全靠自己，他所侍奉的皇帝孱弱无能，是扶不上墙的烂泥，时不时还听小人之言，给谢安小鞋穿。谢安在此情此境下，能够做到安如磐石，成为民众的依赖，实在是了不起啊！到了生命的最后，朝廷小人得势，他则选择了急流勇退，申请退出朝廷，到边镇立功，这一点，非是一般人所能做到啊！

卷一〇七　晋纪二十九

晋孝武帝太元十二年至十六年（387—391 年）

【起强圉大渊献（丁亥，387 年），尽重光单阏（辛卯，391 年），凡五年】

【大事提要】

本卷记事起于公元 387 年，至公元 391 年，凡五年，时当晋孝武帝（司马曜）太元十二年至太元十六年。本卷所载大事，主要有五个方面。其一，后燕怒击刘显。公元 387 年，后赵将领刘显自恃地广兵强，称雄一方。匈奴铁弗部首领刘卫辰向后燕献马，被刘显抢劫。后燕王慕容垂大怒，派兵攻打。刘显兵败，逃到马邑。北魏主拓跋珪率兵与后燕会合，合击刘显。刘显逃到西燕。后燕获马牛羊数以万计。其二，翟辽自称魏天王，西秦乞伏乾归为河南王。公元 388 年，丁零人翟辽派司马眭琼向慕容垂请罪，被斩，翟辽大怒，自称魏天王，改元建光，设置百官，屯于滑台。西秦鲜卑首领乞伏国仁去世后，其子年幼，群臣推其弟乞伏乾归为大将军、大单于，改元太初。其三，后燕破张申、王祖。公元 388 年，后燕太原王慕容楷、赵王慕容麟与高阳王慕容隆在合口会合，共同攻打壁垒主张申，王祖率诸垒前来援助，夜袭后燕军队。慕容隆判定这些壁垒主不过是乌合之众，只要乘势追击，一定可以获全胜，遂分道追击，大获全胜。其四，后燕安辽西。后燕辽西王慕容农，一直镇守龙城，实行休养生息，遂百废俱兴，政通人和。公元 389 年，后燕主慕容垂召慕容农为侍中，司隶校尉，派高阳王慕容隆镇守龙城。慕容隆沿袭其守边之策，对百姓广为安抚，使得辽西地区局势稳定，经济不断发展。其五，东晋司马道子乱政。东晋孝武帝司马曜因沉迷酒色而疏于政事，司徒司马道子权倾天下，又亲近僧尼，宠信小人，尤以时任侍中的王国宝卑下讨好而特别宠信之。其宠信之徒趁机玩弄朝权，贿赂买官，政治和刑律都很混乱；又崇尚佛教而耗费过多，民不堪命。

烈宗孝武皇帝中之下

太元十二年（丁亥，387 年）

春，正月，乙巳[1]，以朱序为青、兖二州[2]刺史，代谢玄镇[3]彭城。序求镇淮阴[4]，许之。以玄为会稽内史[5]。

丁未[6]，大赦。

燕主垂观兵河上[7]，高阳王隆[8]曰："温详[9]之徒，皆白面儒生[10]，乌合为群，徒恃长河[11]以自固。若大军济河，必望旗震坏[12]，不待战也。"垂从之。

戊午[13]，遣镇北将军兰汗、护军将军平幼[14]于碻磝[15]西四十里济河，隆以大众陈于北岸。温攀、温楷果走趣城[16]，平幼追击，大破之。详夜将妻子奔彭城，其众三万余户皆降于燕。垂以太原王楷[17]为兖州刺史，镇东阿[18]。

初，垂在长安，秦王坚尝与之交手语[19]。垂出[20]，冗从仆射光祚[21]言于坚曰："陛下颇疑慕容垂乎？垂非久为人下者也。"坚以告垂。及秦主丕自邺奔晋阳[22]，祚与黄门侍郎封孚、巨鹿太守封劝皆来奔。劝，奕之子也。垂之再围邺也，秦故臣西河朱肃等各以其众来奔。诏以祚等为河北[23]诸郡太守，皆营于济北、濮阳[24]，羁属温详[25]。详败，俱诣[26]燕军降。垂赦之，抚待如旧。垂见光祚，流涕沾衿[27]，曰："秦王待我深[28]，吾事之亦尽[29]，但为二公猜忌[30]，吾惧死而负之[31]，每一念之，中宵不寐[32]。"祚亦悲恸[33]。垂赐祚金帛[34]，祚固辞，垂曰："卿犹复疑邪[35]？"祚曰："臣昔者惟知忠于所事[36]，不意陛下至今怀之[37]，臣敢逃其死！"垂曰："此乃卿之忠，固吾所求也，前言戏之耳。"待之弥厚[38]，以为中常侍[39]。

翟辽遣其子钊寇陈、颍[40]，朱序遣将军秦膺击走之。

秦主登[41]立妃毛氏[42]为皇后，勃海王懿[43]为太弟。后，兴之女也。遣使拜东海王纂[44]为使持节、都督中外诸军事、太师、领大司马[45]，封鲁王；纂弟师奴[46]为抚军大将军、并州牧，封朔方公。纂怒谓使者曰："勃海王[47]，先帝[48]之子，南安王何以不立而自立[49]乎？"

长史王旅[50]谏曰："南安已立，理无中改；今寇虏未灭，不可宗室之中自为仇敌也。"纂乃受命。于是[51]，卢水胡彭沛谷[52]、屠各董成、张龙世[53]、新平羌雷恶地[54]等皆附于纂[55]，有众十余万。

（以上为第一段，写后燕主慕容垂的势力逐渐强大，派高阳王慕容隆打败了东晋温详的部队；前秦主苻登拜封东海王苻纂，胡人纷纷响应归附，部众达到十多万人。）

【注释】

[1]乙巳：正月八日。[2]青、兖（yǎn）二州：东晋时期青、兖二州的州治都侨设在今江苏扬州市西北。[3]镇：镇守，驻扎。[4]淮阴：郡名，郡治在今江苏淮安市淮阴区。因北方后燕国的势力强大，欲进取河南，而彭城距东晋首都建康路途遥远，无法及时声援，所以要求把军镇南移淮阴。[5]会稽内史：会稽国的行政长官，主管该王国的行政事务。会稽，郡国名，郡治在今浙江绍兴市。[6]丁未：正月十日。[7]观兵河上：到黄河边上陈兵，向东晋王朝炫耀武力。观兵，炫耀武力。观，显示，炫耀。河上，黄河边上。[8]高阳王隆：即慕容隆，慕容垂少子。[9]温详：后燕官员，为太子洗马，后投奔东晋，为济北太守。[10]白面儒生：犹白面书生，指只知读书，阅历少、见识浅的读书人，含有贬义。[11]徒：只是。长河：即黄河。[12]震坏：犹言吓坏了，不知所措。[13]戊午：正月二十一日。[14]兰汗：慕容垂舅父，后燕镇北将军，封阳城王，镇蓟。平幼：平睿之兄，前燕、后燕官员；前燕慕容暐时，任汝阳太守；后燕慕容垂时，为护军将军、征北长史。[15]碻（qiāo）磝（áo）：城名，在今山东聊城市茌平区西南的古黄河南岸，当时为济北郡的郡治所在地。[16]温攀、温楷：东晋将领。温攀，温详之弟；温楷，温详之子。趣城：指逃往东阿城，在今山东东阿县南东阿镇。趣，同"趋"，疾走，奔走。[17]太原王楷：即慕容楷，吴王慕容垂之侄。投奔前秦，任积弩将军。慕容垂复兴后燕，官至司空，继父爵为太原王。传见《晋书》卷一百二十三。[18]东阿：县名，县治在今山东东阿县西南。[19]交手语：拱手而谈。交手，拱手，相互行礼。此时前秦主苻坚不以帝王对待臣子行礼，而是以平等地位与臣下行拱手礼，表现其大度，礼贤下士。[20]垂出：二字原无，据章校补。[21]冗（rǒng）从仆（pú）射（yè）：官名，宫中侍卫的主官。冗从，散职侍从官。光祚（zuò）：前秦冗从仆射，颇有政治头脑。淝水之战后，慕容垂反叛，苻丕派光祚率军奔赴中山（今河北定州市），与翟真会合，对付慕容垂的后燕势力。[22]秦主丕：即苻丕，字永叔，苻坚庶长子，前秦第四位国主。传见《晋书》卷一百十五。自邺（yè）奔晋阳：苻丕弃邺城逃往晋阳。前秦主苻坚死前，苻丕曾在邺城镇守；苻坚死后，苻丕与慕容垂在邺城进行过激烈而持久的争夺，最后无奈，弃城西逃到晋阳。邺，城名，曹魏、后赵、前燕都城，故址在今河北临漳县西南的古邺镇。晋阳，郡名，郡治在今山西太原市西南。[23]河北：古区域名，即黄河以北地区。[24]营：驻扎。济北、濮（pú）阳：皆郡名。济北，郡治卢县，在今山东东阿县东南。濮

阳，郡治在今河南濮阳县西南。［25］羁（jī）属温详：表面上归温详调遣。颜师古曰："言羁縻属之而已。"羁属，松散地归属。羁，羁縻，像管理牛羊一样地用绳子拢着。［26］诣（yì）：到，至。［27］流涕：流泪。涕，古代一般指眼泪。沾衿（jīn）：同"沾襟"，浸湿衣襟。衿，古代衣服的交领。［28］秦王：指前秦主苻坚。深：感情深厚。［29］吾事之亦尽：我为他效力也尽心尽职。［30］二公：指长乐公苻丕、平原公苻晖，皆苻坚之子。当时苻丕镇邺城，苻晖镇洛阳。猜忌：怀疑别人对自己不利而心怀不满。［31］惧死而负之：害怕被诬以反叛而杀害，故而辜负了苻坚的信任，背离了苻坚。［32］中宵不寐（mèi）：直到半夜都睡不着。［33］悲恸（tòng）：非常悲哀。恸，同"痛"，痛之极也。［34］金帛：黄金和丝绸，泛指钱物。［35］犹复疑邪：意即现在还怀疑我吗？［36］所事：所承担的职事，代指尽忠于前秦。［37］怀之：记挂着以前的事情。指前时对苻坚议论慕容垂欲反叛的事情。［38］弥（mí）厚：更加厚待。［39］中常侍：官名，帝王的宫内侍从，近臣，给事左右，职掌顾问应对。光祚是前秦的宦官，故任之。［40］翟（zhái）辽：丁零首领翟真堂兄，翟魏政权建立者。传见《晋书》卷八十一。翟辽此时据守黎阳（今河南浚县东南）。钊（zhāo）：即翟钊，翟辽之子，翟魏政权末帝（391—392 在位）。传见《晋书》卷一百二十三。寇：寇略，侵扰。陈、颍：二郡名。陈郡的郡治在今河南周口市淮阳区，颍川郡的郡治在今河南许昌市东。［41］秦主登：即苻登，字文高，苻坚从孙，前秦第五位国主。传见《晋书》卷一百十五。［42］毛氏：前秦高帝苻登之妻。其父是前秦镇守上邽的将军毛兴。自幼习武，壮勇善骑射，嫁苻登后被册立为后。后秦主姚苌亲率铁骑三万偷袭，毛后率壮士和女侍卫力战，张弓发箭，射死姚军无数。后被重重包围，她仍拼死格斗，终因寡不敌众，力竭马蹶被擒，斩首示众。［43］勃海王懿（yì）：即苻懿，苻坚之孙，秦哀平帝苻丕之子。苻丕即位为帝，封其为勃海王。太初二年（387），苻登封苻懿为皇太弟。传见《晋书》卷一百十五。［44］东海王纂（zuǎn）：即苻纂，前秦宗室大臣、名将。初封魏昌公，苻丕即位，进封东海王、大司马。苻登时，改封鲁王、太师，都督中外诸军事，在杏城起兵与苻登东西呼应，曾多次击溃后秦大军。后被其弟苻师奴所杀。传见《晋书》卷一百十五。［45］太师：国家三公之一。领：兼任。大司马：古高级武官名，掌管全国军事，或为加官，表示身份地位。［46］师奴：即苻师奴，苻坚之侄，苻纂之弟，为人贪婪凶狠，任抚军大将军、并州牧。教唆兄长苻纂篡位不成，反而将其杀害，后被后秦主姚苌击败，逃奔鲜卑。［47］勃海王：指苻懿。［48］先帝：指前秦主苻丕。［49］南安王：即苻登，苻坚的族孙，未称帝前为南安王。何以不立而自立：从血缘关系来看，苻丕死后，当立者为苻懿，故苻纂有如此说法。［50］王旅：前秦苻纂属下长史。［51］于是：当时，这时候。［52］卢水胡：汉代至南北朝时活跃于中国西北的少数民族。卢水，县名，县治在今甘肃武威市北。彭沛谷：十六国时贰县人，卢水胡首领。曾起兵，归附前秦大司马、鲁王苻纂，拥众十余万，建彭沛谷堡于贰县。后为后秦姚苌所败，失堡，走杏城（今陕西黄陵县西南）。［53］屠各：即休屠，匈奴部落名，后汉至西晋，杂居于并州、凉州、关中等地。董成、张龙世：匈奴部落头领。［54］新平羌：新平郡的羌族。新平，郡名，郡治在今陕西彬州市。雷恶地：又称雷征东，羌人首领。原居新平，为部落酋帅。率众降苻登，拜征东将军，将兵在外。后闻后秦主姚苌遣使诱招苻登，遂急驰见登，以苌多诈，不可信，劝阻登，使登免于难。因勇略过人，为登所忌，恐被害，降后秦，封镇军将军。为岭北诸豪所敬惮。［55］皆附于纂：当时苻登、苻纂连兵，声势渐盛，故胡、羌等少数民族首领相与归之。

后秦主苌徙秦州豪杰三万户于安定[1]。

初，安次人齐涉[2]聚众八千余家据新栅[3]，降燕，燕主垂拜涉魏郡[4]太守。既而复叛，连张愿[5]，愿自帅万余人进屯祝阿之瓮口[6]，招翟辽，共应涉。

高阳王隆言于垂曰："新栅坚固，攻之未易猝拔[7]。若久顿兵[8]于其城下，张愿拥帅流民，西引丁零[9]，为患方深。愿众虽多，然皆新附，未能力斗。因其自至，宜先击之。愿父子恃其骁勇[10]，必不肯避去，可一战擒也。愿破，则涉不能自存矣。"垂从之。

二月，遣范阳王德[11]、陈留王绍[12]、龙骧将军张崇[13]帅步骑二万会隆击愿。军至斗城[14]，去瓮口二十余里，解鞍顿息[15]。愿引兵奄至[16]，燕人惊遽[17]，德兵退走，隆勒兵不动。愿子龟出冲陈[18]，隆遣左右王末逆击[19]，斩之。隆徐进战，愿兵乃退。德行里余，复整兵，还与隆合，谓隆曰："贼气方锐，宜且缓之。"隆曰："愿乘人不备，宜得大捷；而吾士卒皆以悬隔河津[20]，势迫之故，人思自战[21]，故能却之。今贼不得利，气竭势衰，皆有进退之志[22]，不能齐奋[23]，宜亟[24]击之。"德曰："吾唯卿所为[25]耳。"遂进，战于瓮口，大破之，斩首七千八百级。愿脱身保三布口[26]。燕人进军历城[27]，青、兖、徐州郡县壁垒[28]多降。垂以陈留王绍为青州刺史，镇历城。德等还师，新栅人冬鸾[29]执涉送之。垂诛涉父子，余悉原[30]之。

（以上为第二段，写反叛后燕的齐涉占据新栅城，张愿占据瓮口，共同呼应，而后燕高阳王慕容隆有勇有谋，出兵攻下立足未稳的张愿，齐涉也被抓获而被杀。）

【注释】

［1］徙：迁移。秦州：州治上邽，在今甘肃天水市。安定：郡名，郡治在今甘肃泾川县北。姚苌上年曾让安定的百姓东迁长安，今又让秦州的豪杰东迁安定，盖安定是姚苌起兵的根据地。他

想以安定为根本，又欲建都长安，故因道里远近，依次向东搬迁。［2］安次：县名，县治在今河北廊坊市西北。齐涉：十六国时安次人，曾聚众据新栅投奔后燕，任为魏郡太守。后叛燕，进驻祝阿瓮口，被后燕所杀。［3］新栅（zhà）：地名，在今河北清河县西。［4］魏郡：郡名，郡治邺城，在今河北临漳县西南。［5］张愿：原为东晋泰山太守。太元十一年（386），以郡降丁零翟辽。后彭城太守刘牢之进平泰山，败翟辽于滑台（今河南滑县），张愿被俘，遂降。［6］祝阿：郡名，郡治在今山东济南市西南。瓮口：祝阿郡的某支流入黄河之口。［7］猝（cù）拔：很快就能攻下。猝，立即。［8］顿兵：军队滞留，长期围攻不下。［9］西引丁零：向西勾结翟辽所统领的丁零人。引，招引。丁零：也作"丁令""丁灵"，生活在今俄罗斯贝加尔湖一带的游牧民族名。秦汉时为匈奴属国，游牧于中国北部和西北部广大地区。东晋时有一支入居于中山，在今河北定州市一带。［10］骁（xiāo）勇：勇猛，矫健。［11］范阳王德：即慕容德，字玄明，后燕主慕容垂之弟，南燕开国国主。历事前燕、前秦、后燕。曾任后燕幽州刺史，封范阳王。传见《晋书》卷一百二十七。［12］陈留王绍：即慕容绍，前燕太原王慕容恪次子，响应慕容垂建立后燕，封镇南将军、陈留王。传见《晋书》卷一百二十三。［13］张崇：前秦兖州刺史，后归顺后燕主慕容垂，为龙骧将军。［14］斗城：城名，距离山东祝阿的瓮口二十余里。［15］顿息：停下来休息。［16］奄（yǎn）至：突然到达。［17］惊遽（jù）：惊惧，惊慌。遽，同"惧"，害怕。［18］龟：即张龟，张愿之子。冲陈：冲击敌方战阵。陈，同"阵"，战阵。［19］左右王末：身边的侍从，名叫王末。逆击：迎击，迎头痛击。［20］悬隔河津：指远离黄河以北的根据地，在黄河以南孤军作战。悬隔，远隔。河津，黄河河口。［21］势迫之故，人思自战：因为形势危急、无路可退，士兵们为了自己的生存而都殊死战斗。胡三省曰："言兵为河津所隔，前有强敌，退则溺死，故思之而各自为战也。"［22］进退之志：指犹豫动摇，进攻、退守，意见不一。［23］齐奋：共同奋起。［24］亟（jí）：同"急"，急迫。［25］唯卿所为：意即一切都按着你的意思办。［26］保三布口：退到三布口进行防守。保，据守。三布口，古地名，在今山东肥城市东。［27］历城：县名，县治在今山东济南市西，因有历山而得名。［28］壁垒：营垒，城堡。［29］冬鸾（luán）：人名，曾抓获反叛后燕的将领齐涉。［30］原：宽赦其罪。

三月，秦主登以窦冲为南秦州[1]牧，杨定为益州[2]牧，杨璧为司空、梁州[3]牧，乞伏国仁[4]为大将军、大单于、苑川王[5]。

燕上谷人王敏杀太守封戢[6]，代郡人许谦[7]逐太守贾闰，各以郡附刘显[8]。

燕乐浪王温[9]为尚书右仆射。

夏，四月，戊辰[10]，尊帝母李氏为皇太妃，仪服如太后。

后秦征西将军姚硕德[11]为杨定所逼，退守泾阳[12]。定与秦鲁王纂共攻之，战于泾阳，硕德大败。后秦主苌自阴密[13]救之，纂退屯敷陆[14]。

燕主垂自碻磝还中山[15]，慕容柔[16]、慕容盛[17]、慕容会[18]来自长子[19]。庚辰[20]，垂为之大赦。垂问盛："长子人情如何[21]，为可取乎？"盛曰："西军扰扰[22]，人有东归[23]之志，陛下唯当修仁政以俟之[24]耳。若大军一临[25]，必投戈[26]而来，若孝子之归慈父也。"垂悦。

癸未[27]，封柔为阳平王[28]，盛为长乐公[29]，会为清河公[30]。

高平人翟畅执太守徐含远[31]，以郡降翟辽。燕主垂谓诸将曰："辽以一城之众，反覆三国之间[32]，不可不讨。"五月，以章武王宙[33]监中外诸军事，辅太子宝守中山，垂自帅诸将南攻辽，以太原王楷为前锋都督。辽众皆燕、赵之人，闻楷至，皆曰："太原王子[34]，吾之父母也！"相帅归之[35]。辽惧，遣使请降。垂以辽为徐州牧，封河南公，前至黎阳[36]，受降而还。

（以上为第三段，写后燕主慕容垂亲自统率属将进攻反复无常的叛将翟辽，以太原王慕容楷为前锋都督，当地人都归降，翟辽恐惧，也请求投降，为徐州牧。）

【注释】

[1]窦冲：前秦名将，后反叛，自称秦王，年号元光。传见《晋书》卷一百十五。南秦州：州名，十六国前秦苻坚置，治所武都县，在今甘肃成县西北。 [2]杨定：仇池国宗室杨佛奴之孙，杨宋奴之子，前秦名将。益州：州治成都，在今四川成都市。 [3]杨壁：驸马，娶苻坚长女顺阳公主，为左禁将军，任秦州刺史、护军将军、司空、梁州牧。传见《晋书》卷一百一十五。梁州：州治南郑，在今陕西汉中市。 [4]乞伏国仁：前秦前将军，后背叛前秦，为大将军、大单于，建立西秦，年号建义，建都勇士川。传见《晋书》卷一百二十五。 [5]苑川王：乞伏国仁被封为苑川王。封地苑川郡，郡治在今甘肃兰州市东。 [6]王敏：上谷人，曾杀太守封戢。封戢(jí)：东晋上谷太守，被上谷人王敏所杀。 [7]许谦：代郡人，曾逐走东代郡太守贾闰。 [8]刘显：本姓独孤，字丑伐，匈奴独孤部人，部落首领刘库仁之子。试图加害拓跋珪，后投奔西燕主慕容永。后慕容垂攻破西燕都城，灭亡西燕，刘显被杀死。传见《魏书》卷二十三。 [9]乐浪王温：即慕容温，慕容俊之子，封为带方王，后任后燕司隶校尉、尚书右仆射、乐浪王，为翟辽所刺杀。 [10]戊辰：四月三日。 [11]姚硕德：姚苌起兵，姚硕德自称征西将军。聚兵以应，多次率军击败前秦军队。姚兴继位，深得敬重，封陇西王，连续败降西秦、后凉、后仇池国政权。传

见《晋书》卷一百十六。［12］泾阳：县名，在今甘肃平凉市西北，当时为陇东郡的郡治所在地。［13］阴密：县名，县治在今甘肃灵台县西南。［14］敷陆：县名，县治在今陕西洛川县东南。［15］碻（qiāo）磝（áo）：古城名，在今山东聊城市茌平区西南的古黄河南岸，当时为济北郡的郡治所在地。中山：后燕主慕容垂的都城，在今河北定州市。［16］慕容柔：慕容垂幼子，前秦时宦官宋牙收为养子，逃出前秦投奔西燕，与慕容盛等人回到了后燕，封阳平王。传见《晋书》卷一百二十四。［17］慕容盛：字道运，后燕惠愍帝慕容宝长子，初封长乐郡公，为长乐王。慕容宝去世后即帝位，是后燕第三位国主，后遇刺。传见《晋书》卷一百二十四。［18］慕容会：字道通，后燕主慕容垂之孙，惠愍帝慕容宝次子，封清河郡公，拜录留台事、幽州刺史，镇守龙城。后为清河王，反叛被杀。传见《晋书》卷一百二十四。［19］来自长子：慕容柔等乘苻坚兵败之机，逃出前秦，投奔西燕慕容冲，在慕容冲死后随慕容永东迁到长子。上年十一月从慕容永部下逃出，此时到达中山，历时半载。长子，县名，县治在今山西长治市。［20］庚辰：原为“庚子”，据章校改。庚辰，四月十五日。［21］长子人情如何：慕容永统治下的人心动向如何。［22］西军扰扰：慕容永的部下现在是一片惊扰不安。西军，指慕容永的军队，因长子县在慕容垂的都城中山（今河北定州市）之西，故称其军曰“西军”。扰扰，骚动不安的样子。［23］东归：向东回到中山，乃至辽西一带地区，也就是燕国的旧地盘上。［24］以俟（sì）之：以等待时机。俟，等待，等候。［25］大军一临：浩浩荡荡的军队一到。大军，指慕容垂的“后燕”军队。［26］投戈：倒戈，指背叛西燕主慕容永。［27］癸未：四月十八日。［28］阳平王：封地阳平郡，郡治昌邑，在今山东巨野县南。［29］长乐公：封地长乐郡，郡治信都，在今河北衡水市冀州旧城。［30］清河公：郡治清河郡，因境内有清河流经而得名，郡治清阳，在今河北清河县东高庄一带。［31］高平：郡名，郡治在今山东金乡县西北。翟（zhái）畅：高平人，曾抓获太守徐含远，归附翟辽。徐含远：东晋高平太守，被翟畅抓获。［32］反覆三国之间：指翟辽曾在后燕、西燕、东晋三国之间叛服不定。［33］章武王宙：即慕容宙，慕容垂之侄，随慕容垂在河内起事，封章武王，为征虏将军，讨伐叛军，平定翟魏，任兖、豫二州刺史。后改封乐浪王、司空。传见《晋书》卷一百二十三。章武王，封地章武郡，郡治东平舒，在今河北大城县。［34］太原王子：慕容恪的儿子。慕容楷之父慕容恪在前燕慕容暐称帝时曾被封为太原王，故如此称之。胡三省曰：“楷父恪相燕，燕、赵之人怀之，故云然。”［35］相帅归之：彼此呼应、相互牵引地前来投归慕容楷。［36］黎阳：县名，县治在今河南浚县东南。

井陉人贾鲍[1]，招引北山丁零翟遥[2]等五千余人，夜袭中山，陷其外郭[3]。章武王宙以奇兵出其外，太子宝鼓噪[4]于内，合击，大破之，尽俘其众，唯遥、鲍单马走免。

刘显地广兵强，雄于北方。会其兄弟乖争[5]，魏长史张衮[6]言于魏王珪[7]曰："显志在并吞，今不乘其内溃[8]而取之，必为后患。然吾不能独克，请与燕共攻之。"珪从之，复遣安同乞师[9]于燕。

诏征会稽处士戴逵[10]，逵累辞不就；郡县敦逼[11]不已，逵逃匿于吴[12]。谢玄上疏[13]曰："逵自求其志[14]，今王命未回[15]，将罹风霜之患[16]。陛下既已爱而器之[17]，亦宜使其身名并存[18]，请绝召命[19]。"帝许之。逵，逯之兄也。

秦主登以其兄同成[20]为司徒、守尚书令，封颍川王；弟广[21]为中书监，封安成王；子崇[22]为尚书左仆射，封东平王。

燕主垂自黎阳还中山。

吴深杀燕清河太守丁国[23]，章武人王祖杀太守白钦[24]，勃海人张申据高城[25]以叛；燕主垂命乐浪王温讨之。

苑川王国仁帅骑三万袭鲜卑大人密贵、裕苟、提伦三部于六泉[26]。秋，七月，与没弈干[27]、金熙战于渴浑川[28]，没弈干、金熙大败，三部皆降。

秦主登军于瓦亭[29]，后秦主苌攻彭沛谷堡[30]，拔之，谷奔杏城[31]。苌还阴密[32]，以太子兴[33]镇长安。

燕赵王麟[34]讨王敏于上谷，斩之。

刘卫辰献马于燕，刘显掠之。燕主垂怒，遣太原王楷将兵助赵王麟击显，大破之。显奔马邑西山[35]。魏王珪引兵会麟击显于弥泽[36]，又破之。显奔西燕[37]，麟悉收其部众，获马牛羊以千万数。

吕光[38]将彭晃[39]、徐炅[40]攻张大豫于临洮[41]，破之。大豫奔广武[42]，王穆奔建康[43]。八月，广武人执大豫送姑臧[44]，斩之。穆袭据酒泉[45]，自称大将军、凉州牧[46]。

辛巳[47]，立皇子德宗[48]为太子，大赦。

燕主垂立刘显弟可泥[49]为乌桓[50]王，以抚其众，徙八千余落[51]于中山。

秦冯翊太守兰椟[52]帅众二万自频阳入和宁[53]，与鲁王纂[54]谋攻长安。纂弟师奴劝纂称尊号[55]，纂不从。师奴杀纂而代之，椟遂与师奴绝。西燕主永攻椟，遣使[56]请救于后秦，后秦主苌欲自救之。尚书令姚旻[57]、左仆射尹纬[58]曰："苻登近在瓦亭[59]，将乘虚袭吾后。"苌曰："苻登众盛，非旦夕可制[60]；登迟重少决[61]，必不能轻军深入。比两月间[62]，吾必破贼而返，登虽至，无能为也。"九月，苌军于泥源[63]。师奴逆战，大败，亡奔鲜卑[64]。后秦尽收其众，屠各董成[65]等皆降。

秦主登进据胡空堡[66]，戎、夏[67]归之十余万。

（以上为第四段，写西秦主乞伏国仁与前秦安定都尉没弈干展开大战，没弈干大败，鲜卑的三个部落都归降西秦；后秦主吕光打败并杀死前凉末主张大豫。）

【注释】

[1]贾鲍：井陉人，曾招引北山丁零部落，趁黑夜偷袭后燕都城中山，攻陷了中山外城。被慕容宙内外合击，打得大败，单骑逃走。[2]北山丁零：北山一带的丁零民族。北山，此处指太行山的六岭关、黑山关一带山地。翟（zhái）遥：北山丁零民族部落首领。[3]外郭：外城。内城为城，外城为郭。[4]鼓噪：鸣鼓，喧哗。[5]会：恰逢。兄弟乖争：兄弟不和，互相斗争。此指刘奴真、刘肺泥之叛。[6]张衮（gǔn）：字洪龙，上谷沮阳（今河北怀来县）人，昌黎太守张卓之子，北魏政治家，为立国二十一功臣之首。传见《魏书》卷二十四。[7]魏王珪：即拓跋珪，又名拓跋开，字涉珪，北魏开国国主。传见《魏书》卷二。[8]内溃：犹内乱，内部相互叛乱。[9]复遣：因去年曾派安同乞师于后燕以破拓跋窟咄，故此言"复遣"。安同：祖籍安息（今伊朗），粟特族。安屈之子，北魏开国功臣。世居辽东，追随拓跋珪，拜广武将军、外朝大人，因功册封高阳郡公，追封高阳王。传见《魏书》卷三十。乞师：乞求出师。[10]戴逵：字安道，谯郡铚县（今安徽濉溪县临涣镇）人，金城太守戴绥之子，沛郡太守戴逯之兄，东晋时隐士。晋孝武帝司马曜累次征召，皆不就。传见《晋书》卷九十四。[11]敦逼：督促、逼迫。[12]逃匿（nì）于吴：逃到吴地躲藏。吴，郡名，郡治在今江苏苏州市。[13]谢玄上疏：此时谢玄为会稽内史，而戴逵隐居在会稽郡内，故为其上疏分解。[14]自求其志：只想满足个人悠游自得的心愿。《论语·季氏》曰："隐居以求其志。"[15]王命未回：皇上征召的命令没有收回。[16]罹（lí）风霜之患：指奔逃在外，饱经风霜。罹，遭受。[17]爱而器之：喜爱他，想要让他成材。器，器重，此指给他官做。[18]宜使其身名并存：意思是应该保证让他能够活下去，别把他逼死。[19]请绝召命：请求朝廷不要再召他进京了。绝，停止。[20]同成：即苻同成，秦高帝苻登之兄，官至司徒、守尚书令，封颍川王。[21]广：即苻广，前秦主苻登之弟，任前秦中书监、司徒，封安成王。[22]崇：即苻崇，字德归，前秦主苻登之子，任尚书左仆射，封东平王。为前秦末帝，在位五个月。后被封济阴侯，被西秦消灭。传见《晋书》卷一百十五。[23]吴深：后燕宦官，曾占据清河反叛，被杀。清河：郡名，郡治甘陵，在今河北清河县东南。丁国：后燕清河太守，被反叛的宦官吴深所杀。[24]章武：郡名，郡治东平舒，在今河北大城县。王祖：杀章武

太守白钦以叛后燕。［25］勃海：古郡名，郡治南皮，在今河北南皮县东北。张申：勃海（今河北南皮县）人，占据高城以叛后燕。高城：县治在今河北盐山县东南。［26］鲜卑大人：鲜卑族的部落头领。密贵、裕苟、提伦：皆十六国时陇西鲜卑部落首领，后各自成为鲜卑族的一支，以首领领部而得名，分别称为密贵部、裕苟部、提伦部，合称“三部”。六泉：古地名，在今宁夏固原市境内。［27］没弈（yì）干：破多罗氏，名没弈干，别称没奕于、木易干等，鲜卑破多兰部落首领。最初依附于前秦，任安定北部都尉，累迁骠骑将军；后投降后秦姚苌，受封车骑将军、高平公。后被胡夏主赫连勃勃袭杀。［28］金熙：十六国时东胡人，东胡部落首领，当时住在高平郡。渴浑川：古地名，约在今甘肃榆中县北。据《晋书》记载，当乞伏国仁袭击密贵、裕苟、提伦三部落时，没弈干、金熙连兵袭击乞伏国仁，双方在渴浑川遭遇。［29］瓦亭：古地名，在今甘肃平凉市西北。［30］彭沛谷堡：胡人彭沛谷的城堡。彭沛谷，卢水胡人，其城堡在贰县，在今陕西黄陵县西北。［31］杏城：城名，在今陕西黄陵县西南。［32］阴密：县名，县治在今甘肃华亭市东南。［33］太子兴：即姚兴，字子略，后秦主姚苌嫡长子，后秦第二位国主。传见《晋书》卷一百十七。［34］赵王麟：即慕容麟。字贺麟，慕容垂庶子，辅佐慕容垂复国，拜抚军大将军，封为赵王。赵王，封地赵郡，郡治在今河北邯郸市。［35］马邑西山：马邑县城西面的山。马邑，县名，县治在今山西朔州市。［36］弥泽：古地名，在今山西朔州市南。［37］奔西燕：往投当时的西燕主慕容永，慕容永的都城在今山西长子县。胡三省曰：“刘显灭而拓跋氏强矣。为慕容氏计者，莫若两利而俱存之，可以无他日亡国之祸。”西燕（384—394），是慕容泓建立的政权，定都长子（今山西长子县），后慕容冲在阿房称帝后，自己仍称“燕国”，为与已被苻坚灭亡的“前燕”相区别，故称慕容垂所建立的燕国为“后燕”。西燕历经七主，即慕容泓、慕容冲、段随、慕容颛、慕容瑶、慕容忠、慕容永，后被后燕所灭。［38］吕光：字世明，后凉政权建立者。传见《晋书》卷一百二十二。［39］彭晃：后凉张掖太守。起兵反叛吕光，兵败被杀。［40］徐炅：后凉吕光的部将，后凉太安二年（387），谋叛，杀后凉湟河太守强禧等，为此掀起了规模宏大的后凉内乱之战。［41］张大豫：前凉末代国主，为前秦将领吕光斩杀。临洮（táo）：古县名，县治在今甘肃岷县。［42］广武：古郡名，郡治在今甘肃永登县东南。［43］王穆：原前秦长水校尉。淝水之战后帮助并随同张大豫一同逃到凉州。后败于吕光，王穆单骑逃走，在骍马（甘肃玉门市东北骟马城）被骍马令郭文斩首送给吕光。建康：郡名，郡治在今甘肃高台县西南。［44］姑臧：古郡名，郡治在今甘肃武威市。［45］袭据酒泉：袭击并占领了酒泉郡。酒泉，郡治在今甘肃酒泉市。［46］凉州牧：凉州的最高军事行政官员。凉州，州治姑臧。［47］辛巳：八月十八日。［48］德宗：即司马德宗，字安德，东晋孝武帝司马曜长子，晋恭帝司马德文同母兄，东晋第十位皇帝。传见《晋书》卷十。［49］可泥：即刘可泥，又作刘亢泥、刘亢埿，匈奴独孤部首领。刘库仁之子，刘显之弟。本部为拓跋珪败于弥泽（今山西朔州市西南），投奔后燕慕容垂，被封为乌桓王，被徙置中山，被封为广宁太守。后败于魏军，被杀，部众徙置平城（今山西大同市东北）。［50］乌桓：我国东北部的少数民族名，东胡的别支。秦末匈奴冒顿强盛，灭其国，避徙至乌桓山（当在今内蒙古阿鲁科尔沁旗西北）以自保，遂称乌桓。［51］落：帐落，一户人家。［52］兰椟（dú）：前秦冯翊太守。［53］频阳：县名，县治在今陕西富平县东北。和宁：县名，县治在今陕西黄陵县东南。［54］鲁王纂：即苻纂，时封鲁王。［55］称尊号：即帝位。［56］遣使：二字原无，据章校补。［57］姚旻（mín）：字景嶷，羌族，后秦官员，姚兴时进太傅。［58］尹纬：字景亮，羌族淝水之战后天下动荡，尹纬促使姚苌自立，成为后秦开国元勋，尚书左仆射。［59］瓦亭：古地名，在今甘肃平凉市西北，当时为苻登的大本营所在地。［60］非旦夕可制：不是一两天可以到达的。制，似应作“至”。［61］迟重少决：反应迟钝，不能迅速做出决断。［62］比两月间：等两个月过去之后。比，及，等到。［63］泥源：当作“泥阳”。古县名，县治在今甘肃宁县东南。［64］亡奔鲜卑：此时的西燕、后燕、北魏等皆为鲜卑族，师奴亡奔何处，此处交代不清。［65］屠各：即休屠，匈奴部落名。后汉至西晋，杂居于并州、凉州、关中等地。董成：匈奴人。胡三省曰：“苻纂兄弟既败，苻登之势孤矣。”［66］胡空堡：古堡寨名，在今陕西彬州市境内。［67］戎、夏：犹言蕃、汉，指当时的少数民族与汉族人。

冬，十月，翟辽复叛燕，遣兵与王祖、张申寇抄清河、平原[1]。

后秦主苌进击西燕王永于河西[2]，永走。兰椟复列兵拒守，苌攻之。十二月，禽椟，遂如杏城[3]。

后秦姚方成攻秦雍州刺史徐嵩垒[4]，拔之，执嵩而数之。嵩骂曰：“汝姚苌罪当万死，苻黄眉[5]欲斩之，先帝[6]止之。授任内外[7]，荣宠极矣。曾不如犬马识所养之恩，亲为大逆[8]。汝羌辈岂可以人理期[9]也，何不速杀我！早见先帝取姚苌于地下治之[10]。”方成怒，三斩嵩[11]，悉坑其士卒，以妻子赏军。后秦主苌掘秦主坚尸，鞭挞无数，剥衣裸形，荐之以棘[12]，坎土[13]而埋之。

凉州大饥，米斗直[14]钱五百，人相食，死者太半[15]。

吕光西平太守康宁[16]自称匈奴王，杀湟河太守强禧[17]以叛。张掖太守彭晃[18]亦叛，东结康宁，西通王穆[19]。光欲自击晃，诸将皆曰：“今康宁在南，伺衅[20]而动，若晃、穆未诛，康宁复至，进退狼狈[21]，势必大危。”光曰：“实如卿言。然我今不往，是坐待其来也。若三寇连兵，东西交至，则城外[22]皆非吾有，大事去矣。今晃初叛，与宁、穆情契未密[23]，出其仓猝[24]，取之差易[25]耳。”乃自帅骑三万，倍道兼行，既至，攻之二旬，拔其城，诛晃。

初，王穆起兵，遣使招敦煌处士郭瑀[26]，瑀叹曰："今民将左衽[27]，吾忍不救之邪！"乃与同郡索嘏[28]起兵应穆，运粟三万石以饷[29]之。穆以瑀为太府左长史、军师将军[30]，嘏为敦煌太守。既而穆听谗言，引兵攻嘏，瑀谏不听，出城大哭，举手谢城[31]曰："吾不复见汝矣！"还而引被覆面[32]，不与人言，不食而卒。吕光闻之曰："二虏相攻，此成禽[33]也，不可以惮屡战之劳而失永逸[34]之机也。"遂帅步骑二万攻酒泉，克之。进屯凉兴[35]，穆引兵东还，未至[36]，众溃，穆单骑走，骍马令郭文斩其首送之[37]。

（以上为第五段，写后凉主吕光平定反叛的郡守；后秦将领姚方成进攻前秦雍州刺史徐嵩，大破之。）

【注释】

[1]寇抄：劫掠，抢夺。平原：郡名，郡治在今山东平原县西南。[2]西燕王：当作"西燕主"。河西：古区域名，指今陕西韩城市至华阴市一带的黄河西岸地区。[3]如杏城：进抵杏城。如，到，抵达。杏城，古城名，在今陕西黄陵县西南。[4]姚方成：后秦左将军、征南将军。雍州：州治长安，在今陕西西安市。徐嵩垒：徐嵩的堡垒。徐嵩，字元高，前秦大臣徐盛之子，为前秦始平太守。后被后秦擒获，拒不投降，怒斥姚苌忘恩负义，被后秦大将姚方成残忍杀害，头颅做成便盆。传见《晋书》卷一百十五。[5]苻黄眉：又名苻眉，苻健兄长之子，苻生、苻坚堂兄，前秦名将。曾斩杀姚襄，俘虏姚苌。后与他人密谋推翻苻生，被发觉，灭族。[6]先帝：指前秦主苻坚，苻坚当时亦为苻生的部将。[7]授任内外：任命姚苌担任朝廷和地方的官职。[8]亲为大逆：指淝水之战后，姚苌叛变并俘获苻坚，将其在新平佛寺缢死。[9]岂可以人理期：怎么能指望你做出人应该做的事情。期，期望，指望。[10]早见先帝取姚苌于地下治之：十二字原无，据章校补。[11]三斩嵩：将徐嵩斩为三截，先斩其足，再斩其腰，最后斩其颈。[12]荐之以棘：让尸体躺在荆棘上。这是古人对死者极大的报复性的侮辱。荐，垫。[13]坎土：挖坑。苻坚原葬于徐嵩、胡空二垒之间，今徐嵩之垒被攻陷，故姚苌得以肆其淫威。[14]直：同"值"。[15]太半：大半，三分之二。[16]西平：郡名，郡治在今青海西宁市。康宁：西凉主吕光属官，为西平太守。[17]湟河：郡名，郡治在今青海化隆县一带。强禧：后凉湟河太守，被西平太守康宁杀害。[18]张掖：郡名，郡治在今甘肃张掖市西北。彭晃：跟随吕光西征西域诸国，吕光东归建立后凉，任命晃为张掖太守。后起兵反叛吕光，兵败被杀。[19]西通王穆：此时王穆已夺取酒泉郡。[20]伺衅：寻找可乘之机。[21]狼狈：形容困苦、受窘的样子。[22]城外：指姑臧（今甘肃武威市）城外的所有地盘。[23]情契未密：交情还不深。[24]出之仓猝（cù）：紧急出兵，令敌人措手不及。[25]差易：略似容易。[26]郭瑀：字元瑜，敦煌郡人，处士，

前凉王张天锡、前秦皇帝苻坚前后派使请他出山为官，均被拒。后绝食而死。［27］民将左衽（rèn）：指汉人将沦于少数民族的统治之下。左衽，衣服向左边开襟，古人以此称少数民族的服饰。［28］索嘏（gǔ）：敦煌人，曾起兵响应王穆，为大将军王穆左长史、军师将军。［29］石（dàn）：同“担”，容量单位，十斗等于一石。饷：军粮，这里用作动词，供给。王穆拥戴张氏，而张氏悬隔西北，至此仍以“忠”于晋室为名，故郭瑀有此发愤之举。［30］太府：意同“大府”，即大将军府。王穆自称“大将军”，称自己的军部为“太府”。左长史：高级僚属，与右长史共为诸史之长。军师将军：为三国时刘备首创，诸葛亮曾任此职。［31］谢城：向酒泉郡的城池告别。［32］引被覆面：拉起被子蒙上脸。［33］成禽：被擒获，为现成的俘虏。禽，同“擒”。［34］惮（dàn）：畏惧，害怕。永逸：永久性的安逸。［35］凉兴：郡名，郡治在今甘肃瓜州县南。［36］未至：指尚未回到酒泉郡。［37］骍（xīng）马令：骍马县的县令。骍马县，县治在今甘肃玉门市东北。郭文：为骍马令。送之：将王穆之头送给吕光。

十三年（戊子，388 年）

春，正月，康乐献武公谢玄[1]卒。

二月，秦主登军朝那[2]，后秦主苌军武都[3]。

翟辽遣司马眭琼诣燕谢罪[4]；燕主垂以其数反覆[5]，斩琼以绝之。辽乃自称魏天王，改元建光[6]，置百官。

燕青州刺史陈留王绍为平原太守辟闾浑[7]所逼，退屯黄巾固[8]。燕主垂更以绍为徐州刺史。浑，蔚[9]之子也，因苻氏乱，据齐地来降[10]。

三月，乙亥[11]，燕主垂以太子宝录尚书事[12]，授之以政，自总大纲[13]而已。

燕赵王麟击许谦[14]，破之，谦奔西燕。遂废代郡[15]，悉徙其民于龙城[16]。

吕光之定凉州也，杜进[17]功居多，光以为武威太守，贵宠用事，群僚莫及。光甥石聪自关中[18]来，光问之曰：“中州人[19]言我为政何如？”聪曰：“但闻有杜进耳，不闻有舅。”光由是忌进而杀之。

光与群寮[20]宴，语及政事，参军京兆段业[21]曰：“明公用法太峻[22]。”光曰：“吴起无恩而楚强[23]，商鞅严刑而秦兴[24]。”业曰：“起丧其身，鞅亡其家，皆残酷之致也。明公方开建大业，景行尧、舜[25]，犹惧不济[26]，乃慕起、鞅之为治，岂此州士女所望哉[27]！”光改容谢之。

夏，四月，戊午[28]，以朱序为都督司、雍、梁、秦[29]四州诸军事，雍州刺史，戍洛阳；以谯王恬[30]代序为都督兖、冀、幽、并四州[31]诸军事，青、兖二州刺史。

苑川王国仁破鲜卑越质叱黎于平襄[32]，获其子诘归[33]。

丁亥[34]，燕主垂立夫人段氏[35]为皇后，以太子宝领大单于。段氏，右光禄大夫仪之女。其妹适范阳王德[36]。仪，宝之舅也。追谥前妃段氏[37]为成昭皇后。

五月，秦太弟懿[38]卒，谥曰“献哀”。

翟辽徙屯滑台[39]。

六月，苑川王乞伏国仁卒，谥曰“宣烈”，庙号烈祖。其子公府[40]尚幼，群下推国仁弟乾归[41]为大都督、大将军、大单于、河南王[42]，大赦，改元太初[43]。

魏王珪破库莫奚于弱落水[44]南，秋，七月，库莫奚复袭魏营，珪又破之。库莫奚者，本属宇文部，与契丹[45]同类而异种，其先皆为燕王皝[46]所破，徙居松漠[47]之间。

秦、后秦自春相持，屡战，互有胜负，至是各解归。关西[48]豪桀以后秦久无成功，多去而附秦[49]。

河南王乾归立其妻边氏为王后，置百官，仿汉制，以南川侯出连乞都[50]为丞相，梁州刺史悌眷[51]为御史大夫，金城边芮[52]为左长史，东秦州刺史秘宜[53]为右长史，武始翟勍[54]为左司马，略阳王松寿为主簿[55]，从弟轲弹为梁州[56]牧，弟益州为秦州[57]牧，屈眷为河州[58]牧。

（以上为第六段，写后凉主吕光听了外甥一句话，杀掉大臣杜进，用法严峻，失去民心；西秦主乞伏国仁去世，立其弟乞伏乾归为国主，仿照汉制，设立百官。）

【注释】

[1]康乐献武公：谢玄生前封为康乐公，谥号献武。 [2]朝那：县名，县治在今宁夏固原市东南。 [3]武都：郡名，郡治在今甘肃成县西北。 [4]眭（suī）琼：为翟辽的司马官。诣（yì）燕谢罪：翟辽前时背叛了慕容垂，今又派人向慕容垂请罪，希望重归于后燕。翟辽此时驻军黎阳，

在今河南浚县。诣，到达。［5］数反覆：屡次叛降不定。数，屡次。［6］建光：翟魏主翟辽自称天王所建的年号。［7］辟闾浑：原齐地少数民族军阀段龛部将辟闾蔚之子，淝水之战后，随青州刺史苻朗投降东晋，被任为平原太守。传见《晋书》卷一百十。［8］黄巾固：古地名，汉末黄巾军曾修筑堡垒于此，在济南郡章丘城北，距今山东青州市不远。齐人谓垒堡为固。［9］蔚：即辟闾蔚，段龛的僚属，为齐王友（一种官职）。［10］据齐地来降：占领平原郡一带来归附东晋。［11］乙亥：三月十五日。［12］录尚书事：总管尚书省的一切大事，职同宰相。录，总理，总管。［13］自总大纲：慕容垂本人只过问重大事情。总，管理，过问。［14］许谦：代郡（郡治在今河北蔚县东北）变民的首领，去年曾率众驱逐了后燕的太守贾闰，以代郡投降了刘显。［15］遂废代郡：遂毁掉了代郡的郡城，撤销了代郡的建制，主语是慕容麟。［16］龙城：又名和龙、黄龙城、龙都，在今辽宁朝阳市。前燕慕容皝在此筑城，营建宗庙、宫阙，后自棘城迁都于此。后慕容俊迁都蓟城（今北京市西南），龙城仍设有留台。［17］杜进：后凉武威太守。杜进权势很大，平时出行的仪仗仅次于吕光，甚至威望盖过吕光，被吕光杀死。［18］石聪：西凉主吕光外甥。关中：古区域名，指今陕西中部的渭水流域地区，其地东有函谷，南有武关，西有散关，北有萧关，处四关之中，故称关中。［19］中州人：中原地区的人。中州，原意为“中土”“中原”，以河南为中心。这里即指关中。［20］群寮：百官。寮，同“僚”，僚属。［21］参军：官名，即军事参谋。段业：京兆人，鲜卑族，北凉开国国君，年号为神玺。后自称凉王，改元天玺。沮渠蒙逊发动兵变，将其杀害。传见《晋书》卷一百二十九。［22］明公：古代对刺史、太守等官员的尊称，此处用以敬称吕光。太峻：太严酷。［23］吴起：战国初期名将。一生历仕鲁、魏、楚三国。在楚国时，辅佐楚悼王主持变法，遭守旧贵族杀害。无恩而楚强：司马迁在《史记》吴起本传中说吴起“要在强兵”，“于是南平百越，北并陈蔡，却三晋，西伐秦。诸侯患楚之强。”批评吴起“刻暴少恩”。［24］商鞅：战国时辅佐秦孝公推行变法的改革家，变法使秦国富裕强大，史称“商鞅变法”。传见《史记》卷六十八。严刑而秦兴：司马迁在《史记》中说，商鞅变法，“行之十年，秦民大说，道不拾遗，山无盗贼，家给人足。”又批评商鞅“天资刻薄”“少恩”。［25］景行尧、舜：犹言仰慕尧、舜，以尧、舜的治国行事为榜样。景行，语出《诗经》：“高山仰止，景行行止。”意谓人家的好品德使我们仰慕，人家的好行为供我们效仿。这里用作动词。［26］不济：不成，不能治好国家。［27］岂此州士女所望哉：胡三省曰：“沮渠蒙逊兄弟举兵，所以推段业为重，亦由此言为凉州人士所归敬也。”士女，这里指有身份、有见识的男男女女。望，期望，盼望。［28］戊午：四月二十九日。［29］司、雍、梁、秦：四州名。并不属于东晋管辖，这里所说的不过是“遥领”而已。［30］谯（qiáo）王恬（tián）：即司马恬。东晋宗室、宰相。官至镇北将军、兖、青二州刺史，袭封谯王爵位。传见《晋书》卷三十七。［31］兖（yǎn）、冀、幽、并四州：以上四州大部地区也多数不在东晋王朝的管辖下，此处只是虚名，而在扬州设立了一些居民点与政府的办事机构，称作“侨置”。四州，二字原无，据章校补。［32］越质叱黎：人名，鲜卑越质部首领。事见《晋书》卷一百二十五。平襄：古县名，县治在今甘肃通渭县西北。［33］诘归：即越质诘归，越质叱黎之子，为西秦立义将军。［34］丁亥：此语有误，四月没有“丁亥”日。［35］段氏：即段元妃，后燕主慕容垂第二任皇后，成昭皇后侄女，右光禄大夫段仪之女。慕容垂建立后燕，册立为皇后。因反对册立慕容宝为太子，招致痛恨。后慕容宝继位，派慕容麟逼令其自杀，谥号成哀。传见《晋书》卷九十六。［36］适范阳王德：嫁与范阳王慕容德为妻。适，出嫁，嫁与。慕容德是慕容垂之弟。范阳王，封地范阳郡，郡治涿州，在今河北涿州市。［37］前妃段氏：燕国人，后燕主慕容垂结发之妻，段部鲜卑首领段末柸之女。前燕主慕容儁皇后可足浑氏指控段氏以巫蛊诅咒，段氏被杀害，至是平反，谥为成昭皇后。［38］太弟懿：即苻懿，苻丕之子，被苻登立为接班人，称之为“太弟”。［39］滑台：城名，在今河南滑县东的滑县旧城，北临古黄河，东晋、南北朝时为军事要地。翟辽在徙屯滑台前，屯驻在黎阳，在今河南浚县。胡三省曰：“辽自黎阳徙屯滑台，既与燕绝，欲阻河为固也。”［40］公府：即乞伏公府，西秦主乞伏国仁之子。乞伏国仁死后，群臣以其年幼，乃推国仁弟乾归继任河南王。后随乾归征西羌，追斩羌酋彭利发。寻发动政变，杀乾归及其诸子十余人，率部奔保大夏。不久与乾归之子乞伏炽磐大战，战败被杀于谭郊。［41］乾归：即乞伏乾归。陇西襄武（今甘肃陇西县）人。西秦第二位国主。传见《晋书》卷一百二十五。［42］河南王：此“河南”指今甘肃、青海的黄河以南的兰州、陇西、临洮、腊子口一带地区。胡三省曰：“时乞伏氏跨有凉州、河南之地，遂为国号。”［43］太初：西秦主乞伏乾归的年号。［44］库莫奚：古代少数民族部落名，属东胡一支，为鲜卑宇文部之后，与契丹本是同族异部，以游猎、畜牧为主，当时活动在今内蒙古赤峰市以北地区。弱落水：也称饶乐水，古水名，在今内蒙古的西拉木伦河。［45］契（qì）丹：古代少数民族名，兴起于西拉木伦河和老哈河流域。东晋时居住在今辽宁、吉林、内蒙古三省的邻近地区，在库莫奚的东侧。［46］燕王皝（huàng）：即慕容皝，字元真，鲜卑族，慕容廆之子，封为燕王，建立前燕国，建都龙城（今辽宁朝阳市）。传见《晋书》卷一百九。［47］松漠：古地区名，指今内蒙古东部西拉木伦河流域及其支流老哈河中、下游一带。［48］关西：古区域名，泛指函谷关或潼关以西的今陕西中部地区。［49］去而附秦：离开后秦主姚苌，去投靠前秦主苻登。［50］出连乞都：人名，以部落的名称“出连”为姓氏，名乞都。被乞伏乾归封为南川侯。［51］悌眷：即莫侯悌眷，姓莫侯，名悌眷，西秦乞伏乾归时大臣。传见《晋书》卷一百二十五。［52］边芮（ruì）：金城人，西秦主乞伏乾归时任左长史、尚书左仆射。乞伏乾归曾降附后秦，后自长安归苑川，复任边芮为长史。［53］东秦州：州名，乞伏氏所置，州治在今甘肃陇西县东。秘宜：西秦东秦州刺史、右长史、右仆射。［54］翟勍（qíng）：武始（今甘肃临洮县）人，西秦主乞伏乾归时历左司马、主客尚书、尚书令。永康元年（412），乞伏炽磐即位，拜为相国。［55］王松寿：略阳人，西秦主乞伏乾归时历主簿、民部尚书，乞伏炽磐时为平东将军、光禄勋。永康八年（419）出为益州刺史，镇滆川。传见《晋书》卷一百二十五。主簿（bù）：官名，总领门下众事，掌管簿书，匡辅拾遗。［56］从弟：堂弟。轲弹：即乞伏轲弹。乞伏乾归从弟，受封梁州牧。传见《晋书》卷一百二十五。梁州：州名，州治在今陕西汉中市。［57］益州：即乞伏益州，乞伏乾归之弟，官至前军将军、秦州牧。传见《晋书》卷一百二十五。秦州：州治冀县，在今甘肃甘谷县东南。［58］屈眷：人名。即乞伏屈眷，乞伏乾归之弟。乞伏乾归即位后，封乞伏屈眷为河州牧。河州：州名，州治在今甘肃临夏市东北。

八月，秦主登立子崇为皇太子，弁为南安王[1]，尚为北海王[2]。

燕护军将军平幼[3]会章武王宙[4]讨吴深，破之，深走保绎幕[5]。

魏王珪阴有图燕之志，遣九原公仪[6]奉使至中山，燕主垂诘[7]之曰："魏王[8]何以不自来？"仪曰："先王[9]与燕并事晋室，世为兄弟[10]，臣今奉使，于理未失。"垂曰："吾今威加四海，岂得以昔日为比！"仪曰："燕若不修德礼，欲以兵威自强，此乃将帅之事[11]，非使臣所知也。"仪还，言于珪曰："燕主衰老[12]，太子暗弱[13]，范阳王自负材气[14]，非少主臣也。燕主既没，内难必作，于时乃可图也。今则未可。"珪善之。仪，珪从父翰[15]之子也。

九月，河南王乾归迁都金城[16]。

张申攻广平[17]，王祖攻乐陵[18]。壬午[19]，燕高阳王隆将兵讨之。

冬，十月，后秦主苌还安定[20]；秦主登就食新平[21]，帅众万余围苌营，四面大哭[22]，苌命营中哭以应之，登乃退。

十二月，庚子[23]，尚书令南康襄公谢石[24]卒。

燕太原王楷、赵王麟将兵会高阳王隆于合口[25]，以击张申；王祖帅诸垒[26]共救之，夜犯燕军，燕人逆击，走之。隆欲追之，楷、麟曰："王祖老贼，或恐诈而设伏，不如俟明[27]。"隆曰："此白地[28]群盗，乌合[29]而来，徼幸一决[30]，非素有约束，能壹其进退[31]也。今失利而去，众莫为用[32]，乘势追之，不过数里，可尽擒也。申之所恃，唯在于祖，祖破，则申降矣。"乃留楷、麟守申垒[33]，隆与平幼分道击之，比明[34]，大获而还，悬所获之首以示申。甲寅[35]，申出降，祖亦归罪[36]。

秦以颍川王同成为太尉[37]。

（以上为第七段，写北魏主拓跋珪有吞并后燕之志，与大臣谋划，待后燕主慕容垂去世、内难发生时再行动；后燕平定将领张申、王祖的叛乱。）

【注释】

[1]弁：即苻弁（biàn），前秦主苻登之子，封南安王。［2］尚：即苻尚，前秦主苻登之子，封北海王，与其母毛皇后，同时被姚苌杀于大界。［3］平幼：平睿之兄，前燕、后燕官员。前燕慕容暐时，任汝阳太守；后燕慕容垂时，为护军将军、征北长史。［4］章武王宙：即慕容宙，慕容垂之侄，跟随慕容垂在河内起事，封章武王，征虏将军。讨伐叛军吴深，平定翟魏，为兖、豫二州刺史。慕容宝即位，改封乐浪王、司空，后被叛军杀害。传见《晋书》卷一百二十三。［5］绎幕：县名，县治在今山东平原县西北。［6］九原公仪：即拓跋仪，字乌泥，拓跋翰之子，北魏初封九原郡公，后封平原郡公、东平郡公，迁骠骑大将军、都督六州军政，封卫王。传见《魏书》卷十五。［7］诘（jié）：责问，追问。［8］魏王：即拓跋珪。［9］先王：指北魏先祖拓跋力微。传见《魏书》卷一。［10］世为兄弟：北魏与后燕，皆为鲜卑族人，先前，北魏先祖拓跋力微与后燕先祖慕容涉归并事晋室。［11］将帅之事：指到战场上见高低。［12］燕主衰老：时慕容垂六十二岁。［13］太子：指慕容宝。暗弱：不明事理、懦弱无能。［14］范阳王：指慕容德，慕容垂之弟，封地范阳郡，郡治涿县，在今河北涿州市。自负材气：指自矜有才干，瞧不起太子慕容宝。自负，自许，自以为了不起。材气，即才气，指才华、才情。材，同“才”。［15］从父翰：原文为“母弟翰”，应作“从父翰”，据严校改。拓跋翰与拓跋珪之父是亲兄弟。翰，即拓跋翰，拓跋什翼犍第三子。［16］金城：在今甘肃兰州市西北。［17］张申：勃海人，变民首领，曾反叛后燕。广平：郡名，郡治在今河北巨鹿县南。［18］王祖：章武人，另一支变民的首领，曾杀死太守白钦。乐陵：郡名，郡治在今山东惠民县东北。［19］壬午：九月二十五日。［20］还安定：姚苌从武都（今甘肃成县西）返回安定。安定，郡治在今甘肃泾川县北。［21］就食新平：军队到新平郡去就地寻找军粮。新平，郡治在今陕西彬州市。［22］四面大哭：企图以此瓦解姚苌军的斗志。［23］庚子：十二月十五日。［24］谢石：字石奴，太保谢安之弟，东晋名将。［25］合口：古地名，在今河北沧州市东南的沧州旧城。［26］诸垒：犹言“诸部”，因他们是一哄而起，并无严密的组织系统。［27］俟（sì）明：等到天亮。俟，等待，等候。［28］白地：广平而贫瘠的土地，与称饥荒的“赤地”略同。［29］乌合：形容一帮人没有严密组织而临时匆忙凑合，如群乌暂时聚合在一起。［30］徼（jiǎo）幸一决：赌运气地来一次硬拼。徼，同“幸”，与“侥幸”同，企求获得非分、意外的成功。［31］壹其进退：有统一指挥的前进与后撤。壹，同“一”，统一。［32］众莫为用：部众就不再听其头领的指挥。［33］守申垒：继续围困张申的营地。守，监视，围困。［34］比明：到天亮时。比，及，等到。［35］甲寅：十二月二十九日。［36］归罪：认罪而自动来投。［37］颍川王同成：即苻同成，苻登之兄。太尉：国家最高军事长官。

十四年（己丑，389年）

春，正月，燕以阳平王柔镇襄国[1]。

辽西王农在龙城五年[2]，庶务修举[3]，乃上表曰："臣顷因征即镇[4]，所统将士安逸积年，青、徐、荆、雍遗寇尚繁[5]，愿时代还[6]，展竭微效[7]，生无余力[8]，没无遗恨[9]，臣之志也！"

庚申[10]，燕主垂召农为侍中、司隶校尉[11]；以高阳王隆为都督幽·平二州[12]诸军事、征北大将军、幽州牧；建留台[13]于龙城，以隆录留台尚书事[14]；又以护军将军平幼为征北长史[15]，散骑常侍封孚为司马[16]，并兼留台尚书[17]。隆因农旧规[18]，修而广之，辽、碣[19]遂安。

后秦主苌以秦战屡胜，谓得秦王坚之神助[20]，亦于军中立坚像而祷之曰："臣兄襄敕臣复仇[21]，新平之祸[22]，臣行襄之命，非臣罪也。苻登，陛下疏属[23]，犹欲复仇，况臣敢忘其兄乎！且陛下命臣以龙骧建业[24]，臣敢违之[25]！今为陛下立像，陛下勿追计臣过也。"

秦主登升楼[26]，遥谓苌曰："为臣弑君，而立像求福，庸有益乎[27]！"因大呼曰："弑君贼姚苌何不自出！吾与汝决之！"苌不应。久之，以战未有利，军中每夜数惊，乃斩像首以送秦。

秦主登以河南王乾归为大将军、大单于、金城王。

甲寅[28]，魏王珪袭高车[29]，破之。

二月，吕光自称三河王[30]，大赦，改元麟嘉[31]，置百官。光妻石氏、子绍、弟德世自仇池来至姑臧[32]，光立石氏为妃，绍为世子。

癸巳[33]，魏王珪击吐突邻部于女水[34]，大破之，尽徙其部落而还。

秦主登留辎重于大界[35]，自将轻骑万余攻安定羌密造保[36]，克之。

夏，四月，翟辽寇荥阳[37]，执太守张卓[38]。燕以长乐公盛镇蓟城[39]，修缮旧宫[40]。

五月，清河民孔金斩吴深[41]，送首中山。

金城王乾归击侯年部[42]，大破之。于是，秦、凉鲜卑、羌、胡[43]多附乾归，乾归悉授以官爵。

后秦主苌与秦主登战数败，乃遣中军将军姚崇[44]袭大界。登邀击之于安丘[45]，又败之。

燕范阳王德、赵王麟击贺讷，追奔至勿根山[46]，讷穷迫[47]请降，徙之上谷[48]，质其弟染干于中山。

秋，七月，以骠骑长史王忱[49]为荆州刺史、都督荆・益・宁三州[50]诸军。忱，国宝之弟也。

秦主登攻后秦右将军吴忠等于平凉[51]，克之。八月，登据苟头原以逼安定[52]。诸将劝后秦主苌决战，苌曰："与穷寇竞胜，兵家之忌[53]也，吾将以计取之。"乃留尚书令姚旻守安定，夜，帅骑三万袭秦辎重于大界，克之，杀毛后及南安王弁、北海王[54]尚，擒名将数十人，驱掠[55]男女五万余口而还。毛氏美而勇，善骑射。后秦兵入其营，毛氏犹弯弓跨马，帅壮士数百力[56]战，杀七百余人[57]，众寡不敌，为后秦所执[58]。苌将纳之[59]，毛氏骂且哭曰："姚苌，汝先已杀天子[60]，今又欲辱皇后，皇天后土，宁汝容乎[61]！"苌杀之。诸将欲因秦军骇乱[62]击之，苌曰："登众虽乱，怒气犹盛，未可轻也。"遂止。登收余众屯胡空堡[63]。苌使姚硕德[64]镇安定，徙安定千余家于阴密[65]，遣其弟征南将军靖[66]镇之。

九月，庚午[67]，以左仆射陆纳[68]为尚书令。

秦主登之东[69]也，后秦主苌使姚硕德置秦州守宰[70]，以从弟常戍陇城[71]，邢奴戍冀城[72]，姚详戍略阳[73]。杨定攻陇、冀，克之，斩常，执邢奴；详弃略阳，奔阴密。定自称秦州牧、陇西[74]王；秦因其所称而授之。

冬，十月，秦主登以窦冲[75]为大司马、都督陇东[76]诸军事、雍州牧，杨定为左丞相、都督中外诸军事，秦・梁二州牧，杨壁为都督陇右诸军事，南秦、益二州牧[77]，约共攻后秦；又约监河西[78]诸军事、并州刺史杨政[79]，都督河东[80]诸军事、冀州刺史杨楷各帅其众会长安[81]。政、楷皆河东人。秦主丕既败，政、楷收集流民数万户，政据河西，楷据湖、陕[82]之间，遣使请命[83]于秦，登因而授之[84]。

燕乐浪悼王温[85]为冀州刺史，翟辽遣丁零故堤[86]诈降于温，为温帐下[87]。乙酉[88]，刺温，杀之，并其长史司马驱，帅守兵二百户奔西燕。燕辽西王农邀击刺温者于襄国[89]，尽获之，惟堤走免。

十一月，枹罕羌彭奚念[90]附于乞伏乾归，以奚念为北河州刺史[91]。

（以上为第八段，写北方各国争斗不休，北魏王拓跋珪袭击高车部落，大破高车军；后燕范阳王慕容德等打败贺兰部落；后秦主姚苌偷袭前秦物资基地，重创前秦。）

【注释】

［1］襄国：古郡名，郡治在今河北邢台市。［2］在龙城五年：慕容农于太元十年（385）出兵东诛余岩，击高句丽，事后在龙城镇守至今（389），共五年。［3］庶务修举：各项政务都处理得很好。修举，修治，兴办。［4］顷：前不久。因征即镇：因带兵讨伐，随后就留在那里镇守。［5］遗寇尚繁：遗留的匪患还有很多，即社会不安定。［6］愿时代还：希望及早有人前来代替，让我回去作战。［7］展竭微效：意即让我能尽量地发挥一些作用。［8］生：活着。无余力：用尽全力。［9］没：同“殁”，死去。遗恨：到死还感到悔恨。［10］庚申：正月五日。［11］侍中：官名，宫廷里应对顾问、往来奏事的官员，地位颇重。司隶校尉：官名，监督京师百官以及京城周边地方的监察官。［12］幽·平二州：幽州的州治蓟县，在今北京市西南；平州的州治在今辽宁辽阳市。［13］留台：留守朝廷，朝廷的派出机构。［14］录留台尚书事：总管龙城留守朝廷的一切政务。［15］征北长史：征北大将军慕容隆幕府的长史。长史，高级僚属，诸官之长。［16］散骑常侍：官名，侍从皇帝左右，掌表诏和规谏，起参谋顾问之用。封孚：字处道，仕前秦，官至黄门侍郎。后燕时，任征北司马，兼任留台尚书，后官至吏部尚书。慕容德称帝，封孚受命为尚书左仆射，后进位太尉。传见《晋书》卷一百二十八。司马：征北将军慕容隆军中的司法官。［17］留台尚书：为留守朝廷的尚书郎。［18］因农旧规：遵循慕容农的旧有章程。［19］辽、碣：辽水与碣石山，指今河北东北部与辽宁西南部一带地区。［20］谓：以为，认为。神助：神明暗中相助。［21］敕臣复仇：临死嘱咐我要为他报仇。复仇，姚苌之兄姚襄于穆帝升平元年（357）被苻坚所杀。［22］新平之祸：指孝武帝太元九年（384）苻坚被姚苌杀害于新平（今陕西彬州市）佛寺。［23］疏属：疏远的家属。苻登是苻坚的同族孙辈。［24］以龙骧建业：苻坚举兵伐晋时，任姚苌为龙骧将军，并说“朕本以龙骧建业，龙骧之号未曾假人，今特以相授”云云。［25］敢违之：即岂敢违之。怎么能违背呢？［26］升楼：登上两军阵前远望敌方军情的楼车。［27］庸有益乎：难道会有什么好处吗？庸，岂，难道。［28］甲寅：此句有误，正月丙辰朔，没有甲寅日。［29］高车：匈奴族的别种，当时居住在今内蒙古东部的西拉木伦河流域，其民族习惯乘高车，因而得名。［30］三河王：胡三省曰：“光时有凉州、河西之地，未能兼有三河也。”三河，指甘肃、陕西、青海临近的黄河以东、以西、以南等地区，以其地有金城河、赐支河、湟河而得名。［31］麟嘉：十六国时后凉主吕光改元的年号。［32］绍：即吕绍，字永业，后凉主吕光之子，十六国时后凉第二位国主。德世：即吕德世，后凉主吕光之弟。自仇池来至姑臧：吕光原是苻坚的部将，前秦司隶校尉吕婆楼之子，家小住在长安。后吕光奉命西出经营西域，苻坚于淝水之败后，姚苌倒戈反叛前秦，长安大乱，吕光的家小遂逃往仇池，今乃来到姑臧。仇池，郡名，郡治在今甘

肃成县西北。姑臧：现为后凉都城，在今甘肃武威市。［33］癸巳：二月九日。［34］吐突邻：《魏书》作“叱突邻”，北方少数民族的部落名。女水：古地名，在弱落水西，今内蒙古西拉木伦河西，距北魏国都平城三千余里。后改名为武川。［35］辎重：由后勤部队运送的军用物资。大界：古地名，约在今陕西彬州市与甘肃泾川县之间。［36］安定羌密造保：安定郡内羌族人所据守的密造堡。安定，郡名，郡治在今甘肃泾川县北。保，同“堡”，堡垒，坞垒。［37］寇：寇略，侵扰。荥（xíng）阳：郡名，郡治在今河南荥阳市东北的古荥镇，这时属于东晋。［38］张卓：东晋荥阳太守。［39］长乐公盛：即慕容盛，慕容垂之孙，慕容宝之子，被封为长乐公。蓟城：在今北京市，当时为幽州的州治所在地，前燕曾以之为都城。［40］修缮：修理，修补。旧宫：当初前燕主慕容儁曾由龙城迁都于此，故蓟城有旧宫。［41］清河：郡名，郡治在今河北清河县东南。孔金：当时清河人。吴深：原是慕容垂身边的宦官，于太元十一年（386）据清河叛变。［42］侯年部：西北地区的少数民族部落名。［43］秦、凉鲜卑、羌、胡：秦、凉二州的鲜卑族、羌族、匈奴族。秦州州治在今甘肃天水市，凉州州治在今甘肃武威市，当时称作姑臧。［44］姚崇：南安赤亭人，后秦主姚苌之子，文桓帝姚兴之弟，封为齐公。初任中军将军，参与多次战役，官至大司马，大约死于后秦弘始年间（399—415），死后配飨太庙。传见《晋书》卷一百十七。［45］邀击：拦截，截击。安丘：古地名，在今甘肃灵台县境。［46］勿根山：即东木根山，古地名，在今内蒙古兴和县西北。［47］穷迫：穷困，窘迫。［48］上谷：郡名，郡治沮阳，在今河北怀来县东南。［49］王忱：字元达，小字佛大，太原晋阳（今山西太原市）人。中书令王坦之之子，右仆射王国宝之弟，东晋大臣。时任荆州刺史。传见《晋书》卷七十五。［50］荆·益·宁三州：荆州，州治江陵，在今湖北荆州市；益州，州治在今四川成都市；宁州，州治滇池，在今云南昆明市晋宁区东北。［51］吴忠：后秦骁骑将军、右将军，曾抓获前秦主苻坚至新平寺，导致苻坚被杀，后被秦高帝苻登斩杀。平凉：郡名，郡治在今甘肃平凉市西南。［52］苟头原：古地名，在今甘肃泾川县西北。安定：古郡名，郡治在今甘肃泾川县北的泾河北岸。［53］与穷寇竞胜，兵家之忌：《孙子·军争》有“归师勿遏，围师必阙”，又有“穷寇勿追”诸语，皆此意。穷寇：穷途末路的敌人。［54］弁、北海王：四字原无，据章校补。南安王苻弁、北海王苻尚都在这次袭击中丧命。胡三省曰：“重战轻防，此苻坚所以败也。”［55］驱掠：驱赶，掠夺。［56］力：原为“人”字，据章校改。［57］杀七百余人：五字原无，据章校补。［58］执：俘获，捕捉。［59］纳之：谓收之为妻妾。［60］先已杀天子：指两年前姚苌于新平佛寺杀害前秦主苻坚。［61］宁汝容乎：能够饶了你吗？［62］骇乱：惊骇，慌乱。［63］胡空堡：古堡寨名，在今陕西彬州市境内。［64］姚硕德：姚弋仲幼子，姚苌同母弟，后秦名将。传见《晋书》卷一百十六。［65］阴密：古地名，在今甘肃灵台西南。［66］靖：即姚靖，后秦主姚苌之弟，为征南将军，镇守阴密。［67］庚午：九月十九日。［68］陆纳：字祖言，司空陆玩之子，为尚书仆射、左仆射，为人贞厉绝俗，清廉守正。对东晋的腐朽强烈不满。传见《晋书》卷七十七。［69］秦主登之东：前秦主苻登向东退守胡空堡。［70］置秦州守宰：配置秦州的地方官。秦州，治所上邽，在今甘肃天水市。守宰，各郡的太守和各县的县令。［71］从弟：堂弟。常：即姚常，姚苌堂弟，镇守陇城，后被前秦大将杨定攻杀。陇城：县名，县治在今甘肃秦安县东北的陇城镇。［72］邢奴：后秦将领，镇守冀城，后被前秦大将杨定攻克，被擒获。冀城：古城名，即冀县县城，在今甘肃甘谷县西南。［73］姚详：姚襄之孙。姚苌时为安远将军、始平太守。姚兴立，徙镇杏城。略阳：郡名，郡治临渭，在今甘肃天水市。［74］陇西：古区域名，约当今之甘肃东部一带地区，即陇山以西至黄河以东的广大地域，包括今甘肃天水市、平凉市、定西市、兰州市。［75］窦冲：前秦名将。因不满苻登而反叛，自称秦王，年号元光。太元十九年（394），窦冲逃奔汧川，被擒，解送后秦。传见《晋书》卷一百十五。［76］陇东：区域名，泛指陇山以东地区，约当今之陕西西部。［77］杨壁为都督陇右诸军事，南秦、益二州牧：十六字原无，据章校补。杨壁：前秦大将、驸马，娶苻坚长女顺阳公主，为都督陇右诸军事，南秦州、益州二州牧。传见《晋书》卷一百一十五。陇右，即陇西。南秦州，州治武都，在今甘肃成县西北。益州，州治在今四川成都市。［78］河西：古区域名，指今陕西东部与山西交界的黄河以西地区。［79］并州：州治晋阳，在今山西太原市西南。杨政：前秦官员，苻登时为监河西诸军事、并州刺史。［80］河东：古区域名，指今山西西南部的黄河以东地区。［81］冀州：州治信都，在今河北衡水市冀州区。杨楷：前秦官员，苻登时任都督河东诸军事、冀州刺史。会长安：会合诸路共同进攻姚苌所盘踞的长安城。长安，时为后秦主姚苌的都城，在今陕西西安市。［82］湖、陕：湖县、陕县。湖县县治在今河南灵宝市西北；陕县县治在今河南三门峡市西南。［83］请命：请求指示，实即请求任命。［84］因而授之：指授任他们为并州、冀州刺史等。［85］乐浪悼王温：即慕容温，“乐浪王”是封号，“悼”是谥号。乐浪，古郡名，郡治朝鲜县，在今朝鲜平壤大同江南岸的土城洞城址。［86］故堤：丁零族人名。［87］为温帐下：四字中“为温下”三字原无，据章校补。温，即慕容温，前燕主慕容儁之子。［88］乙酉：十月四日。［89］襄国：县名，县治在今河北邢台市西南。［90］枹罕：县名，县治在今甘肃临夏市。彭奚念：枹罕县境内的羌人首领。［91］北河州：州名，州治即枹罕县。胡三省曰：“枹罕旧为河州治所。乞伏氏先于境内置河州，以屈眷为牧，故以枹罕为北河州，以奚念为刺史。”

初，帝既亲政事[1]，威权己出，有人主之量[2]。已而溺[3]于酒色，委事于琅邪王道子[4]；道子亦嗜酒[5]，日夕与帝以酣歌[6]为事。又崇尚浮屠[7]，穷奢极费，所亲昵者皆姏姆、僧尼[8]。左右近习[9]，争弄权柄，交通请托[10]，贿赂公行[11]，官赏[12]滥杂，刑狱谬乱[13]。尚书令陆纳望宫阙[14]叹曰：“好家居[15]，纤儿欲撞坏[16]之邪！”左卫领营将军会稽许营[17]上疏曰：“今台府局吏、直卫武官[18]及仆隶婢儿取母之姓[19]者，本无乡邑品第[20]，皆得为郡守县令，或带职在内[21]，及僧尼乳母[22]，竞进亲党[23]，又受货赂[24]，辄临官领众[25]，政教不均，暴滥无罪[26]，禁令不明，劫盗公行。昔年下书敕群下尽规[27]，而众议兼集[28]，无所采用。臣闻佛者，清远玄虚[29]之神，今僧尼往往依傍法服[30]，五诫粗法[31]尚不能遵，况精妙[32]乎！而流惑之徒[33]，竞加敬事[34]，又侵渔[35]百姓，取财为惠[36]，亦未合布施[37]之道也。”疏奏，不省[38]。

道子势倾内外，远近奔凑[39]；帝渐不平，然犹外加优崇[40]。侍中王国宝以谗佞[41]有宠于道子，扇动朝众[42]，讽八座启[43]道子宜进位丞相、杨州牧[44]，假黄钺[45]，加殊礼[46]。护军将军南平车胤[47]曰：“此乃成王[48]所以尊周公[49]也。今主上当阳[50]，非成王之比[51]；相王在位[52]，岂得为周公乎[53]！”乃称疾不署[54]。疏奏，帝大怒，而嘉胤有守[55]。

（以上为第九段，写东晋孝武帝司马曜沉溺酒色，不理政事，把国家政事一股脑儿丢给权臣司马道子；司马道子任用奸佞，为非作歹，把朝廷弄得乌烟瘴气。）

【注释】

[1]帝既亲政事：太元元年（376），崇德太后褚蒜子归还政权，孝武帝司马曜开始亲临政事，至此已十四年。 [2]量：雅量，气度。 [3]溺（nì）：沉迷，沉浸于。 [4]琅邪王道子：即司马道子，东晋晚期权臣，总揽国政。初封琅邪王，改封会稽王。传见《晋书》卷六十四。 [5]嗜（shì）酒：酷爱喝酒。嗜，过分爱好。 [6]日夕：一天从早到晚。酣（hān）歌：沉湎于饮酒、歌舞。酣，尽兴、畅快。 [7]浮屠：也作浮图，梵语译音，意为佛陀。原指佛教的创始人释迦牟尼，后泛指佛教。 [8]亲昵（nì）：亲近，宠爱。姏（mán）姆：以巫术为业的巫婆女师。姏，善以甜言蜜语取悦于人的老年妇女。姆，女师。僧尼：和尚，尼姑。 [9]左右近习：在帝王身边受皇帝宠幸的人。 [10]交通请托：拉关系，串门子，即如今的“走后门”。 [11]贿赂公行：公开以财货行贿受贿。贿赂，因请托而送给别人钱财。 [12]官赏：封官、颁赏。 [13]刑狱：犹刑罚。谬乱：错乱，悖乱。 [14]宫阙：古时帝王所居住的宫殿，因宫门外有双阙，故称之。 [15]好家居：好端端的一份家当。 [16]纤儿：犹小儿，指败家子，不肖子弟，含有鄙视之意。纤，细小。撞坏：砸碎，毁掉。 [17]许营：一作“许荣”，会稽人，时为左卫将军。上疏之事，见《晋书》卷六十四。 [18]台府局吏：各台、各府、各局的官吏，泛指政府各部门的官员。直卫武官：泛指在宫廷值勤，负责保卫工作的各武职官员。 [19]仆隶：奴仆。婢儿：奴婢。取母之姓：指私生子。官婢私合而生子，无法审知其父，只好取用母亲的姓氏。 [20]乡邑品第：没有其县邑中正

官的考评。品第，考评，分等。［21］带职在内：在宫廷中担任官职。［22］僧尼乳母：指走通宫禁，与帝、后往来的和尚、尼姑与皇帝的乳母。［23］竞进亲党：争相推荐自己的党羽、亲信。［24］货赂：犹贿赂，财物。［25］辄（zhé）临官领众：就能身居官位，统领部众。辄，于是，就。［26］暴滥无罪：随意加害于无罪者。暴滥，残暴无度。［27］下书：曾经发布诏书。敕（chì）群下尽规：要求群臣们知无不言，言无不尽。敕，告诫。尽规，尽力规劝。［28］兼集：各种议论交织在一起。［29］清远玄虚：指不慕名利、不求物质享乐。［30］依傍法服：指表面上奉行佛法，穿着僧尼的衣服，而不遵守其教。依傍，依靠。［31］五诫粗法：像"五诫"这样最基本的佛规。五诫，指不淫，不盗，不杀，不妄语，不酗酒。［32］精妙：精深的佛理。［33］流惑之徒：没有主见、随波逐流的家伙们。［34］竞加敬事：即争相拜佛。［35］侵渔：侵夺他人的财物。渔，捕鱼，引申为得到财物。［36］取财为惠：收取百姓的钱财，作为自己的积蓄，而假说佛可以降之以福。［37］布施：指佛教所讲的将金钱、实物布散施舍给别人。［38］不省：不看，不理睬。［39］奔凑：奔集于其门。［40］外加优崇：表面上仍优待尊崇。［41］谗佞：说人坏话，以花言巧言巴结他人。［42］扇动：煽动，鼓动。扇，同"煽"。朝众：朝臣，官员。［43］讽八座：示意给朝廷的执政官员。讽，犹如今之所谓"吹风"，有意识地暗示于人。八座，指尚书令、左右二仆射与他们属下的吏部、祠部、五兵、左民、度支五曹尚书等八人，都是当时政府的主要行政官员。启：禀告，向皇帝进言。［44］杨州牧：当时首都所在州的最高行政长官，州治即在首都建业，在今江苏南京市。杨，"扬"的假借字。［45］假黄钺（yuè）：授予他本来只有皇帝才能使用的镀金大斧，意味着他有无上的生杀之权。钺，象征权力和地位的大斧。［46］加殊礼：赐给他一般大臣享受不到的礼遇，如进殿不趋、赞拜不名、剑履上殿等。殊礼，特别的礼遇。［47］车胤（yìn）：南平江安（今湖北公安县）人，时为护军将军，出拜吴兴太守，迁丹阳尹，为吏部尚书。后被逼自杀。传见《晋书》卷八十三。［48］成王：即姬诵，周武王姬发之子，周朝第二位君主，年幼即位，由叔父周公摄政。［49］所以尊周公：周成王初即位时年幼，国家政权由其叔父周公代理。但《史记》中并没有说到成王有假周公黄钺的事情，此即兴作喻。［50］主上当阳：一即位即面南而坐，意谓虽年仅十岁，但已正式临朝称帝。［51］非成王之比：不像当年的周成王，开始是由周公代之临朝摄政。［52］相王在位：指司马道子，因为他既是司徒，职同丞相，又是琅邪王，故称"相王"。［53］岂得为周公乎：怎么可能与周公相比呢？［54］不署：不在其他诸臣所上的表章上签名。［55］有守：有操守，能坚持原则。

中书侍郎范宁、徐邈[1]为帝所亲信，数进忠言，补正阙失[2]，指斥奸党。王国宝，宁之甥也，宁尤疾其阿谀，劝帝黜之。陈郡袁悦之[3]有宠于道子，国宝使悦之因尼支妙音[4]致书于太子母陈淑媛[5]云："国宝忠谨，宜见[6]亲信。"帝知之，发怒，以他事斩悦之。国宝大惧，与道子共谮范宁出为豫章太守。宁临发，上疏言："今边烽不举而仓库空匮[7]；古者使民岁不过三日[8]，今之劳扰，殆[9]无三日之休，至有生儿不复举养[10]，鳏寡不敢嫁娶。臣恐社稷之忧[11]，厝火积薪[12]，不足喻也。"

宁又上言："中原士民流寓江左[13]，岁月渐久，人安其业。凡天下之人，原其先祖[14]，皆随世迁移，何至于今而独不可。谓宜正其封疆[15]，户口皆以土断[16]。又，人性无涯[17]，奢俭由势[18]；今并兼之室[19]，亦多不赡[20]，非其财力不足，盖由用之无节，争以靡丽相高[21]，无有限极[22]故也。礼十九为长殇[23]，以其未成人也。今以十六为全丁[24]，十三为半丁。所任[25]非复童幼之事，岂不伤天理、困百姓乎！谓宜以二十为全丁，十六为半丁，则人无夭折，生长繁滋[26]矣。"帝多纳用之。

宁在豫章，遣十五议曹下属城[27]，采求风政[28]；并吏假还[29]，讯问[30]官长得失。徐邈与宁书曰："足下听断明允[31]，庶事无滞[32]，则吏慎其负[33]而人听不惑[34]矣，岂须邑至里诣[35]，饰其游声[36]哉！非徒不足致益[37]，寔乃蚕渔之所资[38]。岂有善人君子而干非其事[39]，多所告白者乎[40]！自古以来，欲为左右耳目[41]，无非小人，皆先因小忠而成其大不忠，先藉[42]小信而成其大不信，遂使谗谄[43]并进，善恶倒置，可不戒哉！足下慎选纲纪[44]，必得国士以摄诸曹[45]，诸曹皆得良吏以掌文按[46]，又择公方之人以为监司[47]，则清浊能否[48]，与事而明[49]；足下但平心处之[50]，何取于耳目哉！昔明德马后[51]未尝顾[52]左右与言，可谓远识，况大丈夫而不能免此乎[53]！"

十二月，后秦主苌使其东门将军任瓫[54]诈遣使招秦主登，许开门纳之。登将从之，征东将军雷恶地[55]将兵在外，闻之，驰骑见登，曰："姚苌多诈，不可信也！"登乃止。苌闻恶地诣登，谓诸将曰："此羌见登，事不成矣！"登以恶地勇略过人，阴惮之[56]。恶地惧，降于后秦，苌以恶地为镇军将军[57]。

秦以安成王广[58]为司徒。

（以上为第十段，写东晋中书侍郎范宁等为人正直，数进忠言，补正阙失，指斥奸党，反被诬陷，贬为豫章太守。）

【注释】

［1］范宁：字武子，东晋大儒、经学家，官至中书侍郎，外任豫章太守。推崇儒学，反对魏晋玄学。注《尚书》《论语》《谷梁传集解》。传见《晋书》卷七十五。徐邈：字仙民，姿性端雅，勤行励学，博涉多闻，撰有《正五经音训》，注《谷梁传》等，与范宁齐名。四十多岁始出仕为中书舍人，历散骑常侍、前卫率，任骁骑将军等职。传见《晋书》卷九十一。［2］阙失：即缺失。阙，同“缺”。［3］袁悦之：字元礼，陈郡阳夏（今河南太康县）人，东晋大臣，司马道子亲信，为晋孝武帝司马曜处死。传见《晋书》一百五。［4］尼支妙音：尼姑名叫支妙音。“支”字原无，据章校补。支妙音，博学内外，善为文章。为简静寺寺主，有徒众百余人。晋孝武帝司马曜非常敬信。［5］陈淑媛：平昌太守陈广的女儿，东晋孝武帝司马曜妃子，晋安帝司马德宗、晋恭帝司马德文生母。善于弹唱，得到宠幸，封为淑媛。传见《晋书》卷三十二。淑媛，妃嫔的级别称号。［6］见：被。［7］边烽不举：指边疆无事，境内太平。空匮：穷乏，财用不足。［8］使民岁不过三日：《礼记·王制》曰：“用民之力，岁不过三日。”［9］殆（dài）：几乎。［10］举养：即指养育。举，是古代给新生儿举行的一种洗沐礼，先举而后养育之。［11］臣恐社稷之忧：六字原无，据章校补。［12］厝（cuò）火积薪：把火放在柴堆之下。语出贾谊《治安策》：“夫抱火厝之积薪之下而寝其上，火未及燃，因谓之安。方今之势，何以异此？”厝，置，放在。［13］流寓江左：流亡寄居在江南。江左，地区名，指长江下游南岸地区。古人在地理上以东为左，以西为右，故江东又名江左。［14］原其先祖：意即从他们的祖先开始。［15］谓：以为，认为。正其封疆：查清他们现在的居住区域。［16］户口皆以土断：指北方南渡的士民按现在居住的地址登记户口，改变北方士民在南方侨立郡县的混乱办法。按：东晋时中原士民南渡者，皆于江左侨立郡县以居之，不以土著为断。土断，即以现居地为准，将人户著之于籍。［17］无涯：指爱放纵，不愿受管束。［18］奢俭由势：奢侈或节俭，都是由情势环境所造成。［19］并兼之室：指那些由兼并别人田产而发展起来的强族豪门。［20］不赡（shàn）：不够用，不富裕。赡，富足。［21］争以靡丽相高：争着比赛看谁家更豪华。［22］限极：极限，最大的限度。［23］长殇（shāng）：未成人而夭折的大孩子。古代以二十岁为成年，故十九岁之前而死仍曰“长殇”。［24］全丁：犹今之所谓“全劳力”，按成年人算，给国家服役。［25］所任：所承担的赋税徭役等。［26］生长繁滋：指人口逐渐繁育、增长。［27］议曹：太守属下的吏目，以备顾问、参议之用。下属城：到下属的各县去。当时的豫章郡下属南昌、海昏、新淦、建成、望蔡、永修、建昌、吴平、豫章、彭泽、艾、康乐、丰城、新昌、宜丰、钟陵等十六个县，其中南昌是郡治所在地，外地还有十五县，故范宁派出十五个议曹，每人去一个县。［28］采求风政：了解当地的风俗民情及县官为政的情况。［29］吏假还：吏役们回乡休假回来。［30］讯问：打探，询问。［31］足下：对对方的敬称，不直呼其名，而称其足下之地，用法与“阁下”相同。听断明允：了解判断各种事务明白、合适。允，恰当。［32］庶事无滞：各种事务都处理得很及时。无滞，不耽搁，不延误。［33］吏慎其负：属下众吏也都会认真对待自己的职责。［34］人听不惑：指民心稳定，不被某些谣言邪

说所蛊惑，动摇。人，应为“民”，与上句“吏”字对举。唐人修《晋书》，为唐太宗的“民”字之讳，故改为“人”字。［35］邑至里诣：即到邑与里，深入到每个县、每个乡镇去了解调查。邑，指县或乡镇。里，指街巷或村落。诣，到。［36］饰其游声：相信那些谣传的说法，以那种谣传的说法做依据。［37］非徒：不但，不仅仅。致益：带来益处。［38］寔（shí）：同“实”。蚕渔之所资：那些蚕食、鱼肉百姓的官吏们都是靠着这个来为自己传取美名。［39］干非其事：做自己不该做的事情。［40］多所告白：指干点好事就四处张扬。［41］为左右耳目：给人家充当耳报神、小特务。［42］藉：凭借。［43］谗谄：说人坏话的人和献媚讨好的人。［44］纲纪：即“纪纲之仆”，语出《左传·僖公二十四年》。这里指关键的僚属和助手。胡三省曰：“郡以僚佐为纲纪。”［45］国士：一国之中的杰出之士。以摄诸曹：让他们把各局各处都管理好。摄，统摄，统管。［46］文按：文书、案卷。按，同“案”。［47］公方：公正，方直。监司：负责监察工作的人员。［48］清浊：比喻人事的优劣、善恶、高下等。能否：是否贤能。［49］与事而明：随着政绩的好坏，人的优劣也就显示出来了。［50］但：只要。平心处之：以公平、公正之心来对待、处理。［51］明德马后：即东汉明帝刘庄的马皇后，伏波将军马援之女，谥号明德，史称“明德皇后”。传见《后汉书》卷十上。［52］顾：顾及，听从。［53］不能免此乎：难道就不能不用这些搞情报、搞暗访的手段吗？［54］东门将军：负责守卫安定城东门的将军。任瓫（pén），后秦官员为东门将军。［55］雷恶地：又称雷征东，羌人首领，有智略。以众数万降前秦主苻登，拜征东将军，将兵在外。因勇略过人，为苻登所忌，恐被害，遂降后秦，为镇军将军。事见《晋书》卷一百十五。［56］阴惮之：内心里惧怕他。［57］镇军将军：杂号将军之名。［58］安成王广：即苻广，高帝苻登之弟，末帝苻崇之叔。为前秦中书监、司徒，封安成王。

十五年（庚寅，390年）

春，正月，乙亥[1]，谯敬王恬[2]薨。

西燕主永[3]引兵向洛阳，朱序自河阴北济河[4]，击败之。永走还上党[5]，序追至白水[6]，会翟辽谋向洛阳，序乃引兵还，击走之，留鹰扬将军朱党戍石门[7]，使其子略督护洛阳[8]，以参军赵蕃[9]佐之，身还襄阳[10]。

琅琊王道子恃宠骄恣[11]，侍宴酣醉[12]，或亏礼敬[13]。帝益不能平，欲选时望为藩镇以潜制[14]道子，问于太子左卫率王雅[15]曰：“吾欲用王恭[16]、殷仲堪[17]何如？”雅曰：“王恭风神简贵[18]，志气方严[19]；仲堪谨于细行[20]，以文义[21]著称。然皆峻狭自是[22]，且干略不长[23]；若委以方面[24]，天下无事，足以守职，若其有事，必为乱阶[25]矣！”帝不从。恭，蕴[26]之子；仲堪，融[27]之孙也。

二月，辛巳[28]，以中书令王恭为都督青·兖·幽·并·冀五州诸军事，兖·青二州刺史，镇京口[29]。

三月，戊辰[30]，大赦。

（以上为第十一段，写西燕主慕容永长驱直入奔袭洛阳，东晋雍州刺史朱序渡过黄河迎战，将其打败；东晋琅邪王司马道子骄横放纵，孝武帝司马曜选用人才予以节制。）

【注释】

[1]乙亥：正月二十六日。 [2]谯（qiáo）敬王恬（tián）：即司马恬，封为谯王，谥号敬。[3]西燕主永：即西燕末主慕容永。传见《魏书》卷九十五。 [4]自河阴北济河：在河阴城北渡过黄河。河阴，古县名，县治在今河南洛阳市东北，地处黄河之南。 [5]永走还上党：五字原无，据章校补。上党：郡名，郡治在今山西长治市东北。 [6]白水：河水名，流经今山西晋城市。[7]朱党：东晋鹰扬将军。石门：古地名，在今河南郑州市西北。 [8]略：即朱略。东晋将领，朱序之子。督护洛阳：意即为洛阳城的督护官，以守卫洛阳。督护，镇守，守护。 [9]参军：意同军事参谋。赵蕃：东晋官员，为朱序参军。 [10]身：指朱序本人。襄阳：郡名，郡治在今湖北襄阳市。 [11]恃宠：依仗宠爱。骄恣，骄傲，放纵。 [12]侍宴：陪着皇帝饮酒。酣（hān）醉：沉醉，大醉。 [13]或：有时。亏礼敬：缺少尊崇的礼仪。 [14]时望：当时有门第、有威望的人。藩镇：东晋时指州刺史。当时的州刺史兼主兵权，相当于古代的一个藩国。潜制：暗中扼制。 [15]太子左卫率：东宫护卫部队的长官。王雅：字茂达，大鸿胪王景之子，时任太子左卫率，官至左卫将军、丹阳尹等。传见《晋书》卷八十三。 [16]王恭：字孝伯，小字阿宁，光禄大夫王蕴之子，孝武定皇后王法慧之兄，东晋外戚、大臣。传见《晋书》卷八十四。 [17]殷仲堪：东晋末年重要将领。传见《晋书》卷八十四。 [18]风神简贵：风度高雅，简傲高贵。 [19]志气方严：志向、气概方正、严明。 [20]谨于细行：在小的事情上拘谨小心。 [21]文义：指文化修养、学问学术。 [22]峻狭：严厉狭隘，气量小。自是：自以为是。 [23]干略：才干谋略。不长：不突出。 [24]方面：独当一面的军政大员，指都督、刺史等。 [25]乱阶：祸乱的根源。阶，基础，条件。 [26]蕴：即王蕴（yùn），字叔仁，孝武定皇后王法慧之父，东晋外戚大臣。[27]融：即殷融，字洪远，西晋大臣、清谈家，官至吏部尚书、太常卿。[28]辛巳：二月二日。[29]镇京口：设行辕于京口，在今江苏镇江市。 [30]戊辰：三月二十日。

后秦主苌攻秦扶风太守齐益男于新罗堡[1]，克之，益男走。秦主登攻后秦天水太守张业生于陇东[2]，苌救之，登引去。

夏，四月，秦镇东将军魏揭飞[3]自称冲天王，帅氐、胡攻后秦安北将军姚当成于杏城[4]；镇军将军雷恶地叛应之，攻镇东将军姚汉得于李润[5]。后秦主苌欲自击之，群臣皆曰："陛下不忧六十里苻登[6]，乃忧六百里魏揭飞，何也？"苌曰："登非可猝灭[7]，吾城亦非登所能猝拔。恶地智略非常，若南引揭飞，东结董成[8]，得杏城、李润而据之，长安东北非吾有也。"乃潜引精兵一千六百赴之。揭飞、恶地有众数万，氐、胡赴之者前后不绝。苌每见一军至，辄喜。群臣怪而问之，苌曰："揭飞等扇诱同恶[9]，种类甚繁，吾虽克其魁帅[10]，余党未易猝平；今乌集[11]而至，吾乘胜取之，可一举无余也。"揭飞等见后秦兵少，悉众攻之；苌固垒[12]不战，示之以弱，潜遣其子中军将军崇帅骑数百出其后。揭飞兵扰乱，苌遣镇远将军王超[13]等纵兵击之，斩揭飞及其将士万余级。恶地请降，苌待之如初。恶地谓人曰："吾自谓智勇杰出一时[14]，而每遇姚翁辄困[15]，固其分也[16]！"

苌命姚当成于所营之地，每栅孔中辄树一木以旌[17]战功。岁余，问之，当成曰："营地太小，已广之矣。"苌曰："吾自结发[18]以来，与人战，未尝如此之快，以千余兵破三万之众，营地惟小为奇，岂以大为贵哉！"

（以上为第十二段，写前秦镇东将军魏揭飞率军向后秦安北将军姚当成镇守的杏城发起攻击，后秦镇军将军雷恶地也叛变响应，后秦主姚苌亲自率领一千多名精兵远出奔袭，前后夹击，成功救援。）

【注释】

[1]齐益男：前秦扶风太守。新罗堡：堡塞名，在今陕西眉县东南。 [2]张业生：后秦天水太守。陇东：郡名，郡治在今甘肃平凉市西北。 [3]魏揭飞：前秦镇东将军。后反叛被杀。[4]姚当成：后秦安北将军。杏城：古城名，在今陕西黄陵县西南的故邑。 [5]姚汉得：后秦镇东将军。李润：地名，即李润堡，也叫李润镇，在今陕西大荔县北。 [6]六十里苻登：时前秦主苻登军已抵建新丰县（今陕西西安市临潼区）的千户固，距长安只有六十里。 [7]猝（cù）灭：短时间内被消灭。猝，立即，突然。 [8]董成：匈奴人，当时据有北地（今陕西铜川市耀州区）。 [9]扇诱同恶：煽动、诱惑那些与他一同作恶的人。扇，同"煽"。 [10]魁帅：大头领。 [11]乌集：像乌鸦一样地临时凑合在一起，即所谓"乌合之众"。 [12]固垒：坚守营垒。

［13］王超：后秦镇远将军。［14］杰出一时：为当时人物中的杰出者。［15］姚翁：尊称姚苌。辄困：总是被困，处于逆境。［16］固其分也：命运本该如此。分，天数，天分。［17］栅（zhà）孔：在营房周围竖栅栏时所挖的坑。旌：表彰。［18］结发：指二十岁，古时男子二十岁始结发成髻，标志成人。

吐谷浑[1]视连遣使献见[2]于金城王乾归，乾归拜视连沙州牧、白兰王[3]。

丙寅[4]，魏王珪会燕赵王麟于意辛山[5]，击贺兰、纥突邻、纥奚三部[6]，破之，纥突邻、纥奚皆降于魏[7]。

秋，七月，冯翊人郭质起兵于广乡[8]以应秦，移檄三辅[9]曰："姚苌凶虐[10]，毒被神人[11]。吾属世蒙先帝尧、舜之仁[12]，非常伯、纳言[13]之子，即卿校、牧守[14]之孙也。与其含耻而存，孰若蹈道而死[15]！"于是三辅壁垒[16]皆应之，独郑县人苟曜[17]聚众数千附于后秦。秦以质为冯翊太守。后秦以曜为豫州刺史。

刘卫辰遣子直力鞮[18]攻贺兰部，贺讷困急[19]，请降于魏。丙子[20]，魏王珪引兵救之，直力鞮退。珪徙讷部落，处之东境。

八月，刘牢之[21]击翟钊于鄄城[22]，钊走河北；又败翟辽于滑台[23]，张愿[24]来降。

九月，北平人吴柱[25]聚众千余，立沙门法长[26]为天子，破北平郡，转寇广都[27]，入白狼城[28]。燕幽州牧高阳王隆方葬其夫人，郡县守宰皆会之，众闻柱反，请隆还城，遣大兵讨之。隆曰："今闾阎[29]安业，民不思乱，柱等以诈谋惑愚夫，诱胁相聚[30]，无能为也。"遂留葬讫[31]，遣广平[32]太守、广都令先归，续遣安昌侯进[33]将百余骑趋白狼城，柱众闻之，皆溃，穷捕，斩之。

以侍中王国宝为中书令，俄兼中领军[34]。

丁未[35]，以吴郡太守王珣[36]为尚书右仆射。

吐谷浑视连卒，子视罴[37]立。视罴以其父祖慈仁[38]，为四邻所侵侮，乃督厉[39]将士，欲建功业。冬，十月，金城王乾归遣使拜视罴沙州牧、白兰王，视罴不受。

十二月，郭质及苟曜战于郑东[40]，质败，奔洛阳[41]。

越质诘归据平襄[42]，叛金城王乾归。

（以上为第十三段，写北魏主拓跋珪与后燕赵王慕容麟共同打败贺兰等三个部落；北平吴柱聚集部队，拥立佛门僧人法长为天子，被后燕慕容隆打败。）

【注释】

[1]吐谷（yù）浑：亦称吐浑，慕容氏，西北游牧民族慕容吐谷浑所建国名。西晋至唐朝时期位于祁连山脉和青海的黄河上游谷地以及凉州的一个独立国家，控制了青海、甘肃等地。[2]视连：人名。吐谷浑政权第五任统治者。当时西秦强盛，他向西秦进贡，金城王乞伏乾归封他为沙洲牧、白兰王。献见：进贡求见。[3]沙州牧：沙州刺史。沙州，指今青海境内青海湖以西的广大地区。因其地多沙漠，故称之为沙州。白兰王：白兰羌之王。白兰，即白兰羌，为羌人一支，活动在今青海南部及四川西部地区。[4]丙寅：此语有误，四月一日是己卯，本月里没有“丙寅”日。[5]意辛山：又作意亲山，在今内蒙古二连浩特市西南。[6]贺兰、纥（hé）突邻、纥奚三部：皆少数民族部落的名称。[7]纥突邻、纥奚皆降于魏：慕容麟此举乃为魏扫除障碍，邻之强，己之病也。[8]郭质：冯翊人，在本郡起兵反抗后秦的首领。广乡：古地名，在今陕西渭南市华州区西部。[9]移檄三辅：向三辅地区发布讨伐姚苌的檄文。三辅，指京兆尹、左冯翊、右扶风三个长安周围相当于郡的政区。因所辖皆京畿之地，故合称“三辅”。[10]凶虐：凶恶，暴虐。[11]毒被神人：使天神和黎民都遭到他的残害。被，加。[12]吾属世蒙先帝尧、舜之仁：先帝，指前秦主苻坚。他曾给予我们像尧、舜一样的仁爱。[13]常伯、纳言：指苻坚时代的官员。常伯，指侍中；纳言，指尚书。[14]卿校、牧守：指苻坚朝廷的列卿、军中的校尉，以及州、郡两级的地方官。以上两句是说，我们这些人都是苻坚时代的朝廷官员与各级地方长官的后代。[15]蹈道而死：为实现道义而牺牲。[16]三辅壁垒：京畿地区的各个驻兵据点。壁垒，指民间为自卫而结成的堡寨。[17]独：只有。郑县：县名，县治在今陕西渭南市华州区。苟曜：郑县人，先投后秦，后阴谋归附前秦主苻登，被姚苌发觉，被姚苌之子姚兴下令击杀。[18]刘卫辰：当时匈奴族的首领。直力鞮：匈奴首领刘卫辰之子。[19]贺讷：贺兰部落的头领，当时居于阴山之北。困急：困难，危急。[20]丙子：七月三十日。[21]刘牢之：字道坚，徐州彭城人，东晋名将。[22]翟钊：丁零部落的头领，翟辽之子。鄄（juàn）城：县名，县治在今山东鄄城县北旧城集。[23]滑台：古地名，在今河南滑县东之旧滑县。[24]张愿：原为东晋泰山太守。太元十一年（386），以郡降丁零翟辽。后彭城太守刘牢之进平泰山，败翟辽于滑台（今河南滑县），被俘，遂降。[25]北平：郡名，郡治在今河北遵化市的东南侧。吴柱：十六国时北平人，曾聚众千余人起事，后为后燕擒杀。[26]沙门法长：北平郡的和尚，名叫法长。[27]广都：古县名，县治在今辽宁建昌县。[28]白狼城：古城名，即白狼县县城，故址在今辽宁喀喇沁左

翼蒙古族自治县西南。［29］闾阎：原指里巷中的门，引申指黎民百姓。［30］诱胁相聚：把被诱骗、裹胁来的人聚集在一起。［31］留葬讫：留下来一直到把殡葬事宜处理完毕。［32］广平：据胡校，“广平”应作“北平”，时广都县属北平郡。［33］安昌侯进：即慕容进，被封为后燕安昌侯。［34］俄兼中领军：东晋朝廷很快地又让王国宝兼任了朝廷直属部队的最高长官。俄，很短的时间。［35］丁未：九月一日。［36］王珣（xún）：字元琳，小字法护，丞相王导之孙，中领军王洽之子，东晋大臣，官至尚书令。传见《晋书》卷六十五。［37］视罴：吐谷浑王视连之弟，承袭视连担任国王，公元391年至公元400年在位。［38］父祖慈仁：吐谷浑的头领辟奚、视连两代性情慈仁。［39］督厉：督率，策励。［40］郑东：郑县城东。郑县，在今陕西渭南市华州区。［41］奔洛阳：投降晋将朱序之子朱略。［42］越质诘归：陇西鲜卑越质叱黎之子，越质部首领。西秦建义四年（388），乞伏国仁破其部，以为陇西太守。太初四年（391），据平襄叛，为乞伏乾归所败，复降，被任为立义将军。平襄：县名，县治在今甘肃通渭县西北。

十六年（辛卯，391年）

春，正月，燕置行台于蓟[1]，加长乐公盛录行台尚书事[2]。金城王乾归击越质诘归，诘归降，乾归以宗女妻之。

贺染干[3]谋杀其兄讷，讷知之，举兵相攻。魏王珪告于燕，请为乡导[4]以讨之。二月，甲戌[5]，燕主垂遣赵王麟将兵击讷，镇北将军兰汗[6]帅龙城之兵击染干。

三月，秦主登自雍攻后秦安东将军金荣于范氏堡[7]，克之，遂渡渭水[8]，攻京兆太守韦范于段氏堡[9]，不克；进据曲牢[10]。

夏，四月，燕兰汗破贺染干于牛都[11]。

苟曜有众一万，密召秦主登，许为内应。登自曲牢向繁川[12]，军于马头原[13]。五月，后秦主苌引兵逆战[14]，登击破之，斩其右将军吴忠。苌收众复战，姚硕德曰：“陛下慎于轻战[15]，每欲以计取之，今战失利而更前逼贼，何也？”苌曰：“登用兵迟缓，不识虚实。今轻兵直进，遥据吾东[16]，此必苟曜竖子与之有谋也。缓之则其谋得成，故及其交之未合[17]，急击之以败散其事耳。”遂进战，大破之。登退屯于郿[18]。

秦兖州刺史强金槌据新平，降后秦，以其子逵[19]为质。后秦主苌将数百骑入金槌营。群下谏之，苌曰：“金槌既去苻登，又欲图我，将安所归乎！且彼初来款附[20]，宜推心以结之，奈何复以不信疑之乎！”既而群氏欲取苌，金槌不从。

六月，甲辰[21]，燕赵王麟破贺讷于赤城[22]，禽[23]之，降其部落数万。燕主垂命麟归讷部落[24]，徙染干于中山。麟归，言于垂曰："臣观拓跋珪举动，终为国患，不若摄之还朝[25]，使其弟监国事。"垂不从。

西燕主永寇河南[26]，太守杨佺期[27]击破之。

秋，七月，壬申[28]，燕主垂如范阳[29]。

魏王珪遣其弟觚献见[30]于燕。燕主垂衰老，子弟用事，留觚[31]以求良马。魏王珪弗与，遂与燕绝，使长史张衮求好[32]于西燕。觚逃归，燕太子宝追获之，垂待之如初。

秦主登攻新平，后秦主苌救之，登引去。

秦骠骑将军没弈干[33]以其二子为质于金城王乾归，请共击鲜卑大兜[34]。乾归与没弈干攻大兜于鸣蝉堡[35]，克之。兜微服[36]走，乾归收其部众而还，归没弈干二子。没弈干寻[37]叛，东合刘卫辰。八月，乾归帅骑一万讨没弈干，没弈干奔他楼城[38]，乾归射之，中目。

九月，癸未[39]，以尚书右仆射王珣为左仆射，太子詹事谢琰[40]为右仆射。太学博士范弘之[41]论殷浩宜加赠谥，因叙桓温不臣之迹。是时桓氏犹盛，王珣，温之故吏也，以为温废昏立明[42]，有忠贞之节；黜弘之为余杭[43]令。弘之，汪[44]之孙也。

冬，十月，壬辰[45]，燕主垂还中山。

（以上为第十四段，写贺兰部落的贺讷、贺染干兄弟相斗，北魏主拓跋珪与后燕联合，出兵攻灭了贺氏兄弟；前秦主苻登率兵攻打后秦，被后秦打败，而后撤退。）

【注释】

[1]行台：朝廷的派出机构，建置与朝廷略同。蓟（jì）：都邑名，当时幽州的州治所在地，在今北京市西南。 [2]长乐公盛：即慕容盛，慕容垂之孙，太子慕容宝的嫡子。录行台尚书事：总管派出朝廷的一切行政事务。录，统领，总管。 [3]贺染干：贺兰部头领贺讷之弟，居于贺兰部落的东方。 [4]乡导：即向导。乡，同"向"。 [5]甲戌：记载有误。二月一日是甲辰，该月没有"甲戌"日。 [6]兰汗：鲜卑族，慕容垂舅父，慕容楷、慕容盛岳父，后燕镇北将军，封阳城王。 [7]金荣：后秦将领，为安东将军。范氏堡：军事据点名，在当时长安的西北方。 [8]渭水：河水名，黄河的最大支流，发源于甘肃，经今陕西西安市北东流入黄河。 [9]韦范：后秦京

兆太守。段氏堡：军事据点名。［10］曲牢：古村镇名，据胡三省注，当在杜县（今陕西西安市东南）的东北方。［11］牛都：古村落名，在牛川，在今内蒙古呼和浩特市西南一带。胡三省曰："其地当在牛川，夷人放牧，于此聚会，因名。"［12］繁川：又作樊川，古地名，在今陕西西安市东南，当时曲牢的北面。［13］马头原：古地名，约在今陕西西安市东南部。［14］逆战：迎战。［15］慎于轻战：指不轻率进攻。［16］遥据吾东：远远地离开根据地，进驻到我们的东方。东，指马头原。［17］交之未合：意即尚未完全联系好。［18］郿（méi）：县名，县治在今陕西眉县。［19］强金槌：原是苻登的同族亲党，前秦兖州刺史，投降后秦。新平：郡名，郡治在今陕西彬州市。逵：即强逵，强金槌之子。强金槌投降后秦，以强逵为人质。［20］款附：投诚，归附。［21］甲辰：六月三日。［22］赤城：县名，在今河北赤城县。［23］禽：同"擒"。捉拿，擒获。［24］归讷部落：把贺讷连同其部落一律放回原地。［25］摄之还朝：控制住他，把他调回京都中山（今河北定州市）。摄，收束，控制。胡三省曰："慕容麟之奸诈，知拓跋珪之终不可制，而慕容垂不从其言，天将启珪以灭燕，虽以垂之明略，不之觉也。"［26］河南：郡名，郡治在今河南洛阳市，当时属东晋。［27］杨佺（quán）期：弘农华阴（今陕西华阴市）人，梁州刺史杨亮之子，东晋河南太守，迁龙骧将军、雍州刺史。支持王恭讨伐王国宝，联合荆州刺史殷仲堪对抗桓玄。后被桓玄征讨，兵败被杀。传见《晋书》卷八十四。［28］壬申：七月二日。［29］如：前往。范阳：郡名，郡治在今河北涿州市。［30］觚（gū）：即拓跋觚，道武帝拓跋珪之弟。曾出使后燕，被慕容垂扣押，后拓跋珪攻打中山，被后燕慕容麟所害，追封秦王。传见《北史》卷十五。献见：进贡，晋见。［31］留觚：将拓跋觚扣留。［32］张衮（gǔn）：字洪龙，昌黎太守张卓之子，北魏立国二十一功臣之首。为代国左长史，任奋武将军、幽州刺史，封临渭县侯。传见《魏书》卷二十四。求好：请求联盟结好。［33］没弈干：《晋书》作"没奕于"，鲜卑族破多兰部落头领，当时占据安阳，在今甘肃秦安县东北。［34］大兜：鲜卑部落首领。据《晋书·载记》，大兜时据安阳城。安阳城在秦州陇城县界。［35］鸣蝉堡：军事据点名，约在今甘肃秦安县境内。［36］微服：乔装打扮，穿上平民的衣服，以避人耳目。［37］寻：不久。［38］他楼城：古地名，在今宁夏海原县李旺镇北。［39］癸未：九月十四日。［40］太子詹事：官名，掌太子家的事务。太子庶子、家令等皆属詹事。谢琰（yǎn）：太保谢安次子、车骑将军谢玄从弟，东晋重要将领。传见《晋书》卷七十九。［41］太学博士：学官名，掌教授太学生，亦备咨询，参议礼仪，隶属太常。范弘之：字长文，东晋太学博士。因议谢石有功曰"襄"，贪以败官为"墨"之谥，又以殷浩不得因桓温黜之而不加谥，并应多叙桓温篡权之迹，被贬黜，出为余杭县令。传见《晋书》卷九十一。［42］废昏立明：废掉昏庸的皇帝，另立英明的皇帝。指废了海西公司马奕，另立简文帝司马昱。所谓"昏""明"，不过是一种口实而已。［43］余杭：县名，县治在今浙江杭州市余杭区。［44］汪：即范汪，字玄平，大臣。曾任东晋东阳太守，官至安北将军、徐兖二州刺史。传见《晋书》卷七十五。［45］壬辰：记载有误。十月一日是庚子，本月没有"壬辰"日。

初，柔然[1]部人世服于代[2]，其大人郁久闾地粟袁[3]卒，部落分为二：长子匹候跋[4]继父居东边，次子缊纥提[5]别居西边。秦王坚灭代，柔然附于刘卫辰。

及魏王珪即位，攻击高车等，诸部率[6]皆服从，独柔然不事魏。戊戌[7]，珪引兵击之，柔然举部遁走，珪追奔六百里。诸将因张衮[8]言于珪曰："贼远粮尽，不如早还。"珪问诸将："若杀副马[9]，为三日食，足乎？"皆曰："足。"乃复倍道[10]追之，及于大碛南床山[11]下，大破之，虏[12]其半部，匹候跋及别部帅屋击[13]各收余众遁走[14]。珪遣长孙嵩[15]、长孙肥[16]追之。珪谓将佐曰："卿曹[17]知吾前问三日粮意乎？"曰："不知也。"珪曰："柔然驱畜产奔走数日，至水必留；我以轻骑追之，计其道里[18]，不过三日及之矣。"皆曰："非所及也[19]。"嵩追斩屋击于平望川[20]。肥追匹候跋至涿邪山[21]，匹候跋举众降[22]，获缊纥提之子曷多汗[23]、兄子社仑[24]、斛律[25]等宗党数百人。缊纥提将奔刘卫辰[26]，珪追及之，缊纥提亦降，珪悉徙其部众于云中[27]。

翟辽卒，子钊代立[28]，改元定鼎[29]。攻燕邺城[30]，燕辽西王农击却之。

三河王光遣兵乘虚[31]伐金城王乾归。乾归闻之，引兵还，光兵亦退。

刘卫辰遣子直力鞮帅众八九万攻魏南部。十一月，己卯[32]，魏王珪引兵五六千人拒之。壬午[33]，大破直力鞮于铁岐山[34]南，直力鞮单骑走。乘胜追之，戊子[35]，自五原金津南[36]济河，径入卫辰国[37]，卫辰部落骇乱[38]。辛卯[39]，珪直抵其所居悦跋城[40]，卫辰父子出走。壬辰[41]，分遣诸将轻骑追之，将军伊谓禽直力鞮于木根山[42]，卫辰为其部下所杀。十二月，珪军于盐池[43]，诛卫辰宗党五千余人，皆投尸于河[44]，自河以南诸部悉降，获马三十余万匹，牛羊四百余万头，国用由是遂饶。

卫辰少子勃勃[45]亡奔薛干部[46]，珪使人求之。薛干部帅太悉伏[47]出勃勃以示使者曰："勃勃国破家亡，以穷归我，我宁与之俱亡，何忍执以与魏。"乃送勃勃于没弈干，没弈干以女妻之。

戊申[48]，燕主垂如鲁口[49]。

秦主登攻安定，后秦主苌如阴密以拒之，谓太子兴曰："苟曜闻吾北行[50]，必来见汝[51]，汝执诛之。"曜果见兴于长安，兴使尹纬让[52]而诛之。

苌败登于安定城东，登退据路承堡[53]。苌置酒高会，诸将皆曰："若值魏武王[54]，不令此贼至今，陛下将牢[55]太过耳。"苌笑曰："吾不如亡兄有四：身长八尺五寸，臂垂过膝，人望而畏之，一也；将十万之众，与天下争衡[56]，望麾而进[57]，前无横陈[58]，二也；温古知今，讲论道艺[59]，收罗英俊[60]，三也；董帅[61]大众，上下咸悦，人尽死力，四也。所以得建立功业[62]，驱策群贤[63]者，正望算略中有片长[64]耳。"群臣咸称万岁。

（以上为第十五段，写柔然部原来臣服于代国，后来投奔匈奴首领刘卫辰，北魏主拓跋珪率军穷追猛打，打败了柔然和刘卫辰所部，黄河以南各部落全部投降，北魏由此强大起来。）

【注释】

[1]柔然：亦称"蠕蠕"，北方少数民族名。 [2]代：即代国，西晋时鲜卑索头部首领拓跋猗卢建立的北方少数民族政权，是北魏王朝的前身。 [3]大人：犹言"首领""酋长"。郁久闾地粟袁：郁久闾氏，名地粟袁，柔然部落的第五任首领。 [4]匹候跋：即郁久闾地粟袁的长子，柔然部落东部首领，领有今内蒙古河套东北、阴山以北一带地域。北魏登国六年（391）为拓跋珪所败，举部请降，仍居东边。后被侄子社仑袭杀。 [5]缊纥提：即郁久闾缊纥提，地粟袁的次子，柔然部落首领。父亲地粟袁死后，长子匹候跋继位，居于东边。而缊纥提统率西边。 [6]诸部率：各部落的头领。 [7]戊戌：记载有误。十月一日是庚子，本月没有"戊戌"日。 [8]因张衮：通过张衮。 [9]副马：北方民族的骑兵往往乘一马，另带一马备用，称为副马。 [10]倍道：犹言"兼程"，一日行两日的途程。 [11]大碛（qì）南床山：大碛以北的南床山。碛，没有水草的沙石地。南床山，《北史》作"南商山"，约在今蒙古国南部的大漠西北。 [12]虏：同"掳"，掳获，活捉。 [13]别部帅屋击：另一个部落的头领，名叫屋击。 [14]遁走：逃跑，隐蔽。 [15]长孙嵩：北魏名臣。 [16]长孙肥：北魏将领。 [17]卿曹：犹言"尔等"。 [18]计其道里：计算他们的行程。 [19]非所及也：不是我们能想到的。 [20]平望川：古地名。 [21]涿邪山：一作"涿涂山"，在今蒙古国杭爱山南的满达勒戈壁一带。 [22]举众降：率部投降。 [23]曷多汗：即郁久闾曷多汗，郁久闾缊纥提之子，柔然部落首领。 [24]社仑：即郁久闾社仑，柔然可汗木骨闾六世孙，后自

称可汗，号丘豆伐可汗。在位九年，为北魏战败，病死于败退途中。［25］斛（hú）律：即郁久闾斛律，柔然国蔼苦盖可汗。丘豆伐可汗之弟，丘豆伐可汗死后继位，在位四年，被臣下劫持至北燕，为北燕文成帝冯跋部将万陵所杀。［26］将奔刘卫辰：当时刘卫辰驻守悦跋城，又称代来城，在今内蒙古伊金霍洛旗西北。［27］云中：郡名，郡治在今内蒙古托克托县东北。［28］子钊代立：翟氏父子是丁零族的部落头领，当时活动在今河北、山东、河南的交界地区，相继称王共五年。［29］定鼎：一作“神鼎”，翟魏国主翟钊的年号，也是翟魏的第二个年号。［30］邺城：古都名，在今河北临漳县西南，是后赵、前燕时的都城。［31］乘虚：乘乞伏乾归东出讨伐没弈干，京城空虚之际。［32］己卯：十一月十日。［33］壬午：十一月十三日。［34］铁岐山：古山名，在今内蒙古固阳县西北。［35］戊子：十一月十九日。［36］五原金津南：五原郡金津渡口的南侧。五原，郡治九原，在今内蒙古包头市九原区麻池镇西北。金津，黄河渡口名，约在今内蒙古的包头市与乌拉特前旗之间。［37］径入卫辰国：一直攻入刘卫辰的占领区。［38］骇（hài）乱：惊惶，散乱。［39］辛卯：十一月二十二日。［40］悦跋城：古城名，铁弗匈奴首领居地，又称代来城，在今内蒙古鄂尔多斯市东胜区泊尔江海子镇大成梁古城。［41］壬辰：十一月二十三日。［42］伊谓：人名，北魏拓跋珪时的将军。禽：同“擒”，擒获，捉拿。木根山：古山名，在今内蒙古鄂托克前旗西北。［43］盐池：古县名，县治在今宁夏盐池县。［44］皆投尸于河：以报太元元年（376）刘卫辰勾结苻坚灭掉代国的仇恨。［45］勃勃：即赫连勃勃，字屈孑，匈奴左贤王刘卫辰之子，十六国时胡夏开国国主。曾归顺后秦，拜安北将军、五原郡公，后自号天王、大单于，国号大夏，改姓赫连，定都统万城，率兵征战四方。传见《晋书》卷一百三十。［46］薛干部：又作“叱干部”或“叱干氏”，鲜卑部落名。［47］帅：首领。太悉伏：原作“太悉仗”，据章校改。太悉伏，薛干氏，一名薛勃，鲜卑薛干部首领。本据于三城（今陕西延安市东南），初附铁弗部，后归降北魏。又南下投靠后秦。后起兵与后秦相抗，被打败。［48］戊申：十二月十日。［49］鲁口：古地名，在今河北饶阳县境。［50］北行：从长安前往阴密（今甘肃华亭市东），是往北行。［51］必来见汝：当时苟曜驻兵郑县（今陕西渭南市华州区），反复叛顺于苻氏与姚氏之间。［52］让而诛之：先指责一番，然后杀掉。胡三省评曰：“善制敌者，能因事而为功。苟曜反复于苻、姚之间，而长安去郑三百里耳，此姚氏腹胁之痈疽也，使苌召之，曜必不来。苌在长安，曜亦畏惮而不敢来。苌外出以诱之，曜亦疑而不敢来。二秦交兵，边遽狎至，苌之北行若不得已者。苟曜无疑畏之心，谓姚兴居守为无能为者，轻于一来，卒以送死。姚氏腹胁之疾去矣，此非能因事而为功乎！”让，斥责，指责，这里是斥责苟曜反复之罪。［53］路承堡：路承，人名，以其人筑堡自守，故以之为名。具体地点距安定不远。［54］魏武王：即姚襄。［55］将牢：持重，重自固而不妄动，不打没有绝对把握的仗。［56］争衡：争高低。［57］望麾（huī）而进：一望见敌方之旗就立即杀过去。麾，大将的指挥旗。［58］前无横陈：前面无人敢阻挡。陈，同“阵”，敌阵。［59］讲论道艺：谈说治国之道和儒家的经典。［60］收罗英俊：网罗天下英才。［61］董帅：统率，统领。董，监督管理的意思。［62］所以得建立功业：主语是“我”，姚苌自指。［63］驱策群贤：犹言“驾御诸公”。［64］正望：正是希望，“正是因为我有……”的客气说法。算略中有片长：在运筹帷幄方面有一点点长处。算略，谋划，策略，指运筹帷幄、确定战略方面的功夫。片长，某一方面的长处。这是姚苌谦言自己胜过姚襄的地方。

【点评】

仁人慕容垂。慕容垂生于公元326年，死于公元395年，他的一生，功勋卓著又忍辱负重。

前燕国时代，二哥慕容俊当了皇帝，慕容垂的日子并不好过。当时，慕容垂的妻子段氏才高性烈，不太买皇后可足浑氏的账，皇后就设计陷害她；当然不是把矛头直接指向慕容垂，而是从段氏身上打开缺口，把慕容垂牵扯进来。有人奉皇后之令告段氏为巫蛊，而所谓巫蛊，在当时是死罪。慕容俊也是忌讳慕容垂的功名，便将段氏投到大牢，进行拷问。但段氏被屈打，就是不招。慕容垂非常心痛，就暗中派人对段氏说：“人生会当一死，何苦受罪如此！你不如招了吧。”段氏叹息，说道：“我难道是害怕死吗？如果自认而成罪人，上辱祖宗，下累大王，我坚决不为也！”世间真有此刚烈女子也！后来，段氏死于狱中，而慕容垂也因此得以免祸，出镇辽东。他念念不忘段氏的这份情义，后以段氏之侄为继室，又不顾他人的反对，将段氏之子慕容宝作为接班人，以此来报答。慕容垂看不得妻子受苦，就劝她招认，这意味着什么？就是宁愿让自己去受这般苦，也要减轻妻子的苦痛。这是一种什么样的情怀？非仁者，能做到吗？

后来，到了侄子慕容晞当政，慕容评辅政时，慕容垂的日子越发不好过了，他忍受来自皇帝、权臣的猜忌以及可足浑太后的谋害，但不忍刀兵相向。当年桓温北伐，曾经一路高歌猛进，到达枋头，接近前燕的都城，是慕容垂率领兵马在桓温撤退时予以重创，使桓温大败亏输。慕容垂威名大振，但却受到朝廷的排挤。当时辅政的慕容评，对他非常嫉妒；太后可足浑氏也一向恨他，遂毁其战功，与慕容评相谋，欲除之而后快。消息泄露，有人劝说慕容垂先发制人，慕容垂心中不忍，说道：“骨肉相残而首乱于国，我有死而已，不忍为也。”甚至有人都将反事准备好了，只等慕容垂点头而已。可是，慕容垂制止了反事，而选择避让，一走了事，避免了一场争斗和屠杀。这在当时的年代里，可以说是绝无仅有的，按照慕容垂的智慧、威望和能力，要推翻前燕政权，取而代之，完全是有可能的，甚至有十足的把握。但是，他没有这样做，没有同室操戈、手足相残，可谓仁矣！

无奈之下，慕容垂投奔了前秦主苻坚。苻坚也是仁者皇帝，非常爱慕慕容垂的才能，后来让他担任冠军将军，慕容垂因此得到重用。淝水之战，前秦大败，而慕容垂率领的三万兵马却完好无损。苻坚落荒而逃，来到慕容垂的军营。这时候，有不少人知道慕容垂有复国之志，便劝其杀掉苻坚，乘机起事。在当时，杀掉苻坚是轻而易举的事情。可慕容垂没有这样做，他感谢苻坚几年来对他的收留与重用，他不愿采取龌龊手段而背负千古骂名，他认为要消灭前秦、打败苻坚，要在战场上真刀真枪、光明磊落地去做，而不是乘人之危。正因为如此，慕容垂的仁者之名使得他在以后建立后燕的生涯中赢得了许多忠勇人士的爱戴与归附，因而使后燕得以中兴。

无须再细说了，慕容垂之仁，在当时纷纷扰扰的攻战时代，是屈指可数的。当然，慕容垂的仁心也带来了一些副作用，如错过了杀掉北魏王拓跋珪的机会；由于念及亡妻段氏的恩情，立了才能平庸的慕容宝为太子，使得后燕国在他去世后不久就灭亡了。惜哉，痛哉！可见，慕容垂心中执念的“仁”字，是一把双刃剑，既能使其事业振兴，也能使其事业毁弃，关键在于如何把握。而从人格的角度来说，一个“仁”字，塑造了慕容垂的仁者形象，让其充满了人格的力量，让千秋万代的人们对他增加了怀念的感情！

卷一〇八　晋纪三十

晋孝武帝太元十七年至二十一年（392—396 年）

【起玄黓执徐（壬辰，392 年），尽柔兆涒滩（丙申，396 年），凡五年】

【大事提要】

本卷记事起于公元 392 年，止于公元 396 年，凡五年，时当晋孝武帝（司马曜）太元十七年至太元二十一年。本卷所载大事，主要有五个方面。其一，后燕灭西燕。公元 393 年，后燕主慕容垂向西燕大举进攻，西燕主慕容永亲率驻太行 5 万大军回师阻击，却中了埋伏，慕容永败退都城长子，后燕军包围其都城，西燕太尉逸豆归部将伐勤等人开门投降，后燕军入长子，杀慕容永等。西燕灭亡，历时 10 年。其二，西秦灭前秦。公元 394 年，前秦主苻登在马毛山以南废桥与后秦主姚兴交战，被后秦击溃、生擒而斩首。太子苻崇投奔湟中继承帝位，被西秦首领乞伏乾归驱逐，又投奔陇西王杨定，与杨定在攻击西秦时，被西秦凉州刺史乞伏轲弹斩杀。前秦灭亡，历时 45 年。其三，北魏大破后燕。公元 395 年，后燕太子慕容宝率领 8 万军队进攻北魏。北魏王拓跋珪采取敌进我退、诱敌深入、敌退我打的战略。后燕军不能速战速决，又误信后燕主慕容垂去世的消息，决定撤兵。拓跋珪抓住机会，在参合陂围困、打败后燕军，加速了后燕的灭亡。其四，司马曜为一句玩笑话丧命。公元 396 年，东晋孝武帝司马曜酗酒后，对宠妃张贵人说了句喜欢年轻女子，要废掉她的玩笑话，张贵人妒忌成性，最担心司马曜宠爱别人，废弃自己，便令宫女偷偷溜进司马曜寝宫，将酒醉后熟睡的司马曜用被子闷死。司马曜时年 35 岁。其五，司马德宗即位。公元 396 年，东晋孝武帝司马曜去世，太子司马德宗即位，是为晋安帝，次年改年号为隆安。司马德宗生活不能完全自理，天性愚笨，不善说话，皇帝的权威大大削弱。会稽王司马道子专权，王国宝等奸佞当道，许多将军不受君命，国运衰颓。

烈宗孝武皇帝下

太元十七年（壬辰，392 年）

春，正月，己巳朔[1]，大赦。

秦主登立昭仪[2]陇西李氏为皇后。

二月，壬寅[3]，燕主垂自鲁口如河间、渤海、平原[4]。翟钊遣其将翟都侵馆陶[5]，屯苏康垒[6]。三月，垂引兵南击钊。

秦骠骑将军没弈干帅众降于后秦，后秦以为车骑将军，封高平公[7]。

后秦主苌寝疾[8]，命姚硕德镇李润，尹纬守长安，召太子兴诣行营[9]。征南将军姚方成[10]言于兴曰："今寇敌未灭，上复寝疾。王统等皆有部曲[11]，终为人患，宜尽除之。"兴从之，杀王统、王广、苻胤、徐成、毛盛。苌怒曰："王统兄弟，吾之州里[12]，实无他志；徐成等皆前朝名将[13]，吾方用之，奈何辄杀之[14]！"

燕主垂进逼苏康垒。夏，四月，翟都南走滑台[15]。翟钊求救于西燕，西燕主永谋于群臣，尚书郎渤海鲍遵[16]曰："使两寇相弊[17]，吾承其后，此卞庄子之策[18]也。"中书侍郎太原张腾[19]曰："垂强钊弱，何弊之承！不如速救之，以成鼎足[20]之势。今我引兵趋中山[21]，昼多疑兵，夜多火炬，垂必惧而自救。我冲其前，钊蹑[22]其后，此天授之机，不可失也。"永不从。

燕大赦。

五月，丁卯朔[23]，日有食之。

六月，燕主垂军黎阳[24]，临河欲济，翟钊列兵南岸以拒之。辛亥[25]，垂徙营就西津[26]，去黎阳西四十里，为牛皮船百余艘，伪列兵仗，溯流[27]而上。钊亟引兵趣西津[28]，垂潜遣中垒将军桂林王镇[29]等自黎阳津[30]夜济，营于河南，比明[31]而营成。钊闻之，亟还[32]，攻镇等营，垂命镇等坚壁勿战。钊兵往来疲暍[33]，攻营不能拔，将引去；镇等引兵出战，骠骑将军农[34]自西津济，与镇等夹击，大破之。钊走还滑台，将妻子[35]，收遗众，北济河，登白鹿山[36]，凭险自守，燕兵不得进。农曰："钊无粮，不能久居山中。"乃引兵还，留骑候[37]之。

钊果下山，还兵掩击[38]，尽获其众，钊单骑奔长子[39]。西燕主永以钊为车骑大将军、兖州[40]牧，封东郡[41]王。岁余，钊谋反，永杀之。

（以上为第一段，写后秦主姚苌病重，太子姚兴乘机杀掉徐成等前朝名将；后燕主慕容垂率军南渡黄河，袭击翟魏主翟钊，大获全胜，翟钊逃奔西燕，后被杀。）

【注释】

[1]己巳朔：正月一日。 [2]昭仪：帝王后妃的封号名，其地位仅次于皇后。 [3]壬寅：二月五日。 [4]鲁口：县名，县治在今河北饶阳县。河间、渤海、平原：三郡名。河间的郡治东城，在今河北献县东南；渤海的郡治在今河北沧州市南；平原的郡治在今山东平原县南。 [5]馆陶：古县名，县治在今河北馆陶县。 [6]苏康垒：坞堡名。苏康，人名。垒，民间为自卫而结成的堡寨。 [7]高平公：封地高平郡，郡治在今山东金乡县西北。 [8]寝疾：犹言卧病，卧床不起。 [9]太子兴：即姚兴，字子略，后秦主姚苌嫡长子，后秦第二位皇帝。初仕前秦，授太子舍人。后秦建国后，为太子，监国，留守长安。传见《晋书》卷一百十七。诣（yì）：到，至。行营：当时姚苌的行营在安定（今甘肃泾川县北）。 [10]姚方成：后秦征南将军。姚苌初叛苻坚时最早的追随者之一，为左将军、征南将军。事见《晋书》卷一百十六。 [11]部曲：这里即指其部下的军队。 [12]王统兄弟，吾之州里：王统、王广，两人为兄弟，秦州略阳人，姚苌同乡，匈奴族，前秦将领，投降后秦。州、里，都是古代户籍编制单位。 [13]前朝名将：前朝，指苻氏的前秦。名将，此指苻胤、徐成、毛盛，都是前秦将领，现已归后秦，正可为后秦所用。 [14]奈何辄（zhé）杀之：怎么能说杀就杀了？胡三省曰："使苌果以杀统等为非罪，当按诛始造谋者；但怒而已，岂真怒邪？"辄，就。 [15]滑台：古地名，在今河南滑县东，当时是翟氏政权的所在地。 [16]鲍遵：西燕尚书郎。 [17]相弊：意即相互攻击，两败俱伤。 [18]卞庄子之策：卞庄子，亦作管庄子、辨庄子，春秋时鲁国卞邑大夫、勇士。好勇，善事母。据说他曾遇到两只虎，巧妙地挑动两只虎互相搏斗，待其双双疲惫时，才一举将它们杀死。后人用来比喻"一举两得"。 [19]张腾：西燕中书侍郎。 [20]鼎足：鼎有三腿，比喻三方面并立的形势，此指西燕与后燕、翟魏三足鼎立。 [21]趋：趋赴，奔至。中山：古郡国名，郡治卢奴县，在今河北定州市，时为后燕主慕容垂的都城。 [22]蹑（niè）：追踪，跟随。 [23]丁卯朔：五月一日。 [24]黎阳：县名，县治在今河南浚县东北。 [25]辛亥：六月十六日。 [26]西津：黄河渡口名，在黎阳之西四十里。 [27]溯流：逆水。 [28]亟（jí）：急忙，匆忙。趣西津：奔向西津防守，阻止对方渡河。趣，同"趋"，奔向。 [29]桂林王镇：即慕容镇，后燕主慕容垂之子，后燕中垒将军，封桂林王。传见《晋书》卷一百二十七。桂林王，封地桂林郡，郡治布山县，在今广西贵港市。此为遥领虚封，不据有实地。 [30]黎阳津：古黄河渡口名，也称天桥津、白马关、黎阳关、黎阳口，在今河南浚县黎阳镇角场营村黄河故堤边。 [31]比明：到天亮时。比，及，至。 [32]亟（jí）还：火速回头。 [33]疲暍（yē）：疲惫，中暑。 [34]骠骑将军农：后燕之骠骑大将军慕容农，慕容垂第三

子，后燕名将。传见《晋书》卷一百二十三。［35］将妻子：带上妻子、儿女。［36］白鹿山：古山名，在今河南修武县北。［37］候：侦察，哨探。［38］还兵掩击：主语为慕容农。掩击，袭击，冲杀。［39］长子：县名，在今山西长治市南，当时为西燕主慕容永的大本营所在地。［40］兖州：州治廪丘，在今山东郓城县西北。此时此地不在西燕境内，翟钊为兖州牧乃虚衔。［41］东郡：郡名，郡治濮阳，在今河南濮阳县西南。

初，郝晷、崔逞及清河崔宏、新兴张卓、辽东夔腾、阳平路纂皆仕于秦[1]，避秦乱来奔[2]，诏以为冀州诸郡[3]，各将部曲营于河南[4]；既而受翟氏官爵，翟氏败，皆降于燕[5]，燕主垂各随其材而用之。钊所统七郡三万余户，皆按堵如故[6]。以章武王宙[7]为兖、豫二州[8]刺史，镇滑台[9]；徙徐州民七千余户于黎阳[10]，以彭城王脱[11]为徐州刺史，镇黎阳。脱，垂之弟子也。垂以崔荫[12]为宙司马。

初，陈留王绍为镇南将军，太原王楷为征西将军，乐浪王温为征东将军，垂皆以荫为之佐[13]。荫才干明敏强正[14]，善规谏，四王皆严惮[15]之；所至简刑法，轻赋役，流民归之，户口滋息[16]。

秋，七月，垂如邺，以太原王楷为冀州牧，右光禄大夫余蔚为左仆射[17]。

秦主登闻后秦主苌疾病，大喜，告祠世祖神主[18]，大赦，百官进位二等，秣马厉兵[19]，进逼安定[20]，去城[21]九十余里。八月，苌疾小瘳[22]，出拒之。登引兵出营，将逆战[23]，苌遣安南将军姚熙隆别攻秦营[24]，登惧而还。苌夜引兵旁出以蹑[25]其后，旦而候骑[26]告曰："贼诸营已空，不知所向。"登惊曰："彼为何人，去令我不知，来令我不觉，谓其将死，忽然复来，朕与此羌同世，何其厄哉[27]！"登遂还雍[28]，苌亦还安定。

三河王光[29]遣其弟右将军宝等攻金城王乾归[30]，宝及将士死者万余人。又遣其子虎贲中郎将纂击南羌彭奚念[31]，纂亦败归。光自将击奚念于枹罕，克之，奚念奔甘松[32]。

冬，十月，辛亥[33]，荆州刺史王忱卒。

雍州刺史朱序以老病求解职，诏以太子右卫率郗恢[34]为雍州刺史，代序镇襄阳。恢，昙之子也。

巴蜀人在关中者皆叛后秦，据弘农[35]以附秦。秦主登以窦冲[36]为左丞相，冲徙屯华阴[37]。郗恢遣将军赵睦守金墉[38]，河南太守杨佺期帅众军湖城[39]，击冲，走之。

（以上为第二段，写前秦主苻登趁后秦主姚苌生病，率军攻打，而姚苌病稍愈，又率军出阵，苻登没有捞到任何好处；后凉主吕光出兵攻打西秦，先败后胜。）

【注释】

[1]皆仕于秦：指郝晷、崔逞、崔宏、张卓、夔腾、路纂等人都在前秦做高官。 [2]避秦乱来奔：避祸前秦的大乱，郝晷等人都投奔东晋。秦乱，指苻坚被姚苌所杀，前秦政权混乱。[3]诏以为冀州诸郡：主语为东晋孝武帝，意即授之为冀州各郡的长官。此不过是空名而已，因为当时的冀州是在后燕主慕容垂的统治下，东晋根本无法管辖。 [4]各将部曲：各将领所属的部队，有的具有私人军队的性质。营于河南：驻扎在黄河南面。 [5]皆降于燕：郝晷等人投奔东晋被授虚职，他们又投靠了翟魏，翟氏失败，于是都投靠了慕容垂的后燕。 [6]按堵如故：犹言各就各位，一切照常。按堵，也作“安堵”，安居。此处所言是“按堵如故”的“七郡三万余户”，应是原本散布于七郡之中的丁零族人。 [7]章武王宙：即慕容宙，任征虏将军，为兖、豫二州刺史。慕容宝即位，改封乐浪王、司空，后被叛军杀害，谥号威。传见《晋书》卷一百二十三。 [8]兖（yǎn）、豫二州：兖州州治廪丘，在今山东郓城县西北；豫州，州治陈县，在今河南周口市淮阳区。 [9]滑台：城名，在今河南滑县东的旧滑县城。 [10]黎阳：县名，县治在今河南浚县东北。 [11]彭城王脱：即慕容脱。后燕主慕容垂之侄，被封为彭城王。 [12]崔荫：清河东武城人，字世禄。后燕主慕容垂长史。章武王慕容宙镇滑台，以为司马。 [13]垂皆以荫为之佐：后燕陈留王慕容绍、太原王慕容楷、乐浪王慕容温、章武王慕容宙，四王司马都以崔荫兼任，足见慕容垂对崔荫的依重。佐，助手，即指司马、长史等高级僚属。 [14]明敏：聪明，机敏。强正：刚正不阿。 [15]严惮（dàn）：敬畏。惮，畏惧，害怕。 [16]户口滋息：人口越来越多。滋息，繁殖，增加。 [17]余蔚：前燕散骑侍郎，曾开邺都城门，让前秦兵马进入，使得前燕灭亡。后为后燕右光禄大夫、左仆射。 [18]告祠：祭祀、禀告。世祖神主：苻坚的灵牌。世祖，即苻坚，庙号世祖。传见《晋书》卷一百一十三。 [19]秣（mò）马厉兵：喂马，磨刀。秣，牲口的饲料，用作动词，喂牲口。厉，同“砺”，磨砺。 [20]安定：郡名，郡治临泾，在今甘肃泾川县北。[21]去城：距离安定城。 [22]小瘳（chōu）：略好一些。小，意同“稍”。瘳，病愈。 [23]逆战：迎战。 [24]姚熙隆：后秦安南将军。别攻秦营：从另一个方面进攻前秦主苻登军队的大营。[25]蹑（niè）：追踪，跟随，轻步行走的样子。 [26]候骑：探马，侦察骑兵。“候骑”上应增“登”字，否则意思不清。 [27]何其厄哉：这是多么倒霉的事情。厄，犹今之所谓“倒霉”，运气不好。胡三省曰：“苻登屡为姚苌所挫，故有惧苌之心，盖至于是，登气衰矣。” [28]雍：州名，州治在今甘肃泾川县北，时为苻登的大本营所在地。 [29]三河王光：即后凉开国主吕光，前秦

封为三河王。三河，指甘肃、陕西、青海临近的黄河以东、以西、以南等地区，以其地有金城河、赐支河、湟河而得名。［30］金城王乾归：即西秦金城王乞伏乾归，后为西秦第二位国主。传见《晋书》卷一百二十五。［31］南羌：指当时居住在金城以南的少数民族部落。彭奚念：南羌首领，西秦河州刺史、镇卫将军，一度盘踞在河湟重镇枹罕（今甘肃临夏市）。［32］甘松：古郡名，西秦主乞伏国仁所置，辖境大约在今甘肃陇南市一带地区。［33］辛亥：十月十八日。［34］太子右卫率：官名，西晋武帝泰始五年（269）分太子卫率置，宿卫东宫，亦任征伐，地位颇重。郗（xī）恢：字道胤，小名阿乞，太尉郗鉴之孙，北中郎将郗昙之子，东晋将领。初任散骑侍郎，领太子右卫率，升任建威将军、雍州刺史，假节镇守襄阳，因功升任征虏将军，又领秦州刺史。传见《晋书》卷六十七。［35］弘农：郡名，郡治在今河南灵宝市北。［36］窦冲：秦州武都人，前秦名将。传见《晋书》卷一百十五。［37］华阴：县名，县治在今陕西华阴市东。［38］赵睦：东晋将领。金墉：洛阳城内的小城名，在当时洛阳城的西北角。［39］军湖城：驻扎在湖县县城。湖县县治在今河南灵宝市西。

十一月，癸酉[1]，以黄门郎殷仲堪为都督荆、益、宁三州诸军事，荆州刺史，镇江陵。仲堪虽有英誉[2]，资望[3]犹浅，议者不以为允[4]。到官，好行小惠，纲目不举[5]。

南郡公桓玄负其才地[6]，以雄豪自处，朝廷疑而不用，年二十三，始拜太子洗马[7]。玄尝诣琅邪王道子，值其酣醉，张目谓众客曰："桓温晚涂欲作贼[8]，云何[9]？"玄伏地流汗[10]，不能起，由是益不自安，常切齿[11]于道子。后出补义兴[12]太守，郁郁[13]不得志，叹曰："父为九州伯[14]，儿为五湖长[15]！"遂弃官归国[16]，上疏自讼[17]曰："先臣勤王匡复之勋[18]，朝廷遗之[19]，臣不复计[20]。至于先帝龙飞[21]，陛下继明[22]，请问谈者，谁之由[23]邪？"疏寝不报[24]。

玄在江陵，仲堪甚敬惮之。桓氏累世临荆州[25]，玄复豪横[26]，士民畏之，过于仲堪。尝于仲堪听事[27]前戏马，以矟拟仲堪[28]。仲堪中兵参军彭城刘迈[29]谓玄曰："马矟有余[30]，精理不足[31]。"玄不悦，仲堪为之失色[32]。玄出，仲堪谓迈曰："卿，狂人也！玄夜遣杀卿，我岂能相救邪！"使迈下都[33]避之，玄使人追之，迈仅而获免。

征虏参军豫章胡藩[34]过江陵，见仲堪，说之曰："桓玄志趣不常[35]，每怏怏[36]于失职，节下崇待太过[37]，恐非将来之计[38]也！"

仲堪不悦。藩内弟同郡罗企生为仲堪功曹[39]，藩退，谓企生曰："殷侯倒戈[40]以授人，必及于祸。君不早图去就，后悔无及矣！"

庚寅[41]，立皇子德文为琅邪王，徙琅邪王道子为会稽王。

十二月，燕主垂还中山，以辽西王农为都督兖、豫、荆、徐、雍五州诸军事，镇邺。

休官权千成据显亲[42]，自称秦州牧。

清河人李辽上表请敕兖州修孔子庙[43]，给户洒扫[44]。仍立庠序[45]，收教学者，曰："事有如赊而寔急[46]者，此之谓也！"表不见省[47]。

（以上为第三段，写东晋任用文弱书生殷仲堪为荆州刺史，而荆州是桓氏家族几代人镇守之地，根基深厚，桓温之子桓玄十分豪横，上门找事，晋祸不远矣。）

【注释】

[1]癸酉：十一月十日。[2]英誉：美好的声誉。[3]资望：资历，名望。[4]允：合适，恰当。[5]纲目不举：主要的大事抓不起来。[6]南郡：郡名，郡治江陵，在今湖北荆州市江陵城。桓玄，大司马桓温之子，东晋权臣，晋封楚王。袭爵南郡公。传见《晋书》卷九十九。才地：才干和门第。[7]太子洗马：官名，原为太子的侍从人员，出行时为先驱，后改为替太子掌管图籍。[8]晚涂欲作贼：指桓温晚年欲图谋篡位称帝的事情。晚涂，亦作"晚途"，指晚年。[9]云何：是怎么回事。此是司马道子借酒劲向桓玄提问，意谓你父亲要篡国是怎么回事？[10]伏地流汗：魏晋人讲究虚伪的"孝道"，如果听见有人提到自己父祖的名字，则立即变色痛哭。今司马道子不仅直呼桓玄之父的名字，且直言斥责其欲为叛逆，还要桓玄作答，故桓玄惊畏如此。[11]切齿：上下牙齿紧紧地咬住，表示极端愤怒。[12]义兴：郡名，郡治在今江苏宜兴市。[13]郁郁：忧伤、沉闷的样子。[14]九州伯：统领整个天下的诸侯之长。桓温在世时曾任大司马、都督中外诸军事之职，权势除傀儡皇帝外，至高无上。[15]五湖长：指在今江苏宜兴市一带当个地方长官。宜兴地处太湖之滨，太湖又是常说的"五湖"之一，故桓玄如此说，表达极为不满的情绪。[16]归国：指回到自己南郡公的世袭封地南郡。南郡郡治在今湖北江陵县西。[17]自讼：为自己申辩委屈。[18]先臣：以称其父桓温，因其向皇帝上书，故称其父为"臣"。勤王匡复之勋：指桓温前曾为晋朝收复巴蜀，又曾收复洛阳，修复先朝陵墓诸事。[19]遗之：将桓温的功劳都遗忘了。[20]不复计：不再计较。[21]先帝龙飞：指桓温于太和五年（370）废掉了皇帝司马奕，另立司马昱为皇帝事。龙飞，语出《易经》，古人多用此语称人即位为帝。[22]陛下继明：指咸安二年（372）简文帝司马昱死，其子司马曜继位为帝事。继明，出自《易经》，

意即光明继续，照耀四海。［23］谁之由：犹言“靠着谁”。意谓皇上你有今天的地位靠的就是我父亲。［24］疏寝不报：上书被搁置，没有回音。寝，搁置。［25］累世临荆州：几辈人当荆州地区的军政长官。桓温在世时曾任都督荆州军事、荆州刺史多年。桓温之子、桓玄之兄桓伟也当过荆州刺史。［26］豪横：仗势欺人，强暴蛮横。［27］听事：长官理事的大堂。［28］以矟（shuò）拟仲堪：用长矛对着殷仲堪。矟，同“槊”，长矛。拟，对着，举矛向之，若将刺之。［29］中兵参军：为中兵曹的主官，掌畿内之兵。当时地方军阀帐下有参军十三个，分别为中兵参军、外兵参军、骑兵参军等。刘迈：字伯群，沛国沛县人，刘毅之兄，东晋官员。孝武帝时，于荆州任殷仲堪中兵参军。桓玄称楚后，任竟陵太守。后其兄刘毅随刘裕反桓玄，约刘迈于京城（建康）为内应，被杀。［30］马矟有余：骑马舞矛的本事绰绰有余。［31］精理不足：清谈玄理的工夫差点儿。精理，精深的哲理，当时清谈家们使用的名词。这句的意思是说桓玄只会耍枪弄棒而不懂事理。［32］失色：因惊恐而改变脸色。［33］下都：去首都建康（今江苏南京市）。因建康在江陵的下游，故需顺长江而下。［34］胡藩：字道序，南朝宋开国功臣、名将。初参郗恢、殷仲堪军事，转投桓玄。刘裕招降，后随刘裕南征北战，才略超群，被誉为“江右俊杰”。历任刘宋宁远将军、参相国事等。传见《宋书》卷五十。［35］不常：不平常，指有图谋不轨之意。［36］快（yàng）快：不服气，闷闷不乐的神情。［37］节下：对殷仲堪的敬称，因当时的地方军阀都是手握天子的旌节到各处去担当一面的，故称之。崇待太过：对桓玄过分优待，过于忍让。［38］非将来之计：指日后不好对付。［39］内弟：指妻子的弟弟，俗称小舅子。同郡：二字原无，据章校补。罗企生：豫章人，时任殷仲堪的功曹，参与南郡公桓玄与荆州刺史殷仲堪的斗争，殷仲堪失败，罗企生获罪被杀。传见《晋书》卷八十九。功曹：官名，地方长官手下的文职僚属，主管人事、考核等事务。［40］殷侯：对荆州刺史殷仲堪的敬称。州刺史为方面大员，位同古代的诸侯，故以侯称之。倒戈：指倒戈以授人，俗称把刀把子给人。［41］庚寅：十一月二十七日。［42］休官：少数民族部落名，当时居住在略阳（今甘肃天水市）一带。权千成：也作“权干成”，休官族的部落头领。显亲：古县名，县治在今甘肃天水市西北。［43］李辽：清河人，东晋官员。敕（chì）兖州：指命令兖州刺史修缮孔子庙。孔子的故乡在曲阜，曲阜上属于兖州。孔子庙：纪念孔子的祠庙，在今山东曲阜市。［44］给户洒扫：指派几户人家管理与祭祀孔子祠墓，而免除这几户人家对国家应交的赋税。［45］仍立庠（xiáng）序：并建立学校。庠序，即学校，殷朝的乡学叫序，周朝的乡学叫庠。仍，意思同“乃”。［46］如赊而寔（shí）急：看来像是大而无当，实际上是很急迫的。赊，远，迂阔。寔，通“实”。［47］不见省：不被理睬。见，被。省，省视，理睬。

十八年（癸巳，393 年）

春，正月，燕阳平孝王柔[1]卒。

权千成为秦所逼，请降于金城王乾归，乾归以为东秦州[2]刺史、休官大都统、显亲公。

夏，四月，庚子[3]，燕主垂加太子宝大单于[4]，以安定王库傉官伟[5]为太尉，范阳王德[6]为司徒，太原王楷为司空，陈留王绍为尚书右仆射。五月，立子熙[7]为河间王，朗[8]为勃海王，鉴[9]为博陵王。

秦右丞相窦冲矜才尚人[10]，自请封天水王，秦主登不许。六月，冲自称秦王，改元元光[11]。

金城王乾归立其子炽磐[12]为太子。炽磐勇略明决[13]，过于其父。秋，七月，秦主登攻窦冲于野人堡[14]，冲求救于后秦。尹纬言于后秦主苌曰："太子仁厚之称，著于远近，而英略未著，请使击苻登以著之。"苌从之。太子兴将兵攻胡空堡[15]，登解冲围以赴之。兴因袭平凉[16]，大获而归。苌使兴还镇长安。

魏王珪以薛干太悉伏[17]不送刘勃勃[18]，八月，袭其城，屠之，太悉伏奔秦[19]。

氐帅杨佛嵩[20]叛，奔后秦，杨佺期、赵睦追之。九月，丙戌[21]，败佛嵩于潼关[22]。后秦将姚崇[23]救佛嵩，败晋兵，赵睦死。

冬，十月，后秦主苌疾甚，还长安。

燕主垂议伐西燕，诸将皆曰："永未有衅[24]，我连年征讨，士卒疲弊[25]，未可也。"范阳王德曰："永既国之枝叶[26]，又僭举位号[27]，惑民视听，宜先除之，以壹民心。士卒虽疲，庸得已乎[28]！"垂曰："司徒意正与吾同。吾比老[29]，叩囊底智[30]，足以取之，终不复留此贼以累子孙[31]也。"遂戒严。

十一月，垂发中山步骑七万，遣镇西将军·丹杨王缵[32]、龙骧将军张崇出井陉[33]，攻西燕武乡公友于晋阳[34]，征东将军平规[35]攻镇东将军段平于沙亭[36]。西燕主永遣其尚书令刁云[37]、车骑将军慕容钟帅众五万守潞川[38]。友，永之弟也。十二月，垂至邺[39]。

己亥[40]，后秦主苌召太尉姚旻[41]、仆射尹纬、姚晃[42]、将军姚大目、尚书狄伯支入禁中[43]，受遗诏[44]辅政。苌谓太子兴曰："有毁[45]此诸公者，慎勿受之。汝抚骨肉[46]以恩，接大臣以礼，待物[47]以信，遇民[48]以仁，四者不失，吾无忧矣。"姚晃垂涕问取苻登之策，苌曰：

"今大业垂成[49]，兴才智足办[50]，奚所复问[51]！"

庚子[52]，苌卒。兴秘不发丧，以其叔父绪[53]镇安定，硕德镇阴密[54]，弟崇守长安。

或谓硕德曰："公威名素重，部曲最强，今易世[55]之际，必为朝廷所疑，不如且奔秦州[56]，观望事势。"硕德曰："太子志度[57]宽明，必无他虑。今苻登未灭而骨肉相攻，是自亡也；吾有死而已，终不为也。"遂往见兴，兴优礼而遣之。兴自称大将军，以尹纬为长史，狄伯支为司马，帅众伐秦。

（以上为第四段，写前秦大将窦冲背叛前秦，另立山头；后秦主姚苌临终托付后事，确立辅政大臣；后燕主慕容垂商量攻打西燕，不顾将士疲劳，要遗逸后代。）

【注释】

[1]阳平孝王柔：即慕容柔。传见《晋书》卷一百二十四。 [2]东秦州：州名，乞伏氏所置，州治在今甘肃陇西县东。[3]庚子：四月九日。[4]太子宝：即慕容宝，字道佑，慕容垂第四子，后燕第二位国主。传见《晋书》卷一百二十四。 [5]库傉（nù）官伟：鲜卑人。率领部众投降前燕，为岷山公。燕亡后臣于前秦。慕容垂建立后燕，以为左长史，封安定王，迁太尉。慕容宝即位，任太师、征南将军。后与开封公慕容详相攻，战败，库傉官氏尽灭，死于难。 [6]范阳王德：即慕容德，字玄明，后燕主慕容垂之弟，南燕开国国主。传见《晋书》卷一百二十七。 [7]熙：即慕容熙，字道文，小字长生，后燕主慕容垂少子，封河间王，后燕第六位国主。传见《晋书》卷一百二十四。[8]朗：即慕容朗，后燕主慕容垂之子，为后燕勃海王，后被段速骨叛军首领所杀。[9]鉴：即慕容鉴，为后燕博陵王。后被段速骨叛军首领所杀。 [10]矜才：以才能自负。尚人：犹言"凌人"，好居人之上。 [11]元光：前秦左丞相窦冲自立的年号。 [12]炽磐：即乞伏炽磐，西秦第三位国主。传见《晋书》卷一百二十五。[13]勇略：勇敢而有谋略。明决：明达而有决断。[14]野人堡：古堡寨名，在今甘肃天水市附近。堡，坞堡，堡垒。 [15]胡空堡：古堡寨名，在今陕西彬州市境内。 [16]平凉：郡名，郡治在今甘肃平凉市西南。当时苻登以此为首府。苻登自大界之败，以平凉为根本。 [17]薛干：即薛干部，当时的少数民族部落名。太悉伏：一名薛勃，鲜卑薛干部首领。本据于三城（今陕西延安市东南），初附铁弗部，后归降北魏。又南下投靠后秦。后起兵与后秦相抗，被打败。 [18]刘勃勃：即赫连勃勃，字屈孑，胡夏开国国主。传见《晋书》卷一百三十。 [19]奔秦：此指往长安投奔后秦姚兴。 [20]杨佛嵩：氐族人，后秦将领。传见《晋书》卷一百十八。 [21]丙戌：九月的一日是"己丑"，此月中无"丙戌"日。疑"九月"是"八月"之误。八月丙戌，即八月二十八日。 [22]潼关：古关塞名，在今陕西潼关县境内，地处陕西、河南、山西三省的交界点。 [23]姚崇：后秦主姚苌之子，封为齐公。初任中军将军，参

与多次战役，官至大司马，大约死于后秦弘始年间（399—415），死后配飨太庙。传见《晋书》卷一百十七。［24］未有衅（xìn）：没有什么大的冲突。衅，挑衅，冲突。［25］疲弊：同“疲敝”，疲劳不堪。［26］国之枝叶：意谓他是我们的一个支属。国，指称自己的政权。西燕慕容永与后燕慕容垂是同族兄弟，故称之为“国之枝叶”。［27］僭（jiàn）举位号：指其公然自称皇帝。僭，越分。［28］庸得已乎：岂能留着不管呢？已，停止，不管。［29］比老：虽已年老。［30］叩囊底智：犹言抖搂抖搂衣袋里剩余的一点智慧。［31］以累子孙：胡三省曰：“垂不欲留慕容永以累子孙，而不知拓跋珪已窥阙于代北矣。是以有国有家者，不恃无敌国外患，恃吾所以传国承家者足以待之耳。”［32］丹杨王缵：即慕容瓒，字买德，后燕丹阳王，任镇西将军。［33］张崇：前秦兖州刺史，后归顺后燕主慕容垂，为龙骧将军。井陉（xíng）：太行山山口名，在今河北井陉县西北。［34］武乡公友：即慕容友，西燕主慕容永之弟，被封为武乡公。武乡公，封地武乡郡，郡治在今山西榆社县北社城镇。晋阳：郡名，郡治在今山西太原市西南。［35］平规：平幼之弟，后燕征东将军。［36］段平：西燕镇东将军。沙亭：古地名，在今河北临漳县西南。［37］刁云：西燕武卫将军、尚书令。为后燕军所杀。［38］慕容钟：小字道明，南燕主慕容德堂弟，封北地王。后受到冷落，出京任青州牧，起兵反叛，出奔后秦，被秦王姚兴封为归义侯。传见《晋书》卷一百二十八。潞（lù）川：古郡名，郡治在今山西襄垣县。［39］垂至邺：慕容垂亲自由中山前进至邺城。［40］己亥：十二月一日是“丁巳”，本月中无“己亥”日，记载有误。［41］姚旻（mín）：字景巖，羌族人，后秦太尉，姚兴时进太傅。［42］姚晃：后秦宗室大臣，任尚书令。［43］姚大目：后秦将军。狄伯支：后秦大臣。辅佐后秦姚苌、姚兴，官至中书令，封乐平侯。禁中：宫禁之中，即皇宫中。［44］遗诏：皇帝临终时所发的诏书。［45］毁：诋毁，诽谤。［46］抚：安抚，照顾。骨肉：比喻至亲，亲人。［47］待物：犹“待人”。物，人。［48］遇民：对待黎民百姓。［49］垂成：即将完成。［50］兴才智足办：姚兴的才智与谋略完全能够办好这些事情。［51］奚所复问：还有什么可问的？奚，何，何必。［52］庚子：上文“己亥”日的第二天。［53］绪：即姚绪。姚兴叔父，姚苌称帝，姚绪为征虏将军、司隶校尉，镇守长安。姚兴即位，封晋王，守卫后秦东部，出镇安定。后为丞相，主持后秦国家政务。［54］阴密：县名，县治在今甘肃灵台县西五十里。［55］易世：换代，帝王的新旧交替。［56］秦州：州治上邽，在今甘肃天水市。秦州是姚硕德的老根据地。［57］志度：志气，气度。

十九年（甲午，394年）

春，正月[1]，秦主登闻后秦主苌卒，喜曰：“姚兴小儿，吾折杖笞之[2]耳。”乃大赦，尽众而东，留司徒安成王广守雍[3]，太子崇守胡空堡[4]；遣使拜金城王乾归为左丞相、河南王，领秦、梁、益、凉、沙五州牧，加九锡[5]。

初，秃发思复鞬[6]卒，子乌孤[7]立。乌孤雄勇有大志，与大将纷陁谋取凉州[8]。纷陁曰："公必欲得凉州，宜先务农讲武，礼俊贤，修政刑，然后可也。"乌孤从之。三河王光遣使拜乌孤冠军大将军、河西鲜卑大都统。乌孤与其群下谋之曰："可受乎？"皆曰："吾士马众多，何为属人[9]！"石真若留[10]不对。乌孤曰："卿畏吕光邪？"石真若留曰："吾根本未固，小大非敌，若光致死[11]于我，何以待之！不如受以骄之，俟衅而动[12]，蔑不克[13]矣。"乌孤乃受之。

二月，秦主登攻屠各姚奴、帛蒲二堡[14]，克之。

燕主垂留清河公会[15]镇邺，发司、冀、青、兖兵，遣太原王楷出滏口[16]，辽西王农出壶关[17]，垂自出沙庭[18]以击西燕，标榜所趣[19]，军各就顿[20]。西燕主永闻之，严兵分道拒守，聚粮台壁[21]，遣从子征东将军小逸豆归[22]、镇东将军王次多[23]、右将军勒马驹帅众万余人戍之[24]。

夏，四月[25]，秦主登自六陌趣废桥[26]，后秦始平太守姚详据马嵬堡[27]以拒之。太子兴遣尹纬将兵救详，纬据废桥以待秦。秦兵争水，不能得，渴死者什二、三，因急攻纬。兴驰遣狄伯支谓纬曰："苻登穷寇，宜持重以挫之。"纬曰："先帝登遐[28]，人情扰惧，今不因思奋之力以禽敌[29]，大事去矣！"遂与秦战，秦兵大败。其夜，秦众溃，登单骑奔雍，太子崇及安成王广闻败，皆弃城走。登至，无所归，乃奔平凉，收集溃众，入马毛山[30]。

燕主垂顿军[31]邺西南，月余不进。西燕主永怪之，以为太行道宽，疑垂欲诡道[32]取之，乃悉敛诸军屯轵关[33]，杜太行口[34]，惟留台壁一军。甲戌[35]，垂引大军出滏口，入天井关[36]。

五月，乙酉[37]，燕军至台壁，永遣从兄太尉大逸豆归[38]救之，平规击破之。小逸豆归出战，辽西王农又击破之，斩勒马驹，禽王次多，遂围台壁。永召太行军[39]还，自将精兵五万以拒之。刁云、慕容钟震怖[40]，帅众降燕，永诛其妻子。己亥[41]，垂陈[42]于台壁南，遣骁骑将军慕容国伏千骑于涧[43]下。庚子[44]，与永合战，垂伪退，永众追之，行数里，国骑从涧中出，断其后，诸军四面俱进，大破之，斩首八千余级，永走归长子[45]。晋阳守将闻之，弃城走。丹杨王瓒等进取晋阳。

后秦太子兴始发丧，即皇帝位于槐里[46]，大赦，改元皇初[47]，遂如安定。谥后秦主苌曰“武昭[48]皇帝”，庙号[49]太祖。

（以上为第五段，写后秦主姚苌去世，太子姚兴即位，前秦主苻登乘机发兵攻打，结果大败亏输；后燕主慕容垂发兵攻打西燕主慕容永，数路出击，予以重创。）

【注释】

[1]正月：二字原无，据章校补。 [2]折杖笞（chī）之：我要折一根棍子来管教管教他，是一种蔑视的口气。胡三省曰：“轻敌者败，宜苻登所以不亡于姚苌之时而亡于姚兴之初立也。”笞，以棍棒打人。 [3]安成王广：即苻广，前秦主苻登之弟。任前秦中书监、司徒，封安成王。苻登东征后秦，苻广留守雍城，后弃城逃走，导致前秦灭亡。雍：前秦州治在今甘肃泾川县北，时为苻登的大本营所在地。 [4]崇：即苻登太子苻崇，字德归，前秦末帝，在位五个月。传见《晋书》卷一百十五。胡空堡：古堡寨名，在今陕西彬州市境内。 [5]九锡：古代帝王为尊礼大臣而赐给的九种礼器，是最高礼遇的表示。 [6]秃发思复鞬（jiān）：秃发鲜卑首领，南凉政权的创立者。传见《晋书》卷一百二十六。 [7]乌孤：即秃发乌孤，秃发思复鞬之子，继父任秃发部首领，接受后凉国主吕光任命，为冠军大将军，受封广武郡侯。后建立南凉，为南凉开国国主。公元397年至公元399年在位。传见《晋书》卷一百二十六。 [8]纷陁（tuó）：南凉秃发乌孤部将。谋取凉州：攻取西凉。凉州，州治在今甘肃武威市，时为三河王吕光的都城所在地。 [9]何为属人：为什么要受人管辖？ [10]石真若留：人名，南凉秃发乌孤部将。 [11]致死：意即和我们拼命。致死，也作“致师”，挑战，这里是指决战。 [12]俟（sì）衅而动：寻找机会再动手打他。俟，等待，等候。衅，乘隙，机会。 [13]蔑不克：不会不成功。蔑，无，没有。 [14]屠各：匈奴部落名。姚奴、帛蒲二堡：两个堡塞名，皆在胡空堡以东。 [15]清河公会：即慕容会，字道通，后燕主慕容垂之孙，惠愍帝慕容宝次子，昭文帝慕容盛之弟，封清河郡公，拜录留台事、幽州刺史，镇守龙城。后为清河王，反叛，被杀。传见《晋书》卷一百二十四。 [16]滏（fǔ）口：古地名，即滏水之口，在今河北磁县西北石鼓山上，是有名的“太行八陉”之一，是从邺县西出，翻越太行山进入山西的通道。滏，古水名，在今滏阳河，源出河北磁县西北滏山。 [17]壶关：关塞名，在今山西长治市东南。 [18]沙庭：胡注以为应作“沙亭”，在邺城西南。邺城在今河北临漳县西南。[19]标榜所趣：公开亮明各路兵马要进攻的目标，目的是迷惑敌人。趣，同“趋”，趋向，目标。[20]军各就顿：各路兵马都已到达指定集结的位置，分处置兵以疑敌，使不知所备。就顿，驻扎。 [21]台壁：古地名，在今山西襄垣县南。 [22]从子：侄子。小逸豆归：因当时西燕还有一个“逸豆归”，故此处以“小”字别之。 [23]王次多：西燕镇东将军。后燕主慕容垂来攻，慕容永遣其迎战，被慕容农所获，遂效命于后燕。后燕败落，王次多投降北魏，又与后秦主姚兴暗通，

被北魏拓跋珪处死。［24］勒马驹：西燕右将军。后燕主慕容垂出兵征伐西燕，勒马驹被辽西王慕容农击败，被后燕军斩杀。戍之：驻兵台壁，以守卫粮库。［25］四月：二字原无，据章校补。［26］六陌：古地名，在今陕西乾县东。废桥：古地名，在今陕西兴平市西北。［27］始平：古郡名，郡治槐里，在今陕西兴平市东南。姚详：姚襄之孙。姚苌时为安远将军、始平太守。姚兴立，鲜卑薛勃背叛，围姚详于金城，姚兴亲率军来救，遂解围，徙镇杏城。后夏王赫连勃勃来攻，姚详粮尽，弃三城南奔，姚兴遣姚显救之。后兵败被杀。马嵬（wéi）堡：古地名，在今陕西兴平市西。［28］登遐（xiá）：犹言“升仙”，婉指人死。遐，遥远。［29］思奋：想为国家大干一场。禽敌：擒获、捉拿敌人。禽，同“擒”。［30］马毛山：也称马鬃岭，在今宁夏固原市南。［31］顿军：驻兵不前。［32］诡道：另走他道。［33］敛：收聚。轵（zhǐ）关：古关名，在今河南济源市西北，是豫北进入山西的要道，也是有名的“太行八陉”之一。［34］杜：堵塞，堵住。太行口：古地名，太行山山口。太行山，又名五行山、王母山、女娲山，位于山西与华北平原之间，是黄土高原的东部界线。［35］甲戌：四月二十日。［36］天井关：在今山西晋城市南的太行山上，因关南有天井泉而得名。［37］乙酉：五月一日。［38］从兄：堂兄。大逸豆归：西秦主慕容永堂兄，以区别于同名之“逸豆归”，故称之为“大”。［39］太行军：即前所述驻守轵关的部队。［40］震怖：震惊，害怕。［41］己亥：五月十五日。［42］陈：同“阵”，布阵，陈兵。［43］慕容国：后燕骁骑将军，左将军。后与殿中将军秦舆、段赞等人密谋暗杀后燕主慕容盛，东窗事发，被杀。涧（jiàn）：山间流水的小沟。［44］庚子：五月十八日。［45］长子：县名，县治在今山西长子县西南。［46］槐里：县名，县治在今陕西兴平市东南，当时也是始平郡的郡治所在地。［47］皇初：后秦主姚兴的第一个年号，共六年。［48］谥（shì）：古代帝王或大官死后评给的称号。武昭：《谥法》曰：“克定祸乱曰‘武’。”“昭德有劳曰‘昭’。”［49］庙号：古代君主死后在庙中被供奉时所称呼的名号。

六月，壬子[1]，追尊会稽王太妃郑氏[2]曰“简文宣太后[3]”。群臣谓宣太后应配食元帝[4]，太子前率徐邈[5]曰：“宣太后平素之时[6]，不伉俪于先帝[7]；至于子孙，岂可为祖考[8]立配！”国学明教东莞臧焘[9]曰：“今尊号既正[10]，则罔极之情申[11]；别建寝庙[12]，则严祢之义显[13]；系子为称[14]，兼明贵之所由[15]。一举而允三义[16]，不亦善乎[17]！”乃立庙于太庙[18]路西。

燕主垂进军围长子。西燕主永欲奔后秦，侍中兰英[19]曰：“昔石虎伐龙都[20]，太祖坚守不去[21]，卒成大燕之基。今垂七十老翁，厌苦[22]兵革，终不能顿兵连岁[23]以攻我也；但当城守以疲之[24]。”永从之。

秦主登遣其子汝阴王宗[25]为质于河南王乾归以请救，进封乾归梁王，纳[26]其妹为梁王后。乾归遣前军将军乞伏益州[27]等帅骑一万救之。

秋，七月，登引兵出迎乾归兵，后秦主兴自安定如泾阳[28]，与登战于山南[29]，执登，杀之。悉散其部众，使归农业，徙阴密[30]三万户于长安，以李后[31]赐姚晃。益州等闻之，引兵还。秦太子崇奔湟中[32]，即帝位，改元延初[33]，谥登曰“高皇帝”，庙号太宗。

后秦安南将军强熙[34]、镇远将军强多[35]叛，推窦冲为主。后秦主兴自将讨之，军至武功[36]，多兄子良国[37]杀多而降，熙奔秦州[38]，冲奔汧川[39]，汧川氐仇高[40]执送之。

三河王光以子覆[41]为都督玉门以西诸军事、西域大都护[42]，镇高昌[43]，命大臣子弟随之。

八月，己巳[44]，尊皇太妃李氏[45]为皇太后，居崇训宫[46]。

西燕主永困急，遣其子常山公弘[47]等求救于雍州刺史郗恢，并献玉玺一纽。恢上言[48]:“垂若并永，为患益深，不如两存之，可以乘机双毙[49]。”帝以为然，诏青、兖二州刺史王恭[50]、豫州刺史庾楷[51]救之。楷，亮之孙也。永恐晋兵不出，又遣其太子亮来为质，平规追亮及于高都[52]，获之。永又告急于魏，魏王珪遣陈留公虔、将军庾岳帅骑五万东渡河，屯秀容以救之[53]。虔，纥根之子也。

晋、魏兵皆未至，大逸豆归部将伐勤等开门内燕兵[54]，燕人执永，斩之[55]，并斩其公卿大将刁云、大逸豆归等三十余人，得永所统八郡七万余户及秦乘舆、服御、伎乐、珍宝[56]甚众。燕主垂以丹杨王瓒[57]为并州刺史，镇晋阳，宜都王凤[58]为雍州刺史，镇长子。永尚书仆射昌黎屈遵、尚书阳平王德、秘书监中山李先、太子詹事渤海封则、黄门郎太山胡母亮、中书郎张腾、尚书郎燕郡公孙表皆随才擢叙[59]。

九月，垂自长子如邺。

（以上为第六段，写前秦主苻登被后秦主姚兴打败，被俘杀，太子苻崇到湟中即位；后燕主慕容垂围困西燕，西燕主慕容永四处求救，救兵不至，城破被杀。）

【注释】

[1]壬子：六月一日是“甲寅”，本月中无“壬子”日。壬子，应是五月二十八日。[2]会稽王太妃郑氏：即郑阿春，东晋元帝司马睿的妃子，简文帝司马昱生母。传见《晋书》卷三十二。会稽王，指简文帝司马昱，做过会稽王。[3]简文宣太后：简文帝的生母，简文帝立，尊为太后，谥号宣。《谥法》曰：“一德不懈曰‘简’。”“道德博闻曰‘文’。”“圣善周闻曰‘宣’。”[4]配食元帝：在太庙里与其夫晋元帝司马睿一同享受祭祀。配食，即附祭，配享。[5]太子前率：官名，统领护卫太子的军队。西晋初只有一个中卫率，后来分为左、右二率，各领一军，后又增加前、后二率，共四率四军。徐邈（miǎo）：徐广之兄，补中书舍人，升散骑常侍，转祠部郎，为东宫前卫率，领本郡大中正，任骁骑将军。[6]平素之时：指与其夫都在世之时。[7]不伉（kàng）俪（lì）于先帝：和先帝不是嫡配夫妻，即非正妻。伉俪，夫妻。[8]祖考：祖先。考，死去的父亲。[9]国学明教：官名，太学的教官，类似其他朝代的太学博士、国子教授等，初建于晋明帝司马绍时期。臧焘：字德仁，东莞莒县（今山东莒县）人，初为东晋太学博士，后为南朝宋外戚大臣。传见《宋书》卷五十五。[10]尊号既正：指郑阿春得了“简文宣太后”的称号。[11]罔（wǎng）极之情申：因为郑阿春已被追封为“简文宣太后”，则简文帝司马昱痛惜未报母恩的歉疚之情和无穷无尽的思念之情已经得到表达和伸张。罔极，即无极，无穷尽，无边际。申，同“伸”，伸张。[12]别建寝庙：指不把郑阿春的灵牌送到太庙去“配食”晋元帝司马睿，而是单独给她另盖一座寝庙来享受祭祀。古代帝王死后建庙时，前面接受祭祀的所在叫“庙”，后面储藏衣物的所在叫“寝”。[13]严祢（mí）之义显：尊重生父晋元帝司马睿意志的意思得以彰显。因为晋元帝生前是只想让皇后作为配享，而没想把阿春的灵牌也放入太庙。严祢，尊重父亲的意志。严，尊。祢，对已死父亲的敬称。古代贵族对父亲生时称“父”，死后称“考”，入庙称“祢”。[14]系子为称：指用其子“简文帝”的名号追尊阿春为“简文宣太后”。[15]明贵之所由：郑阿春原来只是一个嫔妃，因其子后来做了皇帝，所以她才得以被称为“太后”，今以“简文宣太后”称之，母由子贵的事实就一目了然了。[16]允三义：符合了三项重要原则，即尊父，贵母，伸情。[17]不亦善乎：不也是一件大好事嘛！[18]太庙：古代皇帝的宗庙。最早太庙只是供奉皇帝先祖的地方，后来皇后和功臣的神位在皇帝的批准下也可以被供奉在太庙。[19]兰英：人名，西燕侍中。[20]石虎伐龙都：事见《资治通鉴》卷九十六晋成帝咸康四年（338）。石虎，字季龙，后赵第三位国主。传见《晋书》卷一百六。龙都，即龙城，在今辽宁朝阳市，前燕慕容皝建都于此。[21]太祖：即慕容皝（huàng），字元真，建立前燕国，建都龙城（今辽宁朝阳市）。传见《晋书》卷一百九。坚守不去：坚守棘城（在龙城东）。[22]厌苦：厌烦，以为苦事。[23]顿兵连岁：把军队留在这里，一连几年地围着我们。顿，留。[24]当城守以疲之：胡三省曰：“兵交之变，其应无穷，惟知彼知己者，乃能百战不殆耳。慕容永欲以棘城之事自况，当时与之共守长子者，果能效死不去，若慕容皝之诸臣乎！”[25]汝阴王宗：即苻宗，前秦主苻登之子，封汝阴王。前苻登败给后秦，收编遗众进马毛山打游击；此时派子苻宗为质于西秦河南王乞伏乾归以求救。[26]纳：送，以人、

物给人。［27］乞伏益州：鲜卑乞伏部首领乞伏司繁之子，乞伏乾归之弟，西秦将领，官至前军将军、秦州牧。传见《晋书》卷一百二十五。［28］泾阳：县名，在今甘肃平凉市西北，当时为陇东郡的郡治所在地。［29］山南：马毛山之南。［30］阴密：县名，县治在今甘肃泾川县南。［31］李后：苻登之妻。［32］湟中：古地区名，在今青海湟水流域地区。［33］延初：前秦政权末主苻崇的年号，共四个月，前秦灭亡。［34］强熙：前秦氐族豪强，任后秦安南将军，后逃奔仇池，又转而投奔东晋。［35］强多：后秦镇远将军。［36］武功：县名，县治在今陕西武功县西。［37］良国：即强良国，后秦镇军将军强多侄子。［38］秦州：州治上邽，在今甘肃天水市。［39］汧（qiān）川：县名，县治在今陕西陇县南。［40］氐仇高：人名，汧川县的氐族部落头领。［41］覆：即吕覆，后凉主吕光之子，曾为都督玉门以西诸军事、西域大都护，镇守高昌，是后凉管理西域地区的最高长官。［42］玉门：县名，县治在今甘肃玉门市西北的赤金堡。西域：古区域名，狭义指玉门关、阳关以西，葱岭以东，巴尔喀什湖东、南及新疆广大地区。广义指凡是通过狭义西域所能到达的地区，包括亚洲中、西部地区等。大都护：大总管。［43］高昌：古郡名，郡治在今新疆吐鲁番市东南。［44］己巳：八月十六日。［45］皇太妃李氏：即李陵容，晋简文帝司马昱之妃，晋孝武帝司马曜之母。其孙司马德宗即位，尊为太皇太后。谥号文太后。传见《晋书》卷三十二。［46］崇训宫：东晋宫城之宫殿名。［47］常山公弘：即慕容弘，西燕主慕容永之子，封常山公，在西燕被后燕主慕容垂围困时，向东晋求援。［48］上言：郗恢给东晋孝武帝司马曜上书。［49］乘机双毙：意谓乘其互相斗争、精疲力竭时，将其一并消灭。［50］王恭：东晋前将军、青兖二州刺史。传见《晋书》卷八十四。［51］庾楷：征西将军庾亮之孙，东晋豫州刺史。［52］平规：后燕将领。高都：县名，县治在今山西晋城市。［53］屯秀容以救之：北魏主拓跋珪派出拓跋纥根的儿子陈留公拓跋虔和将军庾岳率领五万骑兵东渡黄河，集结在秀容救援西燕慕容永。秀容，县名，县治在今山西忻州市。［54］伐勤：西燕大逸豆归部将。内燕兵：放进后燕攻城的军队。内，同“纳”，接纳。［55］燕人执永，斩之：至此，慕容永死，西燕灭亡。西燕自东晋太元九年（384）慕容泓建国，共经七主，计十一年。［56］秦乘舆、服御、伎（jì）乐、珍宝：指前秦主苻坚昔日称帝时的各种财产器物。这些东西在当时慕容冲攻进长安，苻坚败死后归慕容冲所有。慕容冲死后，慕容永杀掉慕容冲之子而自立为西燕王，故前秦旧物又到了慕容永手中。乘舆，指帝王的车驾。服御，服饰、车马、器用之类。伎乐，乐舞。［57］丹杨王瓒：后燕丹杨王慕容瓒。［58］宜都王凤：后燕宜都王慕容凤。［59］皆随才擢叙：后燕主对西燕的一些有才能的高官，一律依其才能提拔任用。有西燕的尚书仆射屈遵、秘书监李先、太子詹事封则、黄门郎胡母亮、中书郎张腾、尚书郎公孙表等人。擢（zhuó）叙，提拔，任用。

冬，十月，秦主崇为梁王乾归所逐，奔陇西王杨定[1]。定留司马邵强[2]守秦州，帅众二万与崇共攻乾归，乾归遣凉州牧轲弹[3]、秦州牧益州、立义将军诘归[4]帅骑三万拒之。益州与定战，败于平州[5]，轲弹、诘归皆引退，轲弹司马翟瑥[6]奋剑怒曰："主上以雄武开基，所向无敌，威振秦、蜀。将军以宗室居元帅之任，当竭力致命[7]以佐国家。今秦州[8]虽败，二军尚全，奈何望风退衄[9]，将何面以见主上乎！瑥虽无任[10]，独不能以便宜[11]斩将军乎！"轲弹谢曰："向者[12]未知众心何如耳。果能若是，吾敢爱死[13]！"乃帅骑进战，益州、诘归亦勒兵继之，大败定兵，杀定及崇[14]，斩首万七千级。乾归于是尽有陇西之地。

定无子，其叔父佛狗[15]之子盛[16]，先守仇池[17]，自称征西将军、秦州刺史、仇池公，谥定为武王，仍遣使来称藩[18]。秦太子宣奔盛[19]，盛[20]分氐、羌为二十部护军[21]，各为镇戍[22]，不置郡县。

燕主垂东巡阳平、平原[23]，命辽西王农济河，与安南将军尹国略地青、兖[24]。农攻廪丘，国攻阳城[25]，皆拔之。东平太守韦简[26]战死，高平、泰山、琅邪诸郡皆委城奔溃[27]，农进军临海[28]，遍置守宰。

柔然曷多汗[29]弃其父，与社仑[30]率众西走；魏长孙肥[31]追之，及于上郡跋那山[32]，斩曷多汗。社仑收其余众数百，奔匹候跋[33]，匹候跋处之南鄙[34]。社仑袭匹候跋，杀之。匹候跋子启跋、吴颉[35]等皆奔魏。社仑掠五原[36]以西诸部，走度漠北[37]。

十一月，燕辽西王农败辟闾浑于龙水[38]，遂入临淄[39]。十二月，燕主垂召农等还。

秦主兴[40]遣使与燕结好，并送太子宝之子敏于燕[41]，燕封敏为河东[42]公。

梁王乾归自称秦王，大赦。

（以上为第七段，写前秦主苻崇投奔西秦王乞伏乾归，不被收留，又投奔陇西王杨定，杨定发兵攻打西秦中遭灭顶之灾，苻崇被杀；后燕主慕容垂派将攻打东晋，郡县望风而下。）

【注释】

[1]陇西王杨定：杨定，仇池国宗室杨宗奴之孙，杨佛奴之子，前秦名将，前秦主苻坚驸马，官拜左丞相、上大将军、都督中外诸军事。苻坚死，杨定奔还陇右建立国家，为后仇池国第一任国主，称陇西王。后为乞伏乾归所杀。 [2]邵强：杨定军司马。 [3]轲弹：《晋书》作"轲殚"，即

乞伏轲弹，乞伏乾归的从弟，受封凉州牧。太初七年（394），他和秦州牧乞伏益州等受命抗击氐王杨定军队，刚开战时大败，后反败为胜，斩杀杨定及前秦主苻崇，尽有陇西、巴西之地。后投奔后凉吕光，致使后凉出兵攻打西秦。［4］诘归：即越质诘归，陇西鲜卑越质叱黎之子，越质部首领。太初四年（391），为乞伏乾归所败，被任为立义将军。［5］平州：《晋书》作“平川”，胡三省认为“当从之”。平川，位于今甘肃白银市。［6］翟（zhái）瑥（wēn）：凉州牧乞伏轲弹的司马官，在反击前秦的战斗中，一番慷慨激昂的话语，起到了力挽狂涛的作用。后为冠军将军。［7］致命：效命，献出生命。［8］秦州：指乞伏益州，时为秦州牧。［9］退衄（nù）：退败逃跑。衄，原意是鼻孔出血，这里即指损伤，挫败。［10］无任：没有使命。［11］以便宜：使用司马官的临时处置之权。司马是在军中负责执法的长官。［12］向者：以往，以前。［13］敢爱死：怎么敢怕死畏敌？爱，吝惜。［14］杀定及崇：至此，苻崇死，前秦彻底灭亡。前秦自东晋穆帝永和七年（351）苻健建国至今，共经六主，计四十二年。［15］佛狗：即杨佛狗，前秦名将杨定叔父。［16］盛：即杨盛，杨难敌玄孙，杨佛狗之子，继杨定为后仇池国第二任国主。称武都王。传见《宋书》卷九十八。［17］仇池：郡名，郡治在今甘肃成县西北，为氐族杨氏政权的大本营所在地。［18］仍：同“乃”，于是。来称藩：来投靠东晋，做东晋的属国，给东晋作屏障、藩篱。［19］秦太子宣奔盛：前秦末主苻崇太子苻宣，国灭后投奔仇池氐王杨盛。杨盛归附东晋，推荐苻宣为平北将军。后被杨盛任命为梁州督护、代梁州刺史。南朝宋时为镇西侯，终老武都。［20］盛：此字原无，据章校补。［21］分氐、羌为二十部护军：此二十部护军为军政一体，由军帅直接统治民众。［22］镇戍：镇守，戍守。［23］阳平、平原：二郡名，阳平郡的郡治在今河北馆陶县，平原郡的郡治在今山东平原县南。［24］尹国：一作“尹固”，原为前秦将领，后归顺后燕，为安南将军。略地：扩张地盘。青、兖（yǎn）：二州名，青州的州治在今山东淄博市临淄区，兖州的州治即下文所说的廪丘，在今山东郓城县西北。当时这些地区都属东晋。［25］阳城：县名，县治在今河南商水县西南，东汉时并入汝南。据当时的情势分析，此“阳城”似应作“成阳”，当时的成阳县治在今山东郓城县东南。［26］东平：郡名，郡治在今山东东平县西北。韦简：东晋东平太守，与后燕作战，战死。［27］高平、泰山、琅邪：三郡名，高平郡郡治在今山东巨野县南，泰山郡郡治在今山东泰安市东，琅邪郡郡治在今山东临沂市北。委城：丢弃城池。奔溃：溃散，逃命。［28］进军临海：后燕军队一直推进到海边。［29］曷多汗：即柔然郁久闾曷多汗，柔然头领郁久闾缊纥提之子，柔然部落首领。缊纥提的哥哥匹候跋继位，居于东边。而缊纥提统率西边。后缊纥提投靠匈奴刘卫辰。拓跋珪复国后派兵追讨，被俘获，投降。后西逃，被杀。［30］社仑：即郁久闾社仑，柔然可汗，木骨闾六世孙，曷多汗的堂兄弟，后自称可汗，号丘豆伐可汗。在位九年，为北魏战败，病死于败退途中。［31］长孙肥：北魏将领。传见《魏书》卷二十六。［32］上郡：郡名，郡治在今陕西榆林市东南。跋那山：古山名，在今内蒙古乌拉特前旗东南。［33］匹候跋：即郁久闾匹候跋，地粟袁的长子，柔然部落首领，父亲地粟袁死后，部众分为东西两部，他领有东部（今内蒙古河套东北、阴山以北一带）。北魏登国六年（391）为拓跋珪所败，举部请降，仍居东边。后被侄子社仑袭杀。［34］南鄙：南部边境。［35］启跋、吴颉：柔然部落首领匹候跋之子，其父被社仑打败，二人皆投奔北魏。［36］五原：县名，县治在今内蒙古包头市西北、乌拉特前旗之东。［37］走度漠北：逃奔到大沙漠以北地区。柔然自此成为北魏大患。［38］辟闾浑：原齐地少数民族军阀段龛部将辟闾蔚之子。曾任青州别驾。淝水之战后，随青州刺史苻朗投降东晋，被任为平原太守，与后燕作战。后来，东晋在广固设置幽州，任其为幽州刺史、龙骧将军。慕容德率军来攻，辟闾浑战败被杀。传见《晋书》卷一百十。龙水：古地名。［39］临淄：郡名，郡治临淄，在今山东淄博市临淄区北。［40］秦主兴：之前一直记载为“后秦主兴”，此年前秦灭，故《通鉴》始书“后秦”为“秦”。“前秦”“后秦”，是后人分别“苻秦”与“姚秦”的习惯称呼，其实，他们所建立的国家，都自称为“秦”。以前的“刘赵”与“石赵”，也是如此。［41］送太子宝之子敏于燕：慕容敏在后燕建立时没有随父祖到河北，而是遗留在长安。后秦主姚兴派遣使节与后燕建立友好关系，把慕容敏送回后燕国。后燕主慕容垂封慕容敏为河东公。［42］河东：郡名，郡治原在今山西夏县西北。

二十年（乙未，395年）

春，正月，燕主垂遣散骑常侍封则报聘[1]于秦，遂自平原狩于广川、勃海、长乐[2]而归。

西秦王乾归以太子炽磐领尚书令，左长史边芮为左仆射[3]，右长史秘宜[4]为右仆射，置官皆如魏武、晋文故事[5]，然犹称大单于、大将军。边芮等领府佐如故[6]。

薛干太悉伏自长安亡归岭北[7]。上郡[8]以西鲜卑杂胡皆应之。

二月，甲寅[9]，尚书令陆纳[10]卒。

三月，庚辰朔[11]，日有食之。

皇太子出就东宫，以丹杨尹王雅[12]领少傅。

时会稽王道子专权奢纵，嬖人赵牙本出倡优[13]，茹千秋本钱唐[14]捕贼吏，皆以谄赂得进。道子以牙为魏郡[15]太守，千秋为骠骑咨议参军。牙为道子开东第[16]，筑山穿池，功用巨万[17]。

帝尝幸其第，谓道子曰：“府内乃有山，甚善，然修饰太过。”道子无以对。帝去，道子谓牙曰：“上若知山是人力所为，尔必死矣！”牙曰：“公在，牙何敢死！”营作弥甚。千秋卖官招权，聚货累亿[18]。

博平令吴兴闻人奭[19]上疏言之，帝益恶道子，而逼于太后[20]，不忍废黜。乃擢时望[21]及所亲幸王恭、郗恢、殷仲堪、王珣[22]、王雅等，使居内外要任以防道子；道子亦引王国宝[23]及国宝从弟琅邪内史绪[24]以为心腹。由是朋党竞起，无复向时友爱之欢矣[25]。

太后每和解之。中书侍郎徐邈从容言于帝曰："汉文明主[26]，犹悔淮南[27]；世祖[28]聪达，负愧齐王[29]；兄弟之际，实为深慎[30]。会稽王虽有酣媟之累[31]，宜加弘贷[32]，消散群议；外为国家之计，内慰太后之心。"帝纳之，复委任道子如故。

（以上为第八段，写东晋朝廷的腐败，会稽王司马道子仗着太后撑腰，独揽大权，奢侈放纵，任用奸佞，孝武帝司马曜虽然厌恶，却无力制止，任其胡作非为。）

【注释】

［1］封则：初为西燕太子詹事，后为后燕散骑常侍。报聘：派使臣回访他国，犹如今外交上的"回访"，因上年后秦姚氏曾送回慕容敏于后燕。［2］平原：郡国名，郡治陵县，在今山东德州市陵城区。广川、勃海、长乐：皆郡名。广川，郡治在今河北枣强县东南；勃海，郡治在今河北沧州市南；长乐，郡治信都，在今河北衡水市冀州区。［3］边芮（ruì）：金城（今甘肃兰州市西北）人，西秦乞伏乾归时历左长史、尚书左仆射。乞伏乾归曾降附后秦，后自长安归苑川，复以之为长史。［4］秘宜：西秦东秦州刺史、右长史、右仆射。［5］皆如魏武、晋文故事：像魏武帝曹操、晋文帝司马昭那样虽未称帝，但却有皇帝的权力与各种政府官吏的建制。［6］领府佐如故：指边芮等既在朝廷任左、右仆射，同时还兼任着将军府高级僚属的长史职务。［7］亡归岭北：逃回到九嵕岭以北。九嵕岭，在今陕西礼泉县东北。薛干部落的首领太悉伏于东晋太元十七年（392）被北魏主拓跋珪打败，投归姚兴，今又叛逃而去。［8］上郡：郡名，郡治在今陕西榆林市横山区东。［9］甲寅：二月四日。［10］陆纳：字祖言，江东士族，为尚书令。为人贞厉绝俗，对东晋的腐朽强烈不满。传见《晋书》卷七十七。［11］庚辰朔：三月一日。［12］王雅：字茂达，曹魏司徒王朗玄孙，大鸿胪王景之子，东晋尚书左丞、廷尉、侍中、左卫将军、丹阳尹，曾预见王恭、殷仲堪之后必为乱。传见《晋书》卷八十三。［13］嬖（bì）人：男宠。赵牙：为会稽王司马道子的男宠。倡优：古代称以音乐歌舞或杂技戏谑娱人的艺人。［14］茹千秋：人名。钱唐：县名，县治在今浙江杭州市。［15］魏郡：郡名，郡治邺城（今河北临漳县西南），这里指在江南的侨置郡。［16］开：建造。东第：指王侯显贵者的府第。［17］巨万：万万，即一亿。［18］累亿：好几亿。［19］闻人奭（shì）：人名，东晋博平县令。［20］逼于太后：由于有太后的压力。此所谓"太后"，即指李陵容，简文帝的妃子，孝武帝司马曜和会稽王司马道子的生母。因为有太后给司马道子撑腰，故皇帝不敢管。［21］擢（zhuó）：选拔，提升。时望：当时有威望的人。［22］王珣（xún）：字元琳，小字法护，丞相王导之孙。初任大司马（桓温）主簿，深得敬重；太傅谢安当政，

授秘书监，迁左仆射、尚书令。传见《晋书》卷六十五。［23］王国宝：中书令王坦之第三子，太保谢安的女婿。品行不端，不受岳父谢安重用，凭姻亲关系，投靠琅邪王司马道子门下，拜中书令、中领军，任左仆射、丹阳尹，后坐罪赐死。［24］琅邪内史：琅邪郡的主管官员，地位相当于郡守。绪：即王绪，王国宝从弟。以邪佞见知于司马道子，拜琅邪内史、建威将军，专权乱政，不得人心。大臣王恭恶之，起兵讨之，司马道子惧，杀王国宝及王绪。［25］向时：昔日，从前。友爱之欢：兄弟之间的亲密感情。［26］汉文明主：指西汉文帝刘恒是一位英明的贤主。［27］犹悔淮南：指汉文帝对其弟淮南王刘长之死特别感到后悔。淮南，指淮南王刘长，汉文帝刘恒之弟，骄纵跋扈，因图谋不轨，事泄被拘。朝臣议以死罪，文帝赦之，废王号，流放巴蜀，中途绝食饿死。淮南流传一首民歌讽刺说："一尺布，尚可缝；一斗米，尚可舂。兄弟二人不相容。"事见《史记》卷一百十八。［28］世祖：即西晋开国主司马炎。［29］负愧齐王：世祖司马炎对其弟齐王司马攸之死深感遗憾，十分愧恨。负愧，抱愧，心中感到惭愧。按：齐王司马攸，晋武帝司马炎的亲兄弟，过继给伯父司马师，袭封舞阳侯。后封齐王，官至骠骑将军、司空，有威望，有才干，后因大臣荀勖等人挑拨，被免职，吐血而死。事见《晋书》卷三十八。［30］深慎：特别要谨慎、小心。［31］酣（hān）媟（xiè）之累：指好酒好色、放荡无忌的毛病。［32］弘贷：宽大，赦免。

初，杨定之死也，天水[1]姜乳袭据上邽。夏，四月，西秦王乾归遣乞伏益州帅骑六千讨之。左仆射边芮、民部尚书王松寿[2]曰："益州屡胜而骄，不可专任，必以轻敌取败。"乾归曰："益州骁勇[3]，诸将莫及，当以重佐[4]辅之耳。"乃以平北将军韦虔[5]为长史，左禁将军务和[6]为司马。至大寒岭[7]，益州不设部伍[8]，听将士游畋[9]纵饮，令曰："敢言军事者斩！"虔等谏不听，乳逆击，大破之。

魏王珪叛燕，侵逼附塞诸部[10]。五月，甲戌[11]，燕主垂遣太子宝、辽西王农、赵王麟[12]帅众八万，自五原伐魏，范阳王德、陈留王绍别将步骑万八千为后继。散骑常侍高湖[13]谏曰："魏与燕世为婚姻[14]，彼有内难，燕实存之[15]，其施德厚矣，结好久矣。间以求马不获而留其弟[16]，曲[17]在于我，奈何遽[18]兴兵击之！拓跋涉圭沈勇[19]有谋，幼历艰难，兵精马强，未易轻也。皇太子富于春秋[20]，志果气锐[21]，今委之专任[22]，必小魏而易之[23]，万一不如所欲，伤威毁重[24]，愿陛下深图[25]之！"言颇激切[26]，垂怒，免湖官。湖，泰之子也。

六月，癸丑[27]，燕太原元王楷[28]卒。

西秦王乾归迁于西城[29]。

秋，七月，三河王光帅众十万伐西秦，西秦左辅密贵周[30]、左卫将军莫者羖羝劝西秦王乾归称藩[31]于光，以子敕勃[32]为质。光引兵还，乾归悔之，杀周及羖羝。

魏张衮[33]闻燕军将至，言于魏王珪曰："燕狃于滑台、长子[34]之捷，竭[35]国之资力以来，有轻我之心，宜羸形[36]以骄之，乃可克也。"珪从之，悉徙部落畜产，西渡河千余里以避之。燕军至五原[37]，降魏别部[38]三万余家，收穄田百余万斛[39]，置黑城[40]，进军临河[41]，造船为济具[42]。珪遣右司马许谦乞师于秦[43]。

秃发乌孤击乙弗、折掘[44]等诸部，皆破降之，筑廉川堡[45]而都之。广武赵振[46]，少好奇略，闻乌孤在廉川，弃家从之。乌孤喜曰："吾得赵生[47]，大事济矣！"拜左司马。三河王光封乌孤为广武郡公。

有长星见自须女[48]，至于哭星[49]。帝心恶[50]之，于华林园[51]举酒祝之曰："长星，劝汝一杯酒，自古何有万岁天子[52]邪！"

八月，魏王珪治兵河南。九月，进军临河。燕太子宝列兵将济，暴风起，漂其船数十艘泊南岸。魏获其甲士三百余人，皆释而遣之。

宝之发中山[53]也，燕主垂已有疾，既至五原，珪使人邀中山之路[54]，伺[55]其使者，尽执之。宝等数月不闻垂起居[56]，珪使所执使者临河告之曰："若父[57]已死，何不早归！"宝等忧恐，士卒骇动[58]。

珪使陈留公虔将五万骑屯河东[59]，东平公仪将十万骑屯河北[60]，略阳公遵将七万骑塞[61]燕军之南。遵，寿鸠[62]之子也。秦主兴遣杨佛嵩将兵救魏。

燕术士靳安[63]言于太子宝曰："天时不利，燕必大败，速去[64]可免。"宝不听。安退，告人曰："吾辈皆当弃尸草野，不得归矣！"

燕、魏相持积旬[65]，赵王麟将慕舆嵩[66]等以垂为实死，谋作乱，奉麟为主。事泄，嵩等皆死，宝、麟等内自疑[67]。

（以上为第九段，写后燕主慕容垂希望在有生之年消灭北魏，便派太子慕容宝等率领大军攻打北魏；北魏主拓跋珪听取部属意见，采用示弱方略，严阵以待。）

【注释】

[1]天水：郡名，郡治上邽，在今甘肃天水市西南。袭据上邽：袭击并占领了上邽。［2］民部尚书：官名，即后来的户部尚书，掌管全国的土地、户籍、钱粮等事。民部，唐人为避李世民讳，故以后遂改称户部。王松寿：略阳人，西秦官员，初为主簿，后历任民部尚书、平东将军、秦州刺史，镇守苑川。［3］骁（xiāo）勇：勇猛，矫健。［4］重佐：有才干、有威望的僚属。［5］韦虔（qián）：西秦官员，初为平北将军，后为乞伏益州府的长史。［6］左禁将军：官名，前秦苻坚初置，为四禁将军之一，统兵驻于京师，亦经常率军出外征讨。务和：西秦左禁将军，后为乞伏益州府的司马。［7］大寒岭：古山名，在今甘肃天水市西。［8］不设部伍：没有严格的编制约束。部、伍，都是军队中的编制名。校尉统领的士兵称“部”，五人为一“伍”。［9］听：任其自便，不加阻挡。游畋（tián）：游猎。畋，古指种田或打猎。［10］侵逼：侵略，逼近。附塞诸部：靠近后燕边塞，归附于后燕的各少数民族部落。［11］甲戌：五月一日是“丁丑”，本月无“甲戌”日。甲戌应是四月二十五日。［12］赵王麟：即慕容麟，字贺麟，慕容垂庶子，封为赵王，一度称帝为后燕第四位国主，后又放弃帝位，拥立慕容德为帝，却又兴兵谋反，被赐死滑台。［13］高湖：字大渊，后燕吏部尚书高泰之子。初仕后燕，为散骑常侍、征虏将军、燕郡太守。后投归北魏主拓跋珪，授右将军、东部大人，册封东阿郡侯。传见《魏书》卷三十二。［14］世为婚姻：拓跋珪之父什翼犍曾娶慕容皝之女为后。慕容垂之父慕容皝又娶什翼犍的侄女为妻，等等。［15］彼有内难，燕实存之：指东晋太元元年（376）什翼犍被苻坚打败，身死国灭，其后拓跋珪兴起，开始亦称臣于后燕。事见《魏书》卷一。［16］间：近来。以求马不获而留其弟：东晋太元十六年（391），北魏主拓跋珪曾派其弟拓跋觚到后燕进贡，慕容垂的子弟们曾把他扣留起来，向他勒索良马。［17］曲：背理，过错。［18］奈何：怎么能。遽（jù）：突然。［19］拓跋涉圭：即拓跋珪，字涉圭。沈勇：沉着，勇敢。沈，同“沉”。［20］富于春秋：指年轻，来日方长。［21］志果气锐：年轻气盛，敢想敢干。［22］专任：一作专征，指担负攻打北魏的重任。［23］小魏而易之：蔑视魏国而掉以轻心。易，轻视。［24］伤威毁重：毁伤国家的威严，有损个人的身价。［25］愿：希望。深图：认真思考，深入谋划。［26］颇：很。激切：激烈直率，毫无顾忌。［27］癸丑：六月五日。［28］太原元王楷：即慕容楷，慕容恪之子，慕容垂之侄，封为太原王，谥号元。［29］西城：古城名，即西苑城，在今甘肃榆中县境内。［30］密贵周：人名，西秦左辅。三河王吕光帅众攻打西秦，密贵周曾劝西秦主乞伏乾归向吕光称藩，以皇子敕勃为人质。吕光引兵还。不久，乾归悔之，将密贵周杀害。［31］莫者羖（gǔ）羝（dī）：人名，西秦左卫将军。称藩：向大国或宗主国承认自己的附庸地位。［32］敕（chì）勃：即乞伏敕勃，西秦主乞伏乾归之子，曾任秦兴太守。［33］张衮（gǔn）：字洪龙，北魏立国二十一功臣之首。传见《魏书》卷二十四。［34］狃（niǔ）：拘泥，引申为习惯。习以为常，因此而掉以轻心。滑台、长子之捷：指慕容垂于东晋太元十七年（392）大破翟钊于黎阳，翟钊逃离滑台，旋即被杀；又于太元十九年（394）破慕容永于台壁，慕容永逃离长子被杀。滑台，古城名，在今河南滑县东的旧滑

县城。长子，古县名，县治在今山西长子县西南。［35］竭：尽，极其所有。［36］羸（léi）形：故意示敌以衰弱的样子。羸，瘦弱。［37］五原：县名，县治在今内蒙古包头市西北。［38］魏别部：隶属于北魏的其他少数民族部落。［39］穄（jì）田：种植着黍子的田地。斛（hú）：古容量单位，一斛为十斗，即一担，一百二十斤。［40］置黑城：库存在黑城。黑城，古地名，在今内蒙古包头市西北。［41］临河：进军到黄河岸边。［42］济具：渡河的工具。［43］许谦：字元逊，时任北魏拓跋珪司马，官至幽州刺史，高阳郡公。传见《魏书》卷二十四。乞师于秦：向姚兴的后秦请求援兵。［44］乙弗、折掘：都是当时的少数民族部落名，活动在今青海湖的东南部。［45］廉川：古地名，在今青海西宁市湟中区附近。堡：坞堡，堡垒。［46］赵振：广武人，听说秃发乌孤在廉川，弃家从之。拜为左司马。曾劝其乘机破羌扩地，纳之。果破羌，俘斩数万，得西平、乐都、湟河、浇河等郡。［47］赵生：即赵先生。生，对人的敬称。［48］长星见自须女：有大流星从须女星座出现。长星，古星名，类似彗星，有长形光芒。须女，亦称女宿，星座名，二十八宿之一，为玄武七宿之第三宿。［49］至于哭星：直到哭星才消失。哭星，即危宿，也是二十八宿之一，为玄武七宿的第五宿。［50］恶：讨厌，厌恶。［51］华林园：在当时的国都建康（今江苏南京市）城内，乃仿效洛阳旧都的华林园所建造。［52］自古何有万岁天子：自古以来哪有真活一万年的天子。《史记·天官书》有所谓“危为哭泣之事”，意思是谁见到流星出现在星空的这个位置，就意味着他的生命不长了，故孝武帝司马曜因内心厌恶而故作豪放，发出了充满着无奈的感慨。［53］发中山：由后燕的都城中山（在今河北定州市）出发。［54］邀中山之路：拦截后燕由都城中山到前线的通道。邀，拦截，阻击。［55］伺：窥视，探知。［56］不闻垂起居：听不到慕容垂病情发展状况。［57］若父：你的父亲。若，你，你的。［58］骇（hài）动：惊动。骇，惊吓，震惊。［59］陈留公虔：即拓跋虔，拓跋珪的堂兄弟，魏国的勇将。河东：地区名，指黄河以东，今山西西北角偏关、河套一带地区。［60］东平公仪：即拓跋仪，字乌泥，拓跋什翼犍之孙，拓跋翰之子，初封九原公，后封平原公、东平公，迁骠骑大将军、都督六州军政，封卫王。传见《魏书》卷十五。东平，古郡国名，治都须昌，在今山东东平县西北。河北：黄河以北，指今内蒙古托克托县一带地区。［61］略阳公遵：即拓跋遵，字勃兜，拓跋什翼犍之孙，初封略阳郡公，迁冀州刺史，封常山郡王。传见《魏书》卷十五。塞：堵塞，卡住。［62］寿鸠（jiū）：即拓跋寿鸠，拓跋什翼犍第五子，封常山王，镇守河北地区。［63］术士：指以占卜、相面、望气等迷信之术为职业的人。靳安：术士。［64］速去：赶快回去，离开。［65］相持积旬：相持了十多天。［66］慕舆嵩：后燕慕容麟属将。［67］内自疑：内心相互猜疑。

冬，十月，辛未[1]，烧船夜遁。时河冰未结，宝以魏兵必不能渡，不设斥候[2]。

十一月，己卯[3]，暴风，冰合，魏王珪引兵济河，留辎重，选精锐二万余骑急追之。

燕军至参合陂[4]，有大风，黑气如堤，自军后来，临覆军上。沙门支昙猛[5]言于宝曰："风气暴迅，魏兵将至之候，宜遣兵御之。"宝以去魏军已远，笑而不应。昙猛固请不已，麟怒曰："以殿下神武，师徒之盛，足以横行沙漠，索虏何敢远来[6]！而昙猛妄言惊众，当斩以徇[7]！"昙猛泣曰："苻氏[8]以百万之师，败于淮南[9]，正由恃众轻敌，不信天道故也！"司徒德劝宝从昙猛言，宝乃遣麟帅骑三万居军后以备非常。麟以昙猛为妄，纵骑游猎，不肯设备。宝遣骑还诇[10]魏兵，骑行十余里，即解鞍寝。

魏军晨夜兼行，乙酉[11]，暮，至参合陂西。燕军在陂东，营于蟠羊山南水上[12]。魏王珪夜部分[13]诸将，掩覆[14]燕军，士卒衔枚束马口潜进。丙戌[15]，日出，魏军登山，下临燕营。燕军将东引[16]，顾见之，士卒大惊扰乱。珪纵兵击之，燕兵走赴水，人马相腾蹑[17]，压溺死者以万数。略阳公遵以兵邀其前[18]，燕兵四五万人，一时放仗敛手就禽[19]，其遗迸[20]去者不过数千人，太子宝等皆单骑仅免。杀燕右仆射陈留悼王绍[21]，生禽鲁阳王倭奴、桂林王道成[22]、济阴公尹国[23]等文武将吏数千人，兵甲粮货以巨万[24]计。道成，垂之弟子也。

魏王珪择燕臣之有才用者[25]代郡太守广川贾闰、闰从弟骠骑长史昌黎太守彝、太史郎辽东晁崇等留之，其余欲悉给衣粮遣还，以招怀中州之人[26]。中部大人王建[27]曰："燕众强盛，今倾国而来，我幸而大捷，不如悉杀之，则其国空虚，取之为易。且获寇而纵之，无乃不可乎！"乃尽坑之。十二月，珪还云中之盛乐[28]。

燕太子宝耻于参合之败，请更击魏。司徒德言于燕主垂曰："虏以参合之捷，有轻太子之心，宜及陛下神略[29]以服之，不然，将为后患。"垂乃以清河公会录留台事[30]，领幽州刺史，代高阳王隆镇龙城[31]；以阳城王兰汗为北中郎将[32]，代长乐公盛镇蓟[33]；命隆、盛悉引其精兵还中山，期以明年大举击魏。

是岁，秦主兴封其叔父绪为晋王，硕德为陇西王，弟崇为齐公，显为常山公。

（以上为第十段，写北魏抓住天时之利，突然袭击，后燕军在参合陂被打败，全军覆没，元气大伤，仍图谋报仇，调兵遣将，以期大举。）

【注释】

［1］辛未：十月二十五日。［2］不设斥候：不派人注意河水的变化。斥候，侦察敌情的人员。［3］己卯：十一月三日。［4］参合陂（bēi）：古地名，在今内蒙古凉城县东的岱海东南。［5］沙门：僧徒，和尚。支昙猛：高僧。［6］索虏何敢远来：胡三省曰："太元十八年（393），慕容麟已知拓跋珪之必为患矣，今乃轻之如此，岂其心自疑而欲败宝之师邪？其后宝不能守中山，而麟亦不能自立，同归于乱而已矣。"索虏，亦称"索头"，因拓跋部落的鲜卑人习惯于结发辫，故当时的其他民族蔑称之曰"索虏"。［7］徇（xùn）：对众宣示。［8］苻氏：此指前秦主苻坚。［9］败于淮南：即指"淝水之战"。［10］诇（xiòng）：侦察，刺探。［11］乙酉：十一月九日。［12］蟠羊山南水上：蟠羊山南面的水边上。据胡注引《水经注》，此水当时名叫沃水。蟠羊山，古地名，在今内蒙古丰镇市东盘羊山。［13］部分：部署，派遣。［14］掩覆：偷袭。［15］丙戌：十一月十二日。［16］东引：向东进发。［17］相腾蹑（niè）：争向前挤，相互践踏。蹑，踩，插进。［18］邀其前：截住其前跑之路。［19］就禽：被擒。禽，同"擒"，擒获。［20］遗迸（bèng）：漏网逃脱。迸，往外溅散，引申为逃散。［21］陈留悼王绍：即慕容绍，慕容恪之子，慕容垂之侄，封陈留王，谥号悼。［22］生禽：活捉。禽，同"擒"。鲁阳王倭奴：即慕容倭奴，其名不详，倭奴是小字，后燕主慕容垂之子。桂林王道成：即慕容道成，后燕主慕容垂之侄。［23］济阴公尹国：即慕容尹国，后燕宗室将领。［24］巨万：万万，极言数目之多。［25］择燕臣之有才用者：北魏王拓跋珪选择后燕被活捉的大臣中有可用的人才留下来任用。［26］辽东晁崇：原文无"辽东"二字，据章校补。招怀：意即招纳，招之使来。怀，令人思慕，令人向往。中州之人：中原地区的人。当时慕容垂都于中山（今河北定州市），今河北、山西、山东以及河南北部等地皆归其统辖。［27］中部大人：官名，主管新投降的各少数民族部落的事务。王建：本姓乌丸，字敕以建，广宁西乐（今辽宁北镇市）人，鲜卑族，北魏开国元勋、外戚大臣。传见《魏书》卷三十。［28］云中：郡名，郡治在今内蒙古和林格尔县。盛乐：云中郡郡治，魏国都，也叫成乐。［29］及：趁着。神略：形容高超的谋略。［30］清河公会：即慕容会，慕容宝之子，慕容垂之孙。录留台事：总管留守朝廷的一切事宜。［31］高阳王隆：即慕容隆，慕容垂子，封高阳王，为都督幽、平二州诸军事，征北大将军，幽州牧，录留台尚书事。传见《晋书》卷一百二十三。龙城：燕国的旧都城，在今辽宁朝阳市。后燕在龙城设有留台，由慕容隆总管其事。［32］阳城：古郡名。兰汗：慕容垂舅父，慕容楷、慕容盛岳父，后燕外戚大臣。曾任镇北将军，封阳城王，为北中郎将。［33］长乐公盛：即慕容盛，字道运，慕容宝长子，后燕第三位国主。传见《晋书》卷一百二十四。长乐，郡国名，治、都为冀州治所信都，在今河北衡水市冀州区。蓟（jì）：县名，县治在今北京市西南。

二十一年（丙申，396 年）

春，正月，燕高阳王隆引龙城之甲入中山，军容精整，燕人之气稍振。

休官权万世[1]帅众降西秦[2]。

燕主垂遣征东将军平规发兵冀州[3]。二月，规以博陵、武邑、长乐三郡兵反于鲁口[4]，其从子冀州刺史喜[5]谏，不听。规弟海阳令翰亦起兵于辽西[6]以应之。垂遣镇东将军余嵩[7]击规，嵩败死。垂自将击规，至鲁口，规弃众，将妻子及平喜等数十人走渡河[8]，垂引兵还。翰引兵趣龙城[9]，清河公会遣东阳公根[10]等击翰，破之，翰走山南[11]。

三月，庚子[12]，燕主垂留范阳王德守中山，引兵密发[13]，逾青岭[14]，经天门[15]，凿山通道，出魏不意，直指云中[16]。魏陈留公虔帅部落三万余家镇平城[17]；垂至猎岭[18]，以辽西王农、高阳王隆为前锋以袭之。是时，燕兵新败，皆畏魏，惟龙城兵勇锐争先。虔素不设备[19]，闰月，乙卯[20]，燕军至平城，虔乃觉之，帅麾下出战，败死，燕军尽收其部落。魏王珪震怖[21]欲走，诸部闻虔死，皆有贰心，珪不知所适[22]。

垂之过参合陂也，见积骸[23]如山，为之设祭，军士皆恸哭[24]，声震山谷。垂惭愤呕血，由是发疾，乘马舆而进，顿[25]平城西北三十里。太子宝等闻之，皆引还。燕军叛者奔告于魏云：“垂已死，舆尸在军。”魏王珪欲追之，闻平城已没，乃引还阴山[26]。

垂在平城积十日，疾转笃[27]，乃筑燕昌城[28]而还。夏，四月，癸未[29]，卒于上谷之沮阳[30]，秘不发丧。丙申[31]，至中山；戊戌[32]，发丧，谥曰成武皇帝，庙号世祖。壬寅[33]，太子宝即位，大赦，改元永康[34]。

五月，辛亥[35]，以范阳王德为都督冀・兖・青・徐・荆・豫六州诸军事、车骑大将军、冀州牧，镇邺；辽西王农为都督并・雍・益・梁・秦・凉六州诸军事、并州牧，镇晋阳。又以安定王库傉官伟为太师，夫余王蔚[36]为太傅。甲寅[37]，以赵王麟领尚书左仆射，高阳王隆领右仆射，长乐公盛为司隶校尉[38]，宜都王凤为冀州刺史。

乙卯[39]，以散骑常侍彭城刘该[40]为徐州刺史，镇鄄城[41]。

甲子[42]，以望蔡公谢琰[43]为尚书左仆射。

初，燕主垂先段后[44]生子令[45]、宝，后段后[46]生子朗、鉴，爱诸姬子麟、农、隆、柔、熙。宝初为太子，有美称，已而荒怠[47]，中外失望。后段后尝言于垂曰："太子遭承平之世，足为守成之主；今国步艰难，恐非济世[48]之才。辽西、高阳二王[49]，陛下之贤子，宜择一人，付以大业。赵王麟奸诈强愎[50]，异日必为国家之患，宜早图[51]之。"宝善事垂左右，左右多誉之，故垂以为贤，谓段氏曰："汝欲使我为晋献公[52]乎！"段氏泣而退，告其妹范阳王妃[53]曰："太子不才，天下所知，吾为社稷言之，主上乃以吾为骊姬，何其苦[54]哉！观太子必丧社稷，范阳王有非常器度[55]，若燕祚[56]未尽，其在王乎！"宝及麟闻而恨之。

乙丑[57]，宝使麟谓段氏曰："后常谓主上[58]不能守大业，今竟能不[59]？宜早自裁，以全段宗[60]！"段氏怒曰："汝兄弟不难逼杀其母，况能守先业乎[61]！吾岂爱死[62]，但念国亡不久耳。"遂自杀。宝议以段后谋废適统[63]，无母后之道，不宜成丧[64]。群臣咸[65]以为然。中书令眭邃飏言于朝[66]曰："子无废母之义，汉安思阎后亲废顺帝[67]，犹得配飨太庙[68]，况先后暧昧之言[69]，虚实未可知[70]乎！"乃成丧。

（以上为第十一段，写后燕主慕容垂率军攻打北魏，攻下平城，而后病重去世，退兵；小段皇后曾劝说慕容垂废掉慕容宝，慕容宝即位后施行报复，逼其自尽。）

【注释】

[1]休官：西部少数民族部落名，当时居住在略阳（今甘肃天水市）一带。权万世：休官族的部落头领。[2]西秦：指鲜卑族乞伏乾归政权，五胡十六国之一。[3]发兵冀州：向冀州征调士兵。[4]博陵、武邑、长乐：三郡名。博陵郡的郡治在今河北蠡县南，武邑郡的郡治在今河北武邑县，长乐郡的郡治在今河北衡水市冀州区。鲁口：古地名，在河北饶阳县南的滹沱河上。[5]从子：侄子。喜：即平喜，平规之侄，后燕官员，后反叛逃奔东晋。[6]海阳令翰：即平翰，后燕海阳县县令。海阳县，县治在今河北滦州市西，当时属辽西郡。辽西：郡名，郡治阳乐，在今辽宁义县西。[7]余嵩：后燕镇东将军，在平定平规之乱中被打败击杀。[8]走渡河：指渡

过黄河向东南逃窜。［9］趣龙城：杀向龙城。趣，同“趋”，奔走。［10］东阳公根：即慕容根，后燕官员，封东阳公，为尚书左仆射、尚书令。东阳，郡名，郡治长山，在今浙江金华市婺城区，当时属东晋，此虚领。［11］山南：指当地的白旗山、徐元山之南。［12］庚子：三月二十六日。［13］密发：犹秘发，悄悄出发。密，同“秘”，秘密。［14］青岭：当时也叫广昌岭，在今河北易县南。［15］天门：在青岭上的“五回道”两侧，壁立直上，人称天门。［16］云中：郡名，郡治即魏都盛乐，在今内蒙古和林格尔县北。［17］平城：城邑名，在今山西大同市北。［18］猎岭：在夏屋山东北，以北魏主拓跋珪常来此行猎故称。［19］设备：部署，防备。［20］闰月，乙卯：闰三月十二日。［21］震怖：震惊，惊恐。［22］不知所适：不知向哪里逃好。适，往。［23］骸（hái）：尸骨。［24］恸（tòng）哭：大声痛哭。恸，哀痛。［25］顿：停留，驻扎。［26］引还：谓停止对燕军的追击，撤至阴山。阴山：山名，横亘在今内蒙古包头市、呼和浩特市以北的东西走向的大山。［27］疾转笃：病情变得严重。［28］筑燕昌城：筑城以作纪念，其城在平城北四十里。［29］癸未：四月十日。［30］上谷之沮阳：上谷郡的沮阳县，县治在今河北怀来县东南。当时的沮阳也是上谷郡的郡治所在地。［31］丙申：四月二十三日。［32］戊戌：四月二十九日。［33］壬寅：五月九日。［34］永康：后燕主慕容宝的年号，共三年。［35］辛亥：五月十九日。［36］夫余王蔚：夫余国的国王，名余蔚。夫余，古国名，也作“扶余”，位于松花江流域，是朝鲜半岛北部与今中国东北地区的第一个扶余人政权国家，领地在今长春市、哈尔滨市一带。从公元前 2 世纪立国到公元 494 年灭国为止，历时约七百年。余蔚，夫余王之子，国灭归于后燕，后燕主慕容垂封其为夫余王。［37］甲寅：五月十二日。［38］司隶校尉：官名，首都及其四郊的监察官，兼为地方行政长官，级同刺史。［39］乙卯：五月十三日。［40］刘该：彭城人，东晋散骑常侍、徐州刺史。［41］鄄（juàn）城：古县名，县治在今山东鄄城县北。［42］甲子：五月二十二。［43］望蔡公谢琰（yǎn）：字瑗度，太保谢安次子、车骑将军谢玄从弟，东晋重要将领，封望蔡县公。传见《晋书》卷七十九。［44］先段后：后燕主慕容垂初娶段氏，段部鲜卑首领段末柸之女。后慕容垂即位，追尊为后，又纳段氏之侄女为后，故史书以“先段后”“后段后”以别之。［45］令：即慕容令，慕容垂嫡长子，骁勇刚毅、多谋善断，随父投靠前秦天王苻坚。后回归前燕，被异母弟慕容麟告密，死在部下手中。慕容垂建立后燕，追赠其献庄太子。慕容盛即位，追封其献庄皇帝。［46］后段后：第二个姓段的妻子段氏，有识见，被慕容宝所害。［47］荒怠：纵逸，怠惰。［48］济世：挽救危亡。［49］辽西、高阳二王：指辽西王慕容农与高阳王慕容隆。［50］强愎（bì）：自以为是，顽固不化。愎，执拗，固执。［51］图：指采取果断措施，以绝后患。［52］晋献公：春秋时晋国君主，因听信骊姬谗言，废太子申生，导致晋国五世之乱。传见《史记》卷三十九。［53］范阳王妃：即慕容德之妻，慕容德是慕容垂之弟。［54］苦：悲苦，悲哀。［55］非常：不同寻常。器度：才量，风度。［56］燕祚：后燕国的国运。祚，福，这里指国家的命运。［57］乙丑：五月二十三日。［58］主上：指新即位的慕容宝。［59］能不：能否。不，同“否”。［60］以全段宗：意谓你若遵命自杀，则可使你娘家满门不受株连。［61］不难逼杀其母，况能守先业乎：意即就这样轻而易举地逼杀皇后、继母，还怎么能守住先人的大业呢？不难，含有不分青红皂白，挟仇报复的意思！［62］爱死：吝惜死亡，即贪生怕死。［63］谋废適统：指段氏曾建议慕容垂不要立慕容宝为嗣之事。適，同“嫡”。［64］不宜成丧：不能按照皇后的规格举行丧葬之礼。［65］咸：皆，都。［66］眭（suī）邃（suì）：字怀道，后燕慕容垂从事中郎，转高阳太守，慕容宝永康初年，任中书令。飏言于朝：在朝廷上公开地说。飏，同“扬”。［67］汉安思阎后：东汉安帝刘祜的阎皇后，死后谥曰“思”。顺帝：即刘保，东汉第八位皇帝，汉安帝长子，庶出，被阎皇后谮废为济阴王。安帝死后，阎后为了专权，故意选立安帝的小侄子、幼儿刘懿为帝，自己垂帘听政。宦官孙程、王康等十九人发动宫廷政变，诛杀阎后，重新拥立十一岁被废的刘保为帝，改元永建，是为汉顺帝。［68］犹得配飨太庙：谓阎皇后曾毒死顺帝刘保之母、谗废顺帝，如此作恶多端，死后，还被承认是皇后，与其夫一起被供奉在太庙里，享受祭祀。［69］况先后暧昧之言：指众人传说的段氏建议慕容垂废除慕容宝之事。先后，死去的皇后。先，是对死去长辈的敬称。暧昧，说不清、道不明的渺茫而不清楚的传闻之辞。［70］虚实未可知：意即是传闻，无法证实。

六月，癸酉[1]，魏王珪遣将军王建等击燕广宁太守刘亢泥[2]，斩之，徙其部落于平城。燕上谷太守开封公详[3]弃郡走。详，皝之曾孙也。

丁亥[4]，魏贺太妃[5]卒。

燕主宝定士族旧籍[6]，分辨清浊[7]，校阅[8]户口，罢军营封荫之户，悉属郡县[9]。由是士民嗟怨[10]，始有离心。

三河王吕光即天王位[11]，国号大凉[12]，大赦，改元龙飞[13]；备置百官，以世子绍为太子，封子弟为公侯者二十人；以中书令王详为尚书左仆射，著作郎段业等五人为尚书。

光遣使者拜秃发乌孤为征南大将军、益州牧、左贤王[14]。乌孤谓使者曰：“吕王诸子贪淫[15]，三甥[16]暴虐，远近愁怨，吾安可违百姓之心，受不义之爵乎！吾当为帝王之事[17]耳。”乃留其鼓吹、羽仪[18]，谢而遣之。

平规收合余党据高唐[19]，燕主宝遣高阳王隆将兵讨之。东土之民，素怀隆惠，迎候者属路[20]。秋，七月，隆进军临河[21]，规弃高唐走。隆遣建威将军慕容进[22]等济河追之，斩规于济北[23]。平喜奔彭城[24]。

纳故中书令王献之女为太子妃。献之，羲之之子也。

魏群臣劝魏王珪称尊号，珪始建天子旌旗，出警入跸[25]，改元皇始[26]。参军事上谷张恂[27]劝珪进取中原，珪善之。

燕辽西王农悉将部曲数万口之并州[28]，并州素乏储偫[29]，是岁早霜，民不能供其食，又遣诸部护军分监诸胡[30]，由是民夷[31]俱怨，潜召魏军。

八月，己亥[32]，魏王珪大举伐燕，步骑四十余万，南出马邑[33]，逾句注[34]，旌旗二千余里，鼓行而进。左将军雁门李栗将五万骑为前驱[35]，别遣将军封真等从东道出军都[36]，袭燕幽州。

燕征北大将军、幽·平二州牧、清河公会母贱而年长，雄俊有器艺[37]，燕主垂爱之。宝之伐魏也，垂命会摄东宫事、总录[38]，礼遇一如太子。及垂伐魏，命会镇龙城，委以东北之任，国官府佐[39]，皆选一时才望[40]。垂疾笃[41]，遗言命宝以会为嗣[42]。而宝爱少子濮阳公策[43]，意不在会。长乐公盛与会同年，耻为之下，乃与赵王麟共劝宝立策，宝从之。乙亥[44]，立妃段氏为皇后，策为皇太子，会、盛皆进爵为王。策年十一，素惷弱[45]，会闻之，心愠怼[46]。

九月，章武王宙奉燕主垂及成哀段后[47]之丧葬于龙城宣平陵[48]，宝诏宙悉徙高阳王隆参佐、部曲、家属还中山[49]，会违诏，多留部曲不遣。宙年长属尊[50]，会每事陵侮[51]之，见者皆知其有异志。

戊午[52]，魏军至阳曲[53]，乘西山[54]，临晋阳[55]，遣骑环城大噪而去。燕辽西王农出战，大败，奔还晋阳，司马慕舆嵩[56]闭门拒之。农将妻子帅数千骑东走，魏中领将军[57]长孙肥追之，及于潞川[58]，获农妻子。燕军尽没，农被创，独与三骑逃归中山。

魏王珪遂取并州。初建台省[59]，置刺史、太守、尚书郎[60]以下官，悉用儒生为之。士大夫诣军门[61]，无少长，皆引入存慰[62]，使人人尽言，少有才用，咸加擢叙[63]。己未[64]，遣辅国将军奚收略地汾川[65]，获燕丹杨王买德[66]及离石护军高秀和[67]。以中书侍郎张恂[68]等为诸郡太守，招抚离散，劝课[69]农桑。

燕主宝闻魏军将至，议于东堂。中山尹苻谟[70]曰：“今魏军众强，千里远斗，乘胜气锐，若纵之使入平土，不可敌也，宜杜险[71]以拒之。”中书令眭邃[72]曰：“魏多骑兵，往来剽速[73]，马上赍粮[74]，不过旬日，宜令郡县聚民，千家为一堡，深沟高垒，清野以待之，彼至无所掠，不过六旬，食尽自退。”尚书封懿[75]曰：“今魏兵数十万，天下之勍敌[76]也，民虽筑堡，不足以自固，是聚兵及粮以资之[77]也。且动摇民心，示之以弱，不如阻关[78]拒战，计之上也。”赵王麟曰：“魏今乘胜气锐，其锋不可当，宜完守[79]中山，待其弊[80]而乘之。”于是修城积粟，为持久之备。命辽西王农出屯安喜[81]，军事动静[82]，悉以委麟。

（以上为第十二段，写北魏主拓跋珪出动大军，强力攻打后燕，攻下晋阳，直抵中山；后燕主慕容宝庸弱，内部矛盾重重，放弃阻关据守，困守中山，坐待国亡。）

【注释】

[1]癸酉：六月一日。[2]广宁：郡名，郡治在今辽宁北镇市。刘亢泥：北魏道武帝拓跋珪的姑父，刘库仁的小儿子。前秦灭亡代国，贺氏带着儿子拓跋珪向北迁徙。在独孤部，刘亢泥的哥哥刘显想谋害拓跋珪，拓跋珪的姑姑（刘亢泥之妻）告诉了贺氏，拓跋珪得以逃到舅舅家贺兰部。刘显要杀贺氏，刘亢泥夫妻举族求情得免。拓跋珪攻杀刘亢泥，恩将仇报。[3]开封公详：即慕容详，前燕主慕容皝曾孙，后燕第三位国主，初任上谷太守，封开封郡公。[4]丁亥：六月十五日。[5]贺太妃：北魏主拓跋珪的母亲，对拓跋珪多有保护之功。传见《魏书》卷十三。[6]定士族旧籍：整理士族的旧有谱籍。士族，三国以来各地在政治经济各方面享有特权的豪门大族。[7]分辨清浊：评定这些贵族人物品行的高下。清，清流，当时称那些有名望而不与权豪同流合污的人。[8]校阅：检查，查核。[9]罢军营封荫之户，悉属郡县：当时有些军中的将领占有许多佃户，这些佃户只向他们交粮，而不向国家纳税，因而使国家收入减少，现在把这些佃户一律划归郡县，编入户籍，向国家纳税。[10]嗟怨：嗟叹，怨恨。[11]即天王位：意即自称皇帝。[12]大凉：即前秦将领吕光建立的后凉，十六国之一。[13]龙飞：后凉太祖吕光的年号。[14]左贤王：匈奴官名，贵族封号，在匈奴官制中，地位最高。[15]诸子：吕光的儿子见于史者，有吕纂、吕弘、吕绍、吕覆。贪淫：贪得无厌。[16]三甥：三个外甥，其一为石聪，曾谮杀杜进，余二人不详。[17]为帝王之事：即为帝王，做帝王应该做的事情，如实行仁义、招贤纳士等。[18]鼓吹、羽仪：古代官僚、贵族居家与出行所炫耀的排场。鼓吹，指乐队。羽仪，指仪仗。[19]据高唐：占据高唐县以自立。高唐，县治在今山东高唐县东。[20]属路：相属于路，一路上接连不断都是欢迎的人群。[21]临河：到达黄河西岸，与东岸的高唐县隔河相望。[22]慕容进：后燕高阳王慕容隆属将，为建威将军，斩杀反叛的将领平规。[23]济北：郡名，郡治在今山东东阿县东南古黄河南岸。[24]平喜：平规之侄，后燕官员，反叛被打败后

逃奔东晋。彭城：郡名，郡治在今江苏徐州市，当时属东晋。［25］出警入跸（bì）：指古代帝王出入时的警戒与清道。左右侍卫为警，止人清道为跸。［26］皇始：北魏道武帝拓跋珪的年号。［27］张恂（xún）：字洪让，上谷沮阳（今河北怀来县）人，北魏初期大臣，官至广平、常山太守，为太中大夫。传见《魏书》卷八十八。［28］并州：州治晋阳，在今山西太原市西南。［29］储偫（zhì）：指仓库里储存的粮食衣物等。偫，积储，储备。［30］诸部护军：指派到其部下各少数民族部落中去的军政长官。因当时兵民一体，按军事编制，故称其官为护军。分监诸胡：分别管理除鲜卑以外的其他各少数民族。［31］民夷：代指所有的人。民，指汉民和后燕所属的鲜卑人。夷，指其他各少数民族的人。［32］己亥：八月二十八日。［33］马邑：县名，县治在今山西朔州市。［34］逾句注：翻越过句注山。句注，山名，又称雁门山，在今山西代县北。［35］雁门：郡名，郡治在今山西代县西南。李栗：雁门人，北魏左军将军。后因在拓跋珪前咳唾任情，舒放简慢，被杀。群官由此见帝尽卑谦之礼。前驱：先头部队。［36］封真：北魏将领。军都：县名，县治在今北京市昌平区西南。［37］雄俊：才智杰出。有器艺：有才能，有本领。器，身材气度。［38］摄东宫事：代管其父慕容宝（时为太子）宫中的一切事务。总录：总理一切朝政。［39］国官：指慕容会之封国，也就是他所在的统辖区的各级军政长官。府佐：指其所任刺史府与将军府的各级僚属。［40］皆选一时才望：都是挑选当时有才能、有声望的人。［41］疾笃（dǔ）：病重。笃，很，甚。［42］为嗣（sì）：为接班人。［43］濮阳公策：即慕容策，慕容宝嫡子，排行第三，被其父宠爱，立为太子。后慕容宝被舅爷爷兰汗杀害，太子慕容策也同时遇害。庶长兄慕容盛即位后，追封其为献哀太子。［44］乙亥：八月四日。［45］惷（chōng）弱：愚笨，懦弱。惷，愚。［46］愠（yùn）怼（duì）：恼怒，怨恨。［47］成哀段后：即段元妃，姓段，字元妃，右光禄大夫段仪之女，后燕主慕容垂皇后，南燕主慕容德皇后段季妃姐姐。太元八年（383），慕容垂自称燕王，娶段元妃为继室。后称帝，立为皇后，因劝慕容垂更立太子，招致慕容宝痛恨。慕容宝继位后，派慕容麟逼其自杀，谥号成哀皇后。［48］龙城：又称“和龙”“黄龙城”，在今辽宁朝阳市，是前燕都城，慕容垂建立后燕，也建都于此。宣平陵：后燕开国君主慕容垂的陵寝，位于辽宁朝阳市拉皋镇附近。［49］徙：调动。参佐：部下，僚属。部曲：部属，部队。还中山：慕容隆原来镇守龙城，去年因伐魏被调往中山，其参佐、部曲、家属还留在龙城，今令其都到中山。［50］年长属尊：年龄辈分都比慕容会等要高。慕容宙是慕容会、慕容盛等人的族叔。［51］陵侮：凌辱，欺压。陵，同“凌”。［52］戊午：九月十八日。［53］阳曲：县名，县治在今山西阳曲县西南、太原市北。［54］乘西山：登上太原市西面的山。乘，登。［55］临晋阳：俯视晋阳城。晋阳，是当时并州的州治所在地，在今山西太原市西南。临，俯视。［56］司马：在军队中主要负责执法。慕舆嵩：人名。据《资治通鉴》，后燕有两个慕舆嵩，一是太元二十年（395），后燕、北魏相持，赵王麟将慕舆嵩等以为慕容垂真的死了，就谋作乱，事泄，被处死；一是此处，北魏大军侵扰晋阳，辽西王慕容农出战，大败，司马慕舆嵩闭门拒之。［57］中领将军：负责统领王朝中央直属军队。［58］及于潞（lù）川：追到潞川时追上了。潞川，在今之浊漳河，流经今山西长治市一带。［59］初建台省：初次建立王朝的中央机构。因为当时最高的行政机构有中书省、尚书省、御史台等，故以“台省”代指朝廷。［60］尚书郎：尚书省里各曹的负责官员。［61］诣军门：到拓跋珪的中军大门办事。诣，到达。军门，指拓跋珪的中军大门。［62］存慰：存问，抚慰。［63］咸加擢（zhuó）叙：都予以提拔、任用。［64］己未：九月十九日。［65］奚收：胡三省注曰：“当作‘奚牧’。”本姓达奚氏，代郡（治今山西大同市）人，北魏大臣。深得北魏主拓跋珪宠遇，拜为治民长，从征慕容宝，加辅国将军。略地晋川，以军功拜并州刺史，封任城郡公。后坐与后秦主姚兴通和，为拓跋珪所杀。传见《魏书》卷二十八。汾川：大约指今山西文水县、汾阳市一带的汾河流域。［66］丹杨王买德：即慕容买德，后燕丹杨王。［67］离石护军：在离石县统管少数民族的军政长官。离石，县名，县治在今山西吕梁市离石区。高秀和：后燕离石护军，被北魏俘获。［68］张恂（xún）：北魏中书侍郎，出任郡太守。［69］劝课：鼓励，督责。［70］中山尹：后燕首都中山的最高行政长官。苻谟（mó）：前秦主苻坚从弟，后燕主慕容垂亲家。前秦征西将军、幽州牧，后投降后燕，封为中山尹。后被开封公慕容详杀害。传见《晋书》卷一百十五。［71］杜险：堵住险要的关口。［72］眭（suī）邃（suì）：后燕中书令。［73］剽（piāo）速：即剽疾，强劲迅捷，来无影，去如风。［74］马上赍（jī）粮：部队的粮草都放在马背上，随时转移，不能持久。［75］尚书：此指尚书令，负责国家行政的最高长官。封懿：字处德，初仕慕容宝，官至中书令、民部尚书。慕容宝败亡后，归顺北魏，除给事黄门侍郎、都坐大官、宁朔将军，封章安县子。传见《魏书》卷三十二。［76］勍（qíng）敌：强敌，大敌。勍，强。［77］以资之：以助之，以留给他们收缴。［78］阻关：凭借关塞，据险拒敌。［79］完守：巩固，守备。［80］弊：疲敝，松懈。［81］安喜：县名，县治在今河北定州市东南。［82］军事动静：即军事行动，指战争的进行与不进行。

帝嗜酒[1]，流连[2]内殿，醒治[3]既少，外人罕[4]得进见。张贵人[5]宠冠后宫，后宫皆畏之。庚申[6]，帝与后宫宴，妓乐[7]尽侍，时贵人年近三十，帝戏之曰：“汝以年亦当废矣，吾意更属[8]少者。”贵人潜怒，向夕[9]，帝醉，寝于清暑殿，贵人遍饮宦者酒，散遣之，使婢以被蒙帝面，弑之，重赂左右，云：“因魇暴崩[10]。”时太子暗弱[11]，会稽王道子昏荒[12]，遂不复推问[13]。王国宝夜叩禁门[14]，欲入为遗诏[15]，侍中王爽[16]拒之曰：“大行晏驾[17]，皇太子[18]未至，敢入者斩！”国宝乃止。爽，恭之弟也。辛酉[19]，太子即皇帝位，大赦。

癸亥[20]，有司[21]奏：会稽王道子宜进位太傅、扬州牧，假黄钺[22]，诏内外众事动静咨之[23]。

安帝幼而不慧[24]，口不能言，至于寒暑饥饱亦不能辨，饮食寝兴[25]皆非己出。母弟琅邪王德文[26]，性恭谨，常侍左右，为之节适[27]，始得其宜。

初，王国宝党附会稽王道子，骄纵不法，屡为御史中丞褚粲所纠[28]。国宝起斋[29]，侔清暑殿[30]，孝武帝甚恶之。国宝惧，遂更求媚于帝而疏道子，帝复宠昵[31]之。道子大怒，尝于内省[32]面责国宝，以剑掷[33]之，旧好尽矣。及帝崩，国宝复事道子，与王绪共为邪谄[34]，道子更惑之[35]，倚为心腹，遂参管朝权，威震内外，并为时之所疾[36]。

王恭入赴山陵[37]，每正色[38]直言，道子深惮[39]之。恭罢朝，叹曰："榱栋虽新，便有《黍离》之叹[40]！"绪说国宝，因恭入朝，劝相王[41]伏兵杀之，国宝不许。道子欲辑和内外[42]，乃深布腹心[43]于恭，冀除[44]旧恶。而恭每言及时政，辄厉声色[45]。道子知恭不可和协，遂有相图[46]之志。

或劝恭因入朝以兵诛国宝，恭以豫州刺史庾楷[47]士马甚盛，党[48]于国宝，惮之，不敢发。王珣[49]谓恭曰："国宝虽终为祸乱，要之罪逆未彰，今遽[50]先事而发，必大失朝野之望。况拥强兵窃发于京辇[51]，谁谓非逆！国宝若遂不改，恶布天下，然后顺众心以除之，亦无忧不济也。"恭乃止。既而谓珣曰："比来视君一似胡广[52]。"珣曰："王陵廷争[53]，陈平慎默[54]，但问岁晏何如[55]耳！"

冬，十月，甲申[56]，葬孝武帝于隆平陵[57]。王恭还镇[58]，将行，谓道子曰："主上谅暗[59]，冢宰之任[60]，伊、周所难[61]，愿大王亲万几[62]，纳直言，放郑声，远佞人[63]。"国宝等愈惧。

（以上为第十三段，写东晋朝廷的宫廷政变，张贵人杀死孝武帝司马曜，呆傻的司马德宗即位，昏庸的司马道子专权，王国宝等奸佞当朝，东晋行将灭亡！）

【注释】

[1]帝：此指东晋孝武帝司马曜。嗜（shì）酒：酷爱喝酒。[2]流连：留恋，舍不得离开。[3]醒治：指清醒治事的时光。[4]罕（hǎn）：很少，稀少。[5]张贵人：即张氏，东晋孝武帝司马曜宠妃，飞扬跋扈，后因司马曜的一句玩笑话，张贵人竟让贴身的服侍婢女用被子将司马曜活活闷死。[6]庚申：九月二十日。[7]妓乐：指歌儿舞女诸人。[8]更属（zhǔ）：更注意，

更看中。属，注意，把精力集中于某事。［9］向夕：傍晚。［10］魇（yǎn）：睡梦中像是被什么东西压住。暴崩：突然死亡。［11］暗弱：昏庸，懦弱。［12］昏荒：昏乱，荒谬。［13］推问：审问，讯问。［14］王国宝：王坦之第三子，当时的奸臣，与司马道子勾结，共同为恶，权震一时。禁门：宫禁之门。［15］为：写，作。遗诏：皇帝临终时所发的诏书。［16］侍中：皇帝的侍从官员，以备参谋顾问，后来形同宰相。王爽：东晋官员，孝武帝王皇后的同胞兄弟，当时大军阀王恭之弟，时为侍中。［17］大行晏驾：意即皇帝刚死。大行，即指死。旧时以“大行”指已死而尚未正式安葬的皇帝。晏驾，宫车很晚没有出来，隐指皇帝死了。晏，晚。［18］皇太子：即司马德宗，字安德，东晋孝武帝司马曜长子，晋恭帝司马德文同母兄，东晋第十位皇帝，公元397年至公元419年在位。即帝位，改元隆安。生性愚笨，语言迟钝，被称为“白痴皇帝”。即位后内乱频发，国势日衰，后被刘裕杀死。传见《晋书》卷十。［19］辛酉：九月二十一日。［20］癸亥：九月二十三日。［21］有司：有关主管部门。［22］假黄钺（yuè）：授予镀金大斧，使其有生杀之权。假，加，授予。［23］动静咨之：在国家政事上，不管有什么情况，都向他请示。［24］不慧：不聪明，呆傻、白痴的代名词。［25］寝兴：睡觉，起床。［26］德文：即司马德文，字德文，东晋孝武帝司马曜次子，安帝司马德宗之弟，东晋末代皇帝（419—420在位）。初封琅邪王，即位两年后，禅位于宋王刘裕，被废为零陵郡王，后被杀。谥号恭皇帝。传见《晋书》卷十。［27］为之节适：替他掌握分寸。［28］褚粲：东晋武帝时御史中丞。所纠：所弹劾。［29］起斋（zhāi）：所盖的供读书或养性怡神的房子。斋，此指斋楼，楼房。［30］侔（móu）清暑殿：可以和皇宫里的清暑殿相比。侔，相比。［31］宠昵（nì）：宠爱，亲近。［32］内省：指宫中。［33］掷（zhì）：投刺。［34］王绪：王国宝的堂弟。邪谄：邪恶而谄谀。［35］更惑之：又被其迷惑。［36］并为时之所疾：都一起被当时的朝野人士所痛恨。［37］入赴山陵：到朝廷来参加皇帝的葬礼。入，指入京、入朝。山陵，指帝王陵墓。［38］正色：态度严肃，神态严厉。［39］惮（dàn）：害怕，畏惧。［40］榱（cuī）栋虽新，便有《黍离》之叹：意谓宫廷建筑尽管很新，但让人感觉到的却似乎已经是一片废墟了，暗指司马道子与王国宝必将葬送东晋王朝。榱栋，屋顶的椽子和大梁，这里代表房屋建筑。《黍离》，《诗经·国风》中的篇名，是东周都城洛邑周边地区流行的有感于家国兴亡的诗歌。周朝东迁后，周国大夫出差到西都镐京，看到旧日宫殿一片荒芜，长满了禾黍，内心悲伤，因而发出一种绵绵不尽的故国之思和凄怆无已之情。［41］相王：指司马道子，司马道子当时既是会稽王，又是晋朝的宰相，故称之。［42］辑和内外：调和朝内的王国宝与藩镇势力王恭等。辑和，安抚，调和。［43］深布腹心：犹言“推心置腹”，以诚相待。［44］冀除：希望消除。［45］辄（zhé）：往往，总是。厉声色：即厉声厉色，声音严厉，神情严肃。［46］相图：谋杀。［47］庾楷：东晋名臣庾亮之孙，当时为西中郎将、豫州刺史，驻兵历阳（今安徽和县）。［48］党：党附，依附。［49］王珣（xún）：东晋名臣王导之孙，当时为尚书左仆射、征虏将军。［50］遽（jù）：突然。［51］窃发：暗中发动。京辇（niǎn）：犹言“天子脚下”，皇帝身边。辇，天子的车驾。［52］比来：近来。一似胡广：简直就像胡广一样，意思是说王珣依违于权奸之间以保禄位。胡广，字伯始，东汉顺帝、桓帝、灵帝时的宰相，以不得罪权奸，处处模棱两可著称于世。传见《后汉书》卷四十四。［53］王陵廷争：吕后欲封诸吕为王，时为宰相的王陵信守刘邦旧令，坚决反对。［54］陈平慎默：吕后欲封诸吕为王，陈平则顺从吕后旨意，认为可以。王陵指责陈平不守信义。陈平说："于今面折廷争，臣不如君；夫全社稷，定刘氏之后，君不如臣。"最后吕氏一党果被周勃、陈平等所灭。慎默，谨慎沉默，闭口不言。［55］岁晏何如：到最后究竟怎么样？岁晏，年底，这里指最后、到头来。［56］甲申：十月十四日。［57］隆平陵：东晋孝武帝司马曜陵寝，在江苏南京市江宁区蒋山西南。［58］还镇：回到自己的军府所在地，即京口（今江苏镇江市）。［59］谅暗：亦作"谅阴"，原指天子居丧时所处的庐室，这里指天子居丧，不问政事。［60］冢宰之任：在这种时刻作为一个丞相的责任。冢宰，太宰，即丞相。［61］伊、周所难：即使商朝的伊尹、西周的周公那样的圣贤也感到难以胜任。［62］亲万几：亲自过问各种政事，不要放任不管。几，通"机"，指政务。［63］放郑声，远佞人：语出《论语·卫灵公》："放郑声，远佞人。郑声淫，佞人殆。"意即抛弃那种荒淫的靡靡之音，不要让那些专会说好话的人靠近自己。郑声，即郑卫之音，春秋战国时郑、卫地区的民间音乐。《五经异义·鲁论》曰："郑国之俗，男女聚会，讴歌相感，故云郑声淫。"佞人，善于花言巧语、阿谀奉承的人。

魏王珪使冠军将军代人于栗磾[1]、宁朔将军公孙兰[2]帅步骑二万，潜自晋阳开韩信故道[3]。己酉[4]，珪自井陉趋[5]中山。李先[6]降魏，珪以为征东左长史[7]。

西秦凉州牧轲弹与秦州牧益州不平[8]，轲弹奔凉[9]。

魏王珪进攻常山[10]，拔之，获太守苟延[11]。自常山以东，守宰或走或降，诸郡县皆附于魏，惟中山、邺、信都[12]三城为燕守。

十一月，珪命东平公仪将五万骑攻邺，冠军将军王建、左将军李栗攻信都。戊午[13]，珪进军中山；己未[14]，攻之。燕高阳王隆守南郭[15]，帅众力战，自旦至晡[16]，杀伤数千人，魏兵乃退。珪谓诸将曰："中山城固，宝必不肯出战，急攻则伤士，久围则费粮，不如先取邺、信都，然后图之。"丁卯[17]，珪引兵而南。

章武王宙自龙城还，闻有魏寇，驰入蓟[18]，与镇北将军阳城王兰乘城[19]固守。兰，垂之从弟也。魏别将石河头[20]攻之，不克，退屯渔阳[21]。

珪军于鲁口[22]，博陵太守申永奔河南[23]，高阳太守崔宏奔海渚[24]。珪素闻宏名，遣骑追求，获之，以为黄门侍郎，与给事黄门侍郎张衮对掌[25]机要，创立制度。博陵令屈遵[26]降魏，珪以为中书令，出纳[27]号令，兼总文诰。

燕范阳王德使南安王青[28]等夜击魏军于邺下，破之，魏军退屯新城[29]。青等请追击之，别驾韩𧦬[30]曰:“古人先计而后战。魏军不可击者四:悬军远客[31]，利在野战，一也；深入近畿，顿兵死地[32]，二也；前锋既败，后阵方固[33]，三也；彼众我寡，四也。官军[34]不宜动者三:自战其地[35]，一也；动而不胜，众心难固，二也；城隍[36]未修，敌来无备，三也。今魏无资粮，不如深垒固军以老[37]之。”德从之，召青还。青，详之兄也。

十二月，魏辽西公贺赖卢[38]帅骑二万会东平公仪攻邺。赖卢，讷[39]之弟也。

魏别部大人没根有胆勇[40]，魏王珪恶[41]之。没根惧诛，己丑[42]，将亲兵数十人降燕，燕主宝以为镇东大将军，封雁门[43]公。没根求还袭魏，宝难与重兵，给百余骑。没根效其号令[44]，夜入魏营，至中仗[45]，珪乃觉之，狼狈惊走，没根以所从人少，不能坏其大众[46]，多获首虏而还。

杨盛遣使来请命[47]；诏拜盛镇南将军、仇池公。盛表[48]苻宣为平北将军。

是岁，越质诘归帅户二万叛西秦降于秦[49]，秦人处之成纪[50]，拜镇西将军、平襄公[51]。

秦陇西王硕德攻姜乳于上邽[52]，乳率众降。秦以硕德为秦州牧，镇上邽，征乳为尚书。强熙、权千成[53]帅众三万共围上邽，硕德击破之，熙奔仇池，遂来奔[54]。硕德西击千成于略阳[55]，千成降。

西燕既亡，其所署河东太守柳恭[56]等各拥兵自守。秦主兴遣晋王绪[57]攻之，恭等临河拒守，绪不得济。

初，永嘉之乱[58]，汾阴薛氏聚其族党[59]，阻河[60]自固，不仕刘、石[61]。及苻氏[62]兴，乃以礼聘薛强[63]，拜镇东将军，强引秦兵自龙门[64]济，遂入蒲阪[65]，恭等皆降，兴以绪为并、冀二州牧，镇蒲阪。

（以上为第十四段，写北魏主拓跋珪率领大军攻打后燕，所向披靡，后燕只有中山、邺城、信都三座城池还在坚守，形势岌岌可危，唯有范阳王慕容德打败北魏围困邺城之军。）

【注释】

［1］于栗磾（dī）：北魏代（今山西大同市北）人，鲜卑族，北魏名将，侍拓跋珪、拓跋嗣、拓跋焘三世。传见《魏书》卷三十一。［2］公孙兰：北魏宁朔将军。［3］韩信故道：楚汉战争时，汉王大将韩信由魏、代（今山西境内）出井陉关（今河北井陉县西北）攻赵国（今河北南部）的道路。［4］己酉：十月一日是“辛未”，本月中无“己酉”日，记载有误。［5］井陉（xíng）：县名，在今河北井陉县。趋：趋向，奔赴。［6］李先：原西燕慕容永的将领，后归降后燕慕容宝，今又背叛后燕，投降北魏。［7］征东左长史：官名，征东将军的高级僚属。［8］不平：关系不好。［9］奔凉：投奔了武威的吕光后凉政权。［10］常山：郡名，郡治真定，在今河北石家庄市东北。［11］苟延：后燕常山太守。［12］邺（yè）：县名，县治在今河北临漳县西南，当时也是魏郡的郡治所在地，其守将为慕容宝之叔慕容德。信都：县名，在今河北衡水市冀州区，当时是长乐郡的郡治和冀州的州治所在地，其守将为慕容宝之弟慕容凤。［13］戊午：十一月十九日。［14］己未：十一月二十日。［15］南郭：中山都城南边的外城。［16］自旦至晡（bū）：从早上到傍晚。晡，申时，在今下午三至五时。［17］丁卯：十一月二十八日。［18］蓟（jì）：县名，县治在今北京市西南，当时为幽州州治所在地。［19］阳城王兰：即慕容兰，后燕主慕容垂堂弟，为镇北将军、阳城王。乘城：登上城墙。［20］石河头：人名，北魏将领。［21］渔阳：郡名，郡治在今北京市密云区西南。［22］鲁口：地名，在今河北饶阳县南的滹沱河上。［23］博陵：县名，县治在今河北蠡县南，当时也是博陵郡的郡治所在地。申永：后燕慕容宝的部将。河南：郡名，郡治在今河南洛阳市，当时属于东晋。［24］高阳：郡名，后燕时的郡治在今河北高阳县西南。崔宏：字玄伯，清河东武城（今河北故城县）人。前秦苻坚时，为著作佐郎。后燕时，为吏部郎、尚书左丞、高阳内史。北魏时，为黄门侍郎、吏部尚书，升天部大人，封白马公，为北魏名臣。传见《魏书》卷二十四。海渚：海中的小洲。［25］给事黄门侍郎：官名，等于给黄门侍郎的官上再加一个“给事中”，在内廷侍候皇帝，以备参谋顾问。张衮（gǔn）：字洪龙，拓跋珪的佐命元勋。对掌：共同掌管。［26］博陵：县名，县治在今河北安平县。屈遵：字子皮，昌黎徒河（今辽宁锦州市）人，博学多才。初为西燕慕容永尚书仆射、武垣公。归后燕，为博陵令，再后归顺北魏拓跋珪，任中书令，为大臣。传见《魏书》卷三十三。［27］出纳：掌管王命的传达与落实。［28］南安王青：即慕容青，慕容详之弟，后燕南安王，范阳王慕容德部将。［29］新城：也叫新兴城，在邺县附近的肥乡一带，当年慕容垂攻邺时所筑。［30］韩卓（zhuó）：后燕官员，为别驾。［31］悬军远客：远离本土而寄居于敌方之地。［32］顿兵死地：把军队投放在无援兵、无逃路，只有殊死一战的地方。［33］方固：仍很稳固，仍很强大。［34］官军：犹言“王师”，指自己一方的军队。［35］自战其地：在自己的国土上作战，这样的军队容易遇敌逃散。［36］城

隍（huáng）：城墙与护城河。隍，没有水的城壕。［37］老：疲敝，消弱，使动用法，意即消耗他、拖垮他。［38］辽西公贺赖卢：《魏书》作“贺卢”，拓跋珪的小舅，贺讷之弟，北魏广川太守，性雄豪，耻居冀州刺史王辅之下，袭杀王辅，投奔南燕慕容德。慕容德任为并州刺史、广宁王。后在广固之战中战死。传见《魏书》卷八十三。贺赖，胡三省注曰：“按《魏书·官氏志》，内入诸姓有贺赖氏，北方有贺兰氏，后皆为贺氏，盖内入者为贺赖氏，留北方者为贺兰氏。兰、赖，语转耳。又匈奴诸种亦有贺赖氏。”［39］讷（nè）：即贺兰贺讷，代郡（治今山西大同市）人，北方民族贺兰部落头领，北魏外戚大臣，道武帝拓跋珪亲舅舅。传见《魏书》卷八十三。［40］别部大人：属于拓跋珪统属的其他少数民族部落头领。没根：北魏别部首领。胆勇：胆量和勇气。［41］恶（wù）：厌恶，讨厌。［42］己丑：十二月二十日。［43］雁门：郡名，郡治广武，在今山西代县西南古城。［44］效其号令：模仿魏军号令的样子。［45］中仗：犹言“中军”，主帅的办事与住宿之处。［46］不能坏其大众：史家写此，在于遗憾慕容宝不能因降人为间以破魏。［47］杨盛：氐族人，杨定之侄，杨氏世代占据仇池（今甘肃成县）一带地区。杨定被乞伏乾归所杀后，杨盛继位，自号为秦州刺史、仇池公。来请命：来向东晋王朝禀告即位，请求加封。［48］表：上书推荐，请求任命。［49］越质诘（jí）归：少数民族部落头领，曾率众归降乞伏乾归，今又背叛而投靠姚兴。秦：此指后秦姚氏政权。［50］成纪：县名，县治在今甘肃通渭县东北。［51］平襄公：以平襄县为其封地，平襄县治在今甘肃通渭县西。［52］陇西王硕德：即姚硕德，后秦主姚兴之叔，名将。姜乳：天水郡人，当地的豪绅。上邽（guī）：城名，在今甘肃天水市西南。［53］强熙：前秦氐族豪强，任后秦安南将军，后反叛，反攻后秦，战败后逃奔仇池，又转而投奔东晋。权千成：也作“权干成”，休官族的部落头领，豪族。［54］来奔：奔来投归东晋。［55］略阳：郡名，郡治在今甘肃天水市东。［56］河东：郡名，郡治安邑，在今山西夏县西北。柳恭：西燕河东太守，西燕被后燕灭亡后，拥兵自守，后秦主姚兴派遣晋王姚绪讨伐他，他凭借黄河防守，姚绪从龙门渡过黄河，进攻蒲阪，柳恭等人见大势已去，都请求投降。后带领百姓南迁，居住于汝水、颍水之间。［57］晋王绪：即姚绪，后秦主姚兴之叔。［58］永嘉之乱：指西晋怀帝永嘉六年（312），匈奴刘聪攻破西晋首都洛阳，俘虏晋怀帝北去的历史事件。［59］汾阴：县名，县治在今山西万荣县西南。族党：聚居的同族亲属。［60］阻河：以黄河为依托。［61］不仕刘、石：不做刘姓、石姓所建的三个政权的官。刘，指刘渊、刘聪建立的汉政权，刘曜所建立的前赵政权；石，指石勒、石虎等所建立的后赵政权。［62］苻氏：指苻健、苻生、苻坚等建立的前秦政权。［63］薛强：字威明，河东汾阴（今山西万荣县）人，前秦、后秦大臣。传见《北史》卷三十六。［64］秦兵：指后秦姚兴的军队。龙门：黄河上的险要隘口，在今陕西韩城市东北。［65］蒲阪（bǎn）：县名，县治在今山西永济市西。

【点评】

昏湎之主司马曜。司马曜是东晋王朝的第九任皇帝，在位二十四年。

司马曜贪图享乐，滋长了朝野的歪风邪气。司马曜十一岁被立为皇太子并继承皇位，这时他年纪太小，长大后才开始亲政，却嗜酒如命，无法处理国家大事。信奉佛教，宠幸僧尼，把朝廷当成佛堂。“南朝四百八十寺，多少楼台烟雨中”，恐怕南朝佛教之盛，也与司马曜的喜好和推崇分不开。好酒、佞佛、好色，皇朝萎靡不振，皇权权威下降。

司马曜重用同母弟弟司马道子，后者搞乱朝廷，是个无所为的弄权者。最后司马曜被宫女用被子捂死，可以说，司马曜是中国历史上死得最为窝囊的皇帝。司马曜把治理国家当作儿戏，而他继任的儿子也同样治理不了国家。

王夫之评价其为“昏湎之主”，认为“晋亡决于孝武之末年”。史学家们认为司马曜是愚昧柔弱，非有戡乱之才，任用会稽王司马道子，致政治大乱，大权旁落，晋运终矣！司马曜之“曜”，乃指日光，日出有光，光明照耀；而从司马曜的行事来看，这“曜”字是对他最大的讽刺。

卷一〇九　晋纪三十一

晋安帝隆安元年（397年）

【强圉作噩（丁酉，397年），凡一年】

【大事提要】

本卷记事公元397年，凡一年，时当晋安帝（司马德宗）隆安元年。本卷所载大事，主要有五个方面。其一，王恭讨伐权臣。东晋由司马道子执掌朝政。司马道子将朝政交给宠臣王国宝打理，青兖二州刺史王恭大为不满。公元397年，王恭得到荆州刺史殷仲堪支持，以讨伐王国宝、王绪为名起兵。司马道子被迫杀掉王国宝、王绪二人，向王恭谢罪。王恭还镇京口。其二，秃发乌孤建南凉。秃发乌孤接受后凉王吕光的授官，为冠军大将军、河西鲜卑大都统。公元397年，秃发乌孤背叛后凉，自称西平王，改年号为太初，出兵攻占后凉金城，后凉乐都、湟河、浇河三郡投降，岭南羌胡数万部落归附，吕光将领杨轨等投奔。其三，慕容详称帝。北魏王拓跋珪率领魏军围攻后燕都城中山，后燕主慕容宝撤离中山，出逃龙城，城内大乱，开封公慕容详未及跟随撤离，城中军民便拥戴他做统帅，抵御北魏军。北魏军退却后，慕容详即皇帝位，改元建始。慕容详荒淫奢侈，两个月后就被杀。其四，慕容麟反叛后燕。北魏军进围后燕都城中山，赵王慕容麟欲谋叛，事败，逃出中山。不久，后燕主慕容宝等撤出中山，城内大乱，慕容麟被城民迎请入城。他杀掉主持政务的慕容详，称帝，改元延平。随后又被北魏军击败，南奔邺城，投靠范阳王慕容德。其五，北魏攻下中山。北魏主拓跋珪率领40万大军，攻取后燕国晋阳、常山、信都，公元397年，后燕主慕容宝出动10多万士兵抵抗魏军，大败而还；北魏军进围后燕都城中山，慕容宝率军突围，退往龙城。后来北魏军攻下中山，后燕国实际上只统治辽西一带。

安皇帝[1]甲

晋安帝隆安[2]元年（丁酉，397年）

春，正月，己亥朔[3]，帝加元服[4]，改元。以左仆射王珣为尚书令；领军将军王国宝为左仆射，领选[5]，仍加后将军、丹杨尹。会稽王道子悉以东宫兵配国宝[6]，使领之。

燕范阳王德求救于秦[7]，秦兵不出，邺中恟惧[8]。贺赖卢[9]自以魏王珪之舅，不受东平公仪[10]节度，由是与仪有隙。仪司马丁建[11]阴与德通，从而构间[12]之，射书入城中言其状。

甲辰[13]，风霾，昼晦[14]，赖卢营有火，建言于仪曰："赖卢烧营为变矣。"仪以为然，引兵退。赖卢闻之，亦退。建帅其众诣德降，且言仪师老[15]可击。德遣桂阳王镇、南安王青[16]帅骑七千追击魏军，大破之。

燕主宝使左卫将军慕舆腾攻博陵[17]，杀魏所置守宰[18]。

王建等攻信都，六十余日不下，士卒多死。庚申[19]，魏王珪自攻信都。壬戌[20]夜，燕宜都王凤逾城奔中山[21]。癸亥[22]，信都降魏。

凉王光以西秦王乾归数反覆，举兵伐之。乾归群下请东奔成纪[23]以避之，乾归曰："军之胜败，在于巧拙，不在众寡。光兵虽众而无法，其弟延[24]勇而无谋，不足惮也。且其精兵尽在延所，延败，光自走矣。"光军于长最[25]，遣太原公纂等帅步骑三万攻金城[26]；乾归帅众二万救之，未至，纂等拔金城。光又遣其将梁恭等以甲卒万余出阳武下峡[27]，与秦州刺史没弈干攻其东，天水公延以枹罕[28]之众攻临洮、武始、河关[29]，皆克之。乾归使人绐延[30]云："乾归众溃，奔成纪[31]。"延欲引轻骑追之，司马耿稚[32]谏曰："乾归勇略过人，安肯望风自溃！前破王广、杨定[33]，皆羸师[34]以诱之。今告者视高色动[35]，殆[36]必有奸。宜整陈[37]而前，使步骑相属[38]，俟诸军毕集[39]，然后击之，无不克矣。"延不从，进，与乾归遇，延战死。稚与将军姜显[40]收散卒，还屯枹罕。光亦引兵还姑臧[41]。

秃发乌孤自称大都督、大将军、大单于、西平王[42]，大赦，改元太初[43]。治兵广武[44]，攻凉金城，克之。凉王光遣将军窦苟[45]伐之，战于街亭[46]，凉兵大败。

（以上为第一段，写东晋安帝司马德宗行加冠礼，改元隆安，继续重用奸臣王国宝；后凉主吕光派遣将领攻打自称西平王的鲜卑首领秃发乌孤，在街亭激战，后凉军大败。)

【注释】

[1]安皇帝：司马德宗，字安德，东晋孝武帝司马曜长子，东晋第十位皇帝，公元397年至公元419年在位。生性愚笨，不擅长说话，在位期间，内乱频发，国势日衰，被刘裕买通宦官勒死。被称为“白痴皇帝”，谥号安帝。传见《晋书》卷十。安，《谥法》曰：“好和不争曰‘安’；生而少断曰‘安’。” [2]隆安：或作“崇安”，东晋安帝司马德宗的第一个年号，共五年。 [3]己亥朔：正月一日。 [4]加元服：举行成人的仪式，改变发型和服饰，加冠，废止幼名，起正式的名字。从这天起，司马德宗正式戴皇冠，用自己的年号。 [5]领选：兼管选任官员的事务，即兼任吏部尚书。 [6]悉以东宫兵配国宝：把原来护卫太子宫的部队全部交给王国宝统领。东宫，古代宫殿名，因方位得名，储君太子的居所。配，调配，调归。 [7]秦：此指羌族姚苌的后秦。 [8]邺(yè)：即邺城，在今河北临漳县西南。恟(xiōng)惧：惊慌，恐惧。 [9]贺赖卢：《魏书》作“贺卢”，拓跋珪的小舅，贺讷之弟，北魏广川太守。后投奔南燕主慕容德，在广固之战中战死。传见《魏书》卷八十三。 [10]东平公仪：即拓跋仪，字乌泥，拓跋什翼犍之孙，拓跋翰之子，初封九原公，后封平原公、东平公，封卫王。攻破邺城，授尚书令、定州刺史。后坐罪赐死。传见《魏书》卷十五。 [11]丁建：北魏东平公拓跋仪的司马官。 [12]构间：离间其关系，挑拨拓跋仪与贺赖卢的矛盾。 [13]甲辰：正月六日。 [14]风霾(mái)，昼晦(huì)：大风扬尘，白天变得像黑夜。霾，空气中因悬浮着大量的烟、尘等微粒而形成的混浊现象。晦，昏暗。 [15]师老：军队疲惫，无战斗力。 [16]桂阳王镇：即慕容镇，北燕主慕容垂之子，后燕、南燕将领。后燕时，为中垒将军，封桂林王；南燕时，任车骑将军，为尚书令。南安王青：即慕容青，慕容详之弟，后燕将领，封为南安王，范阳王慕容德部将。 [17]左卫将军：官名，主管宫廷护卫。慕舆腾：后燕左卫将军、抚军将军，因暴虐专横，被慕容盛杀死。博陵：古县名，县治在今河北安平县。 [18]守宰：郡守与县令，泛指地方长官。 [19]庚申：正月二十二日。 [20]壬戌：正月二十四日。 [21]宜都王凤：即慕容凤，字道翔，后燕宗室名将，封爵宜都王。中山：古郡国名，治所卢奴，在今河北定州市，当时为后燕都城。 [22]癸亥：正月二十五日。 [23]成纪：县名，县治在今甘肃通渭县东北。 [24]延：即吕延，后凉主吕光之弟，封天水公。 [25]军：用作动词，驻军，驻扎。长最：古城名，在今甘肃永登县南。 [26]太原公纂：即吕纂，字永绪，氐族，后凉主吕光庶长子，封太原公。传见《晋书》卷一百二十二。金城：郡名，郡治在今甘肃兰州市西北。 [27]梁恭：后凉将领。出阳武下峡：经由阳武下峡。阳武下峡，在今甘肃靖远县。 [28]枹(fú)罕：县名，在今甘肃临夏市。 [29]临洮(táo)：县名，原名狄道，县治在今甘肃岷县。武始：郡名，郡治在今甘肃临洮县。河关：县名，县治在今青海贵德县河阴镇一带。 [30]绐(dài)延：欺骗吕延。 [31]成纪：县名，在今甘肃秦安县北。 [32]耿稚：后凉吕延司马。 [33]前破王广、杨定：破仇池杨定，在太元十九年(394)，是乞伏乾归所为；而前秦安西将军王广乃被鲜

卑人所俘，送于后秦，在太元十一年（386），其时乞伏国仁当国，乞伏乾归未统国事，此统而言之。［34］羸（léi）师：故意示敌以弱形。羸，衰弱。［35］视高色动：眼睛向上看，神色不正常。［36］殆（dài）：大概，恐怕。［37］整陈：排列战阵。陈，同“阵”。［38］相属（zhǔ）：相连，紧紧靠拢。［39］俟（sì）：等待，等候。毕集：全部聚集。［40］姜显：后凉吕延属将。［41］姑臧：郡名，郡治在今甘肃武威市，当时为后凉国都城。［42］大单于：匈奴君主的尊号。西平王：封地西平郡，都城西都，在今青海西宁市。［43］改元太初：秃发乌孤前曾称臣于吕光，今乃自称西平王，年号“太初”，《资治通鉴》作“改元”，似有不当。后乞伏乾归降于后秦，去年号。［44］广武：郡名，郡治在今甘肃永登县东南。［45］窦苟：后凉强弩将军。［46］街亭：古军事要地，在今甘肃永登县西北。

燕主宝闻魏王珪攻信都，出屯深泽[1]，遣赵王麟攻杨城[2]，杀守兵三百。宝悉出珍宝及宫人募郡国群盗以击魏。

二月，己巳朔[3]，珪还屯杨城。没根兄子丑提为并州监军[4]，闻其叔父降燕，惧诛，帅所部兵还国作乱。珪欲北还，遣其国相涉延[5]求和于燕，且请以其弟为质。宝闻魏有内难，不许，使冗从仆射兰真[6]责珪负恩，悉发其众步卒十二万、骑三万七千屯于曲阳之柏肆[7]，营于滹沱水北以邀[8]之。

丁丑[9]，魏军至，营于水南。宝潜师夜济，募勇敢万余人袭魏营；宝陈于营北以为之援。募兵因风纵火，急击魏军，魏军大乱，珪惊起，弃营跣走[10]；燕将军乞特真帅[11]百余人至其帐下，得珪衣靴。既而募兵无故自惊，互相斫[12]射；珪于营外望见之，乃击鼓收众，左右及中军将士稍稍[13]来集，多布火炬于营外，纵骑冲之[14]。募兵大败，还赴宝陈[15]，宝引兵复渡水北。

戊寅[16]，魏整众而至，与燕相持，燕军夺气[17]。宝引还中山，魏兵随而击之，燕兵屡败。宝惧，弃大军，帅骑二万奔还，时大风雪，冻死者相枕。宝恐为魏军所及，命士卒皆弃袍仗[18]、兵器数十万，寸刃不返，燕之朝臣将卒降魏及为魏所系虏者甚众。

先是，张衮[19]尝为魏王珪言燕秘书监崔逞之材[20]，珪得之，甚喜，以逞为尚书[21]，使录三十六曹[22]，任以政事。

魏军士有自柏肆亡归者，言大军败散，不知王处。道过晋阳[23]，晋阳守将封真[24]因起兵攻并州刺史曲阳侯素延[25]，素延击斩之。

南安公顺[26]守云中，闻之，欲自摄[27]国事。幢将代人莫题[28]曰："此大事，不可轻尔[29]，宜审待后问[30]，不然，为祸不细[31]。"顺乃止。顺，什翼犍[32]之孙也。贺兰部帅附力眷[33]、纥邻部帅匿物尼[34]、纥奚部帅叱奴根[35]皆举兵反，顺讨之，不克。珪遣安远将军庾岳[36]帅万骑还讨三部，皆平之，国人乃安。

珪欲抚慰新附，深悔参合之诛[37]，素延坐[38]讨反者杀戮过多，免官；以奚牧[39]为并州刺史。牧与东秦主兴[40]书称"顿首[41]"，与之均礼[42]。兴怒，以告珪，珪为之杀牧。

己卯[43]夜，燕尚书郎慕舆皓谋弑[44]燕主宝，立赵王麟，不克，斩关出奔魏[45]，麟由是不自安。

（以上为第二段，写北魏主拓跋珪率领大军攻打后燕，北魏后方却出现叛乱，因而向后燕主求和，慕容宝知北魏有内难，没有答应，调动军队拦截，但事与愿违，被打得大败。）

【注释】

[1]深泽：县名，以界内泽深广为名，县治在今河北深泽县。[2]杨城：古城名，在今河北顺平县境内，当时属北魏。[3]己巳朔：二月一日。[4]没根：北魏别部首领，拓跋珪的勇将，因受嫌恶，于上年背叛北魏，投降后燕。丑提：北魏别部首领没根之侄，后投降后燕。并州：州治晋阳，在今山西太原市西南。监军：州府的军事监官。[5]国相：官名，古时辅政大臣，位同丞相。涉延：北魏国相，曾出面求和于后燕。[6]冗从仆射：官名，宫中侍卫的主官。兰真：后燕冗从仆射。[7]曲阳：县名，县治在今河北曲阳县西。柏肆：曲阳县的村镇名。[8]滹（hū）沱（tuó）水：水名，俗称"糊涂河"，发源于山西西部，流经今河北平山、正定、深泽等县，东北至天津市入海。邀：拦截。[9]丁丑：二月九日。[10]跣（xiǎn）走：光着脚逃走。[11]乞特真：后燕将领。帅：同"率"，率领，统领。[12]斫（zhuó）：用刀砍。[13]稍稍：逐渐。[14]纵骑冲之：胡三省曰："敌出其不意，故走；见敌之不整，乃还战，善用兵者固观变而动也。"[15]还赴宝陈：回到慕容宝的队伍里。陈，同"阵"，军阵。[16]戊寅：二月十日。[17]夺气：灰心丧气。后燕主慕容宝在参合陂被北魏军队打怕了，至今有阴影。[18]袍仗：战袍和兵器。[19]张衮（gǔn）：字洪龙，北魏名臣。传见《魏书》卷二十四。[20]秘书监：官名，秘书省的最高长官，为皇帝主管图书秘籍。崔逞：字叔祖，曹魏中尉崔琰后代，历仕前燕、前秦、后燕，后遭猜忌，被赐死。传见《魏书》卷三十二。材：同"才"，才能，才华。[21]尚书：尚书

令属官，这里实际等于尚书令，因为尚书台所属的三十六曹都归他统辖。［22］录：统管，总理。三十六曹：即吏部、驾部、金部、农部、水部等三十六个部门。［23］晋阳：郡名，郡治在今山西太原市。［24］封真：北魏将领。［25］素延：即拓跋素延，北魏宗室。初随北魏主拓跋珪征讨各部，平定并州，任并州刺史，封曲阳侯。传见《魏书》卷十四。［26］南安公顺：即拓跋顺，北魏鲜卑族，拓跋什翼犍之孙。拓跋珪称代王，赐爵南安公。［27］摄：摄政，代理。［28］幢（chuáng）将：北魏宫廷卫队的将领，统领一百人，上属于都统长。莫题：本姓莫那娄氏，代郡平城（今山西大同市）人，匈奴贺兰部，北魏大臣。初为幢将，统领宫中军队。官至左将军、高邑郡公，出任中山太守，管理司州辖下山东七郡事务。传见《魏书》卷十六。［29］轻尔：轻易如此。［30］审待后问：注意等待后来的消息。审，认真。问，通“闻”，消息。［31］细：小。［32］什翼犍：即拓跋什翼犍，代国国主，北魏皇帝先祖。传见《魏书》卷一。犍，原文作“鞬”，据章校改。［33］贺兰部：又称贺赖部，古代少数民族部族，原依附于匈奴，在拓跋部兴起时，与拓跋部有姻亲关系，成为重要贵族。其后代形成契丹部落的主干。之后逐渐汉化，融入汉族中。附力眷：人名，贺兰部首领。［34］纥（hé）邻部：古代少数民族部族。匿物尼：人名，纥邻部首领。［35］纥奚部：古代少数民族部族，鲜卑部落名。叱奴根：人名，纥奚部首领。北魏主拓跋珪时聚党反于阴馆，为安远将军庾岳讨灭。［36］庾岳：字业延，鲜卑族。北魏开国功臣，著名将领。传见《魏书》卷二十八。［37］深悔参合之诛：太元二十年（395）拓跋珪在参合大败后燕军，俘获后燕人四五万，将其全部活埋。以后燕人害怕再遭受参合之祸，即被俘后被活埋，故拼死苦战，拓跋珪因而十分后悔。参合，即参合陂，古地名，在今内蒙古凉城县东岱海东南。［38］坐：由于，因为某事而犯罪。［39］奚牧：本姓达奚氏，北魏大臣。忠厚有智谋，以军功拜并州刺史，封任城郡公。后坐与后秦主姚兴通和，为太祖拓跋珪所杀。传见《魏书》卷二十八。［40］东秦：即后秦，时后秦主为姚兴，因为这时西方还有一个乞伏乾归的“西秦”，故对姚兴政权以“东秦”别之。［41］顿首：指磕头。古代的一种交际礼仪，跪拜礼之一，为正拜，以头叩地即举而不停留。也是书简表奏用语，表示致敬。［42］均礼：行对等之礼。［43］己卯：二月十一日。［44］慕舆皓：后燕尚书郎，曾企图杀死后燕主慕容宝，另立赵王慕容麟为帝，失败被杀。弑（shì）：杀，指子杀父、臣杀君。［45］魏：即北魏，鲜卑族拓跋珪建立的北魏。

三月，燕以仪同三司武乡张崇[1]为司空。

初，燕清河王会闻魏军东下，表求赴难[2]，燕主宝许之。会初无去意[3]，使征南将军库傉官伟、建威将军余崇[4]将兵五千为前锋。崇，嵩之子也。伟等顿卢龙[5]近百日，无食，啖马牛且尽[6]，会不发[7]。宝怒，累诏切责[8]。会不得已，以治行简练[9]为名，复留月余。时道路不通，伟欲使轻军前行通道[10]，侦魏强弱，且张声势；诸将皆畏避不欲行。余崇奋曰："今巨寇滔天[11]，京都危逼[12]，匹夫犹思致命[13]以救君父，诸君荷国宠任[14]，而更惜生乎！若社稷倾覆[15]，臣节不立，死有余辱；诸君安居于此，崇请当之。"伟喜，简给[16]步骑五百人。崇进至渔阳[17]，遇魏千余骑。崇谓其众曰："彼众我寡，不击则不得免。"乃鼓噪[18]直进，崇手杀十余人。魏骑溃去，崇亦引还，斩首获生[19]，具言敌中阔狭[20]，众心稍振。会乃上道徐进，是月，始达蓟城[21]。

魏围中山既久，城中将士皆思出战。征北大将军隆[22]言于宝曰："涉珪[23]虽屡获小利，然顿兵经年[24]，凶势沮屈[25]，士马死伤太半[26]，人心思归，诸部[27]离解，正是可破之时也。加之举城思奋，若因我之锐，乘彼之衰，往无不克。如其持重不决，将卒气丧，日益困逼，事久变生，后虽欲用之，不可得也！"宝然之。而卫大将军麟每沮其议[28]，隆成列而罢[29]者，前后数四。

宝使人请于魏王珪，欲还其弟觚[30]，割常山以西[31]皆与魏以求和；珪许之。既而宝悔之。

己酉[32]，珪如卢奴[33]，辛亥[34]，复围中山。燕将士数千人俱自请于宝曰："今坐守穷城，终于困弊[35]，臣等愿得一出乐战[36]，而陛下每[37]抑之，此为坐自摧败[38]也。且受围历时[39]，无他奇变，徒望积久寇贼自退。今内外之势，强弱悬绝，彼必不自退明矣，宜从众一决。"宝许之。隆退而勒兵[40]，召诸参佐谓之曰："皇威不振，寇贼内侮，臣子同耻，义不顾生。今幸而破贼，吉还[41]固善；若其不幸，亦使吾志节获展。卿等有北见吾母[42]者，为吾道此情也！"乃被甲上马，诣门俟命[43]。麟复固止宝，众大忿恨[44]，隆涕泣[45]而还。

（以上为第三段，写北魏大军围困后燕都城中山，征北大将军慕容隆等将领请求出城攻打北魏疲困之兵，后燕主慕容宝六神无主，听从慕容麟主张，拒绝出战。）

【注释】

[1]张崇：武乡（在今山西榆社县北社城镇）人，原前秦兖州刺史，后归顺后燕主慕容垂，为龙骧将军，现升为司空。 [2]表求：上书请求。赴难：赶去都城中山解救危急。 [3]初无去意：根本没有离开龙城，前往中山的意思。初，根本。 [4]库傉（nù）官伟：后燕慕容宝征南将军。余崇：后燕镇东将军余嵩之子，后燕建威将军、中坚将军。 [5]顿：停顿，顿驻。卢龙：古要塞

名，在今河北喜峰口一带。［6］无食，啖（dàn）马牛且尽：视前后文，主语为后燕主慕容宝在中山困守，吃完了库藏。啖，吃。尽，吃完。［7］会不发：慕容会在龙城仍不出发。［8］累诏切责：连续地发出诏书进行严厉批评，催他早日援救中山。［9］治行：指收拾行装，做出发的准备工作。简练：犹如今之所谓“整编”，选拔队伍。［10］轻军：轻装的小股骑兵。通道：开通前进的道路。［11］巨寇：指强大的北魏。滔天：形容其实嚣张，气焰冲天。［12］京都：指后燕的都城中山，在今河北定州市。危逼：危迫，危急。［13］匹夫：普通百姓。致命：效死，豁出性命。［14］荷国宠任：蒙受国家的恩宠与信任。荷，接受，受到。［15］社稷：本指土地神、谷神，古代君主都要举行祭祀仪式，便以“社稷”代指国家。倾覆：倾倒，覆灭，代指灭亡。［16］简给：给他挑选了。［17］渔阳：郡名，郡治在今北京密云区西南。［18］鼓噪：擂鼓呐喊，虚张声势。［19］斩首获生：指杀死一些敌人，捉来一些俘虏。［20］具言：一一地讲说了。敌中阔狭：敌人控制区域中的兵力部署情况。［21］蓟（jì）城：蓟县县城，在今北京市西南。［22］隆：即慕容隆，征北大将军，幽州牧，录留台尚书事。后被杀。传见《晋书》卷一百二十三。［23］涉珪：即拓跋珪，字涉珪。［24］经年：进入了第二个年头。魏军从去年十一月包围中山至今三月，困危中山近五个月，跨过了一年。［25］沮（jǔ）屈：消弱，败坏。［26］太半：大半，三分之二。［27］诸部：在其控制下的各少数民族部落。［28］每沮其议：总是唱反调，反对慕容隆的建议。［29］成列而罢：已经列好队就要出击了，后来被命令取消。［30］还其弟觚（gū）：拓跋珪的弟弟拓跋觚，于孝武帝太元十六年出使后燕，被慕容垂扣留，至今未归。随即被慕容麟杀害，追封秦王，谥号愍，以礼改葬。传见《北史》卷十五。［31］常山以西：指今山西全境。常山，即恒山，在今河北曲阳县西北。［32］己酉：三月十一日。［33］如：到，至。卢奴：县名，县治即当时的后燕都城中山，今河北定州市。［34］辛亥：三月十三日。［35］困弊：困顿，疲惫。［36］乐战：痛痛快快地打一仗。［37］每：常。［38］坐：坐等。摧败：挫败，崩溃。［39］历时：经过了许多时日。［40］勒兵：集合列队。［41］吉还：胜利而回。［42］北见吾母：慕容隆原来镇守龙城（今辽宁朝阳市），其母随往。后慕容隆被调来中山，家眷未随，后又被慕容会扣留。［43］诣门俟命：到宫门等候出击的命令。［44］忿恨：愤怒，痛恨。忿，同“愤”。［45］涕泣：哭泣，流泪。

是夜，麟以兵劫左卫将军北地王精[1]，使帅禁兵弑宝。精以义拒之，麟怒，杀精，出奔西山[2]，依丁零余众[3]。于是城中人情震骇[4]。

宝不知麟所之[5]，以清河王会军在近，恐麟夺会军，先据龙城，乃召隆及骠骑大将军农，谋去中山[6]，走保龙城。隆曰：“先帝栉风沐雨[7]以成中兴之业，崩未期年[8]而天下大坏，岂得不谓之孤负[9]邪！今外寇方盛而内难复起，骨肉乖离[10]，百姓疑惧，诚不可以拒敌，北迁旧都，亦事之宜。然龙川[11]地狭民贫，若以中国之意取足其中[12]，复朝夕望有大功，此必不可。若节用爱民，务农训兵，数年之中，公私充实，而赵、魏之间[13]，厌苦[14]寇暴，民思燕德，庶几返旆[15]，克复故业。如其未能，则凭险自固，犹足以优游养锐[16]耳。”宝曰：“卿言尽理，朕一从卿意[17]耳。”

辽东高抚[18]，善卜筮[19]，素为隆所信厚[20]，私谓隆曰：“殿下北行，终不能达，太妃[21]亦不可得见。若使主上独往，殿下潜留于此，必有大功。”隆曰：“国有大难，主上蒙尘[22]，且老母在北，吾得北首而死[23]，犹无所恨。卿是何言也！”乃遍召僚佐，问其去留，唯司马鲁恭、参军成岌[24]愿从，余皆欲留，隆并听之。

农部将谷会归[25]说农曰：“城中之人，皆涉珪参合所杀者父兄子弟，泣血踊跃，欲与魏战，而为卫军所抑[26]。今闻主上当北迁，皆曰：‘得慕容氏一人奉而立之，以与魏战，死无所恨。’大王幸而留此，以副[27]众望，击退魏军，抚宁畿甸[28]，奉迎大驾，亦不失为忠臣也。”农欲杀归而惜其材力，谓之曰：“必如此以望生，不如就死！”

壬子[29]，夜，宝与太子策[30]、辽西王农、高阳王隆、长乐王盛[31]等万余骑出赴会军，河间王熙[32]、勃海王朗[33]、博陵王鉴[34]皆幼，不能出城，隆还入迎之，自为鞁乘[35]，俱得免。燕将王沈[36]等降魏。乐浪王惠、中书侍郎韩范、员外郎段宏、太史令刘起等帅工伎三百奔邺[37]。

中山城中无主，百姓惶惑，东门不闭。魏王珪欲夜入城，冠军将军王建志在虏掠，乃言恐士卒盗府库物，请俟明旦，珪乃止。燕开封公详[38]从宝不及[39]，城中立以为主，闭门拒守；珪尽众攻之，连日不拔。使人登巢车[40]，临城谕之曰：“慕容宝已弃汝走，汝曹百姓空自取死，欲谁为乎？”皆曰：“群小无知，恐复如参合之众[41]，故苟延旬月之命耳。”珪顾王建而唾其面[42]，使中领将军长孙肥[43]、左将军李栗将三千骑追宝至范阳[44]，不及，破其新城戍[45]而还。

甲寅[46]，尊皇太后李氏[47]为太皇太后。戊午[48]，立皇后王氏[49]。

燕主宝出中山，与赵王麟遇于阱城[50]。麟不意宝至，惊骇，帅其众奔蒲阴[51]，复出屯望都[52]，土人颇供给之。慕容详遣兵掩击[53]麟，获其妻子，麟脱走，入山中。

（以上为第四段，写后燕慕容麟派人刺杀慕容宝，被拒，怕事情败露，逃之夭夭；慕容宝灰心丧气，放弃中山逃奔龙城，慕容农、慕容隆号为智将，亦束手无策。）

【注释】

［1］左卫将军：官名，掌管卫戍宫廷的部队。北地王精：即后燕宗室大臣慕容精，封北地王，为冀州刺史、左卫将军。赵王慕容麟派兵劫持他，派他率领禁军去刺杀皇帝慕容宝。他以大义拒绝，慕容麟大怒，将其杀之。［2］西山：中山城西的山，在中山西北二百里有狼山，狼山以西，南连常山，山谷深险。［3］丁零余众：指丁零族翟氏的余党，曾为后燕所败，退聚西山。［4］震骇：震动，震惊。［5］所之：到什么地方去了。之，往。［6］去中山：离开中山。［7］先帝：指慕容垂。栉（zhì）风沐雨：风为梳头，雨为洗脸，以比喻长年在外奔走奋战。栉，梳子、篦子等梳头发的用具。［8］未期年：不到一周年。［9］孤负：同"辜负"，违背了别人的好意、希望。［10］乖（guāi）离：分离，背离。乖，违背。［11］龙川：指龙城（今辽宁朝阳市）一带地区。［12］中国之意：按照在中山这里养成的思想及生活习惯。取足其中：在那里（指龙城）求得生活满足。［13］赵、魏之间：指原来赵国、魏国一带地区。这时两地大部已被北魏拓跋珪所占领。赵，指今河北南部地区。魏，指今山西中部、南部地区。［14］厌苦：因厌烦而引以为苦。［15］庶几返旆（pèi）：或许可以杀回来。返旆，回旗。［16］优游养锐：清闲自得地积蓄力量。养锐，养精蓄锐。胡三省曰："隆策固善，其如运命何！兵家因败为成，隆之智不足以及此也。使宝始终一从隆之说，犹可以免兰汗之祸。"［17］一从卿意：完全赞同你的意见。［18］辽东：郡名，郡治在今辽宁辽阳市。高抚：辽东人，善于占卜。［19］卜筮（shì）：古代民间占问吉凶的两种方法，用龟甲占卜叫卜，用蓍草占卜叫筮。［20］信厚：十分信任。［21］太妃：指慕容隆的生母。［22］蒙尘：在外奔走，身上落满尘土。指帝王的遭难。［23］北首而死：头向北而死。古有"狐死首丘"之语，此用其意。［24］鲁恭、成岌（jí）：后燕官员，为高阳王慕容隆属官，一为司马，一为参军。［25］谷会归：后燕辽西王慕容农部将。［26］卫军：指后燕卫大将军慕容麟。抑：压制，抑止。［27］副：相称，符合。［28］抚宁畿（jī）甸（diàn）：指收复并安定中山一带地区。畿甸，以称国家的首都及其郊区。［29］壬子：三月十四日。［30］太子策：即慕容策，慕容宝嫡子，排行第三，立为太子。后与其父慕容宝被外戚慕容宝之舅兰汗杀害，年十三岁。［31］长乐王盛：即慕容盛，字道运，慕容宝长子，为长乐王，继慕容麟为后燕第五位国主。传见《晋书》卷一百二十四。［32］河间王熙：即慕容熙，字道文，后燕主慕容垂少子，惠愍帝慕容宝之弟，后燕河间王，继后燕主慕容盛为后燕第八位国主，后被慕容云所杀。传见《晋书》卷一百二十四。［33］勃海王朗：即慕容朗，后燕主慕容垂之子，为后燕勃海王，后被

段速骨叛军首领所杀。［34］博陵王鉴：即慕容鉴，为后燕博陵王。后被段速骨叛军首领所杀。［35］鞁（bèi）乘：可坐可卧的皮车。［36］王沈：后燕将领，后投降北魏。［37］乐浪王惠：即慕容惠，原为后燕将领，封乐浪王，后归南燕，为司徒。韩范：初仕前秦，为太子舍人，后出仕后燕，为中书侍郎。段宏：后燕员外郎、外戚；投奔南燕，为尚书左仆射、徐州刺史；后投奔刘裕，官至刘宋黄门侍郎，官至青冀二州刺史。韩范、段宏二人传见《晋书》卷一百二十八。刘起：后燕太史令。工伎：各种工匠及歌舞艺人。奔邺：往投镇守邺城的慕容德。［38］开封公详：即慕容详，前燕主慕容皝子孙，初任上谷太守，封开封郡公。北魏攻打后燕都城中山，慕容宝败逃，慕容详自立为帝，年号建始。被赵王慕容麟弑杀。传见《晋书》卷一百二十四。［39］不及：原文为“不成”，据章校改。［40］巢车：吊车。胡三省引杜佑曰：“以八轮车上树高竿，竿上安辘轳，以绳挽板屋上竿首，以窥城中。板屋方四尺，高五尺，有十二孔，四面别布车，可进退，圜城而行，于营中远视，如鸟之巢，亦谓之巢车。”［41］复如参合之众：仍像当年参合被俘的后燕兵那样被屠杀。［42］顾王建而唾（tuò）其面：因为当年是王建劝拓跋珪屠杀后燕俘虏，几日前又是王建劝拓跋珪不要进入中山城。唾，吐唾沫。［43］中领将军：负责统领王朝中央直属军队。长孙肥：代郡平城（今山西大同市）人，北魏中领将军，封琅邪郡公。传见《魏书》卷二十六。［44］李栗：雁门人，北魏左将军。传见《魏书》卷二十八。范阳：郡名，郡治在今河北涿州市。［45］新城戍：在新城县修筑的防御工事。新城，县治在今河北保定市徐水区南。［46］甲寅：三月十六日。［47］皇太后李氏：即李陵容，晋简文帝司马昱之妃，晋孝武帝司马曜之母。司马曜即位，尊为皇太后。其孙司马德宗即位，尊为太皇太后。传见《晋书》卷三十二。［48］戊午：三月二十日。［49］皇后王氏：即王神爱，书圣王羲之孙女，太宰王献之之女，晋安帝司马德宗皇后。传见《晋书》卷六十二。［50］阸城：疑为“阩城”。胡三省曰：“考之字书，无‘阸’字，有‘阩’字。”阩城，具体位置不详。［51］蒲阴：县名，县治在今河北顺平县东南。［52］望都：县名，县治在今河北唐县东北。［53］掩击：袭击，冲杀。

甲寅[1]，宝至蓟，殿中亲近散亡略尽，惟高阳王隆所领数百骑为宿卫。清河王会帅骑卒二万迎于蓟南，宝怪会容止怏怏[2]有恨色，密告隆及辽西王农。农、隆俱曰：“会年少，专任方面[3]，习骄所致，岂有他也！臣等当以礼责之。”宝虽从之，然犹诏解会兵以属隆，隆固辞；乃减会兵分给农、隆。又遣西河公库傉官骥[4]帅兵三千助守中山。

丙辰[5]，宝尽徙蓟中府库北趣龙城。魏石河头[6]引兵追之，戊午[7]，及宝于夏谦泽[8]。宝不欲战，清河王会曰：“臣抚教士卒，惟敌是求。今大驾蒙尘[9]，人思效命[10]，而虏敢自送，众心忿愤[11]。《兵法》[12]曰：‘归师勿遏[13]。’又曰：‘置之死地而后生[14]。’今我皆得之，何患不克！若其舍去[15]，贼必乘人[16]，或生余变。”宝乃从之。会整陈[17]与魏兵战，农、隆等将南来骑[18]冲之，魏兵大败，追奔百余里，斩首数千级。隆又独追数十里而还，谓故吏留台治书阳璆[19]曰：“中山城中积兵数万，不得展吾意，今日之捷，令人遗恨[20]。”因慷慨流涕[21]。

会既败魏兵，矜很滋甚[22]；隆屡训责之，会益忿恚[23]。会以农、隆皆尝镇龙城[24]，属尊位重[25]，名望素出己右[26]，恐至龙城，权政不复在己，又知终无为嗣[27]之望，乃谋作乱。

幽、平[28]之兵皆怀会恩，不乐属二王[29]，请于宝曰：“清河王[30]勇略高世，臣等与之誓同生死，愿陛下与皇太子、诸王留蓟宫，臣等从王南解京师之围，还迎大驾。”宝左右皆恶会，言于宝曰：“清河王不得为太子，神色甚不平。且其才武过人，善收人心；陛下若从众请，臣恐解围之后，必有卫辄之事[31]。”宝乃谓众[32]曰：“道通[33]年少，才不及二王，岂可当专征[34]之任！且朕方自统六师[35]，杖会以为羽翼[36]，何可离左右也！”众不悦而退。

左右劝宝杀会。侍御史仇尼归[37]闻之，告会曰：“大王所恃者父，父已异图；所杖者兵，兵已去手，欲于何所自容乎！不如诛二王，废太子，大王自处东宫[38]，兼将相之任，以匡复[39]社稷，此上策也。”会犹豫未许。

宝谓农、隆曰：“观道通志趣，必反无疑，宜早除之。”农、隆曰：“今寇敌内侮[40]，中土纷纭[41]，社稷之危，有如累卵[42]。会镇抚旧都[43]，远赴国难，其威名之重，足以震动四邻。逆状未彰而遽[44]杀之，岂徒伤[45]父子之恩，亦恐大损威望[46]。”宝曰：“会逆志[47]已成，卿等慈恕[48]，不忍早杀，恐一旦为变，必先害诸父[49]，然后及吾，至时勿悔自负[50]也！”会闻之，益惧。

夏，四月，癸酉[51]，宝宿广都黄榆谷[52]，会遣其党仇尼归、吴提染干[53]帅壮士二十余人，分道袭农、隆，杀隆于帐下；农被重创，执[54]仇尼归，逃入山中。会以仇尼归被执，事终显发，乃夜诣宝曰：

“农、隆谋逆，臣已除之。”宝欲讨会，阳[55]为好言以安之曰：“吾固疑二王久矣，除之甚善。”

甲戌[56]，旦，会立仗严备[57]，乃引道[58]。会欲弃隆丧[59]，余崇涕泣固请，乃听载随军。农出，自归，宝呵[60]之曰：“何以自负邪[61]？”命执之。行十余里，宝顾召群臣食，且议农罪。会就坐，宝目卫军将军[62]慕舆腾使斩会，伤其首，不能杀。会走赴其军，勒兵攻宝。宝帅数百骑驰二百里，晡时[63]，至龙城。会遣骑追至石城[64]，不及。

乙亥[65]，会遣仇尼归攻龙城，宝夜遣兵袭击，破之。会遣使请诛左右佞臣[66]，并求为太子，宝不许。会尽收乘舆器服[67]，以后宫[68]分给将帅，署置百官，自称皇太子、录尚书事[69]，引兵向龙城，以讨慕舆腾为名。

丙子[70]，顿兵城下。宝临西门，会乘马遥与宝语，宝责让[71]之。会命军士向宝大噪以耀威，城中将士皆愤怒，向暮[72]出战，大破之。会兵死伤太半[73]，走还营。侍御郎高云[74]夜帅敢死士百余人袭会军，会众皆溃。会将十余骑奔中山，开封公详杀之。宝杀会母及其三子。

丁丑[75]，宝大赦，凡与会同谋者，皆除罪，复旧职；论功行赏，拜将军、封侯者数百人。辽西王农骨破见脑，宝手自裹创，仅而获济[76]。以农为左仆射，寻[77]拜司空、领[78]尚书令。余崇出自归[79]，宝嘉其忠，拜中坚将军[80]，使典宿卫[81]。赠高阳王隆司徒，谥曰“康[82]”。

宝以高云为建威将军[83]，封夕阳公[84]，养以为子。云，高句丽之支属[85]也，燕王皝破高句丽[86]，徙于青山[87]，由是世为燕臣。云沈厚[88]寡言，时人莫知，惟中卫将军长乐冯跋[89]奇其志度[90]，与之为友。跋父和，事西燕主永为将军，永败，徙和龙[91]。

（以上为第五段，写后燕上演了一场闹剧，后燕主慕容宝立小儿子慕容策为太子，而次子慕容会非常不满，起兵反叛，杀死慕容隆等宗室元老，自己也被诛杀。）

【注释】

[1]甲寅：三月十六日。 [2]容止：形容举止。怏（yàng）怏：形容不满意、有恨意的神情。[3]专任方面：镇守一方。方面，古指一个地方的军政要职。 [4]西河公库傉官骥：后燕西河

公。后燕主慕容宝逃出都城中山，库傉官骥率军驻守，与留守的开封公慕容详互相攻打，被杀，并被灭族。［5］丙辰：三月十日。［6］石河头：人名，北魏将领，当时驻兵于今北京市密云区一带。［7］戊午：三月二十日。［8］夏谦泽：古地名，在今北京市北，距密云区不远。［9］大驾蒙尘：皇上处于危难之中。蒙尘，指帝王失位逃亡在外，蒙受风尘。［10］效命：效力，乃至献出生命。［11］忿愤：愤怒，痛恨。忿，同"愤"。［12］《兵法》：即《孙子兵法》，也称《孙武兵法》。［13］归师勿遏（è）：对于撤回本国的军队，不要拦击。语见《孙子兵法·军争》。遏，阻止，拦截。［14］置之死地而后生：语见《孙子兵法·九地》，原文为"投之亡地然后存，陷之死地然后生。"死地，指无法逃跑，只有拼死一战的地方。［15］舍去：放着敌人不打而自己离去。［16］乘人：进攻我们。乘，侵凌。［17］整陈：调集部队，摆开阵势。陈，同"阵"。［18］将：率领。南来骑：从中山带过来的骑兵。［19］故吏：慕容隆前曾镇守龙城，总管留台事，所以称阳璆是他的"故吏"。留台：后燕在龙城设立的一套中央留守机构。治书：即治书侍御史，御史大夫的属官，掌管图书秘籍。阳璆（qiú）：后燕留台治书。［20］今日之捷，令人遗恨：意谓虽然今天打了胜仗，但想起前日未能在中山大破魏兵，心中仍是觉得遗憾。恨，憾，遗憾。［21］慷慨：情绪激昂、情不自禁的样子。流涕：流泪。［22］矜（jīn）很：居功自傲而不听指挥。矜，自尊自大。很，犹言"横"，骄横。滋甚：更加厉害。［23］忿恚（huì）：怨恨，恼怒。忿，同"愤"。［24］皆尝镇龙城：慕容农镇龙城在晋武帝太元十年至十三年（385—388），慕容隆镇龙城在太元十四年至二十年（389—395）。［25］属尊位重：辈分高，权力大。慕容农与慕容隆都是后燕主慕容宝的弟弟，慕容会的叔叔。［26］右：上，古人以"右"为上。［27］为嗣：做接班人。后燕主慕容垂当年欣赏慕容会，几次令其子慕容宝立慕容会为嗣，但慕容宝不喜欢慕容会，而立了少子慕容策，也是一失策成千古恨，导致赔了性命又亡了国。［28］幽、平：古二州名，幽州州治蓟城，在今北京市西南，平州州治在今辽宁盖州市东南。［29］二王：指慕容农与慕容隆。［30］清河王：即慕容会，封为清河王。［31］卫辄（zhé）之事：意即如果慕容会解中山之围，慕容宝一定像卫蒯聩一样回不到中山城。按：春秋时卫灵公的太子蒯聩因触怒其父而逃亡国外，灵公死后，国内拥立蒯聩之子卫辄，是为出公。蒯聩想回国争位，卫辄拒不接纳父亲回国，使其长期不得归国。［32］众：指幽、平之兵。［33］道通：即慕容会，字道通。［34］当：担任。专征：指统率大军，独当一面。［35］六师：即六军。古时天子有六军，后作为军队的统称。［36］杖：同"仗"，凭仗，依靠。羽翼：翅膀，引申为亲信。［37］侍御史：官名，御史大夫的属官，侍奉皇帝左右，与上文"治书侍御史"为同僚。仇尼归：后燕侍御史，是慕容会的死党。因其侍奉在慕容宝身边，故得知机密。后率兵袭击慕容农、慕容隆。慕容隆惨遭杀害，慕容农身受重伤。［38］自处东宫：意谓自己当太子，做接班人。［39］匡复：扶正，恢复。［40］内侮：向内欺侮我们国家。［41］纷纭：混乱，动荡。［42］累卵：把鸡蛋重叠起来，比喻极其危险。［43］镇抚：镇守。旧都：指龙城。［44］逆状未彰：谋反的情形没有显露出来。遽（jù）：急忙，匆忙。［45］岂徒伤：岂止是白白地损伤。［46］威望：这里指慕容宝的威望。［47］逆志：谋逆的心志。［48］慈恕：

仁慈，宽恕。［49］诸父：各位叔父、伯父，指慕容隆、慕容农等。［50］自负：过于相信自己。［51］癸酉：四月六日。［52］广都：县名，在今辽宁建昌县。黄榆谷：古地名，在今辽宁建昌县境。［53］吴提染干：人名，后燕将领，为清河王慕容会死党，曾率领壮士杀害慕容农、慕容隆。［54］执：擒获。［55］阳：同“佯”，假装。［56］甲戌：四月七日。［57］立仗：遍立刀枪。严备：严密戒备。［58］引道：导引上路，指继续向龙城进发。［59］弃隆丧：将慕容隆的尸体扔掉，不带随行。［60］呵（hē）：怒责，叱问。［61］何以自负邪：为什么这么相信自己呢？这是慕容宝用旧话向慕容农示意，现在已经看清了慕容会的嘴脸。［62］卫军将军：帝王禁卫军的统帅。［63］晡（bū）时：申时，即下午三至五时。［64］石城：县名，县治在今辽宁朝阳市西南。［65］乙亥：四月八日。［66］佞臣：以花言巧语讨好帝王的人，这里指慕容宝身边的近臣。［67］乘舆器服：指帝王的车驾和宫廷庙堂里的各种器具与服饰。［68］后宫：指后宫里的嫔妃婢妾。［69］录尚书事：管理尚书省的一切政务。录，统领，管理。［70］丙子：四月九日。［71］责让：批评，指责。［72］向暮：傍晚。［73］太半：大半，三分之二。［74］侍御郎：官名，帝王的侍从人员，侍御史的下属。高云：后燕侍御郎。［75］丁丑：四月十日。［76］仅而获济：好不容易才得以活了下来。［77］寻：不久。［78］领：兼任。［79］出自归：自动前来归附慕容宝。余崇原是慕容会的部下。［80］中坚将军：古将军名，为杂号将军。［81］典宿卫：主管宫廷警卫。［82］康：《谥法》曰：“安乐抚民曰‘康’。”［83］建威将军：古将军名，杂号将军。［84］夕阳公：封地夕阳县，西汉置，治所在今河北滦州市西南。［85］支属：亲属，宗支。［86］燕王皝（huàng）：即前燕主慕容皝。破高句丽：事在晋成帝咸康八年（342），见《资治通鉴》卷九十七。［87］青山：古地名，在今辽宁锦州市郊，当时属徒河县。［88］沈厚：即“沉厚”，朴实，稳重。沈，同“沉”。［89］中卫将军：官名，负责宫廷侍卫。冯跋：字文起，长乐信都（今河北衡水市）人，北燕第二位国主。传见《晋书》卷一百二十五。［90］志度：志向，气度。［91］和龙：古城名，在今辽宁朝阳市。

仆射王国宝、建威将军王绪[1]依附会稽王道子，纳贿穷奢[2]，不知纪极[3]。恶王恭、殷仲堪，劝道子裁损其兵权；中外恟恟[4]不安。恭等各缮甲勒兵[5]，表请北伐[6]；道子疑之，诏以盛夏妨农，悉使解严[7]。

恭遣使与仲堪谋讨国宝等。桓玄以仕不得志，欲假仲堪兵势[8]以作乱，乃说仲堪曰：“国宝与君诸人素已为对[9]，唯患相毙[10]之不速耳。今既执大权，与王绪相表里[11]，其所回易[12]，无不如志；孝伯居元舅[13]之地，必未敢害之。君为先帝所拔，超居方任[14]，人情皆以君为虽有思致，非方伯才[15]。彼若发诏征君为中书令[16]，用殷觊为荆州[17]，君何以处之？”仲堪曰：“忧之久矣，计将安出？”玄曰：“孝伯疾恶深至[18]，君宜潜与之约，兴晋阳之甲以除君侧之恶[19]，东西齐举[20]，玄虽不肖，愿帅荆、楚豪杰，荷戈先驱[21]，此桓、文之勋[22]也。”

仲堪心然之，乃外结雍州刺史郗恢[23]，内与从兄南蛮校尉[24]觊、南郡相陈留江绩[25]谋之。觊曰：“人臣当各守职分，朝廷是非，岂藩屏[26]之所制也！晋阳之事，不敢预闻[27]。”仲堪固邀之，觊怒曰：“吾进不敢同，退不敢异[28]。”绩亦极言其不可。觊恐绩及祸[29]，于坐和解之。绩曰：“大丈夫何至以死相胁邪！江仲元行年六十，但未获死所耳！”仲堪惮其坚正[30]，以杨佺期代之[31]。朝廷闻之，征绩为御史中丞[32]。觊遂称散发[33]，辞位，仲堪往省[34]之，谓觊曰：“兄病殊为可忧。”觊曰：“我病不过身死[35]，汝病乃当灭门。宜深自爱，勿以我为念！”郗恢亦不肯从。仲堪疑未决，会王恭使至，仲堪许之，恭大喜。甲戌[36]，恭上表罪状国宝[37]，举兵讨之。

初，孝武帝[38]委任王珣，及帝暴崩，不及受顾命[39]，珣一旦失势[40]，循默[41]而已。丁丑[42]，王恭表至，内外戒严，道子问珣曰：“二藩作逆，卿知之乎？”珣曰：“朝政得失，珣弗之预[43]，王、殷作难，何由可知！”王国宝惶惧，不知所为，遣数百人戍竹里[44]，夜遇风雨，各散归。王绪说国宝矫相王之命[45]召王珣、车胤[46]杀之，以除时望[47]，因挟君、相[48]发兵以讨二藩。国宝许之。珣、胤至，国宝不敢害，更问计于珣。珣曰：“王、殷与卿素无深怨，所竞[49]不过势利之间耳。”国宝曰：“将曹爽我乎[50]？”珣曰：“是何言欤！卿宁有爽之罪[51]，王孝伯岂宣帝之俦邪[52]？”又问计于胤，胤曰：“昔桓公围寿阳[53]，弥时[54]乃克。今朝廷遣军[55]，恭必城守。若京口未拔而上流奄至[56]，君将何以待之？”国宝尤惧[57]，遂上疏解职，诣阙待罪[58]；既而悔之，诈称诏复其本官。道子暗懦[59]，欲求姑息[60]，乃委罪国宝，遣骠骑咨议参军谯王尚之[61]收国宝付廷尉[62]。尚之，恬[63]之子也。甲申[64]，赐国宝死，斩绪于市，遣使诣恭，深谢愆失[65]；恭乃罢兵还京口。国宝兄侍中恺[66]、骠骑司马愉[67]并请解职；道子以恺、愉与国宝异母，又素不协[68]，皆释不问[69]。戊子[70]，大赦。

殷仲堪虽许王恭，犹豫不敢下[71]，闻国宝等死，乃始抗表[72]举兵，遣杨佺期屯巴陵[73]。道子以书止之，仲堪乃还。

会稽世子元显[74]，年十六，有俊才[75]，为侍中，说道子以王、殷终必为患，请潜为之备。道子乃拜元显征虏将军，以其卫府及徐州文武[76]悉配之。

（以上为第六段，写东晋佞臣仆射王国宝、建威将军王绪收受贿赂，穷奢极欲，为非作歹，劝说权臣司马道子裁削王恭、殷仲堪兵权，结果惹火烧身，王恭起兵，司马道子求自保，让佞臣双双送了性命。）

【注释】

［1］王绪：王国宝从弟。司马道子辅政，宠信国宝，王绪以邪佞见知，拜琅邪内史、建威将军，与国宝并为司马道子心腹，专权乱政，不得人心。大臣王恭恶之，起兵讨之，司马道子惧，杀王国宝及王绪。［2］纳贿：受贿，行贿。穷奢：极端奢侈，尽情享受。［3］不知纪极：没有止境，没个满足。［4］恟（xiōng）恟：恐惧、纷乱的样子。［5］缮甲勒兵：修制铠甲，集合军队。［6］表：上书。北伐：指北讨后燕慕容宝与后秦姚兴等。［7］解严：解除军事动员。［8］假仲堪兵势：当时殷仲堪为荆州刺史，正驻兵江陵。假，借，趁着。［9］君诸人：犹言你们诸位，指殷仲堪、王恭等。对：敌。［10］相毙：杀你，消灭你们。［11］相表里：相互勾结，狼狈为奸。［12］回易：改变，这里指改变皇帝的意志。［13］孝伯：即王恭，字孝伯。元舅：皇帝的大舅。晋孝武帝王皇后是王恭的妹妹，所以说王恭是安帝的“元舅”。［14］超居方任：起家便受任掌管一方，指为州刺史，并都督数州军事。超居：指越级提拔，超出常人而居官任职。［15］非方伯才：不是充当一方军政大员的料子。方伯，一方诸侯的霸主。晋代的大州刺史集方面的军政大权于一人，形同古代的诸侯，故以“方伯”称之。［16］征君为中书令：实指明升暗降，罢夺其兵权。征，调。中书令，中书省的最高长官，负责起草各项条令。［17］殷觊（jì）：字伯通，小字阿巢，太常卿殷融之孙，吴兴太守殷康之子，东晋大臣。少有才气，以中书郎升为南蛮校尉，阻止殷仲堪讨伐王国宝失败，忧虑而死。传见《晋书》卷八十三。为荆州：即继任荆州刺史。［18］疾恶深至：痛恨之极，指痛恨王国宝、王绪诸人。深至，极深。［19］兴晋阳之甲以除君侧之恶：指从外地起兵以讨国君身边的坏人。春秋末期，晋国的赵鞅被范氏、中行氏包围在晋阳。后来范氏、中行氏又与晋国国君发生矛盾，于是，赵鞅遂于晋阳起兵，灭掉了范氏与中行氏。《春秋公羊传》称此事为“逐君侧之恶人”。晋阳，古郡名，郡治在今山西太原市。［20］东西齐举：当时王恭驻兵京口（今江苏镇江市），在东晋都建康（今江苏南京市）之东；殷仲堪驻兵江陵，在建康之西。［21］荷（hè）戈先驱：拿着兵器，冲锋在前。荷，执，拿。［22］桓、文之勋：像春秋时齐桓

公、晋文公一样以挟天子以令诸侯，建立霸业的勋业。［23］郗（xī）恢：字道胤，小名阿乞，太尉郗鉴之孙，北中郎将郗昙之子，雍州刺史，假节，当时镇守襄阳，因功升任征虏将军，又领秦州刺史。被杀。传见《晋书》卷六十七。［24］从兄：堂兄。南蛮校尉：官名，主管南方少数民族事务，管控南方地方武装力量。［25］南郡相：南郡的行政长官，其驻地在江陵，在今湖北荆州市。江绩：字仲元，陈留圉（今河南杞县圉镇）人，吴郡太守江灌之子，东晋大臣，有名的直臣。传见《晋书》卷八十三。［26］藩屏：原指诸侯国，诸侯国是中央天子的屏障、藩篱。今即指大州刺史如殷仲堪等的地方势力。［27］不敢预闻：不敢参与、过问。预闻，跟着听，婉指参与、过问。［28］进不敢同，退不敢异：意即既不跟着你们干，也不反对你们，谨守中立。［29］恐绩及祸：担心江绩被殷仲堪所杀。［30］惮（dàn）：忌惮，畏惧。坚正：坚定正直。［31］以杨佺期代之：让杨佺期取代江绩为南郡相。杨佺（quán）期，弘农华阴（今陕西华阴市）人，梁州刺史杨亮之子，东晋将领。传见《晋书》卷八十四。［32］御史中丞：官名，国家掌管监察的主要长官。［33］散发：服食五石散后药性发作。当时许多贵族为了益寿延年、形貌昳丽而服食五石散。此药毒性极大，发作后往往死人。［34］往省：前去探视。［35］身死：死自己一个人。［36］甲戌：四月七日。［37］罪状国宝：揭发王国宝的罪状。罪状，用作动词。［38］孝武帝：即东晋第九任皇帝司马曜。［39］不及受顾命：没有当上顾命大臣。［40］失势：失去权势。王珣时为尚书令，握有实权，但未受“顾命”，显然已被疏远，故曰“失势”。［41］循默：按常规办事，因循守旧，其他一切不闻不问。［42］丁丑：四月十日。［43］弗之预：没有参与、过问。［44］竹里：古地名，在今江苏南京市与镇江市之间的长江边上，仪征市的对岸。［45］矫相王之命：假传司马道子的命令。矫，假传，盗用。相王，指司马道子，因他既是会稽王，又任丞相之职。［46］车胤（yìn）：南平江安（今湖北公安县）人，东晋直臣，时为吏部尚书。传见《晋书》卷八十三。［47］时望：指当时有威信、有声望的人。［48］挟君、相：挟持晋安帝司马德宗及宰相司马道子。挟，要挟，挟持。［49］所竞：所斗，争斗。［50］将曹爽我乎：你们是不是把我当成曹爽来要弄呢？曹爽，曹魏权臣，与司马懿并为托孤大臣。后司马懿发动政变，逼迫曹爽交出兵权，轻而易举地被司马懿所杀。传见《三国志》卷九。［51］宁有爽之罪：意即你哪有曹爽那样的罪过？宁有，怎有，哪有。曹爽被司马懿指责为有谋反大罪，这是诛灭九族的罪过。［52］王孝伯岂宣帝之俦（chóu）邪：王恭，字孝伯，他哪里是司马懿一流的人物！宣帝，即诛杀曹爽、掌控曹魏政权的司马懿，晋武帝司马炎追尊为宣皇帝，庙号高祖。传见《晋书》卷一。俦，类。［53］桓公围寿阳：桓公，指称桓温，他于太和五年（370）八月围攻叛将袁瑾于寿阳（今安徽寿县），至六年正月始攻克，历时半年。［54］弥（mí）时：用了许多时日。弥，久。［55］遣军：指派遣军队前往讨伐。［56］京口：县名，在今江苏镇江市。上流奄至：殷仲堪的军队突然杀来。上流，指驻扎在江陵的殷仲堪的军队。奄至，突然而至。［57］尤惧：更加害怕。［58］诣阙：到宫门前。阙，宫门前的左右台观，这里即指宫门。待罪：等待朝廷对他的定罪处分。［59］暗懦：愚昧，懦弱。［60］姑息：苟且求安，平息事端。［61］骠骑咨议参军：骠骑将军府的属官。咨议参军，以备参谋顾问。当时的骠骑将军即司马道子。谯（qiáo）王尚之：即司马尚之，字伯道，司马懿六弟司马进之后裔，谯敬王司马恬长子，袭封谯王，任骠骑咨议参军。传见《晋书》卷三十七。［62］付廷尉：交由国家的最高司法长官廷尉审判。［63］恬（tián）：即司马恬，字元瑜，谯烈王司马无忌之子。官至镇北将军、兖青二州刺史，袭封谯王爵位。传见《晋书》卷三十七。［64］甲申：四月十七日。［65］深谢愆（qiān）失：对自己的过失表示深深的歉意。愆失，过失，过错。［66］侍中：皇帝身边近臣。恺（kǎi）：即王恺，字茂仁，历任侍中、右卫将军，出任吴郡太守、丹阳尹。赠太常卿。传见《晋书》卷七十五。［67］愉：即王愉，字茂和，东晋大臣，时任骠骑将军司马道子府属官司马，官至会稽内史、尚书左仆射。后反对太尉刘裕擅权，被诛，子孙十余人皆伏法。传见《晋书》卷七十五。［68］不协：意见不一致。［69］不问：即不问罪，不予追究。［70］戊子：四月二十一日。［71］不敢下：即不敢举兵东下，向都城建康进发。［72］抗表：公开给朝廷上书，声讨王国宝等人的罪行。［73］巴陵：郡名，在今湖南岳阳市。［74］会稽世子元显：会稽王司马道子的长子司马元显，为侍中、中书令、中领军。代父掌权，曾假黄钺，为骠骑大将军，都督十八州诸军事，兴兵讨伐桓玄，兵败被杀。传见《晋书》卷六十四。［75］俊才：才智卓越。［76］卫府：卫率府，皇帝禁军的统帅部。当时司马道子都督中外诸军事，故卫率府亦在其掌握中。徐州文武：指徐州刺史府里的文武百官，此前司马道子兼任此官，故有权力调配。

魏王珪以军食不给，命东平公仪去邺，徙屯巨鹿[1]，积租杨城[2]。慕容详出步卒六千人，伺间袭魏诸屯。珪击破之，斩首五千，生擒七百人，皆纵之[3]。

初，张掖卢水胡沮渠罗仇[4]，匈奴沮渠[5]王之后也，世为部帅。凉王光以罗仇为尚书，从光伐西秦。及吕延败死，罗仇弟三河太守麹粥[6]谓罗仇曰："主上荒耄[7]信谗，今军败将死，正其猜忌智勇之时也。吾兄弟必不见容[8]，与其死而无名，不若勒兵向西平[9]，出苕藋[10]，奋臂一呼，凉州不足定[11]也。"罗仇曰："诚如汝言。然吾家世以忠孝著于西土，宁使人负我[12]，我不忍负人也。"光果听谗，以败军之罪杀罗仇及麹粥。罗仇弟子蒙逊[13]，雄杰[14]有策略，涉猎书史，以罗仇、麹粥之丧归葬。诸部多其族姻[15]，会葬者凡万余人。蒙逊哭谓众曰："吕王昏荒无道，多杀不辜[16]。吾之上世[17]，虎视河西[18]，今欲与诸部雪二父之耻[19]，复上世之业，何如？"众咸称万岁。遂结盟起兵，攻凉临松郡[20]，拔之，屯据金山[21]。

司徒左长史王廞[22]，导之孙也，以母丧居吴[23]。王恭之讨王国宝也，版廞行吴国内史[24]，使起兵于东方。廞使前吴国内史虞啸父[25]等入吴兴、义兴[26]召募兵众，赴者万计。未几，国宝死，恭罢兵，符廞去职[27]，反丧服[28]。廞以起兵之际，诛异己者颇多，势不得止，遂大怒，不承恭命，使其子泰[29]将兵伐恭，笺[30]于会稽王道子，称恭罪恶；道子以其笺送恭。

五月，恭遣司马刘牢之[31]帅五千人击泰，斩之。又与廞战于曲阿[32]，众溃，廞单骑走，不知所在。收虞啸父下廷尉，以其祖潭[33]有功[34]，免为庶人[35]。

（以上为第七段，写居住张掖的卢水胡沮渠罗仇，随后凉主吕光攻打西秦，兵败被杀，其侄子沮渠蒙逊起兵报仇；东晋司徒左长史王廞起兵叛乱，攻打王恭，王恭平定了叛乱。）

【注释】

[1]巨鹿：郡名，郡治在今河北宁晋县南。 [2]积租杨城：在杨城县积蓄粮草。杨城，县名，县治在今河北顺平县境内。 [3]皆纵之：将其全部放回，此乃吸取参合陂坑杀后燕投降者的教训，以瓦解后燕人的抗魏之心。 [4]张掖：古郡名，郡治在今甘肃张掖市西北。卢水胡：当时匈奴族的部落名，主要活动于中国西北部。沮（jǔ）渠罗仇：卢水胡人，北凉将领。 [5]沮渠：古老部落名，发源于黄河流域，后为官号，有左右二职，上属南匈奴左贤王。后世首领以其官为姓，沮渠罗仇为沮渠王的后代。 [6]三河：古郡名，郡治约在今甘肃兰州市与张掖市之间，以其地有金城河、赐支河、湟河而得名。麹（qū）粥：即沮渠麹粥，临松（今甘肃张掖市南）卢水胡人，北凉三河太守。后随吕光伐西秦，因败军之罪被吕光杀死。 [7]荒耄（mào）：荒淫，老迈。耄，大约七十至九十岁年龄的古称，形容年老，引申为昏乱。 [8]见容：被容忍，放过。 [9]勒兵：统率兵马。西平：郡名，郡治在今青海西宁市。 [10]出苕（tiáo）藋（diào）：经由苕藋。苕藋，古地名，在今甘肃张掖市东。 [11]凉州：州治姑臧，在今甘肃武威市，当时为吕光后凉政权的首都。不足定：不用费力即可占据。 [12]负我：亏待、对不起我们。 [13]蒙逊：即沮渠蒙逊，沮渠法弘之子，沮渠罗仇之侄。罗仇被后凉主吕光所杀，蒙逊联合诸部起兵，自领大将军、凉州牧、张掖公，称河西王，受封凉王，建立北凉。传见《晋书》卷一百二十九。 [14]雄杰：才智出众。 [15]族姻：同族、亲戚。 [16]不辜（gū）：无罪，指无罪之人。 [17]上世：指其祖沮渠王。 [18]河西：区域名，泛指今甘肃西部及其临近的青海一带地区。昔日匈奴左贤王的势力曾及于此。 [19]雪二父之耻：为两位伯父罗仇、麹粥报仇雪恨。 [20]凉临松郡：凉州的临松郡，郡治在今甘肃张掖市南。 [21]金山：郡名，郡治在今甘肃张掖市东南。 [22]司徒左长

史：司徒府的高级僚佐。时司马道子为司徒。王廞（xīn）：字伯舆，开国丞相王导之孙，为司徒司马道子的左长史。青、兖二州刺史王恭起兵讨王国宝，王廞响应。王国宝被杀，王恭罢兵，令王廞去职解兵，王廞怒不从命，回兵攻打王恭，被刘牢之击溃逃走。传见《晋书》卷六十五。［23］居吴：在吴郡家居。吴，郡名，郡治在今江苏苏州市。［24］版廞：下文件聘任王廞。版，写字用的工具，这里用如动词，意即下文件。行吴国内史：代理吴国内史。诸侯国的内史与郡太守同职同级。凡王国所在的郡，其太守则称内史。［25］虞啸父：会稽余姚人，东晋卫将军虞潭之孙，为侍中、吴国内史。响应王廞举兵反，行吴兴太守。事平，以同谋应斩，贬为庶人。后为太尉左司马，迁会稽内史。传见《晋书》卷七十六。［26］吴兴、义兴：古二郡名，吴兴的郡治乌程，在今浙江湖州市，义兴的郡治阳羡，在今江苏宜兴市。［27］符廞去职：免去王廞的职务。符，一种文告的名称，这里用如动词，意即下令告知。［28］反丧服：回家继续为其母服丧。反，同“返”。［29］泰：即王泰，王廞之子。［30］笺：文体名，以称给诸侯王公们的书信。这里用如动词，意即报告、告知。［31］刘牢之：字道坚，征虏将军刘建之子，东晋名将。传见《晋书》卷八十四。［32］曲阿：县名，在今江苏丹阳市。［33］潭：即虞潭，一作虞谭，字思奥，东吴经学大师虞翻之孙，东晋宜都太守虞忠之子，东晋将领。相继协助平定王敦、苏峻之乱。官至卫将军、右光禄大夫、侍中，封武昌县侯。传见《晋书》卷七十六。［34］有功：指虞啸父祖父虞潭起兵讨苏峻之功。［35］庶人：平民百姓。

燕库傉官骥[1]入中山，与开封公详相攻。详杀骥，尽灭库傉官氏；又杀中山尹苻谟[2]，夷其族。中山城无定主，民恐魏兵乘[3]之，男女结盟，人自为战。

甲辰[4]，魏王珪罢中山之围，就谷河间[5]，督诸郡义租[6]。甲寅[7]，以东平公仪为骠骑大将军、都督中外诸军事，兖·豫·雍·荆·徐·扬六州牧、左丞相，封卫王。

慕容详自谓能却魏兵，威德已振，乃即皇帝位，改元建始[8]，置百官。以新平公可足浑潭[9]为车骑大将军、尚书令，杀拓跋觚[10]以固众心。

邺中官属劝范阳王德称尊号[11]，会有自龙城来者，知燕主宝犹存，乃止。

凉王光遣太原公纂将兵击沮渠蒙逊于匆谷[12]，破之。蒙逊逃入山中。

蒙逊从兄男成[13]为凉将军，闻蒙逊起兵，亦合众数千屯乐涫[14]。

酒泉太守垒澄[15]讨男成，兵败，澄死。

男成进攻建康[16]，遣使说建康太守段业[17]曰："吕氏政衰，权臣擅命[18]，刑杀无常，人无容处。一州之地，叛者相望，瓦解之形昭然[19]在目，百姓嗷然[20]无所依附。府君奈何以盖世[21]之才，欲立忠于垂亡[22]之国！男成等既唱[23]大义，欲屈府君抚临鄙州[24]，使涂炭之余[25]，蒙来苏[26]之惠，何如？"业不从。相持二旬，外救不至，郡人高逵、史惠[27]等劝业从男成之请。业素与凉侍中房晷、仆射王详不平[28]，惧不自安，乃许之。男成等推业为大都督、龙骧大将军、凉州牧、建康公，改元神玺[29]。以男成为辅国将军，委以军国之任。蒙逊帅众归业，业以蒙逊为镇西将军。光命太原公纂将兵讨业，不克。

六月，西秦王乾归征北河州[30]刺史彭奚念[31]为镇卫将军[32]；以镇西将军屋弘破光[33]为河州牧，定州刺史翟瑥为兴晋[34]太守，镇枹罕[35]。

秋，七月，慕容详杀可足浑潭。详嗜酒奢淫，不恤[36]士民，刑杀无度，所诛王公以下五百余人，群下离心。城中饥窘[37]，详不听民出采稆[38]，死者相枕，举城皆谋迎赵王麟。详遣辅国将军张骧帅五千余人督租于常山[39]，麟自丁零[40]入骧军，潜袭中山，城门不闭，执详，斩之。麟遂称尊号[41]，听人四出采稆。人既饱，求与魏战，麟不从，稍复穷馁[42]。魏王珪军鲁口[43]，遣长孙肥帅骑七千袭中山，入其郛[44]。麟追至泒水[45]，为魏所败而还。

（以上为第八段，写后凉吕光打败沮渠蒙逊，建康太守段业又起兵反叛；后燕自称皇帝的慕容详奢侈荒淫，被反叛后燕的慕容麟潜回杀死，慕容麟又自立为帝。）

【注释】

[1]库傉官骥：慕容宝的将领，奉命来助慕容详守中山，二人关系不和。[2]中山尹：官名，后燕首都中山的最高行政长官。苻谟（mó）：前秦主苻坚从弟，后燕主慕容垂亲家。前秦征西将军，后投降后燕，封为侯，为中山尹，被开封公慕容详杀害。后因小女儿苻训英为后燕主慕容熙皇后，追赠其太宰，谥文献公。传见《晋书》卷一百十五。[3]乘：乘机攻击。[4]甲辰：五月七日。[5]就谷河间：到河间去就地取粮以作军食。河间，郡名，郡治在今河北献县东南。[6]义租：自愿义务捐献粮草。[7]甲寅：五月十七日。[8]建始：后燕主慕容详的年号，共

三个月，公元 397 年五月至七月，也是后燕的第四个年号。在此以前慕容详是用慕容宝的年号“永康”。［9］可足浑潭：后燕新平公，可足浑健之子。慕容详在中山（今河北定州市）称帝，任为车骑大将军，领尚书令。不久，又杀之。［10］拓跋觚：北魏主拓跋珪之弟，前出使后燕，被慕容垂扣留，直到现在被慕容详所杀。［11］称尊号：即称帝。［12］匆谷：县名，县治在今甘肃山丹县境内。［13］从兄：堂兄。男成：沮渠蒙逊堂兄，后凉将军、晋昌（今甘肃瓜州县东）太守。后起兵反叛，推举段业为头领，北凉政权建立后，为辅国将军，被委以军政重任。后被段业赐死。传见《晋书》卷一百二十九。［14］乐涫（guān）：县名，县治在今甘肃酒泉市东南。［15］酒泉：郡名，郡治在今甘肃酒泉市。垒澄：后凉酒泉太守。隆安元年（397）五月，率步骑万人攻讨沮渠男成，战败被杀。［16］建康：郡名，郡治在今甘肃酒泉市东南。［17］段业：北凉开国国君。传见《晋书》卷一百二十九。［18］擅命：擅自发号施令，不受节制。［19］昭然：显著、明显的样子。［20］嗷（áo）然：愁苦、哀号的样子。［21］府君：古代对太守、知府一类地方官的尊称。盖世：谓才能、功绩等高出当代人之上。［22］垂亡：接近死亡。［23］唱：同“倡”，倡导，提倡。［24］屈：屈尊。这里是客气的说法，意即“请”你出任某职，做某事。抚临鄘州：即请其出任凉州刺史。［25］涂炭之余：犹今之所谓劫后余生者。涂炭，泥淖和炭灰，比喻极困苦的境遇，借指陷入灾难的人民。［26］来苏：即得到拯救。《尚书·仲虺之诰》曰：“徯我后，后来其苏！”意思是我们盼望您来呀，您要来了我们就得救了。［27］高逵、史惠：后凉官员，段业属下。［28］房晷（guǐ）、王详：后凉官员，吕光大臣。不平：不和睦。［29］神玺：北凉主段业的年号，共三年，公元 397 年至公元 399 年。［30］征：征召，召之进京。北河州：州名，西秦太初二年（389），乞伏乾归改河州设北河州，州治枹罕，在今甘肃临夏市。［31］彭奚念：南羌首领，西秦河州刺史、镇卫将军，一度盘踞在河湟重镇枹罕（今甘肃临夏市）。［32］镇卫将军：古将军名，为方镇重将。［33］屋弘破光：西秦镇西将军、河州牧。屋弘，《魏书》作“屋引”。胡三省曰：“屋弘，当作‘屋引’。《魏书·官氏志》，内入诸姓有屋引氏，后改为房氏。”［34］定州：约今之甘肃中部和与之临近的青海西宁市一带。胡三省曰：“张茂分武兴、金城、西平、安故为定州。”翟（zhái）瑥（wēn）：西秦将领，历仕定州刺史、兴晋太守。兴晋：郡名，郡治枹罕。［35］枹（fú）罕：县名，县治在今甘肃临夏市，时为北河州、兴晋郡的治所。［36］恤（xù）：抚慰，安抚。［37］饥窘：饥荒，窘迫，无以为生。［38］不听民：不允许百姓。出采稆（lǚ）：出城采集不播种而自生的禾稼。［39］张骧：乌桓人，后燕辅国将军，后投降北魏。常山：郡名，郡治真定，在今河北石家庄市东北。［40］丁零：也作丁令、丁灵，北方少数民族名。［41］称尊号：自称皇帝。［42］稍复穷馁（něi）：又渐渐穷困挨饿了。馁，饥饿。［43］鲁口：渡口名，在今河北饶阳县南的滹沱河上。［44］入其郛（fú）：攻进了中山的外城。郛，外城，也称“郭”。［45］泒（gū）水：河水名，当时流经今河北定州市南。

八月，丙寅朔[1]，魏王珪徙军常山之九门[2]。军中大疫，人畜多死，将士皆思归。珪问疫于诸将，对曰："在者才什四、五[3]。"珪曰："此固天命，将若之何！四海之民，皆可为国[4]，在吾所以御之[5]耳，何患无民！"群臣乃不敢言。遣抚军大将军略阳公遵[6]袭中山，入其郛而还。

燕以辽西王农为都督中外诸军事、大司马、录尚书事。

凉散骑常侍、太常西平郭黁[7]，善天文数术，国人信重之。会荧惑守东井[8]，黁谓仆射王详曰："凉之分野，将有大兵[9]。主上老病，太子暗弱，太原公凶悍[10]，一旦不讳[11]，祸乱必起。吾二人久居内要，彼常切齿[12]，将为诛首[13]矣。田胡王乞基[14]部落最强，二苑[15]之人，多其旧众。吾欲与公举大事，推乞基为主，二苑之众，尽我有也。得城之后，徐更议之。"详从之。黁夜以二苑之众烧洪范门[16]，使详为内应；事泄，详被诛，黁遂据东苑以叛。民间皆言圣人举兵，事无不成，从之者甚众。

凉王光召太原公纂使讨黁。纂将还，诸将皆曰："段业必蹑[17]军后，宜潜师夜发。"纂曰："业无雄才，凭城自守；若潜师夜去，适足张其气势耳。"乃遣使告业曰："郭黁作乱，吾今还都；卿能决[18]者，可早出战。"于是引还。业不敢出。

纂司马杨统谓其从兄桓[19]曰："郭黁举事，必不虚发。吾欲杀纂，推兄为主，西袭吕弘[20]，据张掖，号令诸郡，此千载一时也。"桓怒曰："吾为吕氏臣，安享其禄，危不能救，岂可复增其难乎！吕氏若亡，吾为弘演[21]矣！"统至番禾[22]，遂叛归黁。弘，纂之弟也。

纂与西安太守石元良[23]共击黁，大破之，乃得入姑臧。黁得光孙八人于东苑，及败而恚[24]，悉投于锋[25]上，枝分节解[26]，饮其血以盟众，众皆掩目。

凉人张捷、宋生等招集戎、夏[27]三千人，反于休屠城[28]。与黁共推凉后将军杨轨[29]为盟主。轨，略阳氐也。将军程肇[30]谏曰："卿弃龙头而从蛇尾[31]，非计也。"轨不从，自称大将军、凉州牧、西平公。

纂击破黁将王斐于城西，黁兵势渐衰，遣使请救于秃发乌孤。九月，乌孤使其弟骠骑将军利鹿孤帅骑五千赴之。

（以上为第九段，写后凉的内乱，太常郭黁擅长天文，借助天象起兵反叛，被太原公吕纂率军打败；凉州人张捷、宋生又起兵造反，推举后凉将领杨轨为盟主。）

【注释】

［1］丙寅朔：八月一日。［2］常山之九门：常山郡的九门县，县治在今河北正定县东。［3］在者：现存者。什四、五：十分之四、五。［4］皆可为国：都可以成为我们的国民。［5］在吾所以御之：就看我们是怎么管理他们。御，驾御，管理。［6］略阳公遵：即拓跋遵，字勃兜，拓跋什翼犍之孙。初以佐命元勋，封略阳郡公。迁冀州刺史，封常山郡王。后坐罪赐死。传见《魏书》卷十五。［7］太常：九卿之一，主管宗庙祭祀。郭黁（nún）：西平人，后凉散骑常侍、太常。传见《晋书》列传第六十五。［8］荧惑守东井：火星运行到了井宿的附近。荧惑，在今之所谓火星。东井，即井宿，星座名，二十八宿之一。［9］凉之分野，将有大兵：意即凉州一带地区将要发生战乱。古代天文学称今陕西、甘肃一带为井宿的分野，而火星象征战争。今火星运行到了井宿的位置，预示着凉州一带将有大兵。［10］太原公：指吕纂，吕光的庶长子，被封为太原公。凶悍：凶猛，强悍。［11］不讳：婉言吕光之死。［12］切齿：痛恨。［13］诛首：被首先拿来开刀。［14］田胡王乞基：田胡部落的头领名叫乞基。田胡，当时匈奴族的一个部落名。［15］二苑：即指后凉的国都姑臧，当时姑臧建有东苑、西苑二城。［16］洪范门：后凉主吕光宫廷的一个门。洪范，《尚书》中的一个篇目名。［17］蹑（niè）：指尾随、追击。［18］决：指下决心。［19］杨统：后凉官员，为吕纂的司马官。桓：即杨桓，杨统堂兄。［20］吕弘：后凉主吕光之子。封为常山公，后与庶兄吕纂发动政变，推翻吕绍，助纂登位，为车骑大将军、司隶校尉。不久再次反叛吕纂，兵败被杀。传见《晋书》卷一百二十二。［21］吾为弘演：我一定要做一个像弘演那样的忠臣。弘演，春秋时卫国的臣子，卫懿公与狄人战，兵败被杀，肉亦被人吃尽，只剩了一块肝。弘演赶来，对着懿公的肝哭了一会，而后将自己的内脏剖出，将懿公的肝装入自己的腹腔，而后死去。被后世视为忠臣的代名词。事见《吕氏春秋》。［22］番禾：郡名，郡治在今甘肃永昌县。［23］西安：郡名，郡治在今甘肃张掖市东南。石元良：后凉西安太守。［24］恚（huì）：恼恨，发怒。［25］锋：刀锋，刀刃。［26］枝分节解：把肢体与关节一一分解出来。枝，同“肢”，四肢。节，关节。［27］凉人张捷、宋生：后凉人，响应郭黁，反叛后凉。戎、夏：指各少数民族人与汉人。［28］休屠城：休屠县城，在今甘肃武威市西北。［29］杨轨：略阳人，氐族，后凉吕光部将，为仆射、扬武将军、后将军，趁机反叛后凉。事见《晋书》卷一百二十二。［30］程肇：杨轨部属。［31］龙头：指后凉主吕光。蛇尾：指郭黁等人。

秦太后虵氏[1]卒。秦主兴哀毁过礼[2]，不亲庶政[3]。群臣请依汉、魏故事[4]，既葬即吉[5]。尚书郎李嵩[6]上疏曰："孝治天下，先王之高事[7]也。宜遵圣性以光道训[8]，既葬之后，素服临朝[9]。"尹纬[10]驳曰："嵩矫常越礼[11]，请付有司论罪。"兴曰："嵩忠臣孝子[12]，有何罪乎！其一从嵩议。"

鲜卑薛勃[13]叛秦，秦主兴自将讨之。勃败，奔没弈干[14]，没弈干执送之[15]。

秦泫氏男姚买得[16]谋弑秦主兴，不克而死。

秦主兴入寇湖城[17]，弘农太守陶仲山[18]、华山太守董迈[19]皆降之，遂至陕城[20]，进寇上洛[21]，拔之。遣姚崇[22]寇洛阳，河南太守夏侯宗之固守金墉[23]，崇攻之不克，乃徙流民二万余户而还。

武都氐屠飞、啖铁等据方山[24]以叛秦，兴遣姚绍[25]等讨之，斩飞、铁。

兴勤于政事，延纳[26]善言，京兆杜瑾[27]等皆以论事得显拔，天水姜龛[28]等以儒学见尊礼，给事黄门侍郎古成诜[29]等以文章参机密[30]。诜刚介雅正[31]，以风教[32]为己任。京兆韦高[33]慕阮籍[34]之为人，居母丧，弹琴饮酒。诜闻之而泣，持剑求[35]高，欲杀之，高惧而逃匿。

（以上为第十段，写后秦国事。后秦太后蛇氏去世，姚兴过度哀毁；出兵攻打东晋湖城，太守投降；姚兴对于军国大事非常勤勉，善于接受不同意见，重用贤才治国。）

【注释】

[1]蛇氏：指姚苌之妻，姚兴之母。[2]哀毁过礼：悲哀得过分。根据儒家礼法的规定，父母死后，做人子的悲伤以及由此导致的消瘦病弱要达到一定的程度，不达到不行，过分也不好。[3]庶政：各种政务。[4]依汉、魏故事：依照汉朝及曹魏两代的一贯做法。[5]既葬即吉：老皇帝埋葬之后，作为接班人的儿子便立即脱去丧服，换上正常处理事务的服装。吉，指吉服，平时所穿的服装。[6]李嵩：后秦尚书郎。[7]高事：高尚的行为。[8]宜遵圣性：应该按照姚兴个人的性格。圣，此指后秦主姚兴。以光道训：以光大前代圣人的教训。[9]素服临朝：穿着孝服处理朝政。[10]尹纬：字景亮，后秦尚书左仆射，开国元勋，封清河侯。[11]矫常越礼：改变常规，超出了礼法的规定。[12]忠臣孝子：既照顾了"孝子"的心情，又可以不影响国家大事，尽到了"忠臣"的义务。[13]薛勃：另一个鲜卑部落的首领，前受北魏攻击而投靠了后

秦主姚兴，驻守于贡川，后又反叛。［14］没弈（yì）干：鲜卑破多兰部落首领。最初依附于前秦，后投降后秦姚苌，受封车骑将军、高平公。后被胡夏主赫连勃勃袭杀。［15］执送之：逮捕起来，送回给姚兴。［16］泫（xuàn）氏男姚买得：泫氏县的一个男人叫姚买得。泫氏，县名，县治在今山西高平市东南。［17］湖城：即湖县，县治在今河南灵宝市西，当时属东晋。［18］弘农：郡名，当时东晋的弘农郡治即湖城。陶仲山：东晋弘农太守，后投降后秦。［19］华山：郡名，当时东晋的华山郡治，在今陕西渭南市华州区。董迈：东晋华山太守，后投降后秦。［20］陕城：陕县，县治在今河南三门峡市西，当时属东晋。［21］上洛：郡名，郡治在今陕西商洛市商州区，时属东晋。［22］姚崇：文桓帝姚兴之弟，封为齐公。传见《晋书》卷一百十七。［23］河南：郡名，郡治在今河南洛阳市。夏侯宗：东晋官员，为河南太守。金墉：当时洛阳城西北角的一座坚固的小城。［24］屠飞、啖铁：二人起兵叛后秦。屠飞，武都氐族部落首领；啖铁，后秦将领。［25］姚绍：后秦武昭帝姚苌之弟，文桓皇帝姚兴叔父，封东平公。在姚兴去世时受托孤之重，后受命主持对抗刘裕北伐，因兵败愤懑而死。［26］延纳：引见，接纳。［27］杜瑾：京兆人，后秦官员。［28］姜龛（kān）：天水人，深明经学，善于教授，后秦姚兴时，在长安讲学，前后听者达万人。姚兴也和他谈论道艺，被时人誉为“关陇三耆儒之一”。［29］给事黄门侍郎：官名，皇帝的贴身近臣，负责为之起草文件、诏令等事。古成诜（shēn）：南安（今甘肃陇西县东南）人。仕后秦姚苌，为尚书郎，赐爵关内侯。姚兴时任给事黄门侍郎，以文章雅正，参管机密。［30］文章：指文笔好，善于写作。参机密：参与国家的重要决策。［31］刚介：刚强，耿介。雅正：方正，正直。［32］风教：指加强教化工作，改善民风民俗。［33］韦高：京兆人。［34］阮籍：字嗣宗，三国时魏国诗人、竹林七贤之一。以饮酒放荡、蔑弃礼法闻名。累迁步兵校尉，世称“阮步兵”。传见《三国志》卷四十九。［35］求：寻找。

中山饥甚，慕容麟帅二万余人出据新市[1]。甲子晦[2]，魏王珪进军攻之。太史令晁崇[3]曰：“不吉。昔纣[4]以甲子亡，谓之疾日[5]，兵家忌之。”珪曰：“纣以甲子亡，周武[6]不以甲子兴乎？”崇无以对。冬，十月，丙寅[7]，麟退阻泒水[8]。甲戌[9]，珪与麟战于义台[10]，大破之，斩首九千余级，麟与数十骑驰取妻子入西山，遂奔邺[11]。

甲申[12]，魏克中山，燕公卿、尚书、将吏、士卒降者二万余人。张骧、李沈[13]先尝降魏，复亡去[14]，珪入城，皆赦之。得燕玺绶、图书、府库珍宝以万数，班赏群臣将士有差[15]。追谥弟觚为秦愍王；发慕容详冢，斩其尸；收杀觚者高霸、程同[16]，皆夷五族，以大刃剉[17]之。

丁亥[18]，遣三万骑就卫王仪[19]，将攻邺。

秦长水校尉姚珍[20]奔西秦[21]，西秦王乾归以女妻[22]之。

河南鲜卑吐秣等十二部大人[23]，皆附于秃发乌孤。

燕人有自中山至龙城者，言拓跋涉珪[24]衰弱，司徒德完守[25]邺城。会德表至，劝燕主宝南还，宝于是大简[26]士马，将复取中原。遣鸿胪鲁邃册拜德为丞相、冀州[27]牧，南夏公侯牧守皆听承制封拜[28]。十一月，癸丑[29]，燕大赦。十二月，调兵悉集，戒严在顿[30]，遣将军启仑[31]南视形势。

乙亥[32]，慕容麟至邺，复称赵王[33]，说范阳王德曰："魏既克中山，将乘胜攻邺，邺中虽有蓄积，然城大难固，且人心恇惧[34]，不可守也。不如南趣滑台[35]，阻河[36]以待魏，伺衅[37]而动，河北庶[38]可复也。"时鲁阳王和[39]镇滑台，和，垂之弟子也，亦遣使迎德，德许之。

（以上为第十一段，写北魏主拓跋珪讨伐后燕叛臣慕容麟，慕容麟被打败，逃入深山，又投奔邺城；慕容德上书，劝说慕容宝南下邺城，慕容宝集结军队，准备南下。）

【注释】

[1]新市：县名，县治在今河北新乐市东北。 [2]甲子晦：这个月的最后一天，为九月二十九日。 [3]晁崇：字子业，辽东襄平人，家世史官。为太史令，造浑仪，历象日月星辰，迁中书侍郎，令如故。 [4]纣：商朝末代君主，世称"纣""商纣王"。 [5]疾日：犹言"忌日"，应忌讳的倒霉的日子。 [6]周武：西周开国君主周武王。 [7]丙寅：十月二日。 [8]退阻泒（gū）水：后退到泒水边，依托泒水进行抵抗。当时的泒水自西向东，流经今河北新乐市下。[9]甲戌：十月十日。 [10]义台：村镇名，在今河北新乐市北。 [11]奔邺（yè）：往投慕容德。时慕容德镇守邺城。邺，古城名，在今河北临漳县西南。 [12]甲申：十月二十日。 [13]李沈：后燕官员。 [14]复亡去：先已降魏，后来又叛魏，入守中山。 [15]班赏：颁赐，分赏。有差：按功劳大小分出等级。 [16]高霸、程同：后燕官员，曾杀害北魏主拓跋珪的弟弟拓跋觚。[17]剉（cuò）：一刀一刀地切下来。 [18]丁亥：十月二十三日。 [19]就卫王仪：靠近拓跋仪，与之合力。就，靠近。 [20]长水校尉：官名，掌管驻扎在京城附近长水乡的少数民族骑兵。长水，关中河名。姚珍：后秦将领，为长水校尉，后投奔西秦。 [21]西秦：即乞伏乾归所建政权，都苑川（今甘肃兰州市）。 [22]妻（qì）：以女嫁人。 [23]河南鲜卑吐秣：居住在黄河以南地区的鲜卑头领，名叫吐秣。此所谓"河南"，指今甘肃兰州市一带的黄河以南。大人：鲜卑部族头领。 [24]拓跋涉珪：即拓跋珪，字涉珪。 [25]德：即慕容德，后燕主慕容宝之叔，被封

为司徒。完守：巩固，守备。［26］简：挑选，检阅。这里意即征调、调集。［27］鸿胪（lú）：官名，主管前来归顺的各民族部落事务。鲁邃（suì）：后燕鸿胪。冀州：州治在今河北衡水市冀州区。［28］南夏：后燕主慕容宝用以指今河北中部、南部一带地区，与他所处的龙城相对，故称南夏。听：任便。承制封拜：以皇帝（慕容宝）的名义来加以任命。制，皇帝的命令。［29］癸丑：十一月十九日。［30］戒严在顿：各路军队都各就各位，处于战备状态。顿，驻地。［31］启仑：后燕将领。［32］乙亥：十二月十二日。［33］复称赵王：慕容麟在叛乱前曾被封为赵王，后叛乱称帝，被打垮，今狼狈来投，又降级自称赵王。［34］恇（kuāng）惧：恐惧。恇，害怕，惊慌。［35］南趣滑台：向南移向滑台。趣，同“趋”，转移。滑台，古县名，县治在今河南滑县东。［36］阻河：依托黄河。当时的滑县在黄河边上。［37］伺衅（xìn）：寻找可乘之机。衅，缝隙，引申为机会。［38］庶：或者，也许。［39］鲁阳王和：即慕容和，后燕主慕容垂之侄，为南中郎将，封鲁阳王。鲁阳，县名，县治在今河南鲁山县。

【点评】

后燕败亡。本卷记事一年，着重写后燕的迅速衰亡。究其缘由，在四面有敌的乱世，一旦昏庸之主当政，无御敌之才，其国必然迅速衰落，以致灭亡，后燕是也。

慕容垂中兴燕国，建立后燕，不失为是一个英明之主。他感念前妻段氏冤死救己之恩，立其子慕容宝为继嗣，无可非议。由于段氏所生长子慕容令已死，只留下次子慕容宝，在无嫡立长的礼制上，慕容宝也应当是继承人，所以慕容垂立慕容宝为嗣也无可非议。但在乱世之中，四邻为敌的背景下，慕容宝无治国御敌之才，慕容垂应当看得出来，有识之士也劝说提示，无奈慕容垂有妇人之仁，最终立嗣失误。慕容宝继位，若在太平之世，慕容宝还不至于失国。因是乱世，慕容宝无才还固步自封，自以为是，是非不明，忠奸不分，两次大战的失败，导致后燕元气大伤，一蹶不振，迅速败亡。

慕容垂晚年灭掉西燕，后燕势力达于鼎盛。慕容垂再想灭掉北魏，为儿子们消除后患，他想让太子慕容宝立下战功，以服众人，就让慕容宝率领精兵强将攻打北魏，结果慕容宝在后退中疏于防守，在参合陂被打得大败，几乎全军覆没，被北魏坑埋了5万投降的士兵。从战争过程来看，此战之败，完全是慕容宝不听别人劝说，指挥失误所导致。这一战役，后燕实力大损。第二次，是北魏围困后燕都城中山后内部出现变乱，欲与后燕媾和，慕容宝不接受北魏使者的求和，率大军夜袭北魏军营失利，燕军士气不振，慕容宝引军无功而返，北魏军又趁机追击，再加上天气恶劣，风猛雪大，他命令将士扔掉武器，空手而逃。两次的惨败，都是慕容宝指挥不当所致，这也说明他庸碌无能，把后燕推进了灭亡的深渊。

最后，慕容宝首鼠两端，进退失据，成为葬送后燕的元凶。北魏大军攻打后燕，气势汹汹，一路势如破竹。而后燕主慕容宝显然不是合格的指挥者。在北魏围困都城中山时，北魏内部也出现了几次裂痕，后燕完全有可能出兵攻打而重创北魏军。城中将士都想出战，高阳王慕容隆几次劝说出兵，甚至说得声泪俱下，慕容宝一度也同意出兵，可在慕容麟的劝说下，慕容宝又按兵不动，丧失了大好时机。具有讽刺意义的是，慕容宝事事听从慕容麟，而慕容麟则反叛自立为帝。后来，慕容宝弃中山不管，将领们都劝其坚守，等待机会，但他还是一跑了之。就是这样，慕容宝进退随心，错失良机，致使后燕顷刻败亡。

卷一一〇　晋纪三十二

晋安帝隆安二年（398 年）

【著雍阉茂（戊戌，398 年），凡一年】

【大事提要】

本卷记事公元 398 年，凡一年，时当晋安帝（司马德宗）隆安二年。本卷所载大事，主要有四个方面。其一，后燕分裂为两个政权。范阳王慕容德在滑台自称燕王，建立南燕。后燕主慕容宝在政治动乱中被顿丘王兰汗杀死。慕容宝之子长乐王慕容盛侥幸不死，寻机刺杀兰汗称帝，改元建平。其二，慕容盛称帝。长乐王慕容盛是后燕主慕容宝的长子。慕容宝死后，慕容盛得以不死，被兰汗封为侍中，慕容盛乘机离间兰汗、兰提、兰加难三兄弟，派遣慕容奇聚众讨伐兰汗。后兰汗父子庆功而喝醉，慕容盛趁机杀死兰汗，于是行使皇帝权力，改年号建平。其三，拓跋珪称帝。公元 386 年，16 岁的拓跋珪趁乱重兴代国，即位称代王。又在当年定国号为魏，是为北魏，建元登国。公元 398 年，拓跋珪将国都从盛乐迁到平城，营建宫殿、宗庙、社稷，即皇帝位，改元天兴。他积极扩张疆土，励精图治，使北魏兴盛强大。其四，王恭兵谏。东晋外戚王恭官至前将军、青兖二州刺史，曾先后两度起兵攻打朝奸，但在第二次起兵时因刘牢之叛变而兵败，后被捕并被处死，死前仍坚持自己起兵的出发点是忠于朝廷。死后家无余资，为时人所惜。桓玄执政，追赠为侍中、太保，谥曰忠简。其五，河西鲜卑秃发乌孤称王。

安皇帝乙

隆安二年（戊戌，398 年）

春，正月，燕范阳王德自邺帅户四万南徙滑台[1]。魏卫王仪[2]入邺，收其仓库，追德至河，弗及。

赵王麟上尊号于德，德用兄垂故事[3]，称燕王[4]，改永康三年为元年[5]，以统府行帝制[6]，置百官。以赵王麟为司空、领尚书令，慕容法[7]为中军将军，慕舆拔[8]为尚书左仆射，丁通[9]为右仆射。麟复谋反，德杀之。

庚子[10]，魏王珪自中山南巡至高邑[11]，得王永之子宪[12]，喜曰："王景略[13]之孙也。"以为本州中正[14]，领选曹[15]事，兼掌门下[16]。至邺，置行台[17]，以龙骧将军日南公和跋为尚书[18]，与左丞贾彝[19]帅吏兵五千人镇邺。

珪自邺还中山，将北归，发卒万人治直道[20]，自望都凿恒岭至代[21]五百余里。珪恐已既去，山东[22]有变，复置行台于中山，命卫王仪镇之；以抚军大将军略阳公遵[23]为尚书左仆射，镇勃海之合口[24]。

右将军尹国督租于冀州[25]，闻珪将北还，谋袭信都；安南将军长孙嵩执国，斩之。

燕启伦[26]还至龙城，言中山已陷，燕主宝命罢兵。辽西王农言于宝曰："今迁都尚新[27]，未可南征，宜因成师袭库莫奚[28]，取其牛马以充军资，更审虚实，俟[29]明年而议之。"宝从之。己未[30]，北行。庚申[31]，渡浇洛水[32]，会南燕王德遣侍郎李延诣[33]宝，言"涉圭[34]西上，中国[35]空虚。"延追宝及之，宝大喜，即日引还。

辛酉[36]，魏王珪发中山，徙山东六州[37]吏民杂夷十余万口以实代。博陵、勃海、章武[38]群盗并起，略阳公遵等讨平之。

广川太守贺赖卢[39]，性豪健[40]，耻居冀州刺史王辅之下，袭辅，杀之，驱勒[41]守兵，掠阳平、顿丘[42]诸郡，南渡河，奔南燕。南燕王德以赖卢为并州[43]刺史，封广宁[44]王。

西秦[45]王乾归遣乞伏益州[46]攻凉支阳、鹯武、允吾[47]三城，克之，虏[48]万余人而去。

燕主宝还龙城宫，诏诸军就顿[49]，不听罢散[50]，文武将士皆以家属随驾[51]。辽西王农、长乐王盛切谏，以为兵疲力弱，魏新得志，未可与敌，宜且养兵观衅[52]。宝将从之，抚军将军慕舆腾[53]曰："百姓可与乐成，难与图始[54]。今师众已集，宜独决圣心[55]，乘机进取，不宜广采异同以沮[56]大计。"宝乃曰："吾计决矣，敢谏者斩！"二月，乙亥[57]，宝出就顿[58]，留盛统后事[59]。己卯[60]，燕军发龙城，慕舆腾为前军，司空农为中军，宝为后军，相去各一顿[61]，连营百里。

壬午[62]，宝至乙连[63]，长上段速骨、宋赤眉等因众心之惮[64]征役，遂作乱。速骨等皆高阳王隆旧队，共逼隆子高阳王崇为主，杀乐浪威王宙[65]、中牟熙公段谊[66]及宗室诸王。河间王熙[67]素与崇善，崇拥佑[68]之，故独得免。燕主宝将[69]十余骑奔司空农营，农将出迎，左右抱其腰，止之曰："宜小清澄[70]，不可便出。"农引刀将斫[71]之，遂出见宝，又驰信追慕舆腾[72]。癸未[73]，宝、农引兵还趣[74]大营，讨速骨等。农营兵亦厌征役，皆弃仗走[75]，腾营亦溃。宝、农奔还龙城。长乐王盛闻乱，引兵出迎，宝、农仅而得免。

（以上为第一段，写后燕范阳王慕容德从邺城移镇滑台，建立南燕；北魏主拓跋珪攻下中山，料理好善后事宜，返回北方；后燕主慕容宝举兵南下，发生兵变，退回龙城。）

【注释】

［1］邺：城名，曹魏、后赵、前燕都城，故址在今河北临漳县西南古邺镇。滑台：县名，县治在今河南滑县东。［2］卫王仪：即卫王拓跋仪。传见《魏书》卷十五。［3］用兄垂故事：指使用当年慕容垂只称"燕王"不称"皇帝"的旧例。［4］称燕王：即建立南燕，取代后燕。南燕历二帝十二年。事见《晋书》卷一百二十七。［5］改永康三年为元年：即不用后燕的年号，自称年号，自立为王，建立国家。永康，东晋时后燕主慕容宝的年号，慕容德改年号为建平。［6］以统府行帝制：以自己的统帅府行使帝王的职权，只有一套机构。统府，诸方镇皆统于燕王府。行帝制，称制以行事。［7］慕容法：南燕中军将军，封南海王，任兖州刺史。［8］慕舆拔：南燕尚书左仆射，后为司空。［9］丁通：南燕尚书右仆射。［10］庚子：正月七日。［11］高邑：县名，县治在今河北高邑县东。［12］宪：即王宪，字显则，前秦丞相王猛之孙、王永之子，北魏大臣。传见《魏书》卷三十三。［13］王景略：即王猛，字景略。［14］本州中正：即青州中正。王猛是北海郡人，北海郡上属青州，故称"本州"。中正，官名，负责考察本地人才的高下，以备国家选用。［15］领：兼任。选曹：即吏部尚书之职。［16］兼掌门下：同时为门下省的主管官员。门下省的主要官员有侍中、侍郎等，皇帝的参谋顾问人员隶属于此。［17］行台：中央政权的派出机构，以便于及时地行使中央职权。魏国的京城在盛乐，今内蒙古和林格尔县西北侧，今以邺城为陪都，置行台。［18］日南公：即和跋，封日南公爵，封地日南郡，郡治在今越南中部，当时属于东晋。此为虚封。和跋：人名。传见《魏书》卷二十八。尚书：尚书省属官，此指行使尚书令之职，总管行台的尚书省。［19］左丞：即尚书左丞，尚书令的属官。贾彝（yí）：字彦伦，武威姑臧（今甘肃武威市）人，汉臣贾谊后代，北魏名臣。传见《魏书》卷三十三。［20］治：整治，建造。直道：直行通道。［21］望都：县名，县治在今河北望都县西北。恒岭：山名，在今河北曲阳县北，在

当时的望都县西。代：郡名，郡治在今河北蔚县东的代王城。［22］山东：此指太行山以东，即上面所说的邺城、中山一带，今河北中部、南部地区。［23］遵：即拓跋遵，字勃兜，拓跋什翼犍之孙。初以佐命元勋，封略阳郡公。因功拜抚军大将军、侍中、尚书左仆射，迁冀州刺史，封常山郡王。后坐罪赐死。传见《魏书》卷十五。［24］勃海之合口：勃海郡的合口县。勃海郡治在今河北沧州市南，合口县县治在今河北沧州市西。［25］尹国：一作“尹固”，北魏右将军。督租于冀州：在冀州地区收取粮草。冀州，州治信都，在今河北衡水市冀州区。［26］启伦：上文作“启仑”，北燕官员，上年受慕容宝命南行邺县探看形势。［27］迁都尚新：指慕容宝刚到龙城。［28］成师：已经调集起来的军队。库莫奚：古代少数民族部落名，属东胡一支，为鲜卑宇文部之后，与契丹本是同族异部，以游猎、畜牧为主，当时活动在今内蒙古赤峰市以北地区。［29］俟（sì）：等待，等候。［30］己未：正月二十六日。［31］庚申：正月二十七日。［32］浇洛水：河水名，在今西拉木伦河，自内蒙古克什克腾旗东流，经今通辽市，南流至辽宁营口市入海。［33］李延：南燕侍郎。诣（yì）：到，至。［34］涉圭：即拓跋珪，字涉圭。［35］中国：中原地区，此指北魏主拓跋珪新占领的中山一带地区。［36］辛酉：正月二十八日。［37］山东六州：指今河北中部、南部一带的冀州、定州等地。［38］博陵、勃海、章武：皆郡名。博陵，郡治在今河北安平县。勃海，郡治在今河北沧州市西南。章武，郡治在今河北大城县。［39］贺赖卢：《魏书》作“贺卢”，拓跋珪的小舅，贺讷之弟，北魏广川太守，袭杀广州太守王辅后，投奔南燕主慕容德，任为并州刺史、广宁王。后在广固之战中战死。传见《魏书》卷八十三。［40］豪健：势力强大，声望显赫。［41］驱勒：驱使，统领。［42］阳平、顿丘：二郡名。阳平的郡治在今河北馆陶县，顿丘的郡治在今河南濮阳县北。［43］并州：州治晋阳，在今山西太原市。［44］广宁：古郡名，郡治在今辽宁北镇市。［45］西秦：指乞伏乾归政权。［46］乞伏益州：乞伏乾归之弟，西秦前军将军、秦州牧。传见《晋书》卷一百二十五。［47］支阳、鹯（zhān）武、允吾：三县名。支阳县治在今甘肃兰州市西北，鹯武县治在今甘肃兰州市西北，允吾县治在今甘肃兰州市西，当时是金城郡郡治所在地。［48］虏：同“掳”，掳掠，俘获。［49］就顿：到达各自的驻地，就地待命。［50］不听罢散：不许解散。不听，不听从别人的意见，不允许。［51］以家属随驾：把家属放到慕容宝身边充当人质。［52］观衅（xìn）：窥伺敌人的间隙以便行动。衅，缝隙，机会。［53］慕舆腾：后燕左卫将军、抚军将军，因暴虐专横，被慕容盛杀死。［54］百姓可与乐成，难与图始：意谓老百姓都是愚人，只能让他们跟着到时享现成的福，不可能一开头就和他们一道商量创业，因为他们目光浅短，一定反对。二句是借用商鞅之语，见《史记·商君列传》。［55］独决圣心：意谓请慕容宝自己决断。［56］沮（jǔ）：阻止，坏掉。［57］乙亥：二月十三日。［58］出就顿：离开皇宫，进驻兵营。［59］留盛统后事：将慕容盛留下来处理后燕的国事。［60］己卯：二月十七日。［61］顿：距离单位，一顿为三十里。［62］壬午：二月二十日。［63］乙连：村镇名，在今河北迁安市北。［64］长上：侍从官员，犹今之所谓“长班”“长随”，没有休假、永不离开主子的侍卫人员。段速骨、宋赤眉：二人为后燕长上。隆安二年（398）二月，趁慕容宝出征攻打北魏之际，发动叛乱。同年三月，被尚书兰汗诛杀。惮（dàn）：畏惧，害怕。［65］乐浪威王宙：即慕容宙，慕容垂之侄，封章武王。慕容宝即位，改封乐浪王、司空，后被叛军杀害。传见《晋书》卷一百二十三。［66］中牟（móu）熙公段谊：后燕官员，封为中牟公，谥号熙。［67］熙：即慕容熙，字道文，后燕主慕容垂少子，封河间王，继慕容盛为后燕主，在位七年，被慕容云所杀。传见《晋书》卷一百二十四。［68］拥佑：拥戴，保佑。［69］将（jiàng）：率领。［70］小清澄：犹言略冷静、略等待一下。胡三省曰："言众方乱，如水之浑浊；宜少俟其定，如水之清澄，不可轻出也。"小，同"稍"，略。［71］斫（zhuó）：用刀砍。［72］驰信：派出信使。信，使者。追慕舆腾：让他停止前进，回来平乱。［73］癸未：二月二十一日。［74］趣：同"趋"，趋走，奔赴。［75］弃仗走：丢弃刀枪而逃走。

会稽王道子忌王、殷[1]之逼，以谯王尚之及弟休之[2]有才略，引为腹心。尚之说道子曰："今方镇[3]强盛，宰相权轻，宜密树腹心于外以自藩卫[4]。"道子从之，以其司马王愉[5]为江州刺史，都督江州及豫州之四郡军事，用为形援[6]，日夜与尚之谋议，以伺四方之隙。

魏王珪如繁畤[7]宫，给新徙民[8]田及牛。

珪畋于白登山[9]，见熊将数子[10]，谓冠军将军于栗磾[11]曰："卿名勇健[12]，能搏[13]此乎？"对曰："兽贱人贵，若搏而不胜，岂不虚毙[14]一壮士乎！"乃驱致珪前，尽射而获之。珪顾谢之。

秀容川酋长尔朱羽健[15]从珪攻晋阳、中山有功，拜散骑常侍，环其所居，割地三百里以封之。

柔然数侵魏边，尚书中兵郎李先[16]请击之。珪从之，大破柔然而还。

杨轨[17]以其司马郭纬为西平相[18]，帅步骑二万北赴郭麐[19]。秃发乌孤遣其弟车骑将军傉檀帅骑一万助轨。轨至姑臧，营于城北。

（以上为第二段，写东晋会稽王司马道子忌讳王恭、殷仲堪的威逼，引谯王司马尚之、司马休之为心腹；北魏主拓跋珪回到都城，给新迁移的百姓分发田地、耕牛。）

【注释】

［1］道子：即会稽王司马道子。王、殷：指王恭、殷仲堪。［2］尚之、休之：二人为兄弟，晋宗室大臣，两人传见《晋书》卷三十七。［3］方镇：指各地握有军政大权的州刺史。［4］藩卫：

拱卫，护卫。藩，藩篱，屏障。［5］王愉：字茂和，司马道子司马，被启用为江州刺史，倚为腹心。传见《晋书》卷七十五。［6］用为：以为。形援：一种可引为援助的态势。［7］繁畤：县名，县治在今山西浑源县西南，当地筑有北魏的宫殿。［8］新徙民：前不久从“山东六州”迁徙来的居民。［9］畋（tián）：打猎。白登山：山名，在今山西大同市东。［10］熊将数子：一只母熊领着几只小熊。［11］于栗磾（dī）：北魏名将。传见《魏书》卷三十一。［12］名勇健：有勇健之名。勇健，勇猛，强健。［13］搏：赤手与之搏斗。［14］虚毙：白白牺牲。［15］秀容川：古地区名，有南北二处，北秀容在今山西朔州市一带，南秀容在今山西岚县南。尔朱氏所居应是北秀容。尔朱羽健：姓尔朱，名羽健，尔朱荣的曾祖，是世代游牧在尔朱川一带的契胡部落首领，官拜散骑常侍。事见《魏书》卷七十四。［16］尚书中兵郎：尚书省里负责中兵（驻守京城部队）的长官。当时分设中兵、外兵、骑兵、别兵等部。李先：字容仁，北魏大臣。传见《魏书》卷三十三。［17］杨轨：后凉吕光部将，为仆射、扬武将军、后将军，现伙同郭黁叛变。事见《晋书》卷一百二十二。［18］郭纬：杨轨属官，为西平相。［19］北赴：往援。郭黁（nún）：后凉散骑常侍、太常，起兵叛乱被打败，逃奔乞伏乾归。传见《晋书》列传第六十五。

燕尚书顿丘王兰汗[1]阴与段速骨等通谋，引兵营龙城之东，城中留守兵至少，长乐王盛徙内[2]近城之民，得丁夫万余，乘城以御之。速骨等同谋才百余人，余皆为所驱胁，莫有斗志。

三月，甲午[3]，速骨等将攻城，辽西桓烈王农恐不能守，且为兰汗所诱，夜，潜出赴之，冀以自全[4]。明旦，速骨等攻城，城上拒战甚力，速骨之众死者以百数。速骨乃将农循城[5]，农素有忠节威名，城中之众恃以为强，忽见在城下，无不惊愕[6]丧气，遂皆逃溃。速骨入城，纵兵杀掠，死者狼籍。宝、盛与慕舆腾、余崇、张真、李旱、赵恩[7]等轻骑南走。速骨幽农于殿内。长上阿交罗[8]，速骨之谋主也，以高阳王崇幼弱，更欲立农。崇亲信鬷让、出力犍[9]等闻之，丁酉[10]，杀罗及农。速骨即为之诛让等。农故吏左卫将军宇文拔亡奔辽西[11]。

庚子[12]，兰汗袭击速骨，并其党尽杀之。废崇，奉太子策[13]，承制[14]大赦，遣使迎宝，及于蓟城[15]。宝欲还，长乐王盛等皆曰：“汗之忠诈未可知，今单骑赴之，万一汗有异志，悔之无及。不如南就范阳王，合众以取冀州。若其不捷，收南方之众，徐归龙都[16]，亦未晚也。”宝从之。

离石胡帅呼延铁[17]、西河胡帅张崇[18]等不乐徙代，聚众叛魏，魏安远将军庾岳[19]讨平之。

魏王珪召卫王仪入辅[20]，以略阳公遵代镇中山。夏，四月，壬戌[21]，以征虏将军穆崇[22]为太尉，安南将军长孙嵩为司徒。

（以上为第三段，写后燕一片混乱，段速骨等发动政变，攻打龙城，久经沙场的老将慕容农也投奔过去，后燕主慕容宝仓皇出逃；顿丘王兰汗又杀掉段速骨，奉立慕容策，代行皇帝权力。）

【注释】

[1]兰汗：鲜卑族，慕容垂舅父，慕容楷、慕容盛岳父，后燕镇北将军，顿丘城王，镇蓟。后为女婿慕容盛所杀。 [2]内：同“纳”，迁进。 [3]甲午：三月二日。 [4]冀以自全：胡三省曰：“农号为有智略，乃欲投段速骨以自全，不知适以速死，殆天夺之鉴也。”史书写慕容农之为人，前后颇不统一，当年慕容农在慕容垂的时代，是何等的英雄气概，如今乃如此行为，令人不可理解，大概是英雄末路吧。冀，希望。 [5]将农：叛将段速骨带着慕容农。循城：在下沿城绕行，让城上人看。 [6]惊愕（è）：形容吃惊而发愣、震惊的样子。 [7]余崇、张真、李旱、赵恩：四人，后燕将领。 [8]阿交罗：后燕官员，为反叛后燕的段速骨等人出谋划策。 [9]鬷（zōng）让、出力犍：后燕官员，高阳王慕容崇的死党。 [10]丁酉：三月五日。 [11]宇文拔：后燕中领军、左卫将军、大宗正，后据守令支。辽西：郡名，郡治在今河北秦皇岛市西南。 [12]庚子：三月八日。 [13]太子策：后燕主慕容垂之孙，慕容宝嫡子，后被兰汗杀害。 [14]承制：代行皇帝（慕容宝）的职权。 [15]及于蓟（jì）城：追到蓟城时追上了。蓟城，在今北京市西南。 [16]龙都：即龙城，在今辽宁朝阳市，前燕旧都。 [17]呼延铁：离石县的匈奴部落首领。 [18]西河：郡名，郡治在今山西吕梁市离石区。张崇：西河郡的匈奴部落首领。 [19]庾岳：字业延，北魏安远将军。拜邺郡行台，封西昌郡公。后为太祖拓跋珪冤杀。传见《魏书》卷二十八。 [20]入辅：入朝为宰相。 [21]壬戌：四月一日。 [22]穆崇：本姓丘穆陵氏，代郡平城（今山西大同市）人，北魏开国功臣。传见《魏书》卷二十七。

燕主宝从间道[1]过邺，邺人请留，宝不许。南至黎阳[2]，伏于河西[3]，遣中黄门令赵思[4]告北地王钟[5]曰：“上以二月得丞相表[6]，即时南征，至乙连，会长上作乱，失据[7]来此。王亟白[8]丞相奉迎！”钟，德之从弟也，首劝德称尊号[9]，闻而恶之，执思付狱，以状白南燕王德。德谓群下曰：“卿等以社稷大计，劝吾摄政[10]；吾亦以嗣帝播越[11]，民神乏主[12]，故权顺群议以系众心[13]。今天方悔祸[14]，嗣帝得还，吾将具法驾[15]奉迎，谢罪行阙[16]，何如？”黄门侍郎张华[17]曰：“今天下大乱，非雄才无以宁济群生[18]。嗣帝暗懦[19]，不能绍隆先统[20]。陛下若蹈匹夫之节[21]，舍天授之业[22]，威权一去，身首不保，况社稷其得血食乎[23]！”慕舆护[24]曰：“嗣帝不达时宜，委弃国都[25]，自取败亡，不堪多难[26]，亦已明矣。昔蒯聩出奔[27]，卫辄不纳[28]，《春秋》是之[29]。以子拒父犹可，况以父拒子[30]乎！今赵思之言，未明虚实。臣请为陛下驰往诇[31]之。”德流涕遣之。

护[32]帅壮士数百人随思而北，声言迎卫[33]，其实图[34]之。宝既遣思诣钟，于后得樵者[35]，言德已称制[36]，惧而北走。护至，无所见，执思以还。德以思练习典故[37]，欲留而用之；思曰：“犬马犹知恋主，思虽刑臣[38]，乞还就上[39]。”德固留之，思怒曰：“周室东迁，晋、郑是依[40]。殿下亲则叔父，位为上公[41]，不能帅先群后以匡[42]帝室，而幸本根之倾[43]，为赵王伦之事[44]，思虽不能如申包胥[45]之存楚，犹慕龚君宾[46]不偷生于莽世[47]也！”德斩之。

宝遣扶风忠公[48]慕舆腾与长乐王盛收兵冀州，盛以腾素暴横，为民所怨，乃杀之。行至巨鹿、长乐[49]，说[50]诸豪杰，皆愿起兵奉宝[51]。宝以兰汗祀燕宗庙[52]，所为似顺[53]，意欲还龙城，不肯留冀州，乃北行。至建安[54]，抵[55]民张曹家。曹素武健，请为宝合众[56]；盛亦劝宝宜且驻留，察汗情状。宝乃遣冗从仆射李旱[57]先往见汗，宝留顿石城[58]。会汗遣左将军苏超[59]奉迎，陈汗忠款[60]。宝以汗燕王垂之舅，盛之妃父也，谓必无他，不待旱返，遂行。盛流涕固谏，宝不听，留盛在后，盛与将军张真下道避匿[61]。

丁亥[62]，宝至索莫汗陉[63]，去龙城四十里，城中皆喜。汗惶怖[64]，欲自出请罪，兄弟共谏止之。汗乃遣弟加难[65]帅五百骑出迎，又遣兄堤闭门止仗[66]，禁人出入。城中皆知其将为变，而无如之何。加难见宝于陉北，拜竭已，从宝俱进[67]。颍阴烈公余崇[68]密言于宝曰：“观加难形色，祸变甚逼，宜留三思，奈何径前[69]！”宝不从。行数里，加难先执崇，崇大呼骂曰：“汝家幸缘肺附[70]，蒙国宠荣，覆宗[71]不足以报。今乃敢谋篡逆，此天地所不容，计[72]旦暮即屠灭，但恨我不得手脍汝曹[73]耳！”加难杀之。引宝入龙城外邸[74]，弑之。汗谥宝曰“灵帝”[75]，杀献哀太子策[76]及王公卿士百余人，自称大都督、大将军、大单于、昌黎王，改元青龙[77]；以堤为太尉，加难为车骑将军，封河间王熙[78]为辽东公，如杞、宋故事[79]。

长乐王盛闻之，驰欲赴哀，张真止之。盛曰：“我今以穷[80]归汗，汗性愚浅，必念婚姻[81]，不忍杀我，旬月之间，足以展吾情志[82]。”遂往见汗。汗妻乙氏及盛妃皆泣涕请盛于汗[83]，盛妃复顿头[84]于诸兄弟。汗恻然[85]哀之，乃舍盛于宫中，以为侍中、左光禄大夫，亲待如旧。堤、加难屡请杀盛，汗不从。堤骄很[86]荒淫，事汗多无礼，盛因而间之。由是汗兄弟浸相嫌忌[87]。

（以上为第四段，写后燕主慕容宝的下场。龙城发生政变，他出逃到南方，范阳王慕容德称帝滑台，不能与之相容；他又逃回北方，其舅兰汗假意奉迎，却派人将他杀死。）

【注释】

［1］间道：小道。［2］黎阳：郡名，郡治在今河南浚县东。［3］伏：躲藏。河西：黄河西岸。当时的黎阳城在黄河西北，滑台在黄河东南，隔河相望。［4］赵思：后燕中黄门令，宦官。［5］北地王钟：即慕容钟，小字道明，鲜卑族，南燕主慕容德堂弟，封北地王。传见《晋书》卷一百二十八。［6］丞相表：指前慕容德遣侍郎李延往对慕容宝说“涉珪西上，中国空虚”云云。丞相，以称慕容德。慕容德为司徒，实际上的丞相，故称之。［7］失据：丢掉了根据地，无处存身。胡三省曰：“人主所据者，势也，众叛亲离，大势已去，失所据矣。”［8］亟（jí）白：迅速告知。［9］称尊号：即称帝。［10］摄政：代理国家政事。这里只是客气的说法，意即为王。［11］嗣帝：指慕容宝，此与其父慕容垂相对而言。播越：远离京城，到处流浪。播，迁移。越，远走。［12］民神乏主：百姓无人治理，宗庙无人祭祀。［13］权顺群议：暂时顺从大家的意见。以系众心：以维持大众对燕国皇室的归服之心。［14］天方悔祸：意谓老天爷已经改变了过去对燕国不保佑的态度。［15］具法驾：备好皇帝举行典礼时乘坐的车子。［16］谢罪行阙：到慕容宝行宫的大门去认错，请求原谅以往行事之不周。行阙，天子行幸所至有行宫，宫前有阙门，谓之“行阙”。这里指慕容宝的门前。［17］张华：南燕黄门侍郎。［18］宁济：安定，拯救。群生：百姓，民众。［19］暗懦：愚昧，懦弱。［20］绍隆：继续发扬光大。先统：先帝的传统基业。［21］蹈匹夫之节：谨守一介匹夫的小礼。蹈，循规蹈矩，谨守。［22］舍天授之业：

拒绝上天赐给我们的基业而不受。［23］其得血食乎：还能保持对社稷的祭祀吗？血食，指杀三牲（牛、羊、猪）用以祭祀。宗庙、社稷不得“血食”，即指这个国家灭亡。［24］慕舆护：南燕将领，为将军、右仆射。［25］委弃国都：指自动离开中山。［26］不堪多难：经不住灾难的考验，意即不能应对多灾多难的形势，不能担当燕国之主。［27］蒯聩（kuì）出奔：春秋时卫灵公的太子蒯聩因欲杀灵公的夫人南子未成而逃出国外。［28］卫辄（zhé）不纳：卫灵公死后，国人拥立蒯聩的儿子卫辄为君，是为出公。这时蒯聩想回国，其子卫辄拒不接纳父亲回国，使其长期不得归。［29］《春秋》是之：《春秋》认为卫辄这样做是对的。《春秋公羊传》对卫辄拒父的评论是：“父有子，子不得有父也。”《春秋谷梁传》的评论是：“其弗受，以尊王父（祖父）也。”是，肯定。［30］以父拒子：慕容德是慕容宝的叔父，故慕舆护如此说。［31］诇（xiòng）：侦察，刺探。这里实际是准备过去杀了他，故下文是“德流涕遣之”。［32］护：慕舆护。［33］迎卫：迎接，护卫。［34］图：图谋，处置。［35］樵（qiáo）者：打柴的人。［36］称制：即指为王。因为只有王者的命令才能称为“制”或“诏”。［37］练习典故：熟悉朝廷里对各种问题处理的办法。典故，古代的章程、准则。［38］刑臣：受过刑法的人，因为赵思是宦官，故如此自称。［39］就上：到皇上，也就是到慕容宝那里去。［40］周室东迁，晋、郑是依：犬戎灭掉西周，周平王东迁到洛邑时，晋文侯和郑武公给了周王室以巨大的帮助，所以周桓王后来说：“我周之东迁，晋、郑焉依。”语见《左传》隐公六年（前717）。［41］上公：慕容德曾被封为丞相，丞相是三公之一。［42］帅先：站在前头，作榜样。帅，同“率”。群后：各方诸侯。匡：匡正，扶助。［43］幸本根之倾：盼着慕容宝的政权垮台。幸，以某事为幸，意动用法。本根，指慕容宝政权。［44］为赵王伦之事：意即上辈篡夺下辈子孙的政权。赵王伦，即西晋赵王司马伦，他废黜皇后贾南风，逼迫晋惠帝退位，擅自称帝。后退位，被赐死。传见《晋书》卷五十九。［45］申包胥：春秋时楚国大夫，伍子胥借吴军攻入楚都，楚昭王出逃。申包胥到秦国求助，在秦国城墙外哭了七天七夜，滴水不进，感动了秦哀公，于是出兵，使吴国退兵，恢复了楚国。事见《史记》卷六十六。［46］龚君宾：即龚胜，字君宾，西汉末任职丞相司直、光禄大夫。王莽秉政时，归老乡里。后被强征为太子师友、祭酒，拒不受命，绝食而死。传见《汉书》卷七十二。［47］莽世：王莽之世。［48］扶风忠公：慕舆腾封为扶风公，谥号忠。［49］巨鹿、长乐：二郡名，巨鹿郡治在今河北平乡县西南，长乐郡治在今河北衡水市冀州区。［50］说：游说，劝说。［51］奉宝：拥戴慕容宝。［52］兰汗祀燕宗庙：兰汗没有称帝，还说自己是燕国的臣子，还祭祀燕国皇室的宗庙。［53］所为似顺：看上去好像还挺忠于后燕的。［54］建安：古村镇名，在今河北迁安市北。［55］抵：抵达，到达。［56］合众：招集人马。［57］冗（rǒng）从仆射（yè）：皇帝的侍从官。李旱：后燕冗从仆射。［58］石城：也叫白狼城，县名，县治在今辽宁建昌县西北。［59］苏超：后燕左将军。［60］陈汗忠款：向后燕主慕容宝陈说兰汗的忠诚。款，诚实。［61］下道：离开道路。避匿（nì）：躲避，隐藏。［62］丁亥：四月二十六日。［63］索莫汗陉（xíng）：山口名，在今辽宁朝阳市西南。陉，山脉中断的地方，山口。［64］惶怖：惊慌，恐惧。［65］加难：即兰加难，后燕将领，兰汗之弟。［66］堤：即兰堤，后燕将领，兰汗之弟。止仗：收起仪仗。［67］从宝俱进：跟着慕容宝一道向龙城进发。［68］颍阴烈公余崇：余崇封爵是颍阴公，谥号是烈。［69］奈何径前：怎么能一直向前走呢？［70］幸缘肺附：就因为你们是燕国王室的亲戚。肺附，同“肺腑”，以喻亲戚。［71］覆宗：毁灭整个家族。［72］计：绝对，肯定是。［73］手脍（kuài）汝曹：亲手把你们切成肉丝。脍，把鱼、肉切成薄片。［74］龙城外邸：龙城城外的一所馆舍。［75］谥宝曰“灵帝”：《谥法解》曰：“不勤成名曰‘灵’；乱而不损曰‘灵’。”意即听任本性，不见贤思齐；不能以治止乱。慕容宝被杀时四十五岁。［76］献哀太子策：即慕容策，慕容宝之子，谥号献哀。［77］青龙：后燕昌黎王兰汗的年号。［78］河间王熙：即慕容熙，慕容垂之子，慕容宝之弟。［79］如杞（qǐ）、宋故事：像周武王灭商后，封夏朝的后代东楼公于杞，封殷纣王的哥哥微子启于宋一样，以表示对前朝的优待。［80］穷：穷窘，落魄。［81］必念婚姻：肯定会看在我是他女婿的情分上。［82］展吾情志：实现我的愿望。［83］请盛于汗：向兰汗请求放过慕容盛。［84］顿头：顿首，磕头。［85］恻（cè）然：哀怜、同情的样子。［86］骄很：骄纵，任性。很，同“狠”，狠毒。［87］浸：同“渐”，渐渐地。嫌忌：猜忌，怀疑。

凉太原公纂将兵击杨轨，郭麐救之，纂败还。

段业使沮渠蒙逊攻西郡[1]，执太守吕纯以归。纯，光之弟子也。于是晋昌[2]太守王德、敦煌[3]太守赵郡孟敏皆以郡降业。业封蒙逊为临池侯[4]，以德为酒泉[5]太守，敏为沙州[6]刺史。

六月，丙子[7]，魏王珪命群臣议国号。皆曰：“周、秦[8]以前，皆自诸侯升为天子，因以其国为天下号。汉氏[9]以来，皆无尺土之资[10]。我国家百世相承[11]，开基代北[12]，遂抚有方夏[13]，今宜以代为号。”黄门侍郎崔宏[14]曰：“昔商人不常厥居[15]，故两称殷、商，代虽旧邦，其命维新[16]，登国[17]之初，已更曰‘魏’[18]。夫魏者，大名[19]，神州之上国[20]也，宜称魏如故。”珪从之。

杨轨自恃其众，欲与凉王光决战，郭麐每以天道抑止之。凉常山公弘镇张掖[21]，段业使沮渠男成[22]及王德攻之。光使太原公纂将兵迎之。杨轨曰：“吕弘精兵一万，若与光合，则姑臧益强，不可取矣。”乃与秃发利鹿孤共邀击[23]纂，纂与战，大破之。轨奔王乞基[24]。麐性褊急[25]残忍，不为士民所附，闻轨败走，降西秦；西秦王乾归以为建忠将军、散骑常侍。

弘引兵弃张掖东走，段业徙治张掖，将追击弘。沮渠蒙逊谏曰："归师勿遏，穷寇勿追[26]，此兵家之戒也。"业不从，大败而还，赖蒙逊以免。业城西安[27]，以其将臧莫孩[28]为太守。蒙逊曰："莫孩勇而无谋，知进不知退，此乃为之筑冢[29]，非筑城也！"业不从，莫孩寻[30]为吕纂所破。

（以上为第五段，写北魏主拓跋珪讨论国号，采纳黄门侍郎崔宏建议，称"魏"，史称北魏；叛将杨轨率军攻打后凉将领吕纂，段业不听劝阻，率军追击吕弘，再次被打败。）

【注释】

[1]西郡：郡治日勒，在今甘肃永昌县西北。 [2]晋昌：郡名，郡治在今甘肃瓜州县东南。 [3]敦煌：郡名，郡治在今甘肃敦煌市西。 [4]临池侯：封地临池。临池，水泽名，在今云南永胜县南。此为遥领虚衔。 [5]酒泉：郡名，郡治在今甘肃酒泉市。 [6]沙州：州治在今甘肃敦煌市西。 [7]丙子：六月十六日。 [8]周、秦：指周朝、秦朝。 [9]汉氏：指西汉。 [10]无尺土之资：指从平民百姓骤然兴起。西汉刘邦即以布衣为天子。 [11]百世相承：拓跋氏自称黄帝的子孙，世代活动于今山西北部及内蒙古西南部一带，自西晋末年被封为代王。事见《魏书》卷一。 [12]开基：犹开国，开创基业。代北：代郡之北。 [13]方夏：指四方与中原。 [14]黄门侍郎：帝王身边的侍从官员。崔宏：字玄伯，清河东武城（今河北故城县）人，历仕前秦、后燕，入魏为黄门侍郎、吏部尚书，升天部大人，北魏名臣。传见《魏书》卷二十四。 [15]不常厥（jué）居：居址不固定，到处迁徙。厥，其。按：商朝发展过程中，多次迁都，既称商，又称殷，合称殷商，故下文云："两称殷、商"。 [16]代虽旧邦，其命维新：虽说代北是我们的旧土，但我们近来又接受了上帝的新任命。 [17]登国：北魏主拓跋珪的年号，是北魏的第一个年号，共十一年，公元386年至公元396年六月。 [18]已更曰"魏"：东晋太元十一年（386），拓跋珪重建代国，改国号为魏。 [19]夫魏者，大名："魏"字本身就当高大讲。故山高叫"魏然"，宫门叫"魏阙"。春秋时晋献公封毕万于魏，卜偃曰："魏，大名也，以是始赏，天开之矣。" [20]神州之上国："魏"字曾被中原的大国用作国号。战国初期，魏国曾强盛一时；后来曹操、曹丕又建国曰"魏"。神州，又称赤县神州，是对中国、汉地九州的别称。上国，大国。 [21]常山公弘：即吕弘，后凉主吕光之子，封为常山公。张掖：郡名，郡治在今甘肃张掖市西北。 [22]沮渠男成：沮渠蒙逊从兄，北凉将领。传见《晋书》卷一百二十九。 [23]秃发利鹿孤：秃发乌孤之弟，南凉第二位国主。传见《晋书》卷一百二十六。邀击：截击，拦阻。 [24]王乞基：匈奴田胡部落首领，当时归属于吕光，后归附南凉。 [25]褊（biǎn）急：狭隘，急躁。 [26]归师勿遏（è），穷寇勿追：对于回逃的败军不要拦击，处于穷途末路的敌人不要追赶。语出《孙子·军争》。遏，阻止，阻拦。

[27]城西安：在西安筑城。西安，郡名，郡治在今甘肃张掖市东南。［28］臧莫孩：姓臧，名莫孩，北凉官员，为北凉主段业筑西安城，即为太守。沮渠蒙逊起兵反叛段业，率部归附，拜辅国将军。［29］冢（zhǒng）：高而大的坟墓。［30］寻：不久。

燕太原王奇[1]，楷之子，兰汗之外孙也，汗亦不杀，以为征南将军。得入见长乐王盛，盛潜使奇逃出起兵。奇起兵于建安[2]，众至数千，汗遣兰堤讨之。盛谓汗曰："善驹小儿，未能办此[3]，岂非有假托其名欲为内应者乎！太尉[4]素骄，难信，不宜委以大众[5]。"汗然之，罢堤兵，更遣抚军将军仇尼慕[6]将兵讨奇。

于是[7]，龙城自夏不雨，至于秋七月，汗日诣燕诸庙及宝神座顿首祷请[8]，委罪于兰加难[9]。堤及加难闻之怒，且惧诛，乙巳[10]，相与率所部袭仇尼慕军，败之。汗大惧，遣太子穆[11]将兵讨之。穆谓汗曰："慕容盛，我之仇雠[12]，必与奇相表里[13]，此乃腹心之疾，不可养也，宜先除之。"汗欲杀盛，先引见，察之。盛妃知之，密以告盛，盛称疾不出，汗亦止不杀。

李旱、卫双、刘忠、张豪、张真[14]，皆盛素所厚也，而穆引以为腹心，旱、双得出入至盛所，潜与盛结谋。丁未[15]，穆击堤、加难等，破之。庚戌[16]，飨[17]将士，汗、穆皆醉，盛夜如厕，因逾垣入于东宫[18]，与旱等共杀穆。时军未解严[19]，皆聚在穆舍，闻盛得出，呼跃争先，攻汗，斩之。汗子鲁公和、陈公扬分屯令支、白狼[20]，盛遣旱、真袭诛之。堤、加难亡匿[21]，捕得，斩之。于是内外帖然[22]，士女相庆。宇文拔[23]率壮士数百来赴，盛拜拔为大宗正[24]。

辛亥[25]，告于太庙[26]，令曰："赖五祖之休[27]，文武之力，宗庙社稷幽而复显[28]。不独孤以眇眇之身免不同天之责[29]，凡在臣民皆得明目当世[30]。"因大赦，改元建平[31]。盛谦不敢称尊号[32]，以长乐王摄行统制[33]。诸王皆降称公，以东阳公根[34]为尚书左仆射，卫伦、阳璆、鲁恭、王滕[35]为尚书，悦真为侍中，阳哲为中书监，张通为中领军，自余文武各复旧位。改谥宝曰"惠闵皇帝[36]"，庙号烈宗。

初，太原王奇举兵建安，南、北之人翕然[37]从之。兰汗遣其兄子全[38]讨奇，奇击灭之，匹马不返，进屯乙连[39]。盛既诛汗，命奇罢兵。奇用丁零严生、乌桓王龙[40]之谋，遂不受命，甲寅[41]，勒兵三万余人进至横沟[42]，去龙城十里。盛出击，大破之，执奇而还，斩其党与百余人，赐奇死，桓王[43]之嗣遂绝[44]。群臣固请上尊号，盛弗许。

（以上为第六段，写后燕慕容盛被兰汗封为侍中，乘机离间兰氏兄弟，培植党羽势力，后兰汗父子庆功，喝得酩酊大醉，慕容盛趁机杀死兰汗父子，以长乐王身份摄政，改元建平。）

【注释】

［1］太原王奇：即慕容奇，字善驹，后燕名将慕容楷之子。兰汗当政时，任征南将军，暗中支持慕容盛，拉起了一支队伍，打败兰汗的部队。后慕容盛灭杀兰汗，慕容奇又不听慕容盛的号令，被打败，赐死。［2］建安：古村镇名，在今河北迁安市北。［3］办此：做成这样的事。［4］太尉：指兰堤，兰汗之兄。［5］委以大众：让他统领大部队。胡三省曰：“苏轼有言：‘木必先蠹，然后虫生之；人必先疑，然后谗入之。’兰汗凶逆，兄弟自相嫌忌，故慕容盛得间之以奋其智，报君父之仇。”［6］仇尼慕：后燕将领，兰汗时，为抚军将军，曾率军攻打慕容奇，后被兰汗的弟弟兰堤、兰加难率军打败。［7］于是：当时。［8］日：每天。诣（yì）：到，至。祷请：祈求鬼神保佑。［9］委罪于兰加难：将谋杀慕容宝的罪过推到兰加难身上。［10］乙巳：七月十五日。［11］太子穆：即兰穆，后燕主兰汗太子。［12］仇雠（chóu）：仇敌。［13］相表里：相互勾结，里应外合。［14］李旱、卫双、刘忠、张豪、张真：皆后燕将领，忠诚于慕容盛，在消灭兰汗及党羽中发挥了重要作用。后慕容盛即位，封刘忠为左将军，张豪为后将军，并赐姓慕容氏；李旱为中常侍、辅国将军，卫双为前将军，张真为右将军，皆封公。［15］丁未：七月十七日。［16］庚戌：七月二十日。［17］飨（xiǎng）：犒赏，慰劳。［18］逾垣（yuán）：翻越墙头。东宫：太子所居之处。［19］未解严：未解除紧急状态。［20］鲁公和、陈公扬：即兰和、兰扬，后燕将领，后燕主兰汗之子，领兵在外，后被杀。令支、白狼：古二城镇名，令支在今河北遵化市东南，白狼在今辽宁建昌县西北。［21］亡匿：逃跑，躲藏了起来。［22］帖然：顺从服气、俯首收敛的样子。［23］宇文拔：后燕将领，原是慕容农的部下，兰汗等政变，慕容农被杀后，宇文拔逃到了辽西。［24］大宗正：官名，九卿之一，掌管王室及亲族的事务。［25］辛亥：七月二十一日。［26］太庙：古代皇帝的宗庙，供奉皇帝先祖的地方。［27］五祖之休：五代祖先的保佑。五祖，指慕容涉归、慕容廆、慕容皝、慕容儁、慕容垂。休，福佑，保佑。［28］幽而复显：意谓从几乎颠覆中又昌盛起来。［29］孤：慕容盛自称。眇眇之身：微不足道的才力。眇眇，微末的意思。免不同天之责：由于报了杀父之仇，故而可以免去人们对我的谴责。不同天，即不共戴天。《礼记·曲礼》曰：“父之仇，弗与共戴天。”［30］皆得明目当世：都可以毫不惭愧地正眼看

人。[31]建平：后燕慕容盛称帝，改元建平，又宣布次年的年号是长乐，建平年号用了三个月即废。[32]称尊号：即指做皇帝。[33]摄行统制：代行国家的军政大权。统制，即统领、驾御。[34]东阳公根：即慕容根，后燕官员，封东阳公，为尚书左仆射、尚书令。[35]卫伦、阳璆(qiú)、鲁恭、王滕：皆后燕官员，慕容盛即位后，皆任为尚书。[36]惠闵皇帝：《谥法》曰："柔质慈民曰'惠'；在国逢难曰'愍'。"[37]南、北之人：南人，指从中原来的人；北人，即鲜卑族人。翕(xī)然：安宁、和顺的样子。[38]全：即兰全，后燕将领，兰汗之侄，在攻打慕容奇时被灭。[39]乙连：古军事要地，在当时的建安县城北，在今河北迁安市北。[40]严生：丁零人。王龙：乌丸人。[41]甲寅：七月二十四日。[42]勒兵：统帅兵马。横沟：古地名，在后燕都城龙城附近。[43]桓王：即慕容恪，字玄恭，慕容垂之弟。前燕名将，封太原王，谥为桓。传见《晋书》卷一百十一。[44]嗣遂绝：断子绝孙，后继无人。胡三省曰："楚庄王灭若敖氏而赦箴尹克黄，曰：'子文无后，何以劝善！'以慕容恪之辅成燕业，而可使之绝祀乎！"慕容盛也是个狠人，慕容恪有大功于燕，是朝野尊重的贤臣，竟让他断后！

魏王珪迁都平城[1]，始营宫室，建宗庙，立社稷。宗庙岁五祭[2]，用分、至及腊。

桓玄求为广州[3]，会稽王道子忌玄，不欲使居荆州，因其所欲，以玄为督交[4]·广二州军事、广州刺史。玄受命而不行。豫州刺史庾楷[5]以道子割其四郡使王愉[6]督之，上疏言："江州内地[7]，而西府北带寇戎[8]，不应使愉分督[9]。"朝廷不许。楷怒，遣其子鸿[10]说王恭曰："尚之兄弟[11]，复秉机权[12]，过于国宝[13]，欲假朝威削弱方镇，惩艾前事[14]，为祸不测[15]，今及其谋议未成，宜早图之。"恭以为然，以告殷仲堪、桓玄。仲堪、玄许之，推恭为盟主，刻期同趣京师[16]。

时内外疑阻[17]，津逻严急[18]，仲堪以斜绢为书，内箭簳中[19]，合镝漆之[20]，因庾楷以送恭。恭发书，绢文角戾[21]，不复能辨仲堪手书[22]，疑楷诈为之，且谓[23]仲堪去年已违期不赴，今必不动，乃先期举兵。司马刘牢之[24]谏曰："将军，国之元舅[25]；会稽王，天子叔父也。会稽王又当国秉政，向[26]为将军戮其所爱王国宝、王绪，又送王廞书[27]，其深伏[28]将军已多矣。顷所授任[29]，虽未允惬[30]，亦非大失。割庾楷四郡以配王愉，于将军何损！晋阳之甲[31]，岂可数兴乎[32]！"恭不从，上表请讨王愉、司马尚之兄弟。

道子使人说楷曰："昔我与卿，恩如骨肉，帐中之饮，结带之言[33]，可谓亲矣。卿今弃旧交，结新援，忘王恭畴昔陵侮之耻乎[34]！若欲委体而臣之，使恭得志，必以卿为反覆之人，安肯深相亲信！首身且不可保，况富贵乎！"楷怒曰："王恭昔赴山陵[35]，相王忧惧无计，我知事急，寻勒兵[36]而至，恭不敢发[37]。去年之事[38]，我亦俟命而动[39]。我事相王，无相负者。相王不能拒恭，反杀国宝及绪，自尔已来，谁敢复为相王尽力者！庾楷实不能以百口助人屠灭[40]。"时楷已应恭檄[41]，正征士马。信返[42]，朝廷忧惧，内外戒严。

会稽世子元显[43]言于道子曰："前不讨王恭，故有今日之难。今若复从其欲，则太宰[44]之祸至矣。"道子不知所为，悉以事委元显，日饮醇酒[45]而已。元显聪警[46]，颇涉文义[47]，志气果锐[48]，以安危为己任。附会[49]之者，谓元显神武，有明帝[50]之风。

殷仲堪闻恭举兵，自以去岁后期，乃勒兵趣发[51]。仲堪素不习为将，悉以军事委南郡相杨佺期兄弟，使佺期帅舟师五千为前锋，桓玄次之，仲堪帅兵二万，相继而下。佺期自以其先汉太尉震至父亮，九世皆以才德著名，矜其门地，谓江左莫及[52]。有以比王珣者，佺期犹恚恨[53]。而时流以其晚过江[54]，婚宦失类[55]。佺期及兄广、弟思平、从弟孜敬皆粗犷[56]，每排抑[57]之。佺期常慷慨切齿，欲因事际以逞[58]其志，故亦赞成仲堪之谋。

八月，佺期、玄奄至湓口[59]，王愉无备，惶遽奔临川[60]，玄遣偏军[61]追获之。

燕以河间公熙为侍中、车骑大将军、中领军、司隶校尉，城阳公元[62]为卫将军。元，宝之子也。又以刘忠为左将军，张豪为后将军，并赐姓慕容氏。李旱为中常侍、辅国将军，卫双为前将军，张顺为镇西将军、昌黎尹[63]，张真为右将军；皆封公。

乙亥[64]，燕步兵校尉马勒[65]等谋反，伏诛，事连骠骑将军高阳公崇、崇弟东平公澄[66]，皆赐死。

宁朔将军邓启方[67]、南阳太守闾丘羡[68]将兵二万击南燕[69]，与南燕中军将军法[70]、抚军将军和战于管城[71]，启方等兵败，单骑走免。

魏王珪命有司正封畿[72]，标道里[73]，平权衡[74]，审度量[75]；遣使循行郡国，举奏守宰[76]不法者，亲考察黜陟[77]之。

（以上为第七段，写东晋司马道子重用谯王司马尚之等，借助朝廷威权削弱方镇势力，王恭与殷仲堪、桓玄相约，率军前往京师除奸，司马道子慌忙让儿子司马元显处理此事。）

【注释】

［1］平城：北魏都城，在今山西大同市东北。［2］岁五祭：一年内祭祀五次。其时间即下文的“分、至及腊”。分，指春分、秋分；至，指夏至、冬至；腊，指腊月（阴历十二月）。［3］广州：指为广州刺史，州治番禺，在今广东广州市。［4］交：州名，州治龙编，在今越南河内市东北。［5］豫州：州治洛阳，在今河南洛阳市东部。庾楷：征西将军庾亮之孙，初为侍中，出任豫州刺史，依附于会稽王司马道子。传见《晋书》卷八十四。［6］王愉：字茂和，蓝田献侯王坦之之子，历任江州刺史、会稽内史、尚书左仆射。后反对太尉刘裕擅权，图谋作乱，事泄被诛，子孙十余人皆伏法。传见《晋书》卷七十五。［7］江州内地：江州的州治寻阳，在今江西九江市，统辖之地在长江以南，故曰“内地”。［8］西府：王愉的军府。当时庾楷任豫州刺史，东晋时豫州刺史的驻地在历阳，在今安徽和县，因其地处建康之西，故称“西府”。北带寇戎：当时的豫州与北方姚兴的后秦、慕容德的南燕等相接，故云。带，靠近。［9］分督：分管，指前司马道子任王愉为江州刺史时，还从豫州挖出了四个郡，划与王愉督管。两处分归一人，不伦不类。［10］鸿：即庾鸿，豫州刺史庾楷之子。［11］尚之兄弟：指谯王司马尚之与其弟司马休之。［12］复秉：重新掌握。机权：机要，权柄。［13］国宝：即司马道子心腹王国宝，为著名权奸。［14］惩艾前事：接受上次事件的教训，指王国宝、王绪被杀。［15］为祸不测：他们所包藏的祸心，难以预测。指王恭、殷仲堪等人的处境十分危急。祸，指图谋收拾王恭、殷仲堪等人。［16］刻期：确定时间。同趣京师：一同发兵京师，向司马尚之、王愉等人问罪。［17］内外疑阻：朝廷与地方军镇的官僚相互怀疑猜忌。疑阻，怀疑，不信任。［18］津逻严急：各个长江渡口都宣布戒严。津逻，渡口上的巡逻兵丁。严急，即戒严。［19］内箭簳中：藏在箭杆里头。内，同“纳”，纳入，隐藏。［20］合镝（dí）漆之：连同箭头一起漆一遍。镝，箭头。［21］绢文角戾（lì）：胡三省曰：“斜绢无边幅，经纬不相持，故斜角乖曲。”意即因折叠而字迹变形。戾，曲。［22］不复能辨仲堪手书：已经无法辨认是否是殷仲堪所书写，也看不清楚信上写的是什么。［23］且谓：而且认为。［24］刘牢之：字道坚，东晋名将，时为王恭司马。官至征东将军、会稽太守。传见《晋书》卷八十四。［25］元舅：皇帝的大舅。晋孝武帝王皇后是王恭的妹妹，所以说王恭是安帝的“元舅”。［26］向：前不久，即去年。［27］又送王廞书：指司马道子把王廞告发王恭谋反的信交给王恭，事见《资治通鉴》卷一百九。王廞（xīn），字伯舆，开国丞相王导之孙，东晋太子中庶子、

司徒左长史。青、兖二州刺史王恭起兵讨王国宝，王廞响应。王国宝被杀，王恭罢兵，令王廞去职解兵，王廞怒不从命，回兵攻打王恭，被刘牢之击溃逃走。传见《晋书》卷六十五。［28］深伏：深深地服气、服从。伏，同“服”。［29］顷所授任：前不久对王愉的任命。顷，顷时，前不久。［30］未允惬（qiè）：确实不公平、不令人满意。惬，同“恰”，允当，恰当，满意。［31］晋阳之甲：指从外地起兵以讨国君身边的坏人。春秋末期，晋国的赵鞅被范氏、中行氏包围在晋阳。后来范氏、中行氏又与晋国国君发生矛盾，于是，赵鞅遂于晋阳起兵，灭掉了范氏与中行氏。晋阳，郡名，郡治在今山西太原市。［32］岂可数兴：怎么能够屡屡发动？数，屡。［33］帐中之饮，结带之言：故意拉关系、套近乎之言，具体史实史无所载。过去庾楷巴结王国宝，依附司马道子之事，见《资治通鉴》卷一百八。［34］畴（chóu）昔陵侮之耻乎：胡三省曰：“王恭以元舅之亲，风神简贵，志气方严，视庾楷蔑如也，故道子以为陵侮楷。”畴昔，往日，从前。陵侮，欺凌，侮辱。陵，同“凌”。［35］赴山陵：到朝廷来参加皇帝的葬礼。山陵，指帝王陵墓。［36］寻：不久，随即。勒兵：统率兵马。［37］恭不敢发：以上事实在东晋孝武帝太元二十一年（396）。见《资治通鉴》卷一百八。［38］去年之事：指王恭起兵讨伐王国宝。［39］俟（sì）命而动：意谓准备随时起兵援助司马道子。俟，等候，等待。［40］百口：指全家上下。助人屠灭：意谓助人而被屠灭，由于帮助你而被人屠杀。［41］已应恭檄（xí）：已经答应响应王恭所发的讨伐王愉、司马尚之的檄文。［42］信返：使者返回朝廷。信，使者，即前文司马道子派出劝说庾楷的人。［43］元显：即司马元显，字朗君，会稽王司马道子世子，东晋权臣，代父掌权，曾假黄钺，为骠骑大将军，都督十八州诸军事，兴兵讨伐桓玄，兵败被杀。传见《晋书》卷六十四。［44］太宰：总管国家政务，此指司马道子。［45］醇酒：香味浓郁的美酒。［46］聪警：聪明，脑子活，办法来得快。［47］颇涉文义：很懂得一些传统的章程与应对办法。［48］果锐：果断，有锋芒。［49］附会：巴结，趋附。［50］明帝：即司马绍，字道畿，司马睿长子，东晋第二位皇帝，公元322年至公元325年在位。［51］趣发：迅速出发。趣，同“促”，迅速。［52］矜（jīn）其门地：以门第高贵而盛气凌人。矜，矜持，夸耀。江左：犹言“江东”，这里指东晋的辖区。莫及：谓东晋所有的世家都赶不上。［53］恚（huì）恨：愤恨，怨恨，以为王珣不过是几十年的新贵而已，怎能与他这种二百年的家世相比。［54］时流：当时上流社会上的一般人。晚过江：杨佺期的祖父杨林在西晋末期中原大乱时沦陷于异族统治下；父亲杨亮早年曾在北方做官，后来才归于东晋，比之王、谢诸族过江为晚。［55］婚宦失类：与门第不好的人结了亲，又做了不该做的官。前者指与杨氏所通婚的都是北方人；后者指杨亮、杨佺期皆以武功得官，当时武官被人瞧不起。［56］兄广、弟思平、从弟孜敬：谓杨佺期与他的兄长杨广、弟弟杨思平、堂弟杨孜敬，四人都比较粗野。粗犷粗野，指文化修养低以及缺乏服药、清谈等一些南方贵族的世俗习气。［57］排抑：排斥，压制。［58］事际：时机，际会，指政治波动。逞：驰骋，展现。［59］奄至湓（pén）口：突然出现在当时的寻阳江面。奄，突然。湓口，古湓水（今江西龙开河）入长江的入水口，在今江西九江市东北。［60］惶遽：同“惶惧”，惶恐，惊惧。临川：古郡名，郡治在今江西抚州市。［61］偏军：一支小部队。［62］城阳公元：即慕容元，后燕主慕容垂之孙，慕容宝之子，慕容盛之弟，后燕卫将军、司徒、尚书令。慕容熙即位后，受到猜忌，令其自杀。［63］张顺：后燕镇西将军、昌黎尹。昌黎尹：昌黎郡的行政长官，郡治在燕都龙城，故以昌黎太守改称为昌黎尹。［64］乙亥：八月十五日。［65］马勒：后燕步兵校尉，谋反，被杀。［66］高阳公崇：即慕容崇，慕容隆之子。前在段速骨、宋赤眉发动叛乱中曾被逼立为王。东平公澄：即慕容澄，慕容崇之弟，因涉嫌谋反，被赐死。［67］邓启方：东晋将领，为宁朔将军。［68］南阳：郡名，郡治在今河南南阳市，当时属东晋。闾丘羡：东晋南阳太守。［69］南燕：指以滑台（今河南滑县东）为都城的慕容德政权。燕自慕容宝之败，北归龙城，慕容德称号于滑台，故称南燕以别之。［70］法：即慕容法，南燕中军将军、兖州刺史、征南大将军，都督徐、兖、扬、南兖四州诸军事。［71］和：即慕容和，南燕成立后任鲁阳王、抚军将军。后被长史所杀。管城：县名，县治在今河南郑州市。［72］有司：有关主管部门。正封畿（jī）：划分并标明国境线。胡三省引宋白曰："魏道武都平城，东至上谷军都关，西至河，南至中山隘门塞，北至五原。地方千里，以为甸服。"这里实指确定其所辖境内的州、郡、县的疆界，因为国境的区划不由他自己决定，当时处于战争之中。封，指国土。畿，指京城。［73］标道里：即设路标，在交通线上标明城镇之间相距的里程。［74］平权衡：指统一称重标准。权衡，称量物体轻重的器具。权，秤砣；衡，秤杆。［75］审度量：制定统一的准确的度量标准。审，准确，划一。度，指丈、尺等长度单位。量，指升、斗等容量单位。［76］守宰：太守和县令。［77］黜陟（zhì）：降职与提升。

九月，辛卯[1]，加会稽王道子黄钺[2]，以世子元显为征讨都督；遣卫将军王珣、右将军谢琰[3]将兵讨王恭，谯王尚之将兵讨庾楷。

乙未[4]，燕[5]以东阳公根为尚书令，张通为左仆射，卫伦为右仆射；慕容豪为幽州[6]刺史，镇肥如[7]。

己亥[8]，谯王尚之大破庾楷于牛渚[9]，楷单骑奔桓玄。会稽王道子以尚之为豫州刺史，弟恢之[10]为骠骑司马[11]、丹杨尹，允之[12]为吴国内史，休之为襄城[13]太守，各拥兵马以为己援。乙巳[14]，桓玄大破官军于白石[15]。玄与杨佺期进至横江[16]，尚之退走，恢之所领水军皆没。丙午[17]，道子屯中堂[18]，元显守石头[19]，己酉[20]，王珣守北郊，谢琰屯宣阳门[21]以备之。

王恭素以才地陵物[22]，既杀王国宝，自谓威无不行[23]，仗刘牢之为爪牙[24]，而但以部曲将遇之[25]，牢之负其才[26]，深怀耻恨。元显知之，遣庐江太守高素说[27]牢之，使叛恭，许事成即以恭位号授之；又以道子书遗[28]牢之，为陈祸福。牢之谓其子敬宣[29]曰："王恭昔受先帝[30]大恩，今为帝舅，不能翼戴[31]王室，数举兵向京师，吾不能审恭之志[32]，事捷之日，必能为天子相王之下乎[33]？吾欲奉国威灵[34]，以顺讨逆，何如？"敬宣曰："朝廷虽无成、康之美[35]，亦无幽、厉之恶[36]，而恭恃其兵威，暴蔑[37]王室。大人亲非骨肉，义非君臣，虽共事少时[38]，意好不协[39]，今日讨之，于情义何有！"恭参军何澹之[40]知其谋，以告恭。

恭以澹之素与牢之有隙[41]，不信。乃置酒请牢之，于众中拜之为兄，精兵坚甲，悉以配之，使帅帐下督颜延[42]为前锋。牢之至竹里[43]，斩延以降；遣敬宣及其婿东莞太守高雅之[44]还袭恭。

恭方出城曜兵[45]，敬宣纵骑横击之，恭兵皆溃。恭将入城，雅之已闭城门。恭单骑奔曲阿[46]，素不习马，髀[47]中生疮。曲阿人殷确[48]，恭故吏也。以船载恭，将奔桓玄，至长塘湖[49]，为人所告，获之，送京师，斩于倪塘[50]。恭临刑，犹理须鬓，神色自若，谓监刑者曰："我暗于信人[51]，所以至此；原其本心[52]，岂不忠于社稷邪！但令百世之下知有王恭耳。"并其子弟党与[53]皆死。以刘牢之为都督兖、青、冀、幽、并、徐、扬州晋陵[54]诸军事以代恭。

俄而[55]杨佺期、桓玄至石头，殷仲堪至芜湖[56]。元显自竹里驰还京师，遣丹杨尹王恺等发京邑士民数万人据石头以拒之。佺期、玄等上表理王恭[57]，求诛刘牢之。牢之帅北府之众驰赴京师[58]，军于新亭[59]，佺期、玄见之失色，回军蔡洲[60]。朝廷未知西军[61]虚实，仲堪等拥众数万，充斥郊畿[62]，内外忧逼[63]。

左卫将军桓修，冲[64]之子也，言于道子曰："西军可说而解[65]也，修知其情矣。殷、桓之下[66]，专恃[67]王恭，恭既破灭，西军沮恐[68]。今若以重利啖玄及佺期[69]，二人必内喜。玄能制仲堪，佺期可使倒戈，取仲堪[70]矣。"道子纳之，以玄为江州刺史；召郗恢为尚书，以佺期代恢为都督梁·雍·秦三州诸军事、雍州刺史。以修为荆州刺史，权领左卫文武之镇[71]，又令刘牢之以千人送之。黜仲堪为广州刺史，遣仲堪叔父太常茂[72]宣诏，敕[73]仲堪回军。

（以上为第八段，写东晋的政变，王恭自以为是为朝廷肃清奸佞，以振朝纲，起兵，而朝廷则认为他是反叛，予以剿杀。北府将领刘牢之背叛王恭，王恭被擒杀。）

【注释】

［1］辛卯：九月二日。［2］黄钺（yuè）：金色大斧。朝廷派将出征，授予黄钺，即授予他有生杀之权，征讨一切不服者。［3］谢琰（yǎn）：字瑗度，太保谢安次子、车骑将军谢玄从弟，东晋重要将领。传见《晋书》卷七十九。［4］乙未：九月六日。［5］燕：此指后燕龙城的慕容盛政权。［6］慕容豪：后燕官员，慕容盛时为幽州刺史。幽州：州治蓟县，在今北京市西南。［7］肥如：县名，县治在今河北卢龙县北。［8］己亥：九月十日。［9］牛渚：长江要塞名，在今安徽马鞍山市西南的采石矶。［10］恢之：即司马恢之，字季明，谯忠王司马尚之之弟。［11］骠骑司马：骠骑将军司马道子的司马，在军中掌管司法。［12］允之：即司马允之，字季度，东晋宗室将领。袭爵广晋伯，历任辅国将军、吴国内史，参与讨伐王恭、庾楷、桓玄的行动。后徙广州，于道被害。传见《晋书》卷三十七。［13］襄城：郡名，郡治春谷城，在今安徽芜湖市繁昌区荻港镇，为侨置郡。东晋元帝司马睿渡江，以丹杨春谷县置襄城郡。［14］乙巳：九月十六日。［15］官军：指司马尚之统领的朝廷军队。白石：古山名，在今安徽巢湖市境内。［16］横江：长江渡口名，在今安徽和县东，与牛渚（采石矶）隔江相对。［17］丙午：九月十七日。［18］屯中堂：带领军队驻扎在宰相的办公地点，也就是当时的中书省。［19］石头：即石头城，古城名，在今江苏南京市清凉山一带。［20］己酉：九月二十日。［21］宣阳门：当时建康城（今江苏南京市）南面西头的第一个门。［22］才地：才能，门第。陵物：盛气陵人。陵，同“凌”。物，当时即指“人”。［23］威无不行：凭着自己的权威，没有办不到的事情。［24］仗刘牢之为爪牙：靠着刘牢之，把他当左膀右臂。爪牙，心腹猛将。［25］但以部曲将遇之：仅仅把他当作一个部下的军官对待。但，仅。部曲，部下。遇，对待。刘牢之曾是谢玄的部下，于淝水之战中立有大功。［26］负其才：以才能为负，引以为傲。［27］庐江：郡名，郡治舒县，在今安徽庐江县西南。高素：东晋庐江太守。说：游说，劝说。［28］遗：送给。［29］敬宣：即刘敬宣，字万寿，镇北将军刘牢之之子，东晋辅国将军、晋陵太守，封武冈县男，迁江州刺史。从伐南燕慕容超，进围广固城，击败卢循，领冀州刺史，迁左军将军，加散骑常侍，进右军将军，后被害。传见《宋书》卷四十七。［30］先帝：指东晋孝武帝司马曜。［31］翼戴：犹言拥护、拥戴。［32］不能审恭之志：不能看清王恭的目的。审，看清，看准。［33］能为天子相王之下乎：他还能不能再心甘情愿地处于皇帝与司马道子之下呢？相王，即司马道子，因他既是会稽王，又是宰相，故称之。［34］奉国威灵：秉承着国家社稷的权威，意即站在朝廷一方。［35］成、康之美：指西周成王、康王两代政治清平昌盛，史称成康之治。［36］幽、厉之恶：指西周幽王、厉王两代的暴政。周厉王暴虐，被国人所逐，周幽王暴虐，西周灭亡。［37］暴蔑：横暴地蔑视，瞧不起。［38］少时：不多时，没有多长时间。［39］意好不协：犹言“情好不恰”，即关系不和谐。［40］参军：即参

军事，即军事参谋。何澹之：为王恭参军。［41］有隙：有过节，有矛盾。［42］帐下督：王恭帅府的卫队长之类的官。颜延：王恭部属，为帐下督，被刘牢之所杀。［43］竹里：古地名，在今江苏南京市与镇江市之间的长江边上，仪征市的对岸。［44］东莞：郡名，东晋的侨置郡，郡治在今江苏常州市。晋武帝泰始元年（265），分琅邪立东莞郡；南渡后，又置南东莞郡于晋陵界。高雅之：淮陵太守高素之子，名将刘牢之女婿，东晋东莞郡守、广陵相，参与讨伐王恭之乱、孙恩起义。后联合刘敬宣攻打桓玄。兵败后投靠南燕皇帝慕容德。后图谋作乱，诛杀慕容德，事泄被杀。［45］曜兵：炫耀武力。曜，同“耀”。［46］曲阿：县名，在今江苏丹阳市。［47］髀（bì）：大腿。［48］殷确：为王恭故吏。［49］长塘湖：古湖名，在今江苏宜兴市西。［50］倪塘：古地名，在今江苏南京市东北部。倪氏筑塘，因以为名。［51］暗于信人：指错信了刘牢之，后悔自己尽以军事委之刘牢之。信，这里意同“识别”“判断”。［52］原：最初的，开始的。本心：初心。［53］党与：同党之人。［54］扬州晋陵：扬州的晋陵郡，郡治在今江苏常州市。［55］俄而：表示时间短暂，不久。［56］芜湖：县名，在今安徽芜湖市。［57］理王恭：替王恭申诉、说理，要求给王恭平反。［58］北府之众：指京口（今江苏镇江市）的军政指挥机构。京师：即建康，东晋都城，在今江苏南京市。［59］新亭：古地名，在今江苏南京市南，为当时游览区。［60］蔡洲：当时东晋的侨置州，州治在今江苏南京市西。［61］西军：指桓玄、殷仲堪等由荆州来的军队。［62］充斥：充满。郊畿（jī）：京城郊外王畿之地，泛指郊外。［63］内外忧逼：即内忧外逼，内有腹心之患，外有强兵压境。［64］桓修：字承祖，车骑将军桓冲第三子，简文帝女婿，东晋左卫将军，迁中护军，为右将军、徐兖二州刺史、假节。桓玄篡位后，为抚军大将军，封安成王。后为刘裕所杀。传见《晋书》卷七十四。［65］可说而解：可以通过劝说而令其撤兵。解，退兵。［66］殷、桓之下：殷仲堪、桓玄以下众人。［67］恃：依恃，依赖。［68］沮（jǔ）恐：气沮而心恐，指军心瓦解、内心惶恐。沮，涣散，瓦解。［69］啖（dàn）玄及佺期：吸引桓玄与杨佺期。啖，给他们吃，这里即收买、利诱的意思。［70］可使倒戈，取仲堪：谓可使杨佺期倒戈以擒殷仲堪。取，擒拿。［71］权领：暂时率领。左卫文武：左卫将军府的僚属及部曲。桓修原为左卫将军。［72］太常：主管国家的祭祀和考试选拔博士。茂：即殷茂，西晋太常殷融之子，历任散骑常侍、特进、左光禄大夫、太常等职。传见《宋书》卷六十三。［73］敕（chì）：以皇帝的名义下命令。

张骧子超收合三千余家据南皮[1]，自号乌桓王，抄掠诸郡。魏王珪命庾岳讨之。

杨轨屯廉川[2]，收集夷、夏，众至万余。王乞基[3]谓轨曰：“秃发氏才高而兵盛，且乞基之主也，不如归之。”轨乃遣使降于西平王乌孤。轨寻为羌酋梁饥[4]所败，西奔傉海[5]，袭乙弗鲜卑[6]而据其地。乌孤谓群臣曰：“杨轨、王乞基归诚于我，卿等不速救，使为羌人所覆[7]，孤甚愧之。”平西将军浑屯[8]曰：“梁饥无经远大略[9]，可一战擒也。”

饥进攻西平[10]，西平人田玄明执太守郭倖[11]而代之，以拒饥，遣子为质于乌孤。乌孤欲救之，群臣惮[12]饥兵强，多以为疑。左司马赵振[13]曰：“杨轨新败，吕氏方强，洪池[14]以北，未可冀[15]也，岭南五郡[16]，庶几[17]可取。大王若无开拓之志，振不敢言；若欲经营四方，此机不可失也。使羌得西平，华、夷震动，非我之利也。”乌孤喜曰：“吾亦欲乘时立功，安能坐守穷谷[18]乎！”乃谓群臣曰：“梁饥若得西平，保据山河[19]，不可复制。饥虽骁猛[20]，军令不整，易破也。”遂进击饥，大破之。饥退屯龙支堡[21]。乌孤进攻，拔之，饥单骑奔浇河[22]，俘斩数万。以田玄明为西平内史。乐都太守田瑶[23]、湟河太守张裯[24]、浇河太守王稚[25]皆以郡降，岭南羌、胡数万落皆附于乌孤。

西秦王乾归遣秦州牧益州、武卫将军慕兀[26]、冠军将军翟瑥[27]帅骑二万伐吐谷浑。

冬，十月，癸酉[28]，燕群臣复上尊号，丙子[29]，长乐王盛始即皇帝位，大赦，尊皇后段氏[30]曰“皇太后”，太妃丁氏[31]曰“献庄皇后”。初，兰汗之当国也，盛从燕主宝出亡，兰妃[32]奉事丁后愈谨。及汗诛，盛以妃当从坐，欲杀之；丁后以妃有保全之功，固争之，得免，然终不为后。

（以上为第九段，写南凉主秃发乌孤听从赵振建议，出兵攻打羌族部落首领梁饥，获得全胜；西秦主乞伏乾归派遣将领攻打吐谷浑；后燕长乐王慕容盛即帝位。）

【注释】

[1]张骧：乌桓部落的头领。超：即张超，张骧之子，曾自称乌桓王。南皮：县名，县治在今河北南皮县北，当时为勃海郡的郡治所在地。[2]廉川：古城堡名，在今青海民和县西北。[3]王乞基：匈奴部落的首领，当时归属于吕光，前曾归属过秃发乌孤。[4]寻：不久。梁饥：羌族头领。[5]傉（líng）海：湖泊名，在今青海湟源县西。[6]乙弗鲜卑：鲜卑族的乙弗氏部落。[7]覆：覆灭，消灭。[8]浑屯：姓浑，名屯，吐谷浑氏后改为浑姓。[9]经远大略：考虑长远的大谋略。[10]西平：郡名，郡治在今青海西宁市，当时属吕光。[11]田玄明：西平人，曾活捉东晋西平太守郭倖，自己代之。后为秃发乌孤立为西平太守，被利鹿孤杀之。执：囚

禁。郭倖（xìng）：为西平太守，被田玄明取而代之。［12］惮（dàn）：害怕，畏惧。［13］赵振：广武（今甘肃永登县南）人，少好奇略，弃家投秃发乌孤，拜为左司马。［14］洪池：山名，在今甘肃武威市南。［15］未可冀：没有什么希望。［16］岭南五郡：指洪池山以南的广武、西平、乐都、浇河、湟河五个郡。［17］庶几：或许可以。［18］穷谷：当时秃发乌孤都于廉川堡，此地在塞外，荒僻，故言之。［19］保据山河：谓依山面河而守。河，黄河。［20］骁（xiāo）猛：勇猛、强健。［21］龙支堡：古地名，在当时的允吾县，在今青海民和县东南。［22］浇河：郡名，郡治在今青海化隆县西南，当时属后凉主吕光。［23］乐都：郡名，郡治在今青海海东市乐都区，前此属后凉主吕光。田瑶：后凉乐都太守，后投降于南凉。［24］湟河：古郡名，郡治白土，在今青海同仁市东北，前此属后凉主吕光。张裯（chóu）：原为后凉湟河太守，后投降于南凉。［25］王稚：原为后凉浇河太守，后投降于南凉。［26］武卫将军：古将领名，掌管宫廷宿卫。慕兀：西秦武卫将军。慕氏，亦乞伏氏。［27］翟（zhái）瑥（wēn）：西秦冠军将军。［28］癸酉：十月十四日。［29］丙子：十月十七日。［30］段氏：后燕主慕容宝的皇后，正妻。［31］太妃丁氏：后燕主慕容宝之妃，慕容盛的生母，谥号献庄。［32］兰妃：后燕主慕容盛之妻，兰汗之女。慕容盛之所以未被兰汗所杀，全仗兰妃。

大赦。

殷仲堪得诏书[1]，大怒，趣[2]桓玄、杨佺期进军。玄等喜于朝命[3]，欲受之，犹豫未决。仲堪闻之，遽[4]自芜湖南归[5]，遣使告谕蔡洲军士[6]曰："汝辈不各自散归，吾至江陵[7]，尽诛汝余口[8]。"佺期部将刘系[9]帅二千人先归。玄等大惧，狼狈西还，追仲堪至寻阳[10]，及之。仲堪既失职，倚玄等为援，玄等亦资仲堪兵[11]，虽内相疑阻[12]，势不得不合。乃以子弟交质[13]，壬午[14]，盟于寻阳，俱不受朝命，连名上疏申理王恭[15]，求诛刘牢之及谯王尚之，并诉仲堪无罪，独被降黜。朝廷深惮[16]之，内外骚然[17]。乃复罢桓修，以荆州还仲堪，优诏慰谕[18]，以求和解，仲堪等乃受诏。御史中丞江绩[19]劾奏桓修专为身计[20]，疑误[21]朝廷，诏免修官。

初，桓玄在荆州，所为豪纵[22]，仲堪亲党皆劝仲堪杀之，仲堪不听。及在寻阳，资其声地[23]，推玄为盟主，玄愈自矜倨[24]。杨佺期为人骄悍[25]，玄每以寒士裁之[26]，佺期甚恨，密说仲堪以玄终为患，请于坛[27]所袭之。仲堪忌佺期兄弟勇健，恐既杀玄，不可复制，苦禁之。

于是，各还所镇。玄亦知佺期之谋，阴有取佺期之志，乃屯于夏口[28]，引始安[29]太守济阴卞范之为长史[30]以为谋主。是时，诏书独不赦庾楷，玄以楷为武昌[31]太守。

初，郗恢为朝廷拒西军[32]，玄未得江州，欲夺恢雍州，以恢为广州。恢闻之，惧，询于众，众皆曰："杨佺期来者，谁不戮力[33]？若桓玄来，恐难与为敌[34]。"既而闻佺期代己，乃与闾丘羡谋阻兵拒之[35]。佺期闻之，声言玄来入沔[36]，以佺期为前驱[37]。恢众信之，望风皆溃，恢请降。佺期入府[38]，斩闾丘羡，放恢还都，至杨口[39]，殷仲堪阴使人杀之，及其四子，托言群蛮所杀。

西秦乞伏益州与吐谷浑王视罴战于度周川[40]，视罴大败，走保白兰山[41]，遣子宕岂[42]为质于西秦以请和，西秦王乾归以宗女[43]妻之。

凉建武将军李鸾以兴城[44]降于秃发乌孤。

十一月，以琅邪王德文[45]为卫将军、开府仪同三司，征虏将军元显为中领军，领军将军王雅为尚书左仆射。

辛亥[46]，魏王珪命尚书吏部郎邓渊立官制、协音律[47]，仪曹郎清河董谧制礼仪[48]，三公郎王德定律令[49]，太史令晁崇考天象[50]，吏部尚书崔宏总而裁之[51]，以为永式[52]。渊，羌[53]之孙也。

杨轨、王乞基帅户数千自归于西平王乌孤。

十二月，己丑[54]，魏王珪即皇帝位，大赦，改元天兴[55]。命朝野皆束发加帽[56]。追尊远祖毛[57]以下二十七人皆为皇帝[58]；谥六世祖力微曰"神元皇帝"，庙号始祖；祖什翼犍曰"昭成皇帝"，庙号高祖；父寔曰"献明皇帝"。

魏之旧俗，孟夏祀天及东庙[59]；季夏帅众却霜于阴山[60]，孟秋[61]祀天于西郊。至是，始依仿古制[62]，定郊庙朝飨礼乐[63]，然惟孟夏祀天亲行[64]，其余多有司摄事[65]。又用崔宏议，自谓黄帝之后[66]，以土德王[67]。徙六州二十二郡守宰、豪杰二千家于代都[68]，东至代郡[69]，西及善无[70]，南极阴馆[71]，北尽参合[72]，皆为畿内[73]，其外四方、四维[74]，置八部师[75]以监之。

己亥[76]，燕幽州刺史慕容豪、尚书左仆射张通、昌黎尹张顺坐谋反诛。

初，琅邪人孙泰[77]学妖术于钱唐杜子恭[78]，士民多奉之。王珣恶之，流泰于广州。王雅荐泰于孝武帝，云知养性[79]之方，召还，累官至新安[80]太守。泰知晋祚[81]将终，因王恭之乱，以讨恭为名，收合兵众，聚货巨亿[82]，三吴[83]之人多从之。识者皆忧其为乱，以中领军元显与之善，无敢言者。会稽内史谢輶发其谋[84]，己酉[85]，会稽王道子使元显诱而斩之，并其六子；兄子恩[86]逃入海，愚民犹以泰蝉蜕[87]不死，就海中资给[88]恩。恩乃聚合亡命得百余人，以谋复仇。

西平王秃发乌孤更称武威[89]王。

是岁，杨盛[90]遣使附魏[91]，魏以盛为仇池王。

（以上为第十段，写东晋朝廷贬降殷仲堪官职，仲堪与桓玄联手，要挟朝廷恢复其官职；北魏主拓跋珪正式称帝，改元天兴，追封先祖，修订礼乐、法律等制度。）

【注释】

[1]诏书：指贬殷仲堪为广州刺史的诏书。 [2]趣（cù）：同“促”，催促。 [3]朝命：指任命桓玄为江州刺史，任命杨佺期为雍州刺史的命令。 [4]遽（jù）：迅即，匆忙。 [5]南归：谓逃回荆州。 [6]蔡洲军士：指随桓玄、杨佺期驻扎在蔡洲（今江苏南京市西）的士兵。 [7]江陵：县名，县治在今湖北荆州市，时为荆州州治所在地。 [8]余口：指驻扎在蔡洲的士兵留在江陵的家眷。 [9]刘系：杨佺期部将。 [10]追：谓随后赶着一同撤回。寻阳：县名，县治在今湖北黄梅县西南。 [11]亦资仲堪兵：也想仰仗殷仲堪还有一定的兵权。资，借助，仰仗。[12]内相疑阻：相互怀疑猜忌。疑阻，怀疑，不信任。 [13]以子弟交质：互相派出子弟到对方的手下当人质。 [14]壬午：十月二十三日。 [15]申理王恭：为王恭申冤，鸣不平。申理，为受冤屈的人昭雪。 [16]深惮（dàn）：十分害怕。 [17]骚然：骚动的样子。 [18]优诏：下诏书说好话，以示安慰。慰谕：解释，宽慰。谕，同“喻”。 [19]御史中丞：御史台的主要长官，主管监察弹劾。江绩：字仲元，初为会稽王司马道子主簿，迁谘议参军，出为南郡相，征为御史中丞，在当时既不依附殷仲堪，也不屈服于司马道子，奏劾无所屈挠，刚正不阿。传见《晋书》卷八十三。 [20]劾奏：向皇帝检举官吏的过失、罪行。专为身计：专门为自己考虑。胡三省曰：“谓分江、雍以授桓玄、杨佺期，自取荆州也。”[21]疑误：迷惑，贻误。 [22]豪纵：雄豪，放纵。 [23]资其声地：借助他的声望、门第。桓玄是桓温之子，在当时声地显赫。资，资借，凭借。 [24]矜倨：骄盈，傲慢。 [25]骄悍：骄横，凶悍。 [26]每以寒士裁之：总是把杨佺期看成是寒门出身的人，而对之加以压抑。当时的所谓“寒门”，是指其非士族，并不意味着经济方面的穷困。裁，裁抑，压制。 [27]坛：指三个人结盟时所设的祭坛。 [28]夏口：古地名，在

今湖北武汉市。［29］始安：郡名，郡治在今广西桂林市。［30］卞范之：字敬祖，济阴宛句（今山东曹县西北）人，东晋始安太守。桓玄为江州刺史，引为长史，以为丹阳尹，官至后将军，封临汝县公。恃功自傲，被刘裕斩杀。传见《晋书》卷九十九。［31］武昌：郡名，郡治在今湖北鄂州市。［32］拒西军：抵抗殷仲堪、桓玄等。当时郗恢为雍州刺史，驻军襄阳。［33］戮力：指协力抵抗。［34］难与为敌：桓氏四世居荆州，故众人畏之。［35］间丘羡：当时为南阳（郡治在今河南南阳市）太守，上属雍州。阻兵拒之：凭借手中的现有军队以抵抗杨佺期。［36］玄来入沔（miǎn）：桓玄率兵到沔水流域来了。沔水，今汉水，襄阳地处汉水中游。［37］前驱：先锋部队。［38］入府：指进入襄阳郗恢的军府。［39］杨口：汉水上的渡口名，在今湖北潜江市北。［40］视罴：人名，吐谷浑王视连之弟，承袭视连担任西秦国王。度周川：古地名，在今四川松潘县西。［41］白兰山：山名，在今青海柴达木河一带。［42］宕岂：人名，吐谷浑王视罴之子。［43］宗女：本族人家的女儿。妻：嫁与。［44］李鸾：后凉建武将军。兴城：县名，县治在今青海民和县南，当时属后凉主吕光政权。［45］琅邪王德文：即晋恭帝司马德文，安帝司马德宗之弟，初封琅邪王，任司徒公、录尚书事。后继安帝为帝，为东晋末代皇帝，禅位于宋王刘裕，废为零陵郡王，后被杀。谥号恭皇帝。传见《晋书》卷十。［46］辛亥：十一月二十三日。［47］邓渊：字彦海，北魏尚书吏部郎，制定朝廷礼乐。传见《魏书》卷二十四。官制：即建立职官的组织制度。协：协调，调和。音律：音乐的律吕、宫调，泛指乐曲、音乐。［48］仪曹郎：尚书省的郎官。董谧（mì）：清河人，好学，名播远近。北魏仪曹郎，参与制定礼仪。礼仪：礼节和仪式。［49］三公郎：尚书省的郎官。王德：北魏三公郎，协助制定律令。律令：律法，法令。［50］晁崇：字子业，北魏太史令。考：考究，研究。天象：日月星辰在天上的运动现象。［51］总而裁之：即总裁，汇总，裁定。［52］永式：永久性的规定。［53］羌：即邓羌，安定郡人，前秦名将。［54］己丑：十二月二日。［55］天兴：北魏主拓跋珪正式称帝后的年号。［56］束发加帽：尽量学习汉人的装束。［57］毛：即拓跋毛，北魏先祖。北魏主拓跋珪称帝时，追谥为成皇帝。［58］皆为皇帝：胡三省曰："魏谥毛为成皇帝；五世至推寅，南迁大泽，方千余里，谥宣皇帝；七世至邻，始南出，居匈奴故地，谥献皇帝；献帝之子曰诘汾，谥圣武皇帝。"又曰："谥力微曰神元皇帝；子沙漠汗曰文皇帝；沙漠汗之子弗政曰思皇帝；弗政卒，力微之子禄官立，谥曰昭皇帝；分国为三部，猗㐌、猗卢，沙漠汗之二子，与禄官分统三部；猗㐌西略，服属诸国，谥曰桓皇帝；猗卢自禄官之卒，合三部为一，又助晋国以益强，谥穆皇帝；猗卢死，禄官之子郁律继之，谥平文皇帝；郁律弑，猗㐌之子贺傉立，谥惠皇帝；贺傉卒，弟纥那立，谥炀皇帝；翳魏者，郁律之子，国人逐纥那而立之，谥烈皇帝。"［59］孟夏：夏季的第一个月，即阴历四月。东庙：即宗庙，本朝帝王的祖庙。因其修筑在宫殿的东侧。故称"东庙"。［60］季夏：夏季的第三个月，即阴历六月。却霜：当时北方民族的一种祭祀活动。阴山：山名，横亘在今内蒙古包头市、呼和浩特市以北的东西走向的大山。［61］孟秋：秋季的第二个月，即阴历七月。［62］依仿古制：尽量效法汉人所奉行的儒家所倡导的那一套礼乐制度。［63］郊庙朝飨礼乐：指帝王祭天、祭祖与接受朝拜、宴享群臣等各种礼仪以及应使用的相关音乐歌舞。郊，指在野外祭天；庙，指在宗庙祭祖；朝，指帝王接受朝拜；飨，指帝王宴享宾客群臣。[64]惟：同“唯”，只有。亲行：指拓跋珪亲自去参加。[65]有司摄事：由主管该项事务的官员代替帝王去做。有司，主管该项事务的官员。摄，代行。[66]自谓黄帝之后：自称是黄帝的后代。各少数民族为统治中原，为求名正言顺，故把自己的家谱续到黄帝那里，与夏、商、周、秦、汉诸朝并列。[67]以土德王：按照水、火、金、木、土的五行相生论，自称魏是“土德”，代“水德”而称帝。[68]代都：指今山西大同市，北魏以此为都城。徙中原地区的“守宰”与“豪杰”到代都，一是为了繁荣这个偏僻地区，二是为了网罗人才，三是为了加强他们本民族的汉化过程。[69]代郡：郡名，郡治在今山西大同市。[70]善无：县名，县治在今山西右玉县东南。[71]南极：南面的尽头。阴馆：县名，县治在今山西朔州市东南。[72]参合：即参合陂，在今内蒙古凉城县东北。[73]畿（jī）内：犹今之首都郊区。畿，古代称靠近国都的地方。[74]四方、四维：四方指正东、正西、正南、正北。四维指东北、东南、西南、西北。这里是指把首都郊区以外的全部领土划分为八个区域。[75]八部师：《魏书》作“八部帅”，古官名。负责督促发展生产，并以之考察地方官，确定税收。[76]己亥：十二月十二日。[77]孙泰：字敬远，东晋琅邪人，世奉五斗米道，农民军领袖孙恩之叔。奉吴郡钱塘五斗米道首领杜子恭为师，欲借王恭之乱，准备起事。事未发，被司马道子父子诱斩，并其六子。事见《晋书》卷一百。[78]杜子恭：即杜灵，字子恭，钱塘人，东晋道士。[79]养性：即养生，修养身心，乞求长寿。[80]新安：郡名，郡治在今浙江淳安县西北。[81]晋祚：晋朝的气数。祚，福，这里指国运。[82]聚货：收敛钱财。巨亿：数以亿计，极言其多。[83]三吴：指吴郡（郡治在今江苏苏州市）、吴兴（郡治在今浙江湖州市）和会稽（郡治在今浙江绍兴市）。[84]会稽内史：会稽国的主管官员，相当于郡守。会稽，古郡国名，治都在今浙江绍兴市。谢辅（yóu）（337—403）：会稽山阴人，为会稽内史。发其谋：揭发出他们造反的阴谋。[85]己酉：十二月二十二日。[86]恩：即孙恩，字灵秀，东晋时五斗米道士，隆安三年（399），起兵反叛东晋。后进攻临海郡失败，跳海自杀。史称“孙恩之乱”。孙恩海上反乱，成为“中原海寇之始”。传见《晋书》卷一百。[87]蝉蜕：犹如蝉脱壳而去，用以比喻成仙。[88]资给：供应粮草财物。[89]武威：郡名，郡在今甘肃武威市。[90]杨盛：后仇池国第二任国主。传见《宋书》卷九十八。[91]附魏：归附北魏。

【点评】

王恭兵谏丧身。王恭是东晋孝武帝皇后的哥哥，是外戚，从小就有美誉，有过人的情操，而且自负才能。

当时的皇上司马曜任用其弟弟司马道子，让司马道子掌控朝政；但又十分信任外戚王恭，让他担任前将军，兖、青二州刺史等要职，假节，镇守京口，掌管地方军政大权，作为朝廷的屏障。司马曜的意图，可能是让二者互相制约，共同辅卫朝廷。可司马道子在孝武帝去世、晋安帝司马德宗继位后执掌朝政，非常宠幸奸佞王国宝，将机要朝权都交给他掌管，王国宝胡作非为，引起了王恭的不满。王恭常常直言指斥，认为王国宝乱政将败亡东晋。二人大有水火不相容之势。

王恭曾两次起兵，矛头直指朝廷奸臣，非一般人所能做到。第一次，王恭准备士兵及军需品，上书要北伐，而朝廷没有同意，王恭一边上奏王国宝的罪行，一边起兵讨伐。朝廷采取息事宁人的办法，丢卒保车，赐死王国宝，向王恭谢罪。王恭的目的达到了，也就收兵了。第二次，朝廷继续由司马道子当政，他的儿子司马元显也在朝廷占有一席地位，又任用了司马尚之兄弟，王恭又上书，以讨伐为名起兵。然而司马元显主张用兵，并采用离间计，拉拢王恭的得力干将刘牢之，釜底抽薪，王恭措手不及，结果被俘，而后被杀。

王恭两次出兵，两次讨伐奸佞的行为，究竟应当怎么看待？究竟该如何评价？

首先，在当时，王恭自认为是一片忠心，他在被杀时曾说："我的内心，难道不是忠于国家社稷的吗！百代之后，人们是知道我王恭这个人的。"当时的人们并不是很理解他，晋安帝司马德宗把平定的大权直接赋予司马道子，为其加黄钺，为征讨都督，代理皇帝处理这次事件；王恭被抓后，就被杀了。

曾经和王恭一同起事的桓玄执政，上书朝廷，为王恭辩护申冤，朝廷下令，追赠王恭为侍中、太保，谥号为忠简。王恭的名誉是恢复了，但是，人死不能复生，朝廷依旧是鸱鸮乱舞，鬼魅唱歌，江河日下，国将不国。王恭的一腔忠愤，付诸东流。

王恭的出兵，仅仅是讨伐朝廷奸佞而已，他不要朝廷大权，也不伤及无辜之人，没有个人的任何目的，是出于忠心，舍身为国，如果要定性，应当是"兵谏"而已。

而令人不可思议的是，在古今记载这一事件上，动不动就称为"王恭反叛"，就名目而言，显然是对王恭的行为持否定的态度，这当然是不恰当的，是不符合历史事实的，也是对王恭的不恭，应予以纠正！如果说是"反叛"，也只能解释为忠于朝廷，反叛奸佞！应当将"王恭反叛"改为"王恭兵谏"，以与历史上的那些真正的反叛之徒相区别。

卷一一一　晋纪三十三

晋安帝隆安三年至四年（399—400 年）

【起屠维大渊献（己亥，399 年），尽上章困敦（庚子，400 年），凡二年】

【大事提要】

本卷记事起于公元 399 年，到公元 400 年，凡两年，时当晋安帝（司马德宗）隆安三年至隆安四年。本卷所载大事，主要有五个方面。其一，孙恩之乱。东晋孙恩随其叔孙泰借传道为名，聚集民众，后被迫逃到海上。公元 399 年，孙恩趁机反晋，从海上攻上虞，杀县令，袭据会稽，举众数万，临海等八郡响应，发展到几十万人，后被镇压。其二，慕容德称帝。慕容德原在滑台称王，后滑台被敌人攻破，转而南下，进据东晋琅邪、徐、兖等地，进入广固，在南郊正式称帝，改年号为建平。其三，李暠建立西凉。李暠是陇西成纪人，自称为李广之后。段业割据一方，自称凉州牧时，以李暠为效谷县令，后升为敦煌太守。公元 400 年，李暠趁中原战乱之际，在众人推举下，建立西凉，自称大将军、凉公等，改元庚子，以敦煌为都城，疆域广及西域。其四，慕容盛亲征高句丽。后燕慕容盛重建后燕，以高句丽王事燕礼慢为理由，亲率 3 万人马前去攻打，攻克新城、南苏两座城池，扩大疆土七百多里，迁移裹胁了五千多户居民回师。其五，后凉内乱。公元 399 年，后凉王吕光年老多病，立太子吕绍为天王。吕绍是嫡长子，上有两个手握重兵的哥哥吕纂、吕弘。吕绍即位后，吕纂听从吕弘建议，率兵攻打吕绍，逼迫吕绍自杀，自立为王；又对吕弘不信任，吕弘起兵反叛，被打败、杀死。

安皇帝丙

隆安三年（己亥，399 年）

春，正月，辛酉[1]，大赦。

戊辰[2]，燕昌黎尹留忠[3]谋反，诛；事连尚书令东阳公根[4]、尚书段成，皆坐死；遣中卫将军卫双就诛忠弟幽州刺史志于凡城[5]。以卫将军平原公元[6]为司徒、尚书令。

庚午[7]，魏主珪北巡，分命大将军常山王遵[8]等三军从东道出长川[9]，镇北将军高凉王乐真[10]等七军从西道出牛川[11]，珪自将大军从中道出驳髯水以袭高车[12]。

壬午[13]，燕右将军张真、城门校尉和翰坐谋反，诛。

癸未[14]，燕大赦，改元长乐[15]。燕主盛每十日一自决狱[16]，不加拷掠[17]，多得其情。

武威王乌孤[18]徙治乐都[19]，以其弟西平公利鹿孤镇安夷[20]，广武公傉檀镇西平[21]，叔父素渥镇湟河[22]，若留镇浇河[23]，从弟替引镇岭南[24]，洛回镇廉川[25]，从叔吐若留镇浩亹[26]；夷、夏[27]俊杰，随才授任，内居显位，外典[28]郡县，咸[29]得其宜。

乌孤谓群臣曰："陇右、河西[30]，本数郡之地[31]，遭乱，分裂至十余国，吕氏、乞伏氏、段氏[32]最强，今欲取之，三者何先？"杨统[33]曰："乞伏氏本吾之部落[34]，终当服从。段氏[35]书生，无能为患，且结好于我，攻之不义。吕光衰耄[36]，嗣子[37]微弱，纂、弘虽有才而内相猜忌[38]，若使浩亹、廉川乘虚迭出[39]，彼必疲于奔命，不过二年，兵劳民困，则姑臧可图[40]也。姑臧举[41]，则二寇[42]不待攻而服矣。"乌孤曰："善！"

二月，丁亥朔[43]，魏军大破高车三十余部，获七万余口，马三十余万匹，牛羊百四十余万头。卫王仪别将三万骑绝漠[44]千余里，破其七部，获二万余口，马五万余匹，牛羊二万余头。高车诸部大震。

林邑王范达陷日南、九真[45]，遂寇交趾[46]，太守杜瑗[47]击破之。

庚戌[48]，魏征虏将军庾岳破张超于勃海[49]，斩之。

段业即凉王位，改元天玺；以沮渠蒙逊为尚书左丞[50]，梁中庸[51]为右丞。

魏主珪大猎于牛川之南，以高车人为围[52]，周七百余里。因驱其禽兽，南抵平城[53]，使高车筑鹿苑[54]，广数十里。三月，己未[55]，珪还平城。

甲子[56]，珪分尚书三十六曹及外署[57]，凡置三百六十曹，令八部大夫[58]主之。吏部尚书崔宏通署三十六曹，如令、仆统事[59]。置五经博士[60]，增国子太学生员合三千人[61]。

珪问博士李先[62]曰："天下何物最善，可以益人神智？"对曰："莫若书籍。"珪曰："书籍凡有几何，如何可集？"对曰："自书契[63]以来，世有滋益[64]，以至于今，不可胜计。苟人主所好，何忧不集。"珪从之，命郡县大索书籍，悉送平城。

（以上为第一段，写南凉武威王秃发乌孤把都城迁到乐都，谋划攻打陇右、河西的割据政权；段业即北凉王位，改元天玺；北魏主拓跋珪率军攻打高车，大获全胜。）

【注释】

[1]辛酉：正月四日。 [2]戊辰：正月十一日。 [3]燕：此指后燕，此时国主慕容盛。昌黎尹：当时后燕都城龙城（今辽宁朝阳市）所在郡的地方长官称为"尹"，相当于郡守。留忠：人名，后燕昌黎尹，因谋反被诛。 [4]东阳公根：即慕容根，后燕尚书令，封东阳公，涉嫌谋反被诛。 [5]幽州刺史：四字原无，据章校补。志：即留志，后燕昌黎尹留忠之弟，慕容盛时为幽州刺史，因涉及谋反被诛。凡城：古地名，在今河北平泉市境内。 [6]平原公元：即慕容元，慕容盛之弟，封平原公，官至司徒、尚书令。后因受到猜忌，被迫自杀。 [7]庚午：正月十三日。 [8]大将军：国家最高军事统帅。常山王遵：即拓跋遵，字勃兜，拓跋什翼犍之孙。初以佐命元勋，封略阳郡公，以功迁冀州刺史，封常山郡王。后坐罪赐死。传见《魏书》卷十五。 [9]长川：古地名，在今内蒙古乌兰察布市集宁区东北。 [10]高凉王乐真：即拓跋乐真，字步洛真，北魏主拓跋珪堂弟，骁勇善战，颇有战功，承袭高凉郡王，出任镇北将军，后改封平阳郡王。传见《魏书》卷十四。 [11]牛川：古地区名，在今内蒙古呼和浩特市西南。 [12]驳髯水：古水名，约在今内蒙古察哈尔右翼后旗境内。高车：少数民族名，匈奴族的别种，当时活动在今内蒙古呼和浩特、集宁以北及蒙古国境内，以习惯于乘高轮车而得名。 [13]壬午：正月二十五日。 [14]癸未：正月二十六日。 [15]长乐：后燕慕容盛改建平为长乐，是后燕使用的第五个年号。 [16]燕主盛：即慕容盛。决狱：判决诉讼的案件。 [17]不加拷掠：用不着严刑拷打。 [18]武威王乌孤：即南凉主秃发乌孤，脱离吕光建立南凉，称西平王，后改称武威王。 [19]徙治乐都：将其都城迁到乐都。乐都，县名，当时乐都郡的郡治，在今青海海东市乐都区。 [20]安夷：县名，县治在今青海海东市乐都区西。 [21]西平：郡名，郡治在今青海西宁市。 [22]湟河：郡名，郡治在今青海化隆县西南黄河北岸。 [23]浇河：古郡名，郡治浇河城，在今青海黄河南岸贵德县境。 [24]从弟：秃发乌孤堂弟。岭南：古地名，在洪池山之南。洪池山也称南山，在今甘肃武威市南。 [25]洛回：即秃发洛回，南凉主秃发乌孤堂弟。廉川：古城堡名，在今青海民和县

西北。［26］从叔：秃发乌孤堂叔秃发吐若留。浩亹（wěi）：县名，县治在今甘肃永登县西南。［27］夷、夏：少数民族与汉族。［28］典：主管，管理。［29］咸：皆，都。［30］陇右：地区名，指陇山以西，今甘肃东南一带地区。河西：地区名，指黄河以西，今甘肃中西部及青海东北部地区。［31］本数郡之地：本来就只有几个郡的地盘。汉时陇右设陇西、金城二郡；河西设武威、张掖、酒泉、敦煌四郡。［32］吕氏：指吕光的后凉政权，建都姑臧。乞伏氏：指乞伏乾归的西秦政权，建都金城。段氏：指沮渠蒙逊拥立的段业北凉政权，建都张掖。［33］杨统：南凉官员。［34］吾之部落：乞伏氏与秃发氏都是鲜卑族，都依附过吕光政权。［35］段氏：此指北凉主段业。［36］衰耄（mào）：年老而昏庸。［37］嗣子：指吕光世子吕绍。［38］纂、弘：吕光之两子。猜忌：猜疑，妒忌。［39］浩亹、廉川：以地名代指镇守之人，即指镇守浩亹的秃发吐若留、镇守廉川的秃发洛回。迭出：轮番交替地出击。［40］姑臧：郡名，郡治在今甘肃武威市，当时为后凉国都城。图：图谋，攻取。［41］举：被攻下。［42］二寇：指乞伏乾归的西秦政权、段业的北凉政权。［43］丁亥朔：二月一日。［44］卫王仪：即拓跋仪，字乌泥，拓跋什翼犍之孙，拓跋翰之子，初封九原公，后封卫王。传见《魏书》卷十五。别将：卫王仪所遣另一路将领。绝漠：横越沙漠。［45］林邑：古国名，南方境外的小国，在今越南中部，当时归附于东晋。范达：林邑王。日南、九真：二郡名，日南的郡治在今越南顺化市，九真的郡治在今越南清化市，当时都属东晋。［46］寇：寇略，侵扰。交趾：郡名，郡治龙编，在今越南河内市东北，当时隶属于东晋。［47］杜瑗（yuàn）：字道言，交趾人，东晋封疆大吏。历任交趾、日南、九德太守，因功升为龙骧将军，为交州刺史。曾奋力抗击林邑入侵，击退林邑军队，乘胜收复日南、九德、九真三郡。坚守南疆，效忠晋室，加号冠军将军。追赠右将军。传见《晋书》卷六七。［48］庚戌：二月二十四日。［49］张超：在上年占据南皮叛魏，自称乌桓王。勃海：郡名，郡治南皮，在今河北南皮县东北。［50］尚书左丞：尚书令的佐官，分左、右，总领纲纪。［51］梁中庸：北凉敦煌人，初仕段业为尚书右丞，后推举沮渠蒙逊为主，旋又奔西凉主李暠。［52］为围：围成人墙。［53］平城：北魏都邑，在今山西大同市东北。［54］鹿苑：古苑名，如其他王朝的皇家猎场，在今山西大同市西。［55］己未：三月三日。［56］甲子：三月八日。［57］尚书三十六曹：即吏部、驾部、金部、农部、水部等三十六个部门。外署：对京郊以外的“四方”“四维”具体设置诸曹，每区如同一国。［58］八部大夫：即八部大人，简称八大人，又称八部帅。北魏主拓跋珪定都平城后，部族南迁，将京郊以外的“四方”“四维”分为八个部，置八部大夫，谓之八国，每部设一个头领，称为“大人”，各有属官，以分掌国政，掌督部民，劝课农耕，改游牧为定居耕种。［59］如令、仆统事：像尚书令、尚书仆射那样把下属诸曹都通管起来。［60］五经博士：太学里讲授《诗》《书》《易》《礼》《春秋》五种经典的教官。［61］国子太学：国子学和太学，当时国家的最高学府。合三千人：共有三千人。［62］博士：原为掌管书籍文典、通晓史事的官职，后为专通一经或精通一艺、从事教授生徒的官职。李先：字容仁，赵郡平棘（今河北赵县）人，西晋平阳太守李重之孙，北魏大臣。传见《魏书》卷三十三。［63］书契：即指文字。《易·系辞》曰：“古者伏羲氏之王也，始画八卦，造书契，以代结绳之政。”［64］滋益：增多。

初，秦王登之弟广帅众三千依南燕王德[1]，德以为冠军将军，处之乞活堡[2]。会荧惑守东井[3]，或言秦当复兴，广乃自称秦王，击南燕北地王钟[4]，破之。是时，滑台[5]孤弱，土无十城，众不过一万，钟既败，附德者多去德而附广。德乃留鲁阳王和守滑台[6]，自帅众讨广，斩之。

燕主宝之至黎阳[7]也，鲁阳王和长史李辩[8]劝和纳之，和不从。辩惧，故潜引晋军至管城[9]，欲因德出战而作乱。既而德不出，辩愈不自安。及德讨苻广，辩复劝和反，和不从，辩乃杀和，以滑台降魏。魏行台尚书和跋在邺[10]，帅轻骑自邺赴之，既至，辩悔之，闭门拒守。跋使尚书郎邓晖[11]说之，辩乃开门内[12]跋，跋悉收德宫人府库。德遣兵击跋，跋逆击[13]，破之，又破德将桂阳王镇[14]，俘获千余人。陈、颍[15]之民多附于魏。

南燕右卫将军慕容云[16]斩李辩，帅将士家属二万余口出滑台赴德。德欲攻滑台，韩范[17]曰：“向也[18]魏为客，吾为主人；今也吾为客，魏为主人。人心危惧，不可复战，不如先据一方，自立基本，乃图进取[19]。”张华[20]曰：“彭城，楚之旧都[21]，可攻而据之。”北地王钟等皆劝德攻滑台。尚书潘聪[22]曰：“滑台四通八达之地[23]，北有魏，南有晋，西有秦[24]，居之未尝一日安也。彭城土旷人稀，平夷[25]无险，且晋之旧镇[26]，未易可取。又密迩江、淮[27]，夏秋多水。乘舟而战者，吴[28]之所长，我之所短也。青州[29]沃野二千里，精兵十余万[30]，左有负海之饶[31]，右有山河之固[32]，广固城曹嶷[33]所筑，地形阻峻[34]，足为帝王之都。三齐英杰[35]，思得明主以立功于世久矣。辟闾浑[36]昔为燕臣，今宜遣辩士驰说于前，大兵继踵[37]于后，若其不服，取之如拾芥[38]耳。既得其地，然后闭关养锐，伺隙而动，此乃陛下之关中、河内[39]也。”德犹豫[40]未决。

沙门竺朗素善占候[41]，德使牙门苏抚[42]问之，朗曰：“敬览三策，潘尚书之议，兴邦之言也。且今岁之初，彗星起奎、娄[43]，扫虚、危[44]。彗者，除旧布新之象，奎、娄为鲁，虚、危为齐。宜先取兖州[45]，巡抚琅邪[46]，至秋乃北徇齐地[47]，此天道也。”抚又密问以年世[48]，朗以《周易》筮之[49]曰：“燕衰庚戌[50]，年则一纪[51]，世则及子[52]。”抚还报德，德乃引师而南，兖州北鄙[53]诸郡县皆降之。德置守宰[54]以抚之，禁军士无得虏掠[55]。百姓大悦，牛酒属路[56]。

（以上为第二段，写南燕的变故。国主慕容德出兵攻打自称秦王的苻广，而都城滑台因李辩的叛变被北魏攻下；慕容德谋划建立新的根据地，决定向南进发，攻占齐地。）

【注释】

[1]广：即前秦主苻登之弟苻广。德：即南燕主慕容德。 [2]处之乞活堡：让他们居住在乞活堡。乞活堡：古地名，在今河北河间市北，晋惠帝司马衷时诸贼保聚之地。 [3]荧惑守东井：火星运行到了井宿的位置。荧惑，在今之所谓火星，有“荧荧火光，离离乱惑”之意，荧荧像火，亮度常有变化，情况复杂，令人迷惑，故名之。东井，即井宿，二十八宿之一，因在玉井之东，故称。 [4]北地王钟：即慕容钟，南燕主慕容德堂弟，封北地王，任司徒，出京任青州牧，起兵反叛，慕容德讨伐，出奔后秦，被秦王姚兴封为归义侯。传见《晋书》卷一百二十八。[5]滑台：古城名，在今河南滑县东的旧滑县城，此指南燕，即当时处于滑台的慕容德政权。[6]鲁阳王和：即慕容和，慕容德之侄，为鲁阳王、南中郎将，镇守邺城。 [7]燕主宝：指后燕主慕容宝。黎阳：古县名，县治在今河南浚县东北。 [8]李辩：南燕官员，为鲁阳王慕容和的长史。 [9]管城：县名，县治在今河南郑州市。 [10]和跋：北魏将领。拜行台尚书，镇守邺城。传见《魏书》卷二十八。邺（yè）：即邺城，古都名，在今河北临漳县西南，是后赵、前燕时的都城。 [11]尚书郎：此指邺城行台的尚书郎。邓晖：北魏邺城行台尚书郎。 [12]内：同“纳”，放进来。 [13]逆击：迎击。 [14]桂阳王镇：即慕容镇，北燕主慕容垂之子，后燕、南燕将领。后燕时，为中垒将军，封桂林王；南燕时，任车骑将军，为尚书令，进为太尉。传见《晋书》卷一百二十七。 [15]陈、颍：二郡名，陈郡的郡治在今河南周口市淮阳区，颍川郡的郡治在今河南许昌市东。当时皆属于东晋。 [16]右卫将军：古将军名，与左卫将军分掌京城兵马。慕容云：南燕右卫将军。 [17]韩范：南燕尚书令，多有献策。刘裕北伐南燕，韩范出使后秦请求援兵，后投奔刘裕，东晋任为散骑常侍、燕郡太守、都督八郡军事。后遇害。传见《晋书》载记二十八。 [18]向也：前者，那个时候。 [19]乃图进取：再考虑进攻的问题。胡三省曰：“微韩范之言，德若进攻滑台，必至丧败，固不待慕容超之时也。” [20]张华：南燕中书令。 [21]彭城，楚之旧都：彭城，古都名，在今江苏徐州市。项羽灭秦后曾都于彭城，故称之。 [22]潘聪：南燕主慕容德尚书，后为徐州刺史，镇莒城。 [23]滑台四通八达之地：胡三省曰：“滑台

当河津之要，魏自北渡河而南向，晋从清水入河，秦沿渭顺河而下，皆凑于滑台。又其城旁无山陵可依，车骑、舟师皆可以骋，故谓之四通八达之地。”［24］秦：此指姚苌所建后秦。［25］平夷：平坦。［26］晋之旧镇：彭城曾是东晋徐州州治所在地，又是都督附近数州诸军事的军府所在地。［27］密迩（ěr）江、淮：挨近长江、淮河。迩，近。［28］吴：本指三国时孙权建立的吴国，这里用以泛指当时属于东晋的今江苏、浙江等长江以南地区，这一带在三国时曾属于吴国。［29］青州：西晋的州治，在今山东淄博市临淄区；后燕的州治，在今山东济南市西。青州管辖今山东北部、东部地区。［30］精兵十余万：意谓在这个州里可以组成精兵十余万。［31］左有负海之饶：其东侧靠着渤海，有富饶的鱼盐等海水产品。负，挨近。［32］右有山河之固：其西北方有黄河之险。右，即指西侧。［33］广固城：古城名，在今山东青州市西北。曹嶷（yí）：原前赵刘聪部将，割据广固谋自立，一度投奔东晋为青州刺史，被石勒所灭。［34］阻峻：险要难攻。［35］三齐：指今山东北部、东部的旧齐国地区。英杰：英雄豪杰。［36］辟闾浑：为齐地军阀段龛部将辟闾蔚之子，淝水之战后，投降东晋，为平原太守。后投降后燕主慕容宝。慕容宝败后又归附东晋，东晋在广固设置幽州，任为幽州刺史、龙骧将军。后南燕主慕容德来攻，战败被杀。传见《晋书》卷一百二十七。［37］继踵（zhǒng）：犹今之所谓“紧跟”“随脚就到”。踵，脚后跟。［38］拾芥（jiè）：比喻取之极易。芥，小草，喻轻微纤细的事物。［39］关中、河内：指成就大业的根据地。关中，是刘邦打败项羽，建立西汉政权的根据地；河内，是刘秀消灭群雄，建立东汉政权的根据地。［40］犹豫：指迟疑，不果断，缺少主见，难以做决定。［41］沙门：僧徒，和尚，对出家的佛教徒的称呼。竺（zhú）朗：人名，和尚。占候：占卜与观望天象，都是古代的迷信活动。［42］牙门：军门，这里指守卫军门的亲信武将。苏抚：南燕慕容德的牙门将。［43］彗星起奎、娄（lóu）：彗星出现在奎、娄两个星座之间。彗星，俗名扫帚星，以曳长尾似扫帚故名。奎、娄，都是二十八宿之一，古天文学以此二星为鲁国的分野。奎，西方白虎七宿的第一宿，有星十六颗。娄，西方白虎七宿的第二宿。［44］扫虚、危：彗星划过虚、危二星座。虚、危，也都是二十八宿之一，古天文学以此二星为齐国的分野。虚，为北方第四宿，古人称为“天节”。危，北方七宿第五星宿，有三星，一星属宝瓶座，二星属飞马座，古人认为见“危”则不安，暗则主有大灾难。［45］兖（yǎn）州：州治廪丘，在今山东郓城县西北。当时的鲁国（在今山东曲阜市）即属兖州管辖。［46］巡抚琅邪：而后向东扫荡琅邪郡。琅邪，郡治在今山东临沂市北。［47］北徇齐地：向北进攻旧齐国的地区。徇，出兵走一趟，攻占的意思，不用费力而得的说法。［48］密问：秘密地询问，意即不让人知。年世：指可统治多少年。［49］《周易》筮之：用《周易》推算。《周易》，儒学五经之一，是一部用于占卜的理论经典。筮（shì）之，卜之。筮，古代用蓍（shī）草占卜。［50］燕衰庚戌：燕国当在庚戌年衰亡。现时为“己亥”年，下一个最近的“庚戌”年在十一年后，即晋安帝义熙六年（410）。［51］一纪：十二年。从“己亥”到“庚戌”，连头带尾共十二年。［52］世则及子：以“世代”而论，是传到儿子，也就是到下一辈为止。日后慕容德的儿子慕容超被晋将刘裕所灭，果然是在十一年之后，是在“庚戌”年。这是后人编造的故事。

［53］兖州北鄙：兖州的北部郡县。鄙，边远之地。［54］守宰：郡守、县令。［55］虏掠：同“掳掠”，抢劫人和财物。［56］牛酒属（zhǔ）路：指送慰劳品的人相连于道。属，相连，络绎不绝。

丙子[1]，魏主珪遣建义将军庾真[2]、越骑校尉奚斤[3]击库狄、宥连、侯莫陈[4]三部，皆破之，追奔至大峨谷[5]，置戍[6]而还。

己卯[7]，追尊帝所生母陈夫人[8]为德皇太后。

夏，四月，鲜卑叠掘河内[9]帅户五千降于西秦[10]。西秦王乾归[11]以河内为叠掘都统[12]，以宗女妻之。

甲午[13]，燕大赦[14]。

会稽王道子有疾，且无日不醉。世子元显知朝望去之，乃讽朝廷解[15]道子司徒、扬州刺史。乙未[16]，以元显为扬州刺史。道子醒而后知之，大怒，无如之何[17]。元显以庐江太守会稽张法顺[18]为谋主，多引树亲党，朝贵皆畏事之。

燕散骑常侍余超、左将军高和[19]等坐谋反，诛。

凉太子绍、太原公纂将兵伐北凉[20]，北凉王业求救于武威王乌孤，乌孤遣骠骑大将军利鹿孤及杨轨[21]救之。业将战，沮渠蒙逊谏曰：“杨轨恃鲜卑[22]之强，有窥窬[23]之志，绍、纂深入，置兵死地[24]，不可敌也。今不战则有泰山[25]之安，战则有累卵[26]之危。”业从之，按兵不战。绍、纂引兵归。

六月，乌孤以利鹿孤为凉州牧，镇西平[27]，召车骑大将军傉檀入录府国事[28]。

会稽世子元显自以少年，不欲顿[29]居重任，戊子[30]，以琅邪王德文[31]为司徒。

魏前河间太守范阳卢溥[32]帅其部曲数千家就食渔阳[33]，遂据有数郡。秋，七月，己未[34]，燕主盛遣使拜溥幽州刺史。

辛酉[35]，燕主盛下诏曰：“法例律[36]，公侯有罪，得以金帛赎，此不足以惩恶而利于王府[37]，甚无谓[38]也。自今皆令立功以自赎，勿复输[39]金帛。”

西秦丞相南川宣公出连乞都[40]卒。

秦齐公崇[41]、镇东将军杨佛嵩[42]寇洛阳，河南太守陇西辛恭靖[43]婴城固守。雍州[44]刺史杨佺期遣使求救于魏常山王遵[45]，魏主珪以散骑侍郎西河张济[46]为遵从事中郎以报之[47]。佺期问于济曰："魏之伐中山[48]，戎士几何？"济曰："四十余万。"佺期曰："以魏之强，小羌不足灭[49]也。且晋之与魏，本为一家[50]，今既结好，义无所隐。此间兵弱粮寡，洛阳之救，恃魏而已。若其保全，必有厚报；若其不守，与其使羌得之，不若使魏得之。"济还报。八月，珪遣太尉穆崇[51]将六万骑往救之。

燕辽西太守李朗[52]在郡十年，威行境内，恐燕主盛疑之，累征[53]不赴。以其家在龙城[54]，未敢显叛，阴召魏兵，许以郡降魏；遣使驰诣龙城，广张寇势。盛曰："此必诈也。"召使者诘问，果无事实。盛尽灭朗族。丁酉[55]，遣辅国将军李旱[56]讨之。

（以上为第三段，写东晋朝廷任命司马元显为扬州刺史，逐步替代其父司马道子掌管朝政；后秦出兵攻打东晋，北魏出兵援助东晋；后燕主慕容盛杀掉辽西郡太守李朗。）

【注释】

[1]丙子：三月二十日。[2]庾真：北魏将领，拓跋珪时为建义将军。[3]越骑校尉：八校尉之一，取其材力超越。奚斤：本姓达奚，北魏越骑校尉，后任郑兵将军，封山阳公，进位宜城王，任司空。奉命进击胡夏，擒获夏主赫连昌。传见《魏书》卷二十九。[4]库狄、宥连、侯莫陈：当时鲜卑族的其他部落名，居住在今华北地区。胡三省曰："其后库狄、侯莫陈二姓皆贵显，而宥连之种微矣。"[5]大峨谷：山谷名，具体方位不详。[6]置戍：在被征服的地区建立军事据点。[7]己卯：三月二十三日。[8]陈夫人：即陈归女，平昌太守陈广的女儿，东晋孝武帝司马曜妃子，获赠夫人。晋安帝司马德宗、晋恭帝司马德文生母。其子司马德宗即位，追赠为德皇太后，谥号安德。传见《晋书》卷三十二。[9]叠掘：一作"折掘"，鲜卑族中的一支。河内：人名，叠掘部落首领，为北魏拓跋珪时的将领，降于西秦主乞伏乾归，为叠掘都统。[10]西秦：指乞伏乾归政权，为陇西鲜卑族首领乞伏国仁所建，都苑川，在今甘肃兰州市。[11]乾归：即乞伏乾归，西秦第二位君主。传见《晋书》卷一百二十五。[12]叠掘都统：官名，十六国西秦置，掌管鲜卑叠掘部事务。[13]甲午：四月九日。[14]燕大赦：此"燕"，指慕容德的后燕，都龙城。[15]讽：暗示，示意。解：解除，免去。[16]乙未：四月十日。[17]无如之何：即无可奈何，对他的儿子司马元显没有办法。[18]张法顺：时任庐江太守，为会稽世

子司马元显的谋主。司马元显败亡后，坐罪处死。事见《晋书》卷六十四。［19］余超、高和：二人为后燕官员，慕容盛时余超为散骑常侍，高和为左将军。二人因谋反被诛。［20］凉：此指前秦将领吕光建立的后凉，都于姑臧。北凉：匈奴人沮渠蒙逊建立的政权，都于张掖。后秦时二凉交互攻击，均为后秦所并。［21］杨轨：原后凉将军，反叛投南凉，时为南凉将，后又谋反被杀。事见《晋书》卷一百二十二。［22］鲜卑：此指秃发乌孤政权，秃发氏乃鲜卑人。［23］窥窬（yú）：从墙缝里偷看，图谋不轨，此指欲乘机夺取北凉政权。［24］死地：不可坚守又无援兵的境地。处于这种境地的军队因为只有死里求生，所以战斗力强。［25］泰山：即东岳、岱宗，为五岳之一，此比喻安定稳固。［26］累卵：堆叠的鸡蛋，比喻极其危险。［27］西平：郡名，郡治西都，在今青海西宁市。［28］傉檀：即秃发傉（nù）檀（tán），南凉末代国主。传见《晋书》卷一百二十六。录：总管。府国事：武威王府和南凉国的一切事务。［29］顿：立刻。［30］戊子：六月四日。［31］琅邪王德文：即东晋末司马德文，初封琅邪王故称。［32］河间：郡名，郡治乐城，在今河北献县东南。范阳：二字原无，据章校补。卢溥（pǔ）：晋司空卢谌曾孙。最初仕于后燕慕容氏，慕容宝弃中山北奔后归降北魏，任河间太守，后再次投靠后燕，起兵反魏，被北魏所杀。［33］部曲：地方豪门大族团聚许多乡民，组成一种军民合一的、独立的自卫组织。就食渔阳：到渔阳郡找食物吃。渔阳，郡名，郡治在今北京密云区西南。这一带地区本来属后燕。［34］己未：七月五日。［35］辛酉：七月七日。［36］法例律：按照法律规定。［37］利于王府：指利于公侯之人的为非作歹。［38］无谓：没有道理。［39］输：交纳。［40］出连乞都：鲜卑族，西秦主乞伏乾归时丞相，封南川公。［41］齐公崇：即姚崇，后秦主姚苌之子，文桓帝姚兴之弟，封为齐公。传见《晋书》卷一百十七。［42］杨佛嵩：氐族人，后秦镇东将军。传见《晋书》卷一百十八。［43］辛恭靖：陇西狄道（今甘肃临洮县）人，东晋建武将军、河南太守。隆安三年（399），后秦围洛阳，婴城固守百余日，无援兵而城陷，被执送长安，誓死拒降。姚兴怒而幽禁之。后逃归江东，太尉桓玄请为咨议参军。［44］雍州：州名，此为东晋在襄阳县（今湖北襄阳市）所设侨置州。［45］常山王遵：即拓跋遵，拓跋珪之弟，当时镇守邺城，在今河北临漳县西南。［46］张济：字士度，北魏散骑侍郎。传见《魏书》卷三十三。［47］从事中郎：州刺史的高级僚属。以报之：以回复杨佺期的求救。［48］伐中山：指北魏攻打后燕主慕容宝，事见《资治通鉴》卷一百八晋孝武帝太元二十一年（396）。中山，都邑名，在今河北定州市，后燕慕容垂时的都城，被北魏攻灭。［49］小羌：此指姚兴与后秦的入侵军队。当年称姚兴之父姚苌为“老羌”，故此又称姚兴本人为“小羌”。不足灭：用不着费力气就可以消灭它。［50］本为一家：指东晋初年，魏之先祖拓跋猗卢在幽、并一带曾与晋将刘琨互相支援以抗击匈奴族。［51］穆崇：北魏开国功臣。累迁太尉，封宜都公。传见《魏书》卷二十七。［52］辽西：郡名，郡治令支，在今河北迁安市西。李朗：后燕辽西太守，后被杀。［53］累征：多次调他进京。［54］龙城：古地名，后燕慕容盛时的都城，在今辽宁朝阳市。［55］丁酉：八月十四日。［56］李旱：后燕辅国将军。

初，魏奋武将军张衮以才谋为魏主珪所信重[1]，委以腹心。珪问中州士人于衮，衮荐卢溥及崔逞[2]，珪皆用之。

珪围中山[3]久未下，军食乏，问计于群臣，逞为御史中丞，对曰："桑椹[4]可以佐粮，飞鸮[5]食椹而改音[6]，诗人所称也。"珪虽用其言，听民以椹当租[7]，然以逞为侮慢[8]，心衔[9]之。秦人寇襄阳[10]，雍州刺史郗恢以书求救于魏常山王遵[11]曰："贤兄虎步中原[12]。"珪以恢无君臣之礼，命衮及逞为复书[13]，必贬其主[14]。衮、逞谓帝为贵主[15]。珪怒曰："命汝贬之而谓之'贵主'，何如'贤兄'也[16]！"逞之降魏也，以天下方乱，恐无复遗种[17]，使其妻张氏与四子留冀州，逞独与幼子赜诣平城，所留妻子遂奔南燕。珪并以是责逞，赐逞死。卢溥受燕爵命[18]，侵掠魏郡县，杀魏幽州刺史封沓干[19]。珪谓衮所举皆非其人，黜衮为尚书令史[20]。衮乃阖门不通人事[21]，惟手校经籍，岁余而终。

燕主宝之败也，中书令、民部尚书封懿[22]降于魏。珪以懿为给事黄门侍郎、都坐大官。珪问懿以燕氏旧事，懿应对疏慢[23]，亦坐废于家。

武威王秃发乌孤醉，走马伤胁而卒，遗令立长君。国人立其弟利鹿孤，谥乌孤曰"武王"，庙号烈祖。利鹿孤大赦，徙治西平[24]。

（以上为第四段，写北魏主拓跋珪心胸狭隘。崔逞建议用桑椹为军粮，拓跋珪认为是在侮慢自己；张衮、崔逞称东晋皇帝为"贵主"，被拓跋珪认为没有达到贬低目的，最后崔逞被赐死。）

【注释】

[1]张衮（gǔn）：字洪龙，北魏奋武将军、幽州刺史。传见《魏书》卷二十四。信重：信任，尊重。 [2]崔逞：字叔祖，曹魏中尉崔琰后代，北魏大臣。历仕前燕、前秦、后燕，归降拓跋珪，颇受信任，为尚书，迁御史中丞。后遭猜忌，被赐死。传见《魏书》卷三十二。 [3]围中山：此追叙前事，见《资治通鉴》卷一百九晋安帝隆安元年（397）。 [4]桑椹（shèn）：桑树果实，可吃。椹，同"葚"。 [5]飞鸮（xiāo）：即猫头鹰。 [6]食椹而改音：《诗经·泮水》曰："翩彼飞鸮，集于泮林，食我桑椹，怀我好音。"郑玄笺曰："鸮，恶声之鸟也。鸮恒恶鸣，今食桑椹，故改其鸣，归就我以善音。喻人感于恩则化也。" [7]听民以椹当租：让百姓们采来桑椹以代替交军粮。听，允许，这里是"让"的意思。租，此指军粮。 [8]以逞为侮慢：认为这是崔逞在借用古诗取笑他，意即你们这些少数民族吃了桑椹，也许能改变固有的野蛮习性。 [9]衔：衔恨，心怀怨恨。[10]秦人寇襄阳：事在上年，此亦追叙前事。[11]遵：北魏主拓跋珪之弟常山王拓跋遵。

[12]贤兄：犹言“令兄”，对常山王遵指称其兄拓跋珪。虎步中原：以言其在中原地区所向无敌。[13]为复书：写回信。[14]必贬其主：让张衮、崔逞在写回信时一定要贬低晋安帝司马德宗的身份。[15]谓帝为贵主：对郗恢指称晋安帝司马德宗为“贵主”，意即“你们主子”。[16]何如“贤兄”也：意谓比他称我为“贤兄”反而更谦卑了。[17]恐无复遗种：怕自己这个家族断子绝孙。儒家讲“不孝有三，无后为大”，故而人们对家族灭绝非常在意。[18]受燕爵命：指担任后燕的幽州刺史。[19]封沓干：北魏官员，拓跋珪时为幽州刺史，被后燕所杀。[20]黜（chù）：降职。尚书令史：尚书省里的小吏，低于尚书郎。[21]阖（hé）门：关门，自我封闭。不通人事：不与外人来往。[22]民部尚书：官名，掌管全国的土地、户籍、钱粮等事。民部，唐人为避李世民讳，故以后遂改称户部。封懿（yì）：字处德，北魏大臣。初仕慕容宝，官至中书令、民部尚书。慕容宝败亡后，归顺北魏，除给事黄门侍郎、都坐大官、宁朔将军。传见《魏书》卷三十二。[23]疏慢：轻忽，怠慢。[24]西平：郡名，郡治在今青海西宁市，后为南凉都城。

南燕王德遣使说幽州刺史[1]辟闾浑，欲下之[2]，浑不从。德遣北地王钟帅步骑二万击之。德进据琅邪[3]，徐、兖[4]之民归附者十余万。德自琅邪引兵而北，以南海王法[5]为兖州刺史，镇梁父[6]。进攻莒城[7]，守将任安委城走[8]。德以潘聪为徐州刺史，镇莒城。

兰汗之乱[9]，燕吏部尚书封孚[10]南奔辟闾浑，浑表为勃海[11]太守。及德至，孚出降，德大喜曰：“孤得青州不为喜，喜得卿耳！”遂委以机密[12]。

北地王钟传檄[13]青州诸郡，谕[14]以祸福。辟闾浑徙八千余家入守广固，遣司马崔诞戍薄荀固[15]，平原太守张豁戍柳泉[16]。诞、豁承檄[17]皆降于德。浑惧，携妻子奔魏，德遣射声校尉刘纲[18]追之，及于莒城，斩之。浑子道秀自诣[19]德，请与父俱死。德曰：“父虽不忠[20]，而子能孝。”特赦之。

浑参军张瑛[21]为浑作檄，辞多不逊[22]，德执而让[23]之。瑛神色自若，徐曰：“浑之有臣，犹韩信[24]之有蒯通[25]。通遇汉祖而生[26]，臣遭陛下而死，比之古人，窃[27]为不幸耳！”德杀之。遂定都广固。

（以上为第五段，写南燕主慕容德率领军队在山东开辟根据地，占领琅邪；东晋幽州刺史辟闾浑开始硬抗，后来恐惧，投奔北魏，被追杀；慕容德定都广固城。）

【注释】

[1]幽州刺史：此时辟闾浑所据的“幽州”，州治广固（今山东青州市西北），当时属东晋。[2]下之：指使其投降自己。[3]琅邪：郡名，郡治在今山东临沂市北。[4]徐、兖（yǎn）：二州名，辖境约当今山东西部、河南东部、江苏北部一带地区。[5]南海王法：即慕容法，南燕中军将军，封南海王，任兖州刺史。[6]梁父：古城镇名，在今山东泰安市东南。[7]莒（jǔ）城：古城名，在今山东莒县。[8]任安：东晋为莒城守将。委城走：丢下城池逃走。委，舍弃，丢下。走，逃走，逃跑。[9]兰汗之乱：指后燕权臣兰汗叛变，杀死慕容宝等。事见《资治通鉴》卷一百一十晋安帝隆安二年（398）。[10]封孚：字处道，后燕民部尚书。传见《晋书》卷一百二十八。[11]表：向东晋朝廷皇帝上书推荐。勃海：郡名，郡治在今河北沧州市西南，当时属东晋。[12]机密：此指掌管机要大事，为心腹大臣。[13]钟：后燕北地王慕容钟。传檄（xí）：指传布檄文。檄，古代官府用以征召或声讨的文书。[14]谕：晓谕，告知。[15]司马：在军中主管司法。崔诞：辟闾浑部将，为司马。薄荀固：古地名，在柳泉县境，广固城北十五里。薄荀，人名，遇乱聚众保固此地，因以为名。固，当时齐人谓保聚之地为固。[16]平原：郡名，郡治陵县，在今山东德州市陵城区。张豁：东晋平原太守，驻守柳泉，后投降南燕主慕容德，在南燕官至左光禄大夫、侍中。柳泉：县名，县治在今山东昌乐县南。[17]承檄：接受檄文，并按照檄文办事。承，接受，听从。檄，檄文，引申为号令。[18]刘纲：南燕射声校尉。[19]道秀：即辟闾道秀，其父辟闾浑被南燕追杀，自奔南燕求死，被赦免。[20]不忠：指辟闾浑叛离后燕主慕容宝归附东晋。[21]张瑛（yīng）：为东晋幽州刺史辟闾浑参军，曾作檄讨伐南燕主慕容德，被俘获，杀之。[22]不逊：无礼，此指含有羞辱性言辞。[23]让：责备。[24]韩信：西汉开国功臣、名将。[25]蒯通：本名蒯彻，避汉武帝刘彻讳，改称蒯通，为韩信谋士，曾劝韩信脱离刘邦自立，韩信不听。刘邦斩杀韩信后，捉拿蒯通，后而释放，成为相国曹参的宾客。[26]遇汉祖而生：汉高祖刘邦捉拿蒯通，欲将他处以烹刑，蒯通以“秦失其鹿，天下共逐之”的说辞，表明忠臣各为其主，开脱自己，刘邦遂免其死。[27]窃：谦辞，指自己。

燕李旱行至建安[1]，燕主盛急召之，群臣莫测其故。九月，辛未[2]，复遣之。李朗闻其家被诛，拥二千余户以自固；及闻旱还，谓有内变，不复设备[3]，留其子养守令支[4]，自迎魏师于北平[5]。壬子[6]，旱袭令支，克之，遣广威将军孟广平追及朗于无终[7]，斩之。

秦主兴以灾异[8]屡见，降号称王，下诏令群公、卿士、将牧、守宰各降一等。大赦，改元弘始[9]。存问[10]孤贫，举拔贤俊，简省[11]法令，清察狱讼[12]，守令之有政迹者赏之，贪残者诛之，远近肃然[13]。

冬，十月，甲午[14]，燕中卫将军卫双有罪，赐死。李旱还，闻双死，惧，弃军而亡[15]，至板陉[16]，复还归罪[17]。燕主盛复其爵位，谓侍中孙勍[18]曰："旱为将而弃军，罪在不赦。然昔先帝蒙尘[19]，骨肉离心，公卿失节，惟旱以宦者忠勤不懈[20]，始终如一，故吾念其功而赦之耳。"

辛恭靖[21]固守百余日，魏救未至，秦兵拔洛阳，获恭靖。恭靖见秦王兴，不拜，曰："吾不为羌贼[22]臣！"兴囚之，恭靖逃归。自淮、汉[23]以北，诸城多请降，送任[24]于秦。

魏主珪以穆崇为豫州刺史，镇野王[25]。

会稽世子元显，性苛刻，生杀任意，发东土诸郡免奴为客[26]者，号曰"乐属[27]"，移置京师，以充兵役，东土嚣然[28]苦之。

孙恩因民心骚动[29]，自海岛帅其党杀上虞令[30]，遂攻会稽[31]。会稽内史王凝之，羲之之子也，世奉天师道，不出兵，亦不设备，日于道室稽颡跪呪[32]。官属请出兵讨恩，凝之曰："我已请大道[33]，借鬼兵守诸津要[34]，各数万，贼不足忧也。"及恩渐近，乃听出兵，恩已至郡下。甲寅[35]，恩陷会稽，凝之出走，恩执而杀之，并其诸子。凝之妻谢道蕴[36]，奕之女也，闻寇至，举措自若[37]，命婢肩舆[38]，抽刀出门，手杀数人，乃被执[39]。吴国内史桓谦[40]、临海太守新蔡王崇[41]、义兴太守魏隐[42]皆弃郡走。于是，会稽谢针、吴郡陆瑰、吴兴丘尪、义兴许允之、临海周胄、永嘉张永等及东阳、新安凡八郡人，一时起兵，杀长吏以应恩[43]，旬日之中，众数十万。吴兴太守谢邈[44]、永嘉太守司马逸、嘉兴公顾胤、南康公谢明慧、黄门郎谢冲、张琨、中书郎孔道[45]等，皆为恩党所杀。邈、冲，皆安[46]之弟子也。时三吴承平[47]日久，民不习战，故郡县兵皆望风奔溃[48]。

恩据会稽，自称征东将军，逼人士为官属[49]，号其党曰"长生人"，民有不与之同[50]者，戮及婴孩，死者什七、八[51]。醢[52]诸县令以食其妻子，不肯食者，辄支解[53]之。所过掠财物，烧邑屋，焚仓廪[54]，刊木[55]，堙井[56]，相帅聚于会稽[57]，妇人有婴儿不能去者，投于水中，曰："贺汝先登仙堂，我当寻后[58]就汝。"恩表[59]会稽王道子及世子元显之罪，请诛之。

自帝即位以来，内外乖异[60]，石头以南皆为荆、江所据[61]，以西皆豫州[62]所专，京口及江北皆刘牢之[63]及广陵相高雅之[64]所制，朝政所行[65]，惟三吴而已。及孙恩作乱，八郡皆为恩有，畿内[66]诸县，盗贼处处蜂起，恩党亦有潜伏在建康者，人情危惧，常虑窃发[67]，于是内外戒严。加道子黄钺，元显领中军将军，命徐州刺史谢琰兼督吴兴、义兴军事以讨恩。刘牢之亦发兵讨恩，拜表辄行[68]。

（以上为第六段，写后燕主慕容盛平定辽西太守李朗的叛变；东晋朝廷重用司马道子父子，天怨人怒，海盗孙恩乘机骚扰三吴地区，官兵不堪一击，朝野震动。）

【注释】

［1］李旱：后燕主慕容盛的将领，奉命南下讨伐叛将李朗。建安：县名，县治在今河北迁安市北。［2］辛未：九月十八日。［3］设备：部署，防备。［4］令支：县名，县治在今河北迁安市西，李朗为辽西太守即驻于此。［5］北平：郡名，郡治在今河北遵化市东。［6］壬子：九月一日是“甲寅”，本月中没有“壬子”日，记载有误。［7］孟广平：后燕将领，慕容盛时为广威将军，曾追杀叛官李朗。无终：县名，县治在今天津市蓟州区。［8］兴：即姚兴，字子略，后秦主姚苌嫡长子，第二位后燕国主。灾异：阴阳五行家所指的种种怪异，如日蚀、地震、陨石以及怪胎等，认为这些都是大灾难即将降临的征兆。［9］弘始：一作“洪始”，后秦主姚兴的第二个年号，共十八年，公元399年九月至公元416年正月。［10］存问：慰问，慰劳。［11］简省：简约，省略。［12］清察：明审，明察。狱讼：刑事案件。［13］肃然：严谨恭敬的样子。［14］甲午：十月十一日。［15］亡：逃亡，逃走。［16］板陉（xíng）：古地名，在今辽宁凌源市境内。［17］归罪：犹今之所谓“自首”，前往认罪。［18］孙勍（qíng）：后燕官员，慕容盛时为侍中。［19］先帝：指后燕主慕容宝。蒙尘：指帝王失位逃亡在外，蒙受风尘。［20］忠勤不懈：事见《资治通鉴》卷一百一十晋安帝隆安二年（398）。［21］辛恭靖：东晋的河南太守，被姚兴的弟弟姚崇等包围在洛阳，雍州刺史杨佺期曾为此向魏国求救，魏派大兵救之。［22］羌贼：指姚兴，姚氏是羌族人。［23］淮、汉：淮河、汉水。［24］送任：送自己的亲属去做人质。任，人质。［25］野王：县名，县治在今河南沁阳市。［26］发：征调。东土诸郡：指江苏东南部及浙江一带地区。免奴为客：改变奴隶的身份而变成“客户”。根据当时的规定，有一定级别的贵族官僚可以将那些因犯法而沦为奴婢的人收为自己的“客户”，以充当佃户和长工等，借以创造财富。［27］乐属：乐意归属。［28］嚣然：喧闹的样子。因为让“客户”去当兵，不论是主人还是“客户”自己，大家都不愿意。［29］孙恩：字灵秀，中书监孙秀之后，东晋五斗米道士，隆安三年（399），起兵反叛东晋，后兵败跳海自杀。史称“孙恩之乱”。传见《晋书》卷一百。骚动：动荡、不安宁的样子。［30］上虞令：上虞县的县令。上虞，在今浙江绍兴市上虞区。［31］会

稽：郡名，郡治在今浙江绍兴市。［32］道室：奉道之室。稽（qǐ）颡（sǎng）跪呪（zhòu）：磕头、念咒。稽颡，磕头时脑门触地。呪，通“咒”，咒语，道教所鼓吹的可以降妖除魔的一种法语。［33］大道：此指道教所供奉的大神。［34］诸津要：各个渡口、要塞。［35］甲寅：十一月二日。［36］谢道蕴：蕴一作“韫”，字令姜，安西将军谢奕之女，东晋名将谢玄之妹，嫁给王凝之为妻，东晋才女。凭借“未若柳絮因风起”的咏雪故事，称为“咏絮之才”。王凝之死后，在会稽独居，终生没有改嫁。《三字经》曰：“谢道韫，能咏吟。”传见《晋书》卷六十六。［37］举措自若：一举一动还都与平时一样。举措，一拿一放，这里即指“一举一动”。［38］命婢肩舆：指用滑竿抬着她。要拼命了，还要叫人抬着，这表明当时贵族的排场。［39］被执：被抓获。［40］吴国：郡国名，都城在今江苏苏州市。桓谦：字敬祖，太傅桓冲之子，吴国内史。传见《晋书》卷七十四。［41］临海：郡名，郡治在今浙江临海市东南。新蔡王崇：原文作“新秦王崇”，“秦”字应作“蔡”，据胡注改。传见《晋书》卷三十七。［42］义兴：郡名，郡治在今江苏宜兴市。魏隐：东晋义兴太守。［43］“于是，会稽谢针”等句：指会稽、吴郡、吴兴、义兴、临海、永嘉、东阳、新安等八郡，谢针、陆瑰、丘尫、许允之、周胄、张永等人，一哄而起反叛朝廷，起兵响应孙恩，皆被任命为太守之类的官职。［44］谢邈（miǎo）：字茂度，谢安侄孙，吴兴太守。孙恩起兵，攻占吴兴等八郡，谢邈被杀。［45］嘉兴：县名，县治在今浙江嘉兴市南。南康：县名，县治在今江西赣州市南康区。司马逸、顾胤（yìn）、谢明慧、谢冲、张琨、孔道：皆东晋官员，被孙恩党羽所杀。［46］安：即东晋名臣谢安。传见《晋书》卷七十九。［47］三吴：指吴郡、吴兴、会稽三郡。承平：太平。［48］奔溃：奔逃，溃散。［49］逼人士为官属：逼迫士人充当他的属官。人士，指社会上的头面人物。［50］不与之同：不与他们同流合污。［51］什七、八：十分之七、八。什，同“十”。［52］醢（hǎi）：把人剁成肉酱。食其妻子：让妻子吃。食，动词。［53］辄（zhé）：就。支解：碎裂肢体。支，同“肢”。［54］仓廪（lǐn）：仓库。廪，粮仓。［55］刊木：伐光树木。［56］堙（yīn）井：填平水井，让人无法生活。［57］相帅聚于会稽：把各地的百姓都拘押到会稽城里。［58］寻后：随后。［59］表：给晋安帝司马德宗上书。表，上表，上书。［60］内外乖异：指朝廷和地方军阀互相作对，彼此对着干。乖异，背离，不一致。［61］石头：石头城，这里指首都建康，在今江苏南京市。皆为荆、江所据：都属荆州、江州二刺史所管辖。据，占据，这里即指管辖。［62］豫州：指豫州刺史，当时豫州的州治侨设在今安徽和县。［63］京口：县名，治所在今江苏镇江市。刘牢之：字道坚，东晋名将，时任征东将军、会稽太守。驻兵京口。传见《晋书》卷八十四。［64］广陵相：广陵国的行政长官，级别、职务与郡守相同。广陵，诸侯国名，都城在今江苏扬州市西北。高雅之：淮陵太守高素之子，名将刘牢之女婿，东晋广陵相。［65］朝政所行：朝廷命令所能达到的地方。［66］畿内：指首都郊区。［67］常虑窃发：总是担心说不定什么时候就突然闹起来。［68］拜表辄行：主动给朝廷上了一道表章，随后自己就出发上路，极言时间紧迫，也反映了他们自以为是，不把朝廷放在眼里。当年桓温攻打西蜀、北燕就是如此。

西秦以金城太守辛静为右丞相[1]。

十二月，甲午[2]，燕燕郡太守高湖[3]帅户三千降魏。湖，泰之子也。

丙午[4]，燕主盛封弟渊为章武公，虔为博陵公，子定为辽西公。

丁未[5]，燕太后段氏[6]卒，谥曰“惠德皇后”。

谢琰击斩许允之[7]，迎魏隐还郡[8]，进击丘尫[9]，破之，与刘牢之转斗而前，所向辄克。琰留屯乌程[10]，遣司马高素[11]助牢之，进临浙江[12]。诏以牢之都督吴郡诸军事。

初，彭城刘裕[13]，生而母死，父翘[14]侨居京口，家贫，将弃之。同郡刘怀敬之母，裕之从母[15]也，生怀敬未期[16]，走往救之，断怀敬乳而乳之。及长，勇健[17]有大志。仅识文字，以卖履[18]为业，好樗蒲[19]，为乡闾所贱。刘牢之击孙恩，引裕参军事[20]，使将数十人觇贼[21]。遇贼数千人，即迎击之，从者皆死，裕坠岸下。贼临岸欲下。裕奋长刀仰斫[22]杀数人，乃得登岸，仍大呼逐之，贼皆走，裕所杀伤甚众。刘敬宣[23]怪裕久不返，引兵寻之，见裕独驱数千人，咸共叹息。因进击贼，大破之，斩获千余人。

初，恩闻八郡响应，谓其属曰：“天下无复事[24]矣，当与诸君朝服至建康[25]。既而闻牢之临江[26]，曰：“我割浙江以东[27]，不失作勾践[28]！”戊申[29]，牢之引兵济江，恩闻之曰：“孤不羞走[30]。”遂驱男女二十余万口东走，多弃宝物、子女于道，官军竞取之，恩由是得脱，复逃入海岛。高素破恩党于山阴[31]，斩恩所署吴郡太守陆瑰、吴兴太守丘尫、余姚令吴兴沈穆夫[32]。

东土遭乱，企望[33]官军之至，既而牢之等纵军士暴掠[34]，士民失望，郡县城中无复人迹，月余乃稍有还者。朝廷忧恩复至，以谢琰为会稽太守、都督五郡[35]军事，帅徐州文武戍海浦[36]。

以元显录尚书事。时人谓道子为东录[37]，元显为西录。西府车骑填凑[38]，东第门可张罗[39]矣。元显无良师友，所亲信者率皆佞谀[40]之人，或以为一时英杰，或以为风流名士。由是元显日益骄侈，讽礼官立议[41]，以己德隆望重，既录百揆[42]，百揆皆应尽敬[43]。于是，公卿以下，见元显皆拜。时军旅数起[44]，国用虚竭[45]，自司徒以下，日廪七升[46]，而元显聚敛[47]不已，富逾帝室。

（以上为第七段，东晋名将刘牢之率军征讨孙恩，招募刘裕任参军事，刘裕一人独斗数千敌兵，勇武异常；刘牢之率军渡过浙江，孙恩逃入海岛；司马元显大肆敛财，富逾皇室。）

【注释】

[1]金城：古郡名，郡治金城，在今甘肃兰州市西北。[2]甲午：十二月十二日。[3]燕郡：古郡名，郡治蓟县，在今北京市西南。高湖：字大渊，后燕民部尚书高泰之子，初为后燕员外散骑常侍，燕郡太守。归顺北魏，授右将军、东部大人，封东阿郡侯。传见《魏书》卷三十二。[4]丙午：十二月二十四日。[5]丁未：十二月二十五日。[6]段氏：鲜卑族人，后燕主慕容宝皇后。慕容盛即位后，封段氏为皇太后。[7]许允之：东晋时义兴人，曾起兵响应海盗孙恩，反叛朝廷。[8]迎魏隐还郡：许允之迎请义兴太守魏隐回到义兴。[9]丘尪（wāng）：人名，起兵响应海盗孙恩，反叛朝廷，后被打败。[10]乌程：县名，县治在今浙江湖州市西南。[11]高素：东晋淮陵太守。[12]浙江：今浙江钱塘江。[13]刘裕：字德舆，小名寄奴，彭城人，东晋名将，南朝刘宋开国君主。传见《宋书》卷一。[14]翘：即刘翘，字显宗，南朝宋武帝刘裕之父，仕东晋为郡功曹。[15]从母：姨母。[16]未期：未满一周年。[17]勇健：勇猛，强健。[18]卖履：卖草鞋。[19]樗（chū）蒲：古代的一种赌博用具，类似今之色子。[20]参军事：充当参谋顾问。[21]觇（chān）贼：刺探贼情。觇，侦察，窥探。[22]斫（zhuó）：用刀砍杀。[23]刘敬宣：字万寿，镇北将军刘牢之之子，东晋将领。传见《晋书》卷八十四。[24]天下无复事：意即我夺得天下，大概没有什么问题。[25]朝服至建康：指穿着朝服到建康去做皇帝。建康，东晋都城，在今江苏南京市。[26]临江：指兵临钱塘江。[27]我割浙江以东：意思是即使我只剩下浙江以东的小块地区。割，割据，占有。浙江，指钱塘江。[28]不失作勾践：仍然可以做个像勾践一样的君主。勾践，春秋时越国君主。[29]戊申：十二月二十六日。[30]孤不羞走：我不以暂时的退却为羞耻。此引用当年曹操之语。曹操在赤壁被周瑜打败逃跑时说："孤不羞走。"[31]山阴：县名，县治在今浙江绍兴市，为会稽郡的郡治所在地。[32]沈穆夫：吴兴人，投靠海盗孙恩，被任命为余姚令。[33]企望：踮着脚地盼望。[34]暴掠：疯狂地抢掠。[35]五郡：指会稽、临海、东阳、永嘉、新安。[36]徐州文武：指谢琰原来所任的徐州刺史及其相应军府的文武诸官。海浦：海边，这里指沿海各县。[37]东录：与"西录"皆以其所居府第的位置而言。[38]填凑：门前车马拥挤得满满的。[39]张罗：即所谓"门可罗雀"，极言其来客稀少。罗，捕鸟的网。[40]率：大概，大致。佞谀：用言语奉承讨好。佞，善说但不正派。[41]讽：吹风，示意。立议：提出建议。[42]录百揆（kuí）：即总掌百官。百揆，代指百官。[43]尽敬：竭尽敬意。[44]军旅数起：屡屡出兵打仗。数，频繁。[45]虚竭：

空乏。［46］日廪七升：每天供给七升粮食。［47］聚敛：搜刮财货。

殷仲堪恐桓玄跋扈[1]，乃与杨佺期结昏[2]为援。佺期屡欲攻玄，仲堪每抑止[3]之。玄恐终为殷、杨[4]所灭，乃告执政[5]，求广其所统[6]。执政亦欲交构[7]，使之乖离[8]，乃加玄都督荆州四郡[9]军事，又以玄兄伟[10]代佺期兄广为南蛮校尉[11]。佺期忿惧[12]。杨广欲拒桓伟，仲堪不听，出广为宜都、建平[13]二郡太守。杨孜敬先为江夏相[14]，玄以兵袭而劫之[15]，以为咨议参军[16]。

佺期勒兵建牙[17]，声云援洛[18]，欲与仲堪共袭玄。仲堪虽外结佺期而内疑其心[19]，苦止之，犹虑弗能禁，遣从弟遹屯于北境[20]，以遏[21]佺期。佺期既不能独举，又不测仲堪本意，乃解兵。

仲堪多疑少决，咨议参军罗企生[22]谓其弟遵生[23]曰："殷侯仁而无断，必及于难。吾蒙知遇，义不可去，必将死之。"

是岁，荆州大水，平地三丈，仲堪竭仓廪以赈[24]饥民。桓玄欲乘其虚而伐之，乃发兵西上，亦声言救洛，与仲堪书曰："佺期受国恩而弃山陵[25]，宜共罪之。今当入沔[26]讨除佺期，已顿兵江口[27]。若见与无贰[28]，可收杨广杀之。如其不尔，便当帅兵入江[29]。"时巴陵[30]有积谷，玄先遣兵袭取之。梁州刺史郭铨当之官[31]，路经夏口[32]，玄诈称朝廷遣铨为己前锋，乃授以江夏[33]之众，使督诸军并进，密报兄伟令为内应[34]。伟遑遽[35]不知所为，自赍疏[36]示仲堪。仲堪执伟为质，令与玄书，辞甚苦至[37]。玄曰："仲堪为人无决，常怀成败之计[38]，为儿子作虑[39]，我兄必无忧也！"

仲堪遣殷遹帅水军七千至西江口[40]，玄使郭铨、苻宏[41]击之，遹等败走。玄顿巴陵，食其谷；仲堪遣杨广及弟子道护[42]等拒之，皆为玄所败。江陵震骇[43]。

城中乏食，以胡麻廪军士[44]。玄乘胜至零口[45]，去江陵二十里，仲堪急召杨佺期以自救。佺期曰："江陵无食，何以待敌[46]！可来见就[47]，共守襄阳。"仲堪志在全军保境[48]，不欲弃州逆走[49]，乃绐[50]之曰："比来收集[51]，已有储[52]矣。"佺期信之，帅步骑八千，精甲耀日，至江陵，仲堪唯以饭饷其军[53]。佺期大怒曰：“今兹败矣！”不见仲堪，与其兄广共击玄。玄畏其锐，退军马头[54]。明日，佺期引兵急击郭铨，几获之。会玄兵至，佺期大败，单骑奔襄阳。仲堪出奔酂城[55]。玄遣将军冯该[56]追佺期及广，皆获而杀之，传首建康[57]。佺期弟思平、从弟尚保、孜敬逃入蛮中[58]。仲堪闻佺期死，将数百人将奔长安[59]，至冠军城[60]，该追获之，还至柞溪[61]，逼令自杀，并杀殷道护。仲堪奉天师道，祷请鬼神，不吝财贿[62]，而啬于周急[63]，好为小惠以悦人[64]，病者自为诊脉分药[65]。用计倚伏烦密[66]，而短于鉴略[67]，故至于败。

仲堪之走[68]也，文武无送者[69]，惟罗企生从之。路经家门，弟遵生曰：“作如此分离，何可不一执手！”企生旋马授手[70]，遵生有力，因牵下之，曰：“家有老母，去将何之？”企生挥泪曰：“今日之事，我必死之；汝等奉养，不失子道。一门之中，有忠与孝[71]，亦复何恨！”遵生抱之愈急，仲堪于路待之，见企生无脱理[72]，策马而去。及玄至，荆州人士无不诣玄[73]者，企生独不往，而营理[74]仲堪家事。或曰：“如此，祸必至矣！”企生曰：“殷侯遇我以国士[75]，为弟所制，不得随之共殄丑逆[76]，复何面目就桓求生乎！”玄闻之怒，然待企生素厚，先遣人谓曰：“若谢我[77]，当释汝。”企生曰：“吾为殷荆州吏，荆州败，不能救，尚何谢为[78]！”玄乃收[79]之，复遣人问企生欲何言。企生曰：“文帝杀嵇康[80]，嵇绍为晋忠臣[81]，从公乞一弟[82]以养老母！”玄乃杀企生而赦其弟。

（以上为第八段，写东晋桓玄、殷仲堪、杨佺期互斗的结果。殷仲堪优柔寡断，缺乏大智，杨佺期误听召唤，率兵救援，被桓玄各个击破，先后败亡。）

【注释】

[1]跋扈：横行霸道，为所欲为。[2]结昏：结成儿女亲家，建立亲戚关系。昏，同“婚”，婚姻。[3]抑止：抑制，制止。[4]殷、杨：指殷仲堪、杨佺期。[5]执政：朝廷上的主事人，指司马道子、司马元显等。[6]广其所统：扩大他的势力范围。广，增广，增加。[7]交构：从两边挑动桓玄与殷仲堪、杨佺期之间的矛盾。[8]乖（guāi）离：抵触，背离。[9]荆州四郡：指长沙、衡阳、湘东、零陵。此四郡划与桓玄管辖，当时桓玄任江州刺史，加督荆州四郡。

[10]伟：即桓伟，字幼道，大司马桓温之子，桓玄之兄，东晋将领。传见《晋书》卷九十八。[11]广：即杨广，杨佺期之兄，为南蛮校尉。南蛮校尉：官名，主管南方少数民族事务，典统南方地方武装力量。[12]忿惧：愤恨，恐惧。[13]宜都、建平：二郡名，宜都的郡治在今湖北宜都市，建平的郡治在今重庆市巫山县。[14]杨孜敬：杨佺期的堂弟，先为江夏相，后为咨议参军。[15]袭而劫之：袭夺了他的军政权力，将其劫持起来。[16]以为咨议参军：让他给自己当参军，以备参谋顾问，闲散无权。[17]勒兵：统兵，率军。建牙：古谓出师前树立军旗。牙，牙旗，将军之旗，竿上以象牙饰之。[18]声云援洛：以援救洛阳为口实。其时洛阳已被姚秦所占。[19]内疑其心：疑杨氏兄弟皆武将，恐灭桓玄后，杨氏势大，对他不利。[20]从弟：堂弟。遹（yù）：即殷遹，殷仲堪堂弟，东晋将领。屯于北境：杨佺期当时任雍州刺史，驻兵襄阳，在荆州之北；殷仲堪派殷遹驻兵于荆州北境，是阻止杨佺期东下讨桓玄。[21]遏（è）：遏制，阻挡。[22]罗企生：字宗伯，殷仲堪镇守江陵时，推举他做功曹，官至武陵太守。还未就职，桓玄攻打殷仲堪，仲堪让企生担任咨议参军。后殷仲堪失败，罗企生获罪被杀。事见《晋书》卷八十九。[23]遵生：即罗遵生，字永伯，罗企生之弟，好学尚义，初为州祭酒，后作侍御史。母亲去世后，守墓三年。[24]赈（zhèn）：赈济，救助。[25]弃山陵：意即眼看着洛阳失守而不救。西晋诸帝的坟墓在洛阳附近。山陵，代称帝王的坟墓。[26]入沔（miǎn）：到汉水流域。沔，即汉水。襄阳在汉水之滨。[27]顿兵江口：驻兵在九江口。桓玄为江州刺史，其驻地寻阳，在今江西九江市。[28]见与无贰：如果你允许我，而没有其他意见。见与，蒙你许可。无贰，没有别的心思。[29]入江：出寻阳江进入长江，溯流而上攻打荆州。[30]巴陵：在今湖南岳阳市。[31]梁州：州治在今陕西汉中市。郭铨（quán）：字仲衡，东晋梁州刺史。后效力桓玄，为殷仲堪所斩杀。传见《晋书》卷八十四。之官：到汉中就任梁州刺史。[32]夏口：古地名，在夏水（汉水）注入长江处，古称夏口，在今湖北武汉市，当时属江夏郡。[33]江夏：郡名，郡治在今湖北鄂州市，当时属江州刺史桓玄管辖。[34]兄伟：即桓伟，时为南蛮校尉，为殷仲堪部属，驻兵江陵。令为内应：知会桓伟反叛殷仲堪为内应。[35]遑遽（jù）：惊惧不安。[36]赍（jī）疏：拿着桓玄给他的信。赍，持，拿着。[37]苦至：恳切到极点，指劝阻桓玄。[38]常怀成败之计：总考虑干得成还是干不成，意同动摇、犹豫。[39]为儿子作虑：担心一朝失败，满门抄斩，子孙灭绝。儿子，小孩子。[40]西江口：在今汉口，汉水入长江处。[41]苻宏：氐族，前秦主苻坚皇太子。前秦于淝水之战大败，苻宏带领家人投奔东晋，被安置在江州（今江西九江市），遂成为桓玄的部下。[42]道护：即殷道护，东晋官员，殷仲堪之侄。[43]震骇（hài）：震惊，害怕。[44]以胡麻廪（lǐn）军士：把芝麻发给士兵当口粮。廪，供给口粮。[45]零口：零溪入长江之口，在江陵城东。[46]待敌：对付敌兵。[47]见就：即就见，屈尊到我这里来。[48]全军保境：保全自己的军队，保住自己的地盘。全，用作动词，保全。[49]逆走：未战先逃。逆，预先。[50]绐（dài）：欺骗。[51]比来收集：近来搜集到一些粮草。[52]已有储：已有一定的粮草储备。[53]唯以饭饷其军：只能拿白饭给杨佺期的

士兵吃，没有酒肉，以见其困。饷，用酒饭款待人。［54］马头：古地名，在今湖北江陵县南。［55］酂（zàn）城：古城名，即酂县县城，在今湖北老河口市西北，是西汉时萧何后代曾改封过的地方。［56］冯该：雍州京兆（今陕西西安市）人，东晋将领，追随桓玄兄弟，累迁镇东将军。传见《晋书》卷七十四。［57］传首建康：通过驿车将杨佺期的人头送到朝廷。［58］思平：即杨思平，杨佺期之弟。从弟尚保、孜敬：即杨尚宝、杨孜敬，皆杨佺期堂弟。蛮中：少数民族聚居的地方。蛮，古代对南方少数民族的称呼。［59］奔长安：往投后秦主姚兴。此时姚兴建都于长安，在今陕西西安市。［60］冠军城：冠军县城，在今河南邓州市西北，即汉代封霍去病之地。［61］柞（zuò）溪：古水名，流经湖北江陵县城北。［62］不吝（lìn）：不吝惜，不惜。财贿：钱财。［63］啬（sè）：过分爱惜钱财，当用而不用，小气。周急：救济别人的困难。［64］以悦人：以讨好别人。悦，取悦，讨好。［65］病者自为诊脉分药：意即遇到有病的人，亲自为其把脉诊治，开方送药。［66］用计倚伏烦密：考虑问题翻来覆去，难以决定。倚伏，《老子》有所谓“祸兮福所倚，福兮祸所伏”，殷仲堪老在前因后果上转个不休。烦密，琐细，琐碎。［67］鉴略：见识，谋略。［68］走：出奔，出逃。［69］无送者：没有一个人跟从。［70］旋马：掉转马身。授手：伸出手来。［71］有忠与孝：言其弟能尽孝，自己能尽忠。在当时凡能尽心于自己的主子、长官，都称作“忠”。［72］无脱理：没有挣脱的可能。［73］诣（yì）玄：投靠桓玄。诣，到，前去拜见。［74］营理：经营，料理。［75］遇我以国士：像对待国士那样对待我。国士，一国之中少有的杰出人物。［76］共殄（tiǎn）丑逆：一起消灭乱党桓玄。殄，灭。［77］谢我：向我道歉。［78］尚何谢为：还有什么可道歉的。意思是我除了对不起殷仲堪外，再没有什么对不起别人的了。［79］收：收执，拘捕。［80］文帝杀嵇（jī）康：文帝，即司马昭，其子晋武帝追尊为文帝。嵇康，三国时曹魏官员、思想家，被大将军司马昭处死。［81］嵇绍为晋忠臣：嵇绍，嵇康之子，西晋名臣，在八王之乱中，拼死护卫晋惠帝，被杀害，血溅惠帝衣服。后人常把嵇氏父子的表现看成是一种各为其主、互不影响的范例。［82］乞一弟：乞求留下一个弟弟。

凉王光疾甚，立太子绍为天王，自号太上皇帝，以太原公纂为太尉，常山公弘为司徒。谓绍曰：“今国家多难，三邻伺隙[1]，吾没[2]之后，使纂统六军[3]，弘管朝政，汝恭己无为[4]，委重二兄，庶几可济[5]。若内相猜忌[6]，则萧墙之变[7]，旦夕至矣！”又谓纂、弘曰：“永业才非拨乱[8]，直以立嫡有常[9]，猥居元首[10]。今外有强寇，人心未宁，汝兄弟缉睦[11]，则祚流万世[12]；若内自相图，则祸不旋踵[13]矣！”纂、弘泣曰：“不敢。”又执纂手戒之曰：“汝性粗暴，深为吾忧。善辅永业，勿听谗言！”是日，光卒。绍秘不发丧，纂排阁入哭[14]，尽哀而出。绍惧，以位让之，曰：“兄功高年长，宜承大统[15]。”纂曰：“陛下国之冢嫡[16]，臣敢奸[17]之！”绍固让，纂不许。

骠骑将军吕超[18]谓绍曰：“纂为将积年，威震内外，临丧[19]不哀，步高视远[20]，必有异志，宜早除之。”绍曰：“先帝言犹在耳，奈何弃之[21]！吾以弱年负荷[22]大任，方赖二兄以宁家国，纵其图我，我视死如归，终不忍有此意也。卿勿复言！”纂见绍于湛露堂[23]，超执刀侍侧，目纂请收[24]之，绍弗许。超，光弟宝之子也。

弘密遣尚书姜纪[25]谓纂曰：“主上暗弱[26]，未堪多难[27]；兄威恩素著，宜为社稷计，不可徇小节[28]也。”纂于是夜帅壮士数百逾北城[29]，攻广夏门[30]，弘帅东苑之众斧[31]洪范门。左卫将军齐从守融明观[32]，逆[33]问之曰：“谁也？”众曰：“太原公[34]。”从曰：“国有大故，主上新立，太原公行不由道[35]，夜入禁城[36]，将为乱邪？”因抽剑直前，斫纂中额[37]，纂左右禽[38]之。纂曰：“义士也，勿杀！”绍遣虎贲中郎将吕开帅禁兵拒战于端门[39]，吕超帅卒二千赴之[40]，众素惮[41]纂，皆不战而溃。纂入自青角门[42]，升谦光殿[43]。绍登紫阁[44]自杀。吕超奔广武[45]。

纂惮弘兵强，以位让弘。弘曰：“弘以绍弟[46]也，而承大统[47]，众心不顺，是以违先帝遗命而废之，惭负黄泉[48]！今复逾兄[49]而立，岂弘之本志乎！”纂乃使弘出告众曰：“先帝临终受诏[50]如此。”群臣皆曰：“苟社稷有主，谁敢违者！”纂遂即天王位。大赦，改元咸宁[51]，谥光曰“懿武皇帝”，庙号太祖；谥绍曰“隐王”。以弘为大都督、督中外诸军事、大司马、车骑大将军、司隶校尉、录尚书事，改封番禾郡公。

纂谓齐从曰：“卿前斫我，一何甚也！”从泣曰：“隐王，先帝所立；陛下虽应天顺人，而微心未达[52]，唯恐陛下不死，何谓甚也！”纂赏其忠，善遇之。

纂叔父征东将军方[53]镇广武，纂遣使谓方曰：“超实忠臣，义勇可嘉，但不识国家大体、权变之宜[54]。方赖其用，以济世难[55]，可以此意谕[56]之。”超上疏陈谢，纂复其爵位。

是岁，燕主盛以河间公熙[57]为都督中外诸军事、尚书左仆射，领中领军。

刘卫辰子文陈[58]降魏，魏主珪妻以宗女，拜上将军，赐姓宿氏。

（以上为第九段，写后凉主吕光去世，诸子争位，太子吕绍自杀；吕纂篡位，改元咸宁，其弟吕弘为大都督，改封为番禾郡公；侄子吕超逃出，成为吕纂掘墓人。）

【注释】

[1]三邻：指秃发乌孤的南凉政权、段业的北凉政权、乞伏乾归的西秦政权。伺隙：寻求可利用的机会，伺机挑衅。[2]没（mò）：同“殁”，死。[3]统六军：掌管所有的军队。古称天子的军队为“六军”。[4]恭己无为：拱手而坐，什么事情都不用管。恭己，也作“拱己”。[5]庶几可济：这样就差不多可以成功。庶几，差不多，或许。济，成功。[6]内相猜忌：相互猜疑、争斗。[7]萧墙之变：指家庭内部、帝王身边的叛乱。萧墙，古代君主内室的屏风。《论语·季氏》孔子曰：“吾恐季孙之忧不在颛臾，而在萧墙之内也。”[8]永业：即吕绍，字永业。才非拨乱：意即无拨乱反正、处理大事的才能。[9]直：只不过。有常：有常规，有常法。[10]猥（wěi）居元首：勉强地当了一国之君。猥居，不当居而居。猥，“曲”的意思。吕绍既无才干，又比吕纂、吕弘年少，故曰“猥居”。[11]缉睦：合辑，和睦。缉，同“辑”。[12]祚流万世：意即国运长久。祚，福，这里指国家的命运。[13]祸不旋踵（zhǒng）：大祸立刻降临。不旋踵，来不及转身。踵，脚跟。[14]排阁（gé）入哭：强行推门。阁，内殿之门。[15]宜承大统：应当继承王位。大统，帝王的统系、世族。[16]冢嫡：年长的嫡子。冢，“大”的意思。[17]奸（gān）：搞鬼，侵犯。[18]吕超：后凉主吕光之弟吕宝之子，后凉骠骑将军。后凉灭亡，投降后秦，为安定太守。传见《晋书》卷一百二十二。[19]临丧：哭丧。[20]步高视远：高视阔步，形容态度傲慢。[21]奈何弃之：怎么能抛在脑后呢？[22]弱年：即弱冠之年，二十岁。负荷：担负，担任。[23]湛露堂：君王宴享群臣的地方。其名来自《诗经·湛露》，《湛露》，是一首天子宴享诸侯的诗。[24]收：收捕，拘执。[25]姜纪：后凉官员，为尚书。[26]暗弱：昏庸，懦弱。[27]未堪多难：承受不住多灾多难。[28]徇小节：死守小节。徇，顺，按照。[29]逾北城：越过北面的小城而进。当时姑臧除中央一座大城外，东西南北四门各有一座小城，北面的叫玄圃城，东面的叫讲武城，即下文所说的“东苑”。[30]广夏门：与下文所说的“洪范门”，都是中央大城的城门。[31]斧：动词，用斧头砍。[32]左卫将军：主管宫廷宿卫。齐从：吕光时为左卫将军。吕绍初立，吕纂攻洪范门，齐从力拒，抽剑砍伤吕纂的中额。吕纂即位，嘉其忠而善遇之。融明观：楼观名，在吕绍宫廷的外围。[33]逆：迎，拦阻。[34]太原公：即吕纂，被吕光封为太原公。[35]行不由道：不走正道，言其一贯不按规矩办事。[36]禁城：宫城。[37]斫（zhuó）纂中（zhòng）额：即砍中吕纂的前额。[38]禽：同“擒”，擒获。[39]虎贲中郎将：帝王身边卫队的将领。吕开：后凉将领，吕光时为虎贲中郎将。端门：宫殿的正门。[40]赴之：指前往协助吕开守端门。[41]惮（dàn）：畏惧，害怕。[42]青角门：当时武威中城的东门。[43]谦光殿：当年张骏所建，自以统河右而世守臣节，虽谦而光，故以为名。

[44]紫阁：帝居。 [45]奔广武：往投吕光之弟吕方。广武，郡名，郡治在今甘肃永登县东南。 [46]以绍弟：因为吕绍是我们的弟弟。 [47]承大统：继承王位。大统，帝王之位。 [48]惭负黄泉：惭愧没听从已故父亲的遗言。负，辜负，违背。黄泉，地下之泉。 [49]逾兄：越过哥哥你。 [50]受诏：同"授诏"，临终给我们的遗命。 [51]咸宁：后凉灵帝吕纂的年号，共三年，公元399年至公元401年。 [52]微心未达：我的心里还没有弄明白。 [53]方：即吕方，后凉将领，后凉主吕光之弟，吕纂之叔。 [54]权变：临时制宜。权，权宜，与"经"相对。 [55]以济世难：以解决社会上的大问题。济，完成，解救。[56]谕：晓谕，告知。[57]熙：即慕容熙，字道文，小字长生，后燕主慕容垂少子，封河间公，进位河间王。传见《晋书》卷一百二十四。[58]文陈：即刘文陈，匈奴铁弗部首领刘卫辰之子，投降北魏。

四年（庚子，400年）

春，正月，壬子朔[1]，燕主盛大赦，自贬号为庶人天王[2]。

魏材官将军和跋袭卢溥于辽西[3]，戊午[4]，克之，禽溥及其子焕[5]送平城，车裂之。燕主盛遣广威将军孟广平[6]救溥不及，斩魏辽西守宰[7]而还。

乙亥[8]，大赦[9]。

西秦王乾归迁都苑川[10]。

秃发利鹿孤大赦，改元建和[11]。

高句丽王安[12]事燕礼慢，二月，丙申[13]，燕王盛自将兵三万袭之，以骠骑大将军熙为前锋，拔新城、南苏[14]二城，开境[15]七百余里，徙五千余户而还。熙勇冠诸将，盛曰："叔父雄果[16]，有世祖[17]之风，但弘略不如耳[18]！"

初，魏主珪纳刘头眷[19]之女，宠冠后庭，生子嗣[20]。及克中山[21]，获燕主宝之幼女。将立皇后，用其国故事[22]，铸金人以卜之[23]，刘氏所铸不成，慕容氏成，三月，戊午[24]，立慕容氏为皇后。

桓玄既克荆、雍，表求领荆、江二州。诏以玄为都督荆、司、雍、秦、梁、益、宁七州诸军事，荆州刺史，以中护军桓修[25]为江州[26]刺史。玄上疏固求江州，于是，进玄督八州及扬、豫八郡[27]诸军事，复领江州刺史。玄辄[28]以兄伟为雍州刺史，朝廷不能违。又以从子振[29]为淮南[30]太守。

凉王纂以大司马弘功高地逼[31]，忌之。弘亦自疑，遂以东苑之兵作乱，攻纂。纂遣其将焦辨[32]击之，弘众溃，出走。纂纵兵大掠，悉以东苑妇女赏军，弘之妻子[33]亦在中。纂笑谓群臣曰："今日之战何如？"侍中房晷[34]对曰："天祸凉室，忧患仍臻[35]。先帝始崩，隐王废黜；山陵甫讫[36]，大司马称兵[37]；京师流血，昆弟接刃[38]。虽弘自取夷灭[39]，亦由陛下无常棣之恩[40]，当省己责躬以谢[41]百姓。乃更纵兵大掠，囚辱士女，衅[42]自弘起，百姓何罪！且弘妻，陛下之弟妇；弘女，陛下之侄也，奈何使无赖小人辱为婢妾[43]，天地神明，岂忍见此！"遂歔欷流涕[44]。纂改容[45]谢之，召弘妻子置于东宫，厚抚之[46]。

弘将奔秃发利鹿孤，道过广武，诣吕方，方见之，大哭曰："天下甚宽，汝何为至此！"乃执弘送狱，纂遣力士康龙就拉杀[47]之。

纂立妃杨氏为后，以后父桓为尚书左仆射、凉都尹[48]。

辛卯[49]，燕襄平令段登[50]等谋反，诛。

凉王纂将伐武威王利鹿孤，中书令杨颖[51]谏曰："利鹿孤上下用命[52]，国未有衅[53]，不可伐也。"不从。利鹿孤使其弟傉檀拒之。夏，四月，傉檀败凉兵于三堆[54]，斩首二千余级。

（以上为第十段，写后燕主慕容盛率兵攻打高句丽，攻下新城、南苏两座城池；后凉大司马吕弘功高受到猜忌，发生叛乱，进攻国主吕纂，被打败，逃到叔父吕方那里，被杀。）

【注释】

[1]壬子朔：正月一日。[2]庶人天王：意谓以庶人（平民）的身份代理天王之事。[3]材官将军：主管土木建筑。辽西：郡名，郡治在今河北秦皇岛市西南。[4]戊午：正月七日。[5]禽：同"擒"，擒获，捉拿。焕：即卢焕，卢溥之子。卢溥原是北魏将领，于上年投降后燕，受封为幽州刺史。父子二人同时被捉，被杀。[6]孟广平：后燕将领，慕容盛时为广威将军。[7]辽西守宰：辽西郡的太守与县令。宰，县令。[8]乙亥：正月二十四日。[9]大赦：主语为东晋安帝司马德宗。[10]苑川：古城名，在今甘肃兰州市东北。乞伏氏本居苑川，乾归迁于金城，今复都苑川。[11]建和：南凉康王秃发利鹿孤的年号。[12]高句（gōu）丽王安：高句丽国的国王名安。高句丽，朝鲜族建立的古国名，首都丸都，在今吉林集安市。[13]丙申：二月十五日。[14]新城、南苏：古二城名，新城在今辽宁抚顺市北，南苏在今辽宁新宾县西。

[15]开境：开拓疆界。 [16]雄果：英雄，果敢。 [17]世祖：指后燕主慕容垂，谥号武成，庙号世祖。 [18]但弘略不如耳：只是在雄才大略方面略差一点。但，只。 [19]刘头眷：《魏书》作“刘眷”，本姓独孤，匈奴独孤部头领刘库仁之弟，北魏道武帝宣穆皇后之父。刘头眷曾一度摄行国事，打败匈奴贺兰部和柔然部。后被侄子刘显所害。传见《魏书》卷二十三。 [20]子嗣：所生的儿子名拓跋嗣，即后来的北魏明元帝。 [21]克中山：指拓跋珪攻下慕容宝的都城。事见《资治通鉴》卷一百九隆安元年（397）。中山，郡国名，治所卢奴，在今河北定州市，曾为后燕都城。 [22]用其国故事：拓跋部族一贯的老章程。故事，先例，旧日的典章制度。 [23]铸金人以卜之：《北史·后妃传》曰：“魏故事：将立皇后，必令手铸金人，以成者为吉，不则不得立也。” [24]戊午：三月八日。 [25]桓修：字承祖，车骑将军桓冲第三子，简文帝女婿，东晋将领。后升为抚军将军。后为刘裕所杀。传见《晋书》卷七十四。 [26]江州：州治浔阳，在今江西九江市。 [27]八州及扬、豫八郡：胡三省曰：“玄既督八州及扬豫八郡，则西极岷、嶓，东尽历阳、芜湖，皆其统内矣。” [28]辄（zhé）：便，就。 [29]振：即桓玄侄儿桓振。传见《晋书》卷七十四。 [30]淮南：古郡名。胡三省曰：“汉、晋淮南郡本治寿春，成帝时，祖约、苏峻为乱，胡寇又屡至，民南渡江者转多，乃于江南侨立淮南郡，后又割丹杨之于湖为淮南境。玄遣振守之，是逼建康之渐也。” [31]地逼：地位逼人。 [32]焦辨：后凉将领，为后凉主吕纂的部将。 [33]妻子：妻与女儿。 [34]房晷（guǐ）：北凉侍中、左长史。 [35]仍臻（zhēn）：连续而至。仍，频繁，连续。臻，至，来到。 [36]山陵甫（fǔ）讫：吕光的丧事刚刚办完。山陵，隐指帝王的陵墓。甫，刚刚。 [37]称兵：举兵，隐指宫廷政变，吕纂夺取太子吕绍的王位。 [38]昆弟接刃：兄弟之间接着动起刀枪，吕弘又与吕纂对着干。 [39]夷灭：灭亡。 [40]无常棣（dì）之恩：不讲兄弟之间的亲密关系。常棣，本树木名，也叫郁李，花两三朵为一缀，诗人以常棣的花比兄弟。《诗经·常棣》曰：“常棣之华，鄂不韡韡，凡今之人，莫如兄弟”；又曰：“兄弟阋于墙，外御其侮。”歌颂兄弟友好。 [41]省己责躬：反省自己，责备自己。谢：致谢，道歉。 [42]衅（xìn）：挑衅，事端。 [43]无赖小人辱为婢妾：意即给那些无赖小人去做婢妾。辱为婢妾，把她们当作婢妾侮辱。 [44]歔（xū）欷（xī）：哀叹，抽泣。流涕：流泪。 [45]改容：改变仪容，动容。 [46]厚抚之：好好地安慰、抚养她们。 [47]康龙：后凉主吕纂部属力士。拉杀：击打致死。拉，摧折。 [48]桓：即杨桓，后凉主吕纂岳父，为尚书左仆射、凉都尹。凉都尹：首都姑臧（今甘肃武威市）所在郡的行政长官。后凉建都姑臧，改武威太守为凉都尹。 [49]辛卯：四月十一日。 [50]襄平令：襄平县令。襄平，县名，县治在今辽宁辽阳市。段登：后燕官员，慕容盛时为襄平令。 [51]杨颖：后凉官员，吕纂时为中书令、太常。 [52]上下用命：上下一心，愿为其主效死。 [53]衅（xìn）：缝隙，裂痕。 [54]三堆：古地名，在今青海大通河南。大通河流经今青海门源县，至民和县汇入湟水。

初，陇西李暠好文学[1]，有令名[2]。尝与郭黁[3]及同母弟敦煌宋繇同宿[4]，黁起谓繇曰："君当位极人臣，李君终当有国家[5]，有騧马生白额驹[6]，此其时也。"及孟敏为沙州[7]刺史，以暠为效谷[8]令。宋繇事北凉王业，为中散常侍[9]。孟敏卒，敦煌护军冯翊郭谦[10]、沙州治中敦煌索仙[11]等，以暠温毅有惠政[12]，推为敦煌太守。暠初难之[13]。会宋繇自张掖告归[14]，谓暠曰："段王无远略，终必无成。兄忘郭黁之言邪？白额驹今已生矣。"暠乃从之，遣使请命于业，业因以暠为敦煌太守。

右卫将军敦煌索嗣[15]言于业曰："李暠不可使处敦煌。"业遂以嗣代暠为敦煌太守，使帅五百骑之官[16]。嗣未至二十里[17]，移暠迎己[18]。暠惊疑，将出迎之。效谷令张邈[19]及宋繇止之曰："段王暗弱，正是英豪有为之日。将军据一国成资[20]，奈何拱手授人！嗣自恃本郡，谓人情附己，不意将军猝能拒之[21]，可一战擒也。"暠从之。先遣繇见嗣，啖以甘言[22]。繇还，谓暠曰："嗣志骄兵弱，易取也。"暠乃遣邈、繇与其二子歆、让逆击[23]嗣，嗣败走，还张掖。暠素与嗣善，尤恨之，表业[24]请诛嗣。沮渠男成亦恶嗣[25]，劝业除之。业乃杀嗣[26]，遣使谢[27]暠，进暠都督凉兴[28]以西诸军事、镇西将军。

吐谷浑[29]视罴[30]卒，世子树洛干[31]方九岁，弟乌纥堤[32]立，妻树洛干之母念氏，生慕璝、慕延[33]。乌纥堤懦弱荒淫，不能治国，念氏专制国事，有胆智，国人畏服之。

燕前将军段玑[34]，太后段氏之兄子也，为段登[35]辞所连及，五月，壬子[36]，逃奔辽西。

丙寅[37]，卫将军东亭献侯王珣[38]卒。

己巳[39]，魏主珪东如涿鹿[40]，西如马邑[41]，观㶟源[42]。

戊寅[43]，燕段玑复还归罪[44]，燕王盛赦之，赐号曰"思悔侯"，使尚公主[45]，入直殿内[46]。

谢琰以资望[47]镇会稽，不能绥怀[48]，又不为武备。诸将咸谏曰："贼近在海浦[49]，伺人形便[50]，宜开其自新之路[51]。"琰不从，曰："苻坚[52]之众百万，尚送死淮南[53]；孙恩小贼，败死入海，何能复出！若其果出，是天欲杀之也。"既而恩寇浃口[54]，入余姚[55]，破上虞[56]，进及邢浦[57]，琰遣参军刘宣之[58]击破之，恩退走。少日[59]，复寇邢浦，官军失利，恩乘胜径进[60]。己卯[61]，至会稽。琰尚未食，曰："要当先灭此贼而后食[62]。"因跨马出战，兵败，为帐下都督[63]张猛所杀。吴兴太守庾桓[64]恐郡民复应恩，杀男女数千人，恩转寇临海[65]。朝廷大震，遣冠军将军桓不才[66]、辅国将军孙无终[67]、宁朔将军高雅之[68]拒之。

秦征西大将军陇西公硕德[69]将兵五千伐西秦，入自南安峡[70]。西秦王乾归帅诸将拒之，军于陇西[71]。

杨轨、田玄明[72]谋杀武威王利鹿孤，利鹿孤杀之。

六月，庚辰朔[73]，日有食之。

以琅邪王师何澄[74]为尚书左仆射。澄，准之子也。

甲子[75]，燕大赦。

凉王纂将袭北凉，姜纪谏曰："盛夏农事方殷[76]，且宜息兵[77]。今远出岭西[78]，秃发氏乘虚袭京师，将若之何！"不从。进围张掖，西掠建康[79]。秃发傉檀闻之，将万骑袭姑臧，纂弟陇西公纬凭北城[80]以自固。傉檀置酒朱明门[81]上，鸣钟鼓，飨[82]将士，曜兵于青阳门[83]，掠八千余户而去。纂闻之，引兵还。

秋，七月，壬子[84]，太皇太后李氏[85]崩。

丁卯[86]，大赦。

（以上为第十一段，写陇西人李暠少有才华，被推为敦煌太守，谋杀与他离心的索嗣，升镇西将军；东晋谢琰镇守会稽不得人心，海盗孙恩侵犯会稽，谢琰出城迎战失败，被部将所杀。）

【注释】

[1]李暠（hào）：字玄盛，小字长生，陇西成纪人，西凉开国国主。传见《晋书》卷八十七。文学：指文章、学术。 [2]令名：美名。 [3]郭黁（nún）：通晓《老子》《易经》，善天文数术，历仕前凉、后凉、西秦、后秦。传见《晋书》列传第六十五。 [4]同母弟：此指西凉主李暠同母异父弟宋繇。宋繇：字体业，西凉从事中郎，迁右将军、敦煌护军。传见《魏书》卷五十二。同宿：同住一起。 [5]有国家：指称帝称王。 [6]有騧（kè）马生白额驹：当有一匹母马生出一匹额上长白毛的小马驹时，那就是你们采取行动的时候了。这是当时的俗话，犹今之所谓"鸡窝里

飞出金凤凰”。骒马，母马。［7］孟敏：后凉官员，吕光时为敦煌太守，后投归段业，为沙州刺史。沙州：州治在今甘肃敦煌市西。［8］效谷：县名，县治在今甘肃敦煌市东北。［9］中散常侍：即中散大夫，因其经常侍奉于帝王之侧，故称“中散常侍”。［10］护军：护军将军的简称，统领禁军，并主管武官的选任。郭谦：冯翊人，仕于北凉，段业时为敦煌护军，后拥戴李暠，为军咨祭酒。［11］治中：即治中从事，官名，刺史的高级佐官，主众曹文书，居中治事，故名治中，握有实权。索仙：敦煌人，仕于北凉，为沙州治中，与郭谦、宋繇等推李暠为宁朔将军、敦煌太守。后又推李暠为凉公，建立西凉割据政权，授左长史。西凉后主李歆时，官至征虏将军、张掖太守。［12］温毅：温文儒雅而有毅力。惠政：仁政，德政。［13］难之：畏难，不想干。［14］自张掖告归：从当时的段业北凉政权请假而回。张掖，郡名，郡治在今甘肃张掖市，当时是段业政权的都城所在地。［15］索嗣：敦煌人，初仕北凉，段业时为右卫将军。本与李暠亲善，曾警告段业要提防李暠，时李暠自署敦煌太守，索嗣乃劝段业更换，遂受遣代替李暠。李暠出其不意将其打败，又挑动段业将其杀死。事见《资治通鉴》卷一百十一晋安帝隆安四年（400）。［16］之官：到任，到敦煌担任太守。［17］未至二十里：指尚在离目的地的二十里之外。［18］移暠迎己：通知李暠前来迎接。移，移书，犹今之所谓“通知”“通报”。［19］张邈：为效谷令，后为西凉主李暠的高级僚属。［20］据一国成资：现守着一个国家的现成基业，指割据敦煌可以建立国家。［21］不意将军猝（cù）能拒之：他想不到你会突然起兵收拾他。不意，不会想到。猝，突然。［22］啖（dàn）以甘言：用甜言蜜语加以哄骗。啖，以食物喂人，此指诱骗。［23］歆（xīn）：即李歆，字士业，小字桐椎，西凉主李暠次子，后为西凉第二位国君。让：即李让，西凉主李暠之子。逆击：迎头攻击。［24］表业：上书段业。［25］沮渠男成：沮渠蒙逊从兄，北凉将领。传见《晋书》卷一百二十九。恶（wù）：厌恶，讨厌。［26］业乃杀嗣：胡三省曰：“段业既失张掖，又杀索嗣，以自翦其羽翼，所以终死于沮渠蒙逊之手。”［27］谢：致歉，道歉。［28］凉兴：郡名，郡治在今甘肃敦煌市东。段业分敦煌之凉兴、乌泽，晋昌之宜禾为凉兴郡。［29］吐谷（yù）浑：亦称吐浑，慕容氏，西北游牧民族慕容吐谷浑所建国名，当时活动在今青海的青海湖以南。［30］视罴（pí）：吐谷浑王视连之弟，部落首领。传见《晋书》卷九十七。［31］树洛干：视熊之子，继其叔乌纥提为王，为吐谷浑第八任国主。传见《魏书》卷一百一。［32］乌纥堤：一名大孩，吐谷浑氏。视连之子，视罴之弟，继兄视罴为吐谷浑王，后为西秦主乞伏乾归所败，亡走南凉，死于该地。［33］慕璝（guī）、慕延：兄弟二人，吐谷浑王乌纥堤之子，相继为吐谷浑第十位、第十一位国主。［34］段玑（jī）：皇太后段氏的侄儿，后燕外戚，大臣，慕容盛时为前将军。襄平令段登等人谋反被杀，段玑受到牵连。［35］段登：后燕襄平县令，因谋反被杀。［36］壬子：五月三日。［37］丙寅：五月十七日。［38］王珣（xún）：字元琳，小字法护，王导之孙，东晋大臣，卒于卫将军任上。传见《晋书》卷六十五。［39］己巳：五月二十日。［40］如：到，至。涿鹿：县名，县治在今河北涿鹿县东南。［41］马邑：县名，县治在今山西朔州市。［42］㶟（lěi）源：㶟水的源头。㶟水，在今桑干河，发源于今山西朔州市南，东北流经大同市南入河北，下游为今永定河。[43]戊寅：五月二十九日。[44]归罪：回来认罪。[45]尚公主：娶公主为妻。尚，上配。[46]入直殿内：进宫给皇帝值班守夜。直，同"值"，值班。[47]资望：资历，名望。[48]绥怀：安抚，感化。[49]海浦：海边，这里指沿海各县。[50]伺人形便：谓窥测人心与地形的有利条件，欲卷土重来。[51]开其自新之路：意即允许其改悔投降，奖励其立功赎罪。[52]苻坚：前秦国主。传见《晋书》卷一百一十三。[53]送死淮南：指苻坚六十万人在淝水被谢玄等打败，史称淝水之战。谢琰当时亦参加此战，故今轻视孙恩。[54]浃口：古渡口名，在杭州湾南侧，即在今浙江舟山市定海区内。[55]余姚：古县名，县治在今浙江余姚市。[56]上虞：古县名，县治在今浙江绍兴市上虞区。[57]邢浦：古地名，在今浙江绍兴市北。[58]刘宣之：东晋将领，为谢琰的部将。[59]少日：不久，不长的时间。[60]径进：一直前进，犹如今之所谓"长驱直入"。[61]己卯：五月三十日。[62]先灭此贼而后食：《左传·成公二年》齐顷公有所谓"余姑翦灭此而朝食"，今此谢琰效其语，表现了极其轻敌的情态。[63]帐下都督：军事统帅身边的卫士长。[64]吴兴：郡名，郡治乌程，在今浙江湖州市南。庾桓：东晋吴兴太守。[65]临海：郡名，郡治章安，在今浙江临海市东南。[66]桓不才：东晋冠军将军。[67]孙无终：东晋辅国将军。[68]高雅之：名将刘牢之女婿，东晋宁朔将军。[69]硕德：即姚硕德，姚苌同母弟，后秦名将。姚苌起兵，姚硕德自称征西将军。[70]南安峡：古地名，在今甘肃秦安县东北。[71]陇西：郡名，郡治在今甘肃陇西县东南。[72]杨轨、田玄明：两人南凉将领，谋反被南凉主利鹿孤杀之。[73]庚辰朔：六月一日。[74]何澄：字季玄，东晋隐逸高士何准之子，官至吴国内史。琅邪王司马德文出居外第，征拜尚书，领琅邪王师。安帝即位，迁尚书左仆射。[75]甲子：六月一日是"庚辰"，本月中没有"甲子"日，记载有误。[76]方殷：正忙。殷，繁重，厉害。[77]且宜息兵：应趁农忙之时也让战士休整。[78]岭西：此处的"岭"，指甘肃武威市与张掖市之间的大山。[79]建康：郡名，郡治在今甘肃酒泉市东南。[80]陇西公纬：即吕纬，吕纂之弟，封陇西公。后被吕超所杀。北城：姑臧城北的小城，在今甘肃武威市。[81]朱明门：姑臧城的南门。[82]飨（xiǎng）：宴饮。[83]曜（yào）兵：炫耀武力。青阳门：姑臧城的东门。[84]壬子：七月四日。[85]太皇太后李氏：即李陵容，东晋简文帝司马昱之妃，孝武帝司马曜之母，安帝司马德宗祖母。司马德宗即位，尊为太皇太后。谥号文太后。传见《晋书》卷三十二。[86]丁卯：七月十九日。

西秦王乾归使武卫将军慕兀等屯守[1]，秦军樵采路绝[2]，秦王兴潜引兵救之。乾归闻之，使慕兀帅中军二万屯柏杨[3]，镇军将军罗敦帅外军四万屯侯辰谷[4]，乾归自将轻骑数千前候[5]秦兵。会大风昏雾，与中军相失，为追骑所逼，入于外军。旦，与秦战，大败，走归苑川[6]，其部众三万六千皆降于秦。兴进军枹罕[7]。

乾归奔金城[8]，谓诸豪帅曰：“吾不才，叨窃名号[9]，已逾一纪[10]，今败散如此，无以待敌[11]，欲西保允吾[12]。若举国而去，必不得免；卿等留此，各以其众降秦，以全宗族，勿吾随也。”皆曰：“死生愿从陛下。”乾归曰：“吾今将寄食于人[13]，若天未亡我，庶几异日克复旧业[14]，复与卿等相见，今相随而死，无益也。”乃大哭而别。

乾归独引数百骑奔允吾，乞降于武威王利鹿孤，利鹿孤遣广武公傉檀迎之，置于晋兴[15]，待以上宾之礼。镇北将军秃发俱延[16]言于利鹿孤曰：“乾归本吾之属国[17]，因乱自尊[18]，今势穷归命[19]，非其诚款[20]，若逃归姚氏[21]，必为国患，不如徙置乙弗[22]之间，使不得去。”利鹿孤曰：“彼穷来归我，而逆疑其心[23]，何以劝来者[24]！”俱延，利鹿孤之弟也。

秦兵既退，南羌梁戈[25]等密招乾归，乾归将应之。其臣屋引阿洛以告晋兴太守阴畅[26]，畅驰白[27]利鹿孤，利鹿孤遣其弟吐雷帅骑三千屯扪天岭[28]。乾归惧为利鹿孤所杀，谓其太子炽磐[29]曰：“吾父子居此，必不为利鹿孤所容。今姚氏方强，吾将归之，若尽室[30]俱行，必为追骑所及，吾以汝兄弟及汝母为质，彼必不疑，吾在长安，彼终不敢害汝也。”乃送炽磐等于西平[31]。八月，乾归南奔枹罕[32]，遂降于秦。

丁亥[33]，尚书右仆射王雅[34]卒。

九月，癸丑[35]，地震。

凉吕方[36]降于秦，广武民三千余户奔武威王利鹿孤。

冬，十一月，高雅之与孙恩战于余姚，雅之败，走山阴[37]，死者什七、八。诏以刘牢之都督会稽等五郡，帅众击恩，恩走入海。牢之东屯上虞，使刘裕戍句章[38]。吴国内史袁崧筑沪渎垒[39]以备恩。崧，乔之孙也。

会稽世子元显求领徐州，诏以元显为开府仪同三司，都督扬、豫、徐、兖、青、幽、冀、并、荆、江、司、雍、梁、益、交、广十六州诸军事，领徐州刺史，封其子彦玮[40]为东海王。

乞伏乾归至长安，秦王兴以为都督河南诸军事、河州刺史、归义侯。

久之，乞伏炽磐欲逃诣乾归，武威王利鹿孤追获之。利鹿孤将杀炽磐，广武公傉檀曰：“子而归父，无足深责，宜宥[41]之以示大度。”利鹿孤从之。

秦王兴遣晋将刘嵩等[42]二百余人来归。

北凉晋昌太守唐瑶[43]叛，移檄六郡[44]，推李暠为冠军大将军、沙州刺史、凉公，领敦煌太守。暠赦其境内，改元庚子[45]。以瑶为征东将军，郭谦为军咨祭酒，索仙为左长史，张邈为右长史，尹建兴为左司马，张体顺为右司马。遣从事中郎宋繇东伐凉兴[46]，并击玉门[47]已西诸城，皆下之。

酒泉太守王德亦叛北凉，自称河州刺史。北凉王业使沮渠蒙逊讨之。德焚城，将部曲奔唐瑶，蒙逊追至沙头[48]，大破之，虏其妻子、部落而还。

十二月，戊寅[49]，有星孛于天津[50]。会稽世子元显以星变解录尚书事，复加尚书令。吏部尚书车胤以元显骄恣[51]，白会稽王道子，请禁抑[52]之。元显闻而未察，以问道子曰：“车武子屏人言及何事[53]？”道子弗答。固问之，道子怒曰：“尔欲幽我[54]，不令我与朝士语邪！”元显出，谓其徒曰：“车胤间我父子。”密遣人责之。胤惧，自杀。

壬辰[55]，燕主盛立燕台[56]，统诸部杂夷。

魏太史屡奏天文乖乱[57]。魏主珪自览占书[58]，多云改王易政[59]，乃下诏风励群下[60]，以帝王继统[61]，皆有天命，不可妄干[62]；又数变易官名[63]，欲以厌塞灾异[64]。

仪曹郎董谧献《服饵仙经》[65]，珪置仙人博士，立仙坊，煮炼百药，封西山以供薪蒸[66]。药成，令死罪者试服之，多死，不验，而珪犹信之，访求不已。

珪常以燕主垂[67]诸子分据势要，使权柄下移，遂至败亡，深非之。博士公孙表希旨[68]，上《韩非书》[69]，劝珪以法制御下[70]。左将军李粟性简慢[71]，常对珪舒放不肃[72]，咳唾任情[73]，珪积其宿过[74]，遂诛之，群下震栗[75]。

丁酉[76]，燕王盛尊献庄后丁氏为皇太后[77]，立辽西公定[78]为皇太子，大赦。

是岁，南燕王德即皇帝位于广固[79]，大赦，改元建平[80]。更名备德，欲使吏民易避[81]。追谥燕主暐曰“幽皇帝”[82]。以北地王钟为司徒，慕舆拔[83]为司空，封孚为左仆射，慕舆护[84]为右仆射。立妃段氏[85]为皇后。

（以上为第十二段，写西秦主乞伏乾归被后秦主姚兴打败，投奔南凉，后又投奔后秦；北凉晋昌太守唐瑶反叛，投靠李暠；南燕慕容德在广固即位，改元建平。）

【注释】

[1]慕兀（wù）：西秦武卫将军。慕氏，亦乞伏氏。屯守：指屯守陇西。[2]樵（qiáo）采路绝：砍柴与采集野菜野果的道路已被堵住，以言其人于绝境。当时后秦军在南安峡西，在今甘肃秦安县附近。[3]中军：帝王身边的军队。柏杨：古城名，在今甘肃清水县西北。[4]罗敦：西秦镇军将军。侯辰谷：地名，详细方位不详。[5]候：哨探，侦察。[6]苑川：乞伏乾归的都城，在今甘肃兰州市东北。[7]枹（fú）罕：当时兴晋郡的郡治所在地，在今甘肃临夏市东北。[8]金城：郡名，郡治在今甘肃兰州市西。[9]叨窃名号：谦指自己称帝。叨窃，窃取，不当得而得之。[10]已逾一纪：已经超过了十二年。一纪，十二年。乞伏乾归从孝武帝太元十三年（388）嗣位为西秦王，至今已十三年。[11]无以待敌：没有办法与敌兵相抗。待，应对。[12]允吾：县名，县治在今青海民和县南，当时属秃发利鹿孤。[13]寄食于人：寄人篱下找饭吃，生活在别人的屋檐下。[14]庶几：希望，或许能够。克复旧业：恢复大业。[15]晋兴：郡名，郡治在今青海海东市乐都区东南。[16]秃发俱延：河西鲜卑秃发思复鞬之子，南凉主秃发乌孤、秃发利鹿孤、秃发傉檀的兄弟。南凉太尉。[17]本吾之属国：前隆安三年（399）杨统曾说“乞伏氏本吾之部落”，胡三省注云：“乞伏与秃发氏皆鲜卑也。”[18]自尊：指称帝。[19]势穷归命：犹言落魄，走投无路时前来投奔。归命，归顺而听命，即“归服”。[20]非其诚款：不是真正的出自内心，而是形势所迫。[21]姚氏：指姚兴的后秦政权。[22]乙弗：少数民族部落名，当时活动在今青海湖附近。[23]逆疑其心：事先就怀疑。逆，预先。[24]以劝来者：鼓励以后想来归降的人。劝，鼓励。[25]南羌：当时活动在今青海南部的羌族。梁戈：南羌部落首领。[26]屋引阿洛：人名，姓屋引，名阿洛，乞伏乾归的部下。阴畅：南凉晋兴太守。[27]白：告诉，告知。[28]吐雷：即秃发吐雷，河西鲜卑秃发思复鞬之子，南凉将领。扪（mén）天岭：古山岭名，在今在今甘肃永靖县西。[29]炽磐：即乞伏炽磐，西秦主乞伏乾归长子，西秦第三位国主（412—428在位）。传见《晋书》卷一百二十五。[30]尽室：全家。[31]西平：郡名，郡治在今青海西宁市，当时为秃发乌孤的国都。[32]奔枹罕：当时后秦主姚兴驻军于此。[33]丁亥：八月九日。[34]王雅：字茂达，东晋尚书右仆射。传见《晋书》卷八十三。[35]癸丑：九月六日。[36]吕方：后凉主吕纂之叔，当时驻守广武，在今甘

肃永登县东南。［37］山阴：县名，县治在今浙江绍兴市，也是会稽郡的郡治所在地。［38］句章：县名，县治在今浙江宁波市西。［39］袁崧：字桥孙，东晋桓温部属谋主袁乔之子，东晋文学家。官至吴国内史。孙恩作乱，袁崧把守扈渎，城陷被害。沪渎垒：古堡垒名，在今上海市青浦区东北。［40］彦玮：即司马彦璋，会稽王司马元显第二子，封为东海王。［41］宥（yòu）：宽恕，原谅。胡三省曰："秃发傉檀劝其兄宥炽磐，而卒死于炽磐之手，岂非养虎自遗患乎！"［42］晋将刘嵩等：指前晋安帝隆安三年（399）姚兴攻拔洛阳时被迫投降姚兴的晋朝将士。［43］晋昌：郡名，郡治在今甘肃瓜州县东南，当时属段业北凉政权。唐瑶：北凉官员，原是北凉段业的晋兴太守，后背叛段业，投奔李暠，为征东将军。［44］移檄六郡：发通告给附近的六个郡。檄，文告。六郡，指敦煌、酒泉、晋昌、凉兴、建康、祁建，在今甘肃西部地区。［45］庚子：西凉武昭王李暠年号。［46］凉兴：郡名，郡治在今甘肃瓜州县南。［47］玉门：即玉门关，古关名，在今甘肃敦煌市西北。［48］沙头：古县名，县治在今甘肃瓜州县东南，离晋昌不远。［49］戊寅：十二月二日。［50］有星孛（bèi）于天津：有流星出现在天津星座附近。孛，光芒四射的样子，这里即指流星。天津，星座名，有星九颗，在天河中。［51］车胤（yìn）：字武子，东晋直臣，为吏部尚书。后被逼自杀。传见《晋书》卷八十三。骄恣：骄傲，放纵。［52］禁抑：管教，约束。［53］车武子：即车胤，字武子。屏（bǐng）人言及何事：把人支开，都和您说了什么事情。屏人，支开众人。［54］尔欲幽我：你想把我幽禁起来。幽，禁闭，隔离。［55］壬辰：十二月十六日。［56］燕台：官署名，与刘聪、石勒所立的"单于台"相同，用以管理除他们本部落以外的其他各少数民族。［57］魏太史：魏国的太史令，主管天文、历法诸事。天文乖乱：指上述"有星孛于天津"等"不正常"的自然现象。乖乱，反常。［58］占书：占卜一类的迷信书籍。［59］改王易政：更换国王，改变国政。［60］风励群下：鼓吹示意，鼓励群臣。［61］继统：继承帝位。［62］不可妄干：不能随便妄想获得。以上是说自己的为王是上应"天命"，现在绝不按"占书"所说，实行"改王"。［63］数变易官名：屡屡地改变职官的名称。数，屡，一再。［64］厌塞灾异：压住灾变现象的发生。厌塞，压制住，化解掉。［65］仪曹郎：尚书省仪曹长官，掌礼乐制度。董谧（mì）：北魏官员，拓跋珪时，为仪曹郎，参与制定礼仪，撰著朝觐飨宴等礼仪制度。《服饵仙经》：一本鼓吹吃药成仙的骗术书。仙经，道教讲求服饵、导引、胎息、内丹、外丹等修炼方法，以求长生不死，故其所依用之经典，概称为仙经。［66］封西山以供薪蒸：把西山封给骗子董谧，以供应炼丹的烧柴之用。实际是把整个西山给董谧为领地，让他享受其租税收入。西山，指平城（今山西大同市）西面的山。薪蒸，指烧柴，粗的叫薪，细的叫蒸。［67］燕主垂：即后燕主慕容垂。［68］公孙表：字玄元，北魏将领。传见《魏书》卷三十三。希旨：顺着拓跋珪的心思，迎合拓跋珪的意旨。［69］《韩非书》：即先秦法家韩非所著《韩非子》。［70］御下：驾御群臣。御，驾御，控制。［71］李粟：即李栗，北魏将领，积战功为左军将军。后因在拓跋珪前咳唾任情，舒放简慢，被杀。传见《魏书》卷二十八。简慢：随便，失礼。［72］舒放：放纵。不肃：不严肃，不恭敬。［73］咳唾（tuò）任情：在国主面前随地咳吐，失礼犯分，想怎么着就怎么着。

[74]宿过：以往的过失。[75]震栗：恐惧，颤抖。[76]丁酉：十二月二十一。[77]尊献庄后丁氏为皇太后：此句疑有误。献庄后丁氏，即献幽皇后，后燕献庄帝慕容令（一作慕容全）的妻子，昭武帝慕容盛的伯母，昭文帝慕容熙的情妇，并非慕容盛之母，怎能被尊为皇太后？疑应作“尊宝后段氏为皇太后”，段氏即慕容盛之生母。[78]辽西公定：即慕容定，慕容盛之子。辽西，郡名，郡治阳乐，在今辽宁义县西。[79]广固：都邑名，在今山东青州市，为南燕都城。[80]建平：慕容德于东晋隆安四年（400）正月宣布建立南燕，称帝，改元建平，与两年前慕容盛之“建平”重名。[81]易避：容易避讳。慕容德单名一个“德”字，此字很常用，臣民们说话写文章避讳起来很麻烦，如今改成“备德”两个字，而又规定只用其中一个字时不用避，那么给臣民们带来的麻烦就少多了。[82]燕主暐（wěi）：即慕容暐，字景茂，慕容儁第三子，前燕末代国主。传见《晋书》卷一百十一。幽皇帝：凡谥幽者，多非善死，而致死之由各有不同。《谥法解》曰：“壅遏不通曰‘幽’；蚤孤铺位曰‘幽’；动祭乱常曰‘幽’。”此取其第一义。[83]慕舆拔：南燕尚书左仆射，后为司空。[84]慕舆护：南燕将军、右仆射。[85]段氏：即段季妃，字季妃，段末柸孙女，段仪之女，南燕主慕容德的皇后。没有生育，慕容超即位后，尊为皇太后。

【点评】

孙恩之乱。东晋帝司马德宗时期，完全是由司马道子及其儿子司马元显掌控朝政，朝野上下人心涣散，乱事不断，三五年时间里，王恭的兵谏之后，又发生了孙恩的叛乱，后面还有桓玄的专权问题，致使国无宁日。孙恩之乱的破坏性之大，影响之深远，是不可忽视的，而造成这次叛乱的因素，也是值得深究的。

首先，邪教势力的渗透之深与扩散之广，几乎遍布朝野。孙恩是五斗米道的信徒。琅邪大族孙泰，家族世奉五斗米道，他私聚徒众数千人，准备起事，后被东晋朝廷诱斩，他的侄子孙恩逃到海岛。如果是一般人，逃到岛上也就算了，而孙恩则利用邪教来迷惑民众。孙泰的信徒认为孙恩是“蝉蜕登仙”，予以神化，并且到海岛上支持他。孙恩于是聚集了一百多人，伺机复仇，而一旦时机成熟，他就上岸，其势几乎席卷了整个三吴地区。由此可见，邪教组织具有非常大的影响力和破坏力。信徒们经过邪教的不断洗脑，对孙恩的行为深信不疑，甚至予以献身也在所不惜。即使后来孙恩无路可走，投海自尽，数百名妓妾和信奉他的部众都随之而死，孙恩则被称为“水仙”，邪教真是害人不浅，信徒愚不可及！

其次，东晋朝廷出台的政策严重扰民、害民，导致乱事不断。公元399年，东晋的执政者司马元显征调因三吴门阀免除官奴身份而成为佃客的广大民众到建康以充实兵员，称作“乐属”，也就是将免除奴隶身份为佃客的人移置京师，以充兵役。或许这样做的初衷是为了增加兵员，但他没有顾及当时民众的实际利益和接受程度，激起了当地门阀的愤怒和不满，致人心不稳，群情激愤。孙恩就是利用这一事件为导火线，乘机进攻上虞，杀掉上虞县令，随后攻克会稽，会稽内史王凝之被杀。当时会稽郡、吴郡、吴兴郡、义兴郡、临海郡、永嘉郡、东阳郡及新安郡皆有人响应，三吴八郡一时都参与其中，孙恩部众亦增加到数十万人，声势浩大。孙恩称其徒众为“长生人”，用以蒙蔽民众。可见，朝廷的政策事关民众的切身利益时，稍有差池，就会酿成大祸。

最后，权力斗争、尔虞我诈不断，地方防备松弛无力。孙恩起事，对东吴地区进行了毁灭性的破坏，地方的防备不起作用，当时郡县官员大多不是被杀就是弃郡逃亡，没有任何的防备和反击措施。朝廷急忙调配兵力去围剿，军队也是不堪一击。孙恩第一次攻打会稽时，曾经担任过江州刺史的会稽内史王凝之，深信五斗米道，不听手下进言，不设防备，祷告后相信已请得“鬼兵”助阵，结果兵败被杀。孙恩第二次攻打会稽时，谢琰兼任会稽内史、都督五郡军事，而他不安抚士民，也不修整武备，大意轻敌，虽然亲自出战，但无济于事，最后败死阵中。朝廷官兵在孙恩之乱中也无所作为，任其势力泛滥。

卷一一二　晋纪三十四

晋安帝隆安五年至元兴元年（401—402 年）

【起重光赤奋若（辛丑，401 年），尽玄黓摄提格（壬寅，402 年），凡二年】

【大事提要】

本卷记事起于公元 401 年，止于公元 402 年，凡两年，时当晋安帝（司马德宗）隆安五年至元兴元年。本卷所载大事，主要有五个方面。其一，沮渠蒙逊称帝。其二，吕隆为后凉君主。其三，秃发利鹿孤称河西王。其四，柔然汗国正式建国。柔然族是一个真正的游牧部落，一个名叫郁久闾社仑的首领于公元 402 年征服了科布多与乌伦古河之间的高车，正式建国，称为豆代可汗。同时，开始了大规模的对外战争，是一个雄踞大漠南北、流沙东西的强大的游牧奴隶制国家。其五，东晋桓玄发迹。公元 402 年，东晋权臣司马元显下令讨伐桓玄，桓玄率兵东下，击败并俘获豫州刺史司马尚之，夺取历阳，逼近建康，司马元显试图守城但溃败。桓玄入京后总掌国事，流放并杀死司马道子，杀掉司马元显，恢复隆安年号，不久又改元大亨。

安皇帝丁

隆安五年（辛丑，401 年）

春，正月，武威王利鹿孤[1]欲称帝，群臣皆劝之。安国将军鍮勿仑[2]曰："吾国自上世以来，被发左衽[3]，无冠带[4]之饰，逐水草迁徙[5]，无城郭室庐，故能雄视沙漠[6]，抗衡中夏[7]。今举大号[8]，诚顺民心。然建都立邑[9]，难以避患[10]，储蓄仓库[11]，启敌人心[12]；不如处晋民于城郭[13]，劝课农桑以供资储[14]，帅国人以习战射[15]，邻国弱则乘[16]之，强则避之，此久长之良策也。且虚名无实[17]，徒足为世之质的[18]，将安用之！"利鹿孤曰："安国[19]之言是也。"乃更称河西王[20]，以广武公傉檀[21]为都督中外诸军事、凉州牧、录尚书事。

二月，丙子[22]，孙恩出浃口[23]，攻句章[24]，不能拔[25]。刘牢之[26]击之，恩复走入海。

秦王兴[27]使乞伏乾归还镇苑川[28]，尽以其故部众[29]配之。

凉王纂[30]嗜酒好猎，太常杨颖谏曰："陛下应天受命[31]，当以道守之。今疆宇日蹙[32]，崎岖二岭之间[33]，陛下不兢兢夕惕[34]以恢弘先业[35]，而沈湎游畋[36]，不以国家为事，臣窃[37]危之。"纂逊辞[38]谢之，然犹不悛[39]。

（以上为第一段，写南凉主秃发利鹿孤听从部下意见，取消称帝，改武威王为河西王；后凉主吕纂酷爱喝酒、打猎，部下劝说，表面听从，却不改过，留下祸患。）

【注释】

[1]武威王利鹿孤：即秃发利鹿孤，秃发乌孤之弟，南凉第二位国主，公元399年至公元402年在位。[2]鍮（tōu）勿仑：南凉将领，秃发利鹿孤时为安国将军，曾劝阻利鹿孤称王。[3]被发左衽（rèn）：披散着头发，不梳头，不戴帽子，上衣的大襟向左开。被，同"披"。左衽，当时少数民族的习惯与服饰，用以指称少数民族。[4]冠带：帽子和腰带。古代把戴帽子、束腰带作为文明的标志，指称华夏民族。[5]逐水草迁徙：指游牧民族随着水草的有无而不断迁移。逐，追逐，随着。[6]雄视沙漠：意即在沙漠上无人能比。雄视，傲视，俯视，看不起其他所有别的民族。[7]抗衡中夏：与中原地区的政权不相上下。抗衡，势均力敌的意思。[8]今举大号：即指称帝。[9]建都立邑：建立都城，并建立一系列的大小城镇，意即改变逐水草而居的帐篷生活，而定居某地。[10]难以避患：因为固定居住，难以躲避其他民族的攻击。[11]储蓄仓库：储备的粮食存放在仓库里。[12]启敌人心：容易招引敌人打我们的主意。启，引发。[13]处晋民于城郭：让汉族人住在城郭里。晋民，这里即指汉族人。[14]劝课农桑：督促他们好好地种地养蚕。劝课，鼓励并规定标准。以供资储：以供应国家的各种需要。资储，积蓄，供应各种需要的物资。[15]国人：指秃发氏本民族、本部落的人。战射：攻战，射击。[16]乘：侵凌，攻击。[17]虚名无实：指称帝这种虚名，没有实际的好处。[18]徒足：白白地，实在是。为世之质的：成为其他部族攻击的对象。质，砧板，切肉切菜的板子。的，箭靶。[19]安国："安国将军"的简称，代称鍮勿仑。以官号称人，表示尊敬。[20]更称河西王：前称"武威王"，其志在称王一郡；今改称"河西王"，则其志已在欲称王于今黄河以西的甘肃、青海的辽阔地域。[21]广武公傉（nù）檀（tán）：即秃发傉檀，鲜卑首领秃发思复鞬之子，初为广武公，后为南凉末代国主，公元402年至公元414年在位。传见《晋书》卷一百二十六。[22]丙子：二月一日。[23]孙恩：字灵秀，东晋隆安三年（399）起兵反晋，史称"孙恩之乱"。传见《晋书》卷一百。浃（jiā）口：甬江的入海之口，在今浙江宁波市镇海区东南。[24]句章：县名，县治

在今浙江宁波市西。［25］拔：夺取，攻克。［26］刘牢之：字道坚，东晋名将。传见《晋书》卷八十四。［27］秦王兴：指后秦王姚兴。［28］乞伏乾归：西秦第二位国主。传见《晋书》卷一百二十五。苑川：古城名，在今甘肃兰州市东北。［29］故部众：原来的部下。姚兴将乞伏乾归的旧部下发回给他，此为乾归日后的复起张本。［30］凉王纂：后凉王吕纂。［31］应天受命：指即位称帝。［32］疆宇：疆土，国土。日蹙（cù）：一天比一天小。蹙，收缩，缩小。［33］崎岖二岭之间：艰难地据守在两道山梁之间。崎岖，艰难地行走，这里即指据此地的防守。二岭，指凉都姑臧（今甘肃武威市）南面的洪池岭和西面的山丹岭。［34］兢（jīng）兢夕惕：小心谨慎地发愤图强。《易经·乾卦》曰："君子终日乾乾，夕惕若厉。"意思是整天勤奋不息，直到天黑时还心怀忧惧，好像有什么灾难就要发生一样。兢兢，小心谨慎的样子。夕惕，至夜晚仍怀忧惧，工作不懈。［35］恢弘：发扬，光大。先业：先人开创的基业。［36］沈湎（miǎn）游畋（tián）：沉醉于嬉游与狩猎。沈，同"沉"，深陷其中。湎，沉迷。［37］窃：私下，内心。［38］逊辞：谦恭的言辞。［39］不悛（quān）：不改。悛，悔改。

番禾太守吕超[1]擅击鲜卑思盘[2]，思盘遣其弟乞珍[3]诉于纂，纂命超及思盘皆入朝。超惧，至姑臧[4]，深自结于殿中监杜尚[5]。纂见超，责之曰："卿恃兄弟桓桓[6]，乃敢欺吾，要当斩卿，天下乃定！"超顿首谢[7]。纂本以恐愒超[8]，实无意杀之。因引超、思盘及群臣同宴于内殿。超兄中领军隆[9]数劝纂酒，纂醉，乘步辇车[10]，将超等游禁中[11]。至琨华堂东阁[12]，车不得过，纂亲将窦川、骆腾[13]倚剑于壁，推车过阁。超取剑击纂，纂下车禽[14]超，超刺纂洞胸[15]；川、腾与超格战[16]，超杀之。纂后杨氏[17]命禁兵讨超，杜尚止之[18]，皆舍仗不战。将军魏益多[19]入，取纂首。杨氏曰："人已死，如土石，无所复知，何忍复残其形骸[20]乎！"益多骂之，遂取纂首以徇[21]曰："纂违先帝之命，杀太子[22]而自立，荒淫暴虐。番禾太守超顺人心而除之，以安宗庙[23]，凡我士庶[24]，同兹休庆[25]！"

纂叔父巴西公佗[26]、弟陇西公纬皆在北城[27]。或说纬曰："超为逆乱[28]，公以介弟[29]之亲，仗大义而讨之，姜纪、焦辨在南城[30]，杨桓、田诚在东苑[31]，皆吾党也，何患不济！"纬严兵[32]欲与佗共击超。佗妻梁氏止之曰："纬、超俱兄弟之子，何为舍超助纬，自为祸首[33]乎！"佗乃谓纬曰："超举事已成，据武库，拥精兵，图之甚难，且吾老矣，无能为也。”超弟邈[34]有宠于纬，说纬曰：“纂贼杀[35]兄弟，隆、超顺人心而讨之，正欲尊立明公[36]耳。方今明公先帝之长子[37]，当主社稷[38]，人无异望，夫复何疑！”纬信之，乃与隆、超结盟，单马入城，超执而杀之。让位于隆，隆有难色[39]。超曰：“今如乘龙上天，岂可中下[40]！”隆遂即天王位，大赦，改元神鼎[41]。尊母卫氏为太后，妻杨氏为后，以超为都督中外诸军事、辅国大将军、录尚书事，封安定公，谥纂曰“灵帝”。

纂后杨氏将出宫，超恐其挟珍宝，命索之。杨氏曰：“尔兄弟不义，手刃相屠，我旦夕死人[42]，安用宝为[43]！”超又问玉玺所在。杨氏曰：“已毁之矣。”后有美色，超将纳之[44]，谓其父右仆射桓[45]曰：“后若自杀，祸及卿宗！”桓以告杨氏。杨氏曰：“大人卖女与氐[46]以图富贵，一之谓甚，其可再乎[47]！”遂自杀，谥曰“穆后”。桓奔河西王利鹿孤，利鹿孤以为左司马。

（以上为第二段，写后凉发生宫廷政变，番禾太守吕超谋杀后凉主吕纂，在皇宫宴会上将其灌醉，在东苑阁道上将其刺杀，割首示众，吕隆即帝位，改元神鼎。）

【注释】

[1]番禾：郡名，郡治在今甘肃永昌县东南。吕超：小字胡奴，后凉主吕光之侄。传见《晋书》卷一百二十二。[2]擅击：私自攻击。思盘：鲜卑族部落首领，当时也属吕纂。[3]乞珍：鲜卑族部落首领思盘之弟。[4]姑臧：郡名，郡治在今甘肃武威市，当时为后凉国都城。[5]杜尚：后凉官员，吕纂时为殿中监。[6]恃：凭恃，依凭。兄弟桓桓：指吕超与其兄吕隆都是威风凛凛的名将。桓桓，威武雄壮的样子。[7]顿首：磕头，即跪拜，为正礼。谢：认错，道歉。[8]本以恐愒（hè）超：本来是想用此话吓唬吕超一下。恐愒，同“恐吓”。[9]隆：即吕隆，字永基，后凉主吕光之弟吕宝之子，后凉末代国君。传见《晋书》卷一百二十二。[10]步輓车：小车，人拉的车子。輓，同“挽”，拉。[11]禁中：帝王所居的宫苑，因不许人随便进出，故称之。[12]琨华堂：王宫的殿堂名。东阁（gé）：琨华堂的东门。阁，宫中的门。[13]亲将：亲兵头领。窦川、骆腾：后凉将领，吕纂的亲将，因护卫吕纂，被反叛的吕超杀害。[14]禽：同“擒”，擒捉。[15]洞胸：穿胸，把胸刺出窟窿。[16]格战：格斗，搏斗。[17]杨氏：即穆皇后，弘农郡人，尚书左仆射杨桓之女，后凉主吕纂皇后。传见《晋书》卷九十六。[18]杜尚止之：胡三省曰：“超之结尚也，盖有密约。”[19]魏益多：后凉将领，吕纂时为将军，反叛，取纂之首。[20]形骸（hái）：人的躯体。[21]徇：巡行示众。[22]太子：指吕绍，字永业，后

凉主吕光之嫡子，吕纂之弟。吕光建立后凉，吕绍被立为太子，后继位。不久，被吕纂所杀，谥号隐王。传见《晋书》卷一百二十二。［23］宗庙：帝王祭祀祖宗的处所，代指国家。［24］士庶：士人和普通百姓，泛指民众、百姓。［25］同兹休庆：犹言共同享受这种幸福，共同欢呼这种吉庆。休庆，幸福、吉庆。［26］巴西公佗（tuó）：即吕佗，后凉主吕光之弟，为巴西公。传见《晋书》卷一百二十二。巴西，古郡名，郡治阆中，在今四川阆中市西。［27］陇西公纬：即吕纬，吕纂之弟，后凉宗室，为陇西公。后凉主吕纂被吕超所杀，吕纬时在北城，便号令部队欲去进攻吕超。被吕超之弟吕邈劝说，单骑进入都城，被杀。传见《晋书》卷一百二十二。北城：古城名，当时姑臧除中央一座大城外，东西南北四门各有一座小城，北面的叫玄圃城。［28］逆乱：谋反，叛乱。［29］介弟：大弟弟。介，大。［30］姜纪：后凉官员，吕纂时为尚书。焦辨：后凉将领，吕纂的部将。南城：古城名，姑臧中央大城南面的小城。［31］杨桓：后凉将领，吕纂司马官杨统的堂兄。田诚：后凉将领，守在东苑。东苑，古城名，即讲武城，位于姑臧中央大城东面。［32］严兵：调集军队，使军队进入战备状态。［33］祸首：第一个挑起变乱的人。［34］邈：即吕邈，吕超之弟。［35］贼杀：残杀，指先后杀死亲兄弟吕绍、吕弘。［36］明公：对受话人的尊称，此指吕纬。［37］长子：在吕光现存的诸子中年岁最长。［38］主社稷：即继位为帝。社稷，土地神和谷神，凡建立国家者，都要祭祀，故代指国家。［39］有难色：意思是不想当这个国王，害怕舆论谴责。［40］中下：半路上下来。［41］神鼎：后凉主吕隆的年号，公元401年至公元403年。［42］旦夕死人：犹言活不了几天的人。［43］安用宝为：还要珍宝做什么？［44］将纳之：想收之为姻妾。［45］桓：即杨桓，吕纂皇后杨氏之父，后凉官员，为右仆射。［46］大人：古代对父亲的称呼。卖女与氐：指当初令己嫁于吕纂。杨氏是汉族人，吕氏是氐族人。［47］一之谓甚，其可再乎：意思是嫁一回就已经够呛了，难道还要嫁第二回吗？原话出自《左传·僖公五年》，是宫之奇提醒虞君要警惕晋国侵略的话。

三月，孙恩北趣海盐[1]，刘裕[2]随而拒之，筑城于海盐故治[3]。恩日来攻城，裕屡击破之，斩其将姚盛[4]。城中兵少不敌，裕夜偃旗匿众[5]，明晨开门，使羸疾[6]数人登城。贼遥问刘裕所在，曰："夜已走矣。"贼信之，争入城。裕奋击，大破之。恩知城不可拔，乃进向沪渎[7]，裕复弃城追之。

海盐令鲍陋遣子嗣之帅吴兵[8]一千，请为前驱[9]。裕曰："贼兵甚精，吴人不习战，若前驱失利，必败我军[10]，可在后为声势。"嗣之不从。裕乃多伏旗鼓。前驱既交[11]，诸伏皆出，裕举旗鸣鼓，贼以为四面有军，乃退。嗣之追之，战没[12]。裕且战且退，所领死伤且尽，至向战处[13]，令左右脱取死人衣以示闲暇。贼疑之，不敢逼。裕大呼更战，贼惧而退，裕乃引归。

河西王利鹿孤伐凉，与凉王隆战，大破之，徙二千余户而归。

夏，四月，辛卯[14]，魏[15]人罢邺行台[16]，以所统六郡置相州[17]，以庾岳[18]为刺史。

乞伏乾归至苑川，以边芮[19]为长史，王松寿[20]为司马，公卿、将帅皆降为僚佐、偏裨[21]。

北凉王业[22]惮沮渠蒙逊勇略，欲远之，蒙逊亦深自晦匿[23]。业以门下侍郎马权代蒙逊为张掖太守。权素豪隽[24]，为业所亲重[25]，常轻侮[26]蒙逊。蒙逊谮[27]之于业曰："天下不足虑，惟当忧马权耳。"业遂杀权。

蒙逊谓沮渠男成[28]曰："段公无鉴断[29]之才，非拨乱之主，向所惮者惟索嗣[30]、马权，今皆已死[31]，蒙逊欲除之以奉兄[32]，何如？"男成曰："业本孤客，为吾家所立，恃吾兄弟犹鱼之有水。夫人[33]亲信我而图之，不祥。"蒙逊乃求为西安[34]太守，业喜其出外，许之。

蒙逊与男成约同祭兰门山[35]，而阴使司马许咸[36]告业曰："男成欲以取假[37]日为乱，若求祭兰门山，臣言验矣。"至期，果然。业收男成赐死。男成曰："蒙逊先与臣谋反，臣以兄弟之故，隐而不言。今以臣在，恐部众不从，故约臣祭山而反诬臣，其意欲王之杀臣也。乞诈言臣死，暴臣罪恶[38]，蒙逊必反，臣然后奉王命而讨之，无不克矣。"业不听，杀之。蒙逊泣告众曰："男成忠于段王，而段王无故枉杀[39]之，诸君能为报仇乎？且始者共立段王，欲以安众耳，今州土纷乱，非段王所能济[40]也。"男成素得众心，众皆愤泣争奋，比至氐池[41]，众逾一万；镇军将军臧莫孩[42]率所部降之，羌、胡多起兵应蒙逊者。蒙逊进逼侯坞[43]。

业先疑右将军田昂[44]，囚之，至是召昂，谢而赦之，使与武卫将军梁中庸[45]共讨蒙逊。别将王丰孙[46]言于业曰："西平诸田[47]，世有反者，昂貌恭而心险，不可信也。"业曰："吾疑之久矣，但非昂无可以讨蒙逊者。"昂至侯坞，率骑五百降于蒙逊，业军遂溃，中庸亦诣蒙逊降。

五月，蒙逊至张掖，田昂兄子承爱斩关内之[48]，业左右皆散。蒙逊至，业谓蒙逊曰："孤孑然一己[49]，为君家所推，愿丐[50]余命，使得东还[51]与妻子相见。"蒙逊斩之[52]。

业，儒素长者[53]，无他权略[54]，威禁不行[55]，群下擅命[56]，尤信卜筮、巫觋[57]，故至于败。

沮渠男成之弟富占、将军俱傫[58]帅户五百降于河西王利鹿孤。傫，石子之子也。

（以上为第三段，写北凉宫廷政变，北凉主段业无他大略，忌惮张掖太守沮渠蒙逊，而蒙逊有所觉察，渐生反叛之心，用计杀掉段业的干将马权，起兵攻打，杀掉段业。）

【注释】

［1］北趣海盐：向北转攻海盐县。趣，同"趋"，奔走。海盐，县名，县治在今浙江海盐县东南。［2］刘裕：字德舆，小名寄奴，彭城人，东晋名将。后代晋自立，是南朝刘宋的建立者。传见《宋书》卷一。［3］海盐故治：海盐县的旧县城。［4］姚盛：海盗孙恩的将领，被刘裕所杀。［5］偃旗匿众：放倒军旗，隐匿众人，迷惑敌人。［6］羸（léi）疾：瘦弱与患病的人。［7］沪渎：古地名，在今上海市青浦区东，到宋代已沦于江中。［8］鲍陋：东晋海盐县令。嗣之：海盐县令鲍陋之子，曾率领一千吴兵助刘裕攻打海盗孙恩。吴兵：泛指今江苏东南部、浙江东北部及上海市一带的地方军队。［9］前驱：先锋，先头部队。［10］我军：刘裕的部队。刘裕上属刘牢之，刘牢之的军队被称为"北府兵"，是曾转战南北的劲旅。［11］交：与敌人接战。［12］没（mò）：同"殁"，此指阵亡。［13］向战处：刚才打伏击的地方。［14］辛卯：四月十七日。［15］魏：即北魏。［16］罢邺（yè）行台：撤销了在邺城设立的行台。邺城，在今河北临漳县西南。［17］所统六郡：邺城行台所管理的六个郡，指魏郡、阳平、广平、汲郡、顿丘、清河，在今河北、河南、山东三省交界的一片地区。相州：北魏新建州，州治在邺城。［18］庾岳：字业延，北魏开国功臣，著名将领。传见《魏书》卷二十八。［19］边芮（ruì）：西秦尚书左仆射，降为左长史。［20］王松寿：西秦民部尚书，降为司马。［21］皆降为僚佐、偏裨（pí）：由以前西秦朝廷的建制下降为今"河州刺史"的规模。如边芮前为尚书左仆射，王松寿为民部尚书，今则分别降为长史、司马。僚佐，官署中协助办事的官吏。偏裨，偏将，裨将，将佐的通称。［22］北凉王业：指北凉主段业。［23］晦匿：韬晦隐忍，不显示才能、实力。［24］豪隽：指出身于豪门大族，心高气傲。［25］亲重：亲信，重用。［26］轻侮：轻蔑，侮辱。［27］谮（zèn）：在尊长面前说人坏话。［28］沮渠男成：沮渠蒙逊从兄，北凉将领。传见《晋书》卷一百二十九。［29］鉴断：如今之所谓"英明果断"。鉴，眼光锐敏。断，果敢决断。［30］向所惮者：以前我们所惧怕

的。胡三省曰："以余观之，索嗣、马权皆庸夫耳，恃倚世资而使气，无能为也。"索嗣：北凉右卫将军。[31]今皆已死：索嗣被段业所杀，见《资治通鉴》第一百一十一卷晋安帝隆安四年(400)。[32]奉兄：拥戴大哥你。奉，推举，拥戴，这里指尊之为王。[33]夫人：夫，发语词，也有"彼"的意思，彼人，犹今所谓"人家"。[34]西安：郡名，后凉置，郡治在今甘肃张掖市东南。[35]兰门山：古山名，在今甘肃山丹县西南。[36]许咸：北凉官员，段业时为司马。[37]取假：休假。[38]暴臣罪恶：把我的罪行公布于众。暴，披露，这里即"宣布"。[39]枉杀：屈杀。[40]济：平定，治理好。[41]比至：及至，到。氐池：县名，县治在今甘肃民乐县西北。[42]臧莫孩：北凉镇军将军。沮渠蒙逊起兵反叛段业，率部归附，拜辅国将军。[43]侯坞：古地名，具体方位不详。[44]田昂：北凉右将军。[45]梁中庸：初北凉尚书右丞。后投奔沮渠蒙逊，与众共推蒙逊为凉州牧。蒙逊以为西郡太守，旋奔西凉李暠，为主簿。[46]别将：另一支部队的统领。王丰孙：北凉将领。[47]西平诸田：西平郡的田氏诸人。田昂即西平郡人。西平，郡名，郡治在今青海西宁市。[48]承爱：即田承爱，田昂之侄，北凉将领。斩关内之：砍开城门的锁，放蒙逊的军队进入。关，门栓及锁。[49]孑然一己：孤身一人。孑然，孤立的样子。[50]丐(gài)：乞求赐予，乞求放过。[51]东还：回东方的长安老家。段业是京兆(今陕西西安市)人，故乞请"东还"。[52]蒙逊斩之：段业在位共四年，公元397年至公元400年在位。[53]儒素长者：是一个念儒书的厚道人。儒素，儒者的品格。[54]无他权略：没有别的权谋大略。[55]威禁不行：没有权威，说话没有人听。威禁，权威，命令。不行，行不通，没人服从。[56]群下擅命：手下的人谁想怎么干就怎么干。擅，专，不听指挥。[57]尤信卜筮(shì)、巫觋(xí)：特别迷信算卦、跳神。卜筮，占卜，古代用龟甲占卜叫卜，用蓍草占卜叫筮。巫觋，犹今之所谓"巫婆""神汉"，以装神弄鬼为职业的女人叫巫，男人叫觋。[58]富占：即沮渠富占，沮渠男成之弟，北凉将领。俱傫(lěi)：前秦将领俱石之子，北凉将领。

孙恩陷沪渎，杀吴国内史袁崧[1]，死者四千人。

凉王隆多杀豪望[2]以立威名，内外嚣然[3]，人不自保。魏安人焦朗[4]遣使说秦陇西公硕德[5]曰："吕氏自武皇[6]弃世，兄弟相攻，政纲[7]不立，竞为威虐[8]，百姓饥馑[9]，死者过半。今乘其篡夺之际，取之易于返掌[10]，不可失也。"硕德言于秦王兴，帅步骑六万伐凉，乞伏乾归帅骑七千从之。

六月，甲戌[11]，孙恩浮海奄至丹徒[12]，战士十余万，楼船千余艘，建康震骇[13]。乙亥[14]，内外戒严，百官入居省内[15]；冠军将军高素等守石头[16]，辅国将军刘袭[17]栅断淮口[18]，丹阳尹司马恢之戍南岸[19]，冠军将军桓谦等备白石[20]，左卫将军王嘏等屯中堂[21]，征豫州刺史谯王尚之[22]入卫京师。

刘牢之自山阴引兵邀击[23]恩，未至而恩已过，乃使刘裕自海盐入援。裕兵不满千人，倍道兼行[24]，与恩俱至丹徒[25]。裕众既少，加以涉远疲劳，而丹徒守军莫有斗志。恩帅众鼓噪[26]，登蒜山[27]，居民皆荷担而立[28]。裕帅所领奔击，大破之，投崖赴水死[29]者甚众，恩狼狈[30]仅得还船。然恩犹恃其众，寻复整兵径向[31]京师。后将军元显[32]帅兵拒战，频[33]不利。会稽王道子[34]无他谋略，唯日祷蒋侯庙[35]。恩来渐近，百姓恟惧[36]。谯王尚之帅精锐驰至，径屯积弩堂[37]。恩楼船高大，溯风不得疾行[38]，数日乃至白石。恩本以诸军分散，欲掩[39]不备，既而知尚之在建康，复闻刘牢之已还，至新洲[40]，不敢进而去，浮海北走郁洲[41]。恩别将攻陷广陵[42]，杀三千人。宁朔将军高雅之[43]击恩于郁洲，为恩所执。

桓玄厉兵[44]训卒，常伺朝廷之隙，闻孙恩逼京师，建牙[45]聚众，上疏请讨之[46]。元显大惧，会恩退，元显以诏书止之，玄乃解严[47]。

（以上为第四段，写东晋海盗孙恩从海上发兵，突然出现在丹徒，逼近京师，朝廷紧急调防；孙恩本想突袭京都建康，但看到防备森严，没有胜算，抢掠而去。）

【注释】

[1]袁崧：字桥孙，东晋大臣，文学家。[2]豪望：有权势、有声望的人。[3]嚣然：扰攘不宁的样子。[4]焦朗：魏安（今甘肃武威市东南）人，后凉主吕隆时的将领，后起兵反对吕隆政权，为秃发傉檀部将。[5]陇西公硕德：即姚硕德，姚苌同母弟，后秦名将。封陇西王。传见《晋书》卷一百十六。[6]武皇：指后凉主吕光，庙号太祖，谥号懿武皇帝。传见《晋书》卷一百二十二。[7]政纲：施政纲领，为政大纲。[8]竞：竞相，争相。威虐：凶恶，残酷。[9]饥馑（jǐn）：饥荒。馑，荒年。[10]易于返掌：比喻事情极容易做到。返，当作“反”。[11]甲戌：六月一日。[12]奄至丹徒：突然袭击丹徒县。奄，突然袭击。丹徒，县名，县治在今江苏镇江市东南。[13]建康：东晋都城，在今江苏南京市。震骇（hài）：震惊，害怕。[14]乙亥：六月二日。[15]入居省内：都入住到各自的办公官署。省，指中书省、尚书省、御史台等中央机构。[16]高素：东晋安帝时为淮陵太守、冠军将军。石头：石头城，是当时建康城的重要屏障，旧址在今南京市清凉山麓。[17]刘袭：东晋安帝时为辅国将军。[18]栅（zhà）断淮口：在秦淮河的入长江之口拦河立栅，阻断行船，以防孙恩之兵船进入。淮口，秦淮河的入长

江之口，在今南京市的西北角。［19］丹阳尹：当时东晋国都建康所在郡的地方长官，其级别相当于郡太守，其治所在建康城内。司马恢之：字季明，司马懿之弟魏中郎司马进之后，历任东晋骠骑司马、丹阳尹。传见《晋书》卷三十七。戍南岸：戍守在秦淮河的南岸。［20］桓谦：字敬祖，太傅桓冲之子。受封宜阳侯，累迁至辅国将军。传见《晋书》卷七十四。白石：即白石垒，故址在今南京市金川门外。［21］王嘏：王导曾孙，王琨之子，继承始兴郡公爵位，娶鄱阳公主，时任左卫将军之职。屯中堂：驻守在宰相办公的地方。［22］豫州：州治陈县，在今河南周口市淮阳区。谯（qiáo）王尚之：即司马尚之，字伯道，司马懿六弟司马进之后，谯敬王司马恬长子，东晋豫州刺史，镇守历阳。传见《晋书》卷三十七。［23］山阴：县名，县治在今浙江绍兴市，为会稽郡郡治所在地。邀击：拦击，从侧翼进行袭击。［24］倍道兼行：加倍行进，一天走两天的路程。［25］丹徒：县名，县治在今江苏镇江市丹徒区。［26］鼓噪：鸣鼓，喧哗。［27］蒜山：古山名，在今江苏镇江市西。［28］荷（hé）担而立：挑着担子站着，言其随时准备逃跑。［29］死：此字原无，据章校补。［30］狼狈：形容困苦、受窘的样子。［31］寻：不久。径向：直接冲向。［32］元显：即司马元显，字朗君，司马道子世子，继其父为东晋权臣。传见《晋书》卷六十四。［33］频：屡次，连续。［34］会稽王道子：即司马道子，字道子，晋简文帝司马昱第七子，东晋晚期权臣。初封琅邪王，后徙封会稽王。传见《晋书》卷六十四。［35］日祷：每天祈祷。蒋侯庙：古庙名，在今江苏南京市东面的紫金山上，供奉的是东汉末年因讨贼而战死的秣陵尉蒋子文。因山有此庙，故亦称紫金山为蒋山。［36］恟（xiōng）惧：惊慌，恐惧。［37］径屯：直奔，直接驻扎。积弩堂：古厅堂名，在当时的石头城内。［38］溯（sù）风：迎风，顶风。疾行：快速行走。［39］掩：突然袭击。［40］新洲：古地名，江心洲，在今江苏镇江市西的长江中。［41］郁洲：古地名，在今江苏连云港市东，当时尚是一块与大陆不连的陆地。［42］广陵：古郡名，郡治在今江苏扬州市。［43］高雅之：淮陵太守高素之子，名将刘牢之女婿，东晋宁朔将军。［44］厉兵：磨刀。厉，同“砺”，磨砺。［45］建牙：树起大旗。将军帐前的大旗名叫牙旗，行军时为前导。［46］请讨之：名曰请讨孙恩，实际上是想袭取国都建康。［47］解严：解除紧急状态。

梁中庸等共推沮渠蒙逊为大都督、大将军、凉州牧、张掖公，赦其境内，改元永安[1]。蒙逊署从兄伏奴[2]为张掖太守、和平侯，弟挐[3]为建忠将军、都谷侯，田昂为西郡[4]太守，臧莫孩为辅国将军，房晷、梁中庸为左右长史，张骘、谢正礼[5]为左右司马。擢任[6]贤才，文武咸悦。

河西王利鹿孤命群臣极言得失。西曹从事史暠[7]曰：“陛下命将出征，往无不捷；然不以绥宁[8]为先，唯以徙民[9]为务；民安土重迁[10]，故多离叛，此所以斩将拔城而地不加广也。”利鹿孤善之。

秋，七月，魏兖州刺史长孙肥[11]将步骑二万南徇许昌[12]，东至彭城[13]，将军刘该[14]降之。

秦陇西公硕德自金城济河[15]，直趣广武[16]，河西王利鹿孤摄[17]广武守军以避之。秦军至姑臧[18]，凉王隆遣辅国大将军超、龙骧将军邈等逆战[19]，硕德大破之，生禽邈，俘斩万计。隆婴城[20]固守，巴西公佗帅东苑[21]之众二万五千降于秦。西凉公暠[22]、河西王利鹿孤、沮渠蒙逊各遣使奉表入贡于秦[23]。

初，凉将姜纪[24]降于河西王利鹿孤，广武公傉檀与论兵略，甚爱重之，坐则连席[25]，出则同车，每谈论，以夜继昼。利鹿孤谓傉檀曰：“姜纪信有美才[26]，然视候非常[27]，必不久留于此，不如杀之。纪若入秦，必为人患[28]。”傉檀曰：“臣以布衣之交待纪[29]，纪必不相负[30]也。”

八月，纪将数十骑奔秦军[31]，说硕德曰：“吕隆孤城无援，明公以大军临之，其势必请降；然彼徒文降[32]而已，未肯遂服也。请给纪步骑三千，与王松怱因焦朗、华纯[33]之众，伺其衅隙[34]，隆不足取[35]也。不然，今秃发[36]在南，兵强国富，若兼姑臧而据之，威势益盛，沮渠蒙逊、李暠不能抗也，必将归之，如此，则为国家[37]之大敌矣。”硕德乃表纪为武威太守，配兵二千，屯据晏然[38]。

秦王兴闻杨桓之贤而征[39]之，利鹿孤不敢留。

（以上为第五段，写沮渠蒙逊建立北凉，改元永安；后秦陇西公姚硕德率军打败后凉；西凉主李暠、南凉主秃发利鹿孤、北凉主沮渠蒙逊等都向后秦称臣纳贡。）

【注释】

[1]永安：北凉主沮渠蒙逊改元的年号。 [2]伏奴：即沮渠伏奴，北凉主沮渠蒙逊堂兄，被任命为北凉镇军将军、张掖太守。 [3]挐（ná）：即沮渠挐，北凉主沮渠蒙逊之弟，被任命为北凉建忠将军、秦州刺史。 [4]田昂：北凉将领，段业时为右将军，沮渠蒙逊即位，任为西郡太守。西郡：郡治在今甘肃永昌县西北。 [5]张骘（zhì）、谢正礼：北凉官员。始为段业的属官。沮渠蒙逊即位后，分别任为左右司马。 [6]擢（zhuó）任：提拔，任用。 [7]西曹从事：原是州刺史的属官，统指治中、别驾等高级僚属。史暠：南凉西曹从事。 [8]绥（suí）宁：安抚百姓，使之安居乐业。 [9]徙民：强迫百姓搬迁，实即掠夺人口。 [10]安土重迁：希望在故乡居住，不

愿意离家。［11］兖（yǎn）州：州治廪丘，在今山东郓城县西北。当时北魏未得兖州，使长孙肥以兖州刺史南略地。长孙肥：北魏名将。传见《魏书》卷二十六。［12］南徇许昌：向南开拓地盘到许昌一带。徇，略地，开拓地盘。许昌，县名，县治在今河南许昌市东。也是颍川郡的郡治所在地，当时属东晋。［13］彭城：郡名，郡治在今江苏徐州市，当时属东晋。［14］刘该：彭城人，东晋官员，为散骑常侍、徐州刺史。后投降北魏。［15］金城：郡名，郡治在今甘肃兰州市西北。济河：渡过黄河。济，渡水。［16］直趣：直趋，一直杀向。趣，同“趋”，奔赴。广武：郡名，郡治在今甘肃永登县南，当时属秃发氏的南凉政权。后秦的姚硕德自兰州渡黄河西袭吕氏的姑臧，必须经由广武一带。［17］摄：告谕，令其收缩、避开。［18］姑臧：郡名，郡治在今甘肃武威市，当时为后凉都城。［19］逆战：迎战，正面交锋。［20］婴城：环城。［21］东苑：姑臧城东面的小城，在今甘肃武威市。［22］西凉公暠：李广后裔李暠建立的割据政权，因其位于后凉西部，故称“西凉”。李暠在敦煌称凉公，后建西凉，故以称之。［23］入贡于秦：向姚氏后秦的纳贡称臣。［24］姜纪：原是后凉主吕纂的将领，吕隆等杀吕纂自立后，姜纪逃归秃发氏。［25］连席：两片坐垫紧挨着。［26］信有美才：确实有很好的才华。信，确实。［27］视候非常：看东西、观察事物的样子与一般人不同，不同于寻常。［28］必为人患：一定会给我们造成麻烦。［29］以布衣之交待纪：以平民百姓之间的交情对待姜纪，指平等、真诚，没有任何权势利欲的成分。［30］相负：相背，背叛。［31］纪将数十骑奔秦军：后凉吕隆杀吕纂，后凉将姜纪率数十骑逃归南凉秃发氏。姜纪反复诡谲之人，秃发氏不察，纳其降而爱重之，为其亡国伏笔。［32］徒文降而已：只不过是口头上、字面上的“投降”而已。［33］王松忽：后秦主姚兴时将领。焦朗、华纯：后凉主吕隆时的将领，后起兵反对吕隆政权。［34］伺：窥视，寻找。衅（xìn）隙：嫌隙，裂痕。［35］不足取：意即不费力气就能攻取。［36］秃发：指秃发氏的南凉政权。南凉，共历三主，即秃发乌孤、秃发利鹿孤、秃发傉檀，立国十七年。［37］国家：指姚兴的后秦政权。［38］晏然：县名，县治在今甘肃武威市西北。［39］杨桓：吕纂皇后杨氏的父亲。杨氏自杀后，杨桓逃归利鹿孤，任左司马。征：召，讨要。诸凉畏后秦之强，故后秦可对之发号施令。

诏以刘裕为下邳［1］太守，讨孙恩于郁洲［2］，累战，大破之。恩由是衰弱，复缘海南走，裕亦随而邀击［3］之。

燕［4］王盛［5］惩其父宝以懦弱［6］失国，务峻威刑［7］，又自矜聪察［8］，多所猜忌［9］，群臣有纤介之嫌［10］，皆先事诛之［11］，由是宗亲、勋旧［12］，人不自保。

丁亥［13］，左将军慕容国［14］与殿上将军秦舆、段赞［15］谋帅禁兵袭盛，事发，死者五百余人。壬辰［16］夜，前将军段玑［17］与秦舆之子兴、段赞之子泰［18］潜于禁中鼓噪大呼。盛闻变，帅左右出战，贼众逃溃。玑被创，匿厢屋间。俄[19]有一贼从暗中击盛，盛被伤，辇[20]升前殿，申约禁卫[21]，事定而卒[22]。

中垒将军慕容拔[23]、冗从仆射郭仲白太后丁氏[24]，以为国家多难，宜立长君。时众望在盛弟司徒、尚书令、平原公元[25]，而河间公熙[26]素得幸于丁氏，丁氏乃废太子定[27]，密迎熙入宫。明旦，群臣入朝，始知有变，因上表劝进于熙。熙以让元，元不敢当。

癸巳[28]，熙即天王位，捕获段玑等，皆夷三族。甲午[29]，大赦。丙申[30]，平原公元以嫌[31]赐死。闰月，辛酉[32]，葬盛于兴平陵[33]，谥曰“昭武皇帝”，庙号中宗[34]。丁氏送葬未还，中领军慕容提、步军校尉张佛[35]等谋立故太子定，事觉，伏诛，定亦赐死。丙寅[36]，大赦，改元光始[37]。

秦陇西公硕德围姑臧累月，东方之人[38]在城中者多谋外叛，魏益多复诱扇[39]之，欲杀凉王隆及安定公超，事发，坐死者三百余家。硕德抚纳夷、夏[40]，分置守宰[41]，节食聚粟，为持久之计。

凉之群臣请与秦连和[42]，隆不许。安定公超曰：“今资储内竭，上下嗷嗷[43]，虽使张、陈复生[44]，亦无以为策。陛下当思权变屈伸[45]，何爱尺书、单使[46]为卑辞以退敌[47]！敌去之后，修德政以息民[48]，若卜世未穷[49]，何忧旧业之不复！若天命去矣[50]，亦可以保全宗族[51]。不然，坐守困穷，终将何如？”隆乃从之，九月，遣使请降于秦。硕德表隆为镇西大将军、凉州刺史、建康公[52]。隆遣子弟及文武旧臣慕容筑、杨颖[53]等五十余家入质于长安。硕德军令严整，秋毫不犯，祭先贤，礼名士，西土悦之。

沮渠蒙逊所部酒泉、凉宁[54]二郡叛降于西凉，又闻吕隆降秦，大惧，遣其弟建忠将军挐[55]、牧府长史张潜[56]见硕德于姑臧[57]，请帅其众东迁[58]。硕德喜，拜潜张掖太守，挐建康太守。潜劝蒙逊东迁。挐私谓蒙逊曰：“姑臧未拔，吕氏犹存，硕德粮尽将还，不能久也，何为自弃土宇[59]，受制于人乎！”臧莫孩[60]亦以为然。

蒙逊遣子奚念为质[61]于河西王利鹿孤，利鹿孤不受，曰：“奚念年少，可遣挐也。”

冬，十月，蒙逊复遣使上疏于利鹿孤曰："臣前遣奚念具披诚款[62]，而圣旨未昭[63]。复征弟挐。臣窃以为，苟有诚信，则子不为轻，若其不信，则弟不为重。今寇难未夷[64]，不获奉诏[65]，愿陛下亮[66]之。"利鹿孤怒，遣张松侯俱延[67]、兴城侯文支[68]将骑一万袭蒙逊，至万岁临松[69]，执蒙逊从弟鄯善苟子[70]，虏[71]其民六千余户。蒙逊从叔孔遮[72]入朝于利鹿孤，许以挐为质，利鹿孤乃归其所掠，召俱延等还。文支，利鹿孤之弟也。

（以上为第六段，写后燕主慕容盛严威厉刑，群情激愤，被谋杀而死；后慕容熙为帝，仍是个杀人魔王；后秦陇西公姚硕德围困后凉，后凉主吕隆请求投降。）

【注释】

[1]下邳：郡名，郡治在今江苏邳州市西南。这里所指乃南迁的侨郡，约在今江苏镇江市一带。[2]郁洲：也称田横岛，在今江苏连云港市海州区东的云台山一带，古时在海中，现已与大陆相连。[3]邀击：寻机会予以攻击。[4]燕：即慕容垂所建后燕。[5]盛：即慕容盛，字道运，燕惠愍帝慕容宝长子，后燕第三位国主。[6]惩其父：接受其父的教训。宝：即慕容宝，字道佑，小字库勾，后燕第二位国主。懦弱：软弱，无能。[7]务峻威刑：一个劲地动用严刑峻法。峻，严厉，这里用如动词。[8]自矜（jīn）聪察：卖弄自己的小聪明。矜，夸矜，炫耀。聪察，聪慧明察，看问题尖锐深刻。[9]猜忌：猜疑，嫉妒。[10]纤介之嫌：小小的嫌疑，细微的可疑。纤、介，都是细小的意思。[11]先事诛之：在没有查清犯罪的事实之前就把他们杀了。[12]宗亲：宗族，亲戚。勋旧：功臣，故旧。[13]丁亥：八月十五日。[14]慕容国：后燕宗室大臣，历任骁骑将军，左将军。后与殿中将军秦舆、段赞等人密谋暗杀后燕主慕容盛，事泄被杀。[15]殿上将军：《晋书》作"殿中将军"，古将军名，掌典禁兵，负责宫殿警卫。胡三省曰："殿上将军盖慕容所置，缘晋之殿中将军而名官也。"秦舆、段赞：后燕殿上将军，曾谋杀慕容盛，不成。[16]壬辰：八月二十日。[17]段玑（jī）：后燕外戚大臣，慕容盛时为前将军。襄平令段登等人谋反被杀，段玑受到牵连。[18]兴：即秦兴，后燕殿上将军秦舆之子。泰：即段泰，后燕殿上将军段赞之子。[19]俄：不一会儿，转眼间。[20]辇（niǎn）：人拉的车子，这里用如动词，即用辇拉着。[21]申约禁卫：申明约束，布置好警卫。[22]事定而卒：等事件平定后才死去。慕容盛时年二十九，在位共三年（398—400）。[23]慕容拔：后燕宗室，封为王，为中垒将军，担任宫禁宿卫。[24]太后丁氏：即慕容宝之妻，慕容盛生母。[25]平原公元：即慕容元，慕容盛之弟，封平原公，任后燕卫将军，升为司徒、尚书令。后因受到猜忌，被迫自杀。[26]河间公熙：即慕容熙，慕容盛之叔，封河间公，进位河间王，后燕主慕容盛被变军杀害，慕容熙被密迎入宫即天王位，改元光始。在位六年，被慕容云所杀。传见《晋书》卷一百二十四。

[27]太子定：即慕容定，后燕主慕容盛之子，初封辽西公，长乐二年（400）立为皇太子。慕容盛被杀后，太后丁氏废太子慕容定，立慕容熙，而中领军慕容提、步军校尉张佛欲拥立慕容定，慕容熙得知后，逼迫定自杀。[28]癸巳：八月二十一日。[29]甲午：八月二十二日。[30]丙申：八月二十四日。[31]以嫌：因为有谋反的嫌疑。[32]闰月，辛酉：闰八月十九日。[33]兴平陵：古帝王陵名，后燕主慕容盛的陵寝，位于今辽宁朝阳市他拉皋镇附近。[34]中宗：中兴之主的庙号。按照"祖有功而宗有德"的标准，开国君主一般是祖，继嗣君主有治国才能者为宗。[35]慕容提：后燕将领，慕容盛时为中领军。步军校尉：古将领名。张佛：后燕将领，慕容盛时为步军校尉，慕容盛被杀，因谋立故太子慕容定，事觉，被杀。[36]丙寅：闰八月二十四日。[37]光始：后燕主慕容熙的年号，共六年。[38]东方之人：主要指今陕西境内及甘肃东南部一带当时属后秦的人。[39]魏益多：原是吕纂的部将，前已佐助吕超杀了吕纂，今又图谋叛乱。诱扇：诱惑，煽动。扇，同"煽"。[40]抚纳夷、夏：安抚、招纳新占领区内的各少数民族与汉族人。[41]分置守宰：给新占领的郡县分别派遣了太守与县令。[42]连和：联合，交好，这里实际是指请求投降。[43]嗷（áo）嗷：哀号，喊叫，此指啼饥号寒的声音。[44]"虽使张、陈复生"二句：即使让张良、陈平复活，也没好办法。按：西汉开国谋臣张良、陈平曾多次帮助刘邦在与项羽的征战中转危为安。[45]权变：指采取一种临时制宜的办法。屈伸：指根据客观形势该屈则屈，该伸则伸，而不是为了"面子"、为了"气节"而一味硬抗。[46]何爱尺书、单使：怎么就不能写一封信、派出一个使者。爱，吝惜，舍不得。尺书，意即"短信"。单使，规格很低、很不隆重的使臣。[47]为卑辞以退敌：说一些服软的、好听的话，以换取敌人的退兵。[48]修德政以息民：实施德政让百姓休养生息。[49]若卜世未穷：如果我们的国家气数未尽，还不到灭亡的时候。卜世，指王朝应该存活的年数。穷，尽。[50]天命去矣：老天爷不再保佑我们的国家社稷，意即只有死路一条了。[51]保全宗族：指不致被人家杀个净光。[52]建康公：封爵建康郡。建康，古郡名，郡治在今甘肃酒泉市东南。[53]慕容筑：前燕武威王，前秦灭燕，后被流配边地，遂归吕氏为臣。杨颖：后凉中书令、太常。传见《晋书》卷一百十二。[54]凉宁：郡名，郡治在今甘肃玉门市西北。[55]挐：即沮渠挐，又作沮渠如子，北凉主沮渠蒙逊之弟，北凉建忠将军、都谷侯。曾奉蒙逊命为质于河西王秃发利鹿孤。后得归。为护羌校尉、秦州刺史，封安平侯，镇守姑臧。[56]牧府长史：北凉主沮渠蒙逊的高级僚属。牧府，当时沮渠蒙逊自称凉州牧，故称其官署为"牧府"，与其他的州刺史府署相同。张潜：后凉官员，吕隆时为牧府长史。[57]见硕德于姑臧：此应指姑臧城外，因当时姑臧尚未被姚硕德攻下。[58]东迁：指归降于后秦。[59]何为自弃土宇：为什么要主动放弃已有的疆土？土宇，这里即指领土、地盘。[60]臧莫孩：人名，北凉辅国将军。[61]遣子奚念为质：沮渠蒙逊既不想东迁，于是便转而求援于秃发氏。为质，到某处做人质。奚念，即沮渠奚念，沮渠蒙逊之子。[62]具披诚款：一一地表白了我的内心。披，袒露，坦陈。[63]圣旨未昭：圣心未明，您还没有明白我的意思。昭，明白，在这里指允许。[64]寇难未夷：敌兵的进攻尚未打退。寇，指姚硕德的后秦势力。夷，

平，消除。［65］不获奉诏：指不能派沮渠挐前来为人质。不获，不能。［66］愿：希望。亮：同“谅”，谅解，理解。［67］张松侯俱延：即秃发俱延，秃发利鹿孤、秃发傉檀之弟，南凉太尉，封张松侯。［68］兴城侯文支：即秃发文支，秃发利鹿孤、秃发傉檀之弟，南凉广武太守，封兴城侯。［69］万岁临松：应为临松万岁，即临松郡的万岁县。胡三省引《晋书·地理志》曰：“酒泉郡有延寿县，当是后改为万岁。张天锡置临松郡。”临松郡的郡治在今甘肃肃南县。万岁县的县治在今甘肃山丹县东南。［70］从弟：堂弟。鄯（shàn）善苟子：即沮渠鄯善苟子，沮渠蒙逊的堂弟，南凉宗室、将领。［71］虏：同“掳”，掳掠，俘获。［72］孔遮：即沮渠孔遮，南凉主秃发利鹿孤堂叔，南凉将领。

南燕[1]主备德宴群臣于延贤堂[2]，酒酣，谓群臣曰：“朕可方自古何等主[3]？”青州刺史鞠仲[4]曰：“陛下中兴圣主，少康[5]、光武之俦[6]。”备德顾左右[7]赐仲帛千匹，仲以所赐多，辞之。备德曰：“卿知调朕[8]，朕不知调卿邪！卿所对非实[9]，故朕亦以虚言赏卿[10]耳。”韩范[11]进曰：“天子无戏言，今日之论，君臣俱失。”备德大悦，赐范绢五十匹。

备德母及兄纳[12]皆在长安，备德遣平原人杜弘往访[13]之。弘曰：“臣至长安，若不奉太后动止[14]，当西如张掖[15]，以死为效[16]。臣父雄[17]年逾六十，乞本县之禄以申乌鸟之情[18]。”中书令张华[19]曰：“杜弘未行而求禄，要君[20]之罪大矣。”备德曰：“弘为君迎母，为父求禄，忠孝备矣，何罪之有！”以雄为平原令。弘至张掖，为盗所杀。

十一月，刘裕追孙恩至沪渎、海盐，又破之，俘斩以万数，恩遂自浃口[21]远窜入海。

十二月，辛亥[22]，魏主珪[23]遣常山王遵[24]、定陵公和跋[25]帅众五万袭没弈干于高平[26]。

乙卯[27]，魏虎威将军宿沓干[28]伐燕，攻令支[29]。乙丑[30]，燕中领军宇文拔[31]救之。壬午[32]，宿沓干拔令支而戍之。

吕超攻姜纪不克，遂攻焦朗[33]。朗遣其弟子嵩为质于河西王利鹿孤以请迎[34]，利鹿孤遣车骑将军傉檀赴之。比至[35]，超已退，朗闭门拒之。傉檀怒，将攻之。镇北将军俱延谏曰：“安土重迁[36]，人之常情。朗孤城无食，今年不降，后年自服，何必多杀士卒以攻之！若其不捷，彼必去从他国，弃州境士民以资邻敌[37]，非计也，不如以善言谕[38]之。”傉檀乃与朗连和，遂曜兵姑臧[39]，壁于胡坑[40]。

傉檀知吕超必来斫营[41]，畜火以待之。超夜遣中垒将军王集[42]帅精兵二千斫傉檀营，傉檀徐严不起[43]。集入垒中，内外皆举火，光照如昼，纵兵击之，斩集及甲首[44]三百余级。吕隆惧，伪与傉檀通好，请于苑内结盟[45]。傉檀遣俱延入盟，俱延疑其有伏，毁苑墙而入。超伏兵击之，俱延失马步走，凌江将军郭祖[46]力战拒之，俱延乃得免。傉檀怒，攻其昌松太守孟祎于显美[47]。隆遣广武将军荀安国[48]、宁远将军石可[49]帅骑五百救之；安国等惮傉檀之强，遁还[50]。

（以上为第七段，写南燕主慕容德母亲和哥哥都在长安，慕容德派遣平原杜弘前去寻找；后凉安定公吕超率军进攻后秦魏安，而后退兵；焦朗与南凉主秃发傉檀结盟。）

【注释】

[1]南燕：慕容氏诸燕之一，范阳王慕容德在后燕垂亡之际建立，国号燕，史称“南燕”，先后定都滑台、广固，历二帝十二年。[2]备德：即慕容德，字玄明，后燕主慕容垂之弟，南燕开国国主。传见《晋书》卷一百二十七。延贤堂：南燕宫殿的厅堂名，在今山东青州市。[3]可方自古何等主：可与自古以来的哪些君王相比？[4]青州：州治在今山东淄博市临淄区。鞠仲：南燕青州刺史。[5]少康：即姒少康，又名杜康，夏王朝中兴之主，史称“少康中兴”。事见《史记》卷二注。[6]光武：即东汉光武帝刘秀。俦（chóu）：同一类的人物。[7]顾左右：吩咐、示意身边的人。[8]卿知调朕：你会戏耍我。调，戏耍，开玩笑。[9]所对非实：回答我的话不合实际。[10]以虚言赏卿：意谓你夸我夸过了头，我赏你也赏得过头。[11]韩范：南燕官员，官至尚书令。传见《晋书》卷一百二十八。[12]纳：即慕容纳，南燕主慕容德之兄，时居留在后秦的长安。[13]平原：县名，县治在今山东平原县。杜弘：南燕官员。访：寻找、探望。[14]不奉太后动止：意思是如果在长安没能找到太后。奉，承接，这里指见到。动止，犹言踪迹。[15]西如张掖：意即再到张掖去找。慕容德早年在苻坚部下任职时，曾被封为张掖太守。后随慕容垂叛苻坚东下，另立后燕，故杜弘估计慕容德之母等亦可能在张掖。张掖，古郡名，郡治在今甘肃张掖市。[16]以死为效：豁出命去完成此事。[17]雄：即杜雄，南燕官员杜弘之父。[18]乞本县之禄：意指请任其父为平原县令。申乌鸟之情：以表现自己对父母的一点心意。旧说乌鸦能反哺（喂）其母，故人们常常以此典故比喻子女报答父母之情。晋李密《陈情表》中有所谓“乌鸟私情，愿乞终养”。[19]张华：南燕中书令。[20]要君：要挟君主，与君主讨价还价。[21]浃（jiā）口：甬江的入海之口，在今浙江宁波市镇海区东南。[22]辛亥：十二

月十一日。［23］魏主珪：即北魏主拓跋珪。［24］常山王遵：即拓跋遵，字勃兜，官至冀州刺史，封常山郡王。后坐罪赐死。传见《魏书》卷十五。［25］定陵：县名，县治在今河南舞阳县境内。和跋：北魏将领，封定陵郡公，拜平原太守。后期贪图虚名，骄奢淫逸，全家被处死。传见《魏书》卷二十八。［26］没弈（yì）干：《晋书》作"没弈于"，又称木易干，后秦车骑将军、高平公，镇守高平。高平：郡治在今宁夏固原市。［27］乙卯：十二月十五日。［28］虎威将军：古将军名，通常封给在战斗中作战勇猛的武将。宿沓（tà）干：北魏虎威将军，侍御郎，赐爵汉安县男。后从驾讨柔然，战没。传见《魏书》卷三十。［29］令支：县名，县治在今河北迁安市西。［30］乙丑：十二月二十五日。［31］宇文拔：后燕中领军、左卫将军、大宗正，据守令支。［32］壬午：第二年的正月十三日。［33］遂攻焦朗：当时姜纪据守晏然，焦朗据守魏安。［34］嵩：指焦嵩，后凉将领焦朗之侄。请迎：他要投降，请求秃发利鹿孤派兵来迎接，即救援焦朗。［35］比至：救军到达时。比，及，等。［36］安土重迁：愿住在老地方，不愿意搬家。重，难，不愿意。［37］弃州境士民：抛弃我们邻近地区的百姓。以资邻敌：让他们去给邻近的敌人增强力量。资，助，加强。［38］谕：晓谕，抚慰。［39］曜兵姑臧：向着姑臧城里炫耀武力。姑臧，时为后凉主吕隆的都城，在今甘肃武威市。［40］壁：营垒，引申为驻军。胡坑：古地名，在今甘肃武威市西。［41］斫（zhuó）营：劫营，攻打营寨。斫，用刀斧砍。［42］王集：后凉将领，为中垒将军。［43］徐严不起：暗中戒备，不立即起来迎战。严，戒备。［44］甲首：穿铠甲士兵的首级。［45］苑内：姑臧城东的东苑小城内。结盟：缔结盟约。［46］郭祖：南凉凌江将军。［47］昌松：郡名，郡治在今甘肃武威市东南。孟祎（yī）：后凉昌松太守。显美：县名，县治在今甘肃武威市西北。［48］荀安国：一作"苟安国"，后凉将领，为广武将军。［49］石可：人名，后凉宁远将军。［50］遁还：悄悄地逃回。

桓玄表其兄伟为江州[1]刺史，镇夏口[2]；司马刁畅为辅国将军[3]、督八郡军事，镇襄阳；遣其将皇甫敷、冯该戍湓口[4]。移沮、漳蛮[5]二千户于江南，立武宁郡[6]；更招集流民，立绥安郡[7]。诏征广州刺史刁逵[8]、豫章太守郭昶之[9]，玄皆留不遣。

玄自谓有晋国三分之二，数使人上己符端[10]，欲以惑众；又致笺[11]于会稽王道子曰："贼造近郊[12]，以风不得进，以雨不致火[13]，食尽故去耳，非力屈[14]也。昔国宝[15]死后，王恭不乘此威入统朝政，足见其心非侮于明公[16]也，而谓之不忠。今之贵要腹心[17]，有时流清望[18]者谁乎？岂可云无佳胜[19]？直[20]是不能信之耳！尔来一朝一夕[21]，遂成今日之祸。在朝君子皆畏祸不言，玄忝任在远[22]，是以披写事实[23]。”元显见之，大惧。

张法顺[24]谓元显曰：“桓玄承藉世资[25]，素有豪气，既并殷、杨[26]，专有荆楚[27]；第下之所控引止三吴[28]耳。孙恩为乱，东土涂地[29]，公私困竭[30]，玄必乘此纵其奸凶，窃用[31]忧之。”元显曰：“为之奈何？”法顺曰：“玄始得荆州，人情未附，方务绥抚[32]，未暇[33]他图。若乘此际使刘牢之为前锋，而第下以大军继进，玄可取也。”元显以为然。会武昌太守庾楷以玄与朝廷构怨[34]，恐事不成，祸及于己，密使人自结于元显，云“玄大失人情，众不为用，若朝廷遣军，己当为内应。”元显大喜，遣张法顺至京口[35]，谋于刘牢之，牢之以为难。法顺还，谓元显曰：“观牢之言色，必贰[36]于我，不如召入杀之；不尔，败人大事。”元显不从。于是，大治水军，征兵装舰[37]，以谋讨玄。

（以上为第八段，写海盗孙恩被打退后，东晋荆州刺史桓玄凭借名望和资历占据东晋三分之二的地盘，要挟朝廷，朝廷非常惶恐，选兵造舰，谋讨伐桓玄。）

【注释】

[1]伟：即桓伟，字幼道，大司马桓温之子，东晋将领、江州刺史，封西昌县侯。传见《晋书》卷九十八。江州：州治浔阳，在今江西九江市。[2]夏口：古地名，夏水（汉水）注入长江处，古称夏口，在今湖北武汉市，当时属江夏郡。[3]刁畅：桓玄的死党。任司马，进位辅国将军，镇襄阳。桓玄篡位，拜右卫将军。[4]皇甫敷：安帝时为桓玄将领。冯该：东晋扬威将军、雍州刺史。湓（pén）口：鄱阳湖入长江的交汇口，在今江西九江市东北。[5]沮（jǔ）、漳蛮：沮、漳二水流域的少数民族。二水都发源于今湖北保康县南，流经远安县、当阳市一带汇合，南入长江。[6]武宁郡：郡治乐乡，在今湖北宜城市南。[7]绥安郡：郡治长宁，在今湖北荆门市西北。[8]刁逵：字迫道，桓玄党羽。隆安中，任广州刺史，领平越中郎将。[9]豫章：郡治南昌，在今江西南昌市。郭昶（chǎng）之：桓玄党羽。[10]数：屡次，多次。上己符端：把有关桓玄应该称帝的征兆上报东晋皇帝。符端，即符瑞，是汉代以来阴阳五行家们编造的一种骗人把戏，他们把麒麟出、凤凰降以及彩云、甘霖等说成是上天显示的“符瑞”，或叫“祥瑞”，以预示某人或某地该有大福降临。[11]笺：古代的一种文体名，指写给王公大臣的书信。[12]贼造近郊：孙恩的贼兵到达建康的近郊。造，至，到达。[13]不致火：指不能生火做饭，无以为食。[14]非力屈：不是被朝廷的军队打败，而是他们的力量不够。[15]国宝：即王国宝，著名权奸，是司马道子的同党。[16]非侮于明公：并非是要打倒你司马道子。明公，对受话人的敬称。[17]贵要腹心：指皇帝周围那些尊贵显要而又忠于司马氏的人。[18]有时流清望：在

当时的上流社会中有声誉、有名望。清，指清高廉平。［19］佳胜：指江东人士中名位通显于时，品行、门第好的人，称作“佳胜”，也称为“名胜”。桓玄在这里是用以指自己。［20］直：只，只不过。［21］尔来：这样一来。一朝一夕：犹言日积月累。［22］忝（tiǎn）任在远：意谓我身任远离朝廷的地方官。忝，谦词，意思是身任此职于心有愧。［23］披写事实：把我真实的想法向你披露倾吐。写，同“泻”，倾泻，倒出来。［24］张法顺：东晋大臣，司马元显的谋士。司马元显败亡后，坐罪处死。事见《晋书》卷六十四。［25］承藉世资：依仗着他门第的高贵。世资，世代相传下来的贵族地位。［26］殷、杨：指荆州刺史殷仲堪、雍州刺史杨佺（quán）期，二人支持王恭讨伐王国宝，对抗桓玄。后被桓玄征讨，兵败被杀。两人传见《晋书》卷八十四。［27］专有：独占，拥有。荆楚：即荆州。［28］第下：犹言“殿下”“阁下”，尊称司马元显。所控引：所控制，所管辖。止：同“只”，只有。三吴：古区域名，指东吴地区，为吴郡、吴兴、会稽三郡。［29］涂地：这里是残破的意思。［30］公私困竭：国家和个人极度困乏。［31］窃：私下。用：因，因此。［32］方务绥（suí）抚：现正在他的管辖区内忙于安抚。绥抚，安抚。［33］未暇：还没有来得及。［34］武昌：古郡名，郡治在今湖北鄂州市。庾楷：东晋外戚将领，豫州刺史，进号左将军，依附于会稽王司马道子。后参加王恭之乱。兵败投靠桓玄，担任武昌太守，却暗中勾结司马道子之子执政司马元显，后坐罪被杀。传见《晋书》卷八十四。构怨：结怨，结仇。［35］京口：古地名，在今江苏镇江市，当时刘牢之驻镇于此。［36］贰：两属，这里即指叛变。［37］装舰：制造兵舰。装，安装，制造。

元兴元年（壬寅，402年）

春，正月，庚午朔[1]，下诏罪状[2]桓玄，以尚书令元显为骠骑大将军、征讨大都督、都督十八州[3]诸军事、加黄钺[4]，又以镇北将军刘牢之为前锋都督，前将军谯王尚之为后部[5]，因大赦，改元[6]，内外戒严，加会稽王道子太傅[7]。

元显欲尽诛诸桓。中护军桓修[8]，骠骑长史王诞[9]之甥也，诞有宠于元显，因陈[10]修等与玄志趣不同，元显乃止。诞，导之曾孙也。

张法顺言于元显曰：“桓谦兄弟[11]每为上流耳目[12]，宜斩之以杜奸谋[13]。且事之济不[14]，系[15]在前军，而牢之反覆，万一有变，则祸败立至，可令牢之杀谦兄弟以示无贰心，若不受命，当逆为之所[16]。”元显曰：“今非牢之，无以敌玄；且始事而诛大将，人情不安。”再三不可[17]。又以桓氏世为荆土所附，桓冲特有遗惠[18]，而谦，冲之子也，乃自骠骑司马除[19]都督荆·益·宁·梁四州诸军事、荆州刺史，欲以结西人之心。

丁丑[20]，燕慕容拔攻魏令支戍[21]，克之，宿沓干走，执魏辽西太守那颉[22]。燕以拔为幽州[23]刺史，镇令支，以中坚将军辽西阳豪[24]为本郡太守。丁亥[25]，以章武公渊[26]为尚书令，博陵公虔[27]为尚书左仆射，尚书王腾[28]为右仆射。

戊子[29]，魏材官将军和突攻黜弗、素古延[30]等诸部，破之。初，魏主珪遣北部大人贺狄干[31]献马千匹求婚于秦，秦王兴闻珪已立慕容后[32]，止狄干[33]而绝其婚。没弈干[34]、黜弗、素古延，皆秦之属国也，而魏攻之，由是秦、魏有隙。庚寅[35]，珪大阅士马，命并州诸郡积谷于平阳之乾壁[36]以备秦。

柔然社仑方睦[37]于秦，遣将救黜弗、素古延。辛卯[38]，和突逆击[39]，大破之，社仑帅其部落远遁漠北，夺高车[40]之地而居之。斛律部帅倍侯利[41]击社仑，大为所败，倍侯利奔魏。社仑于是西北击匈奴遗种日拔也鸡[42]，大破之，遂吞并诸部，士马繁盛，雄于北方。其地西至焉耆[43]，东接朝鲜[44]，南临大漠，旁侧小国皆羁属[45]焉，自号豆代可汗。始立约束[46]，以千人为军，军有将；百人为幢，幢有帅。攻战先登者赐以虏获[47]，畏懦者以石击其首而杀之。

秃发傉檀克显美[48]，执孟祎[49]而责之，以其不早降。祎曰：“祎受吕氏厚恩，分符[50]守土；若明公大军甫至[51]，望旗归附，恐获罪于执事[52]矣。”傉檀释而礼之，徙二千余户而归，以祎为左司马。祎辞曰：“吕氏将亡，圣朝必取河右[53]，人无愚智皆知之。但祎为人守城不能全，复忝显任[54]，于心窃所未安。若蒙明公之惠，使得就戮姑臧[55]，死且不朽[56]。”傉檀义而归之。

（以上为第九段，写东晋朝廷要发动消灭权臣桓玄势力的战争；柔然可汗社仑兼并了漠北很多部落，兵强马壮，称雄于漠北；南凉攻下后凉显美，义释吕松太守孟祎。）

【注释】

[1]庚午朔：正月一日。[2]罪状：这里用如动词，即斥责、声讨其罪过的意思。[3]都督十八州：意即统率全国军队。十八州，指当时东晋所辖的全境，即扬、徐、南徐、兖、南兖、

豫、南豫、青、冀、司、荆、江、雍、梁、益、宁、交、广。［4］加黄钺（yuè）：授予权力象征的黄色大斧，有生杀大权。［5］后部：即后军都督。［6］改元：从此改用“元兴”年号，以表示重新开始之意。［7］太傅：国家三公之一，并无实权，但地位显要崇高，故用为加官。［8］桓修：字承祖，车骑将军桓冲第三子，简文帝女婿，时任中护军，升转抚军将军，后为刘裕所杀。传见《晋书》卷七十四。［9］骠骑长史：骠骑大将军（司马道子）的高级属官。王诞：字茂世，丞相王导曾孙。起家秘书郎，依附权臣司马元显，历任吏部侍郎、庐江琅邪二郡太守。后为太尉（刘裕）长史，任齐郡太守、吴国内史。传见《宋书》卷五十二。［10］陈：为之分说。［11］桓谦兄弟：指桓谦与其兄桓修。桓谦，时任司马道子司马。［12］为上流耳目：言其虽在朝为官，实则是桓玄安在朝廷的耳目。上流，指当时任荆州刺史的桓玄。荆州地处晋都建康的上流。［13］以杜奸谋：以断绝他们之间的通风报信、里应外合。杜，堵塞，断绝。［14］事之济不：指讨伐桓玄的事情能否成功。不，同“否”。［15］系：关联，此指关键。［16］逆为之所：祸患未来而先为之图，事先给他找个合适的地方，意即杀了刘牢之。逆，预先，事先。［17］再三不可：指张法顺言之再三，而司马元显终以为不可。［18］桓冲：东晋名将。传见《晋书》卷七十四。遗惠：指桓冲对东晋王朝忠心无二，为官去任后，能使百姓因得好处而怀念之。［19］除：任命。［20］丁丑：正月八日。［21］魏令支戍：北魏军在令支城设立的防守据点。［22］那颉（jié）：北魏官员，为辽西太守，后被后燕所攻杀。辽西的郡治令支，在今河北迁安市南。［23］幽州：州治蓟县，在今北京市西南。［24］阳豪：后燕辽西太守。［25］丁亥：正月十八日。［26］章武公渊：即慕容渊，慕容盛之弟，慕容盛时为尚书左仆射、章武公。后为尚书令，涉嫌谋反，被杀。［27］博陵公虔：即慕容虔，慕容盛之弟，为博陵公，任尚书左仆射。［28］王腾：后燕官员，由尚书提拔为尚书右仆射。［29］戊子：正月十九日。［30］和突：北魏材官将军。黜弗、素古延：少数民族部落名，与匈奴的关系较近，当时活动在今宁夏一带。［31］大人：少数民族的部落首领。贺狄干：北魏大臣，曾奉使后秦，带着马匹求婚于后秦，遭后秦主姚兴拒绝，被扣留。后归国，为拓跋珪所杀。传见《魏书》卷二十八。［32］秦王兴：即姚兴，字子略，后秦主姚苌嫡长子，第二位国主。传见《晋书》卷一百十七。慕容后：慕容宝的幼女，被北魏主拓跋珪立为皇后，事见《资治通鉴》第一百一十一卷隆安四年（400）。［33］止狄干：扣留了贺狄干。止，扣留。［34］没弈干：此“没弈干”与黜弗、素古延并列，为后秦的属国，是指没弈干作为部落首领所率领的部族。［35］庚寅：正月二十一日。［36］并州：州治晋阳，在今山西太原市西南。平阳之乾壁：平阳郡的乾壁县。平阳的郡治在今山西临汾市西南。乾壁，即乾城县治，古代也叫北屈，在今山西吉县北。［37］柔然：亦称“蠕蠕”，古代北方少数民族名及汗国名。社仑：即郁久闾社仑，柔然部落的头领，号丘豆伐可汗。传见《魏书》卷一百三。睦：和睦，友好。［38］辛卯：正月二十二日。［39］逆击：迎击，迎头痛击。［40］高车：少数民族名，匈奴族的别种，当时活动在今蒙古国北部地区，以其风俗喜乘高轮车而得名。［41］斛（hú）律部：少数民族部落名。原居于漠北鄂尔浑河、图拉河流域，后居于代北（今山西恒山及河北小五台山以北地区），史称朔州敕勒斛律部，遂以部名为氏。倍侯利：人名，斛律氏，为高车族斛律部首领。后投奔北魏，封孟都公，性格质朴直爽，勇健过人，打起仗来奋戈陷阵，谥号忠壮王。传见《魏书》卷一百三。［42］遗种：后代。日拔也鸡：一作“日拔也稽”，即拔也稽部，东晋时北方部落名，游牧于柔然西北，士马强壮，国尤富强。［43］焉耆（qí）：当时的西域国名，国都焉耆，在今新疆焉耆回族自治县。［44］朝鲜：古国名。［45］羁（jī）属：松散地从属。［46］约束：指各种规章制度。［47］赐以虏获：把他在战场上缴获的东西全都赏给他。虏获，即俘获的战利品。虏，同“掳”。［48］克显美：秃发傉檀自去年攻打显美，至此才攻下。显美，县名，县治在今甘肃武威市西北。［49］孟祎（yī）：后凉昌松太守。［50］分符：即受命，接受任务。符，一种作为凭证的器物，朝廷与外官各执一半，朝廷有命令下达时，派使者持在朝的一半前往合符以示信。［51］甫至：刚到。甫，始，刚刚。［52］获罪于执事：意谓被你所鄙视。执事，犹言“阁下”“麾下”，对受话人的敬称。［53］圣朝必取河右：你们一定可以占领黄河以西地区。圣朝，敬指南凉政权。河右，犹言“河西”，指黄河以西的青海北部及甘肃中西部地区。［54］复忝（tiǎn）显任：又荣任高官。忝，谦指受任。显任，高官。“司马”是大将军的高级僚属，故孟祎说它是“显任”。［55］就戮姑臧：回到姑臧吕隆那里去领受罪责，这里意即请求放回。［56］死且不朽：意谓即使我死了，对您的放归也是永远感激不忘的。

东土遭孙恩之乱，因以饥馑[1]，漕运不继[2]。桓玄禁断江路[3]，商旅俱绝[4]，公私匮乏[5]，以粰、橡给士卒[6]。玄谓朝廷方多忧虞[7]，必未暇讨己，可以蓄力观衅[8]。及大军将发，从兄太傅长史石生[9]密以书报之。玄大惊，欲完聚江陵[10]。长史卞范之[11]曰：“明公英威[12]振于远近，元显口尚乳臭[13]，刘牢之大失物情[14]，若兵临近畿[15]，示以祸福[16]，土崩之势可翘足[17]而待，何有延敌入境[18]，自取穷蹙[19]者乎！”玄从之，留桓伟守江陵，抗表传檄[20]，罪状元显，举兵东下。檄至，元显大惧。

二月，丙午[21]，帝饯元显于西池[22]，元显下船而不发[23]。

癸丑[24]，魏常山王遵等至高平，没弈干弃其部众，帅数千骑与刘勃勃奔秦州[25]。魏军追至瓦亭[26]，不及而还，尽获其府库蓄积，马四万余匹，杂畜九万余口，徙其民于代都[27]，余种分迸[28]。

平阳太守贰尘复侵秦河东[29]，长安大震，关中诸城昼闭，秦人简兵[30]训卒以谋伐魏。

秦王兴立子泓[31]为太子，大赦。泓孝友宽和，喜文学[32]，善谈咏[33]，而懦弱多病。兴欲以为嗣，而狐疑[34]不决，久乃立之。

姑臧大饥，米斗直[35]钱五千，人相食，饿死者十余万口。城门昼闭，樵采[36]路绝，民请出城为胡虏[37]奴婢者，日有数百，吕隆恶其沮动[38]众心，尽坑之，积尸盈路。

沮渠蒙逊引兵攻姑臧，隆遣使求救于河西王利鹿孤。利鹿孤遣广武公傉檀帅骑一万救之；未至，隆击破蒙逊军。蒙逊请与隆盟，留谷万余斛遗[39]之而还。傉檀至昌松[40]，闻蒙逊已退，乃徙凉泽段冢[41]民五百余户而还。

中散骑常侍张融[42]言于利鹿孤曰："焦朗兄弟据魏安，潜通姚氏，数为反覆，今不取，后必为朝廷忧。"利鹿孤遣傉檀讨之，朗面缚[43]出降，傉檀送于西平[44]，徙其民于乐都[45]。

（以上为第十段，写东晋权臣桓玄先发制人，挥师东进；北魏将领拓跋遵率军袭击后秦将领没弈干，抵达高平；北凉主沮渠蒙逊率军进攻后凉都城姑臧，被打败。）

【注释】

［1］因以饥馑（jǐn）：紧接着又闹灾荒。因，接连。饥馑，灾荒，荒年。［2］漕运不继：指东方州郡给朝廷运送的物资减少，不够开销。［3］禁断江路：断绝长江的水路运输。［4］商旅俱绝：四字原无，据章校补。［5］匮（kuì）乏：物资缺乏，不足。［6］以稃（fū）、橡给士卒：让士兵们吃糠稃、橡实。稃，谷物的皮。橡，栎树的果实，可吃。［7］谓：以为。忧虞：忧虑。［8］蓄力观衅：积蓄自己的力量，等待机会，以伺机而起。［9］从兄：堂兄。石生：即桓石生，桓玄的堂兄，东晋官员。当时在司马道子手下任"长史"，官至前将军、江州刺史。［10］完聚江陵：指收缩兵力，积蓄粮草以固守江陵。［11］卞范之：字敬祖，桓玄的心腹骨干。始为始安太守，官至侍中、后将军，封临汝县公。传见《晋书》卷九十九。［12］英威：英勇，威武。［13］乳臭（xiù）：奶腥气，指年幼，幼稚无知。［14］大失物情：大失人心。物情，人心。［15］近畿（jī）：邻近国都的地方。［16］示以祸福：告诉他们应何去何从，意即对之进行策反。［17］翘（qiáo）足：举足，抬起脚来，形容时间短暂。［18］延敌入境：等着敌人打上门来。延，引，这里意即坐等。［19］穷蹙（cù）：受困，困窘。［20］抗表传檄：给朝廷上表，控告司马元显；给各州郡发出檄文，号召讨伐司马元显。檄，檄文，号召讨伐某人的文告。［21］丙午：二月七日。［22］饯（jiàn）：设酒食送行。西池：又名太子湖，在东晋都城建康城北六里。［23］不发：不出发，停住不前，心中恐惧。胡三省曰："元显内畏桓玄，故下船而不发。"［24］癸丑：二月十四日。［25］刘勃勃：即赫连勃勃，字屈孑，匈奴左贤王刘卫辰之

子，胡夏政权的建立者。传见《晋书》卷一百三十。秦州：州治上邽（今甘肃天水市），当时属后秦。［26］瓦亭：古村镇名，在今宁夏固原市西南。［27］代都：古地名，代国的都城，即平城，在今山西大同市东北。［28］分迸（bèng）：分散逃走。［29］贰尘：北魏平阳太守。河东：郡名，时属后秦，郡治安邑，在今山西夏县西北。［30］简兵：通过演习，挑选军吏士卒。［31］泓（hóng）：即姚泓，字元子，后秦主姚兴长子，后秦末代国主。东晋刘裕北伐灭后秦，姚泓出降，被斩于建康。传见《晋书》卷一百十九。［32］文学：指文献之学，即学术、学问。［33］谈：谈吐议论。咏：吟诵诗文。［34］狐疑：犹犹豫豫，拿不定主意。［35］直：同“值”，价值相当。［36］樵（qiáo）采：砍柴，采摘野果。［37］胡虏：此指围困姑臧的后秦人，后秦人属羌族。［38］恶（wù）：厌恶，讨厌。沮动：涣散，动摇。［39］留谷万余斛（hú）：给吕隆政权留下了万余斛粮食。斛，古容量单位，一斛约当一石，即十斗。遗：赠送。［40］昌松：古郡名，郡治在今甘肃武威市东南。［41］凉泽段冢（zhǒng）：凉泽地区的段冢村。凉泽，也叫猪野泽、休层泽，在今甘肃武威市东。段冢，村镇名。［42］中散骑常侍：皇帝侍从官，入则规谏过失，备皇帝顾问，出则骑马散从。张融：南凉中散骑常侍。［43］面缚：指双手缚于后，前方只见其面。［44］西平：古地名，在今青海西宁市，当时为秃发氏的南凉国都。［45］乐都：古县名，县治在今青海海东市乐都区。

桓玄发江陵[1]，虑[2]事不捷，常为西还之计；及过寻阳[3]，不见官军，意甚喜，将士之气亦振。

庾楷谋泄[4]，玄囚之。

丁巳[5]，诏遣齐王柔之[6]以驺虞幡宣告荆、江二州[7]，使罢兵，玄前锋杀之。柔之，宗[8]之子也。

丁卯[9]，玄至姑孰[10]，使其将冯该等攻历阳[11]。襄城太守司马休之[12]婴城固守[13]。玄军断洞浦[14]，焚豫州舟舰。豫州刺史谯王尚之[15]帅步卒九千阵于浦上，遣武都太守杨秋屯横江[16]，秋降于玄军。尚之众溃，逃于涂中[17]，玄捕获之。司马休之出战而败，弃城走。

刘牢之素恶骠骑大将军元显，恐桓玄既灭，元显益骄恣[18]，又恐己功名愈盛，不为元显所容；且自恃材武[19]，拥强兵，欲假玄以除执政[20]，复伺玄之隙而自取之，故不肯讨玄。元显日夜昏酣[21]，以牢之为前锋，牢之骤诣门[22]，不得见，及帝出饯元显，遇之公坐[23]而已。

牢之军溧洲[24]，参军刘裕请击玄，牢之不许。玄使牢之族舅何穆[25]说牢之曰："自古戴[26]震主之威，挟不赏之功[27]而能自全者，谁邪？越之文种，秦之白起，汉之韩信，皆事明主[28]，为之尽力，功成之日，犹不免诛夷，况为凶愚[29]者之用乎！君如今日战胜则倾宗[30]，战败则覆族，欲以此安归乎[31]！不若翻然改图[32]，则可以长保富贵矣。古人射钩[33]、斩袪[34]，犹不害为辅佐[35]，况玄与君无宿昔之怨[36]乎！"时谯王尚之已败，人情愈恐；牢之颇纳穆言，与玄交通[37]。

东海中尉东海何无忌[38]，牢之之甥也，与刘裕极谏，不听。其子骠骑从事中郎敬宣[39]谏曰："今国家衰危[40]，天下之重在大人与玄。玄藉父、叔[41]之资，据有全楚，割晋国三分之二,一朝纵之使陵朝廷[42]，玄威望既成，恐难图也，董卓[43]之变，将在今矣。"牢之怒曰："吾岂不知！今日取玄如反覆手[44]耳；但平玄之后，令我奈骠骑[45]何！"

三月，己巳朔[46]，牢之遣敬宣诣玄请降。玄阴欲诛牢之，乃与敬宣宴饮，陈名书画共观之，以安悦其意。敬宣不之觉，玄佐吏莫不相视而笑。玄版敬宣为咨议参军[47]。

元显将发[48]，闻玄已至新亭[49]，弃船，退屯国子学[50]，辛未[51]，陈于宣阳门外[52]。军中相惊，言玄已至南桁[53]，元显引兵欲还宫。玄遣人拔刀随后大呼曰："放仗[54]！"军人皆崩溃，元显乘马走入东府[55]，唯张法顺一骑随之。元显问计于道子，道子但对之涕泣。玄遣太傅从事中郎毛泰收[56]元显送新亭，缚于舫前而数[57]之。元显曰："为王诞、张法顺所误耳。"

（以上为第十一段，写东晋权臣桓玄率领大军攻打东晋朝廷；朝廷倚重名将刘牢之，而牢之首鼠两端，患得患失，最后投靠桓玄；司马元显率军抵抗，未战而败北。）

【注释】

[1]江陵：古城名，在今湖北荆州市江陵县，当时荆州刺史的州治所在地。 [2]虑：焦虑，担忧。 [3]寻阳：县名，县治在今湖北黄梅县西南。 [4]庾楷谋泄：桓玄曾以孙恩叛军逼近建康，上请讨伐，以庾楷为右将军，想趁机侵凌朝廷。庾楷知道桓玄有入据朝权的野心，怕桓玄一旦失败会牵连到自己，于是暗中与司马元显联结，答允自己会成为内应。后朝廷下诏讨伐桓玄，庾楷的秘密被揭，遭囚禁。后桓玄成功夺权，庾楷被杀。 [5]丁巳：二月十八日。 [6]齐王柔之：

即司马柔之，南顿王司马宗之子，袭封齐王，任散骑常侍。后为侍中，带着驺虞幡制止江州和荆州之兵，被桓玄前锋所杀。传见《晋书》卷五十九。［7］驺虞幡：朝廷勒令下属立即罢兵的一种旗号，上绘驺虞。荆、江二州：指荆州刺史桓玄、江州刺史桓伟及其所属将士。［8］宗：即南顿王司马宗，晋朝宗室大臣。传见《晋书》卷五十九。［9］丁卯：二月二十八日。［10］姑孰：县名，县治在今安徽当涂县。［11］历阳：郡名，郡治在今安徽和县，当时是豫州刺史的侨居驻地。［12］襄城：郡名，郡治在今河南襄城县，上属豫州。司马休之，字季预，司马懿六弟司马进之后，时任襄城太守。传见《晋书》卷三十七。［13］婴城固守：环城固守。婴城，环城。婴，同“缨”，环绕。［14］断：阻断，隔断。洞浦：也叫洞口，在历阳城东的长江边上。［15］谯（qiáo）王尚之：即司马尚之，字伯道，司马懿六弟司马进之后，谯敬王司马恬长子，袭封谯王，任豫州刺史，镇守历阳，被桓玄杀害。传见《晋书》卷三十七。［16］武都：郡名，郡治在今甘肃成县西北。此为侨置之郡。杨秋：东晋武都太守，后投降桓玄。横江：古地名，在今安徽马鞍山市前的采石矶。［17］涂中：据胡三省注，涂同“滁”，古地区名，在今安徽全椒县以东、江苏南京市六合区以西的滁河一线。［18］骄恣：骄傲，放纵。［19］材武：有才能而且勇武。材，同“才”。［20］假玄：借力桓玄。以除执政：以除掉朝廷的执政者司马道子与其子司马元显。［21］昏酣（hān）：沉醉，大醉。［22］骤诣（yì）门：多次到司马元显的门上。骤，数，屡次。［23］遇之公坐：在大庭广众的席位上见了个面。［24］溧洲：古地名，《晋书》作“洌洲”，在今江苏南京市西南的长江中。［25］族舅：远房叔伯舅舅。何穆：刘牢之族舅。［26］戴：顶着，这里即指“挟有”。［27］挟：拥有。不赏之功：无法奖赏的功劳，形容功劳极大。［28］“越之文种”四句：谓春秋时越国文种，佐越王勾践复国称霸，战国时秦将白起百战百胜，事秦昭王称雄东方，西汉开国功臣韩信辅助汉高祖兴汉灭楚，三人所事之主越王勾践、秦昭王嬴稷、汉高祖刘邦，都是历史上极有作为的开明君主，为了政权稳固，不得不屠灭震主功臣。［29］凶愚：指东晋安帝司马德宗。司马德宗是个白痴，生活都不能自理。［30］倾宗：与下“覆族”对文同义，即合族被灭。［31］欲以此安归乎：一个具有如此战功与名望、地位的人还能去投奔谁呢？［32］翻然：亦作“幡然”，往回飞的样子，形容转变得很快。改图：改变计划，此指投靠桓玄。［33］射钩：齐桓公即位前与其兄公子纠相争，管仲为公子纠发冷箭射齐桓公，射在了齐桓公的衣带钩上，桓公故而未死。齐桓公即位后听从鲍叔牙推荐，捐弃前嫌，用管仲为相。事见《史记》卷三十二。［34］斩袪（qū）：春秋晋国骊姬煽动晋献公杀了太子申生，又派寺人披去杀公子重耳，重耳跳墙逃跑，被寺人披斩断了一只袖子。后来重耳即位，寺人披来见，重耳赦免了他。事见《史记》卷三十九。［35］不害为辅佐：不影响他们为丞相之职。［36］宿昔之怨：旧日的仇恨。宿昔，犹言往日。［37］交通：互相往来，勾结。［38］何无忌：字无忌，东海郯县（今山东郯城县）人，名将刘牢之的外甥，东晋将领。少有大志，参与平定桓玄之乱，迎接晋安帝复位，册封安成公。后讨伐卢循之乱，战死殉国。传见《晋书》卷八十五。［39］敬宣：即刘敬宣，镇北将军刘牢之之子，时任骠骑大将军司马元显的从事中郎，官至右军将军，后被害。传见《晋书》卷八十四。［40］衰危：衰败，微弱。［41］父、叔：父，指桓温；叔，指桓冲。［42］陵朝廷：欺凌朝廷，凌驾于朝廷之上。陵，同“凌”。［43］董卓：字仲颖，东汉末乱政的凉州大军阀。传见《后汉书》卷七十二。［44］反覆手：手一反一覆，极言其易。［45］骠骑：指骠骑大将军司马元显。［46］己巳朔：原文作“乙巳”，疑为“己巳”之误。三月一日是己巳日。［47］版：木札书，此指委任状。当时大臣委任官属，以木札书之，有别于朝廷的诏令，故称“版”。咨议参军：职掌咨询谋议军事。［48］将发：将乘船出发西讨桓玄。［49］新亭：当时的游览区，在今南京市西南的长江边上。［50］国子学：古代教育管理机关和最高学府。东晋武帝咸宁二年（276）始设，与太学并立，在建康城南、秦淮河边。［51］辛未：三月三日。［52］陈于宣阳门外：列阵于宣阳门外。陈，陈兵，列阵。宣阳门，当时建康城的南门。［53］南桁（héng）：即朱雀桥，当时建康城南秦淮河上的浮桥名。因其正对城的南门，故亦称“南桁”。桁，浮桥。［54］放仗：犹今之所谓“放下武器”。［55］东府：司马道子的宰相府，在当时的台城之东，四面有城墙。［56］太傅从事中郎：司马道子身边的官属，当时司马道子加官为太傅。毛泰：太傅从事中郎，与司马父子极其亲昵，后产生矛盾。桓玄叛乱时，欲投靠桓玄，终被杀。事见《晋书》卷八十一。收：拘捕，扣留。［57］舫：游船。数：数落，指责。

壬申[1]，复隆安年号[2]。帝遣侍中劳玄于安乐渚[3]。玄入京师，称诏解严[4]，以玄总百揆[5]，都督中外诸军事、丞相、录尚书事、扬州牧，领徐、荆、江三州刺史[6]，假黄钺[7]。玄以桓伟为荆州刺史，桓谦为尚书左仆射，桓修为徐、兖二州刺史，桓石生为江州刺史，卞范之为丹杨[8]尹。

初，玄之举兵，侍中王谧[9]奉诏诣玄，玄亲礼[10]之。及玄辅政，以谧为中书令。谧，导之孙也。新安太守殷仲文[11]，觊之弟也，玄姊为仲文妻。仲文闻玄克京师[12]，弃郡投玄，玄以为咨议参军。刘迈[13]往见玄，玄曰：“汝不畏死，而敢来邪？”迈曰：“射钩、斩袪，并迈为三[14]。”玄悦，以为参军。

癸酉[15]，有司奏会稽王道子酣纵[16]不孝，当弃市[17]，诏徙安成郡[18]，斩元显及东海王彦璋[19]、谯王尚之、庾楷、张法顺、毛泰等于建康市。桓修为王诞固请，长流岭南[20]。

玄以刘牢之为会稽内史。牢之曰：“始尔[21]，便夺我兵，祸其至矣。”

刘敬宣请归，谕[22]牢之使受命，玄遣之。敬宣劝牢之袭玄，牢之犹豫不决，移屯班渎[23]，私告刘裕曰："今当北就高雅之于广陵[24]，举兵以匡[25]社稷，卿能从我去乎？"裕曰："将军以劲卒数万，望风降服，彼新得志，威震天下，朝野人情皆已去[26]矣，广陵岂可得至邪！裕当反服还京口[27]耳。"何无忌谓[28]裕曰："我将何之？"裕曰："吾观镇北[29]必不免，卿可随我还京口。桓玄若守臣节[30]，当与卿事之；不然，当与卿图之。"

于是，牢之大集僚佐，议据江北以讨玄。参军刘袭[31]曰："事之不可者莫大于反[32]。将军往年反王兖州[33]，近日反司马郎君[34]，今复反桓公，一人三反，何以自立！"语毕，趋出[35]，佐吏多散走。牢之惧，使敬宣之京口迎家，失期不至。牢之以为事已泄，为玄所杀，乃帅部曲[36]北走，至新洲[37]，缢[38]而死。敬宣至，不暇哭，即渡江奔广陵。将吏共殡敛[39]牢之，以其丧归丹徒[40]。玄令斫棺[41]斩首，暴尸[42]于市。

大赦[43]，改元大亨[44]。

桓玄让丞相、荆·江·徐三州[45]，改授太尉[46]、都督中外诸军事、扬州牧，领豫州刺史，总百揆，以琅邪王德文为太宰[47]。

司马休之、刘敬宣、高雅之俱奔洛阳[48]，各以子弟为质于秦以求救。秦王兴与之符信[49]，使于关东[50]募兵，得数千人，复还屯彭城间[51]。

孙恩寇临海[52]，临海太守辛景[53]击破之，恩所虏三吴男女，死亡殆尽。恩恐为官军所获，乃赴海死，其党及妓妾从死者以百数，谓之"水仙[54]"。余众数千人复推恩妹夫卢循[55]为主。循，谌之曾孙也。神采清秀，雅有材艺[56]。少时，沙门惠远[57]尝谓之曰："君虽体涉风素[58]，而志存不轨，如何[59]？"太尉玄欲抚安东土[60]，乃以循为永嘉[61]太守。循虽受命，而寇暴[62]不已。

（以上为第十二段，写东晋朝廷发兵攻打桓玄以失败告终，权臣司马元显等人被杀，反复无常的刘牢之自杀，桓玄入朝，专擅朝政。）

【注释】

［1］壬申：三月四日。［2］复隆安年号：司马元显为讨桓玄而改该年“隆安六年”为“元兴元年”，今则仍称“隆安六年”。［3］侍中：帝王身边的侍从大臣，以协助参谋决策。劳玄：慰问桓玄，如此则承认了桓玄起兵的合理性、正义性。安乐渚（zhǔ）：古地名。渚，水中陆地。［4］称诏解严：以皇帝的名义宣告解除了朝廷一切军队的戒备状态。［5］总百揆（kuí）：统领百官，为百官之长。总，统领，总管。［6］领徐、荆、江三州刺史：胡三省曰：“是时，晋土全有荆、江、扬三州，徐州率多侨郡，而京口则重镇也，玄悉领之，全有晋国矣；且将夺刘牢之之兵，故领徐州以制之。”［7］假黄钺（yuè）：授予镀金大斧，使其有生杀之权。假，加，授予。钺，古代兵器，青铜或铁制成，饰以黄金，形状像板斧而较大。［8］丹杨：郡名，东晋首都建康城（今江苏南京市）所在郡，郡治也在建康。［9］王谧：字稚远，丞相王导之孙，车骑将军王劭之子，时任侍中。亲近桓玄，官至中书监、司徒公。传见《晋书》卷七十五。［10］亲礼：亲自以礼相待。［11］殷仲文：吴兴太守殷康之子，南蛮校尉殷觊之弟，时任新安太守，弃郡投玄。传见《晋书》卷九十九。［12］克京师：指桓玄控制了京城。［13］刘迈：字伯群，刘毅之兄，投靠桓玄，任竟陵太守。后刘毅随刘裕反桓玄，约刘迈为内应，事泄，刘迈为桓玄所杀。［14］并迈为三：意谓自己也和当初的管仲、寺人披一样，当时是各为其主，如今也应当得到宽宥。［15］癸酉：三月五日。［16］有司奏：有关方面的官员向皇帝启奏。显然这是桓玄所指使。酣（hān）纵：纵酒。［17］弃市：在大众集聚的闹市处死犯人，以示为大众所弃。［18］徙安成郡：流放到安成郡，郡治在今江西安福县。［19］东海王彦璋：即司马彦璋，又作“司马彦章”，会稽忠王司马元显第二子，封为东海王，过继为东海哀王司马冲曾孙，改食吴兴郡。传见《晋书》卷六十四。［20］岭南：区域名，指南方五岭以南地区。五岭，即越城岭、都庞岭、萌渚岭、骑田岭、大庾岭，在今广东、广西一带。［21］始尔：犹言事情才刚刚开始。［22］谕：晓谕，说服。［23］班渎：古地名，在当时建康城东北的长江边。［24］高雅之：刘牢之的女婿，当时任广陵相。广陵：郡城名，在今江苏扬州市西北。［25］匡（kuāng）：匡扶，匡正。［26］朝野人情皆已去：意即都不再喜欢我们。人情，人心向背。［27］反服：穿原来的服装，即脱去军服，回家为民。京口：城名，在今江苏镇江市。［28］谓：请教，求助。［29］镇北：即刘牢之，以讨孙恩之功进号镇北将军。［30］守臣节：即尊奉东晋皇帝，为臣子。［31］刘袭：东晋官员，安帝时为辅国将军，镇北（刘牢之）参军。［32］反：反戈，倒戈。［33］王兖（yǎn）州：即王恭，生前曾任兖州刺史。刘牢之反王恭，事见《资治通鉴》卷一百十晋安帝隆安二年（398）。［34］司马郎君：指司马元显。当时奴仆称主人家的年轻人叫“郎”或“郎君”。郎君，犹后世之所谓“少爷”“公子”。［35］趋出：小步疾行而出。趋，小步疾行，是臣子在君父面前守礼的一种走路姿势。［36］部曲：部属。古代大将军营分为五部，部有校尉一人；部有曲，曲有军候一人。部曲代指军队。［37］新洲：古地名，长江中的洲渚，在当时的建康城东北。［38］缢（yì）：吊死。［39］殡（bìn）敛（liǎn）：

即殡殓，为死者更衣下棺，准备埋葬。敛，同“殓”，收殓。［40］丹徒：县名，县治在今江苏镇江市东南。［41］斫（zhuó）棺：打开棺材。斫，用刀斧砍。［42］暴尸：为惩罚死者生前的行为，将其尸体暴露在公共场所，未经许可不得收殓。［43］大赦：主语是东晋安帝，实为桓玄。［44］改元大亨：前桓玄已让晋安帝废除“元兴”，复用“隆安”年号，今又令其改年号“大亨”，意即一切大吉大利。［45］让丞相、荆·江·徐三州：当时桓玄已让其兄桓伟为荆州刺史，弟桓石生为江州刺史，堂兄弟桓修为徐、兖二州刺史；自己又占据京城，把持朝政，故不妨让了数职，且又没有让给别家。［46］太尉：古高级武官名，统管全国军事力量。［47］琅邪王德文：即司马德文，安帝司马德宗之弟，东晋末代皇帝。初封琅邪王，继位为帝，后禅位于宋王刘裕，废为零陵郡王，后被杀。传见《晋书》卷十。太宰：晋朝的“太宰”实即太师，为避司马师之讳而改。在当时是一种荣誉性的加官。［48］洛阳：古都名，在今河南洛阳市，当时属姚兴之后秦。［49］符信：帝王授予大臣的兵符信印。［50］关东：原为“关中”，据章校改。关东，函谷关以东。［51］彭城间：彭城（在今江苏徐州市）一带，当时处于东晋的北部边境。［52］临海：郡名，郡治章安，在今浙江临海市东。［53］辛景：东晋临海太守。［54］水仙：意谓随水成仙而去。［55］卢循：东晋变民首领。传见《晋书》卷一百。［56］雅：平素。材艺：才智，艺能。材，同“才”。［57］沙门：和尚。惠远：即释慧远，俗姓贺，本姓贾氏，雁门楼烦（今山西宁武县附近）人，净土宗始祖，庐山东林寺高僧。［58］体涉风素：犹后世之所谓“相貌堂堂”。［59］如何：意即你这一生该如何度过。［60］抚安：即安抚、抚慰。东土：指东晋都城建康以东的地方。［61］永嘉：郡名，郡治在今浙江温州市。［62］寇暴：侵夺，劫掠。

甲戌[1]，燕大赦。

河西王秃发利鹿孤寝疾[2]，遗令以国事授弟傉檀。初，秃发思复鞬[3]爱重傉檀，谓诸子曰：“傉檀器识[4]，非汝曹所及也。”故诸兄不以传子而传于弟。利鹿孤在位，垂拱[5]而已，军国大事皆委于傉檀。利鹿孤卒，傉檀袭位，更称凉王[6]，改元弘昌[7]，迁于乐都[8]，谥利鹿孤曰“康王[9]”。

夏，四月，太尉玄出屯姑孰，辞录尚书事，诏许之，而大政皆就咨[10]焉，小事则决于尚书令桓谦及卞范之。

自隆安以来[11]，中外之人厌于祸乱[12]。及玄初至，黜奸佞[13]，擢隽贤[14]，京师欣然[15]，冀得少安[16]。既而玄奢豪纵逸[17]，政令无常，朋党[18]互起，陵侮[19]朝廷，裁损乘舆供奉之具[20]，帝几[21]不免饥寒，由是众心失望。三吴大饥，户口减半，会稽减什三、四[22]，临海、永嘉殆尽[23]，富室皆衣罗纨[24]，怀金玉，闭门相守[25]饿死。

乞伏炽磐自西平逃归苑川[26]，南凉王傉檀归其妻子。乞伏乾归使炽磐入朝于秦，秦主兴以炽磐为兴晋[27]太守。

五月，卢循自临海入东阳[28]，太尉玄遣抚军中兵参军刘裕将兵击之，循败，走永嘉。

高句丽攻宿军[29]，燕平州刺史慕容归[30]弃城走。

（以上为第十三段，写南凉主秃发利鹿孤病重，将国家托给其弟秃发傉檀，傉檀继承王位，改称凉王，改元弘昌；东晋权臣桓玄把持朝政，骄奢淫逸，民众失望。）

【注释】

[1]甲戌：三月六日。 [2]寝疾：犹言“卧病”，卧床不起。 [3]秃发思复鞬（jiān）：秃发鲜卑首领，南凉政权的第二任国主。传见《晋书》卷一百二十六。 [4]器识：才气，识见。[5]垂拱：垂衣拱手而坐，以言其清闲自得、诸事不问，一切都听从秃发傉檀的。 [6]更称凉王：秃发利鹿孤在时称河西王，秃发傉檀改称凉王，即历史上的南凉政权。 [7]弘昌：南凉主秃发傉檀的年号，在此以前秃发利鹿孤的年号为“建和”。后秃发傉檀畏后秦强大，乃去年号。 [8]乐都：地名，在今青海海东市乐都区，南凉主秃发傉檀以为都城。 [9]康王：《谥法》曰：“丰年好乐曰‘康’，安乐抚民曰‘康’，令民安乐曰‘康’。” [10]皆就咨：都要到他那儿去请示。 [11]隆安以来：晋安帝司马德宗即位以来。隆安，晋安帝的年号。 [12]厌于祸乱：指王恭、殷仲堪、桓玄的连续起兵，以及孙恩起义等，战乱连续不断。厌，厌弃，厌烦。 [13]黜（chù）：罢黜，废弃。奸佞：奸邪谄媚的人。 [14]擢（zhuó）：提升，提拔。隽贤：才德杰出的人。 [15]欣然：非常愉快的样子。 [16]冀得少安：希望能够稍微安定一点。少，同“稍”，稍微，略微。 [17]奢豪：奢侈，阔绰。纵逸：恣纵，放荡。 [18]朋党：结党，因政见不同而形成的相互倾轧的宗派。[19]陵侮：凌辱，欺压。陵，同“凌”。 [20]裁损：裁削，减少。乘舆供奉之具：指给晋安帝的日常生活供应。乘舆，帝王乘坐的车驾，这里借指皇帝。 [21]几：差不多，几乎。 [22]会稽：郡名，郡治山阴，在今浙江绍兴市。减什三、四：减少了十分之三、四。什，同“十”。 [23]临海、永嘉殆尽：临海、永嘉两个郡里都几乎没有人了。 [24]衣：穿。罗纨：泛指精美的丝织品。[25]相守：全家老少在一起，相互不离。 [26]乞伏炽磐：西秦主乞伏乾归长子，西秦第三位国主。传见《晋书》卷一百二十五。自西平逃归苑川：西秦主乞伏乾归与后秦主姚兴作战失败，向西逃跑，投降了秃发氏，将其子乞伏炽磐送到西平给秃发氏作人质，自己又只身东下苑川，投降了姚兴。是年乞伏炽磐逃回苑川。苑川，郡名，郡治在今甘肃兰州市东。 [27]兴晋：郡名，郡治在今甘肃临夏市。 [28]东阳：郡名，郡治在今浙江金华市。 [29]宿军：古城名，当时的平州州治所在地，在龙城（今辽宁朝阳市）东北。 [30]慕容归：后燕平州刺史，高句丽进犯宿军，慕

容归弃城逃走。后北燕主高云封其为辽东公，主管后燕帝室宗庙的祭祀工作。

秦主兴大发诸军，遣义阳公平[1]、尚书右仆射狄伯支[2]等将步骑四万伐魏，兴自将大军继之，以尚书令姚晃[3]辅太子泓守长安，没弈干权镇上邽[4]，广陵公钦[5]权镇洛阳。平攻魏乾壁[6]六十余日，拔之。

秋，七月，魏主珪遣毗陵王顺[7]及豫州刺史长孙肥将六万骑为前锋，自将大军继发以击之。

八月，太尉玄讽朝廷以玄平元显功封豫章公[8]，平殷、杨功封桂阳公[9]，并本封南郡[10]如故。玄以豫章封其子升[11]，桂阳封其兄子俊[12]。

魏主珪至永安[13]，秦义阳公平遣骁将帅精骑二百觇魏军[14]，长孙肥逆击[15]，尽擒之。平退走，珪追之，乙巳[16]，及于柴壁[17]。平婴城[18]固守，魏军围之。秦王兴将兵四万七千救之，将据天渡运粮以馈[19]平。魏博士李先[20]曰："兵法：高者为敌所栖，深者为敌所囚[21]。今秦皆犯之，宜及兴未至，遣奇兵先据天渡，柴壁可不战而取也。"珪命增筑重围，内以防平之出，外以拒兴之入。广武将军安同[22]曰："汾东有蒙坑[23]，东西三百余里，蹊径[24]不通。兴来，必从汾西直临柴壁，如此，虏声势相接，重围虽固，不能制也；不如为浮梁[25]，渡汾西[26]，筑围以拒之，虏至，无所施其智力矣。"珪从之。兴至蒲阪[27]，惮魏之强，久乃进兵。甲子[28]，珪帅步骑三万逆击兴于蒙坑之南，斩首千余级，兴退走四十余里，平亦不敢出。珪乃分兵四据险要，使秦兵不得近柴壁。兴屯汾西，凭壑为垒[29]，束柏材[30]从汾上流纵之，欲以毁浮梁，魏人皆钩取以为薪蒸[31]。

冬，十月，平粮竭矢尽，夜，悉众突西南围求出。兴列兵汾西，举烽鼓噪为应。兴欲平力战突免，平望兴攻围引接[32]，但叫呼相和，莫敢逼围。平不得出，计穷，乃帅麾下赴水死，诸将多从平赴水。珪使善游者钩捕之，无得免者。执狄伯支及越骑校尉唐小方[33]等四十余人，余众二万余人皆敛手就禽[34]。兴坐视其穷，力不能救，举军恸哭[35]，声震山谷。数遣使求和于魏，珪不许，乘胜进攻蒲阪，秦晋公绪[36]固守不战。会柔然谋伐魏，珪闻之，戊申[37]，引兵还。

或告太史令晁崇[38]及弟黄门侍郎懿[39]潜召秦兵，珪至晋阳[40]，赐崇、懿死[41]。

秦徙河西豪右[42]万余户于长安。

（以上为第十四段，写后秦将领姚平率军攻打北魏，初获胜利，后被北魏大军围困，水泄不通，后秦主姚兴率军来救，无能为力，眼看姚平的大军覆没，痛哭失声。）

【注释】

[1]义阳公平：即姚平，字子奇，后秦文桓帝姚兴之弟，封义阳公、安北将军。姚平率军四万攻打北魏，拔乾城，进据柴壁（今山西襄汾县西南），被魏军围困，粮尽，举兵突围失败，与亲兵投水溺死。义阳：古郡国名，治所在今河南信阳市。 [2]狄伯支：天水（今甘肃天水市）人，后秦大臣。辅佐后秦主姚苌、姚兴两代，官至中书令，封乐平侯，后为平北将军姚冲鸩杀。 [3]姚晃：后秦尚书令。 [4]权镇上邽：临时镇守上邽。上邽，郡城名，在今甘肃天水市。权，暂时，临时。 [5]广陵公钦：即姚钦，后秦主姚兴的部将，封广陵公。广陵，郡名，郡治在今江苏扬州市。 [6]乾壁：古地名，在今山西襄汾县北、临汾市南。 [7]毗（pí）陵王顺：即拓跋顺，拓跋珪之侄，初封南安公，后进封毗陵王，为司隶校尉。因失礼节，被废。传见《魏书》卷十五。 [8]讽：暗示，隐微示意。豫章公：封邑为豫章郡，郡治在今江西南昌市。 [9]殷、杨：指殷仲堪、杨佺期。二人于隆安三年（399）被桓玄所灭。桂阳公：封邑为桂阳郡，郡治在今湖南郴州市。 [10]本封南郡：原有的封地南郡，郡治在今湖北荆州市江陵城。南郡是桓玄之父桓温当年的封地，由桓玄继承。 [11]升：即桓升，权臣桓玄之子。 [12]俊：即桓俊，权臣桓玄之侄。 [13]永安：古县名，县治在今山西霍州市。 [14]骁（xiāo）将：勇将。觇（chān）魏军：哨探魏军的虚实。觇，窥视，探测。 [15]逆击：迎击，正面攻击。 [16]乙巳：八月九日。 [17]柴壁：古地名，在今山西襄汾县南。 [18]婴城：环城。婴，同“缨”，环绕。 [19]天渡：汾水上的渡口名。沿水由北向南流经柴壁城西，在柴壁之西的汾河上。馈：馈赠，引申为运送。 [20]博士：帝王身边的参谋顾问人员。李先：字容仁，赵郡平棘（今河北赵县）人，北魏大臣。初仕前秦，历西燕，归顺北魏，官至安东将军，封寿春侯，为内都坐大官。传见《魏书》卷三十三。 [21]高者为敌所栖，深者为敌所囚：高者，指柴壁。深者，指天渡。栖、囚，都是围困的意思。 [22]安同：祖籍安息（今伊朗），粟特族。北魏开国功臣。传见《魏书》卷三十。 [23]蒙坑：古谷地名，在今山西襄汾县东南、翼城县西北。 [24]蹊径：人行的小路。 [25]浮梁：浮桥。 [26]渡汾西：渡河到汾水西岸。 [27]蒲阪：县名，县治在今山西永济市，在永济西黄河边上。 [28]甲子：八月二十日。 [29]壑：山沟，山谷。垒：堡垒，壁垒。 [30]柏材：柏树的树干。 [31]薪蒸：即

烧柴。粗的叫薪，细的叫蒸。［32］引接：接应。［33］越骑校尉：八校尉之一，取其材力超越。唐小方：后秦越骑校尉，在柴壁之战中被北魏俘获。［34］敛手就禽：束手被擒，一点儿办法也没有。禽，同“擒”。［35］恸（tòng）哭：极度悲哀，大声呼号。［36］晋公绪：即姚绪，姚苌之弟、姚兴叔父，后秦大臣。姚兴即位，封晋王，守卫后秦东部，任并、冀二州牧，镇守蒲阪。后为丞相，主持后秦国家政务。［37］戊申：十月十三日。［38］或告：有人告发。太史令：为太史署的长官，隶属太常，掌天文、历法、占候。晁崇：字子业，家世史官，为太史令。［39］黄门侍郎：帝王身边的侍从官员。懿：即晁懿，晁崇之弟，北魏黄门侍郎。语音类道武帝，左右每闻其声，莫不惊悚。帝知而恶之。后其家奴告其反，赐死。［40］晋阳：城名，在今山西太原市西南，当时为并州的州治所在地。［41］赐崇、懿死：上文曰“或告”，盖传闻之事，而据此即赐人死，以见拓跋珪之多疑好杀。［42］河西豪右：指今陕西、山西间的黄河两岸的豪门大族。

太尉玄杀吴兴太守高素、将军竺谦之及谦之从兄朗之[1]、刘袭并袭弟季武[2]，皆刘牢之北府[3]旧将也。袭兄冀州刺史轨邀司马休之、刘敬宣、高雅之等共据山阳[4]，欲起兵攻玄，不克而走。将军袁虔之、刘寿、高长庆、郭恭[5]等皆往从之，将奔魏，至陈留[6]南，分为二辈[7]：轨、休之、敬宣奔南燕[8]，虔之、寿、长庆、恭奔秦。

魏主珪初闻休之等当来，大喜。后怪其不至，令兖州[9]求访，获其从者，问其故，皆曰：“魏朝威声远被[10]，是以休之等咸欲归附；既而闻崔逞[11]被杀，故奔二国。”珪深悔之，自是士人有过，颇见优容[12]。

南凉王傉檀攻吕隆于姑臧[13]。

燕王熙纳故中山尹苻谟[14]二女，长曰“娀娥”，为贵人[15]，幼曰“训英[16]”，为贵嫔，贵嫔尤有宠。丁太后怨恚[17]，与兄子尚书信[18]谋废熙，立章武公渊[19]。事觉，熙逼丁太后令自杀，葬以后礼，谥曰“献幽皇后”。十一月，戊辰[20]，杀渊及信。

辛未[21]，熙畋于北原[22]，石城令高和与尚方兵于后[23]作乱，杀司隶校尉张显[24]，入掠宫殿，取库兵[25]，胁营署[26]，闭门乘城[27]。熙驰还，城上人皆投仗[28]开门，尽诛反者，唯和走免。甲戌[29]，大赦。

魏以庾岳[30]为司空。

十二月，辛亥[31]，魏主珪还云中[32]。

柔然可汗社仑闻珪伐秦，自参合陂[33]侵魏，至豺山[34]，及善无北泽[35]，魏常山王遵以万骑追之，不及而还。

太尉玄使御史杜林防卫会稽文孝王道子至安成[36]，林承玄旨，鸩[37]道子，杀之。

沮渠蒙逊所署西郡太守梁中庸[38]叛，奔西凉。蒙逊闻之，笑曰：“吾待中庸，恩如骨肉，而中庸不我信，但自负[39]耳，孤岂在此一人邪！”乃尽归其孥[40]。

西凉公暠问中庸曰：“我何如索嗣[41]？”中庸曰：“未可量[42]也。”暠曰：“嗣才度若敌我[43]者，我何能于千里之外以长绳绞其颈邪？”中庸曰：“智有短长，命有成败。殿下之与索嗣，得失之理，臣实未之能详。若以身死为负，计行[44]为胜，则公孙瓒[45]岂贤于刘虞[46]邪？”暠默然[47]。

袁虔之等至长安，秦王兴问曰：“桓玄才略何如其父[48]？卒能成功乎？”虔之曰：“玄乘晋室衰乱，盗据宰衡[49]，猜忌安忍[50]，刑赏不公，以臣观之，不如其父远矣。玄今已执大柄[51]，其势必将篡逆[52]，正可为他人驱除[53]耳。”兴善之，以虔之为广州刺史[54]。

是岁，秦王兴立昭仪张氏为皇后，封子懿、弼、洸、宣、谌、愔、璞、质、逵、裕、国儿[55]皆为公，遣使拜秃发傉檀为车骑将军、广武[56]公，沮渠蒙逊为镇西将军、沙州刺史、西海[57]侯，李暠为安西将军、高昌[58]侯。

秦镇远将军赵曜帅众二万西屯金城[59]，建节将军王松忽帅骑助吕隆守姑臧[60]。松忽至魏安[61]，傉檀弟文真击而虏[62]之。傉檀大怒，送松忽还长安，深自陈谢[63]。

（以上为第十五段，写东晋太尉桓玄大开杀戒，一些深感危机的将领纷纷北逃；后燕主出外打猎，皇宫发生政变，回城后平定叛乱；柔然出兵侵扰北魏，后退回。）

【注释】

[1]高素：东晋淮陵、吴兴太守。竺（zhú）谦之：东晋将领，及其堂兄竺朗之，皆受刘牢之牵连，被太尉桓玄杀害。[2]刘袭：东晋官员，安帝时为辅国将军，镇北（刘牢之）参军，及其弟刘季武，皆受刘牢之牵连，被太尉桓玄杀害。[3]北府：当时东晋在京口（今江苏镇江市）设

立的军府，因其在首都建康的东北，故称“北府”。当年谢玄为将时驻节于此，所招募、训练的军队称“北府兵”。后来刘牢之为将，亦驻节于此。［4］冀州：州治原在今河北衡水市冀州区，东晋时河北沦于北朝，此处所谓的“冀州”州治在历城（今山东济南市）。轨：即刘轨，东晋冀州刺史。据山阳起兵，反击桓玄失败，北逃，投靠南燕慕容德，甚得宠幸，官至司空。后因涉嫌谋反，被杀。山阳：郡名，郡治在今江苏靖江市东。［5］袁虔之、刘寿、高长庆、郭恭：皆东晋将领，袁虔之时为辅国将军，刘寿时为宁朔将军，高长庆时为冠军将军，郭恭时为龙骧将军，因不满权臣桓玄，皆投奔后秦。［6］陈留：郡名，郡治在今河南开封市东南。［7］分为二辈：分作两批。辈，群，伙。［8］奔南燕：投奔慕容德政权，当时南燕建都于广固，在今山东青州市。［9］兖（yǎn）州：指北魏将领兖州刺史长孙肥。当时长孙肥率军经营南方，实际尚未据有兖州。［10］远被：犹言远播、远扬。［11］崔逞：字叔祖，北魏大臣。有文才，初仕前燕；前燕灭后仕前秦；苻坚败后又归慕容垂；慕容宝败乱，又归降拓跋珪。开始颇受信任，为尚书，总领三十六曹，迁御史中丞。后遭猜忌，被赐死。传见《魏书》卷三十二。［12］优容：优待，宽容。［13］姑臧：郡名，郡治在今甘肃武威市，时为后凉国都所在地。［14］中山尹：中山城及其郊区的行政长官，位同郡太守。慕容宝早年建都中山（今河北定州市），故其地设中山尹。苻谟（mó）：氐族人，前秦主苻坚从弟，后燕主慕容垂亲家。前秦时，为征西将军、幽州牧，后投降后燕，封为侯，为中山尹。后被开封公慕容详杀害。传见《晋书》卷一百十五。［15］贵人：与下文“贵嫔”，都是当时帝王嫔妃的爵号，贵人的位次仅低于皇后。［16］训英：即苻训英，中山尹苻谟之女，姿容貌美，后燕主慕容熙纳为皇后。传见《晋书》卷一百二十四。［17］丁太后：即献庄太后，后燕献庄帝慕容令妻子，昭武帝慕容盛伯母，昭文帝慕容熙情妇。后因慕容熙宠信苻氏女，丁氏非常怨恨，同侄子丁信谋废慕容熙，事泄，被逼迫自杀，谥号“献幽”。怨恚（huì）：怨恨，愤怒。［18］信：即丁信，后燕丁太后之侄，与太后合谋欲废后燕主慕容熙，事泄，被杀。［19］章武公渊：即慕容渊，慕容宝之子，慕容盛之弟，后燕尚书左仆射、章武公。后为尚书令，涉嫌谋反，被杀。［20］戊辰：十一月三日。［21］辛未：十一月六日。［22］畋（tián）：打猎。北原：龙城北面的草原。［23］石城令：石城县令，县治在今辽宁喀喇沁左翼县西南。尚方兵：尚方署的警卫士兵。尚方署，负责给帝王制造兵器及其他器物的部门。后：后方，即指后燕皇宫。［24］司隶校尉：首都地区的行政长官，同时兼管监察。张显：后燕司隶校尉，被叛乱分子所杀。［25］库兵：国家武库里的兵器。［26］胁：胁迫，强制。营署：京城内的各兵营、各官署。［27］乘城：登城而守。［28］投仗：扔下兵器。［29］甲戌：十一月九日。［30］庾岳：字业延，代郡（治今山西大同市）人，鲜卑族。北魏开国功臣，著名将领。后为太祖拓跋珪冤杀。传见《魏书》卷二十八。［31］辛亥：十二月十七日。［32］云中：郡名，郡治盛乐，在今内蒙古和林格尔县北，原是魏国的旧都。［33］参合陂（bēi）：古地名，在今内蒙古凉城县东的岱海南岸。北魏主拓跋珪曾大破后燕慕容宝于此。［34］豺山：古山名，在今山西右玉县南。［35］善无北泽：善无县城北的水泽。善无县在今山西右玉县南、左云县西。［36］御史：接受公卿奏事，举劾非法行为。杜林：东晋安帝时御史。防卫：实即看管。会稽文孝王道子：即司马道子，封爵为会稽王，谥号为文孝。安成：郡名，郡治平都，在今江西安福县东南。［37］鸩：毒杀，拿毒酒让人喝。［38］西郡：郡名，郡治在今甘肃永昌县西北。梁中庸：北凉敦煌人，初仕段业为尚书右丞，后投奔沮渠蒙逊，与众共推蒙逊为凉州牧。蒙逊以为西郡太守。后背叛，投奔西凉主李暠，为主簿。［39］但自负：吃亏的只是他自己。但，只。自负，自己亏了自己。［40］孥（nú）：家小，妻子和儿女。［41］索嗣：敦煌人，初仕北凉，段业时为右卫将军。本与李暠亲善，曾警告段业要提防李暠，时李暠自署敦煌太守，索嗣乃劝段业更换，遂受遣代替李暠。李暠出其不意将其打败，又挑动段业将其杀死。［42］量：估量，测算。［43］才度：才能，气度。若敌我：倘若与我不相上下。敌，相当。［44］计行：阴谋得逞，诡计得以实现。［45］公孙瓒：字伯珪，东汉末割据幽州的大军阀，为袁绍所灭。［46］刘虞：字伯安，东汉末幽州牧，被公孙瓒杀害。［47］默然：沉默不语的样子。［48］其父：即桓温，字元子，东晋后期名将。曾率兵北伐，收复洛阳、长安两京，声威煊赫一时。晚年独揽朝政，操纵废立，图谋篡位，遂被列入“叛逆”一流。传见《晋书》卷九十八。［49］宰衡：意同丞相。古代有时称丞相之职为“太宰”，也称“阿衡”。［50］安忍：残忍。［51］执大柄：操纵国家大权。［52］篡逆：篡权，叛逆。［53］驱除：扫除障碍。指给人做“前驱”，以扫除前进道路上的障碍。［54］广州刺史：当时姚兴管辖不到广州，这里只是一个封号，开的“空头支票”。［55］懿（yì）、弼、洸（guāng）、宣、谌（chén）、愔、璞、质、逵、裕、国儿：皆为后秦主姚兴之子。［56］拜：封任。当时秃发氏尚称臣于后秦姚兴，故姚兴予以封拜之。广武：郡名，郡治在今甘肃永登县东南。［57］沙州：州治在今甘肃敦煌市。西海：古郡名，郡治居延县，在今内蒙古额济纳旗东南。［58］高昌：古郡名，郡治在今新疆吐鲁番市东南。［59］镇远将军：将军名，主方镇的镇守、征伐。赵曜：后秦镇远将军。金城：郡名，郡治在今甘肃兰州市西北。［60］王松忽：后秦建节将军。助吕隆守姑臧：以防被北凉主沮渠蒙逊或南凉主秃发傉檀所攻打。［61］魏安：郡名，郡治在今甘肃武威市东南。［62］虏：同“掳”，俘虏，俘获。［63］深自陈谢：深深地予以道歉，认罪，因为此时的南凉得罪不起相对强大的后秦。

【点评】

论祸国权臣司马元显。司马元显是东晋皇室近亲，晋孝武帝司马曜的侄子，司马道子之子。从十七岁，就执掌朝政。

司马元显当政，非常跋扈，每天拜访他的人很多，门庭若市，但他结交的人都是阿谀奉承之徒。在国库空虚的情况下，他还特别喜欢聚敛钱财，比皇室还要富有。征调江南诸郡已经免奴为客的人，到建康服兵役，称为“乐属”，此举导致民心大乱，叛贼孙恩乘机起兵，从海岛进攻上虞，而后攻陷会稽，三吴八郡一时都响应孙恩。面对如此局面，朝廷内外戒严，司马元显以中军将军的身份攻打孙恩，并命将军谢琰率兵攻打。于是，暂时击退了孙恩，八郡才稍为安定。司马元显升为骠骑大将军、征讨大都督，都督十八州诸军事，加侍中、黄钺。

司马元显攻打桓玄失败，桓玄的势力膨胀，入京执掌朝政，杀掉了司马元显及其六个儿子。司马元显与其父司马道子两代相继为东晋的祸国权臣，父子贪婪聚敛，最后落得个满门被诛，这就是他应有的下场。

卷一一三　晋纪三十五

晋安帝元兴二年至三年（403—404 年）

【起昭阳单阏（癸卯，403 年），尽阏逢执徐（甲辰，404 年），凡二年】

【大事提要】

本卷记事起于公元 403 年，止于公元 404 年，凡两年，时当晋安帝（司马德宗）元兴二年至元兴三年。本卷所载大事，主要有四个方面。其一，桓玄逼晋安帝禅位，自称为楚帝。东晋权臣桓温之子桓玄，先后消灭了殷仲堪和杨佺期，除掉执政的司马道子父子，把持朝权，为相国、大将军，晋封为楚王，声势煊赫，震动朝野。公元 403 年，威逼晋安帝司马德宗禅位，在建康建立桓楚，改元“永始”。其二，后秦灭后凉。其三，刘裕征讨桓玄。刘裕出身贫穷，最初仕于东晋，为建威将军、下邳太守，是桓玄部下。桓玄想利用刘裕巩固帝位。桓玄称帝后，“骄奢荒侈，游猎无度”，以致“百姓疲苦，朝野劳瘁”。于是，刘裕与刘毅、何无忌等人共谋兴复晋室，刘裕被推为盟主，率北府兵攻打桓玄。其四，桓玄兵败被杀，安帝复位。

安皇帝戊

元兴二年（癸卯，403 年）

春，正月，卢循[1]使司马徐道覆寇东阳[2]；二月，辛丑[3]，建武将军刘裕[4]击破之。道覆，循之姊夫也。

乙卯[5]，以太尉玄为大将军。

丁巳[6]，玄杀冀州刺史孙无终[7]。

玄上表请帅诸军扫平关、洛[8]，既而讽朝廷[9]，下诏不许，乃云：“奉诏故止。”玄初欲饬装[10]，先命作轻舸[11]，载服玩[12]、书画。或问其故。玄曰：“兵凶战危，脱[13]有意外，当使轻而易运[14]。”众皆笑之。

夏，四月，癸巳朔[15]，日有食之。

南燕主备德故吏赵融[16]自长安来，始得母兄凶问[17]，备德号恸吐血，因而寝疾[18]。

司隶校尉慕容达[19]谋反，遣牙门皇璆攻端门[20]，殿中帅侯赤眉[21]开门应之；中黄门孙进[22]扶备德逾城匿于进舍。段宏[23]等闻宫中有变，勒兵屯四门[24]。备德入宫，诛赤眉等，达出奔魏。

备德优迁徙之民[25]，使之长复不役[26]。民缘此迭相荫冒[27]，或百室合户，或千丁共籍[28]，以避课役[29]。尚书韩谆请加隐核[30]，备德从之，使谆巡行[31]郡县，得荫户[32]五万八千。

泰山贼王始[33]聚众数万，自称太平皇帝，署置公卿。南燕桂林王镇[34]讨擒之。临刑，或问其父及兄弟安在。始曰："太上皇蒙尘于外[35]，征东、征西[36]为乱兵所害。"其妻怒之曰："君正坐此口[37]，奈何尚尔[38]！"始曰："皇后不知，自古岂有不亡之国！朕则崩[39]矣，终不改号！"

五月，燕王熙[40]作龙腾苑[41]，方十余里，役徒[42]二万人；筑景云山[43]于苑内，基广五百步[44]，峰高十七丈。

秋，七月，戊子[45]，魏主珪北巡[46]，作离宫于豺山[47]。

平原太守和跋奢豪喜名[48]，珪恶而杀之，使其弟毗等就与诀[49]。跋曰："灅北土瘠[50]，可迁水南，勉为生计[51]。"且使之背己[52]，曰："汝何忍视吾之死[53]也！"毗等谕[54]其意，诈称使者，逃入秦[55]。珪怒，灭其家。中垒将军邓渊[56]从弟尚书晖[57]与跋善，或谮诸[58]珪曰："毗之出亡，晖实送之。"珪疑渊知其谋，赐渊死。

（以上为第一段，写南燕主慕容德优待迁移的民众，长久免除赋税徭役，大批民众前来归附；南燕泰山人王始聚众造反，被南燕擒杀；北魏主拓跋珪杀掉平原太守和跋。）

【注释】

[1]卢循：东晋变民首领，率变民席卷东南五州之地，一度进犯东晋都城建康，后兵败自杀。传见《晋书》卷一百。 [2]徐道覆：东晋叛军将领。传见《晋书》卷一百。东阳：郡名，郡治在今浙江金华市。 [3]辛丑：二月八日。 [4]刘裕：东晋名将，南朝刘宋开国君主（420—422在位）。传见《宋书》卷一。 [5]乙卯：二月二十二日。 [6]丁巳：二月二十四日。 [7]冀州：州治本为信都，在今河北衡水市冀州区，东晋时侨置，设在广陵，在今江苏扬州市。孙无终：晋

陵（今江苏常州市）人，东晋冀州刺史，被桓玄所杀。［8］关、洛：地区名，指关中（今陕西渭河流域）和洛阳一带地区，时属后秦。［9］讽朝廷：暗示朝廷。讽，吹风示意。［10］饬（chì）装：整顿行装。饬，整顿。［11］轻舸：快艇，以便于逃跑。［12］服玩：指供佩戴赏玩的珍奇异物。［13］脱：倘或，突然。［14］使轻：使船只轻便。易运：易于运载，指便于携带逃跑。［15］癸巳朔：四月一日。［16］备德：即慕容德，慕容垂之弟，封范阳王。历事前燕、前秦、后燕。后建立南燕政权，为开国国主，更名备德。传见《晋书》卷一百二十七。赵融：南燕主慕容备德的故吏。［17］凶问：犹言“凶闻”“凶信”，被杀的消息。慕容德之母公孙氏和其兄慕容纳被杀，事见《资治通鉴》卷一百十四晋安帝义熙元年（405）。［18］寝疾：犹言卧病，卧床不起。［19］慕容达：南燕司隶校尉，因谋反兵败而逃离。［20］牙门：指牙门将，即守卫军门的卫兵头领。皇璆（qiú）：南燕司隶校尉慕容达的部属牙门将，随慕容达谋反，率众攻端门，兵败被诛。端门：皇宫南门。［21］殿中帅：宫廷内的禁军头领。侯赤眉：南燕殿中帅，响应慕容达谋反，被诛。［22］中黄门：即皇帝身边的太监。孙进：南燕中黄门。［23］段宏：初为后燕员外郎，投奔南燕，为尚书左仆射、徐州刺史。后投奔东晋刘裕，官至征虏大将军，青、冀二州刺史。传见《晋书》卷一百二十八。［24］勒兵屯四门：带领军队把守住南燕都城广固（今山东青州市）的四门。［25］优：优待。迁徙之民：从其他统治区迁居到南燕地区来的人。［26］长复不役：永久性地免除劳役和赋税。复，免除赋税徭役。［27］缘此：因此。迭相荫冒：该服役、该纳税的人都把户口转到了免除劳役和赋税的人氏名下，以求得“荫蔽”，逃避劳役赋税。［28］千丁共籍：上千的成年人在一个户口本上。丁，丁壮，成年人。［29］避课役：逃避赋税劳役。课，征收。［30］韩谆：南燕尚书，后为领军将军。隐核：犹今之所谓清查、核查。［31］巡行：周游视察。［32］荫户：俗称“黑户”，古代官僚、贵族、地主、豪绅依仗特权和势力控制的一部分户口，逃避纳税和徭役。［33］贼王始：农民起义军首领，名王始，利用宗教形式在莱芜谷聚兵起义，自称太平皇帝。后被南燕进剿，败后被斩于燕都广固（今山东青州市）。［34］桂林王镇：即慕容镇，北燕主慕容垂之子，封桂林王；后仕南燕于慕容德，任车骑将军，为尚书令。传见《晋书》卷一百二十七。［35］太上皇：王始称其父。蒙尘于外：指帝王流浪受难于外。［36］征东、征西：王始曾封其兄为征东将军，其弟为征西将军。［37］正坐此口：犹今之所谓“你倒霉就倒霉在这张嘴上”。坐，因某事犯罪。［38］奈何尚尔：为什么到今天还是这个样子。尔，如此。［39］崩：古代称帝王之死为“崩”，如大山倒塌。［40］熙：即后燕主慕容熙，字道文，后燕主慕容垂少子，继其侄慕容盛之后为后燕国主。传见《晋书》卷一百二十四。［41］龙腾苑：后燕主慕容熙为苻氏姐妹（苻娀娥、苻训英）修建的园林，故址在今辽宁朝阳市双塔区他拉皋镇慕容村，现存其遗址。［42］役徒：参加劳动的囚徒奴隶。役，用如动词。［43］景云山：龙腾苑中所修筑的假山。［44］基广：山脚的周围。步：古代长度单位，一步约等于五尺。［45］戊子：七月二十七日。［46］魏主珪：即北魏拓跋珪，北魏开国皇帝。传见《魏书》卷二。巡：巡守，古代帝王出行，视察邦国州郡。［47］离宫：古代帝王在国都之外修建的宫殿。豺山：古地名，在今山西右玉县南。［48］平原：郡名，郡治在今山东平原县南。和跋：北魏将领，封定陵郡公，拜平原太守。后期贪图虚名，骄奢淫逸，全家被处死。传见《魏书》卷二十八。奢豪：奢侈，阔绰。喜名：好名，追求名誉。［49］毗（pí）：后晋时人，北魏平原公和跋之弟。就与诀：到平原去和其兄作别。［50］漯北：漯水以北，即当时魏都平城（今山西大同市）一带。漯水，在今永定河。土瘠（jí）：土地不肥沃。［51］勉为生计：要努力把自己的生活搞得好一点。［52］使之背己：让他不要和自己一样。［53］何忍视吾之死：暗示他别寻出路，不要像自己一样在魏国等死。［54］谕：知晓，明白。［55］秦：即羌族姚苌所建后秦。［56］邓渊：前秦名将邓羌之孙，北魏中垒将军。后受累于和跋案，坐罪赐死。传见《魏书》卷二十四。［57］尚书晖：即邓晖，北魏中垒将军邓渊堂弟。［58］或：有人。谮（zèn）：谗毁，诬陷。诸："之于"的合音字。

南凉王傉檀[1]及沮渠蒙逊[2]互出兵攻吕隆[3]，隆患之。秦之谋臣言于秦王兴[4]曰："隆藉先世之资，专制河外[5]，今虽饥窘[6]，尚能自支，若将来丰赡[7]，终不为吾有。凉州险绝[8]，土田饶沃[9]，不如因其危而取之。"兴乃遣使征吕超入侍[10]。隆念姑臧[11]终无以自存，乃因超请迎于秦[12]。兴遣尚书左仆射齐难[13]、镇西将军姚诘[14]、左贤王乞伏乾归[15]、镇远将军赵曜[16]帅步骑四万迎隆于河西，南凉王傉檀摄昌松、魏安二戍以避之[17]。八月，齐难等至姑臧，隆素车白马[18]迎于道旁。隆劝难击沮渠蒙逊，蒙逊使臧莫孩[19]拒之，败其前军。难乃与蒙逊结盟，蒙逊遣弟挐入贡于秦[20]。难以司马王尚行凉州刺史[21]，配兵三千镇姑臧，以将军阎松为仓松[22]太守，郭将为番禾[23]太守，分戍二城，徙隆宗族、僚属及民万户于长安。兴以隆为散骑常侍[24]，超为安定[25]太守，自余文武随才擢叙[26]。

初，郭黁常言"代吕者王[27]"，故其起兵，先推王详[28]，后推王乞基[29]，及隆东迁，王尚卒代之。黁从乞伏乾归降秦，以为灭秦者晋[30]也，遂来奔[31]，秦人追得，杀之。

沮渠蒙逊伯父中田护军亲信[32]、临松太守孔笃[33]，皆骄恣[34]为民患，蒙逊曰："乱吾法者，二伯父[35]也。"皆逼之使自杀。

秦遣使者梁构[36]至张掖，蒙逊问曰："秃发傉檀为公而身为侯[37]，何也？"构曰："傉檀凶狡[38]，款诚未著[39]，故朝廷以重爵虚名羁縻[40]之。将军忠贯白日[41]，当入赞帝室[42]，岂可以不信相待[43]也！圣朝爵必称功[44]，如尹纬、姚晃[45]，佐命之臣[46]，齐难、徐洛[47]，一时猛将，爵皆不过侯伯[48]，将军何以先之[49]乎！昔窦融[50]殷勤固让[51]，不欲居旧臣[52]之右，不意将军忽有此问！”蒙逊曰：“朝廷何不即封张掖而更远封西海[53]邪？”构曰：“张掖，将军已自有之，所以远授西海者，欲广大将军之国耳。”蒙逊悦，乃受命。

荆州刺史桓伟[54]卒，大将军玄以桓修[55]代之。从事中郎曹靖之[56]说玄曰：“谦[57]、修兄弟专据内外[58]，权势太重。”玄乃以南郡相桓石康[59]为荆州刺史。石康，豁之子也。

刘裕破卢循于永嘉[60]，追至晋安[61]，屡破之，循浮海[62]南走。

何无忌潜诣裕[63]，劝裕于山阴[64]起兵讨桓玄。裕谋于土豪孔靖[65]，靖曰：“山阴去都道远，举事难成；且玄未篡位，不如待其已篡，于京口[66]图之。”裕从之。靖，愉之孙也。

（以上为第二段，写南凉主秃发傉檀、北凉主沮渠蒙逊出兵攻打后凉主吕隆，后秦主姚兴趁救援之机占领后凉；东晋将领刘裕多次打败海盗首领卢循，并准备起兵攻打桓玄。）

【注释】

[1]傉（nù）檀（tán）：即秃发傉檀，鲜卑族，南凉第三任也是最后一任国主。传见《晋书》卷一百二十六。 [2]沮渠蒙逊：北凉开国君主。传见《晋书》卷一百二十九。 [3]吕隆：后凉末代国主。传见《晋书》卷一百二十二。 [4]兴：即后秦国主姚兴。传见《晋书》卷一百十七。 [5]“隆藉”二句：吕隆凭借先代资业，控制河西。专制：控制。河外：指河西，与姚兴所处的长安相对而言。 [6]饥窘：饥荒，窘迫。 [7]丰赡（shàn）：指衣食充足。赡，丰富，富足。 [8]险绝：形势险要，又与关中相距较远，援接不上。 [9]饶沃：富饶，肥沃。 [10]征吕超入侍：征招吕超到长安侍奉皇帝，实际是让他来作人质。吕超：后凉国主吕隆之弟。后凉灭亡，投降后秦，为安定太守。传见《晋书》卷一百二十二。 [11]姑臧：后凉都城，在今甘肃武威市。 [12]因超：通过吕超。请迎于秦：请求姚兴派兵前来接管后凉政权，即吕隆投降后秦。 [13]齐难：氐族，后秦将领。后秦尚书左仆射，率兵收降后凉吕隆。后率兵攻夏，被赫连勃勃所擒。 [14]姚诘（jié）：后秦镇西将军。 [15]乞伏乾归：西秦第二位国主。传见《晋书》卷一百二十五。 [16]赵曜（yào）：后秦镇远将军。 [17]摄昌松、魏安二戍：告诫昌松、魏安两个驻兵据点上的将士。摄，约束。昌松、魏安，二郡名，昌松的郡治在今甘肃武威市东南，魏安的郡治在当时的昌松郡东北。避之：避开秦军，不与秦军发生冲突。当时的昌松、魏安二戍属于秃发

氏，这一带地区正处在关中通往姑臧的道路上，而当时秃发氏正称臣于后秦，所以他让这个地区的兵力加以收缩退避。［18］素车白马：像办丧事一样，以表示自己服罪、请罪。自秦子婴向刘邦如此投降以来，历代向人投降的帝王都用这种形式。［19］臧莫孩：人名，北凉官员，起兵反叛段业，率部归附沮渠蒙逊，拜辅国将军。［20］挐：即沮渠挐（rú），北凉主沮渠蒙逊之弟，北凉将领。入贡于秦：去长安向姚兴进贡。这里实际也包括派沮渠挐前去长安作人质。［21］司马：军府的执法官员。王尚：后秦司马。行凉州刺史：代理凉州刺史。行，代理，权任。［22］阎松：后秦将军。仓松：即昌松，即上文所说的昌松郡。［23］郭将：后秦番禾太守。番禾：郡名，郡治在今甘肃永昌县。［24］散骑常侍：皇帝的侍从官员。［25］安定：郡名，郡治在今甘肃泾川县北。［26］随才擢（zhuó）叙：按照各人的才干分别选拔任用。［27］郭黁（nún）：年少时就明晓《老子》《易经》，善天文数术，历仕前凉、后凉、西秦，后秦姚兴时任太史令，被杀。传见《晋书》列传第六十五。代吕者王：意谓吕氏政权将由王氏取代。［28］王详：后凉中书令、尚书左仆射。［29］王乞基：匈奴部落首领，曾归属于后凉主吕光，后又归属于秃发乌孤，后来归于东晋。［30］灭秦者晋：不知从哪里找来“灭秦者晋”的谶语，或许是后人的假托之言。［31］来奔：指南行投奔东晋朝廷。［32］中田护军：官名，即屯垦军事总监。亲信：即沮渠亲信，北凉主沮渠蒙逊伯父，为中田护军，驻守临松。［33］临松：郡名，郡治在今甘肃张掖市南、祁连县北。孔笃：即沮渠孔笃，北凉临松太守。［34］骄恣：骄傲，放纵。［35］二伯父：沮渠亲信、沮渠孔笃。［36］梁构：后秦官员，出使北凉。［37］为公：当时秃发傉檀被后秦封为广武公。身：犹言“我”，沮渠蒙逊称自己。为侯：当时沮渠蒙逊被后秦封为西海侯。事见《资治通鉴》卷一百十二晋安帝元兴元年（402）。［38］凶狡：凶顽，狡诈。［39］款诚未著：秃发傉檀对秦国的忠诚还表现得不明显。款诚，真心实意。未著，不明显。［40］重爵：高的爵位。虚名：没有实际权力。羁（jī）縻（mí）：笼络，牵制。［41］忠贯白日：忠诚之心可以贯通白日，形容忠诚无比。贯，贯通。［42］入赞帝室：入朝辅佐帝王。赞，佐助。［43］以不信相待：即上文的“以重爵虚名羁縻”。［44］爵必称功：所赐的爵位必须与其所建立的功勋相称。称，相称，相应。［45］尹纬：字景亮，陇右天水人，后秦尚书左仆射、清河忠成侯。姚晃：古羌族，后秦宗室，佐命重臣。［46］佐命之臣：辅佐天命所归的帝王开基创业。［47］徐洛：后秦猛将。［48］不过侯伯：尹纬功劳最大，被封为清河侯。侯伯，指只封到侯爵、伯爵级别，而没有封到公爵。［49］何以先之：凭什么超过他们呢？［50］窦融：字周公，扶风平陵（今陕西咸阳市）人，东汉开国功臣。传见《后汉书》卷二十三。［51］殷勤固让：窦融不是刘秀的旧臣，而是投奔而来，升任大司空，位列三公，位在刘秀身边的旧臣之上，便心感不安，多次辞让爵位。事见《资治通鉴》卷四十三东汉光武帝建武十三年（37）。［52］旧臣：老臣，元勋。［53］即封张掖：就近封我为张掖侯。西海：郡名，郡治居延县，在今内蒙古额济纳旗东南。［54］桓伟：字幼道，大司马桓温之子，东晋将领。传见《晋书》卷九十八。［55］桓修：字承祖，车骑将军桓冲第三子，简文帝女婿，东晋将领。传见《晋书》卷七十四。［56］从事中郎：州刺史的高级僚属。曹靖之：东晋大将军桓玄属官，为从事中郎。［57］谦：即桓谦，字敬祖，太傅桓冲之子。晋安帝尚书令、吏部尚书。桓振作乱时，保护晋安帝，兵败后投奔后秦。后带兵攻打荆州，兵败被杀。传见《晋书》卷七十四。［58］专据内外：意谓掌握着朝里朝外的专断之权。当时桓修为荆州刺史，专断西方；其兄桓谦为尚书令，总持朝政。桓谦、桓修都是桓玄的堂兄弟，与桓玄远着一层，故曹靖之为此言。专据，独占，独断。［59］南郡相：南郡的最高行政长官，相当于郡守。南郡：古郡国名，治都江陵，在今湖北江陵县。桓石康：征西大将军桓豁之子，桓玄之侄，东晋将领，较之桓谦、桓修兄弟，血缘关系更近一层，故桓玄颇为偏爱。桓玄镇守荆州时，以为振威将军、南郡相，迁荆州刺史、西中郎将。后封武陵郡王。刘裕起兵攻打桓玄时，被杀。［60］永嘉：郡名，郡治在今浙江温州市。［61］晋安：郡名，郡治在今福建福州市。［62］浮海：漂浮于海上，即乘船行于海上。［63］何无忌：名将刘牢之外甥，广州刺史，在讨伐卢循之乱中战死。传见《晋书》卷八十五。潜诣裕：暗中访问刘裕。诣，到，访。［64］山阴：县名，当时为会稽郡的郡治所在地，在今浙江绍兴市。［65］土豪：当地的豪绅。孔靖：字季恭，东晋名臣，孔愉之孙，东晋官员。传见《晋书》卷七十八。［66］京口：在今江苏镇江市。

九月，魏主珪如南平城[1]，规度灅南[2]，将建新都。

侍中殷仲文、散骑常侍卞范之劝大将军玄早受禅，阴撰九锡文及册命[3]，以桓谦为侍中、开府、录尚书事，王谧[4]为中书监、领司徒，桓胤[5]为中书令，加桓修抚军大将军。胤，冲之孙也。丙子[6]，册命玄为相国，总百揆[7]，封十郡，为楚王，加九锡，楚国[8]置丞相以下官。

桓谦私问彭城内史[9]刘裕曰：“楚王勋德隆重，朝廷之情[10]，咸谓宜有揖让[11]，卿以为何如？”裕曰：“楚王，宣武[12]之子，勋德盖世，晋室微弱，民望[13]久移，乘运禅代[14]，有何不可[15]？”谦喜[16]曰：“卿谓之可，即可耳。”

新野人庾仄[17]，殷仲堪之党也，闻桓伟死，石康未至，乃起兵袭雍州刺史冯该[18]于襄阳，走之。仄有众七千，设坛，祭七庙[19]，云“欲讨桓玄”，江陵震动。石康至州，发兵攻襄阳，仄败，奔秦。

高雅之表[20]南燕主备德，请伐桓玄，曰：“纵未能廓清吴、会[21]，亦可收江北之地。”中书侍郎韩范[22]亦上疏曰：“今晋室衰乱，江、淮南北，户口无几，戎马单弱。重以桓玄悖逆[23]，上下离心；以陛下神武，发步骑一万临之，彼必土崩瓦解，兵不留行[24]矣。得而有之[25]，秦、魏不足敌[26]也；拓地定功，正在今日。失时不取，彼之豪杰诛灭桓玄，更修德政，岂惟建康[27]不可得，江北亦无望矣。”备德曰：“朕以旧邦覆没[28]，欲先定中原，乃平荡荆、扬[29]，故未南征耳。其令公卿议之。”因讲武城西[30]，步卒三十七万人，骑五万三千匹，车万七千乘[31]。公卿皆以为玄新得志，未可图，乃止。

冬，十月，楚王玄上表请归藩[32]，使帝作手诏固留之。又诈言钱塘临平湖开[33]，江州甘露降[34]，使百僚集贺，用为己受命之符[35]。又以前世皆有隐士，耻于己时独无，求得西朝隐士安定皇甫谧[36]六世孙希之[37]，给其资用，使隐居山林，征为著作郎[38]，使希之固辞不就，然后下诏旌礼[39]，号曰“高士”。时人谓之“充隐[40]”。又欲废钱用谷、帛及复肉刑[41]，制作纷纭[42]，志无一定[43]，变更回复，卒[44]无所施行。性复贪鄙[45]，人士有法书[46]、好画及佳园宅，必假蒲博[47]而取之；尤爱珠玉，未尝离手。

（以上为第三段，写东晋朝廷委任权臣桓玄为相国，封楚王，赐九锡；而桓玄嚣张跋扈，伪造祥瑞，正做着篡位的准备。）

【注释】

[1]南平城：古城名，在今山西应县西南，地处桑干河的南面。[2]规度：规划、测量。㶟（lěi）南：㶟水以南。㶟水，在今桑干河。[3]阴撰九锡文及册命：暗中写好了给桓玄“加九锡”的矫诏，以及册命的文件。[4]王谧：字稚远，东晋开国丞相王导之孙，官至中书监、司徒公，封武昌县公。传见《晋书》卷七十五。[5]桓胤：车骑将军桓冲之孙，桓玄堂侄，时任秘书监，桓玄矫诏迁之中书令。[6]丙子：九月十六日。[7]总百揆（kuí）：统领百官，为百官之长。总，统领，总管。[8]楚国：桓玄的封国。[9]彭城内史：彭城封国的行政长官，职位如同郡守。彭城，古郡国名，治所在今江苏徐州市。[10]情：指人心与舆论倾向。[11]宜有揖让：应当实行“禅让”，实即取东晋帝位而代之。[12]宣武：即东晋后期名将桓温，谥号宣武。故称之宣武。传见《晋书》卷九十八。[13]民望：犹言人心。[14]乘运：趁着时运的到来。禅代：接受禅让，取而代之。[15]有何不可：此是刘裕以谎言顺适其意，以等待时机，起兵讨伐桓玄。[16]谦喜：桓谦很高兴。胡三省曰：“刘裕一世之雄，桓谦问之以决可否，裕诡辞以顺其意，故喜。”[17]庾仄：义阳新野人，东晋南阳太守，数恶桓玄擅权，后为荆州刺史殷仲堪的余党。闻桓玄受九锡，引兵攻打襄阳，江陵震动。后为桓石康击败，投奔后秦。[18]雍州：州治在今陕西西安市，此指东晋时侨置于襄阳的雍州，在今湖北襄阳市襄城区。冯该：东晋侨置雍州刺

史，曾击败前秦主苻丕，党附桓玄兄弟。［19］七庙：帝王的祖庙，其中供奉七代神主。这里指晋朝的七代祖先。［20］高雅之：投附南燕的东晋叛将。［21］廓清吴、会：意即扫平江东的东晋王朝。吴、会，吴郡、会稽郡，郡治分别在今江苏苏州市、浙江省绍兴市，这里泛指东晋治下的江东地区。［22］韩范：初仕前秦，为太子舍人，后出仕后燕，为中书侍郎。后燕都城危急时，投奔慕容德，多有献策，南燕建立后，官至尚书令。传见《晋书》一百二十八。［23］重：更为严重的是。悖逆：犯上作乱，指其准备篡位而言。［24］兵不留行：意即长驱直入，无人敢挡。留行，指阻挡，阻碍。［25］得而有之：意即占领东晋的全部地盘之后。［26］秦、魏不足敌：后秦、北魏都不是对手了。［27］岂惟：不仅仅是。建康：东晋都城，在今江苏南京市，此代指东晋朝廷的江南地区。［28］旧邦覆没：指昔日建都中山（今河北定州市）的慕容宝政权被拓跋珪摧垮，冀、并二州被北魏所占领。［29］乃："然后再"的意思。平荡：即荡平，削平。荆、扬：荆州和扬州，这里泛指长江流域和长江以南的东晋朝廷的地盘。［30］讲武城西：在南燕都城广固（今山东青州市）的城西操练军队。［31］万七千乘：一万七千辆。古称一车四马叫"一乘"。［32］归藩：指辞去在朝的职务，回到自己的封地上去。这里是桓玄故意玩弄手段，以退为进。藩，王侯的封国。［33］钱塘：县名，县治在今浙江杭州市西南，今之杭州即在钱塘县境内。临平湖开：临平湖忽然变得水色清明。临平湖，即今之杭州西湖。其水面常年被杂树乱草所充塞，一旦杂草死去，水色清明，则被人说成是天下太平的征兆，与通常所说的"河清海晏"意思相同。这当然又是桓玄的装神弄鬼。［34］江州：州治在今江西九江市。甘露：甘美的露水。古人认为甘露降，是太平瑞征。［35］受命之符：已经秉承了天命、应该登基为帝的征兆。符，征兆。［36］西朝：指西晋，因其建都洛阳，在建康的西北，故称"西朝"。安定：郡名，郡治在今甘肃泾川县北泾河北岸。皇甫谧（mì）：幼名静，字士安，自号玄晏先生，安定朝那（今甘肃灵台县）人，后徙居新安（今河南新安县），东汉名将皇甫嵩曾孙，魏晋之际的著名隐士、史学家。一生以著述为业，撰有《帝王世纪》《高士传》等。朝廷多次征聘，一直未出。传见《晋书》卷五十一。［37］希之：即皇甫希之，皇甫谧六世孙，桓玄故意让皇甫希之不听征召。号曰"高士"，时人名为"充隐"，即冒牌名士。［38］著作郎：掌编纂国史，其下有著作佐郎、校书郎等。［39］旌（jīng）礼：进行表彰，表示尊崇。旌，指题赠匾额，予以表彰。［40］充隐：冒充的隐士，假隐士。胡三省曰："实非隐者而以之备数，故谓之充隐。"［41］废钱用谷、帛：废除货币，改用粮食与丝绸作为货物交换本位。复肉刑：恢复使用刺字、断腿、阉割等使人体肢体伤残的刑法。汉文帝时曾下令废除肉刑。［42］制作：制定，制造。纷纭：纷繁，复杂。［43］志无一定：想法一会儿一变。志，想法。［44］卒：最终。［45］贪鄙：贪婪，卑鄙。［46］法书：名家的书法真迹。胡三省曰："法书，谓如史籀、程邈、李斯、张芝、师宜、梁鹄、卫瓘、索靖、钟繇诸人真迹，各有家法者。"［47］假蒲博：以赌博为工具、为手段。假，同"借"，借助。蒲博：樗蒲与博弈，都是当时的赌博工具。

乙卯[1]，魏主珪立其子嗣[2]为齐王，加位相国；绍[3]为清河王，加征南大将军；熙[4]为阳平王；曜[5]为河南王。

丁巳[6]，魏将军伊谓帅骑二万袭高车余种袁纥、乌频[7]；十一月，庚午[8]，大破之。

诏楚王玄行天子礼乐[9]，妃为王后，世子为太子[10]。丁丑[11]，卞范之为禅诏[12]，使临川王宝逼帝书之[13]。宝[14]，晞之曾孙也。庚辰[15]，帝临轩[16]，遣兼太保、领司徒王谧奉玺绶，禅位于楚；壬午[17]，帝出居永安宫[18]；癸未[19]，迁太庙神主于琅邪国[20]，穆章何皇后[21]及琅邪[22]王德文皆徙居司徒府[23]。百官诣姑孰劝进[24]。

十二月，庚寅朔[25]，玄筑坛于九井山[26]北，壬辰[27]，即皇帝位。册文多非薄晋室[28]，或谏之，玄曰："揖让之文[29]，正可陈之于下民[30]耳，岂可欺上帝[31]乎！"大赦，改元永始[32]，以南康之平固县[33]封帝为平固王，降何后为零陵县君[34]，琅邪王德文为石阳县公[35]，武陵王遵[36]为彭泽县侯[37]；追尊父温为宣武皇帝，庙号太祖，南康公主[38]为宣皇后，封子升为豫章王[39]，以会稽内史王愉[40]为尚书仆射，愉子相国左长史绥[41]为中书令。绥，桓氏之甥也。

戊戌[42]，玄入建康宫[43]，登御坐而床忽陷，群下失色。殷仲文曰："将由[44]圣德深厚，地不能载。"玄大悦，梁王珍之[45]国臣孔朴奉珍之奔寿阳[46]。珍之，晞之曾孙也。

戊申[47]，燕王熙尊燕主垂[48]之贵嫔段氏[49]为皇太后。段氏，熙之慈母[50]也。己酉[51]，立苻贵嫔[52]为皇后，大赦。

辛亥[53]，桓玄迁帝于寻阳[54]。

燕以卫尉悦真为青州[55]刺史，镇新城[56]；光禄大夫卫驹为并州[57]刺史，镇凡城[58]。

癸丑[59]，纳桓温神主于太庙[60]。桓玄临听讼观阅囚徒[61]，罪无轻重，多得原放[62]；有干舆乞者[63]，时或恤之[64]。其好行小惠如此。

是岁，魏主珪始命有司制冠服，以品秩为差[65]，然法度草创[66]，多不稽古[67]。

（以上为第四段，主要写北魏主拓跋珪率军攻打高车，获得大胜；东晋权臣桓玄受禅登基，改国号为楚，改元永始，取代东晋；后燕主慕容熙宠幸贵嫔苻训英，立为皇后。）

【注释】

［1］乙卯：十月二十五日。［2］嗣：即拓跋嗣，字木末，北魏主拓跋珪嫡长子，封齐王。北魏第二任皇帝，北伐柔然，南征刘宋，上承拓跋珪文治武功，下启拓跋焘一统北方。传见《魏书》卷三。［3］绍：即拓跋绍，字受洛拔，封清河王。为人凶狠险悖，不遵教训。为了营救犯错的母亲贺夫人，趁夜潜入宫中，弑杀其父，为其兄拓跋嗣所诛，年仅十六岁。传见《魏书》卷十六。［4］熙：即拓跋熙，拓跋珪第三子，深得明元帝拓跋嗣嘉许。带兵征讨西部越勤，立下大功。去世时年二十三岁。传见《魏书》卷十六。［5］曜（yào）：即拓跋曜，拓跋珪第四子，受封河南郡王，跟随阳平王拓跋熙等讲武练兵。去世时年二十二岁。传见《魏书》卷十六。［6］丁巳：十月二十七日。［7］伊谓：北魏将军。高车：匈奴族的别种，当时居住在今内蒙古东部的西拉木伦河流域，其民族习惯乘高车，因而得名。余种：犹言别部。袁纥、乌频：高车族的部落头领名。［8］庚午：十一月十一日。［9］玄行天子礼乐：桓玄享受皇帝的规格、待遇。行，施行，使用，此为僭越。［10］世子：诸侯王的嫡长子，未来的接班人。太子：皇帝的皇位继承人。此时桓玄俨然就是东晋皇帝，只是还缺少一个正式的名分。［11］丁丑：十一月十八日。［12］为禅（shàn）诏：代替皇帝写好了让位的诏书。禅，禅让。［13］逼帝书之：逼迫晋安帝把卞范之拟好的禅位诏书抄写下来。［14］宝：即司马宝，字弘文，武陵威王司马晞曾孙，继嗣临川献王司马郁。刘裕建立刘宋王朝后，封其为金紫光禄大夫，降爵为西丰侯。传见《晋书》卷六十四。［15］庚辰：十一月二十一日。［16］临轩：皇帝不坐正殿而御前殿。轩，殿前堂陛之间近檐处两边有槛槛，如车之轩，故称。［17］壬午：十一月二十三日。［18］永安宫：古宫殿名，在建康城中。［19］癸未：十一月二十四日。［20］迁太庙神主于琅邪国：把东晋王朝列祖列宗的牌位都搬到琅邪王的封地上去。晋元帝司马睿在东晋开国称帝前为琅邪王，现在他的后辈交出了国家政权，而晋安帝的弟弟司马德文还在当琅邪王，故把这些祖宗牌位交给他处理。琅邪国本在山东，在南燕慕容德管辖下。东晋的"琅邪国"侨寄在今江苏句容市北。［21］穆章何皇后：即何法倪，庐江灊县（今安徽霍山县）人，东晋散骑侍郎何准之女，简文帝司马昱之母，孝武帝司马曜的祖母，晋安帝司马德宗的曾祖母。穆帝司马聃即位后，立为皇后，后尊为穆皇后。去世后，葬于永平陵。传见《晋书》卷三十二。［22］琅邪：此指东晋侨置的琅邪国，为晋安帝之弟司马德文封地，在江乘县，当今江苏句容市北。［23］徙居司徒府：当时桓玄的亲信王谧任司徒，把退位皇帝的这几个重要亲戚安排在王谧的衙门里住，是为了便于看管。司徒，东晋时，位同丞相，总揽国家政务。［24］诣（yì）姑孰劝进：到姑孰的楚王衙门劝说桓玄进位为皇帝。姑孰，县名，县治在今安徽当涂县，当时桓玄住在这里。诣，到，至。劝进，劝桓玄登基为帝。［25］庚寅朔：十二月一日。［26］九井山：古地名，在今安徽当涂县城南。［27］壬辰：十二月三日。［28］册文：祭

祀天神、宣布即位的文告。非薄晋室：说东晋王朝的坏话。非薄，贬低，诋毁。［29］揖让之文：旧皇帝让位，新皇帝表示客气、推让的文字。自王莽、曹丕表演这套形式以来，历代的篡位程序都是旧皇帝要一连三次宣布让位，接受者要推辞两次，第三次才勉强接受。［30］正可陈之于下民：这些正是表演给百姓们看的。陈，宣告。［31］岂可欺上帝：在祭天的文告里就不能再说这些言不由衷的话了。岂可，怎么可以。［32］永始：东晋安帝时桓玄篡立的年号，共两年。胡三省注《资治通鉴》曰，元兴元年（402）“桓玄寻改曰大亨。玄篡，又改曰永始。”据《晋书》载，桓玄最初改元“建始”，因与赵王伦同，改为永始。［33］南康：郡名，郡治在今江西赣州市。平固县：古县名，在今江西兴国县南。［34］零陵县君：封号为零陵君，领地为零陵县，县治在今湖南永州市。［35］石阳县公：封地石阳县，县治在今江西吉水县北。［36］武陵王遵：即司马遵，字茂远，晋元帝司马睿之孙，武陵王司马晞第三子，袭封新宁王，复封武陵王。传见《晋书》卷六十四。［37］彭泽县侯：县级侯爵，封地彭泽县，县治在今江西湖口县东南。［38］南康公主：即司马兴男，东晋明帝司马绍嫡长女，成帝司马衍的长姐，初封遂安县主，后改封南康长公主。下嫁大司马桓温，为桓玄之母。［39］升：即桓升，桓玄之子，桓玄称帝时封豫章王。［40］会稽内史：会稽郡的最高行政长官。会稽，古郡国名，治都山阴，在今浙江绍兴市。王愉：字茂和，蓝田献侯王坦之之子，历任江州刺史、会稽内史、尚书左仆射。后反对太尉刘裕擅权，图谋作乱，事泄被诛，子孙十余人皆伏法。传见《晋书》卷七十五。［41］相国左长史：即桓玄的高级僚属，当时桓玄任相国。长史，是相国属下的诸史之长，位贵权大。绥：即王绥（suí），字彦猷，桓玄外甥，少有美称，实鄙而无行。桓玄为太尉，王绥被宠待，为太尉右长史。及桓玄篡位，迁中书令。［42］戊戌：十二月九日。［43］建康宫：即东晋王朝的皇宫，在今江苏南京市。［44］将由：大概是由于。将，大概，或许。［45］梁王珍之：即司马珍之，梁孝王司马[illegible]之孙，梁王司马龢之子，东晋末代梁王。传见《晋书》卷六十四。［46］国臣：梁国封地上的臣子。孔朴：梁王司马珍之部属。奉珍之奔寿阳：保护着司马珍之向北逃到了今安徽寿县。［47］戊申：十二月十九日。［48］燕主垂：即后燕主慕容垂。［49］贵嫔段氏：后燕主慕容垂的贵嫔，慕容熙的养母。后燕主慕容盛遇刺身亡，丁太后因与皇叔慕容熙通奸，就立之为帝。慕容熙没有立即尊段贵嫔为太后，而继续以助他夺位的丁太后（实为其嫂嫂）为皇太后。后慕容熙逼丁太后自杀，尊母亲段贵嫔为皇太后。［50］慈母：父之妾，己之养母。［51］己酉：十二月二十日。［52］苻贵嫔：即苻训英，氐族人，姿容貌美，中山尹苻谟之女，后立为皇后。传见《晋书》卷一百二十四。［53］辛亥：十二月二十二日。［54］寻阳：县名，在今江西九江市，当时为江州的州治所在地。［55］卫尉：九卿之一，掌率卫士守卫宫禁。悦真：后燕大臣，慕容盛时，为侍中、卫尉。慕容熙即位，以悦真为青州刺史，镇守新城。青州：州治在今山东淄博市临淄区。［56］新城：县名，县治在今辽宁新宾县西。［57］光禄大夫：光禄勋的属官，以备参谋顾问。卫驹：后燕光禄大夫，出为并州刺史。并州：州治晋阳，在今山西太原市西南。［58］凡城：古地名，在今河北平泉市附近。［59］癸丑：十二月二十四日。［60］神主：牌位。太庙：古代皇帝的宗庙。［61］听讼观：听法官审案的场所。三国时洛阳华林园里有听讼观，每审大案，魏明帝曹叡常去旁听，西晋遂沿袭下来。东晋迁都建康后，也建有此观。阅囚徒：复查在押的犯人。［62］原放：免罪释放。［63］有干舆乞者：有时遇到乞丐拦着他的车驾乞讨。干，拦。舆，车子。乞，指乞求衣食。［64］时或恤（xù）之：有时就施舍给他们一些东西。恤，可怜，救济。［65］以品秩为差：按照品级的不同分别做出各种不同的样子。品秩，犹言品级。差，区别，等级。［66］法度：法令，制度。草创：开始创建，开始进行。［67］多不稽古：很多地方不合于古制。稽古，考古，合于古制。

三年（甲辰，404年）

春，正月，桓玄立其妻刘氏为皇后。刘氏，乔[1]之曾孙也。玄以其祖彝[2]以上名位不显，不复追尊立庙[3]。散骑常侍徐广[4]曰："敬其父则子悦[5]，请依故事立七庙[6]。"玄曰："礼，太祖东向[7]，左昭右穆[8]。晋立七庙，宣帝[9]不得正东向之位[10]，何足法也！"秘书监卞承之[11]谓广曰："若宗庙之祭果不及祖[12]，有以知楚德[13]之不长矣。"广，邈[14]之弟也。

玄自即位，心常不自安。二月，己丑朔[15]，夜，涛水入石头[16]，流杀[17]人甚多，喧哗[18]震天。玄闻之惧，曰："奴辈作[19]矣！"

玄性苛细[20]，好自矜伐[21]。主者奏事，或一字不体[22]，或片辞之谬[23]，必加纠擿[24]，以示聪明。尚书答诏误书"春蒐"为"春菟[25]"，自左丞王纳[26]之以下，凡所关署[27]，皆被降黜[28]。或手注直官[29]，或自用令史[30]，诏令纷纭[31]，有司奉答不暇；而纪纲不治[32]，奏案[33]停积，不能知也。又性好游畋[34]，或一日数出。迁居东宫，更缮[35]宫室，土木并兴，督迫严促[36]，朝廷骚然[37]，思乱者众。

玄遣使加益州刺史毛璩[38]散骑常侍、左将军。璩执留玄使，不受其命。璩，宝[39]之孙也。玄以桓希[40]为梁州刺史，分命诸将戍三巴[41]以备之。璩传檄[42]远近，列玄罪状，遣巴东太守柳约之[43]、建平太守罗述[44]、征虏司马甄季之[45]击破希等，仍帅众进屯白帝[46]。

刘裕从徐·兖二州刺史、安成[47]王桓修入朝。玄谓王谧曰："裕风骨不常[48]，盖人杰也。"每游集[49]，必引接殷勤[50]，赠赐甚厚。玄后刘氏，有智鉴[51]，谓玄曰："刘裕龙行虎步[52]，视瞻[53]不凡，恐不为人下，不如早除之。”玄曰：“我方平荡中原，非裕莫可用者，俟关、河[54]平定，然后别议[55]之耳。”

玄以桓弘为青州[56]刺史，镇广陵；刁逵为豫州[57]刺史，镇历阳。弘，修之弟；逵，彝之子也。

刘裕与何无忌同舟还京口[58]，密谋兴复晋室。刘迈弟毅[59]家于京口，亦与无忌谋讨玄。无忌曰：“桓氏强盛，其可图乎？”毅曰：“天下自有强弱，苟为失道，虽强易弱，正患事主难得[60]耳。”无忌曰：“天下草泽之中非无英雄也。”毅曰：“所见唯有刘下邳[61]。”无忌笑而不答，还以告裕，遂与毅定谋。

（以上为第五段，写东晋权臣桓玄篡位后，注重于琐碎，疏忽于纲纪，桓楚朝廷危机四伏；刘裕被有识之士认为是藏龙卧虎的杰出人才，与何无忌、刘毅等谋划起兵讨灭桓玄。）

【注释】

[1]乔：刘乔，字仲彦，西晋南阳人，曹魏侍中刘廙族孙，西晋初名臣。传见《晋书》卷六十一。 [2]彝（yí）：即桓彝，字茂伦，东晋义烈名臣。苏峻叛乱，时任宣城内史的桓彝起兵征讨，兵败被杀。传见《晋书》卷七十四。 [3]不复追尊立庙：意即只从其父桓温开始供奉。[4]徐广：字野民，学识渊博，品德纯朴，为著名学者。撰有《晋纪》《史记音义》等。传见《晋书》卷八十二。 [5]敬其父则子悦：语见《孝经》载孔子曰：“礼者，敬而已矣，故敬其父则子悦。” [6]故事：以往的旧例。七庙：指天子的宗庙里供奉的七代神主，供当今皇帝的父亲及其以上六代神主，以后凡再死一任皇帝，则把其神主放在最后，而把原来最前面的一个拿掉，开国太祖的神主永远不变。此为历代定制。 [7]太祖东向：这是天子宗庙七位神主的摆法。开国的帝王，其神主居正位，面向东（古代以朝东为最贵）。太祖，皇帝庙号，多用以称开国君主。 [8]左昭右穆：指太庙神主牌的摆放次序，始祖居中，左面三个叫“昭”，右面三个叫“穆”。父居左为昭，子居右为穆。二世为昭，三世为穆；四世为昭，五世为穆；六世为昭，七世为穆。胡三省引《决疑要录》曰：“父南面，故曰‘昭’。昭，明也。子北面，故曰‘穆’。穆，顺也。” [9]宣帝：即司马懿，司马炎篡魏称帝后，追尊司马懿为宣皇帝，庙号高祖。传见《晋书》卷一。 [10]不得正东向之位：司马氏发家掌权，从司马懿开始。而司马炎正式即位、建立宗庙时，太祖东向之位空着。三昭三穆是司马懿的高祖司马钧、曾祖司马量、祖父司马儁、父亲司马防，以及司马懿、司马懿的儿子司马师和司马昭。六代人七个牌位。 [11]秘书监：专掌国家藏书与编校工作的机构和官名。卞承之：时任秘书监。桓玄因反被诛，殷仲文等谋建桓胤为嗣，与承之等潜相交结。后

均为刘裕所斩。［12］不及祖：指桓玄只祭其父，不祭三代以上的祖先。［13］楚德：指桓玄政权的命运。［14］邈：即徐邈，字仙民，徐广之兄，当时著名学者。撰有《正五经音训》，注《谷梁传》等。传见《晋书》卷九十一。［15］己丑朔：二月一日。［16］石头：指石头城，位于江苏南京市鼓楼区清凉山一带，扼守秦淮河与长江的交汇口，素有“石城虎踞”之称。［17］流杀：被水流冲走，溺亡。［18］喧哗：喧闹，嘈杂。［19］奴辈：奴才。作：起事，造反。［20］苛细：苛责，琐细。［21］矜伐：恃才夸功、夸耀。［22］一字不体：一个字用得不得体，或写得不规范。［23］片辞：亦作“片词”，简短的言词。谬：谬误，错误。［24］纠擿（tī）：纠正，指责。［25］春蒐（sōu）：帝王的春季打猎。蒐，同“搜”。春菟（tù）：一种草本植物，也叫菟丝子。［26］左丞：即尚书左丞，尚书令的佐官，总领纲纪。王纳：时为尚书左丞。［27］关署：经手，签字。［28］降黜：降职，免官。［29］手注直官：亲手注明值日的官员。注，标记。直，通“值”。［30］自用令史：直接指使尚书省的小官吏。令史，尚书令、尚书仆射的僚属。［31］纷纭：纷乱，繁杂。［32］纪纲：指国家的大政方针、根本性问题。不治：不研究，不思考。［33］奏案：百官群臣奏请批复的文书案卷。［34］游畋（tián）：出游，打猎。［35］更缮（shàn）：更新，修缮。［36］督迫：督促，催迫。严促：严厉，急迫。［37］骚然：纷纷扰扰、动荡不安的样子。［38］益州：州治在今四川成都市。毛璩（qú）：字叔琏，右将军、益州刺史毛穆之次子，东晋末年将领。曾为参军幕僚，拜梁郡内史，迁益州刺史。是最早起兵讨桓玄的地方官，拜征西将军、散骑常侍。传见《晋书》卷八十一。［39］宝：即毛宝，字硕真，东晋名将，征虏将军、豫州刺史。传见《晋书》卷八十一。［40］桓希：桓玄的族人、党羽，东晋梁州刺史。［41］三巴：指巴郡（郡治今重庆市）、巴东（郡治白帝，在今重庆市奉节县东）、巴西（郡治在今四川绵阳市东）。［42］传檄（xí）：发出檄文。檄，檄文，号召讨伐某人的文告。［43］柳约之：东晋巴东太守，益州刺史毛璩部属，曾起兵反对桓玄。［44］建平：郡名，郡治在今重庆市巫山县。罗述：东晋建平太守，益州刺史毛璩部属，曾起兵反对桓玄。［45］征虏司马：毛璩的高级僚属，当时毛璩任征虏将军。甄（zhēn）季之：益州刺史毛璩部属，为征虏司马，曾起兵反对桓玄。［46］仍：同“乃”，于是。白帝：即古白帝城，在今重庆市奉节县东。［47］安成：古郡国名，治都平都，在今江西安福县。［48］风骨：指人的品格，含有刚强的意思。不常：不同于寻常之人。［49］游集：游观，集会。［50］引接殷勤：即热情接待。引接，接待，招待。［51］智鉴：才智、眼光。［52］龙行虎步：形容仪态不同一般，具有英武姿态。［53］视瞻：观看瞻望，形容顾盼的神态。［54］俟（sì）：等待，等候。关、河：泛指今函谷关以西以及黄河流域的今河南、河北、山东一带地区。［55］别议：另外再商议。［56］桓弘：桓玄的堂兄弟，被任为青州刺史。青州：州治在今山东淄博市临淄区，此指东晋时侨置青州，治所广陵，在今江苏扬州市北。［57］刁逵：字伯道，尚书令刁协之孙，桓玄党羽。桓玄篡晋称帝，任其为西中郎将、豫州刺史，坐镇历阳。刘裕起兵讨灭桓玄，刁逵为部下所执，斩于石头城。事见《晋书》卷六十九。豫州：东晋豫州州治历阳，在今安徽和县。［58］京口：古城名，在今江苏镇江市。［59］刘迈：字伯群，刘毅之兄。原任荆州刺史殷仲堪中兵参军，曾面折桓玄。桓玄称楚后，又投靠桓玄，作参军，任竟陵太守。后其弟刘毅随刘裕反桓玄，约刘迈于京城（建康）为内应，事泄，被杀。刘毅：字希乐，东晋将领。从平桓玄之乱立功，拜豫州刺史，封南平郡公。传见《晋书》卷八十五。［60］正患事主难得：犯愁的是举大事难得有个好的领导人为主帅。正患，只犯愁。事主，领导人。［61］刘下邳（pī）：指刘裕，曾代理过下邳太守。下邳，郡名，郡治在今江苏邳州市西南。这里所指乃南迁的侨郡，约在今江苏镇江市一带。

初，太原王元德及弟仲德为苻氏起兵攻燕主垂，不克，来奔，朝廷以元德为弘农[1]太守。仲德见桓玄称帝，谓人曰："自古革命诚非一族[2]，然今之起者恐不足以成大事。"

平昌孟昶为青州主簿[3]，桓弘使昶至建康，玄见而悦之，谓刘迈曰："素士中得一尚书郎[4]，卿与其州里[5]，宁相识否[6]？"迈素与昶不善，对曰："臣在京口，不闻昶有异能，唯闻父子纷纷更相赠诗耳。"玄笑而止。昶闻而恨之。既还京口，裕谓昶曰："草间当有英雄起，卿颇闻乎？"昶曰："今日英雄有谁，正当是卿耳！"

于是，裕、毅、无忌、元德、仲德、昶及裕弟道规、任城魏咏之、高平檀凭之、琅邪诸葛长民、河内太守陇西辛扈兴、振威将军东莞童厚之[7]，相与合谋起兵。道规为桓弘中兵参军[8]，裕使毅就道规及昶于江北，共杀弘，据广陵；长民为刁逵参军，使长民杀逵，据历阳；元德、扈兴、厚之在建康，使之聚众攻玄为内应，刻期[9]齐发。

孟昶妻周氏富于财，昶谓之曰："刘迈毁我于桓公，使我一生沦陷[10]，我决当作贼[11]。卿幸早离绝[12]，脱得富贵[13]，相迎不晚也。"周氏曰："君父母在堂，欲建非常之谋，岂妇人所能谏！事之不成，当于奚官中奉养大家[14]，义无归志[15]也。"昶怅然[16]，久之而起。周氏追昶坐，曰："观君举措，非谋及妇人者，不过欲得财物耳。"因指怀中儿示之曰："此而可卖[17]，亦当不惜。"遂倾赀[18]以给之。昶弟顗[19]妻，周氏之从妹[20]也，周氏绐[21]之曰："昨夜梦殊不祥，门内绛色物宜悉取以为厌胜[22]。"妹信而与之，遂尽缝以为军士袍。

何无忌夜于屏风里草檄文，其母，刘牢之姊也，登橙密窥[23]之，泣曰："吾不及东海吕母[24]明矣。汝能如此，吾复何恨！"问所与同谋者。

曰："刘裕。"母尤喜，因为言玄必败、举事必成之理以劝之。

乙卯[25]，裕托以游猎，与无忌收合徒众，得百余人。丙辰[26]，诘旦[27]，京口城开，无忌著传诏服[28]，称敕使[29]，居前，徒众随之齐入，即斩桓修以徇[30]。修司马刁弘帅文武佐吏来赴[31]，裕登城[32]，谓之曰："郭江州已奉乘舆返正于寻阳[33]，我等并被[34]密诏，诛除逆党，今日贼玄之首已当枭于大航[35]矣。诸君非大晋之臣乎，今来欲何为！"弘等信之，收众而退。

（以上为第六段，写刘裕与刘毅等人商定起兵讨桓玄。孟昶之妻深明大义，捐献钱财；何无忌之母以桓玄必败、起事必成激励儿子，何无忌杀死桓修以示众。）

【注释】

[1]王元德：王睿，字元德，与其弟王懿（字仲德）曾受命前秦苻氏组织武装，与后燕主慕容垂作战，兵败投奔东晋，朝廷任命元德为弘农太守。弘农：郡名，郡治在今河南三门峡市西南。[2]诚非一族：改换承受天命者，即推翻旧王朝而称帝的人，不是一家一姓。指桓氏代司马氏称帝。[3]孟昶（chǎng）：字彦达，平昌安丘（今山东安丘市）人，东晋末年大臣。初为青州刺史桓弘主簿，随军驻守广陵。桓玄之乱时，配合刘裕京口起兵，趁机杀死桓弘，授建武将军、丹阳尹，迁吏部尚书、尚书仆射。刘裕北伐后，京城受叛军威胁，他上书请罪，自尽殉职。[4]素士：出身于平民的士大夫。得一尚书郎：意谓是个尚书郎的好人选。尚书郎，在皇帝左右处理政务，初入台称守尚书郎中，满一年称尚书郎。魏晋以后尚书各曹有侍郎、郎中等官，综理职务，通称尚书郎。[5]与其州里：与其同州里，是老乡。当时刘迈在京口，孟昶在广陵，隔江相邻。[6]宁相识否：与他相识吗？宁，魏晋时常用的虚词，义近于"难道""莫非"。[7]道规：即刘道规，字道则。传见《宋书》卷五十一。魏咏之：字长道，东晋任城人，传见《晋书》卷八十五。檀凭之：字庆子，高平金乡（今山东金乡县）人，刘宋名将檀道济之父，传见《晋书》卷八十五。诸葛长民：琅邪阳都（今山东沂南县）人，传见《晋书》卷八十五。辛扈（hù）兴：陇西人。童厚之：东莞（guǎn）人。以上诸人，皆东晋末官员、将领，与刘裕合谋起兵，攻伐桓玄。[8]中兵参军：为中兵曹的主官，掌畿内之兵。[9]刻期：定好日期。[10]沦陷：指沉沦不得志。[11]作贼：意即造反。[12]幸早离绝：希望你早点与我离婚，断绝关系，以免跟着受牵累。[13]脱得富贵：假如我们一旦获得成功。脱，假如。[14]当于奚官中奉养大家：将在官奴场所中侍养婆母。奚官，旧时关押奴婢的场所。奉养，供奉，侍养。大家，当时儿媳对婆婆的称呼。[15]义无归志：绝不可能让我返回娘家。归志，回娘家的想法。[16]怅（chàng）然：无可奈何、非常感慨的样子。[17]此而可卖：这个如果能卖钱。[18]倾赀（zī）：拿出了全部的陪嫁。赀，同"资"，资财。[19]顗（yǐ）：即孟顗，孟昶之弟。[20]从妹：堂妹。[21]绐（dài）：骗。[22]绛

(jiàng)色物：红色的衣服、衣料。绛，大红色。厌胜：旧时迷信，想以某种东西镇住灾难，使之不致发生的一些做法。［23］登橙（dèng）：登上凳子。橙，同“凳”，凳子。密窥：偷偷地窥视。密，私密，暗中。［24］东海吕母：西汉末期人，王莽篡位，吕母不服，聚众数千人杀死了东海县令，漂流海中为盗。吕母，琅邪县人，地处海边，故称“东海吕母”。［25］乙卯：二月二十七日。［26］丙辰：二月二十八日。［27］诘（jié）旦：天刚亮，清晨。［28］著传诏服：身穿一套传达皇帝（此指桓玄）诏令的使者的服装。［29］称敕使：自称是帝王派出的使者。［30］以徇：持其人头以巡行示众。［31］刁弘：东晋冀州刺史。不拘名行，以货殖为务，霸占山泽土地，为百姓所痛恨。桓玄篡权，为抚军（桓修）司马，刘裕讨伐桓玄，刁弘与兄刁畅谋袭刘裕，为刘毅所破。来赴：前来救援桓修。［32］登城：登上京口（今江苏镇江市）的城楼。［33］郭江州：即郭昶之，桓玄的将领，当时为江州刺史。奉乘舆：拥戴着晋安帝司马德宗。乘舆，原指帝王的车驾，这里即指前被桓玄所废的晋安帝。返正：重新登上皇位。当时安帝在寻阳，刘裕诡言以诳刁弘等。寻阳：县名，县治在今湖北黄梅县西南。［34］被：接受。［35］枭（xiāo）于大航：悬首示众于朱雀桥。大航，即朱雀桥，当时建康城正南门外秦淮河上的一座大型浮桥。

裕问无忌曰：“今急须一府主簿[1]，何由得之？”无忌曰：“无过刘道民[2]。”道民者，东莞刘穆之也。裕曰：“吾亦识之。”即驰信召[3]焉。时穆之闻京口喧噪[4]声，晨起，出陌头[5]，属[6]与信会。穆之直视不言者久之，既而返室，坏布裳为裤[7]，往见裕。裕曰：“始举大义，方造[8]艰难，须一军吏甚急，卿谓谁堪其选？”穆之曰：“贵府始建，军吏实须其才，仓猝[9]之际，略当无见逾[10]者。”裕笑曰：“卿能自屈[11]，吾事济矣。”即于坐署[12]主簿。

孟昶劝桓弘其日出猎，天未明，开门出猎人，昶与刘毅、刘道规帅壮士数十人直入，弘方啖粥[13]，即斩之，因收众济江[14]。裕使毅诛刁弘。

先是，裕遣同谋周安穆[15]入建康报刘迈，迈虽酬许[16]，意甚惶惧[17]；安穆虑事泄，乃驰归。玄以迈为竟陵[18]太守，迈欲亟之郡[19]，是夜，玄与迈书曰：“北府[20]人情云何？卿近见刘裕何所道？”迈谓玄已知其谋，晨起，白之[21]。玄大惊，封迈为重安侯。既而嫌迈不执安穆[22]，使得逃去，乃杀之，悉诛元德、扈兴、厚之等。

众推刘裕为盟主，总督徐州[23]事，以孟昶为长史，守京口，檀凭之为司马。彭城人应募者，裕悉使郡主簿刘钟[24]统之。

丁巳[25]，裕帅二州[26]之众千七百人，军于竹里[27]，移檄[28]远近，声言益州刺史毛璩已定荆楚，江州刺史郭昶之奉迎主上返正于寻阳，镇北参军王元德等并帅部曲保据石头[29]，扬武将军诸葛长民已据历阳。

玄移还上宫[30]，召侍官皆入止省中[31]，加扬州刺史新野王桓谦征讨都督，以殷仲文代桓修为徐、兖二州刺史。谦等请亟遣兵击裕。玄曰："彼兵锐甚，计出万死[32]，若有蹉跌[33]，则彼气成而吾事去矣，不如屯大众于覆舟山[34]以待之。彼空行二百里[35]，无所得，锐气已挫，忽见大军，必惊愕[36]；我按兵坚阵，勿与交锋，彼求战不得，自然散走，此策之上也。"谦等固请击之，乃遣顿丘太守吴甫之[37]、右卫将军皇甫敷相继北上[38]。

玄忧惧特甚。或曰："裕等乌合[39]微弱，势必无成，陛下何虑之深？"玄曰："刘裕足为一世之雄；刘毅家无檐石[40]之储，樗蒲一掷百万[41]；何无忌酷似其舅[42]；共举大事，何谓无成！"

（以上为第七段，写东晋将领刘裕被推为盟主，大张旗鼓讨伐桓玄。桓玄极端害怕，认为刘裕足以成为一个时代的英雄。）

【注释】

[1]府主簿：军府里主管文书的官员，犹今之秘书长。[2]刘道民：即刘穆之，字道和，小字道民，东莞莒县（今山东莒县）人，世居京口，为刘裕的心腹大臣、佐命元勋。传见《宋书》卷四十二。[3]驰信召：派使者急召。信，使者。[4]喧噪：喧闹，嘈杂。[5]陌头：这里即街头。陌，道路。[6]属：刚好。[7]坏布裳为袴（kù）：用布裳改做成的一条军袴。裳，是当时平民所穿的下衣；袴，是当时军人的下衣。[8]方造艰难：举事之初，事事艰难。方造，刚刚开始举事。[9]仓猝（cù）：匆忙，急迫。[10]略当：大约。无见逾：没有谁能超过我。逾，超过。[11]自屈：前来充任此职。屈，如今所谓"屈才""屈就"，是客气的说法。[12]坐：同"座"，座上。署：任，任命。[13]啖（dàn）粥：吃粥。[14]济江：由广陵渡江到京口。济，渡水。[15]周安穆：刘裕起兵攻打桓玄的同谋者。[16]酬许：犹言答应。酬，回答。[17]惶惧：惊惶，恐惧。[18]竟陵：郡名，郡治在今湖北潜江市西南。[19]亟之郡：想赶紧离开建康到竟陵上任。[20]北府：指京口（今江苏镇江市）的军政府。[21]白之：将刘裕派周安穆来找他的事情报告给桓玄。[22]不执安穆：不立即逮捕、扣留周安穆。[23]徐州：指徐州刺史，当时徐州刺史的驻地在京口。[24]郡主簿：徐州下属的彭城郡的主簿。刘钟：字世

之，彭城人，刘裕的同乡，东晋将领。先为刘牢之的部将，后与刘裕一道讨伐桓玄，是刘裕的得力将领，历任彭城主簿、振武将军、宁朔将军、右卫将军等。传见《宋书》卷四十九。［25］丁巳：二月二十九日。［26］二州：指徐州、兖州。东晋以来二州常归一人管辖，又都驻兵京口，故刘裕首先得而统之。［27］竹里：古地名，在今江苏南京市与镇江市之间的长江边上，仪征市的对岸。［28］移檄（xí）：发出通告予以谴责。檄，文体名，公开谴责并晓谕天下闻知。［29］部曲：部属，属兵。保据：攻占并坚守。石头：即石头城，在今江苏南京市清凉山一带。［30］上宫：宫名，东晋的正式宫殿，在此以前桓玄住在东宫。［31］入止省中：进入并住宿在宫中，为怕众人逃散的缘故。［32］计出万死：意谓都是一些万死不顾一生的拼命之徒。［33］蹉（cuō）跌（diē）：失足跌倒，比喻失误。［34］覆舟山：在建康城北，因其形如覆舟，故名。［35］空行二百里：指由京口奔到建康。今镇江市到南京约一百四十里，当时路径曲折，里程略高于现今。［36］惊愕：形容吃惊发愣、震惊的样子。［37］顿丘：郡名，原来的郡治在今河南濮阳市北。东晋时在今安徽滁州市又侨置了顿丘郡。吴甫之：东晋顿丘太守，桓玄的党羽。［38］右卫将军：与左卫将军分掌京城兵马。皇甫敷：东晋右卫将军，桓玄的党羽。北上：自建康去京口，是向东北方向。［39］乌合：即乌合之众，一哄而起的造反者。［40］家无檐石之储：极言其穷，一石为十斗，一担为两石。檐，同“担”。［41］樗（chū）蒲：一种赌具，类似今天的色子。一掷百万：极言其人穷胆大，敢下大赌注。［42］其舅：即刘牢之。

南凉王傉檀畏秦之强，乃去年号[1]，罢尚书丞郎官[2]，遣参军关尚[3]使于秦。秦王兴曰：“车骑献款称藩[4]，而擅[5]兴兵造大城，岂为臣之道乎？”尚曰：“王公设险以守其国[6]，先王之制也。车骑僻在遐藩[7]，密迩勍寇[8]，盖为国家重门之防[9]，不图陛下忽以为嫌[10]。”兴善之。傉檀求领凉州[11]，兴不许。

初，袁真杀朱宪[12]，宪弟绰逃奔桓温。温克寿阳[13]，绰辄发[14]真棺，戮其尸[15]。温怒，将杀之，桓冲[16]请而免之。绰事冲如父，冲薨，绰呕血而卒。刘裕克京口，以绰子龄石[17]为建武参军。

三月，戊午朔[18]，裕军与吴甫之遇于江乘[19]。将战，龄石言于裕曰：“龄石世受桓氏厚恩，不欲以兵刃相向，乞在军后。”裕义而许之。甫之，玄骁将[20]也，其兵甚锐。裕手执长刀，大呼以冲之，众皆披靡[21]，即斩甫之，进至罗落桥[22]，皇甫敷帅数千人逆战[23]，宁远将军檀凭之败死。裕进战弥厉[24]，敷围之数重，裕倚大树挺战[25]。敷曰：“汝欲作何死[26]！”拔戟将刺之，裕瞋目叱[27]之，敷辟易[28]。裕党俄至[29]，射敷中额而踣[30]，裕援刀[31]直进。敷曰："君有天命，以子孙为托[32]。"裕斩之，厚抚其孤。裕以檀凭之所领兵配参军檀祇[33]。祇，凭之之从子[34]也。

玄闻二将死，大惧，召诸道术人[35]推算及为厌胜。问群臣曰："朕其败乎[36]？"吏部郎曹靖之[37]对曰："民怨神怒，臣实惧焉。"玄曰："民或可怨，神何为怒？"对曰："晋氏宗庙，飘泊江滨[38]，大楚之祭，上不及祖[39]，此其所以怒也。"玄曰："卿何不谏？"对曰："辇上君子[40]皆以为尧、舜之世[41]，臣何敢言！"玄默然[42]。使桓谦及游击将军何澹之屯东陵[43]，侍中、后将军卞范之屯覆舟山西，众合二万。

己未[44]，裕军食毕，悉弃其余粮[45]，进至覆舟山东，使羸弱[46]登山，张旗帜为疑兵，数道并前，布满山谷。玄侦候[47]者还，云："裕军四塞，不知多少。"玄益忧恐，遣武卫将军庾赜之帅精卒副援[48]诸军。谦等士卒多北府[49]人，素畏伏裕，莫有斗志。裕与刘毅等分为数队，进突谦陈[50]；裕以身先之，将士皆殊死[51]战，无不一当百，呼声动天地[52]。时东北风急，因纵火焚之，烟炎熛天[53]，鼓噪之音震动京邑[54]，谦等诸军大溃。

（以上为第八段，写东晋将领刘裕进兵与桓玄的军队在江乘大战，刘裕连斩桓玄军两员勇将吴甫之、皇甫敷，继又打败了桓谦的军队。）

【注释】

［1］去年号：秃发傉檀曾于东晋安帝元兴元年（402）改元弘昌。［2］罢尚书丞郎官：尚书丞与尚书郎都是尚书令的属官，今既去王号，则下不能设尚书省，故一并去之。［3］参军：犹言军事参谋。关尚：南凉参军，曾出使于秦。［4］车骑：以称秃发傉檀，姚兴曾封其为车骑将军。献款称藩：表现诚心，向后秦自称藩属。［5］擅：擅自，自作主张。［6］王公设险以守其国：指君王们设置险隘，用以守卫自己的国土。语出《周易·坎卦·彖辞》，其曰："王公设险以守其国，筑城凿池所以固封守，亦以护吾民也。"［7］僻在遐藩：身在僻远的边地，为大国的一个诸侯。僻，偏僻，僻远。遐，遥远。［8］密迩勍（qíng）寇：挨近强大的敌人，如吕超、沮渠蒙逊等。密迩，挨近。勍，强。［9］国家：指姚氏政权。重门之防：加强门户的建设。重，加强。［10］不图：不料，没想到。忽以为嫌：竟然对此产生了怀疑。［11］领凉州：兼任凉州刺史。领，代理。此乃谦词，意思就是请求委任。凉州，州治在今甘肃武威市，此指凉州刺史。［12］袁

真：字贵诚，东晋豫州刺史。随大司马桓温北伐慕容暐，挫败。桓温归罪于袁真，遂据寿阳叛附慕容暐，被册封为扬州刺史，封宣城公。传见《晋书》卷九十八。朱宪：袁真部属，与桓温相通，被袁真杀死。［13］寿阳：即寿春，在今安徽寿县。［14］辄（zhé）：便，就。发：发掘，打开。［15］戮（lù）其尸：侮辱袁真的尸体。袁真在桓温攻克寿春前已经病死。戮，羞辱。［16］桓冲：字幼子，大司马桓温之弟，东晋名将。传见《晋书》卷七十四。［17］龄石：即朱龄石，字伯儿，西阳太守朱绰之子，东晋名将。原属桓修，为抚军参军。后属刘裕，为建武参军，参与平定桓玄之乱，迁西阳太守，后为右将军、雍州刺史。传见《宋书》卷四十八。［18］戊午朔：三月一日。［19］吴甫之：东晋顿丘太守，桓玄的党羽。遇于江乘：刘裕与吴甫之两军遭遇于江乘。江乘，县名，县治在今江苏南京市东、镇江市西。［20］骁（xiāo）将：勇猛善战的将军。［21］披靡（mǐ）：泛指溃败、溃退。［22］罗落桥：在当时的江乘县西。［23］皇甫敷：东晋右卫将军，桓玄的党羽。逆战：迎战，正面作战。［24］弥厉：越发锐猛。［25］挺战：挺身独战。［26］欲作何死：想要个什么样的死法。［27］瞋（chēn）目：瞪大眼睛，表示愤怒。叱（chì）：大声呵斥。［28］辟易：退避，避开。辟，同"避"。《史记·项羽本纪》有所谓"项王瞋目叱之，赤泉侯人马俱惊，辟易数里"。［29］俄至：很快地来到了。［30］踣（bó）：跌倒，向前扑倒。［31］援刀：抽刀，挥刀。［32］以子孙为托：犹言请你代替我照顾好我的儿孙。［33］檀祗（zhī）：字恭叔，檀凭之从子，名将檀道济之兄，东晋将领。后为宋国领军将军、散骑常侍。传见《晋书》卷八十五。［34］从子：侄子。［35］诸道术人：各种有法术的人，指巫婆、神汉等。［36］朕其败乎：我会失败吗？其，表示推测的虚词。［37］吏部郎：官名，隶属于吏部尚书，主管官吏的选任、调动等事务。曹靖之：大将军桓玄属官，忠实部将，为吏部郎，多次为之出谋献策。［38］飘泊江滨：前桓玄下令把晋代七庙迁到琅邪国（即江乘县），后又让东晋安帝司马德宗同晋室宗庙一起去了寻阳。江乘和寻阳都在长江边上。［39］上不及祖：谓只祭其父桓温。［40］辇上君子：指桓玄左右的达官显贵，他们有时能与桓玄同乘一辆车。［41］皆以为尧、舜之世：都认为桓玄的作为和古代的尧、舜一样。［42］默然：沉默不语的样子。［43］何澹（tán）之：初为王恭参军，后归桓玄。东陵：古地名，在建康城北的覆舟山东北。［44］己未：三月二日。［45］弃其余粮：此亦"破釜沉舟"之举，以激励士卒死战。［46］羸弱（léi）：瘦弱的士兵。［47］侦候：刺探敌情。［48］庾赜（zé）之：桓玄部将，为武卫将军。副援：即援助。副，辅助。［49］北府：当时东晋在京口（今江苏镇江市）设立的军府，因其在首都建康的东北，故称"北府"。［50］陈：同"阵"，战阵。［51］殊死：拼死，不顾性命。［52］呼声动天地：《史记·项羽本纪》写巨鹿之战有所谓"楚战士无不一以当十，楚兵呼声动天"，此用其句。［53］烟炎：烟火，烟雾。熛（biāo）天：照天，熏天。熛，火星迸飞。［54］鼓噪：擂鼓呐喊，以壮声势。京邑：京城，都城建康。

玄时虽遣军拒裕，而走意已决，潜使领军将军殷仲文具舟[1]于石头；闻谦等败，帅亲信数千人，声言赴战，遂将其子升、兄子浚出南掖门[2]。遇前相国参军胡藩[3]，执马鞚[4]谏曰："今羽林[5]射手犹有八百，皆是义故[6]，西人受累世之恩，不驱令一战，一旦舍此，欲安之乎！"玄不对，但举策指天[7]，因鞭马而走，西趋石头，与仲文等浮江南走[8]。经日[9]不食，左右进粗饭，玄咽不能下，升抱其胸而抚之，玄悲不自胜[10]。

裕入建康，王仲德抱元德子方回[11]出候裕，裕于马上抱方回与仲德对哭；追赠元德给事中[12]，以仲德为中兵参军[13]。裕止桓谦故营，遣刘钟据东府[14]。庚申[15]，裕屯石头城，立留台百官[16]，焚桓温神主于宣阳门[17]外，造晋新主[18]，纳于太庙[19]。遣诸将追玄，尚书王嘏帅百官奉迎乘舆[20]，诛玄宗族在建康者。裕使臧熹[21]入宫，收图书、器物，封闭府库；有金饰乐器，裕问熹："卿得无欲此乎[22]？"熹正色[23]曰："皇上幽逼[24]，播越非所[25]，将军首建大义，劬劳[26]王家，虽复不肖[27]，实无情于乐[28]。"裕笑曰："聊以戏卿耳。"熹，焘[29]之弟也。

壬戌[30]，玄司徒王谧与众议推裕领扬州[31]，裕固辞。乃以谧为侍中、领司徒、扬州刺史、录尚书事，谧推裕为使持节[32]，都督扬·徐·兖·豫·青·冀·幽·并八州诸军事、徐州刺史，刘毅为青州刺史，何无忌为琅邪内史，孟昶为丹杨尹[33]，刘道规为义昌[34]太守。

裕始至建康，诸大处分[35]皆委于刘穆之，仓猝立定[36]，无不允惬[37]。裕遂托以腹心[38]，动止咨焉[39]；穆之亦竭节尽诚[40]，无所遗隐[41]。时晋政宽弛[42]，纲纪[43]不立，豪族陵纵[44]，小民穷蹙[45]，重以司马元显政令违舛[46]，桓玄虽欲厘整[47]，而科条繁密[48]，众莫之从。穆之斟酌时宜[49]，随方矫正[50]；裕以身范物[51]，先以威禁，内外百官皆肃然[52]奉职，不盈旬日[53]，风俗顿改。

初，诸葛长民至豫州[54]，失期[55]，不得发[56]。刁逵[57]执长民，槛车[58]送桓玄。至当利[59]而玄败，送人[60]共破槛出长民，还趣历阳。逵弃城走，为其下所执，斩于石头，子侄无少长皆死，唯赦其季弟给事中骋[61]。逵故吏匿其弟子雍送洛阳[62]，秦王兴以为太子中庶子[63]。裕以魏咏之为豫州刺史，镇历阳，诸葛长民为宣城内史[64]。

初，裕名微位薄，轻狡无行[65]，盛流皆不与相知[66]，惟王谧独奇贵之，谓裕曰："卿当为一代英雄。"裕尝与刁逵樗蒲[67]，不时输直[68]，逵缚之马枊[69]。谧见之，责逵而释之，代之还直[70]。由是裕深憾逵而德[71]谧。

萧方等曰[72]：夫蛟龙潜伏[73]，鱼虾亵[74]之。是以汉高赦雍齿[75]，魏武免梁鹄[76]，安可以布衣之嫌而成万乘之隙[77]也！今王谧为公，刁逵亡族，酬恩报怨[78]，何其狭[79]哉！

（以上为第九段，写东晋将领刘裕讨伐桓玄，攻下都城建康，桓玄逃之夭夭；刘裕屯驻石头城，被推为使持节，都督扬、徐、兖、豫、青、冀、幽、并八州军事，设立留台，任命百官，纠正时弊。）

【注释】

[1]具舟：准备好了逃跑用的船只。[2]将（jiàng）：率领。浚：即桓浚，桓玄堂侄。南掖门：建康宫城南面的侧门。[3]胡藩：字道序，桓玄部属，任相国参军，后为南朝宋开国功臣、名将。传见《宋书》卷五十。[4]执马鞚（kòng）：拉住桓玄的马笼头。鞚，带嚼子的马笼头。[5]羽林：禁卫军的代称。胡三省曰："桓氏世居荆楚，西人皆其义旧，此盖从玄东下，玄既篡，因以为羽林。"[6]义故：以恩义相交的故旧。[7]举策指天：意谓"此天亡我也"。策，马鞭。[8]浮江南走：指乘船沿长江上行。[9]经日：整天。[10]悲不自胜：悲伤得不能自我承受。极言其悲。[11]方回：即王方回，王元德之子。[12]给事中：官名，在皇帝身边以备参谋顾问之用。[13]中兵参军：官名，当时刺史将军的僚属，参赞军务。[14]东府：当年司马道子任录尚书事的办公地址，桓玄又曾居此。[15]庚申：三月三日。[16]立留台百官：建立了留守的朝廷机构，因当时东晋安帝司马德宗先被送至寻阳，后被桓玄裹挟，流浪在外，故刘裕将自己所建的朝廷机构称作晋朝皇帝的"留台"。[17]宣阳门：当时建康城的南门。[18]造晋新主：重新制作了一套晋室七庙的牌位。因为旧牌位先被弄到琅邪国，后又随被废的东晋安帝司马德宗弄到寻阳去了。新主，新的神主牌位。[19]太庙：古庙名，皇帝的祖庙。[20]王嘏（gǔ）：王导曾孙，王琨之子，东晋孝武帝司马曜的妹夫。继承始兴郡公爵位，娶鄱阳公主，历任中领军、尚书。奉迎乘舆：去向桓玄讨要东晋安帝司马德宗。[21]臧熹（xī）：字义和，太尉刘裕妻弟，东晋末期大臣。随姐夫刘裕京口举兵，讨伐桓玄之乱。刘宋建立，迁散骑常侍、宁朔将军。传见《宋书》卷七十四。[22]得无欲此乎：难道不想要这些东西吗？得无，当时口语，意为"难道不"。[23]正色：态度严肃，神态严厉。[24]幽逼：被囚禁、被逼迫。[25]播越非所：颠沛流离到他不该去的地方。播越，颠沛流离。[26]劬（qú）劳：辛劳。劬，劳苦，勤劳。[27]虽复不肖：我虽然不成才，没有出息。[28]无情于乐：没有心思享乐。[29]焘：即臧焘，字德仁，南朝宋外戚大

臣，著名学者。官至太常。传见《宋书》卷五十五。［30］壬戌：三月五日。［31］领扬州：兼任扬州刺史。［32］使持节：皇帝授予大臣的旌节。使持节对属下官员有生杀之权。［33］丹杨尹：丹杨郡行政长官，即太守。东晋时丹杨为朝廷所在地，故改丹杨太守为尹。丹杨，又作“丹阳”，郡治建业县，在今江苏南京市。［34］义昌：为侨置郡，郡治义宁县，在今安徽寿县境内。［35］诸大处分：各项重大事务的处理安排。［36］仓猝（cù）立定：立刻就能得到解决。仓猝，随即，及时。立定，立刻做出定夺。［37］允惬（qiè）：妥贴，适当。惬，恰当。［38］托以腹心：当作心腹，最为亲近。［39］动止咨焉：有什么事情都和他商量。动止，干什么与不干什么，犹今之所谓“一举一动”。咨，询问，请教。［40］竭节尽诚：犹言尽职尽心。节，行为，职责。［41］遗隐：遗漏，隐匿。［42］宽弛：宽泛，松弛。［43］纲纪：大纲，要领。［44］陵纵：放纵无忌，任意欺辱百姓。陵，同“凌”，欺凌。［45］穷蹙（cù）：窘迫，困厄。［46］重：加之。司马元显：字朗君，司马道子世子，东晋权臣。兴兵讨伐桓玄，兵败被杀。传见《晋书》卷六十四。违舛（chuǎn）：乖谬，错乱。［47］厘整：纠正，调整。［48］科条：法令条文。繁密：繁杂，琐碎。［49］斟（zhēn）酌（zhuó）：思忖，思量。时宜：当时的风俗、习尚。［50］随方矫正：遇到什么有问题，就把它随即纠正过来。随方，犹言“随事”。［51］以身范物：用自己的行为给下属作榜样。物，人。［52］肃然：认真、严谨的样子。［53］盈：满。旬日：十天，形容时间极短。［54］豫州：东晋豫州的州治历阳，在今安徽和县。当时刁逵任豫州刺史。［55］失期：迟到，错过了起义的时间。［56］不得发：未能发动起义。［57］刁逵：豫州刺史，桓玄党羽。刘裕起兵讨灭桓玄，刁逵为部下所执，斩于石头城。传见《晋书》卷六十九。［58］槛车：把诸葛长民装入囚车。［59］当利：长江渡口名，在今安徽和县城东。［60］送人：押解诸葛长民的差役。［61］季弟给事中骋：刁逵最小的弟弟，当时给桓玄任给事中。［62］送洛阳：送刁雍投奔后秦姚兴。［63］太子中庶子：太子手下的属官。［64］宣城内史：宣城诸侯国的行政长官，职位如同郡守。宣城国，都城在今安徽宣城市。［65］轻狡：轻佻，狡黠。无行：品行不端。［66］盛流：名流，上流社会的人。相知：相交。［67］樗（chū）蒱：一种赌具，类似今天的色子。［68］不时输直：不按时偿还所欠的赌钱。输，交纳。直，同“值”，这里指所欠的赌钱。［69］马枊（àng）：拴马桩。［70］代之还直：替他偿还了所欠的赌债。直，同“值”。［71］憾：怨恨，不满。德：感激。［72］萧方等：字实相，梁元帝萧绎长子。聪慧有才，涉猎文史，著有《三十国春秋》。传见《梁书》卷四十四。曰：此条引论出自萧方等的《三十国春秋》。［73］蛟龙：古代传说中是一种善变化，能兴云雨、利万物的神异动物。潜伏：隐在水下。［74］亵（xiè）：侮辱，欺侮。［75］汉高赦雍齿：汉高祖刘邦，赦免曾背叛他雍齿，封雍齿为什方侯。［76］魏武免梁鹄：梁鹄曾为东汉末年选部尚书，魏武帝曹操少时求为洛阳令，梁鹄坚持不与，而只让他当了北部尉。后来董卓之乱，梁鹄南奔刘表。曹操平定荆州后，梁鹄向曹操请罪。曹操释却前嫌，待为上宾，授以军假司马，让他在秘书省做事。［77］布衣之嫌：在平民时结下的仇怨。布衣，平民服饰，代指平民。嫌，嫌隙，仇怨。成万乘之隙：意谓到称王称帝后还来报昔日平民时候的仇怨。万乘，古代帝王地方千里，能出兵车万乘，因以“万乘”指帝王。［78］酬恩报怨：有恩必酬，有仇必报。酬，酬谢。报，报复。［79］狭：心胸狭窄。

尚书左仆射王愉[1]及子荆州刺史绥谋袭裕，事泄，族诛；绥弟子慧龙[2]为僧彬[3]所匿，得免。

魏以中土萧条[4]，诏县户不满百者罢之[5]。

丁卯[6]，刘裕还镇东府[7]。

桓玄至寻阳，郭昶之给其器用、兵力。辛未[8]，玄逼帝西上[9]，刘毅帅何无忌、刘道规等诸军追之。玄留龙骧将军何澹之、前将军郭铨与郭昶之守湓口[10]。玄于道自作起居注[11]，叙讨刘裕事，自谓经略举无遗策[12]，诸军违节度[13]，以致奔败[14]。专覃思著述[15]，不暇[16]与群下议时事。《起居注》既成，宣示远近。

丙戌[17]，刘裕称受帝密诏，以武陵王遵承制总百官行事[18]，加侍中、大将军，因大赦，惟桓玄一族不宥[19]。

刘敬宣、高雅之结青州大姓及鲜卑豪帅谋杀南燕王备德，推司马休之为主[20]。备德以刘轨[21]为司空，甚宠信之。雅之欲邀轨同谋，敬宣曰：“刘公衰老，有安齐之志[22]，不可告也。”雅之卒告之，轨不从。谋颇泄，敬宣等南走，南燕人收轨，杀之；追及雅之，又杀之。敬宣、休之至淮、泗间[23]，闻桓玄败，遂来归，刘裕以敬宣为晋陵[24]太守。

南燕主备德闻桓玄败，命北地王钟[25]等将兵欲取江南，会备德有疾而止。

夏，四月，己丑[26]，武陵王遵入居东宫，内外毕敬[27]；迁除百官称制书[28]，教称令书[29]。以司马休之监[30]荆、益、梁、宁、秦、雍六州诸军事，领[31]荆州刺史。

庚寅[32]，桓玄挟帝至江陵[33]，桓石康纳之[34]。玄更署置百官，以卞范之为尚书仆射。自以奔败之后，恐威令不行，乃更增峻[35]刑罚，众益离怨。殷仲文谏，玄怒曰：“今以诸将失律[36]，天文不利[37]，故还都旧楚[38]；而群小纷纷，妄兴异议[39]，方当纠之以猛，未可施之以宽也。”荆、江诸郡闻玄播越[40]，有上表奔问起居[41]者，玄皆不受，更令所在[42]贺迁新都。

初，王谧为玄佐命元臣[43]，玄之受禅[44]，谧手解帝玺绶[45]；及玄败，众谓谧宜诛，刘裕特保全之。刘毅尝因朝会，问谧玺绶所在[46]。谧内不自安，逃奔曲阿[47]。裕笺白武陵王[48]，迎还复位[49]。

桓玄兄子歆[50]引氐帅杨秋[51]寇历阳，魏咏之帅诸葛长民、刘敬宣、刘钟共击破之，斩杨秋于练固[52]。

玄使武卫将军庾稚祖、江夏太守桓道恭[53]帅数千人就何澹之等共守湓口。何无忌、刘道规至桑落洲[54]，庚戌[55]，澹之等引舟师逆战。澹之常所乘舫[56]，羽仪[57]旗帜甚盛。无忌曰："贼帅必不居此，欲诈我耳，宜亟[58]攻之。"众曰："澹之不在其中，得之[59]无益。"无忌曰："今众寡不敌[60]，战无全胜[61]，澹之既不居此舫，战士必弱，我以劲兵攻之，必得之，得之，则彼势沮而我气倍[62]，因而薄[63]之，破贼必矣。"道规曰："善！"遂往攻而得之，因传呼曰："已得何澹之矣！"澹之军中惊扰，无忌之众亦以为然，乘胜进攻澹之等，大破之。无忌等克湓口，进据寻阳，遣使奉送宗庙主祏[64]还京师。加刘裕都督江州诸军事。

桑落之战，胡藩所乘舰为官军[65]所烧，藩全铠入水，潜行三十许步，乃得登岸。时江陵路已绝，乃还豫章[66]。刘裕素闻藩为人忠直，引参领军军事[67]。

桓玄收集荆州兵，曾未三旬[68]，有众二万，楼船、器械甚盛。甲寅[69]，玄复帅诸军挟帝东下，以苻宏[70]领梁州刺史，为前锋；又使散骑常侍徐放[71]先行，说刘裕等曰："若能旋军散甲[72]，当与之更始[73]，各授位任[74]，令不失分[75]。"

刘裕以诸葛长民都督淮北诸军事，镇山阳[76]；以刘敬宣为江州刺史。

（以上为第十段，写桓玄挟持东晋安帝司马德宗到达江陵，严峻刑罚，众人越发离心；招募荆州士兵，拥有二万人，战船、军械、兵器齐备，又挟持晋安帝东下。）

【注释】

［1］王愉：王国宝之兄，桓氏女婿。桓玄篡位，被任为尚书左仆射，其子王绥被任为荆州刺史，颇受倚重。传见《晋书》卷七十五。［2］慧龙：即王愉之孙王慧龙，少时遭遇刘裕灭门，投奔后秦，后归顺北魏为名将。传见《魏书》卷三十八。［3］僧彬：和尚名彬。此人日后逃入后秦，又奔入北魏。［4］中土：指今山西、河北一带汉族聚居的地区。萧条：冷清、不景气的样子。［5］县户不满百者罢之：即取消不满百户的县的建制。过百户即可保留，可见当时人烟之稀少。［6］丁卯：三月十日。［7］还镇东府：将其军政指挥部迁回东府办公。东府，昔为司马道子所居，后又为桓玄所居，今为刘裕所居。［8］辛未：三月十四日。［9］西上：向上游荆州桓玄的老巢进发。［10］郭铨（quán）：字仲衡，东晋益、梁二州刺史。后效力桓玄，桓楚败亡后，欲割据蜀地反叛，为殷仲堪所斩杀。湓（pén）口：古地名，鄱阳湖入长江的交汇口，在今江西九江市东北。［11］起居注：逐日记载帝王一切活动的日记，也是古代历史的一种。［12］经略：权谋大略。举无遗策：所有部署没有一点失误。举，全部，任何作为。［13］违节度：不服从他的指挥、调遣。［14］奔败：逃奔，溃败。［15］覃（tán）思著述：全部精神都用在著书立说上。覃思，潜心，深思。［16］不暇：无暇，没有时间。［17］丙戌：三月二十九日。［18］武陵王遵：武陵王司马遵，晋元帝司马睿之孙，晋安帝之叔，刘裕让司马遵以皇帝名义总理朝政，为自己代晋的一个过渡性安排。承制：以皇帝的名义发号施令。总百官行事：统理朝政之事。［19］不宥（yòu）：不饶恕，不宽赦。［20］“刘敬宣”二句：刘敬宣，刘牢之之子；高雅之，刘牢之之女婿；司马休之，晋安帝族叔。三人原是东晋将领，因政乱逃奔南燕主慕容德，卷入南燕政争，交结青州大姓与鲜卑豪帅，谋杀南燕主慕容备德；谋泄，高雅之被杀，刘敬宣、司马休之南逃依附刘裕。刘敬宣任晋陵太守，司马休之任荆州刺史。［21］刘轨：原与刘牢之同为谢玄部属，刘轨后为冀州刺史。桓玄杀刘牢之以及轨之兄刘袭，刘轨遂据山阳起兵，反击桓玄失败，与刘敬宣等北逃，投靠南燕慕容德，甚得宠幸，官至司空。后因涉嫌谋反，被杀。［22］安齐之志：指安居他人篱下，不愿再走。春秋晋国骊姬谗杀太子申生，又欲杀重耳，重耳几经辗转，逃到齐国，齐桓公以女妻之，重耳贪图安逸，遂不想再走。事见《左传》僖公二十三年。［23］淮、泗间：淮河、泗水之间，指今江苏徐州市南、安徽蚌埠市北一带地区。［24］晋陵：郡名，郡治京口，在今江苏镇江市。［25］北地王钟：即慕容钟，小字道明，南燕主慕容德堂弟。南燕司徒、都督中外诸军，封北地王。传见《晋书》卷一百二十八。［26］己丑：四月二日。［27］毕敬：即毕恭毕敬，形容十分恭敬有礼的样子。［28］迁除百官：任命百官。迁，改换职务。除，任命，封拜。制书：即以皇帝的名义。皇帝下的命令叫“制”或“诏”。［29］教：在今所谓“指示”，宣告某事。诸侯王及将相大臣给群下的命令叫“教”。令书：当时的文体名。皇帝下的“令”与上述的“制”“诏”原无区别，只是使用的场合不同。［30］监：监督、协调，不同于直接统辖的所谓“都督军事”。［31］领：代理，与实授不同。当时的荆州尚被桓玄的党羽占领，诸军已经进讨，此乃预先委任。［32］庚寅：四月三日。［33］江陵：城名，荆州刺史的州治所在地，在今湖北荆州市江陵县。［34］纳之：接纳桓玄进

去。当时桓石康任荆州刺史。［35］增峻：增加，严厉。［36］失律：不遵守纪律，不服从命令。［37］天文不利：星象的变化对我们不利。［38］旧楚：旧日的楚国都城。春秋时代的楚国都城在今湖北江陵县西北的纪南城，亦即东晋时代的江陵，荆州的州治所在地。［39］妄兴异议：即有人说桓玄打了败仗，桓玄自己不承认。［40］播越：犹言“颠沛”，即流离、奔走于道。［41］上表奔问起居：上书远道问候起居平安。［42］所在：到处，他所管辖的各个地方。［43］佐命元臣：辅佐桓玄建立新王朝、登基称帝的大臣。佐命，帮着他接受天命。元臣，大臣。［44］受禅：新皇帝接受旧帝让给的帝位。［45］手解帝玺绶：亲手从东晋安帝司马德宗身上把皇帝的印绶解下来，给桓玄佩戴上。［46］问谧玺绶所在：故意以此讥讽王谧的卖主求荣。［47］曲阿：县名，县治在今江苏丹阳市。［48］笺白：上书禀告。笺，文体名，群臣给诸侯将相的信札叫“笺”。武陵王：即司马遵，时总揽朝政。［49］迎还复位：迎王谧回来，恢复原来的职务，仍让当录尚书事。［50］桓玄兄子歆（xīn）：即桓歆。据《晋书》，桓歆是桓温之子、桓玄之兄，而非“兄子”，依《晋书》，当削“子”字。桓歆，字叔道，以父勋封临贺公。弟桓玄篡晋称帝，封临贺王。刘裕起兵讨桓玄，桓歆领兵拒战，兵败逃往淮北。［51］氐帅：氐族首领。杨秋：氐族人，东晋武都太守，桓玄叛乱后，投归桓玄。［52］练固：古地名，在今安徽和县西北。［53］庾稚祖：武卫将军，桓玄党羽。江夏：郡名，郡治在今湖北鄂州市，当时属江州刺史桓玄管辖。桓道恭：字祖猷，桓玄的族亲，时为江夏太守。［54］桑落洲：古地名，在今江西九江市东北的长江中。［55］庚戌：四月二十三日。［56］常所乘舫（fǎng）：经常乘坐的那条船。［57］羽仪：古代高官出行所使用的仪仗，其中有些旌旗之类上有羽毛为饰，故称“羽仪”。［58］亟：迅速，赶紧。［59］得之：得手，获得此船。［60］众寡不敌：当时何无忌的人少。［61］战无全胜：指没有战胜敌人的十分把握。［62］势沮（jǔ）：士气瓦解。气倍：士气倍增。［63］薄：迫，攻逼。［64］主祏（shí）：装神主（灵牌）的石匣，当时晋朝宗室的神主由司马德文保管，在寻阳。［65］官军：朝廷的军队，指刘裕一方。［66］豫章：古郡名，郡治今江西南昌市。［67］参领军军事：为刘裕当军事参谋。当时刘裕任领军将军。［68］曾未三旬：不到一个月的时间。［69］甲寅：四月二十七日。［70］苻宏：前秦苻坚皇太子。前秦于淝水之战大败，苻宏带领家人投奔东晋，被安置在江州（今江西九江市），遂成为桓玄的部下，官至辅国将军。后为篡位称帝的桓玄重用，兼任梁州刺史，并为前锋，被杀。［71］徐放：原任鄱阳太守，今为桓玄的散骑常侍。［72］旋军：回师，撤回军队。散甲：解散士兵。［73］更始：不记旧仇，从头做起。［74］位任：职官，职务。［75］令不失分：不会让你们丢掉名分。［76］山阳：古地名，在今江苏淮安市。

柔然可汗[1]社仑从弟悦代大那[2]谋杀社仑，不克，奔魏。

燕王熙于龙腾苑[3]起逍遥宫，连房数百，凿曲光海[4]，盛夏，士卒不得休息，暍死者太半[5]。

西凉世子谭[6]卒。

刘毅、何无忌、刘道规、下邳[7]太守平昌孟怀玉[8]帅众自寻阳西上，五月，癸酉[9]，与桓玄遇于峥嵘洲[10]。毅等兵不满万人，而玄战士数万，众惮[11]之，欲退还寻阳。道规曰："不可！彼众我寡，强弱异势，今若畏懦[12]不进，必为所乘[13]，虽至寻阳，岂能自固！玄虽窃名雄豪，内实恇怯[14]；加之已经奔败，众无固心。决机两阵[15]，将雄者克，不在众也。"因麾[16]众先进，毅等从之。玄常漾舸于舫侧[17]以备败走，由是众莫有斗心。毅等乘风纵火，尽锐争先，玄众大溃，烧辎重[18]夜遁。郭铨诣毅降。

玄故将刘统、冯稚[19]等聚党四百人袭破寻阳城。毅遣建威将军刘怀肃[20]讨平之。怀肃，怀敬[21]之弟也。

玄挟帝单舸[22]西走，留永安何皇后及王皇后于巴陵[23]。殷仲文时在玄舰，求出别船收集散卒，因叛玄，奉二后奔夏口[24]，遂还建康。

己卯[25]，玄与帝入江陵。冯该[26]劝使更下战，玄不从，欲奔汉中就桓希[27]，而人情乖沮[28]，号令不行。庚辰[29]，夜中，处分欲发[30]，城内已乱，乃与亲近腹心百余人乘马出城西走。至城门，左右于暗中斫[31]玄，不中，其徒更相杀害，前后交横[32]。玄仅得至船，左右分散，惟卞范之在侧。

辛巳[33]，荆州别驾王康产奉帝入南郡府舍[34]，太守王腾之[35]帅文武为侍卫。

玄将之汉中，屯骑校尉毛修之[36]，璩之弟子也，诱玄入蜀，玄从之。宁州刺史毛璠[37]，璩之弟也，卒于官。璩使其兄孙祐之及参军费恬[38]帅数百人送璠丧归江陵，壬午[39]，遇玄于枚回洲[40]。祐之、恬迎击玄，矢下如雨，玄嬖人丁仙期、万盖[41]等以身蔽玄，皆死。益州督护汉嘉冯迁抽刀[42]，前欲击玄，玄拔头上玉导[43]与之，曰："汝何人，敢杀天子！"迁曰："我杀天子之贼耳！"遂斩之，又斩桓石康、桓濬、庾赜之，执桓升送江陵，斩于市。乘舆返正于江陵[44]，以毛修之为骁骑将军。甲申[45]，大赦，诸以畏逼[46]从逆者一无所问。戊寅[47]，奉神主于太庙[48]。刘毅等传送玄首[49]，枭于大桁[50]。

（以上为第十一段，写东晋将领刘毅率军西上，与桓玄相遇，以少胜多，打败桓玄；桓玄仓惶西逃，被益州督护冯迁杀死，传首建康，枭首示众，禅代闹剧落下了帷幕。）

【注释】

[1]社仑：即郁久闾社仑，柔然丘豆伐可汗。在位九年，为北魏战败，病死于败退途中。[2]悦代大那：人名。《魏书》作"悦伐大那"。与兄弟等谋杀从兄社仑可汗，欲自立为王。事觉，与兄弟逃奔北魏，拓跋珪封为冠军将军、西平侯。[3]龙腾苑：后燕主慕容熙为苻氏姐妹（苻娀娥、苻训英）修建的园林，故址在今辽宁朝阳市双塔区他拉皋镇慕容村，现存遗址。[4]曲光海：后燕主慕容熙令人开发的人工湖。[5]暍（yē）死：中暑而死。太半：大半。[6]西凉：李广后裔李暠建立的割据政权，因其位于后凉西部，故称"西凉"。世子谭：西凉主李暠世子李谭。世子，嫡长子。[7]下邳：郡名，郡治在今江苏邳州市。[8]孟怀玉：平昌安丘（今山东安丘市）人，世居京口，东晋末年名将，南朝宋功臣。传见《宋书》卷四十七。[9]癸酉：五月十七日。[10]峥嵘洲：古地名，在今湖北黄冈市黄州区西北长江中。[11]惮（dàn）：畏惧，害怕。[12]畏懦（nuò）：胆怯，软弱。[13]所乘：被桓玄的军队趁势攻击。乘，同"趁"。[14]恇（kuāng）怯：恐慌，怯懦。[15]决机两阵：在两军阵前决定胜负。[16]麾（huī）：同"挥"，指挥，率领。[17]漾舸于舫侧：在大船旁边系着一艘小船，随时准备逃跑。漾，荡漾，引申为摆放。舸，指小艇。舫，指楼船。[18]辎（zī）重：外出时携载的物资。[19]刘统、冯稚：桓玄党羽。[20]刘怀肃：彭城（今江苏徐州市）人，宋武帝刘裕从母兄，南朝宋宗室大臣。传见《宋书》卷四十七。[21]怀敬：怀肃之兄。当初刘裕生而母死，无乳，欲弃之，怀敬母断其乳而喂养之。怀敬又追随刘裕起兵，刘裕即帝位，念旧恩，累加宠授，至会稽太守，为尚书、金紫光禄大夫。[22]单舸（gě）：乘驾一条船。[23]永安何皇后：东晋穆帝司马聃的皇后。王皇后：东晋安帝司马德宗的皇后。巴陵：郡名，郡治在今湖南岳阳市。[24]夏口：古地名，汉水入江之口，在今湖北武汉市。[25]己卯：五月二十三日。[26]冯该：桓玄的部将，是桓氏死党之一，封为鱼复侯。[27]桓希：桓玄的族人、党羽。桓玄篡位时任梁州刺史；桓玄失败后，被益州刺史毛璩打败于巴东一带，后被杀。[28]乖沮（jǔ）：不和谐，不赞成。[29]庚辰：五月二十四日。[30]处分欲发：做出决定想出发去汉中。处分，安排，部署。发，出发，起行。[31]斫（zhuó）：用刀砍。[32]前后交横：死者一个挨着一个。[33]辛巳：五月二十五日。[34]别驾：刺史手下的高级僚属，总管州中诸事。王康产：时为荆州别驾。南郡府舍：南郡太守的衙门。[35]王腾之：东晋南郡太守。[36]屯骑校尉：掌骑兵，属领军将军。毛修之：字敬之，征虏将军毛瑾之子。先从殷仲堪，后随桓玄，反桓玄有功，成为刘裕的得力将领。传见《宋书》卷四十八。[37]宁州：州名，州治在今云南昆明市晋宁区东。毛璠：东晋宁州刺史。[38]祐之：即毛祐之，毛璩从孙。费恬（tián）：毛祐之的参军。[39]壬午：五月二十六日。[40]枚回洲：

古地名，在今湖北江陵县南的长江中。［41］嬖（bì）人：男宠。嬖，宠幸，宠爱。丁仙期、万盖：桓玄贴身亲信。［42］督护：为将军、刺史手下的统军将领。冯迁：汉嘉（在今四川芦山县）人。东晋益州刺史毛璩属下，担任益州督护，曾手刃楚帝桓玄，从此发迹。后迁任汉嘉太守，参与征谯纵之战，入南朝宋，为遂宁太守。抽刀：拔刀。［43］玉导：簪子一类的东西，以玉为之。胡三省曰："魏、晋以来，冠帻有簪，有导，至尊以玉为之。导，引也，所以引发入冠帻之内也。"［44］乘舆返正于江陵：意谓东晋安帝司马德宗又在江陵恢复称帝。乘舆，皇帝的车驾，代指皇帝。返正，指帝王复位。［45］甲申：五月二十八日。［46］畏逼：怕受迫害。［47］戊寅：五月二十二日。［48］奉神主于太庙：把从寻阳取回来的晋朝太庙的神主安放回太庙。［49］传送玄首：通过驿车把桓玄的人头送到朝廷。［50］枭（xiāo）于大桁：在朱雀桥头悬首示众。大桁，即朱雀桥，当时秦淮河上的大浮桥。桁，同"航"。

毅等既战胜，以为大事已定，不急追蹑[1]，又遇风，船未能进，玄死几一旬，诸军犹未至[2]。时桓谦匿于沮中[3]，扬武将军桓振匿于华容浦[4]，玄故将王稚徽戍巴陵[5]，遣人报振云："桓歆已克京邑[6]，冯稚复克寻阳[7]，刘毅诸军并中路败退。"振大喜，聚党得二百人，袭江陵，桓谦亦聚众应之。

闰月，己丑[8]，复陷江陵，杀王康产、王腾之。振见帝于行宫，跃马奋戈，直至阶下，问桓升所在。闻其已死，瞋目[9]谓帝曰："臣门户何负国家，而屠灭若是！"琅邪王德文下床[10]谓曰："此岂我兄弟意邪！"振欲杀帝，谦苦禁之。乃下马，敛容[11]致拜而出。壬辰[12]，振为玄举哀，立丧庭[13]，谥曰"武悼皇帝"。

癸巳[14]，谦等帅群臣奉玺绶于帝曰："主上法尧禅舜[15]，今楚祚不终[16]，百姓之心复归于晋矣。"以琅邪王德文领徐州刺史，振为都督八郡诸军事、荆州刺史，谦复为侍中、卫将军，加江、豫二州刺史，帝侍御左右，皆振之腹心。

振少薄行[17]，玄不以子侄齿之[18]。至是，叹曰："公昔不早用我，遂致此败。若使公在，我为前锋，天下不足定也。今独作此[19]，安归乎[20]？"遂纵意酒色，肆行诛杀。谦劝振引兵下战，己守江陵，振素轻谦，不从其言。

刘毅至巴陵，诛王稚徽。何无忌、刘道规进攻桓谦于马头[21]、桓蔚于龙泉[22]，皆破之。蔚，秘之子也。

无忌欲乘胜直趣[23]江陵，道规曰："兵法屈申有时，不可苟进[24]。诸桓世居西楚[25]，群小皆为竭力；振勇冠三军，难与争锋。且可息兵养锐，徐以计策縻之[26]，不忧不克。"无忌不从。振逆战于灵溪[27]，冯该以兵会之，无忌等大败，死者千余人。退还寻阳，与刘毅等上笺[28]请罪。刘裕以毅节度诸军，免其青州刺史。桓振以桓蔚为雍州刺史，镇襄阳。

柳约之、罗述、甄季之[29]闻桓玄死，自白帝进军至枝江[30]，闻何无忌等败于灵溪，亦引兵退。俄而[31]述、季之皆病，约之诣桓振伪降，欲谋袭振，事泄，振杀之。约之司马时延祖[32]、涪陵太守文处茂[33]收其余众，保涪陵。

六月，毛璩遣将攻汉中，斩桓希，璩自领梁州。

（以上为第十二段，写桓玄被杀后，刘毅没有乘胜追击桓玄余党，给了他们以喘息的机会，桓玄侄儿桓振疯狂反扑，又攻下江陵，控制了晋安帝司马德宗。何无忌等人进军江陵，被桓振打败。）

【注释】

[1]追蹑：尾随追击。蹑，尾随。 [2]犹未至：还未到达江陵。 [3]沮中：沮水流域，指今湖北当阳市、远安县等一带。 [4]桓振：司空桓豁之孙，东晋淮南太守、江夏相。桓玄败亡后，攻取荆州，称帝，即桓楚少帝，对抗东晋政权，是桓楚政权的第三位皇帝。后被刘毅部将唐兴攻击，兵败而死。传见《晋书》卷七十四。华容浦：古地名，在今湖北监利市北。 [5]王稚徽：桓玄党羽。巴陵：郡名，郡治在今湖南岳阳市。 [6]京邑：指建康城，在今江苏南京市。 [7]冯稚：桓玄党羽。寻阳：县名，县治在今湖北黄梅县西南。 [8]闰月，己丑：闰五月三日。 [9]瞋（chēn）目：瞪大眼睛，表示愤怒。 [10]德文：琅邪王司马德文，晋安帝司马德宗之弟。下床：从座位上站起来。床，类似今之座椅。 [11]敛容：改换成庄重的脸色。 [12]壬辰：闰五月六日。 [13]立丧庭：在庭前搭起灵棚。 [14]癸巳：闰五月七日。 [15]法尧禅舜：效法唐尧禅位于舜。此指东晋安帝司马德宗之前将帝位"让给"桓玄的闹剧。 [16]楚祚（zuò）不终：大楚的运命没有得到好的结果。楚祚，指桓玄的国运，桓玄篡位后国号为楚。 [17]薄行：品行不端，轻薄无行。 [18]不以子侄齿之：不把他算入自己的子侄之列，即含有鄙视、瞧不起他的意思。齿，列，列入。 [19]今独作此：我今天一个人独掌大权。 [20]安归乎：又能走向何处。[21]马头：也叫马头戍，在今湖北公安县北，与江津戍相对。 [22]桓蔚：桓秘之子，桓玄的堂

兄弟。龙泉：也叫龙陂，在今湖北江陵县东南的灵溪东岸。［23］直趣：径直奔向。趣，同“趋”，奔赴。［24］苟进：贸然而进。苟，苟且，不作长远考虑。［25］世居西楚：世代统治荆州一带地区。西楚，古有“三楚”之说，据《太平寰宇记》，江陵一带称西楚，彭城一带称东楚，广陵一带称南楚。［26］以计策縻（mí）之：用计策制服他。縻，捆绑，引申为制服。［27］逆战：迎战，正面作战。灵溪：即灵溪戍，在江陵县南灵溪入长江的交汇口处。［28］上笺：上书给武陵王司马遵。［29］柳约之、罗述、甄（zhēn）季之：三人皆毛璩部将，时驻军白帝城。［30］白帝：即白帝城，在今重庆市奉节县，地处瞿塘峡口长江北岸。枝江：古县名，在今湖北枝江市南。［31］俄而：不久。［32］时延祖：益州刺史毛璩旧部，时为巴东太守柳约之司马。［33］涪陵：郡名，郡治汉平，在今重庆市涪陵区东南。文处茂：益州蜀郡人，东晋末年益州府将领，时为涪陵太守。

秋，七月，戊申[1]，永安皇后何氏崩。

燕苻昭仪有疾，龙城人王荣自言能疗之。昭仪卒，燕王熙立荣于公车门[2]，支解[3]而焚之。

八月，癸酉[4]，葬穆章皇后于永平陵。

魏置六谒官[5]，准古六卿[6]。

九月，刁骋[7]谋反，伏诛，刁氏遂亡。刁氏素富，奴客纵横，专固[8]山泽，为京口之患。刘裕散其资蓄，令民称力[9]而取之，弥日[10]不尽。时州郡饥弊[11]，民赖之以济[12]。

乞伏乾归及杨盛战于竹岭[13]，为盛所败。

西凉公暠立子歆[14]为世子。

魏主珪临昭阳殿改补[15]百官，引朝臣文武，亲加铨择[16]，随才授任。列爵[17]四等：王封大郡，公封小郡，侯封大县，伯封小县。其品第一至第四，旧臣有功无爵者追封之，宗室疏远及异姓袭封者降爵有差[18]。又置散官五等，其品第五至第九；文官造士才能秀异[19]、武官堪为将帅者，其品亦比[20]第五至第九；百官有阙[21]，则取于其中以补之。其官名多不用汉、魏之旧，仿上古龙官[22]、鸟官[23]，谓诸曹之使为凫鸭[24]，取其飞之迅疾也；谓候官伺察者为白鹭[25]，取其延颈远望也，余皆类此。

卢循寇南海[26]，攻番禺，广州刺史濮阳吴隐之[27]拒守百余日，冬，十月，壬戌[28]，循夜袭城而陷之，烧府舍、民室俱尽，执吴隐之。循自称平南将军，摄广州事[29]，聚烧骨为共冢，葬于洲上，得髑髅[30]三万余枚。又使徐道覆攻始兴[31]，执始兴相阮腆之[32]。

刘裕领青州刺史[33]。

刘敬宣在寻阳，聚粮缮船[34]，未尝无备，故何无忌等虽败退，赖以复振。桓玄兄子亮自称江州刺史，寇豫章[35]，敬宣击破之。

刘毅、何无忌、刘道规复自寻阳西上，至夏口。桓振遣镇东将军冯该守东岸，扬武将军孟山图据鲁山城[36]，辅国将军桓仙客守偃月垒[37]，众合万人，水陆相援。毅攻鲁山城，道规攻偃月垒，无忌遏中流[38]，自辰至午[39]，二城俱溃，生禽山图、仙客，该走石城[40]。

辛巳[41]，魏大赦，改元天赐[42]。筑西宫。十一月，魏主珪如西宫，命宗室置宗师[43]，八国置大师、小师[44]，州郡亦各置师，以辨宗党[45]，举才行[46]，如魏、晋中正[47]之职。

燕王熙与苻后游畋[48]，北登白鹿山[49]，东逾青岭[50]，南临沧海[51]而还，士卒为虎狼所杀及冻死者五千余人。

十二月，刘毅等进克巴陵。毅号令严整，所过百姓安悦。刘裕复以毅为兖州刺史。

桓振以桓放之[52]为益州刺史，屯西陵[53]；文处茂击破之，放之走还江陵。

高句丽侵燕。

戊辰[54]，魏主珪如豺山宫[55]。

是岁，晋民避乱，襁负之淮北者道路相属[56]。

（以上为第十三段，写东晋刁聘阴谋反叛，被刘裕诛杀；海盗首领卢循进犯南海，攻下番禺；刘毅号令严明，攻下巴陵；民众躲避战乱，逃到淮北，道路上难民相连不断。）

【注释】

［1］戊申：七月二十三日。［2］公车门：宫廷的前门，凡吏民上书或四方进贡都汇总于此，由公车令转呈皇帝。［3］支解：古代碎裂肢体的一种酷刑。支，同“肢”，肢体。［4］癸酉：八月十九日。［5］谒官：有如后代的各部尚书，与秦汉的九卿同。［6］准：相当于。六卿：古代

称吏、户、礼、兵、刑、工六部尚书为六卿，为统军执政之官。［7］刁骋：桓玄党羽，刁逵之弟，前刘裕斩刁逵时，曾赦免了他。［8］专固：霸占。［9］称力：能拿多少就拿多少。［10］弥日：整天，从早一直到晚上。［11］饥弊：饥饿，疲惫。［12］济：渡过危机，渡过难关。［13］杨盛：后仇池国第二任国主。竹岭：古地名，在今甘肃上邽（今甘肃天水市）西南。［14］暠（hào）：即李暠，西凉开国君主。歆（xīn）：即李歆，西凉主李暠次子，西凉第二位国君。［15］昭阳殿：古代宫殿建筑名，代指古代妃子居住的后宫。改补：改任与加封。［16］铨（quán）择：评量，选择。［17］列爵：分颁爵位。列，分列，划分。［18］袭封：指子孙袭承父祖之爵者。降爵有差：根据不同情况而降低，以区别亲自因功得封者。［19］造士：学问有成而尚未进入官场的学子，在当时享受一定的待遇，如不服劳役等。秀异：优异特出。［20］比：相当，参照。［21］阙（quē）：同“缺”，缺额。［22］龙官：据说远古太皞氏时，百官师长都以龙为名。《左传·昭公十七年》曰：“昔太皞氏以龙纪，故为龙师而龙名。”［23］鸟官：据说远古少皞氏时，百官师长都以鸟为名。《左传·昭公十七年》记载郯子谈上古的氏族标记时云：“我高祖少皞挚之立也，凤鸟适至，故为鸟师而鸟名。”［24］诸曹之使：诸曹下面的吏役。诸曹，犹今中央之所谓各部。使，受驱使的办事人员。凫鸭：水鸭。北魏所定官号，取其飞之迅疾之意。［25］候官：负责侦察敌情的官吏。伺察：侦视，观察。白鹭：鸟名。北魏所定候官官号，取其延颈远望之意。［26］南海：郡名，郡治番禺，在今广东广州市。［27］吴隐之：字处默，濮阳鄄城（今山东鄄城县）人，东晋廉吏、名士，时任广州刺史，领平越中郎将。传见《晋书》卷九十。［28］壬戌：十月九日。［29］摄广州事：代理广州刺史，因当时卢循尚与东晋朝廷保持着联系（桓玄任他为永嘉太守），故有这种官样文章。［30］髑（dú）髅（lóu）：一般指死人的头骨。［31］徐道覆：东晋叛军首领。随孙恩起兵，孙恩死后与卢循南下取岭南，封始兴相，后被东晋将领孟怀玉率军攻杀。传见《晋书》卷一百。始兴：古郡名，郡治在今广东韶关市南。［32］阮腆（tiǎn）之：东晋始兴国相，被海盗首领徐道覆所掳。［33］领青州刺史：原青州刺史刘毅因打败仗被免职，故暂由刘裕领之。领，兼任。［34］缮（shàn）船：修理船只。缮，维修，整治。［35］豫章：古郡名，郡治在今江西南昌市。［36］孟山图：桓玄党羽，为扬武将军。鲁山城：古城名，在今湖北武汉市汉阳区。［37］桓仙客：桓玄党羽，为辅国将军。偃月垒：亦称却月戍，旧址在今湖北武汉市。［38］遏中流：控制长江的江心一带，以防其增援与奔突。［39］自辰至午：从辰时到午时。辰，上午7时至9时。午，中午11时至13时。［40］走：逃奔。石城：古城名，在今湖北钟祥市，在武汉西北方，当时为竟陵郡的郡治所在地。［41］辛巳：十月二十八日。［42］天赐：北魏道武帝拓跋珪的第四个年号，历时六年。［43］宗师：掌考辨梳理拓跋氏皇族的支派系统与举荐本族的人才，略相当于秦汉时的宗正。［44］八国：拓跋珪于天兴元年（398）以京都平城为中心，向八方辐射，把魏国疆土分成八个区域，派八个大夫每人分掌一个，此之谓“八国”。大师、小师：相当于太师、少师。［45］辨宗党：考辨各大族的支派与统系。［46］举才行：举荐才能、品行优异的人才。［47］中正：魏、晋时期在各州郡设置的官名，负责考察本州郡人才的品德能力，把他们分为九等，以供朝廷选任官吏时参考。胡三省引《魏书·官氏志》曰："以八国姓族难分，故国立大师、小师，令辨其宗党，品举人才。自八国以外，郡各立师，职分如八国，比今之中正也。宗室立宗师，亦如州郡八国之职。"［48］游畋（tián）：出游，打猎。［49］白鹿山：古地名，也叫白狼山，在今辽宁喀喇沁左翼蒙古族自治县东，在当时的龙城西南。［50］逾：越过。青岭：古地名，也叫青陉，在后燕都城龙城东南四百余里。［51］临：到达。沧海：古水名，在今渤海。［52］桓放之：桓云之孙，桓玄堂侄。［53］西陵：地名，也叫夷陵，在今湖北宜昌市西北，江陵的西北方。桓放之屯此，以防上游的毛璩来攻。［54］戊辰：十二月十六日。［55］豺山宫：古宫殿名，在今山西右玉县境内的豺山上。［56］襁（qiǎng）负：用布包裹幼儿并背着。之：到，往。淮北：古区域名，淮河以北地区。相属（zhǔ）：相连接，一个接着一个。

【点评】

桓玄的称帝闹剧。桓玄是东晋大司马、权臣桓温最小的儿子，也是桓温最为宠爱的儿子，承袭其封爵为南郡公。桓玄相貌奇伟，神态爽朗，博通艺术，亦善写文章，对自己的才能和门第颇为自负。桓玄二十三岁时，只做了一个不起眼的太子洗马的小官，没有任何实权。

经过十年的奋斗，桓玄的声望和权势，大可与其父媲美，也是掌控朝廷，权倾朝野；不同的是，其父达到权力的巅峰时，已垂垂老矣，而桓玄请求朝廷赐予"九锡"时，才是三十多岁，风华正茂，索性自己当起了皇帝，建立楚国，史称"桓楚"。

桓玄的这种做法不得人心，而且改朝换代的条件还不成熟。虽然东晋朝廷已摇摇欲坠，但东晋的存在已有百年，正统观念在人们头脑中根深蒂固，而桓玄不仅没有建立足以撼动人心的功业，还愈发骄奢荒侈，游猎无度，激起民怨。桓玄的支持者仅仅是限于桓氏宗族，没有得到广大士族大户以及民众百姓的认同与支持，其力微矣。桓玄虽然称帝，但底气不足，缺少明智与谋略。当刘裕等人在京口起兵后，他自乱阵脚，在首战失利后就惊慌失措，无计可施，望风而逃；所统率的部队虽然人数众多，但没有战斗力，结果一败涂地。刘裕勇猛，又有谋略，准备充分，目标明确，上下同心，战略得当，因此能够以少胜多，最终获得胜利。

西晋司马伦一党道德低下，缺乏治国能力，党羽钩心斗角，在政治上并无建树。因此，司马伦称帝，人心不稳，群起攻之，很快短命夭亡。桓玄也是如此，因称帝而加速灭亡，落得身败名裂的下场。

卷一一四　晋纪三十六

晋安帝义熙元年至四年（405—408年）

【起旃蒙大荒落（乙巳，405年），尽著雍涒滩（戊申，408年），凡四年】

【大事提要】

本卷记事起于公元405年，止于公元408年，凡四年，时当晋安帝（司马德宗）义熙元年至义熙四年。本卷所载大事，主要有五个方面。其一，益州兵变。公元405年，益州将领侯晖趁着东晋内乱之际，拥立当地大族谯纵为成都王，割据一方。谯纵又向后秦姚兴称臣，封为蜀王，联合桓玄堂兄桓谦，不断进袭东晋，给荆楚之地造成很大威胁。而后，谯纵击败东晋征蜀都督刘道规，正式成为蜀地国君。其二，南燕易主。公元405年，南燕主慕容德派人去长安接回他哥哥慕容纳之子慕容超。慕容德没有儿子，立慕容超为皇太子后去世，时年七十岁，在位六年。慕容超即位后，多名宗室贵族叛变，平定后，游玩无数，奢侈无度，凌虐宗室大臣，人心离散，国亡。其三，吐谷浑树洛干称王。公元405年，西秦打败吐谷浑部，吐谷浑王乌纥提病死，树洛干逃奔莫何川继位，自称吐谷浑王。他留心吸收士人，司马、博士等官均用儒生担任，占据甘肃、青海之间，实控东至洮河，西达赤水、白兰，北界黄河，南至大积石山。其四，北燕灭后燕。后燕主慕容熙是只爱美人不顾江山的昏君。苻皇后去世时，他哭得死去活来；出殡时，慕容宝的养子慕容云调动5000士兵关闭龙城城门。慕容云即天王位，恢复高姓，改元正始。没过几天，慕容熙被抓住，执送高云，当天被杀死，后燕灭亡。其五，刘裕入掌朝政。公元405年，东晋收复江陵，驱逐桓氏势力，迎接安帝司马德宗返回建康，刘裕还镇丹徒。刘裕遣使到后秦，要求归还南乡等十二个淮北诸郡，后秦全部归还。刘裕因功受封为豫章郡公，后听从幕僚刘穆之的劝告，入朝商议国事，掌握朝政大权。

安皇帝己

义熙元年（乙巳，405年）

春，正月，南阳太守扶风鲁宗之[1]起兵袭襄阳[2]，桓蔚走江陵。己丑[3]，刘毅等诸军至马头[4]。桓振挟帝出屯江津[5]，遣使求割江、荆二州，奉送天子[6]，毅等不许。辛卯[7]，宗之击破振将温楷于柞溪[8]，进屯纪南[9]。振留桓谦[10]、冯该守江陵，引兵与宗之战，大破之。刘毅等击破冯该于豫章口[11]，桓谦弃城走。毅等入江陵，执卞范之等，斩之。桓振还，望见火起，知城已陷，其众皆溃，振逃于涢川[12]。

乙未[13]，诏大处分[14]悉委冠军将军刘毅。

戊戌[15]，大赦，改元[16]，惟桓氏不原[17]。以桓冲忠于王室，特宥其孙胤[18]。以鲁宗之为雍州刺史，毛璩为征西将军，都督益、梁、秦、凉、宁五州[19]诸军事，璩弟瑾为梁、秦二州刺史，瑗为宁州刺史。刘怀肃追斩冯该于石城[20]，桓谦、桓怡、桓蔚、桓谧、何澹之、温楷皆奔秦[21]。怡，弘之弟也。

燕王熙伐高句丽[22]。戊申[23]，攻辽东[24]。城且陷，熙命将士："毋得先登，俟[25]铲平其城，朕与皇后乘辇[26]而入。"由是城中得严备[27]，不克而还。

秦王兴以鸠摩罗什为国师[28]，奉之如神，亲帅群臣及沙门[29]听罗什讲佛经，又命罗什翻译西域经论三百余卷，大营塔寺[30]，沙门坐禅[31]者常以千数。公卿以下皆奉佛，由是州郡化之[32]，事佛者十室而九。

乞伏乾归[33]击吐谷浑[34]大孩[35]，大破之，俘万余口而还。大孩走死胡园[36]。视罴世子树洛干帅其余众数千家奔莫何川[37]，自称车骑大将军、大单于、吐谷浑王。树洛干轻徭薄赋[38]，信赏必罚[39]，吐谷浑复兴[40]，沙、漒[41]诸戎皆附之。

西凉公暠自称大将军、大都督，领秦、凉二州牧，大赦，改元建初，遣舍人黄始、梁兴间行[42]奉表诣建康[43]。

（以上为第一段，写东晋平定桓玄之乱，晋安帝大赦，改元，唯桓氏不赦；后秦主崇信大和尚鸠摩罗什，封之为国师。）

【注释】

［1］鲁宗之：字彦仁，扶风郿县（今陕西眉县）人，东晋阳南郡太守。投奔刘裕，攻打雍州刺史桓蔚，拜辅国将军、雍州刺史。［2］襄阳：郡治在今湖北襄阳市。当时桓蔚被桓振任为雍州刺史，镇守襄阳。［3］己丑：正月七日。［4］刘毅：字希乐，东晋将领。从刘裕平桓玄之乱，拜豫州刺史，封南平郡公。后受到太尉刘裕讨伐，兵败自杀。传见《晋书》卷八十五。马头：古地名，又名马头戍，在当时江陵城南的长江南岸，与江心岛的江津戍隔水相望。［5］江津：古地名，即江津戍，一名奉城，在今湖北荆州市沙市区南长江中沙洲上，与长江南岸马头戍相对，当南北交通要冲，为江防要地。［6］求割江、荆二州，奉送天子：意谓只要刘裕答应他们继续把持江、荆二州，他们就送东晋安帝司马德宗回朝。［7］辛卯：正月九日。［8］温楷：桓玄死党桓振的将领，后逃归后秦。柞（zhà）溪：小河名，在当时江陵城东北。［9］纪南：古城名，春秋、战国时代的楚国都城，在江陵城北十里。［10］桓谦：字敬祖，太傅桓冲之子，东晋大臣。桓振作乱时，保护晋安帝，兵败后投奔后秦。后带兵攻打荆州，兵败被杀。传见《晋书》卷七十四。［11］豫章口：古地名，在江陵城东二十里。［12］涢（yún）川：即涢水，古水名，在今湖北中部偏东，为汉水支流。源出随州市西南大洪山，北流折而东南流，经安陆市、云梦县，至武汉市西新沟汇入汉江。［13］乙未：正月十三日。［14］大处分：有关征讨桓玄余党的重大问题的决定。处分，处理，决策。［15］戊戌：正月十六日。［16］改元：指改用“义熙”年号，在此以前用的年号是“元兴”（402—404）。［17］不原：不饶恕，不放过，必须杀光。原，宽恕，赦免。［18］宥（yòu）：宽恕，赦免。胤（yìn）：即桓胤，字茂远，车骑将军桓冲之孙，桓玄堂侄，东晋将领。深得桓玄喜爱，初拜秘书丞，历任秘书监，迁中书令，官至吏部尚书。随桓玄逃奔江陵，桓玄死后，归降朝廷。以祖父桓冲忠诚王室，特全生命，徙新安郡。后被杀。［19］都督：总揽，统管。益、梁、秦、凉、宁五州：益州，州治成都，在今四川成都市。梁州，州治南郑，在今陕西汉中市。秦州，州治上邽，在今甘肃天水市。凉州，州治姑臧，在今甘肃武威市。宁州，州治滇池，在今云南昆明市晋宁区东北。［20］刘怀肃：宋武帝刘裕从母兄，南朝宋宗室大臣。传见《宋书》卷四十七。石城：古地名，在今湖北钟祥市，当时为竟陵郡的郡治所在地。［21］皆奔秦：诸桓及桓玄部将温楷，都逃奔后秦姚兴。后刘裕北伐，灭后秦。［22］燕王熙：后燕国主慕容熙，也是后燕末代国主。高句丽：汉末至唐初高句丽人在今辽东半岛及朝鲜北部地区建立的政权。［23］戊申：正月二十六日。［24］辽东：郡名，郡治在今辽宁辽阳市，当时被高句丽人所占有。［25］俟（sì）：等待，等候。［26］辇（niǎn）：古代用人拉的车，多指皇帝、皇后坐的车。［27］严备：严密戒备。［28］鸠摩罗什：印度和尚，传习大乘教，中国古代汉传佛教四大佛经翻译家之一，深受西域诸国的崇拜。苻坚时，吕光伐龟兹，将其从龟兹迎到中国，居住凉州十八年；后吕氏投降后秦姚兴，罗什遂入长安，为国师，设立译场，译经 74 部、384 卷。传见《晋书》卷九十五。国师：宗教

中学德兼备的高人的称号。［29］沙门：和尚，对出家佛教徒的称呼。［30］大营塔寺：大规模建造佛塔、佛寺。［31］坐禅：指打坐修行。［32］化之：受其熏染，蔚然成风。［33］乞伏乾归：西秦第二位国主。传见《晋书》卷一百二十五。［34］吐谷（yù）浑（313—663）：亦称吐浑，慕容氏，西北游牧民族慕容吐谷浑所建国名。活动在今青海青海湖西南的都兰县一带。［35］大孩：一名乌纥提，吐谷浑氏。视连之子，视罴之弟，吐谷浑王，为乞伏乾归所败，亡走南凉。传见《晋书》卷九十七。［36］胡园：古地名，约在今青海东部。胡三省曰："胡园，作'胡国'。"胡国，即少数民族建立的国家。［37］树洛干：视罴之子，继其叔乌纥提为王，为吐谷浑第八任国主。传见《魏书》卷一百一。莫何川：也作"莫贺川"，在今青海共和县南。［38］轻徭薄赋：减轻徭役、赋税。［39］信赏必罚：有功劳的一定奖赏，有罪过的一定惩罚。信，确实，确定。［40］复兴：指衰落后再兴盛起来。［41］沙、漒（qiáng）：古地名，在莫何川一带。［42］舍人：比家奴地位略高的门客、食客之类，犹如后世之所谓"幕僚"。黄始、梁兴：西凉主李暠舍人。间行：化装抄小路而行。［43］奉表诣（yì）建康：意即承认东晋的统治地位，愿意成为东晋的附属国。建康，东晋都城，在今江苏南京市。

二月，丁巳[1]，留台备法驾[2]迎帝于江陵，刘毅、刘道规留屯夏口，何无忌奉帝东还。

初，毛璩闻桓振陷江陵，帅众三万顺流东下，将讨之，使其弟西夷校尉瑾、蜀郡太守瑗出外水[3]，参军巴西谯纵[4]、侯晖出涪水[5]。蜀人不乐远征，晖至五城水口[6]，与巴西阳昧[7]谋作乱。纵为人和谨[8]，蜀人爱之，晖、昧共逼纵为主。纵不可，走投于水；引出，以兵逼纵登舆[9]。纵又投地，叩头固辞，晖缚纵于舆。还，袭毛瑾于涪城[10]，杀之，推纵为梁、秦二州刺史。璩至略城[11]，闻变，奔还成都，遣参军王琼[12]将兵讨之，为纵弟明子[13]所败，死者什八九。益州营户李腾[14]开城纳纵兵，杀璩及弟瑗，灭其家。纵称成都王，以从弟洪[15]为益州刺史，以明子为巴州[16]刺史，屯白帝。于是，蜀大乱，汉中空虚，氐王杨盛[17]遣其兄子平南将军抚[18]据之。

癸亥[19]，魏主珪还自豺山[20]，罢尚书三十六曹[21]。

三月，桓振自郧城[22]袭江陵，荆州刺史司马休之战败，奔襄阳，振自称荆州刺史。建威将军刘怀肃自云杜引兵驰赴[23]，与振战于沙桥[24]；刘毅遣广武将军唐兴助之，临陈[25]斩振，复取江陵。

甲午[26]，帝至建康。乙未[27]，百官诣阙[28]请罪，诏令复职。

尚书殷仲文以朝廷音乐未备，言于刘裕，请治之。裕曰："今日不暇给[29]，且性所不解[30]。"仲文曰："好之自解[31]。"裕曰："正以解则好之，故不习[32]耳。"

庚子[33]，以琅邪王德文为大司马，武陵王遵为太保，刘裕为侍中、车骑将军、都督中外诸军事，徐、青二州刺史如故，刘毅为左将军，何无忌为右将军，督豫州、扬州五郡军事，豫州刺史，刘道规为辅国将军、督淮北诸军事、并州刺史，魏咏之[34]为征虏将军、吴国内史。裕固让不受，加录尚书事[35]，又不受，屡请归藩[36]。诏百官敦劝[37]，帝亲幸其第。裕惶惧[38]，复诣阙陈请[39]，乃听归藩。以魏咏之为荆州刺史，代司马休之。

初，刘毅尝为刘敬宣宁朔参军[40]，时人或以雄杰许之[41]。敬宣曰："夫非常之才自有调度[42]，岂得便谓此君为人豪[43]邪！此君之性，外宽而内忌[44]，自伐而尚人[45]，若一旦遭遇[46]，亦当以陵上取祸[47]耳。"毅闻而恨之。及敬宣为江州[48]，辞以无功[49]，不宜授任先于毅等，裕不许。毅使人言于裕曰："刘敬宣不豫建义[50]。猛将劳臣[51]，方须叙报[52]，如敬宣之比[53]，宜令在后。若使君不忘平生[54]，正可为员外常侍[55]耳。闻已授郡[56]，实为过优[57]；寻[58]复为江州，尤用骇惋[59]。"敬宣愈不自安，自表解职，乃召还为宣城内史[60]。

夏，四月，刘裕旋[61]镇京口，改授都督荆、司[62]等十六州诸军事，加领兖州[63]刺史。

（以上为第二段，写益州刺史毛璩一心平叛，却忽略了蜀人不喜远征的事实，发生兵变被杀，乱兵拥戴谯纵为成都王；晋安帝回到都城建康，奖励有功之臣，刘裕辞去封赏，还镇京口；刘毅对刘敬宣为江州刺史有微词，改封为宣城内史。）

【注释】

[1]丁巳：二月五日。 [2]留台：指刘裕建立的以武陵王司马遵为摄行政事的临时政权。法驾：皇帝的车驾。法驾，上所乘，曰"金根车"，驾六马，属车三十六乘。 [3]西夷校尉：持节，统兵，掌管益州地区的少数民族事务。蜀郡：郡名，郡治在今四川成都市。外水：在今四川岷江。胡三省曰："蜀有内水、外水。内水，涪水也；外水，即蜀江发源于岷山者。" [4]参军：即参军

事，相当于军事参谋。谯纵：巴西南充（今四川南充市）人，时任益州刺史毛璩参军，后为西蜀政权建立者。传见《晋书》卷一百。［5］侯晖：毛璩部将。涪（fú）水：古水名，在今四川涪江，嘉陵江的支流，发源于四川，流经江油市、绵竹市等地，流入重庆市。［6］五城水口：五城县境内的涪江与其支流的汇口。五城，古县名，县治在今四川中江县东南。［7］阳昧：益州刺史毛璩部将。［8］和谨：谦和，谨慎。［9］登舆：上车，这里指让他坐上帝王乘坐的车子。［10］涪（fú）城：县名，县治在今四川绵阳市东南。［11］略城：古城名，在今四川成都市东四百里。［12］王琼：益州刺史毛璩部将，为参军。［13］明子：即谯明子，谯纵之弟。［14］益州营户：益州州治成都城里被关押的掳掠来的百姓。营户，百姓叛逃被捉回、发配在军营的效力者。李腾：为益州营户。［15］洪：即谯洪，谯纵堂弟。［16］巴州：州名，州治在今重庆市。［17］氐（dī）：古代少数民族名，分布在今四川、甘肃、青海等省交界处，十六国时期，氐族先后建立过仇池、成汉、前秦、后凉等政权。南北朝以后逐渐融合于周边的少数民族之中。杨盛：后仇池国第二任国主。传见《宋书》卷九十八。［18］抚：即杨抚，杨盛之侄。［19］癸亥：二月十一日。［20］豺山：古地名，在今山西右玉县南。［21］罢尚书三十六曹：北魏恢复尚书三十六曹，在拓跋珪天兴四年（401），今又罢之。三十六曹：北魏尚书省各部直属机构之总称。［22］郧（yún）城：古地名，在今湖北安陆市。前不久，桓振逃跑于此。［23］云杜：古县名，在今湖北京山市。驰赴：急趋，奔赴。［24］沙桥：古地名，在江陵城北，在今湖北江陵县。［25］陈：同“阵”，战阵。［26］甲午：三月十三日。［27］乙未：三月十四日。［28］诣阙（què）：赴京都，到天子的宫阙。阙，宫门两侧的台观，这里即指朝廷。［29］不暇给：顾不上，没有工夫做。［30］性所不解：生来不懂这些玩意儿。［31］好（hào）之自解：一旦喜好上你就懂了。［32］不习：不钻研，不弄懂。［33］庚子：三月十九日。［34］魏咏之：字长道，东晋任城人。初为州主簿，为殷仲堪门客，后为刘裕讨平桓玄的主要将领之一。桓玄被灭，授建威将军、豫州刺史，进征虏将军、吴国内史，转荆州刺史、持节、都督六州军事，领南蛮校尉。传见《晋书》卷八十五。［35］录尚书事：管理尚书省的一切政务。录，统领，管理。［36］归藩：归徐州刺史的驻地，在京口，在今江苏镇江市。［37］敦劝：恳切地劝说刘裕在朝廷掌管朝政。［38］惶惧：惶恐，害怕。［39］陈请：陈情，请罪。［40］宁朔参军：宁朔将军的参军，当时刘敬宣为宁朔将军，刘毅为其充当僚属。［41］以雄杰许之：都说刘毅是英雄豪杰。许，称赞。［42］调度：才调，气度。［43］岂得：怎么能够。人豪：人中豪杰。［44］外宽而内忌：外表宽和，而内心嫉妒，小肚鸡肠，睚眦必报。［45］自伐而尚人：好自我夸耀，好为人上。尚人，好居人上。伐，夸。尚，同“上”。［46］一旦遭遇：一旦遇上好时机。［47］以陵上取祸：以凌侮上级而自取祸灾。陵，同“凌”，凌辱。胡三省曰：“敬宣之论毅，其知之固审矣，然几以此掇祸；圣人包周身之防，正为是耳。”［48］为江州：即为江州刺史。江州，州治浔阳，在今江西九江市。［49］辞以无功：以没有功劳而推辞任用。［50］不豫建义：没有参加最初的合谋起兵。不豫，没有参与。［51］劳臣：功臣。［52］方须叙报：正等待审批，按功劳大小给予奖励提拔。须，等待。叙，委任。［53］之比：之类，之流。［54］使君：敬称刘裕。刘裕当时任徐、青二州刺史，古代敬称刺史、太守为“使君”。不忘平生：不忘旧好，指刘裕是刘牢之的老部下，而刘敬宣是刘牢之的儿子。［55］员外常侍：候补的常侍郎，当时的一种荣誉性加官，有地位，但没有实权。［56］授郡：指刘敬宣刚从北方回来，刘裕就任用他为晋陵太守。［57］过优：过分优待。［58］寻：不久。［59］尤用骇（hài）惋（wǎn）：尤其令人因此而感到惊叹。用，因，因此。骇惋，惊讶，遗憾。［60］宣城内史：宣城国的主管官员，地位相当于郡守。宣城，古诸侯国名，都城宛陵，在今安徽宣城市。［61］旋：不久，很快地。［62］司：即司州，州治洛阳，在今河南洛阳市东。［63］领：兼任。兖（yǎn）州：州治廪丘，在今山东郓城县西北。

卢循遣使贡献。时朝廷新定，未暇征讨，壬申[1]，以循为广州刺史，徐道覆为始兴[2]相，循遗刘裕益智粽[3]，裕报以续命汤[4]。

循以前琅邪内史王诞[5]为平南长史[6]。诞说循曰：“诞本非戎旅[7]，在此无用；素为刘镇军[8]所厚，若得北归，必蒙寄任[9]，公私际会[10]，仰答厚恩。”循甚然之。刘裕与循书，令遣吴隐之还[11]，循不从。诞复说循曰：“将军今留吴公，公私非计[12]。孙伯符岂不欲留华子鱼[13]邪？但以一境不容二君[14]耳。”于是循遣隐之与诞俱还。

初，南燕主备德仕秦为张掖太守[15]，其兄纳[16]与母公孙氏居于张掖。备德之从秦王坚寇淮南[17]也，留金刀与其母别。备德与燕王垂举兵于山东，张掖太守苻昌收纳及备德诸子，皆诛之，公孙氏以老获免，纳妻段氏方娠[18]，未决[19]。狱掾呼延平[20]，备德之故吏也，窃[21]以公孙氏及段氏逃于羌中。段氏生子超[22]，十岁而公孙氏病，临卒，以金刀授超曰：“汝得东归，当以此刀还汝叔也。”呼延平又以超母子奔凉。及吕隆降秦，超随凉州民徙长安。平卒，段氏为超娶其女为妇。

超恐为秦人所录[23]，乃阳狂[24]行乞。秦人贱之，惟东平公绍[25]见而异之，言于秦王兴曰：“慕容超姿干瑰伟[26]，殆[27]非真狂，愿微加官爵以縻[28]之。”兴召见，与语，超故为谬对，或问而不答。兴谓绍曰：“谚云‘妍皮不裹痴骨[29]’，徒妄语[30]耳。”乃罢遣之[31]。

备德闻纳有遗腹子在秦，遣济阴人吴辩[32]往视之，辩因乡人宗正谦卖卜[33]在长安，以告超。超不敢告其母妻，潜与谦变姓名逃归南燕。行至梁父[34]，镇南长史悦寿[35]以告兖州刺史慕容法[36]。法曰：“昔汉有卜者诈称卫太子[37]，今安知非此类也！”不礼之。超由是与法有隙。

备德闻超至，大喜，遣骑三百迎之。超至广固[38]，以金刀献于备德，备德恸哭，悲不自胜。封超为北海王[39]，拜侍中、骠骑大将军、司隶校尉、开府，妙选时贤[40]，为之僚佐。备德无子，欲以超为嗣。超入则侍奉尽欢，出则倾身下士[41]，由是内外誉望翕然[42]归之。

五月，桂阳太守章武王秀[43]及益州刺史司马轨之[44]谋反，伏诛。秀妻，桓振之妹也，故自疑而反。

桓玄余党桓亮[45]、苻宏[46]等拥众寇乱郡县者以十数，刘毅、刘道规、檀祇[47]等分兵讨灭之，荆、湘、江、豫皆平。诏以毅为都督淮南等五郡[48]军事、豫州刺史，何无忌为都督江东五郡军事、会稽内史[49]。

北青州刺史刘该[50]反，引魏为援，清河、阳平二郡太守孙全[51]聚众应之。六月，魏豫州刺史索度真[52]、大将斛斯兰寇徐州，围彭城[53]。刘裕遣其弟南彭城内史道怜[54]、东海太守孟龙符[55]将兵救之，斩该及全，魏兵败走。龙符，怀玉[56]之弟也。

（以上为第三段，写东晋朝廷无力顾及海盗首领卢循，招安任其为广州刺史；南燕主慕容德的兄嫂慕容纳妻子段氏的遗腹子慕容超流落后秦，辗转回来，慕容德欲以之为后嗣。）

【注释】

［1］壬申：四月二十一日。［2］始兴：郡名，郡治在今广东韶关市东南。［3］遗（wèi）：赠送。益智粽：益智子是一种中草药，卢循以其做粽子，借以嘲弄刘裕智短。［4］续命汤：刘裕以此嘲弄卢循活得不会太长。［5］王诞：字茂世，曾为琅邪王司马道子的长史，桓玄把持朝廷后，将其流放广州。后为太尉刘裕长史，任齐郡太守、吴国内史。传见《宋书》卷五十二。［6］平南长史：为卢循做高级僚属。前不久卢循已自称“平南将军”。［7］戎旅：军旅，此代指军事将领。［8］刘镇军：即刘裕，时为镇军将军。［9］寄任：倚托，信任。［10］公私际会：意谓当你遇到事情（不论公私）需要我给你帮忙的时候。［11］令遣吴隐之还：让他将吴隐之放回。吴隐之，字处默，东晋廉吏、名士，广州刺史。卢循攻克广州，吴隐之被俘。刘裕点名索取。［12］公私非计：对公对私都是不合适的。［13］孙伯符岂不欲留华子鱼：孙伯符，是孙策之字，东汉末崛起江南的群雄之一。孙策打败扬州刺史刘繇，夺取豫章郡。太守华歆，字子鱼，汉末名士，投降孙策，被奉为上宾。孙策死后，曹操向孙权索要，孙权不同意，华歆为之分析利弊，孙权遂遣其归曹。事见《三国志》卷十三华歆本传。这里活用典故，把华歆与孙策、孙权两人的际遇化为一个孙

策来说。［14］一境不容二君：一个国家只能有一个人说了算。［15］仕秦为张掖太守：南燕建立者慕容备德，又称慕容德，是后燕建立者慕容垂之弟。兄弟二人皆前燕宗室。慕容垂才高受到前燕主慕容暐的猜忌，南投前秦主苻坚，受到重用。苻坚灭前燕，慕容德被迁到长安，受到前秦主苻坚的厚待，任为张掖太守。张掖郡治在今甘肃张掖市。［16］其兄纳：即慕容德之兄慕容纳，也受到苻坚的优待，任为广武太守，后辞官居张掖。前秦败亡，慕容垂与慕容德起兵山东，重建燕国，史称后燕。慕容垂坑杀前秦宗室苻飞龙，留居在张掖的慕容氏受到张掖太守苻昌的报复，慕容纳以及慕容德诸子皆被苻昌杀害。慕容德之母公孙氏与纳妻段氏及遗腹子慕容超未及于难。后燕灭亡，慕容德又重建燕国，史称南燕。这里追书慕容超之成人及回归南燕的过程。［17］寇淮南：指晋孝武帝太元八年（383），苻坚南侵发动的淝水之战，慕容垂、慕容德随坚出征，苻坚大败，慕容氏兄弟到山东举兵复燕。淮南：古郡名，郡治寿春，在今安徽寿县。［18］娠（shēn）：怀孕。即慕容纳留下遗腹子。［19］未决：未立即处死。［20］狱掾：狱曹的属吏。呼延平，南燕主慕容德在前秦担任张掖太守时的部属。呼延平因罪被判死刑，慕容德赦免了他。后为了报答多年前的救命之恩，便秘密将段氏和慕容纳、慕容德兄弟的母亲公孙夫人带走，段氏在羌地生下儿子慕容超。事见《晋书》卷一百二十八。［21］窃：私下，暗中。［22］生子超：段氏生下慕容纳的遗腹子，取名慕容超，字祖明。成人后，携金刀东归南燕，拜侍中、骠骑大将军，封北海王，立为皇太子，即位，为南燕末代皇帝。传见《晋书》卷一百二十八。［23］录：登记入册。［24］阳狂：装疯。阳，同“佯”，假装。［25］绍：即姚绍，南安赤亭人，羌族首领姚弋仲之子，武昭帝姚苌之弟，后秦建立时，封东平公。在姚兴去世时受托孤之重，后受命主持对抗刘裕北伐，因兵败愤懑而死。［26］姿干瑰伟：相貌堂堂，身材高大。［27］殆（dài）：大概，差不多。［28］愿：希望。微：稍微，略微。縻（mí）：笼络，约束。［29］妍（yán）皮不裹痴骨：意谓本质坏的人上天绝不会给他生就一副好模样。妍皮，美丽的外表。痴骨，资质愚钝。［30］徒妄语：看来都是瞎说。［31］罢遣之：不再对之进行考察，放其离去。［32］吴辩：南燕主慕容德属官。［33］因乡人宗正谦：通过他的同乡，姓宗正名谦。宗正，以官职为姓。卖卜：以占卜谋生。［34］梁父：县名，县治在今山东泰安市东南。［35］悦寿：南燕镇南长史、尚书。［36］慕容法：东晋时昌黎棘城（今辽宁义县西）人，鲜卑族，南燕将领，慕容德旧部。为中军将军，封南海王，任兖州刺史。因结怨于慕容超，后慕容超即位，慕容法常恐祸至，遂与北地王慕容钟等谋反。后败，奔于北魏。［37］卜者诈称卫太子：汉武帝太子刘据自杀于湖县，十年后，武帝死，昭帝立，一个男子来到京城北阙，自称是卫太子，一时轰动京城。经验明正身，此人叫成方遂，居住湖县，以占卜为生。人谓相貌像卫太子，就生出冒充之心，欲以此求取富贵，后以诬罔罪被腰斩于东市。［38］广固：古城名，在今山东青州市，当时南燕主慕容德的都城。［39］北海王：封地北海郡，郡治平寿，在今山东潍坊市西南。［40］妙选：精选。时贤：指当时有德才的人。［41］倾身：身体向前倾，形容对人谦卑恭顺。下士：屈身交结贤士。［42］内外誉望：朝里朝外的一片赞美声。翕（xī）然：众心归顺的样子。［43］桂阳：古郡名，郡治在今湖南郴州市。章武王秀：即司马秀，司马范之之子，袭位章武王，任桂阳太守。桓振叛乱，司马秀妻子为桓振之妹，司马秀深感不安，遂谋反，失败被杀，章武国除名。［44］司马轨之：字道援，东晋益州刺史。谋反，伏诛。［45］桓亮：字景真，桓玄之侄，桓济之子。桓玄受九锡时，桓亮便于罗县起兵，自号平南将军、湘州刺史，后被叔父桓玄徙至衡阳。后桓玄被杀，桓亮自号江州刺史，又自号镇南将军、湘州刺史，后被杀，死于益阳。［46］苻宏：前秦皇太子。苻坚即天王位，一岁的苻宏被封为太子。前秦于淝水之战大败，苻宏带领家人投奔东晋，被安置在江州（今江西九江市），官至辅国将军。后为篡位称帝的桓玄所重用，为梁州刺史，并为前锋，被杀。［47］檀祗（zhī）：名将檀道济之兄，东晋将领。传见《晋书》卷八十五。［48］淮南等五郡：淮南、庐江、历阳、晋熙、安丰。［49］会稽内史：会稽国的主管官员，相当于郡守。会稽，郡名，郡治在今浙江绍兴市。［50］北青州：与南方的侨置青州相对而言，当时北青州的州治在今江苏扬州市，当时属东晋。刘该：彭城人，东晋青州刺史、散骑常侍、徐州刺史。后投降北魏。［51］清河、阳平：二郡名，清河郡的郡治在今河北清河县东南，阳平郡的郡治在今河北大名县东，当时都属东晋。孙全：清河、阳平二郡太守。［52］索度真：北魏豫州刺史，北魏大将。［53］彭城：郡名，郡治在今江苏徐州市，为徐州州治所在地。［54］南彭城：郡国名，郡治在今江苏镇江市，当时也是南徐州的州治所在地。道怜：即刘道怜，一作刘道邻，字道怜，宋武帝刘裕异母弟，历任南彭城太守、堂邑太守，授宋国侍中、尚书令。封长沙郡王。传见《宋书》卷五十一。［55］东海：郡名，郡治在今江苏东海县西北。孟龙符：东晋末年名将，南朝宋功臣。传见《宋书》卷四十七。［56］怀玉：即孟怀玉，东晋末年名将，南朝宋功臣。传见《宋书》卷四十七。

秦陇西公硕德伐仇池[1]，屡破杨盛兵。将军敛俱[2]攻汉中，拔成固[3]，徙流民三千余家于关中[4]。秋，七月，杨盛请降于秦。秦以盛为都督益·宁二州诸军事、征南大将军、益州牧。

刘裕遣使求和于秦，且求南乡[5]等诸郡，秦王兴许之。群臣咸以为不可，兴曰："天下之善一[6]也。刘裕拔起细微[7]，能诛讨桓玄，兴复晋室，内厘庶政[8]，外修封疆[9]，吾何惜数郡，不以成其美乎！"遂割南乡、顺阳、新野、舞阴[10]等十二郡归于晋。

八月，燕辽西太守邵颜[11]有罪，亡命[12]为盗。九月，中常侍郭仲[13]讨斩之。

汝水竭[14]，南燕主备德恶之，俄而寝疾[15]。北海王超请祷之，备德曰："人主之命，短长在天，非汝水所能制也。"固请，不许。

戊午[16]，备德引见群臣于东阳殿[17]，议立超为太子。俄而地震，百官惊恐，备德亦不自安，还宫。是夜，疾笃[18]，瞑[19]不能言，段后大呼曰:“今召中书[20]作诏立超，可乎？”备德开目颔[21]之。乃立超为皇太子，大赦。备德寻卒[22]。为十余棺[23]，夜，分出四门，潜瘗[24]山谷。

己未[25]，超即皇帝位，大赦，改元太上[26]。尊段后为皇太后。以北地王钟[27]都督中外诸军、录尚书事，慕容法为征南大将军，都督徐、兖、扬、南兖四州诸军事，加慕容镇[28]开府仪同三司，以尚书令封孚[29]为太尉，鞠仲[30]为司空，封嵩[31]为尚书左仆射。癸亥[32]，虚葬备德于东阳陵，谥曰“献武皇帝”，庙号世宗。

超引所亲公孙五楼[33]为腹心。备德故大臣北地王钟、段宏[34]等皆不自安，求补外职。超以钟为青州牧，宏为徐州刺史。公孙五楼为武卫将军，领屯骑校尉，内参政事。封孚谏曰:“臣闻亲不处外，羁不处内[35]。钟，国之宗臣[36]，社稷所赖[37]；宏，外戚懿望[38]，百姓具瞻[39]，正应参翼百揆[40]，不宜远镇外方。今钟等出藩[41]，五楼内辅[42]，臣窃未安。”超不从。钟、宏心皆不平，相谓曰:“黄犬之皮，恐终补狐裘[43]也。”五楼闻而恨之。

魏咏之卒，江陵令罗修[44]谋举兵袭江陵，奉王慧龙[45]为主。刘裕以并州刺史刘道规为都督荆·宁等六州诸军事、荆州刺史。修不果发[46]，奉慧龙奔秦。

乞伏乾归伐仇池，为杨盛所败。

西凉公暠与长史张邈谋徙都酒泉[47]以逼沮渠蒙逊，以张体顺为建康[48]太守，镇乐涫[49]，以宋繇为敦煌护军[50]，与其子敦煌太守让[51]镇敦煌，遂迁于酒泉。

暠手令戒诸子，以为:“从政者当审慎赏罚，勿任爱憎，近忠正，远佞谀[52]，勿使左右窃弄威福[53]。毁誉之来[54]，当研核真伪[55]；听讼折狱[56]，必和颜任理[57]，慎勿逆诈亿必[58]，轻加声色[59]。务广咨询，勿自专用[60]。吾莅事[61]五年，虽未能息民，然含垢匿瑕[62]，朝为寇仇，夕委心膂[63]，粗无负于新旧[64]，事任[65]公平，坦然无颣[66]，初不容怀[67]，有所损益[68]。计近则如不足[69]，经远乃为有余[70]，庶亦无愧前人[71]也。"

十二月，燕王熙袭契丹[72]。

（以上为第四段，写后秦主姚兴答应东晋刘裕的求和，割南乡等十二郡归还东晋；南燕主慕容德去世，侄子慕容超即位，重用亲信，令老将慕容钟、段宏出外守边，老将内心不平；西凉主李暠迁都酒泉，训诫诸子。）

【注释】

[1]硕德：即姚硕德，姚苌同母弟，后秦名将。传见《晋书》卷一百十六。仇池：为氐族杨氏割据的小国名。先后有前仇池国、后仇池国、武都国、武兴国、阴平国五个政权。 [2]敛俱：人名。姚兴的部将，为将军。 [3]成固：县名，县治在今陕西城固县东北。 [4]关中：古区域名，指"四关"之内，即东潼关、西散关（大震关）、南武关（蓝关）、北萧关（金锁关），位于今陕西中部，包括西安、宝鸡、咸阳、渭南、铜川、杨凌五市一区。 [5]南乡：郡名，郡治在今湖北老河口市西北。 [6]天下之善一：天下人喜欢什么、爱慕什么，大家的眼光、标准都是一样的。[7]拔起：平地而起。细微：隐微，细小。 [8]厘：整顿，清理。庶政：各种政务。 [9]修：修理，整治。封疆：边境，边疆。 [10]顺阳、新野、舞阴：三郡名，顺阳郡的郡治在今河南淅川县南，新野郡的郡治在今河南新野县，舞阴郡的郡治在今河南泌阳县北。 [11]辽西：郡名，郡治在今河北秦皇岛市西南。邵颜：后燕辽西太守。 [12]亡命：改名潜逃。 [13]郭仲：后燕冗从仆射、中常侍。 [14]汝水：据胡三省考证，此处应作"女水"，发源于广固西北的筋头山，向北流入巨淀。当时当地人认为此水灵异，有水则预示吉祥，水竭则预示凶险。竭，干枯，枯竭。[15]俄而：不久。寝疾：病重，卧床不起。 [16]戊午：十月十日。 [17]东阳殿：南燕皇宫宫殿名。 [18]疾笃（dǔ）：病情恶化。 [19]瞑（míng）：闭目。 [20]中书：中书省，帝王的秘书处，主管起草诏令。 [21]颔（hàn）：点头。 [22]寻卒：不久就死了。慕容德这年七十岁。 [23]为十余棺：埋假坟多处，以防其坟被盗。 [24]潜瘗（yì）：暗地里埋葬。 [25]己未：十月十一日。 [26]太上：南燕主慕容超的年号。 [27]北地王：封爵北地郡，都城在今陕西铜川市耀州区。钟：即慕容钟，小字道明，南燕主慕容德堂弟，佐命元勋。后反叛，出奔后秦。传见《晋书》卷一百二十八。 [28]慕容镇：后燕主慕容垂之子，后燕、南燕将领。传见《晋书》卷一百二十七。 [29]封孚：字处道，慕容德的得力大臣。传见《晋书》卷一百二十八。 [30]鞠仲：南燕官员，原为青州刺史，后为司空。 [31]封嵩：南燕官员。为尚书左仆射，南燕主慕容德时备蒙礼遇；慕容超当政，信任奸邪，不恤政事，封嵩遂与南海王慕容法等谋反，事泄，被车裂而死。 [32]癸亥：十月十五日。 [33]公孙五楼：慕容超的佞臣，历任将军、侍中、尚书，参与处理国家政事。 [34]段宏：南燕大臣，后为南燕主慕容超所不容，投奔北魏。刘裕攻打南燕，前来投奔，为参军，官至征虏大将军，青、冀二州刺史。传见《晋书》卷一百二十八。 [35]羁不处内：《左传·昭公十二年》申无宇对楚灵王说："亲不在外，羁不在内。"羁，旅客，这里指外

人。［36］宗臣：举国敬仰的大臣。［37］社稷：代指国家。所赖：所依靠。［38］外戚懿（yì）望：外戚中的楷模人物。外戚，段宏是慕容德妻段氏的亲属。懿望，美好的声望。懿，美好。［39］百姓具瞻：全国上下共同瞩望，把他的一举一动都视为准则。［40］参翼百揆（kuí）：应当列入朝廷大臣之中。参翼，参与，辅政。百揆，百官，朝廷大臣的统称。［41］出藩：出任外州刺史。藩，诸侯，比喻魏晋时期的刺史、都督。［42］五楼内辅：公孙五楼为武卫将军，内参政事，有宰相之权。［43］黄犬之皮，恐终补狐裘：意谓将使小人杂入朝廷重臣之列。《史记·齐太公世家》载："驺忌相齐，淳于髡谓之曰：'狐裘虽弊，不可补以黄狗之皮。'驺忌曰：'谨受令，请谨择君子，毋杂小人其间。'"［44］罗修：东晋江陵令，桓玄党羽。［45］王慧龙：东晋尚书左仆射王愉之孙、散骑侍郎王缉之子，北魏名将。少时遭遇刘裕灭门，投奔后秦，后归顺北魏。任荆州刺史。传见《魏书》卷三十八。［46］不果发：事变没有发动成。［47］徙都酒泉：李暠原来都于敦煌。［48］张体顺：西凉官员。李暠时，为右司马，迁宁远将军、建康太守。李歆时，为左长史，屡谏勿与北凉决战。李歆拒谏出战，遂为北凉所灭。张体顺归北凉后，为奉常。建康：郡名，郡治乐涫，在今甘肃酒泉市东南。［49］乐涫（guān）：县名，时为西凉建康郡的郡治所在地。［50］宋繇：字体业，东晋时敦煌人，西凉主李暠同母弟。传见《魏书》卷五十二。敦煌：郡名，郡治在今甘肃敦煌市。护军：官名，护军将军的简称，统领禁军，并主管武官的选任。［51］让：即李让，西凉主李暠次子，为敦煌太守。［52］佞谀：以美言奉承讨好的小人。［53］窃弄：盗用，玩弄。威福：作威作福。［54］毁誉之来：当你听到一种诋毁或是一种赞美的时候。［55］研核真伪：一定要考察清楚这些话是真的还是假的。研核，审查，考查。［56］听讼折狱：听口供，定罪名。讼，口供。折狱，断案。［57］任理：根据事实，按照情理。［58］逆诈亿必：预先认定对方有诈，心想其事实必是如此。逆，预先。亿，通"意"，猜度，怀疑。［59］轻加声色：轻易变脸怒斥。［60］勿自专用：不要自己一个人说了算。［61］莅(lì)事：任职，管事。莅，统治，治理。［62］含垢（gòu）匿瑕：指为下属官吏掩盖缺点，不为之张扬。垢，污垢，脏污。瑕，瑕疵，缺点。［63］委心膂（lǚ）：委托以心腹重任。膂，脊梁骨。［64］粗：大概，差不多可以做到。无负于新旧：对于新人旧人都没有什么亏待。负，亏待，对不起。［65］事任：即任事，处理事情。［66］坦然无纇（lèi）：内心坦荡，没有任何愧疚之处。纇，缺点，瑕疵。［67］初不容怀：什么都不存在心里，指不抱任何成见。［68］有所损益：从不对别人的优劣功过作不适当的夸大与缩小。［69］计近则如不足：单从眼前的事情上看，像是有所欠缺。［70］经远乃为有余：从长远的角度看，效果则是不错的。［71］庶亦无愧前人：与古代的英明帝王相比，也差不多可以不感到惭愧。庶，庶几，差不多。［72］契丹：古代游牧民族名，发源于中国东北地区，早期分为契丹八部，当时活动在今内蒙古通辽市一带地区。

二年（丙午，406年）

春，正月，甲申[1]，魏主珪如豺山宫[2]。诸州置三刺史，郡置三太守，县置三令长[3]。刺史、令长各之州县[4]。太守虽置而未临民[5]、功臣为州者皆征还[6]京师，以爵归第[7]。

益州刺史司马荣期[8]击谯明子于白帝[9]，破之。

燕王熙至陉北[10]，畏契丹之众，欲还，苻后[11]不听。戊申[12]，遂弃辎重[13]，轻兵袭高句丽。

南燕主超猜虐[14]日甚，政出权幸[15]，盘于游畋[16]，封孚、韩𧦬[17]屡谏不听。超尝临轩[18]问孚曰："朕可方[19]前世何主？"对曰："桀、纣[20]。"超惭怒，孚徐步而出，不为改容[21]。鞠仲谓孚曰："与天子言，何得如是！宜还谢。"孚曰："行年七十，惟求死所耳！"竟不谢。超以其时望[22]，优容[23]之。

桓玄之乱，河间王昙之子国璠、叔璠奔南燕[24]。二月，甲戌[25]，国璠等攻陷弋阳[26]。

燕军行三千余里，士马疲冻，死者属路，攻高句丽木底城[27]，不克而还。夕阳公云[28]伤于矢，且畏燕王熙之虐，遂以疾去官。

三月，庚子[29]，魏主珪还平城。夏，四月，庚申[30]，复如豺山宫；甲子[31]，还平城。

柔然社仑侵魏边。

五月，燕主宝之子博陵公虔、上党公昭[32]，皆以嫌疑赐死。

六月，秦陇西公硕德自上邽[33]入朝，秦王兴为之大赦；及归，送之至雍[34]，乃还。兴事晋公绪[35]及硕德皆如家人礼[36]，车马、服玩，先奉二叔而自服[37]其次，国家大政，皆咨[38]而后行。

秃发傉檀伐沮渠蒙逊，蒙逊婴城固守。傉檀至赤泉[39]而还，献马三千匹、羊三万口于秦。秦王兴以为忠，以傉檀为都督河右[40]诸军事、车骑大将军、凉州刺史，镇姑臧[41]，征王尚[42]还长安。凉州人申屠英等遣主簿胡威诣长安请留尚，兴弗许。威见兴，流涕言曰："臣州奉戴王化[43]，于兹五年[44]，土宇僻远[45]，威灵不接[46]，士民尝胆抆血[47]，共守孤城；仰恃陛下圣德，俯杖良牧[48]仁政，克[49]自保全，以至今日。陛下奈何乃以臣等贸[50]马三千匹、羊三万口；贱人贵畜[51]，无乃不可[52]！若军国须[53]马，直烦尚书一符[54]，臣州三千余户，各输一马[55]，朝下夕办[56]，何难之有！昔汉武倾天下之资力，开拓河西，以断匈奴右臂。今陛下无故弃五郡之地忠良华族[57]，以资暴虏[58]，岂惟臣州士民坠于涂炭[59]，恐方为圣朝旰食之忧[60]。”兴悔之，使西平人车普驰止[61]王尚，又遣使谕傉檀。会傉檀已帅步骑三万军于五涧[62]，普先以状告之，傉檀遽逼遣王尚[63]。尚出自清阳门[64]，傉檀入自凉风门[65]。

别驾宗敞[66]送尚还长安。傉檀谓敞曰：“吾得凉州三千余家，情之所寄[67]，唯卿一人，奈何舍我去乎！”敞曰：“今送旧君[68]，所以忠于殿下[69]也。”傉檀曰：“吾新牧贵州[70]，怀远安迩[71]之略如何？”敞曰：“凉土虽弊[72]，形胜之地[73]。殿下惠抚其民[74]，收其贤俊以建功名，其何求不获！”因荐本州文武名士十余人，傉檀嘉纳之。王尚至长安，兴以为尚书[75]。

傉檀燕群臣于宣德堂[76]，仰视叹曰：“古人有言：‘作者不居，居者不作[77]。’信矣[78]。”武威孟祎曰：“昔张文王[79]始为此堂，于今百年[80]，十有二主[81]矣，惟履信思顺[82]者可以久处。”傉檀善之。

（以上为第五段，写南燕新主慕容超猜忌、暴虐，大臣将其比之为桀、纣；后秦主姚兴敬重叔叔姚绪、姚硕德；任命南凉主秃发傉檀镇守姑臧，而当地人则十分怀念原太守王尚。）

【注释】

[1]甲申：正月八日。[2]如：到，至。豺山宫：古宫殿名，在今山西右玉县境内的豺山上。[3]令长：县令、县长。大县的长官叫令，小县的长官叫长。[4]各之州县：都要到各自所管辖的州、县上去。[5]未临民：即未到郡里上任。[6]功臣为州者：身为功臣而任刺史之职者。为州，任刺史之职。征还：召回。[7]以爵归第：免去职务，保留各自的级别爵位回家赋闲。[8]司马荣期：曹魏太常司马馗七世孙，东晋宗室、官员。为益州刺史，在白帝城击败谯纵的将领谯明子。后被自己的参军杨承祖杀死。[9]白帝：即白帝城，在今重庆市奉节县，地处瞿塘峡口长江北岸。[10]陉（xíng）北：冷陉山以北。冷陉山，在今内蒙古巴林右旗北。[11]苻后：即苻训英，氐族人，后燕主慕容熙的宠妃，后升为皇后。传见《晋书》卷一百二十四。[12]戊申：二月二日。[13]辎（zī）重：军中的笨重物资。[14]猜虐：残忍，暴虐。[15]权幸：权臣，

宠臣。［16］盘于游畋（tián）：沉迷于打猎、游玩。盘，盘旋，流连忘返。［17］韩谆：南燕尚书，后为领军将军。［18］临轩：意即凭栏。轩，这里指栏杆。［19］方：比于。［20］桀、纣：即夏桀王、殷纣王，两人分别是夏朝、商朝的末代之主，为暴虐之君的代称。［21］改容：改变容颜。［22］时望：当时有威望的人物。［23］优容：优待，宽容。［24］奔南燕：指东晋河间王司马昙与其两子司马国璠、司马叔璠，北逃投奔南燕。［25］甲戌：二月二十八日。［26］弋（yì）阳：古郡名，郡治弋阳县，在今河南潢川县西。［27］木底城：古城名，在今辽宁新宾县附近。［28］夕阳公云：即慕容云，本名高云，字子雨，后燕主慕容宝养子，赐姓慕容氏，封夕阳公。冯跋起兵反叛，杀死慕容熙，拥立慕容云即位，恢复高姓，年号正始，为北燕开国之主。一年后为宠臣所杀，谥号惠懿皇帝，庙号景宗。传见《晋书》卷一百二十四。夕阳，古县名，县治在今河北滦州市西南。［29］庚子：三月二十五日。［30］庚申：四月十五日。［31］甲子：原文作“甲午”，据严校改。严校认为应作“甲子”，即四月十九日。［32］博陵公虔、上党公昭：指后燕主慕容宝的两子慕容虔、慕容昭。博陵，古郡国名，治都在今河北安平县。［33］上邽（guī）：县名，县治在今甘肃天水市。［34］雍：雍县，县治在今陕西宝鸡市东北，在长安西往上邽的路上。［35］晋公绪：即姚绪，姚苌之弟、姚兴叔父，后秦大臣。［36］如家人礼：按照平民之家的叔侄礼节，即只按辈分，不按君臣行礼。家人，平民。［37］服：服用，使用。［38］咨：询问，征求意见。［39］赤泉：古地名，在今甘肃张掖市东南。［40］河右：此处即指黄河以西，今之甘肃河西走廊一带地区。［41］姑臧：古地名，为凉州州治所在地，在今甘肃武威市。［42］王尚：后秦凉州刺史，镇姑臧。王尚在州颇有惠政，得到百姓拥护。［43］奉戴王化：奉行后秦的政策、条令。王化，天子的教化，这里指后秦姚兴的政策规章。［44］于兹五年：东晋安帝隆安五年（401）吕隆降后秦，至此已经五年。［45］土宇：乡土和屋宅。僻远：偏僻，荒远。［46］威灵不接：后秦的军事威力达不到这里。不接，达不到。［47］尝胆抆（wěn）血：含辛茹苦，浴血奋斗。尝胆，吃苦，艰苦。抆血，拭血，浴血，擦干血迹。［48］杖：同“仗”，依仗。良牧：好的刺史，此指王尚。［49］克：能，能够。［50］贸：贸易，交换。［51］贱人贵畜：不看重人的生命，而贪得那几头牛羊。［52］无乃不可：恐怕不行吧！［53］须：同“需”，需要。［54］直烦尚书一符：只要让尚书省下一道命令就行了。直，只。符，命令。［55］各输一马：每户交出一匹马。［56］朝下夕办：早上下令，晚上就能办成。［57］五郡：武威、张掖、敦煌、酒泉、金城。华族：华夏之族，汉族，此指汉族的土地。［58］以资暴虏：把他们送给残暴的秃发傉檀。资，资及，送给。［59］岂惟：难道只是，何止。坠于涂炭：跌落到水深火热之中。涂炭，烂泥与炭火，比喻黎民遭受的灾难困苦。［60］方为：将要成为。圣朝旰（gàn）食之忧：你们朝廷今后的麻烦可就大了。圣朝，尊指姚兴政权。旰食，不能按时吃饭，以喻国家形势危急之严重。旰，晚。［61］驰止：飞驰而去，停止执行已经颁布的任命。［62］五涧：古地名，在姑臧城南。［63］遽（jù）逼遣王尚：立刻逼着王尚赶紧离开姑臧。［64］清阳门：胡三省以为应作“青阳门”。青阳门即姑臧城的东门。［65］凉风门：姑臧城的南门。［66］宗敞：后凉、后秦时的著名才子，曾任凉州别驾。其文才称誉西土，时人比之陈琳、徐干。曾荐本州文武名士十余人于秃发傉檀。后仕南凉，任太府主簿、录记室事。［67］情之所寄：心中最在意的。［68］旧君：前任的长官。当时僚属称长官曰“君”。［69］殿下：古代对皇后、皇太子、公主、诸王的敬称。古人的尊称有四种：陛下、殿下、阁下、足下。其共同的意思就是我不敢看你的脸，因为你地位太高，面子太大。［70］新牧贵州：新任你们凉州的君长。牧，担任凉州刺史。［71］怀远安迩（ěr）：让整个地区的人都心甘情愿地听我管辖。怀远，让远方人对我感念。安迩，让近处的人能安静地服从我。迩，近处。［72］弊：疲敝，衰落。［73］形胜之地：形势险要的地区。［74］惠抚其民：以恩德对待这个地区的人。抚，驾御，管理。［75］尚书：即处理国家政务的尚书郎，尚书台官员。［76］燕：同“宴”，宴请，以酒饭招待。宣德堂：当年张氏家族的凉州政权所建，是朝会与宴享群臣的场所。［77］作者不居，居者不作：盖房子的不能住房子，住房子的不用盖房子。意思是感慨一切都有命定。［78］信矣：的确是这样啊！秃发傉檀在这里是感慨张氏称王的时代已经成为过去，如今只是留下一些遗迹而已。［79］张文王：即前凉第四位国主张骏，被其子张祚追谥为文王。传见《晋书》卷八十六。［80］于今百年：自东晋太宁二年（324）张骏在凉州执政，到东晋义熙二年（406），共历八十二年。［81］十有二主：前凉自张骏后，继任者有张重华、张曜灵、张祚、张玄靓、张天锡；接着于此任事者又有梁熙、吕光、吕绍、吕纂、吕隆、王尚，前后十二代。［82］履信：犹言守信，说话算话。思顺：即思想合乎正道，能顺应民心。

魏主珪规度[1]平城，欲拟邺、洛、长安[2]，修广[3]宫室。以济阳太守莫题有巧思[4]，召见，与之商功[5]。题久侍稍怠[6]，珪怒，赐死。题，含[7]之孙也。于是，发八部五百里内男丁筑灅南宫[8]，阙门[9]高十余丈，穿沟池，广苑囿[10]，规立[11]外城，方二十里，分置市里[12]，三十日罢[13]。

秋，七月，魏太尉宜都丁公穆崇[14]薨。

八月，秃发傉檀以兴城侯文支[15]镇姑臧，自还乐都[16]。虽受秦爵命[17]，然其车服礼仪，皆如王者。

甲辰[18]，魏主珪如豺山宫，遂之石漠[19]。九月，度漠北。癸巳[20]，南还长川[21]。

刘裕闻谯纵反，遣龙骧将军毛修之将兵与司马荣期、文处茂、时延祖[22]共讨之。修之至宕渠[23]，荣期为其参军杨承祖所杀，承祖自称巴州刺史，修之退还白帝。

秃发傉檀求好于西凉，西凉公暠许之。

沮渠蒙逊袭酒泉，至安珍[24]。暠战败城守，蒙逊引还。南燕公孙五楼欲擅朝权，谮[25]北地王钟于南燕主超，请诛之。南燕主备德之卒也，慕容法不奔丧，超遣使让[26]之。法惧，遂与钟及段宏谋反，超闻之，征钟，钟称疾不至，超收其党侍中慕容统等，杀之。征南司马卜珍[27]告左仆射封嵩数与法往来，疑有奸，超收嵩下廷尉。太后[28]惧，泣告超曰："嵩数遣黄门令牟常[29]说吾云：'帝非太后所生，恐依永康故事[30]。'我妇人识浅，恐帝见杀[31]，即以语法，法为谋见误[32]，知复何言。"超乃车裂嵩。西中郎将封融[33]奔魏。

超遣慕容镇攻青州[34]，慕容昱攻徐州[35]，右仆射济阳王凝[36]及韩范攻兖州[37]。昱拔莒城[38]，段宏奔魏。封融与群盗袭石塞城[39]，杀镇西大将军余郁，国中振恐[40]。济阳王凝谋杀韩范，袭广固，范知之，勒兵攻凝，凝奔梁父。范并将其众，攻梁父，克之。法出奔魏，凝出奔秦。慕容镇克青州，钟杀其妻子[41]，为地道以出，与高都公始[42]皆奔秦。秦以钟为始平[43]太守，凝为侍中。

南燕王超好变更旧制，朝野多不悦；又欲复肉刑[44]，增置烹轘[45]之法，众议不合而止。

冬，十月，封孚卒。

尚书论建义功[46]，奏封刘裕豫章郡公[47]，刘毅南平郡[48]公，何无忌安成郡[49]公，自余封赏有差[50]。

梁州刺史刘稚[51]反，刘毅遣将讨禽[52]之。

庚申[53]，魏主珪还平城。

乙亥[54]，以左将军孔安国[55]为尚书左仆射。

十一月，秃发傉檀迁于姑臧。

乞伏乾归入朝于秦。

十二月，以何无忌为都督荆·江·豫三州八郡[56]军事、江州刺史。

是岁，桓石绥[57]与司马国璠、陈袭聚众胡桃山[58]为寇，刘毅遣司马刘怀肃讨破之。石绥，石生[59]之弟也。

（以上为第六段，写北魏主拓跋珪仿照邺城、洛阳、长安，扩建平城宫殿；南燕主慕容超重用奸佞公孙五楼，陷害北地王慕容钟，慕容钟遭到攻打，投奔后秦。）

【注释】

[1]规度：规划，测量。 [2]欲拟邺、洛、长安：想仿照邺城、洛阳、长安的样子建造宫殿。邺城，在今河北临漳县西南。先是曹操为魏王时的都城，东晋以来，后赵的石勒、石虎，前燕的慕容俊都曾以此为都城。 [3]修广：长而宽阔，用作动词，改造、扩建的意思。 [4]济阳：郡名，郡治济阳县，在今河南兰考县东北。莫题：人名，北魏济阳太守。传见《魏书》卷二十三。巧思：精巧的构思。 [5]商功：商量建筑新都的工程。功，同“工”，工程。 [6]题久侍稍怠：莫题侍奉魏道武帝拓跋珪时间太长，而态度稍有怠慢。怠，懈怠，怠慢。 [7]含：莫题祖父莫含。深受代国主拓跋猗卢器重，常参军国大谋，任左将军，封关中侯。 [8]八部：由京都平城向八方辐射、将魏国领土所分成的八个地区。灅（lěi）南宫：建筑于灅水以南的宫殿。灅水，今河北遵化市沙河的古称。 [9]阙门：宫殿的正南大门。 [10]广：增广，扩建。苑囿：园林，猎场。 [11]规立：规划，建立。 [12]市里：市场与街道里巷。 [13]三十日罢：三十天后完成。 [14]太尉：掌管全国军事。穆崇：本姓丘穆陵氏，北魏开国功臣，拓跋珪封其为宜都公。谥号丁公。传见《魏书》卷二十七。 [15]兴城：古城名，在今青海循化县北的黄河北岸。文支：即秃发文支，秃发利鹿孤、秃发傉檀之弟。为兴城侯，镇守姑臧。后沮渠蒙逊进军围困秃发傉檀的都城乐都，湟河太守秃发文支献出湟河郡，向沮渠蒙逊投降，被任为广武太守。 [16]乐都：古地名，南凉主秃发傉檀的都城，在今青海海东市乐都区。 [17]爵命：封爵，受职。 [18]甲辰：八月一日。 [19]石漠：古地名，在今内蒙古四子王旗北。胡三省曰：“自阴山以北皆大漠，有白漠、黑漠、石漠。白、黑二漠以其色为名，石漠盖其地皆石。” [20]癸巳：九月二十日。 [21]长川：古城镇名，在今河北尚义县西。 [22]毛修之：刘裕的得力将领。司马荣期、文处茂、时延祖：毛修之所属部将。 [23]宕（dàng）渠：郡名，县治宕渠，在今四川渠县东北三汇镇。 [24]安珍：胡三省以为应作“安弥”，也叫绥弥，古县名，县治在今甘肃酒泉市东。 [25]谮（zèn）：谗毁，诬陷。 [26]让：批评，责备。 [27]卜珍：征南将军慕容法的司马官。 [28]太后：即慕容德之妻段氏。 [29]牟（mù）常：南燕官员，为黄门令。 [30]永康故事：指慕容宝挟旧怨于永康元年（396）杀害了其父慕容垂的皇后。 [31]恐帝见杀：意即恐被你所杀。见，被。 [32]法为谋见误：慕容法图谋造反而哄骗了我。 [33]西中郎将：古将官名，四中郎将之一，主率师征伐。封融：南燕西中郎将，慕容超杀大臣，因惧杀，投奔北魏；后拓跋珪杀慕容氏，封融又南投刘裕，为勃海太守。后谋反，被杀。 [34]青州：州名，南燕青州的州治在东莱（今山东莱州市），时慕容钟为青州刺史。 [35]慕容昱：南燕将领。徐州：南燕徐州的州治在莒城（今山东莒县），时段宏为徐州刺史。 [36]济阳王凝：即慕容凝，南燕右仆射、济阳王，后投奔后秦，为侍中。 [37]韩范：时任南燕尚书令。刘裕北伐南燕，韩范归晋。传见《晋书》一百二十八。兖（yǎn）州：南燕兖州的州治在梁父（今山东泰安市东南），时慕容法为兖州刺史。 [38]莒（jǔ）城：在今山东莒县。 [39]石塞城：在今山东济南市长清区西南。 [40]振恐：震惊，惊恐。振，同“震”。 [41]钟杀其妻子：谓慕容钟杀死了自己的妻、子，只身外逃。 [42]高都公始：即慕

容始，南燕宗室，为高都公，后投奔后秦。高都，县名，县治在今山西晋城市。［43］始平：郡名，郡治槐里，今陕西兴平市东南。［44］肉刑：指宫刑、刖刑、断左右趾等伤及肌肤的刑罚。［45］烹：指将人用水烹煮。轘（huàn）：即车裂，用车分裂人体的酷刑。［46］尚书：此指尚书省，中央政府最高权力机构。建义功：指起兵讨平桓玄，奉安帝司马德宗复辟的功勋。［47］豫章郡公：以豫章郡为其领地的公爵。豫章，郡名，郡治在今江西南昌市。［48］南平郡：郡治江安，在今湖北公安县北。［49］安成郡：郡治平都，在今江西安福县。［50］自余：其余。封赏有差：随功劳大小而有高低不同的封赏。［51］梁州：州治南郑，在今陕西汉中市。刘稚：东晋梁州刺史，后谋反，被擒获。［52］禽：同“擒”，擒获。［53］庚申：十月十八日。［54］乙亥：十月一日是“癸卯”，本月无“乙亥”。乙亥应是十一月三日。［55］孔安国：东晋大臣。传见《晋书》卷七十八。［56］三州八郡：指荆州的武昌、江州的寻阳、豫章、庐陵、临川、鄱阳、南康和豫州的晋熙八郡。［57］桓石绥：司空桓豁之子，桓楚末代僭位皇帝。传见《晋书》卷七十四。［58］陈袭：桓玄余党。胡桃山：古地名，在历阳（今安徽和县）附近。［59］石生：即桓石生，桓玄的堂兄。

三年（丁未，407年）

春，正月，辛丑朔[1]，燕大赦，改元建始[2]。

秦王兴以乞伏乾归寖强[3]难制，留为主客尚书[4]，以其世子炽磐行西夷校尉[5]，监其部众[6]。

二月，己酉[7]，刘裕诣建康，固辞新所除官[8]，欲诣廷尉[9]。诏从其所守[10]，裕乃还丹徒[11]。

魏主珪立其子修为河间王，处文为长乐王，连为广平王，黎为京兆王[12]。

殷仲文素有才望[13]，自谓宜当朝政，悒悒[14]不得志；出为东阳[15]太守，尤不乐。何无忌素慕其名。东阳，无忌所统[16]，仲文许便道修谒[17]，无忌喜，钦迟[18]之。而仲文失志恍惚[19]，遂不过府[20]；无忌以为薄[21]己，大怒。会南燕入寇，无忌言于刘裕曰：“桓胤、殷仲文乃腹心之疾[22]，北虏不足忧也。”闰月，刘裕府将骆冰[23]谋作乱，事觉，裕斩之。因言冰与仲文、桓石松、曹靖之、卞承之、刘延祖[24]潜相连结，谋立桓胤为主，皆族诛之。

燕王熙为其后苻氏起承华殿[25]，负土于北门[26]，土与谷同价。宿军典军杜静载棺诣阙[27]极谏，熙斩之。

苻氏尝季夏[28]思冻鱼，仲冬须生地黄[29]，熙下有司切责[30]，不得而斩之。

夏，四月，癸丑[31]，苻氏卒，熙哭之懑绝[32]，久而复苏，丧之如父母，服斩衰[33]，食粥。命百官于宫内设位[34]而哭，使人按检[35]哭者，无泪则罪之，群臣皆含辛[36]以为泪。高阳王[37]妃张氏，熙之嫂也，美而有巧思，熙欲以为殉[38]，乃毁其襚靴中得弊毡[39]，遂赐死。右仆射韦璆[40]等皆恐为殉，沐浴俟命[41]。公卿以下至兵民，户率营陵[42]，费殚府藏[43]。陵周围数里，熙谓监作者曰："善为之，朕将继往[44]。"

丁酉[45]，燕太后段氏[46]去尊号，出居外宫。

（以上为第七段，写东晋刘裕坚决辞去新封官职，镇守丹徒；刘裕属将骆冰谋反，牵连殷仲文等人，全被灭族；后燕苻皇后去世，慕容熙伤心过度，处于病态，要大臣陪哭，还要高阳王慕容隆王妃张氏陪葬，举动失常。）

【注释】

[1]辛丑朔：正月壬申朔，无辛丑日，疑记载有误。[2]建始：东晋时后燕主慕容熙的年号，共七个月。[3]寖（qīn）强：渐强，越来越强。寖，渐渐，逐渐。[4]留为主客尚书：将其留在朝中主管外国及国内少数民族的事务。主客尚书，尚书省主客曹长官。[5]炽磐：即乞伏炽磐，西秦第三位国主。传见《晋书》卷一百二十五。行：代理。西夷校尉：持节，统兵，掌管西部少数民族事务。[6]监其部众：管理乞伏乾归部下的众人。当时乞伏氏的根据地在苑川（今甘肃兰州市东）。监，管，管理。[7]己酉：二月九日。[8]新所除官：最近所任命的官职。除，委任。[9]欲诣廷尉：想到司法部门请求严办，以见其推辞职务之坚决。廷尉，全国最高的司法长官，汉代的九卿之一，后代的刑部尚书。[10]从其所守：意即答应他的要求，还让他担任原来的职务。[11]丹徒：县名，县治在今江苏镇江市东南。刘裕家自刘裕的曾祖起世居丹徒。[12]"魏主珪"等四句：北魏主拓跋珪立其四个儿子为王。第五子拓跋修，封为河间王；第六子拓跋处文，封为长乐王；第七子拓跋连，封为广平王；第八子拓跋黎，封为京兆王。诸王传见《魏书》卷十六。[13]才望：才干，威望。[14]悒（yì）悒：闷闷不乐的样子。[15]东阳：郡名，郡治在今浙江金华市。殷仲文出为东阳太守在上一年，这里是追叙。[16]无忌所统：何无忌在义熙二年十二月以前，都督浙江东五郡，东阳郡在其治下。[17]许便道修谒：事先说好上任路过时顺便前往拜见。许，答应。修谒，进见，拜访。[18]钦迟：恭恭敬敬地等待。迟，等待。[19]失志：

失意，不得志。恍（huǎng）惚（hū）：迷茫，心神不宁。［20］不过府：未到何无忌的都督府去拜会。［21］薄：冷淡，瞧不起。［22］桓胤（yìn）：桓冲之孙，桓玄堂侄。前桓氏灭族时，为表示朝廷对桓冲的怀念，特地留下了桓胤一条根。腹心之疾：心腹大患。［23］骆冰：刘裕部属，因谋反被诛。［24］桓石松：宣城太守桓彝之孙、荆州刺史桓豁之子。曹靖之：大将军桓玄属官，忠实部将，为吏部郎，多次为之出谋献策。卞承之：桓玄因反被诛，殷仲文等谋建桓胤为嗣，与承之等潜相交结。后为刘裕所斩。刘延祖：被骆冰指为与其潜相连结，谋立桓胤为主，被族诛。［25］承华殿：古宫殿名，北燕主慕容熙为苻皇后所起的宫殿。［26］负土于北门：从北门外向宫里背土。［27］宿军典军：驻扎在宿军的部队领导人。宿军，古地名，是后燕国营州的州治所在地。典军，即典军校尉，掌管近卫禁军。杜静：后燕忠直之士，因强谏后燕主滥用民力修建宫室，被杀。［28］尝：曾经。季夏：夏天的第三个月，在今农历六月，最热的月份。［29］仲冬：冬天的第二个月，在今农历十一月。须：同“需”，需要。生地黄：即鲜地黄。地黄在秋天采挖，冬天一般无鲜地黄。地黄，一种草本植物，可入药。［30］切责：极力讨要。［31］癸丑：四月一是“庚午”，本月无“癸丑”日，疑记载有误。［32］懑（mèn）绝：伤心欲绝。懑，悲痛，伤心。［33］服斩衰（cuī）：身穿最重的丧服。斩衰，是儿子对父母、臣下对君主所穿的丧服。［34］设位：在灵堂设下位置。［35］按检：逐个检查。［36］含辛：嘴里含辛辣之物，用以刺激眼睛流出泪水。［37］高阳王：即慕容隆，慕容垂少子，封高阳王，为都督幽、平二州诸军事，征北大将军，幽州牧，录留台尚书事。后被杀。传见《晋书》卷一百二十三。［38］以为殉：让她为自己的皇后殉葬。［39］襚（suì）靴：即丧鞋，给死者送终的靴子，是张氏所做。弊毡（zhān）：不好的毛毡。［40］韦璆（qiú）：后燕右仆射。［41］俟（sì）命：等候殉葬的命令。［42］户率营陵：几乎每一家都要出人来参加修造陵墓。率，大率，几乎。营，营建，建造。［43］费殚（dān）府藏：把国库的所有积蓄全花光了。殚，尽。［44］朕将继往：不久我也要住到里头去。［45］丁酉：四月二十八日。［46］段氏：慕容垂之妃，慕容熙的养母。

氐王杨盛以平北将军苻宣为梁州督护[1]，将兵入汉中，秦梁州别驾吕莹等起兵应之[2]，刺史王敏[3]攻之。莹等求援于盛，盛遣军临浕口[4]，敏退屯武兴[5]。盛复通于晋[6]，晋以盛为都督陇右诸军事、征西大将军、开府仪同三司，盛因以宣行[7]梁州刺史。

五月，丙戌[8]，燕尚书郎苻进[9]谋反，诛。进，定[10]之子也。

魏主珪北巡至濡源[11]。

魏常山王遵[12]以罪赐死[13]。

初，魏主珪灭刘卫辰[14]，其子勃勃[15]奔秦，秦高平公没弈干以女妻[16]之。勃勃魁岸[17]，美容仪[18]，性辩慧[19]，秦王兴见而奇之，与论军国大事，宠遇逾于勋旧[20]。兴弟邕[21]谏曰："勃勃不可近[22]也。"兴曰："勃勃有济世[23]之才，吾方与之[24]平天下，奈何逆忌之[25]！"乃以为安远将军，使助没弈干镇高平[26]，以三城、朔方杂夷及卫辰部众[27]三万配之，使伺魏间隙。邕固争以为不可。兴曰："卿何以知其为人？"邕曰："勃勃奉上慢[28]，御众残[29]，贪猾[30]不仁，轻为去就[31]，宠之逾分[32]，恐终为边患。"兴乃止。久之，竟以勃勃为安北将军、五原公[33]，配以三交五部鲜卑及杂虏二万余落[34]，镇朔方[35]。

魏主珪归所虏秦将唐小方[36]于秦。秦王兴请归贺狄干[37]，仍送良马千匹以赎狄伯支[38]，珪许之。

勃勃闻秦复与魏通而怒，乃谋叛秦。柔然可汗社仑献马八千匹于秦，至大城[39]，勃勃掠取之，悉集其众三万余人伪畋于高平川，因袭杀没弈干而并其众[40]。

勃勃自谓夏后氏之苗裔[41]，六月，自称大夏[42]天王、大单于，大赦，改元龙升[43]，置百官。以其兄右地代[44]为丞相，封代公[45]；力俟提[46]为大将军，封魏公[47]；叱干阿利[48]为御史大夫，封梁公[49]；弟阿利罗引为司隶校尉，若门为尚书令，叱以鞬为左仆射，乙斗为右仆射[50]。

贺狄干久在长安，常幽闭[51]，因习读经史，举止如儒者。及还，魏主珪见其言语衣服皆类秦人，以为慕而效之，怒，并其弟归[52]杀之。

秦王兴以太子泓[53]录尚书事。

（以上为第八段，写后秦主姚兴宠爱赫连勃勃，其弟姚邕再三劝说，不听，赫连勃勃反叛后秦，建立胡夏，改元龙升，设置百官，成为五胡十六国中最后建立的一个国家。）

【注释】

[1]苻宣：前秦末代皇帝苻崇之子。苻崇即位为帝，封苻宣为太子。西秦灭前秦，苻宣投奔仇池氐王杨盛。杨盛归附东晋，推荐苻宣为平北将军。后被杨盛任命梁州督护、代梁州刺史。南朝宋时为镇西侯，终老武都。督护：为梁州刺史手下的统军将领。 [2]吕莹：后秦梁州别驾。应之：为苻宣作内应，当时的梁州属后秦。 [3]王敏：后秦梁州刺史。 [4]溍（jìn）口：即溍口城，古地名，地当溍水与沔水的交汇口，在今陕西勉县西南。 [5]武兴：郡名，郡治沔阳，在今

陕西勉县东南。［6］复通于晋：东晋安帝隆安三年（399），杨盛遣使称藩于晋。义熙元年（405），后秦主姚兴伐杨盛，杨盛投降后秦，送其子入后秦为人质，今又向东晋称藩。［7］行：代理。［8］丙戌：据章校，应作“壬戌”。壬戌是五月二十四日。［9］苻进：前秦冀州牧苻定之子。前秦主苻坚淝水之战失败后，投降慕容垂。［10］定：即苻定，前秦主苻坚堂叔，任征东将军、冀州牧。后投降慕容垂。［11］濡（rú）源：古地名，因濡水的源头而得名，在今河北丰宁县西北。濡水，今滦河。［12］常山王遵：即拓跋遵，字勃兜，拓跋什翼犍之孙。初以佐命元勋，封略阳郡公，因功晋爵常山郡王。后坐罪赐死。传见《魏书》卷十五。［13］以罪赐死：拓跋遵好酒如命。天赐四年（407），坐醉昏乱，失礼于太原公主，被拓跋珪赐死，葬以庶人之礼。［14］刘卫辰：十六国时匈奴铁弗部首领，夏武烈帝赫连勃勃之父。割据朔方，偷袭北魏道武帝拓跋珪，兵败逃亡，途中被杀。传见《晋书》卷一百三十。［15］勃勃：即赫连勃勃，字屈孑，十六国时胡夏开国皇帝。传见《晋书》卷一百三十。［16］没弈（yì）干：别称没奕于、木易干等，安定高平（今甘肃靖远县）人，鲜卑族，十六国时鲜卑破多兰部落首领。最初依附于前秦，后投降后秦姚苌，受封车骑将军、高平公。后被胡夏主赫连勃勃袭杀。以女妻之：指没弈干把女儿嫁给赫连勃勃为妻。妻（qì），嫁于。［17］魁岸：身材高大。［18］容仪：容貌，仪表。［19］辩慧：聪明而富于辩才。［20］宠遇：以恩宠相待。勋旧：有功勋的旧臣。［21］邕（yōng）：即姚邕，字子和，后秦主姚兴之弟，封为济南公，善于音乐，有识见之明。曾多次提出建议，认为赫连勃勃有野心，不可养虎为患，但姚兴没有听取。后来，赫连勃勃果然反叛后秦，自立为政，成为后秦国家的大患。［22］近：亲近，重用。［23］济世：救世，挽救危亡。［24］与之：和他一道，意即靠着他、仰仗他。［25］奈何逆忌之：怎么能预先无根据地嫉妒他？逆，预先。［26］高平：郡名，郡治在今宁夏固原市。［27］三城、朔方：二地名，三城在今陕西延安市，朔方是古郡名，郡治在今内蒙古杭锦后旗北。卫辰部众：当年逃归后秦的刘卫辰的余部。［28］慢：傲慢，怠慢。［29］残：残忍，残暴。［30］贪猾：贪婪，狡猾。［31］轻为去就：指容易叛变，容易叛离旧主。［32］逾分：过分，超过一定的度。［33］五原公：封地五原郡，郡治九原，在今内蒙古包头市西北。［34］三交五部：三交县里的五个部落。三交县的县治在今陕西榆林市一带。落：户落。［35］朔方：郡名，郡治临戎，在今内蒙古磴口县北。［36］唐小方：后秦越骑校尉，与狄伯支于在柴壁之战中被北魏俘获。［37］请归贺狄干：请求把扣留的魏使贺狄干送还魏国。贺狄干，北魏大臣。于元兴元年（402）奉使后秦，带着马匹求婚于后秦，后秦主姚兴因拓跋珪已立慕容氏为皇后，拒绝了北魏联姻的请求，贺狄干被扣留；今送还，因有被后秦同化之嫌，为拓跋珪所杀。传见《魏书》卷二十八。［38］仍：同“乃”，又。狄伯支：东晋时天水（今甘肃天水市）人，后秦大臣。辅佐后秦主姚苌、姚兴，历任司马、征虏将军、尚书左仆射。官至中书令，封乐平侯，后为平北将军姚冲鸩杀。［39］大城：县名，县治在今内蒙古杭锦后旗东南。［40］并其众：赫连勃勃收编了没弈干的部众。［41］夏后氏：指大禹奠基的夏王朝。赫连勃勃自称夏禹之后，所以自称大夏天王。［42］大夏：南匈奴屠各种铁弗部族人赫连勃勃建立的政权，史称“胡夏”，定都统万城。［43］龙升：胡夏主赫连勃勃的年号，共六年余。［44］右地代：即赫连右地代，匈奴铁弗氏，胡夏创建者赫连勃勃长兄。因先祖尚汉宗室女，故初随父祖以刘为姓。赫连勃勃建国后，受封丞相、代公。后为幽州牧。后合族改姓赫连氏。［45］封代公：封地代郡，郡治在今山西大同市。［46］力俟提：即赫连力俟提，一作"直力鞮"，赫连勃勃的次兄。［47］封魏公：赫连勃勃封赫连力俟提为魏公。封地魏郡，郡治邺城，在今河北临漳县西。［48］叱于阿利：一作"叱干阿利"，胡夏国重臣。赫连勃勃建大夏国，封为御史大夫、梁公。［49］封梁公：封地梁郡，郡治睢阳，在今河南商丘市睢阳区。［50］"弟阿利罗引"等四句：大夏主赫连勃勃封拜四个弟弟官爵。弟赫连阿利罗引，拜司隶校尉。弟赫连若门，任为尚书令。弟赫连叱以鞬，任左仆射。弟赫连乙斗，任右仆射。［51］幽闭：囚禁，软禁。［52］归：即贺狄归，北魏官员，贺狄干之弟。因其兄举止儒雅，被疑为仿效后秦，一起被杀。［53］泓（hóng）：即姚泓，字元子，后秦主姚兴长子，后秦末代国主。东晋刘裕率军北伐后秦，姚泓出城投降，后秦灭亡。被押解到东晋都城建康，在闹市斩首。传见《晋书》卷一百十九。

秋，七月，戊戌朔[1]，日有食之。

汝南王遵之[2]坐事死。遵之，亮[3]之五世孙也。

癸亥[4]，燕王熙葬其后苻氏于徽平陵[5]，丧车高大，毁北门而出，熙被发徒跣[6]，步从二十余里。甲子[7]，大赦。

初，中卫将军冯跋[8]及弟侍御郎素弗[9]皆得罪于熙，熙欲杀之，跋兄弟亡命[10]山泽。熙赋役繁数[11]，民不堪命[12]；跋、素弗与其从弟万泥[13]谋曰："吾辈还首[14]无路，不若因民之怨，共举大事，可以建公侯之业；事之不捷，死未晚也。"遂相与乘车，使妇人御[15]，潜入龙城[16]，匿于北部司马孙护[17]之家。及熙出送葬，跋等与左卫将军张兴及苻进[18]余党作乱。跋素与慕容云善，乃推云为主。云以疾辞，跋曰："河间淫虐[19]，人神共怒，此天亡之时也。公，高氏名家，何能为人养子[20]，而弃难得之运[21]乎？"扶之而出。跋弟乳陈等帅众攻弘光门[22]，鼓噪[23]而进，禁卫皆散走；遂入宫授甲[24]，闭门拒守。中黄门赵洛生[25]走告于熙，熙曰："鼠盗何能为！朕当还诛之。"乃置后柩于南苑[26]，收发贯甲[27]，驰还赴难。夜，至龙城，攻北门，不克，宿于门外。乙丑[28]，云即天王位，大赦，改元正始[29]。

熙退入龙腾苑[30]，尚方兵褚头[31]逾城从熙，称营兵同心效顺[32]，唯俟军至。熙闻之，惊走而出[33]，左右莫敢迫[34]。熙从沟下潜遁[35]，良久，左右怪其不还，相与寻之，唯得衣冠，不知所适。中领军慕容拔谓中常侍[36]郭仲曰："大事垂捷[37]，而帝无故自惊，深可怪也。然城内企迟[38]，至必成功，不可稽留[39]。吾当先往趣城[40]，卿留待帝，得帝，速来；若帝未还，吾得如意安抚城中[41]，徐迎未晚。"乃分将壮士二千余人登北城。将士谓熙至，皆投仗请降。既而熙久不至，拔兵无后继，众心疑惧，复下城赴苑[42]，遂皆溃去。拔为城中人所杀。丙寅[43]，熙微服匿于林中，为人所执，送于云，云数而杀之[44]，并其诸子[45]。云复[46]姓高氏。

（以上为第九段，写后燕苻皇后去世，慕容熙如丧考妣，披麻戴孝，赤脚送葬，慕容云等人乘机谋反，发动宫廷政变，慕容熙被斩杀。慕容云即天王位，改元。）

【注释】

[1]戊戌朔：七月一日。 [2]汝南王遵之：即司马遵之，东晋孝武帝司马聃的远房兄弟，安帝司马德宗的族叔。传见《晋书》卷六十四。 [3]亮：即司马亮，司马懿第四子，司马遵之的五世祖。传见《晋书》卷五十九。 [4]癸亥：七月二十六日。 [5]徽平陵：古陵墓名，后燕主慕容熙与皇后苻训英的合葬墓，在今辽宁朝阳市。 [6]被发徒跣（xiǎn）：披散着头发，光着脚走路，古代儿子为父母所行的丧礼即是如此。 [7]甲子：七月二十七日。 [8]中卫将军：负责宫廷侍卫。冯跋：北燕第二位国主。传见《晋书》卷一百二十五。 [9]侍御郎：帝王的侍奉人员。素弗：即冯素弗，北燕文成帝冯跋之弟，封辽西公。治理北燕，居功厥伟。传见《晋书》卷一百二十五。 [10]兄弟：二字原无，据章校补。亡命：逃命，逃亡。 [11]赋役繁数：赋税、徭役频繁。 [12]民不堪命：民众负担沉重，痛苦得活不下去。 [13]万泥：即冯万泥，冯跋从弟，北燕将领。 [14]还首：回头，回去自首。 [15]御：赶车。 [16]龙城：古地名，又称"和龙""黄龙城"，在今辽宁朝阳市，为后燕都城。 [17]匿（nì）：躲藏。北部司马：北部大人的司马官。司马，在主官属下主管军事。孙护：后燕末年，担任北部尚书、北部司马，助冯跋起事，为北燕开国功臣。冯跋即位，孙护进封阳平公，任侍中、尚书令。后因功高盖主，被冯跋所诛。传见《晋书》卷一百二十五。[18]左卫将军：主管宫廷侍卫。张兴：后燕左卫将军。苻进：冯跋党羽。[19]河间：即慕容熙，称帝前曾为河间王。淫虐：淫乱，暴虐。 [20]为人养子：慕容云原是高句丽人，被慕容宝收为义子，事见《资治通鉴》卷一百九晋安帝隆安元年（397）。 [21]难得之运：难得的机会。 [22]跋弟乳陈：据《资治通鉴》卷十五乳陈称万泥为"叔父"，及《晋书·冯跋传》所记，此处应作"跋侄乳陈"。乳陈，即冯乳陈，冯跋堂侄，粗犷勇猛。随冯跋杀死慕容熙，立高云为主，任中军将军。弘光门：龙城和龙宫正门，又名洪光门，位于今辽宁朝阳市双塔区。

[23]鼓噪：鸣鼓，喧哗。 [24]授甲：意即分发宫中的武器盔甲。 [25]中黄门：帝王的贴身太监。赵洛生：北燕皇帝侍从官。 [26]柩（jiù）：装着尸体的棺材。南苑：古猎场名，在龙城附近。 [27]收发贯甲：挽起头发，穿上铠甲。贯，穿。 [28]乙丑：七月二十八日。 [29]正始：北燕君主慕容云的年号，共三年。 [30]龙腾苑：古园林名，后燕主慕容熙为苻氏姐妹（苻娀娥、苻训英）修建的园林，故址在今辽宁朝阳市双塔区他拉皋镇慕容村，现存遗址。 [31]尚方兵：在尚方署服役的士兵。尚方署，负责为帝王制造器物的机构。褚（chǔ）头：人名，典后燕尚方兵。 [32]营兵：指尚方署的士兵。效顺：为顺理的一方效力，指忠于慕容熙。 [33]惊走而出：慕容熙没听清楚褚头说的是什么意思，以为是尚方署的士兵都在盼着冯跋、高云的军队前来，故而惊恐逃出。 [34]莫敢迫：没有人敢逼近。 [35]潜遁：悄悄地逃跑。 [36]中领军：即领军将军，帝王的禁兵头领，统率亲兵卫士和禁军。慕容拔：后燕主慕容垂堂弟，为中领军，在冯跋发动的宫廷政变中被射杀。中常侍：帝王的侍从人员，以备参谋顾问。 [37]垂捷：眼看就要成功。 [38]企迟：企望，踮着脚地盼望。指“同心效顺”之营兵盼慕容熙回龙城。 [39]稽留：停留。 [40]先往趣城：先赶回宫城。趣，同“趋”，疾走。 [41]如意安抚城中：能如愿地稳定城里的秩序。 [42]赴苑：指前往龙腾苑找慕容熙。 [43]丙寅：七月二十九日。 [44]数而杀之：指数落其罪行，将其杀死。慕容熙死时年二十三岁。后燕自慕容垂建国至此灭亡，共历二十四年。 [45]并其诸子：一并杀死慕容熙的儿子。 [46]复：又，再。

幽州刺史上庸公懿[1]以令支降魏，魏以懿为平州牧、昌黎王[2]。懿，评[3]之孙也。

魏主珪自濡源西如参合陂[4]，乃还平城。

秃发傉檀复贰于秦[5]，遣使邀[6]乞伏炽磐，炽磐斩其使送长安。

南燕主超母、妻犹[7]在秦，超遣御史中丞封恺[8]使于秦以请之。秦王兴曰：“昔苻氏之败[9]，太乐诸伎悉入于燕[10]。燕今称藩[11]，送伎或送吴口[12]千人，所请乃可得[13]也。”超与群臣议之，左仆射段晖[14]曰：“陛下嗣守社稷[15]，不宜以私亲之故遂降尊号[16]；且太乐，先代遗音[17]，不可与也，不如掠吴口与之。”尚书张华[18]曰：“侵掠邻国，兵连祸结，此既能往，彼亦能来[19]，非国家之福也。陛下慈亲[20]在人掌握，岂可靳惜虚名[21]，不为之降屈[22]乎！中书令韩范尝与秦王俱为苻氏太子舍人[23]，若使之往，必得如志[24]。”超从之，乃使韩范聘于秦[25]，称藩奉表[26]。

慕容凝言于兴曰：“燕王得其母、妻，不可复臣，宜先使送伎。”兴乃谓范曰："朕归燕王家属必矣，然今天时尚热，当俟秋凉。"八月，秦使员外散骑常侍韦宗[27]聘于燕。超与群臣议见宗之礼，张华曰："陛下前既奉表，今宜北面受诏[28]。"封逞[29]曰："大燕七圣重光[30]，奈何一旦为竖子屈节[31]！"超曰："吾为太后屈，愿诸君勿复言！"遂北面受诏。

毛修之与汉嘉太守冯迁合兵击杨承祖[32]，斩之。修之欲进讨谯纵，益州刺史鲍陋不可[33]。修之上表言："人之所以重生[34]，实有生理可保[35]。臣之情地[36]，生涂已竭[37]；所以借命朝露[38]者，庶凭天威诛夷仇逆[39]。今屡有可乘之机，而陋每违期不赴[40]；臣虽效死寇庭，而救援理绝[41]，将何以济[42]！"刘裕乃表襄城太守刘敬宣帅众五千伐蜀，以刘道规为征蜀都督[43]。

魏主珪如犲山宫。候官[44]告："司空庾岳[45]，服饰鲜丽，行止风采[46]，拟则[47]人君。"珪收岳，杀之。

北燕[48]王云以冯跋为都督中外诸军事、开府仪同三司、录尚书事，冯万泥为尚书令，冯素弗为昌黎尹，冯弘[49]为征东大将，孙护为尚书左仆射，张兴[50]为辅国大将军。弘，跋之弟也。

九月，谯纵称藩于秦。

秃发傉檀将五万余人伐沮渠蒙逊，蒙逊与战于均石[51]，大破之。蒙逊进攻西郡太守杨统于日勒[52]，降之。

冬十月，秦河州刺史彭奚念[53]叛，降于秃发傉檀，秦以乞伏炽盘行[54]河州刺史。

南燕主超使左仆射张华、给事中宗正元[55]献太乐伎一百二十人于秦，秦王兴乃还超母、妻，厚其资礼[56]而遣之，超亲帅六宫迎于马耳关[57]。

（以上为第十段，写南凉主秃发傉檀再次背叛后秦，率军攻打北凉主沮渠蒙逊，被打败；南燕主慕容超为了迎回母、妻，向后秦主称藩，并送还歌舞伎人。）

【注释】

[1]幽州：后燕的幽州州治令支，在今河北迁安市西。上庸公懿（yì）：即慕容懿，前燕名臣慕容评之孙，为人平和，不事声张。后燕立国后，袭祖父爵，受封为上庸公，位高言重，居功而不言勇。[2]平州牧：平州的最高行政官员。平州，州治襄平，在今辽宁辽阳市。昌黎王：封地昌黎

郡，郡治在今辽宁义县。［3］评：即慕容评。传见《晋书》卷一百九。［4］参合陂（bēi）：水边的堤坝名，在今内蒙古凉城县东北岱海东南岸。［5］贰于秦：背叛秦国。贰，两属，比公开背叛略轻一点。［6］邀：请，招之一同反秦。［7］犹：还。［8］封恺（kǎi）：字思悌，为南燕御史中丞。［9］苻氏之败：指苻坚被晋人大败于淝水。［10］太乐诸伎（jì）：秦国太乐署的歌舞伎。伎，古代称以歌舞为业的女子。悉入于燕：苻坚败后，慕容冲攻入长安，掠去苻氏王朝的乐伎。至慕容垂灭掉慕容永，又将这些乐伎掠去中山。慕容德建立南燕，又将乐伎带到了广固（今山东青州市）。［11］燕今称藩：燕国如能向秦国称臣。今，将，如能。称藩，给人家做藩臣，即向人称臣。［12］送伎：把从秦国弄去的乐伎给秦国送回来。吴口：指俘虏的东晋人。［13］所请乃可得：意即我才能把慕容超的母亲、妻子交给你们。［14］段晖：南燕左仆射、左将军。后刘裕出兵攻打南燕，大败南燕军队，段晖等被杀。［15］嗣守社稷：继续充当一国之主。嗣，接替，继承。［16］降尊号：自己取消“皇帝”之号。［17］遗音：前代留传下来的音乐。［18］尚书：此即尚书令，国家主政的高级官员。张华：南燕尚书、中书令。［19］此既能往，彼亦能来：我们能去劫掠东晋人，东晋也可以来劫掠我们燕国人。［20］慈亲：慈爱的父母，此指慕容超的母亲。［21］靳惜虚名：吝惜一个帝王的称号。靳，吝惜。［22］降屈：降身，屈节。［23］秦王：此指后秦主姚兴。太子舍人：太子宫中的散职人员。当时的太子是苻宏。［24］必得如志：一定能达到我们的目的。［25］聘于秦：出使秦国。聘，访问盟国。［26］称藩奉表：即奉表称藩，给人上书自己称臣。给皇帝的上书称“表”。［27］员外散骑常侍：与散骑常侍职务略同，以备参谋顾问。员外，指正员以外的官员。韦宗：后秦员外散骑常侍，曾出使于南燕、南凉。［28］北面受诏：面向北接受秦国的诏书，这是臣子接受帝王诏书的礼节。［29］封逞：南燕官员。［30］七圣重光：七代人称帝于世。七圣，指慕容廆、慕容皝、慕容儁、慕容暐、慕容垂、慕容德以及慕容超。重光，连续地光照天下。［31］一旦：一下子。为竖子屈节：向姚兴那小子低头。竖子，小子，奴才，鄙视语，此指姚兴。［32］汉嘉：郡名，郡治在今四川雅安市北。冯迁：为益州刺史毛璩属下，担任益州督护，曾手刃楚帝桓玄，从此发迹。后迁任汉嘉太守，参与征谯纵之战，入南朝宋，为遂宁太守。杨承祖：东晋叛将，时自称巴州刺史。［33］鲍陋：东晋官员，初任海盐县令，后为益州刺史，随刘敬宣伐谯纵，病死于巴东白帝城。不可：认为不可。［34］重生：爱惜生命，还想活下去。［35］实有生理可保：实在是还有活着的理由。［36］情地：心情，处境。［37］生涂已竭：没有再活下去的理由。此指其父毛瑾、其叔毛璩满门皆被谯纵所灭，此仇不共戴天。［38］借命朝露：犹言暂且苟活。［39］庶凭：平时仰仗。天威：帝王的威严。诛夷仇逆：消灭谯纵等这些叛逆、这些仇人。［40］不赴：不向敌人发动进攻。［41］救援理绝：意即无人援助。［42］将何以济：怎么能获得成功？济，成，成功。［43］表：上表，奏请。襄城：郡名，郡治在今河南襄城县。征蜀都督：攻打谯纵的军事指挥官。［44］候官：专管窥探、伺察的官员。［45］庾岳：字业延，北魏开国功臣，著名将领。拜相州刺史，公廉平当，迁司空，后为太祖拓跋珪冤杀。传见《魏书》卷二十八。［46］行止风采：一举一动的行为表现。［47］拟则：仿效。

[48]北燕：东晋时慕容云、冯跋建立的政权，史称“北燕”。后被北魏所灭。 [49]冯弘：字文通，文成帝冯跋之弟，北燕末代国君。传见《魏书》卷九十七。 [50]张兴：后燕左卫将军。北燕时，为辅国大将军。 [51]均石：地名，在今甘肃张掖市东。 [52]西郡：郡名，郡治在今甘肃永昌县西北。杨统：西郡太守。日勒：县名，县治在今甘肃山丹县东南。 [53]河州：州治枹罕，在今甘肃临夏市。彭奚念：南羌首领，西秦河州刺史、镇卫将军，一度盘踞在河湟重镇枹罕。[54]行：代理。 [55]给事中：帝王身边的文秘人员，权力甚大。宗正元：人名，姓宗正，名元。宗正，以官名为姓。 [56]资礼：盘缠与礼数。 [57]马耳关：古关名，在今山东济南市东北。

夏王勃勃破鲜卑薛干[1]等三部，降其众以万数，进攻秦三城[2]已北诸戍，斩秦将杨丕、姚石生[3]等。诸将皆曰：“陛下欲经营关中，宜先固根本，使人心有所凭系[4]。高平[5]山川险固，土田饶沃[6]，可以定都。”勃勃曰：“卿知其一，未知其二。吾大业草创[7]，士众未多；姚兴亦一时之雄，诸将用命，关中未可图也。我今专固一城，彼必并力[8]于我，众非其敌，亡可立待。不如以骁骑风驰[9]，出其不意，救前则击后，救后则击前，使彼疲于奔命，我则游食自若[10]。不及十年，岭北、河东[11]尽为我有。待兴既死，嗣子暗弱[12]，徐取长安，在吾计中矣。”于是，侵掠岭北，岭北诸城门不昼启[13]。兴乃叹曰：“吾不用黄儿[14]之言，以至于此！”

勃勃求婚于秃发傉檀，傉檀不许。十一月，勃勃帅骑二万击傉檀，至于支阳[15]，杀伤万余人，驱掠二万七千余口、牛马羊数十万而还。傉檀帅众追之，焦朗[16]曰：“勃勃天姿雄健[17]，御军严整[18]，未可轻也。不如从温围[19]北渡，趣万斛堆[20]，阻水[21]结营，扼其咽喉，百战百胜之术也。”傉檀将贺连[22]怒曰：“勃勃败亡之余[23]，乌合之众[24]，奈何避之，示之以弱？宜急追之！”傉檀从之。勃勃于阳武下峡凿凌埋车以塞路[25]，勒兵逆击[26]傉檀，大破之，追奔八十余里，杀伤万计，名臣勇将死者什六七[27]。傉檀与数骑奔南山[28]，几[29]为追骑所得。勃勃积尸而封之，号曰“髑髅[30]台”。勃勃又败秦将张佛生于青石原[31]，俘斩五千余人。

傉檀惧外寇之逼，徙三百里内民皆入姑臧。国人骇怨[32]，屠各成七儿[33]因之作乱，一夕聚众至数千人。殿中都尉张猛大言于众[34]曰：“主上阳武之败，盖恃众[35]故也，责躬悔过[36]，何损于明，而诸君遽从此小人为不义[37]之事！殿中兵今至[38]，祸在目前矣！”众闻之，皆散；七儿奔晏然[39]，追斩之。军咨祭酒梁裒[40]、辅国司马边宪[41]等谋反，傉檀皆杀之。

魏主珪还平城。

十二月，戊子[42]，武冈文恭侯王谧薨[43]。

是岁，西凉公暠以前表未报[44]，复遣沙门法泉间行[45]奉表诣建康。

（以上为第十一段，写胡夏主刘勃勃攻下鲜卑薛干等部落，向南凉主秃发傉檀要求联姻，不被答应，便出兵攻打，将其打得大败，南凉又发生反叛，内外交困。）

【注释】

[1]薛千:《晋书》作“薛干”，鲜卑族的部落名。[2]三城：古地名，在今陕西延安市。[3]杨丕、姚石生：皆后秦将领。[4]凭系：犹言归属、寄托。[5]高平：县名，在今宁夏固原市。[6]饶沃：富饶，肥沃。[7]草创：初创，刚刚创立。[8]并力：指集中力量攻击。[9]骁（xiāo）骑：英勇的骑兵。风驰：像风一般疾驰，形容迅疾。[10]游食自若：游击取食，从容自得。[11]岭北、河东：古地区名。岭北，九嵕岭以北，九嵕岭在今陕西礼泉县东北。河东，黄河以东的今陕西西北部与内蒙古河套一带地区。[12]嗣子：继承人，指太子姚泓。暗弱：不明事理，懦弱无能。[13]门不昼启：白天也不开城门，极言其形势紧张的情状。[14]黄儿：姚兴之弟姚邕的小名。[15]支阳：县名，县治在今甘肃兰州市西北。[16]焦朗：东晋时魏安（今甘肃武威市东南）人，后凉主吕隆时的将领，后起兵反对吕隆政权，为秃发傉檀部将。秃发傉檀为沮渠蒙逊所逼，由姑臧南迁乐都后，当地人遂推焦朗为首，据姑臧自立。事见《资治通鉴》卷一百十五晋安帝义熙六年（410）。[17]天姿：天赋的资质。雄健：勇武，强壮。[18]御军：驾驭、管理军队。严整：严肃，严格。[19]温围：县名，县治在今甘肃皋兰县。[20]趣：同“趋”，直奔。万斛（hú）堆：古地名，在今甘肃兰州市东北。[21]阻水：依托河水。[22]贺连：南凉主秃发傉檀部将。[23]败亡之余：指其父刘卫辰被拓跋氏所杀，其部族一度被灭。[24]乌合：形容一帮人没有严密组织而临时凑合，如群乌暂时聚合在一起。[25]阳武下峡：古地名，在今甘肃靖远县的黄河西岸。凿凌：凿开冰凌。塞路堵塞自己军队的逃跑之路，谓置兵于死地，使人自为战。[26]逆击：迎击，正面出击。[27]什六七：十分之六七。什，同“十”。[28]南山：古地名，指支阳县（今兰州市西北）以南的山区。[29]几：差不多。[30]髑（dú）髅（lóu）：死人的头骨。[31]张佛生：后秦将领。青石原：古地名，在今甘肃泾川县一带。[32]骇（hài）怨：惊惶，埋怨。[33]屠各成七儿：屠各族的头领名叫成七儿。屠各，当时匈奴族的一个分支。[34]殿中都尉：侍卫殿中，皇帝出行时随驾护卫。张猛：南凉主秃发

傉檀时的殿中都尉。大言于众：虚张声势地对众人说。［35］恃众：指由于自恃人多而粗心大意。［36］责躬：责备自己。悔过：认识错误，并感到懊悔。［37］遽（jù）从此小人：立刻就跟着成七儿这个小人。遽，立刻。不义：不道德、不仁义，指谋反。［38］殿中兵今至：护卫宫殿的部队马上就到。今至，马上就到。今，将。［39］晏然：县名，县治在今甘肃武威市西北。［40］军咨祭酒：将帅府的首席参谋。梁裒（póu）：南凉主秃发傉檀时的军咨祭酒。［41］辅国司马：辅国将军的司马官。司马，军队中主管执法的官员。边宪：南凉主秃发傉檀时的军中司马。［42］戊子：十二月二十三日。［43］武冈文恭侯：东晋大臣王谧封爵武冈，谥号文恭。薨：死亡。［44］前表未报：上次给朝廷上表，朝廷未作回答。李暠于义熙元年（405）自称大将军、领秦凉二州牧，曾上表朝廷。［45］沙门：和尚。法泉：和尚名，曾为西凉出使东晋。间行：悄悄地从小路行走。

四年（戊申，408年）

春，正月，甲辰[1]，以琅邪王德文领司徒[2]。

刘毅等不欲刘裕入辅政[3]，议以中领军谢混[4]为扬州刺史[5]；或欲令裕于丹徒领扬州[6]，以内事付孟昶[7]。遣尚书右丞皮沈以二议咨裕[8]，沈先见裕记室录事参军刘穆之[9]，具道朝议。穆之伪[10]起如厕，密疏白裕[11]曰："皮沈之言不可从。"裕既见沈，且令出外，呼穆之问之。穆之曰："晋朝失政[12]日久，天命已移。公兴复皇祚[13]，勋高位重，今日形势，岂得居谦[14]，遂为守藩之将[15]耶！刘、孟[16]诸公，与公俱起布衣[17]，共立大义以取富贵，事有先后，故一时相推[18]，非为委体心服[19]，宿定臣主之分[20]也；力敌势均[21]，终相吞噬[22]。扬州根本所系[23]，不可假人[24]。前者以授王谧，事出权道[25]；今若复以他授，便应受制于人。一失权柄，无由可得，将来之危，难可熟念[26]。今朝议如此，宜相酬答[27]，必云"在我"[28]，措辞又难[29]，唯应云：'神州治本[30]，宰辅崇要[31]，此事既大，非可悬论[32]，便暂入朝[33]，共尽同异[34]。'公至京邑[35]，彼必不敢越公更授余人[36]明矣。"裕从之。朝廷乃征裕为侍中、车骑将军、开府仪同三司、扬州刺史、录尚书事，徐、兖二州刺史如故。裕表解兖州[37]，以诸葛长民为青州[38]刺史，镇丹徒，刘道怜为并州[39]刺史，戍石头。

庚申[40]，武陵忠敬王遵[41]薨。

魏主珪如豺山宫，遂至宁川[42]。

南燕主超尊其母段氏为皇太后，妻呼延氏为皇后。超祀南郊[43]，有兽如鼠而赤，大如马，来至坛侧。须臾[44]，大风昼晦[45]，羽仪帷幄[46]皆毁裂。超惧，以问太史令成公绥[47]，对曰："陛下信用奸佞[48]，诛戮[49]贤良，赋敛繁多，事役殷重[50]之所致也。"超乃大赦，黜[51]公孙五楼等，俄而[52]复用之。

北燕王云立妻李氏为皇后，子彭城[53]为太子。

三月，庚申[54]，葬燕王熙及苻后于徽平陵，谥熙曰昭文皇帝。

高句丽遣使聘[55]北燕，且叙宗族[56]，北燕王云遣侍御史李拔报[57]之。

夏，四月，尚书左仆射孔安国卒。甲午[58]，以吏部尚书孟昶代之。

北燕大赦。

五月，北燕以尚书令冯万泥为幽、冀二州牧，镇肥如[59]；中军将军[60]冯乳陈为并州牧，镇白狼[61]；抚军大将军冯素弗为司隶校尉，司隶校尉务银提[62]为尚书令。

（以上为第十二段，写东晋朝廷晋安帝复位后，内部争权夺利的矛盾又凸显出来，刘毅等人忌疑刘裕，阻止其入朝辅政，被刘穆之识破，朝廷更加重用刘裕。）

【注释】

[1]甲辰：正月九日。 [2]领司徒：兼任丞相之职。领，兼任。琅邪王司马德文兼任司徒，为当朝首辅。但此时的司马德文自然是傀儡而已，一切大权都在刘裕手中。 [3]入辅政：入朝辅佐皇帝管理政务，即任丞相。此已透露出刘毅开始与刘裕争权。 [4]中领军：统率亲兵卫士和禁军，统管宫廷侍卫。谢混：字叔源，小字益寿，太保谢安之孙，会稽太守谢琰第三子，孝武帝司马曜女婿，东晋名士、外戚大臣。传见《晋书》卷七十九。 [5]扬州刺史：东晋首都建康所在州的最高行政长官，照例在朝廷握有大权。胡三省曰："王谧薨，扬州刺史缺官，故议用其人。" [6]丹徒：县名，县治在今江苏镇江市东南。领扬州：兼任扬州刺史。 [7]内事：朝廷的各项事务。孟昶（chǎng）：字彦达，东晋末年大臣。 [8]尚书右丞：尚书省官员，与尚书左丞分管尚书省所辖各个部门的事务。皮沈：东晋尚书右丞。以二议咨裕：把这两种考虑向刘裕请示。 [9]记室录事参军：刘裕属下的二官名，刘穆之当时任此二职。记室，将军的属官，如今之秘书。录事参军，高级僚佐，犹今之秘书长、办公厅主任，权力甚大。刘穆之，字道和，为刘裕的心腹大臣、佐命元勋。传见《宋书》卷四十二。 [10]伪：假装。 [11]密疏白裕：写密信向刘裕报

告。［12］失政：权力转移。［13］兴复皇祚（zuò）：使东晋安帝司马德宗重新为帝。皇祚，皇位。［14］居谦：自己谦恭退让，不揽朝权。［15］守藩之将：镇守一方的将领。晋时称刺史为藩，比拟于古时的分封诸侯。此时刘裕名义上是徐、青二州刺史。［16］刘、孟：刘毅、孟昶。［17］俱起布衣：都是从平民百姓起兵。［18］一时相推：指推刘裕为盟主、为首领。［19］委体心服：真正出自内心地拥护佩服。［20］宿定：早已确定。臣主之分：意即刘裕为主，刘毅、孟昶等人为臣。［21］力敌势均：半斤与八两，双方势力差不多。［22］吞噬（shì）：吞并。噬，咬。［23］扬州：即扬州刺史。根本所系：是关系到朝廷安危的所在。［24］不可假人：不能交给别人管。假，交给。［25］事出权道：是出于策略上的考虑。权道，临时制宜，特殊情况的需要。［26］难可熟念：犹言"难以预料"。熟念，周密考虑，深思。［27］酬答：应酬，回答。［28］必云"在我"：如果说"只有我最合适"。［29］措辞又难：意即怎么也说不出口。［30］神州治本：国家政治的根本所系。［31］宰辅崇要：宰相的职位太高太重要。［32］非可悬论：不能隔空讨论、空泛议谈。［33］便暂入朝：犹言我马上就要到朝廷来。暂，不久，须臾。［34］共尽同异：和大家一道好好地讨论讨论。［35］京邑：都城，即建康，今江苏南京市。［36］越公：越过刘裕。更授余人：将扬州刺史授给其他人。［37］表解兖州：上表请求解除兖州刺史的职务。［38］诸葛长民：时为宣城内史，曾为刘裕部将，故刘裕引为腹心，推举为青州刺史。传见《晋书》卷八十五。青州：原州治临淄，在今山东淄博市临淄区。此指东晋侨置青州，州治丹徒，在今江苏镇江市。［39］并州：州治晋阳，在今山西太原市西南。此指东晋侨置并州，镇戍石头城，在今江苏南京市。［40］庚申：正月二十五日。［41］武陵忠敬王遵：即司马遵，为司马睿之孙，司马晞之子，袭其父祖之爵为武陵王，谥号忠敬。［42］宁川：古地名，即宁县，在今河北张家口市万全区。［43］祀南郊：到京城的南郊祭天。［44］须臾：一会儿。［45］昼晦（huì）：白天黑得如同夜晚。晦，昏暗。［46］羽仪：指迎供神用的各种仪仗，如幡伞旌旗之类，上以羽毛为饰。帷幄：指迎神用的各种帐幔。［47］成公绥（suí）：人名。南燕太史令，与西晋文学家成公绥同名而非一人。［48］奸佞（nìng）：奸邪谄媚的人。［49］诛戮（lù）：杀害，杀戮。［50］事役殷重：徭役繁多。［51］黜（chù）：罢免。［52］俄而：不久。［53］彭城：即高彭城，北燕主高云长子。高云即位，立为太子。后高云被幸臣离班、桃仁所杀，高彭城也死于乱军之中。［54］庚申：三月二十六日。［55］聘：出访，访问。［56］叙宗族：犹今之所谓叙家谱。高云原是高句丽人。［57］侍御史：御史大夫的属官，侍奉皇帝左右。李拔：北燕侍御史。报：回访。［58］甲午：五月一日。［59］肥如：县名，县治在今河北卢龙县北。［60］中军将军：古将军名，为重要将领。［61］白狼：县名，县治在今辽宁建昌县西北。［62］务银提：北燕官员，高云时历司隶校尉、尚书令。冯跋称天王，以为上大将军、辽东太守。自以为功高而出为边郡，因抗表有恨言，谋外逃。为冯跋所杀。

谯纵遣使称藩于秦，又与卢循潜通[1]。纵上表请桓谦[2]于秦，欲与之共击刘裕。秦王兴以问谦，谦曰："臣之累世，著恩荆楚[3]，若得因巴蜀之资[4]，顺流东下，士民必翕然[5]响应。"兴曰："小水不容巨鱼，若纵之才力自足办事[6]，亦不假君以为鳞翼[7]。宜自求多福[8]。"遂遣之。谦至成都，虚怀引士[9]；纵疑之，置于龙格[10]，使人守[11]之。谦泣谓诸弟曰："姚主之言神矣！"

秦主兴以秃发傉檀外内多难[12]，欲因而取之，使尚书郎韦宗往觇[13]之。傉檀与宗论当世大略，纵横无穷。宗退，叹曰："奇才英器[14]，不必华夏[15]，明智敏识，不必读书[16]，吾乃今知九州之外[17]，《五经》之表[18]，复自有人也。"归，言于兴曰："凉州虽弊[19]，傉檀权谲[20]过人，未可图也。"兴曰："刘勃勃以乌合之众犹能破之，况我举天下之兵以加之乎！"宗曰："不然。形移势变，返覆万端[21]，陵人[22]者易败，戒惧[23]者难攻。傉檀之所以败于勃勃者，轻之也。今我以大军临之，彼必惧而求全[24]。臣窃观群臣才略，无傉檀之比者，虽以天威临之[25]，亦未敢保其必胜也。"兴不听，使其子中军将军广平公弼[26]、后军将军敛成[27]、镇远将军乞伏乾归帅步骑三万袭傉檀，左仆射齐难[28]帅骑二万讨勃勃。吏部尚书尹昭[29]谏曰："傉檀恃其险远，故敢违慢[30]；不若诏沮渠蒙逊及李暠讨之，使自相困毙[31]，不必烦中国[32]之兵也。"亦不听。

兴遗傉檀书曰："今遣齐难讨勃勃，恐其西逸[33]，故令弼等于河西邀之[34]。"傉檀以为然，遂不设备[35]。弼济自金城[36]，姜纪[37]言于弼曰："今王师声言讨勃勃，傉檀犹豫，守备未严，愿给轻骑五千，掩其城门[38]，则山泽之民[39]皆为吾有；孤城无援，可坐克[40]也。"弼不从，进至漠口[41]，昌松太守苏霸[42]闭城拒之。弼遣人谕之使降，霸曰："汝弃信誓而伐与国[43]，吾有死而已，何降之有！"弼进攻，斩之，长驱至姑臧。傉檀婴城[44]固守，出奇兵击弼，破之，弼退据西苑[45]。城中人王钟[46]等谋为内应，事泄，傉檀欲诛首谋者而赦其余。前军将军伊力延侯[47]曰："今强寇在外，而奸人窃发[48]于内，危孰甚焉，不悉坑之，何以惩后！"傉檀从之，杀五千余人。命郡县悉散牛羊于野，敛成纵兵钞掠[49]。傉檀遣镇北大将军俱延[50]、镇军将军敬归[51]等击之，秦兵大败，斩首七千余级。姚弼固垒[52]不出，傉檀攻之，未克。

秋，七月，兴遣卫大将军常山公显[53]帅骑二万为诸军后继，至高平，闻弼败，倍道[54]赴之。显遣善射者孟钦等五人挑战于凉风门[55]，弦未及发，傉檀材官将军宋益[56]等迎击，斩之。显乃委罪敛成[57]，遣使谢傉檀，慰抚河外[58]，引兵还。傉檀遣使者徐宿诣秦谢罪[59]。

夏王勃勃闻秦兵且至，退保河曲[60]。齐难以勃勃既远，纵兵野掠，勃勃潜师袭之，俘斩七千余人。难引兵退走，勃勃追至木城[61]，禽[62]之，虏[63]其将士万三千人。于是，岭北夷、夏附于勃勃者以万数，勃勃皆置守宰[64]以抚之。

（以上为第十三段，写后秦主姚兴认为南凉主秃发傉檀内外多难，便出兵攻打，又派兵攻打刘勃勃，傉檀与勃勃都故意放纵后秦大肆抢掠，用计谋取胜，结果后秦几路大军都以失败收场。）

【注释】

［1］潜通：暗通音信。［2］桓谦：桓冲之子，桓玄的堂兄弟，叛乱失败后逃归姚兴。［3］荆楚：荆为楚之旧号，略当古荆州地区，在今湖北、湖南一带。［4］因巴、蜀之资：实指借助于谯纵的力量。巴、蜀，巴郡与蜀郡，古二郡名，郡治分别在今重庆市与四川成都市，泛指巴山蜀水。［5］翕（xī）然：顺从归心的样子。［6］自足办事：自己可以完成任务。［7］假：同“借”，假借。鳞翼：借喻为“帮手”“外援”。［8］自求多福：如今之所谓“好自为之”，一切都靠你自己了。［9］虚怀引士：指谦虚待人，礼贤下士。［10］龙格：古地名，在四川成都市西南的广都（今双流区）境内的龙爪滩。［11］守：监督，看管。［12］外内多难：外被刘勃勃大败于阳武，内部又有边宪、梁裒等人造反。［13］觇（chān）：观测，探看。［14］英器：雄才大器。［15］不必华夏：不一定非出在中土。当时后秦政权以“中土”“华夏”自居。［16］不必读书：不一定要读很多的书。［17］九州之外：指外邦外土。古代称中国国内有“九州”。九州，为冀州、兖州、青州、徐州、扬州、荆州、豫州、梁州、雍州。［18］《五经》之表：儒家的经典以外，指不读孔孟之书的人。五经，指《诗》《书》《易》《礼》《春秋》五部经典著作。［19］弊：凋敝，偏远。［20］权谲（jué）：权谋，诡计。谲，欺诈，狡诈。［21］返覆万端：极言变化之多、变化之快。返覆，同“反覆”。［22］陵人：欺侮人。陵，同“凌”，欺凌，凌侮。［23］戒惧：谨慎小心。［24］求全：只求守得住。［25］虽以天威临之：即使您亲自出征。天威，喻指后秦主姚兴。［26］广平公弼：即姚弼，后秦主姚兴之子，后秦将领。曾以中军率步骑三万攻打秃发傉檀，

至姑臧（今甘肃武威市），被打败。姚兴病重时，谋反，事发赐死。传见《晋书》卷一百一十七。广平公，封地广平郡，郡治在今河北巨鹿县南。［27］后军将军：古将军名，重要将领。敛成：即姚敛成，后秦将领，为后军将军。［28］齐难：后秦主姚苌时，为征虏将军；姚兴即位，加封尚书左仆射，率兵收降后凉吕隆。后率兵攻夏，被赫连勃勃所擒，后来谋叛，被诛杀。［29］尹昭：后秦吏部尚书。［30］违慢：违背，傲慢。［31］自相困毙：互相攻打，自我消亡。［32］中国：后秦人指称自己。［33］西逸：向西方逃窜。［34］于河西邀之：在黄河以西拦截他。河西，指今甘肃、宁夏的黄河以西地区。邀，拦截。［35］设备：部署，防备。［36］济自金城：在今兰州一带向西渡过黄河。金城，古郡名，郡治在今甘肃兰州市西北侧。［37］姜纪：后秦谋士。［38］掩其城门：攻其城门，使其城中之军不得外出。掩，突然袭击。［39］山泽之民：指金城城外的百姓。［40］坐克：坐等攻下，言不必费力攻击。［41］漠口：县名，县治在今甘肃武威市东南，当时属于昌松郡。［42］昌松：郡名，郡治在今甘肃武威市东南。苏霸：南凉昌松太守。［43］信誓：表示诚信的誓言。与国：同盟国。［44］婴城：绕城，环城。婴，绕，围绕。［45］西苑：姑臧城西面的小城。［46］城中：此指姑臧城中。王钟：南凉人。［47］伊力延侯：人名，南凉前军将军，曾劝南凉主秃发傉檀坑内叛者王钟等五千余人。［48］窃发：暗中发动，反叛。［49］钞掠：即抄掠，抢夺。［50］俱延：即秃发俱延，秃发傉檀之弟。南凉镇北大将军。［51］敬归：即秃发敬归，南凉镇军将军。［52］固垒：固守西苑。［53］常山公显：即姚显，字子章，姚兴之弟，历任卫大将军、尚书令、司隶校尉，封常山公，封地常山郡，郡治在今河北正定县东南。［54］倍道：兼程，以加倍的速度赶行。［55］孟钦：后秦将士，为善射者。凉风门：南凉都城姑臧城的南门。［56］材官将军：统领力大善射的特种兵。材官，力大善射的兵士。宋益：南凉将领，为材官将军。［57］委罪敛成：说是敛成违旨挑起与南凉的战争。［58］慰抚河外：犹言"河西"，指秃发傉檀所占据的地区。［59］徐宿：南凉官员，曾为使者出使后秦。诣秦谢罪：到后秦表示道歉，言其不该打败后秦将领姚弼。［60］河曲：此指内蒙古鄂尔多斯市东胜区以东的黄河转弯处。［61］木城：古地名，吴熙载《通鉴地理今释》曰："疑陕西庆阳府环县。"在今甘肃环县。［62］禽：同"擒"，俘获。［63］虏：同"掳"，掳获。［64］守宰：郡太守与县令。

司马叔璠自蕃城寇邹山[1]，鲁郡太守徐邕[2]弃城走，车骑长史刘钟[3]击却之。

北燕王云封慕容归为辽东公[4]，使主燕祀[5]。

刘敬宣既入峡[6]，遣巴东太守温祚以二千人出外水[7]，自帅益州刺史鲍陋、辅国将军文处茂、龙骧将军时延祖由垫江[8]转战而前。谯纵求救于秦，秦王兴遣平西将军姚赏、南梁州刺史王敏将兵二万赴之。敬宣军至黄虎[9]，去[10]成都五百里。纵辅国将军谯道福悉众拒崄[11]，相持六十余日，敬宣不得进；食尽，军中疾疫，死者太半[12]，乃引军还。敬宣坐免官，削封[13]三分之一，荆州刺史刘道规以督统降号建威将军[14]。

九月，刘裕以敬宣失利，请逊位[15]，诏降为中军将军，开府如故。刘毅欲以重法绳敬宣，裕保护之；何无忌谓毅曰："奈何以私憾伤至公[16]！"毅乃止。

乞伏炽磐以秦政浸衰[17]，且畏秦之攻袭，冬，十月，招结诸部二万余人筑城于嵻峎山[18]而据之。

十一月，秃发傉檀复称凉王[19]，大赦，改元嘉平[20]，置百官。立夫人折掘氏[21]为王后，世子武台[22]为太子，录尚书事。左长史赵晁、右长史郭幸为尚书左、右仆射，昌松侯俱延为太尉。

南燕汝水竭[23]，河冻[24]皆合，而渑水[25]不冰。南燕主超恶之，问于李宣[26]，对曰："渑水无冰，良由逼带京城，近日月[27]也。"超大悦，赐朝服一具。

十二月，乞伏炽磐攻彭奚念[28]于枹罕[29]，为奚念所败而还。

是岁，魏主珪杀高邑公莫题[30]。初，拓跋窟咄[31]之伐珪也，题以珪年少，潜以箭遗[32]窟咄曰："三岁犊岂能胜重载[33]邪！"珪心衔之[34]。至是，或告题居处倨傲、拟则[35]人主者，珪使人以箭示题而谓之曰："三岁犊果如何？"题父子对泣。诘朝[36]，收斩之。

（以上为第十四段，写东晋将领刘敬宣出兵攻打谯纵，无功而还，被免官职；南凉主秃发傉檀重新自称凉王，改元嘉平；北魏主拓跋珪诛杀原来藐视他的莫题。）

【注释】

[1]司马叔璠（fán）：晋朝的宗室，桓玄篡位时，与其兄国璠投奔南燕。蕃城：县名，县治在今山东滕州市，当时属南燕。邹山：古地名，在今山东邹城市东南。 [2]鲁郡：郡名，郡治在今山东曲阜市，当时属于东晋。徐邕（yōng）：东晋鲁郡太守，南燕来侵，弃城逃跑。 [3]车骑长史：车骑将军刘裕的高级僚佐。刘钟：字世之，彭城人，东晋将领。先后随刘裕讨伐孙恩、桓玄、卢循、刘毅，征讨广固，平灭西蜀，北伐后秦。传见《宋书》卷四十九。 [4]慕容归：后燕平州刺史、辽东公。 [5]主燕祀：主管对后燕国历代旧主的祭祀。 [6]峡：即长江三峡。 [7]巴东：郡名，郡治在今重庆市奉节县。外水：古水名，在今之岷江。 [8]垫江：古地名，在今之重庆市。 [9]黄虎：古地名，在今四川三台县西北。 [10]去：距离。 [11]拒崄：控制险要山岭，

迎战晋军。崄，同“险”。［12］太半：一大半，约三分之二。［13］削封：削减封地。［14］以督统降号建威将军：因刘道规当时为征蜀都督，应对刘敬宣的失败负责。建威将军为杂号将军，级别较低，故称“降号”。［15］逊位：让出职位。［16］以私憾伤至公：由于私人仇恨而有损公道。刘毅少时为刘敬宣当参军，刘敬宣曾说他“外宽而内忌，自伐而尚人，若一旦遭遇，亦当以陵上取祸耳。”故刘毅记恨之。［17］浸衰：越来越衰败。浸，同“渐”，渐渐。［18］嵻（kāng）崀（láng）山：古山名，在今甘肃临洮县北。［19］复称凉王：秃发傉檀曾于元兴元年（402）自称凉王，后向后秦主姚兴称臣，自去其号，今又复称凉王。［20］嘉平：南凉主秃发傉檀复称王后的年号。［21］折掘氏：南凉主秃发傉檀的王后，也是史书唯一明确记载的南凉皇后（王后）。折掘，即折掘部，亦作叠掘，东晋时河西、陇右鲜卑的一支，初为部落名，后以为氏。［22］武台：本名“虎台”，唐人因避讳在《晋书》中改称“武台”。武台，即秃发虎台，河西鲜卑人，秃发傉檀之子，南凉太子。曾奉命拒击吐谷浑树洛干，兵败。后奉命守都城乐都（今青海海东市乐都区），拒忠谏，轻敌失备，为西秦所乘，城破，被杀。［23］汝水：胡三省以为“汝水”当作“女水”。女水，古水名，流经当时的临淄（今山东淄博市临淄区）东南。竭：枯竭。［24］河冻：黄河结冰。［25］渑（shéng）水：当时的渑水流经今淄博东，西北入时水。［26］李宣：南燕官员。［27］良由：大概是。逼带：逼近，靠近。京城：京都，都城。近日月：以比喻挨近帝王及其王后。［28］彭奚念：羌人头领，先后在南凉主乞伏乾归、后秦主姚兴之间叛服不定。［29］枹（fú）罕：县名，县治在今甘肃临夏市。［30］高邑公：封地高邑，在今河北高邑县东。莫题：本姓莫那娄氏，北魏大臣。官至左将军、封高邑郡公。卷入皇叔拓跋窟咄谋反事件，坐罪处死。传见《魏书》卷十六。［31］拓跋窟咄（duō）：拓跋珪之叔，与拓跋珪争夺代国领导权，兵败被杀。传见《魏书》卷十五。［32］潜：暗中，悄悄地。遗（wèi）：赠送。［33］三岁犊岂能胜重载：以比喻拓跋珪年幼，不能胜任一国之主。当时拓跋珪十八岁。［34］心衔之：对此含恨在心。衔，怀在心里。［35］倨傲：高傲自大，傲慢。拟则：仿效。［36］诘（jié）朝：第二天早晨。

【点评】

十六国之割据纷争。从公元304年，李雄在蜀地建立成国（成汉）、刘渊在中原建立汉国（后称前赵）起，到公元439年，北魏太武帝拓跋焘消灭北凉，历时135年，史称十六国时期。这一时期，江南由东晋控制，而北方和西南则先后建立了20多个国家。其中的成汉、前赵、后赵、前凉、北凉、西凉、后凉、南凉、前燕、后燕、南燕、北燕、夏、前秦、西秦、后秦等16个国家实力比较强劲。除此之外，还有汉人冉闵建立的冉魏、丁灵翟氏建立的翟魏、武都氐帅杨氏建立的仇池国、鲜卑慕容氏建立的西燕、汉人谯纵在蜀地建立的谯蜀、鲜卑拓跋氏建立的代国及北魏等政权。到本卷所叙述的公元408年，十六国都已形成，其中有的已经灭亡，有的则刚刚兴起，故在此做一个总体的评说。

第一，十六国历时135年，大致可分为五个时期：其一，前赵、后赵、成汉时期；其二，前燕、前秦时期；其三，后秦时期；其四，诸国混战时期；其五，北魏、胡夏、北凉时期。而在其四的混战时期，所建立的国家最多，有十多个，其余时期一般是一两个或两三个。北方地区在反复“洗牌”，不断变更，比较强劲的国家大致是前赵、后赵、前秦、后秦、前燕、后燕、北魏等国。

第二，这些国家的形成，有历史的原因，也有现实的因素。自东汉后期，朝廷常以招引或强制的方式，将边疆地区的北方民族内迁，以便监控、增加兵源和劳动力。于是，在民众大迁徙、民族大融合中，大量的异族百姓来到内地，与汉族杂居。关中百万人口中，戎狄占有一半。相对来说，他们处于社会底层。在西晋末年，秦、雍二州连年灾荒，略阳、天水等六郡氐族不得不迁移到四川地区，后来，西晋政府限期迫令流民还乡，加之地方官吏贪暴强横，氐族李特便利用流民的怨怒，聚众起义，流民群起响应，一发而不可收，攻下成都，占据益州，建立了成汉政权。

第三，这些国家的建立，一般都有非常强势的立国首领。建国称王者，都具有一定的雄才和实力以及一定的根基，如成汉李特、前赵刘渊、后赵石勒、前凉张轨、前燕慕容俊、前秦苻健、后燕慕容垂、后秦姚苌、北魏拓跋珪等，他们具有坚强的毅力、非常的能力、深远的谋划、出众的才华，也具有雄厚的实力。如前赵开国主刘渊，自幼就非常聪慧，作为人质住在洛阳，接受中原文化的熏陶，习文练武，是个文武全能型的人才；后秦开国主姚苌，善于谋划，往往能够出奇制胜；后燕开国主慕容垂，具有坚韧不拔的毅力和奇谋胆略，遇到失败和挫折，百折不回，等等。

第四，这些国家的发展，一般具有橄榄形特点，成长很迅速，败亡也迅速，其中的国家寿命短的只有数年、十几年，寿命长的也只有三四十年，有不少甚至是一代而亡，也就是说，开国者雄霸一方，去世后，后继者则无能为力，国家很快灭亡；也有二代、三代而亡的。如后燕开国主慕容垂开疆拓地，纵横驰骋，很有生气，到了慕容宝，国家就开始走下坡路，一蹶不振。

第五，在这些国家的发展中，出现了不少成功的典型人物，将国家推向前进的轨道。后秦主姚兴，就是一个典型，他继承了父亲姚苌的遗业，在位二十二年，勤于政事，治国安民，先后消灭了前秦（苻登）、西秦（乞伏国仁）、后凉（吕光）的势力，使西方得以安宁；东与北魏、东晋抗衡，曾率兵攻打东晋，一举攻陷洛阳，迫使晋军南撤，晋之淮、汉以北纷纷投降，使后秦统治疆域迅速扩大，几乎控制了整个黄河、淮河、汉水流域。在十六国中，像姚兴这样的治国之才，在那样纷乱的年代，持续开疆拓土，统治国家20多年，可谓是凤毛麟角，是值得称赞的。前秦主苻坚，则是褒贬参半的人物，在统治前期，他重用治国之才，推行仁义，加强生产，终令国家强盛，消灭了北方多个独立政权，成功统一北方，并攻占了东晋领有的蜀地，但是在后期，在条件没有完全具备的情况下发兵南下，意图消灭东晋，结果被打得大败，国家亦陷入混乱，很快灭亡。

第六，这些国家的败亡，绝大多数是源于君王的更替，选人失当。

系统总结十六国的成败得失，从中提炼出一些经验教训，以启发后人，是一件很有意义的事情。

卷一一五　晋纪三十七

晋安帝义熙五年至六年（409—410 年）

【起屠维作噩（己酉，409 年），尽上章阉茂（庚戌，410 年），凡二年】

【大事提要】

本卷记事起于公元 409 年，止于公元 410 年，凡两年，时当晋安帝（司马德宗）义熙五年至义熙六年。本卷所载大事，主要有四个方面。其一，拓跋珪被杀。北魏主拓跋珪 16 岁时趁乱重兴代国，即位称代王，又在当年定国号为魏，是为北魏，改元登国。即位后，积极扩张疆土，励精图治；晚年好酒色，刚愎自用，疯疯癫癫，公元 409 年被刺身亡，在位二十三年，死时三十九岁。太子拓跋嗣登基继位。其二，后燕易主。公元 409 年，后燕发生政变，君主高云被手下人杀死，汉人将领冯跋借机平定内乱，自称天王。他废除弊政，整顿吏治，发展农业，兴办学校，还和周边的外族部落实行和亲，在最初上台的几年中，使后燕显现出一番新的气象，实现了短期的保境安民。其三，乞伏乾归重建西秦。西秦主乞伏国仁去世后，其弟乞伏乾归被推举为主，改年号为太初，迁都金城。后投降南凉康王秃发利鹿孤，又归降后秦，公元 409 年复称王，改年号为更始。他即位后，还都苑川，又攻克后秦略阳、南安、陇西各郡，占据陇西全境。其四，东晋刘裕攻灭南燕。公元 409 年，东晋将领刘裕统兵 15 万攻打南燕，经过 10 个月激战，刘裕攻陷南燕都城广固，俘斩燕主慕容超，南燕灭亡。此外，公元 410 年，刘裕回师打败叛军卢循。

安皇帝庚

义熙五年（己酉，409 年）

春，正月，庚寅朔[1]，南燕主超朝会群臣，叹太乐不备[2]，议掠晋人以补伎[3]。领军将军韩谆[4]曰：“先帝以旧京倾覆[5]，戢翼三齐[6]。陛下不养士息民，以伺魏衅[7]，恢复先业，而更侵掠南邻以广仇敌，可乎！”超曰：“我计已定，不与卿言。”

辛卯[8]，大赦。

庚戌[9]，以刘毅为卫将军[10]、开府仪同三司。毅爱才好士，当世名流莫不辐凑[11]，独扬州主簿吴郡张邵[12]不往。或问之，邵曰："主公命世人杰[13]，何烦多问[14]！"

秦王兴遣其弟平北将军冲[15]、征虏将军狄伯支[16]等帅骑四万，击夏[17]王勃勃。冲至岭北[18]，谋还袭长安，伯支不从而止，因鸩杀[19]伯支以灭口。

秦王兴遣使册拜谯纵为大都督、相国、蜀王，加九锡，承制封拜[20]，悉如王者之仪。

二月，南燕将慕容兴宗、斛谷提、公孙归等帅骑寇宿豫[21]，拔之，大掠而去，简男女二千五百付太乐[22]教之。归，五楼[23]之兄也。是时，五楼为侍中、尚书、领左卫将军，专总[24]朝政，宗亲并居显要[25]，王公内外无不惮之。南燕主超论宿豫之功，封斛谷提等并为郡、县公。桂林王镇[26]谏曰："此数人者，勤民顿兵[27]，为国结怨[28]，何功而封？"超怒，不答。尚书都令史王俨谄事[29]五楼，比岁[30]屡迁，官至左丞[31]。国人为之语曰："欲得侯，事五楼。"超又遣公孙归等寇济南[32]，俘男女千余人而去。自彭城[33]以南，民皆堡聚[34]以自固。诏并州刺史刘道怜镇淮阴[35]以备之。

乞伏炽磐[36]入见秦太原公懿于上邽[37]，彭奚念[38]乘虚伐之。炽磐闻之，怒，不告懿而归，击奚念，破之，遂围枹罕。乞伏乾归[39]从秦王兴如平凉[40]，炽磐克枹罕，遣人告乾归，乾归逃还苑川[41]。

冯翊人刘厥[42]聚众数千，据万年[43]作乱，秦太子泓[44]遣镇军将军彭白狼帅东宫[45]禁兵讨之，斩厥，赦其余党。诸将请露布[46]，表言广其首级[47]。泓不许，曰："主上委吾后事[48]，不能式遏寇逆[49]，当责躬[50]请罪，尚敢矜诞[51]自为功乎！"

秦王兴自平凉如朝那[52]，闻姚冲之谋[53]，赐冲死。

（以上为第一段，写南燕主慕容超为了充实宫廷音乐的歌舞艺人，派兵攻打东晋，掳掠青年男女，充实太乐；后秦主姚兴弟平北将军姚冲受命攻打夏王刘勃勃，姚冲欲回军攻打长安夺取帝位，姚兴闻之赐死姚冲。）

【注释】

［1］庚寅朔：正月一日。［2］太乐不备：慕容超为赎其母、妻，已将太乐献给后秦。太乐，即大乐，古代指典雅庄重的音乐，用于帝王祭祀、朝贺、燕享等典礼。［3］以补伎（jì）：以充当歌儿舞女。伎，古代称以歌舞为业的女子。［4］韩谆：南燕尚书，后为领军将军。［5］先帝：指慕容德。旧京倾覆：指后燕都中山城（今河北定州市）被北魏人所占。［6］戢（jí）翼三齐：临时地寄居于广固（今山东青州市）。戢翼，收缩、缩起翅膀，以比喻人的隐忍。三齐，泛指今山东东部的古齐国之地。因楚汉战争时这里曾出现过三个小国，故统称“三齐”。［7］伺：窥视，寻找。衅（xìn）：缝隙，裂痕。［8］辛卯：正月二日。［9］庚戌：正月二十一日。［10］卫将军：古将军名，位次高于杂号将军，掌握禁兵，预闻政务。［11］辐凑：如车轮辐条集凑于车毂，以比喻众人归附之多。［12］扬州主簿：扬州刺史（刘裕）的属官。主簿，总领门下众事，掌管簿书，匡辅拾遗。张卲：字茂宗，宋武帝刘裕心腹谋士，刘宋开国功臣。初为扬州主簿、太尉参军、征虏将军，领宁蛮校尉、雍州刺史。传见《宋书》卷四十六。［13］主公：指刘裕，当时刘裕任扬州刺史，是张卲的长官，故张卲称其为“主公”。命世人杰：举世罕有的杰出人物。命世，闻名于世，世之罕有。［14］何烦多问：其内心是不愿引起刘裕的怀疑，不愿惹起麻烦。［15］平北将军：古将军名，四平将军之一。冲：即姚冲，姚兴之弟，后秦平北将军。因欲篡夺兄长姚兴帝位，阴谋败露，被赐自尽。［16］狄伯支：后秦大臣。辅佐后秦姚苌、姚兴两代，封乐平侯。后因制止姚兴之弟姚冲篡夺帝位，被姚冲鸩杀。［17］夏：即赫连勃勃所建胡夏政权。［18］岭北：九嵕岭以北。九嵕岭，在今陕西礼泉县东北。［19］鸩（zhèn）杀：用鸩酒毒杀。鸩，传说中的一种毒鸟，把它的羽毛放在酒里，可以毒杀人。［20］承制封拜：用帝王姚兴的名义封任其属下官员。［21］慕容兴宗、斛谷提、公孙归：南燕将领。宿豫：县名，县治在今江苏宿迁市东南。［22］简：挑选。太乐：即太乐署，古官府名，朝廷里主管音乐歌舞的部门。［23］五楼：即公孙五楼，南燕官员，慕容超的佞臣。［24］专总：统管，独揽。［25］宗亲：同族与姻亲。显要：显赫的位置、高官。［26］桂林王镇：即慕容镇，后燕主慕容垂之子，封桂林王，今仕南燕为太尉、录尚书事、都督中外诸军事。传见《晋书》卷一百二十七。［27］勤民顿兵：烦劳百姓，消耗武力。勤，烦劳。顿，使兵器变钝，意即消耗。［28］为国结怨：给朝廷招来怨恨。［29］尚书都令史：尚书诸令史的头目。令史，尚书省的小吏。王俨（yǎn）：南燕尚书都令史。谄事：逢迎，侍奉。［30］比岁：连年。［31］左丞：官名，即尚书左丞，佐尚书令总领纲纪。［32］济南：此指东晋在淮水以北侨置的济南郡。［33］彭城：古郡名，郡治在今江苏徐州市。［34］堡聚：集居筑堡以守。［35］镇淮阴：驻兵于淮阴县。淮阴县治在今江苏淮安市淮阴区。［36］乞伏炽磐：西秦第三位国主。传见《晋书》卷一百二十五。［37］太原公懿：即姚懿（yì），后秦主姚兴之子，封为太原公。上邽（guī）：县名，在今甘肃天水市，当时为天水郡的郡治所在地。［38］彭奚念：南羌首领，西秦河州刺史、镇卫将军，一度盘踞在河湟重镇枹罕（今甘肃临夏市）。［39］乞伏乾归：西秦第二位国主。传见《晋书》卷一百二十五。［40］如：到，至。平凉：古郡名，郡治在今甘肃华亭市

西。［41］苑川：古城名，在今甘肃兰州市东。［42］刘厥（jué）：冯翊人，趁后秦主姚兴在平凉，乘间聚众造反。［43］万年：县名，县治在今陕西西安市临潼区。［44］泓（hóng）：即姚泓，字元子，后秦主姚兴长子，后秦末代国主。传见《晋书》卷一百十九。［45］东宫：太子所居之宫。［46］露布：在今之所谓"公告""公报"。［47］表言广其首级：在给皇帝上表报告平叛功劳的时候，夸大斩杀叛乱分子的数目。广，夸大，虚报。［48］后事：后方的事情，即镇守都城长安。［49］式遏寇逆：意即防止寇盗的发生。式，发语词，无义。遏，遏制，阻止其发生。［50］责躬：责备自己。［51］尚敢：怎么能够。矜诞：自我炫耀夸张。胡三省曰："姚泓优游文义，自儒者观之，似得子道，然非拨乱才也。"［52］朝那：县名，县治在今宁夏固原市东南。［53］姚冲之谋：指其欲回袭长安，篡夺皇位。

三月，刘裕抗表[1]伐南燕，朝议皆以为不可，惟左仆射孟昶、车骑司马谢裕、参军臧熹以为必克，劝裕行。裕以昶监中军留府[2]事。谢裕，安之兄孙也。

初，苻氏之败[3]也，王猛[4]之孙镇恶来奔[5]，以为临澧[6]令。镇恶骑乘非长[7]，关弓甚弱[8]，而有谋略，善果断，喜论军国大事。或荐镇恶于刘裕，裕与语，说之[9]，因留宿。明旦，谓参佐[10]曰："吾闻将门有将，镇恶信然[11]。"即以为中军参军[12]。

恒山[13]崩。

夏，四月，乞伏乾归如枹罕，留世子炽磐镇之，收其众得二万，徙都度坚山[14]。

雷震魏天安殿东序[15]。魏主珪恶[16]之，命左校以冲车[17]攻东、西序，皆毁之。

初，珪服寒食散[18]，久之，药发，性多躁扰[19]，忿怒[20]无常，至是寖剧[21]。又灾异数见[22]，占者多言当有急变生肘腋[23]。珪忧懑[24]不安，或数日不食，或达旦不寐，追计[25]平生成败得失，独语不止。疑群臣左右皆不可信，每百官奏事至前，追记其旧恶，辄[26]杀之；其余或颜色变动，或鼻息不调[27]，或步趋失节[28]，或言辞差缪[29]，皆以为怀恶在心，发形于外，往往手[30]击杀之，死者皆陈[31]天安殿前。朝廷人不自保，百官苟免[32]，莫相督摄[33]，盗贼公行，里巷[34]之间，人为希少[35]。珪亦知之，曰："朕故纵之使然，待过灾年，更当清治[36]之耳。"

是时，群臣畏罪，多不敢求亲近，唯著作郎崔浩恭勤不懈[37]，或终日不归。浩，吏部尚书宏之子也。宏未尝忤旨，亦不谄谀，故宏父子独不被谴。

夏王勃勃率骑二万攻秦，掠取平凉杂胡七千余户，进屯依力川[38]。

（以上为第二段，写东晋权臣刘裕请求讨伐南燕，裕善于发现人才，重用前秦丞相王猛之孙王镇恶；北魏主拓跋珪服用寒食散，毒性发作，动辄杀人，百官畏惧。）

【注释】

[1]抗表：公开上表。抗，有坚决、理直气壮等意思。 [2]监：监管，看管。中军留府：中军将军的留守处。刘裕当时任中军将军。 [3]苻氏之败：指苻氏政权被姚苌所灭。 [4]王猛：字景略，北海剧县（今山东寿光市）人，前秦名臣，前秦主苻坚谋士，死于淝水之战前。传见《晋书》卷一百一十四。 [5]镇恶：即王镇恶，前秦丞相王猛之孙，东晋末年名将。传见《宋书》卷四十五。来奔：前来投奔东晋。 [6]临澧（lǐ）：县名，县治在今湖南桑植县。 [7]骑乘非长：骑马的技术不高。 [8]关弓甚弱：拉不开硬弓。关弓，拉弓。关，同“弯”。是说王镇恶不是一介武夫。 [9]说之：非常喜欢他。说，读“悦”。 [10]参佐：左右的僚属。 [11]信然：果真是如此。 [12]中军参军：中军将军的参军。时刘裕为中军将军。 [13]恒山：山名，即北岳，在今河北曲阳县西北。 [14]度坚山：地名，在今甘肃榆中县境，兰州市东南。 [15]天安殿：北魏平城内宫殿，在今山西大同市东北。东序：东侧屋。 [16]恶（wù）：厌恶，讨厌。 [17]左校：官名，职掌兵器制造。冲车：攻城用的冲撞车。 [18]寒食散：古药名，魏晋人为追求长生与美容而喜吃的一种药，以石粉、硫磺等合成，因为服药后不能吃热食，故名。 [19]躁扰：急躁，好动。 [20]忿怒：愤恨，嗔怒。忿，同“愤”。 [21]寖剧：更加厉害了。寖，同“浸”，逐渐。 [22]灾异数见：反常的现象屡屡出现。汉代以来阴阳五行家称那些怪异的自然现象如山崩、地震、彗星、陨石、怪胎等叫作灾异，他们说这是老天爷要惩罚世人的征兆。 [23]占者：以占卜为职业的人。有急变生肘腋：将有重要事故发生在帝王的身边。肘腋，胳膊肘与胳肢窝，比喻切近之地。 [24]忧懑（mèn）：忧愤，愁闷。 [25]追计：回忆，琢磨。 [26]辄（zhé）：即，就。[27]鼻息：呼吸。不调：不均匀。 [28]步趋：指臣子在君父面前走路的姿势。失节：失去控制，指心中发慌，步伐不稳。 [29]差缪（miù）：即差谬，差错，谬误。缪，通“谬”。 [30]手：亲手，亲自。 [31]陈：陈列，摆放。 [32]苟免：只求苟且无事，不顾其他一切。 [33]莫相督摄：谁也不管谁。摄，约束。 [34]里巷：街头巷尾。 [35]希少：即稀少。希，同“稀”。 [36]更当清治：再重新清查治理。 [37]著作郎：中书省官员，负责编修国史。崔浩：北魏吏部尚书、司空崔宏长子。崔浩历仕北魏三帝，为著作郎，官至司徒，封东郡公。后受“国史之狱”牵连，被灭九族。传见《魏书》卷三十五。恭勤：肃敬，勤勉。不懈：不放松，不松懈。 [38]依力川：古

地名，在今甘肃华亭市东南。

己巳[1]，刘裕发建康，帅舟师自淮入泗[2]。五月，至下邳[3]，留船舰、辎重，步进至琅邪[4]，所过皆筑城，留兵守之。或谓裕曰："燕人若塞大岘之险[5]，或坚壁清野[6]，大军深入，不唯无功，将不能自归，奈何？"裕曰："吾虑之熟矣，鲜卑贪婪[7]，不知远计，进利虏获[8]，退惜禾苗[9]，谓我孤军远入，不能持久，不过进据临朐[10]，退守广固[11]，必不能守险清野，敢为诸君保之。"

南燕主超闻有晋师，引群臣会议。征虏将军公孙五楼曰："吴兵轻果[12]，利在速战，不可争锋；宜据大岘，使不得入，旷日延时，沮[13]其锐气，然后徐简[14]精骑二千，循海而南[15]，绝其粮道，别敕段晖帅兖州[16]之众，缘山[17]东下，腹背击之，此上策也。各命守宰依险自固，校其资储[18]之外，余悉焚荡[19]，芟除禾苗[20]，使敌无所资，彼侨军[21]无食，求战不得，旬月[22]之间，可以坐制[23]，此中策也。纵[24]贼入岘，出城逆战[25]，此下策也。"超曰："今岁星居齐[26]，以天道推之，不战自克[27]。客主势殊[28]，以人事言之，彼远来疲弊，势不能久。吾据五州[29]之地，拥富庶之民，铁骑万群，麦禾布野，奈何芟苗徙民，先自蹙弱[30]乎！不如纵使入岘，以精骑蹂[31]之，何忧不克？"辅国将军广宁王贺赖卢[32]苦谏不从，退谓五楼曰："必若此，亡无日[33]矣！"太尉桂林王镇曰："陛下必以骑兵利平地者，宜出岘逆战，战而不胜，犹可退守；不宜纵敌入岘，自弃险固也。"超不从。镇出，谓韩𧨳曰："主上既不能逆战却敌[34]，又不肯徙民清野，延敌[35]入腹，坐待攻围，酷似刘璋[36]矣。今年国灭，吾必死之。卿中华之士[37]，复为文身[38]矣。"超闻之，大怒，收镇下狱。乃摄莒、梁父二戍[39]，修城隍[40]、简[41]士马以待之。

刘裕过大岘，燕兵不出。裕举手指天[42]，喜形于色。左右曰："公未见敌而先喜，何也？"裕曰："兵已过险，士有必死之志[43]；余粮栖亩[44]，人无匮乏[45]之忧。虏已入吾掌中矣。"

六月，己巳[46]，裕至东莞[47]。超先遣公孙五楼、贺赖卢及左将军段晖等将步骑五万屯临朐；闻晋兵入岘，自将步骑四万往就之，使五楼帅骑进据巨蔑水[48]。前锋孟龙符[49]与战，破之，五楼退走。裕以车四千乘为左右翼，方轨徐进[50]，与燕兵战于临朐南，日向昃[51]，胜负犹未决。参军胡藩[52]言于裕曰："燕悉兵出战，临朐城中留守必寡，愿以奇兵从间道[53]取其城，此韩信所以破赵[54]也。"裕遣藩及咨议参军檀韶[55]、建威将军河内向弥潜师[56]出燕兵之后，攻临朐，声言轻兵自海道至矣。向弥擐甲先登[57]，遂克之。超大惊，单骑就段晖于城南。裕因纵兵奋击，燕众大败，斩段晖等大将十余人，超遁还[58]广固，获其玉玺、辇及豹尾[59]。裕乘胜逐北[60]至广固，丙子[61]，克其大城[62]。超收众入保小城[63]。裕筑长围守[64]之，围高三丈，穿堑三重[65]，抚纳降附，采拔[66]贤俊，华、夷[67]大悦。于是，因[68]齐地粮储，悉停江、淮漕运[69]。

（以上为第三段，写东晋将领刘裕率领大军攻打南燕，稳步推进，将士齐心，正奇并用，很快围困南燕都城广固；慕容超节节败退，面对刘裕强攻，束手无策。）

【注释】

[1]己巳：四月十一日。 [2]自淮入泗：从淮河转入泗水。泗水发源于山东曲阜市东，南流经徐州市至淮安市汇入淮水。 [3]下邳（pī）：郡名，郡治在今江苏睢宁县西北古邳镇东。[4]琅邪：郡名，郡治在今山东临沂市北。 [5]大岘（xiàn）：古山名，在今山东沂水县北的穆陵关一带。险：险要的地方。 [6]坚壁清野：坚守城池不出，把郊野上一切可吃的东西通通消除。壁，营垒，防御工事。 [7]鲜卑：此指南燕慕容超政权，慕容氏是鲜卑人。贪婪：贪得无厌。[8]进利虏获：进攻的时候喜欢掠夺财物。虏，同"掳"，掳掠，抢劫。 [9]退惜禾苗：逃走的时候也舍不得毁掉庄稼。 [10]进据临朐（qú）：出兵迎战不会到比临朐更远的地方。临朐，古县名，县治在今山东青州市东南。 [11]广固：古地名，在今山东青州市，当时南燕都城。 [12]吴兵：代指东晋将兵。轻果：轻捷，果敢。 [13]沮（jǔ）：消耗，破坏。 [14]徐简：慢慢地挑选。 [15]循海而南：乘船沿海边南下。 [16]别敕（chì）：另外命令。段晖：南燕官员，为燕左仆射、左将军。后刘裕出兵攻打南燕，大败南燕军队，段晖等被杀。兖（yǎn）州：南燕慕容超的兖州州治在今山东泰安市东北。 [17]缘山：此指沿梁父山，在今山东泰安市东南。 [18]校其资储：计算好自己应留的口粮。校，计算。 [19]焚荡：焚毁，烧光。 [20]芟（shān）除禾苗：把地里的庄稼一律割光。芟，割。 [21]侨军：外来的军队。侨，客居在外。 [22]旬月：十天至一个月，指较短的时日。 [23]坐制：坐而制胜之，不必费力。 [24]纵：放纵，任凭。

［25］逆战：迎战。逆，同“迎”。据此观之，公孙五楼并非等闲之辈，慕容超宠之，非无因也。可惜慕容超不能听五楼之谋，自取败灭，非五楼之罪也。［26］岁星居齐：岁星运行到了齐国的分野。古代天文学有所谓“分野”说。岁星，即木星。木星每十二年在空中绕行一周，每年移动周天的十二分之一，古人把木星所在的位置作为纪年的标准，所以叫岁星。［27］不战自克：不用抵抗，自然胜利。古代阴阳学家认为，岁星在哪个地区的分野，如果这时有敌军前来进攻，那么这时的作战就对该地区的主方有利，对进攻者客方不利。［28］客主势殊：客军与主军，所处的形势悬殊，意即自己得到天助。［29］五州：即南燕自己所辖地域有五个州，即并州（镇阴平）、幽州（镇发干）、徐州（镇莒城）、兖州（镇梁父）、青州（镇东莱），实际上只有山东的中部、东部地区。［30］蹙（cù）弱：缩小，削弱。蹙，收缩。［31］蹂（róu）：践踏，碾压。［32］贺赖卢：《魏书》作“贺卢”，拓跋珪的小舅，贺讷之弟，北魏广宁王，官至广川太守。传见《魏书》卷八十三。［33］亡无日：离灭亡的日子没有几天了。［34］逆战却敌：迎头出击，打退敌人。［35］延敌：对入侵的敌人不加阻拦。［36］酷似刘璋：与东汉末割据西川的刘璋十分相似。刘璋听信张松、法正之言，迎接刘备入益州，北伐张鲁，结果是引狼入室，自取灭亡。传见《后汉书》卷七十五。［37］中华之士：南燕人以“中华”“华夏”的正统自居，视东晋为蛮夷。［38］复为文身：又要在身上刺青，这是古代南方某些少数民族的习惯。当时中原地区的少数民族诸政权如秦、燕、魏等都把东晋以及后来的南朝统称为“晋夷”或“岛夷”，故将被东晋所灭称作“复为文身”。文，同“纹”，刺。［39］摄：犹今之所谓告诫、饬令。莒、梁父二戍：莒县与梁父两个军事据点。莒，在今山东莒县。梁父，在今山东泰安市东南。戍，军事要地，军事据点。［40］修城隍（huáng）：高筑城墙，深挖护城河。隍，没有水的护城河。［41］简：挑选训练。［42］指天：意谓真是天助我也。［43］士有必死之志：因为已经进入绝地，后退无路，士兵必人自为战，死里求生。［44］余粮栖亩：所需的粮食全在地里长着，供我们随意采用。余，其余所需的。栖，停息，寄托。［45］匮（kuì）乏：缺乏，不足。［46］己巳：六月十二日。［47］东莞（guǎn）：县名，县治在今山东沂水县。［48］巨蔑水：也叫洋水、巨昧水，发源于临朐县西，北流经广固城东，汇入巨淀湖。［49］孟龙符：东晋名将，刘宋功臣。随刘裕北伐南燕，为前锋，单骑追击燕军，力竭战死。传见《宋书》卷四十七。［50］方轨：并车，这里即指军队紧密集结。徐进：稳扎稳打，步步为营。［51］日向昃（zè）：从早晨开战一直打到过午。昃，过午，太阳西移。［52］胡藩：字道序，南朝宋开国功臣、名将。随刘裕南征北战，才略超群，被誉为“江右俊杰”。传见《宋书》卷五十。［53］间道：小道。［54］韩信所以破赵：韩信，西汉开国功臣，善于用兵。公元前204年，井陉之战，韩信置背水阵，置汉兵于死地，人人决死战斗，以一当十，以少击众，大破赵兵。［55］檀韶：字令孙，南朝宋开国将领。传见《宋书》卷四十五。［56］向弥：原名向靖，字奉仁，小字弥，南朝刘宋开国功臣。传见《宋书》卷四十五。潜师：悄然出师。［57］擐（huàn）甲先登：亲自身披铁甲，领头登上临朐的城墙。擐，穿。［58］遁还：逃归。［59］获其玉玺（xǐ）、辇（niǎn）及豹尾：主语是刘裕。玉玺，皇帝的印章。辇，帝王乘坐的车子。豹尾，帝王的车队中，

最后一辆悬挂豹尾。胡三省引《晋志》曰："法驾属车三十六乘，最后车悬豹尾。"［60］逐北：追击败兵。北，指败逃的军队。［61］丙子：六月十九日。［62］大城：指南燕都城广固城的外城。［63］小城：指广固城的内城。［64］长围：环绕一城的工事，用于围攻。守：围困。［65］穿堑（qiàn）三重：壕沟挖到三次见水。堑，壕沟。三重，指三重泉水，极言其沟之深。［66］采拔：采选，提拔。［67］华：指原来的晋朝汉族人。夷：指鲜卑及其他少数民族的人。［68］因：就，此处指就地取食。［69］漕运：利用水道（河道和海道）调运粮食。

超遣尚书郎张纲乞师[1]于秦，赦桂林王镇，以为录尚书[2]、都督中外诸军事，引见，谢[3]之，且问计焉[4]。镇曰："百姓之心，系于一人。今陛下亲董六师[5]，奔败而还，群臣离心，士民丧气。闻秦人自有内患[6]，恐不暇分兵救人。散卒还者尚有数万，宜悉出金帛以饵[7]之，更决一战。若天命助我，必能破敌；如其不然，死亦为美，比于闭门待尽，不犹愈[8]乎！"司徒乐浪王惠[9]曰："不然。晋兵乘胜，气势百倍，我以败军之卒当之，不亦难乎！秦虽与勃勃相持，不足为患；且与我分据中原，势如唇齿[10]，安得不来相救！但不遣大臣则不能得重兵。尚书令韩范[11]为燕、秦所重[12]，宜遣乞师。"超从之。

秋，七月，加刘裕北青、冀二州[13]刺史。

南燕尚书略阳垣尊及弟京兆太守苗[14]逾城来降，裕以为行参军[15]。尊、苗皆超所委任以为腹心[16]者也。

或谓裕曰："张纲有巧思[17]，若得纲使为攻具，广固必可拔也。"会纲自长安还，太山太守申宣[18]执之，送于裕。裕升纲于楼车[19]，使周城[20]呼曰："刘勃勃大破秦军，无兵相救。"城中莫不失色。江南[21]每发兵及遣使者至广固，裕辄潜遣兵夜迎之[22]，明日，张旗鸣鼓而至，北方之民执兵负粮归裕者，日以千数，围城益急。张华、封恺[23]皆为裕所获。超请割大岘以南地为藩臣[24]，裕不许。

秦王兴遣使谓裕曰："慕容氏相与邻好，今晋攻之急，秦已遣铁骑十万屯洛阳；晋军不还，当长驱而进。"裕呼秦使者谓曰："语汝姚兴，我克燕之后，息兵三年，当取关、洛[25]；今能自送，便可速来！"刘穆之[26]闻有秦使，驰入见裕，而秦使者已去。裕以所言告穆之。穆之尤[27]之，曰："常日事无大小，必赐预谋[28]，此宜善详[29]，云何遽尔答之[30]！此语不足以威敌，适足以怒之。若广固未下，羌寇奄至[31]，不审[32]何以待之？”裕笑曰：“此是兵机，非卿所解，故不相语耳。夫兵贵神速，彼若审能赴救[33]，必畏我知，宁容先遣信命[34]，逆设此言[35]！是自张大[36]之辞也。晋师不出，为日久矣。羌见伐齐[37]，殆将内惧[38]，自保不暇[39]，何能救人邪！”

（以上为第四段，写南燕主慕容超派重臣求援后秦，而后秦自身难保，只是派使者虚张声势，被刘裕识破。）

【注释】

[1]张纲：南燕尚书郎，曾出使后秦请求救兵，未果。乞师：请求出师。 [2]录尚书：即录尚书事，主管朝廷政务。录，总领，统管。 [3]谢：表示歉意。 [4]焉：“于是”的合音词。[5]亲董：亲自率领。董，治，这里指率领。六师：也称“六军”，指天子的军队。 [6]内患：指赫连勃勃对后秦的攻击。 [7]饵：诱饵，这里是利诱、收买的意思。 [8]不犹愈乎：不也是强出很多吗？愈，过，胜。 [9]乐浪王惠：即慕容惠，原为后燕将领，封乐浪王，后归南燕，为司徒。乐浪，古郡国名，治都朝鲜县，在今朝鲜平壤市大同江南岸的土城洞城址。 [10]唇齿：唇和齿的合称，比喻互相接近且有共同利害的两方面。 [11]韩范：历仕前秦、后燕、南燕，官至尚书令。刘裕北伐南燕，韩范出使后秦请求援兵，后投奔刘裕，东晋任为散骑常侍、燕郡太守、都督八郡军事。后遇害。传见《晋书》一百二十八。 [12]燕、秦所重：韩范与姚兴当年曾一起当过前秦主苻坚的太子舍人，今在南燕任尚书令，故两国皆重此人。 [13]北青、冀二州：因为东晋南迁后，在淮南侨立了青、冀二州，故今称北方真正的青、冀二州为“北青、冀二州”。青州，州治临淄，在今山东淄博市东北。冀州，州治信都，在今河北衡水市冀州区。 [14]垣（yuán）尊：南燕尚书，投降东晋。苗：即垣苗，南燕京兆太守，与其兄垣尊一起投奔东晋。 [15]行参军：暂为候补的参军之职。行，代理，暂任。 [16]腹心：心腹，亲信。 [17]巧思：心眼灵巧，善于设计各种器物。 [18]太山：即泰山，郡名，郡治奉高，在今山东泰安市东北。申宣：南燕泰山太守。 [19]升：登，登上。楼车：吊车。 [20]周城：环城。 [21]江南：此指东晋朝廷。[22]辄（zhé）：总是，就。夜迎之：指派旧有部队杂在新来的部队中，以虚张声势，显示人多。[23]张华：南燕中书令。封恺（kǎi）：字思悌，南燕御史中丞。 [24]藩臣：即称臣，为拱卫王室之臣。 [25]关、洛：关中、洛阳，当时皆为后秦所管辖。 [26]刘穆之：字道和，为刘裕的心腹大臣、佐命元勋。传见《宋书》卷四十二。 [27]尤：责怪，埋怨。 [28]必赐预谋：总是听听我的意见。赐预谋，让我提出看法。 [29]此宜善详：这件事应该认真考虑对策。 [30]云何遽（jù）尔答之：为什么就这么匆忙地回答了他？云何，为何。遽尔，这么匆忙。 [31]羌寇奄（yǎn）至：后秦的军队又突然来到。羌寇，指后秦军队，姚兴是羌族人，故言之。奄，忽然，

突然。［32］不审：不知道，不明白。［33］审能赴救：果真能来救南燕。审，确实，真的。［34］宁容：哪里还会。先遣信命：先派出使者。信命，信使，使臣。［35］逆设此言：预先说出这么一套话来。逆，事先。［36］自张大：自己虚张声势。［37］羌：羌族人，代指后秦主姚兴。齐：古齐地，代指南燕国。南燕建都广固，拥有古齐地部分区域，古称之。［38］殆（dài）将内惧：他害怕我们将要讨伐他。殆，恐怕将要。［39］自保不暇：自己保自己都怕来不及。不暇，没有空闲，忙不过来。

乞伏乾归复即秦王位[1]，大赦，改元更始[2]，公卿以下皆复本位。

慕容氏在魏者百余家，谋逃去，魏主珪尽杀之。

初，魏太尉穆崇[3]与卫王仪[4]伏甲谋弑魏主珪，不果。珪惜崇、仪之功，秘而不问。及珪有疾，多[5]杀大臣。仪自疑而出亡，追获之。八月，赐仪死。

封融[6]诣刘裕降。

九月，加刘裕太尉，裕固辞。

秦王兴自将击夏王勃勃，至贰城[7]，遣安远将军姚详等分督租运[8]。勃勃乘虚奄至，兴惧，欲轻骑就详等。右仆射韦华[9]曰："若銮舆[10]一动，众心骇惧[11]，必不战自溃，详营亦未必可至也。"兴与勃勃战，秦兵大败，将军姚榆生为勃勃所禽[12]，左将军姚文崇[13]等力战，勃勃乃退，兴还长安。勃勃复攻秦敕奇堡、黄石固、我罗城[14]，皆拔之，徙七千余家于大城[15]，以其丞相右地代领幽州牧[16]以镇之。

初，兴遣卫将军姚强帅步骑一万随韩范往就姚绍[17]于洛阳，并兵以救南燕，及为勃勃所败，追强兵还长安。韩范叹曰："天灭燕矣！"南燕尚书张俊[18]自长安还，降于刘裕，因说裕曰："燕人所恃者，谓韩范必能致[19]秦师也，今得范[20]以示之，燕必降矣。"裕乃表范为散骑常侍[21]，且以书招之。长水校尉王蒲[22]劝范奔秦，范曰："刘裕起布衣[23]，灭桓玄，复晋室，今兴师伐燕，所向崩溃，此殆[24]天授，非人力也。燕亡，则秦为之次矣，吾不可以再辱[25]。"遂降于裕。裕将范循城[26]，城中人情离沮[27]。或劝燕主超诛范家。超以范弟谆尽忠无贰[28]，并范家赦之。

冬，十月，段宏[29]自魏奔于裕。

张纲为裕造攻具，尽诸奇巧。超怒，县[30]其母于城上，支解[31]之。

西秦王乾归立夫人边氏为王后[32]，世子炽磐为太子，仍命炽磐都督中外诸军、录尚书事。以屋引破光为河州[33]刺史，镇枹罕；以南安焦遗为太子太师，与参军国大谋。乾归曰："焦生非特[34]名儒，乃王佐[35]之才也。"谓炽磐曰："汝事之当如事吾。"炽磐拜遗于床下[36]。遗子华[37]至孝，乾归欲以女妻之。辞曰："凡娶妻者，欲与之共事二亲也。今以王姬[38]之贵，下嫁蓬茅[39]之士，诚非其匹，臣惧其阙于中馈[40]，非所愿也。"乾归曰："卿之所行，古人之事，孤女不足以强[41]卿。"乃以为尚书民部郎[42]。

（以上为第五段，写西秦乞伏乾归脱离后秦，重新登上秦王之位，改年号为更始；后秦主姚兴率军攻打胡夏主赫连勃勃，因兵败而无力救援南燕，慕容超回天无力，岌岌可危。）

【注释】

[1]复即秦王位：乞伏乾归在隆安五年（401）前自称秦王，隆安五年向姚兴称臣，取消了王号，公卿将帅也降称僚佐。今义熙五年（409）又自立为王。 [2]更始：西秦主乞伏乾归再度称王的年号，共三年余。 [3]穆崇：本姓丘穆陵氏，代郡平城（今山西大同市）人，北魏开国功臣。传见《魏书》卷二十七。 [4]卫王仪：即拓跋仪，字乌泥，拓跋翰之子，封卫王。传见《魏书》卷十五。 [5]多：此字原无，据章校补。 [6]封融：南燕西中郎将，慕容超杀大臣，因惧杀，投奔北魏。今拓跋珪杀慕容氏，故封融南投刘裕，被任为勃海太守。后谋反，被杀。 [7]贰城：即贰县城，县名，在今陕西黄陵县西。 [8]姚详：姚襄之孙。姚苌时为安远将军、始平太守。姚兴立，姚详徙镇杏城。分督租运：分别地督促运送粮草。 [9]韦华：京兆杜陵人，初仕前秦，官至黄门侍郎，西燕击前秦，韦华南奔东晋。后又归降后秦，拜为中书令，进封司徒、右仆射。后刘裕北伐，韦华又投降东晋，为雍州别驾，镇守关中。后又投降胡夏。 [10]銮舆：帝王的车驾，这里婉称姚兴。 [11]骇（hài）惧：惊惶，恐惧。 [12]禽：同"擒"，俘获。 [13]姚文崇：后秦左将军。太子姚泓对其十分宠爱，广平公姚弼却很讨厌他，遂诬告其造反。姚兴大怒，令其自杀。 [14]敕奇堡：古地名，在今甘肃平凉市西北。黄石固：古地名，在今宁夏固原市东南。我罗城：古地名，在今甘肃平凉市北。 [15]大城：县名，县治在今内蒙古杭锦后旗东南。 [16]右地代：人名。即赫连右地代，胡夏创建者赫连勃勃长兄，拜丞相，封代公。后为幽州牧。 [17]姚强：后秦左卫将军。姚绍：文桓皇帝姚兴叔父，后秦建立时，封东平公。在姚兴

去世时受托孤之重，后受命主持对抗刘裕北伐，因兵败愤懑而死。［18］张俊：南燕官员，出使后秦后，投奔刘裕。［19］致：招致，请来。［20］得范：抓住韩范。［21］表：指上表推荐。散骑常侍：帝王侍从人员，以备参谋顾问之用。［22］王蒲：后秦长水校尉。［23］起布衣：出身于平民。布衣，平民所穿的粗布衣服。［24］殆（dài）：大概，差不多。［25］再辱：指两次亡国受辱。［26］循城：围城转圈，让城上的人看。循，展示，让人看。［27］离沮（jǔ）：离散，瓦解。［28］无贰：没有二心。贰，同“二”。［29］段宏：南燕大臣，后为南燕主慕容超所不容，投奔北魏。刘裕攻打南燕，前来投奔，为参军，进为征虏大将军，青、冀二州刺史。传见《晋书》卷一百二十八。［30］县：同“悬”，悬挂。［31］支解：即肢解，分解四肢，大卸八块。支，同“肢”。［32］王后：原文为“皇后”，据章校改。［33］屋引破光：人名，西秦河州刺史。河州：州治枹罕，在今甘肃临夏市。［34］焦生：焦先生。生，意同“先生”，对人的敬称。非特：不仅仅是。［35］王佐：王者之佐，能辅佐帝王建功立业的人。［36］床下：坐具旁边。床，古代称坐榻为“床”。［37］华：即焦华，西秦太子太师焦遗之子。［38］王姬：犹言“公主”。因为周天子姓姬，故周天子的女儿称“王姬”。这里以之称乾归之女。［39］蓬茅：蓬草和茅草，比喻低微、贫贱，常用作自谦之词。［40］阙于中馈：指尽不到儿媳的职责。《易经·家人》注称妇女之道，“其所职主在于家中馈食供祭而已”。意思是做媳妇的主要任务就在于侍候好公婆与祭祀祖先。［41］强：勉强。［42］尚书民部郎：即后代的户部尚书，主管全国的钱粮等事。

北燕王云[1]自以无功德而居大位[2]，内怀危惧，常畜养壮士以为腹心、爪牙。宠臣离班、桃仁专典禁卫[3]，赏赐以巨万[4]计，衣食起居皆与之同[5]，而班、仁志愿无厌[6]，犹有怨憾[7]。戊辰[8]，云临东堂，班、仁怀剑执纸[9]而入，称有所启。班抽剑击云，云以几捍[10]之，仁从旁击云，弑之。

冯跋升洪光门[11]以观变，帐下督张泰、李桑[12]言于跋曰：“此竖势何所至[13]，请为公斩之！”乃奋剑而下，桑斩班于西门，泰杀仁于庭中。众推跋为主，跋以让其弟范阳公素弗[14]，素弗不可。跋乃即天王位于昌黎[15]，大赦，诏曰：“陈氏代姜[16]，不改齐国[17]，宜即国号曰‘燕’[18]。”改元太平[19]，谥云曰‘惠懿[20]皇帝’。跋尊母张氏为太后，立妻孙氏为王后，子永[21]为太子，以范阳公素弗为车骑大将军、录尚书事，孙护[22]为尚书令，张兴[23]为左仆射，汲郡公弘[24]为右仆射，广川公万泥[25]为幽、平二州牧，上谷公乳陈[26]为并、青二州牧。素弗少豪侠放荡，尝请婚于尚书左丞韩业[27]，业拒之。及为宰辅，待业尤厚；

好申拔旧门[28]，谦恭俭约，以身帅下[29]，百僚惮[30]之，论者美其有宰相之度[31]。

（以上为第六段，写北燕主高云心怀恐惧，豢养离班、桃仁为贴身侍卫，反而被他们杀了；冯跋即位，改元太平，其弟冯素弗谦虚恭谨，以身率下，时人赞美。）

【注释】

[1]北燕：东晋时慕容云、冯跋建立的政权。东晋义熙三年（407），冯跋发动政变灭掉后燕，拥立后燕慕容宝养子、高句丽人高云为帝，都龙城（今辽宁朝阳市），仍沿用燕国号，史称“北燕”。王云：即北燕主慕容云。［2］大位：指帝位、王位。［3］离班、桃仁：北燕主高云幸臣。义熙五年（409），两人共杀高云，寻为冯跋属将张泰、李桑所杀，冯跋自立为北凉王。专典禁卫：专门主管宫廷侍卫。典，主持，主管。［4］巨万：万万，即“亿”。［5］与之同：与北燕主高云相同。可见宠幸到何等程度！［6］志愿：欲望。无厌：永不满足。厌，满足。［7］犹有怨憾：还是多有牢骚不满。怨憾，怨恨，遗憾。［8］戊辰：十月十三日。［9］执纸：拿着书籍。［10］几：案几，桌子。捍：招架，抵挡。［11］升：登。洪光门：又名弘光门，古宫殿名，北燕都城龙城和龙宫正门。［12］帐下督：军事统帅身边的卫士长。张泰、李桑：两人为北燕权臣冯跋帐下督，杀掉害死北燕主高云的凶手离班、桃仁。［13］此竖：犹言“这小子”。势何所至：犹言“还想干什么”。［14］素弗：即冯素弗，北燕文成帝冯跋之弟，有宰衡之度，治理北燕，居功厥伟，封范阳公。传见《晋书》卷一百二十五。［15］昌黎：郡名，后燕的昌黎郡治在龙城，在今之辽宁朝阳市。［16］陈氏代姜：指春秋末期齐国权臣陈常（田常）杀掉了齐简公姜任，而后田常的后代逐渐篡夺了齐国政权，齐国的国号虽仍未改，但其国君已经改姓了。陈氏，也称“田氏”。［17］不改齐国：即不改国号，仍然称齐国。［18］宜即国号曰“燕”：我们的国号应该接着原来的，就称作“燕”。历史上称之为“北燕”。［19］太平：北燕主冯跋年号，共二十二年。［20］惠懿：后燕主高云的谥号。《谥法》曰：“柔质慈民曰‘惠’。爱民好与曰‘惠’。温柔圣善曰‘懿’。”［21］永：即冯永，冯跋长子。冯跋即位，立为太子，兼任大单于，后病逝，其弟冯翼继为太子。［22］孙护：北燕开国功臣。后因与兄弟几人功高盖主，被冯跋所诛。传见《晋书》卷一百二十五。［23］张兴：后燕将领，为左卫将军。北燕时，为辅国大将军、左仆射。［24］弘：即冯弘，字文通，冯跋之弟，封汲郡公，后为北燕末代国君。传见《魏书》卷九十七。［25］万泥：即冯万泥，冯跋从弟，冯跋即位，封为广川公，任骠骑大将军，幽、平二州牧。后谋叛，被冯跋之弟冯弘讨伐，投降，被杀。［26］乳陈：即冯乳陈，冯跋堂侄，冯跋即位，封上谷公，任征西大将军，并、青二州牧。后谋反被杀。［27］尚书左丞：尚书令的佐官，总领纲纪。韩业：北燕尚书左丞。［28］好申拔旧门：喜欢提拔、起用旧日的名门贵族。申拔，提拔。［29］以身帅下：以身作则，为下属作表率。帅，同“率”，为表率，为榜样。［30］百僚：百官。僚，官吏。惮（dàn）：敬畏。

[31]美其有宰相之度：胡三省曰："温公作《通鉴》，虽相小国者，苟有片善，必因旧史而表章之，以言为辅之难。"美，嘉美，赞扬。度，气度，风度。

魏主珪将立齐王嗣[1]为太子。魏故事[2]，凡立嗣子辄先杀其母，乃赐嗣母刘贵人死。珪召嗣谕[3]之曰："汉武帝杀钩弋夫人[4]，以防母后豫[5]政，外家为乱也。汝当继统[6]，吾故远迹古人[7]，为国家长久之计耳。"嗣性孝，哀泣不自胜。珪怒之。嗣还舍，日夜号泣，珪知而复召之。左右曰："上怒甚，入将不测[8]，不如且避之，俟[9]上怒解[10]而入。"嗣乃逃匿于外，惟帐下代人车路头、京兆王洛儿[11]二人随之。

初，珪如贺兰部[12]，见献明贺太后[13]之妹美，言于贺太后，请纳之。贺太后曰："不可。是过美，必有不善[14]。且已有夫，不可夺也。"珪密令人杀其夫而纳之，生清河王绍[15]。绍凶很无赖[16]，好轻游里巷[17]，劫剥[18]行人以为乐。珪怒之，尝倒悬井中，垂死，乃出之。齐王嗣屡诲责[19]之，绍由是与嗣不协[20]。

戊辰[21]，珪谴责贺夫人，囚，将杀之，会日暮，未决。夫人密使告绍曰："汝何以救我？"左右以珪残忍[22]，人人危惧。绍年十六，夜，与帐下及宦者宫人数人通谋，逾垣[23]入宫，至天安殿。左右呼曰："贼至！"珪惊起，求弓刀不获，遂弑之[24]。

己巳[25]，宫门至日中不开。绍称诏，集百官于端门[26]前，北面立。绍从门扉间[27]，谓百官曰："我有叔父，亦有兄，公卿欲从谁？"众愕然[28]失色，莫有对者。良久，南平公长孙嵩[29]曰："从王。"众乃知宫车晏驾[30]，而不测其故，莫敢出声，唯阴平公烈[31]大哭而去。烈，仪之弟也。于是，朝野恟恟[32]，人怀异志。肥如侯贺护举烽于安阳[33]城北，贺兰部人皆赴之，其余诸部亦各屯聚[34]。绍闻人情不安，大出布帛赐王公以下，崔宏独不受。

齐王嗣闻变，乃自外还，昼伏匿山中，夜宿王洛儿家。洛儿邻人李道潜奉给[35]嗣，民间颇知之，喜而相告。绍闻之，收道，斩之。绍募人求访嗣，欲杀之。猎郎叔孙俊[36]与宗室疏属拓跋磨浑[37]自云知嗣所在，绍使帐下二人与之偕往[38]。俊、磨浑得出，即执帐下诣嗣，斩之。

俊，建之子也。王洛儿为嗣往来平城，通问大臣[39]，夜，告安远将军安同[40]等。众闻之，翕然[41]响应，争出奉迎。嗣至城西，卫士执绍送之。嗣杀绍及其母贺氏，并诛绍帐下及宦官宫人为内应者十余人，其先犯乘舆[42]者，群臣脔[43]食之。

壬申[44]，嗣即皇帝位，大赦，改元永兴[45]。追尊刘贵人[46]曰“宣穆皇后”；公卿先罢归第不预朝政[47]者，悉召用之。诏长孙嵩与北新侯安同、山阳侯奚斤[48]、白马侯崔宏、元城侯拓跋屈[49]等八人坐止车门[50]右，共听朝政[51]，时人谓之“八公[52]”。屈，磨浑之父也。嗣以尚书燕凤[53]逮事什翼犍[54]，使与都坐大官封懿[55]等入侍讲论[56]，出议政事。以王洛儿、车路头为散骑常侍，叔孙俊为卫将军。拓跋磨浑为尚书，皆赐爵郡、县公。嗣问旧臣为先帝所亲信者为谁。王洛儿言李先[57]。嗣召问先：“卿以何才何功为先帝所知？”对曰：“臣不才无功，但以忠直为先帝所知耳。”诏以先为安东将军，常宿于内，以备顾问。

朱提王悦[58]，虔之子也，有罪，自疑惧。闰十一月，丁亥[59]，悦怀匕首入侍，将作乱。叔孙俊觉其举止有异，引手掣之[60]，索怀中，得匕首，遂杀之。

十二月，乙巳[61]，太白犯虚、危[62]。南燕灵台令[63]张光劝南燕主超出降，超手[64]杀之。

柔然侵魏。

（以上为第七段，写北魏主拓跋珪之子拓跋绍刺杀其父，长子拓跋嗣平乱事，即帝位，改元永兴，革故鼎新，令“八公”坐止车门听政，重用先帝赏识的忠臣。）

【注释】

[1]嗣（sì）：即拓跋嗣，字木末，北魏主拓跋珪嫡长子，封齐王，为太子。即位后，北伐柔然，南征刘宋，承拓跋珪文治武功，启拓跋焘一统北方。谥号明元，庙号太宗。传见《魏书》卷三。[2]魏故事：按北魏立嗣的惯例。[3]谕：晓谕，告知。[4]钩弋夫人：汉武帝刘彻宠妃，汉昭帝刘弗陵生母。武帝欲立刘弗陵为太子，将其母钩弋夫人赐死，以避免母后干预朝政。[5]豫：同“预”，干预。[6]继统：继承大统，即登基为帝。[7]远迹古人：追仿、学习古代人。此指效法汉武帝。[8]不测：难以预料，指可能被杀。[9]俟（sì）：等候，等待。[10]解：读“懈”，松懈，此指息怒。[11]车路头、王洛儿：两人初为太子拓跋嗣部属，后为北魏大臣。[12]贺

兰部：又称贺赖部，古代部族，原依附于匈奴，拓跋部兴起时，因与拓跋部有姻亲关系，故成为重要贵族。后代成为契丹部落的主干。［13］献明贺太后：本姓贺兰氏，鲜卑族，东部大人贺野干之女，道武帝拓跋珪生母。选为世子拓跋寔之妃，生拓跋珪。北魏建立后，尊为皇太后。得知少子秦王拓跋觚出使后燕，被扣留，忧心成疾，去世。谥号献明皇后。传见《魏书》卷十三。［14］是过美，必有不善：这个人长得过于好看了，必然有别的毛病。《左传》叔向之母不让叔向娶申公巫臣之女，其理由就是“甚美必有甚恶”，此处贺氏之言与之类似。［15］绍：即拓跋绍，字受洛拔，道武帝拓跋珪次子，封清河王。为人凶狠险悖，不遵教训。为了营救犯错的母亲贺夫人，趁夜潜入宫中，弑杀其父，为其兄拓跋嗣所诛，年仅十六岁。传见《魏书》卷十六。［16］凶很：凶恶，狠毒。很，同“狠”。无赖：放刁撒泼，蛮不讲理。［17］轻游里巷：随随便便地走街串巷。［18］劫剥：抢劫，掠夺。［19］诲责：训诲，斥责。［20］不协：不协调，不和睦。［21］戊辰：十月十三日。［22］残忍：残暴，凶狠。［23］逾垣（yuán）：越墙。［24］遂弑（shì）之：就杀掉其父拓跋珪。拓跋珪死时年三十九岁，谥号道武，庙号太祖。弑，臣杀死君主或子女杀死父母。［25］己巳：十月十四日。［26］端门：皇宫里的南大门。［27］门扉（fēi）间：门缝里。扉，门扇。［28］愕（è）然：吃惊、惊讶的样子。［29］长孙嵩：本姓拔拔，南部大人长孙仁之子，北魏名臣。传见《魏书》卷二十五。［30］宫车晏驾：宫车出不来，指帝王死了。晏，晚。［31］烈：即拓跋烈，北魏主拓跋珪堂兄弟，卫王拓跋仪之弟，受封阴平公。从平清河王拓跋绍叛乱，迎立明元帝拓跋嗣。借拥戴之功，晋封阴平郡王。传见《魏书》卷十五。［32］恟（xiōng）恟：恐惧、纷乱的样子。［33］贺护：贺兰部的头领，北魏官员，封为肥如侯。举烽：点燃报警烽火。安阳：县名，县治在今河北阳原县东南。［34］屯聚：犹今之所谓“集结”，做好战斗准备。［35］李道：北魏人，暗中侍奉逃难的拓跋嗣，被拓跋绍发现，杀之。潜奉给：暗中供应食宿。［36］猎郎：侍候、陪同帝王打猎的人员。叔孙俊：北魏名将叔孙建之子，擅长骑射，为猎郎。协助拓跋嗣诛杀拓跋绍即位，以功拜为左辅、卫将军，封安城王。传见《魏书》卷二十六。［37］疏属：远房宗亲，旁系亲属。拓跋磨浑：北魏大臣。辅佐拓跋嗣继位，拜尚书，封长沙郡公，出任定州刺史。［38］偕往：共同前往。［39］通问大臣：沟通拓跋嗣与朝廷大臣之间的消息。问，音信，消息。［40］安同：历仕北魏太祖、太宗、世祖三朝，历官安远将军、征东大将军，初北新侯，进爵高阳公，入朝官至光禄勋，出任冀青二州刺史。传见《魏书》卷三十。［41］翕（xī）然：众心一致、快速反应的样子。［42］犯乘舆：指杀害拓跋珪。乘舆，皇帝的车驾，代指皇帝。［43］脔（luán）：切成小块。［44］壬申：十月十七日。［45］永兴：北魏明元帝拓跋嗣年号，共四年余。［46］刘贵人：拓跋珪之妃，拓跋嗣的生母，拓跋珪欲立拓跋嗣为嗣子，将其杀之。［47］先罢归第：原已被罢职家居。不预朝政：不过问朝廷政事的官员。［48］奚斤：本姓达奚，北魏名将，初封山阳公。再封宜城王，任司空。奉命进击胡夏，擒获夏主赫连昌。谥号昭王。传见《魏书》卷二十九。［49］拓跋屈：拓跋磨浑之父，袭封文安县公，授侍中，负责门下省诏命出纳事务。后任右丞相，与左丞相奚斤共掌军国大事。后因荒废政事，坐罪下狱，被斩首。传见《魏书》卷十四。［50］止车门：皇宫前的大门，因文武大臣到此下车，步行而入，故曰“止车门”。［51］听朝政：即听政，听取大臣报告，并决定政事，处理政务。［52］八公：北魏明元帝拓跋嗣时置八个大人官，世号“八公”。《魏书·官氏志》曰：“神瑞元年春，置八大人官，大人下置三属官，总理万机，故世号‘八公’云。”［53］燕凤：字子章，北魏开国功臣，立国二十一功臣之一。先后辅佐昭成帝拓跋什翼犍、献明帝拓跋寔及道武帝拓跋珪、明元帝拓跋嗣、太武帝拓跋焘五代君主。传见《魏书》卷二十四。［54］逮事什翼犍：曾经在什翼犍的手下工作过。什翼犍，即拓跋什翼犍，北魏先祖。传见《魏书》卷一。［55］都坐大官：也叫尚书都坐，相当于后来的尚书令。封懿（yì）：北魏大臣。拓跋嗣继位后，为都坐大官、宁朔将军，封章安侯。传见《魏书》卷三十二。［56］入侍讲论：到宫中给拓跋嗣讲论经典与前代故事等。［57］李先：北魏大臣。曾为前秦、西燕官员，入魏为拓跋珪所重。王洛儿荐之于拓跋嗣，任为安东将军，在朝直宿卫。传见《魏书》卷三十三。［58］悦：即拓跋悦，昭成帝拓跋什翼犍曾孙，陈留桓王拓跋虔之子，北魏宗室大臣。后图谋弑杀明元帝拓跋嗣，坐罪赐死。传见《魏书》卷十五。［59］丁亥：疑有误，闰月在十月，闰十月三日为丁亥。［60］引手掣（chè）之：抓住他的手把他拉过来。掣，拉，拽。［61］乙巳：十二月二十二日。［62］太白犯虚、危：太白星运行到了虚、危二星座的位置。太白，在今之金星。虚、危，二十八宿中的两个星座名，在古天文学上是齐国的分野，古代的说法是预示齐地将有灾难。［63］灵台令：主管观测天文星象的官员。［64］手：亲手。

六年（庚戌，410年）

春，正月，甲寅朔[1]，南燕主超登天门[2]，朝群臣于城上。

乙卯[3]，超与宠姬魏夫人登城，见晋兵之盛，握手对泣。韩谆谏曰：“陛下遭堙厄之运[4]，正当努力自强以壮士民之志，而更为儿女子[5]泣邪！”超拭[6]目谢之。尚书令董诜劝超降，超怒，囚之。

魏长孙嵩将兵伐柔然。

魏主嗣以郡县豪右[7]多为民患，悉以优诏征之[8]。民恋土不乐内徙[9]，长吏[10]逼遣之，于是，无赖少年逃亡相聚，所在[11]寇盗群起。嗣引八公议之曰：“朕欲为民除蠹[12]，而守宰不能绥抚[13]，使之纷乱。今犯者既众，不可尽诛，吾欲大赦以安之，何如？”元城侯屈曰：“民逃亡为盗，不罪而赦之，是为上者反求于下也，不如诛其首恶，赦其余党。”崔宏曰：“圣王之御民[14]，务在安之而已，不与之较胜负也。夫赦虽非正，可以行权[15]。屈欲先诛后赦，要为两不能去[16]，曷若[17]一赦而遂定乎！赦而不从，诛未晚也。”嗣从之。二月，癸未朔[18]，遣将军于栗磾[19]将骑一万讨不从命者，所向[20]皆平。

南燕贺赖卢、公孙五楼为地道出击晋兵，不能却[21]。城久闭，城中男女病脚弱者太半[22]，出降者相继。超辇[23]而登城，尚书悦寿[24]说超曰："今天助寇为虐，战士凋瘁[25]，独守穷城[26]，绝望外援，天时人事亦可知矣。苟历数有终[27]，尧、舜避位[28]，陛下岂可不思变通之计[29]乎！"超叹曰："废兴，命也。吾宁奋剑而死，不能衔璧[30]而生！"

丁亥[31]，刘裕悉众攻城。或曰："今日往亡[32]，不利行师。"裕曰："我往彼亡，何为不利！"四面急攻之。悦寿开门纳晋师，超与左右数十骑逾城突围出走，追获之。裕数以不降之罪，超神色自若，一无所言，惟以母托刘敬宣[33]而已。

裕忿[34]广固久不下，欲尽坑之，以妻女赏将士。韩范谏曰："晋室南迁，中原鼎沸[35]，士民无援，强则附之，既为君臣[36]，必须为之尽力。彼皆衣冠旧族[37]，先帝遗民[38]；今王师吊伐[39]而尽坑之，使安所归[40]乎！窃恐西北之人无复来苏之望[41]矣。"裕改容[42]谢之，然犹斩王公以下三千人，没入家口[43]万余，夷其城隍[44]，送超诣建康，斩之[45]。

臣光曰[46]："晋自济江[47]以来，威灵不竞[48]，戎狄横骛[49]，虎噬[50]中原。刘裕始以王师翦平东夏[51]，不于此际旌礼[52]贤俊，慰抚[53]疲民，宣恺悌之风[54]，涤残秽[55]之政，使群士向风[56]，遗黎企踵[57]，而更恣行屠戮以快忿心[58]；迹其施设[59]，曾苻、姚之不如[60]，宜其不能荡壹四海[61]，成美大[62]之业，岂非虽有智勇而无仁义使之然哉！

（以上为第八段，写东晋刘裕攻破南燕都城广固，欲屠城以泄其愤，被劝阻，结果还是杀了王公以下三千多人。）

【注释】

[1]甲寅朔：正月一日。 [2]天门：南燕都城广固城的南门。 [3]乙卯：正月二日。 [4]堙（yīn）厄之运：犹今所谓"倒霉的年头"。堙厄，道路不通，无路可走。堙，堵塞。 [5]儿

女子：犹言“小孩子”。［6］拭（shì）：擦，抹。［7］豪右：豪门大族。［8］优诏：好言相劝、表扬鼓励的诏书。征之：让他们搬迁到京城。［9］内徙：向内地搬迁，这里指向京都迁移。［10］长吏：指郡县官吏。［11］所在：到处。［12］除蠹（dù）：除害。蠹，害虫。［13］绥（suí）抚：抚慰，安抚。绥，安。［14］御民：治民。御，驾御，管理。［15］行权：临时制宜，为变通之计。权，临时变通。［16］要：关键在于。两不能去：指既要“诛”，又得要“赦”，两者都得用。去，舍弃。［17］曷（hé）若：何如，用反问的语气表示不如。［18］癸未朔：二月一日。［19］于栗磾（dī）：北魏名将，历事拓跋珪、拓跋嗣、拓跋焘三代。初为冠军将军，后授黑稍将军，为河内镇将，迁豫州刺史，进爵新安侯。传见《魏书》卷三十一。［20］所向：所到之处。［21］不能却：不能使之退却，不能解围。［22］脚弱：脚软弱无力，因饥饿浮肿，站立不起。太半：大半，约三分之二。［23］辇（niǎn）：古代用人拉的车，多指皇帝、皇后坐的车。此用作动词，坐车。［24］悦寿：南燕镇南长史、尚书。［25］凋瘁（cuì）：越来越少，剩下的多是老弱病残。［26］穷城：危城。［27］苟历数有终：如果一个王朝的命运真是到了尽头。［28］尧、舜避位：连尧、舜那样的帝王也得传位给别人。［29］变通之计：指向东晋投降。［30］衔璧：意即向人投降。反缚两手，口里叼着玉璧，这是古代帝王向人投降的一种仪式。“面缚衔璧，系颈以组”，表示认罪、请罪。［31］丁亥：二月五日。［32］今日往亡：古代称“惊蛰”节以后的第十四天为“往亡”日，说是出门作战不吉利。［33］刘敬宣：刘裕部将。刘牢之被桓玄杀害后，其子刘敬宣曾一度逃到南燕，与慕容超有过交情，故今慕容超以母相托。［34］忿：同“愤”，气愤，恼怒。［35］中原：又称华夏、中土、中州，指洛阳至开封一带为中心的黄河中下游地区。鼎沸：鼎里的水沸腾起来，比喻局势动荡。［36］既为君臣：既然成了慕容氏的臣民，与其有君臣的名分。［37］彼：指这些被拿来赏给人的“妻女”之家。衣冠旧族：犹言昔日的名门望族，有头脸、为官宦的人物。［38］先帝遗民：都是西晋时代遗留下来的名门后裔。［39］王师吊伐：晋朝军队为吊民伐罪而打到这里。旧称仁者之师的征伐为“吊民伐罪”，即讨伐有罪者，以安慰受苦的黎民百姓。吊，安慰，慰问。［40］使安所归：让百姓到哪里去呢？意即南燕国的民众将会对东晋离心离德。［41］无复来苏之望：意即再也没有人盼着东晋的军队打过去。《尚书·仲虺之诰》说夏朝的百姓都盼着成汤去解救他们，说：“徯予后，后来其苏！”意思是说“我们等待着大王您，您一来我们就得救了！”来苏，形容百姓盼望明君来解脱其苦难。苏，活，活命。［42］改容：动容，郑重其事。［43］没入家口：将一些罪人的家眷变为奴婢。［44］夷其城隍：将广固城的城墙与护城河通通平掉。夷，铲平，削平。［45］斩之：南燕自隆安二年（398）慕容德建国到慕容超灭亡，共历十三年。［46］臣光曰：这是《通鉴》作者司马光对刘裕平定南燕、欲屠城所发的议论。［47］济江：渡江南来，指西晋灭亡，东晋建立。［48］威灵不竞：朝廷的威望不高。威灵，声威，威势。竞，强劲，强盛。［49］戎狄：此指鲜卑慕容氏等。横骛（wù）：横行，四处乱跑。骛，纵横奔驰。［50］虎噬（shì）：像老虎一样吞噬，比喻惨无人道，丧心病狂。［51］翦平东夏：平定了中国的东部地区，即齐地。翦平，扫平，消灭。翦，同“剪”。［52］旌（jīng）礼：表彰，以礼相待。［53］慰抚：安慰抚恤。［54］宣恺（kǎi）悌（tì）之风：倡导一种和平安乐的社会风气。恺悌，和乐，平易。［55］涤（dí）：扫除，消除。残秽（huì）：邪恶，污秽。［56］向风：望风来归。［57］遗黎企踵：劫后余生的人民翘足相望。遗黎，遗民，沦陷于异族统治下的汉族人。［58］恣行：任意而行，肆意。忿心：愤懑不平的内心。［59］迹其施设：看看刘裕等所做的事情。迹，审视，查看。［60］曾苻、姚之不如：连苻坚、姚苌的作为都赶不上。［61］荡壹四海：统一整个中国。荡壹，混一，统一。壹，同"一"。［62］美大：大美，伟大。

初，徐道覆[1]闻刘裕北伐，劝卢循乘虚袭建康，循不从。道覆自至番禺[2]，说循曰："本住岭外[3]，岂以理极于此[4]，传之子孙邪？正以刘裕难与为敌故也。今裕顿兵坚城之下[5]，未有还期，我以此思归死士掩击何、刘之徒[6]，如反掌耳。不乘此机而苟求一日之安，朝廷常以君为腹心之疾，若裕平齐之后，息甲岁余，以玺书征君[7]，裕自将屯豫章[8]，遣诸将帅锐师过岭，虽复以将军之神武，恐必不能当也。今日之机，万不可失。若先克建康，倾其根蒂[9]，裕虽南还，无能为也。君若不同[10]，便当帅始兴之众直指寻阳[11]。"循甚不乐此举，而无以夺其计[12]，乃从之。

初，道覆使人伐船材于南康山[13]，至始兴，贱卖之，居人争市之，船材大积而人不疑，至是，悉取以装舰[14]，旬日而办[15]。循自始兴寇长沙，道覆寇南康、庐陵、豫章，诸守相皆委任奔走[16]。道覆顺流[17]而下，舟械甚盛。时克燕之问[18]未至，朝廷急征刘裕。裕方议留镇下邳[19]，经营司、雍[20]，会[21]得诏书，乃以韩范为都督八郡军事、燕郡[22]太守，封融为勃海[23]太守，檀韶为琅邪[24]太守，戊申[25]，引兵还。韶，祗[26]之兄也。久之，刘穆之称范、融谋反[27]，皆杀之。

安成忠肃公[28]何无忌自寻阳引兵拒卢循。长史邓潜之[29]谏曰："国家安危，在此一举。闻循兵舰大盛，势居上流，宜决南塘[30]，守二城以待之[31]，彼必不敢舍我远下[32]。蓄力养锐[33]，俟其疲老[34]，然后击之，此万全之策也。今决成败于一战，万一失利，悔将无及。"参军殷阐[35]曰："循所将之众皆三吴[36]旧贼，百战余勇[37]，始兴溪子[38]，拳捷[39]善斗，未易轻也。将军宜留屯豫章，征兵属城[40]，兵至合战，未为晚也；若以此众轻进，殆[41]必有悔。”无忌不听。

三月，壬申[42]，与徐道覆遇于豫章，贼令强弩数百登西岸小山邀[43]射之。会西风暴急，飘无忌所乘小舰向东岸[44]。贼乘风以大舰逼之，众遂奔溃[45]。无忌厉声[46]曰：“取我苏武节[47]来！”节至，执以督战。贼众云集，无忌辞色无挠[48]，握节而死。于是中外震骇[49]，朝议欲奉乘舆北走，就刘裕；既而知贼未至，乃止。

西秦王乾归攻秦金城郡[50]，拔之。

夏王勃勃遣尚书胡金纂攻平凉[51]，秦王兴救平凉，击金纂，杀之。勃勃又遣兄子左将军罗提攻拔定阳[52]，坑将士四千余人。秦将曹炽、曹云、王肆佛[53]等各将数千户内徙，兴处之湟山及陈仓[54]。勃勃寇陇右[55]，破白崖堡[56]，遂趣清水[57]，略阳太守姚寿都[58]弃城走，勃勃徙其民万六千户于大城[59]。兴自安定[60]追之，至寿渠川[61]，不及而还。

初，南凉王傉檀遣左将军枯木[62]等伐沮渠蒙逊，掠临松[63]千余户而还。蒙逊伐南凉，至显美[64]，徙数千户而去。南凉太尉俱延[65]复伐蒙逊，大败而归。是月，傉檀自将五万骑伐蒙逊。战于穷泉[66]，傉檀大败，单马奔还。蒙逊乘胜进围姑臧[67]，姑臧人惩王钟之诛[68]，皆惊溃[69]，夷、夏万余户降于蒙逊。傉檀惧，遣司隶校尉敬归及子佗[70]为质于蒙逊以请和，蒙逊许之。归至胡坑[71]，逃还，佗为追兵所执，蒙逊徙其众八千余户而去。右卫将军折掘奇镇据石驴山[72]以叛。傉檀畏蒙逊之逼，且惧岭南为奇镇所据，乃迁于乐都[73]，留大司农成公绪[74]守姑臧。傉檀才出城，魏安[75]人侯谌等闭门作乱，收合三千余家，据南城[76]，推焦朗[77]为大都督、龙骧大将军，谌自称凉州刺史，降于蒙逊。

（以上为第九段，写东晋海盗首领卢循在徐道覆怂恿下，乘刘裕北伐国内空虚之机发兵作乱，气势盛大；将帅何无忌不听劝说，正面出击，大败亏输，内外惊恐。）

【注释】

[1]徐道覆：东晋叛军将领。义熙六年（410），趁刘裕北征南燕，徐道覆与叛军首领卢循以十余万众分两路，北伐东晋，后被刘裕率军奋起反击，被打退。徐道覆逃还始兴，被东晋将领孟怀玉

率军围攻，当场刺死。传见《晋书》卷一百。［2］番禺：郡县名，在今广州。卢循被招委，东晋任为广州刺史。［3］本住岭外：我们本来就被人赶到了这五岭以南。［4］岂以理极于此：难道我们就该永远在这里住下去？极，一直到底。［5］顿兵：把军队投放在。坚城之下：指刘裕被南燕设防坚固的广固城吸引，久攻不下。［6］思归死士：因为想家而欲拼死打回去的士兵。当时卢循的部下多是三吴地区的人。掩击：突然袭击。何、刘之徒：指东晋将领何无忌与刘毅这帮人。当时二人镇京口。之徒，不屑语气。［7］以玺书征君：以皇帝的名义调你进朝。玺书，盖着皇帝玺印的文书。征，调，召之使来。［8］自将屯豫章：自己统兵驻扎在豫章郡。豫章，古郡名，郡治在今江西南昌市。［9］倾其根蒂：颠覆了东晋王朝的根本。根蒂，即根柢，植物的根，比喻事物的根本。蒂，通"柢"，根本。［10］不同：不赞成这个方案。［11］始兴之众：始兴郡的人马。始兴，郡名，郡治在今广东韶关市西南。元兴三年（404），卢循使道覆攻陷始兴，因使守之。寻阳：郡名，在今江西九江市。［12］夺其计：改变这个谋划。夺，改变。［13］船材：造船用的木材。南康山：南康县境内的山。南康，古县名，县治在今江西赣州市。［14］装舰：组装成战船。［15］旬日而办：十来天就装成了。办，完成。［16］诸守相：各郡的太守与各诸侯国的相。委任：抛下所在的郡国不管，一任寇盗占领。奔走：逃跑。［17］顺流：顺赣江北下。［18］克燕之问：攻克南燕的消息。问，信息，消息。［19］留镇下邳：在下邳设立指挥部。下邳，郡名，郡治在今江苏邳州市西南。［20］经营：这里指着手用士兵以攻取之。司、雍：古二州名，司州在今河南洛阳市一带，雍州指今陕西西安市一带。［21］会：恰巧，正好。［22］八郡：指齐、济南、乐安、城阳、东莱、长广、平昌、高密，都在今山东境内。燕郡：郡名，郡治广固，在今山东青州市。［23］勃海：郡名，郡治在今河北沧州市南。［24］琅邪：郡名，郡治在今山东临沂市北。［25］戊申：二月二十六日。［26］祗：即檀祗（zhī），字恭叔，名将檀道济之兄，东晋将领。传见《晋书》卷八十五。［27］范、融谋反：刘穆之怕韩范、封融二人趁东晋危急作乱，故捏造罪名而杀之。［28］安成忠肃公：何无忌被封为安成公，谥号忠肃。［29］长史：将军府的高级僚属。邓潜之：何无忌长史。［30］决南塘：决堤放水，赣江水浅，使卢循的船不能畅快行驶。南塘，豫章城南的堤坝名。［31］守二城：固守豫章与寻阳二城。以待之：以等待刘裕的援军。［32］舍我远下：放下我们不打，顺水北进长江。［33］蓄力养锐：养精蓄锐。［34］俟（sì）：等待，等候。疲老：军队疲劳，士气低落。［35］参军：将军府地方军事参谋。殷阐：东晋官员，何无忌参军。［36］三吴：东晋时指吴国、吴兴、会稽三郡国。［37］百战余勇：指经过多次战斗的有经验的勇敢分子。［38］始兴溪子：指徐道覆所带的始兴人。溪子，在山沟长大的人。［39］拳捷：勇壮，敏捷。［40］属城：下属的各县。［41］殆（dài）：大概，恐怕。［42］壬申：三月二十日。［43］强弩：能挽强弓的弓箭手。邀：拦截，阻击。［44］飘无忌所乘小舰向东岸：士众不知何故，以为是何无忌逃走，众遂皆无斗志。［45］奔溃：逃奔，溃败。［46］厉声：大声，声音严厉。［47］苏武节：此处何无忌借以称朝廷授予自己的旌节。苏武在西汉武帝时，曾奉命出使匈奴，被扣留，被匈奴流放到北海（今西伯利亚的贝加尔湖）边牧羊。苏武持汉节牧羊，

“卧起操持，节旄尽落”，留居匈奴十九年持节不屈。传见《汉书》卷五十四。［48］无挠（náo）：不屈不挠。［49］震骇（hài）：震惊，恐惧。［50］金城郡：郡名，郡治在今甘肃兰州市西北。［51］胡金纂：胡夏官员，为赫连勃勃尚书，曾率军攻打后秦平凉，被后秦主姚兴杀之。平凉：郡名，郡治在今甘肃平凉市西北。［52］罗提：胡夏官员，赫连勃勃之侄，为左将军。定阳：县名，县治在今陕西延安市东南。［53］曹炽、曹云、王肆佛：皆后秦将领。［54］湟山：古地名，其地不详。陈仓：县名，县治在今陕西宝鸡市东。［55］陇右：古区域名，即陇山以西，今之甘肃东部地区。［56］白崖堡：古地名，在今甘肃东部地区。［57］趣清水：逼向清水县。清水，县名，县治在今甘肃天水市东。趣，同“趋”，逼向。［58］略阳：古郡名，郡治在今甘肃天水市东，当时属后秦。姚寿都：后秦略阳太守。［59］大城：县名，县治在今内蒙古杭锦后旗东南。［60］安定：郡名，郡治在今甘肃平凉市东。［61］寿渠川：古地名，约在今甘肃东北部邻近陕西之处。［62］枯木：人名，南凉将领，为南凉主秃发傉檀左将军。［63］临松：郡名，郡治在今青海祁连县北。［64］显美：县名，县治在今甘肃永昌县东。［65］俱延：即秃发俱延，秃发傉檀之弟，南凉太尉。［66］穷泉：古地名，在今甘肃山丹县南穷石山。［67］姑臧：都名，即南凉都城，在今甘肃武威市。［68］惩王钟之诛：接受王钟被杀的教训。王钟，是秃发傉檀的将领，后秦围攻姑臧，王钟欲为之作内应，事泄，牵连被杀的有五千多人。事见《资治通鉴》卷一百十四晋安帝义熙四年（408）。［69］惊溃：惊恐，溃散。［70］敬归：即秃发敬归，南凉将领，秃发傉檀时为司隶校尉、镇军将军。佗（tuó）：即秃发佗，南凉主秃发傉檀之子。曾被派到北凉主沮渠蒙逊那里去做人质，中途逃回，又被北凉追兵抓了回去。［71］胡坑：地名，具体方位不详。［72］右卫将军：总领京城兵马。折掘奇镇：人名，南凉右卫将军。石驴山：古地名，在今甘肃武威市西南。［73］乐都：郡县名，在今青海海东市乐都区，在祁连山之南。胡三省曰：“傉檀自据姑臧之后，与四邻交兵，所遇辄败，不惟失姑臧，亦不能保乐都矣。”［74］大司农：国家主管财政的长官。成公绪：南凉大司农。［75］魏安：县名，县治在今甘肃武威市东。［76］南城：古城名，姑臧城南面的小城。［77］焦朗：后凉主吕隆时的将领，后起兵反对吕隆政权，为秃发傉檀部将。秃发傉檀为沮渠蒙逊所逼，由姑臧南迁乐都后，当地人遂推焦朗为首，据姑臧自立。

刘裕至下邳，以船载辎重，自帅精锐步归。至山阳[1]，闻何无忌败死，虑京邑[2]失守，卷甲兼行[3]，与数十人至江上[4]，问行人以朝廷消息。行人曰：“贼尚未至，刘公若还，便无所忧。”裕大喜。将济江，风急，众咸难之。裕曰：“若天命助国[5]，风当自息；若其不然，覆溺何害[6]！”即命登舟，舟移而风止。过江，至京口[7]，众乃大安。夏，四月，癸未[8]，裕至建康。以江州覆没[9]，表送章绶[10]，诏不许。

青州刺史诸葛长民[11]、兖州刺史刘藩[12]、并州刺史刘道怜各将兵入卫建康。藩，豫州刺史毅之从弟也。毅闻卢循入寇，将[13]拒之而疾作；既瘳[14]，将行。刘裕遗毅书曰："吾往习击妖贼[15]，晓其变态。贼新获奸利[16]，其锋不可轻[17]。今修船垂毕[18]，当与弟同举。克平之日，上流之任[19]，皆以相委。"又遣刘藩往，谕止之。毅怒，谓藩曰："往以一时之功相推[20]耳，汝便谓我真不及刘裕邪！"投书于地，帅舟师二万发姑孰[21]。

循之初入寇也，使徐道覆向寻阳，循自将攻湘中诸郡[22]。荆州刺史刘道规遣军逆战[23]，败于长沙。循进至巴陵[24]，将向江陵[25]。徐道覆闻毅将至，驰使报循曰："毅兵甚盛，成败之事，系之于此，宜并力摧之。若此克捷，江陵不足忧也。"循即日发巴陵，与道覆合兵而下。

五月，戊午[26]，毅与循战于桑落洲[27]，毅兵大败，弃船，以数百人步走，余众皆为循所虏，所弃辎重[28]山积。

（以上为第十段，写刘裕听说何无忌兵败，火速赶回，直达京都，部署平叛；刘毅好勇逞强，不听劝说，率军出战，遭到卢循等人合力攻击，大败，狼狈而逃。）

【注释】

[1]山阳：郡名，郡治在今江苏淮安市。[2]虑：忧虑，害怕。京邑：京都，即东晋都城建康，在今江苏南京市。[3]卷甲：为了急行军，把铠甲脱下来卷起背着。兼行：加倍速度赶路。[4]江上：原文作"淮上"，今依胡注改。前所述"山阳"，已经在淮河以南，此处当依胡三省说，改"淮"作"江"。胡三省曰："李延寿《南史》作'江上'，当从之，盖裕至山阳则已渡淮也。"[5]助国：帮助我们晋朝。[6]覆溺：翻船淹死。何害：有什么关系呢！[7]京口：古地名，在今江苏镇江市。[8]癸未：四月二日。[9]江州覆没：指何无忌战死，豫章、寻阳失陷。[10]表送章绶：将印绶交还朝廷，意即请求免职加罪，因为江州沦陷，刘裕负有领导之责。[11]青州：与后文"兖州""并州"，皆东晋设立的侨置郡，郡治当时都在今江苏中部的长江、淮水之间。诸葛长民：琅邪阳都（今山东沂南县）人，东晋末年将领。起家平西（桓玄）参军，投靠北府军将领刘裕，授建威参军，历迁青州、豫州都督。后谋反，被处死。传见《晋书》卷八十五。[12]刘藩：荆州刺史刘毅堂弟，东晋兖州刺史。后刘毅病重，刘藩前往荆州继任，临行前被刘裕逼迫自杀。[13]将：将要，正要。[14]瘳（chōu）：病好。[15]习击：多次从事这种战斗。妖贼：兴妖作怪的敌人。胡三省曰："孙泰以左道惑众，孙恩、卢循皆其党也，故谓之妖贼。"[16]新获奸利：刚刚得了一些便宜。奸利，对敌方获胜的蔑称。[17]锋：锋芒，势头。不可轻：

不可轻视、疏忽。［18］修船垂毕：修造船只的事情马上就完成。［19］上流之任：指荆州刺史、江州刺史等职务。［20］一时之功：指与刘裕一起发动起义，讨伐桓玄。相推：推服，推之居上。［21］姑孰：州镇名，在今安徽当涂县。当时刘毅以豫州刺史镇姑孰。［22］湘中诸郡：指长沙、零陵、桂阳等郡。［23］刘道规：字道则，刘裕异母弟，东晋末期名将。传见《宋书》卷五十一。逆战：迎战。［24］巴陵：郡名，郡治在今湖南岳阳市。［25］江陵：县名，在今湖北江陵县，时为荆州州治所在地。［26］戊午：五月七日。［27］桑落洲：古地名，在今江西九江市东北的长江中。［28］辎（zī）重：粮草等物资。辎，古代一种有帷盖的大车。

初，循至寻阳，闻裕已还，犹不信；既破毅，乃得审问[1]，与其党相视失色[2]。循欲退还寻阳，攻取江陵，据二州[3]以抗朝廷。道覆谓宜乘胜径进[4]，固争之。循犹豫累日，乃从之。

己未[5]，大赦。裕募人为兵，赏之同京口赴义之科[6]。发民治石头城[7]。议者谓宜分兵守诸津要[8]，裕曰："贼众我寡，若分兵屯守，则测人虚实[9]；且一处失利，则沮[10]三军之心。今聚众石头，随宜应赴，既令彼无以测多少，又于众力不分。若徒旅转集[11]，徐更论之[12]耳。"

朝廷闻刘毅败，人情恟惧[13]。时北师始还，将士多创病[14]，建康战士不盈数千。循既克二镇[15]，战士十余万，舟车百里不绝，楼船高十二丈，败还者争言其强盛。孟昶、诸葛长民欲奉乘舆过江[16]，裕不听。

初，何无忌、刘毅之南讨也，昶策[17]其必败，已而果然。至是，又谓裕必不能抗循，众颇信之，惟龙骧将军东海虞丘进廷折[18]昶等，以为不然。中兵参军王仲德[19]言于裕曰："明公命世作辅[20]，新建大功[21]，威震六合[22]，妖贼乘虚入寇，既闻凯还，自当奔溃[23]。若先自遁逃[24]，则势同匹夫[25]，匹夫号令，何以威物[26]！此谋若立[27]，请从此辞[28]。"裕甚悦。昶固请不已，裕曰："今重镇外倾[29]，强寇内逼，人情危骇[30]，莫有固志；若一旦迁动，便自土崩瓦解，江北亦岂可得至！设令[31]得至，不过延日月[32]耳。今兵士虽少，自足一战。若其克济[33]，则臣主同休[34]；苟厄运[35]必至，我当横尸庙门[36]，遂[37]其由来以身许国之志，不能窜伏草间苟求存活也。我计决矣，卿勿复言！"

昶恚其言不行[38]，且以为必败，因请死。裕怒曰："卿且申一战[39]，死复何晚！"昶知裕终不用其言，乃抗表[40]自陈曰："臣裕北讨，众并不同[41]，唯臣赞裕行计[42]，致使强贼乘间[43]，社稷危逼[44]，臣之罪也。谨引咎以谢天下[45]。"封表毕，仰药而死。

乙丑[46]，卢循至淮口[47]，中外戒严。琅邪王德文[48]都督宫城诸军事，屯中堂皇[49]，刘裕屯石头[50]，诸将各有屯守。裕子义隆[51]始四岁，裕使咨议参军刘粹[52]辅之，镇京口。粹，毅之族弟也。

裕见民临水望贼[53]，怪之，以问参军张劭，劭曰："若节钺未反[54]，民奔散之不暇，亦何能观望！今当无复恐耳。"裕谓将佐曰："贼若于新亭[55]直进，其锋不可当，宜且回避，胜负之事未可量也；若回泊西岸[56]，此成禽[57]耳。"

徐道覆请于新亭至白石焚舟而上[58]，数道攻裕。循欲以万全为计，谓道覆曰："大军[59]未至，孟昶便望风自裁；以大势言之，自当计日溃乱[60]。今决胜负于一朝，干没求利[61]，既非必克之道，且杀伤士卒，不如按兵待之。"道覆以循多疑少决，乃叹曰："我终为卢公所误，事必无成；使我得为英雄驱驰[62]，天下不足定[63]也。"

裕登石头城望循军，初见引向新亭，顾左右失色；既而回泊蔡洲[64]，乃悦。于是众军转集[65]。裕恐循侵轶[66]，用虞丘进计，伐树栅石头淮口[67]，修治越城[68]，筑查浦、药园、廷尉三垒[69]，皆以兵守之。

刘毅经涉蛮、晋[70]，仅能自免，从者饥疲，死亡什七八[71]。丙寅[72]，至建康，待罪。裕慰勉[73]之，使知中外留事[74]。毅乞自贬，诏降为后将军[75]。

（以上为第十一段，写东晋统帅刘裕赶回京都，坚决阻止孟昶提出的奉帝渡江北撤的主张，集中兵力，坚守建康，营建石头城，整修越城，兴筑堡垒，坚决阻击卢循的进攻。）

【注释】

[1]审问：确实的消息。问，音信，消息。 [2]失色：因惊恐而改变脸色。 [3]二州：指

荆州与江州。［4］乘胜径进：意即直取东晋都城建康。径，直抵，直达。［5］己未：五月八日。［6］同京口赴义之科：与当年在京口组织人马进建康讨伐桓玄的赏格相同。科，条例，标准。［7］石头城：古城名，在今江苏南京市清凉山。［8］诸："之于"合音词。津要：水陆冲要的地方。［9］测人虚实：指容易让别人看清我们究竟有多少兵马。［10］沮（jǔ）：沮丧，伤及。［11］徒旅转集：指如何调动部署。徒旅，徒众，这里指将兵。［12］徐更论之：另作具体考虑。徐，以后慢慢地。［13］恟（xiōng）惧：害怕，惊惧。［14］创病：受伤，生病。［15］二镇：指豫章与寻阳。［16］乘舆：皇帝的车驾，代指皇帝。过江：指到江北去避难。因为他们的青州、兖州都在江北。胡三省曰："时江西、江北皆无城池可倚。昶、长民欲奉天子过江，不过东走广陵，西据历阳耳。"［17］策：预料，推定。［18］虞丘进：东海郯县人，南朝宋开国功臣。随刘裕讨伐孙恩，平定桓玄，攻打南燕，平定卢循，征讨刘毅、司马休之，屡立战功。历任龙骧将军、宁蛮护军、寻阳太守、太尉行参军、辅国将军等职。传见《宋书》卷四十九。廷折：当众驳斥。［19］王仲德：原名王懿，字仲德，刘宋开国元勋。传见《宋书》卷四十六。［20］明公：对有名位者的尊称。命世作辅：以当世罕有之才，担当宰相之任。［21］新建大功：指消灭了南燕。［22］六合：天地与东西南北之中，即整个天下。［23］奔溃：奔逃，溃散。［24］先自遁逃：指"奉乘舆过江"。遁逃，躲避，逃跑。［25］势同匹夫：其情势就如一般平头百姓一样。［26］何以威物：何以使人敬畏、信从。物，人。［27］此谋若立：指"奉乘舆过江"的主张如果被实行。［28］请从此辞：犹言请准许我回家为民。［29］重镇外倾：大的藩镇失守，指江州沦陷。倾，倾倒，失败。［30］危骇（hài）：惶恐，惊骇。［31］设令：假使，假如。［32］延日月：拖延时间，再苟延残喘几天。［33］克济：成功。［34］同休：一同享福、庆贺。［35］苟：假如。厄运：指平叛失败，东晋灭亡。［36］横尸庙门：意即情愿死在宗庙的门前，为保卫宗庙社稷而死。［37］遂：实行，完成。［38］恚（huì）：气恼，气愤。其言不行：其计谋不被采纳。［39］且申一战：你先活着看看这一仗。申，展，延。［40］抗表：向皇帝上奏章。［41］众并不同：大家都不同意。并，皆，都。［42］行计：攻打南燕的打算。［43］乘间：乘虚而入，钻了空子。［44］社稷：国家，东晋朝廷。危逼：危迫，危急。［45］引咎：自己认罪，承担责任。谢天下：向天下人致歉，谢罪。［46］乙丑：五月十四日。［47］淮口：古地名，秦淮河入长江的入水口，在今江苏南京市西。［48］德文：即司马德文，安帝司马德宗之弟，东晋末代皇帝。初封琅邪王，继位为帝，后禅位刘裕，废为零陵王，被杀。传见《晋书》卷十。［49］屯：聚兵，驻守。中堂皇：古殿堂名，在建康宫城内。皇，有顶而无四壁之堂。司马德文处于此地，众人皆见，可以安定人心。［50］石头：即石头城，古城名，在建康城西，今江苏南京市清凉山。［51］义隆：即刘义隆，宋武帝刘裕第三子，宋少帝刘义符之弟，后继位为刘宋第三位皇帝，谥号为文，史称宋文帝。传见《宋书》卷五。［52］刘粹（cuì）：字道冲，刘毅族弟，南朝宋开国功臣。投奔太尉刘裕，任咨议参军，迁左卫将军。传见《宋书》卷四十五。［53］临水望贼：站在江边观看敌兵的动静。［54］节钺（yuè）：犹言"将军"，以称刘裕。因为刘裕有皇帝所赐予的节与钺，以显示其权威。反：同"返"，返回，指刘裕从攻伐南燕的前线返回。［55］新亭：建康城的游览区，在今江苏南京市西南的长江边上。［56］回泊西岸：指反贼在长江转弯处停靠在长江的西岸，建康城的对面。［57］成禽：被俘获，成为俘虏，指其必败无疑。禽，同“擒”，擒获，捉拿。［58］白石：也叫白石陂，在当时的建康城北。今南京称之为“白下”，即由此而来。焚舟而上：焚舟上岸与过河沉舟的意思相同，都是示士卒必死，无一还心。［59］大军：指自己的军队。［60］计日溃乱：意谓用不了几天，刘裕的军队就会散伙。计日，屈指可数，极言其快。［61］干没求利：指不顾一切，过分勉强地追求胜利。干没，冒险侥幸，不顾一切。［62］为英雄驱驰：为一个英明的主子效力。［63］不足定：不难平定。［64］蔡洲：南京西南长江中的小岛。［65］转集：集结，靠拢。［66］侵轶（yì）：攻击，骚扰。［67］栅（zhà）石头淮口：把石头城下的秦淮河入长江的河口用木桩截断。栅，栅栏，结木为栅。［68］修治越城：在当时建康城的西部、秦淮河东岸建造了一道越城。［69］查浦、药园、廷尉：皆古地名，为三个军事据点，都在长江东岸秦淮河入长江的入江口附近。［70］经涉蛮、晋：指千里跋涉，穿越了许多少数民族与汉族居住的区域。［71］什七八：十分之七、八。什，同“十”。［72］丙寅：五月十五日。［73］慰勉：勉励，激励。［74］知中外留事：主管除与卢循作战以外的其他朝里朝外的日常事务。知，过问，主管。［75］降为后将军：此前刘毅任卫将军，品级在前、后、左、右四将军之上。

魏长孙嵩至漠北[1]而还，柔然追围之于牛川[2]。壬申[3]，魏主嗣北击柔然。柔然可汗社仑[4]闻之，遁走，道死；其子度拔尚幼，部众立社仑弟斛律，号蔼苦盖可汗[5]。”嗣引兵还参合陂[6]。

卢循伏兵南岸，使老弱乘舟向白石，声言悉众自白石步上。刘裕留参军沈林子、徐赤特[7]戍南岸，断查浦[8]，戒令坚守勿动。裕及刘毅、诸葛长民北出拒之。林子曰：“妖贼此言，未必有实，宜深为之防。”裕曰：“石头城险，且淮栅甚固，留卿在后，足以守之。”林子，穆夫[9]之子也。

庚辰[10]，卢循焚查浦，进至张侯桥[11]。徐赤特将击之，林子曰：“贼声往白石而屡来挑战，其情可知[12]。吾众寡不敌，不如守险以待大军。”赤特不从，遂出战。伏兵发，赤特大败，单舸奔淮北[13]。林子及将军刘钟[14]据栅力战，朱龄石[15]救之，贼乃退。循引精兵大上，至丹阳郡[16]。裕帅诸军驰还石头，斩徐赤特，解甲久之，乃出陈于南塘[17]。

六月，以刘裕为太尉、中书监，加黄钺[18]。裕受黄钺，余固辞。以车骑中军司马庾悦为江州[19]刺史。悦，准之子也。

司马国璠及弟叔璠、叔道[20]奔秦。秦王兴曰："刘裕方诛桓玄，辅晋室，卿何为来？"对曰："裕削弱王室，臣宗族有自修立者[21]，裕辄[22]除之；方为国患，甚于桓玄耳。"兴以国璠为扬州刺史，叔道为交州[23]刺史。

卢循寇掠诸县无所得，谓徐道覆曰："师老[24]矣，不如还寻阳，并力取荆州，据天下三分之二，徐更与建康争衡[25]耳。"秋，七月，庚申[26]，循自蔡洲南还寻阳，留其党范崇民将五千人据南陵[27]。甲子[28]，裕使辅国将军王仲德、广川太守刘钟、河间内史兰陵蒯恩[29]、中军咨议参军孟怀玉[30]等帅众追循。

（以上为第十二段，写北魏主拓跋嗣阻击北方柔然南侵取胜；东晋叛军卢循采用声东击西的策略，攻打都城建康，诡计被刘裕识破，卢循败下阵来，撤回寻阳，刘裕派众将追击。）

【注释】

[1]漠北：大沙漠以北，长孙嵩为伐柔然而至此。 [2]牛川：古地名，在今内蒙古呼和浩特市西南。 [3]壬申：五月二十一日。 [4]社仑：即郁久闾社仑，柔然部落的头领，号丘豆伐可汗。传见《魏书》卷一百三。 [5]蔼苦盖可汗：苦，原文作"豆"，据章校改。即郁久闾斛律，社仑死后继位，称"蔼苦盖可汗"，在位四年，被臣下劫持至北燕，为北燕文成帝冯跋部将万陵所杀。[6]参合陂：古地名，在今内蒙古凉城县东的岱海南岸。 [7]沈林子、徐赤特：两人东晋将领，刘毅部属。 [8]断查浦：指控制住了查浦一带的秦淮河。查浦，古地名，在今江苏南京市西清凉山南。 [9]穆夫：即沈穆夫，东晋时吴兴人，孙恩占领会稽时，沈穆夫投靠孙恩任余姚县令。刘牢之破孙恩，沈穆夫被杀。 [10]庚辰：五月二十九日。 [11]张侯桥：古地名，东晋、南朝时在建康城宣阳门外，在今江苏南京市西部秦淮河北岸。 [12]其情可知：可见他们的真正意图并不是前往白石。 [13]单舸（gě）：一条大船。奔淮北：逃回了秦淮河北岸。 [14]刘钟：字世之，彭城人，东晋将领。先后随刘裕讨伐孙恩、桓玄、卢循、刘毅，征讨广固，平灭西蜀，北伐后秦。传见《宋书》卷四十九。 [15]朱龄石：字伯儿，刘裕得力干将。传见《宋书》卷四十八。当时朱龄石为代理中军将军。 [16]丹阳郡：古郡名，郡治即在建康城内，当时特称为"丹阳尹"。这里指丹阳尹的官署。 [17]出陈：即出阵，陈列军队。陈，同"阵"。南塘：古地名，这里指秦淮河南岸的大堤。 [18]加黄钺（yuè）：授予镀金大斧，使其有生杀之权。加，授予。钺，古代兵器，青铜或铁制成，形状像板斧而较大。 [19]车骑中军司马：刘裕的高级僚属。庾悦：字仲豫，东

晋司徒庾亮曾孙，豫州刺史庾准之子，刘裕为车骑将军时任司马，故称。传见《晋书》卷七十三。江州：郡治浔阳，在今江西九江市。［20］司马国璠及弟叔璠、叔道：三兄弟，河间景王司马昙之之子，投奔后秦。传见《晋书》卷一百一十八。［21］自修立者：能自修自立，指有才干有威望的人。［22］辄（zhé）：便，就。［23］交州：疑为"兖州"，时交州属东晋。兖州，州治廪丘，在今山东郓城县西北。［24］师老：军队疲惫，士气低落。［25］争衡：较量高低。［26］庚申：七月十日。［27］范崇民：海盗首领卢循属将。南陵：郡名，郡治在今安徽池州市贵池区附近。［28］甲子：七月十四日。［29］蒯恩：字道恩，兰陵承县人，东晋名将。传见《宋书》卷四十九。［30］中军咨议参军：中军将军（刘裕）的属官。咨议参军，职掌咨询谋议军事，地位在诸参军之上。孟怀玉：东晋末年名将，南朝宋功臣。传见《宋书》卷四十七。

乙丑[1]，魏主嗣还平城。

西秦王乾归讨越质屈机[2]等十余部，降其众二万五千，徙于苑川[3]。八月，乾归复都苑川[4]。

沮渠蒙逊伐西凉[5]，败西凉世子歆于马庙[6]，禽其将朱元虎[7]而还。凉公暠以银二千斤、金二千两赎元虎；蒙逊归之，遂与暠结盟而还。

刘裕还东府[8]，大治水军，遣建威将军会稽孙处[9]、振武将军沈田子[10]帅众三千自海道袭番禺。田子，林子之兄也。众皆以为"海道艰远，必至为难，且分撤见力[11]，非目前之急。"裕不从，敕处[12]曰："大军十二月之交[13]必破妖虏，卿至时，先倾其巢窟[14]，使彼走无所归也。"

谯纵[15]遣侍中谯良等入见于秦，请兵以伐晋。纵以桓谦为荆州刺史，谯道福为梁州[16]刺史，帅众二万寇荆州；秦王兴遣前将军苟林[17]帅骑兵会之。

江陵[18]自卢循东下，不得建康之问[19]，群盗互起。荆州刺史刘道规遣司马王镇之帅天门太守檀道济、广武将军彭城到彦之[20]入援建康。道济，祗之弟也。

镇之至寻阳，为苟林所破。卢循闻之，以林为南蛮校尉[21]，分兵配之，使乘胜伐江陵，声言徐道覆已克建康。桓谦于道召募义旧[22]，民投之者二万人。谦屯枝江[23]，林屯江津[24]，二寇交逼，江陵士民多怀异心。道规乃会将士告之曰："桓谦今在近道，闻诸长者颇有去就[25]之计，吾东来文武足以济事[26]；若欲去者，本不相禁。”因夜开城门，达晓不闭。众咸惮服[27]，莫有去者。

雍州刺史鲁宗之[28]帅众数千自襄阳赴江陵。或谓宗之情未可测[29]，道规单马迎之，宗之感悦[30]。道规使宗之居守[31]，委以腹心，自帅诸军攻谦。诸将佐皆曰：“今远出讨谦，其胜难必。苟林近在江津，伺人动静，若来攻城，宗之未必能固；脱有蹉跌[32]，大事去矣。”道规曰：“苟林愚懦，无他奇计，以吾去未远，必不敢向城。吾今取谦，往至便克；沈疑[33]之间，已自还返。谦败则林破胆，岂暇得来！且宗之独守，何为不支数日[34]！”乃驰往攻谦，水陆齐进。谦等大陈舟师，兼以步骑，战于枝江。檀道济先进陷陈[35]，谦等大败。谦单舸奔苟林，道规追斩之。还，至涌口[36]，讨林，林走，道规遣咨议参军临淮刘遵[37]帅众追之。初，谦至枝江，江陵士民皆与谦书，言城内虚实，欲为内应；至是检得之，道规悉焚不视，众于是大安。

江州刺史庾悦以鄱阳太守虞丘进为前驱[38]，屡破卢循兵，进据豫章[39]，绝循粮道。九月，刘遵斩苟林于巴陵[40]。

桓石绥[41]因循入寇，起兵洛口[42]，自号荆州刺史；征阳令王天恩[43]自号梁州刺史，袭据西城[44]。梁州刺史傅韶[45]遣其子魏兴太守弘之[46]讨石绥等，皆斩之，桓氏遂灭。韶，畅之孙也。

（以上为第十三段，写西蜀主谯纵任命桓谦为荆州刺史，率军进犯荆州，后秦主姚兴派遣前将军苟林率领骑兵与之会合；东晋荆州刺史将领刘道规奋起反击，两股来犯之敌被打得大败。）

【注释】

［1］乙丑：七月十五日。 ［2］越质屈机：又称“越质诘归”，东晋时鲜卑越质部首领，以部为氏，故称。东晋太元十三年（388），为西秦所破，投降，封陇西太守。后两度举兵反叛西秦，兵败，降后秦主姚兴，封镇西将军、平襄公。 ［3］苑川：郡名，郡治在今甘肃兰州市东，西秦都城所在。 ［4］复都苑川：乞伏乾归原都苑川，后降于姚兴。叛离姚兴后曾躲入度坚山，今又迁回苑川。 ［5］西凉：十六国之一，李暠建立的割据政权，因其位于后凉西部，故史称“西凉”。［6］歆（xīn）：即李歆，字士业，西凉主李暠次子，西凉第二位国君。传见《晋书》卷八十七。马庙：古地名，约在今甘肃酒泉市东南。古代祭马祖，后世因立庙以祭之，故名其地曰“马庙”。

[7]禽：同“擒”，擒获。朱元虎：西凉将领。[8]东府：古官府名，东晋、南朝都建康时丞相兼领扬州刺史的治所，故址在今江苏南京市内。昔为司马道子所居，后又为桓玄所居，现为刘裕所居。[9]孙处：字季高，东晋将领。传见《宋书》卷四十九。[10]沈田子：字敬光。传见《南史》卷五十七。[11]分撤见力：分散现有的兵力。见，同“现”。[12]敕（chì）处：告诫孙处。敕，告诫，约束。[13]大军：指自己的主力部队。之交：之际，之间。[14]倾：捣毁，毁坏。巢窟：本指虫鸟兽类栖身之处，此代指卢循盘踞之地番禺。[15]谯（qiáo）纵：巴西南充（今四川南充市）人，一度割据西川建立西蜀政权，被后秦主姚兴封为蜀王，后被东晋刘裕派兵讨灭。传见《晋书》卷一百。[16]谯（qiáo）道福：谯纵官员，为辅国将军、梁州刺史。梁州：州治南郑，在今陕西汉中市。[17]苟林：后秦前将军、南蛮校尉。曾应谯纵的请求，率骑兵南下，与谯纵所部会师，以讨伐东晋。[18]江陵：此指称荆州刺史刘道规。[19]问：音信，消息。[20]王镇之：字伯重，荆州司马。后从刘裕讨徐道覆有功，封华容县五等男。传见《宋书》卷九十二。檀道济：高平金乡（今山东金乡县）人，东晋末年名将，刘宋开国元勋。传见《宋书》卷四十三。到彦之：字道豫，南朝宋开国将领。传见《南史》卷二十五。[21]南蛮校尉：驻兵江陵。卢循欲使苟林取江陵，故任以此职，此由东西上。[22]召募义旧：召募那些昔日受过桓氏之“恩”，而思“义”图报的人。[23]枝江：县名，县治在今湖北枝江市西南，当时的江陵城西。[24]江津：即江津戍，在江陵城东南不远。[25]去就：去此就彼，隐指投降敌人。[26]东来文武：由东方建康城来的僚属，指自己与部下将士。足以济事：完全可以办好这件事，指打退桓谦等人。济事，成事，取得成功。[27]惮服：害怕，畏服。[28]鲁宗之：字彦仁，东晋末期名将。为南郡太守，投奔刘裕，攻打雍州刺史桓蔚，拜辅国将军、雍州刺史。后起兵反叛，兵败投奔后秦，病故。[29]情未可测：意图难以猜测，不太弄得清楚。[30]感悦：感激，高兴。[31]居守：留守城池。[32]脱有蹉（cuō）跌（diē）：一旦出现闪失。脱，突然，如果。蹉跌，闪失。[33]沈疑：即沉疑，拿不定主意。此指苟林。沈，同“沉”。[34]何为不支数日：怎么就坚持不了几天？支，坚持。[35]陷陈：攻破敌阵。陈，同“阵”。[36]涌口：古地名，涌水入长江之口，在湖北江陵县东。[37]临淮：郡名，郡治盱眙，在今江苏盱眙县东北。刘遵：刘道规部属，为咨议参军。[38]鄱阳：郡名，郡治在今江西鄱阳县。前驱：先头部队。[39]豫章：郡名，郡治在今江西南昌市。[40]巴陵：郡名，郡治在今湖南岳阳市。[41]桓石绥（suí）：桓玄堂兄弟。桓玄败死后，自号荆州刺史，一直领导桓氏一族抵抗东晋，失败被杀。《晋书》以其死亡标志桓楚余党灭亡。传见《晋书》卷七十四。[42]洛口：洛谷水与汉水的交汇口，在今陕西洋县。[43]征阳：胡三省以为应作“微阳”，微阳，在今湖北竹溪县东。王天恩：桓玄余党，曾自号梁州刺史，被杀。[44]西城：县名，县治在今陕西安康市西北。[45]傅韶：北地泥阳（今陕西铜川市耀州区）人，西晋司徒傅畅之孙，东晋梁州刺史。[46]魏兴：郡名，郡治在今陕西白河县北。弘之：即傅弘之，字仲度，东晋末期名将。传见《宋书》卷四十八。

西秦王乾归攻秦略阳、南安、陇西[1]诸郡，皆克之，徙民二万五千户于苑川及枹罕。

甲寅[2]，葬魏主珪于盛乐金陵[3]，谥曰“宣武”，庙号烈祖。

刘毅固求追讨卢循，长史王诞密[4]言于刘裕曰：“毅既丧败，不宜复使立功。”裕从之。冬，十月，裕帅兖州刺史刘藩、宁朔将军檀韶、冠军将军刘敬宣等南击卢循，以刘毅监太尉留府[5]，后事[6]皆委焉。癸巳[7]，裕发建康。

徐道覆率众三万趣江陵，奄至破冢[8]。时鲁宗之已还襄阳，追召不及，人情大震[9]。或传循已平京邑[10]，遣道覆来为刺史，江、汉士民感刘道规焚书之恩，无复贰志。道规使刘遵别为游军[11]，自拒道覆于豫章口[12]，前驱失利；遵自外横击[13]，大破之，斩首万余级，赴水死者殆尽，道覆单舸走还湓口[14]。初，道规使遵为游军，众咸以为强敌在前，唯患众少，不应分割见力[15]，置无用之地。及破道覆，卒得游军之力，众心乃服。

鲜卑仆浑、羌句岂、输报、邓若[16]等帅户二万降于西秦。

王仲德等闻刘裕大军且至[17]，进攻范崇民于南陵；崇民战舰夹屯两岸[18]。十一月，刘钟自行觇贼[19]，天雾，贼钩得其舸。钟因帅左右攻舰户[20]，贼遽[21]闭户拒之，钟乃徐还，与仲德共攻崇民，崇民走。

癸丑[22]，益州刺史鲍陋[23]卒。谯道福陷巴东[24]，杀守将温祚、时延祖[25]。

卢循兵守广州者不以海道为虞[26]。庚戌[27]，孙处乘海奄至[28]，会大雾，四面攻之，即日拔其城。处抚其旧民[29]，戮循亲党，勒兵谨守，分遣沈田子等击岭表诸郡[30]。

刘裕军雷池[31]。卢循扬声不攻雷池，当乘流径下[32]；裕知其欲战，十二月，己卯[33]，进军大雷[34]。庚辰[35]，卢循、徐道覆帅众数万塞江[36]而下，前后莫见舳舻之际[37]。裕悉出轻舰，帅众军齐力击之；又分步骑屯于西岸，先备火具。裕以劲弩射循军，因风水之势以蹙[38]之。循舰悉泊西岸，岸上军投火焚之，烟炎涨天[39]；循兵大败，走还寻阳。将趣豫章，乃悉力栅断左里[40]。丙申[41]，裕军至左里，不得进。裕麾[42]兵将战，所执麾竿折，幡沈[43]于水，众并怪惧。裕笑曰："往年覆舟之战[44]，幡竿亦折，今者复然，贼必破矣。"即攻栅而进，循兵虽殊死战，弗能禁。循单舸走，所杀及投水死者凡万余人。纳其降附，宥其逼略[45]，遣刘藩、孟怀玉轻军追之。循收散卒，尚有数千人，径还番禺。道覆走保始兴[46]。裕版建威将军褚裕之行[47]广州刺史。裕之，裒之曾孙也。裕还建康。刘毅恶刘穆之，每从容[48]与裕言穆之权太重，裕益亲任之。

燕广川公万泥、上谷公乳陈，自以宗室，有大功[49]，谓当入为公辅[50]。燕王跋以二藩[51]任重，久而弗征[52]，二人皆怨。是岁，乳陈密遣人告万泥曰："乳陈有至谋，愿与叔父图之。"万泥遂奔白狼[53]，与乳陈俱叛，跋遣汲郡公弘与张兴将步骑二万讨之。弘先遣使谕以祸福，万泥欲降，乳陈不可。兴谓弘曰："贼明日出战，今夜必来惊我营，宜为之备。"弘乃密令人课草十束[54]，畜火伏兵以待之。是夜，乳陈果遣壮士千余人来斫营[55]，众火俱起，伏兵邀击[56]，俘斩无遗。万泥、乳陈惧而出降，弘皆斩之。跋以范阳公素弗为大司马，改封辽西公；弘为骠骑大将军，改封中山公。

（以上为第十四段，写东晋太尉刘裕率领将士奋力出击，将卢循叛军彻底打垮；北燕广川公冯万泥、上谷公冯乳陈举兵反叛，国主冯跋派遣汲郡公冯弘平定叛乱。）

【注释】

[1]略阳、南安、陇西：三郡名，略阳郡治在今甘肃天水市东，南安郡治在今甘肃陇西县东，陇西郡治在今甘肃陇西县东南。 [2]甲寅：九月五日。 [3]盛乐：北魏主拓跋珪故都，在今内蒙古和林格尔县北。金陵：拓跋珪的陵墓名。 [4]王诞：字茂世，东晋官员。起家秘书郎，依附权臣司马元显，历任吏部侍郎、庐江琅邪二郡太守。后为太尉（刘裕）长史，任齐郡太守、吴国内史。传见《宋书》卷五十二。 [5]监：监管。太尉留府：太尉府的留守处。当时刘裕任太尉。[6]后事：即后方之事。 [7]癸巳：十月十四日。 [8]奄至破冢：突然出现在破冢。破冢，古地名，在江津戍东、江陵城东南。 [9]人情：众人的情绪。大震：大惊，恐慌。 [10]已平京邑：已经占据东晋都城建康。 [11]游军：游击部队，以骚扰敌人。 [12]豫章口：古地名，在江陵城东二十里的长江上。 [13]横击：拦腰攻击。 [14]湓（pén）口：古地名，鄱阳湖的入长江之口，在今江西九江市东北。 [15]分割见力：分散现有的兵力。见，同"现"。 [16]仆

浑：鲜卑族部落首领。句岂、输报、邓若：皆羌族部落首领。［17］且至：将要到达。［18］夹屯两岸：谓占据南陵（今安徽池州市贵池区），夹长江而守。按："两岸"，原文作"西岸"，据章校改。［19］觇贼：探看敌情。觇，探测。［20］舰户：以船构成的营门，犹如步兵之所谓"辕门"。［21］遽（jù）：急忙，急速。［22］癸丑：十一月五日。［23］益州：州治在今四川成都市。鲍陋：东晋益州刺史，因益州被谯纵所占据，故鲍陋只能游动于今重庆市的东部一带地区。后随刘敬宣伐谯纵，病死于巴东白帝城。［24］陷：攻陷，攻下。巴东：郡名，郡治在今重庆市奉节县东。［25］温祚：东晋巴东太守。时延祖：东晋始康太守、龙骧将军。随刘敬宣伐蜀失利，退守巴东。后西蜀谯纵攻陷巴东，时延祖与温祚两人在交战中殉难。［26］不以海道为虞：不防备有人从海道进攻他们。虞，忧虑，防备。［27］庚戌：十一月二日。［28］奄至：突然到来，出其不意。［29］旧民：广州的原有居民。［30］岭表诸郡：五岭以南的各郡，如南海、苍梧、郁林、合浦等。岭表，犹言岭外、岭南。［31］军：驻军。雷池：古地名，在今安徽望江县长江西岸。［32］径下：一直东下。［33］己卯：十二月一日。［34］大雷：古地名，即前文所说的雷池一带，其地有江，称大雷江；有岸，称大雷岸；有驻兵据点，称大雷戍。［35］庚辰：十二月二日。［36］塞江：填满长江，形容敌舰之多。［37］前后莫见舳（zhú）舻（lú）之际：其舰船多得一眼望不到头。舳舻，指首尾衔接的船只。舳，指船尾；舻，指船头。［38］蹙（cù）：逼，挤。［39］烟炎涨天：烟火遮满天空。烟炎，烟火，大火。［40］栅断左里：在水中立栅，以遮护其左里城。左里，卢循所筑的城名，在今江西都昌县西北左里镇。［41］丙申：十二月十八日。［42］麾（huī）：大将军的指挥旗。此用作动词，同"挥"，指挥。［43］幡（fān）：这里指指挥旗的旗面。沈：同"沉"，沉没。［44］覆舟之战：覆舟山破桓玄之战，事见《资治通鉴》卷一百十三晋安帝元兴三年（404）。覆舟，山名，在今江苏南京市东北的长江边。［45］宥（yòu）其逼略：宽赦那些被逼迫、被强抓的敌军士兵。宥，宽饶。略，同"掠"，被劫掠。［46］始兴：郡名，郡治在今广东韶关市西南。［47］版：委任，任命。褚裕之：字叔度，因名与刘裕同，故以字行，仕晋，任琅邪王参军，加建威将军，入宋，任右卫将军，封番禺县男。行：临时代理。［48］从容：有意无意、安闲地说。［49］有大功：指协助冯跋杀死慕容熙，拥立高云。［50］公辅：位居三公的宰相之任。［51］二藩：当时冯万泥为幽、平二州刺史，镇肥如（今河北卢龙县北）；冯乳陈为并、青二州刺史，镇白狼。［52］弗征：不调进京都任官。［53］白狼：古地名，在今辽宁喀喇沁左翼县西南。［54］人课草十束：让每人准备好十束干草。课，准备。［55］斫（zhuó）营：劫营。［56］邀击：拦腰截击。

【点评】

刘裕北伐与平乱。公元410年，东晋将领刘裕在上一年率领大军进攻南燕的基础上，消灭了南燕，为东晋扩大疆土；紧接着，又马不停蹄赶回国内，平定了卢循之乱，实现了国内的安定。这两件大事，是非常了不起的。就北伐攻战而言，在这以前，也有数次，但都收效甚微，徒耗国力，而这次大获全胜；就平定内乱而言，既是那样的惊心动魄，又是那样的功德圆满，真乃大快人心事！细细回味，刘裕能够取得这两次大胜，自有其独特之处。

首先，人心思安，人心思强，国内具有上下齐心的基础条件。人心齐，泰山移，这话完全适用于一个国家。在攻打南燕前，刘裕上书安帝司马德宗，请求兴师击灭南燕。朝中大臣大部分认为不可，只有左仆射孟昶等人极力赞成，而刘裕决心坚定。朝廷有不同意见，这在东晋是再正常不过了，一是有一帮朝臣精神颓废，苟且偷安，不管做什么事情，都投否定票，最好什么事情都不要做；二是前几次桓温、桓玄等人的北伐都是事倍功半，收效甚微，有此前车之鉴，一些朝臣认为此次北伐也是如此，一味地凭经验说话；三是刘裕的一些对头，不管刘裕做什么，都持否定态度，如此而已。所喜的是，这些朝臣议论，并不代表东晋上下臣民的愿望和利益，对于刘裕而言，根本起不了什么实质性作用，同意固然是好，不同意也没有什么关系。东晋的广大民众是支持刘裕北伐的，有南燕国侵占、掳掠东晋民众在先，激起了朝野上下的强烈愤懑，东晋需要进行反击，以打压南燕的嚣张气焰。至于卢循之乱，弄得整个东晋鸡犬不宁，甚至弄得都城建康人心惶惶。军民同仇敌忾。这些对于刘裕的两次胜利，都起着重大的作用。

其次，刘裕审时度势，把控朝局，排除来自各个方面的干扰，具有坚定的意志和决胜的信心。这一点，在平定卢循之乱中表现得尤为突出。当时卢循的数万大军，于豫章杀了何无忌，再败刘毅大军，进至建康，耀武扬威，杀气腾腾，都城上下惊恐慌乱，都认为建康守不住了，这以孟昶为代表。他是尚书仆射，在朝廷威望较高，具有料事如神的称誉。刘裕率兵攻打南燕，他举双手赞成，认为此举必胜；卢循起兵，何无忌、刘毅出师，他都曾预言出师必败，结果不幸言中，而对刘裕的出兵平乱，他也认定会失败。因此，他极力主张让皇上到江北避难，也得到朝廷大多数人的肯定。而事实上，大多数人的肯定，不一定就是正确的。如果皇上一旦逃离建康，则将是东奔西逃，人心涣散，还谈什么平定叛乱？于是，刘裕力排众议，坚决认为皇上不能离开都城，平乱必定胜利！当时，敌我双方的实力差距确实很大。这难道是信口雌黄？不是，是源自于刘裕有必胜的信心，有打败敌人的能力。孟昶眼看不能说服刘裕，怕敌人攻进城来，眼看国家灭亡，怕受到羞辱，就索性一死了之。可惜，他没有看到刘裕平叛的胜利。后来明朝时，蒙古瓦剌部首领也先攻打北京城，朝中也是一片呼声，要求迁都，而于谦力排众议，组织力量防守和反攻，取得了北京保卫战的胜利。而它的先例，就是这次刘裕打败卢循，保卫建康。

最后，周密谋划，出人意料，是刘裕能够决战决胜的重要因素。在攻打南燕时，刘裕善于从敌我双方的政治、经济、自然地理等诸多方面权衡优劣，做出相应的作战决策。他分析燕人的心理状态是只顾眼前获利，没有长远计划，就定下了越过大岘险山、直冲燕军京师的进攻战略；他分析燕军骑兵众多、机动和突击力强，长于平原作战，就采用以车战为主，以步、骑兵相配合的制胜方针；在深入燕境之后，他又采取了以军事打击为主与以分化瓦解为辅的围攻策略，一方面围困敌军万千重，一方面又安抚百姓，招降燕军，使南燕的一些重要大臣、将吏不断投诚，每日归附的百姓多达数千人，由此，燕军的士气受到严重打击，军无斗志，人心思降。因此，南燕的灭亡，是在意料之中的事情了。在平定卢循之乱中，刘裕一方面正面组织力量平定叛乱，一方面又派孙处等人经海路攻占了卢循的根据地番禺，使卢循失败后逃无可逃。而这一举措在当时也不被人理解，大多数人认为卢循的实力强大，要集中力量将其消灭，不宜分兵作战。而实践证明，刘裕的这一举措，为打败和消灭卢循，起了极其重要的作用。而在与卢循的正面作战中，刘裕在集中兵力阻断敌人进攻、修建堡垒、用火攻的方法对付其强大船队的同时，往往采用奇兵战略，在和敌人打得难解难分的时候，一支强兵突然从天而降，打得敌人措手不及，使敌人一败涂地。

卷一一六　晋纪三十八

晋安帝义熙七年至十年（411—414年）

【起重光大渊献（辛亥，411年），尽阏逢摄提格（甲寅，414年），凡四年】

【大事提要】

本卷记事起于公元411年，到公元414年，凡四年，时当晋安帝义熙七年至义熙十年。本卷所载大事，主要有五个方面。其一，卢循灭亡。卢循败于左里后南归广州，试图夺回番禺，东晋建威将军孙处顽强抵抗，晋将沈田子援军赶至，卢循战败逃走，而后晋军继续追击，先后在苍梧、郁林及宁浦三郡击败卢循，卢循逃奔交州。交州刺史杜慧度率军与卢循作战，卢循投海自杀，其乱终结。其二，谯蜀灭亡。公元412年，东晋太尉刘裕以西阳太守朱龄石为益州刺史，率军两万自江陵出发，攻打后蜀主谯纵。出发前，刘裕与朱龄石定下诱骗蜀人防内水，主力走外水的速战之策。朱龄石听从刘钟计议，快速进攻，攻入成都，谯纵自缢而亡，谯蜀随之亦亡。其三，剪灭刘毅。东晋荆州刺史刘毅至江陵，暗地与建康朝中的谢混、郗僧施等大族联络，扩充势力，欲以荆州为本，意图举兵攻打都城建康，安帝司马德宗下令剿灭，刘裕亲自率领部众攻打，部将王镇恶等攻下江陵，刘毅从大城东门逃出，穷途末路，自缢而死。其四，诸葛长民被灭。东晋将领诸葛长民，曾与刘裕举兵攻打篡位的桓玄，后来又在卢循之乱中参与防卫京师建康，先后迁任青州和豫州刺史，后来骄纵贪侈，多行不义，意图谋反，曾感叹："贫贱时常想富贵，而富贵了又危机四伏。"刘裕用计，命人诛杀。其五，南凉被灭。南凉为河西鲜卑秃发乌孤所建，都乐都。早先，拓跋氏的一支由酋长统率，从塞北迁到河西凉州，后部众渐盛，务农桑，修邻好，境内安定，势力不断发展，初附于后凉吕光。公元414年，秃发傉檀率军西掠，西秦偷袭乐都，南凉灭亡，立国十七年。

安皇帝辛

义熙七年（辛亥，411年）

春，正月，己未[1]，刘裕还建康。

秦广平公弼[2]有宠于秦王兴，为雍州刺史[3]，镇安定。姜纪谄附[4]于弼，劝弼结兴左右以求入朝[5]。兴征弼为尚书令、侍中、大将军。弼遂倾身[6]结纳朝士，收采名势[7]，以倾东宫[8]，国人恶[9]之。会兴以西北多叛乱，欲命重将镇抚之，陇东太守郭播请使弼出镇[10]，兴不从，以太常索稜为太尉、领陇西内史[11]，使招抚西秦[12]。西秦王乾归遣使送所掠守宰[13]，谢罪请降。兴遣鸿胪拜乾归都督陇西·岭北·杂胡[14]诸军事、征西大将军、河州牧、单于、河南王，太子炽磐为镇西将军、左贤王、平昌公。

兴命群臣搜举[15]贤才。右仆射梁喜曰："臣累受诏而未得其人[16]，可谓世之乏才。"兴曰："自古帝王之兴，未尝取相于昔人，待将于将来[17]，随时任才[18]，皆能致治。卿自识拔不明，岂得远诬四海[19]乎？"群臣咸悦。

秦姚详屯杏城[20]，为夏王勃勃[21]所逼，南奔大苏[22]。勃勃遣平东将军鹿弈干追斩之，尽俘其众。勃勃南攻安定，破尚书杨佛嵩于青石[23]北原，降其众四万五千；进攻东乡[24]，下之，徙三千余户于贰城[25]。

秦镇北参军王买德[26]奔夏，夏王勃勃问以灭秦之策，买德曰："秦德虽衰，藩镇[27]犹固，愿且蓄力以待之。"勃勃以买德为军师中郎将[28]。秦王兴遣卫大将军常山公显[29]迎姚详，弗及，遂屯杏城。

刘藩[30]帅孟怀玉[31]等诸将追卢循至岭表[32]，二月，壬午[33]，怀玉克始兴[34]，斩徐道覆[35]。

河南王乾归徙鲜卑仆浑部三千余户于度坚城[36]，以子敕勃为秦兴[37]太守以镇之。

焦朗犹据姑臧[38]，沮渠蒙逊[39]攻拔其城，执朗而宥[40]之，以其弟挐为秦州[41]刺史，镇姑臧。遂伐南凉，围乐都[42]，三旬不克，南凉王傉檀以子安周为质，乃还。

吐谷浑树洛干[43]伐南凉，败南凉太子虎台[44]。

南凉王傉檀欲复伐沮渠蒙逊，邯川护军孟恺[45]谏曰："蒙逊新并姑臧，凶势方盛，不可攻也。"傉檀不从，五道俱进，至番禾、苕藋[46]，掠五千余户而还。将军屈右[47]曰："今既获利，宜倍道旋师[48]，早度险厄[49]。蒙逊善用兵，若轻军猝至[50]，大敌外逼，徙户内叛，此危道也。"卫尉伊力延曰："彼步我骑，势不相及。今倍道而归则示弱，且捐弃资财，非计也。"俄而[51]昏雾风雨，蒙逊兵大至，傉檀败走。蒙逊进围乐都，傉檀婴城固守，以子染干为质以请和，蒙逊乃还。

（以上为第一段，写后秦主重视荐举贤才；东晋将领孟怀玉攻克始兴，杀死海盗首领徐道覆；北凉主沮渠蒙逊攻克南凉将军焦朗占据的姑臧城；南凉主秃发傉檀率军攻打北凉，先胜后败。）

【注释】

[1]己未：正月十二日。 [2]弼：即姚弼，后秦主姚兴第三子，封广平公，后秦将领。姚兴病重时，谋反，事发赐死。传见《晋书》卷一百一十七。 [3]雍州刺史：后秦时，分岭北五郡置雍州刺史，州治安定，在今甘肃泾川县北。 [4]姜纪：原是后凉主吕纂的将领，吕隆等杀吕纂自立后，姜纪逃归秃发氏，后归后秦，为谋士。谄（chǎn）附：逢迎，趋附。 [5]入朝：在朝廷任职，其意在于篡取政权。 [6]倾身：身体前倾，形容对人谦卑恭顺。 [7]收采：收获，采纳。名势：名声与权势。 [8]倾：超过，胜过。东宫：指太子姚泓。 [9]恶（wù）：厌恶，讨厌。 [10]陇东：古郡名，郡治泾阳，在今甘肃平凉市西北。郭播：后秦陇西太守。出镇：出任地方长官。 [11]索稜（léng）：后秦主姚兴时官员，原为太常，升为太尉、领陇西内史，驻守陇西，以招抚乞伏氏。后以陇西郡投降西秦主乞伏炽磐。领陇西内史：兼任陇西郡的内史。陇西，古郡名，郡治襄武，在今甘肃陇西县东南，当时属西秦主乞伏乾归。内史，诸侯国的行政长官，级别相当于郡太守。 [12]西秦：指鲜卑族乞伏乾归政权，五胡十六国政权之一。国号秦，以地处战国时秦国故地为名。后被夏国所灭。 [13]乾归：即西秦主乞伏乾归。所掠守宰：指去年乞伏乾归破南安、略阳、陇西诸郡所掳去的郡太守与所属县的县令。 [14]岭北：古区域名，指九嵕山以北的新平郡、北地郡、安定郡一带地区。九嵕山在今陕西礼泉县东北。杂胡：指岭北匈奴等各族混居之地，统称杂胡。据章校，"杂胡"前有"匈奴"二字。 [15]搜举：寻求，推荐。 [16]累：屡次，多次。未得其人：找不到您所需要的人才。 [17]待将于将来：等到日后有了良将再任用。 [18]随时任才：根据现时的需要选用人才。 [19]远诬四海：指梁喜所说的"世之乏才"。四海，此指全国。 [20]姚详：后秦姚襄之孙。杏城：古城名，在今陕西黄陵县西南。 [21]夏王勃勃：即胡夏国主赫连勃勃。传见《晋书》卷一百三十。 [22]大苏：古地名，在今陕西黄陵县南。

［23］杨佛嵩：氐族人，后秦将领。姚兴任其为雍州刺史、都督岭北讨虏诸军事、安远将军，率兵与胡夏交战，被赫连勃勃所俘，不屈窒息而死。传见《晋书》卷一百十八。青石：古地名，即青石原，又名青石岭，在当时的安定（今甘肃泾川县）城北。［24］东乡：古地名，约在安定城附近。［25］徙：迁移。贰城：古城名，在今陕西黄陵县西。［26］王买德：胡夏主赫连勃勃的重要谋臣。初为后秦镇北参军，投奔胡夏，担任军师中郎将，制定"攻略关中，进取长安"的战略规划。出任抚军右长史，迁都官尚书，封河阳郡侯。胡夏建立后，担任丞相，建立国家制度，恢复发展经济，颇有功勋。［27］藩镇：指州刺史。当时的州刺史兼主兵权，相当于一个藩国。［28］军师中郎将：既是军师，又是侍卫军的长官。三国时诸葛亮曾担任此官职。［29］卫大将军：掌握禁兵，预闻政务，地位颇重。显：即姚显，字子章，后秦主姚苌之子，姚兴之弟。初封常山公，历任卫大将军、尚书令、司隶校尉，后封太尉。谥文成。［30］刘藩：东晋兖州刺史。［31］孟怀玉：东晋末年名将，南朝宋功臣。传见《宋书》卷四十七。［32］卢循：东晋叛军首领。岭表：岭外，岭南。［33］壬午：二月五日。［34］始兴：郡名，郡治在今广东韶关市南。［35］徐道覆：东晋叛军将领。被东晋将领孟怀玉率军围攻，当场死亡。传见《晋书》卷一百。［36］仆浑部：东晋时陇西鲜卑的一支，以部落首领仆浑领部而得名。度坚城：古城名，在乞伏乾归前所退守的度坚山上，在今甘肃榆中县。［37］敕勃：即乞伏敕勃，西秦主乞伏乾归之子，曾为秦兴太守。秦兴：古郡名，郡治度坚城，在今甘肃榆中县。乞伏乾归本建国号为"秦"，故置秦兴郡于度坚山。［38］焦朗：秃发傉檀部将。秃发傉檀为沮渠蒙逊所逼，由姑臧南迁乐都后，当地人遂推焦朗为首，据姑臧自立。姑臧：古都名，在今甘肃武威市。［39］沮渠蒙逊：北凉国主。传见《晋书》卷一百二十九。［40］宥（yòu）：宽恕，宽赦。［41］拏：应作"挐"。即沮渠挐，北凉主沮渠蒙逊之弟，北凉建忠将军、秦州刺史。秦州：州治上邽，在今甘肃天水市。［42］乐都：城名，在今青海海东市乐都区。［43］吐谷（yù）浑：亦称吐浑，西北游牧民族慕容吐谷浑所建国名。在祁连山脉和青海的黄河上游谷地以及凉州的一个独立国家，控制了青海、甘肃等地。树洛干：吐谷浑第八任国王。［44］虎台：即秃发虎台，秃发傉檀之子，南凉太子。［45］邯川护军：邯川地区的军事长官。邯川，古地名，在今青海贵德、尖扎二县之间。护军，朝廷所派的监督该地军队的官员。孟恺（kǎi）：南凉官员，秃发傉檀时为邯川护军。为政宽惠。嘉平六年（413），秃发傉檀将西征沮渠蒙逊，孟恺固谏，傉檀不从，后西秦乞伏炽磐乘虚来袭，南凉灭亡。［46］番禾：郡名，郡治在今甘肃永昌县。苕（tiáo）藋（diào）：地名，在今甘肃张掖市东。［47］屈右：南凉将领，秃发傉檀时为将军。［48］倍道：犹言"兼程"，一天走两天的路。旋师：回军。［49］险厄：险恶的境地。［50］轻军：轻装疾行的部队。猝（cù）至：突然而至。猝，突然地，出其不意地。［51］俄而：不久，表示时间短暂。

三月，刘裕始受太尉、中书监，以刘穆之为太尉司马[1]，陈郡殷景仁为行参军[2]。裕问穆之曰："孟昶参佐[3]谁堪[4]入我府者？"穆之举前建威中兵参军谢晦[5]。晦，安兄据之曾孙也，裕即命为参军。裕尝讯囚[6]，其旦，刑狱参军[7]有疾，以晦代之，于车中一览讯牒[8]，催促便下[9]。相府多事，狱系殷积[10]，晦随问酬辨[11]，曾无违谬[12]。裕由是奇之，即日署刑狱贼曹[13]。晦美风姿，善言笑，博赡多通[14]，裕深加赏爱。

卢循行收兵至番禺[15]，遂围之，孙处[16]拒守二十余日。沈田子[17]言于刘藩曰："番禺城虽险固，本贼之巢穴；今循围之，或有内变。且孙季高[18]众力寡弱，不能持久，若使贼还据广州，凶势复振矣。"夏，四月，田子引兵救番禺，击循，破之，所杀万余人。循走，田子与处共追之，又破循于苍梧、郁林、宁浦[19]。会处病，不能进，循奔交州[20]。

初，九真太守李逊[21]作乱，交州刺史交趾杜瑗[22]讨斩之。瑗卒，朝廷以其子慧度[23]为交州刺史。诏书未至，循袭破合浦[24]，径向交州，慧度帅州府文武拒循于石碕[25]，破之。循余众犹三千人，李逊余党李脱等结集俚獠[26]五千余人以应循。庚子[27]，循晨至龙编南津[28]，慧度悉散家财以赏军士，与循合战，掷雉尾炬[29]焚其舰，以步兵夹岸射之，循众舰俱然[30]，兵众大溃。循知不免，先鸩[31]妻子，召妓妾[32]问曰："谁能从我死者？"多云："雀鼠贪生，就死实难。"或云："官[33]尚当死，某岂愿生！"乃悉杀诸辞死者，因自投于水。慧度取其尸斩之，并其父子及李脱等，函[34]七首送建康。

初，刘毅在京口，贫困，与知识射于东堂[35]。庾悦[36]为司徒右长史，后至，夺其射堂[37]，众人皆避之，毅独不去。悦厨馔[38]甚盛，不以及毅，毅从悦求子鹅炙[39]，悦怒不与，毅由是衔[40]之。至是，毅求兼督江州[41]，诏许之。因奏称："江州内地，以治民为职，不当置军府凋耗[42]民力，宜罢军府移镇豫章[43]，而寻阳接蛮[44]，可即州府千兵以助郡戍[45]。"于是，解悦都督、将军官，以刺史镇豫章。毅以亲将赵恢[46]领千兵守寻阳，悦府文武三千悉入毅府，符摄严峻[47]。悦忿惧[48]，至豫章，疽[49]发背卒。

（以上为第二段，写东晋刘裕接受太尉、中书监职务，重用谢晦为刑狱贼曹；叛首卢循逃往番禺围攻孙处，被沈田子打败，后被杀，为害十余年的孙恩、卢循叛乱被彻底平定；刘毅睚眦必报，整死庾悦。）

【注释】

［1］刘穆之：刘裕的心腹部属、佐命元勋。传见《宋书》卷四十二。太尉司马：太尉府的司马官，时刘裕为太尉。［2］殷景仁：刘裕心腹部属，刘宋建立，官至刘宋中书令，出任扬州刺史。传见《宋书》卷六十三。行参军：暂时充当太尉刘裕的参谋。行，临时充当，正式任命前的试用阶段。［3］孟昶参佐：孟昶的部属。孟昶，字彦达，东晋末年大臣，任建威将军。［4］堪：能，可以。［5］谢晦：字宣明，东晋名臣谢安之兄谢据的曾孙。南朝宋大臣、开国功臣。传见《宋书》卷四十四。［6］讯囚：审问罪犯。这里指到关押犯人的地方视察。［7］刑狱参军：刘裕手下分管刑狱的官员。［8］讯牒（dié）：指有关犯人的案卷。牒，文书。［9］催促便下：立刻拿出处理意见。催促，犹言即刻、立即，极言其处理问题之快。［10］狱系殷积：指上报的案卷和关押的人犯众多。殷，众，多。［11］随问酬辨：刘裕问到什么，谢晦都能立即回答，并随即分别处理妥当。［12］违谬：过失，谬误。［13］刑狱贼曹：即负责审问盗贼的刑狱参军。刑狱，犹刑罚。［14］博赡多通：学问渊博，知道的事多。［15］行收兵：一面前进，一面扩大队伍。番禺：古城名，当时广州州治、南海郡治所在地，在今广东广州市。［16］孙处：字季高，东晋将领。初随刘裕东征叛军，授建威将军，赠龙骧将军、南海太守，封侯官县侯。传见《宋书》卷四十九。［17］沈田子：字敬光，东晋末年名将。随从刘裕征伐，灭后秦，拜雍州中兵参军、扶风太守，辅佐刘义真留镇关中。擅杀征虏将军王镇恶，坐罪处死。传见《南史》卷五十七。［18］孙季高：即孙处，字季高。［19］苍梧、郁林、宁浦：皆郡名，苍梧郡的郡治在今广西梧州市，郁林郡的郡治在今广西桂平市西，宁浦郡的郡治在今广西横州市南。［20］交州：州治龙编，在今越南河内市东北。［21］九真：郡名，郡治在今越南河内市以南的清化市西。李逊：东晋九真太守，原是交趾豪强，势力较大。他想控制交州，暗使其子率地方势力阻止东晋安帝派的交州刺史赴任。后被杀。［22］交趾：郡名，郡治即龙编，在今越南河内市东北。杜瑗（yuàn）：字道言，东晋时交趾人，封疆大吏，官至交州刺史。传见《宋书》卷九十二。［23］慧度：即杜慧度，交州刺史杜瑗之子，东晋、刘宋之际封疆大吏。大破卢循于龙编，卢循投水死，传首建康，被封为龙编县侯。后击溃侵犯九真郡的林邑王范胡达。宋武帝时，进号辅国将军，击降林邑。赠左将军。传见《宋书》卷九十二。［24］合浦：郡名，郡治在今广西合浦县东北。［25］石碕（qí）：地名，约在今广西与越南交界一带。［26］李脱：交趾豪强李逊余党。俚獠：当地少数民族名。［27］庚子：四月二十四日。［28］南津：水名，流经当时的龙编南。［29］掷（zhì）：投掷，抛扔。雉尾炬：像野鸡尾巴一样的束草火把，一头捆紧，另一头散如雉尾，点燃以投烧敌人。［30］然：同“燃”，燃烧。［31］鸩（zhèn）：传说中的毒鸟，此用作动词，毒杀。［32］妓妾：即姬妾。妓，同“姬”。［33］官：或称“官家”，南北朝及唐宋时代用以称皇帝，这里是指称卢循。［34］函：匣，用匣装。［35］知识：彼此认识的人。射于东堂：在东堂猜拳喝酒。射，犹如今之猜拳。东堂，

在司徒府，即当时的所谓“东府”中。［36］庾悦：字仲豫，东晋司徒庾亮曾孙，豫州刺史庾准之子，东晋大臣。传见《晋书》卷七十三。［37］夺其射堂：抢占了他们的饮酒之处。［38］厨馔（zhuàn）：指酒食。［39］子鹅炙：犹今之所谓“烤鹅仔”。［40］衔：怀恨在心。［41］兼督江州：兼督江州之军事。江州，州治寻阳，在今江西九江市。［42］军府：江州都督府。凋耗：消耗，耗费。［43］移镇豫章：将江州刺史的治所由寻阳迁往豫章（今江西南昌市）。当时庾悦任江州刺史。［44］寻阳：古城名，在今江西九江市。蛮：我国古代称南方的少数民族。［45］州府：指原来的江州都督府。以助郡戍：以加强九江郡的军事据点。九江郡的郡治在寻阳。［46］赵恢：刘毅的亲信将领。［47］符摄严峻：刘毅下达给庾悦的文书、命令都很严厉。符，命令。摄，约束。据《晋书·刘毅传》，刘毅先剥夺了庾悦的江州都督之职，由他兼任并接管了庾悦的旧部文武。随后又让只剩刺史一职的庾悦由寻阳迁治所到豫章。接着刘毅又加了都督荆、宁、秦、雍、交、广等州军事，成了雄霸长江中上游及南方的方面大员，庾悦遂成了他的地方属官。［48］忿惧：愤恨，忧惧。忿，同“愤”。［49］疽（jū）：毒疮。

河南王乾归徙羌句岂等部众五千余户于叠兰城[1]，以兄子阿柴为兴国[2]太守以镇之。五月，复以子木弈干[3]为武威太守，镇嵻峎城[4]。

丁卯[5]，魏主嗣[6]谒金陵，山阳侯奚斤居守[7]。昌黎王慕容伯儿[8]谋反，己巳[9]，奚斤并其党收斩之。

秋，七月，燕王跋[10]以太子永领大单于[11]，置四辅[12]。

柔然可汗斛律[13]遣使献马三千匹于跋，求娶跋女乐浪公主[14]。跋命群臣议之。辽西公素弗[15]曰：“前世皆以宗女妻六夷[16]，宜许以妃嫔之女，乐浪公主不宜下降非类[17]。”跋曰：“朕方崇信殊俗[18]，奈何欺之！”乃以乐浪公主妻之。

跋勤于政事，劝课[19]农桑，省徭役，薄赋敛[20]，每遣守宰[21]，必亲引见，问为政之要，以观其能。燕人悦之。

河南王乾归遣平昌公炽磐及中军将军审虔[22]伐南凉。审虔，乾归之子也。八月，炽磐兵济河[23]，南凉王傉檀遣太子虎台逆战于岭南[24]。南凉兵败，虏[25]牛马十余万而还。

沮渠蒙逊帅轻骑袭西凉[26]，西凉公暠曰：“兵有不战而败敌者，挫其锐也。蒙逊新与吾盟[27]，而遽[28]来袭我，我闭门不与战，待其锐气竭而击之，蔑不克[29]矣。”顷之，蒙逊粮尽而归，暠遣世子歆帅骑七千邀击[30]之，蒙逊大败，获其将沮渠百年。

河南王乾归攻秦略阳太守姚龙于柏阳堡[31]，克之。冬十一月，进攻南平太守王憬于水洛城[32]，又克之，徙民三千余户于谭郊[33]。遣乞伏审虔帅众二万城谭郊[34]。十二月，西羌彭利发袭据枹罕[35]，自称大将军、河州牧，乾归讨之，不克。

是岁，并州刺史刘道怜[36]为北徐州[37]刺史，移镇彭城。

（以上为第三段，写柔然可汗向北燕主冯跋献马三千匹，求娶乐浪公主；北凉主沮渠蒙逊率兵攻打西凉，被打败；西羌部落首领彭利发攻占枹罕，自称河州牧。）

【注释】

[1]羌句岂：羌族部落的头领叫句岂，于去年投降乞伏乾归。叠兰城：古地名，在今甘肃临夏市东南。[2]阿柴：即乞伏阿柴，西秦开国君主乞伏国仁之子，乞伏炽磐之堂弟。兴国：古郡名，郡治在今甘肃天水市东。[3]木弈（yì）干：西秦主乞伏乾归之子，乞伏炽磐之弟。历任武威太守、沙州刺史、扬武将军、安东将军、征北将军、车骑大将军。传见《晋书》卷一百二十五。[4]嵻（kāng）崀（láng）城：古城名，在今甘肃临洮县北。[5]丁卯：五月二十二日。[6]魏主嗣（sì）：即北魏第二位国主拓跋嗣。[7]奚斤：本姓达奚，代郡人，北魏名将。初封山阳公，再后封宜城王，任司空。传见《魏书》卷二十九。居守：留守平城（今山西大同市）。[8]慕容伯儿：北魏官员，为昌黎王，谋反，被杀。[9]己巳：五月二十四日。[10]燕王跋：即冯跋，北燕第二位国主。传见《晋书》卷一百二十五。[11]太子永：即冯永，北燕文成帝冯跋长子。冯跋即位，立为太子，兼任大单于，后病逝，其弟冯翼继为太子。领大单于：兼任大单于，管理北方少数民族事务。[12]四辅：四个辅佐官员，类似宰相、太傅之类。[13]柔然：亦作"蠕蠕"，当时蒙古草原上继匈奴、鲜卑等之后崛起的部落制汗国，从拓跋鲜卑部落联盟中分离出来，为鲜卑别部的一支。可汗：古代西域及北方各国对君主的称呼。斛（hú）律：即郁久闾斛律，东晋时柔然国首领社仑之弟，社仑死后继位，称"蔼苦盖可汗"，在位四年，后被臣下树黎劫持至北燕，在回柔然途中为北燕主冯跋部将万陵所杀。[14]乐浪公主：燕文成帝冯跋之女，嫁给柔然蔼苦盖可汗郁久闾斛律。[15]素弗：即冯素弗，北燕文成帝冯跋之弟，封辽西公。治理北燕，居功厥伟。传见《晋书》卷一百二十五。[16]妻：嫁给。六夷：泛指各少数民族。冯跋是汉族人，旧籍河北冀县，故对柔然如此称呼。[17]下降非类：下嫁给不是同一种族的人。非类，不是同一个血统。[18]崇信殊俗：提高信义于其他民族。崇，推崇，提高。[19]劝课：鼓励，督促。[20]薄：减少，减轻。赋敛：田赋，税收。[21]守宰：太守，县令。[22]审虔：即乞伏审虔，西秦主乞伏乾归之子，曾为中军将军，攻打南凉；后为河州刺史，镇守枹罕。[23]济河：渡过黄河。[24]逆战：迎战。岭南：洪池岭以南，洪池岭在今青海西宁市北的青海与甘肃交界处。[25]虏：

同“掳”，掳掠，抢夺。［26］西凉：李广后裔李暠建立的割据政权，因其位于后凉西部，故称“西凉”。李暠在敦煌称凉公，后迁都酒泉，逼近北凉。疆域包括今甘肃西部、内蒙古西南部及新疆部分。李暠去世后，太子李歆嗣位，与北凉交战被杀。其弟敦煌太守李恂嗣位，被北凉打败自杀。西凉灭亡。［27］新与吾盟：沮渠蒙逊打败西凉，两国结盟事见《资治通鉴》卷一百十五义熙六年（410）。［28］遽（jù）：突然，急忙。［29］蔑不克：不可能不胜利。蔑，无。［30］歆（xīn）：即李歆，西凉主李暠次子，西凉第二位国主。传见《晋书》卷八十七。邀击：半路伏击。［31］柏阳堡：古地名，具体位置不详。［32］水洛城：古城名，在陇山之西，略阳县界。［33］谭郊：古城名，在今甘肃临夏市西北。［34］城谭郊：在谭郊筑城。［35］西羌：出自古羌人，三代以后居于河西、赐支河和湟河之间。彭利发：人名，西羌的部落首领。枹（fú）罕：古县名，县治在今甘肃临夏市，当时为河州的州治所在地。［36］并州：原州治晋阳，在今山西太原市西南，东晋时侨置于淮阴。刘道怜：宋武帝刘裕异母弟，刘宋大臣。传见《宋书》卷五十一。［37］北徐州：东晋义熙七年（411）分徐州淮北地置，治彭城县（今江苏徐州市），南朝宋永初二年（421）改名徐州。

八年（壬子，412 年）

春，正月，河南王乾归复讨彭利发，至奴葵谷［1］。利发弃众南走，乾归遣振威将军乞伏公府追至清水［2］，斩之，收羌户一万三千，以乞伏审虔为河州刺史镇枹罕而还。

二月，丙子［3］，以吴兴太守孔靖为尚书右仆射。

河南王乾归徙都谭郊，命平昌公炽磐镇苑川。乾归击吐谷浑阿若干于赤水［4］，降之。

夏，四月，刘道规［5］以疾求归，许之。道规在荆州累年，秋毫无犯。及归，府库帷幕，俨然［6］若旧。随身甲士二人迁席于舟中［7］，道规刑之于市。

以后将军豫州刺史刘毅为卫将军、都督荆・宁・秦・雍四州诸军事、荆州刺史。毅谓左卫将军刘敬宣［8］曰：“吾忝西任［9］，欲屈卿为长史南蛮［10］，岂有见辅［11］意乎？”敬宣惧，以告太尉裕，裕笑曰：“但令［12］老兄平安，必无过虑。”

毅性刚愎［13］，自谓建义之功与裕相埒［14］，深自矜伐［15］，虽权事推裕［16］而心不服，及居方岳［17］，常怏怏［18］不得志。裕每柔而顺之［19］，毅骄纵滋甚，尝云：“恨不遇刘、项[20]，与之争中原！”及败于桑落[21]，知物情[22]已去，弥[23]复愤激。裕素不学，而毅颇涉文雅[24]，故朝士有清望者[25]多归之，与尚书仆射谢混[26]、丹杨尹郗僧施[27]深相凭结[28]。僧施，超之从子也。

毅既据上流[29]，阴有图裕之志，求兼督交、广二州，裕许之。毅又奏以郗僧施为南蛮校尉、后军司马[30]，毛修之[31]为南郡太守，裕亦许之，以刘穆之代僧施为丹杨尹。毅表求至京口[32]辞墓，裕往会之于倪塘[33]。宁远将军胡藩[34]言于裕曰：“公谓刘卫军终能为公[35]下乎？”裕默然[36]，久之，曰：“卿谓何如？”藩曰：“连百万之众，攻必取，战必克，毅以此服公，至于涉猎[37]传记，一谈一咏[38]，自许以为雄豪[39]，以是搢绅白面之士辐凑归之[40]。恐终不为公下，不如因会[41]取之。”裕曰：“吾与毅俱有克复之功[42]，其过未彰[43]，不可自相图也。”

乞伏炽磐攻南凉三河太守吴阴于白土[44]，克之，以乞伏出累[45]代之。

六月，乞伏公府弑河南王乾归[46]，并杀其诸子十余人，走保大夏[47]。平昌公炽磐遣其弟广武将军智达[48]、扬武将军木弈干[49]帅骑三千讨之；以其弟昙达为镇京将军[50]，镇谭郊，骁骑将军娄机镇苑川。炽磐帅文武及民二万余户迁于枹罕。

秦人多劝秦王兴乘乱取炽磐，兴曰：“伐人丧[51]，非礼也。”夏王勃勃欲攻炽磐，军师中郎将王买德谏曰：“炽磐，吾之与国[52]，今遭丧乱，吾不能恤[53]，又恃众力而伐之，匹夫犹且耻为，况万乘乎！”勃勃乃止。

闰月，庚子[54]，南郡烈武公[55]刘道规卒。

秋，七月，己巳朔[56]，魏主嗣东巡，置四厢大将[57]、十二小将；以山阳侯斤、元城侯屈[58]行左、右丞相。庚寅[59]，嗣至濡源[60]，巡西北诸部落。

乞伏智达等击破乞伏公府于大夏。公府奔叠兰城，就其弟阿柴，智达等攻拔之，斩阿柴父子五人。公府奔嵻崀南山，追获之，并其四子，轘[61]之于谭郊。

八月，乞伏炽磐自称大将军、河南王，大赦，改元永康[62]，葬乾归于枹罕，谥曰“武元”，庙号高祖。

（以上为第四段，写西秦发生政变，国主乞伏乾归被侄子乞伏公府谋杀；乞伏乾归长子乞伏炽磐将其抓获，施以车裂之刑；乞伏炽磐继承王位，为河南王，改元永康。）

【注释】

[1]奴葵谷：古地名，在今甘肃清水县西。[2]清水：古县名，县治在今甘肃清水县西。[3]丙子：二月五日。[4]阿若干：东晋时吐谷浑将领。赤水：古县名，县治在今青海共和县东南。[5]刘道规：字道则，刘裕异母弟，东晋末期名将。传见《宋书》卷五十一。[6]俨（yǎn）然：宛然，仿佛。[7]迁席于舟中：将刘道规在官府中使用的坐垫移到了船上。[8]刘敬宣：字万寿，徐州彭城人，镇北将军刘牢之之子，东晋将领。传见《晋书》卷八十四。[9]吾忝（tiǎn）西任：我今天西来当了荆州刺史。忝，谦词，犹言惭愧，这里是刘毅故意示威。西任，西来任荆州刺史。[10]屈卿：想任命您。屈，让您屈才来任此职。长史南蛮：给南蛮校尉当长史，南蛮校尉归刘毅管辖。[11]见辅：给我帮忙。[12]但令：犹言“管保”。[13]刚愎（bì）：指固执己见，不肯接受他人的意见。[14]建义：起义，指讨伐桓玄。相埒（liè）：相等。[15]矜（jīn）伐：恃才夸功，炫耀。[16]权事推裕：指在讨伐桓玄时推举刘裕为盟主。权，临时制宜。[17]居方岳：成了一方诸侯的首领，即大州刺史之任。[18]怏（yàng）怏：形容不满意、有恨意的神情。[19]柔而顺之：自作谦卑地顺着他。[20]恨：遗恨，遗憾。不遇刘、项：没有生活在刘邦、项羽对立打天下的时代。刘毅这话的意思是，凭他的能力，如能生在刘邦、项羽时代，与他们相互比试一下，谁比谁强还不一定呢？此为刘毅的狂妄之语。[21]败于桑落：被卢循打败于桑落洲。事见《资治通鉴》卷一百十五晋安帝义熙六年（410）。桑落洲，古地名，在江西九江市东北的长江中。[22]物情：犹今之所谓威望、人心归向。[23]弥（mí）：更加，越发。[24]颇：略。文雅：有文采，有雅致。[25]清望者：名望清高的人。[26]谢混：字叔源，小字益寿，太保谢安之孙，会稽太守谢琰第三子，孝武帝司马曜女婿，东晋名士、外戚大臣。后因勾结刘毅，坐罪赐死。传见《晋书》卷七十九。[27]丹杨尹：东晋朝廷所在郡的行政长官。丹杨，又作“丹阳”，郡治建业，在今江苏南京市。郗（xī）僧施：字惠脱，郗超从弟郗俭之之子，因超无子，以其为嗣。袭爵南昌公。领宣城内史，入补丹阳尹。刘毅镇江陵，请为南蛮校尉、假节。欲以荆州为本，举兵反叛，攻打建康。义熙八年（412），刘裕讨伐荆州，被杀。传见《晋书》卷六十七。[28]深相凭结：紧密勾结。凭结，相互依靠，相互勾结。[29]上流：长江上游。[30]南蛮校尉、后军司马：既任南蛮校尉，又给刘毅任司马之职。当时刘毅为后将军。[31]毛修之：字敬之，东晋南郡太守。传见《宋书》卷四十八。[32]京口：古地名，在今江苏镇江市，刘毅的故乡。[33]倪塘：古地名，在当时的建康城东南二十五里。[34]胡藩：字道序，刘裕心腹将领，随刘裕南征北战，

才略超群，被誉为“江右俊杰”。历任宁远将军、参相国事等。传见《宋书》卷五十。［35］刘卫军：以称刘毅。刘毅前曾为卫将军，桑落洲之败后降为后将军。公：对刘裕的敬称。［36］默然：沉默不语的样子。［37］涉猎：粗略地阅读。［38］一谈一咏：指清谈、作诗等当时上流社会的活动。［39］以为雄豪：以为超过您，在您之上。雄豪，英雄豪杰，无人能比。［40］搢（jìn）绅白面之士：指当时上流社会的贵族与士人。这些人讲究服药，皮肤分外洁白，刘裕出身低微，被他们瞧不起。搢绅，插笏于绅。绅，古代仕宦者和儒者围于腰际的大带。辐凑归之：像车轮的辐条归向车毂一样地归附于他。［41］会：机会，际遇。［42］俱有克复之功：指灭掉桓玄，恢复东晋的统治秩序之功。袁俊德《历史纲鉴补》曰：“裕不遽除毅，非真谓毅有克复之功，不自相图也。盖是时毅从弟藩方镇广陵，恐激变则合谋举事，衅生肘腋耳。观裕杀诸葛长民及袭司马休之，其鸷毒可概见矣。”［43］未彰：没有显露。［44］三河：郡名，郡治约在今甘肃兰州市与张掖市之间，以其地有金城河、赐支河、湟河而得名。白土：县名，县治在今青海海东市乐都区南，当时为三河郡的郡治所在地。［45］乞伏出累：人名，西秦将领。［46］弑河南王乾归：以其未得继父之王位，故行弑逆。［47］大夏：古郡名，郡治在今甘肃临夏市东。［48］智达：即乞伏智达，西秦将领，西秦主乞伏乾归之子，为广武将军、龙骧将军。［49］木弈（yì）干：即乞伏木弈干，西秦主乞伏乾归之子，乞伏炽磐之弟，西秦扬武将军、安东将军、征北将军、车骑大将军。传见《晋书》卷一百二十五。［50］昙达：即乞伏昙达，乞伏炽磐之弟，任镇京将军。镇京将军：杂号将军之名。时乞伏昙达驻兵谭郊，即镇守京城，故以镇京为号。［51］伐人丧：趁别人遭丧之时前去攻打。［52］与国：同盟国。［53］恤（xù）：慰问，抚慰。［54］闰月，庚子：闰六月一日。［55］南郡烈武公：刘道规的封爵是南郡公，谥号为烈武。［56］己巳朔：七月一日。［57］四厢大将：亦犹三国曹魏的四征（征东、征西、征南、征北）、四镇（镇东、镇西、镇南、镇北）之类的方镇大员。［58］斤、屈：即奚斤、拓跋屈，北魏左、右丞相，两人共掌军国大政。［59］庚寅：七月二十二日。［60］濡（rú）源：古地名，因濡水的源头而得名，在今内蒙古多伦县与正蓝旗一带。［61］轘：古代的一种酷刑，即车裂。［62］永康：西秦主乞伏炽磐的年号。

皇后王氏[1]崩。

庚戌[2]，魏主嗣还平城[3]。

九月，河南王炽磐以尚书令武始翟勍[4]为相国，侍中、太子詹事赵景[5]为御史大夫，罢尚书令、仆、尚书六卿、侍中等官。

癸酉[6]，葬僖皇后于休平陵[7]。

刘毅至江陵，多变易守宰，辄割豫州[8]文武、江州兵力万余人以自随。会毅疾笃[9]，郗僧施等恐毅死，其党危，乃劝毅请从弟兖州刺史藩以自副[10]，太尉裕伪许之。藩自广陵入朝，己卯[11]，裕以诏书罪状[12]

毅，云与藩及谢混共谋不轨，收藩及混赐死。

初，混与刘毅款昵[13]，混从兄澹[14]常以为忧，渐与之疏，谓弟璞及从子瞻曰："益寿[15]此性，终当破家。"澹，安之孙也。

庚辰[16]，诏大赦，以前会稽内史司马休之[17]为都督荆、雍、梁、秦、宁、益六州诸军事，荆州刺史；北徐州刺史刘道怜为兖、青二州刺史，镇京口[18]；使豫州刺史诸葛长民监太尉留府事[19]。裕疑长民难独任，乃加刘穆之建武将军，置佐吏，配给资力以防之[20]。

壬午[21]，裕帅诸军发建康，参军王镇恶请给百舸为前驱[22]。丙申[23]，至姑孰[24]，以镇恶为振武将军，与龙骧将军蒯恩[25]将百舸前发，裕戒之曰："若贼可击，击之；不可者，烧其船舰，留屯水际[26]以待我。"于是，镇恶昼夜兼行，扬声言刘兖州上[27]。

冬，十月，己未[28]，镇恶至豫章口[29]，去江陵城二十里，舍船步上。蒯恩军居前，镇恶次之。舸留一二人，对舸岸上立六七旗，旗下置鼓，语所留人："计我将至城，便鼓严[30]，令若后有大军状。"又分遣人烧江津[31]船舰。镇恶径前袭城，语前军士[32]："有问者，但云刘兖州至。"津戍及民间皆晏然[33]不疑。

未至城五、六里[34]，逢毅要将朱显之欲出江津[35]，问："刘兖州何在？"军士曰："在后。"显之至军后不见藩，而见军人担彭排战具[36]，望江津船舰已被烧，鼓严之声甚盛，知非藩上，便跃马驰去告毅，行令[37]闭诸城门。镇恶亦驰进，门未及下关[38]，军人因得入城。卫军长史谢纯入参承[39]毅，出闻兵至，左右欲引车归。纯叱[40]之曰："我，人吏[41]也，逃将安之！"驰还入府。纯，安兄据之孙也。

镇恶与城内兵斗，且攻其金城[42]，自食时至中晡[43]，城内人败散。镇恶穴其金城而入，遣人以诏及赦文并裕手书示毅，毅皆烧不视，与司马毛修之等督士卒力战。城内人犹未信裕自来，军士从毅自东来者，与台军多中表亲戚[44]，且斗且语，知裕自来，人情离骇[45]。逮夜[46]，听事[47]前兵皆散，斩毅勇将赵蔡[48]，毅左右兵犹闭东西阁拒战。镇恶虑暗中自相伤犯，乃引军出围金城，开其南面。毅虑南有伏兵，夜半，帅左右三百许人开北门突出。毛修之谓谢纯曰："君但随仆去[49]。"纯不从，为人所杀。

毅夜投牛牧佛寺[50]。初，桓蔚[51]之败也，走投牛牧寺僧昌[52]，昌保藏之，毅杀昌。至是，寺僧拒之曰："昔亡师容桓蔚，为刘卫军[53]所杀，今实不敢容异人。"毅叹曰："为法自弊，一至于此[54]！"遂缢而死。明日，居人以告，乃斩首于市，并子侄皆伏诛。毅兄模奔襄阳，鲁宗之[55]斩送之。

初，毅季父镇之[56]闲居京口，不应辟召[57]，常谓毅及藩曰："汝辈才器[58]，足以得志[59]，但恐不久耳。我不就尔求财位，亦不同尔受罪累[60]。"每见毅、藩导从[61]到门，辄诟[62]之。毅甚敬畏，未至宅数百步，悉屏仪卫[63]，与白衣[64]数人俱进。及毅死，太尉裕奏征镇之为散骑常侍、光禄大夫，固辞不至。

（以上为第五段，写东晋将领刘毅担任荆州刺史，骄纵跋扈，对太尉刘裕怀有异心；刘裕率军主动出击，一举打败刘毅，并消灭其残余势力，吞并豫州、江州。）

【注释】

[1]皇后王氏：即王神爱，太宰王献之之女，晋安帝司马德宗皇后。传见《晋书》卷六十二。[2]庚戌：八月十二日。[3]平城：古城名，在今山西大同市东北。[4]翟勍（qíng）：武始（在今山西大同市东北）人。西秦主乞伏乾归时历左司马、主客尚书、尚书令。永康元年（412），乞伏炽磐即位，拜为相国。[5]太子詹事：掌太子家的事务。赵景：西秦官员，为侍中、太子詹事，乞伏炽磐即位，拜为御史大夫。[6]癸酉：九月六日。[7]僖皇后：即上文所说的"皇后王氏"，谥曰"僖"。休平陵：东晋安帝司马德宗和皇后王神爱合葬的陵墓，在今江苏南京市江宁区蒋山。[8]辄（zhé）割：即"强行带走"。割，取。刘毅原任豫州都督，又兼任江州都督，今西去荆州，就把原豫州、江州的大量官员士兵强行带到江陵。豫州：东晋豫州的州治历阳，在今安徽和县。[9]疾笃（dǔ）：病重。笃，甚，深，形容病势沉重。[10]兖（yǎn）州：州名，东晋时州治广陵，在今江苏扬州市。以自副：以之作为自己的副手。[11]己卯：九月十二日。[12]以诏书：假借皇帝的名义，实际上是刘裕按照自己的意思诛除反对者。罪状：用作动词，列举罪恶。[13]款昵：感情亲密。[14]澹（dàn）：即谢澹，谢混堂兄，东晋、刘宋大臣。堂弟谢混与荆州刺史刘毅走得太近，被赐死。谢澹因与谢混疏远而免受牵连。传见《南史》卷十九。[15]益寿：谢混的小字。[16]庚辰：九月十三日。[17]司马休之：字季预，司马懿六弟司马进之后，谯敬王司马恬四子，东晋名将。后反对太尉刘裕专政，投奔后秦姚兴。传见《晋书》卷三十七。[18]镇京口：刘道怜是刘裕之弟，令其驻兵京口（今江苏镇江市），以加强刘裕在朝的实力。

[19]诸葛长民：东晋末年将领。后谋反，被处死。传见《晋书》卷八十五。监太尉留府事：为刘裕太尉府的留守长官，刘裕不在京城期间处理太尉府的一应事务。［20］配给资力以防之：胡三省曰："是时刘裕已有杀长民之心矣。"［21］壬午：九月十五日。［22］王镇恶：北海剧县（今山东昌乐县）人，前秦丞相王猛之孙，东晋末年名将。传见《宋书》卷四十五。舸（gě）：大船。前驱：先锋部队。［23］丙申：九月二十九日。［24］姑孰：县名，县治在今安徽当涂县。［25］蒯恩：字道恩，兰陵承县人，东晋名将。时任龙骧将军、兰陵太守。传见《宋书》卷四十九。［26］水际：水边，这里指江边。［27］扬声言刘兖州上：声言是刘藩到来。刘兖州，即兖州刺史刘藩，刘毅之弟。实际上这时刘藩已被刘裕所杀。［28］己未：十月二十二日。［29］豫章口：古地名，在当时江陵城东二十里。［30］鼓严：擂鼓聚众。［31］江津：古地名，在江陵城东南的长江上，是当时守卫江陵的重要驻兵点。［32］语前军士：告诉走在前边的士兵。［33］津戍：渡口的守军。晏然：安然，放心。［34］未至城五、六里：行至离江陵城还有五、六里的时候。［35］要将：心腹亲近的部将。朱显之：刘毅部将。欲出江津：想要到江津渡口去。出，前往。［36］担彭排战具：抬着攻城用的各种器械物资。担，扛，抬着。彭排，盾牌之类的防箭之物。［37］行令：一边走，一边下令。［38］下关：落下门闩。关，门闩。［39］卫军长史：卫将军的高级僚属。时刘毅为卫将军。谢纯：字景懋，谢景仁弟，陈郡阳夏人。初为刘毅豫州别驾。刘毅镇江陵，以为卫军长史、南平相。后被杀。参承：犹后世所谓"参见"，指下属进见长官。［40］叱：怒斥。［41］人吏：给人家作下属。［42］金城：城内军事衙门的围墙。［43］食时：指吃早饭的时候。中晡（bū）：正申时，相当于今天下午四时。晡，即申时，下午三至五时。［44］台军：对官军的称谓。中表亲戚：中亲，指兄弟叔侄等关系；表亲，指表兄弟甥舅等关系。［45］离骇（hài）：乖离，害怕。［46］逮夜：到了夜里。［47］听事：衙门里的正堂，长官会见吏民、处理政务的地方。［48］赵蔡：东晋将领，刘毅属将。［49］君但随仆去：你只管跟我走。仆，谦称自己。［50］牛牧佛寺：古寺名，在江陵城北二十里。［51］桓蔚：桓秘之子，桓玄的堂兄弟，随桓玄叛乱，被刘毅讨平，后逃奔后秦。事见《资治通鉴》卷十四义熙元年（405）。［52］僧昌：和尚名昌。［53］刘卫军：即刘毅，当时任卫将军。［54］为法自弊，一至于此：言制定法律，最后害到了自己头上。［55］鲁宗之：字彦仁，东晋南郡太守。刘裕讨伐刘毅，与鲁宗之会师于江陵，进号镇北将军，封南阳郡公。后起兵反叛，兵败投奔后秦，病故。［56］季父：最小的叔父。镇之：即刘镇之，字仲德，刘毅的叔父，刘毅甚畏惮之。闲居京口，未尝应召。以左光禄大夫征，不就。［57］不应辟召：不应朝廷的聘请出来为官。辟，聘。［58］才器：才能，器识。［59］得志：实现个人的愿望。［60］罪累：罪过。［61］导从：前导者与后从者，指当时大官僚的仪仗、侍从人员。［62］辄（zhé）：总是。诟（gòu）：怒骂，辱骂。［63］屏：弃，去掉。仪卫：仪仗队员及护卫人员。［64］白衣：指没有官职的平民人士，这里指穿便服的侍卫人员。

仇池公杨盛叛秦[1]，侵扰祁山[2]，秦王兴遣建威将军赵琨为前锋，立节将军姚伯寿继之，前将军姚恢出鹫峡[3]，秦州刺史姚嵩出羊头峡[4]，右卫将军胡翼度出汧城[5]，以讨盛。兴自雍[6]赴之，与诸将会于陇口[7]。

天水太守王松怱[8]言于嵩曰："先帝神略无方[9]，徐洛生以英武佐命[10]，再入仇池[11]，无功而还，非杨氏智勇能全[12]也，直[13]地势险固耳。今以赵琨之众，使君[14]之威，准之先朝[15]，实未见成功。使君具悉形便[16]，何不表闻！"嵩不从。盛帅众与琨相持，伯寿畏懦[17]不进，琨众寡不敌，为盛所败。兴斩伯寿而还。

兴以杨佛嵩为雍州刺史，帅岭北见兵[18]以击夏。行数日，兴谓群臣曰："佛嵩每见敌，勇不自制，吾常节其兵不过五千人。今所将既多，遇敌必败，行已远，追之无及，将若之何？"佛嵩与夏王勃勃战，果败，为勃勃所执，绝亢[19]而死。

秦立昭仪[20]齐氏为后。

沮渠蒙逊迁于姑臧。

（以上为第六段，写后秦政事，被封为仇池公的杨盛背叛后秦，侵扰祁山，后秦主姚兴率领数路大军前往讨伐，结果打了败仗；又兴兵攻打胡夏，也是铩羽而归。）

【注释】

[1]杨盛：后仇池国第二任国主。传见《宋书》卷九十八。叛秦：杨盛曾因力量不足，于晋安帝义熙元年（405）投降后秦，今又叛之。[2]祁山：山名，在今甘肃礼县东。[3]鹫（jiù）峡：古峡谷名，在当时的仇池城东，今甘肃成县西。[4]羊头峡：古峡谷名，约在今宝鸡市西的陕西、甘肃交界处。[5]汧（qiān）城：县名，县治在今陕西陇县南。[6]雍：即雍州，后秦的雍州州治在安定，在今甘肃泾川县北。[7]陇口：古地名，陇东与陇西的越陇山之口，在今陕西陇县西的六盘山上。[8]天水：郡名，郡治上邽，在今甘肃天水市。王松怱：后秦天水太守，为建节将军。[9]先帝：指姚苌。神略：形容高超的谋略。无方：变化不定，高深莫测。[10]徐洛生：姚苌的部将。英武：英俊，勇武。佐命：帮着姚苌创立国家。[11]再入仇池：两次进攻仇池。姚苌进攻仇池事，历史记载不详。[12]能全：能够守住仇池。[13]直：就因为，实在是。[14]使君：古代对太守、刺史的尊称，此称姚嵩。[15]准之先朝：与以前的姚苌攻打仇池相比较。[16]具悉形便：清楚地了解仇池的地理形势。[17]畏懦：胆怯，软弱。[18]岭北见兵：指岭北五郡的现有兵力。岭北五郡指安定、新平、平凉等。[19]绝亢：自己割断喉管。亢，喉

咙。［20］昭仪：帝王妃嫔的位号名，位在皇后之下。

十一月，己卯[1]，太尉裕至江陵，杀郗僧施。初，毛修之虽为刘毅僚佐，素自结于裕，故裕特宥之[2]。赐王镇恶爵汉寿子[3]。裕问毅府咨议参军申永[4]曰："今日何施[5]而可？"永曰："除其宿衅[6]，倍其惠泽[7]，贯叙门次[8]，显擢才能[9]，如此而已。"裕纳之，下书宽租省调[10]，节役原刑[11]，礼辟名士[12]，荆人悦之。

诸葛长民骄纵贪侈，所为多不法，为百姓患，常惧太尉裕按之[13]。及刘毅被诛，长民谓所亲曰："'昔年醢彭越，今年杀韩信[14]。'祸其至矣！"乃屏人[15]问刘穆之曰："悠悠之言[16]，皆云太尉与我不平[17]，何以至此？"穆之曰："公溯流远征[18]，以老母稚子委节下[19]；若一豪不尽[20]，岂容如此邪！"长民意乃小安[21]。

长民弟辅国大将军黎民[22]说长民曰："刘氏[23]之亡，亦诸葛氏之惧也，宜因裕未还而图之。"长民犹豫未发，既而叹曰："贫贱常思富贵，富贵必履危机[24]。今日欲为丹徒布衣[25]，岂可得邪！"因遗[26]冀州刺史刘敬宣书曰："盘龙狠戾专恣[27]，自取夷灭[28]。异端[29]将尽，世路方夷[30]，富贵之事，相与共之[31]。"敬宣报曰："下官自义熙以来[32]，忝三州、七郡[33]，常惧福过灾生，思避盈居损[34]。富贵之旨，非所敢当。"且使以书呈裕，裕曰："阿寿故为不负我[35]也。"

刘穆之忧长民为变，屏人问太尉行参军东海何承天[36]曰："公今行济否[37]？"承天曰："荆州不忧不时判[38]，别有一虑耳。公昔年自左里还入石头[39]，甚脱尔[40]；今还，宜加重慎[41]。"穆之曰："非君，不闻此言。"

裕在江陵，辅国将军王诞白裕求先下[42]，裕曰："诸葛长民似有自疑心，卿讵宜便去[43]！"诞曰："长民知我蒙公垂盼[44]，今轻身单下，必当以为无虞[45]，乃可以少安其意[46]耳。"裕笑曰："卿勇过贲、育[47]矣。"乃听先还。

沮渠蒙逊即河西王位，大赦，改元玄始[48]，置官僚如凉[49]王光为三河王故事[50]。

太尉裕谋伐蜀，择元帅而难其人[51]。以西阳太守朱龄石既有武干[52]，又练吏职[53]，欲用之。众皆以为龄石资名[54]尚轻，难当重任，裕不从。十二月，以龄石为益州刺史，帅宁朔将军臧熹[55]、河间太守蒯恩、下邳太守刘钟等伐蜀，分大军之半二万人以配之。熹，裕之妻弟，位居龄石之右，亦隶焉。

裕与龄石密谋进取[56]，曰："刘敬宣往年出黄虎[57]，无功而退[58]。贼谓我今应从外水[59]往，而料我当出其不意犹从内水[60]来也。如此，必以重兵守涪城[61]以备内道。若向黄虎，正堕[62]其计。今以大众自外水取成都，疑兵出内水，此制敌之奇也。"而虑此声先驰，贼审虚实。别有函书封付龄石，署函边曰："至白帝乃开[63]。"诸军虽进，未知处分所由[64]。

毛修之固请行[65]。裕恐修之至蜀，必多所诛杀，土人与毛氏有嫌[66]，亦当以死自固，不许。

分荆州十郡置湘州[67]。

加太尉裕太傅[68]、扬州牧。

丁巳[69]，魏主嗣北巡，至长城[70]而还。

（以上为第七段，写东晋太尉刘裕听从申永建议，减省赋税，放宽刑罚，礼聘名士，得到百姓拥护；豫州刺史诸葛长民骄横放纵，意欲反叛；朱龄石奉刘裕之令率军攻打西蜀割据主谯纵。）

【注释】

[1]己卯：十一月十二日。 [2]特宥之：即网开一面，宽恕毛修之。 [3]爵：爵位，古代分为五等，即公、侯、伯、子、男。汉寿子：爵级为子爵，封地在汉寿。汉寿，古县名，县治在今湖南常德市东北。 [4]咨议参军：职掌咨询谋议军事。申永：刘毅属官，为咨议参军。 [5]何施：实行什么政策。 [6]除其宿衅：忘掉与人的旧仇。宿衅，往昔的嫌隙、仇怨。 [7]倍其惠泽：意即该赏赐的加倍赏赐。 [8]贯叙门次：任用人们为官时，要以他们的门第高下为次序。贯叙，以次任用。 [9]显擢才能：表彰、提拔那些有才干的人。 [10]宽租省调：减轻百姓的各种税收。租、调，都是租赋之类。 [11]节役原刑：减少徭役，放宽刑罚。 [12]礼辟名士：对当地的名士以礼相招。辟，征辟，征召。 [13]按之：审查，查办。 [14]昔年醢（hǎi）彭越，今年杀韩信：语出《史记·黥布列传》。黥布造反时，滕婴问薛公，黔布为什么造反，薛公说："往年杀彭越，前年杀韩信，此三人者，同功一体之人也，自疑祸及身，故反耳。"这里指诸葛长民以

黥布的地位自居。醢，古代一种酷刑，把人杀死后剁成肉酱。［15］屏人：使人回避。［16］悠悠之言：指外面人们的没有根据的传言。［17］不平：不和睦。［18］溯流远征：刘裕逆长江而上，西讨刘毅。［19］稚子：幼儿，孩子。委节下：委托于你。节下，犹言“麾下”，敬称诸葛长民。时诸葛长民为刘裕太尉府留守长官。［20］若一豪不尽：如果有一丝一毫的不满意。尽，尽意，满意。［21］小安：即稍安，略微放心。［22］黎民：即诸葛黎民，骁勇绝人，为辅国大将军。［23］刘氏：指刘毅。［24］必履危机：一定会遭到危难。［25］丹徒布衣：想回丹徒当个普通百姓。诸葛长民当时家居丹徒。《史记·李斯列传》写李斯被赵高所杀前曾说：“吾欲与若复牵黄犬，俱出上蔡东门逐狡兔，岂可得乎？”此处仿效《史记》之语。［26］遗（wèi）：赠与，送给。［27］盘龙：即刘裕，小字盘龙。狠戾：凶恶，残暴。专恣：专横，放肆。［28］夷灭：消灭，杀尽。［29］异端：指怀有叛逆之心的人。［30］世路方夷：世道就要太平了。夷，平。［31］富贵之事，相与共之：其意思是含蓄地约刘敬宣一同造刘裕的反。［32］义熙以来：指刘裕消灭桓玄，营救安帝司马德宗，让其复位，这一年改年号为“义熙”。［33］忝三州、七郡：指先后曾担当过三个州的刺史，七个郡的太守。忝，谦词，意指担当。三州、七郡，胡三省曰：“敬宣自北还，拜晋陵太守，迁江州，镇寻阳，兼领郡事，征拜宣城内史，领襄城太守，迁镇蛮护军，安丰太守，梁国内史，又迁青州刺史，寻改冀州。”［34］避盈居损：避免骄傲，尽量谨慎。《尚书·大禹谟》有所谓“满招损，谦受益”之语，此化用其意。［35］阿寿：即刘敬宣，字万寿，刘裕亲昵地称之为“阿寿”。故为不负我：本来就不会辜负我。负，亏待，辜负。［36］行参军：暂为候补的参军之职。行，代理，暂任。何承天：东海郯县（今山东郯城县）人，南朝宋思想家。东晋时，先后任辅国府参军、浔阳太守；南朝宋时任尚书载丞。因触犯权贵遭到诬陷，后改授吏部郎，因泄密旨被罢官。传见《宋书》卷六十四。［37］济否：可以成功吗？［38］不忧不时判：不担心那里的形势不分明。判，分，分明，指胜利。［39］自左里还入石头：当年刘裕在左里大破卢循后返回石头城，事见《资治通鉴》卷一百十五晋安帝义熙六年（410）。左里，卢循修筑的城名，在今江西都昌县西北左里镇。［40］甚脱尔：很是简易随便，轻脱而还，没有严格的戒备防卫。［41］宜加重慎：应该严加防范。重慎，即慎重，谨慎，重视。［42］求先下：请求先顺流而下，指先回建康，查看虚实。［43］讵（jù）宜便去：岂能就这个样子回去？讵，岂，怎能。［44］蒙公垂盼：受到您的重视。［45］无虞：不担心，不忧虑。［46］少安其意：让其安心，以麻痹他的思想。少，同“稍”。［47］勇过贲、育：比当年的孟贲、夏育两个大勇士还要勇敢。贲、育，即孟贲、夏育，周朝时的著名勇士。［48］玄始：或作“元始”，东晋时北凉主沮渠蒙逊的年号。［49］凉：此指后凉，十六国政权之一，都城姑臧，前秦将领吕光建立，历五帝，十七年，因地处凉州，以“凉”为国号。统治范围包括今甘肃西部和宁夏、青海、新疆、内蒙以及蒙古国一部分。后世吕隆因无法抵抗后秦主姚兴、南凉主沮渠蒙逊、北凉主秃发傉檀等的攻击而被迫投降后秦。［50］光：即后凉国主吕光，字世明。传见《晋书》卷一百二十二。为三河王故事：吕光为三河王，事见《资治通鉴》卷二十九晋孝武帝太元十四年（389）。故事，旧例。［51］难其人：找不到合适的人选。

[52]西阳：郡名，郡治在今湖北黄冈市东。朱龄石：刘裕得力干将，传见《宋书》卷四十八。武干：军事才干。[53]练吏职：善于处理行政事务。练，熟悉。吏职，行政事务。[54]资名：资历，名望。[55]臧熹（xī）：字义和，太尉刘裕妻弟。历任镇军参军、员外散骑侍郎、东海太守，后为建威将军、临海太守，迁散骑常侍、宁朔将军。传见《宋书》卷七十四。[56]密谋进取：暗中筹划如何进攻作战的问题。[57]黄虎：古地名，在今四川三台县北。[58]无功而退：刘敬宣伐谯纵，败于黄虎。[59]外水：古水名，在今四川岷江。[60]内水：古水名，在今四川涪江，经黄虎，南流汇入嘉陵江。[61]涪（fú）城：县名，县治在今四川三台县北，离黄虎很近。[62]堕（duò）：坠入，掉进。[63]至白帝乃开：到白帝城再打开看。白帝城在今重庆市奉节县东。袁俊德《历史纲鉴补》曰："千里袭人，机事不密，敌早为之备。缄书别函，至期开视，可谓有卓识。"[64]未知处分所由：不知道安排的是走哪条路。处分，安排。所由，走哪条路。[65]毛修之固请行：毛修之在灭桓玄事件中建有大功。其父毛瑾、伯父毛璩，在四川一带任刺史。谯纵在四川叛乱，毛瑾、毛璩被杀，故修之志在复仇。[66]土人：指四川的当地人。有嫌：有嫌隙，有怨仇。[67]湘州：州治临湘，在今湖南长沙市。晋成帝咸和三年（328），省湘州入荆州，今复置。[68]太傅：晋时用为加官，地位在太尉之上。[69]丁巳：十二月二十一日。[70]长城：指秦朝筑的长城，西起甘肃临洮县，北行至内蒙古黄河后套，东行至内蒙古呼和浩特市，再东到辽宁沈阳市，南折至朝鲜平壤市北的清川江入海口。这里拓跋嗣的"北巡"，大约即到呼和浩特以东的卓资县、乌兰察布市集宁区一带。

九年（癸丑，413年）

春，二月，庚戌[1]，魏主嗣如高柳川[2]；甲寅[3]，还宫。

太尉裕自江陵东还，骆驿遣辎重兼行而下[4]，前刻至日[5]，每淹留不进[6]。诸葛长民与公卿频日奉候于新亭[7]，辄差其期[8]。乙丑晦[9]，裕轻舟径进，潜入东府[10]。三月，丙寅朔旦[11]，长民闻之，惊趋至门[12]。裕伏壮士丁旿于幔[13]中，引长民却人间语[14]，凡平生所不尽者皆及之[15]。长民甚悦。丁旿自幔后出，于座拉杀之，舆尸付廷尉[16]。收[17]其弟黎民，黎民素骁勇[18]，格斗而死。并杀其季弟大司马参军幼民[19]、从弟宁朔将军秀之[20]。

庚午[21]，秦王兴遣使至魏修好。

太尉裕上表曰："大司马温[22]以'民无定本，伤治为深[23]'，庚戌土断以一其业[24]，于是财阜[25]国丰，实由于此。自兹迄今，渐用颓弛[26]，请申前制[27]。"于是，依界土断[28]，唯徐、兖、青三州居晋陵[29]者，不在断例[30]；诸流寓郡县多所并省[31]。

戊寅[32]，加裕豫州刺史。裕固让太傅、州牧。

（以上为第八段，写东晋太尉刘裕设计杀掉意欲谋反的豫州刺史诸葛长民。先是刘裕从江陵东下，刻意隐瞒归期，而后突然回到东府，诸葛长民急往拜见，被伏兵杀死。）

【注释】

［1］庚戌：二月十五日。［2］高柳川：古地名，在高柳城（今山西阳高县）附近。［3］甲寅：二月十九日。［4］骆驿：同“络绎”，相连不绝。辎（zī）重：军队携带运行的粮草物资。兼行：兼程而行，快速行走。［5］前刻至日：事先说好的到达建康的时间。刻，约定。［6］淹留：逗留，故意不走。［7］频日：一连几天。新亭：古地名，在建康城西南的长江边。［8］辄（zhé）差其期：总是到期不来。［9］乙丑晦：二月三十日。晦，每个月的最后一天。［10］潜入东府：悄悄地回到东府。胡三省曰：“刘穆之、何承天所虑者，裕已了了于胸中矣。”东府，当年司马道子任录尚书事的办公地址，后为东晋、南朝时丞相兼领扬州刺史的治所。故址在今江苏南京市内。［11］丙寅朔旦：三月一日的早晨。［12］惊趋至门：惊讶地赶到刘裕的门前。趋，小步疾行，这是臣子、部下在君父、长官跟前走路的一种特定姿势。［13］丁旿（wǔ）：骁勇有力之士。东晋末事刘裕。诸葛长民谋作乱，刘裕还东府，诸葛长民至，刘裕密命丁旿杀之。后从刘裕北伐，大败北魏军。后为府内直督护。幔：帷幔，帷帐。［14］却人间（jiàn）语：打发开别人，两人个别谈话。间语，犹私语，密语。［15］平生所不尽者皆及之：一辈子没说过的事情今天全说到了，因为刘裕要杀掉诸葛长民，再也无所顾忌，就等于是说给死人听，极言刘裕的善于作假、骗人。［16］舆尸付廷尉：先把人杀死，然后再交法官“审判”，可保万无一失。舆尸，用车子拉着尸体。廷尉，全国最高的司法长官。［17］收：收执，拘捕。［18］骁（xiāo）勇：勇猛善战。［19］大司马：即桓温，桓玄之父，东晋后期的权臣。参军：即军事参谋。幼民：即诸葛幼民，诸葛长民小弟，为大司马桓温参军。诸葛长民死后，诸葛幼民逃到深山，被人告发、抓回斩杀。［20］从弟：堂弟。宁朔将军：古将军名，为杂号将军。秀之：即诸葛秀之，为宁朔将军。受诸葛长民株连被杀。［21］庚午：三月五日。［22］大司马温：即桓温。［23］民无定本，伤治为深：百姓没有固定的居住地点，就有损于国家的安定。此指当时许多北方士族逃到江南，到处设有侨郡侨县，管理混乱。［24］庚戌土断：指东晋哀帝兴宁二年（364）三月一日（庚戌）所下的让流亡人口一律在现居地落户、编入当地户籍的诏书。土断，按居住地点登记户籍。一其业：指将这些流亡人口的生活、职业固定下来。［25］财阜：财富丰饶。阜，丰，盛多。［26］渐用颓弛：渐渐放松，没人管理。［27］申前制：重申过去实行的“庚戌土断”诏书的规定。［28］依界土断：即流民在哪个郡县就把那人的户籍定在那个郡县。［29］晋陵：郡名，郡治在今江苏镇江市。［30］不在断例：因为徐、兖、青三州实际上还有土地被北方诸国所占，而这三个州的刺史治所都在晋陵，所以暂不

实行土断政策。[31]流寓郡县：指侨置郡县。流寓，流落、居住他乡的人。并省：合并，减省。[32]戊寅：三月十三日。

林邑范胡达寇九真[1]，杜慧度击斩之。

河南王炽磐遣镇东将军昙达、平东将军王松寿[2]将兵东击休官权小郎、吕破胡于白石川[3]，大破之，虏[4]其男女万余口，进据白石城[5]。显亲休官权小成、吕奴迦等二万余户据白坑[6]不服，昙达攻斩之，陇右休官悉降。秦太尉索稜以陇西降炽磐，炽磐以稜为太傅。

夏王勃勃大赦，改元凤翔[7]，以叱干阿利领将作大匠[8]，发岭北夷、夏十万人筑都城于朔方水北、黑水[9]之南。勃勃曰："朕方统一天下，君临万邦，宜名新城曰统万[10]。"阿利性巧而残忍，蒸土筑城，锥入一寸，即杀作者而并筑之[11]。勃勃以为忠，委任之。凡造兵器成，呈之，工人必有死者；射甲不入则斩弓人，入则斩甲匠；又铸铜为一大鼓，飞廉、翁仲[12]、铜驼、龙虎之属，饰以黄金，列于宫殿之前。凡杀工匠数千，由是器物皆精利。

勃勃自谓其祖从母姓为刘[13]，非礼也。古人氏族无常[14]，乃改姓赫连氏，言帝王系天为子，其徽赫[15]与天连也；其非正统者[16]，皆以铁伐为氏[17]，言其刚锐如铁，皆堪[18]伐人也。

夏，四月，乙卯[19]，魏主嗣西巡，命郑兵将军[20]奚斤、鸿飞将军尉古真[21]、都将闾大肥[22]等击越勤部于跋那山[23]。大肥，柔然人也。

河南王炽磐遣安北将军乌地延[24]、冠军将军翟绍击吐谷浑别统句旁于泣勤川[25]，大破之。

河西王蒙逊立子政德[26]为世子，加镇卫大将军、录尚书事。

南凉王傉檀伐河西王蒙逊，蒙逊败之于若厚坞[27]，又败之于若凉[28]，因进围乐都[29]，二旬不克。南凉湟河太守文支[30]以郡降于蒙逊，蒙逊以文支为广武[31]太守。蒙逊复伐南凉，傉檀以太尉俱延[32]为质，乃还。

蒙逊西如苕藋[33]，遣冠军将军伏恩将骑一万袭卑和、乌啼二部[34]，大破之，俘二千余落而还。

蒙逊寝于新台[35]，阉人王怀祖[36]击蒙逊伤足，其妻孟氏禽[37]斩之。

蒙逊母车氏卒。

五月，乙亥[38]，魏主嗣如云中[39]旧宫。丙子[40]，大赦。西河胡张外[41]等聚众为盗；乙卯[42]，嗣遣会稽公长乐刘絜等屯西河[43]招讨之。六月，嗣如五原[44]。

（以上为第九段，写胡夏主刘勃勃建筑都城，杀人无数，更改姓氏为赫连，意谓他的光耀与天相连；南凉主秃发傉檀与北凉主沮渠蒙逊数次相攻，均被打败，南凉主以太尉秃发俱延为质，沮渠蒙逊才撤军。）

【注释】

[1]林邑：也叫占婆，古国名，原是汉代的象林县，县治在今越南广南维川县南的茶桥。东汉象林县人区连，杀县令，自称林邑王，遂为林邑国，即古代的越南国，旧址在今越南中南部。范胡达：林邑国国王。曾攻克日南、九德、九真三郡，围攻州城，被击杀。九真：古郡名，郡治晋浦，在今越南清化市西北，当时属东晋管辖。 [2]王松寿：略阳人，西秦官员，历任主簿、民部尚书、平东将军、光禄勋、秦州刺史等职，镇守苑川。 [3]休官：古代少数民族部落名。权小郎、吕破胡：均休官部落首领。白石川：古地名，在今甘肃清水县西。 [4]虏：同“掳”。 [5]白石城：古城名，在今甘肃清水县西北。 [6]显亲：古县名，县治在今甘肃秦安县西北。权小成、吕奴迦：休官部落首领。白坑：古地名。 [7]凤翔：胡夏主赫连勃勃的年号，共使用五年余。 [8]叱干阿利：胡夏重臣。胡夏建国后，为御史大夫、梁公，领将作大匠，营筑都城，称统万城。史称其残忍刻暴。领：兼任。将作大匠：主管城市与宫殿建筑。 [9]岭北：指九嵕山以北的新平郡、北地郡、安定郡一带地区。九嵕山在今陕西礼泉县东北。朔方水：又名奢延水，在今之无定河，流经今陕西靖边县西、榆林市横山区北、绥德县，入黄河。黑水：朔方水的支流。 [10]统万：古都城名，后世称岩绿，在今内蒙古乌审旗南的统万城遗址，俗称白城子。 [11]并筑之：连人一起筑进城墙。 [12]飞廉：殷纣时的勇士，此泛指勇士雕像。翁仲：石雕或铜铁铸的侍从人像。[13]从母姓为刘：赫连勃勃是匈奴刘渊的后代，匈奴在西汉时与汉王朝通婚，娶汉代帝室之女为妻，故刘渊自称姓刘，赫连勃勃最初也叫刘勃勃。 [14]氏族：古代以血缘关系结合的人类社会群体。无常：氏族社会的生活习俗和姓氏时常发生变化。 [15]徽赫：美好而显赫，光明盛大的样子。 [16]非正统：不是嫡系，不是赫连一脉相传的人。 [17]皆以铁伐为氏：都让他们姓“铁伐”。赫连勃勃之父刘卫辰本铁弗氏，故改其非正统者为铁伐氏。 [18]堪：能够。 [19]乙卯：四月二十一日。 [20]郑兵将军：《北史》作“都兵将军”。古将军名，为杂号将军。 [21]鸿飞将军：古将军名，为杂号将军。尉古真：本姓尉迟，太安狄那（今山西寿阳县）人，鲜卑族，北魏

大臣，任定州刺史、鸿飞将军，镇守大洛城。传见《魏书》卷二十六。［22］都将：古将领名，统禁军，侍卫皇帝左右，或出征、镇守在外。闾大肥：柔然人，本姓“郁久闾”，北魏将领。历任拓跋珪、拓跋嗣、拓跋焘三朝。传见《魏书》卷三十。［23］越勤部：少数民族部落名。跋那山：古山名，在今河北张家口市以北。［24］乌地延：鲜卑乙弗部首领，率部驻牧于西海（在今青海湖）一带，号称青海王。初依附吐谷浑，为渠帅，后归降西秦，封安北将军。后举兵反。后又复降西秦，封建义将军。［25］翟绍：西秦将领。吐谷浑别统句旁：吐谷浑族的另一个部落的统领，名叫句旁。别统，犹别帅。泣勤川：古地名，在今甘肃临潭县新城镇南。［26］政德：即沮渠政德，北凉太祖沮渠蒙逊长子，北凉太子。常奉父亲之命南征北讨，或替父镇守张掖。后柔然进攻河西，迎战失败，被杀。［27］若厚坞：古地名，在今青海西宁市北。［28］若凉：古地名，距今青海海东市乐都区不远。［29］乐都：南凉国都，在今青海海东市乐都区。［30］湟河：郡名，郡治白土，在今青海西宁市东南。文支：即秃发文支，秃发利鹿孤、秃发傉檀的兄弟。后为湟河太守，献出湟河郡，向沮渠蒙逊投降，被任为广武太守。［31］广武：古郡名，郡治在今甘肃永登县东南。［32］俱延：即秃发俱延，秃发傉檀之弟。南凉宗室、大臣，为太尉。［33］苕藋（diào）：在今甘肃张掖市东。［34］卑和、乌啼二部：羌族两部落名，居住在今青海青海湖附近。［35］寝（qǐn）：睡。新台：皇宫名。［36］阉人：宦官。王怀祖：北凉宦官，曾击伤北凉主沮渠蒙逊。［37］禽：同“擒”，擒获，捉拿。［38］乙亥：五月十一日。［39］云中：郡名，郡治在北魏旧京盛乐的西北，在今内蒙古托克托县东北。［40］丙子：五月十二日。［41］西河胡：指居住在今山西、陕西交界处的黄河流域的匈奴人。张外：人名，匈奴人，曾聚众为盗。［42］乙卯：五月乙丑朔，无乙卯。胡三省以为应作“己卯”。己卯，五月十五日。［43］会稽公：封地会稽郡，郡治在今浙江绍兴市，当时属东晋，此是遥封。刘絜（jié）：本姓独孤，长乐信都（今河北衡水市冀州区）人，乐陵太守刘提之子，北魏官员。后卷入北魏王室政争，被夷灭三族。传见《魏书》卷二十八。西河：古郡名，郡治兹氏，在今山西汾阳市。［44］五原：郡名，郡治九原，在今内蒙古包头市西北，乌拉特前旗东。

朱龄石等至白帝发函书[1]，曰：“众军悉从外水取成都，臧熹从中水取广汉[2]，老弱乘高舰十余，从内水向黄虎。”于是，诸军倍道兼行[3]。谯纵[4]果命谯道福[5]将重兵镇涪城，以备内水。

龄石至平模[6]，去成都二百里。纵遣秦州刺史侯晖[7]、尚书仆射谯诜[8]帅众万余屯平模，夹岸筑城以拒之。龄石谓刘钟曰：“今天时盛热，而贼严兵固险[9]，攻之未必可拔，只增疲困；且欲养锐息兵以伺其隙，何如？”钟曰：“不然。前扬声言大众向内水，谯道福不敢舍涪城。今重军猝至[10]，出其不意，侯晖之徒已破胆矣。贼阻兵守险者，是其惧不敢战也。因其凶惧[11]，尽锐[12]攻之，其势必克。克平模之后，自可鼓行[13]而进，成都必不能守矣。若缓兵相守，彼将知人虚实。涪军忽来，并力拒我，人情[14]既安，良将[15]又集，此求战不获[16]，军食无资，二万余人悉为蜀子虏[17]矣。”龄石从之。

诸将以水北城地险兵多，欲先攻其南城，龄石曰：“今屠南城，不足以破北，若尽锐以拔北城，则南城不麾[18]自散矣。”

秋，七月，龄石帅诸军急攻北城，克之，斩侯晖、谯诜，引兵回趣[19]南城，南城自溃。龄石舍船步进；谯纵大将谯抚之屯牛脾[20]，谯小苟塞打鼻[21]。臧熹击抚之，斩之，小苟闻之，亦溃。于是，纵诸营屯望风相次奔溃[22]。

戊辰[23]，纵弃成都出走，尚书令马耽[24]封府库以待晋师。壬申[25]，龄石入成都，诛纵同祖之亲，余皆按堵[26]，使复其业。纵出成都，先辞墓，其女曰：“走必不免，只取辱焉；等死[27]，死于先人之墓可也。”纵不从。谯道福闻平模不守，自涪引兵入赴，纵往投之。道福见纵，怒曰：“大丈夫有如此功业而弃之，将安归乎！人谁不死，何怯之甚也！”因投纵以剑，中其马鞍。纵乃去，自缢死。巴西人王志[28]斩其首以送龄石。道福谓其众曰：“蜀之存亡，实系于我，不在谯王，今我在，犹足一战。”众皆许诺。道福尽散金帛以赐众，众受之而走[29]。道福逃于獠[30]中，巴民杜瑾执[31]送之，斩于军门[32]。龄石徙马耽于越巂[33]，耽谓其徒曰：“朱侯不送我京师，欲灭口也，吾必不免。”乃盥洗而卧，引绳而死。须臾[34]，龄石使至，戮其尸。诏以龄石进监梁、秦州六郡诸军事，赐爵丰城[35]县侯。

（以上为第十段，写东晋将领朱龄石率军攻打西蜀谯纵，按照太尉刘裕制定的“锦囊妙计”，一举攻下其都城成都，谯纵兵败，出城逃跑，而后自杀，西蜀灭亡。）

【注释】

[1]白帝：古城名，在今重庆市奉节县。函书：书信。 [2]中水：古水名，在今四川沱江，由绵竹市流来，经简阳市、内江市，到泸州市汇入长江。广汉：古郡名，郡治雒县，在今四川广汉市北、成都市东北。 [3]倍道兼行：加倍行进，一天走两天的路程。倍，加倍；道，行

程。［4］谯（qiáo）纵：巴西南充（今四川南充市）人，西蜀政权割据者。传见《晋书》卷一百。［5］谯（qiáo）道福：谯纵官员，为辅国将军、梁州刺史。曾据险迎战东晋官军，相持六十多天，使得东晋将士败还。［6］平模：古地名，在今四川成都市西南的岷江上。［7］秦州：州治冀县，在今甘肃甘谷县东南。侯晖：原益州刺史毛璩部将，后反叛，逼迫谯纵为叛军首领。［8］尚书仆射：尚书省主管副官。谯诜（shēn）：叛首谯纵属将。［9］严兵固险：严密地派兵固守险要之处。［10］重军：大军。猝（cù）至：突然到来。［11］凶惧：恐惧，惊扰不安。［12］尽锐：把所有的精锐部队派出作战。［13］鼓行：击鼓行军，引申为大张声势地前去。［14］人情：指谯纵方面的将士之心。［15］良将：指谯道福。［16］此：我，自指朱龄石的军队。不获：不能获取、获胜。［17］悉为蜀子虏：都将成为四川土人的俘虏。［18］不麾（huī）：不用进攻。麾，将军的指挥旗，这里用如动词，即指挥进攻。［19］趣：同“趋”，急驰，奔赴。［20］谯（qiáo）抚之：谯纵大将。牛脾：胡三省以为当作“牛鞞”。牛鞞，古县名，县治在今四川简阳市。［21］谯（qiáo）小苟：西蜀主谯纵将领。塞打鼻：即控制着打鼻山的通道。打鼻，古山名，在今四川眉山市彭山区南的岷江边，是成都城南的江防要地。［22］相次：相继。奔溃：奔逃，溃败。［23］戊辰：七月五日。［24］马耽：西蜀主谯纵尚书令。谯纵即将败亡时，封府库以待东晋军队，后自杀。［25］壬申：七月九日。［26］按堵：各就各位，各安其职。［27］等死：反正都是死。［28］巴西：郡名，郡治在今四川绵阳市东北。王志：巴西郡人，谯纵自缢后，曾斩其首以送东晋统帅朱龄石。［29］走：指各自四散而去。［30］獠：当时四川的少数民族名。［31］巴：古郡名，郡治在今重庆市。杜瑾：巴郡人。执：捕获，捉拿。［32］斩于军门：谯纵自义熙元年（405）叛乱，至此被灭，前后共历九年之久。［33］徙：流放。越巂（xī）：郡名，郡治在今四川西昌市东南。马耽封府库以待朱龄石，朱龄石犹如此加害马耽，乃由于朱龄石进城后，掠夺府库，此马耽所知也。［34］须臾：一会儿。［35］丰城：古县名，在今江西南昌市南。

魏奚斤等破越勤于跋那山西，徙二万余家于大宁[1]。

河西胡曹龙等拥部众二万人来入蒲子[2]，张外降之，推龙为大单于。

丙戌[3]，魏主嗣如定襄大洛城[4]。

河南王炽磐击吐谷浑支旁于长柳川[5]，虏旁[6]及其民五千余户而还。

八月，癸卯[7]，魏主嗣还平城。

曹龙[8]请降于魏，执送张外，斩之。

丁丑[9]，魏主嗣如豺山宫[10]；癸未[11]，还。

九月，再命太尉裕为太傅、扬州牧，固辞。

河南王炽磐击吐谷浑别统掘逵于渴浑川[12]，大破之，虏男女二万三千。冬，十月，掘逵帅其余众降于炽磐。

吐京胡与离石胡出以眷[13]叛魏，魏主嗣命元城侯屈督会稽公刘絜、永安侯魏勤[14]以讨之。丁巳[15]，出以眷引夏兵邀击[16]絜，禽[17]之以献于夏，勤战死。嗣以屈亡二将，欲诛之，既而赦之，使摄并州[18]刺史。屈到州，纵酒废事，嗣积其前后罪恶，槛车征还[19]，斩之。

十一月，魏主嗣遣使请昏于秦[20]，秦王兴许之。

是岁，以敦煌索邈为梁州刺史[21]，苻宣乃还仇池[22]。初，邈寓居汉川[23]，与别驾姜显有隙[24]，凡十五年[25]而邈镇汉川；显乃肉袒迎候[26]，邈无愠色[27]，待之弥[28]厚。退而谓人曰："我昔寓此[29]，失志多年，若仇姜显，惧者不少[30]。但服之自佳[31]，何必逞志[32]！"于是阖境[33]闻之皆悦。

（以上为第十一段，写西秦主乞伏炽磐进军渴浑川，袭击吐谷浑属将；东晋任命索邈为梁州刺史，索邈非常大度，原与别驾姜显有矛盾，既往不咎，阖州官民高兴。）

【注释】

［1］大宁：县名，县治在今河北张家口市。［2］河西胡：居住在今陕西北部黄河西岸的匈奴人。曹龙：东晋时陕西北部匈奴人。蒲子：县名，县治在今山西隰县东北。［3］丙戌：七月二十三日。［4］定襄：郡名，郡治雒县，在今内蒙古清水河县西南。大洛城：古城名，在定襄郡。［5］支旁：吐谷浑的部落首领名。长柳川：古地名，在今青海省的东南部。［6］虏旁：此二字皆连用作动词。虏，同"掳"，指掳掠，抢劫财物；旁，旁及，连带涉及抢劫民众。［7］癸卯：八月十一日。［8］曹龙：东晋时陕西北部匈奴人。［9］丁丑：八月一日是"癸巳"，本月中无"丁丑"日，疑字有误。［10］如：到，至。豺山宫：古宫殿名，在今山西右玉县境内的豺山上。［11］癸未：八月中亦无"癸未"日，疑字有误。疑为九月之"癸未"。［12］别统：别部统帅。掘逵：人名，吐谷浑别部统帅。渴浑川：古地名，在今青海省青海湖附近。［13］吐京胡与离石胡出以眷：住在吐京县与离石县的匈奴族头领名叫出以眷。吐京，也叫土军，在今山西石楼县。离石，在今山西吕梁市离石区。［14］永安：古县名，县治在今山西霍州市。魏勤：北魏官员，为永安侯。在与胡夏的战斗中被杀。［15］丁巳：十月二十六日。［16］邀击：拦截，在敌人行进中途加以攻击。［17］禽：同"擒"，擒获，捉拿。［18］摄：临时代理。并州：州治晋阳，在今山西太原市。［19］槛车征还：装入囚车，押回京城。［20］请昏于秦：向后秦国请求通

婚。昏，同“婚”。［21］以敦煌索邈为梁州刺史：主语为东晋。索邈：敦煌人，东晋、刘宋两朝时将领。东晋末随刘裕征伐，拜为梁州刺史，与朱龄石等共灭西蜀。梁州，州治在今陕西汉中市。［22］苻宣乃还仇池：苻宣，原是前秦末主苻崇之子，前秦灭亡，苻宣投奔仇池氐王杨盛为其将领。谯纵乱蜀，汉中一带局势不定，义熙三年（407），杨盛派苻宣率兵进驻汉中。今东晋正式任命索邈为梁州刺史，故苻宣返回仇池。杨盛归附东晋，推荐苻宣为平北将军。后被杨盛任命梁州督护、代梁州刺史。南朝宋时为镇西侯，终老武都。［23］寓居：寄居，临时居住。汉川：郡名，即汉中。［24］姜显：梁州别驾。有隙：有嫌隙，有矛盾。［25］凡十五年：总共过了十五年。［26］肉袒迎候：脱衣露背，表示请罪，迎接刺史来临。［27］愠色：怨怒的神色。［28］弥（mí）：更加。［29］寓此：流落寄居于这里。［30］惧者不少：意谓像姜显这样与我有过矛盾的人为数尚多，如今我记恨姜显，其他人都会惶恐不安。［31］但服之自佳：只要让别人信服就好。［32］何必逞志：何必追求一时的快意、出气。［33］阖境：全境。

十年（甲寅，414年）

春，正月，辛酉[1]，魏大赦，改元神瑞[2]。

辛巳[3]，魏主嗣如繁畤[4]；二月，戊戌[5]，还平城。

夏王勃勃侵魏河东蒲子[6]。

庚戌[7]，魏主嗣如豺山宫。

魏并州刺史娄伏连[8]袭杀夏所置吐京护军[9]及其守兵。

司马休之在江陵，颇得江、汉民心。子谯王文思[10]在建康，性凶暴，好通轻侠[11]，太尉裕恶之。

三月，有司奏文思擅捶杀国吏[12]，诏诛其党而宥[13]文思。休之上疏谢罪，请解所任，不许。裕执文思送休之，令自训厉[14]，意欲休之杀之。休之但表废[15]文思，并与裕书陈谢。裕由是不悦，以江州刺史孟怀玉兼督豫州六郡[16]以备之。

夏，五月，辛酉[17]，魏主嗣还平城。

秦后将军敛成[18]讨叛羌，为羌所败，惧罪，出奔夏。

秦王兴有疾。妖贼李弘与氐仇常反于贰城[19]，兴舆疾往讨之，斩常，执弘而还。

秦左将军姚文宗[20]有宠于太子泓[21]，广平公弼恶之，诬文宗有怨言。秦王兴怒，赐文宗死，于是群臣畏弼侧目。弼言于兴，无不从者，以所亲天水尹冲[22]为给事黄门侍郎，唐盛为治书侍御史[23]，兴左右掌机要者，皆其党也。右仆射梁喜、侍中任谦、京兆尹尹昭承间[24]言于兴曰："父子之际，人所难言[25]，然君臣之义，不薄于父子，故臣等不得默然[26]。广平公弼，潜有夺嫡[27]之志，陛下宠之太过，假[28]其威权；倾险无赖之徒辐凑附之[29]。道路皆言陛下将有废立之计[30]，信[31]有之乎？"兴曰："岂有此邪！"喜等曰："苟无之，则陛下爱弼，适[32]所以祸之；愿去其左右，损其威权，如此，非特[33]安弼，乃所以安宗庙、社稷。"兴不应。大司农窦温[34]、司徒左长史王弼皆密疏[35]劝兴立弼为太子，兴虽不从，亦不责也。

兴疾笃，弼潜聚众数千人，谋作乱。姚裕遣使以弼逆状[36]告诸兄在藩镇者，于是姚懿治兵于蒲阪[37]，镇东将军、豫州牧洸[38]治兵于洛阳，平西将军谌治兵于雍[39]，皆欲赴长安讨弼。会兴疾瘳[40]，见群臣，征虏将军刘羌泣以告兴。梁喜、尹昭请诛弼，且曰："苟陛下不忍杀弼，亦当夺其权任。"兴不得已，免弼尚书令，使以将军、公还第[41]。懿等各罢兵。

懿、洸、谌与姚宣[42]皆入朝，使裕入白[43]兴，求见，兴曰："汝等正欲论弼事耳，吾已知之。"裕曰："弼苟有可论，陛下所宜垂听；若懿等言非是，便当置之刑辟[44]，奈何逆拒[45]之！"于是引见懿等于咨议堂[46]。宣流涕极言，兴曰："吾自处之，非汝曹所忧。"抚军东曹属姜虬[47]上疏曰："广平公弼，衅成逆著[48]，道路皆知之。昔文王[49]之化，刑于寡妻[50]；今圣朝之乱，起自爱子，虽欲含忍掩蔽，而逆党扇惑[51]不已，弼之乱心何由可革[52]！宜斥散凶徒，以绝祸端。"兴以虬表示梁喜曰："天下人皆以吾儿为口实，将何以处之？"喜曰："信如虬言，陛下宜早裁决。"兴默然[53]。

（以上为第十二段，写后秦主姚兴生病，三儿子姚弼欲为叛乱，争夺太子之位，其他儿子姚懿、姚洸、姚谌、姚宣等，都劝其父姚兴采取果断措施，姚兴犹豫不决。）

【注释】

[1]辛酉：正月一日。[2]神瑞：北魏主拓跋嗣的年号，历时两年余。[3]辛巳：正月二十一日。[4]繁畤：县名，县治在今山西应县东，当地有魏国的祭天台。[5]戊戌：二月九日。[6]河东：郡名，郡治安邑，在今山西夏县西北禹王城。蒲子：县名，县治在今山西隰县。[7]庚戌：二月二十一日。[8]娄伏连：本姓贺楼氏，代郡平城（今山西大同市）人，鲜卑族，北魏重要将领。传见《魏书》卷三十。[9]吐京：县名，在今山西石楼县。护军：原本意同于监军，此处即指该地的驻军头目。[10]谯王文思：即司马文思，谯王司马休之长子，袭承谯王。初仕东晋，不满太尉刘裕专政，随父割据荆州反叛，兵败归顺北魏，授廷尉卿，封郁林郡公，晋封谯郡王，为怀朔镇都大将。传见《晋书》卷三十七。[11]轻侠：指轻生重义而勇于急人之难的人。[12]捶（chuí）杀：用拳头或棒槌将人打死。国吏：谯国的下属官员。[13]宥（yòu）：宽恕，原谅。[14]训厉：训斥，管教。[15]表废：上表请求废除其封爵，取消其特权，令其在家为民。[16]豫州六郡：即宣城、襄城、淮南、庐江、安丰、历阳。[17]辛酉：五月三日。[18]敛成：即姚敛成，后秦后将军。攻打叛羌失利，投奔胡夏。[19]妖贼：指以妖言惑众倡乱的人。李弘：反叛后秦，被后秦俘获。氐仇常：氐族人仇常。贰城：古地名，在今陕西黄陵县西。[20]姚文宗：后秦左将军。太子姚泓对其十分宠爱，广平公姚弼却很讨厌他，遂诬告其造反。姚兴大怒，令其自杀。[21]太子泓（hóng）：即姚泓，字元子，后秦末代国主。东晋刘裕北伐灭后秦，姚泓被押解到东晋都城建康，在闹市斩首。传见《晋书》卷一百十九。[22]尹冲：字子顺，后秦吏部郎、给事黄门侍郎，与后秦主姚兴之子姚弼结党，欲倾覆太子姚泓。姚泓立，尹冲与弟尹泓南奔，任南广平太守，后迁司州刺史，随到彦之北伐，战败降魏。[23]唐盛：后秦治书侍御史。治书侍御史：即后代的御史中丞，负责监察百官，侍奉在帝王左右。[24]京兆尹：后秦都城长安（今陕西西安市）行政长官。地位与郡守同。尹昭：天水冀县人，后秦吏部尚书、京兆尹。姚弼受宠专政，党羽遍布，尹昭与梁喜、任谦等人拥护姚泓。姚泓继位，任尹昭为征虏将军、并州刺史、河东太守，镇守蒲坂。后姚泓出降，尹昭只好放弃抵抗，投降东晋，被刘裕所杀。传见《晋书》一百一十八。承间：趁机会。[25]人所难言：意即别人不好多说。[26]默然：闭口不言的样子。[27]潜：暗地里。夺嫡：夺取太子地位。[28]假：给予，授予。[29]倾险：用心邪僻险恶。无赖：放刁，撒泼，蛮不讲理。辐凑附之：如辐条之集中于车毂，极言其归附者之多。[30]道路皆言：在路上行走的人都在议论。废立之计：废掉太子，另立新太子的打算。[31]信：的确，当真。[32]适：正好，正是。[33]非特：不仅仅是。安弼：使姚弼平安，不至于丢掉性命。[34]窦温：原文作“宝温”，据章校改。窦温，后秦官员，为大司农。[35]王弼：后秦司徒左长史。密疏：秘密上书。[36]姚裕：后秦主姚兴少子。逆状：谋反的情状。[37]姚懿（yì）：后秦主姚兴之子，后秦末代皇帝姚泓胞弟。曾被封为太原公，在后秦灭亡的危急关头，姚懿自称皇帝，后被东平公姚绍抓获。蒲阪：古地名，在今山西永济市西。[38]洸（guāng）：即姚洸，后秦主姚兴之子，受封陈留公，任征南将军、豫州牧，镇守洛阳。后刘裕北伐，姚洸军不敌晋

军，投降刘裕。[39]谌（chén）：即姚谌，后秦主姚兴之子，为平西将军，镇守雍城。[40]疾瘳（chōu）：病愈。[41]以将军、公还第：保留姚弼的身份，回家赋闲。时姚弼为大将军、广平公。[42]姚宣：后秦将领，后秦主姚兴之子。[43]白：告诉。[44]刑辟：刑法，刑律。[45]逆拒：预先拒绝。[46]咨议堂：后秦宫殿朝堂名，君臣议事、讨论郡国大事的地方。[47]抚军东曹属：抚军将军的东曹官属。当时太子姚泓任抚军将军。姜虬：后秦官员，为太子姚泓的东曹官员。[48]衅成：作乱已成事实。逆著：谋反的罪行显明。[49]文王：即西周周文王姬昌。[50]刑于寡妻：意即周文王能首先给妻子作榜样，接着推及到自己的弟兄，而后推广到整个国家。语出《诗经·思齐》："刑于寡妻，至于兄弟，以御于家邦。"刑，同"型"。寡妻，诸侯的正妻。[51]扇惑：煽动，蛊惑。扇，同"煽"。[52]革：改变，改正。[53]默然：默不作声的样子。

唾契汗、乙弗[1]等部皆叛南凉，南凉王傉檀欲讨之。邯川[2]护军孟恺谏曰："今连年饥馑[3]，南逼[4]炽磐，北逼蒙逊，百姓不安。远征虽克，必有后患，不如与炽磐结盟通籴[5]，慰抚杂部[6]，足食缮兵[7]，俟时[8]而动。"傉檀不从，谓太子虎台[9]曰："蒙逊近去[10]，不能猝来[11]；旦夕所虑，唯在炽磐。然炽磐兵少易御[12]，汝谨守乐都，吾不过一月必还矣。"乃帅骑七千袭乙弗，大破之，获马牛羊四十余万。

河南王炽磐闻之，欲袭乐都，群臣咸以为不可。太府主簿焦袭[13]曰："傉檀不顾近患[14]而贪远利，我今伐之，绝其西路[15]，使不得还救，则虎台独守穷城[16]，可坐禽[17]也。此天亡之时，必不可失。"炽磐从之，帅步骑二万袭乐都。虎台凭城拒守，炽磐四面攻之。

南凉抚军从事中郎尉肃[18]言于虎台曰："外城广大难守，殿下不若聚国人守内城[19]，肃等帅晋人[20]拒战于外，虽有不捷，犹足自存。"虎台曰："炽磐小贼，旦夕当走，卿何过虑之深！"虎台疑晋人有异心，悉召豪望有谋勇者闭之于内[21]。孟恺泣曰："炽磐乘虚内侮[22]，国家危于累卵[23]。恺等进欲报恩，退顾妻子[24]，人思效死，而殿下乃疑之如是邪！"虎台曰："吾岂不知君之忠笃[25]，惧余人脱生虑表[26]，以君等安之[27]耳。"

一夕，城溃，炽磐入乐都，遣平远将军捷虔帅骑五千追傉檀[28]，以镇南将军谦屯为都督河右[29]诸军事、凉州刺史，镇乐都；秃发赴单为西平[30]太守，镇西平；以赵恢为广武[31]太守，镇广武；曜武将军王基为晋兴[32]太守，镇浩亹[33]；徙虎台及其文武百姓万余户于枹罕。赴单，乌孤之子也。

（以上为第十三段，写南凉主秃发傉檀出兵攻打反叛南凉的部落，由太子秃发虎台留守都城乐都，而西秦主乞伏炽磐乘虚率兵袭击，攻破乐都，俘获秃发虎台。）

【注释】

[1]唾契汗、乙弗：都是当时的少数民族部落名，活动于今青海湖以北的青海与甘肃交界处。[2]邯川：古地名，在今青海海东市乐都区东南。[3]饥馑（jǐn）：灾荒，荒年。[4]逼：靠近。当时乞伏炽磐的都城在枹罕，今甘肃临夏市。[5]通籴（dí）：进行粮食贸易，互通有无。籴，买入粮食。[6]杂部：各部。[7]缮（shàn）兵：整治武备。[8]俟（sì）时：等待时机。[9]虎台：即秃发虎台，南凉主秃发傉檀之子。为太子、录尚书事。奉命守都城乐都（今青海海东市乐都区），拒忠谏，轻敌失备，为西秦所乘，城破，被执杀。[10]近去：刚刚退去。[11]猝（cù）来：突然到来。[12]易御：容易对付。御，抵抗，应付。[13]太府：掌管国家钱财货物的机关。主簿（bù）：总领门下众事，掌管簿书，匡辅拾遗。焦袭：西秦官员，为太府主簿。[14]近患：指近在咫尺的北凉沮渠蒙逊。[15]西路：南凉主秃发傉檀自乙弗回乐都的通路。[16]穷城：危城。[17]坐禽：立等被擒。禽，同“擒”。[18]抚军从事中郎：抚军将军的高级僚属。时秃发虎台为抚军将军。尉肃：南凉太子秃发虎台的从事中郎。[19]国人：指以秃发氏为首的鲜卑人。内城：古时城分为内外二层，内城称为“城”，外城称为“郭”。[20]晋人：晋朝之人，指汉族人。[21]豪望：有势力、有名望的人。闭之于内：使之作为人质。[22]内侮：前来入侵我们。[23]累卵：堆叠的鸡蛋，比喻极其危险。[24]退顾妻子：退一步说又是为保全老婆孩子。[25]忠笃（dǔ）：忠诚无二。[26]脱生虑表：突然发生想不到的事情，指叛变投敌。脱，突然。[27]以君等安之：扣押你们是为了让你们部下的人死心塌地。[28]捷虔：即乞伏捷虔，西秦平远将军。追傉檀：追击秃发傉檀西行往袭乙弗的部队。[29]谦屯：即乞伏谦屯，西秦主乞伏乾归之子，西秦大臣。西秦主乞伏炽磐进入南凉国都乐都，命乞伏谦屯为都督河右诸军事、凉州刺史，镇守乐都。后为河州牧、骠骑大将军。河右：古区域名，即黄河以西，指今青海西宁市一带地区。[30]秃发赴单：河西鲜卑人，南凉开国国王秃发乌孤之子，西秦主乞伏炽磐进入南凉国都乐都，任命秃发赴单为西平太守，镇守西平。西平：郡名，在今青海西宁市。[31]赵恢：西秦广武太守，镇守广武。广武：郡名，郡治在今甘肃永登县东南。[32]王基：西秦晋兴太守，镇守浩亹。晋兴：郡名，郡治在今青海海东市乐都区东南。[33]浩亹（wěi）：县名，县治在今青海民和县北。

河间人褚匡[1]言于燕王跋曰："陛下龙飞辽、碣[2]，旧邦族党[3]，倾首朝阳[4]，以日为岁[5]，请往迎之。"跋曰："道路数千里，复隔异国[6]，如何可致？"匡曰："章武[7]临海，舟楫[8]可通，出于辽西临渝[9]，不为难也。"跋许之，以匡为游击将军、中书侍郎，厚资遣之。匡与跋从兄买、从弟睹[10]，自长乐帅五千余户归于和龙[11]。

契丹、库莫奚[12]皆降于燕。跋署其大人[13]为归善王。跋弟丕避乱在高句丽[14]，跋召之，以为左仆射，封常山[15]公。

柔然可汗斛律将嫁女于燕，斛律兄子步鹿真[16]谓斛律曰："幼女远嫁忧思[17]，请以大臣树黎等女为媵[18]。"斛律不许。步鹿真出，谓树黎等曰："斛律欲以汝女为媵，远适他国。"树黎恐，与步鹿真谋使勇士夜伏于斛律穹庐[19]之后，伺其出而执之，与女皆送于燕，立步鹿真为可汗而相之。

初，社仑之徙高车[20]也，高车人叱洛侯为之乡导[21]以并诸部，社仑德之[22]，以为大人[23]。步鹿真与社仑之子社拔[24]共至叱洛侯家，淫其少妻，妻告步鹿真曰："叱洛侯欲奉大檀[25]为主。"大檀者，社仑季父仆浑[26]之子也，领别部镇西境，素得众心。步鹿真归而发兵围叱洛侯，叱洛侯自杀。遂引兵袭大檀，大檀逆击，破之，执步鹿真及社拔，杀之，自立为可汗，号牟汗纥升盖可汗[27]。

斛律至和龙，燕王跋赐斛律爵上谷[28]侯，馆之辽东[29]，待以客礼，纳其女为昭仪[30]。斛律上书请还其国，跋曰："今弃国万里，又无内应，若以重兵相送，则馈运[31]难继，兵少则不足成功，如何可还？"斛律固请，曰："不烦重兵，愿给三百骑，送至敕勒[32]，国人必欣然来迎。"跋乃遣单于前辅万陵[33]帅骑三百送之。陵惮远役，至黑山[34]，杀斛律而还。大檀亦遣使献马三千匹、羊万口于燕。

（以上为第十四段，写柔然可汗郁久闾斛律欲把女儿嫁给北燕主冯跋，侄儿步鹿真挑拨离间，唆使大臣树黎抓住斛律，送给北燕，斛律后被杀；步鹿真自立为可汗。）

【注释】

[1]褚（chǔ）匡：东晋时河间人，北燕官员。 [2]龙飞辽、碣：在辽水、碣石山一带登基称帝。龙飞，喻人之称帝。辽、碣，辽水、碣石山。辽水流经今内蒙古东南部与辽宁西部，碣石

山在今河北东北角的昌黎县、乐亭县一带。［3］旧邦族党：意即故乡的亲友。冯跋的故乡是长乐郡信都，在今河北衡水市冀州区。［4］倾首朝阳：意即盼着早日见到你。倾首，犹翘首，翘首仰望。朝阳，以喻帝王。［5］以日为岁：犹今之所谓“度日如年”，极言其盼望之心切。［6］隔异国：自今河北衡水市冀州区到辽宁朝阳市，中间隔着拓跋氏的北魏国。［7］章武：县名，县治在今河北沧州市东，地临渤海。［8］舟楫（jí）：船和桨，泛指船只。［9］出于辽西临渝：经由辽西临渝县。辽西，郡名，郡治在今河北秦皇岛市西南。临渝，县名，县治在今河北秦皇岛市西。以上几句是说，冯跋的老家是长乐，属拓跋氏统治。如果从长乐东北行至章武，再乘船到临渝，那就进入了冯跋统治的北燕地面了。［10］从兄：堂兄。买：即冯买，北燕主冯跋堂兄。从弟：堂弟。睹：即冯睹，北燕主冯跋堂弟。［11］和龙：古城名，在今辽宁朝阳市。［12］契丹：古代游牧民族名，发源于中国东北地区，早期分为契丹八部，当时活动在今内蒙古通辽市一带地区。库莫奚：古代少数民族名，当时活动在今内蒙古赤峰市、克什克腾旗一带。［13］署：委任，加封并赐予称号。大人：头领。［14］丕：即冯丕，北燕主冯跋之弟。高句（gōu）丽：高句丽人所建立的古国名，都城丸都，在今吉林集安市。［15］常山：郡国名，郡治真定，在今河北石家庄市东北。［16］步鹿真：即郁久闾步鹿真，柔然第九位可汗。趁斛律与北燕冯跋和亲时，与大臣树黎共谋，将斛律父女逐往北燕，遂立为可汗，不久，王族内讧，为社仑季父仆浑之子大檀绞杀。［17］忧思：忧愁，思念。［18］树黎：东晋时柔然大臣，事柔然可汗斛律。斛律与北燕主冯跋和亲时，受步鹿真挑拨，与斛律离心。同步鹿真共谋，乘夜令武士囚禁斛律父女，逐往北燕王庭和龙（在今辽宁朝阳市），立步鹿真为可汗，执掌柔然军政大权。媵（yìng）：陪嫁。［19］穹庐：帐篷。［20］社仑：即郁久闾社仑，柔然丘豆伐可汗。在位九年，为北魏战败，病死于败退途中。徙高车：指柔然首领社仑因被魏军打败，北袭高车之地而居之。见《资治通鉴》卷一百十二晋安帝元兴元年（402）。高车，北方的少数民族部落名，以其喜乘高轮车而称之。［21］叱洛侯：出身高车，北魏天兴五年（402），柔然可汗社仑攻破高车，叱洛侯投附柔然为向导，被封为“大人”。后柔然内讧，步鹿真驱逐柔然可汗斛律，自立为可汗，荒淫无道，叱洛侯遂与社仑从弟大檀谋废步鹿真，立大檀为可汗。谋泄，被迫焚珍宝自刎而死。乡导：即向导。乡，同“向”。［22］德之：感念他的好处。［23］大人：头领。［24］社拔：柔然可汗郁久闾社仑之子。［25］大檀：即郁久闾大檀，柔然可汗郁久闾社仑堂弟，可汗郁久闾斛律之侄，攻杀郁久闾步鹿真，国人推戴立之，为国主，称牟汗纥升盖可汗（意为胜利之王）。屡次入塞骚扰北魏边境。后北魏袭其都城，大檀西奔，为高车诸部邀击，部众降散，发病死。［26］仆浑：一作“步浑”，郁久闾氏，地粟袁幼子，柔然贵族。父亲去世，其二兄将柔然析为两部，长兄匹候跋继父业居东部，仲兄缊纥提率部别居西部。本人与诸子镇于西界。其子大檀一系在步鹿真（缊纥提之孙）后，连续继承了可汗位，直至柔然汗国灭亡。［27］牟汗纥升盖可汗：鲜卑语的意思是制胜之王、胜利之王。［28］上谷：郡名，郡治沮阳，在今河北怀来县东南。［29］馆之辽东：安置在辽东郡居住。馆，安置住宿。辽东，辽水以东，当时这一带已属高句丽。［30］昭仪：帝王妃嫔的称号名，地位仅次于皇后。［31］馈运：后勤供应，指运送粮草。[32]敕勒：古地名，即前所谓“高车”，当时活动在今蒙古国的乌兰巴托市东北。[33]单于前辅万陵：冯跋太子冯永的辅佐官，名叫万陵。冯永当时为大单于，有前后左右四辅。[34]黑山：古地名，也叫杀胡山，在今内蒙古呼和浩特市东南。

六月，泰山太守刘研[1]等帅流民七千余家、河西胡酋刘遮[2]等帅部落万余家，皆降于魏。

戊申[3]，魏主嗣如豺山宫；丁亥[4]，还平城。

乐都之溃也，南凉安西将军樊尼自西平[5]奔告南凉王傉檀，傉檀谓其众曰：“今妻子皆为炽磐所虏，退无所归，卿等能与吾藉乙弗之资[6]，取契汗以赎[7]妻子乎？”乃引兵西，众多逃还，傉檀遣镇北将军段苟追之，苟亦不还。于是，将士皆散，唯樊尼与中军将军纥勃、后军将军洛肱、散骑侍郎阴利鹿[8]不去，傉檀曰：“蒙逊、炽磐昔皆委质于吾[9]，今而归去，不亦鄙[10]乎！四海之广，无所容身，何其痛也！与其聚而同死，不若分而或全。樊尼，吾长兄[11]之子，宗部所寄[12]；吾众在北者户垂一万[13]，蒙逊方招怀士民，存亡继绝[14]，汝其从之；纥勃、洛肱亦与尼俱行。吾年老矣，所适不容[15]，宁见妻子而死！”遂归于炽磐，唯阴利鹿随之。傉檀谓利鹿曰：“吾亲属皆散，卿何独留？”利鹿曰：“臣老母在家，非不思归，然委质为臣，忠孝之道，难以两全。臣不才，不能为陛下泣血求救于邻国[16]，敢离左右乎！”傉檀叹曰：“知人固未易。大臣亲戚皆弃我去，今日忠义终始不亏者，唯卿一人而已！”

傉檀诸城皆降于炽磐，独尉贤政屯浩亹[17]，固守不下。炽磐遣人谓之曰：“乐都已溃，卿妻子皆在吾所，独守一城，将何为也？”贤政曰：“受凉王厚恩，为国藩屏[18]。虽知乐都已陷，妻子为禽[19]，先归获赏，后顺受诛；然不知主上存亡，未敢归命[20]；妻子小事，岂足动心！若贪一时之利，忘委付之重者，大王亦安用之！”炽磐乃遣虎台以手书谕之，贤政曰：“汝为储副[21]，不能尽节，面缚[22]于人，弃父忘君，堕[23]万世之业，贤政义士，岂效汝乎！”闻傉檀至左南[24]，乃降。

炽磐闻傉檀至，遣使郊迎，待以上宾之礼。秋，七月，炽磐以傉檀为骠骑大将军，赐爵左南公，南凉文武，依才铨叙[25]。岁余，炽磐使人鸩[26]傉檀，左右请解之，傉檀曰：“吾病岂宜疗邪！”遂死[27]，谥曰

"景王"。虎台亦为炽磐所杀。傉檀子保周、贺[28]，俱延子覆龙[29]，利鹿孤孙副周[30]，乌孤孙承钵[31]，皆奔河西王蒙逊，久之，又奔魏。魏以保周为张掖[32]王，覆龙为酒泉[33]公，贺西平[34]公，副周永平[35]公，承钵昌松[36]公。魏主嗣爱贺之才，谓曰："卿之先与朕同源[37]，赐姓源氏。"

八月，戊子[38]，魏主嗣遣马邑侯陋孙[39]使于秦，辛丑[40]，遣谒者于什门[41]使于燕，悦力延[42]使于柔然。于什门至和龙，不肯入见，曰："大魏皇帝有诏，须冯王出受，然后敢入。"燕王跋使人牵逼令入；什门见跋不拜，跋使人按其项，什门曰："冯王拜受诏，吾自以宾主致敬，何苦见逼邪！"跋怒，留什门不遣，什门数众辱之[43]。左右请杀之，跋曰："彼各为其主耳。"乃幽执[44]什门，欲降之，什门终不降，久之，衣冠弊坏[45]略尽，虮虱流溢[46]；跋遗[47]之衣冠，什门皆不受。

魏主嗣以博士王谅为平南参军[48]，使以平南将军、相州刺史尉太真书与太尉裕相闻[49]。太真，古真之弟也。

九月，丁巳朔[50]，日有食之。

冬，十月，河南王炽磐复称秦王[51]，置百官。

燕主跋与夏连和[52]，夏王勃勃遣御史中丞乌洛孤如燕莅盟[53]。

十一月，壬午[54]，魏主嗣遣使者巡行诸州，校阅守宰资财[55]，非家所赍[56]，悉簿为赃[57]。

西秦王炽磐立妃秃发氏[58]为后。

十二月，丙戌朔[59]，柔然可汗大檀侵魏；丙申[60]，魏主嗣北击之。大檀走，遣奚斤等追之，遇大雪，士卒冻死及堕指者什二三[61]。

河内人司马顺宰[62]自称晋王，魏人讨之，不克。

燕辽西公素弗卒，燕王跋比葬七临之[63]。

是岁，司马国璠[64]兄弟聚众数百潜渡淮，夜入广陵城。青州刺史檀祗[65]领广陵相，国璠兵直上听事[66]，祗惊出，将御[67]之，被射伤而入，谓左右曰："贼乘暗得入，欲掩[68]我不备，但击五鼓[69]，彼惧晓，必走矣。"左右如其言，国璠兵果走，追杀百余人[70]。

魏博士祭酒崔浩[71]为魏主嗣讲《易》及《洪范》[72]，嗣因问浩天文、术数[73]，浩占决多验[74]，由是有宠，凡军国密谋皆预[75]之。

夏王勃勃立夫人梁氏为王后，子璝为太子；封子延为阳平公，昌为太原公，伦为酒泉公，定为平原公，满为河南公，安为中山公[76]。

（以上为第十五段，写南凉的覆灭，南凉都城乐都陷落后，国主秃发傉檀打发其他人投奔北凉主沮渠蒙逊，以求出路；而自己投降西秦主乞伏炽磐，而后被害。）

【注释】

[1]泰山：郡名，郡治在今山东泰安市东南。刘研：泰山太守。 [2]刘遮：河西地区的胡人首领。 [3]戊申：六月二十日。 [4]丁亥：六月一日是“己丑”，本月无“丁亥日”，疑字有误。[5]樊尼：南凉主秃发乌孤之子，南凉安西将军。 [6]藉乙弗之资：趁着打败乙弗所取得的胜利。藉，凭借。 [7]取契汗：活捉契汗。契汗，即上文所说的“唾契汗”。秃发傉檀已破乙弗部，拟再征唾契汗。赎（shú）：救赎，救回。 [8]阴利鹿：南凉官员，散骑侍郎。西秦主乞伏炽磐攻南凉，破乐都，傉檀降炽磐，南凉亡，只有阴利鹿跟随傉檀。 [9]委质于吾：意即向我纳质称臣。沮渠蒙逊曾称臣于秃发利鹿孤，见《资治通鉴》卷一百十二晋安帝隆安五年（401）。乞伏炽磐投归秃发利鹿孤，见《资治通鉴》卷一百十一隆安晋安帝四年（400）。 [10]鄙：浅薄，轻贱。 [11]长兄：即秃发乌孤。 [12]宗部所寄：家族与部落的主心骨，众心所归。秃发乌孤是南凉政权的建立者，樊尼是乌孤之子，故称他是宗部所寄。 [13]户垂一万：差不多有上万户。垂，将近。 [14]存亡继绝：意即优待、怜恤已经亡国的贵族。孔子曰：“存灭国，继绝世。”将已灭亡的国家重新建立起来，使已断绝的血统再延续下去。孔子认为这是圣明帝王的行为。 [15]所适不容：投奔谁也不会有人要。 [16]泣血求救于邻国：像申包胥那样求救于邻国。春秋末年，楚国被吴国所灭，楚臣申包胥求救于秦，“依于庭墙而哭，日夜不绝声，勺饮不入口七日。”秦哀公受感动，为之出兵击吴，恢复了楚国。 [17]尉贤政：南凉官员，南凉覆灭，坚守浩亹。浩亹（wěi）：县名，县治在今青海民和县北。 [18]藩屏：屏障。 [19]禽：同“擒”，擒获，捉拿。 [20]归命：这里即指投降。 [21]储副：帝王的太子，政权的接班人。 [22]面缚：双手反缚，前头只见其面，即指束手投降。 [23]堕：坠落，毁弃。 [24]至左南：也到左南县来归降。左南，古县名，县治在今青海海东市乐都区东南。 [25]依才铨（quán）叙：选拔任用。铨，选用官吏。 [26]鸩（zhèn）：传说中的一种毒鸟，把它的羽毛放在酒里，可以毒杀人。此指用鸩酒毒杀。 [27]遂死：南凉政权自秃发乌孤创立，经秃发利鹿孤，至秃发傉檀灭亡，共历十七年。 [28]保周：即秃发保周，南凉主秃发傉檀之子，北魏名将源贺之兄，南凉将领。曾在西秦当人质，西秦被灭后，投奔北魏，封为张掖王，驻守张掖。后割据自立，反叛北魏。被北魏将领拓跋健率兵平定，秃发保周自杀。传见《晋书》卷一百二十六。贺：即源贺，原名秃发破羌，字贺豆跋，南凉主秃发傉檀之子，北魏名臣。南凉灭亡后，逃到北魏，受到拓跋焘赏识，封西平郡公，迁征西将军，赐姓源。后拥立文成帝、孝文帝。赠侍中、太尉、陇西王。传见《魏书》卷四十一。 [29]覆龙：即秃发覆龙，秃

发俱延之子。后投奔北魏，为酒泉公。［30］副周：即秃发副周，秃发利鹿孤之孙。后投奔北魏，为永平公。［31］承钵：即秃发承钵，秃发乌孤之孙。后投奔北魏，为昌松公。［32］张掖：郡名，郡治在今甘肃张掖市。［33］酒泉：郡名，郡治在今甘肃酒泉市。［34］西平：郡名，郡治在今青海西宁市。［35］永平：郡名，郡治安沂，在今广西岑溪市西北。［36］昌松：郡名，郡治昌松，在今甘肃武威市东南。［37］同源：指同是鲜卑人，同一祖先。［38］戊子：八月一日。［39］马邑：县名，县治在今山西朔州市。陋孙：即拓跋陋孙，又称“元陋孙”，北魏官员，为马邑侯。［40］辛丑：八月十四日。［41］谒者：掌宾赞及奉命出使。于什门：北魏代人，名简，以字行，明元帝拓跋嗣时为谒者，出使北燕，至和龙，舍外舍不入，欲冯跋出受。冯跋使人牵逼入之。于什门入而不拜。冯跋令人按其项则抗辞不屈，且辱冯跋，因被拘留。随身衣裳败坏而终不受所赠。历二十一年，北燕冯弘上表称臣，乃送其归。拜治书侍御史。太武帝拓跋焘下诏褒美，比之苏武。［42］悦力延：北魏官员，为谒者，曾出使柔然。［43］数众辱之：多次当众辱骂冯跋。［44］幽执：囚于监牢。［45］弊坏：破烂，破旧。［46］流溢：充满而游走出来。［47］遗（wèi）：赠给。［48］博士：掌议论政事及礼仪。王谅：北魏官员，为博士。为平南参军：给平南将军尉太真做参军。［49］“使以平南将军”句：以平南将军、相州刺史尉太真的名义，与东晋的刘裕互相通信往来。相州，北魏新建州，州治在邺城，在今河北临漳县西南。尉太真，北魏开国将领尉古真之弟，太宗拓跋嗣初年，担任平南将军、相州刺史。书，写信。相闻，互通信息。［50］丁巳朔：九月一日。［51］复称秦王：乞伏乾归曾称秦王，后去王号称臣于后秦主姚兴，后乞伏炽磐又称河南王，今并南凉复称秦王。［52］连和：联合，交好。［53］乌洛孤：胡夏御史中丞。如燕莅盟：前往北燕参加定盟仪式。［54］壬午：十一月二十七日。［55］校阅守宰资财：清点各地方官的资产。校阅，如今之所谓“清查”。守宰，太守与县令，郡县两级的行政长官。［56］非家所赍（jī）：凡不是从家里带出来的。赍，携带。［57］悉簿（bù）为赃：一律作为贪污所得进行登记。簿，记载，登记。［58］秃发氏：秃发傉檀之女。［59］丙戌朔：十二月一日。［60］丙申：十二月十一日。［61］堕指：冻掉指头。什二三：十分之二三。什，同“十”。［62］司马顺宰：东晋时北魏河内（治今河南沁阳市）人，北魏神瑞元年（414）叛魏自称晋王，称之为“北晋”，后上党胡人推白亚栗斯为单于，以司马顺宰为谋主，北晋在此时即被取消。［63］比葬七临之：在冯素弗从死到埋葬的这几天里，北燕主冯跋曾七次前往其家哭丧。根据礼法，帝王哭大臣最多只能三次。冯跋哭其弟竟至七次，见其关系密切。［64］司马国璠（fán）：东晋宗室大臣。曾投奔桓楚余党桓石绥、南燕主慕容超、西秦主姚兴、胡夏主赫连勃勃、北魏主拓跋焘，封为淮南郡公。后图谋反叛，坐罪伏诛。传见《晋书》卷一百一十八。［65］檀祗（zhī）：字恭叔，高平金乡（今山东金乡县）人，名将檀道济之兄，东晋青州刺史兼广陵相。传见《晋书》卷八十五。［66］听事：即听事厅，古厅堂名，行政长官处理政务、会见僚属的正堂。［67］御：抵抗。［68］掩：突然袭击。［69］但击五鼓：只要一击五更鼓，使之误以为天已将亮，不能再乘黑暗作乱，就会迅速逃去。［70］追杀百余人：五字原无，据章校补。［71］博士祭酒：亦称

“国子祭酒”，位居博士之首。崔浩：北魏司空崔宏长子，历仕三帝，官至司徒，封东郡公。后受“国史之狱”牵连，被灭九族。传见《魏书》卷三十五。［72］《易》：即《周易》，儒家五经之一。《洪范》：意即统治大法，《尚书》中的一篇。［73］天文、术数：有关天文、星象方面的一些传统说法。［74］占决：占卜，推算。多验：大多灵验。［75］预：参与，参与谋划。［76］“子璝为太子”等七句：胡夏国主赫连勃勃给七个儿子封赏爵位。嫡长子赫连璝立为太子，次子赫连延封为平阳公，三子赫连昌封为太原公，四子赫连伦封为酒泉公，五子赫连定封为平原公，六子赫连满封为河南公，七子赫连安封为中山公。

【点评】

刘毅妒能终自毙。刘毅曾经立下许多战功，封官拜将，但他私心膨胀，非常嫉妒刘裕的才能和功劳，后被诛灭。

首先，刘毅之祸，是其逞一时之勇，却事与愿违，而酿下的苦果。当时，刘裕北伐南燕，国内空虚，卢循趁机作乱，耀武扬威，声势浩大，大有吞没都城建康的气势，东晋将领何无忌率军出战，持节战死，朝廷内外大惊失色。百官商议，打算护卫晋安帝司马德宗朝北撤退，向中军刘裕靠拢，虽然这一谋划并不高明，但也是权宜之计。但时任卫将军的刘毅，认为自己并不比刘裕差，他要独自出兵攻打卢循。刘裕写信给他，告诉他卢循非常狡猾，自己与卢循交过战，知道他们用兵行阵的变化情况，相约同心协力，一起攻打，并且让人劝阻刘毅不要独自出兵。刘裕本来是一片好心，但刘毅把刘裕的话当作耳边风，贸然出征，结果葬送了全部的士兵，自己逃之夭夭，进入蛮荒之地，才得以保全性命。刘裕宽大，恢复其官职。

其次，刘毅自恃有才，将自己孤立起来。刘裕攻打卢循，凯旋后晋安帝司马德宗设宴慰劳，令群臣赋诗。而刘毅攻打卢循，遭到惨败，深知人情不归向自己，内心更加愤激，便赋诗道：“六国多雄士，正始出风流。”他自知武功不及刘裕，便故意显示自己文雅有余。

最后，刘毅忌恨成性，意欲谋反，多行不义必自毙。在刘裕的支持下，刘毅又重新振作，成为举足轻重的朝廷重臣，说起他的官职并不小，但他仍心怀不满，总想把失去的权力再捞回来，于是，在不归路上越走越远。他先是请示朝廷，取得了临近建康的江州的军事管理权。他这样做，如果是出于公心，固然是好，但如果是别有用心，则对都城建康构成了很大的威胁。还有，刘毅至江陵，竟擅自选取江州士兵及豫州西府文武将佐一万多人，留用而不予遣散，又以疾病困苦，请求派遣刘藩为其佐官，其用心何在！

综观刘毅所为，其刚愎自用，嫉妒成性，终于导致了他的人生毁灭！

卷一一七　晋纪三十九

晋安帝义熙十一年至十二年（415—416 年）

【起旃蒙单阏（乙卯，415 年），尽柔兆执徐（丙辰，416 年），凡二年】

【大事提要】

本卷记事起于公元 415 年，到公元 416 年，凡二年，时当晋安帝（司马德宗）义熙十一年至义熙十二年。本卷所载大事，主要有五个方面。其一，刘裕攻灭司马休之。东晋宗室司马休之占据荆州，颇得当地人心，拥兵自重，对中央形成巨大威胁。公元 415 年，刘裕出兵攻打，雍州刺史鲁宗之与司马休之联合。刘裕奋力击败其大军，攻克江陵，直捣襄阳，荆、扬二州尽被刘裕吞并，司马休之以及鲁宗之北投后秦。其二，刘裕统领东晋。刘裕消灭司马休之之后，获剑履上殿、入朝不趋、赞拜不名的崇礼。公元 416 年，又加领平北将军等。至此，刘裕一人都督徐、南徐、豫、南豫、兖、南兖、青、冀、幽、并、司、郢、荆、江、湘、雍、梁、益、宁、交、广、南秦共二十二州。其三，后秦主姚兴去世，姚泓即位。公元 416 年，姚兴病重，下令太子姚泓监国。姚弼的党羽在谋杀姚泓和劫持姚兴的计划未逞后，策划入宫作乱，攻打端门，皇城内外展开激烈战斗。姚兴宣布处死姚弼，而后去世，太子姚泓继位，诛杀叛乱分子，改年号为永和。其四，刘裕北伐后秦。公元 416 年，东晋太尉刘裕以刘穆之任尚书左仆射，内总朝政，外供军粮，自己率领四路大军北伐，攻打后秦国。刘裕抵达彭城，龙骧将军王镇恶、冠军将军檀道济领兵进攻许昌、洛阳，后秦诸郡屯守皆望风降附，晋军进展神速，占领洛阳。其五，修复西晋皇帝陵墓。公元 416 年，东晋安帝司马德宗下令派遣兼司空、高密王司马恢之修复、拜谒司马懿、司马师、司马昭、司马炎、司马衷五位皇帝陵墓，并设置守卫部队。太尉刘裕任命冠军将军毛修之为河南、河内二郡太守，代理司州政事，戍守洛阳。

安皇帝壬

义熙十一年（乙卯，415 年）

春，正月，丙辰[1]，魏主嗣还平城[2]。

太尉裕收司马休之次子文宝、兄子文祖，并赐死，发兵击之[3]。诏加裕黄钺[4]，领荆州刺史。

庚午[5]，大赦。

丁丑[6]，以吏部尚书谢裕[7]为尚书左仆射。

辛巳[8]，太尉裕发建康。以中军将军刘道怜监留府事[9]，刘穆之兼右仆射。事无大小，皆决于穆之。又以高阳内史刘钟[10]领石头戍[11]事，屯冶亭[12]。休之府司马张裕[13]、南平太守檀范之[14]闻之，皆逃归建康。裕，邵之兄也。雍州刺史鲁宗之[15]自疑不为太尉裕所容，与其子竟陵太守轨起兵应休之。

二月，休之上表罪状[16]裕，勒兵[17]拒之。

裕密书招休之府录事参军南阳韩延之[18]，延之复书曰："承[19]亲帅戎马，远履西畿[20]，阖境[21]士庶，莫不惶骇[22]。辱疏[23]，知以谯王前事[24]，良增叹息[25]。司马平西体国忠贞[26]，款怀待物[27]。以公有匡复之勋[28]，家国蒙赖[29]，推德委诚，每事询仰[30]。谯王往以微事见劾[31]，犹自表逊位[32]，况以大过，而当嘿然[33]邪！前已表奏废之，所不尽者命耳[34]。推寄相与[35]，正当如此[36]。而遽兴兵甲[37]，所谓'欲加之罪，其无辞[38]乎！'刘裕足下，海内之人，谁不见足下此心，而复欲欺诳国士[39]！来示云'处怀期物，自有由来[40]'，今伐人之君[41]，啖人以利[42]，真可谓'处怀期物，自有由来'者乎！刘藩死于阊阖之门[43]，诸葛毙于左右之手[44]，甘言诧方伯[45]，袭之以轻兵[46]；遂使席上靡款怀之士[47]，阃外无自信诸侯[48]，以是为得算[49]，良可耻也！贵府将佐及朝廷贤德，寄命过日[50]。吾诚鄙劣[51]，尝闻道[52]于君子，以平西之至德[53]，宁可无授命之臣[54]乎！必未能自投虎口[55]，比迹郗僧施之徒[56]明矣。假令天长丧乱[57]，九流浑浊[58]，当与臧洪游于地下[59]，不复多言。"裕视书叹息，以示将佐曰："事人当如此矣！"延之以裕父名翘，字显宗，乃更其字曰"显宗"，名其子曰"翘"，以示不臣刘氏。

琅邪太守刘朗[60]帅二千余家降魏。

（以上为第一段，写东晋太尉刘裕欲剪除司马休之，处死其子侄；司马休之起兵反叛，刘裕欲让其属官韩延之背叛其主，韩延之义正辞严地回击，刘裕感慨良多。）

【注释】

［1］丙辰：正月二日。［2］还平城：北魏主拓跋嗣从北伐柔然的前线得胜，返回平城。［3］发兵击之：东晋太尉刘裕，发兵讨伐司马休之。［4］黄钺（yuè）：金色大斧。朝廷派将出征，授予黄钺，即授予他有生杀之权，征讨一切不服者。［5］庚午：正月十六日。［6］丁丑：正月二十三日。［7］谢裕：东晋名臣太傅谢安侄孙，东晋吏部尚书，降职为副职尚书左仆射。［8］辛巳：正月二十七日。［9］监留府事：照管太尉府留守处的一切事务，实指刘裕所管的朝廷的一切政务。［10］高阳内史：高阳国的主管官员。高阳，都城西晋时在河北蠡县，这里指南渡后的侨居地。刘钟：字世之，彭城人，刘裕心腹将领。传见《宋书》卷四十九。［11］领：兼任。石头戍：即石头城，在当时东晋都城建康城西北角，这里指整个建康城的防务。［12］屯冶亭：屯兵于冶亭。冶亭，今谓之东冶亭，在半山寺后，自建康东门往蒋山，至此半道，因以为名。［13］张裕：字茂度，吴郡吴县（今江苏苏州市）人，吴郡太守张敞之子，张敞之兄张卲为刘裕的心腹谋士，张裕亦是刘裕心腹，被安插在司马休之府为司马，故闻警立即逃回建康。刘宋时，张裕任益州刺史、廷尉等职。传见《南史》卷三十一。［14］南平：古郡名，郡治江安，在今湖北公安县西北，江陵城南长江上。檀范之：檀道济堂兄，时为南平太守，刘裕党羽。［15］雍州：州治在今陕西西安市，东晋时侨置襄阳，在今湖北襄阳市襄城区。鲁宗之：字彦仁，东晋大臣，为南郡太守。与其子竟陵太守鲁轨起兵反抗刘裕，兵败投奔后秦，病故。传见《宋书》卷七十四。［16］罪状：犯罪的事实。此用作动词，指司马休之宣布刘裕罪行。［17］勒兵：统兵，率领兵马。［18］录事参军：高级僚佐，犹今之秘书长、办公厅主任，权力甚大。韩延之：字显宗，南阳堵阳（河南方城县东）人，东晋安帝时为建威将军、荆州治中，转平西府（司马休之）录事参军。后投奔后秦主姚兴。入魏，为虎牢镇将，赐爵鲁阳侯。传见《魏书》卷三十八。［19］承：承蒙您，听说您，这里是讽刺语。［20］远履西畿（jī）：大老远地到我们西方来，实际是来打我们。履，走，跋涉。西畿，西方的诸侯之地，即指荆州。《周礼》有所谓“王畿千里之外曰‘侯畿’‘甸畿’”云云。畿，古代称靠近国都的地方。［21］阖（hé）境：全境。阖，同“合”，全。［22］惶骇（hài）：惶恐，惊慌。［23］辱疏：犹言“承蒙来信相告”。辱，谦词，让你受辱。［24］知：告知我。谯（qiáo）王前事：谯王，即司马休之之子司马文思。前事：指谯王司马文思行为不端，刘裕将司马文思交给司马休之处置，意思是希望司马休之大义灭亲杀了司马文思，结果司马休之只是将其罢职家居。事见《资治通鉴》卷一百十六义熙十年（414）。［25］良增叹息：实在是令人感叹。良，甚，很。［26］司马平西：指司马休之，当时任平西将军。体国忠贞：为国家忠贞无二。体国，以身许国。［27］款怀待物：犹言“真诚待人”。［28］公有匡复之勋：指刘裕有挽救国家、转危为安的大功。［29］蒙赖：敬词，幸而蒙受。［30］推德委诚，每事询仰：谓司马休之因感恩刘裕匡复之功而推心置腹，凡事都向刘裕咨询，仰其指教。［31］微事见劾（hé）：指司马文思

只是犯了细小的过失，并已受到弹劾。［32］犹自表逊位：司马休之却上表奏请撤销司马文思的官职与谯王爵位。［33］况以大过，而当嘿（mò）然：谯王若犯大错，司马休之哪能默不作声呢？［34］所不尽者命耳：犹言司马休之只是留下了司马文思一条命罢了。此言司马文思罪不至死。［35］推寄相与：推心置腹的彼此交往。［36］正当如此：就应该这样有事商量着办。［37］遽（jù）兴兵甲：立刻就派兵进行讨伐。遽，立即，突然。［38］欲加之罪，其无辞乎：如果一定要加罪于人，难道还怕找不到理由吗？这是春秋时晋臣里克被晋惠公所杀时临死前说的话。见《左传·僖公十年》。［39］复欲欺诳（kuáng）国士：还想拿来欺骗我。国士，一国中的杰出之士，用以自指，以表示对刘裕的不屈服。［40］处怀期物，自有由来：虚心待人，从来如此。这是刘裕向韩延之所表示的自夸之辞。处怀，据《晋书·司马休之传》，当作“虚怀”，谦逊，虚心。［41］伐人之君：讨伐我们的长官司马休之。当时僚属对其长官称“君”。［42］啖人以利：而对被讨伐者的下属给以小恩小惠。啖，用利益引诱人。［43］刘藩：荆州刺史刘毅堂弟，东晋兖州刺史，刘毅病重，刘藩前往荆州继任，临行前入朝时被刘裕逼迫自杀。阊（chāng）阖（hé）之门：皇宫的大门，这里指朝廷。刘裕捏造“谋反”的罪名杀死刘藩，事见《资治通鉴》卷一百十六晋安帝义熙八年（412）。阊阖，本指天门，此代指皇宫。［44］诸葛毙于左右之手：诸葛长民被刘裕的侍从丁旿拉杀。事见《资治通鉴》卷一百十六晋安帝义熙九年（413）。［45］甘言诧方伯：以花言巧语哄骗刘毅，指刘裕在出兵袭击刘毅前，对刘毅的请求百依百顺。诧，哄骗，欺骗。方伯，一方诸侯之长，指刘毅任荆州刺史。［46］袭之以轻兵：刘裕派王镇恶假托刘藩到荆州以偷袭刘毅，事见《资治通鉴》卷一百十六晋安帝义熙八年（412）。［47］席上靡款怀之士：受招待的人里头没有一个人说真话。席，座席。靡，无，没有。款怀，这里指能交心、敢说实话。［48］阃（kǔn）外无自信诸侯：各地的方面大员没有一个人能踏踏实实地自保太平无事。阃外，京城的大门以外。阃，门坎，这里指都门。自信，能自保无事。［49］得算：得意，得计。［50］寄命过日：如同判了死刑的人一样，今天不知明天事，过一天算一天。［51］鄙劣：浅陋，低劣，自谦之词。［52］闻道：领会某种道理。《论语·里仁》曰：“朝闻道，夕死可矣。”［53］平西之至德：平西将军司马休之有至高无上的品德。［54］宁可：怎么可能。无授命之臣：指能为其效死的部下。授命，临危不惧，愿为之效死，此为韩延之自指。［55］必未能自投虎口：指归降刘裕。［56］比迹郗僧施之徒：做一个像郗僧施那样毫无作为、束手被杀的人。比迹，与某人的行为一样。郗僧施，字惠脱，为刘毅属下的南蛮校尉，与刘毅亲厚。义熙八年（412），刘裕讨伐荆州刺史刘毅，郗僧施被刘裕杀害。传见《晋书》卷六十七。［57］假令：假如，假使。天长丧乱：老天爷助长坏人，让坏人的阴谋得逞。［58］九流浑浊：以比喻山河变色，晋代灭亡。九流，即九河，泛指国内的各条大河，代指整个国家。［59］当与臧洪游于地下：意即甘愿牺牲，做一个与臧洪品格相同的人。臧洪，字子源，东汉末为袁绍部属，任东郡太守，臧洪为了救援昔日恩主、被曹操所围困的张超，当时袁曹方睦，不惜与袁绍决裂，被袁绍攻杀。传见《三国志》卷七。［60］琅邪：郡名，郡治在今山东临沂市北，当时属东晋。刘朗：东晋琅邪太守，投降北魏。

庚子[1]，河西胡刘云等帅数万户降魏[2]。

太尉裕使参军檀道济[3]、朱超石将步骑出襄阳[4]。超石，龄石之弟也。江夏太守刘虔之将兵屯三连[5]，立桥[6]聚粮以待，道济等积日不至。鲁轨袭击虔之，杀之。裕使其婿振威将军东海徐逵之统参军蒯恩、王允之、沈渊子为前锋，出江夏口[7]。逵之等与鲁轨战于破冢[8]，兵败，逵之、允之、渊子皆死，独蒯恩勒兵不动。轨乘胜力攻之，不能克，乃退。渊子，林子[9]之兄也。

裕军于马头[10]，闻逵之死，怒甚，三月，壬午[11]，帅诸将济江。鲁轨、司马文思将休之兵四万，临峭岸置陈[12]，军士无能登者。裕自被甲欲登，诸将谏，不从，怒愈甚。太尉主簿谢晦前抱持裕，裕抽剑指晦曰："我斩卿！"晦曰："天下可无晦，不可无公！"建武将军胡藩[13]领游兵在江津[14]，裕呼藩使登[15]，藩有疑色[16]。裕命左右录[17]来，欲斩之。藩顾曰："正欲击贼，不得奉教[18]！"乃以刀头穿岸，劣容足指[19]，腾之而上，随之者稍多。既登岸，直前力战。休之兵不能当，稍引却。裕兵因而乘之[20]，休之兵大溃，遂克江陵[21]。休之、宗之俱北走，轨留石城[22]。裕命阆中侯下邳赵伦之[23]、太尉参军沈林子攻之，遣武陵内史王镇恶以舟师追休之等。

有群盗数百夜袭冶亭，京师震骇[24]，刘钟讨平之。

（以上为第二段，写东晋太尉刘裕率军攻打叛军司马休之，前锋部队作战失利，女婿徐逵之阵亡，暴怒，欲亲自上阵，被拦阻，胡藩等奋力登岸，击败叛军。）

【注释】

[1]庚子：二月十六日。 [2]河西胡：今陕西黄河西岸一带的匈奴人。刘云：匈奴族头领。降魏：投降北魏。 [3]檀道济：高平金乡（今山东金乡县）人，东晋末年名将，刘宋开国元勋。传见《宋书》卷四十三。 [4]朱超石：右将军朱龄石之弟，历仕晋宋两朝。入宋，官至宁朔将军、沛郡太守，迁新野、河东太守，任中书侍郎，封兴平侯。传见《宋书》卷四十八。 [5]三连：古地名，即三连戍，在今湖北武汉市北、安陆市南。 [6]立桥：搭建桥梁。 [7]"裕使其婿"句：刘裕派他的女婿振威将军徐逵之，率领参军蒯恩、王允之、沈渊子为先锋，从江夏口出师。徐逵之、王允之、沈渊子均战死。蒯恩，后死于讨伐胡夏之战。江夏口：汉水与长江的交汇口，在今湖

北武汉市内。［8］破冢：古地名，在湖北江陵县东南长江东岸。［9］林子：即沈林子，字敬士，刘裕部将，南朝宋开国功臣。传见《宋书》卷一百。［10］马头：即马头岸，古地名，在长江之南，在今湖北公安县北，与长江中的江津戍隔水相对，也在江陵城南。［11］壬午：三月二十九日。［12］峭岸：陡峭的长江边。置陈：布置战阵。陈，同“阵”。［13］胡藩：字道序，南朝宋开国功臣、名将。随刘裕南征北战，先后参与刘裕北伐南燕、后秦等战役，才略超群，被誉为“江右俊杰”。历任宁远将军、鄱阳太守，迁建武将军、江夏内史，谥壮侯。传见《宋书》卷五十。［14］江津：古地名，即江津戍，一名奉城，在今湖北荆州市南长江中沙洲上，与长江南岸马头戍相对，当南北交通要冲，为江防要地。［15］使登：让胡藩亲自登岸。［16］有疑色：犹豫不决的样子。［17］录：拘捕。［18］不得奉教：不能听你的招呼，不能让你处置我。［19］劣容足指：刚刚能够借以登踩。劣，同“略”，仅仅。［20］乘之：乘势攻逼，犹今之所谓“压过去”。［21］江陵：古城名，在今湖北荆州市荆州区江陵城，时为州治所在地。［22］石城：古地名，在今湖北钟祥市。［23］赵伦之：字幼成，下邳郡僮县（今江苏沭阳县）人，南朝宋开国功臣。随刘裕起兵，平定桓玄之乱，封阆中侯，迁使持节、后将军、雍州刺史。刘宋时，封霄城侯，为安北将军。传见《宋书》卷四十六。［24］震骇（hài）：震惊，害怕。

秦广平公弼[1]谮姚宣[2]于秦王兴，宣司马权丕[3]至长安，兴责以不能辅导，将诛之，丕惧，诬宣罪恶以求自免。兴怒，遣使就杏城[4]收宣下狱，命弼将三万人镇秦州[5]。尹昭[6]曰：“广平公与皇太子不平，今握强兵于外，陛下一旦不讳，社稷必危。‘小不忍，乱大谋[7]’，陛下之谓也。”兴不从。

夏王勃勃攻秦杏城，拔之，执守将姚逵[8]，坑士卒二万人。秦王兴如北地[9]，遣广平公弼及辅国将军敛曼嵬向新平[10]，兴还长安。

河西王蒙逊攻西秦广武郡[11]，拔之。西秦王炽磐遣将军乞伏魋尼寅邀蒙逊于浩亹[12]，蒙逊击斩之；又遣将军折斐等帅骑一万据勒姐岭[13]，蒙逊击禽之。

河西饥胡相聚于上党[14]，推胡人白亚栗斯[15]为单于，改元建平。以司马顺宰[16]为谋主，寇魏河内[17]。夏，四月，魏主嗣命公孙表[18]等五将讨之。

青、冀二州刺史刘敬宣参军司马道赐，宗室之疏属[19]也。闻太尉裕攻司马休之，道赐与同府辟闾道秀、左右小将王猛子[20]谋杀敬宣，据广固[21]以应休之。

乙卯[22]，敬宣召道秀，屏人[23]语，左右悉出户。猛子逡巡[24]在后，取敬宣备身刀杀敬宣。文武佐吏即时讨道赐等，皆斩之。

己卯[25]，魏主嗣北巡。

西秦王炽磐子元基[26]自长安逃归，炽磐以为尚书左仆射。

五月，丁亥[27]，魏主嗣如大宁[28]。

赵伦之、沈林子破鲁轨于石城，司马休之、鲁宗之救之不及，遂与轨奔襄阳，宗之参军李应之闭门不纳。甲午[29]，休之、宗之、轨及谯王文思、新蔡王道赐[30]、梁州刺史马敬[31]、南阳太守鲁范[32]俱奔秦。宗之素得士民心，争为之卫送出境。王镇恶等追之，尽境[33]而还。

初，休之等求救于秦、魏，秦征虏将军姚成王及司马国璠引兵至南阳[34]，魏长孙嵩至河东[35]，闻休之等败，皆引还。休之至长安，秦王兴以为扬州刺史，使侵扰襄阳。侍御史唐盛言于兴曰："据符谶之文[36]，司马氏当复得河洛[37]。今使休之擅兵[38]于外，犹纵鱼于渊也，不如以高爵厚礼，留之京师。"兴曰："昔文王卒免羑里[39]，高祖不毙鸿门[40]，苟天命所在[41]，谁能违之！脱如符谶之言，留之适足为害[42]。"遂遣之。

（以上为第三段，写后秦广平公姚弼进谗言，排除异己；胡夏进攻后秦，北凉攻打西秦，均获胜；东晋司马道赐杀掉青、冀二州刺史刘敬宣，响应司马休之，被州佐及时诛杀，司马休之等逃奔后秦。）

【注释】

[1]弼：即姚弼，后秦主姚兴第三子，封广平公，姚兴病重时，谋反篡位，事发赐死。传见《晋书》卷一百一十七。[2]谮（zèn）姚宣：姚弼造谣中伤姚宣。谮，说坏话，谗毁。姚宣，姚兴之子。后秦的秦州刺史，先前曾入朝力言姚弼之罪。[3]权丕：后秦姚宣的司马官。[4]杏城：古地名，在今陕西黄陵县西南。[5]秦州：州治上邽，在今甘肃天水市。[6]尹昭：后秦吏部尚书、京兆尹、征虏将军、并州刺史。姚兴病重，尹昭等人受遗辅政。传见《晋书》卷一百一十八。[7]小不忍，乱大谋：孔子语，见《论语·卫灵公》。[8]姚逵：后秦主姚兴之子，镇守杏城，胡夏主赫连勃勃进攻后秦杏城，攻克，姚逵被抓获。[9]北地：郡名，郡治在今陕西铜川市耀州区。[10]敛曼嵬（wéi）：后秦辅国将军。新平：郡名，郡治在今陕西彬州市。[11]广武：郡名，郡治在今甘肃永登县东南。[12]乞伏魋（tuí）尼寅：人名，西秦将军。邀：拦截，阻击。浩亹（wěi）：县名，县治在今甘肃永登县西南。[13]折斐：人名，西秦

将领。勒姐岭：古地名，在今青海西宁市东，当时勒姐羌居住的地方。［14］河西饥胡相聚于上党：原住在陕西北部一带的匈奴人，因饥荒先南下到了蒲子（今山西隰县东北），今又汇聚到上党一带地区。上党，郡名，郡治在今山西长治市。［15］白亚栗斯：人名，东晋末年民变领袖之一，北魏人，龟兹族，被上党胡人推为盟主，自称大将军，自号为单于，改元建平，以司马顺宰为谋主。后北魏率军讨伐，胡众亦废白亚栗斯而改立刘虎，后来不知所终。［16］司马顺宰：北魏河内（今河南沁阳市）人，东晋义熙十年（414）十二月叛魏，在河内自称晋王，据城以守。史称为"北晋"，后上党胡人推白亚栗斯为单于，以司马顺宰为谋主，北晋在此时即被取消。［17］寇魏河内：进攻魏国的河内郡。寇，寇略，进攻。河内，郡治野王，在今河南沁阳市。［18］公孙表：字玄元，北魏将领。后因率军攻打刘宋，损兵折将，坐罪赐死。传见《魏书》卷三十三。［19］疏属：旁系亲属。指司马道赐为晋室远亲。［20］同府：犹言"同僚"，都是刘敬宣的僚属。辟闾道秀：人名，代郡太守辟闾浑之子，与司马道赐、王猛子等谋刺刘敬宣，得手后被刘敬宣部属所杀。王猛子：为刘敬宣部属小将。［21］广固：县名，在今山东青州市。［22］乙卯：四月三日。［23］屏（bǐng）人：使人回避。屏，退避。［24］逡（qūn）巡：意同"徘徊"，这里是故意逗留。［25］己卯：四月二十七日。［26］元基：即乞伏元基，西秦主乞伏炽磐长子，曾与其父一道入朝于后秦，父亲返回，元基留在后秦做人质。后逃回，任为尚书左仆射，后改任辅国将军，进封右丞相。传见《晋书》卷一百二十五。［27］丁亥：五月五日。［28］大宁：古地名，在今河北张家口市。［29］甲午：五月十二日。［30］新蔡王道赐：此司马道赐与在广固杀害刘敬宣的司马道赐不是同一个人。新蔡王司马道赐是东晋新蔡王司马晃之子。新蔡，郡名，郡治在今河南新蔡县。［31］马敬：东晋梁州刺史，鲁宗之党羽，后投奔后秦。［32］鲁范：东晋南阳太守，鲁宗之党羽，投奔后秦。［33］尽境：一直追到国境线上。［34］南阳：郡名，郡治在今河南南阳市。［35］河东：郡名，郡治在今山西运城市东北。［36］符谶（chèn）之文：即所谓"谶文"或"谶语"，即阴谋家或骗子为蛊惑人心，达到某种目的，而编造的一种迷信预言。符，指天降的"瑞应"。谶，对未来的一种预言。［37］河洛：古区域名，指以洛阳为中心、黄河与洛水交汇处的广大地区，西至潼关、华阴，东至荥阳，南至汝颖，北跨黄河至晋南、济源一带。［38］擅兵：统兵，掌握兵权。［39］昔文王卒免羑里：殷纣王暴虐无道，把西伯姬昌（即日后的周文王）囚于羑里，但姬昌最后还是被周国的群臣救赎出来。事见《史记》卷四。羑里，古地名，在今河南汤阴县北。［40］高祖不毙鸿门：秦末楚汉相争，项羽在鸿门设宴欲杀刘邦，刘邦最终却在宴会上逃脱。事详《史记》卷七《项羽本纪》。［41］苟天命所在：如果注定了他日后要做皇上。［42］"脱如"两句：如果真像符谶所说，该是姓司马的来收拾天下，而且这个人就是司马休之，留他在长安，岂不正好是祸害吗？适足，正好足矣。

诏加太尉裕太傅、扬州牧，剑履上殿[1]，入朝不趋[2]，赞拜不名[3]。以兖、青二州刺史刘道怜为都督荆·湘·益·秦·宁·梁·雍七州诸军事、骠骑将军、荆州刺史。道怜贪鄙，无才能，裕以中军长史晋陵太守谢方明[4]为骠骑长史、南郡相，道怜府中众事皆咨决[5]于方明。方明，冲之子也。

益州刺史朱龄石遣使诣河西王蒙逊，谕以朝廷威德。蒙逊遣舍人黄迅[6]诣龄石，且上表言："伏闻车骑将军裕欲清中原，愿为右翼，驱除戎虏。"

夏王勃勃遣御史中丞乌洛孤与蒙逊结盟，蒙逊遣其弟湟河太守汉平莅盟于夏[7]。

西秦王炽磐率众三万袭湟河，沮渠汉平拒之，遣司马隗仁[8]夜出击炽磐，破之。炽磐将引去，汉平长史焦昶、将军段景[9]潜召炽磐，炽磐复攻之；昶、景因说汉平出降。仁勒壮士百余据南门楼，三日不下，力屈，为炽磐所禽。炽磐欲斩之，散骑常侍武威段晖[10]谏曰："仁临难不畏死，忠臣也，宜宥之以厉事君[11]。"乃囚之。炽磐以左卫将军匹达[12]为湟河太守，击乙弗窟乾[13]，降其三千余户而归。以尚书右仆射出连虔为都督岭北[14]诸军事、凉州刺史；以凉州刺史谦屯[15]为镇军大将军、河州牧。隗仁在西秦五年，段晖又为之请，炽磐免之，使还姑臧。

戊午[16]，魏主嗣行如濡源[17]，遂至上谷、涿鹿、广宁[18]。秋，七月，癸未[19]，还平城。

西秦王炽磐以秦州刺史昙达[20]为尚书令，光禄勋王松寿[21]为秦州刺史。

辛亥晦[22]，日有食之。

八月，甲子[23]，太尉裕还建康，固辞太傅、州牧，其余受命。以豫章公世子义符为兖州[24]刺史。

丁未[25]，谢裕[26]卒，以刘穆之为左仆射。

九月，己亥[27]，大赦。

（以上为第四段，写西秦主乞伏炽磐统率三万大军袭击湟河，北凉官员沮渠汉平派遣司马隗仁连夜出击，乞伏炽磐被打败而退，后在"内鬼"的帮助下获胜。）

【注释】

［1］剑履上殿：可以佩带宝剑，穿着鞋子上殿见君。［2］入朝不趋：在进入朝门以后不用使用小步急走的那种规定礼节。趋，小步疾行，这是古代臣子在君父跟前走路的一种特定姿势。［3］赞拜不名：在叩见皇帝的时候，司仪的官员不用高唱这位权臣的姓名。以上三项都是君主对大臣特加的礼遇，也是历代权臣篡位前的必经阶段。［4］谢方明：东晋黄门郎谢冲之子，任中将军刘裕长史，为其心腹。刘裕派他出任骠骑将军刘道怜的长史，兼南郡相，掌控实权。传见《宋书》卷五十三。［5］咨决：断决。［6］舍人：比家奴地位略高的门客，犹如后世之所谓"幕僚"。黄迅：北凉官员，为舍人。［7］"蒙逊遣其弟"句：沮渠蒙逊派遣他的弟弟湟河太守沮渠汉平到胡夏结约盟好，对抗西秦。莅（lì）盟：前往参加定盟仪式。签订盟约应是帝王亲行，如果不能，则派特使以帝王的名义前往参加。夏：即胡夏，匈奴人所建夏国，当时国主即胡夏创建者赫连勃勃。［8］隗（wěi）仁：北凉人，北凉湟河太守沮渠汉平司马。东晋义熙十一年（415），西秦主乞伏炽磐率众三万袭湟河，汉平不敌出降，隗仁勒壮士百余据守南门三日，被擒。五年而还，蒙逊比之苏武，以为高昌太守，为政有威惠。［9］焦昶（chǎng）、段景：后秦官员，分别为湟河太守沮渠汉平的长史、将军。二人被西秦主乞伏炽磐收买，劝说沮渠汉平出降。［10］武威段晖：武威人段晖，与当年南燕慕容超手下的段晖不是同一个人。［11］宥（yòu）之：宽恕、赦免他。以厉事君：以鼓励那些侍候君王的人。厉，同"励"，鼓励，劝勉，给人作楷模的意思。［12］左卫将军：古将军名，主管宫廷侍卫。匹达：西秦左卫将军，改任湟河太守。［13］乙弗窟乾：乙弗部落的首领，名叫窟乾。当时乙弗部落活动在今西宁市以北的青海与甘肃交界处。［14］出连虔（qián）：姓出连，名虔，鲜卑族，西秦官员，受命为都督岭北诸军事、凉州刺史，曾率领骑兵袭击并活捉北凉将领沮渠成都。后转任沙州刺史。传见卷《晋书》一百二十五。岭北：古地名，胡三省以为此指洪池岭以北。洪池岭，在今甘肃武威市东南。［15］谦屯：即乞伏谦屯，西秦主乞伏乾归之子。乞伏炽磐进入南凉国都乐都，命乞伏谦屯为都督河右诸军事、凉州刺史，镇守乐都。后为镇军大将军、河州牧。乞伏暮末即位，任为骠骑大将军。传见卷一百二十五。［16］戊午：六月七日。［17］濡（rú）源：古地名，因濡水的源头而得名，在今内蒙古多伦县与正蓝旗一带。濡水，即后来之所谓滦河。［18］上谷：古郡名，北魏的郡治在今北京市延庆区。涿鹿：古城名，在今河北涿鹿县东南。广宁：古郡名，郡治在今河北涿鹿县。［19］癸未：七月二日。［20］昙（tán）达：即乞伏昙达，西秦主乞伏乾归之子，乞伏炽磐之弟。任镇东将军，累迁秦州牧、尚书令。事见《魏书》卷九十九。［21］王松寿：东晋时略阳人，西秦官员，历任民部尚书、平东将军、光禄勋、秦州刺史、益州刺史、尚书左仆射。［22］辛亥晦：七月的最后一天。［23］甲子：八月十三日。［24］义符：即刘义符，字车兵，宋武帝刘裕长子，南朝宋第二位皇帝。东晋时，任豫章公、宋国世子，为兖州刺史。传见《宋书》卷四。兖（yǎn）州：此指南兖州，州治在今江苏镇江市。［25］丁未：八月一日是"壬子"，本月中无"丁未"，疑字有误。［26］谢裕：刘裕的高级僚属，当时在朝任尚书右仆射，职同副宰相。［27］己亥：九月十九日。

魏比岁霜旱[1]，云、代[2]之民多饥死。太史令王亮、苏坦[3]言于魏主嗣曰："按谶书[4]，魏当都邺[5]，可得丰乐。"嗣以问群臣，博士祭酒崔浩、特进京兆周澹[6]曰："迁都于邺，可以救今年之饥，非久长之计也。山东[7]之人，以国家居广漠[8]之地，谓其民畜无涯[9]，号曰'牛毛之众[10]'，今留兵守旧都[11]，分家南徙，不能满诸州之地，参居郡县[12]，情见事露[13]，恐四方皆有轻侮[14]之心；且百姓不便水土，疾疫死伤者必多。又，旧都守兵既少，屈丐[15]、柔然将有窥窬[16]之心，举国而来，云中、平城[17]必危，朝廷隔恒、代千里之险[18]，难以赴救，此则声实俱损[19]也。今居北方，假令山东有变，我轻骑南下，布濩林薄之间[20]，孰能知其多少！百姓望尘慑服[21]，此国家所以威制诸夏[22]也。来春草生，湩酪[23]将出，兼以菜果，得及秋熟，则事济矣。"嗣曰："今仓廪空竭，既无以待来秋，若来秋又饥，将若之何？"对曰："宜简[24]饥贫之户，使就食山东[25]；若来秋复饥，当更图之，但方今不可迁都耳。"嗣悦曰："唯二人与朕意同。"乃简国人尤贫者诣山东三州[26]就食，遣左部尚书代人周几[27]帅众镇鲁口以安集[28]之。嗣躬耕藉田[29]，且命有司劝课农桑[30]。明年，大熟[31]，民遂富安。

夏赫连建[32]将兵击秦，执平凉太守姚军都[33]，遂入新平[34]。广平公弼与战于龙尾堡[35]，禽[36]之。

秦王兴药动[37]。广平公弼称疾不朝，聚兵于第。兴闻之，怒，收弼党唐盛、孙玄[38]等，杀之。太子泓[39]请曰："臣不肖[40]，不能缉谐[41]兄弟，使至于此，皆臣之罪也。若臣死而国家安，愿赐臣死；若陛下不忍杀臣，乞退就藩[42]。"兴恻然悯[43]之，召姚赞、梁喜、尹昭、敛曼嵬[44]与之谋，囚弼，将杀之，穷治党与[45]；泓流涕固请，乃并其党赦之。泓待弼如初，无忿恨[46]之色。

魏太史[47]奏："荧惑在匏瓜中[48]，忽亡不知所在，于法当入危亡之国[49]，先为童谣妖言[50]，然后行其祸罚[51]。"魏主嗣召名儒十余人使与太史议荧惑所诣[52]。崔浩对曰："按《春秋左氏传》[53]'神降于莘[54]'，以其至之日推知其物[55]。庚午之夕，辛未之朝[56]，天有阴云[57]；荧惑之亡，当在二日[58]。庚之与午，皆主于秦[59]；辛为西夷[60]。今姚兴据长安，荧惑必入秦[61]矣。”众皆怒曰：“天上失星，人间安知所诣！”浩笑而不应。后八十余日，荧惑出东井[62]，留守句己[63]，久之乃去。秦大旱，昆明池竭[64]，童谣讹言[65]，国人不安，间一岁而秦亡[66]。众乃服浩之精妙[67]。

冬，十月，壬子[68]，秦王兴使散骑常侍姚敞[69]等送其女西平公主[70]于魏，魏主嗣以后礼纳之；铸金人不成[71]，乃以为夫人，而宠遇甚厚。

辛酉[72]，魏主嗣如沮洳城[73]；癸亥[74]，还平城。十一月丁亥[75]，复如豺山[76]宫；庚子[77]，还。

西秦王炽磐遣襄武侯昙达等将骑一万击南羌弥姐、康薄于赤水[78]，降之；以王孟保为略阳[79]太守，镇赤水。

燕尚书令孙护[80]之弟伯仁为昌黎尹[81]，与其弟叱支、乙拔[82]皆有才勇，从燕王跋[83]起兵有功[84]，求开府[85]不得，有怨言，跋皆杀之。进护开府仪同三司、录尚书事[86]，以慰其心，护怏怏[87]不悦，跋鸩杀之。辽东太守务银提自以有功，出为边郡，怨望，谋外叛，跋亦杀之。

林邑寇交州[88]，州将击败之。

（以上为第五段，写北魏出现严重灾荒，让最贫困的民众到太行山以东地区谋生；后秦主姚兴病重，其子姚弼不去参加朝见，姚兴欲杀之，太子姚泓求情得免。）

【注释】

[1]比岁霜旱：连年既有霜冻又有干旱。 [2]云、代：二郡名，云中郡郡治即盛乐，北魏旧都，在今内蒙古和林格尔县北；代郡郡治即平城，在今山西大同市东北。 [3]王亮、苏坦：北魏官员，为太史令。 [4]谶（chèn）书：一种记载预言应验、蛊惑人心的迷信书。谶，将来能应验的预言、预兆。 [5]都邺：以邺城为国都。当时的邺城在今河北临漳县西南。前后曾为后赵石勒、前燕慕容俊的都城。 [6]特进：高级官僚的荣誉加官名，位在三公之下。周澹（dàn）：京兆鄠（今陕西西安市鄠邑区）人，多方术，尤善医药，为北魏太医令。位至特进，赐成德侯。京师闹饥荒，朝议将迁都于邺城。周澹论其不可，得到北魏主拓跋嗣的肯定。 [7]山东：古区域名，崤山以东，泛指今之河南大部、山东西部、河北南部及安徽、江苏北部一带地区。 [8]国家：此自指北

魏政权。广漠：原文误作“广汉”，胡三省引《北史·崔浩传》，以为应作“广漠”，即广大辽阔的大漠之意。［9］无涯：无际，多得没法数。［10］牛毛之众：像牛毛那样多。［11］旧都：指平城，古地名，在今山西大同市。［12］参居郡县：分散开，住到各郡各县。［13］情见事露：意谓实力之大小一下子就被人看清了。情，真实情况。见，同“现”。［14］四方：指环北魏的四方邻国。轻侮：轻慢，欺侮。［15］屈丐：此指胡夏政权。建都统万（今内蒙古乌审旗南的白城子）的赫连勃勃，一作“赫连屈丐”。［16］窥窬（yú）：从墙缝里偷看，窥伺空隙，意即寻找机会发动进攻。［17］云中、平城：旧都盛乐、新都平城就将同时告急。云中，此指云中郡的首府，即盛乐旧都。［18］朝廷隔恒、代千里之险：到那时迁到邺城去的朝廷与盛乐、平城远隔恒山、代郡，有千里之遥。恒，恒山，在今河北曲阳县西北。代，代郡，在今山西大同市东北至河北蔚县一带地区。自恒山至代，中有飞狐口、倒马关、夏屋、广昌、五回诸险塞。［19］声实俱损：名声上不好听，事实上又的确受害。［20］布濩（hù）林薄之间：布置在丛林草泽之中。布濩，散布，布置。林薄，丛林，草泽。［21］慑服：因恐惧而顺从。［22］诸夏：指中原。［23］湩（dòng）酪：马奶，这里指各种牲畜之奶，可供人饮用。湩，乳汁。［24］简：挑选。［25］就食山东：到山东以东地区找饭吃。［26］国人：指拓跋氏本部落的人。诣：到，往。山东三州：指定州、相州、冀州。定州的州治中山，在今河北定州市；相州的州治邺城，在今河北临漳县西南；冀州的州治信都，在今河北衡水市冀州区。［27］左部尚书：当时魏国将其领土由京城向八方辐射，分成八个地区，称为八部，其长官称八部大人，后又设东、西、南、北、前、后、左、右八部尚书。代：古郡名，郡治在今河北蔚县东北代王城。周几：代郡平城（今山西大同市）人顺阳侯周千之子，北魏将领。拓跋珪时，选为“猎郎”；拓跋嗣即位，任殿中侍御史，掌管宫廷禁兵，迁左部尚书，出为宁朔将军，赐爵交趾侯，镇守黄河西南地区。后授宋兵将军，战死沙场。传见《魏书》卷三十。［28］鲁口：古地名，在今河北饶阳县偏北的滹沱河上。安集：安抚，保护。［29］躬耕藉田：帝王亲自耕种藉田，以表示其重农亲民，为民表率。藉田，以称古代帝王为表示其对农业、农耕的关心，而亲自耕种的那片特定的地块。［30］有司：有关主管部门。劝课农桑：鼓励、督促农民认真从事种地养蚕。［31］大熟：大丰收。［32］夏赫连建：胡夏将领。［33］平凉：古郡名，郡治在今甘肃平凉市西南。姚军都：据章校，一作姚周都，后秦平凉太守。［34］遂入新平：接着攻进了新平郡，新平郡的郡治在今陕西彬州市。［35］龙尾堡：古地名，在今陕西岐山县。［36］禽：同“擒”，擒获，捉拿。［37］药动：服五石散的药性发作。［38］唐盛、孙玄：后秦人，广平公姚弼的党羽，被姚兴所杀。［39］太子泓（hóng）：即姚泓，字元子，后秦主姚兴长子，后秦末代国主。后秦灭亡，被押解到东晋都城建康，在闹市斩首。传见《晋书》卷一百十九。［40］不肖：不成才，没出息。［41］缉谐：和谐，和睦。缉，同“辑”。［42］乞退就藩：请求退出太子的位置，回到自己的封地上去。［43］恻（cè）然：哀怜、悲伤的样子。悯：怜悯，忧愁。［44］姚赞、梁喜、尹昭、敛曼嵬（wéi）：拥戴太子姚泓的后秦大臣。［45］党与：同党之人。［46］忿恨：怨愤，恼恨。忿，同“愤”。［47］太史：即太史令，主管观察天文星象与祭祀的官员。［48］荧惑在匏（páo）瓜中：荧惑星运行到了匏瓜星座的位置。荧惑，在今指火星。匏瓜，星座名，《晋书·天文志》曰："匏瓜在天津之南，天汉分流夹之。"［49］于法：按照一般的法则。当入危亡之国：应该是进入了当灭亡的那个国家的星空分野。［50］先为童谣妖言：先出现一些儿歌、谣言，在这些儿歌、谣言中显露出有关灾祸的消息。［51］然后行其祸罚：然后老天爷才给这个地区降下灾难，以表示对人类的惩罚。［52］议荧惑所诣：分析天空上的荧惑星究竟到哪里去了。［53］《春秋左氏传》：又名《左氏春秋》，简称《左传》，是中国第一部叙事详细的编年体史书。［54］神降于莘（shēn）：《春秋左氏传》庄公三十二年传，有所谓"秋七月，有神降于莘。"莘，古地名，在当时的虢国境内，在今河南三门峡市西。［55］以其至之日推知其物：根据"荧惑消失在匏瓜中"的时间来分析推测这个事体。［56］庚午之夕，辛未之朝：八十日以后的"庚午"日，也就是十二月二十一日的夜晚，和第二天"辛未"日，也就是十二月二十二日的早晨。［57］天有阴云：因为有阴云，所以人们才看不见荧惑星（火星）到哪里去了。［58］荧惑之亡，当在二日：所谓"荧惑的消失"，就发生在十二月的二十一日与二十二日这两天里。［59］庚之与午，皆主于秦：《晋书·天文志》曰："自东井十六度至柳八度为鹑首，于辰在未，秦之分野。自柳九度至张十六度为鹑火，于辰在午，周之分野。"时姚兴占据关中、洛阳，兼有秦、周之地，故云"皆主于秦"。［60］辛为西夷：庚辛皆指西方，也是姚秦的方向，故曰"西夷"。［61］入秦：进入秦国的分野，也就是进入了对应秦国的星空区域。［62］荧惑出东井：荧惑星运行到了东井的位置。东井，即井宿，古天文学划之为秦国的分野，恰中崔浩所言。［63］留守句己：停留、环绕在井宿的周围。句己，同"钩己"，去而复来，不肯离去的样子。《晋书·天文志》曰："荧惑为乱，为贼、为疾、为丧、为饥、为兵，所居国受殃，环绕钩己，芒角动摇变色，乍前乍后，乍左乍右，其殃愈甚。"［64］昆明池：古池名，古长安城西的湖水名，汉武帝时所造。竭：干枯。［65］童谣讹言：童谣中唱出了很多险恶的讯息。［66］间一岁而秦亡：又过了一年姚氏的秦国就灭亡了。［67］众乃服浩之精妙：用"神降于莘"作为虢国将被晋国灭亡的先兆，系《左传》作者的推测，而崔浩用来类比与推测"荧惑在匏瓜中"这件天文怪事，并认为要危亡的一定是秦国，这都是事情过后一些人的编造。［68］壬子：十月二日。［69］散骑常侍：帝王身边的参谋顾问人员，虽不握实权，但比较显要。姚敞：后秦官员，为散骑常侍，封东武侯。［70］西平公主：后秦主姚兴之女，北魏主拓跋嗣嫔妃。后秦时，封西平公主，北魏主以皇后礼仪迎娶。铸造金人不成，改封一品夫人，深得宠爱，起居礼仪接近皇后体制。去世，追赠昭哀皇后。传见《魏书》卷十三。［71］铸金人不成：北魏主立皇后时，令候选妃子手铸金人，铸不成则不能为皇后。前拓跋珪立皇后，令二女铸金人之事，见《资治通鉴》卷一百十一晋安帝隆安四年（400）。［72］辛酉：十月十一日。［73］如：前往，到达。沮（jù）洳（rù）城：古城名，在今内蒙古兴和县西北。沮洳，低湿之地。［74］癸亥：十月十三日。［75］丁亥：十一月八日。［76］豺山宫：古宫殿名，在今山西右玉县境内的豺山上。［77］庚子：十一月二十一日。［78］南羌：少数民族名，当时活动在今甘肃、四川的交界处。弥姐、康薄：南羌部落的两个头领名。赤水：也叫赤亭水，由东南流来，在今甘肃陇西县东南入渭水。［79］王孟保：西秦略阳太守，镇赤水。略阳：古郡名，郡治在今甘肃天水市东。［80］孙护：北燕开国功臣。后因与兄弟几人功高盖主，被冯跋所诛。传见《晋书》卷一百二十五。［81］伯仁：即孙伯仁，尚书令孙护之弟，昌黎尹。昌黎，古郡名，郡治在今辽宁义县。［82］叱支、乙拔：即孙叱支、孙乙拔，亦孙护之弟，为后燕官员。［83］燕王跋：即冯跋，字文起，北燕第二位国主。传见《晋书》卷一百二十五。［84］起兵有功：指杀慕容熙，拥立冯跋。事见《资治通鉴》卷一百十四晋安帝义熙三年（407）。［85］开府：开建府署，设置僚属。汉代以此为对国家三公和大将军的一种礼遇，魏晋以后对州刺史、督军称为“开府仪同三司”，再往后渐成为一种荣誉称号。［86］仪同三司：一种特权名号，即可以按照三司仪制开建府署，辟置属僚。录尚书事：管理尚书省的一切政务。录，统领，管理。［87］怏（yàng）怏：不满意、不服气的样子。［88］林邑：古国名，南方境外的小国，在今越南中部，约在今广义市、归仁市一带地区，也称“占城”“占婆”，当时归附于东晋。寇：寇略，侵扰。交州：州治龙编，在今越南河内市东北，当时属东晋。

十二年（丙辰，416年）

春，正月，甲申[1]，魏主嗣如豺山宫；戊子[2]，还平城。

加太尉裕兖州刺史、都督南秦州[3]，凡都督二十二州[4]，以世子义符为豫州[5]刺史。

秦王兴使鲁宗之将兵寇襄阳，未至而卒。其子轨引兵入寇，雍州[6]刺史赵伦之击败之。

西秦王炽磐攻秦洮阳公彭利和于漒川[7]，沮渠蒙逊攻石泉[8]以救之。炽磐至沓中[9]，引还。二月，炽磐遣襄武侯昙达救石泉，蒙逊亦引去。蒙逊遂与炽磐结和亲。

秦王兴如华阴[10]，使太子泓监国[11]，入居西宫[12]。兴疾笃[13]，还长安。黄门侍郎尹冲[14]谋因泓出迎而杀之。兴至，泓将出迎，宫臣[15]谏曰：“主上疾笃，奸臣[16]在侧，殿下今出，进不得见主上，退有不测之祸。”泓曰：“臣子闻君父疾笃而端居[17]不出，何以自安！”对曰：“全身以安社稷，孝之大者也。”泓乃止。尚书姚沙弥[18]谓尹冲曰：“太子不出迎，宜奉乘舆幸广平公第[19]；宿卫将士[20]闻乘舆所在，自当来集，太子谁与守乎[21]！且吾属[22]以广平公之故，已陷名逆节[23]，将何所自容[24]！今奉乘舆以举事[25]，乃杖大顺[26]，不惟救广平之祸[27]，吾属前罪亦尽雪[28]矣。”冲以兴死生未可知，欲随兴入宫作乱，不用沙弥之言。

兴入宫，命太子泓录尚书事，东平公绍[29]及右卫将军胡翼度典兵禁中[30]，防制内外[31]。遣殿中上将军敛曼嵬收弼第中甲仗[32]，内之武库[33]。

兴疾转笃，其妹南安长公主[34]问疾，不应。幼子耕儿[35]出，告其兄南阳公愔[36]曰：“上已崩矣，宜速决计。”愔即与尹冲帅甲士攻端门[37]，敛曼嵬、胡翼度等勒兵闭门拒战。愔等遣壮士登门，缘屋而入，及于马道[38]。泓侍疾在咨议堂[39]，太子右卫率姚和都[40]率东宫兵入屯马道南。愔等不得进，遂烧端门，兴力疾临前殿[41]，赐弼死。禁兵见兴，喜跃，争进赴贼，贼众惊扰；和都以东宫兵自后击之，愔等大败。愔逃于骊山[42]，其党建康公吕隆奔雍[43]，尹冲及弟泓来奔[44]。

兴引东平公绍及姚赞、梁喜、尹昭、敛曼嵬入内寝，受遗诏辅政。明日，兴卒[45]。泓密不发丧，捕南阳公愔及吕隆、大将军尹元[46]等，皆诛之，乃发丧，即皇帝位，大赦，改元永和[47]。泓命齐公恢[48]杀安定太守吕超[49]。恢犹豫久之，乃杀之。泓疑恢有贰心[50]，恢由是惧，阴聚兵谋作乱。泓葬兴于偶陵[51]，谥曰“文桓皇帝”，庙号高祖。

初，兴徙李闰羌[52]三千户于安定。兴卒，羌酋党容[53]叛，泓遣抚军将军姚赞讨降之，徙其酋豪[54]于长安，余遣还李闰。北地太守毛雍据赵氏坞[55]以叛，东平公绍讨禽之。时姚宣[56]镇李闰，参军韦宗[57]闻毛雍叛，说宣曰：“主上新立，威德未著，国家之难，未可量也，殿下不可不为深虑。邢望[58]险要，宜徙据之，此霸王之资也。”宣从之，帅户三万八千，弃李闰，南保邢望。诸羌据李闰以叛，东平公绍进讨，破之。宣诣绍归罪，绍杀之。

（以上为第六段，写后秦主姚兴病重，国家危机四伏，姚弼党羽姚愔等反叛，进攻皇宫，姚兴强撑病体，赐死姚弼；太子姚泓即位，改元永和，后秦犹苟延残喘。）

【注释】

[1]甲申：正月六日。[2]戊子：正月十日。[3]南秦州：州治在今陕西汉中市。[4]凡：

总共，共计。二十二州：徐州、南徐州、豫州、南豫州、兖州、南兖州、青州、冀州、幽州、并州、司州、郢州、荆州、江州、湘州、雍州、梁州、益州、宁州、交州、广州、南秦州。［5］豫州：当时州治历阳，在今安徽和县。［6］雍州：此指东晋侨置州名，当时州治襄阳，在今湖北襄阳市襄城区。［7］漒（qiáng）川：郡名，约在今青海东南部、临近甘肃。［8］石泉：古地名，在今甘肃兰州市西北。［9］沓（tà）中：古地名，在今甘肃舟曲县，是一个处于岷山、迭山环抱中的小型盆地。［10］华阴：县名，县治在今陕西华阴市东。［11］监国：负责一切留守的事务。［12］西宫：姚兴所居的宫殿。太子原来居于东宫，今来居西宫，距继位称帝更近了一步。［13］疾笃（dǔ）：病重。［14］尹冲：字子顺，先为后秦吏部郎、给事黄门侍郎，与后秦主姚兴之子姚弼结党，欲倾覆太子姚泓。姚泓立，尹冲与弟尹泓南奔东晋。［15］宫臣：指东宫跟过来的侍从官。胡三省曰："凡东宫官属皆曰'宫臣'。"［16］奸臣：指尹冲等姚弼的党羽。［17］端居：犹今之所谓"稳坐"，像无事人一样。［18］姚沙弥：后秦官员，为尚书，姚弼党羽。［19］乘舆：皇帝的车驾，这里即指后秦主姚兴。幸广平公第：到姚弼的府上去。幸，临幸，这里即指前往。广平公第，姚弼的府第，姚弼被封为广平公。广平，古郡名，郡治在今河北巨鹿县南。［20］宿卫将士：保卫宫廷、保卫皇帝的将士。宿卫，值勤与保卫。［21］太子谁与守乎：还有谁去保卫太子？谁与，与谁，还有谁。［22］吾属：我们这些人。［23］已陷名逆节：已经有了个叛逆分子的名声。［24］何所自容：哪里还有我们的存身之地？［25］奉乘舆以举事：即通常之所谓"挟天子以令诸侯"。奉乘舆，挟持着皇帝姚兴。［26］乃杖大顺：是有了最好的借口、最名正言顺的理由。杖，同"仗"，仗恃，依仗。［27］不惟救广平之祸：不仅是解救了姚弼的灾难。［28］吾属前罪亦尽雪：我们这些人所顶着的谋反的罪名也就可以完全洗净。［29］绍：即姚绍，文桓皇帝姚兴叔父，封东平公。在姚兴去世时受托孤之重，后受命主持对抗刘裕北伐，因兵败愤懑而死。［30］胡翼度：后秦右卫将军。典兵禁中：在宫中掌管兵权。典，主管。［31］防制内外：防范宫里宫外的一切不测事变。防制，防范，制止。［32］殿中上将军：古将军名，统殿中兵，掌宫廷侍卫。甲仗：铠甲，兵器。［33］内之武库：收归国家的武器仓库。内，同"纳"，收归。［34］南安长公主：后秦主姚苌之女、姚兴之妹。［35］耕儿：即姚耕儿，后秦主姚兴幼子，为姚弼党羽。［36］南阳：古郡名，治今河南南阳市。愔（yīn）：即姚愔，后秦主姚兴之子，封南阳公。在其父姚兴病重时发动叛乱，被杀。［37］端门：宫廷的第一道正门。［38］马道：登上宫墙的梯道。［39］咨议堂：后秦宫殿朝堂名，君臣议事、讨论军国大事的地方。［40］太子右卫率：宿卫东宫，亦主征伐，地位颇重。姚和都：后秦末主姚泓从弟，后秦太子右卫率、给事黄门侍郎。［41］力疾：勉强支撑着病体。前殿：皇宫宫殿名，为正殿。［42］骊山：山名，在今陕西西安市临潼区南，当时长安城的东南方。［43］吕隆：字永基，后凉主吕光之弟吕宝之子，后凉末代国主。后凉灭亡，吕隆降后秦，为散骑常侍，党附姚弼，谋反被诛。传见《晋书》卷一百二十二。雍：古县名，县治在今陕西宝鸡市东北，春秋时代秦国的都城。［44］来奔：指尹冲、尹泓来投奔东晋。［45］兴卒：后秦主姚兴在位二十二年，死时年五十一岁。［46］大将军尹元：后秦大将军，姚弼党羽，因作乱，被杀。［47］永和：后秦末主姚泓的年号。［48］恢：即姚恢，后秦末主姚泓从弟，封齐公。姚兴时，为前将军，迁征北将军，镇守安定。姚泓继位，姚恢起兵反叛，自称大都督，关中地区不少将领响应其叛乱，后被其叔祖姚绍率军平定，被杀。［49］安定：郡名，郡治在今甘肃平凉市东。吕超：后凉主吕光之侄，封为安定公。后凉灭亡，投降后秦，为安定太守。后因党附姚弼，图谋杀死太子姚泓，事泄被泓所杀。传见《晋书》卷一百二十二。［50］贰心：即二心，异心，不忠实。［51］偶陵：后秦主姚兴的陵寝，在今西安市高陵区附近。［52］李闰羌：居住在李闰一带的羌族人。李闰，古城名，在今陕西大荔县北。［53］羌酋党容：羌族部落的头领，姓党，名容。［54］酋豪：少数民族中有身份、有名望的人物。［55］北地：古郡名，郡治在今甘肃宁县。毛雍：后秦官员，为北地太守，后秦主姚兴去世后，举兵反叛，被活捉。赵氏坞：古地名，在今陕西铜川市附近。［56］姚宣：后秦主姚兴之子、姚泓之弟，为将领，镇李闰。［57］参军：即军事参谋。韦宗：后秦官员，为姚宣参军，曾劝说姚宣反叛。［58］邢望：古地名，在今陕西大荔县附近。

二月，加太尉裕中外大都督。裕戒严将伐秦，诏加裕领司、豫二州刺史，以其世子义符为徐、兖二州[1]刺史。琅邪王德文[2]请启行戎路[3]，修敬山陵[4]，诏许之。

夏，四月，壬子[5]，魏大赦，改元泰常[6]。

西秦襄武侯昙达等击秦秦州刺史姚艾于上邽[7]，破之，徙其民五千余户于枹罕[8]。

五月，癸巳[9]，加太尉裕领北雍州[10]刺史。

六月，丁巳[11]，魏主嗣北巡。

并州胡数万落[12]叛秦，入于平阳[13]，推匈奴曹弘为大单于，攻立义将军姚成都于匈奴堡[14]。征东将军姚懿自蒲坂[15]讨之，执弘，送长安，徙其豪右万五千落于雍州[16]。

氐王杨盛攻秦祁山[17]，拔之，进逼秦州[18]。秦后将军姚平救之，盛引兵退，平与上邽守将姚嵩追之。夏王勃勃帅骑四万袭上邽，未至，嵩与盛战于竹岭[19]，败死。勃勃攻上邽，二旬，克之，杀秦州刺史姚军都及将士五千余人，因毁其城；进攻阴密[20]，又杀秦将姚良子及将士万余人，以其子昌[21]为雍州刺史，镇阴密。征北将军姚恢弃安定，奔还长安，安定人胡俨等帅户五万据城降于夏。勃勃使镇东将军羊苟儿将鲜卑五千镇安定，进攻秦镇西将军姚谌[22]于雍城，谌委镇[23]奔长安。勃勃据雍，进掠郿城[24]。

秦东平公绍及征虏将军尹昭等将步骑五万击之，勃勃退趋安定，胡俨闭门拒之，杀羊苟儿及所将鲜卑，复以安定降秦。绍进击勃勃于马鞍阪[25]，破之，追至朝那[26]，不及而还。勃勃归杏城[27]。杨盛复遣兄子倦[28]击秦，至陈仓[29]，秦敛曼嵬击却之。夏王勃勃复遣兄子提南侵泄阳[30]，秦车骑将军姚裕[31]等击却之。

凉司马索承明[32]上书劝凉公暠伐河西王蒙逊，暠引见，谓之曰："蒙逊为百姓患，孤岂忘之！顾势力未能除耳。卿有必禽之策，当为孤陈之；直唱大言[33]，使孤东讨，此与言'石虎小竖[34]，宜肆诸市朝[35]'者何异！"承明惭惧而退。

秋，七月，魏主嗣大猎于牛川[36]，临殷繁水[37]而还；戊戌[38]，至平城。

（以上为第七段，写仇池主杨盛率军进攻后秦祁山，攻下后又被打败；胡夏主赫连勃勃率军攻打后秦上邽，又进攻阴密、安定、雍城，频频得手，后被打退。）

【注释】

[1]徐、兖二州：东晋徐、兖二州皆为侨置州，其州治都在今江苏镇江市。刘义符本任豫州刺史，今朝廷将司、豫二州都加给了刘裕，故另封刘义符为徐、兖二州刺史。 [2]德文：晋安帝之弟司马德文，封琅邪王。后即位为晋恭帝，禅位于宋王刘裕，是晋代的末帝，废为零陵郡王，终被刘裕杀害。传见《晋书》卷十。 [3]启行戎路：在前边给大军开路，打头阵。《诗经·六月》有所谓"元戎十乘，以先启行"，这里借用其语。 [4]修敬山陵：对在洛阳的西晋诸帝的陵墓进行整修，表达一份敬意。 [5]壬子：四月五日。 [6]泰常：北魏明元帝拓跋嗣改年号"神瑞"为"泰常"，历时七年余。 [7]姚艾：南安赤亭（今甘肃陇西县西）人，羌族，后秦将军，为秦州刺史。后秦灭亡，姚艾遣使称藩西秦，被乞伏炽磐任为征东大将军、秦州牧。后投奔北凉，被沮渠蒙逊任为征南将军。上邽（guī）：县名，在今甘肃天水市。 [8]枹（fú）罕：县名，县治在今甘肃临夏市。 [9]癸巳：五月十七日。 [10]领：兼任。北雍州：西晋时置雍州于长安，此指东晋的侨置州，治所在襄阳。 [11]丁巳：六月十一日。 [12]并州胡：居住在并州的匈奴人。并州，州治晋阳，在今山西太原市西南。落：户。 [13]平阳：郡名，郡治在今山西临汾市西南部。 [14]姚成都：后秦立义将军，后降北魏。匈奴堡：古地名，约在今山西临汾市西南，当时为匈奴人集居之地。 [15]蒲坂：古地名，在今山西永济市西。 [16]豪右：有身份、有威望的

人。雍州：后秦雍州治安定，在今甘肃平凉市东。[17]祁山：古代军事要地，在今甘肃礼县东北。[18]秦州：州治在今甘肃天水市。[19]竹岭：古地名，在今甘肃天水市西南。[20]阴密：县名，县治在今甘肃泾川县南。[21]昌：即赫连昌，一名赫连折，字还国，胡夏主赫连勃勃第三子，后为胡夏第二位国主。传见《魏书》卷九十五。[22]姚谌（chén）：后秦主姚兴之子，为镇西将军，镇守雍城。[23]委镇：抛弃军府所在地，即雍城。[24]郿（méi）城：古城名，在今陕西眉县东北渭水上。[25]马鞍阪：古地名，在今甘肃泾川县西北。[26]朝那：古县名，县治在今宁夏固原市东南。[27]杏城：古城名，在今陕西黄陵县西南。[28]倦：即杨倦，仇池将领，国主杨盛之侄。曾率军攻打后秦，进至陈仓，被击退。[29]陈仓：县名，在今陕西宝鸡市东。[30]提：即赫连提，胡夏将领，国主赫连勃勃之侄。泄阳：应作“池阳”。《晋书·载记》作“池阳”，在今陕西泾阳县。[31]姚裕：后秦将领，国主姚兴少子。[32]凉：指李暠所建的西凉。当时的西凉建都于今甘肃酒泉市。索承明：西凉主李暠的司马。[33]直唱大言：光说大话。直，只。[34]石虎小竖：石虎这个小竖子。石虎：字季龙，石勒之父养子，后赵第三位国主，荒淫残暴，被当时百姓骂为小竖子，犹今语之“小奴才”“小杂种”之类的骂人语。传见《晋书》卷一百六。[35]宜肆诸市朝：应该杀了他，暴其尸于街头示众。这是过去石虎统治下的人们对石虎统治不满的谩骂语，但光骂没用，石虎还是照旧进行着他的残暴统治。肆，古时处死刑后陈尸示众。[36]牛川：古地区名，在今内蒙古呼和浩特市西南。[37]殷繁水：古水名，在今河北怀来县东南。[38]戊戌：七月二十三日。

八月，丙午[1]，大赦。

宁州献琥珀枕[2]于太尉裕。裕以琥珀治金创[3]，得之，大喜，命碎捣分赐北征将士。

裕以世子义符为中军将军，监太尉留府事[4]。刘穆之为左仆射，领监军、中军二府军司[5]，入居东府[6]，总摄内外[7]，以太尉左司马东海徐羡之[8]为穆之之副；左将军朱龄石守卫殿省[9]，徐州刺史刘怀慎[10]守卫京师，扬州别驾从事史张裕任留州事[11]。怀慎，怀敬[12]之弟也。

刘穆之内总[13]朝政，外供军旅，决断如流，事无拥滞[14]。宾客辐凑[15]，求诉百端，内外咨禀[16]，盈阶满室；目览辞讼[17]，手答笺书[18]，耳行听受，口并酬应，不相参涉[19]，悉皆赡举[20]。又喜宾客，言谈赏笑[21]，弥日无倦。裁[22]有闲暇，手自写书，寻览校定[23]。性奢豪[24]，食必方丈[25]，旦辄为十人馔[26]，未尝独餐。尝白裕曰：“穆之家本贫贱，赡生多阙[27]。自叨忝[28]以来，虽每存约损[29]，而朝夕所须，微为过丰[30]，自此外一毫不以负公[31]。”中军咨议参军[32]张卲言于裕曰：“人生危脆[33]，必当远虑。穆之若邂逅不幸[34]，谁可代之？尊业[35]如此，苟有不讳[36]，处分云何[37]？”裕曰：“此自委穆之及卿耳。”

丁巳[38]，裕发建康，遣龙骧将军王镇恶、冠军将军檀道济将步军自淮、淝向许、洛[39]，新野太守朱超石[40]、宁朔将军胡藩趋阳城[41]，振武将军沈田子[42]、建威将军傅弘之趋武关[43]，建武将军沈林子[44]、彭城内史刘遵考将水军出石门[45]，自汴入河[46]，以冀州刺史王仲德[47]督前锋诸军，开巨野入河[48]。遵考，裕之族弟也。刘穆之谓王镇恶曰：“公今委卿以伐秦之任，卿其勉之！”镇恶曰：“吾不克关中，誓不复济江[49]！”

裕既行，青州刺史檀祇[50]自广陵辄率众至涂中掩讨亡命[51]。刘穆之恐祇为变，议欲遣军。时檀韶为江州[52]刺史，张卲曰：“今韶据中流[53]，道济为军首[54]，若有相疑之迹[55]，则大府[56]立危，不如逆遣慰劳[57]以观其意，必无患也。”穆之乃止。

初，魏主嗣使公孙表讨白亚栗斯，曰：“必先与秦洛阳戍将相闻[58]，使备河南岸[59]，然后击之。”表未至，胡人废白亚栗斯，更立刘虎[60]为率善王。表以胡人内自携贰[61]，势必败散，遂不告秦将而击之，大为虎所败，士卒死伤甚众。

嗣谋于群臣曰：“胡叛逾年，讨之不克，其众繁多，为患日深。今盛秋不可复发兵，妨民农务，将若之何？”白马侯崔宏[62]曰：“胡众虽多，无健将御之[63]，终不能成大患。表等诸军，不为不足，但法令不整，处分失宜，以致败耳。得大将素有威望者将数百骑往摄表军[64]，无不克矣。相州刺史叔孙建[65]前在并州，为胡、魏所畏服，诸将莫及，可遣也。”嗣从之，以建为中领军，督表等讨虎。九月，戊午[66]，大破之，斩首万余级，虎及司马顺宰皆死，俘其众十万余口。

太尉裕至彭城，加领徐州刺史；以太原王玄谟为从事史[67]。

（以上为第八段，写东晋太尉刘裕率领数路大军攻打后秦，由世子刘义符负责留守，刘穆之总管朝廷内外事务；北魏主拓跋嗣重用叔孙建，打败率善王刘虎。）

【注释】

[1]丙午：八月一日。［2］宁州：州治晋宁，在今云南昆明市晋宁区东北，当时属东晋。琥（hǔ）珀（pò）枕：琥珀制成的枕头。琥珀，是松树脂的化石，是一种名贵材料，有镇惊安神、散瘀止血、利水通淋的作用。［3］以琥珀治金创：用琥珀粉可以治疗刀枪的创伤。金创，刀枪的创伤。［4］监太尉留府事：管理太尉府的一切留守事宜。监，监督，管理。［5］领：兼任。监军、中军二府军司：指刘义符所承当的“监太尉留府”与“中军将军”两个军府的军政事务。军司，军府的协管人员，主官的参赞人员。［6］入居东府：住在东府里办公。东府，是刘裕太尉府所在地，在当时建康城的东部，四周有城墙。［7］总摄内外：总管朝内朝外军政事宜。［8］徐羡之：字宗文，东海郯县（今山东郯城县）人，东晋左将军徐宁之孙、上虞县令徐祚之之子，刘裕的佐命元勋，南朝宋开国功臣。传见《宋书》卷四十三。［9］殿省：指皇帝居住的宫殿与大臣办公的首脑机关，即所谓台省。［10］刘怀慎：刘裕从母弟，南朝刘宋开国功臣。传见《宋书》卷四十五。［11］别驾从事史：州刺史的高级僚属，随刺史出门时，因其单独另坐一辆车，故称“别驾”。留州事：扬州刺史府的留守事宜。［12］怀敬：即刘怀敬，刘裕从母兄。怀敬母曾乳养刘裕，刘裕即帝位，念旧恩，对刘怀敬累加宠授，至会稽太守，为尚书、金紫光禄大夫。传见《宋书》卷四十七。［13］总：总揽，统管。［14］拥滞：同“壅滞”，此指耽搁、废置。［15］辐凑：如车轮辐条集凑于车毂，比喻宾客之多。［16］咨禀：请教，禀告。［17］辞讼（sòng）：诉讼，打官司。［18］笺（jiān）书：信札，文书。［19］不相参涉：一码对一码，绝无错乱混淆。参涉，参杂，牵扯。［20］悉皆赡举：都获得完满解决。赡，满足。［21］赏笑：欢笑，喜笑。［22］裁：同“才”，刚刚。［23］寻览：寻求，探索。校定：考核，订正。［24］奢豪：奢侈，豪迈。［25］方丈：意谓一丈见方的桌子上摆满了酒菜。［26］旦辄（zhé）为十人馔（zhuàn）：每天动不动地就摆出十个人吃的一大桌，喊些人来一起吃。辄，就，动不动地。馔，饮食，吃喝。［27］赡（shàn）生多阙：维持生活的必需品经常短缺。阙，同“缺”。赡，赡养，营生。［28］叨忝（tiǎn）：叨光，自从受聘为您做事以来。忝，忝任，对现任此职的自谦语。［29］每存约损：每天都想着俭朴一点，节省一点。存，念，想着。约损，降低生活标准。［30］微为过丰：享用的标准还是偏高了点。［31］一毫不以负公：一点对不起您的地方也没有。意即绝没有贪污盗窃、化公为私的行为。［32］中军：即中军将军，古将军名。咨议参军：职掌咨询谋议军事。［33］人生危脆：意指很容易衰老死亡。［34］邂（xiè）逅（hòu）不幸：指突然死亡。邂逅，不期而遇，偶然遭遇。［35］尊业：您的大事业。［36］苟有不讳：如果您一旦有个三长两短，隐指刘裕死。［37］处分云何：日后的事情如何安排。处分，处理，安排。［38］丁巳：八月十二日。［39］淮、淝：淮河、淝水，指今之安徽合肥市、寿县一带。许、洛：许昌、洛阳。淮、淝二水相通，逆淮水的支流颍水可以上达许昌，另一支流睢水可以上通黄河，直达洛阳。［40］新野：古县名，县治在今河南新野县。朱超石：右将军朱龄石之弟，东晋将领。投靠刘裕，官至中书侍郎，封兴平侯。后被胡夏俘获。传见《宋书》卷四十八。［41］胡藩：字道序，南朝宋开国功

臣、名将。传见《宋书》卷五十。趋：奔赴。阳城：古县名，县治在今河南登封市东南。传见《南史》卷五十七。［42］沈田子：字敬光，东晋末年名将。随从刘裕征伐，拜振武将军。［43］傅弘之：字仲度，东晋末期名将。初任雍州主簿，为参军，后为太尉行参军、建威将军。传见《宋书》卷四十八。武关：在今陕西丹凤县东南。［44］沈林子：字敬士，南朝宋开国功臣。传见《宋书》卷一百。［45］刘遵考：彭城（今江苏徐州市）人，刘裕族弟，为建威将军、彭城内史。传见《宋书》卷五十一。将：率领。石门：古地名，在今江苏、河南交界一带的汴河上。［46］自汴入河：从汴水进入黄河。汴水，自今河南荥阳市北由黄河分出，东南经开封市、徐州市入泗水，再往东南，在今江苏淮安市清江浦区西入淮水。［47］冀州：东晋冀州州治在今山东济南市。王仲德：原名王懿，字仲德，刘宋开国元勋。传见《宋书》卷四十六。［48］开巨野入河：由巨野泽开掘水道通连黄河。巨野，湖泊名，旧地在今山东巨野县北，今已干涸。当时的巨野泽北距黄河不远，又有济水可通至今山东济南市长清区西南，有沟通济水与黄河的渠道。［49］不复济江：意即不再活着渡江回来。［50］青州：东晋青州州治广陵，在今江苏扬州市西北。檀祗（zhī）：字恭叔，名将檀道济之兄，封西昌县侯，迁青州刺史，为右将军。为宋国领军将军、散骑常侍。传见《晋书》卷八十五。［51］涂中：古地区名，在今江苏南京市六合区一带的滁河流域。掩讨：讨伐，攻打。亡命：逃亡的人。［52］檀韶：字令孙，南朝宋开国将领。传见《宋书》卷四十五。江州：州治浔阳，在今江西九江市。［53］中流：指扬州一带的长江流域。［54］军首：即征讨大军的先锋。檀道济时任北伐的先锋官。［55］若有相疑之迹：一旦太尉府表现出对他们不信任。［56］大府：刘裕的太尉府留守处，实指整个建康。［57］逆遣慰劳：迎头派出一个慰问团。檀祗由广陵西来，这里指由建康东上。［58］相闻：通知他们，通报消息，因为当时北魏与后秦是同盟国。［59］备河南岸：在黄河南岸做好防备。因洛阳与河内郡只有一河之隔。［60］刘虎：匈奴人，与前赵刘聪时的刘虎同名。［61］内自携贰：内部相互猜疑、相互背叛。携，离。贰，同“二”，二心。［62］白马侯：封地白马县，县治在今河南滑县东北。崔宏：字玄伯，清河东武城（今河北故城县）人，北魏名臣，封白马公。传见《魏书》卷二十四。［63］无健将御之：没有好的将军统率他们。御，驾御，统领。［64］往摄表军：前去统领公孙表的军队。摄，收拾，统领。［65］相州：州治邺城，在今河北临漳县西南。叔孙建：北魏著名将领。为外朝大人，参与军国大事谋划。后为龙骧将军、并州刺史，封安平郡公；迁征南大将军，封丹阳王。传见《魏书》卷二十六。［66］戊午：九月一日是“乙亥”，本月中无“戊午”，疑字有误。［67］王玄谟：字彦德，投靠刘裕，为从事史，官至车骑将军、南豫州刺史，封曲江县侯。谥号庄。传见《宋书》卷七十六。从事史：州刺史的高级僚属。

初，王廞之败[1]也，沙门昙永匿其幼子华[2]，使提衣襆自随[3]。津逻[4]疑之。昙永呵[5]华曰：“奴子何不速行！”棰[6]之数十，由是得免；遇赦，还吴。以其父存亡不测，布衣蔬食，绝交游不仕，十余年。裕闻华贤，欲用之，乃发廞丧[7]，使华制服[8]。服阕[9]，辟为徐州主簿[10]。

王镇恶、檀道济入秦境，所向皆捷。秦将王苟生以漆丘[11]降镇恶，徐州刺史姚掌以项城[12]降道济，诸屯守皆望风款附[13]。惟新蔡太守董遵[14]不下，道济攻拔其城，执遵，杀之。进克许昌[15]，获秦颍川太守姚垣及大将杨业[16]。沈林子自汴入河，襄邑人董神虎[17]聚众千余人来降，太尉裕版[18]为参军。林子与神虎共攻仓垣[19]，克之，秦兖州刺史韦华[20]降，神虎擅还襄邑，林子杀之。

秦东平公绍言于秦主泓曰："晋兵已过许昌，安定孤远，难以救卫，宜迁其镇户[21]，内实京畿[22]，可得精兵十万，虽晋、夏交侵，犹不亡国。不然，晋攻豫州，夏攻安定，将若之何？事机已至[23]，宜在速决。"左仆射梁喜曰："齐公恢[24]有威名，为岭北所惮[25]，镇人已与勃勃深仇[26]，理应守死无贰[27]。勃勃终不能越安定远寇京畿；若无安定，虏马必至于郿[28]。今关中兵足以拒晋，无为豫自损削[29]也。"泓从之。吏部郎懿横[30]密言于泓曰："恢于广平之难[31]，有忠勋[32]于陛下，自陛下龙飞绍统[33]，未有殊赏以答其意，今外则置之死地[34]，内则不豫[35]朝权，安定人自以孤危逼[36]寇，思南迁者十室而九，若恢拥精兵数万，鼓行而向京师，得不为社稷之累乎！宜征还朝廷以慰其心。"泓曰："恢若怀不逞之心[37]，征之适所以速祸[38]耳。"又不从。

王仲德水军入河，将逼滑台[39]。魏兖州刺史尉建畏懦[40]，帅众弃城，北渡河。仲德入滑台，宣言曰："晋本欲以布帛七万匹假道于魏[41]，不谓魏之守将弃城遽去[42]。"魏主嗣闻之，遣叔孙建、公孙表自河内向枋头[43]，因引兵济河，斩尉建于城下[44]，投尸于河。呼仲德军人，问以侵寇之状；仲德使司马竺和之[45]对曰："刘太尉使王征虏自河入洛[46]，清扫山陵[47]，非敢为寇于魏也。魏之守将自弃滑台去，王征虏借空城以息兵，行当西引[48]，于晋、魏之好无废也，何必扬旗鸣鼓以曜威[49]乎！"嗣使建以问太尉裕。裕逊辞[50]谢之曰："洛阳，晋之旧都，而羌[51]据之；晋欲修复山陵久矣。诸桓宗族[52]，司马休之、国璠兄弟[53]，鲁宗之父子[54]，皆晋之蠹[55]也，而羌收之以为晋患[56]。今晋将伐之，欲假道于魏，非敢为不利也。”魏河内镇将于栗磾[57]有勇名，筑垒于河上以备侵轶[58]。裕以书与之，题曰“黑矟公麾下[59]”。栗磾好操黑矟以自标[60]，故裕以此目之。魏因拜栗磾为黑矟将军。

（以上为第九段，写东晋各路大军深入北境，王镇恶、檀道济进入后秦境内，所过之处，全部告捷；北魏兖州刺史尉建怯懦，放弃守城，王仲德率军进入滑台。）

【注释】

[1]王廞（xīn）之败：王廞，字伯舆，东晋开国丞相王导之孙。隆安元年（397），王恭起兵攻打王国宝，任王廞为吴国内史为己策应。不久王国宝被杀，王恭罢兵，令王廞解职去兵，王廞拒不从命，武力抗拒，兵败逃亡。这里追书，引出其子王华故事。王廞传见《晋书》卷六十五。[2]沙门昙永：当时有名的高僧。华：即王廞之子王华。 [3]使提衣襆（fú）自随：让王华手提一个包袱跟在身后。衣襆，衣包。襆，包袱皮。 [4]津逻：渡口上的哨兵。 [5]呵（hē）：大声呵斥。 [6]棰（chuí）：用棍子打。 [7]乃发廞丧：于是为王廞举办丧事。 [8]制服：按礼制穿丧服。 [9]服阕：穿丧服期满。 [10]辟：征用，聘任。徐州主簿：徐州刺史的属官。主簿（bù），总领门下众事，掌管簿书，匡辅拾遗。 [11]王苟生：后秦将领，投降东晋。漆丘：古县名，县治在今河南商丘市东北。 [12]姚掌：后秦徐州刺史，献出项城投降晋军。项城：后秦徐州治所，在今河南项城市。 [13]款附：犹今之所谓“投诚”。 [14]新蔡：古郡名，郡治在今河南新蔡县。董遵：后秦新蔡太守，被檀道济攻破新蔡城而杀之。 [15]许昌：县名，县治在今河南许昌市东。 [16]颍川：郡名，郡治在今河南许昌市。姚垣：后秦颍川太守。杨业：后秦大将。[17]襄邑：县名，治今河南睢县。 [18]版：授职，任命。 [19]仓垣：县名，后秦兖州治所，在今河南开封市西北。 [20]韦华：后秦官员，为兖州刺史，投降东晋。 [21]镇户：指安定一带的居民。当时安定为后秦的军事重镇，故称其民为“镇户”。 [22]京畿（jī）：指国都及其所管辖的附近地方。 [23]事机：情势。已至：已到了这个地步。 [24]齐公恢：即姚恢，姚兴之子，姚泓之弟，封于齐郡。 [25]岭北：九嵕岭以北，即安定、北地等一带地区。九嵕岭在今陕西礼泉县东。惮（dàn）：害怕，畏惧。 [26]与勃勃深仇：因胡夏屡次来侵，安定居民与之作战，死伤众多，结下仇怨。 [27]无贰：无二心。贰，同“二”。 [28]郿：县名，县治在今陕西眉县东北的渭河北岸。 [29]豫自损削：过早地把自己的力量想得过低。豫，同“预”，预先。 [30]吏部郎：即吏部郎中，日后的吏部尚书，主管选举。懿（yì）横：人名，后秦吏部郎。 [31]于广平之难：指削平广平公姚弼的叛乱。 [32]忠勋：指杀死姚弼的党羽安定太守吕超。 [33]龙飞绍统：指即位为帝。绍统，继承统绪、帝业。 [34]置之死地：派去一个经常与敌人发生战斗，随时有可能牺牲的地方。 [35]不豫：不参与，不过问。 [36]逼：靠近。 [37]若怀不逞之

心：如果他真要是不得志，不满意，心里想要造反。［38］适所以速祸：正会促成灾祸的提前爆发。［39］滑台：昔日南燕主慕容德的都城，后为魏国兖州的州治所在地，在今河南滑县东南。［40］畏懦：胆怯，软弱。［41］假道于魏：向北魏借道。假，借。［42］不谓：没有想到。弃城遽（jù）去：就这样弃城撤走了。遽，匆忙。［43］河内：郡名，郡治野王县，在今河南沁阳市。枋（fāng）头：当时的黄河渡口，在今河南浚县西南，离滑台很近。［44］城下：指枋头城下。［45］竺和之：东晋官员，为征虏将军王仲德司马。［46］王征虏：即王仲德，当时为征虏将军。自河入洛：由黄河进入洛水，到达洛阳。［47］清扫山陵：祭祀西晋诸帝陵墓。山陵，帝王的坟墓。［48］行当西引：马上就要向西开拔。西引，引兵西行。［49］曜（yào）威：整饬军旅，炫耀武力。［50］逊辞：谦恭的言辞。［51］羌：指后秦政权。后秦主姚氏是羌族人。［52］诸桓宗族：指桓谦诸人，义熙元年（405）桓玄被讨伐身死后，诸桓逃到西秦。［53］国璠（fán）兄弟：指司马国璠与其弟叔璠、叔道，因不满刘裕势大，义熙六年（410）逃到西秦。［54］鲁宗之父子：指鲁宗之与其子鲁轨，义熙十一年（415）司马休之被打败后，与司马休之一起逃到西秦。［55］蠹（dù）：蠹虫，引申为祸害国民的人。［56］以为晋患：指义熙六年（410）桓谦曾引秦军入寇，十一年（415）秦使司马休之等将兵扰襄阳，司马国璠更是多次引秦军扰边。［57］于栗磾（dī）：代（今山西大同市北）人，鲜卑族，北魏名将，历事拓跋珪、拓跋嗣、拓跋焘三代。传见《魏书》卷三十一。［58］侵轶（yì）：犹言侵袭。轶，侵犯。［59］黑矟（shuò）公：使用黑色长矛的先生。矟，古兵器名，即长矛。公，对男人的敬称。麾（huī）下：犹言“阁下”“足下”，对将帅的敬称。麾，古代大将的指挥旗。［60］自标：显示自己的奇特。

冬，十月，壬戌[1]，魏主嗣如豺山宫。

初，燕将库傉官斌[2]降魏，既而复叛归燕。魏主嗣遣骁骑将军延普[3]渡濡水[4]击斌，斩之；遂攻燕幽州刺史库傉官昌、征北将军库傉官提，皆斩之。

秦阳城、荥阳[5]二城皆降，晋兵进至成皋[6]。秦征南将军陈留公洸[7]镇洛阳，遣使求救于长安。秦主泓遣越骑校尉阎生[8]帅骑三千救之，武卫将军姚益男将步卒一万助守洛阳，又遣并州牧姚懿南屯陕津[9]，为之声援。宁朔将军赵玄[10]言于洸曰：“今晋寇益深，人情骇动[11]；众寡不敌，若出战不捷，则大事去矣。宜摄[12]诸戍之兵，固守金墉[13]，以待西师之救。金墉不下，晋必不敢越我而西，是我不战而坐收其弊[14]也。”司马姚禹[15]阴与檀道济通，主簿阎恢、杨虔[16]，皆禹之党也，共嫉玄，言于洸曰：“殿下以英武之略，受任方面[17]；今婴城[18]示弱，得无[19]为朝廷所责乎！”洸以为然，乃遣赵玄将兵千余南守柏谷坞[20]，广武将军石无讳东戍巩城[21]。玄泣谓洸曰：“玄受三帝[22]重恩，所守正有死耳[23]。但明公不用忠臣之言，为奸人所误，后必悔之。”

既而成皋、虎牢[24]皆来降，檀道济等长驱而进，无讳至石关[25]，奔还。龙骧司马荥阳毛德祖与玄战于柏谷，玄兵败，被十余创，据地[26]大呼。玄司马蹇鉴冒刃抱玄而泣，玄曰：“吾创已重，君宜速去！”鉴曰：“将军不济[27]，鉴去安之！”与之皆死。姚禹逾城奔道济。

甲子[28]，道济进逼洛阳，丙寅[29]，洸出降。道济获秦人四千余人，议者欲尽坑之以为京观[30]。道济曰：“伐罪吊民[31]，正在今日！”皆释而遣之。于是夷、夏感悦，归之者甚众。阎生、姚益男未至，闻洛阳已没，不敢进。

己丑[32]，诏遣兼司空高密王恢之[33]修谒五陵[34]，置守卫。太尉裕以冠军将军毛修之为河南、河内二郡太守，行司州事[35]，戍洛阳。

西秦王炽磐使秦州刺史王松寿镇马头，以逼秦之上邽。

十一月，甲戌[36]，魏主嗣还平城。

太尉裕遣左长史王弘[37]还建康，讽朝廷求九锡[38]。时刘穆之掌留任，而旨从北来，穆之由是愧惧[39]发病。弘，珣之子也。

十二月，壬申[40]，诏以裕为相国、总百揆、扬州牧[41]，封十郡为宋公，备九锡之礼，位在诸侯王上，领征西将军，司、豫、北徐、雍四州刺史如故。裕辞不受[42]。

西秦王炽磐遣使诣太尉裕，求击秦以自效。裕拜炽磐平西将军、河南公。

（以上为第十段，写东晋进攻后秦洛阳，洛阳司马姚禹暗地串通东晋，撺掇守城将军姚洸出兵攻打，姚洸不能抵挡，东晋攻下洛阳；太尉刘裕讽喻朝廷加九锡，又假惺惺地推辞。）

【注释】

[1]壬戌：十月十八日。 [2]库傉（nù）官斌：人名。北燕将领，投降北魏，不久又背叛北魏，重新归附北燕，被北魏所杀。 [3]延普：代郡人，鲜卑族，北魏骁骑将军。拓跋嗣时，平定库傉官斌之乱，领军攻打北燕辽西郡。拓跋焘时，出任雍州刺史，受封巴东公。后出任安定太守，

平定叛乱，不知所终。［4］濡（rú）水：在今之滦河，发源于内蒙古赤城县东北，流经内蒙古多伦县、河北承德市，南流至乐亭县入渤海。［5］阳城：古城名，在今河南登封市东南。荥阳：古郡名，郡治在今河南荥阳市东北的古荥镇。［6］成皋：古城名，旧址在今河南荥阳市西北的大伾山上。［7］洸（guāng）：即姚洸，后秦主姚兴之子，受封陈留公，任征南将军、豫州牧，镇守洛阳。刘裕北伐，姚洸军不敌晋军，投降刘裕。［8］越骑校尉：八校尉之一，以其材力超越名之。阎生：后秦越骑校尉。［9］陕津：陕县的黄河渡口。陕县，在今河南三门峡市城西。［10］赵玄：后秦宁朔将军，姚洸部将。晋军北伐，曾劝说姚洸坚守待援，不可出战。姚洸不听，遣赵玄出拒晋兵，赵玄遂战死于阵。［11］骇（hài）动：惊动。［12］摄：约束，收缩。［13］金墉：古城名，当时洛阳城内西北角上的一座小城。这里泛指洛阳。［14］坐收其弊：坐等其疲惫而收拾之。弊，同“敝”，即疲惫，战斗力衰退。［15］姚禹：后秦征南将军姚洸的僚属，为司马，与晋将檀道济暗通，劝姚洸出战，致使姚洸兵败投降。［16］阎恢、杨虔：姚洸司马姚禹的党羽。［17］受任方面：受命独当一个方面，指为征南将军。［18］婴城：环城而守。［19］得无：岂不，难道。［20］柏谷坞：古地名，在今河南洛阳市偃师区南，洛阳城的东南方。［21］巩城：巩县县城，当时的巩县在今河南巩义市西南，洛阳城东。［22］三帝：指姚苌、姚兴、姚泓。［23］所守正有死耳：我所坚持的只有为国捐躯这一项。正，同“止”，只有。［24］虎牢：古关名，在今河南荥阳市的西北方，其西侧即成皋城。［25］石关：古地名，在河南洛阳城东，偃师区西。［26］据地：两手撑地。［27］不济：不成，不保。［28］甲子：十月二十日。［29］丙寅：十月二十三日。［30］京观：将敌人的尸体堆积一起，蒙土于上，叫作“京观”。京，高大的意思。观，高台，大丘。［31］伐罪吊民：讨伐有罪者，以安慰黎民百姓。吊，慰，安慰。［32］己丑：十月一日是“乙巳”，本月中无“己丑”日，记载有误。［33］恢之：即司马恢之，高密恭王司马俊之孙，高密敬王司马纯之之子，袭位高密王，以给事中兼太尉，修谒洛阳园陵。［34］修谒：修建，祭拜。五陵：司马懿的高原陵、司马师的峻平陵、司马昭的崇阳陵、司马炎的峻阳陵、司马衷的太阳陵。［35］行司州事：代行司州刺史的职权。司州，州治在今河南洛阳市。［36］甲戌：十一月一日。［37］王弘：字休元，东晋丞相王导曾孙，司徒王珣长子，为刘裕主簿，迁江州刺史，封华容县公。王弘秉承刘裕授意，讽朝廷加九锡，成为刘宋开国功臣。［38］讽：吹风示意，隐约地提出。九锡：古代皇帝赐给诸侯、大臣有殊勋者的九种礼器，是最高礼遇的表示，往往是权臣篡位的一个阶梯。［39］愧惧：既惭愧而又恐惧。指刘穆之惭愧自己没有及早地想到提出，给刘裕加九锡，还得让刘裕自己费心思派人回朝提出而感到恐惧，怕遭到刘裕斥责、被清理，郁闷而死。［40］壬申：十二月二十九日。［41］相国：在臣僚中至高无上，总揽国家政事。总百揆（kuí）：即总理国家的一切大事。百揆，指各种政务，也可以释作“百官”。扬州牧：扬州地区的最高军事行政长官，都城建康即在扬州的管辖之下。［42］裕辞不受：刘裕自己提出要求，朝廷不敢不给；等到给他了，又假惺惺地“辞不受”，这一套作秀把戏非常虚伪。

秦姚懿司马孙畅[1]说懿使袭长安，诛东平公绍，废秦主泓而代之。懿以为然，乃散谷以赐河北夷、夏[2]，欲树私恩。左常侍张敞、侍郎左雅[3]谏曰："殿下以母弟居方面[4]，安危休戚[5]，与国同之。今吴寇[6]内侵，四州倾没[7]，西虏扰边，秦、凉覆败[8]，朝廷之危，有如累卵[9]。谷者，国之本也，而殿下无故散之，虚损国储，将若之何？"懿怒，笞杀之。

泓闻之，召东平公绍密与之谋。绍曰："懿性识鄙浅[10]，从物推移[11]，造此谋者，必孙畅也。但驰使征畅[12]，遣抚军将军赞据陕城[13]，臣向潼关为诸军节度[14]。若畅奉诏而至，臣当遣懿帅河东见兵共御[15]晋师；若不受诏命，便当声其罪而讨之。"泓曰："叔父之言，社稷之计也。"乃遣姚赞及冠军将军司马国璠、建义将军蛇玄屯陕津[16]，武卫将军姚驴[17]屯潼关。

懿遂举兵称帝，传檄[18]州郡，欲运匈奴堡谷以给镇人[19]。宁东将军姚成都拒之[20]，懿卑辞诱之，送佩刀为誓，成都不从。懿遣骁骑将军王国[21]帅甲士数百攻成都，成都击禽[22]之，遣使让[23]懿曰："明公以至亲当重任，国危不能救，而更图非望[24]，三祖[25]之灵，其肯佑明公乎！成都将纠合[26]义兵，往见明公于河上[27]耳。"于是，传檄诸城，谕以逆顺，征兵调食以讨懿。懿亦发诸城兵，莫有应者，惟临晋[28]数千户应懿。成都引兵济河，击临晋叛者，破之。镇人安定郭纯[29]等起兵围懿。东平公绍入蒲阪，执懿，诛孙畅等。

是岁，魏卫将军安城孝元王叔孙俊[30]卒。魏主嗣甚惜之，谓其妻桓氏曰："生同其荣[31]，能没同其戚[32]乎？"桓氏乃缢而祔[33]焉。

丁零翟猛雀[34]驱掠吏民，入白涧山[35]为乱；魏内都大官河内张蒲[36]与冀州刺史长孙道生[37]讨之。道生，嵩之从子也。道生欲进兵击猛雀，蒲曰："吏民非乐为乱，为猛雀所迫胁耳。今不分别，并击之，虽欲返善，其道无由，必同心协力，据险以拒官军，未易猝平[38]也。不如先遣使谕之，以不与猛雀同谋者皆不坐[39]，则必喜而离散矣。"道生从之，降者数千家，使复旧业。猛雀与其党百余人出走，蒲等追斩猛雀首；左部尚书[40]周几穷讨余党，悉诛之。

（以上为第十一段，写后秦在存亡之际发生变故，国主姚泓的同母弟姚懿听从司马孙畅蛊惑，发动叛乱，自称皇帝，宁东将军姚成都不受诱惑，发兵攻打，东平公姚绍进入蒲阪，抓获姚懿；北魏平定丁零翟猛雀叛乱。）

【注释】

[1]孙畅：后秦姚懿僚属，为司马。[2]河北：古郡名，后秦河北郡郡治在今山西风陵渡镇。夷、夏：夷指少数民族，夏指汉族人。[3]左常侍、侍郎：都是帝王身边的参谋侍从人员，姚懿当时为公爵，下面也设有这种官位。[4]母弟：与姚泓是同父同母，亲兄弟。居方面：任独当一面之职，指当时姚懿任征东将军而言。[5]休戚：犹言“苦乐”“享福与受罪”。休，福，美。[6]吴寇：指刘裕统率的东晋部队。[7]四州：指后秦的徐州、兖州、豫州、荆州。倾没：丢失。[8]秦、凉覆败：指秦州州治上邽被赫连勃勃所取，凉州姑臧被沮渠蒙逊所占。[9]累卵：堆叠的鸡蛋，比喻极其危险。[10]性识：天分，悟性。鄙浅：鄙陋，浅薄。[11]从物推移：随着别人的主意而改变自己的主张。[12]征畅：调孙畅进京。[13]抚军将军赞：即姚赞，任抚军将军之职。陕城：古城名，即陕州城，在今河南三门峡市西。[14]潼关：关塞名，在今陕西潼关县东北。为诸军节度：充当各路人马的总指挥。[15]见兵：现有兵力。见，同“现”。御：抵御，抵抗。[16]蛇玄：后秦将领，为建义将军。陕津：陕县的黄河渡口。[17]姚驴：后秦将领，为武卫将军，驻守潼关。[18]传檄（xí）：传布檄文。檄，讨伐的檄文。[19]镇人：指蒲阪一带的人，当时姚懿任征东将军，镇蒲阪。[20]姚成都拒之：当时姚成都以宁东将军的身份镇守匈奴堡，在今山西临汾市西南。[21]王国：后秦将领，为骁骑将军，姚懿属将。[22]击禽：攻打并擒获。禽，同“擒”。[23]让：责让，指责。[24]非望：不应有的幻想，指称帝而言。[25]三祖：指后秦的始祖姚弋仲、太祖姚苌、高祖姚兴。[26]纠合：集合。纠，集聚。[27]往见明公于河上：意即去黄河边上讨伐你。河上，黄河边，指蒲阪。[28]临晋：县名、关塞名，县治在今陕西大荔县东。[29]安定：郡名，郡治临泾，在今甘肃泾川县北。郭纯：后秦安定人，曾起兵攻围谋逆称帝的姚懿。[30]安城孝元王：叔孙俊封爵安城王，谥号孝元。叔孙俊：传见《魏书》卷二十六。[31]生同其荣：他活着的时候，你与他一起享受荣耀。[32]没同其戚：现在他死了，你也应该陪着他一起受到哀悼，意即陪着他一道去死。戚，哀。[33]缢（yì）：上吊而死。祔：配祭，把桓氏的灵牌与其夫的灵牌放在一起享受祭祀。拓跋嗣之所以为叔孙俊的死特别伤心，以至于逼迫桓氏殉葬，是因为在他上台时叔孙俊建有大功。[34]丁零：古代北方少数民族名，汉时为匈奴属国，十六国时活动在今山西南部与河北、河南交界的太行山区。翟猛雀：丁零族的部落头领，后叛乱被杀。[35]白涧山：古山名，在今山西阳城县境内。[36]内都大官：当时魏有内都大官、外部大官、都坐大官，合称“三都大官”。张蒲：河内人，北魏将领，曾率军攻叛乱的丁零首领翟猛雀。[37]长孙道生：本姓拔拔，代郡高柳（今山西阳高县）人，鲜卑族，太尉、北平王长孙嵩之侄，北魏官员、将领。传见《魏书》卷二十五。[38]猝

（cù）平：迅速平定。猝，突然，很快地。［39］不坐：不受株连。坐，因某事而牵连获罪。［40］左部尚书：当时魏国全境分八大区，各个地区设一个“大人”，总称“八部大人”。朝廷又设有东、西、南、北、前、后、左、右“八部尚书”。

【点评】

姚兴优柔误国。公元416年，后秦主姚兴带着无限遗憾去世。在位二十一年，在那种纷纷扰扰、攻伐不断的年代，能够执掌国家权柄二十多年，并且使国家越来越强大，在五胡十六国的统治者中，姚兴堪称翘楚。然而，他去世后，太子姚泓继位，第二年就亡国了，也给人们留下了太多的思考，令人不得不反思姚兴治政的得失。

其一，姚兴是二代王，继承了一代王姚苌的谋略与智慧，使得国家政权平稳且巩固。姚兴的父亲姚苌，是羌人首领姚弋仲的第二十四子，史书称赞他“少聪慧，多权略，随兄姚襄出征，常参大谋”，在位十年，奠定了后秦的历史地位。姚兴具有其父遗风，善于谋划，善于出奇制胜。姚苌在临终前，辅政大臣姚晃追问攻灭前秦主苻登的打算，姚苌说：“这一大业马上可以成功。姚兴的才智足以办到，你们不必问我了。”这说明姚苌对姚兴的即位以及他的才能，具有足够的信任。姚苌刚死，落在姚兴肩上的担子十分沉重，不仅要对付前秦主苻登，还要防范后秦政权内部的各种势力。为了减少因名号问题而引起的纷扰，他决定暂不称帝，自号为大将军。前秦主苻登调动大军，全力东进，准备一举消灭后秦，而姚兴临危不乱，从容指挥，废桥一战，后秦大获全胜。而后，姚兴亲自率军攻打马毛山，一鼓作气击溃苻登，把他擒获后杀死，同时解散了苻登的部众，攻灭了前秦，巩固了自己作为后秦之主的地位，而后称帝。

其二，姚兴在长期执政中，勤于政事，治国安民，兴修水利，关心农事，打好了国家发展的政治、经济基础。姚兴妥善处理了统治集团内部的关系，善于化解矛盾，凝聚人心。在军事上，他高度信任和任用两位能征善战的叔叔姚绪和姚硕德，注重军纪，史书称其为“军令齐整，秋毫无犯”。在政治上，他依靠足智多谋的尹纬，并能够倾听臣下的意见，注意提拔一些有才能的人担任重要官职。同时，他采取严厉措施打击贪官污吏，对于比较清廉的臣属，不仅给予物质上的奖励，还予以表彰，越级提拔。他还大力提倡儒学，兴办学校。他采取如此措施，使得后秦成为十六国后期国力仅次于后燕的强盛国家。

其三，诸子争权，明争暗斗，姚兴犹豫不决，酿成大祸，使得后秦国急速灭亡。姚兴有十几个儿子，有不少很有才能，作战比较勇敢，为后秦的巩固和发展建立了功勋。皇长子姚泓性格宽和、才能平庸，而且又体弱多病。早在十几年前立太子时，姚兴就颇为犹豫，他喜爱皇子姚弼，认为姚弼是比较理想的继承人，因此平常格外宠信姚弼。于是，姚弼逐渐产生了夺嫡的欲望。他原来担任雍州刺史，镇守安定，后来调入中央，担任尚书令、侍中。他结纳党羽，积极制造舆论，企图李代桃僵；他给倾向于姚泓的大臣姚文宗罗织了许多罪名，激怒父亲将其杀死；他在父皇身边安插亲信，广树爪牙，逐渐控制了一些中枢机要部门。对此，姚兴则采取了纵容的态度。有人点拨和提醒，姚兴也是假装糊涂，不予理睬。如此种种，埋下了祸根。而后，姚弼在府里埋伏下数千甲士，准备一旦姚兴去世，立即武力夺权。其他皇子也不甘示弱，曾分别起兵，一时剑拔弩张、烽烟滚滚，大有内战一触即发之势。幸亏姚兴大病不死，紧张的形势才得以缓和。

其四，姚泓即位后，内忧外患一起袭来，他无法应对，左支右绌，最后，勉强支撑了一年多时间，后秦就灭亡了。究其灭亡原因，固然有各个方面的因素，但与姚兴的后事安排失妥也是分不开的。姚泓比较文静，性格比较软弱，在大争之世，缺乏维护国家统一的强力手段，面对内忧外患，无计可施，这让我们反思，姚泓是否是一个合适的继承人？姚兴既然已经立了姚泓为太子，那么就应当树立太子的权威，而不应听信其他人的诬陷之言，给臣下造成误解，以为皇上要更换太子；当姚弼等人表现出谋反迹象时，就要采取果断措施，而不是优柔寡断，不分是非，甚至还让其继续掌握兵权。如此种种，都反映了姚兴后期的矛盾与为难，缺少一个政治家的果断与气魄。这是应当引以为鉴的啊！

卷一一八　晋纪四十

晋安帝义熙十三年至晋恭帝元熙元年（417—419 年）

【起强圉大荒落（丁巳，417 年），尽屠维协洽（己未，419 年），凡三年】

【大事提要】

本卷记事起于公元 417 年，到公元 419 年，凡三年，时当晋安帝（司马德宗）义熙十三年至晋恭帝（司马德文）元熙元年。本卷所载大事，主要有五个方面。

其一，李暠去世。公元 417 年，李广十六世孙、西凉主李暠卧病不起，嘱托世子李歆不要高高在上、专横骄傲、自以为是，而后去世，享年六十七岁，在位十七年。唐朝李氏称李暠为其先祖，追尊为兴圣皇帝。太子李歆继位，史称西凉后主。西凉共维持二十一年，亡于北凉。其二，吐谷浑兴起。公元 417 年，吐谷浑首领树洛干病死，同母弟阿柴继位，自称沙州刺史、威王。此时，吐谷浑部“兼并氐羌，地方数千里，号为强国”，后世称为“阿柴王国”。后迁都浇河，开创了结好西秦与联宋抗秦的外交策略，很快走上兴盛之路。其三，刘裕攻灭后秦。公元 417 年，东晋太尉刘裕率领大军在攻取洛阳、夺取潼关的基础上攻打后秦长安。他善于选择战机，周密部署，以偏师进入武关，并派水军沿着渭水西进，配合主力，水陆夹击，终获胜利。后秦主姚泓被俘虏，被押送到建康斩首，后秦灭亡。其四，夏国占领长安。刘裕北伐成功后匆忙东归，关中由其儿子刘义真镇守，发生内讧，将领王镇恶、沈林子、王修先后被杀。公元 418 年，夏王赫连勃勃率兵南下攻占咸阳，然后挥戈东进，占据长安，并在灞上称帝；夏国以一系列摧枯拉朽的军事行动，迅速强大。其五，东晋安帝去世。公元 419 年，东晋宋王刘裕急于篡夺皇位，密令中书侍郎王韶之除掉安帝司马德宗。王韶之找机会入后宫东堂，命人将司马德宗活活勒死。司马德宗被称为“白痴皇帝”，时年三十七岁，在位二十三年。随后立司马德文为帝，谥为晋恭帝，改年号为元熙。

安皇帝癸

义熙十三年（丁巳，417年）

春，正月，甲戌朔[1]，日有食之。

秦主泓朝会百官于前殿，以内外危迫[2]，君臣相泣。征北将军齐公恢帅安定镇户[3]三万八千，焚庐舍，自北雍州趋长安，自称大都督、建义大将军，移檄州郡，欲除君侧之恶；扬威将军姜纪帅[4]众归之，建节将军彭完都弃阴密[5]奔还长安。恢至新支[6]，姜纪说恢曰："国家重将、大兵皆在东方，京师空虚，公亟引轻兵袭之，必克。"恢不从，南攻郿城[7]；镇西将军姚谌[8]为恢所败，长安大震。泓驰使征东平公绍，遣姚裕及辅国将军胡翼度屯澧西[9]。扶风[10]太守姚俊等皆降于恢。东平公绍引诸军西还，与恢相持于灵台[11]，姚赞留宁朔将军尹雅为弘农[12]太守，守潼关[13]，亦引兵还。恢众见诸军四集，皆有惧心；其将齐黄等诣[14]大军降。恢进兵逼绍，赞自后击之，恢兵大败，杀恢及其三弟。泓哭之恸[15]，葬以公礼。

太尉裕引水军发彭城，留其子彭城公义隆镇彭城。诏以义隆为监徐·兖·青·冀四州诸军事、徐州刺史。

凉公暠寝疾，遗命长史宋繇[16]曰："吾死之后，世子[17]犹卿子也，善训导之。"二月，暠卒。官属奉世子歆[18]为大都督、大将军、凉公、领凉州牧[19]。大赦，改元嘉兴[20]。尊歆母天水尹氏[21]为太后，以宋繇录三府事[22]。谥暠曰"武昭王"，庙号太祖。

西秦安东将军木弈干击吐谷浑树洛干[23]，破其弟阿柴于尧杆川[24]，俘五千余口而还。树洛干走保白兰山[25]，惭愤发疾，将卒，谓阿柴曰："吾子拾虔幼弱，今以大事付汝。"树洛干卒，阿柴立，自称骠骑将军、沙州[26]刺史。谥树洛干曰"武王"。阿柴稍用兵侵并其傍小种[27]，地方数千里，遂为强国。

河西王蒙逊遣其将袭乌啼部[28]，大破之；又击卑和部[29]，降之。

王镇恶进军渑池[30]，遣毛德祖袭尹雅于蠡吾城[31]，禽之；雅杀守者而逃。镇恶引兵径前，抵潼关。

檀道济、沈林子自陕北渡河[32]，拔襄邑堡[33]，秦河北太守薛帛奔河东[34]。又攻秦并州刺史尹昭于蒲阪[35]，不克。别将攻匈奴堡[36]，为姚成都[37]所败。

辛酉[38]，荥阳守将傅洪以虎牢降魏[39]。

秦主泓以东平公绍为太宰、大将军、都督中外诸军事，假黄钺，改封鲁公，使督武卫将军姚鸾等步骑五万守潼关，又遣别将姚驴救蒲阪。

沈林子谓檀道济曰："蒲阪城坚兵多，不可猝拔[40]，攻之伤众，守之引日[41]。王镇恶在潼关，势孤力弱，不如与镇恶合势并力以争潼关，若得之，尹昭不攻自溃矣。"道济从之。

三月，道济、林子至潼关。秦鲁公绍引兵出战，道济、林子奋击，大破之，斩获以千数。绍退屯定城[42]，据险拒守，谓诸将曰："道济等兵力不多，悬军深入[43]，不过坚壁[44]以待继援。吾分军绝其粮道，可坐禽也。"乃遣姚鸾屯大路[45]以绝道济粮道。

鸾遣尹雅将兵与晋战于关南[46]，为晋兵所获，将杀之。雅曰："雅前日已当死，幸得脱[47]至今，死固甘心。然夷、夏[48]虽殊，君臣之义一也。晋以大义行师，独不使秦有守节之臣乎！"乃免之。

丙子[49]夜，沈林子将锐卒袭鸾营，斩鸾，杀其士卒数千人。绍又遣东平公赞屯河上以断水道。沈林子击之，赞败走，还定城。薛帛据河曲[50]来降。

（以上为第一段，写东晋将领王镇恶一路向前，势如破竹，抵达潼关；后秦鲁公姚绍派将据守大路要道，断绝晋军粮道；东晋将领沈林子率军偷袭，打败后秦军队。）

【注释】

[1]甲戌朔：正月一日。 [2]内外危迫：内有姚弼、姚懿之乱，外有刘裕、赫连勃勃之攻。 [3]齐公恢：即姚恢，后秦末主姚泓从弟，封齐公。镇户：镇守之地的民众。 [4]姜纪：原是后凉主吕纂的将领，吕隆等杀吕纂自立后，姜纪逃归秃发氏，后归后秦，为谋士，现为扬威将军。帅：同"率"，统率，统领。 [5]彭完都：后秦建节将军，驻守阴密，后弃阴密逃归长安。阴密：县名，县治在今甘肃灵台县西南。 [6]新支：古地名，约在今陕西麟游县西。 [7]郿城：城名，即郿县县城，在今陕西眉县东北的渭水北岸。 [8]姚谌（chén）：后秦主泓之弟，为平西将

军、镇西将军。［9］澧（lǐ）西：即澧水之西。澧水，发源于今陕西西安市鄠邑区南，北流至咸阳市西南汇入渭水。［10］扶风：郡名，郡治在今陕西乾县南。［11］灵台：古台名，周朝的旧建筑，在今陕西西安市长安区西、阿房宫旧址南。［12］姚赞：后秦官员，姚兴去世时，为托孤大臣，后为抚军将军。尹雅：天水冀县人，后秦宁朔将军、弘农太守，刘裕北伐，被东晋两次俘虏。弘农：古郡名，郡治在今河南三门峡市西南。［13］潼关：古关塞名，在今陕西潼关县境内，地处陕西、河南、山西三省的交界点。［14］齐黄：后秦将领，党附叛将姚恢，后投降。诣（yì）：往，至。［15］恸（tòng）：大哭，极悲痛。［16］遗命：遗嘱。宋繇：字体业，敦煌人，西凉主李暠同母弟。博通经史，为西凉从事中郎，加折冲将军，迁右将军、敦煌护军。北凉灭西凉，为北凉吏部郎中、左丞，北魏河西王右相。传见《魏书》卷五十二。［17］世子：义同“太子”，王位接班人。［18］世子歆（xīn）：即李歆，字士业，西凉主李暠次子，西凉第二位国主。传见《晋书》卷八十七。［19］领：代理。凉州牧：凉州地区的最高军政长官。凉州，州治在今甘肃武威市。［20］嘉兴：西凉主李歆的年号，共三年余。［21］尹氏：天水冀县人，西凉主李暠王后，后主李歆之母。初嫁扶风人马元正，后成为李暠的继室。为李暠创业，谋划经略。李歆继位，尊尹氏为太后。后西凉被北凉所灭，尹氏得到北凉武宣王沮渠蒙逊的宽宥，免于一死。七十五岁时，死于伊吾。［22］录三府事：总管大都督、大将军府，凉公府，凉州刺史三府的军政大事。录，总管。［23］树洛干：即慕容树洛干，吐谷浑第八任国主。传见《魏书》卷一百一。［24］阿柴：一作“阿豺”，吐谷浑国主树洛干之弟，承袭树洛干担任国主，为吐谷浑第九任国主。传见《魏书》卷一百一。尧杆川：古地名，约在今青海省青海湖的南侧。［25］白兰山：古地名，在今青海省青海湖之西南侧。［26］沙州：古地名，吐谷浑的沙州约在今青海湖东南的贵德县、贵南县一带。［27］傍：同“旁”，旁边，邻近。小种：其他少数民族的小部落。［28］乌啼部：少数民族部落名，当时居住在今甘肃山丹县西。［29］卑和部：羌族的一个部落名，当时居住在今青海省青海湖西。［30］渑（miǎn）池：县名，县治在今河南渑池县西。［31］毛德祖：刘宋开国功臣。为太尉行参军，追随刘裕南征北伐。刘裕称帝后，进封观阳县男，出任冠军将军、司州刺史，长期镇守虎牢。誓死抵抗北魏入侵，最终城破被俘，客死北魏。传见《晋书》卷八十一。蠡吾城：胡三省以为应作“蠡城”，在今河南渑池县西南，当时秦将尹雅为弘农太守，弘农郡的郡治即在蠡城。［32］自陕北渡河：从陕县城北面渡过黄河。陕，县名，县治在今河南三门峡市西、黄河南岸。北渡河，向北渡过黄河。［33］襄邑堡：古地名，在今山西芮城县北。［34］河北：郡名，郡治大阳，在今山西平陆县西南。薛帛：后秦河北太守。河东：郡名，郡治在今山西运城市东北。［35］并州：后秦的并州州治在蒲阪。尹昭：后秦姚泓时为辅政重臣，任征虏将军、并州刺史、河东太守，镇守蒲坂，抵抗东晋。投降东晋，被刘裕所杀。传见《晋书》卷一百一十八。蒲阪：县名，县治在今山西永济市西的黄河边上。［36］匈奴堡：古地名，约在今山西临汾市西南，当时为匈奴人集居之地。［37］姚成都：后秦将领，为立义将军，后降北魏。［38］辛酉：二月十九日。［39］荥阳：郡名，郡治在今河南荥阳市东北的古荥镇。傅洪：后秦荥阳太守，在东晋大军压境时，投降北魏。虎牢：

即虎牢关，在今河南荥阳市西南，古成皋城的南侧。［40］猝（cù）拔：一下子攻下。猝，突然，出其不意。［41］引日：犹延日，拖延时间，旷日持久。［42］定城：古城名，在潼关城东三十里，渭水南岸。［43］悬军深入：指远离大本营，孤军深入敌区。［44］坚壁：加固城墙和堡垒。［45］大路：自渑池西入潼关有南北二路，南路经回谿阪，即春秋时晋、秦崤之战的旧地，后曹操西征又开北路，人称为“大路”。［46］关南：此指潼关以南。［47］得脱：得以脱身。［48］夷、夏：夷狄与华夏。［49］丙子：三月四日。［50］河曲：古地名，指今山西西南角的黄河转弯处。

太尉裕将水军自淮、泗入清河[1]，将溯河西上[2]，先遣使假道于魏[3]；秦主泓亦遣使请救于魏。魏主嗣[4]使群臣议之，皆曰：“潼关天险，刘裕以水军攻之甚难；若登岸北侵[5]，其势便易。裕声言伐秦[6]，其志难测。且秦，婚姻之国[7]，不可不救也。宜发兵断河上流，勿使得西。”博士祭酒[8]崔浩曰：“裕图秦久矣。今姚兴死，子泓懦劣[9]，国多内难。裕乘其危而伐之，其志必取。若遏其上流[10]，裕心忿戾[11]，必上岸北侵，是我代秦受敌也。今柔然寇边，民食又乏，若复与裕为敌，发兵南赴则北寇愈深，救北则南州[12]复危，非良计也。不若假[13]之水道，听[14]裕西上，然后屯兵以塞其东[15]。使裕克捷，必德我之假道；不捷，吾不失救秦之名。此策之得者也。且南北异俗，借使国家弃恒山以南[16]，裕必不能以吴、越之兵与吾争守河北之地[17]，安能为吾患乎！夫为国计[18]者，惟社稷是利[19]，岂顾一女子[20]乎！”议者犹曰：“裕西入关，则恐吾断其后，腹背受敌；北上，则姚氏必不出关助我，其势必声西而实北也。”嗣乃以司徒长孙嵩督山东[21]诸军事，又遣振威将军娥清[22]、冀州刺史阿薄干将步骑十万屯河北岸。

庚辰[23]，裕引军入河，以左将军向弥[24]为北青州[25]刺史，留戍碻磝[26]。

初，裕命王镇恶等：“若克洛阳，须[27]大军到俱进。”镇恶等乘利径趋潼关[28]，为秦兵所拒，不得前。久之，乏食，众心疑惧，或欲弃辎重[29]还赴大军。沈林子按剑怒曰：“相公志清六合[30]，今许、洛[31]已定，关右[32]将平，事之济否，系于前锋。奈何沮乘胜之气[33]，弃垂成之功[34]乎！且大军尚远，贼众方盛，虽欲求还，岂可得乎！下官授命不顾[35]，今日之事，当自为将军办之[36]，未知二三君子[37]将何面以见相公之旗鼓邪！”镇恶等遣使驰告裕，求遣粮援[38]。裕呼使者，开舫北户[39]，指河上魏军以示之曰：“我语令勿进，今轻佻[40]深入。岸上如此，何由得遣军[41]！”镇恶乃亲至弘农[42]，说谕百姓，百姓竞送义租[43]，军食复振。

魏人以数千骑缘河随裕军西行；军人于南岸牵百丈[44]，风水迅急，有漂渡北岸者，辄为魏人所杀略[45]。裕遣军击之，裁登岸则走[46]，退则复来[47]。

夏，四月，裕遣白直队主丁旿帅仗士[48]七百人、车百乘，渡北岸，去水百余步，为却月阵[49]，两端抱河[50]，车置七仗士，事毕，使竖一白毦[51]。魏人不解其意，皆未动。裕先命宁朔将军朱超石戒严[52]，白毦既举，超石帅二千人驰往赴之[53]，赍大弩[54]百张，一车益[55]二十人，设彭排于辕上[56]。魏人见营阵既立，乃进围之；长孙嵩帅三万骑助之，四面肉薄[57]攻营，弩不能制[58]。时超石别赍大锤及矟[59]千余张，乃断矟长三四尺[60]，以锤锤之[61]，一矟辄洞贯[62]三四人。魏兵不能当，一时奔溃，死者相积；临陈[63]斩阿薄干，魏人退还畔城[64]。超石帅宁朔将军胡藩[65]、宁远将军刘荣祖[66]追击，又破之，杀获千计。魏主嗣闻之，乃恨不用崔浩之言。

秦鲁公绍遣长史姚洽、宁朔将军安鸾、护军姚墨蠡、河东太守唐小方帅众二千屯河北之九原[67]，阻河为固[68]，欲以绝檀道济粮援[69]。沈林子邀击[70]，破之，斩洽、墨蠡、小方，杀获殆尽。林子因启太尉裕曰：“绍气盖关中，今兵屈于外，国危于内，恐其凶命先尽[71]，不得以膏齐斧耳[72]。”绍闻洽等败死，愤恚[73]，发病呕血，以兵属东平公赞[74]而卒。赞既代绍，众力犹盛，引兵袭林子，林子复击破之。

太尉裕至洛阳，行视城堑[75]，嘉毛修之完葺[76]之功，赐衣服玩好，直二千万[77]。

（以上为第二段，写东晋太尉刘裕率领大军从水路进发，向北魏借道，进入黄河，用计大破北魏军；后秦欲断东晋部队粮道，被东晋将领沈林子打败。）

【注释】

［1］淮、泗：淮河、泗水。清河：即济水，自今河南荥阳市城北之黄河分出，东流经开封市，至山东之济南市北，东北入渤海。［2］溯（sù）河西上：由济水入黄河，再由黄河逆流西上。溯，逆着水流的方向走。［3］假道于魏：当时黄河岸边的黎阳、沁阳一带都属于北魏，今刘裕逆河而西，故须向魏国借道。假道，借道。［4］魏主嗣（sì）：北魏国主拓跋嗣。［5］登岸北侵：指转头向北攻取魏国的黄河以北地区，在今山西的西南部，当时称作“河东郡”。［6］秦：即姚氏后秦。［7］婚姻之国：姚兴送其女为拓跋嗣夫人。［8］博士祭酒：亦称“国子祭酒”，为教官之长，位居博士之首。博士，国家太学里的教官。［9］懦劣：懦弱。［10］遏其上流：切断黄河上流，阻止晋兵西进。［11］忿戾（lì）：气愤，动怒。［12］南州：指北魏相州治下的南边临河诸郡。［13］假：同“借”。［14］听：任，允许。［15］以塞其东：指在今河南中部的黄河上驻扎重兵，做出一种截断刘裕顺河返回的姿态。［16］借使：假如。恒山以南：今之河北石家庄市以南地区。恒山，五岳中的北岳，在今河北曲阳县西北。［17］吴、越：古区域名，今江苏苏州市、浙江绍兴市一带地区，此代指东晋。争守：争夺、固守。河北之地：指今河南北部、山西东南部一带的黄河以北地区。［18］为国计：为国家考虑问题。［19］惟社稷是利：只从国家的角度考虑问题。社稷，土神和谷神，代指国家。［20］岂顾一女子：根本不要考虑婚姻嫁娶的事情。［21］山东：崤山以东，泛指今河南与山西东南部一带地区。［22］娥（yǐ）清：代郡平城（今山西大同市）人，羌族，北魏振威将军。传见《魏书》卷三十。［23］庚辰：三月八日。［24］向弥：原名向靖，字奉仁，河内山阳人，北府兵将领，南朝宋开国功臣。传见《宋书》卷四十五。［25］北青州：东晋在今江苏扬州市侨置青州，刘裕灭南燕主慕容超后，又在广固（今山东青州市）设北青州。今又设一北青州。［26］碻磝：古黄河上的渡口名碻磝津，故址在今山东聊城市茌平区西南高垣墙村，即是新设北青州的州治所在地。［27］须：等候，等待。［28］乘利径趋潼关：趁着有利的形势，没等大军来到，就一直杀向潼关。径，一直，直接。［29］辎（zī）重：由后勤部队运送的军用物资。［30］相公：敬称刘裕。志清六合：下决心扫清对立政权，统一全国。六合，在天地与东西南北四方之中，即指天下、全国。［31］许、洛：许昌、洛阳。［32］关右：潼关以西。［33］沮（jǔ）乘胜之气：破坏乘胜前进的气势。沮，涣散，瓦解。［34］垂成之功：眼看就要完成的任务。［35］授命不顾：意即豁出性命干到底。授命，献出生命。《论语·子张》曰：“士见危授命。”不顾，不回头，不改变。［36］自为将军办之：我自己来替你做这件事情。办，完成，解决。［37］二三君子：指王镇恶等准备回去向刘裕请援的人。［38］粮援：粮食及援兵。［39］开舫（fǎng）北户：打开大船北边的窗户。舫，方舟，大船。户，门窗。［40］轻佻（tiāo）：轻易，随便。［41］何由得遣军：我怎么能够派兵去帮你？何由，怎能。［42］弘农：古郡名，郡治在今河南三门峡市西南。［43］竞送义租：争相交纳粮饷。［44］百丈：指拉船的纤绳。胡三省曰：“百丈者，所以挽船。今南人用麻绳，北人以竹为之。”［45］辄（zhé）：就，总是。杀略：杀死或俘虏。略，同“掠”，掠夺。［46］裁登岸则走：东晋的士兵一登岸，魏国的士兵立刻跑走。

裁，同“才”，刚刚。［47］退则复来：东晋士兵一旦退到船上，魏国士兵立刻就又追了回来。［48］白直：武士名称，指从平民壮丁中选出来的在官当值无月薪的小吏。直，同“值”，值勤。队主：值勤卫士的队长。丁旿（wǔ）：人名，骁勇有力。东晋末事刘裕。仗士：持有长兵器的士兵。［49］却月阵：月牙式的阵形。［50］两端抱河：两端连到河边，中间向北突出。［51］白毦（ěr）：插有白色羽毛的长竿，用牛尾置于竿上为饰。毦，以鸟羽或兽毛做成的装饰物。［52］戒严：下令做好进攻准备。［53］驰往赴之：飞快地进入却月阵。［54］赍（jī）：携带，持。大弩（nǔ）：一种利用机械力量射箭的弓。［55］益：增加。［56］彭排：盾牌。辕：车辕，车身上伸出的两根直木。［57］肉薄：即肉搏，完全靠着人的勇敢压了过去。薄，同“搏”，搏斗。［58］弩不能制：靠强弩射不能阻止魏兵攻击。［59］矟（shuò）：同“槊”，长矛。［60］断矟长三四尺：将矛的长杆截短，做成一批长三四尺的大箭。［61］以锤锤之：用铁锤击短矛使出。［62］洞贯：穿透。［63］临陈：即临阵。陈，同“阵”。［64］畔城：古城名，在今山东聊城市境内。［65］胡藩：字道序，南朝宋开国功臣、名将。传见《宋书》卷五十。［66］刘荣祖：刘怀慎庶长子，南朝刘宋名将，开国功臣。传见《宋书》卷四十五。［67］河北：郡名，当时后秦河北郡郡治在今山西平陆县西。九原：县名，约在今山西平陆县附近。［68］阻河为固：凭借险要的黄河进行固守。［69］绝檀道济粮援：当时檀道济在今山西永济市一带，而姚绍派出的秦军占据了今山西平陆县一带，在蒲阪以东，截断了檀道济与刘裕大军的联系，故曰“绝檀道济粮援”。［70］邀击：截击，拦截攻打。［71］凶命先尽：先自己死掉。凶命，凶人之命，凶人指姚绍。［72］不得以膏齐斧：不能让我们把他明正典刑。齐斧，利斧，征讨的大斧。［73］愤恚（huì）：痛恨，怨恨。［74］赞：即姚赞，后秦官员，封东平公，姚兴临终时，遗命为托孤大臣，后为抚军将军。［75］行视城堑：巡行视察洛阳的城墙与护城河。行，巡行。堑，濠沟，这里即护城河。［76］嘉：称赞，赞扬。完葺（qì）：修补。［77］直二千万：相当于两千万铜钱的价值。直，同“值”。

丁巳［1］，魏主嗣如高柳［2］；壬戌［3］，还平城［4］。

河西王蒙逊大赦。遣张掖太守沮渠广宗［5］诈降以诱凉公歆，歆发兵应之。蒙逊将兵三万伏于蓼泉［6］，歆觉之，引兵还。蒙逊追之，歆与战于解支涧［7］，大破之，斩首七千余级。蒙逊城建康［8］，置戍［9］而还。

五月，乙未［10］，齐郡［11］太守王懿降于魏，上书言：“刘裕在洛，宜发兵绝其归路，可不战而克。”魏主嗣善之。

崔浩侍讲［12］在前，嗣问之曰：“刘裕伐姚泓，果能克乎？”对曰：“克之。”嗣曰：“何故？”对曰：“昔姚兴好事虚名而少实用，子泓懦而多病，兄弟乖争［13］。裕乘其危，兵精将勇，何故不克！”嗣曰：“裕才何如慕容垂[14]？”对曰：“胜之。垂藉父兄之资[15]，修复旧业[16]，国人归之，若夜虫之就火，少加倚仗[17]，易以立功。刘裕奋起寒微，不阶尺土[18]，讨灭桓玄，兴复晋室，北禽慕容超，南枭卢循，所向无前，非其才之过人，安能如是乎！”嗣曰：“裕既入关，不能进退，我以精骑直捣彭城、寿春[19]，裕将若之何？”对曰：“今西有屈丐[20]，北有柔然[21]，窥伺国隙[22]。陛下既不可亲御六师[23]，虽有精兵，未睹良将。长孙嵩长于治国，短于用兵，非刘裕敌也。兴兵远攻，未见其利；不如且安静以待之。裕克秦而归，必篡其主。关中华、戎杂错[24]，风俗劲悍[25]，裕欲以荆扬之化[26]，施之函秦[27]，此无异解衣包火，张罗捕虎[28]；虽留兵守之，人情未洽[29]，趋尚[30]不同，适足为寇敌之资[31]耳。愿陛下按兵息民以观其变，秦地终为国家之有，可坐而守[32]也。”嗣笑曰：“卿料之审[33]矣。”浩曰：“臣尝私论近世将相之臣：若王猛之治国[34]，苻坚之管仲也；慕容恪之辅幼主[35]，慕容暐之霍光也；刘裕之平祸乱[36]，司马德宗之曹操也。”嗣曰：“屈丐何如？”浩曰：“屈丐国破家覆[37]，孤孑[38]一身，寄食姚氏[39]，受其封殖[40]。不思酬恩报义，而乘时徼利[41]，盗有一方[42]，结怨四邻[43]；撅竖[44]小人，虽能纵暴[45]一时，终当为人所吞食耳。”嗣大悦，语至夜半，赐浩御缥醪十觚[46]，水精盐[47]一两，曰：“朕味卿言，如此盐、酒，故欲与卿共飨[48]其美。”然犹命长孙嵩、叔孙建各简[49]精兵伺裕西过，自成皋[50]济河，南侵彭、沛[51]；若不时过[52]，则引兵随之[53]。

魏主嗣西巡至云中[54]，遂济河[55]，畋[56]于大漠。

魏置天地四方六部大人[57]，以诸公为之[58]。

（以上为第三段，写北凉主沮渠蒙逊派人向西凉诈降，诡计被西凉主李歆识破，北凉被打得大败；北魏主拓跋嗣与谋臣崔浩讨论天下大势，崔浩认为后秦不敌东晋刘裕，必定灭亡，拓跋嗣深为崔浩的宏论折服。）

【注释】

[1]丁巳：四月十六日。[2]高柳：郡名，郡治在今山西阳高县。[3]壬戌：四月二十一日。[4]平城：时为北魏都城，在今山西大同市东北。[5]张掖：郡名，郡治在今甘肃张掖市。沮渠广宗：北凉官员，为张掖太守。[6]蓼（liǎo）泉：古地名，在今甘肃张掖市西北。[7]解支

涧：胡三省引《晋书》，以为当作“鲜支涧”。鲜支涧，古地名，约在今甘肃高台县西南。［8］城：筑城。建康：郡名，郡治在今甘肃酒泉市东南。［9］置戍：建立防守据点。［10］乙未：五月二十四日。［11］齐郡：古郡名，郡治在今山东青州市西北，自刘裕消灭南燕以来一直属东晋。［12］侍讲：为皇帝讲学。［13］兄弟乖（guāi）争：指姚弼、姚懿等篡乱纷争。乖，违反，背离。［14］慕容垂：字道明，鲜卑族，后燕开国君主。传见《晋书》卷一百二十三。［15］藉：凭借。父兄之资：父兄的基业。慕容垂的父亲是慕容皝，哥哥是慕容恪，都是前燕的杰出人物。［16］修复旧业：指重建被前秦主苻坚灭掉的燕国，史称“后燕”。［17］少：同“稍”，稍微，略加。倚仗：依靠，加以利用。［18］不阶尺土：没有尺寸的领土作为起事的根基。阶，以之为阶，以之为基础。［19］彭城、寿春：二郡名，彭城在今江苏徐州市，寿春在今安徽寿县。［20］屈丐：即胡夏国主赫连勃勃。胡三省引《北史》曰：“明元改赫连勃勃名曰‘屈丐’。北方言‘屈丐’者，卑下也。”［21］柔然：亦作“蠕蠕”，北方少数民族名及汗国名，当时活动在今内蒙古及蒙古国南部地区。其后败于北魏，灭于突厥。事见《魏书》卷一百三。［22］窥伺：暗中观望，等待时机。隙：缝隙，纰漏。［23］亲御六师：亲自统率大军。御，统领。六师，也称“六军”，古代称天子的军队。［24］关中：古区域名，指今陕西中部的渭水流域地区。华、戎杂错：指汉人与少数民族错杂而居。［25］劲悍：强劲、好战。［26］荆扬之化：指治理长江流域的章程办法。荆、扬，古二州名，荆州州治江陵，在今湖北江陵县，扬州州治建康，即东晋的首都，在今江苏南京市。这里代指东晋。［27］函秦：函谷关以西的古秦国，在今陕西渭水流域一带地区，当时是后秦的领土。［28］张罗捕虎：用逮鸟的网子去捕捉老虎。［29］人情未洽：人心不融洽、不满意。［30］趋尚：要求、想法。［31］为寇敌之资：为其他寇盗提供，即提供入侵的理由、条件。［32］坐而守：可以坐着等来。［33］料之审：考虑得周密，分析得精确。［34］王猛之治国：王猛，字景略，前秦名臣，辅佐前秦主苻坚，崔浩誉之为苻坚的管仲。［35］慕容恪之辅幼主：慕容恪，字玄恭，前燕名将，前燕主慕容皝第四子，封太原王，尽心辅佐幼主慕容暐。崔浩誉之为西汉辅佐昭帝、宣帝的霍光。［36］刘裕之平祸乱：刘裕平灭东晋桓玄等人的祸乱，架空了晋安帝司马德宗，是东晋的权臣曹操。崔浩比刘裕为曹操，意在说明刘裕野心不小，是一个有本领的奇才，不可为敌。［37］国破家覆：指赫连勃勃的父亲刘卫辰被拓跋珪所灭，事见《资治通鉴》卷一百七晋孝武帝太元十六年（391）。［38］孤孑（jié）：孤单，孤独。［39］寄食姚氏：刘卫辰被杀后，赫连勃勃曾投奔姚兴的属下没弈干，娶没弈干之女为妻。［40］受其封殖：被姚兴封为骁骑将军、奉车都尉等官，“宠遇愈于勋旧”。封殖，亦作“封埴”，指封官赐土，尽心栽培。［41］乘时徼（jiǎo）利：指杀死没弈干，背叛姚兴而去。徼，求。［42］盗有一方：指建立胡夏政权于统万。［43］结怨四邻：指先后和北魏、后秦、北凉诸国开战。［44］撅（juē）竖：犹言“突然冒起”。撅，撅起，翘起。［45］纵暴：肆意暴虐。［46］御缥（piǎo）醪（láo）：御用的美酒。缥醪，出自晋庾阐《断酒戒》：“屏神州之竹叶，绝缥醪乎华都。”觚（gū）：古代酒器，一觚可容三升。［47］水精盐：即“水晶盐”。［48］飨（xiǎng）：同“享”，享用。［49］叔孙建：本姓乙旃，字幡能健，代郡（治今山西大同市）人，叔孙骨之子，北魏著名将领。传见《魏书》卷二十六。简：挑选。［50］成皋：县名，县治在今河南荥阳市汜水镇西北。［51］彭、沛：彭城、沛郡，古二郡名。彭城，郡治在今江苏徐州市；沛郡，郡治在今江苏沛县。［52］若不时过：如果未能及时地过黄河。［53］引兵随之：引兵跟在刘裕军队的后面。［54］云中：郡名，郡治盛乐，在今内蒙古和林格尔县东北。［55］济河：指向西渡过黄河，进入今内蒙古的伊克昭盟。［56］畋（tián）：打猎。大漠：今蒙古高原大沙漠，位于中国内蒙古自治区与蒙古国之间。［57］天地四方六部大人：北魏原设有"八部大人"，分掌八个地区，今又置"六部大人"。［58］诸公：指身居公位，或享受公位待遇者。

秋，七月，太尉裕至陕[1]。沈田子[2]、傅弘之入武关[3]，秦戍将皆委城[4]走。田子等进屯青泥[5]，秦主泓使给事黄门侍郎姚和都屯峣柳[6]以拒之。

西秦相国翟勍[7]卒。八月，以尚书令昙达[8]为左丞相，左仆射元基[9]为右丞相，御史大夫麴景[10]为尚书令，侍中翟绍[11]为左仆射。

太尉裕至阌乡[12]。沈田子等将攻峣柳，秦主泓欲自将以御裕军，恐田子等袭其后，欲先击灭田子等，然后倾国东出，乃帅步骑数万，奄至青泥。田子本为疑兵[13]，所领裁[14]千余人，闻泓至，欲击之；傅弘之以众寡不敌止之。田子曰："兵贵用奇，不必在众。且今众寡相悬，势不两立，若彼结围既固，则我无所逃矣。不如乘其始至，营陈[15]未立，先薄[16]之，可以有功。"遂帅所领先进，弘之继之。秦兵合围数重。田子抚慰士卒曰："诸君冒险远来，正求今日之战，死生一决，封侯之业于此在矣！"士卒皆踊跃鼓噪[17]，执短兵奋击，秦兵大败，斩馘[18]万余级，得其乘舆服御物[19]，秦主泓奔还灞上[20]。

初，裕以田子等众少，遣沈林子将兵自秦岭[21]往助之，至则秦兵已败，乃相与追之，关中郡县多潜送款[22]于田子。

辛丑[23]，太尉裕至潼关，以朱超石为河东[24]太守，使与振武将军徐猗之会薛帛于河北[25]，共攻蒲阪。秦平原公璞[26]与姚和都[27]共击之，猗之败死，超石奔还潼关。东平公赞遣司马国璠引魏兵以蹑[28]裕后。

王镇恶请帅水军自河入渭以趋长安，裕许之。秦恢武将军姚难自香城[29]引兵而西，镇恶追之；秦主泓自灞上引兵还屯石桥[30]以为之援，镇北将军姚强[31]与难合兵屯泾上[32]以拒镇恶。镇恶使毛德祖进击，破之，强死，难奔长安。

东平公赞退屯郑城[33]，太尉裕进军逼之。泓使姚丕守渭桥[34]，胡翼度屯石积[35]，东平公赞屯灞东[36]，泓屯逍遥园[37]。

镇恶溯[38]渭而上，乘蒙冲[39]小舰，行船者皆在舰内；秦人见舰进而无行船者，皆惊以为神。壬戌旦[40]，镇恶至渭桥，令军士食毕，皆持仗[41]登岸，后登者斩。众既登，渭水迅急，舰皆随流，倏忽[42]不知所在。时泓所将尚数万人。镇恶谕士卒曰："吾属并家在江南，此为长安北门，去家万里，舟楫、衣粮皆已随流。今进战而胜，则功名俱显；不胜，则骸骨不返，无他岐[43]矣。卿等勉之！"乃身先士卒，众腾踊[44]争进，大破姚丕于渭桥。泓引兵救之，为丕败卒所蹂践[45]，不战而溃。姚谌等皆死，泓单马还宫。镇恶入自平朔门[46]，泓与姚裕等数百骑逃奔石桥。东平公赞闻泓败，引兵赴[47]之，众皆溃去；胡翼度降于太尉裕。

泓将出降，其子佛念[48]，年十一，言于泓曰："晋人将逞其欲[49]，虽降必不免，不如引决[50]。"泓怃然[51]不应。佛念登宫墙自投而死。癸亥[52]，泓将妻子、群臣诣镇恶垒门[53]请降，镇恶以属吏[54]。城中夷、晋六万余户，镇恶以国恩抚慰[55]，号令严肃，百姓安堵[56]。

九月，太尉裕至长安，镇恶迎于灞上。裕劳之曰："成吾霸业者，卿也！"镇恶再拜谢曰："明公之威，诸将之力，镇恶何功之有！"裕笑曰："卿欲学冯异[57]邪？"镇恶性贪，秦府库盈积[58]，镇恶盗取，不可胜纪；裕以其功大，不问。或谮[59]诸裕曰："镇恶藏姚泓伪辇[60]，将有异志。"裕使人觇[61]之，镇恶剔取其金银，弃辇于垣侧[62]，裕意乃安。

裕收秦彝器、浑仪、土圭、记里鼓、指南车[63]送诣建康[64]。其余金玉、缯帛[65]、珍宝，皆以颁赐将士。秦平原公璞、并州刺史尹昭以蒲阪降，东平公赞帅宗族百余人诣裕降，裕皆杀之。送姚泓至建康，斩于市[66]。

裕以薛辩为平阳[67]太守，使镇捍北道[68]。

裕议迁都洛阳。咨议参军王仲德[69]曰："非常之事，固非常人所及[70]，必致骇动[71]。今暴师[72]日久，士卒思归，迁都之计，未可议也。”裕乃止。

（以上为第四段，写东晋太尉刘裕北伐获得大胜：龙骧将军王镇恶率军溯渭水而上，背水一战，大败后秦军队，进入长安城，后秦主姚泓携着妻子、群臣投降。）

【注释】

［1］陕：古县名，县治在今河南三门峡市西、黄河南岸。［2］沈田子：字敬光，吴兴武康（今浙江德清县武康镇）人。东晋末年名将。随从刘裕征伐，攻灭后秦，拜雍州中兵参军、扶风太守，辅佐刘义真留镇关中。擅杀征虏将军王镇恶，坐罪处死。传见《南史》卷五十七。［3］傅弘之：字仲度，东晋末年名将。传见《宋书》卷四十八。武关：陕西东南部的关塞名，在陕西丹凤县东南，是河南南部、湖北北部进入关中地区的重要通道。［4］委城：丢弃所镇守的城邑。［5］青泥：古地名，在今陕西西安市东南的蓝田县。［6］姚和都：后秦末主姚泓从弟，后秦官员，为太子右卫率、给事黄门侍郎。后秦亡后，投奔北魏，为左民尚书。峣（yáo）柳：古地名，在今陕西商洛市商州区西北。［7］相国：即国相，总揽国家政事。翟勍（qíng）：西秦主乞伏乾归时历左司马、主客尚书、尚书令。永康元年（412），乞伏炽磐即位，拜为相国。［8］昙（tán）达：即乞伏昙达，西秦主乞伏炽磐之弟。事见《魏书》卷九十九。［9］元基：即乞伏元基，西秦主乞伏炽磐长子。传见《晋书》卷一百二十五。［10］麴景：西秦官员，由御史大夫转为尚书令。［11］翟绍：西秦官员，由侍中升为左仆射。［12］閺（wén）乡：县名，县治在今河南灵宝市西北。［13］疑兵：声东击西，迷惑敌人的小部队。［14］裁：同“才”，只有，仅有。［15］营陈：结营布阵。陈，同“阵”。［16］薄：逼近，即对之发动进击。［17］鼓噪：指出战时擂鼓呐喊，以壮声势。［18］斩馘（guó）：斩敌后削敌之耳，用以为回营报功之证物。馘，左耳。［19］乘舆服御物：指帝王的车马及其穿的衣服、使用的东西等。［20］灞上：也作“霸上”，在今陕西西安市东，当时的长安城东南，以其地处灞水之西而得名。［21］秦岭：古山名，为陕西南部东西走向的大山，此处所指在今陕西西安市东南。［22］潜送款：暗中传送情意，表示投降。［23］辛丑：八月二日。［24］河东：郡名，郡治在今山西夏县西北，辖境为今山西南部的黄河以东地区。［25］徐猗（yī）之：东晋振武将军。薛帛：东晋河北太守。河北：古郡名，郡治大阳，在今山西平陆县西。［26］璞：即姚璞，后秦主姚兴之子，姚泓之弟，封为平原公。曾与姚和（成）都迎击东晋军队，将其打败。后秦灭亡后，投奔北魏。［27］姚和都：胡三省曰：“盖青泥既败而奔蒲阪也。或曰‘和都’当作‘成都’。”疑后者为是。姚成都，是秦国名将。［28］司马国璠（fán）：东晋宗室大臣，在政争中失势，叛投后秦。传见《晋书》卷一百一十八。蹑（niè）：追踪，跟随，轻步行走的样子。［29］姚难：后秦官员，为恢武将军。香城：在今陕西大荔县东南。［30］石桥：在当时长安城北面东头第一门洛门东北。［31］姚强：后秦镇北将军。［32］泾（jīng）上：指泾水两岸，泾水从西北的彬县方向流来，在长安东北汇入渭水。［33］郑城：古城名，在今陕西渭

南市华州区。[34]姚丕：后秦宗室。渭桥：古桥名，即中渭桥，在当时长安城北的渭水河上。[35]石积：在当时的长安城东北，今陕西西安市临潼区东。[36]灞东：灞水以东。灞水自蓝田方向流来，经长安城东，北流至长安东北汇入渭水。[37]逍遥园：古园林名，在当时的长安城西北。[38]溯（sù）：逆着水流。[39]蒙冲：上有篷盖的战船。[40]壬戌旦：八月二十三日早晨。[41]仗：兵仗，兵器。[42]倏（shū）忽：很快地，忽然。[43]无他岐（qí）：再没有任何其他出路。岐，同"歧"，大路分出的岔道。[44]腾踊：腾跃，踊跃。[45]蹂（róu）践：踩踏，践踏。[46]平朔门：当时长安城的北门。[47]赴：前往救援。[48]佛念：即姚佛念，后秦主姚泓之子，有气节。晋军入长安。姚泓准备出降，姚佛念却登上宫墙，大义凛然，投地而死。[49]逞其欲：犹今所谓"为所欲为"。[50]引决：自杀。[51]怃（wǔ）然：怅然失意的样子。[52]癸亥：八月二十四日。[53]垒门：军营的正门。[54]属吏：交给手下专人看管。[55]以国恩抚慰：以东晋朝廷的名义安慰这些投降的人。[56]安堵：各安其位，不受惊扰。[57]冯异：字公孙，东汉开国名将，为人谦和，从不炫耀功劳，当众将争功论能时，他总是倚大树而立，默然无语，人称"大树将军"。传见《后汉书》卷十七。[58]盈积：充塞，堆满。[59]谮（zèn）：谗毁，说人坏话。[60]辇（niǎn）：帝王的车驾。[61]觇（chān）：暗中探看。[62]垣侧：院墙边。[63]彝（yí）器：祭器。浑仪：浑天仪，测量天文的仪器。土圭：观测日影，确定四时节气的仪器。记里鼓：测定前进里程的鼓车。指南车：用来指示方向的一种装置。[64]送诣（yì）：送至。建康：东晋都城名，在今江苏南京市。[65]缯（zēng）帛：丝绸的统称。[66]斩于市：后秦主姚苌于东晋太元十一年（386）创建后秦，中经姚兴，至姚泓时灭亡，共历三十四年。[67]薛辩：字允白，后秦尚书郎、河北太守。刘裕灭后秦，辩举营投降，拜为宁朔将军、平阳太守。后刘裕失长安，辩归附北魏，立功授平西将军、雍州刺史，封汾阴侯。平阳：古郡名，郡治在今山西临汾市。[68]镇捍北道：防御北部边界，以保障攻伐后秦大军的安全。[69]咨议参军：职掌咨询谋议军事。王仲德：原名王懿，刘宋开国元勋。传见《宋书》卷四十六。[70]非常人所及：不是一般人所能理解的。意即必将引起很多人的反对。[71]骇（hài）动：惊惶，惊动。[72]暴师：军队在外，蒙受风雨霜露。

羌众十余万口西奔陇上[1]，沈林子追击至槐里[2]，俘虏万计。

河西王蒙逊闻太尉裕灭秦，怒甚。门下校郎刘祥[3]入言事，蒙逊曰："汝闻刘裕入关，敢研研然[4]也！"遂斩之。

初，夏王勃勃闻太尉裕伐秦，谓群臣曰："姚泓非裕敌也。且其兄弟内叛，安能拒人！裕取关中必矣。然裕不能久留，必将南归；留子弟及诸将守之[5]，吾取之如拾芥[6]耳。"乃秣马砺兵[7]，训养士卒，进据安定[8]，秦岭北郡县镇戍[9]皆降之。裕遣使遗勃勃书，约为兄弟；勃勃使中书侍郎皇甫徽为报书而阴诵之[10]，对裕使者[11]，口授舍人[12]使书之。裕读其文，叹曰：“吾不如也！”

广州刺史谢欣卒。东海人徐道期[13]聚众攻陷州城[14]，进攻始兴[15]，始兴相彭城刘谦之[16]讨诛之。诏以谦之为广州刺史。

癸酉[17]，司马休之、司马文思、司马国璠、司马道赐、鲁轨、韩延之、刁雍、王慧龙及桓温之孙道度、道子、族人桓谧、桓璲、陈郡袁式等，皆诣魏长孙嵩降[18]。秦匈奴镇将姚成都及弟和都举镇降魏。魏主嗣诏民间得姚氏子弟送平城者赏之。

冬，十月，己酉[19]，嗣召长孙嵩等还。司马休之寻[20]卒于魏。魏赐国璠爵淮南公、道赐爵池阳子、鲁轨爵襄阳公。刁雍表求南鄙自效[21]，嗣以雍为建义将军。雍聚众于河、济之间[22]，扰动徐、兖[23]。太尉裕遣兵讨之，不克。雍进屯固山[24]，众至二万。

诏进宋公爵为王，增封十郡。辞不受。

西秦王炽磐遣左丞相昙达等击秦故将姚艾[25]，艾遣使称藩[26]，炽磐以艾为征东大将军、秦州牧。征王松寿[27]为尚书左仆射。

十一月，魏叔孙建等讨西山丁零翟蜀洛支[28]等，平之。

辛未[29]，刘穆之卒，太尉裕闻之，惊恸哀惋[30]者累日。始，裕欲留长安经略西北[31]，而诸将佐皆久役思归，多不欲留。会穆之卒，裕以根本无托[32]，遂决意东还。

穆之之卒也，朝廷恇惧[33]，欲发诏，以太尉左司马徐羡之[34]代之。中军咨议参军张邵[35]曰：“今诚急病[36]，任终在徐[37]；然世子无专命[38]，宜须咨之[39]。”裕欲以王弘[40]代穆之。从事中郎谢晦[41]曰：“休元轻易[42]，不若羡之。”乃以羡之为吏部尚书、建威将军、丹杨尹，代管留任[43]。于是，朝廷大事常决于穆之者，并悉北咨[44]。

裕以次子桂阳公义真[45]为都督雍、梁、秦三州诸军事，安西将军，领雍、东秦[46]二州刺史。义真时年十二。以太尉咨议参军京兆王修[47]为长史，王镇恶为司马、领冯翊太守，沈田子、毛德祖皆为中兵参军，仍以田子领始平太守，德祖领秦州刺史、天水太守，傅弘之为雍州治中从事史[48]。

先是，陇上流户寓[49]关中者，望因兵威[50]得复本土；及置东秦州，知裕无复西略之意[51]，皆叹息失望。

关中人素重王猛，裕之克长安，王镇恶功为多，由是南人皆忌之[52]。沈田子自以峣柳之捷，与镇恶争功不平。裕将还，田子及傅弘之屡言于裕曰："镇恶家在关中，不可保信[53]。"裕曰："今留卿文武将士精兵万人，彼若欲为不善，正足自灭耳。勿复多言。"裕私谓田子曰："钟会不得遂其乱[54]者，以有卫瓘[55]故也。语曰：'猛兽不如群狐。'卿等十余人，何惧王镇恶！"

臣光曰：古人有言："疑则勿任，任则勿疑。"裕既委镇恶以关中，而复与田子有后言，是斗之使为乱[56]也。惜乎，百年之寇[57]，千里之土[58]，得之艰难，失之造次[59]，使丰、鄗[60]之都复输寇手。荀子[61]曰："兼并[62]易能也，坚凝[63]之难。"信哉！

（以上为第五段，写东晋攻下长安后，担任留守重任的刘穆之去世，刘裕非常伤心，在朝廷失去依托，便决定东归，留下的镇将互相猜忌、争功，长安陷入危境。）

【注释】

[1]陇上：陇山、陇阪之上。陇山、陇阪在今陕西陇县西南。后秦是羌族人建立的政权，今姚泓被灭，故其部众西奔。 [2]槐里：县名，县治在今陕西武功县东北。 [3]门下校郎：掌传达敕命、司察群臣。胡三省曰："自曹操、孙权置校事司察群臣，谓之校郎，后遂因之。"刘祥：北凉门下校郎，入言事，被杀。 [4]研研然：收拾打扮得很漂亮的样子。沮渠蒙逊见刘裕平定关中，害怕西秦治下的汉族人民趁机反他，故强加罪名，杀人立威。胡三省曰："河西士民乃心晋室。蒙逊胡人，窃据其上，闻裕入关，虑其响应，故斩祥以威众，以镇服其心也。奸雄之喜怒，岂苟然哉！《魏书·沮渠传》作'妍妍'，华人服饰妍靡自喜，故蒙逊云然。"研研，当从《魏书》作"妍妍"。 [5]子弟：此指刘裕的子弟。 [6]拾芥（jiè）：比喻取之极易。芥，小草。 [7]秣（mò）马砺（lì）兵：犹言"喂马磨刀"，即准备作战。 [8]安定：郡名，郡治高平，在今宁夏固原市。[9]秦岭北郡县镇戍：九嵕岭以北的郡县与各大小驻兵点。大驻兵点称"镇"，小驻兵点称"戍"。[10]中书侍郎：中书监与中书令的副职，参与朝政。皇甫徽：胡夏国中书侍郎。阴诵之：暗地里背熟。 [11]对裕使者：当着刘裕使者的面。 [12]口授舍人：他嘴里念着，让文秘人员写下来。舍人，此指中书舍人，中书省的属官，低于中书侍郎，主管起草文件。 [13]徐道期：东晋时东海人，流寓广州，广州刺史谢欣死，趁机率众起事，攻克广州，夺取府库军资，招集逃亡者，北上

攻打始兴（今广东韶关市），被杀。［14］州城：指广州州城，在今广东广州市。［15］始兴：诸侯国名，都城曲江，在今广东韶关市西南。［16］刘谦之：彭城人，为始兴相，破走叛民首领徐道期，攻克广州，诛其党与。为振威将军、广州刺史，后为太中大夫。［17］癸酉：九月四日。［18］“司马休之……等，皆诣魏长孙嵩降”二句：司马休之等十三人，皆东晋大臣，在政争之中畏刘裕之逼，投附后秦。今后秦灭亡，更恐遭刘裕诛杀，转投北魏。［19］己酉：十月十一日。［20］寻：不久。［21］表求南鄙：上书要求到靠近东晋王朝的边境地方去，继续寻衅滋事。南鄙，南部边境的小乡邑。自效：效力。［22］河、济之间：指今河南东北、山东西北部一带地区。河、济，黄河、济水。［23］扰动：骚扰。徐、兖：二州名，约当于今江苏北部及山东西南部一带地区。［24］固山：县名，县治在今山东济南市长清区东南。［25］姚艾（yì）：后秦将军，为秦州刺史。镇守上邽（今甘肃天水市）。后秦灭亡，西秦攻击姚艾，姚艾遣使称藩西秦，被乞伏炽磐任为征东大将军、秦州牧。后又叛西秦投奔北凉，被沮渠蒙逊任为征南将军。［26］称藩：称臣，承认人家是帝王，自己是替人家守土。［27］征：调之入朝。义熙十二年（416），乞伏炽磐派王松寿屯兵马头，以逼后秦的上邽。今上邽已降，遂令其撤回。王松寿：略阳人，西秦官员，历任民部尚书、平东将军、光禄勋、秦州刺史、益州刺史、尚书左仆射。［28］西山：古山名，在今河北、山西交界处的太行山。丁零：也作“丁令”“丁灵”，原生活在今俄罗斯贝加尔湖一带的游牧民族。秦汉时为匈奴征服，游牧于中国北部和西北部广大地区。东晋时有一支入居于中山，在今河北定州一带。翟蜀洛支：人名，当时西山丁零人的头领。［29］辛未：十一月三日。［30］惊恸（tòng）：震惊，悲痛。哀惋（wǎn）：悲伤，惋惜。［31］经略西北：经营、开拓今甘肃、宁夏一带地区，即征讨乞伏炽磐、沮渠蒙逊、赫连勃勃等人。［32］根本无托：后方政权没有可靠的人足以维持。根本，指后方的朝廷政权。无托，无人可托付。［33］恇（kuāng）惧：恐惧，惊慌。［34］左司马：为高级僚佐。徐羡之：字宗文，刘裕的重要谋臣、佐命元勋，南朝宋开国功臣。进位司徒，封南平郡公，后被杀。传见《宋书》卷四十三。［35］中军咨议参军：中军将军（刘裕）的属官。咨议参军，职掌咨询谋议军事，地位在诸参军之上。张邵（shào）：字茂宗，刘裕心腹谋士。传见《宋书》卷四十六。［36］今诚急病：事情的确是紧急。急病，犹如今之“紧迫”。［37］任终在徐：最后应该任命的也可能就是徐羡之。［38］世子无专命：但接班人不能自作主张。世子，指刘裕的嫡子刘义符。［39］宜须咨之：应该请示一下。［40］王弘：字休元，刘宋开国功臣。传见《宋书》卷四十二。［41］从事中郎：州刺史的高级僚属。谢晦：字宣明，南朝宋大臣、开国功臣。传见《宋书》卷四十四。［42］休元：即王弘。轻易：轻率，意即王弘办事不稳重、沉不住气。［43］留任：留守处的一切事务。即以徐羡之代刘穆之代管留任事务。［44］并悉北咨：也要到北方前线去请示刘裕。［45］义真：即刘义真，宋武帝刘裕次子，封桂阳公，拜雍州刺史，镇守长安，后逃回，迁扬州刺史。刘裕即位，封庐陵王，迁车骑将军、开府仪同三司、南豫州刺史。后贬为庶人，被杀。传见《宋书》卷六十一。［46］领：兼任。雍、东秦：刘裕的雍与东秦二州的州治都在长安。［47］王修：字叔治，京兆人，初为太尉（刘裕）咨议参军，从刘裕北伐中原，平定关中。刘裕东还，以次子刘义真为雍州刺史，王修为长史，委以关中之任。后长安内部纷争，为刘义真所杀。传见《宋书》卷六十一。［48］治中从事史：州刺史的高级佐官，主众曹文书，居中治事，故名之。［49］寓：流寓，寄寓。［50］望因兵威：想趁着刘裕向西方进兵的机会。［51］无复西略：不会再向西方进攻。［52］南人皆忌之：王镇恶是王猛之孙，其祖曾佐苻坚，深得信任，关中地区素敬王猛，今其孙又收复关中有大功，故深受北方人敬重，而遭南方诸将如沈田子、王修等人的忌妒。［53］不可保信：不可信任，不能担保无事。［54］钟会不得遂其乱：钟会作乱之所以不能成功。三国时曹魏大将钟会平蜀后，统率大军，威震西土，自以为功名天下无比，不愿再屈居人下，加之猛将精兵都控制在自己手中，于是举兵反叛。后死于兵变。遂，完成，实现。［55］卫瓘（guàn）：字伯玉，司马昭心腹，以监军身份参与伐蜀战争。灭蜀后，先与钟会合诬邓艾谋反，杀了邓艾。钟会拥兵造反时，又分化瓦解钟会的部下，杀了钟会。入晋，任青州、幽州刺史、征东大将军，后为尚书令，升司空。传见《晋书》卷三十六。［56］斗之使为乱：挑动他们彼此争斗，自乱阵脚。［57］百年之寇：指关中地区自刘渊以来先后被刘曜、苻坚、姚氏等所占据，已上百年。［58］千里之土：指关中地区沃野千里。［59］失之造次：极言丧失的容易与时间的短暂。造次，匆忙，仓猝。［60］丰、鄗（hào）：都是西周初期的都城。丰，是文王所筑，鄗，也作“镐”，是武王所筑，都在今陕西西安市西。鄗都在丰都的东北，两城紧挨。［61］荀子：名况，字卿，战国末赵国人，著名思想家，著有《荀子》。曾三次出任齐国稷下学宫的祭酒，被尊称“荀卿”。传见《史记》卷七十四。［62］兼并：土地被吞并。［63］坚凝：牢固，凝结。

三秦[1]父老闻裕将还，诣门流涕诉曰：“残民不沾王化[2]，于今百年，始睹衣冠[3]，人人相贺。长安十陵是公家[4]坟墓，咸阳宫殿[5]是公家室宅，舍此欲何之[6]乎！”裕为之愍然[7]，慰谕[8]之曰：“受命朝廷，不得擅留。诚多诸君怀本之志[9]，今以次息[10]与文武贤才共镇此境，勉与之居[11]。”

十二月，庚子[12]，裕发长安，自洛入河，开汴渠[13]而归。

氐豪徐骇奴、齐元子等拥部落三万在雍[14]，遣使请降于魏。魏主嗣遣将军王洛生、河内太守杨声[15]等西行以应之。

闰月，壬申[16]，魏主嗣如大宁长川[17]。

秦、雍人千余家推襄邑令上谷寇赞[18]为主以降于魏，魏主嗣拜赞魏郡[19]太守。久之，秦、雍人流入魏之河南、荥阳、河内者，户以万数，嗣乃置南雍州[20]，以赞为刺史，封河南公，治洛阳；立雍州郡县以抚[21]之。赞善于招怀[22]，流民归之者，三倍其初。

夏王勃勃闻太尉裕东还，大喜，问于王买德[23]曰："朕欲取关中，卿试言其方略。"买德曰："关中形胜[24]之地，而裕以幼子守之，狼狈而归，正欲急成篡事耳，不暇复以中原为意。此天以关中赐我，不可失也。青泥、上洛[25]，南北之险要，宜先遣游军断之；东塞潼关，绝其水陆之路；然后传檄三辅[26]，施以威德，则义真在网罟之中[27]，不足取[28]也。"勃勃乃以其子抚军大将军璝[29]都督前锋诸军事，帅骑二万向长安，前将军昌[30]屯潼关，以买德为抚军右长史[31]，屯青泥，勃勃将大军为后继。

是岁，魏都坐大官章安侯封懿[32]卒。

（以上为第六段，写胡夏主赫连勃勃听说刘裕返回，非常开心，按照王买德的谋划，率领大军，剑锋直指长安，并屯驻青泥，阻断潼关，切断通路，志在必得。）

【注释】

[1]三秦：指今陕西关中地区。[2]残民：犹言"遗民"。不沾王化：指不受晋朝政权的管辖。[3]始睹衣冠：指从刘裕统率的军队身上又看到了当年西晋时的服饰。[4]长安十陵：指西汉时高帝长陵、惠帝安陵、文帝霸陵、景帝阳陵、武帝茂陵、昭帝平陵、宣帝杜陵、元帝渭陵、成帝延陵、哀帝义陵、平帝康陵，皆在关中，凡十一陵，言"十陵"，是举其成数。公家：犹言"您家"。因刘裕是刘邦之弟楚元王刘交的后代，故人们如此相称，以是言而留之。[5]咸阳宫殿：这里指长安诸宫。[6]舍此欲何之：你们丢下不管，究竟是想到哪里去呢？何之，去哪里。[7]愍然：怜悯的样子。[8]慰谕：宽慰，晓喻。谕，同"喻"。[9]诚多：实在感谢。多，赞赏，这里是"感谢"的意思。怀本之志：怀念故国、祖国的心意。[10]次息：次子，排行第二的儿子，指刘义真。[11]勉与之居：犹今之所谓"请你们多多与他们合作"。[12]庚子：十二月三日。[13]开汴渠：重修旧日的汴渠。汴渠，旧称"鸿沟"，在今河南荥阳市北，由黄河分出，东行经开封，折入淮水。[14]氐豪：氐族的部落首领。徐骇奴、齐元子：人名，氐族酋长。雍：古县名，春秋时秦国的都城，在今陕西宝鸡市东北。[15]王洛生：北魏将领，为将军。河内：郡名，郡治在今河南怀县。杨声：北魏将领，为河内太守。[16]闰月，壬申：闰十二月五日。[17]大宁长川：古地名，大宁县的长川。大宁，治今河北张家口市。[18]秦、雍人：秦、雍二州（约今甘肃、陕西一带）流浪到东方的人。襄邑令上谷寇赞：襄邑县的县令上谷郡人寇赞。襄邑，县名，县治在今河南睢县。上谷，郡名，郡治沮阳，在今河北怀来县东南，今北京市的西北方。[19]魏郡：古郡名，郡治邺城，在今河北临漳县西南。[20]南雍州：古郡名，北魏所置，治今河南洛阳市。[21]抚：安抚、管辖。[22]招怀：招纳，感化。[23]王买德：太原晋阳（今山西太原市）人，胡夏主赫连勃勃的重要谋臣。[24]形胜：形势险要。[25]青泥、

上洛：二地名，都在长安的东南方，在武关通往长安的路上，青泥在今陕西蓝田，上洛在今陕西商洛市商州区，在蓝田的东南方。［26］传檄（xí）三辅：给三辅地区发檄文、贴告示，晓谕利害，号召他们归降。檄，用于晓谕或声讨的檄文。三辅，指京兆尹、左冯翊、右扶风三个郡，即当时的长安城及其周围诸县。［27］在网罟（gǔ）之中：犹如身陷网罟，无法再跑的鱼兽。罟，捕鱼的网。［28］不足取：言不用费力即可捕取。［29］璝（guī）：即胡夏主赫连勃勃嫡长子赫连璝，册封皇太子，出任抚军大将军、都督前锋诸军事，后出任大将军、雍州牧、录南台尚书事，镇守长安。赫连勃勃改立太子后，赫连璝被攻杀。［30］前将军：古将军名，位略高于杂号将军。昌：即赫连昌，一名赫连折，字还国，胡夏主赫连勃勃第三子，胡夏第二位国主。初封太原郡公，平定雍州牧赫连璝之乱，立为太子。后即位，年号承光。受到北魏攻击，失守长安；后丧失统万城，逃往上邽，受擒被杀。传见《魏书》卷九十五。［31］抚军右长史：抚军大将军赫连璝的高级僚属。［32］都坐大官：北魏置中都坐大官、内都坐大官、外都坐大官，合称为“三都大官”，掌刑狱，听理民讼，权势很大。封懿（yì）：字处德，北魏大臣。传见《魏书》卷三十二。

十四年（戊午，418年）

春，正月，丁酉朔[1]，魏主嗣至平城，命护高车中郎将薛繁[2]帅高车、丁零北略，至弱水[3]而还。

辛巳[4]，大赦。

夏赫连璝至渭阳[5]，关中民降之者属路[6]。龙骧将军沈田子将兵拒之，畏其众盛，退屯刘回堡[7]，遣使还报王镇恶。镇恶谓王修曰：“公以十岁儿付吾属，当共思竭力；而拥兵不进，虏何由得平！”使者还，以告田子。田子与镇恶素有相图之志，由是益忿惧[8]。未几，镇恶与田子俱出北地[9]以拒夏兵，军中讹言[10]：“镇恶欲尽杀南人，以数十人送义真南还，因据关中反。”辛亥[11]，田子请镇恶至傅弘之营计事；田子求屏人[12]语，使其宗人沈敬仁[13]斩之幕下，矫称受太尉令诛之。弘之奔告刘义真，义真与王修被甲登横门[14]以察其变。俄而田子帅数十人来，言镇恶反，修执田子，数以专戮[15]，斩之；以冠军将军毛修之代镇恶为安西司马[16]。傅弘之大破赫连璝于池阳[17]，又破之于寡妇渡[18]，斩获甚众，夏兵乃退。

壬戌[19]，太尉裕至彭城，解严[20]。琅邪王德文先归建康。

裕闻王镇恶死，表言“沈田子忽发狂易[21]，奄害忠勋[22]”，追赠镇恶左将军、青州刺史。

以彭城内史刘遵考为并州[23]刺史、领河东太守，镇蒲阪；征荆州刺史刘道怜为徐、兖二州[24]刺史。

裕欲以世子义符镇荆州，以徐州刺史刘义隆为司州[25]刺史，镇洛阳。中军咨议张卲谏曰："储贰[26]之重，四海所系，不宜处外。"乃更以义隆为都督荆、益、宁、雍、梁、秦六州诸军事、西中郎将、荆州刺史，以南郡太守到彦之为南蛮校尉[27]，张卲为司马、领南郡相[28]，冠军功曹王昙首为长史[29]，北徐州从事王华[30]为西中郎主簿[31]，沈林子为西中郎参军。义隆尚幼，府事[32]皆决于卲。昙首，弘之弟也。裕谓义隆曰："王昙首沈毅有器度[33]，宰相才也，汝每事咨[34]之。"

以南郡公刘义庆为豫州[35]刺史。义庆，道怜之子也。

裕解司州[36]，领徐、冀二州刺史。

秦王炽磐以乞伏木弈干为沙州刺史，镇乐都[37]。

二月，乙弗乌地延[38]帅户二万降秦[39]。

三月，遣使聘魏。

夏，四月，己巳[40]，魏徙冀、定、幽三州徒河于代都[41]。

初，和龙[42]有赤气四塞蔽日，自寅至申[43]，燕太史令张穆言于燕王跋[44]曰："此兵气也。今魏方强盛，而执其使者[45]，好命不通[46]，臣窃惧焉。"跋曰："吾方思之。"

五月，魏主嗣东巡，至濡源及甘松[47]，遣征东将军长孙道生、安东将军李先、给事黄门侍郎奚观帅精骑二万袭燕，又命骁骑将军延普、幽州刺史尉诺自幽州引兵趋辽西[48]，为之声势[49]，嗣屯突门岭[50]以待之。道生等拔乙连城[51]，进攻和龙，与燕单于右辅古泥[52]战，破之，杀其将皇甫轨[53]。燕王跋婴城[54]自守，魏人攻之，不克，掠其民万余家而还。

六月，太尉裕始受[55]相国、宋公、九锡之命，赦国中殊死以下[56]，崇[57]继母兰陵萧氏为太妃，以太尉军咨祭酒孔靖[58]为宋国尚书令，左长史王弘为仆射，领选[59]，从事中郎傅亮[60]、蔡廓[61]皆为侍中，谢晦为右卫将军，右长史郑鲜之[62]为奉常，行参军殷景仁为秘书郎，其余百官，悉依天朝[63]之制。靖辞不受。亮，咸之孙；廓，谟之曾孙；鲜之，浑之玄孙；景仁，融之曾孙也。景仁学不为文[64]，敏有思致[65]；口不谈义[66]，深达理体[67]；至于国典、朝仪、旧章、记注[68]，莫不撰录[69]，识者知其有当世之志[70]。

（以上为第七段，写东晋留守长安官员发生内讧，沈田子以谋反罪杀了王镇恶；王修以擅杀罪杀了沈田子；刘义真听信谗言杀了王修，长安失守；刘裕为相国，封宋公，得赐九锡。）

【注释】

[1]丁酉朔：正月一日。 [2]护高车中郎将：北魏仿汉置匈奴中郎将之官，置护高车中郎将，派驻高车地区，管理该民族事务，有时统率诸部出征。薛繁：北魏护高车中郎将。 [3]弱水：古水名，也叫弱洛水，在今蒙古乌兰巴托市西。 [4]辛巳：正月一日是“丁酉”，本月中无“辛巳”，疑记载有误。 [5]渭阳：古地名，指当时长安城北的渭水北岸。 [6]属（zhǔ）路：一个接一个地，不绝于路。属，连接，连续。 [7]刘回堡：古地名，约在当时的长安城西北。 [8]忿惧：气愤，疑惧。忿，同“愤”。 [9]北地：犹言北边，此指长安城北地区。 [10]讹言：谣言，当然是沈田子等人所散布。 [11]辛亥：正月十五日。 [12]屏（bǐng）人：名义上打发走身边的人，实际是只留下王镇恶一人，以便刺杀。 [13]沈敬仁：沈田子族人，杀害王镇恶。 [14]横门：古宫殿门，长安城北面东头的第一个门。 [15]专戮：擅自杀戮。 [16]安西司马：安西将军的司马。时刘义真为安西将军。 [17]池阳：县名，县治在今陕西泾阳县，当时在长安城西北，泾水北岸。 [18]寡妇渡：古渡口名，在泾水上流，今陕西三原县西北。 [19]壬戌：正月二十六日。 [20]解严：解除军事的紧急状态。 [21]狂易：精神病，因病狂而变易其常心。 [22]奄害：袭击，杀害。忠勋：尽忠而有勋绩的人。 [23]并州：东晋侨置并州治所在淮阴。 [24]徐、兖（yǎn）二州：东晋时侨置州，州治均在今江苏镇江市。 [25]司州：州治洛阳。 [26]储贰：指储君世子刘义符。 [27]到彦之：字道豫，南朝宋开国将领。传见《南史》卷二十五。南蛮校尉：主管南方少数民族事务，典统南方地方武装力量。 [28]司马：此指为刘义隆之司马。领：兼任。南郡相：南郡的行政长官。 [29]王昙（tán）首：南朝宋开国功臣。传见《宋书》卷六十三。长史：为刘义隆之长史，高级僚佐。 [30]北徐州：州治在今江苏徐州市，与南方侨置镇江的徐州相对而言，故称“北徐州”。从事：即从事史，州刺史的高级僚属。王华：字子陵，刘裕部属，后成为刘义隆的元勋。历任徐州主簿、治中从事史。随从刘义隆出镇荆州，为司马、南郡太守，后为侍中、护军将军。传见《宋书》卷六十三。 [31]西中郎主簿：西中郎将的主簿，时刘义真任西中郎将。 [32]府事：指刺史府、都督府、西中郎将府的一切事务。 [33]沈毅：沉着，坚毅。器度：器量，识量。 [34]咨：询问，请教。 [35]刘义庆：宋武帝刘裕之侄，文学家。袭封南郡

公，封临川王，征为侍中，官至中书令、荆州刺史等。著有《徐州先贤传》《江左名士传》《世说新语》。传见《宋书》卷五十一。豫州：东晋时侨置州，治历阳，在今安徽和县。［36］解司州：解去司州刺史之职。刘裕北伐至洛阳时，曾任司州刺史。［37］乐都：都名，西秦沙州治所，在今青海海东市乐都区。［38］乙弗：少数民族部落名。乌地延：鲜卑乙弗部首领。率部驻牧于西海（在今青海湖）一带，东邻南凉，南界吐谷浑，号称青海王。初依附于吐谷浑，为渠帅，归降西秦，封安北将军。后举兵反。复率两万余户降西秦，封建义将军。［39］降秦：此指投降乞伏炽磐的西秦。秦，后秦未灭时，称姚氏为“秦”，称乞伏氏为“西秦”。现后秦已灭，则称乞伏氏为“秦”。［40］己巳：四月四日。［41］徙冀、定、幽三州徒河：迁移冀、定、幽三州的鲜卑人。徒河：此指原慕容氏的鲜卑族人。因其最早居住在徒河（今辽宁锦州市西北），故以此相称。后随慕容氏入关，遂散居在今河北各地。代都：古城名，在今河北蔚县东北的代王城。［42］和龙：即龙城，古都名，在今辽宁朝阳市，北燕主冯跋的首都。［43］自寅至申：从凌晨的四点前后到下午的四点前后。寅，相当于今凌晨的三至五时；申，相当于今下午的三至五时。［44］燕王跋：即冯跋，北燕第二位国主。传见《晋书》卷一百二十五。［45］执其使者：北魏使者于什门因争执礼数被北燕扣留，事见《资治通鉴》卷一百十六晋安帝义熙十年（414）。［46］好命不通：两国之间不相往来。好命，友好的使命。［47］濡源、甘松：古地名。濡源，濡水的源头，在今之滦河的源头。甘松，也叫松漠，即千里松林，在濡源以东，今河北围场县以北至内蒙古的克什克腾旗一带。［48］趋：急驰，奔赴。辽西：郡名，郡治令支，在今河北迁安市西。［49］为之声势：为之造声势、做声援。［50］突门岭：古地名，具体地址不详，约在今内蒙古赤峰南。［51］乙连城：古地名，约在今辽宁建昌县与河北青龙县之间。［52］单于右辅：义熙七年（411），冯跋以其子冯永领单于，并为之置前后左右“四辅”。古泥：北燕官员，为单于右辅。［53］皇甫轨：北燕将领，被北魏所杀。［54］婴城：环城。［55］始受：义熙十二年（416），东晋安帝司马德宗已下诏拜刘裕为相国、宋公，加九锡，刘裕假惺惺地推辞不受，至此时“始受”。［56］国中：指刘裕的“宋国”境内，在今河南商丘市至江苏徐州市一带地区。殊死以下：死刑犯以外的其他一切犯人。这句的意思是除死刑犯外，其他一律赦免。［57］崇：提高，尊封。［58］军咨祭酒：将帅府的首席参谋。孔靖：字季恭，会稽山阴（今浙江绍兴市）人，东晋初期的名臣孔愉之孙，东晋官员。始察郡孝廉，与刘裕预谋讨桓玄，刘裕辅政后授会稽内史。在任劝课农桑，境内清平。后为刘裕太尉军咨祭酒，随从北伐后秦，官至左光禄大夫。传见《晋书》卷七十八。［59］领选：主管官吏的选拔任用。［60］傅亮：字季友，西晋司隶校尉傅玄玄孙，刘宋开国功臣。传见《宋书》卷五十三。［61］蔡廓：字子度，南朝宋散文家。初仕东晋，任著作佐郎。刘裕为兖州刺史，授别驾从事史。义熙中任御史中丞，为人方正刚直，在朝多所纠奏，百僚震栗。官至吏部尚书。传见《宋书》卷五十七。［62］郑鲜之：字道子，南朝宋大臣。东晋末年，任御史中丞。南朝宋建立，历任太常、都官尚书，受封龙阳县子。［63］天朝：指东晋朝廷，以区别刘裕的宋国朝廷。［64］学不为文：好学不是为了写文章。［65］敏有思致：聪明而思路清晰。［66］口不谈义：不把“道义”“义理”

挂在嘴头上。[67]深达理体：深明治理国家的方针大计。理，治。[68]国典：国家的典章制度。朝仪：古代帝王临朝的礼仪。旧章：昔日的典章。记注：有关帝王起居、朝事活动的各种记载。[69]撰录：编写记录。[70]当世之志：指辅佐帝王建功立业的大志。当世，现时。

魏天部大人白马文贞公崔宏疾笃[1]，魏主遣侍臣问病，一夜数返[2]。及卒，诏群臣及附国渠帅皆会葬[3]。

秋，七月，戊午[4]，魏主嗣至平城。

九月，甲寅[5]，魏人命诸州调民租[6]，户五十石，积于定、相、冀三州[7]。

河西王蒙逊复引兵伐凉[8]，凉公歆将拒之，左长史张体顺[9]固谏，乃止。蒙逊芟[10]其秋稼而还。

歆遣使来告袭位[11]。冬，十月，以歆为都督七郡[12]诸军事、镇西大将军、酒泉公。

姚艾[13]叛秦，降河西王[14]蒙逊，蒙逊引兵迎之。艾叔父儁[15]言于众曰："秦王宽仁有雅度[16]，自可安居事之，何为从河西王西迁！"众咸以为然，乃相与逐艾，推儁为主，复归于秦。秦王炽磐征儁为侍中、中书监，征南将军[17]，赐爵陇西公[18]，以左丞相昙达为都督洮·罕[19]以东诸军事、征东大将军、秦州牧，镇南安[20]。

刘义真年少，赐与左右无节[21]，王修每裁抑[22]之。左右皆怨，谮[23]修于义真曰："王镇恶欲反，故沈田子杀之。修杀田子，是亦欲反也。"义真信之，使左右刘乞[24]等杀修。

修既死，人情离骇[25]，莫相统壹[26]。义真悉召外军[27]入长安，闭门拒守。关中郡县悉降于夏。赫连璝夜袭长安，不克。夏王勃勃进据咸阳[28]，长安樵采路绝[29]。

宋公裕闻之，使辅国将军蒯恩[30]如长安，召义真东归；以相国右司马朱龄石为都督关中诸军事、右将军、雍州[31]刺史，代镇长安。裕谓龄石曰："卿至，可敕义真轻装速发，既出关，然可徐行[32]。若关右[33]必不可守，可与义真俱归。"又命中书侍郎朱超石慰劳河、洛[34]。

十一月，龄石至长安。义真将士贪纵[35]，大掠而东，多载宝货、子女，方轨[36]徐行。雍州别驾韦华[37]奔夏。赫连璝帅众三万追义真，建威将军傅弘之曰："公处分亟进[38]；今多将辎重，一日行不过十里，虏追骑且至，何以待之[39]！宜弃车轻行，乃可以免。"义真不从。俄而夏兵大至，傅弘之、蒯恩断后，力战连日。至青泥，晋兵大败，弘之、恩皆为王买德所禽；司马毛修之与义真相失，亦为夏兵所禽。义真行在前，会日暮，夏兵不穷追，故得免。左右尽散，独逃草中。中兵参军段宏[40]单骑追寻，缘道呼之，义真识其声，出就之，曰："君非段中兵邪？身在此[41]，行矣[42]！必不两全，可刎身头以南[43]，使家公望绝[44]。"宏泣曰："死生共之，下官不忍。"乃束义真于背，单马而归。义真谓宏曰："今日之事，诚无算略[45]；然丈夫不经此，何以知艰难！"

夏王勃勃欲降傅弘之，弘之不屈，时天寒[46]，勃勃裸之[47]，弘之叫骂而死。勃勃积人头为京观[48]，号曰"髑髅台[49]"。长安百姓逐朱龄石，龄石焚其宫殿，奔潼关。勃勃入长安，大飨[50]将士，举觞[51]谓王买德曰："卿往日之言，一期[52]而验，可谓算无遗策[53]。此觞所集[54]，非卿而谁！"以买德为都官尚书[55]，封河阳侯[56]。

龙骧将军王敬先戍曹公垒[57]，龄石往从之。朱超石至蒲阪[58]，闻龄石所在，亦往从之。赫连昌攻敬先垒，断其水道。众渴，不能战。城且陷，龄石谓超石曰："弟兄俱死异域，使老亲何以为心[59]！尔求间道亡归[60]，我死此，无恨矣。"超石持兄泣曰："人谁不死，宁忍今日辞兄去乎！"遂与敬先及右军参军刘钦之皆被执送长安，勃勃杀之；钦之弟秀之悲泣不欢燕[61]者十年。钦之，穆之之从兄子也。

宋公裕闻青泥败，未知义真存亡，怒甚[62]，刻日北伐[63]。侍中谢晦谏以"士卒疲弊[64]，请俟他年[65]"，不从。郑鲜之上表，以为："虏闻殿下[66]亲征，必并力守潼关。径往攻之，恐未易可克；若舆驾顿洛[67]，则不足上劳圣躬[68]。且虏虽得志，不敢乘胜过陕[69]者，犹摄服大威[70]，为将来之虑[71]故也。若造洛而反[72]，虏必更有揣量之心[73]，或益生边患。况大军远出，后患甚多。昔岁西征[74]，刘钟狼狈[75]；去年北讨[76]，广州倾覆[77]，既往之效，后来之鉴也。今诸州大水，民食寡乏，三吴[78]群盗攻没诸县，皆由困于征役故也。江南[79]士庶，引领颙颙以望殿下之返旆[80]，闻更北出，不测浅深之谋[81]，往还之期，臣恐返顾之忧更在腹心[82]也。若虑西虏[83]更为河、洛之患者，宜结好北虏[84]；北虏亲则河南[85]安，河南安则济、泗[86]静矣。”会得段宏启，知义真得免，裕乃止，但登城北望，慨然流涕[87]而已。降义真为建威将军、司州刺史；以段宏为宋台黄门郎、领太子右卫率[88]。裕以天水太守毛德祖为河东太守，代刘遵考守蒲阪。

（以上为第八段，写长安失陷之事，东晋宋公刘裕紧急召回刘义真，派遣朱龄石接替，义真贪财，恨不得把整个长安搬回来，遭夏兵追击，只身逃回，差点丢掉性命；夏王赫连勃勃攻下长安，朱龄石为晋捐躯。）

【注释】

[1]天部大人：北魏官名。义熙十三年（417），魏国设天地四方六部大人，分掌朝事。崔宏任天部大人。白马文贞公：白马公是崔宏的封号，白马是封地名，文贞是谥号。疾笃（dǔ）：病重。[2]数返：几个来回。[3]附国渠帅：归附北魏的各少数民族头领。会葬：指前来参加葬礼。[4]戊午：七月二十四日。[5]甲寅：九月二十一日。[6]调民租：向百姓征收租税。[7]定、相、冀三州：定州，州治在今河北定州市；相州，州治邺县，在今河北临漳县西南；冀州，州治在今河北衡水市冀州区。[8]凉：此指李暠所建的西凉。[9]张体顺：西凉官员。李暠时，为右司马，迁宁远将军、建康太守。李歆时，为左长史，屡谏勿与北凉决战。李歆拒谏出战，遂为北凉所灭。张体顺归北凉后，为奉常。[10]芟（shān）：割取。[11]歆遣使来告袭位：西凉国主李歆遣使向东到晋朝廷禀告其父死，自己继承其父之位号，请求天朝照准。西凉臣附晋朝。[12]七郡：指敦煌、酒泉、晋兴、建康、凉兴、会稽、广夏，都在今甘肃西部。[13]姚艾：原是后秦姚泓的将领，驻兵上邽，姚泓被刘裕灭后，姚艾投降西秦主乞伏炽磐，今又叛西秦投降北凉主沮渠蒙逊。[14]河西王：即沮渠蒙逊，自称“河西王”，建都姑臧，即历史上所说的“北凉”。[15]隽（jùn）：即姚隽，原为后秦将领，后秦灭亡后，随姚艾投降西秦。姚艾转北凉，姚隽不从，西秦主任命姚隽任为侍中、中书监、征南将军，封为陇西公。[16]雅度：高雅的度量。[17]征南将军：四字原无，据章校补。[18]陇西公：封爵陇西郡，郡治在今甘肃陇西县。[19]洮（táo）、罕：临洮、枹罕，二郡名，临洮郡的郡治在今甘肃岷县，枹罕郡的郡治在今甘肃临夏市。[20]南安：古城名，在今甘肃陇西县东南。[21]无节：没有节制，随心而为。[22]裁抑：抑制，制止。[23]谮（zèn）：谗毁，说人坏话。[24]刘乞：刘裕之子刘义真的属下，曾杀害王修。[25]离骇（hài）：乖离，惊惶。[26]统壹：统一。壹，同“一”。[27]外军：指当时屯扎在蒲阪以防北魏，屯扎在渭北以防胡夏的军队。[28]咸阳：古郡名，郡治在今陕西咸阳市东北。[29]樵采路绝：出城打柴、采野果的道路被胡夏人阻断。[30]蒯恩：字道

恩，兰陵承县人，东晋名将。传见《宋书》卷四十九。［31］雍州：此指北雍州，州治长安。因为当时东晋还有侨置的雍州，州治襄阳，在今湖北襄阳市。［32］然可徐行：胡三省曰："'然'下当有'后'字。"［33］关右：古区域名，即关西，泛指函谷关以西地区。［34］河、洛：黄河、洛水，即指今河南洛阳城与其周边地区。［35］贪纵：贪婪，放纵。［36］方轨：两车并行，极言其不慌不忙的样子。［37］韦华：原是姚氏旧臣，投降东晋后，刘裕用以为雍州别驾。［38］公处分亟（jí）进：刘裕嘱咐我们要快走。公，敬称刘裕。处分，安排，规定，这里即指嘱咐。亟进，快走。［39］何以待之：如何对待。待，对付，处理。［40］段宏：鲜卑族，原为后燕、南燕大臣，为南燕主慕容超所不容，投奔北魏。刘裕攻打南燕，前来投奔，为参军，进为征虏大将军，青、冀二州刺史。传见《晋书》卷一百二十八。［41］身在此：我在这里。东晋时人用"身"称自己，犹如今之所谓"我"。［42］行矣：赶紧跑吧。［43］可刎身头以南：可把我的人头砍下来带回南方。［44］使家公望绝：让我的父亲不再牵挂。家公，犹言"家父""家君"。［45］诚无算略：实在是由于我们的无能。算略，计划，谋略。［46］时天寒：三字原无，据章校补。［47］勃勃裸之：赫连勃勃扒光了他的衣服。［48］京观：大坟堆，将敌人的大量尸体堆积起来，上面洒些土，以此来显示自己的武功。［49］髑（dú）髅（lóu）台：死人骨头堆成的台子。［50］飨（xiǎng）：宴饮，宴请。［51］觞（shāng）：犹酒杯，古代盛酒器。［52］一期：刚过一年。［53］算无遗策：极言其谋划、预料的精确，万无一失。［54］此觞所集：犹言"这杯酒应首先敬给的人"。集，向，给。［55］都官尚书：主管刑狱，犹如汉代之廷尉。［56］河阳侯：封地河阳县，县治在今河南孟州市西。［57］曹公垒：古地名，在陕西潼关，为昔日曹操讨伐马超、韩遂时的驻兵之处。［58］朱超石至蒲阪：朱超石当时正以中书侍郎的身份宣慰河洛，闻关中乱，到蒲阪。［59］老亲何以为心：老人的心如何受得了。［60］求间道亡归：寻小路逃回。［61］秀之：即刘秀之，字道宝，司徒刘穆之堂侄，南朝宋名臣。传见《宋书》卷八十一。不欢燕：不参与欢乐的宴会。［62］怒甚：二字原无，据章校补。［63］刻日北伐：定好日期就要北伐。［64］疲弊：即疲敝，疲劳不堪。［65］请俟他年：请换一个别的时间，是婉转劝阻的用语。［66］殿下：敬称刘裕。［67］舆驾顿洛：如果您的车驾驻节在洛阳。［68］则不足上劳圣躬：那就用不着您亲自去。圣躬，敬指刘裕。［69］得志：指胡夏人获胜。乘胜过陕：乘胜攻占陕县一带。陕，陕县，在今河南三门峡市西，是古代指称"关中"与"山东"的重要分界地。［70］摄服大威：害怕您的威严。摄服，同"慑服"，害怕。［71］为将来之虑：怕您二次出兵讨伐他们。［72］造洛而反：打到洛阳就收兵回来。造，到。反，同"返"。［73］更有揣量之心：从中判断我方的实际力量不过如此。［74］昔岁西征：指前几年讨伐荆州刺史司马休之。［75］刘钟狼狈：指"群盗数百"夜袭刘钟所驻守的冶亭。事见《资治通鉴》卷一百十七晋安帝义熙十一年（415）。刘钟，字世之，彭城人，东晋将领。传见《宋书》卷四十九。［76］去年北讨：指当年讨伐南燕慕容超。去年，犹言"往年""当年"。［77］广州倾覆：此处叙事有误，广州被卢循、徐道覆攻陷，是在桓玄作乱，刘裕与桓玄作战时。刘裕北伐南燕，乃卢循、徐道覆由广州出兵北犯湘州、江州，又折而东攻建康，非攻陷广州。［78］三吴：东晋时指吴国、吴兴、会稽三郡国，郡治分别在今江苏苏州市，浙江湖州市、绍兴市。［79］江南：古区域名，长江以南，代指东晋统治地区。［80］引领颙（yóng）颙：伸长脖子盼着见到你们。颙颙，向往、归心的样子。返旆（pèi）：回师，返归。［81］不测浅深之谋：犹言不明白您究竟有什么打算。［82］返顾之忧：后顾之忧。更在腹心：就在京城周围、朝廷之中。［83］西虏：指赫连勃勃的胡夏政权。［84］结好北虏：与北魏拓跋氏政权搞好关系。［85］河南：古区域名，泛指今河南洛阳市一带的黄河以南地区。［86］济、泗：济水、泗水，泛指山东西部及安徽、江苏北部一带地区。［87］慨然：形容感慨的样子。流涕：流泪，为失去关中地区而伤感。［88］宋台：宋公刘裕的政权机构。黄门郎：给事黄门侍郎的省称，掌宫内侍奉。领：代理，兼任。太子右卫率：太子宫廷警卫军的头领，当时的卫率有前、后、左、右、中五人。刘裕一方面让段宏为自己的政权做黄门郎，同时又让他兼任东晋太子右卫率，以便于他对东晋政权的控制。

夏王勃勃筑坛于灞上，即皇帝位，改元昌武［1］。

西秦王炽磐东巡。十二月，徙上邽民五千余户于枹罕［2］。

彗星出天津［3］，入太微［4］，经北斗［5］，络紫微［6］，八十余日而灭。魏主嗣复召诸儒、术士［7］问之曰：“今四海分裂，灾咎之应［8］，果在何国？朕甚畏之。卿辈尽言，勿有所隐！”众推崔浩使对，浩曰：“夫灾异之兴，皆象人事［9］，人苟无衅［10］，又何畏焉？昔王莽［11］将篡汉，彗星出入，正与今同［12］。国家［13］主尊臣卑，民无异望［14］。晋室陵夷［15］，危亡不远；彗之为异［16］，其刘裕将篡之应乎！”众无以易其言［17］。

宋公裕以《谶》［18］云“昌明［19］之后尚有二帝”，乃使中书侍郎王韶之［20］与帝左右密谋鸩帝［21］而立琅邪王德文。德文常在帝左右，饮食寝处，未尝暂离［22］；韶之伺之经时，不得间［23］。会德文有疾，出居于外。戊寅［24］，韶之以散衣缢帝［25］于东堂。韶之，廙之曾孙也。裕因称遗诏［26］，奉德文即皇帝位，大赦。

是岁，河西王蒙逊奉表称藩［27］，拜凉州刺史［28］。

尚书右仆射袁湛卒。

（以上为第九段，写胡夏主赫连勃勃攻下长安，正式称帝；北魏大臣崔浩解释天象，认为东晋刘裕将要篡夺皇位；刘裕设计谋杀安帝司马德宗，立司马德文过渡。）

【注释】

[1]昌武：胡夏主赫连勃勃更改的年号，共二年，此前的年号为凤翔。[2]上邽（guī）：古城名，在今甘肃天水市西南。枹（fú）罕：古县名，县治在今甘肃临夏市。[3]彗星：俗名扫帚星，以曳长尾似扫帚故名。古人认为彗星出现，将有灾难发生。出天津：经由天津。天津，是星名，也叫天潢，有星九颗，都在天河当中。[4]入太微：进入到太微垣的位置。太微，是星名，在北斗之南，有星十颗。[5]经北斗：经过北斗星区域。北斗，由天枢、天璇、天玑、天权、玉衡、开阳、瑶光七星组成，成舀酒的斗形。[6]络紫微：缠挂在紫微垣。紫微垣，是星名，位于北斗的东北，有星十五颗。[7]术士：掌握某种技术、法术的人，如占星、相面、看风水等。这里指观测星象的人。[8]灾咎之应：星象所预示的灾祸的降临。[9]皆象人事：都与人间的事情彼此对应。这是两汉以来阴阳五行家的所谓"天人感应"，是一种荒诞无稽的说法。[10]苟：假如。无衅：没有缝隙、没有漏洞，指国家的方针大计没有失误。[11]王莽：字巨君，西汉末年权臣，篡位建立新朝，推行新政，引发天下大乱。后被起义军斩杀。传见《汉书》卷九十九。[12]彗星出入，正与今同：据《汉书·天文志》，哀帝建平二年（前5），有所谓"彗星出牵牛七十余日"。旧说以为彗星是除旧布新的征兆，故与权臣篡位、改朝换代相比附。[13]国家：犹言"我们的国家"，指称自己的魏国。[14]民无异望：百姓们没有别的想法、打算，意即不想造反、作乱。[15]晋室：即东晋朝廷。陵夷：山势渐遭削平，引申为衰落、衰败。[16]彗之为异：彗星之所以出现这种变化，指长留天空八十余日。[17]无以易其言：没有人提出异议。易，改变，提出异议。[18]《谶》：一种预言未来的迷信之语，或是由野心家故意编造，以煽动叛乱；或是事后编造，以神化某人。[19]昌明：即晋孝武帝司马曜，字昌明，东晋第九任皇帝。《谶》书说，晋室天命，孝武之后还有两帝。今安帝健在，刘裕等不及，故鸩死安帝，立司马德文为帝，而后篡位以应《谶》书。[20]王韶之：字休泰，荆州刺史王廙曾孙，东晋大臣，中书侍郎，刘裕心腹，受刘裕之命毒死安帝司马德宗。恭帝即位，迁黄门侍郎，领著作郎。刘裕受禅，加骁骑将军，为吴兴太守。传见《宋书》卷六十。[21]鸩（zhèn）帝：毒杀安帝司马德宗。[22]未尝暂离：意即时刻不离。[23]伺之经时，不得间：好长时间找不到下手的机会。伺，伺机。间，空隙。[24]戊寅：十二月十七日。[25]散衣缢（yì）帝：撕开衣服，用布条子将安帝司马德宗吊死。时司马德宗年三十七岁。[26]因称遗诏：假托已死皇帝的旨意。[27]奉表：上表，上书。称藩：自愿做东晋的藩臣。古代诸侯自称是天子的屏藩。[28]拜凉州刺史：东晋朝廷任之为凉州刺史。凉州的州治在今甘肃武威市，当时为北凉的都城。

恭皇帝[1]

元熙[2]元年（己未，419年）

春，正月，壬辰朔[3]，改元。

立琅邪王妃褚氏[4]为皇后。后，裒之曾孙也。

魏主嗣畋于犊渚[5]。

甲午[6]，征宋公裕入朝，进爵为王，裕辞。

癸卯[7]，魏主嗣还平城。

庚申[8]，葬安皇帝于休平陵[9]。

敕[10]刘道怜司空出镇京口[11]。

夏将叱奴侯提[12]帅步骑二万攻毛德祖于蒲阪，德祖不能御，全军[13]归彭城。二月，宋公裕以德祖为荥阳太守，戍虎牢。

夏主勃勃征隐士京兆韦祖思[14]。祖思既至，恭惧过甚，勃勃怒曰："我以国士征汝[15]，汝乃以非类遇我[16]！汝昔不拜姚兴[17]，今何独拜我？我在，汝犹不以我为帝王；我死，汝曹弄笔，当置我于何地邪！"遂杀之[18]。

群臣请都长安。勃勃曰："朕岂不知长安历世帝王之都，沃饶险固[19]！然晋人僻远[20]，终不能为吾患。魏与我风俗略同，土壤邻接，自统万距魏境裁[21]百余里，朕在长安，统万必危；若在统万，魏必不敢济河而西[22]。诸卿适[23]未见此耳。"皆曰："非所及也。"乃于长安置南台[24]，以赫连璝领大将军、雍州牧、录南台尚书事[25]；勃勃还统万，大赦，改元真兴[26]。

勃勃性骄虐[27]，视民如草芥[28]。常居城上，置弓剑于侧，有所嫌忿[29]，手自杀之。群臣忤视[30]者凿其目，笑者决其唇[31]，谏者先截其舌而后斩之。

初，司马楚之[32]奉其父荣期之丧[33]归建康，会宋公裕诛翦宗室之有才望[34]者，楚之叔父宣期、兄贞之[35]皆死，楚之亡匿竟陵蛮[36]中。及从祖休之自江陵奔秦[37]，楚之亡之汝、颍间[38]，聚众以谋复仇。楚之少有英气[39]，能折节下士[40]，有众万余，屯据长社[41]。裕使刺客沐谦[42]往刺之。楚之待谦甚厚。谦欲发，未得间，乃夜称疾，知楚之必往问疾，因欲刺之。楚之果自赍[43]汤药往视疾，情意勤笃[44]，谦不忍发，乃出匕首于席下，以状告之曰："将军深为刘裕所忌，愿勿轻率[45]，以自保全。"遂委身[46]事之，为之防卫。

王镇恶之死也，沈田子杀其兄弟七人，唯弟康[47]得免，逃就宋公裕于彭城，裕以为相国行参军[48]。康求还洛阳视母，会长安不守，康纠合关中徙民[49]，得百许人，驱帅侨户[50]七百余家，共保金墉城[51]。时宗室多逃亡在河南[52]，有司马文荣[53]者，帅乞活[54]千余户屯金墉城南；又有司马道恭[55]，自东垣帅三千人屯城西[56]，司马顺明帅五千人屯陵云台[57]，司马楚之屯柏谷坞[58]。魏河内镇将于栗磾[59]游骑在芒山[60]上，攻逼交至，康坚守六旬。裕以康为河东[61]太守，遣兵救之，平等皆散走[62]。康劝课农桑[63]，百姓甚亲赖[64]之。

司马顺明、司马道恭及平阳太守薛辩[65]皆降于魏，魏以辩为河东太守以拒夏人[66]。

（以上为第十段，写胡夏主赫连勃勃生性暴虐，视民如草芥，仍将都城设在统万；宋公刘裕不遗余力斩除宗室有才望者，为篡位夺权作准备；王康在虎狼环伺的金墉城坚守六旬。）

【注释】

[1]恭皇帝：即司马德文，安帝司马德宗胞弟，被立为傀儡皇帝前为琅邪王。谥号恭。恭，《谥法》曰：“尊贤贵义曰‘恭’，尊事贤人，宠贵义士；尊贤敬让曰‘恭’，敬有德，让有功。” [2]元熙：东晋恭皇帝司马德文的年号，也是东晋王朝的最后一个年号。元熙二年（420）六月，刘裕称帝，国号宋，废司马德文为零陵王，晋亡。 [3]壬辰朔：正月一日。 [4]褚氏：即褚灵媛，河南阳翟人，东晋兖州刺史、征北大将军褚裒的曾孙，义兴太守褚爽之女，恭帝司马德文皇后。初为琅邪王妃，元熙元年（419）立为皇后。司马德文禅位于宋公刘裕，降为零陵王妃。 [5]畋（tián）：打猎。犊渚：古地名，在今内蒙古托克托县以西黄河北岸一带。 [6]甲午：正月三日。 [7]癸卯：正月十二日。 [8]庚申：正月二十九日。 [9]休平陵：安帝司马德宗与皇后王神爱合葬的陵墓，位于今江苏南京市紫金山。 [10]敕：原文为“剌”，据章校改。 [11]京口：古地名，在今江苏镇江市。 [12]叱奴侯提：人名，胡夏将领。 [13]全军：保全部队，没有损害。 [14]隐士：隐居不仕之士。京兆：长安及郊区的行政区划名，相当于一个郡，郡治在长安城内。其长官称京兆尹。韦祖思：东晋时隐士，被胡夏所征，被赫连勃勃所杀。 [15]我以国士征汝：我是把你作为一个卓荦的人物请来的。国士，一国之中的罕有之士，极言其卓荦不凡。征，聘，聘请。 [16]汝乃以非类遇我：你居然不把我看成是与你同一类的人。如果看成同一类的人则应行对等之礼，不宜恭惧过甚。非类，不是同一类的人。遇，对待。 [17]不拜姚兴：见了姚兴不行跪拜之礼。 [18]遂杀之：胡三省曰：“勃勃之杀祖思，虐矣。然祖思之恭惧过甚，勃勃以为薄己而杀之，则勃勃为有见，而祖思为无所守也。” [19]沃饶：土地肥沃，物产丰富。险

固：险要，坚固。［20］僻远：偏僻而遥远。［21］自：由于，因为。统万：古都名，赫连勃勃的都城，在今内蒙古乌审旗南的白城子。裁：同“才”，仅仅。［22］济河而西：渡过黄河到西方来。此黄河指今山西、陕西交界处的黄河，夏都统万城在黄河的西侧，魏都平城在黄河的东北侧。［23］适：正好，恰好。［24］南台：留驻南方的“行台”。行台，是中央政权的派出机构，以便就近行使中央职权。［25］录南台尚书事：总管南方行台的一切事宜。录，总管。南台尚书，即南方行台的尚书令。［26］真兴：胡夏主赫连勃勃的年号，共六年余。［27］骄虐：骄纵，暴虐。［28］草芥：路边干枯的小草，比喻轻贱的、微不足道的东西。［29］嫌忿：厌恶，生气。嫌，厌。忿，同“愤”。［30］忤（wǔ）视：以不驯顺的眼光相视。［31］决其唇：将其嘴唇割开。［32］司马楚之：字德秀，司马懿四弟司马馗八世孙，东晋益州刺史司马荣期之子，归顺北魏为大臣。传见《魏书》卷三十七。［33］奉其父荣期之丧：司马楚之护送其父司马荣期的灵柩回建康。此追述司马楚之在晋时之往事，被刘裕逼使投魏。荣期，即司马楚之之父司马荣期，为东晋益州刺史，谯纵造反，司马荣期率军进讨，在白帝城击败谯纵的将领谯明子，后被部下叛变分子参军杨承祖所杀。事见《资治通鉴》卷一百十四晋安帝义熙二年（406）。［34］宋公裕：原文“裕”误作“称”，据章校改。诛翦：诛杀，剪除。翦，同“剪”。才望：才干，声望。［35］宣期：即司马宣期，司马楚之的叔父。贞之：即司马贞之，司马楚之的哥哥。［36］亡匿：逃跑并躲藏。竟陵蛮：竟陵郡的少数民族。竟陵，古郡名，郡治在今湖北钟祥市。［37］休之：即司马休之，司马懿之弟司马进的六世孙，司马楚之的远房堂祖。司马休之被刘裕打败后自江陵奔秦，事见《资治通鉴》卷一百十七晋安帝义熙十一年（415）。［38］亡：逃亡，躲藏。汝、颍间：约当于今河南许昌市、周口市一带地区。汝、颍，二水名。［39］英气：英武、豪迈的气概。［40］折节：犹今之所谓“放下架子”。下士：屈身交结贤士。［41］屯据：屯驻，据守。长社：古县名，县治在今河南长葛市东。［42］沐谦：刘裕的刺客，前往刺杀司马楚之，后为楚之的真情所感动，成了楚之的贴身保镖。［43］赍（jī）：拿着。［44］勤笃（dǔ）：热情，厚道。［45］轻率：言行随便，不谨慎。［46］委身：托身，以身事人。［47］康：即王康，征虏将军王镇恶之弟。初为刘义隆参军。得知兄长王镇恶遇害，辗转投奔刘裕，授相国参军，迁宁朔将军、河东太守，封西平县男，进号龙骧将军。传见《宋书》卷四十五。［48］相国行参军：相国府的试用参军，犹今之所谓“候补”“试用”。时刘裕为相国。［49］纠合：集合，聚集。关中徙民：由关中流浪到洛阳一带的人。［50］驱帅：驱驰，率领。帅，同“率”。侨户：外地流落到洛阳一带侨居的人。［51］金墉城：古城名，当时洛阳城西北角上的小城。［52］宗室：帝王的宗族，此指司马氏。河南：郡名，郡治在今河南洛阳市，此指洛阳周围的地方。［53］司马文荣：东晋宗室。［54］乞活：因逃荒逃到洛阳来的灾民。［55］司马道恭：东晋宗室。元熙元年（419），司马道恭从东垣县率领三千人驻扎在金墉城西，后派遣使者向北魏投降。［56］东垣：县名，县治在今河南洛阳市西的新安县。城西：即金墉城西。［57］司马顺明：东晋宗室。陵云台：古台名，魏文帝曹丕所造，在当时的洛阳城宁阳门外。［58］柏谷坞：古地名，在今河南洛阳市偃师区东南。［59］河内镇将：镇守河内郡的将领。

于栗䃅（dī）：北魏名将，历事拓跋珪、拓跋嗣、拓跋焘三代。传见《魏书》卷三十一。［60］游骑：流动作战的游击骑兵。芒山：古山名，在洛阳城北，故也叫“北芒山”或“北邙山”。［61］河东：郡名，郡治在今山西夏县西北。［62］平等皆散走：上文未出现有名为“平”的人，疑有讹误。看文意，似指司马文荣、司马道恭、司马顺明诸人。［63］劝课：鼓励与督责。农桑：泛指农业及相应的手工业、养殖业。［64］甚：非常，很是。亲赖：亲近，信赖。［65］平阳：古郡名，郡治在今山西临汾市西南。薛辩：原是姚泓的部将，驻兵河曲，前不久投降了刘裕，今又反戈投魏。［66］夏人：华夏之人，即汉人。

夏，四月，秦征西将军孔子[1]帅骑五千讨吐谷浑觅地于弱水[2]南，大破之，觅地帅其众六千降于秦，拜弱水护军[3]。

庚辰[4]，魏主嗣有事于东庙[5]，助祭者[6]数百国；辛巳[7]，南巡至雁门[8]。五月，庚寅朔[9]，魏主嗣观渔于㶟水[10]；己亥[11]，还平城。

凉公歆用刑过严，又好治宫室，从事中郎张显[12]上疏，以为：“凉土三分[13]，势不支久[14]。兼并之本[15]，在于务农；怀远之略[16]，莫如宽简[17]。今入岁已来，阴阳失序[18]，风雨乖和[19]；是宜减膳彻悬[20]，侧身[21]修道，而更繁刑峻法，缮筑[22]不止，殆非所以致兴隆[23]也。昔文王[24]以百里而兴，二世[25]以四海而灭，前车之轨[26]，得失昭然[27]。太祖[28]以神圣之姿，为西夏所推[29]，左取酒泉[30]，右开西域[31]。殿下不能奉承遗志，混壹凉土[32]，侔踪张后[33]，将何以下见先王乎！沮渠蒙逊，胡夷之杰[34]，内修政事，外礼英贤，攻战之际，身均士卒[35]；百姓怀之，乐为之用。臣谓殿下非但不能平殄[36]蒙逊，亦惧蒙逊方为社稷之忧。”歆览之，不悦。

主簿氾称[37]上疏谏曰：“天之子爱人主[38]，殷勤至矣[39]，故政之不修，下灾异以戒告之[40]，改者虽危必昌，不改者虽安必亡。元年，三月，癸卯[41]，敦煌谦德堂[42]陷；八月，效谷地裂[43]；二年，元日[44]，昏雾四塞；四月，日赤无光，二旬乃复；十一月，狐上南门；今兹春、夏，地频五震；六月，陨星于建康[45]。臣虽学不稽古[46]，行年五十有九，请为殿下略言耳目之所闻见，不复能远论书传之事也。乃者，咸安之初[47]，西平[48]地裂[49]，狐入谦光殿前；俄而秦师奄至[50]，都城不守。梁熙既为凉州[51]，不抚百姓，专为聚敛，建元十九年[52]，姑臧南门崩，陨石于闲豫堂[53]；明年为吕光所杀[54]。段业称制此方[55]，三年之中，地震五十余所，既而先王龙兴于瓜州[56]，蒙逊篡弑于张掖[57]。此皆目前之成事[58]，殿下所明知也。效谷，先王鸿渐之地[59]，谦德，即尊之室[60]；基陷地裂，大凶之征也。日者，太阳之精，中国之象[61]；赤而无光，中国将衰。谚曰：'野兽入家，主人将去[62]。'狐上南门，亦变异之大者也。今蛮夷益盛，中国益微。愿殿下亟[63]罢宫室之役，止游畋[64]之娱，延礼英俊[65]，爱养百姓，以应天变、防未然[66]。"歆不从。

秋，七月，宋公裕始受进爵之命[67]。八月，移镇寿阳[68]，以度支尚书刘怀慎[69]为督淮北诸军事、徐州刺史，镇彭城。

辛未[70]，魏主嗣东巡；甲申[71]，还平城。

九月，宋王裕自解[72]扬州牧。

秦左卫将军匹达[73]等将兵讨彭利和于漒川[74]，大破之，利和单骑奔仇池[75]。获其妻子，徙羌豪三千户于枹罕，漒川羌三万余户皆安堵如故。冬，十月，以尚书右仆射王松寿为益州刺史，镇漒川。

宋王裕以河南萧条，乙酉[76]，徙司州刺史义真为扬州刺史，镇石头[77]。萧太妃[78]谓裕曰："道怜，汝布衣兄弟[79]，宜用为扬州。"裕曰："寄奴[80]于道怜，岂有所惜！扬州，根本所寄[81]，事务至多，非道怜所了[82]。"太妃曰："道怜年出五十，岂不如汝十岁儿邪？"裕曰："义真虽为刺史，事无大小，悉由寄奴。道怜年长，不亲其事，于听望不足[83]。"太妃乃无言。道怜性愚鄙而贪纵[84]，故裕不肯用。

十一月，丁亥朔[85]，日有食之。

十二月，癸亥[86]，魏主嗣西巡至云中[87]，从君子津[88]西渡河，大猎于薛林山[89]。

辛卯[90]，宋王裕加殊礼[91]，进王太妃[92]为太后，世子[93]为太子。

（以上为第十一段，写西凉主李歆用刑严厉，大造宫殿，不听大臣劝谏；东晋封刘裕为宋王，加殊礼，称世子为太子，儿子刘义真为扬州刺史，镇守石头城，掌控朝廷。）

【注释】

[1]孔子：即乞伏孔子，西秦将领，为征西将军。 [2]觅（mì）地：人名，吐谷浑部落头领。弱水：古水名，在今青海东部。此弱水不同于今蒙古境内的弱洛水，名同异地。 [3]弱水护军：西秦置，弱水地区的军事指挥官。 [4]庚辰：四月二十一日。 [5]有事于东庙：指举行祭祀东庙的活动。东庙，即白登山上的拓跋珪庙。因白登西还有拓跋珪庙，故称此为“东庙”。[6]助祭者：指出份子并亲自来参加祭祀活动的其他民族部落的头领。 [7]辛巳：四月二十二日。 [8]雁门：郡名，郡治广武，在今山西代县西南古城。 [9]庚寅朔：五月一日。 [10]观渔于灅（lěi）水：在灅水观看有关捕鱼的一种民俗活动。此风早在《左传》中就有记载。灅水，古水名，今河北遵化市西的沙河。 [11]己亥：五月十日。 [12]从事中郎：职务与“长史”相同，是当时国家三公与方镇大员的高级僚属。张显：西凉官员，为从事中郎。 [13]凉土三分：在古凉州的地面上如今存在着三个政权，指西凉李氏、北凉沮渠氏、西秦乞伏氏。古凉州约当今之甘肃全境。 [14]势不支久：这种“三分”的情势不能长久。 [15]兼并之本：指吞并其他部落、国家所靠的本钱。 [16]怀远之略：让其他地区的人思念你、倾慕你、愿意归附你的办法。 [17]宽简：指刑罚宽、赋税少。 [18]失序：次序混乱，失去常规。 [19]乖（guāi）和：反常，失调。 [20]减膳彻悬：降低膳食规格，撤去音乐不用，是古代帝王在国家遇到严重问题时做出的一种自责、自慎的姿态。彻，同“撤”，撤去。悬，指乐器、乐队的排列形式。古礼有所谓“天子宫悬，诸侯轩悬”。宫悬，即四面悬挂乐器。 [21]侧身：不敢正面而坐，极言其敬慎思过的样子。 [22]缮（shàn）筑：修治、建筑，大兴土木。 [23]殆（dài）非所以致兴隆：这不是国泰民安的办法。殆，委婉语，恐怕，大概。 [24]文王：即西周文王姬昌原是西方的一个小国诸侯，僻居岐山之下，后来逐渐强大，称王，至武王时，遂灭殷纣，建立周王朝。传见《史记》卷四。 [25]二世：即秦朝二世皇帝胡亥，由于残暴不仁，一个天下一统的江山被农民起义推翻了。秦朝二世而亡。传见《史记》卷六。 [26]轨：轨迹，引申为借鉴。 [27]昭然：显著、明显的样子。 [28]太祖：指李暠，庙号太祖。 [29]西夏：西部中国，此指甘肃西部的各州郡。推：推举，拥戴。李暠被甘肃西部诸侯推为敦煌太守，事见《资治通鉴》卷一百十一晋安帝隆安四年（400）。[30]左取酒泉：向东取得了酒泉郡。酒泉，古郡名，郡治在今甘肃酒泉市。 [31]右开西域：向西取得了古西域的大片地区，被东晋任为镇西将军、都督凉兴以西诸军事。 [32]混壹：统合为一。壹，同“一”。凉土：凉州地区。 [33]侔（móu）踪张后：建立一个与张氏政权相比的国家。侔踪，犹言“比迹”，和某人的事业相仿。张后，张氏家族的历代君主，指张轨、张重华、张骏等人，当时前凉政权的疆域曾包括今兰州以西的甘肃大部地区。 [34]胡夷之杰：匈奴民族的杰出人物。沮渠蒙逊是匈奴族人。 [35]身均士卒：犹言“身先士卒”。 [36]平殄（tiǎn）：平定，消灭。 [37]氾（fán）称：西凉官员，李歆时为主簿。 [38]天之子爱人主：老天爷对人间帝王的真挚关爱。子爱，像对待儿子一样地爱护。 [39]殷勤至矣：其尽心尽力的程度可以说是到家了。[40]政之不修，下灾异以戒告之：当人世帝王将国家政事弄得乱套的时候，上天就要降下灾异来

警告帝王。此是阴阳五行家“天人感应”的一贯说法：下政不修，则天降灾异；下政修治，则天降祥瑞。［41］元年，三月，癸卯：即李歆元年三月十三日。［42］敦煌谦德堂：昔张骏占据河西时，曾在姑臧（今甘肃武威市）修谦光殿，表示自己虽专治一方，但不改变尊崇东晋的臣节。李暠占据敦煌后，仿效谦光殿另起谦德堂，意思与张骏相同。敦煌，古都城名，西凉主建国时的都城，在今甘肃敦煌市。［43］效谷：县名，县治在今甘肃瓜州县。地裂：即地震，地壳快速释放能量过程中造成的振动。［44］二年，元日：李歆二年的正月一日。［45］陨星：即陨石，穿过大气层降落于地球表面的大流星体。建康：此指西凉境内的建康郡，郡治在今甘肃酒泉市东南。［46］学不稽（jī）古：学问不大，不能考查古典，引征旧文。这里是客气的说法。稽古，考查古代文献。［47］咸安之初：咸安初年。咸安，东晋简文帝司马昱的年号（371—372），共两年。［48］西平：古郡名，郡治在今青海西宁市。［49］地裂：地震造成的地裂。［50］俄而：不久。秦师奄（yǎn）至，都城不守：指三年后的太元元年（376），前秦苻坚的军队攻入姑臧，张氏的前凉政权灭亡。奄至，突然袭击，突然到达。［51］梁熙：凉州姑臧人，梁谠之弟，前秦苻坚的部下，张氏政权灭亡后，以为凉州牧。淝水之战苻坚战败，梁熙阻遏从西域回国的吕光大军。后被吕光擒斩。既为凉州：即担任凉州牧。［52］建元十九年：即前秦苻坚的建元十九年，当晋孝武帝太元八年（383），这年苻坚大败于淝水。［53］闲豫堂：姑臧城的殿堂名。［54］明年为吕光所杀：建元二十一年（385），吕光杀梁熙，据姑臧自立。吕光，字世明，前秦名将，后凉开国国主。传见《晋书》卷一百二十二。［55］段业：京兆（今陕西西安市附近）人，鲜卑族，北凉开国国君。传见《晋书》卷一百二十九。称制此方：段业在这里称帝的时候。称制，将自己的命令称作“制”，意即称帝。［56］既而：时间不久。先王龙兴于瓜州：李暠在敦煌一带起而自称君主。龙兴，平民起而称帝。瓜州，古郡名，即敦煌郡。［57］蒙逊篡弑于张掖：指沮渠蒙逊在张掖杀掉段业，自立为北凉王。［58］成事：现成的事实。［59］先王鸿渐之地：起家、开始创业的地方。鸿渐，谓鸿鹄飞翔从低到高，循序渐进。鸿，是一种水鸟，自水而渐于干，又渐于磐，又渐于陆，又渐于木，自下而进，渐升而上，以比喻帝王事业由低到高，逐步升迁。［60］即尊之室：登基称王的殿堂。［61］中国之象：我们西凉国的象征。中国，自称其西凉国，乃与周围的其他少数民族建立的政权相对而言。［62］野兽入家，主人将去：贾谊《鹏鸟赋》有所谓“野鸟入处，主人将去”，意思相同。［63］亟（jí）：同“急”，急忙，赶快。［64］游畋（tián）：出游，打猎。［65］延礼：恭敬地招纳。英俊：英雄豪杰。［66］应天变、防未然：对付天象的变化，防止灾难的发生。［67］始受进爵之命：指拖延到今天才接受了进爵“宋王”的诏命。［68］移镇寿阳：刘裕把自己的军政府迁到了寿阳，在今安徽寿县。［69］度支尚书：尚书台的属官，即后代所说的“户部尚书”，掌管全国的财政收支。刘怀慎：刘裕的堂兄弟，南朝刘宋开国功臣。传见《宋书》卷四十五。［70］辛未：八月十三日。［71］甲申：八月二十六日。［72］自解：自请解职。［73］左卫将军：古将领名，主管宫廷侍卫。匹达：即乞伏匹达，西秦将领，为左卫将军，改任湟河太守。［74］彭利和：羌族部落头领，后秦将领，为洮阳公，曾据守漒川，被西秦左卫将军乞伏匹达率军打败，逃亡仇池。

溋（qiáng）川：郡名，约在今青海东南部、与甘肃邻近处。［75］仇池：郡名，郡治在今甘肃成县西北。当时这一带地区属氐族头领杨盛。氐族杨氏累世居此，在此建立仇池国，先后包括前仇池国、后仇池国、武都国、武兴国、阴平国五个政权。［76］乙酉：十月二十八日。［77］石头：即石头城，古城名，在今江苏南京市。［78］萧太妃：刘道怜的生母，刘裕的继母。［79］布衣兄弟：意谓曾一同经历过贫困平民生活的弟兄。刘道怜是刘裕的二弟。［80］寄奴：刘裕的小名。对长辈说话自称小名，以表示尊敬对方。［81］根本所寄：意谓是全国的中心，国家政权所在地。［82］非道怜所了：不是刘道怜所能管好的。了，到，办好。［83］于听望不足：让人看了、听了不满意。［84］愚鄙：愚昧，鄙陋。贪纵：贪婪，放纵。［85］丁亥朔：十一月一日。［86］癸亥：十二月七日。［87］云中：郡名，郡治盛乐，在今内蒙古和林格尔县北。［88］君子津：黄河渡口名，在今内蒙古托克托县东南，清水河县西北。［89］薛林山：古山名，在今内蒙古准格尔旗东。［90］辛卯：十二月一日是“丁巳”，本月没有“辛卯”，记载有误。［91］加殊礼：给予他一般大臣不能享受的礼遇。［92］王太妃：宋王太妃，即上文所说的萧太妃。［93］世子：即嫡子刘义符。

【点评】

长安得而复失。在这一卷中，着重记载了刘裕北伐西征，收复洛阳，攻下长安，消灭后秦，而后长安复失的一段历史。这几乎是东晋最为辉煌的时期，刘裕经过两次北伐，黄河以南、淮水以北以及汉水上游的大片地区，均为其据有。这是东晋北伐的最高成就，也让刘裕的声望达到了顶点。刘裕收复长安，大快人心，后又痛失长安，诸多教训，令人深思。

其一，刘裕攻下长安后，没有做好善后工作，为什么要匆匆忙忙返回东晋都城建康？明显是由于留守的大臣刘穆之去世，刘裕害怕朝廷失控，一旦朝廷有失，则东晋国将不国。这理由有些冠冕堂皇，实际上是刘裕的私念在作祟。刘裕所做的梦，是帝王梦，他要将东晋王朝取而代之。因此，他所做的一切，都是朝着这个目标迈进的。而刘穆之对刘裕的才能极为佩服。刘裕出征在外，刘穆之是他在朝廷的代理人，在建康总掌朝政，支援在外征战的军队，做事十分顺畅。当时，刘裕在北伐大军刚刚攻占洛阳后，就急匆匆派人返回建康，讽喻朝廷赏赐“九锡”。九锡，是皇帝赐给有杰出功勋的臣属的九种礼器，属于最高等级礼遇。当然，它还有另外一层含义——几乎成了谋朝篡位的代名词。王莽、曹操、司马昭在即位前，都曾被赐以九锡。刘穆之听说后，作为刘裕的心腹竟没想到将刘裕的心思及早地提出，既惭愧而又恐惧，在极度郁闷之中竟然一病不起。这时候，刘裕焦急万分，一旦不能掌控朝廷，他将无立足之地，更不要说谋夺皇位了！于是，他毫不犹豫地离开长安，返回东晋朝廷。不客气地说，刘裕是将皇帝梦凌驾于统一河山的大业之上！

其二，刘裕对长安留守官员的安排有失妥当，留下了隐患。刘裕确定离开长安前，对留守长安的人事安排是由12岁的儿子刘义真镇守，王修、王镇恶、沈田子等文武大臣共同守护。沈田子请示刘裕，认为王镇恶的老家在关中，不能完全信任他，言下之意是王镇恶有可能谋反，将如何是好？这本身就是一个不怀好意、别有用心的假设命题，因为沈田子与王镇恶争功，必欲将后者置之死地而方休。而刘裕的回答则匪夷所思，说："我留你们这些文武官员、将领和精锐士兵一万人，王镇恶如果图谋不轨，只能是自取灭亡。"这分明是有一种暗示的意思。既然对王镇恶不信任，为什么要委以重任呢？既然委以重任，为什么要予以猜忌呢？既然知道沈田子与王镇恶之间有嫌隙，为什么不做正面疏导呢？如此草率安排长安留守之事，刘裕的平生才略又到哪里去了呢？刘裕这样做的结果是，留守长安的文武大臣发生内讧，沈田子以谋反的罪名杀掉王镇恶，王修以擅杀朝廷大臣的罪名杀掉沈田子，而刘义真听信谗言又杀掉了王修。留守长安的几位大臣在战场上个个所向披靡，建立功勋，却就这样莫名其妙地被杀掉了，使长安门户洞开！对此，刘裕负有不可推卸的责任。司马光曾予以批评，认为："刘裕既然委任王镇恶镇守关中，又与沈田子说了不该说的话，是挑拨他们相斗为乱。太可惜了！"诚哉，斯言！

其三，更要深究的是，刘裕任用一个不懂事的孩子镇守关中，等于把关中拱手让人。当时的长安，人心不稳，矛盾尖锐，西夏等国虎视眈眈，刘裕居然让年仅十二岁的儿子刘义真来镇守，刘义真对诸将任意赏赐，没有节制，大臣王修常常予以劝止，他很不舒服，就听信谗言，杀掉了王修，自断臂膀；刘裕得知此事，知道长安不保，将朱龄石作为替死鬼，让他前去送死，嘱咐刘义真快速返回，一刻也不能停留，逃命要紧。而刘义真则在返回的车辆上都装满了金银财宝、奴婢，然后两车并进，缓慢向东撤退。结果被西夏兵马追上，所有士兵全部战亡，刘义真东躲西逃而返回。

以上三点，可以窥见长安得而复失的真相，是刘裕的私念作祟、怂恿争斗、任用非人而造成！长安得而复失的更深层意义，是暴露了南迁王朝的结构性腐败，上层统治集团把民族复兴的大义让位于争权夺利，北伐中兴已经不可能，历宋齐梁陈，皆苟安于江南，终归于北方统一南方。

卷一一九　宋纪一

宋武帝永初元年至营阳王景平元年（420—423年）

【起上章涒滩（庚申，420年），尽昭阳大渊献（癸亥，423年），凡四年】

【大事提要】

本卷记事起于公元420年，到公元423年，凡四年，时当宋武帝（刘裕）永初元年至营阳王（刘义符）景平元年。本卷所载大事，主要有五个方面。其一，刘裕篡晋立宋，东晋灭亡。公元420年，东晋宋王刘裕见时机成熟，命令党徒傅亮草拟好禅位诏书，入宫逼迫恭皇帝司马德文誊抄。司马德文随后退居到琅邪王府。东晋存在104年，至此灭亡。刘裕称帝，将国号改为“宋”，改元为永初。其二，北凉灭西凉。公元420年，北凉主沮渠蒙逊想消灭西凉，便用计，声称要攻打西秦的浩亹台，而后偷偷把队伍拉回川岩。西凉主李歆见有机可乘，便带领3万兵马去袭击北凉国都姑臧，遭到沮渠蒙逊埋伏，全军覆没。沮渠蒙逊灭掉西凉国，占领整个凉州地区。其三，刘裕去世，太子即位。公元422年，刘宋武帝刘裕计划出征北魏，结果还未来得及出兵，便病逝，时年59岁。遗命司空徐羡之、尚书仆射傅亮、领军将军谢晦以及护军将军檀道济四人为顾命大臣，辅助太子刘义符。刘义符即皇帝位，次年更改年号为景平。其四，北魏攻打刘宋。北魏主拓跋嗣乘刘宋武帝刘裕病逝之机，凭借强大的军力，沿着黄河流域全面开战，重点进攻并夺取了黄河以南的虎牢、洛阳、滑台等军事重镇。南朝宋军善于守城，顽强抵抗，使魏军付出了重大的伤亡代价。战争双方都没有取得真正胜利。其五，北魏筑长城。公元423年，柔然汗国频繁入侵，铁蹄纵横，严重威胁着北魏北部边疆的安全。于是，魏明元帝拓跋嗣为防备北方草原上的柔然和契丹的进攻，在广阔的大草原上修建北疆长城，起自赤城，至于五原、阴山，延绵2000多里，备置戍卫。

高祖武皇帝[1]

永初[2]元年（庚申，420年）

春，正月，己亥[3]，魏主还宫。

秦王炽磐立其子乞伏暮末为太子，仍领抚军大将军、都督中外诸军事，大赦，改元建弘。

宋王欲受禅而难于发言，乃集朝臣[4]宴饮，从容[5]言曰："桓玄篡位，鼎命已移[6]。我首唱[7]大义，兴复帝室，南征北伐，平定四海，功成业著，遂荷九锡[8]。今年将衰暮[9]，崇极如此[10]，物忌盛满[11]，非可久安；今欲奉还[12]爵位，归老京师[13]。"

群臣惟[14]盛称功德，莫谕其意[15]。日晚，坐散。中书令傅亮还外[16]，乃悟，而宫门已闭，亮叩扉[17]请见，王即开门见之。亮入，但[18]曰："臣暂宜还都[19]。"王解其意，无复他言，直云[20]："须几人自送[21]？"亮曰："数十人可也。"即时奉辞[22]。

亮出，已夜[23]，见长星竟天[24]，拊髀[25]叹曰："我常不信天文，今始验矣[26]。"

亮至建康，夏，四月，征王入辅[27]。王留子义康为都督豫·司·雍·并四州诸军事、豫州刺史，镇寿阳。义康尚幼，以相国参军南阳刘湛为长史[28]，决府、州事[29]。湛自弱年即有宰物[30]之情，常自比管、葛[31]，博涉书史[32]，不为文章[33]，不喜谈议[34]。王甚重之。

五月，乙酉[35]，魏更谥[36]宣武帝曰"道武帝"。

魏淮南公司马国璠、池阳子司马道赐谋外叛，司马文思告之。庚戌[37]，魏主杀国璠、道赐，赐文思爵郁林公。国璠等连引平城豪桀[38]，坐族诛者数十人。章安侯封懿之子玄之当坐[39]，魏主以玄之燕朝旧族，欲宥[40]其一子。玄之曰："弟子磨奴[41]早孤，乞全其命。"乃杀玄子四子而宥磨奴。

（以上为第一段，写东晋宋王刘裕自以为功大，欲让恭帝司马德文禅位与他，但无从说起，便宴请群臣，借着酒兴讽喻，中书令傅亮心领神会，去建康做恭帝的工作。）

【注释】

［1］高祖武皇帝：即刘裕，字德舆，小名寄奴，彭城人，南朝刘宋开国君主（420—422在位）。对内平定孙恩，消灭桓楚，对外消灭南燕、后秦，一度光复洛阳、长安。总揽东晋军政大权，官拜相国、扬州牧，封宋王。后代晋自立，国号“宋”，定都建康。庙号高祖，谥号武皇帝。传见《宋书》卷一。［2］永初：南朝宋刘裕称帝的年号。［3］己亥：正月十四日。［4］朝臣：此指刘裕宋王府的臣属，以及朝中心腹大臣。［5］从容：摆出一副悠闲的、若无其事的样子。［6］鼎命已移：国家的命运已经改变。意思是东晋朝廷已灭，天命已经转移。［7］首唱：即首倡，首先倡导，最先发起。唱，同“倡”。［8］荷九锡：蒙受了“九锡”荣宠。［9］年将衰暮：自己快到年老力衰的时候了。年，年岁，年纪。衰暮，迟暮，比喻晚年。［10］崇极如此：权势地位之高达到了这种程度，无以复加了。［11］物忌盛满：人们最忌惮的是盛极一时，古代有“月盈则亏，水满则溢”的说法。物忌，众人忌惮、忌妒。盛满，满盈，盛极。［12］奉还爵位：把自己的爵位、权力退回给朝廷。［13］归老京师：退休到京城去当平民。老，退休。当时刘裕的军政府设在寿阳，故用“归老京师”字样。［14］惟：同“唯”，只有。［15］莫谕其意：不明白刘裕说这话是什么意思。谕，晓谕，知晓。［16］傅亮还外：宴席已散，傅亮回家，已走出宫门。傅亮，字季友，刘宋开国功臣。传见《宋书》卷五十三。［17］叩（kòu）扉（fēi）：敲拍大门。按傅亮出宫后悟出刘裕以退为进，口称辞职，实乃讽喻受禅，故又返回。［18］但：只，只是。［19］暂宜还都：应该回东晋都城建康去一趟，意思是回去令东晋皇帝司马德文禅位。当时傅亮为侍中，领世子中庶子，再迁中书令。在东晋朝廷和宋国都担任要职。［20］直云：只是说，直接问。［21］须几人自送：要多少人护送你去，即需要多少保镖。自送，护送自己。送，跟随，即保镖。［22］奉辞：告辞。［23］亮出，已夜：傅亮再出宫时已经是深夜。［24］长星竟天：一道彗星自天空的这头直到那头。旧说彗星出现是除旧布新、改朝换代的征兆。［25］拊髀（bì）：拍着大腿，恍然醒悟的样子。［26］今始验矣：今天才相信天文预兆确实会应验。［27］征王入辅：调刘裕入朝辅佐皇帝。可知傅亮已在朝廷起了作用。［28］相国参军：相国刘裕的僚属。参军，即参军事，军事参谋。刘湛（zhàn）：字弘仁，南朝宋功臣。刘裕受禅，任用刘湛为刘义康长史，遂与刘义康等结成朋党，专擅朝政。后为文帝所杀。传见《宋书》卷六十九。长史：都督府、州刺史的高级僚属。［29］决府、州事：处理都督府与豫州刺史的一切事务。［30］弱年：弱冠之年，年少时。宰物：治民，管理人。物，人。［31］自比管、葛：刘湛常常把自己比作管仲、诸葛亮，指其自信有辅佐之才。［32］博涉：广泛地涉猎、阅读。书史：典籍，经史一类书籍。［33］不为文章：不刻意为文。［34］不喜谈议：不崇尚清谈。［35］乙酉：五月二日。［36］魏更谥：北魏改北魏奠基者拓跋珪的谥号，将宣武帝改为道武帝。［37］庚戌：五月二十七日。［38］连引：牵连，涉及，指供出同盟者。平城豪桀：拓跋氏都城里的名流。平城，北魏都城，在今山西大同市东北。［39］“章安侯”句：北魏有功大臣章安侯封懿之子封玄之，也被牵连有罪，应灭族。当坐，应当判罪，此为灭族之罪。［40］宥（yòu）：宽恕，赦免。［41］磨奴：即封磨奴，字君明，被封玄之

保护而活下来的侄儿，受刑成为北魏宦官。后出使张掖，赐爵富城子，加授建威将军、给事中。后出任冠军将军、怀州刺史。赠平东将军、冀州刺史、勃海公。谥号定。传见《魏书》卷三十二。

六月，壬戌[1]，王至建康[2]。傅亮讽[3]晋恭帝禅位于宋，具诏草[4]呈帝，使书之[5]。帝欣然操笔，谓左右曰："桓玄之时，晋氏已无天下，重为刘公所延，将二十载[6]；今日之事，本所甘心。"遂书赤纸为诏。

甲子[7]，帝逊于琅邪第[8]，百官拜辞，秘书监徐广流涕哀恸[9]。

丁卯[10]，王为坛于南郊，即皇帝位。礼毕，自石头备法驾[11]入建康宫。徐广又悲感流涕，侍中谢晦谓之曰："徐公得无小过[12]！"广曰："君为宋朝佐命[13]，身是晋室遗老[14]，悲欢之事，固不可同。"广，邈[15]之弟也。

帝临太极殿，大赦，改元。其犯乡论清议[16]，一皆荡涤[17]，与之更始[18]。

裴子野[19]论曰：昔重华受终[20]，四凶流放[21]；武王克殷[22]，顽民迁洛[23]。天下之恶一也[24]，乡论清议，除之，过矣[25]！

奉晋恭帝为零陵王[26]，优崇[27]之礼，皆仿晋初故事[28]，即宫于故秣陵县[29]，使冠军将军刘遵考将兵防卫。降褚后为王妃。

追尊皇考[30]为孝穆皇帝，皇妣赵氏[31]为孝穆皇后；尊王太后萧氏为皇太后。上事萧太后素谨[32]，及即位，春秋已高[33]，每旦入朝太后[34]，未尝失时刻[35]。

诏晋氏封爵[36]，当随运改[37]，独置始兴、庐陵、始安、长沙、康乐五公[38]，降爵为县公及县侯[39]，以奉王导、谢安、温峤、陶侃、谢玄之祀，其宣力义熙、豫同艰难[40]者，一仍本秩[41]。

庚午[42]，以司空道怜[43]为太尉，封长沙王。追封司徒道规为临川王[44]，以道怜子义庆[45]袭其爵。其余功臣徐羡之等，增位进爵各有差[46]。

追封刘穆之为南康郡公，王镇恶为龙阳县侯。上每叹念[47]穆之，曰："穆之不死，当助我治天下。可谓'人之云亡，邦国殄瘁[48]'。"又曰："穆之死，人轻易我[49]。"

立皇子桂阳公义真为庐陵王，彭城公义隆为宜都王，义康为彭城王。

己卯[50]，改《泰始历》为《永初历》[51]。

（以上为第二段，写东晋改朝换代，恭帝司马德文退位，降为零陵王，刘裕即皇帝位，建立宋朝，史称刘宋，改元永初，大封宗亲功臣。）

【注释】

[1]壬戌：六月九日。 [2]王至建康：宋王刘裕由寿阳来到东晋都城建康，入朝。 [3]讽：吹风，暗示。即傅亮隐微示意晋恭帝禅位。 [4]具诏草：傅亮事先准备好了让位诏书的草稿。 [5]使书之：让司马德文亲自抄写一遍。 [6]将二十载：自晋安帝元兴元年（402）桓玄篡位，至元熙二年（420），共十九年。 [7]甲子：六月十一日。 [8]逊（xùn）于琅邪第：退位后回到琅邪王府去居住。因东晋元帝司马睿即位前任琅邪王，所以他的后世子孙，退位后就回到"琅邪第"。东晋自元帝即位（317）至此亡国，共历一百零三年。逊，辞让，退让。 [9]徐广：字野民，学识渊博，品德纯朴，为著名学者。时任东晋秘书监。入宋为中散大夫。撰有《晋纪》《史记音义》等。传见《晋书》卷八十二。流涕：流泪。哀恸（tòng）：悲哀到了极点。 [10]丁卯：六月十四日。 [11]石头：即石头城，建康城西北部的小城，当时的重要驻兵之地，在今江苏南京市西侧的秦淮河畔。法驾：皇帝车驾的一种。裴骃《史记集解》引蔡邕曰："天子有大驾、小驾、法驾。法驾上所乘，曰'金根车'，驾六马，有五时副车，皆驾四马，侍中参乘，属车三十六乘。" [12]得无小过：意思是悲哀得是否过了头。得无，是不是，难道不。 [13]君：您，对谢晦的敬称。佐命：辅助帝王创业的人。 [14]身：徐广自称，犹今之所谓"我"。遗老：指改朝换代后仍然效忠前朝的老年人。 [15]邈：即徐邈，字仙民，徐广之兄，当时著名学者，撰有《正五经音训》，注《谷梁传》等。传见《晋书》卷九十一。 [16]犯乡论清议：被当时的名教与其所在州郡的品评所不容的人，大多为出身门第不高的人。因当时的情况是"上品无寒门，下品无士族"。乡论，乡里的评论。古代由乡大夫考核评论，推举人才。清议，公正的议论。 [17]一皆荡涤（dí）：一概废除过去所加予人才之士的贬抑之辞。因为刘裕本人就因为出身门第不高，而受到当时上流社会的贬斥。 [18]与之更始：允许过去受贬斥的人改过自新，从头开始。 [19]裴子野：字几原，宋太中大夫裴松之曾孙，历仕齐、梁。史学家，著有《宋论》。传见《梁书》卷三十。以下言论见于《宋论》。 [20]重华受终：虞舜接受唐尧的禅让。重华，即虞舜。 [21]四凶流放：《尚书》有所谓"流共工于幽州，放欢兜于崇山，窜三苗于三危，殛鲧于羽山"。一说"四凶"是上古时代舜帝流放到四方的四个凶神，即混沌、穷奇、梼杌、饕餮。见《史记》卷一。 [22]武王克殷：周武王灭掉商朝。 [23]顽民迁洛：《尚书·毕命》有所谓"毖殷顽民，迁于洛邑"。《史记·周本纪》载："成王使召公营洛邑，迁殷之遗民"。顽民，不服管教之民，指殷都朝歌的遗民，曾有武庚之乱，故称顽民。洛，

洛邑，在今河南洛阳市。［24］天下之恶一也：普天下的罪恶，历来都是相同的。［25］乡论清议，除之，过矣：意即对“乡论清议”的那些话加以否定，这是不对的。魏晋以来的“乡论清议”，是为世家豪族服务的舆论，从被压迫的一方而言，自然是要否定的，这是立场问题。裴子野特别否定刘裕的这一举措，分明表现了他的腐朽贵族立场。［26］零陵王：封晋恭帝司马德文为零陵王。封地为零陵郡，零陵郡的郡治在今湖南永州市零陵区。［27］优崇：优待而尊崇。指对恭帝的生活待遇。［28］仿晋初故事：依照当年司马炎篡位后对待魏元帝曹奂的办法。当时的做法是“封魏帝为陈留王，邑万户，居于邺宫”。［29］即宫于故秣陵县：让晋恭帝司马德文搬到故秣陵县去居住。故秣陵县在今江苏南京市东南的江宁区南。宫，用如动词，意即居住。［30］皇考：即皇上之父。刘裕皇考刘翘，字显宗，仕东晋为郡功曹。死后，葬丹徒（今江苏镇江市丹徒区），后称兴宁陵。永初元年（420）六月，追尊为孝穆皇帝。［31］皇妣赵氏：刘裕的生母，生下刘裕后即死去，刘裕由其继母萧氏养大。［32］素谨：一向恭敬谨慎。［33］春秋已高：刘裕称帝时年五十八岁。［34］每旦入朝太后：指每早都拜见太后，给其继母请安。朝，拜见。［35］失时刻：迟到或是无故不来。［36］诏晋氏封爵：命令晋朝时受封的各王侯世族。［37］当随运改：应该跟着改朝换代而加以改变。运，运命，即改朝换代。［38］独置：只保留。始兴、庐陵、始安、长沙、康乐五公：始兴公，始受封者是王导，始兴国的都城在今广东韶关市东南。庐陵公，始受封者是谢安，庐陵国的都城石阳，在今江西吉水县东北。始安公，始受封者是温峤，始安国的都城在今广西桂林市。长沙公，始受封者是陶侃，长沙国的都城在今湖南长沙市；康乐公的始受封者是谢玄，康乐国的都城在今江西南昌市附近。以上五人的后代仍可袭爵受封。［39］降爵为县公及县侯：先前所封的五公，始兴、庐陵、始安、长沙四公由郡公降爵为县公，康乐公降爵为县侯。［40］宣力义熙、豫同艰难：指义熙元年（405）在消灭桓玄时出过力，和刘裕军一同奋斗过的人。宣力，效力，尽力。义熙（405—418），东晋安帝司马德宗的第三个年号，共计十四年。豫同，与同，一同，同心协力。豫，同“与”。［41］一仍本秩：还享有原来的勋级。秩，等级。［42］庚午：六月十七日。［43］道怜：一作刘道邻，宋武帝刘裕二弟，南朝宋宗室大臣。传见《宋书》卷五十一。［44］道规：即刘道规，字道则，刘裕三弟，东晋末期名将。在消灭桓玄与卢循的征战中立有大功。传见《宋书》卷五十一。临川王：封地临川郡，郡治在今江西抚州市。［45］义庆：即刘道怜之子刘义庆，南朝宋文学家。袭封南郡公，晋爵封临川王。著有《后汉书》《徐州先贤传》《江左名士传》《世说新语》。传见《宋书》卷五十一。［46］各有差：根据功劳大小各有不同的进封。［47］叹念：感叹，怀念。［48］人之云亡，邦国殄（tiǎn）瘁（cuì）：语见《诗经·瞻卬》，意思是这个人的死，是国家的重大损失。殄瘁，枯萎，凋谢。［49］人轻易我：人们会很容易瞧不起我，因为再没有刘穆之的周密运筹，防漏补隙。轻，随便，容易。易，轻视，看不起。［50］己卯：六月二十六日。［51］改《泰始历》为《永初历》：意即废除《泰始历》，改用《永初历》。《泰始历》，是晋武帝司马炎篡夺魏国政权后颁行的新历法，因为司马炎的第一个年号是“泰始”，故称晋朝的新历法为《泰始历》；现在刘裕又篡夺了司马氏的政权，他也要废止晋朝的历法，颁行刘宋政权的新历法。因为刘裕的第一个年号叫“永初”，所以将新历法叫《永初历》。自夏、商、周以来，每改换一个朝代，就要变更一回历法。因为改历象征得天命，历代如此。

魏主如翳犊山[1]，遂至冯卤池[2]。闻上受禅，驿召崔浩告之[3]曰：“卿往年之言验[4]矣，朕于今日始信天道[5]。”

秋，七月，丁酉[6]，魏主如五原[7]。

甲辰[8]，诏以凉公歆为都督高昌[9]等七郡诸军事、征西大将军、酒泉公；秦王炽磐为安西大将军。

交州刺史杜慧度击林邑[10]，大破之，所杀过半。林邑乞降，前后为所钞掠[11]者皆遣还。慧度在交州，为政纤密[12]，一如治家，吏民畏而爱之，城门夜开，道不拾遗。

丁未[13]，魏主如云中[14]。

河西王蒙逊欲伐凉，先引兵攻秦浩亹[15]。既至，潜师还屯川岩[16]。

凉公歆欲乘虚袭张掖，宋繇、张体顺切谏，不听。太后尹氏谓歆曰：“汝新造之国，地狭民希[17]，自守犹惧不足，何暇伐人！先王临终，殷勤戒汝[18]，深慎用兵，保境宁民，以俟天时。言犹在耳，奈何弃之！蒙逊善用兵，非汝之敌[19]，数年以来，常有兼并之志。汝国虽小，足为善政，修德养民，静以待之。彼若昏暴，民将归汝；若其休明[20]，汝将事之[21]；岂得轻为举动，侥冀非望[22]！以吾观之，非但丧师，殆将[23]亡国！”亦不听。宋繇叹曰：“今兹大事去矣！”

歆将步骑三万东出。蒙逊闻之曰：“歆已入吾术中。然闻吾旋师[24]，必不敢前。”乃露布西境[25]，云已克浩亹，将进攻黄谷[26]。歆闻之，喜，进入都渎涧[27]。蒙逊引兵击之，战于怀城[28]，歆大败。或劝歆还保酒泉。歆曰：“吾违老母之言以取败，不杀此胡，何面目复见我母！”遂勒兵战于蓼泉[29]，为蒙逊所杀[30]。歆弟酒泉太守翻[31]、新城太守预、领羽林右监密、左将军眺、右将军亮[32]西奔敦煌[33]。

蒙逊入酒泉，禁侵掠，士民安堵[34]。以宋繇为吏部郎中，委之选举；凉之旧臣有才望[35]者，咸礼而用之[36]。以其子牧犍[37]为酒泉太守。敦煌太守李恂[38]，翻之弟也，与翻等弃敦煌奔北山[39]。蒙逊以索嗣之子元绪行敦煌太守[40]。

蒙逊还姑臧，见凉太后尹氏而劳[41]之。尹氏曰："李氏为胡所灭[42]，知复何言[43]！"或谓尹氏曰："今母子[44]之命在人掌握，奈何傲[45]之！且国亡子死，曾无[46]忧色，何也？"尹氏曰："存亡死生，皆有天命，奈何更如凡人，为儿女子之悲[47]乎！吾老妇人，国亡家破，岂可复惜余生，为人臣妾[48]乎！惟速死为幸耳。"蒙逊嘉而赦之，娶其女为牧犍妇。

（以上为第三段，写北凉主沮渠蒙逊准备进攻西凉，设下圈套，先出兵东攻西秦，然后秘密回军待机，而西凉主李歆不听劝阻，一意孤行，出兵攻打北凉，遭蒙逊还击，全军覆没，李歆被杀，国家灭亡。）

【注释】

[1]如：到，至。翳（yì）犊山：古山名，在今内蒙古土默特右旗北。[2]冯卤池：古地名，即五原盐地，在今内蒙古包头市西北。[3]驿召崔浩告之：通过驿站召回崔浩而告之，极言其欲告心情之急切。[4]往年之言：即预言刘裕行将篡位之事。验：灵验，得到验证。[5]天道：显示征兆的天象。[6]丁酉：七月十五日。[7]五原：郡名，郡治在今内蒙古包头市西北。[8]甲辰：七月二十二日。[9]高昌：郡名，郡治在今新疆吐鲁番市东。[10]杜慧度：交州刺史杜瑗之子，东晋、刘宋之际封疆大吏。宋武帝时，进号辅国将军，击降林邑。赠左将军。传见《宋书》卷九十二。林邑：也叫占城、占婆，南方境外的小国，在今越南的中南部。因其屡次侵犯交州的郡县，故刺史杜慧度讨击之。[11]钞掠：同"抄掠"，此指被劫掠去的人。[12]纤密：言其规章、法律条文多，管得严，举止得当。[13]丁未：原为"己未"，据章校改。丁未，七月二十五日。[14]云中：郡名，郡治在今内蒙古和林格尔县西北。[15]浩亹（wěi）：县名，县治在今甘肃永登县西南。[16]川岩：古地名，在今青海西宁市北。[17]希：同"稀"，稀少。[18]殷勤戒汝：再三叮嘱，谆谆告诫。[19]非汝之敌：不是你所能对付得了的。[20]休明：美好、光明，指其政治局面。[21]汝将事之：你就好好地侍奉他。[22]侥冀非望：贪图侥幸地想要得到自己不该要的东西。[23]殆（dài）将：差不多，将要。[24]旋师：回师，撤回。[25]露布西境：向西部边境公开地宣扬。露布，犹今之所谓"公开通报"。[26]黄谷：古地名，在今青海民和县境。[27]都渎涧：古地名，在今甘肃张掖市郊区。[28]怀城：古地名，在今甘肃酒泉市东。[29]勒兵：统兵。蓼（liǎo）泉：古地名，在今甘肃高台县东南。[30]为蒙逊所杀：西凉自李暠公元405年据敦煌称王至此灭亡，共历二十八年。[31]翻：即李翻，字士举，凉武昭王李暠第六子，李歆之弟，西凉祁连、酒泉、晋昌三郡太守。西凉灭国之后，不知所终。[32]新城：郡名，郡治在甘肃酒泉市。预、密、眺（tiào）、亮：即李预、李密、李眺、李亮，均

为西凉主李暠之子，李歆之弟。［33］西奔敦煌：兄弟四人西逃投奔敦煌太守李恂。［34］安堵：各安其位，不受惊扰。［35］才望：才能，威望。［36］咸礼而用之：都以礼相待，留用为官。［37］牧犍（qián）：《晋书》作“茂虔”，即沮渠牧犍，字茂虔，沮渠蒙逊第三子，后为北凉第三位国主。传见《魏书》卷九十九。［38］李恂：字士如，李歆之弟，西凉敦煌太守，一度逃往北山，随后返回敦煌重建西凉，改元永建。后再度被北凉军攻杀，西凉灭亡。传见《晋书》卷八十七。［39］北山：古地名。［40］元绪：即索元绪，敦煌人，北凉右卫将军索嗣之子，沮渠蒙逊灭杀西凉主李歆后，任为代理敦煌太守，因暴虐无道，被西凉主李暠之子李恂取代，逃亡。行敦煌太守：代理敦煌太守之职。［41］尹氏：西凉主李暠之妻，李歆之母。颇有识见，时被沮渠蒙逊所俘，带到姑臧。劳：慰问，安慰。［42］为胡所灭：被你们胡人所消灭。胡，指沮渠蒙逊。沮渠蒙逊是匈奴族的卢水胡人，原来活动在今甘肃张掖一带地区。［43］知复何言：我早就预见到了，还有什么可说的。［44］母子：指尹氏与其女。［45］傲：倨傲，傲慢。［46］曾无：一点儿也没有。［47］为儿女子之悲：像小孩子一样哭哭啼啼。［48］为人臣妾：给人家当奴隶、当女仆。

八月，辛未[1]，追谥妃臧氏[2]为敬皇后。癸酉[3]，立王太子义符为皇太子。

闰月，壬午[4]，诏晋帝诸陵悉置守卫。

九月，秦振武将军王基等袭河西王蒙逊胡园戍[5]，俘二千余人而还。

李恂在敦煌有惠政，索元绪粗险[6]好杀，大失人和。郡人宋承、张弘[7]密信招恂。冬，恂帅数十骑入敦煌，元绪东奔凉兴[8]。承等推恂为冠军将军、凉州刺史，改元永建[9]。河西王蒙逊遣世子政德[10]攻敦煌，恂闭城不战。

十二月，丁亥[11]，杏城羌酋狄温子[12]帅三千余家降魏。

是岁，魏姚夫人[13]卒，追谥昭哀皇后。

（以上为第四段，写刘裕追谥结发妻子为敬皇后；立世子刘义符为皇太子；西凉敦煌太守李恂有惠政，深得民心，而北凉新派的太守索元绪，粗暴好杀，大失人和，又被李恂取而代之，为西凉主，改元永建。）

【注释】

［1］辛未：八月十九日。［2］妃臧氏：刘裕之妻臧氏，前已死，尊为敬皇后。［3］癸酉：八月二十一日。［4］闰月，壬午：闰八月一日。［5］胡园戍：古地名，在今甘肃永登县附近。［6］粗险：粗暴，凶狠。［7］宋承、张弘：敦煌人。［8］凉兴：郡名，郡治在今甘肃敦煌市东。

[9]永建：西凉主李恂复国后的年号，共数月。[10]政德：即沮渠政德，北凉太祖沮渠蒙逊长子，北凉太子。常奉父亲之命南征北讨，或替父镇守张掖。后柔然进攻河西，迎战失败，被杀。[11]丁亥：十二月七日。[12]杏城：古地名，在今陕西黄陵县西南，当时属夏主赫连勃勃。羌酋：羌族头领。狄温子：杏城地区的羌族头领，曾率领三千余家投降北魏。[13]姚夫人：即后秦主姚兴之女西平公主，于义熙十一年（415）往嫁北魏主拓跋嗣，因铸金人未成，遂为夫人。追谥昭哀皇后。

二年（辛酉，421年）

春，正月，辛酉[1]，上祀南郊[2]，大赦。

裴子野论曰：夫郊祀天地[3]，修岁事[4]也；赦彼有罪，夫何为哉[5]！

以扬州刺史庐陵王义真为司徒，尚书仆射徐羡之为尚书令、扬州刺史，中书令傅亮为尚书仆射。

辛未[6]，魏主嗣行如公阳[7]。

河西王蒙逊帅众二万攻李恂于敦煌。

秦王炽磐遣征北将军木弈干、辅国将军元基攻上邽[8]，遇霖雨[9]而还。

三月，甲子[10]，魏阳平王熙[11]卒。

魏主发代都六千人筑苑[12]，东包白登[13]，周三十余里。

河西王蒙逊筑堤壅水[14]以灌敦煌；李恂乞降，不许。恂将宋承等举城降，恂自杀。蒙逊屠其城，获恂弟子宝[15]，囚于姑臧。于是，西域诸国皆诣蒙逊[16]，称臣朝贡。

夏，四月，己卯朔[17]，诏所在淫祠[18]自蒋子文以下皆除[19]之；其先贤及以勋德立祠者，不在此例。

吐谷浑王阿柴遣使降秦，秦王炽磐以阿柴为征西大将军，开府仪同三司、安州牧、白兰王[20]。

六月，乙酉[21]，魏主北巡至蟠羊山[22]；秋，七月，西巡至河[23]。

河西王蒙逊遣右卫将军沮渠鄯善、建节将军沮渠苟生[24]帅众七千伐秦。秦王炽磐遣征北将军木弈干等帅步骑五千拒之，败鄯善等于五涧[25]，虏荀生，斩首二千而还。

初，帝以毒酒一罂[26]授前琅邪郎中令张伟[27]，使鸩零陵王[28]，伟叹曰："鸩君以求生，不如死！"乃于道[29]自饮而卒。伟，卲之兄也。太常褚秀之[30]、侍中褚淡之[31]，皆王之妃兄也，王每[32]生男，帝[33]辄令秀之兄弟方便杀之[34]。王自逊位[35]，深虑祸及，与褚妃共处一室，自煮食于床前，饮食所资[36]，皆出褚妃，故宋人莫得伺其隙。

九月，帝令淡之与兄右卫将军叔度[37]往视妃，妃出就别室相见。兵人逾垣[38]而入，进药于王。王不肯饮，曰："佛教，自杀者不复得人身[39]。"兵人以被掩杀[40]之。帝帅百官临于朝堂三日[41]。

庚戌[42]，魏主还宫。

冬，十月，己亥[43]，诏[44]以河西王蒙逊为镇军大将军、开府仪同三司、凉州刺史。

己亥[45]，魏主如代[46]。

十一月，辛亥[47]，葬晋恭帝于冲平陵[48]，帝帅百官瞻送[49]。

十二月，丙申[50]，魏主西巡，至云中[51]。

秦王炽磐遣征西将军孔子[52]等帅骑二万击契汗秃真于罗川[53]。

河西王蒙逊所署晋昌太守唐契[54]据郡叛，蒙逊遣世子政德讨之。契，瑶之子也。

上之为宋公也，谢瞻[55]为宋台中书侍郎，其弟晦为右卫将军。时晦权遇[56]已重，自彭城还都迎家[57]，宾客辐凑[58]，门巷填咽[59]。瞻在家惊骇[60]，谓晦曰："汝名位未多[61]，而人归趣乃尔[62]！吾家素以恬退[63]为业，不愿干豫时事[64]，交游不过亲朋。而汝遂势倾朝野，此岂门户[65]之福邪！"乃以篱隔门庭[66]曰："吾不忍见此。"及还彭城，言于宋公曰："臣本素士[67]，父、祖位不过二千石[68]。弟年始三十，志用凡近[69]，荣冠台府[70]，位任显密[71]。福过灾生，其应无远[72]，特乞降黜[73]，以保衰门[74]。"前后屡陈之。晦或以朝廷密事语瞻，瞻故向亲旧陈说[75]，用为戏笑[76]，以绝其言[77]。及上即位，晦以佐命[78]功，位任益重，瞻愈忧惧。是岁，瞻为豫章[79]太守，遇病不疗[80]。临终，遗晦书曰："吾得启体幸全[81]，亦何所恨[82]！弟思自勉励[83]，为国为家[84]。”

（以上为第五段，写北凉主沮渠蒙逊围攻敦煌，西凉主李恂自杀；刘宋主刘裕想方设法杀死东晋废帝司马德文，又假惺惺地率领文武百官为其发丧，何其毒辣、虚伪！）

【注释】

［1］辛酉：正月十二日。［2］上祀南郊：意即宋朝皇帝刘裕亲自在京城的南郊举行祭天大典。［3］郊祀：古代于郊外祭祀天地，南郊祭天，北郊祭地。郊为大祀，祀为群祀。此次郊祀同时宣布大赦，受到裴子野批评。［4］修岁事：祈求丰年。岁事，农业收成之事。［5］夫何为哉：指刘裕把郊祀与大赦这两件事情搅在一起，是图什么呢？［6］辛未：正月二十二日。［7］公阳：古地名，大约在今山西东北角的阳高县附近。［8］攻上邽（guī）：进攻北魏国的上邽，在今甘肃天水市。上邽是秦州的州治所在地。［9］霖雨：连下几天的大雨。［10］甲子：三月十六日。［11］阳平王熙：即拓跋熙，道武帝拓跋珪第三子，封阳平王。传见《魏书》卷十六。［12］代都：即平城，都名，在今山西大同市东北。筑苑：建造园林猎场。［13］白登：即白登山，在平城东北。［14］壅（yōng）水：通过建造堤坝，使水流受阻，升高水位。［15］宝：即李宝，字怀素，西凉主李暠之孙，酒泉太守李翻之子，被北凉主蒙逊俘获囚于姑臧，逃奔伊吾，向柔然称臣，后乘机返回敦煌，归降北魏，封敦煌公、外都大官。传见《魏书》卷三十九。［16］西域诸国：车师、焉耆、危须、鄯善等西域小国。皆诣蒙逊：原文为“皆请□□”，据章校改。［17］己卯朔：四月一日。［18］诏所在淫祠：刘宋皇帝诏令全国各地废除那些不登大雅之堂的各种祠庙。［19］蒋子文：字子文，三国时广陵（今江苏扬州市）人，汉末为秣陵县尉，追逐强盗至钟山脚下，战死后葬在钟山脚下。孙权建国后，在山上为之立庙，称其所死之山叫“蒋山”。民间传说，蒋子文成为阴间十殿阎罗的第一殿秦广王，南朝齐永明中封以帝号，南唐追谥为庄武帝，有庙碑。刘裕废除淫祠而独留蒋子文之庙，大约是为了表彰忠于职守的良吏。除：废除。［20］安州牧：即安州刺史。安州，指当时吐谷浑所居住的今青海湖西南一带地区。白兰王：封地白兰的诸侯王。白兰，古地名，在今青海柴达木盆地都兰县一带。［21］乙酉：六月八日。［22］蟠（pán）羊山：在今内蒙古察哈尔右翼前旗东南。［23］西巡至河：向西方巡视，直到今内蒙古之乌海市、磴口县一带的黄河。［24］沮渠鄯善：人名，北凉将领，为右卫将军。沮渠苟生：人名，北凉将领，为建节将军。［25］五涧：古水名，流经今甘肃武威市南，北流注入马城水。［26］罂：陶器名，古代大腹小口的酒器，相当于酒壶。［27］张伟：刘裕心腹谋士张邵之弟，东晋官员，曾为琅邪王司马德文的郎中令。［28］使鸩（zhèn）零陵王：让张伟去毒杀已经退位、后来又被降为零陵王的东晋恭帝司马德文。［29］于道：在由建康前往秣陵的半路上。当时司马德文被看管在故秣陵县，在今江苏南京市东南江宁区南。［30］褚秀之：字长清，褚爽之子，东晋、刘宋官员。历任东晋琅邪王从事、中郎、黄门侍郎。宋武帝刘裕时任镇西长史，升侍中、为太常。［31］褚淡

之：字仲源，褚秀之之弟。东晋刘宋官员，兄弟二人投靠刘裕为外戚，是杀害晋恭帝一家的凶手。［32］每：每一次。［33］帝：指宋武帝刘裕。［34］方便杀之：非常隐蔽地选择适当的机会将孩子杀死，不让其事暴露出来。［35］逊位：让位，退位。［36］饮食所资：一切饮食所用的东西。［37］右卫将军：古官名，帝王的禁卫军头领。叔度：即褚裕之，褚秀之之兄，初为琅邪王参军，后从刘裕征战，以功授广州刺史，宋时累迁雍州刺史，封番禺县男。［38］逾垣（yuán）：翻越墙头。［39］不复得人身：所谓不能再转世为人。［40］掩杀：捂起口鼻将其闷死。［41］临于朝堂三日：在朝廷正殿上哭吊了三天。［42］庚戌：九月五日。［43］己亥：十月二十四日。［44］诏：下诏，这句话的主语是刘宋皇帝刘裕。［45］己亥：与上句叙事的同一天。按例，此“己亥”二字应削去。［46］如代：到代郡的郡治所在地，在今山西大同市。［47］辛亥：十一月七日。［48］晋恭帝：即司马德文，谥号恭，是东晋的最后一位皇帝。冲平陵：东晋恭帝司马德文的陵寝，在今南京市东北钟山西部太平门内富贵山。［49］瞻送：目送。［50］丙申：十二月二十一日。［51］云中：郡名，郡治盛乐，在今内蒙古和林格尔县北。［52］孔子：即乞伏孔子，时任西秦征西将军。［53］契（qì）汗秃真：人名，少数民族部落的头领。契汗，古代少数民族部族名，即鲜卑契汗氏，原为西部鲜卑之一支。罗川：县名，在今甘肃正宁县北。［54］署：任命。晋昌：北凉郡名，郡治在今甘肃瓜州县东南。唐契：唐繇之子，以凉土丧乱，曾推李暠据河右为西凉王。西凉亡，唐契与弟唐和携其甥、李暠之孙李宝，避难伊吾。招集人众二千余家，臣于柔然，柔然以唐契为伊吾王。后唐契与柔然战斗而死。［55］谢瞻：一名檐，字宣远，卫将军谢晦之兄。南朝宋诗人，官员。任刘裕镇军、大司马参军，转任主簿等职。传见《宋书》卷五十五。［56］权遇：权位和受宠信的程度。［57］彭城：在今江苏徐州，刘裕的故乡。当时刘裕的宋台（宋公政府）即设于此。还都迎家：回到京都，迎接家属。［58］辐凑：从四面八方而来，如同车轮的辐条之归向于车毂。［59］门巷填咽：门前巷口都挤得满满的。填咽，人多而壅塞。［60］惊骇（hài）：惊慌，震动。［61］名位未多：名望与官位都还不高。未多，不高。［62］归趣乃尔：趋附于你的样子竟达到这样的程度。趣，同“趋”。［63］恬退：淡于名利，安于退让。［64］干豫时事：过问政治。豫，同“预”，干预，参与。［65］门户：家族，家庭。［66］以篱隔门庭：用一道篱笆把院子隔成两半。门庭，门内的大庭前。［67］素士：寒门，平民。谢瞻、谢晦与谢安同族，比起谢安一门的贵盛，谢瞻遂自称“素士”。［68］二千石：郡太守、诸侯国相一级。［69］志用凡近：志趣庸俗，志向不远大。［70］荣冠台府：但他在您跟前的受宠程度却超过了其他人。台府，东晋朝廷与宋公府。［71］显密：谓官位显赫而参与机密。［72］其应无远：应验的时间不会太久。［73］特乞降黜：求您给他降降官，减点宠。［74］以保衰门：以保我们家族的平安。［75］故向亲旧陈说：故意对着亲戚朋友散布。［76］戏笑：谈笑，讥笑。［77］以绝其言：想用这种办法使他以后不敢再对自己说。［78］佐命：古代帝王得天下，自称是上应天命，故称辅佐帝王创业为“佐命”。［79］豫章：郡名，郡治在今江西南昌市。［80］遇病不疗：患病后故意不再治疗，希望早点死。［81］启体幸全：看看自己的整个躯体，所幸的是都还完好无损。启，开，引申为视。［82］亦何所恨：还有什么遗憾的呢？意思是可以到地下向父母交代了。［83］思自勉励：努力上进，管好自己。［84］为国为家：意即不要由于你的张狂而闹得国亡家破。

三年（壬戌，422年）

春，正月，甲辰朔[1]，魏主自云中西巡，至屋窦城[2]。

癸丑[3]，以徐羡之为司空、录尚书事，刺史如故。江州[4]刺史王弘为卫将军、开府仪同三司；中领军谢晦为领军将军兼散骑常侍，入直殿省[5]，总统宿卫[6]。

徐羡之起自布衣[7]，又无术学[8]，直以志力局度[9]，一旦居廊庙[10]，朝野推服[11]，咸谓有宰臣之望[12]。沈密寡言[13]，不以忧喜见色[14]；颇工奕棋[15]，观戏[16]，常若未解[17]，当世倍[18]以此推之。傅亮、蔡廓[19]常言："徐公晓万事，安异同[20]。"尝与傅亮、谢晦宴聚，亮、晦才学辩博[21]，羡之风度详整[22]，时然后言[23]。郑鲜之[24]叹曰："观徐、傅言论[25]，不复以学问为长[26]。"

秦征西将军孔子等大破契汗秃真，获男女二万口，牛羊五十余万头。秃真帅骑数千西走，其别部树奚[27]帅户五千降秦[28]。

二月，丁丑[29]，诏分豫州淮以东为南豫州[30]，治历阳，以彭城王义康为刺史。又分荆州十郡置湘州[31]，治临湘，以左卫将军张卲为刺史。

丙戌[32]，魏主还宫。

三月，上不豫[33]，太尉长沙王道怜、司空徐羡之、尚书仆射傅亮、领军将军谢晦、护军将军檀道济并入侍医药。群臣请祈祷神祇[34]，上不许，唯使侍中谢方明[35]以疾告宗庙而已。上性不信奇怪[36]，微时多符瑞[37]，及贵，史官审以所闻[38]，上拒而不答。

檀道济出为镇北将军、南兖州[39]刺史，镇广陵，悉监淮南[40]诸军。

皇太子多狎群小[41]，谢晦言于上曰："陛下春秋既高[42]，宜思存万世[43]，神器至重[44]，不可使负荷非才[45]。"上曰："庐陵[46]何如？"

晦曰："臣请观[47]焉。"出造庐陵王义真，义真盛欲与谈[48]，晦不甚答。还曰："德轻于才，非人主也。"丁未[49]，出义真为都督南豫、豫·雍·司·秦·并六州诸军事、车骑将军、开府仪同三司、南豫州刺史。是后，大州率加都督，多者或至五十州[50]，不可复详载矣。

帝疾瘳[51]，己未[52]，大赦。

秦、雍流民南入梁州[53]。庚申[54]，遣使送绢万匹，且漕荆、雍之谷以赈[55]之。

刁逵[56]之诛也，其子弥亡命[57]。辛酉[58]，弥帅数十人入京口[59]，太尉留府司马陆仲元[60]击斩之。

乙丑[61]，魏河南王曜[62]卒。

（以上为第六段，写西秦将领乞伏孔子大破匈奴部落酋长契汗秃真；刘宋主刘裕病重，召集太尉刘道怜等大臣入侍，谢晦劝说刘裕慎重选择储君，刘义真被淘汰出局。）

【注释】

［1］甲辰朔：正月一日。［2］屋窦城：古地名，在今内蒙古准格尔旗东北的黄河西岸。［3］癸丑：正月十日。［4］江州：州治寻阳，在今江西九江市。［5］入直殿省：经常到宫殿、中书省值班，处理国家政务。直，同"值"。［6］总统宿卫：统领所有的宫廷警卫部队。宿卫，日夜值勤警卫。［7］起自布衣：指不是出身于门阀士族。布衣，这里不是指平民百姓，而不是门阀士族而已。［8］无术学：没有学问，不懂儒家的思想学说。［9］直以志力局度：只是靠着个人的才干气度。直，只，只凭。局度，度量，器度。［10］居廊庙：在朝廷掌权。廊庙，朝廊、宗庙，指国家的决策部门。［11］朝野：朝廷和民间。推服：推许，佩服。［12］咸：皆，都。宰臣：帝王的重臣，宰相。望：才干，声望。［13］沈密寡言：深沉严谨，很少说话。［14］不以忧喜见色：不把自己的内心活动表现在脸色上。见，同"现"，表现。［15］颇工奕（yì）棋：围棋的水平很高。奕，通"弈"，下棋。［16］观戏：观看别人下棋。［17］常若未解：总是装出一种根本不懂的样子。［18］世倍：当世人加倍推崇。［19］蔡廓：刘宋官员。［20］安异同：当众人对某事意见不同时，他能沉得住气，不轻易表态。［21］才学辩博：博学而善辩。［22］风度详整：神态安详而庄重。［23］时然后言：到了该说话的时候才说话。古语云："时然后言，人不厌其言，乐然后笑，人不厌其笑。"［24］郑鲜之：字道子，东晋末年，任御史中丞。南朝宋建立，历任太常、都官尚书，受封龙阳县子。宋少帝时，出任豫章太守。传见《宋书》卷六十四。［25］观徐、傅言论：对比徐羡之与傅亮两个人的谈话。［26］不复以学问为长：决定一个人气质、身份

高低，并不是以学问大小来衡量的。［27］树奚：人名，即契汗树奚，匈奴部落酋长。［28］秦：指乞伏炽磐的西秦政权。［29］丁丑：二月四日。［30］豫州：州治陈县，在今河南周口市淮阳区。南豫州：刘宋州名，分豫州淮河以东地置，州治历阳，在今安徽和县。［31］湘州：州治临湘，在今湖南长沙市。［32］丙戌：二月十三日。［33］不豫：不乐，不舒适，此处即指患病。［34］祈祷：向神祝告求福。神祇（qí）：天神和地神，泛指神明。［35］谢方明：谢安侄孙，晋末、刘宋两朝大臣。传见《宋书》卷五十三。［36］奇怪：稀奇古怪的东西。［37］微时：未贵时。多符瑞：有许多关于刘裕的奇异征兆。旧说有所谓“夜生，神光照室尽明”；又有“游京口竹林寺，独卧讲堂前，上有五色龙章”等云云。［38］审以所闻：核实那些传说的东西是真是假。［39］南兖（yǎn）州：州治广陵，在今江苏扬州市。［40］淮南：古区域名，指淮河以南到长江沿岸的广大地区，古属天下九州中的扬州。［41］皇太子：即刘义符。多狎（xiá）群小：与许多小人相亲近。狎，亲昵，不正当的亲近。群小，一些行为、品行不端正的人。［42］春秋既高：年纪已大了。［43］思存万世：考虑留给后世的东西，这里主要指选好接班人。［44］神器至重：国家政权交给什么人，这是至关重要的。神器，国家政权。［45］不可使负荷非才：不能让不成才的人来担此大任。胡三省曰：“晦发此言，已有废昏立明之意。”［46］庐陵：指刘义真，宋武帝刘裕次子，封庐陵王，迁车骑将军、开府仪同三司、南豫州刺史。后贬为庶人，被杀。谥号孝献。传见《宋书》卷六十一。［47］请观：让我观察观察。［48］盛欲与谈：很想和他好好谈谈。［49］丁未：三月五日。［50］多者或至五十州：胡三省曰：“迄宋之季，境内惟二十二州。至梁武帝时，沿边分置诸州，始有五十州。”［51］疾瘳（chōu）：病愈。［52］己未：三月十七日。［53］秦、雍：古二州名，旧秦州约当今之甘肃东部、陕西西南部一带地区，旧雍州约当今陕西中部一带地区。梁州：州治在今陕西汉中市。［54］庚申：三月十八日。［55］漕：漕运，通过水道运输粮食。荆、雍：古州名。荆州州治在今湖北荆州市，雍州州治在今湖北襄阳市。赈（zhèn）：赈济，救济。［56］刁逵：字伯道，尚书令刁协之孙，桓玄党羽。东晋西中郎将、豫州刺史，坐镇历阳。刘裕起兵讨灭桓玄，刁逵为部下所执，斩于石头城。传见《晋书》卷六十九。［57］弥：即刁弥，刁逵之子。亡命：改名换姓逃匿起来。［58］辛酉：三月十九日。［59］京口：古地名，在今江苏镇江市。［60］陆仲元：陆玩曾孙，时任太尉刘道怜的司马，在京口。陆仲元官至吏部郎、右卫将军、侍中、吴郡太守。自曾祖晋太尉陆玩至仲元，四世为侍中。［61］乙丑：三月二十三日。［62］曜：即拓跋曜（yào），北魏道武帝拓跋珪第四子，拓跋嗣之弟，封河南王。传见《魏书》卷十六。

夏，四月，甲戌[1]，魏立皇子焘为太平王[2]，拜相国，加大将军；丕为乐平王，弥为安定王，范为乐安王，健为永昌王，崇为建宁王，俊为新兴王[3]。

乙亥[4]，诏封仇池公杨盛为武都王[5]。

秦王炽磐以折冲将军乞伏是辰为西胡校尉[6]，筑列浑城于汁罗[7]以镇之。

五月，帝疾甚，召太子[8]诫之曰："檀道济虽有干略，而无远志，非如兄韶有难御[9]之气也。徐羡之、傅亮，当无异图。谢晦数从征伐，颇识机变[10]，若有同异[11]，必此人也。"又为手诏曰："后世若有幼主，朝事一委宰相，母后不烦临朝[12]。"司空徐羡之、中书令傅亮、领军将军谢晦、镇北将军檀道济同被顾命。

癸亥[13]，帝殂[14]于西殿。帝清简寡欲，严整[15]有法度，被服居处[16]，俭于布素[17]，游宴[18]甚稀，嫔御[19]至少。尝得后秦高祖从女[20]，有盛宠，颇以废事；谢晦微谏，即时遣出。财帛皆在外府[21]，内无私藏[22]。岭南尝献入筒细布[23]，一端八丈[24]，帝恶其精丽劳人[25]，即付有司弹太守[26]，以布还之，并制岭南[27]禁作此布。公主出适[28]，遣送不过二十万，无锦绣之物。内外奉禁[29]，莫敢为侈靡[30]。

太子即皇帝位，年十七，大赦，尊皇太后曰"太皇太后"，立妃司马氏为皇后。后，晋恭帝女海盐公主[31]也。

（以上为第七段，写北魏主拓跋嗣封诸子为王；戎马一生的刘宋武帝刘裕去世，皇太子刘义符即帝位，徐羡之、傅亮、谢晦、檀道济为顾命大臣，接受遗命辅政。）

【注释】

[1]甲戌：四月二日。 [2]焘：即拓跋焘，字佛狸伐，北魏明元帝拓跋嗣长子，封太平王，后为北魏第三位国主。传见《魏书》卷四上。 [3]"丕为乐平王"等六句：北魏明元帝拓跋嗣大封诸子为王。第二子拓跋丕为乐平王，第三子拓跋弥为安定王，第四子拓跋范为乐安王，第五子拓跋健为永昌王，第六子拓跋崇为建宁王，第七子拓跋俊为新兴王。拓跋丕，传见《魏书》卷四上，其余诸子传见《魏书》卷十七。 [4]乙亥：四月三日。 [5]杨盛：杨难敌之孙，杨佛狗之子，后仇池国第二任国主。初封仇池公，晋爵为武都王。传见《宋书》卷九十八。 [6]西胡校尉：西秦所置将领名，管理西部匈奴民族事务。 [7]列浑城：古城名，在今甘肃夏河县境。汁罗：古地名，即罗川，在今甘肃正宁县西北，因处于古罗水（今四郎河）之滨而得名。 [8]太子：即刘义符，刘裕的长子。 [9]韶：即檀韶，字令孙，南朝宋开国将领。传见《宋书》卷四十五。难御：不好驾御。 [10]颇识：略微懂得。机变：机智，权变。 [11]若有同异：如果有什么特别举动，意即谋反。同异，偏义副词，这里即指"异"，犹今之所谓出问题、起变化。 [12]不烦：不劳，客气的说法，实际即不准、不允许。临朝：到朝廷处理政事，特指太后摄政称制。 [13]癸亥：五

月二十一日。［14］殂（cú）：死亡。刘裕死时年六十岁，共在位三年。自此以后南北朝之君死，例皆称“殂”，不用“崩”字。［15］严整：严肃，严格。［16］被服：服饰，穿戴。居处：住房。［17］俭于布素：比那些布衣、素士还要俭朴。布素，指平民。［18］游宴：游猎，宴乐。［19］嫔御：嫔妃与宫女。御，支使，侍候。［20］后秦高祖：即姚兴。从女：侄女。姚兴侄女曾为刘裕宠妃，被遣出。［21］外府：国家的仓库。［22］内无私藏：皇宫里没有属于个人的储藏。［23］岭南：古区域名，南方五岭以南地区的概称，五岭，即越城岭、都庞岭、萌渚岭、骑田岭、大庾岭。筒细布：一种极精极薄的布。［24］一端八丈：端是古代布帛的长度名，有说一丈六尺为一端，也有说四丈为一端，此则八丈一端，以见其细薄。［25］恶（wù）：讨厌，憎恨。精丽：精美，华丽。劳人：劳民。［26］付有司弹太守：把进贡来的筒细布交给有关主管部门，并让他们弹劾该进贡郡的太守，谴责他的劳民多事。［27］制岭南：给岭南地区下命令。制，皇帝的命令，这里用如动词。［28］出适：出嫁。适，嫁人。［29］奉禁：遵守禁令。［30］侈靡：铺张，奢侈。［31］海盐公主：东晋恭帝司马德文与恭思皇后褚灵媛之女，封海盐公主，为刘宋少帝刘义符的皇后。传见《宋书》卷四十一。

魏主服寒食散[1]，频年药发[2]，灾异屡见[3]，颇以[4]自忧。遣中使密问白马公[5]崔浩曰：“属者日食赵、代之分[6]。朕疾弥年[7]不愈，恐一旦不讳[8]，诸子并少，将若之何？其为我思身后之计！”浩曰：“陛下春秋富盛[9]，行就平愈[10]；必不得已[11]，请陈瞽言[12]。自圣代龙兴[13]，不崇储贰[14]，是以永兴之始[15]，社稷几危[16]。今宜早建东宫[17]，选贤公卿以为师傅，左右信臣以为宾友[18]，入总万机[19]，出抚戎政[20]。如此，则陛下可以优游无为[21]，颐神养寿[22]。万岁之后[23]，国有成主[24]，民有所归，奸宄息望[25]，祸无自生矣。皇子焘年将周星[26]，明睿[27]温和，立子以长，礼之大经[28]，若必待成人然后择之，倒错天伦[29]，则召乱[30]之道也。”魏主复以问南平公[31]长孙嵩。对曰：“立长则顺，置贤则人服。焘长且贤，天所命也。”帝从之，立太平王焘为皇太子，使之居正殿临朝，为国副主。

以长孙嵩及山阳公奚斤[32]、北新公安同[33]为左辅，坐东厢[34]，西面[35]；崔浩与太尉穆观[36]、散骑常侍代人丘堆[37]为右弼[38]，坐西厢，东面；百官总己以听[39]焉。帝避居西宫，时隐而窥之，听其决断，大悦，谓侍臣曰：“嵩宿德[40]旧臣，历事四世[41]，功存社稷[42]；斤辩捷智谋[43]，名闻遐迩[44]；同晓解俗情[45]，明练于事[46]；观达于政要[47]，识吾旨趣[48]；浩博闻强识[49]，精察天人[50]；堆虽无大用，然在公专谨[51]。以此六人辅相[52]太子，吾与汝曹巡行四境，伐叛柔服[53]，足以得志于天下矣。”

嵩实姓拔拔，斤姓达奚，观姓丘穆陵，堆姓丘敦。是时，魏之群臣出于代北[54]者，姓多重复[55]，及高祖迁洛[56]，始皆改之[57]。旧史患其烦杂[58]难知，故皆从后姓以就简易，今从之。

魏主又以典东西部刘絜[59]、门下奏事代人古弼[60]、直郎徒河卢鲁元[61]忠谨恭勤[62]，使之给侍东宫[63]，分典机要[64]，宣纳[65]辞令。太子聪明，有大度，群臣时奏所疑，帝曰：“此非我所知[66]，当决之汝曹国主[67]也。”

（以上为第八段，写北魏主拓跋嗣久病不愈，听从大臣意见，立长子拓跋焘为副主，让其在正殿处理朝政，又选择六位大臣辅佐，自己从旁关注；拓跋焘不负所托。）

【注释】

[1]寒食散：当时流行的一种养生药，用硫磺、石粉等合成。因为服药后不能吃热食，故称“寒食散”。[2]频年药发：连年药性发作，轻者腹痛难忍，重者丧命。[3]灾异屡见：灾难性的奇怪征兆屡屡出现。灾异，灾难的征兆，如日蚀、月蚀、地震、冰雹之类。见，同“现”，显现。[4]颇以：略以为。[5]中使：皇宫里派出的使者，多为太监。密问：悄悄地，私下。密，同“秘”。白马公：封地白马郡，郡治义阳，在今四川苍溪县元坝镇。[6]属者：犹言比者、近者，不久。日食赵、代之分：日蚀发生在赵、代二国的分野之际。[7]弥(mí)年：经年，终年。[8]不讳：婉言，指死亡。[9]春秋富盛：指年岁不老。[10]行就平愈：很快地就要好起来。行，即将，马上。[11]必不得已：如果真的出了那种事情，指一病不起。[12]请陈瞽(gǔ)言：请允许我说说自己的看法。瞽言，谦称自己的见解，如今之所谓“妄言”。瞽，眼瞎，引申为没有识别能力。[13]自圣代龙兴：指拓跋珪建国称帝。圣代，即当代，拓跋珪时。龙兴，龙飞腾上天，比喻帝王兴起。[14]不崇储贰：不重视及早地立太子。崇，重视。[15]永兴之始：即永兴元年，北魏拓跋绍与嫡嗣拓跋嗣不和，拓跋绍弑国主拓跋珪欲夺嫡，拓跋嗣诛杀拓跋绍即皇帝位，都在这一年，事见《资治通鉴》卷一百一十五晋安帝义熙五年（409）。永兴，北魏主拓跋嗣使用的年号，公元409年十月至公元413年。[16]社稷几危：国家差点儿就灭亡了。[17]早建东宫：即早立太子。历代帝王的太子多居东宫。[18]信臣：忠直守信的臣子。宾友：宾客，朋

友。［19］入总万机：在朝廷的时候协助皇帝处理政事。总，总领，统管。万机，指当政者处理的各种重要事务。［20］出抚戎政：率兵外出的时候总管一切军中大事。戎政，军政、军旅之事。［21］优游无为：极言其清闲无事的样子。［22］颐（yí）神养寿：保养精神元气，延年益寿。颐，休养，保养。［23］万岁之后：隐指老帝王之死。［24］成主：成年、成熟的君主。［25］奸宄息望：想生事作乱的坏人都彻底绝望。息望，绝望，死心。［26］焘：即拓跋焘，为拓跋嗣的嫡长子。年将周星：快满十二岁。周星，指十二年，岁星十二年环行一周天。［27］明睿：聪颖，明智。［28］礼：礼节，礼法。大经：常道，常规。《左传·昭公十五年》曰："礼，王之大经也。"［29］倒错天伦：指废长立幼，废嫡立庶。［30］召乱：招致祸乱。召，同"招"。［31］南平公：封地南平郡，郡治在今福建南平市。［32］山阳公：封地山阳郡，郡治在今江苏淮安市。奚斤：本姓达奚，代郡人，北魏主拓跋珪初期以来的魏国名将。［33］北新公：封地北新郡。安同：祖籍安息（今伊朗），粟特族，安屈之子，北魏开国功臣。传见《魏书》卷三十。［34］东厢：古代朝堂东侧的厢房。［35］西面：面朝西，即坐东朝西。［36］穆观：本姓丘穆陵氏，字阏拔，代郡平城（今山西大同市）人，鲜卑族，宜都丁公穆崇之子，北魏初期大臣。太子拓跋焘监国，以为右弼，对外统管朝中政事。传见《魏书》卷二十七。［37］丘堆：本姓丘敦，字库堆，代郡平城（今山西大同市）人，鲜卑族，历仕北魏拓跋珪、拓跋嗣、拓跋焘三朝。封临淮郡公，后因临阵逃跑，坐罪处死。传见《魏书》卷三十。［38］右弼：与"左辅"的意思相同。弼，辅弼，辅佐。［39］总己以听：约束自己，恭敬听命于人的样子。［40］宿德：年高有德。［41］历事四世：指长孙嵩先后服务于拓跋什翼犍、拓跋珪、拓跋嗣、拓跋焘四世。［42］功存社稷：意即功在国家，为国家建立了大功。［43］辩捷：能言善辩，才思敏捷。智谋：有智慧，有谋略。［44］名闻遐（xiá）迩（ěr）：名声传扬到各地，形容名声很大。遐迩，远近。［45］晓解俗情：明白百姓们在想什么。［46］明练于事：对政务知道怎么处理。［47］达于政要：知道抓哪些大问题、大事情。政要，即要政，重要的政事。［48］识吾旨趣：明白我的心思。旨趣，要旨，大意。［49］博闻强识：知识丰富，记忆力强。［50］精察天人：能准确地把握上天与人世的感应关系。［51］在公专谨：一心一意、谦恭谨慎地效忠于国家。［52］六人辅相：指长孙嵩、奚斤、安同、崔浩、穆观、丘堆等六人为辅佐。相，也是"辅助"的意思。［53］伐叛柔服：对叛乱者讨伐之，对归服者怀柔之。［54］代北：代郡以北，在今内蒙古一带地区，指拓跋氏所在的鲜卑部落。［55］重复：指姓氏音多不好念、不好记。［56］高祖：即北魏孝文帝拓跋宏，庙号高祖。传见《魏书》卷七。迁洛，将北魏的国都由平城迁到洛阳。事在齐明帝建武元年（494）。［57］始皆改之：才都改用一个字或两个字的汉姓。［58］旧史：在司马光以前的史书。患：原文为"恶"，据章校改。烦杂：即繁杂，多而烦乱。烦，同"繁"。［59］典东西部：魏国在其领土内原分为八部，立"八部大人"以统之。后改分为天、地、东、西、南、北六部，此刘絜则一人兼管两部。刘絜（jié）：本姓独孤，长乐信都（今河北衡水市冀州区）人，乐陵太守刘提之子，北魏官员。颇有智谋，封为会稽郡公，拜东部大人、太子属官，辅佐太子拓跋焘，参与机要事务，拜尚书令，封巨鹿郡公。后谋反，拥戴乐平王拓跋丕，事泄被杀，夷灭三族。传见《魏书》卷二十八。［60］门下奏事：属门下省，犹如汉代的谒者，负责出纳诏命。古弼：本姓吐奚氏，北魏大臣。历明元帝拓跋嗣、太武帝拓跋焘、敬寿帝拓跋余、文成帝拓跋濬四朝，拜侍中、尚书令，封建兴公。为外都大官，被诬获罪，伏诛。传见《魏书》卷二十八。［61］直郎：帝王周围的侍奉人员。卢鲁元：本姓豆卢，昌黎徒河（今辽宁朝阳市）人，鲜卑族，信都侯卢豚之子，北魏大臣。起家直郎，侍奉太子拓跋焘，为中书侍郎，迁中书监，录尚书事等职。传见《魏书》卷三十四。［62］忠谨：忠诚，敬慎。恭勤：肃敬，勤勉。［63］给侍东宫：在太子宫中服务。给侍，服事，侍奉。［64］分典：分工负责。典，主持，主管。机要：指重要而机密的事务。［65］宣纳：传达。［66］非我所知：非我所管。知，过问。［67］汝曹国主：犹言你们的大王，指太子拓跋焘。

六月，壬申[1]，以尚书仆射傅亮为中书监、尚书令，以领军将军谢晦领中书令，侍中谢方明为丹杨尹。方明善治郡，所至有能名，承代[2]前人，不易其政，必宜改者，则以渐移变[3]，使无迹可寻。

戊子[4]，长沙景王[5]道怜卒。

魏建义将军刁雍[6]寇青州[7]，州兵击破之。雍收散卒，走保大乡山[8]。

秋，七月，己酉[9]，葬武皇帝于初宁陵[10]，庙号高祖。

河西王蒙逊遣前将军沮渠成都[11]帅众一万，耀兵岭南[12]，遂屯五涧[13]。九月，秦王炽磐遣征北将军出连虔[14]等帅骑六千击之。

初，魏主闻高祖克长安[15]，大惧，遣使请和，自是每岁交聘不绝[16]。及高祖殂[17]，殿中将军沈范[18]等奉使在魏，还，及河，魏主遣人追执之，议发兵取洛阳、虎牢、滑台[19]。崔浩谏曰："陛下不以刘裕欻起[20]，纳其使贡[21]，裕亦敬事陛下。不幸今死，遽乘丧伐之[22]，虽得之不足为美。且国家今日亦未能一举取江南[23]也，而徒有伐丧[24]之名，窃为陛下不取。臣谓宜遣人吊祭，存其孤弱[25]，恤其凶灾[26]，使义声布于天下，则江南不攻自服矣。况裕新死，党与[27]未离，兵临其境，必相帅拒战[28]，功不可必[29]。不如缓之，待其强臣争权，变难必起，然后命将出师，可以兵不疲劳，坐收淮北[30]也。"魏主曰："刘裕乘姚兴之死而灭之[31]，今我乘裕丧而伐之，何为不可？"浩曰："不然。姚兴死，诸子交争[32]，故裕乘衅[33]伐之。今江南无衅，不可比也。"魏主不从，假司空奚斤节[34]，加晋兵大将军[35]、行扬州刺史[36]，使督宋兵将军、交州刺史周几[37]，吴兵将军、广州刺史公孙表[38]同入寇。

乙巳[39]，魏主如灅南宫[40]，遂如广宁[41]。

辛亥[42]，魏人筑平城外郭[43]，周围三十二里。

魏主如乔山[44]。遂东如幽州[45]；冬，十月，甲戌[46]，还宫。

魏军将发[47]，公卿集议于监国[48]之前，以先攻城与先略地。奚斤欲先攻城，崔浩曰："南人长于守城。昔苻氏攻襄阳，经年不拔[49]。今以大兵坐攻[50]小城，若不时克[51]，挫伤军势，敌得徐严而来[52]，我怠彼锐[53]，此危道也。不如分军略地，至淮为限，列置守宰，收敛租谷，则洛阳、滑台、虎牢更在军北[54]，绝望南救[55]，必沿河东走；不则为囿中之物[56]，何忧其不获也！"公孙表固请攻城，魏主从之。

于是，奚斤等帅步骑二万，济河，营于滑台之东。时司州刺史毛德祖[57]戍虎牢，东郡太守王景度[58]告急于德祖，德祖遣司马翟广[59]等将步骑三千救之。

先是，司马楚之聚众在陈留[60]之境，闻魏兵济河，遣使迎降。魏以楚之为征南将军、荆州刺史，使侵扰北境[61]。德祖遣长社令王法政将五百人戍邵陵[62]，将军刘怜将二百骑戍雍丘[63]以备之。楚之引兵袭怜，不克。会台送军资[64]，怜出迎之，酸枣[65]民王玉驰以告魏。

丁酉[66]，魏尚书滑稽引兵袭仓垣[67]，兵吏悉逾城走，陈留太守冯翊严稜[68]诣斤降。魏以王玉[69]为陈留太守，给兵守仓垣。

奚斤等攻滑台，不拔，求益兵，魏主怒，切责[70]之。壬辰[71]，自将诸国兵五万余人南出天关[72]，逾恒岭[73]，为斤等声援。

（以上为第九段，写北魏主拓跋嗣趁刘宋武帝刘裕去世，出兵攻打，当时刘宋北方的边境线，有洛阳、虎牢、滑台三大重镇，北魏大兵压来，刘宋北境岌岌可危。）

【注释】

[1]壬申：六月一日。[2]承代：继承。[3]以渐移变：慢慢地加以改变。[4]戊子：六月十七日。[5]长沙景王：刘道怜封地长沙郡，谥号景，为王爵，故称之。[6]刁雍：字淑和，北魏建义将军。传见《魏书》卷三十八。[7]青州：州治东阳城，前亦曾称广固，在今山东青州市。[8]大乡山：古地名，在今山东巨野县西南。[9]己酉：七月八日。[10]武皇

帝：即刘裕，谥号武皇帝，庙号高祖。初宁陵：南朝宋武帝刘裕的陵墓，在今江苏南京市江宁区麒麟门外。［11］沮渠成都：沮渠蒙逊堂弟，北凉将领。曾任金山太守，为前将军，率军攻下西秦卑和郡。后被西秦袭击，兵败被擒。乞伏暮末即位后，予以归还。传见《晋书》卷一百二十九。［12］耀兵岭南：向洪池岭以南的西秦政权示威。岭，指洪池岭，古地名，在今甘肃武威市东南。［13］五涧：古水名，在今武威市东。［14］出连虔（qián）：人名，鲜卑族，西秦将领。传见卷《晋书》一百二十五。［15］克长安：见《资治通鉴》卷一百十八晋安帝义熙十二年（416）。［16］交聘：互相派使节往来访问。［17］殂（cú）：死亡。［18］殿中将军：古将军名，掌宫廷侍卫。沈范：南朝宋将领，为殿中将军。［19］虎牢：即虎牢关，古关名，在今河南荥阳市西北古汜水镇。滑台：古城名，在今河南滑县东的旧滑县城。［20］欻（xū）起：没有任何凭借地忽然而起。欻，忽然，突然。［21］纳其使贡：接受了他所派遣的使节，意即承认了它这个政权的存在。［22］遽（jù）：匆忙，急忙。乘丧伐之：趁他国有丧事而出兵攻打。这被人认为不合古礼。［23］江南：古区域名，此代指刘宋所统治的区域。［24］伐丧：利用对方办丧事时派兵攻打。［25］存其孤弱：慰问他的接班人。［26］恤（xù）其凶灾：同情他们的不幸。［27］党与：同党之人。［28］相帅拒战：联合起来、团结起来共同抵抗我们。［29］功不可必：不可能获得成功。［30］淮北：古区域名，指淮河以北的广大地区。［31］乘姚兴之死而灭之：事见《资治通鉴》卷一百十七晋安帝义熙十二年（416）。［32］诸子交争：指姚弼、姚懿等为争夺继承权先后作乱，被姚兴、姚泓消灭。［33］乘衅（xìn）：利用机会，趁空隙。衅，缝隙，裂痕。［34］假司空奚斤节：授予司空奚斤旌节，以提高其在军队中的地位权力。假，授予。［35］加晋兵大将军：意即伐晋大将军，与下文“宋兵将军”“吴兵将军”义同，都是以大军所征讨的方向命名，如同汉代的匈奴将军、贰师将军。［36］行扬州刺史：代理扬州刺史，授予其代理敌方首都地区的行政官，以炫耀自己的兵力无敌。下文的“交州刺史”“广州刺史”意思相同，都是愿望性的“预封”，志在攻取江南。［37］周几：代郡平城（今山西大同市）人顺阳侯周千之子，北魏将领。传见《魏书》卷三十。［38］公孙表：字玄元，燕郡广阳（今北京市房山区）人，北魏将领。传见《魏书》卷三十三。［39］乙巳：九月五日。［40］灅（lěi）南宫：建筑于灅水以南的宫殿。灅水，今河北遵化市沙河的古称。［41］广宁：古地名，在今河北涿鹿县。［42］辛亥：九月十一日。［43］平城：古地名，为北魏国的旧都城，在今山西大同市东北。外郭：即外城，在城的外围加筑一道城墙。内城叫城，外城叫郭。［44］乔山：古地名，在今河北涿鹿县南。［45］幽州：州治在今北京市。［46］甲戌：十月五日。［47］将发：将率军出征。［48］监国：即太子拓跋焘。父皇未死，太子主政称监国。［49］苻氏攻襄阳，经年不拔：前秦主苻坚派大将苻丕等率领步骑七万进攻东晋重镇襄阳（今湖北襄阳市）。东晋荆州刺史桓冲拥众七万，惧怕秦兵强盛，不派兵救援。梁州刺史朱序固守襄阳城，与秦军展开拉锯战。直到十二月，仍未攻下襄阳。事见《资治通鉴》卷一百四晋孝武帝太元三年、四年（378—379）。［50］坐攻：单一长期地攻打。［51］若不时克：如果不能及时攻下。［52］徐严而来：从容、严整地杀过来。［53］我怠彼锐：我军疲惫，敌军士气高昂。［54］更在军北：被我军隔开，留在我们南下大军的北面。［55］绝望南救：指望不上南来的救兵，非常失望。［56］囿（yòu）中之物：牢笼中的禽兽。囿，园囿，狩猎场，引申为囚牢。［57］司州：州治在今河南洛阳市。毛德祖：刘宋开国功臣。出任冠军将军、司州刺史，长期镇守虎牢。誓死抵抗北魏入侵，最终城破被俘，客死北魏。传见《晋书》卷八十一。［58］东郡：郡名，当时刘裕的东郡太守即驻兵滑台。王景度：刘宋官员，为东郡太守，北魏来攻，放弃城池逃跑。［59］司马：将军的高级僚属，在军中主管司法。翟广：刘宋官员，司州刺史毛德祖的司马官。［60］司马楚之：字德秀，司马懿四弟司马馗八世孙，在政争中失势北投，后归顺北魏，拜征南将军、荆州刺史。传见《魏书》卷三十七。陈留：郡名，郡治在今河南开封市东南、长葛市东北。［61］北境：指刘宋王朝的北部边境。［62］长社令：长社县县令。长社，古县名，在今河南省长葛市东。王法政：刘宋长社县令。邵陵：即春秋时之“召陵”，在今河南漯河市东北。［63］刘怜：刘宋将领，为将军。雍丘：县名，在今河南开封市东南的杞县。［64］台送军资：刘宋朝廷给刘怜送来军用物资。台，指朝廷。［65］酸枣民：酸枣县的百姓。酸枣，古县名，县治在今河南延津县西北。［66］丁酉：十月二十八日。［67］滑稽：姓滑，名稽，北魏官员，为尚书郎。仓垣（yuán）：古城名，在今河南开封市东北。［68］严稜：冯翊临晋（今陕西合阳县）人，刘宋、北魏官员。太尉刘裕北伐，授陈留太守，镇守仓垣，防范北魏进攻。后归顺北魏，拜平远将军、东荆州刺史，封郃阳侯。传见《魏书》卷四十三。［69］王玉：投靠北魏的酸枣民，刘宗陈留太守降北魏，北魏以王玉为陈留太守，镇守仓垣。［70］切责：严厉地责备。［71］壬辰：十月二十三日。［72］自将：指北魏主拓跋嗣亲自领兵。天关：古关名，在今河北望都县西北的太行山上。［73］恒岭：即恒山，在今河北曲阳县西北。

秦出连虔与河西沮渠成都战，禽之。

十一月，魏太子焘将兵出屯塞上[1]，使安定王弥与安同居守[2]。

庚戌[3]，奚斤等急攻滑台，拔之。王景度出走，景度司马阳瓒为魏所执，不降而死。魏主以成皋侯苟儿为兖州[4]刺史，镇滑台。

斤等进击翟广等于土楼[5]，破之，乘胜进逼虎牢。毛德祖与战，屡破之。魏主别遣黑稍将军于栗磾将三千人屯河阳，谋取金墉，德祖遣振威将军窦晃等缘河拒之。

十二月，丙戌[6]，魏主至冀州，遣楚兵将军、徐州刺史叔孙建[7]将兵自平原[8]济河，徇青、兖[9]。豫州刺史刘粹[10]遣治中高道瑾将步骑五百据项城[11]，徐州刺史王仲德将兵屯湖陆[12]。于栗磾济河，与奚斤并力攻窦晃等，破之。

魏主遣中领军代人娥清、期思侯柔然闾大肥[13]将兵七千人会周几、叔孙建南渡河，军于碻磝[14]。癸未[15]，兖州刺史徐琰弃尹卯[16]南走。于是，泰山、高平、金乡等郡皆没[17]于魏。叔孙建等东入青州，司马爱之、季之先聚众于济东[18]，皆降于魏。

戊子[19]，魏兵逼虎牢。青州刺史东莞竺夔镇东阳城[20]，遣使告急。己丑[21]，诏南兖州刺史檀道济监征讨诸军事，与王仲德共救之。庐陵王义真遣龙骧将军沈叔狸将三千人就刘粹[22]，量宜[23]赴援。

秦王炽磐征秦州牧昙达[24]为左丞相、征东大将军。

（以上为第十段，写刘宋北境形势，东郡太守王景度、兖州刺史徐琰等弃城逃跑，北魏大军攻破滑台，进迫虎牢，刘宋防线崩溃，郡县沦陷。）

【注释】

[1]塞上：指今山西大同市平城区北、内蒙古丰镇市南的长城一线。[2]居守：屯驻，镇守。[3]庚戌：十一月十一日。[4]苟儿：鲜卑人，原姓“若干”，汉化后始改姓“苟”，北魏官员，为兖州刺史，镇守滑台。兖（yǎn）州：北魏拓跋嗣时州治在滑台，在今河南滑县东南。[5]土楼：古地名，在当时的虎牢关东。[6]丙戌：十二月十八日。[7]叔孙建：本姓乙旃，字幡能健，代郡（治今山西大同市）人，叔孙骨之子，北魏著名将领。传见《魏书》卷二十六。[8]平原：即平原津，黄河上的渡口名，在今山东平原县南的古黄河边上。[9]徇青、兖：扫荡青、兖二州。当时刘宋的青州州治在今山东青州市，辖境为今之山东半岛地区，兖州州治在今山东曲阜市西，辖境约当今之山东西南部一带地区。[10]豫州刺史：此指刘宋的豫州刺史，刘宋豫州的州治在今安徽寿县。刘粹（cuì）：字道冲，沛郡萧县（今安徽萧县）人，南朝宋开国功臣，时任刘宋豫州刺史。传见《宋书》卷四十五。[11]高道瑾：刘宋官员，为豫州刺史刘粹的治中从事。项城：县名，县治在今河南沈丘县。[12]王仲德：原名王懿，字仲德，刘宋开国元勋。刘宋建立后，拜左将军，为徐州刺史，都督淮北七州军事。传见《宋书》卷四十六。湖陆：县名，县治在今山东微山县西北。[13]娥（yǐ）清：代郡平城（今山西大同市）人，羌族，北魏将领，为振威将军。闾大肥：柔然人，本姓“郁久闾”，率宗族归顺北魏，封爵其思子，为北魏将领。娥清、闾大肥两人，传见《魏书》卷三十。[14]碻（qiāo）磝（áo）：黄河渡口名，在今山东聊城市茌平区西南的古黄河南岸，当时为济北郡的郡治所在地。[15]癸未：十二月十五日。[16]徐琰（yǎn）：刘宋兖州刺史。尹卯：古地名，在今山东东阿县东南的古济水西岸。[17]泰山、高平、金乡：皆郡名，泰山郡的郡治在今山东泰安市东南，高平郡的郡治在今山东鱼台县东北，金乡郡的郡治在今山东金乡县。没（mò）：沦没，失去。[18]司马爱之、季之：皆晋朝宗室，因不满刘裕篡权而北逃。济东：济水之东，在今山东的黄河东南一带地区。[19]戊子：十二月二十日。[20]东莞：郡名，郡

治在今山东莒县。竺（zhú）夔：字祖季，徐州东莞（今山东莒县东莞镇）人，晋末宋初将领。东晋时，累迁冠军将军、青州刺史，多次打退北魏进攻。南朝宋建立后，册封建陵县男，任前将军、金紫光禄大夫。东阳城：古城名，在今山东青州市，在此之前也叫广固城。［21］己丑：十二月二十一日。［22］沈叔狸：刘宋将领，为龙骧将军。就刘粹：靠近刘粹的驻镇之地。［23］量宜：思考，考虑。［24］秦州牧：即秦州刺史。秦州，州治在今甘肃天水市。昙（tán）达：即乞伏昙达，乞伏炽磐之弟，任西秦镇东将军、秦州牧、尚书令。传见《魏书》卷九十九。

营阳王[1]

景平[2]元年（癸亥，423年）

春，正月，己亥朔[3]，大赦，改元[4]。

辛丑[5]，帝祀南郊[6]。

魏于栗磾攻金墉，癸卯[7]，河南太守王涓之弃城走[8]。魏主以栗磾为豫州刺史，镇洛阳。

魏主南巡恒岳[9]，丙辰[10]，至邺[11]。

己未[12]，诏征豫章太守蔡廓为吏部尚书[13]，廓谓傅亮曰："选事若悉以见付[14]，不论[15]；不然，不能拜[16]也。"亮以语录事尚书徐羡之[17]，羡之曰："黄、散以下悉以委蔡[18]，吾徒不复措怀[19]；自此以上，故宜共参同异[20]。"廓曰："我不能为徐干木署纸尾[21]！"遂不拜[22]。干木，羡之小字也。选案黄纸[23]，录尚书与吏部尚书连名[24]，故廓云然[25]。

沈约论曰[26]：蔡廓固辞铨衡[27]，耻为志屈[28]，岂不知选、录同体[29]，义无偏断[30]乎！良以主暗时难[31]，不欲居通塞之任[32]。远矣哉[33]！

庚申[34]，檀道济军于彭城。

魏叔孙建入临淄[35]，所向城邑皆溃。竺夔聚民保东阳城[36]，其不入城者，使各依据山险，芟夷禾稼[37]，魏军至，无所得食。济南太守垣苗[38]帅众依夔[39]。

刁雍[40]见魏主于邺，魏主曰："叔孙建等入青州，民皆藏避，攻城下不。彼素服卿威信[41]，今遣卿助之。"乃以雍为青州刺史，给雍骑[42]，使行募兵[43]以取青州。魏兵济河向青州者凡六万骑，刁雍募兵得五千人，抚慰士民，皆送租供军。

柔然寇魏边。二月，戊辰[44]，魏筑长城，自赤城西至五原[45]，延袤[46]二千余里，备置戍卒，以备柔然。

丁丑[47]，太皇太后萧氏殂[48]。

河西王蒙逊及吐谷浑王阿柴皆遣使入贡。庚辰[49]，诏以蒙逊为都督凉·秦·河·沙四州[50]诸军事、骠骑大将军、凉州牧、河西[51]王；以阿柴为督塞表[52]诸军事、安西将军、沙州[53]刺史、浇河公[54]。

三月，壬子[55]，葬孝懿皇后[56]于兴宁陵[57]。

（以上为第十一段，写刘宋太子刘义符即位，改元景平；北魏继续发动对刘宋的进攻，派遣将领攻打临淄、青州；柔然汗国乘机南下，侵犯北魏，北魏建造长城以拒之。）

【注释】

[1]营阳王：即刘义符，刘裕长子。即帝位被废后，降为营阳王。营阳，古郡名，郡治营浦，在今湖南道县。［2］景平：南朝宋少帝刘义符的年号，共两年。［3］己亥朔：正月一日。［4］改元：更改年号，即改为景平。［5］辛丑：正月三日。［6］帝祀南郊：宋皇帝刘义符亲自到京城的南郊祭天。［7］癸卯：正月五日。［8］河南：郡名，郡治在今河南洛阳市。弃城走：弃城逃跑。［9］恒岳：古山名，即北岳恒山，五岳之一，在今河北曲阳县西北。［10］丙辰：正月十八日。［11］邺（yè）：即邺城，古都城名，在今河北临漳县西南。［12］己未：正月二十一日。［13］诏征：皇帝下令征调。蔡廓（kuò）：字子度，刘宋豫州刺史，征召回朝为吏部尚书。传见《宋书》卷五十七。［14］悉以见付：全部交给我负责，意即由我独立做主，不能受别人控制。［15］不论：不再说什么，意即可以接受任命。［16］不能拜：不能接受任命。当时傅亮是尚书令，尚书省的最高长官，故蔡廓向其提出这种要求。［17］语录事尚书：傅亮把蔡廓的话告诉了徐羡之。徐羡之当时任“录尚书事”，总管尚书省的一切事务。录事尚书，即录尚书事。［18］黄、散以下：指黄门侍郎、散骑常侍以下官员的任命。［19］不复措怀：不再过问。措怀，用心，留意。［20］共参同异：共同商量决定。［21］为徐干木署纸尾：陪着你徐羡之做有职无权的签名画押。徐干木，徐羡之的小名。［22］不拜：不接受任命。［23］选案黄纸：任命官员的黄色文件。［24］录尚书与吏部尚书连名：通常是由录尚书事与吏部尚书两人连名签发。当时旧例如此。［25］故廓云然：所以蔡廓提出了这种强人所难的要求，也可见蔡廓有几分骨气。［26］沈约：字休文，南朝梁开国功臣，官员、史学家。南梁时，授尚书仆射，封建昌县侯。著有《宋书》。传见

《梁书》卷第十三。论曰：评论说。论曰下所引见《宋书·蔡廓传》后的“史臣曰”。［27］固辞铨（quán）衡：坚决不干吏部尚书的职务。铨衡，选拔人才，任命官员。［28］耻为志屈：以不能自己做主为羞耻。［29］岂不知选、录同体：难道蔡廓不知道吏部尚书与录尚书事应对许多大事共同参酌、共同负责。［30］义无偏断：不能一个人说了算。［31］良以：实在是由于。主暗时难：君主昏庸，世道艰难，此指刘宋少帝时的政治形势。［32］不欲居通塞之任：不想干这种负责选拔官员的工作。通塞之任，指选拔官员的工作。因古代有所谓“铨衡之任，得其人则贤路通，不得其人则贤路塞”之语。［33］远矣哉：这个见识真是够高明的。远，高明。［34］庚申：正月二十二日。［35］临淄（zī）：郡名，郡治临淄，在今山东淄博市临淄区北。［36］聚民保东阳城：把周围的百姓都集中到东阳城内去一同坚守。［37］芟（shān）夷禾稼：把田里的庄稼都铲除、毁弃，不让入侵的敌人有粮食补给。［38］垣（yuán）苗：略阳獂道人，入仕南朝后移籍下邳。垣苗原仕南燕，官任京兆太守。刘裕北伐南燕，垣苗投降于东晋，行参军之职，转汝阳太守。入仕南朝宋，任颍川太守，官至济南太守、屯骑校尉、龙骧将军。［39］帅众依夔：指率众离开其郡治历城（今山东济南市），到东阳（今山东青州市）去投奔竺夔。帅，同“率”，率领。［40］刁雍：刁逵之子，当时正纠集一些反对刘裕的人，活动在黄河、济水之间。［41］彼素服卿威信：他们都一向佩服你的威严与信义。彼，指“河、济之间”的百姓。［42］给雍骑：给了刁雍一些骑兵。［43］行募兵：一边前进，一边招兵买马。［44］戊辰：二月一日。［45］赤城：古城名，在今河北赤城县。五原：古地名，在今内蒙古包头市西、乌拉特前旗东。［46］延袤（mào）：绵亘，绵延伸展。袤，“长”的意思。［47］丁丑：二月十日。［48］萧氏：刘裕的继母，刘义符的祖母。殂（cú）：去世。［49］庚辰：二月十三日。［50］凉·秦·河·沙四州：凉州的州治在今甘肃武威市，秦州的州治在今甘肃天水市，河州的州治在今甘肃临夏市，沙州的州治在今甘肃敦煌市。［51］河西：古区域名，古代指黄河以西、北洛水以东的秦、陇地区。［52］塞表：犹言塞外，指今青海省西南部的边塞以外地区。［53］沙州：在今青海贵德县、贵南县一带。［54］浇河公：封地浇河郡，郡治在今青海贵德县西南。［55］壬子：三月十五日。［56］孝懿皇后：即萧文寿，南兰陵（今江苏常州市武进区）人，侍御史萧亮孙女，洮阳县令萧卓之女，郡功曹刘翘继室妻子，南朝宋开国皇帝宋武帝刘裕继母。刘裕即位，建立南朝宋政权，尊为皇太后。宋少帝刘义符继位，尊为太皇太后。谥号孝懿皇后。传见《宋书》卷四十一。［57］兴宁陵：刘裕父亲刘翘的坟墓，在今江苏镇江市东南。萧文寿死后，与刘翘的陵墓兴宁陵合为一墓。

魏奚斤、公孙表等共攻虎牢，魏主自邺遣兵助之。毛德祖于城内穴地入七丈[1]，分为六道，出魏围外；募敢死之士四百人，使参军范道基[2]等帅之，从穴中出，掩袭[3]其后。魏军惊扰，斩首数百级，焚其攻具而还。魏兵虽退散，随复更合，攻之益急。

奚斤自虎牢将步骑三千攻颍川太守李元德等于许昌，元德等败走。魏以颍川人庾龙[4]为颍川太守，戍许昌。

毛德祖出兵与公孙表大战，从朝至晡[5]，杀魏兵数百。会奚斤自许昌还，合击德祖，大破之，亡甲士千余人，复婴城[6]自守。

魏主又遣万余人从白沙[7]渡河，屯濮阳南[8]。

朝议以项城去魏不远，非轻军所抗，使刘粹召高道瑾还寿阳[9]；若沈叔狸已进[10]，亦宜且追[11]。粹奏："虏攻虎牢，未复南向，若遽摄军[12]舍项城，则淮西诸郡无所凭依[13]；沈叔狸已顿肥口[14]，又不宜遽退。"时李元德帅散卒二百至项，刘粹使助高道瑾戍守，请宥其奔败之罪，朝议并许之。

乙巳[15]，魏主畋于韩陵山[16]，遂如汲郡[17]，至枋头[18]。

初，毛德祖在北[19]，与公孙表有旧。表有权略[20]，德祖患之，乃与交通音问[21]；密遣人说奚斤，云表与之连谋[22]。每答表书，多所治定[23]；表以书示斤，斤疑之，以告魏主。先是，表与太史令王亮少同营署[24]，好轻侮[25]亮；亮奏"表置军虎牢东，不得便地[26]，故令贼不时灭[27]。"魏主素好术数[28]，以为然，积前后忿[29]，使人夜就帐中缢杀[30]之。

乙卯[31]，魏主济自灵昌津[32]，遂如东郡、陈留[33]。

叔孙建将三万骑逼东阳城，城中文武才一千五百人，竺夔、垣苗悉力固守，时出奇兵击魏，破之。魏步骑绕城列陈十余里，大治攻具；夔作四重堑[34]，魏人填其三重，为橦车[35]以攻城，夔遣人从地道中出，以大麻絙[36]挽之令折。魏人复作长围，进攻逾急。历时浸[37]久，城转堕坏，战士多死伤，余众困乏，旦暮且陷。檀道济至彭城，以司、青二州[38]并急，而所领兵少，不足分赴；青州道近，竺夔兵弱，乃与王仲德兼行[39]先救之。

甲子[40]，刘粹遣李元德袭许昌，斩庾龙。元德因留绥抚[41]，并上租粮[42]。

魏主至盟津[43]。于栗磾造浮桥于冶阪津[44]。乙丑[45]，魏主引兵北济，西如河内[46]。娥清、周几、闾大肥徇地至湖陆、高平，民屯聚而射之。清等尽攻破高平诸县，灭数千家，虏掠万余口，兖州刺史郑顺之[47]戍湖陆，以兵少不敢出。

魏主又遣并州刺史伊楼拔[48]助奚斤攻虎牢；毛德祖随方抗拒[49]，颇杀魏兵，而将士稍零落[50]。

夏，四月，丁卯[51]，魏主如成皋，绝虎牢汲河[52]之路。停三日，自督众攻城，竟不能下，遂如洛阳观《石经》[53]。遣使祀嵩高[54]。

叔孙建攻东阳，堕其北城三十许步；刁雍请速入，建不许，遂不克。及闻檀道济等将至，雍又谓建曰："贼畏官军突骑[55]，以锁连车为函陈[56]。大岘[57]已南，处处狭隘，车不得方轨[58]，雍请将所募兵五千据险以邀[59]之，破之必矣。"时天暑，魏军多疫。建曰："兵人疫病过半，若相持不休，兵自死尽，何须复战！今全军而返，计之上也。"己巳[60]，道济军于临朐[61]。壬申[62]，建等烧营及器械而遁。道济至东阳，粮尽，不能追。竺夔以东阳城坏，不可守，移镇不其城[63]。

叔孙建自东阳趋滑台，道济分遣王仲德向尹卯。道济停军湖陆，仲德未至尹卯，闻魏兵已远，还就道济。刁雍遂留镇尹卯，招集谯、梁、彭、沛[64]民五千余家，置二十七营以领之。

（以上为第十二段，写北魏主拓跋嗣发动大军，多路出击，攻打刘宋北境，刘宋征北将军檀道济、司州刺史毛德祖及各守将顽强抵抗，魏军发生瘟疫，无功而返。）

【注释】

[1]穴地入七丈：挖地道挖下去七丈深。 [2]参军：又名"参军事"，主军府诸曹事，参谋军务。范道基：刘宋将领，为毛德祖参军。 [3]掩袭：偷袭，突然袭击。 [4]庾龙：颍川人，北魏攻下颍州，任命庾龙为颍川太守，镇守许昌。 [5]晡（bū）：即申时，即下午三至五时。 [6]婴城：绕城，环城。 [7]白沙：古黄河渡口名，在当时的濮阳县北。 [8]屯濮阳南：驻守在今河南濮阳县南的黄河南岸。 [9]寿阳：县名，县治在今安徽寿县。 [10]已进：已经向虎牢出发增援。 [11]亦宜且追：也应该把他追回来。 [12]遽（jù）：匆忙，急忙。摄军：命令军队。摄，约束。 [13]无所凭依：再没有别的依靠。 [14]已顿肥口：已经进驻到肥水入淮河之口，在今安徽寿县北。顿，屯扎。 [15]乙巳：三月八日。 [16]畋（tián）：打猎。韩陵山：古山名，在当时的邺县（今河北临漳县西南）境内。 [17]汲（jí）郡：郡名，郡治在今河南卫辉市西南。 [18]枋（fāng）头：当时的黄河渡口名，在今河南卫辉市东北，滑县西南。 [19]毛德

祖在北：毛德祖原是荥阳人，父、祖都沦于北方政权，毛德祖兄弟五人南渡，投归于东晋。事见《晋书》卷八十一。［20］权略：权谋，谋略。［21］交通音问：指书信往来。［22］云表与之运谋：以此作为反间计。［23］多所治定：多有修改。［24］王亮：北魏官员，为太史令。同营署：同在一个营盘里当兵。［25］轻侮：轻慢，羞辱。［26］不得便地：没有布防在要害地段。［27］不时灭：没有按时地消灭毛德祖。［28］术数：指算卦、相面之类的迷信活动。［29］忿：同“愤”，怨愤。［30］缢（yì）杀：吊死，用绳子勒死。［31］乙卯：三月十八日。［32］济自灵昌津：从灵昌津渡过黄河。灵昌津，古延津的一部分，在今河南卫辉市东南一直到滑县的那段旧黄河。［33］东郡、陈留：二郡名，东郡的郡治白马，也就是昔日南燕都城的滑台，在今河南滑县东南的旧黄河南岸，陈留郡的郡治在今河南开封市东南。［34］四重堑（qiàn）：四道壕沟。［35］橦（zhuàng）车：即撞车，以撞击城墙使之坍塌。橦，同“撞”，撞击。［36］大麻絚（gēng）：粗麻绳。［37］浸：通“渐”，逐渐。［38］司、青二州：司州指毛德祖守卫的虎牢关；青州指竺夔、垣苗守卫的东阳城。［39］兼行：加倍速度赶路。［40］甲子：三月二十七日。［41］绥抚：安抚，抚慰。［42］上租粮：收取许昌一带的粮食，送给刘粹作军用。［43］盟津：也作“孟津”，古黄河渡口名，在今河南孟州市南。［44］冶阪津：古黄河渡口名，在今河南洛阳市西北。［45］乙丑：三月二十八日。［46］西如河内：河内郡的郡治在今河南沁阳市，在盟津东北。今说“西如”，方向有误。［47］郑顺之：刘宋官员，为兖州刺史，驻守湖陆。［48］并州：州治晋阳，在今山西太原市西南。伊楼拔：姓伊楼，名拔，北魏官员，为并州刺史。［49］随方抗拒：随机应变，顽强抵抗。［50］零落：衰落，减损。［51］丁卯：四月一日。［52］汲河：从黄河中取水。魏军切断晋军取水道路。［53］《石经》：东汉灵帝熹平四年刻石的儒家经典。蔡邕所书，人称《熹平石经》，立于洛阳太学。［54］祀嵩高：祭祀嵩山。嵩高，在今之中岳嵩山，汉代以来帝王经常到达的祭天之处，在今河南洛阳市南的登封市北。［55］贼：指称檀道济的刘宋军队。官军突骑：北魏国的勇猛骑兵。官军，正统帝王的大军。［56］函陈：方陈，四周连结战车作为防御工事。［57］大岘（xiàn）：古山名，在今山东临朐县南的穆陵关一带。［58］不得方轨：两车不能并行，极言其道路之崎岖狭窄。［59］邀：拦截，伏击。［60］己巳：四月三日。［61］临朐（qú）：县名，县治在今山东青州市东南。［62］壬申：四月六日。［63］不其城：古城名，即不其县县城。不其县在今山东青岛市即墨区东南，青岛城北。［64］谯（qiáo）、梁、彭、沛：四郡国名，谯郡的郡治在今安徽亳州市，梁国的都城在今河南商丘市，彭城的郡治在今江苏徐州市，沛郡的郡治在今安徽濉溪县西。

蛮王梅安帅渠帅[1]数十人入贡于魏。初，诸蛮本居江、淮[2]之间，其后种落滋蔓[3]，布于数州，东连寿春[4]，西通巴、蜀[5]，北接汝、颍[6]，往往有之。在魏世[7]不甚为患；及晋[8]，稍益繁昌，渐为寇暴。

及刘、石乱中原[9]，诸蛮无所忌惮[10]，渐复北徙，伊阙[11]以南，满于山谷矣。

河西世子政德攻晋昌[12]，克之。唐契及弟和、甥李宝同奔伊吾[13]，招集遗民[14]，归附者至二千余家，臣于柔然。柔然以契为伊吾王。

秦王炽磐谓其群臣曰："今宋虽奄有[15]江南，夏人雄据[16]关中，皆不足与[17]也。独魏主奕世英武[18]，贤能为用，且谶[19]云'恒、代之北当有真人[20]'，吾将举国而事之。"乃遣尚书郎莫者阿胡[21]等入见于魏，贡黄金二百斤，并陈伐夏方略。

闰月，丁未[22]，魏主如河内[23]，登太行[24]，至高都[25]。

叔孙建自滑台西就奚斤，共攻虎牢。虎牢被围二百日，无日不战，劲兵战死殆尽，而魏增兵转多。魏人毁其外城，毛德祖于其内更筑三重城以拒之，魏人又毁其二重。德祖唯保一城，昼夜相拒，将士眼皆生创[26]，德祖抚之以恩，终无离心。时檀道济军湖陆[27]，刘粹军项城[28]，沈叔狸军高桥[29]，皆畏魏兵强，不敢进。丁巳[30]，魏人作地道以泄[31]虎牢城中井，井深四十丈，山势峻峭，不可得防；城中人马渴乏，被创者不复出血，重以饥疫。魏仍急攻之，己未[32]，城陷，将士欲扶德祖出走，德祖曰："我誓与此城俱毙，义不使城亡而身存也！"魏主命将士："得德祖者，必生致之。"将军代人豆代田[33]执德祖以献。将佐在城中者，皆为魏所虏[34]，唯参军范道基将二百人突围南还。魏士卒疫死者亦什二三[35]。

奚斤等悉定司、兖、豫[36]诸郡县，置守宰以抚之。魏主命周几镇河南[37]，河南人安之。

徐羡之、傅亮、谢晦以亡失境土，上表自劾[38]，诏勿问。

徐羡之兄子吴郡太守珮之颇豫政事[39]，与侍中王韶之、程道惠、中书舍人邢安泰、潘盛结为党友[40]。时谢晦久病，不堪[41]见客。珮之等疑其诈疾，有异图，乃称[42]羡之意以告傅亮，欲令亮作诏[43]诛之。亮曰："我等三人同受顾命[44]，岂可自相诛戮[45]！诸君果行此事，亮当角巾步出掖门[46]耳。"珮之等乃止。

（以上为第十三段，写北魏将领叔孙建从滑台增援，与奚斤合力攻打虎牢城，守城将领毛德祖与士兵恩义相结，顽强守卫，最终城破，北魏占领司、兖、豫三州。）

【注释】

[1]蛮王：少数民族首领。蛮，古代称南方的民族。梅安：刘宋时人，蛮族首领。帅渠帅：率领一些蛮族的部落头领。渠帅，大头领。[2]江、淮：长江、淮河。[3]种落：种族，部落。滋蔓：滋生，蔓延。[4]寿春：郡名，郡治在今安徽寿县。[5]巴、蜀：巴郡、蜀郡。[6]汝、颍：二水名，都流经今河南的东南部，汇入淮水。[7]魏世：指三国时的曹魏。[8]晋：西晋。[9]刘、石乱中原：即刘渊、刘聪、刘曜的前赵（304—329）与石勒、石虎的后赵（328—351），扰乱中原，共达48年。[10]无所忌惮（dàn）：毫无顾忌，任意妄为。[11]伊阙：山口名，在今洛阳市南的伊水上，两岸有山，对立如门，故称“伊阙”。[12]晋昌：郡名，郡治在今甘肃瓜州县东南。晋昌郡于刘宋永初二年（421）被北凉叛将唐契所据，北凉世子沮渠政德来攻。[13]和：即唐和，唐契之弟。伊吾：古地名，在今新疆哈密市西。[14]遗民：忠于西凉政权的遗老遗少。[15]奄有：广泛地占有。[16]夏人：指匈奴人赫连勃勃建立的胡夏政权。[17]不足与：不值得与之打交道。与，打交道。[18]奕（yì）世：累世，一连几代。英武：英明，雄武。[19]谶（chèn）：即谶语，即阴谋家或骗子为蛊惑人心，达到某种目的，而编造的一种对于未来的政治预言。[20]恒、代：恒山、代郡。真人：指统一天下的真命天子。[21]莫者阿胡：人名，西秦尚书郎，出使北魏。[22]闰月，丁未：闰四月十一日。[23]河内：郡名，郡治在今河南沁阳市北。[24]太行：即太行山，在今河北、山西两省交界的大山，最南端就在当时的河内郡北。[25]高都：县名，县治在今山西晋城市东北。[26]创（chuāng）：通“疮”，疮疖，皮肤或黏膜上的溃烂处。[27]湖陆：古地名，在今山东鱼台县东南。[28]项城：古地名，在今河南沈丘县。[29]高桥：古地名，在今安徽寿县附近。[30]丁巳：闰四月二十一。[31]泄（xiè）：排泄，排空。[32]己未：闰四月二十三日。[33]豆代田：人名，代郡人，北魏将军。[34]虏：同“掳”，掳获，活捉。[35]什二三：十分之二三。什，同“十”。[36]司、兖、豫：三州名，西晋时司州的州治在今河南洛阳市，兖州的州治廪丘，在今山东郓城县西北，豫州的州治在今河南周口市淮阳区。东晋时多变化不定。这次刘宋溃败后，司州全部被魏人占领，兖州自湖陆以南，豫州自项城以南尚属刘宋，此文说“悉定”，略与事实不合。[37]河南：河南尹的郡治所在地，在今河南洛阳市。[38]自劾（hé）：自责，自己要求受处罚。[39]珮之：又作“佩之”，司徒徐羡之之侄，南朝宋大臣。刘裕以其姻戚，累加宠任，任丹阳尹，迁吴郡太守。以徐羡之秉权，“颇豫政事”。传见《宋书》卷四十三。豫政事：指参与国家的重大决策。豫，同“预”，参与，干预。[40]结为党友：互相勾结，成为朋党。[41]不堪：不能。[42]乃称：于是假传命令。[43]作诏：傅亮当时任中书监，主管为皇帝起草诏令。[44]顾命：先帝临终前的遗诏大臣辅佐新帝，被称为顾命。[45]诛戮：诛杀，杀害。[46]角巾步出掖门：意即换上便衣，出殿省回家为民。角巾，古代隐者所戴的头巾。掖门，皇宫正门（即端门）两侧的旁门。

五月，魏主还平城。

六月，己亥[1]，魏宜都文成王穆观卒。

丙辰[2]，魏主北巡，至参合陂[3]。

秋，七月，癸酉[4]，尊帝母张夫人[5]为皇太后。

魏主如三会屋侯泉[6]；八月，辛丑[7]，如马邑[8]，观灅源[9]。

柔然寇河西，河西王蒙逊命世子政德击之。政德轻骑进战，为柔然所杀。蒙逊立次子兴为世子。

九月，乙亥[10]，魏主还宫。召奚斤还平城，留兵守虎牢，使娥清、周几镇枋头，以司马楚之所将户口置汝南、南阳、南顿、新蔡四郡[11]，以益豫州[12]。

冬，十月，癸卯[13]，魏人广西宫外垣[14]，周二十里。

秃发傉檀之死[15]也，河西王蒙逊遣人诱其故太子虎台[16]，许以番禾、西安二郡[17]处之，且借之兵，使伐秦，报其父仇，复取故地。虎台阴许之，事泄而止。秦王炽磐之后，虎台之妹也，炽磐待之如初。后密与虎台谋曰："秦本我之仇雠[18]，虽以婚姻待之，盖时宜[19]耳。先王之薨，又非天命[20]；遗令不治[21]者，欲全济[22]子孙故也。为人子者，岂可臣妾于仇雠[23]而不思报复乎！"乃与武卫将军越质洛城[24]谋弑炽磐。后妹为炽磐左夫人，有宠[25]，知其谋而告之，炽磐杀后及虎台等十余人。

十一月，魏周几寇许昌，许昌溃，颍川太守李元德奔项[26]。戊辰[27]，魏人围汝阳[28]，汝阳太守王公度[29]亦奔项。刘粹遣其将姚耸夫[30]等将兵助守项城。魏人夷[31]许昌城，毁钟城[32]，以立封疆[33]而还。

己巳[34]，魏太宗[35]殂。壬申[36]，世祖[37]即位，大赦。十二月，庚子[38]，魏葬明元帝于金陵[39]。庙号太宗。

魏主追尊其母杜贵嫔[40]为密皇后。自司徒长孙嵩以下普增爵位。以襄城[41]公卢鲁元为中书监，会稽[42]公刘絜为尚书令，司卫监尉眷[43]、散骑侍郎刘库仁等八人分典四部[44]。眷，古真[45]之弟子也。

以河内镇将代人罗结[46]为侍中、外都大官[47]，总三十六曹[48]事。结时年一百七，精爽[49]不衰，魏主以其忠悫[50]，亲任之，使兼长秋卿[51]，监典[52]后宫，出入卧内。年一百一十，乃听归老，朝廷每有大事，遣骑访焉。又十年乃卒。

（以上为第十四段，写柔然攻击北凉，北凉世子沮渠政德奉命迎战，兵败被杀；北魏主拓跋嗣去世，谥号明元，庙号太宗；太子拓跋焘即位，重用河内镇将罗结。）

【注释】

[1]己亥：六月四日。[2]丙辰：六月二十一日。[3]参合陂：古地名，在今内蒙古凉城东的岱海东南角。[4]癸酉：二字原无，据章校补。癸酉，七月八日。[5]张夫人：即张阙，南朝宋开国皇帝刘裕的妃子，宋少帝刘义符生母，封为夫人。刘裕死后，刘义符即位，封其为皇太后。刘义符被废后，降为营阳王，张太后降为营阳太妃。传见《宋书》卷四十一。[6]三会屋侯泉：三会河边的屋侯泉。三会河流经今山西忻州市城南，在今山西定襄县东北流入滹沱河。[7]辛丑：八月七日。[8]马邑：县名，县治在今山西朔州市。[9]灅（lěi）源：灅水的源头。灅水，在今桑干河的上游，发源于马邑城南，东北流经大同南入河北，下游在今永定河。[10]乙亥：九月十一日。[11]汝南、南阳、南顿、新蔡四郡：此四郡都在刘裕的管辖区，但因司马楚之把这几个郡的一些百姓、士兵带到了北魏管辖区，于是便仿照北人南渡后在南方建立侨郡的办法，也在北方建立起南方人的侨郡。[12]益豫州：以增加豫州的人口数量。当时北魏的豫州州治曾暂设在成皋，在今河南荥阳市西北的大邳（伾）山上。[13]癸卯：十月十日。[14]广西宫外垣：扩大西宫的外部苑墙。广，扩大。西宫，在其国都平城，当年拓跋珪所造。[15]秃发傉（nù）檀（tán）之死：秃发傉檀被乞伏炽磐打败，投降后又被毒死，见《资治通鉴》卷一百十六晋安帝义熙十年。传见《晋书》卷一百二十六。[16]虎台：即秃发虎台，秃发傉檀之子，南凉太子。奉命守都城乐都（在今青海海东市乐都区），拒忠谏，轻敌失备，为西秦所乘，城破，被执杀。[17]番禾、西安二郡：番禾的郡治在今甘肃永昌县，西安的郡治在今甘肃张掖市东南。[18]仇雠（chóu）：冤家对头。雠，仇敌。[19]时宜：临时制宜，是没有办法的事。[20]非天命：不是正常地命终而死，指被人所杀。[21]遗令不治：秃发傉檀喝了乞伏炽磐送来的毒酒后，迅速发作，左右劝他救治，他为了使子女得全，遂不救而死。事见《资治通鉴》卷一百十六晋安帝义熙十年（414）。不治，不抢救。[22]全济：全活，使子女避免被杀。[23]臣妾于仇雠（chóu）：给仇人做臣妾。[24]越质洛城：人名，北凉将领，为武卫将军。[25]有宠：二字原无，据章校补。[26]颍川：郡名，郡治在今河南漯河市东北。项：即上下文所说的“项城”。[27]戊辰：十一月五日。[28]汝阳：郡名，郡治在今河南商水县西南。[29]王公度：刘宋汝阳太守，魏军来攻，逃奔项城。[30]姚耸夫：吴兴武康（今浙江德清县）人，

南朝宋将军。随到彦之北伐，手斩拓跋焘叔父。镇守洛阳，为杜骥诬陷，宋文帝刘义隆使建威将军郑顺之杀之于寿阳。传见《宋书》卷六十五。［31］夷：平，铲平。［32］钟城：古城名，在今山东禹城市东南。［33］以立封疆：毁掉许昌城、钟城，用其材料建立魏国南境的界墙。［34］己巳：十一月六日。［35］魏太宗：即拓跋嗣，庙号太宗，死时三十二岁。［36］壬申：十一月九日。［37］世祖：即拓跋焘，拓跋嗣之子，庙号世祖。［38］庚子：十二月八日。［39］明元帝：即拓跋嗣，谥号明元皇帝。金陵：拓跋氏的帝陵都叫"金陵"。拓跋珪的"金陵"在盛乐（今内蒙古和林格尔县北），拓跋嗣的"金陵"则在平城。［40］杜贵嫔：明元帝拓跋嗣妃嫔，太武帝拓跋焘生母。拓跋嗣即位后，册封贵嫔。拓跋焘即位后，追封皇后。传见《魏书》卷十三。［41］襄城：郡名，郡治在今河南襄城县。［42］会稽：郡名，郡治在今浙江绍兴市。［43］司卫监：犹如汉代的卫尉，负责守卫宫廷。尉眷：本姓尉迟，太安狄那（今山西寿阳县）人，鲜卑族，幽州刺史尉诺长子，北魏大臣。传见《魏书》卷二十六。［44］散骑侍郎：帝王侍从官。刘库仁：北魏官员，与什翼犍时的刘库仁同名，不是一个人。典：主管，统领。四部：指东西南北四个政区。当时魏国将全境总共分为天、地、东、南、西、北六个政区。［45］古真：即尉古真，北魏的开国将领、佐命元勋。传见《魏书》卷二十六。［46］罗结：复姓叱罗，代郡平城（今山西大同市）人，鲜卑族，北魏大臣。传见《魏书》卷四十四。［47］外都大官：北魏官名。当时北魏国有"外都大官""内都大官"之职。［48］总：总管，统领。三十六曹：北魏尚书省各部直属机构的总称。［49］精爽：犹言"精力""精气神"。［50］忠悫（què）：忠厚，诚实。［51］长秋卿：犹如汉代之"大长秋"，主管皇后宫中的各项事务。［52］监典：监督，主管。

左光禄大夫崔浩研精经术[1]，练习[2]制度，凡朝廷礼仪，军国书诏，无不关掌[3]。浩不好老、庄[4]之书，曰："此矫诬[5]之说，不近人情。老聃习礼[6]，仲尼[7]所师，岂肯为败法[8]之书以乱先王之治乎！"尤不信佛法，曰："何为事此胡神[9]！"及世祖即位，左右多毁[10]之；帝不得已，命浩以公归第[11]，然素知其贤，每有疑议，辄召问之[12]。浩纤妍洁白[13]如美妇，常自谓才比张良[14]而稽古过之[15]。既归第，因修服食养性[16]之术。

初，嵩山道士寇谦之[17]，赞[18]之弟也，修张道陵[19]之术，自言尝遇老子降[20]，命谦之继道陵为天师，授以辟谷轻身之术及《科戒》[21]二十卷，使之清整道教[22]。又遇神人李谱文[23]，云"老子之玄孙"也。授以《图箓真经》[24]六十余卷，使之辅佐北方太平真君[25]；出天宫静轮之法[26]，其中数篇，李君[27]之手笔也。谦之奉其书献于魏主。朝野多未之信，崔浩独师事之，从受其术，且上书赞明[28]其事曰："臣闻圣王受命，必有天应，《河图》《洛书》皆寄言于虫兽之文[29]，未若今日人神接对[30]，手笔粲然[31]，辞旨深妙，自古无比，岂可以世俗常虑而忽上灵[32]之命！臣窃惧之。"帝欣然[33]，使谒者[34]奉玉帛、牲牢祭嵩岳，迎致[35]谦之弟子在山中者，以崇奉天师，显扬新法[36]，宣布天下。起天师道场[37]于平城之东南，重坛五层，给道士百二十人衣食，每月设厨会[38]数千人。

臣光曰：老、庄之书，大指欲同死生[39]，轻去就[40]。而为神仙者，服饵修炼以求轻举[41]，炼草石为金银[42]，其为术正相戾[43]矣。是以刘歆[44]《七略》叙道家为诸子[45]，神仙为方技[46]。其后复有符水、禁咒[47]之术，至谦之遂合而为一[48]；至今循[49]之，其讹甚矣[50]！崔浩不喜佛、老之书而信谦之之言，其故何哉[51]！昔臧文仲[52]祀爰居[53]，孔子以为不智[54]；如谦之者，其为爰居亦大矣[55]。"《诗》[56]三百，一言以蔽之，曰'思无邪'[57]。"君子之于择术，可不慎哉[58]！

（以上为第十五段，写北魏谋臣崔浩得到拓跋焘重用，凡朝廷礼仪典章、军国命令，全由他负责，而他不信佛教，受到攻击，削职归第；推崇道教，受到讥评。）

【注释】

[1]研精：犹精研，专心，穷究精义。经术：经学。 [2]练习：熟悉。 [3]关掌：过问，执掌。 [4]老、庄：即先秦的老子、庄子。老子，著有《道德经》行于世。庄子，著《庄子》行于世。两人皆道家学派代表人物，同传，见《史记》卷六十三。 [5]矫诬：不合人情地故意做作。 [6]老聃（dān）习礼：老子熟悉古礼，孔子曾向他学习。 [7]仲尼：即孔子，字仲尼，儒家学派创始人。 [8]败法：败坏先王的礼法。指老子、庄子攻驳儒家的仁义道德、规矩伦理之说。 [9]何为事此胡神：为什么要供奉这些来自番邦的神灵？ [10]毁：诽谤，说人坏话。 [11]以公归第：指免去一切职务，只带着原有的爵位回家养老。 [12]辄召问之：每有疑事，拓跋焘就宣召崔浩向他询问。 [13]纤妍（yán）洁白：身材纤细美好，皮肤洁白细嫩。妍，美好，好看。 [14]张良：字子房，西汉开国功臣，汉高祖刘邦的首席谋士。崔浩以张良自比。 [15]稽古过之：在精通古书，熟悉前代故事方面，比张良强。稽，考察。 [16]服食养性：指道家方士所倡导的炼丹吃药，修身养性，以求益寿延年。 [17]嵩山：古山名，五岳之一，在河南登封市西北。寇谦之：字辅真，上谷昌平（今北京昌平区）人，冯翊太守寇修之之子，北魏时期道教代表人物，

新天师道（北天师道）领袖，大兴北朝道教，建立官方正统道教。传见《魏书》卷一百一十四。［18］赞：即寇赞，字奉国，道士寇谦之之兄，北魏大臣。原仕于后秦，后秦灭亡后归于北魏，历任魏郡太守，封轵县侯，迁南雍州刺史，封河南郡公。传见《魏书》卷四十二。［19］张道陵：字辅汉，原名张陵，东汉丰县（今江苏丰县）人，为五斗米道创始人。其人及其后裔、门徒世代以“天师”为名号，世称张天师。［20］尝遇老子降：曾见过老子下界。老子即先秦思想家老聃，被道教的创始者拉去梳妆打扮，说成是道教世界中的大神。［21］辟谷轻身之术：道教所宣扬的一种据说不吃五谷，减轻体重，可以修炼成仙的方法。《科戒》：道教的清规戒律。［22］清整：清理，整顿。道教：发源于中国本土的宗教之一，以“道”为最高范畴，主张尊道贵德，效法自然，以清净无为法则治国修身和处理鬼神信仰，处理人与自然之间的关系。［23］李谱文：传说中的人物，被称为神人。［24］《图箓真经》：道教的经典，图谶符命之书。［25］北方太平真君：指北魏的帝王。为弘扬道教，编神话以寻求庇护者的伎俩，与汉代公羊派儒生蛊惑汉武帝尊儒的伎俩相同。［26］天宫静轮之法：道教经典的名称。［27］李君：即指李谱文。［28］赞明：协助阐明。［29］《河图》《洛书》：汉代阴阳五行家编造的一种说法。据说远古时，黄河中曾有龙驮着“图”出来，伏羲氏就是依照“河图”来画八卦的。又说洛水中有龟背着“书”出来，禹就是根据这种书来制定了九种大法，即《洪范》。寄言于虫兽之文：意即都是借着“龙”“龟”这些动物说事。［30］人神接对：神灵下界直接与人当面交谈，即寇谦之所谓“尝遇老子降”，又蒙李谱文下界赠书云云。［31］粲然：显著、明白的样子。［32］世俗常虑：指不信宗教之人的惯常思维。上灵：犹言“上帝”“神灵”。［33］欣然：高兴、愉快的样子。［34］谒者：帝王的侍从官员，掌管传达、收发等事。［35］迎致：迎取，迎接到平城宫中。［36］显扬新法：鼓吹宣传寇谦之所制订的这一套“新天师道”。［37］天师道场：道教念经祭神的场所。［38］厨会：招待道教门徒的宴会。［39］大指：即要旨，主要的精神实质。指，同“旨”。同死生：认为有生必有死，生不必乐，死不必哀，这是道家比较唯物达观的一种人生看法。［40］轻去就：把出仕、入仕看得很淡很轻，不像儒家那样追求功名。［41］服饵（ěr）：服食各种药物。道家的一种养生延年之术。轻举：即指升天、成仙。［42］炼草石为金银：即指炼金术，炼铁、炼石成金以至“长生丹”的方法。以追求长生不老。［43］正相戾（lì）：正好相背、相矛盾。言汉以后的道教所言与先秦道家学派的学问相违背。［44］刘歆（xīn）：字子骏，西汉经学家刘向之子，经学家。汉成帝时，授黄门郎，随父进入天禄阁，负责整理校订国家藏书。汉哀帝时，历任中垒校尉、侍中、骑都尉、奉车都尉、光禄大夫、太中大夫。传见《汉书》卷三十六。［45］《七略》：是西汉刘歆汇录的中国第一部官修目录和第一部目录学著作，分为辑略、六艺略、诸子略、诗赋略、兵书略、术数略、方技略等七部。道家为诸子：《老子》《庄子》，在《七略》中都属于“诸子略”。［46］神仙为方技：“神仙家”在《七略》中归于“方技略”。神仙，古代神话传说中的人物，有超人的能力，可以超脱生死，长生不老。方技，在古代指各种方药、技术。这个门类中的学问，有科学技术，也有大量的荒唐迷信。“神仙”诸书就属于后者。［47］符水：画符箓或烧符箓于水中，谓饮之可以疗病，由古代的巫鬼道发展而来，用箓祈禳，以消灾却祸、治病除瘟、济生度死。禁咒：一种被认为对鬼神或自然物有感应或禁令的神秘语言，常和以人体真气“禁制”鬼神、外物的气禁术结合在一起。张道陵的五斗米道搞的就是这些东西。［48］合而为一：既有老、庄的哲学，又有方士的骗术。［49］循：即因循，沿袭，承袭。［50］其讹甚矣：实在太荒谬。指把道家学派与神仙方术混为一谈。［51］其故何哉：究竟是什么原因？故，缘故，原因。［52］臧文仲：春秋时鲁国大夫。世袭司寇，执礼维护公室。谥号文，世称臧文仲。［53］祀爰（yuán）居：臧文仲看到有一种名叫“爰居”的水鸟，落在鲁国的东门外，一连待了三天，觉得很奇怪，于是就叫鲁国人给水鸟上供。事见《国语·鲁语》。［54］孔子以为不智：孔子认为臧文仲是个蠢货。《左传》文公二年，孔子有所谓“臧文仲，其不仁者三，不知者三。下展禽，废六关，妾织蒲，三不仁也。作虚器，纵逆祀，祀爰居，三不知也。”［55］其为爰居亦大矣：指寇谦之的荒谬程度，比起臧文仲的祀爰居，可就更严重了。［56］《诗》：即《诗经》，中国最早的一部诗歌总集，收集了西周初年至春秋中叶的诗歌，共305篇，故又称《诗》三百。汉时被尊为儒家经典，始称《诗经》，并沿用至今。［57］一言以蔽之，曰“思无邪”：《诗经》全部作品的内容可以用一句话来概括：他们的思想都是端正无邪的。蔽，概括。见《论语·为政》。［58］君子之于择术，可不慎哉：一个正派人在选择职业、选择技术的时候，能不慎重对待吗？

【点评】

东晋灭亡。公元420年，东晋恭皇帝司马德文退位，宋王刘裕取而代之，建立宋朝，史称“刘宋”。晋朝从司马懿父子苦心经营，到司马炎创建晋朝，经历了平蜀、篡魏、灭吴之事；司马炎本该吸取曹魏灭亡的教训，可惜一味骄奢淫逸，把帝位传给了智力低下的司马衷，从此，贾后乱政、八王之乱、五胡兴起，晋朝一蹶不振；后来司马睿渡江，建都于建康，可是难比当日气魄，而且此时琅琊王氏尾大不掉。而后诸帝，除明帝司马绍还有一些作为外，其余都是权臣专政，皇帝形同虚设，基本上只是符号而已。晋朝共有十五主，存在一百五十六年。其中，西晋自武帝司马炎称尊，传国三世，共五十二年；东晋自元帝司马睿至恭帝司马德文，传国十一主，共一百零四年。而后是刘裕篡晋立宋，为晋朝画上了句号，进入南北朝时期。这里就本卷所记载的这个时段，即司马德文禅让、刘裕称帝，略作评论。

首先，东晋王朝的存在与否由权臣做主。东晋皇帝的孱弱，由来已久，自从明帝司马绍以后，大致上都是如此。东晋的专权者，皆为一些野心家，利用皇权谋取私利，如桓温，独揽朝政十多年，操纵废立，有意夺取帝位，因受制于朝中王、谢势力而未能如愿；桓玄，威逼安帝司马德宗禅位，在建康建立桓楚，改元永始；刘裕威权更是无以复加。

其次，刘裕起于民间，扫平群凶，征讨强敌，既有功于国家，也为自己篡晋铺平了道路。平心而论，刘裕有大功于东晋，从公元 399 年开始，前后二十年，他马不停蹄，南征北讨，对内平定孙恩和桓玄，消灭桓楚、西蜀、卢循、刘毅、司马休之等割据势力，使南方出现百年未有的统一局面；对外消灭南燕、后秦等国，降服仇池，又以却月阵大破北魏，收复淮北、山东、河南、关中等地，光复洛阳、长安两都，使东晋的疆土得到极大扩展。刘裕所做的这一切，固然是为了东晋的兴盛，却也是效法汉高祖刘邦，一介布衣，希冀建立属于自己的王朝，把东晋朝廷据为己有。他收服洛阳后，觉得自己功劳够大的了，就派人讽喻朝廷，对他赐予“九锡”的荣宠；他率兵北伐，攻取长安后，在朝廷主持工作的亲信刘穆之病重去世，便急不可耐地赶回，却使长安再度失陷；而后，他听信所谓“昌明之后尚有二帝”的谶言，先毒死东晋安帝司马德宗，再立司马德文为傀儡皇帝；后又讽喻大臣，逼迫恭帝司马德文禅位，自己即皇帝位，改朝换代，建立宋国。凡此种种，刘裕成为东晋王朝的掘墓人。

最后，刘裕让司马德文禅让皇位给他，建立南朝宋，是历史发展的必然趋势。实践证明，刘裕也是一个残暴之君，只是他当皇帝不久后就去世了，没有充分显露罢了。

由此可见，东晋灭亡，王朝更替，是历史发展的必然趋势，是历史发展的进步所在！

卷一二〇 宋纪二

宋文帝元嘉元年至四年（424—427年）

【起阏逢困敦（甲子，424年），尽强圉单阏（丁卯，427年），凡四年】

【大事提要】

本卷记事起于公元424年，到公元427年，凡四年，时当宋文帝（刘义隆）元嘉元年至元嘉四年。本卷所载大事，主要是五个方面：其一，刘宋国废杀少帝。公元424年，顾命大臣徐羡之等人商议废掉少帝刘义符，因刘义真排行老二，亦品行不端，先将其废免，然后将出游贪玩、睡在龙舟上的刘义符捉住，收取了他的印玺，以太后的名义废其为营阳王，不久刘义符被杀，时年仅十九岁；又杀掉刘义真。其二，北魏攻打柔然。公元424年，北魏太武帝拓跋焘亲征，自领一军进兵屯柞山，与阿伏干率领的柔然骑兵相遇，斩首数千，获马万匹，大胜而归。次年，拓跋焘又大举北伐，东西五道并进，下令轻骑兵带十五日干粮越过大沙漠进攻，柔然可汗惊慌失措，率众北遁。其三，刘义隆即位，杀掉废立大臣。刘宋文帝刘义隆即位，改元元嘉。公元426年，他大开杀戒，先是杀了徐羡之、傅亮和谢晦长子谢世休，接着又亲率大军攻打谢晦。谢晦无可奈何，起兵抵抗，全军溃败，在逃亡中为官军所擒，被杀。刘义隆总揽朝权，势倾天下。其四，夏国内乱。夏王赫连勃勃原立太子赫连璝，为领大将军、雍州牧、录南台尚书。后来，赫连勃勃厌恶太子，想废掉而另立太子，赫连璝得知后起兵造反，被其弟赫连昌所杀。于是，赫连勃勃改立赫连昌为太子，国力大损。公元425年，赫连勃勃病死，赫连昌继位。其五，拓跋焘攻下夏都城。公元427年，北魏出兵攻打夏首都统万城，拓跋焘将主力埋伏在山谷中，以少量骑兵直抵城下，故意示弱，引诱夏军脱离坚城出战，当其出城追逐时，采纳崔浩分兵潜出袭其后之计，打败赫连昌军队，北魏军攻下了统万城。

太祖文皇帝[1]上之上

元嘉[2]元年（甲子，424年）

春，正月，魏改元始光[3]。

丙寅[4]，魏安定殇王弥[5]卒。

营阳王[6]居丧无礼[7]，好与左右狎昵[8]，游戏无度。特进致仕范泰上封事[9]曰："伏闻陛下时在后园，颇习武备[10]，鼓鞞[11]在宫，声闻于外。黩武掖庭之内[12]，喧哗省闼[13]之间，非徒不足以威四夷[14]，只生远近之怪[15]。陛下践阼[16]，委政宰臣[17]，实同高宗谅暗之美[18]，而更亲狎[19]小人，惧非社稷至计、经世[20]之道也。"不听。泰，宁[21]之子也。

南豫州刺史庐陵王义真[22]，警悟爱文义[23]，而性轻易[24]，与太子左卫率谢灵运[25]、员外常侍颜延之[26]、慧琳道人情好款密[27]。尝云："得志[28]之日，以灵运、延之为宰相，慧琳为西豫州都督[29]。"灵运，玄之孙也，性褊傲[30]，不遵法度；朝廷但以文义处之，不以为有实用[31]。灵运自谓才能宜参权要[32]，常怀愤邑[33]。延之，含之曾孙也，嗜酒放纵。

徐羡之等[34]恶义真与灵运等游，义真故吏范晏从容戒之[35]，义真曰："灵运空疏[36]，延之隘薄[37]，魏文帝[38]所谓'古今文人类不护细行[39]'者也；但性情所得[40]，未能忘言于悟赏[41]耳。"于是，羡之等以为灵运、延之构扇异同[42]，非毁执政[43]，出灵运为永嘉[44]太守，延之为始安[45]太守。

义真至历阳[46]，多所求索[47]，执政每裁量[48]不尽与。义真深怨之，数有不平之言，又表求还都，咨议参军庐江何尚之[49]屡谏，不听。时羡之等已密谋废帝，而次立[50]者应在义真，乃因义真与帝有隙，先奏列其罪恶，废为庶人，徙新安郡[51]。

前吉阳令堂邑张约之[52]上疏曰："庐陵王少蒙先皇优慈[53]之遇，长受陛下睦爱[54]之恩，故在心必言[55]，所怀必亮[56]，容犯臣子之道[57]，致招骄恣之愆[58]。至于天姿夙成[59]，实有卓然之美[60]，宜在容养[61]，录善掩瑕[62]，训尽义方[63]，进退以渐[64]。今猥加剥辱[65]，幽徙[66]远郡，上伤陛下常棣之笃[67]，下令远近恇然失图[68]。臣伏思大宋开基造次[69]，根条未繁，宜广树藩戚[70]，敦睦以道[71]。人谁无过，贵能自新[72]。以武皇[73]之爱子，陛下之懿弟[74]，岂可以其一眚[75]，长致沦弃[76]哉！”书奏，以约之为梁州府参军[77]，寻杀之[78]。

（以上为第一段，写刘宋权臣徐羡之等人密谋以居丧无礼的罪名废掉少帝刘义符，按次当立刘义真，但刘义真与他们有矛盾，便借机弹劾，贬为平民，放逐新安郡。）

【注释】

[1]太祖文皇帝：即刘义隆，字车儿，宋武帝刘裕第三子，宋少帝刘义符之弟，南朝宋第三位皇帝（424—453在位）。历任徐、司、荆三州刺史，封彭城公；后授镇西将军，封宜都王。即位后，剪除权臣，治国有方，谥号文，庙号太祖。改年号为元嘉，史称“元嘉中兴”。传见《宋书》卷五。［2］元嘉：南朝宋文帝刘义隆的年号，共二十九年余。［3］始光：北魏太武帝拓跋焘的年号，历时五年。［4］丙寅：正月四日。［5］弥：即拓跋弥。“弥”字，又作“猕”，北魏明元帝拓跋嗣第三子。传见《魏书》卷十七。［6］营阳王：即刘宋少帝刘义符，宋武帝刘裕长子，被废为营阳王。后遭到杀害。传见《宋书》卷四。［7］居丧：因丧守制，守孝。无礼：行为不合礼法规定。《礼记·曲礼下》曰：“居丧不言乐，祭事不言凶。”［8］狎（xiá）昵（nì）：不严肃、不正当的亲近，过于亲近而态度不庄重。［9］特进致仕：以“特进”的封号退休在家。特进，官号名，凡大臣功德优盛为朝廷所敬重，则赐号“特进”，位在三公之下。致仕，交出职权退休。范泰：字伯伦，经学家范宁长子，南朝宋大臣、学者。传见《宋书》卷六十。上封事：给皇帝上表章，因是封装于函内，不令别的人看，故称“封事”。［10］颇：这里作“很”“甚”解，热衷于。习武备：练武，备战。［11］鼓鞞（pí）：即鼙鼓，古代军队中用的小鼓，亦可作乐器用。鞞，同“鼙”。［12］黩（dú）武掖（yè）庭之内：在皇宫里操练士兵，舞刀弄枪。黩武，好武，好战。看似爱好，实为亵渎。这是当时权臣们加给刘义符的“罪名”。掖庭，指妃嫔所居住的皇宫正殿两侧的屋舍。这里泛指宫廷。［13］喧哗：声音大而杂乱。省闼（tà）：宫省的大门。闼，宫门。［14］非徒：不但，不仅。四夷：古代对中原周边各族的统称，即东夷、南蛮、北狄和西戎的合称，亦泛指外族、外国，含有轻蔑之意。［15］生远近之怪：让身边的人与远方的人都感到奇怪。［16］践阼（zuò）：走上阼阶主位，指即位登基。古代庙寝堂前两阶，主阶在东，称阼阶。［17］委政：托付国政。宰臣：帝王的重臣，宰相。［18］实同高宗谅暗之美：是想让你学习商朝武丁在他为父亲守孝期间不问政事、全心悲哀，这样的一种美德。高宗，即商王武丁，勤于政事，任用刑徒出身的傅说及甘盘、祖己等贤能之人辅政，励精图治，使商朝中兴，史称“武丁盛世”，是商朝中期最有作为的帝王，庙号高宗。传见《史记》卷三。谅暗，指武丁守丧期间，躲在屋里守孝，朝政一概委之大臣。据说武丁即位后，曾谅暗三年。刘义符身边的权臣们希望刘义符也能如此。［19］亲狎：亲近而不庄重。［20］惧：惊惧，担忧。社稷：土神和谷神，代指国家。至计：最好的计策、办法，根本大计。经世：治理国家。［21］宁：即范宁，刘宋时著名经学家，注《尚书》《论语》，撰《春秋谷梁传集解》传世。传见《晋书》卷七十五。［22］南豫州：州治历阳，在今安徽和县。义真：即

刘义真，宋武帝刘裕次子，刘裕即帝位，封庐陵王，任南豫州刺史。后贬为庶人，被杀。传见《宋书》卷六十一。［23］警悟：机警，聪明。爱文义：喜爱并擅长文章、文学。［24］轻易：不稳重，好轻举妄动。这也是当时诸臣所强加的评语。［25］谢灵运：东晋名将谢玄之孙，山水诗的开创者，刘宋大臣。历任太子左卫率、永嘉太守、秘书监、临川内史。后以“叛逆”罪被处死。传见《宋书》卷六十七。［26］员外常侍：员外散骑常侍的简称，皇帝的侍从人员，以供参谋顾问。颜延之：字延年，东晋名臣颜含曾孙、刘宋护军司马颜显之子，刘宋大臣，当时有名的文学家。传见《宋书》卷七十三。［27］慧琳：南朝宋僧人。学通内外，尤善老庄，好语笑俳谐，长于著作。文帝刘文隆时，得到宠幸，参与国家机要，显赫一时，被称为“黑衣宰相”。道人：即和尚。情好款密：感情深厚、密切。［28］得志：指篡位称帝。［29］西豫州：刘宋的豫州，州治寿阳，在今安徽寿县。因寿阳在南豫州治所历阳西，故称豫州为西豫州。都督：为军事长官。［30］褊（biǎn）傲：偏急，傲慢。褊，狭小，狭隘。［31］不以为有实用：不认为他有处理政务的才能。［32］宜参权要：应该参与国家大政的决策。［33］愤邑：愤恨，忧郁。邑，同“悒”，忧愁不安。［34］徐羡之等：即徐羡之、傅亮、谢晦等权臣，十分恐惧、厌恶刘义真与才士交游。［35］故吏：原来的属吏。范晏：南朝宋时任侍中及光禄大夫。后因其弟范晔谋反的罪名被满门抄斩，逃往广州，直至世祖刘骏登基才返回。从容戒之：隐约委婉地劝告刘义真。［36］空疏：眼高手低，志大才疏。［37］隘（ài）薄：狭隘，浅薄。［38］魏文帝：三国时曹魏开国皇帝曹丕，著名文学家，曾开创文学批评风气。传见《三国志》卷二。［39］古今文人类不护细行：语见曹丕的《又与吴质书》。不护细行，即不修小节。［40］性情所得：犹言“感情上合得来”。［41］未能忘言于悟赏：不能舍弃这种彼此的知心、理解。忘言，忘怀，丢掉。悟赏，欣赏，理解。［42］构扇异同：犹今之所谓“挑拨矛盾”“煽动是非”。构扇，挑拨，煽动。扇，同“煽”。［43］非毁执政：非议、诽谤执政大臣，此指徐羡之、傅亮等人。［44］永嘉：郡名，郡治在今浙江温州市。［45］始安：郡名，郡治在今广西桂林市。［46］至历阳：指来到南豫州刺史的任上。刘义真在刘裕死前已被任为南豫州刺史，但因丧事耽搁，过后才来上任。历阳，南豫州治所，也是历阳郡治所，在今安徽和县。［47］多所求索：多方面求取、索要，主要指向朝廷要职要权。［48］每：常。裁量：压抑，减少。［49］何尚之：字彦德，庐江灊县（今安徽霍山县）人，金紫光禄大夫何叔度之子，刘宋大臣。传见《宋书》卷六十六。［50］次立：按顺序当立为帝。［51］新安郡：郡名，郡治在今浙江淳安县西北。［52］张约之：堂邑人，南朝宋吉阳县令。权臣徐羡之谋求废立，诬废庐陵王刘义真为庶人，徙于新安郡。张约之上疏谏阻，贬为梁州府参军，不久被杀。传见《宋书》卷六十一。［53］优慈：优待，宠爱。［54］睦爱：友好，有爱。［55］在心必言：心里有什么就说什么。［56］所怀必亮：所想的都是大公无私的事情，不搞阴谋诡计。胡三省曰：“言义真凡有所怀，自信以为是，必明而导之，无所回避也。”［57］容犯臣子之道：也许在做臣子的规矩上有些过失。容，或许，可能。［58］致招骄恣之愆（qiān）：从而犯下了一些骄纵放任的毛病。愆，罪过，过失。［59］天姿夙（sù）成：生来的本质天性。姿，同“资”。夙，早。［60］实有卓然之美：其品质实在是很优秀的。卓然，卓越、突出的样子。［61］容养：宽容，包涵。［62］录善掩瑕（xiá）：取其长，藏其短。瑕，瑕疵，缺点。［63］训尽义方：应当用好的方法努力地加以教导。［64］进退以渐：即使要贬斥，也得循序渐进。进退，偏义词，贬退的意思。渐，逐渐，按步骤。［65］猥（wěi）加剥辱：强行地罢官摧辱，指废为庶人，窜流远郡。猥加，曲加。［66］幽徙：幽禁，迁移。［67］常棣（dì）之笃：指兄弟友爱之情。因《诗经·常棣》是一篇写兄弟情谊的诗，故后代常以此代指兄弟情谊。《诗·小雅·常棣》曰："常棣之华，鄂不铧铧。凡今之人，莫如兄弟。"常棣，木名。笃，笃诚，深情。［68］恇（kuāng）然失图：茫然不知如何是好。恇然，惊恐、惧怕的样子。［69］大宋：即南朝刘宋。开基造次：指建国的时间不长。造次，匆忙之间。［70］广树藩戚：更多地封立兄弟子侄为王为侯。藩戚，为王为侯的亲属。［71］敦睦以道：以正道加强内部的团结。敦睦，亲善，和睦。［72］自新：指自己改正错误，重新做人。［73］武皇：即刘宋开国皇帝刘裕。谥号武皇帝。传见《宋书》卷一。［74］懿（yì）弟：品质美好的兄弟。懿，用作动词，友爱。［75］一眚（shěng）：一点小过失。眚，过错。［76］长致沦弃：被长期地抛弃在下层。［77］梁州：州治在今陕西汉中市。参军：即军事参谋。［78］寻杀之：不久又将张约之杀掉。在此之前徐羡之等已为刘义真强加了不少罪名，读者或不能看破。现又详载约之的一道表章，已为刘义真洗刷清楚。为此徐羡之竟将张约之置于死地，其狼子野心昭然若揭。寻，不久。

夏，四月，甲辰[1]，魏主东巡大宁[2]。

秦王炽磐遣镇南将军吉毗等帅步骑一万南伐白苟、车孚、崔提、旁为[3]四国，皆降之。

徐羡之等以南兖州刺史檀道济先朝旧将[4]，威服殿省[5]，且有兵众，乃召道济及江州刺史王弘入朝。五月，皆至建康，以废立之谋告之。

甲申[6]，谢晦以领军府屋败[7]，悉令家人出外，聚将士于府内；又使中书舍人邢安泰、潘盛为内应[8]。夜，邀檀道济同宿，晦悚动[9]不得眠，道济就寝便熟[10]，晦以此服之[11]。

时帝于华林园为列肆[12]，亲自沽卖[13]；又与左右引船[14]为乐，夕，游天渊池，即龙舟而寝。乙酉诘旦[15]，道济引兵居前，羡之等继其后，入自云龙门[16]；安泰等先诫宿卫[17]，莫有御[18]者。帝未兴[19]，军士进杀二侍者，伤帝指，扶出东阁，收玺绶[20]，群臣拜辞，卫送故太子宫[21]。

侍中程道惠[22]劝羡之等立皇弟南豫州刺史义恭[23]。羡之等以宜都王义隆素有令望[24]，又多符瑞[25]，乃称皇太后令[26]，数帝过恶，废为营阳王，以宜都王纂承大统[27]，赦死罪以下。又称皇太后令，奉还玺绂[28]，并废皇后为营阳王妃，迁营阳王于吴[29]。使檀道济入守朝堂。王至吴，止金昌亭[30]。六月，癸丑[31]，羡之等使邢安泰就弑之。王多力，突走出昌门[32]，追者以门关踣[33]而弑之。

裴子野[34]论曰：古者人君养子，能言而师授之辞[35]，能行而傅相之礼[36]。宋之教诲[37]，雅异于斯[38]，居中则任仆妾[39]，处外则近趋走[40]。太子、皇子，有帅[41]，有侍[42]，是[43]二职者，皆台皂[44]也。制其行止[45]，授其法则[46]，导达臧否[47]，罔弗由之[48]，言不及于礼义，识不达于今古，谨敕者能劝之以吝啬[49]，狂愚者或诱之以凶慝[50]。虽有师傅，多以耆艾大夫[51]为之。虽有友及文学[52]，多以膏粱年少[53]为之，具位[54]而已，亦弗与游[55]。幼王临州[56]，长史行事[57]，宣传教命[58]；又有典签[59]，往往专恣[60]，窃弄威权[61]，是以本根虽茂而端良甚寡[62]。嗣君冲幼[63]，世继奸回[64]，虽恶物丑类[65]，天然自出，然习则生常[66]，其流远矣。降及太宗[67]，举天下而弃之[68]，亦昵比之为[69]也。呜呼！有国有家[70]，其鉴之矣[71]！

（以上为第二段，写刘宋顾命大臣徐羡之、傅亮、谢晦、檀道济等上演了一出废掉少帝刘义符的闹剧，将其挟持，收缴玺绶，废为营阳王，然后残忍地将其杀害。）

【注释】

［1］甲辰：四月十四日。［2］大宁：古地名，在今河北张家口市。［3］白苟、车孚、崔提、旁为：皆当时的少数民族部落名，大约活动在今青海东南部、四川西北部一带地区。［4］先朝：上一朝，指刘裕时代。旧将：老将。［5］威服：以威力慑服。殿省：宫廷与台省。［6］甲申：五月二十四日。［7］领军府：即谢晦的官舍。当时谢晦任领军将军，负责皇帝刘义符的警卫工作。败：坏。［8］邢安泰、潘盛为内应：邢安泰、潘盛任中书舍人，负责为皇帝起草、管理文件，是皇帝身边的官员，故召之为内应。［9］悚（sǒng）动：内心紧张不安。悚，害怕，恐惧。［10］就寝便熟：躺下来就睡着了。熟，熟睡。［11］以此服之：服其处大事而不变其常度。［12］华林园：与下文的"天渊池"，都是洛阳宫廷里的建筑。东晋建国后，在建康城内重建宫苑，有些仍以洛阳的园池为名。华林园，在建康宫廷内的北部。列肆：柜台，买卖摊点。［13］沽（gū）卖：售货。沽，卖。［14］引船：拉纤。［15］乙酉诘旦：五月二十五日的凌晨。

［16］入自云龙门：从云龙门杀了进来。［17］先诫宿卫：事先告诉守门值勤的士兵。［18］御：抵御，抵抗。［19］未兴：即未起，尚未起床。［20］玺（xǐ）绶（shòu）：皇帝的印绶。玺，皇帝的印章。绶，系印的丝带。［21］故太子宫：此前为太子时所住的宫殿。［22］程道惠：刘宋官员，为侍中。［23］义恭：即刘义恭，南朝宋刘裕第五子，少帝刘义符、文帝刘义隆之弟，初为冠军将军、南豫州刺史。文帝即位，封为江夏王，入为司徒、录尚书事，迁尚书令。传见《宋书》卷六十一。［24］令望：好名声。［25］多符瑞：有很多与刘义隆相关的“吉祥”征兆。据记载，景平初，曾有“黑龙”出现于西方，五色云随之；二年，江陵上空有紫云，望气者以为这是新帝王将出现之符，当在西方。又说，江陵一带的长江中有九十九个小洲，当地的歌谣有所谓“洲满百，当出王者”，这时江中忽然又冒出了一个小洲云云。［26］称皇太后令：以皇太后的名义下命令。［27］纂承大统：继承皇帝位。［28］奉还玺绂：命令刘义符交回皇帝的印玺和绶带。［29］吴：即吴郡，郡治在今江苏苏州市。［30］金昌亭：位于当时苏州城的昌门内。［31］癸丑：六月二十四日。［32］突走：冲出后逃奔而去。昌门：今写作“阊门”，当时吴都城的西郭门。［33］门关：门栓。踣（bó）：跌倒，这里指扑倒、打倒。［34］裴子野：南朝萧梁时史学家。著有《宋论》。此条评论，司马光引自《宋论》。裴氏传见《梁书》卷三十。［35］能言：开始学说话。师授之辞：有专门的老师教他学会说话。［36］能行：开始学走路。傅相之礼：有专门的师傅教他学习礼仪。傅，与上文“师”的职责略同，后代有“太子太傅”“太子少傅”等官。相，帮助，这里是“教导”的意思。［37］宋之教诲：宋代对皇家子弟的教育。诲，也是“教”的意思。［38］雅异于斯：素来与古代的这种传统做法不一样。雅，素来，一贯。斯，此。［39］居中则任仆妾：在宫里的时候是交给太监、宫女们侍候。任，任由，交给的意思。［40］处外则近趋走：派到地方上为官时，便和一些供役吏的人混在一起。趋走，指跟前听使唤、供差遣的下级官吏。趋，小步疾行，臣子、下级在君父、长官跟前走路的一种特定姿势。［41］帅：指负责警卫的武官、将领。［42］侍：指充当顾问的文职人员。［43］是：此，这。［44］皆台皂：对于太子、皇子而言，都是奴仆一类的人。台、皂，都是奴仆的不同称呼，《左传》有所谓“士臣皂，仆臣台”云云。［45］制其行止：管制太子、皇子能干什么与不准干什么。［46］授其法则：向太子、皇子传授法度、规矩。［47］导达臧否：引导、告诉太子、皇子，什么叫好，什么叫坏。臧，善。否，不善。［48］罔弗由之：没有一样不是按着他们的意思去办。［49］谨敕（chì）：为人谨慎、小心。劝之以吝啬：劝导、鼓励他们省吃俭用，当守财奴。［50］狂愚：狂妄，愚昧。诱之以凶慝（tè）：引诱太子、皇子们为非作歹。凶慝，凶残，邪恶。［51］耆（qí）艾大夫：指年老的人。古以六十为耆，五十为艾。［52］友及文学：太子友、太子文学，都是太子、皇子周围的辅导官名。［53］膏粱年少：犹言“纨绔子弟”。膏粱，富人家的吃食，这里即指富人。［54］具位：犹言“挂名”“充数”，任其职而不管其事。［55］弗与游：不与太子、皇子们一起活动，根本就不见面。［56］幼王临州：年幼的皇子被派到外面担任州刺史。刘裕灭秦后，留刘义真在关中主事，当时刘义真十二岁；刘义隆任荆州刺史时也是十二岁。［57］长史行事：由长史代替他行使职权。

长史，三公、将军、刺史等大员的高级僚属，为诸史之长，位高权重。行事，行使州刺史的大权。[58]宣传教命：推广教化，执行政务。[59]典签：在诸王身边主管文书。因为当时诸王年幼，典签多为皇帝派出的亲信充任，所以权力甚大。[60]专恣：专横，放肆。[61]窃弄威权：玩弄权柄。[62]本根虽茂：指帝王的儿女众多。端良甚寡：正直、善良的不多。[63]嗣君：刚上台的小皇帝。冲幼：年龄幼小。冲，虚弱。[64]世继奸回：在朝廷掌权的大臣又都是一批接一批的坏人。奸回，奸恶，邪僻。[65]恶物丑类：指坏人。[66]习则生常：风气形成，见怪不怪。[67]降及太宗：发展到宋明帝刘彧。太宗，即刘彧，字休炳，南朝宋第七位皇帝，宋文帝刘义隆第十一子，谥号明皇帝，庙号太宗。传见《宋书》卷八。[68]举天下而弃之：指刘彧死后，国家政权遂落入萧道成之手，此后再经过两个小傀儡的短暂过渡，刘宋王朝遂被萧氏所篡夺。[69]亦昵（nì）比之为：也是宠幸其身边小人的结果。昵，不正当的亲近。[70]有国有家：指后代的帝王。[71]其鉴之矣：可要引此为教训啊！胡三省曰：“裴子野究言宋氏亡国之祸，《通鉴》载之于此，欲使有国有家谨于其初也。”鉴，借鉴，鉴戒。

傅亮帅行台百官[1]奉法驾迎宜都王于江陵[2]。祠部尚书蔡廓至寻阳[3]，遇疾不堪前[4]，亮与之别。廓曰：“营阳[5]在吴，宜厚加供奉[6]；一旦不幸[7]，卿诸人有弑主之名，欲立于世，将可得邪！”时亮已与羡之议害营阳王，乃驰信[8]止之，不及[9]。羡之大怒曰：“与人共计议[10]，如何旋背即卖恶于人[11]邪！”羡之等又遣使者杀前庐陵王义真于新安。

羡之以荆州地重[12]，恐宜都王至，或别用人，乃亟以录命除领军将军谢晦行[13]都督荆·湘等七州诸军事、荆州刺史，欲令居外为援，精兵旧将，悉以配之[14]。

秋，七月，行台至江陵，立行门[15]于城南，题曰“大司马门”[16]。傅亮帅百僚诣门上表[17]，进玺绂[18]，仪物[19]甚盛。宜都王时年十八，下教[20]曰：“猥以不德[21]，谬降大命[22]，顾己兢悸[23]，何以克堪[24]！辄当暂归朝廷[25]，展哀陵寝[26]，并与贤彦申写所怀[27]。望体其心[28]，勿为辞费[29]。”府州佐史并称臣[30]，请题榜诸门[31]，一依宫省[32]，王皆不许。教州、府、国纲纪[33]宥所统内见刑[34]，原逋责[35]。

诸将佐闻营阳、庐陵王死，皆以为疑，劝王不可东下。司马王华[36]曰：“先帝有大功于天下，四海所服，虽嗣主不纲[37]，人望[38]未改。徐羡之中才寒士[39]，傅亮布衣诸生[40]，非有晋宣帝[41]、王大将军[42]之心明矣；受寄崇重[43]，未容遽敢背德[44]。畏庐陵严断[45]，将来必不自容[46]；以殿下宽睿慈仁[47]，远近所知，且越次奉迎[48]，冀以见德[49]；悠悠之论[50]，殆[51]必不然。又，羡之等五人[52]，同功并位[53]，孰肯相让！就怀不轨[54]，势必不行。废主若存[55]，虑其[56]将来受祸，致此杀害[57]；盖由贪生过深[58]，宁敢一朝顿怀逆志[59]！不过欲握权自固，以少主仰待[60]耳。殿下但当长驱六辔[61]，以副[62]天人之心。”王曰：“卿复欲为宋昌[63]邪！”长史王昙首[64]、南蛮校尉到彦之[65]皆劝王行，昙首仍陈天人符应[66]，王乃曰：“诸公受遗[67]，不容背义[68]。且劳臣旧将[69]，内外充满，今兵力又足以制物[70]，夫何所疑！”乃命王华总后任[71]，留镇荆州。王欲使到彦之将兵前驱[72]，彦之曰：“了彼不反[73]，便应朝服顺流[74]；若使有虞[75]，此师既不足恃[76]，更开嫌隙之端[77]，非所以副远迩之望[78]也。”会雍州刺史褚叔度[79]卒，乃遣彦之权镇襄阳[80]。

甲戌[81]，王发江陵，引见傅亮，号泣，哀动左右。既而问义真及少帝薨废本末[82]，悲哭呜咽[83]，侍侧者莫能仰视。亮流汗沾背，不能对；乃布腹心[84]于到彦之、王华等，深自结纳[85]。王以府州文武严兵[86]自卫，台所遣百官众力不得近部伍[87]。中兵参军朱容子[88]抱刀处王所乘舟户外，不解带者累旬[89]。

（以上为第三段，写刘宋顾命大臣傅亮率领百官到江陵迎接宜都王刘义隆即皇帝位，设立行台，礼仪隆重；刘义隆听从部将意见，顺流而下，严加戒备，周密防卫。）

【注释】

[1]行台百官：即朝廷百官。行台，中央朝廷的派出机构，其格局与朝廷略同。因朝廷不能离开京城，故称赴江陵迎驾的百官群体叫“行台”。 [2]法驾：皇帝的车驾。江陵：县名，为荆州州治、南郡郡治所在地，在今湖北江陵县。 [3]祠部尚书：主管国家的礼仪、祭祀活动的主官，后世改称为“礼部尚书”。寻阳：郡名，郡治在今江西九江市。 [4]不堪前：不能再向西走了。蔡廓不满意徐羡之、傅亮等人的废立阴谋，但又不敢公然反对，于是用装病的手段避开这种“废旧立新”的具体操作过程。 [5]营阳：指被废的少帝刘义符，时称营阳王，被拘押在吴郡，在今

江苏苏州市。［6］厚加供奉：好好地对待他，尽量让他生活得好一些。［7］不幸：婉言死。［8］驰信：派使者飞快地赶到京城。信，信使，使者。［9］不及：没能赶上，指徐羡之已经把营阳王刘义符杀了。［10］与人共计议：和我一起商量好的事情。人，此处即称自己。［11］旋背：犹今之所谓"一转身"，极言其快。卖恶于人：把坏名声推给别人，指去对别人私下言讲。［12］荆州：州治江陵，在今湖北江陵县。地重：地位重要。［13］亟（jí）：同"急"，急速，迅速。以录命：用录尚书事的命令。当时徐羡之任录尚书事。除：选任，任命。行：代理。［14］悉以配之：全部精兵旧将调拨给谢晦支配。胡三省曰："羡之、亮、晦所以为身谋者如此，而亦无救于废弑之诛。……此天地之大变，固人臣之所难居也。"［15］行门：行台的正门，也就是临时宫殿的正门。［16］题曰"大司马门"：在刘义隆称皇帝之前先任以为"大司马"之职。大司马在群臣中是地位、权力最高的官。［17］百僚：百官。诣（yì）：到，至。上表：意即尊刘义隆为皇帝。［18］进玺绂（fú）：犹言"进玺绶"，即将玉玺及其绶带进呈给刘义隆。绂，印的绶带。［19］仪物：仪式。［20］下教：发布教令。教，古代以称诸王或将相大臣所下的命令、指示。［21］猥（wěi）：谦词，犹言"承蒙"，亦在今天所说的"不好意思"。不德：谦称自己无德无才。［22］谬降大命：意即将任命为皇帝的命令下达给我。谬，也是谦词。以上两句连起来的意思是，就凭我这么个才德不高的人，承蒙你们让我去当皇帝。［23］顾己兢悸（jì）：审视自己的德能，深感战栗不安。顾己，自省。兢悸，犹惊惧，惴惴不安。［24］何以克堪：我怎么承担得起呢？克堪，胜任。［25］辄（zhé）当暂归朝廷：就当作是让我暂时先回到朝廷。辄，就，只是。暂，立即，暂时。［26］展哀陵寝：哭祭父亲（刘裕）的陵墓，向先人禀告现在的一切。展，瞻仰。［27］贤彦（yàn）：指朝廷里的英贤，即眼下的掌权人物。彦，贤才，俊才。申写所怀：犹今之所谓"谈谈我的想法"。［28］体其心：体谅、理解我的一片心意。［29］勿为辞费：不要再说没用的话。辞费，即费辞，多余的话。［30］府州佐史：都督府和刺史府里的僚属们。并称臣：都向刘义隆称"臣"，意即称刘义隆为皇帝。［31］题榜诸门：给现在居住的房子题名为某宫某殿。榜，书写并悬挂匾额。［32］一依宫省：都仿照国都宫城。［33］教州、府、国纲纪：命令荆州刺史府、都督府、宜都王府三个机构中的主要僚属。纲纪，犹今所谓"骨干"，指高级僚属，如长史、司马、典签等职。［34］宥（yòu）所统内见刑：在各自所统辖的范围内实行大赦。宥，宽饶，赦免。所统，刘义隆所统辖的部门与区域之内。见刑，现被拘押、服刑的犯人。［35］原逋（bū）责（zhài）：赦免百姓们过去所欠州、府、国的各种赋税。原，免除。逋责，所亏欠的钱粮。逋，逃，这里指亏欠。责，同"债"，债务。［36］司马：将军的高级僚属，在军中主管司法。王华：字子陵，东晋丞相王导曾孙，卫将军王荟之孙，刘裕部属，后成为刘义隆的元勋。传见《宋书》卷六十三。［37］嗣主不纲：指刘义符被废，没能继承统治下去。［38］人望：声望，威望。［39］中才寒士：中等才干的出身门第不高的人。寒士，寒门出身的人，与"士族""豪族"相对而言，并非指穷人。［40］布衣诸生：寒门出身的知识分子。布衣，非门阀士族出身的人，不是指平民、百姓。前文永初三年也称徐羡之"起自布衣"。诸生，指从小念儒家经典。《宋书·傅亮传》说他"博涉经史，尤善文词”。［41］晋宣帝：指司马懿。司马炎篡魏称帝后，追尊为宣皇帝，庙号高祖。传见《晋书》卷一。［42］王大将军：即王敦，东晋权臣。传见《晋书》卷九十八。［43］受寄崇重：接受托孤的重任，享有崇高的地位。［44］未容：不会，不可能。遽（jù）敢背德：不敢立即背叛。遽，立即，突然。［45］庐陵：指庐陵王刘义真。严断：严明，有决断。［46］必不自容：绝对饶不了他们。［47］宽睿：宽厚，明智。慈仁：慈善，仁爱。［48］越次奉迎：越过哥哥，立弟弟。刘义真是刘义隆之兄，为立刘义隆而杀死了刘义真。［49］冀以见德：希望日后您能感念他们的恩情。［50］悠悠之论：外面的一般浅俗的看法，指“劝王不可东下”者之所说。悠悠，世俗，一般。［51］殆（dài）：大概。［52］羡之等五人：即徐羡之、傅亮、谢晦、檀道济、王弘五人。［53］同功并位：功劳和权位不相上下。［54］就：即便，即使。不轨：不臣之心，叛逆。［55］废主若存：如果让被废的皇帝刘义符活着。［56］虑其：担心他们自己。［57］致此杀害：因此他们才将废帝杀害了。［58］贪生过深：由于他们过于怕死，过于为他们的安全作考虑。［59］顿怀逆志：突然兴起造反篡位之心。［60］以少主仰待：想把您当做小孩子看待。仰待，意即对待，由于是对着皇帝说话，故用“仰”字，以示委婉。［61］长驱六辔（pèi）：指毫不迟疑地快马进京。当初周勃、陈平诛灭诸吕派人至代迎接刘恒时，刘恒当即“乘六乘传”入长安。六辔，即“六乘传”，六匹马拉的车子。［62］副：满足，顺应。［63］复欲为宋昌：也想当“宋昌”了。宋昌，为代王刘恒中尉。汉朝大臣周勃、陈平灭诸吕后，派人至代国迎接刘恒进京，许多人劝代王不要相信，希望称疾无往，唯中尉宋昌分析形势，力劝代王速往。刘恒即位，拜宋昌为卫将军，镇抚南北军，以功封壮武侯。事见《资治通鉴》卷十三吕后八年（前 180）。［64］长史：此为刘义隆刺史府的高级僚属。王昙（tán）首：东晋丞相王导曾孙，卫将军王珣之子，王弘之弟，先为刘裕部属，后为刘义隆的元勋。传见《宋书》卷六十三。［65］南蛮校尉：统领南方地方武装力量，主管南方少数民族事务。到彦之：字道豫，官至使持节、南蛮校尉。宋文帝即位后，为中领军，封建昌县公，迁南豫州刺史。传见《南史》卷二十五。［66］仍陈天人符应：大量引用有关刘义隆的种种奇特现象。［67］诸公受遗：指徐羡之、傅亮等人接受刘裕的遗诏。［68］不容背义：不可能背叛道义。［69］劳臣旧将：指刘裕时代的功臣、将领。劳，功劳，功勋。［70］兵力：指刘义隆荆州地区的武装力量。足以制物：完全可以控制形势，制服叛逆。物，人。［71］总后任：总管善后事务。［72］将兵前驱：统兵为先遣队，以扫除障碍。［73］了彼不反：既然断定他们不会造反。了，犹言“明白”“确信”。［74］朝服顺流：身穿朝服不带任何武装地顺长江而下。［75］若使有虞：如果朝廷有变故。虞，忧虑，变故。［76］此师：指这支先遣队。不足恃：不足以应对突发的事变，无所依凭。［77］更开嫌隙之端：更引起别人对我们的极大的不相信。嫌隙，因猜疑、不满而产生的隔阂、仇怨。［78］非所以副远迩（ěr）之望：这不是顺应全国人心的做法。胡三省曰：“彦之此言诚合大理，而亦自知其才不足以制檀道济也。”副，符合。迩，近。［79］雍州：东晋时侨置襄阳，在今湖北襄阳市襄城区，刘宋时因之。褚叔度：时为使持节、征虏将军、雍州刺史，领宁蛮校尉、襄阳义成太守。［80］权镇襄阳：临时代行雍州刺史之职。［81］甲戌：

七月十五日。[82]薨废本末：指庐陵王刘义真及少帝刘义符被废、被杀的详细情况。[83]呜咽：指伤心哽泣的声音。[84]布腹心：倾诉衷情，以求得人家理解。[85]深自结纳：努力与他们搞好关系。[86]府州文武：指宜都郡王府与荆州刺史府的武装力量。文武，偏正词组，指武装力量。严兵：犹陈兵，部署军队。[87]台所遣百官众力：朝廷所派来的护驾百官与各种服务人员。台，指朝廷。众力，各种劳力，侍候人的奴仆。不得近部伍：不能接近刘义隆身边的团队。[88]中兵参军：古将领名，刘义隆贴身警卫的头领。朱容子：刘宋将领，刘义隆为宜都王时的中兵参军，为贴身警卫。[89]累旬：几十天。

魏主还宫[1]。

秦王炽磐遣太子暮末帅征北将军木弈干等步骑三万出貂渠谷[2]，攻河西白草岭、临松郡[3]，皆破之，徙民二万余口而还。

八月，丙申[4]，宜都王至建康，群臣迎拜于新亭[5]。徐羡之问傅亮曰："王可方谁[6]？"亮曰："晋文、景以上人[7]。"羡之曰："必能明我赤心[8]。"亮曰："不然[9]。"

丁酉[10]，王谒初宁陵[11]，还，止中堂[12]。百官奉玺绶，王辞让数四，乃受之，即皇帝位于中堂。备法驾[13]入宫，御太极前殿[14]，大赦，改元[15]，文武赐位二等[16]。

戊戌[17]，谒太庙[18]。诏复庐陵王先封[19]，迎其柩及孙修华[20]、谢妃还建康。

庚子[21]，以行荆州刺史谢晦为真[22]，晦将行，与蔡廓别，屏人[23]问曰："吾其免乎[24]？"廓曰："卿受先帝顾命[25]，任以社稷[26]，废昏立明，义无不可。但杀人二兄而以之北面[27]，挟震主[28]之威，据上流之重[29]，以古推今，自免为难[30]。"晦始惧不得去[31]，既发[32]，顾望石头城喜曰："今得脱[33]矣！"

癸卯[34]，徐羡之进位司徒[35]，王弘进位司空[36]，傅亮加开府仪同三司[37]，谢晦进号卫将军[38]，檀道济进号征北将军[39]。

有司奏车驾依故事临华林园听讼[40]。诏曰："政刑多所未悉[41]，可如先者[42]，二公推讯[43]。"

帝以王昙首、王华为侍中，昙首领右卫将军[44]，华领骁骑将军[45]，朱容子为右军将军[46]。

甲辰[47]，追尊帝母胡婕妤[48]曰“章皇后”。封皇弟义恭为江夏王[49]，义宣为竟陵王，义季为衡阳王[50]；仍以义宣为左将军，镇石头[51]。

徐羡之等欲即以到彦之为雍州[52]，帝不许；征彦之为中领军[53]，委以戎政[54]。彦之自襄阳南下[55]，谢晦已至镇[56]，虑彦之不过己[57]。彦之至杨口[58]，步往江陵[59]，深布诚款[60]；晦亦厚自结纳[61]。彦之留马及利剑、名刀以与晦，晦由此大安。

（以上为第四段，写刘宋刘义隆即皇帝位，改元元嘉，进行人事安排和调度，重用亲信，恢复刘义真的庐陵王封号；谢晦实任荆州刺史，有一种脱险逃难的感觉。）

【注释】

[1]魏主：即北魏主拓跋焘。还宫：由大宁返回京城王宫。[2]貂渠谷：古地名，在今青海大通县西北。[3]白草岭：古地名，在今青海大通县北。临松郡：郡名，郡治在今甘肃民乐县西。[4]丙申：八月八日。[5]新亭：古地名，在当时建康城南的长江边。[6]方谁：比照谁，像哪一类人？徐羡之心中无数，故探根寻底。[7]晋文、景以上人：比晋文帝、晋景帝还要高明。晋文帝，即司马昭；晋景帝，即司马昭之兄司马师。晋武帝司马炎即位追尊司马昭为文帝，追尊司马师为景帝。[8]明我赤心：明白我们对他的一片忠心。赤心，赤胆忠心。[9]不然：不一定。此时傅亮已预感到危机袭来，难以自免。[10]丁酉：八月九日。[11]谒（yè）：祭拜。初宁陵：刘裕的陵墓，在今江苏南京市江宁区麒麟街道。[12]中堂：当时的太学所在地，在建康的台城以南，秦淮河以北。[13]法驾：天子车驾，是仅次于“大驾”的一种仪仗队。[14]御：指皇帝驾临，登上。太极前殿：太极殿的前殿。太极殿，皇宫正殿。[15]改元：更改年号为“元嘉”。[16]赐位二等：在今之所谓“升两级”。[17]戊戌：八月十日。[18]太庙：皇帝的祖庙。[19]先封：原有的封爵。[20]孙修华：刘义真的生母。修华，是妃嫔的级别称号，为九嫔之一。[21]庚子：八月十二日。[22]以行荆州刺史谢晦为真：将谢晦临时代理荆州刺史改为正式任命。[23]屏（bǐng）人：支开众人。[24]吾其免乎：我能够免掉祸灾吗？[25]顾命：临终嘱托。[26]任以社稷：将国家托付给你们。社稷，代指国家。[27]杀人二兄：杀了人家的两个哥哥，指刘义符、刘义真。以之北面：让其弟弟即位为帝，指立刘义隆为帝。[28]挟：挟持。震主：使君主受到震动，感到不自在。[29]据上流之重：指位任荆州刺史。[30]自免为难：难以获得活命。[31]不得去：害怕不能离开京城。[32]既发：已经出发，离开都城建康。[33]脱：脱离祸患。[34]癸卯：八月十五日。[35]进位司徒：徐羡之原为司空、录尚书事，主持朝廷政务，现进号司徒，在东晋、刘宋时期，司徒是朝臣中至高无上的官职，意同“首辅”。[36]司

空：古高官名，两晋南朝以太尉、司徒、司空为“三公”。［37］开府仪同三司：按照国家三司（即三公）的规格开设府署，配置僚属，这是当时对大臣的一种很高的政治待遇，后来用作加官，成了一种荣誉称号。［38］进号卫将军：谢晦原任领军将军，现进位为卫将军。卫将军高于领军将军。［39］进号征北将军：檀道济原为镇北将军，现进号为征北将军，高出一个等级。［40］有司：有关主管部门。车驾：此处用以代称皇帝。依故事：按照过去的旧例。临华林园听讼：皇帝到华林园听有关官员审问犯人。此制度从曹魏以来形成。华林园，皇家宫苑。［41］政刑：政令和刑罚。多所未悉：很多事情自己还没有弄懂。［42］可如先者：可按先前的办法做。［43］二公推讯：由司徒徐羡之、司空王弘二公进行审理。推讯，推问，审理，指朝廷复查重大的要案、疑案。公，尊称。［44］领：兼任。右卫将军：西晋时由卫将军分置左右卫将军，刘宋沿置，为禁卫军主要统帅之一，负责宫禁宿卫，权任很重，多由皇帝亲信之人担任。［45］骁（xiāo）骑将军：古将军名，为杂号将军，统兵出征。［46］右军将军：与前军、左军、后军将军合称四军将军，掌宿卫，是护卫皇帝宫廷的主要禁军将领之一。［47］甲辰：八月十六日。［48］胡婕妤：刘裕之妃，刘义隆的生母，谥号章皇后。［49］江夏王：封地江夏郡，郡治在今湖北武汉市。［50］“封皇弟……衡阳王”三句：刘义隆加封三个弟弟为王，刘义恭为江夏王、刘义宣为竟陵王、刘义季为衡阳王。［51］镇石头：刘义宣保留左将军的职务，驻兵石头城。石头，古城名，在当时都城建康城的西侧，为防守重地，在今江苏南京市清凉山。［52］为雍州：任雍州刺史。在此以前到彦之是“权镇襄阳”，徐羡之欲用以为“真”。雍州，刘宋时侨置襄阳。［53］中领军：古将军名，统率亲兵卫士和禁军，统管宫廷侍卫，为重用军职，一般为帝王亲信担任。［54］委以戎政：因为中领军当时不仅统率禁兵，而且还负责各军事将领的考察、任命。［55］自襄阳南下：由汉水顺流而下，进入长江。［56］已至镇：已经到了荆州刺史的任上。荆州的州治江陵，在今湖北江陵县。［57］虑：担心。不过己：不绕道来拜访自己。过，过访，拜会。［58］杨口：杨水与汉水的汇口名，在今湖北潜江市北。杨水西端起自江陵，东端即是杨口，沟通了长江与汉水，从襄阳往江陵，应在杨口转弯，进入杨水。［59］步往江陵：到彦之过访谢晦，从杨口步行到江陵，极力表示自谦。［60］深布诚款：努力表达诚挚友好之情。［61］厚自结纳：推心置腹地诚心交结。

柔然纥升盖可汗[1]闻魏太宗殂[2]，将六万骑入云中[3]，杀掠吏民，攻拔盛乐宫[4]。魏世祖[5]自将轻骑讨之，三日二夜至云中。纥升盖引骑围魏主五十余重，骑逼马首[6]，相次如堵[7]；将士大惧，魏主颜色自若，众情乃安。纥升盖以弟子于陟斤[8]为大将，魏人射杀之；纥升盖惧，遁去。尚书令刘絜言于魏主曰：“大檀自恃其众，必将复来，请俟收田毕[9]，大发兵为二道，东西并进以讨之。”魏主然之。

九月，丙子[10]，立妃袁氏[11]为皇后，耽之曾孙也。

冬，十月，吐谷浑威王阿柴卒。阿柴有子二十人。疾病，召诸子弟谓之曰："先公车骑[12]，以大业之故[13]，舍其子拾虔[14]而授孤；孤敢私于纬代而忘先君之志[15]乎！我死，汝曹当奉慕璝[16]为主。"纬代者，阿柴之长子；慕璝者，阿柴之母弟、叔父乌纥提之子也。

阿柴又命诸子各献一箭，取一箭授其弟慕利延[17]使折之。慕利延折之。又取十九箭使折之，慕利延不能折。阿柴乃谕之曰："汝曹知之乎？孤则易折，众则难摧。汝曹当戮力[18]一心，然后可以保国宁家。"言终而卒。

慕璝亦有才略，抚秦、凉失业之民及氐、羌杂种至五六百落[19]，部众转盛。

十二月，魏主命安集将军长孙翰、安北将军尉眷北击柔然，魏主自将屯柞山[20]。柔然北遁，诸军追之，大获而还。翰，肥[21]之子也。

诏拜营阳王母张氏为营阳太妃。

林邑王范阳迈寇日南、九德[22]诸郡。

宕昌王梁弥忽遣子弥黄[23]入见于魏。宕昌，羌之别种也。羌地东接中国，西通西域[24]，长数千里，各有酋帅[25]，部落分地[26]，不相统摄[27]；而宕昌最强，有民二万余落，诸种畏之。

夏主[28]将废太子璝而立少子酒泉公伦。璝闻之，将兵七万北伐伦。伦将骑三万拒之，战于高平[29]，伦败死。伦兄太原公昌将骑一万袭璝，杀之，并其众八万五千，归于统万[30]。夏主大悦，立昌为太子。

夏主好自矜大[31]，名其四门[32]：东曰"招魏"，南曰"朝宋"，西曰"服凉"，北曰"平朔"。

（以上为第五段，写柔然可汗郁久闾大檀攻打北魏，攻陷盛乐宫；北魏主拓跋焘率军攻打，将其赶跑；吐谷浑可汗阿柴儿子众多，却传位其侄慕璝；胡夏内讧，赫连昌为太子。）

【注释】

[1]纥升盖可汗：即郁久闾大檀，屡次入塞骚扰北魏边境。后北魏袭其都城，大檀西奔，为高车诸部邀击，部众降散，发病死。 [2]魏太宗：即北魏明元帝拓跋嗣，庙号太宗。传见《魏书》卷三。殂（cú）：死。 [3]云中：郡名，郡治在今内蒙古和林格尔县北。 [4]盛乐宫：北魏宫殿

名。盛乐，是魏国先人什翼犍时代的都城，什翼犍曾建筑新城于旧城之南，并建造了盛乐宫以居之。［5］魏世祖：即北魏主拓跋焘，庙号世祖。传见《魏书》卷四上。［6］骑逼马首：柔然的骑兵一直逼到拓跋焘的马前。［7］相次：一道道地排列着，像墙壁一样。［8］于陟斤：姓郁久闾，名于陟斤，柔然可汗郁久闾大檀的侄子，为大将，围困北魏主拓跋焘，被乱箭射死。［9］俟（sì）收田毕：等到秋天田里的庄稼收割完毕。俟，等待，等到。［10］丙子：九月十八日。［11］立妃袁氏：袁氏，即袁齐妫，东晋历阳太守袁耽的曾孙女，刘宋左光禄大夫袁湛庶女，宋文帝刘义隆妃子，今立为皇后。传见《宋书》卷四十一。［12］先公车骑：先人车骑将军。吐谷浑的上代国君即树洛干，阿柴之兄，曾自号为车骑将军。［13］以大业之故：为了国家政权的安稳。树洛干为了国家安稳，没有传子而传弟阿柴。［14］拾虔（qián）：吐谷浑首领慕容树洛干之子，为宁州刺史。拾虔当继位，让位于叔阿柴。［15］私于纬代：偏向自己的儿子纬代，把国家政权传给他。纬代，吐谷浑首领慕容阿柴长子。先君之志：指要建立一个强大的部族国家。［16］慕璝：慕容氏，为威王阿柴同母弟，叔父乌纥提之子。阿柴没有传位长子纬代，而传位更能胜任国主的母弟慕璝。慕璝成为吐谷浑第十任统治者。在位期间，南结刘宋，北交北凉，率军消灭胡夏国，北魏封其为大将军、西秦王。刘宋封其为陇西王。谥号惠王。传见《魏书》卷一百一。［17］慕利延：慕容氏，惠王慕璝之弟，承袭惠王担任吐谷浑国王，为第十一任国王。北魏封他为镇西大将军，西平王。刘宋封他为镇西将军、秦州、河川刺史，陇西王。后改封河南王。后被北魏军队打败，退至于阗，又复位。封号西平王。［18］戮力：并力，合力。［19］秦、凉：即秦州、凉州。氐、羌：西部少数民族名。落：村落。［20］柞山：古地名，在今内蒙古土默特左旗北。［21］肥：即长孙肥，北魏名将。传见《魏书》卷二十六。［22］林邑：古国名，南方境外的小国，当时的疆域约在今越南中南部地区，当时归附于东晋。范阳迈：范诸农之子，南朝宋时林邑国王。日南、九德：二郡名，日南郡的郡治象林，在今越南顺化市，九德郡的郡治在今越南荣市。二郡当时都属刘宋。［23］宕（dàng）昌：羌族部落名，亦是古国名，都城在今甘肃宕昌县。梁弥忽：梁勤之孙，南北朝时宕昌国国主，拓跋焘时，曾遣子梁弥黄向北魏奉表请求内附，拜为宕昌王，封弥黄为甘松侯。［24］西域：古区域名，指玉门关、阳关以西，葱岭以东，巴尔喀什湖东、南及新疆广大地区。［25］酋帅：古称少数民族部落首领。［26］部落分地：各部落分占一方。［27］不相统摄：谁也不能管辖谁。［28］夏主：即胡夏赫连勃勃。传见《晋书》卷一百三十。［29］高平：古地名，在今宁夏固原市。［30］统万：当时夏国的都城，在今内蒙古乌审旗西南的白城子。［31］矜（jīn）大：骄矜，尊大。［32］四门：指胡夏都城统万城的四门。

二年（乙丑，425年）

春，正月，徐羡之、傅亮上表归政[1]。表三上，帝乃许之。丙寅[2]，始亲万机[3]。羡之仍逊位还第[4]；徐佩之[5]、程道惠[6]及吴兴太守王韶之[7]等并谓非宜，敦劝[8]甚苦；乃复奉诏视事[9]。

辛未[10]，帝礼南郊[11]，大赦。

己卯[12]，魏主还平城。

二月，燕有女子化为男[13]。燕主以问群臣。尚书左丞傅权对曰："西汉之末，雌鸡化为雄，犹有王莽之祸。况今女化为男，臣将为君之兆[14]也。"

三月，丙寅[15]，魏主尊保母窦氏为保太后[16]。密后之殂[17]也，世祖尚幼，太宗以窦氏慈良[18]，有操行，使保养之。窦氏抚视[19]有恩，训导[20]有礼，世祖德之，故加以尊号，奉养不异所生[21]。

丁巳[22]，魏以长孙嵩为太尉，长孙翰为司徒，奚斤为司空。

夏，四月，秦王炽磐遣平远将军叱卢犍[23]等袭河西镇南将军沮渠白蹄于临松[24]，擒之，徙其民五千余户于枹罕[25]。

魏主遣龙骧将军步堆等来聘[26]，始复通好[27]。

六月，武都惠文王杨盛卒。初，盛闻晋亡，不改义熙年号[28]，谓世子玄[29]曰："吾老矣，当终为晋臣；汝善事宋帝。"及盛卒，玄自称都督陇右诸军事、征西大将军、开府仪同三司、秦州刺史、武都王，遣使来告丧，始用元嘉年号。

秋，七月，秦王炽磐遣镇南将军吉毗等南击黑水羌酋丘担[30]，大破之。

八月，夏武烈帝[31]殂，葬嘉平陵[32]，庙号世祖。太子昌即皇帝位。大赦，改元承光[33]。

王弘自以始不预定策[34]，不受司空，表让弥年[35]，乃许之。乙酉[36]，以弘为车骑大将军、开府仪同三司。

冬，十月，丘担以其众降秦，秦以担为归善将军；拜折冲将军乞伏信帝为平羌校尉以镇之。

癸卯[37]，魏主大举[38]伐柔然，五道并进：长孙翰等从东道，出黑漠[39]；廷尉卿长孙道生等出白、黑二漠之间[40]；魏主从中道；东平公娥清出栗园[41]；奚斤等从西道，出尔寒山[42]。诸军至漠南[43]，舍辎重[44]，轻骑，赍[45]十五日粮，度漠[46]击之。柔然部落大惊，绝迹北走。

十一月，以武都世子玄为北秦州[47]刺史、武都王。

初，会稽孔宁子为帝镇西咨议参军[48]，及即位，以宁子为步兵校尉[49]，与侍中王华并有富贵之愿[50]，疾徐羡之、傅亮专权，日夜构之于帝[51]。会谢晦二女当适彭城王义康、新野侯义宾[52]，遣其妻曹氏及长子世休[53]送女至建康。帝欲诛羡之、亮，并发兵讨晦，声言当伐魏，取河南[54]，又言拜京陵[55]，治行装舰[56]。亮与晦书曰："薄伐河朔[57]，事犹未已[58]，朝野之虑[59]，忧惧者多[60]。"又言"朝士多谏北征，上当遣外监万幼宗往相咨访[61]。"时朝廷处分异常[62]，其谋颇泄[63]。

（以上为第六段，写刘宋文帝刘义隆开始亲政，欲诛杀权臣徐羡之、傅亮，谋划发兵攻打荆州刺史谢晦；北魏主拓跋焘发兵攻打柔然，五路并进，柔然各部落全部向北撤退。）

【注释】

[1]归政：将政权交还皇帝刘义隆自己管理。刘义隆于去年八月即位，四个月来尚未亲政。[2]丙寅：正月十日。 [3]亲万机：即亲政，亲自处理国事。 [4]仍：同"乃"，于是。逊位：退位，让位。还第：回到府第，不问国事。 [5]徐佩之：司徒徐羡之之侄，南朝宋大臣。以徐羡之秉权，颇豫政事。后欲谋反，被诛。传见《宋书》卷四十三。 [6]程道惠：刘义符为帝时任侍中、辅国将军、江夏内史，是徐羡之的党羽。 [7]王韶之：字休泰，荆州刺史王廙曾孙，东晋大臣，参与毒死安帝司马德宗。刘裕受禅，加骁骑将军，为吴兴太守。传见《宋书》卷六十。 [8]敦（dūn）劝：敦促，劝勉。 [9]乃复奉诏视事：于是继续担任原职。胡三省曰："速徐、傅之死者，佩之诸公也。" [10]辛未：正月十五日。 [11]礼南郊：举行南郊祭天的大礼。 [12]己卯：正月二十三日。 [13]女子化为男：阴阳五行家认为这是重大"灾变"，于是多方附会。用现在的观点来看，就是变性人。 [14]臣将为君：即臣子谋反，立为君王。兆：预兆。 [15]丙寅：三月十一日。 [16]保母：乳母，养母。窦氏：姓窦，拓跋嗣之妃，拓跋焘的养母。保太后：北魏主拓跋焘在登基后封给乳母的一种封号。北魏效仿汉武帝杀钩弋夫人立其子故事，实施所谓的母死子贵制。妃后的皇子被立为太子后，都将其母一律赐死。但幼龄皇子仍需旁人抚育，因此皇子由乳母看护，将来皇子即位后，便会册封该乳母为保太后。此事过于残忍，后废。[17]密后：姓杜，拓跋嗣之妃，拓跋焘的生母。密，谥号。殂（cú）：死。 [18]慈良：慈爱，善良。 [19]抚视：抚养，照看。 [20]训导：教育，教导。 [21]不异所生：和亲生的母亲一样。 [22]丁巳：三月二日。疑此句错简，应调到上段的"丙寅"二字前。 [23]叱卢犍：人名，西秦平远将军。 [24]沮渠白蹄：人名，北凉镇南将军。临松：郡名，郡治在今甘肃民乐县西。

[25]枹（fú）罕：县名，县治在今甘肃临夏市，当时为河州的州治所在地。［26］步堆：人名，北魏龙骧将军。来聘：前来刘宋友好访问。［27］始复通好：两国恢复友好关系。前刘裕灭后秦，取关中，与魏国关系开始紧张；后北魏取宋虎牢，攻宋青州，双方遂成敌国。［28］不改义熙年号：表示忠于东晋王朝，不承认刘宋政权。义熙，东晋安帝司马德宗的年号。［29］世子：即嗣子。玄：即杨玄，略阳清水氐人，后仇池王杨盛长子，后仇池国第三位国主。南朝宋加封杨玄为使持节、征西将军、平羌校尉、北秦州刺史、武都王，杨玄开始改用元嘉年号。后遣使向北魏臣服。传见《宋书》卷九十八。［30］黑水羌：羌族的部落名，当时居住在今甘肃舟曲县西南。酋：首领，头领。丘担：人名，黑水羌的头领。［31］武烈帝：即赫连勃勃，匈奴人，胡夏政权的建立者，谥号武烈。［32］嘉平陵：胡夏主赫连勃勃的陵墓，在陕西延川县稍道河乡古里村东。［33］承光：胡夏主赫连昌的年号，共三年多。［34］不预定策：没有参加拥立刘义隆为帝的政变活动。预，参与。［35］表让弥年：上表推辞不受司空的职务足有一年。弥，满。［36］乙酉：八月二日。［37］癸卯：十月二十一日。［38］大举：原文“大”下无“举”字，据章校补。［39］黑漠：古地名，当今内蒙古兴和县以北地区。［40］白、黑二漠之间：约在今内蒙古乌兰察布市集宁区东。集宁区与河北尚义县之间的一带地区叫长川，长川的东部叫黑漠，西部叫白漠。［41］栗园：古地名，今内蒙古呼和浩特市境内。［42］尔寒山：古山名，今内蒙古包头市西北、乌拉特前旗东之乌拉山。［43］漠南：古区域名，指蒙古高原大沙漠以南的地区，约今内蒙古自治区的边境一带。［44］辎（zī）重：由后勤部队运送的军用物资。［45］赍（jī）：携带。［46］度漠：度过大沙漠。［47］北秦州：刘宋时有南秦州，州治在今陕西汉中市，故称杨玄所据的武都一带为“北秦州”。［48］孔宁子：会稽山阴（今浙江绍兴市）人，东晋、刘宋时文学家。曾为刘裕太尉主簿，为刘义隆镇西咨议参军，以文义见赏，后为黄门侍郎，领步兵校尉，进侍中。［49］步兵校尉：古将官名，领步兵。［50］富贵之愿：谋取将相高位的想法。［51］构之于帝：在宋文帝刘义隆跟前说徐羡之等人的坏话。构，罗织罪名，挑拨煽动。胡三省曰：“史言徐、傅逼上固当诛，而王华等之构间亦非也。”［52］适：出嫁，嫁给。彭城义康：宋武帝刘裕第四子，宋文帝刘义隆之弟。新野侯义宾：长沙景王刘道怜第五子，宋文帝刘义隆堂弟。［53］世休：即谢世休，谢晦之子，南朝宋官员，为秘书郎，与徐羡之、傅亮一同被杀。［54］取河南：三字原无，据章校补。河南，郡名，郡治在今河南洛阳市。［55］京陵：即兴宁陵，刘裕父亲的坟墓，在今江苏镇江市东南。［56］治行装舰：收拾行李装船。［57］薄伐河朔：从《诗经·六月》的“薄伐猃狁”一语套用而来。此指讨伐北魏。薄，虚词，无义。河朔，古区域名，指黄河以北的河北、山西、内蒙古等一带地区。［58］事犹未已：这里的意思是尚未最后确定。［59］朝野之虑：犹言“朝野虑之”，大家对此都很担心。［60］忧惧者多：人心惶惶。［61］外监：主管兵器的制造与储存。万幼宗：刘宋官员，为外监。往相咨访：到你处征求你的意见。［62］处分异常：许多安排、部署都很反常。处分，安排，调动。［63］其谋颇泄：指刘义隆的清洗计划有些泄露。颇，略有。

三年（丙寅，426年）

春，正月，谢晦弟黄门侍郎瞬驰使告晦[1]，晦犹谓不然，以傅亮书示咨议参军何承天[2]曰："计[3]幼宗一二日必至。傅公虑我好事[4]，故先遣此书[5]。"承天曰："外间所闻[6]，咸谓西讨[7]已定，幼宗岂有上理[8]！"晦尚谓虚妄[9]，使承天豫立答诏启草[10]，言伐虏宜须明年[11]。江夏内史程道惠得寻阳人书[12]，言"朝廷将有大处分[13]，其事已审[14]"，使其辅国府中兵参军乐冏封以示晦[15]。晦问承天曰："若果尔[16]，卿令我云何[17]？"对曰："蒙将军殊顾[18]，常思报德。事变至矣，何敢隐情[19]！然明日戒严[20]，动用军法[21]，区区所怀[22]，惧不得尽[23]。"晦惧曰："卿岂欲我自裁[24]邪？"承天曰："尚未至此。以王者之重，举天下以攻一州，大小既殊[25]，逆顺[26]又异。境外求全[27]，上计也。其次，以腹心将兵屯义阳[28]，将军自帅大众战于夏口[29]，若败，即趋义阳以出北境，其次也。"晦良久曰："荆州用武之地，兵粮易给[30]，聊且决战[31]，走复何晚[32]！"乃使承天造立表檄[33]；又与卫军咨议参军琅邪颜邵谋举兵[34]，邵饮药而死。

晦立幡戒严[35]，谓司马庾登之[36]曰："今当自下[37]，欲屈卿以三千人守城，备御刘粹[38]。"登之曰："下官亲老在都，又素无部众[39]，情计二三[40]，不敢受此旨。"晦仍[41]问诸将佐："战士三千足守城否？"南蛮司马周超[42]对曰："非徒守城而已，若有外寇，可以立功。"登之因曰："超必能办[43]，下官请解司马、南郡[44]以授之。"晦即于坐命超为司马，领南义阳[45]太守。转登之为长史，南郡如故。登之，蕴[46]之孙也。

帝以王弘、檀道济始不预[47]废弑之谋，弘弟昙首又为帝所亲委，事将发，密使报弘，且召道济，欲使讨晦。王华等皆以为不可。帝曰："道济止于胁从，本非创谋[48]，杀害之事，又所不关[49]；吾抚而使之，必将无虑。"乙丑[50]，道济至建康。

丙寅[51]，下诏暴[52]羡之、亮、晦杀营阳、庐陵王之罪，命有司诛之，且曰："晦据有上流[53]，或不即罪[54]，朕当亲帅六师[55]，为其过防[56]。可遣中领军到彦之即日电发[57]，征北将军檀道济骆驿[58]继路，符卫军府州[59]，以时收翦[60]，已命雍州刺史刘粹等断其走伏[61]。罪止元凶[62]，余无所问。”

是日，诏召羡之、亮。羡之行至西明门[63]外，谢嚼正直[64]，遣报亮云：“殿内有异处分[65]。”亮辞以嫂病暂还，遣使报羡之，羡之还西州[66]，乘内人问讯车出郭[67]，步走至新林[68]，入陶灶中自经死[69]。亮乘车出郭门，乘马奔兄迪[70]墓，屯骑校尉郭泓收[71]之。至广莫门[72]，上遣中书舍人以诏书[73]示亮，并谓曰：“以公江陵之诚[74]，当使诸子无恙[75]。”亮读诏书讫[76]，曰：“亮受先帝布衣之眷[77]，遂蒙顾托[78]。黜昏立明[79]，社稷之计[80]也。欲加之罪，其无辞乎[81]！”于是，诛亮而徙其妻子于建安[82]；诛羡之二子，而宥[83]其兄子佩之。又诛晦子世休，收系[84]谢嚼。

（以上为第七段，写刘宋文帝刘义隆掌控朝政后，着手收拾“废杀”大臣徐羡之、傅亮、谢晦，公布罪状，命有司逮捕、诛杀。徐羡之畏罪自杀，傅亮逃跑，被拘杀。）

【注释】

[1]嚼（jiào）：即谢嚼，字宣镜，谢晦之弟，为黄门侍郎，后被杀。传见《宋书》卷五十六。驰使告晦：派使者飞马奔驰报告谢晦情况紧急。［2］何承天：东海郡郯县（今山东省郯城县）人，西晋右卫将军何伦侄孙，刘宋大臣，时为谢晦的咨议参军。传见《宋书》卷六十四。［3］计：估计。［4］虑：思虑，担心。好（hào）事：好闹事，沉不住气。［5］先遣此书：先派人给我送信，透露朝中的意思，表明朝中暂时还没有向我们动手的迹象。［6］外间：外面，民间。所闻：所传说。［7］咸：皆，都。西讨：西来讨伐谢晦。［8］幼宗岂有上理：万幼宗哪里会来荆州找你征求意见？上，逆流而上，指来江陵。理，道理。［9］尚谓虚妄：还认为西讨荆州是子虚乌有的事情。虚妄，指没有事实根据。［10］豫立答诏启草：预先写好一份回答有关北伐意见的草稿。豫，同“预”，预先。启草，指书函的草稿。［11］宜须明年：应该等到明年。须，等待。［12］程道惠：刘宋官员，为侍中、江夏内史。寻阳人书：寻阳方面的人来信。寻阳，古郡名，郡治在今江西九江市。［13］大处分：大动作，即要对废帝、杀其二兄的徐羡之、傅亮、谢晦等人开刀了。［14］已审：已经是确定无疑。［15］辅国府：辅国将军府，当时程道惠实任江夏内史，而带有辅国将军的职衔。中兵参军：将军府的僚属，主管侍卫。乐冏：刘宋官员，为辅国府中兵参军。封以示晦：密封后送给谢晦。［16］若果尔：如果真的是这样。［17］卿令我云何：你认为我该怎么办。［18］殊顾：特殊的关照，特殊的宠遇。［19］隐情：隐瞒真实的想法。［20］明日

戒严：公开地进行调兵遣将。明日，明目张胆，公开行动。［21］动用军法：下令出兵，进行征讨。［22］区区所怀：意即在我看来、按照我的想法。［23］惧不得尽：怕是不能达到目的，即无法与朝廷对抗，无法全身而退。尽，尽兴，成功。［24］自裁：自尽，自杀。［25］大小既殊：即朝廷的军事力量强大，谢晦的军事力量弱小。殊，不同，明显。［26］逆顺：以臣抗君谓之逆，以君讨臣谓之顺。［27］境外求全：指向北逃到北魏，以逃过一劫，得以保全。［28］义阳：郡名，郡治在今河南信阳市。［29］夏口：古地名，在今湖北武汉市。［30］易给：易于调集充足，解决军需问题。［31］聊且决战：先跟他们打一仗。聊且，姑且，暂且。［32］走复何晚：即使是打败了，再走也不晚。［33］造立表檄：写作表章、檄文，表章上给朝廷，檄文发给各州郡。［34］卫军：卫将军的简称，时谢晦兼有卫将军之职。颜邵：原文讹作"卲"，今改用正字。琅邪临沂（今山东临沂市）人，东晋廷尉颜纶之子，南朝宋大臣，参与废杀宋少帝。谢晦镇守江陵时，为咨议参军，领录事，处理军府之事，朝廷欲攻打谢晦，求为竟陵太守，未至，饮药而亡。传见《宋书》卷七十七。举兵：指首先起兵造反。［35］立幡：举起造反的旗帜，旗帜鲜明地与朝廷对抗。戒严：调动兵马。［36］庾登之：字元龙，时为卫军长史。仕途曲折，官至江州刺史。传见《宋书》卷五十三。［37］自下：自己率军顺流东下。［38］备御：防备、抵御。刘粹（cuì）：字道冲，南朝宋开国功臣。传见《宋书》卷四十五。刘粹当时任雍州刺史，驻兵襄阳。［39］素无部众：意谓没有单独带过兵，没有自己亲信的部下。［40］情计二三：犹言"考虑再三"。［41］仍：同"乃"，于是。［42］周超：刘宋南蛮司马，谢晦党羽。［43］必能办：一定能办得到，能胜任。办，原文讹作"辨"，今改之。［44］司马、南郡：当时庾登之任卫军司马，兼南郡太守。南郡，郡名，郡治在今湖北江陵县。［45］领：代理。南义阳：设立在荆州境内的侨置郡名，以安置昔日由今河南信阳一带迁到荆州的流民。［46］蕴（yùn）：即庾蕴，东晋中书监庾冰之子，官至广州刺史。［47］不预：没有参与。［48］创谋：首先谋划，主谋。［49］又所不关：又没有参与。关，参与。［50］乙丑：正月十五日。［51］丙寅：正月十六日。［52］暴：暴露，公布。［53］据有上流：谢晦为荆州刺史，驻镇将领，占据长江的上游地区。［54］不即罪：不服罪，指试图反抗。即，就。［55］六师：犹言"六军"，指天子的军队。古代天子六军，大国诸侯三军。［56］为其过防：《宋书·徐羡之传》作"为其遏防"，意即"堵塞他的逃窜之路"。［57］电发：迅速出发。［58］骆驿：即络绎，连续不断。骆，通"络"。驿，同"绎"。［59］符：下文书告知。卫军府州：谢晦所统领的卫将军府、州刺史府与都督府。［60］以时收翦：即刻将谢晦逮捕、诛杀。翦，同"剪"，剪除。［61］断其走伏：截断他北逃魏国或潜藏他方的通道。走，逃跑。伏，隐藏。［62］罪：罪及，讨伐，用作动词。元凶：首恶，即指谢晦。［63］西明门：原是洛阳城西出的城门名，建康城仿洛阳命名，此即建康城的西门。［64］正直：正在宫内值班。直，同"值"。［65］异处分：异常的举动。［66］还西州：即返回其扬州刺史的官署。当时扬州刺史的官署在台城西，故曰"西州"。［67］内人问讯车：妇女探亲乘坐的车子。郭：外城。［68］新林：即新林浦，长江上的渡口名，在建康城西南的新亭与板桥之间。［69］陶灶：烧陶器的窑。自经死：上吊自杀。［70］迪：即傅迪，字长猷，司隶校尉傅咸之孙，傅亮之兄，东晋大臣。以学业知名，好儒学，官至五兵尚书。追赠太常卿。传见《宋书》卷四十三。［71］屯骑校尉：古将官名，掌骑兵，属领军将军。郭泓：刘宋将领，为屯骑校尉。收：逮捕，拘禁。［72］广莫门：建康城的北门。［73］诏书：宣布讨伐徐、傅、谢三人的诏书。全文见《宋书·徐羡之传》。［74］江陵之诚：指傅亮前往江陵迎刘义隆时所表现的诚恳。［75］无恙（yàng）：不受牵连，不会被杀。［76］讫（qì）：完结，完了。［77］布衣之眷：像平民之间的平等真挚的朋友交情。眷，关心，关照。［78］遂蒙顾托：就成了接受顾命的大臣。［79］黜昏立明：废去昏庸的少帝刘义符，拥立聪慧的刘义隆。［80］社稷之计：是为了国家社稷作打算。［81］欲加之罪，其无辞乎：如果想杀某个人，想找点理由还不容易吗？这两句是春秋时晋国大臣里克杀掉奚齐、卓子，立了晋惠公，又被晋惠公所杀时说的话。见《左传·僖公十年》。［82］建安：郡名，郡治在今福建建瓯市。［83］宥（yòu）：原谅，宽恕。［84］收系：逮捕，囚禁。

帝将讨谢晦，问策于檀道济，对曰："臣昔与晦同从北征[1]，入关十策[2]，晦有其九，才略明练[3]，殆为少敌[4]。然未尝孤军决胜[5]，戎事恐非其长[6]。臣悉晦智，晦悉臣勇。今奉王命以讨之，可未陈而擒[7]也。"丁卯[8]，征王弘为侍中、司徒、录尚书事、扬州刺史，以彭城王义康为都督荆·湘等八州诸军事、荆州刺史。

乐冏[9]复遣使告谢晦以徐、傅及瞬等已诛。晦先举羡之、亮哀[10]，次发子弟凶问[11]，既而自出射堂勒兵[12]。晦从高祖征讨，指麾处分[13]，莫不曲尽其宜，数日间，四远投集，得精兵三万人。乃奉表称羡之、亮等忠贞，横被冤酷[14]。且言："臣等若志欲执权[15]，不专为国[16]，初废营阳，陛下在远，武皇之子尚有童幼，拥以号令，谁敢非之！岂得溯流[17]三千里，虚馆七旬[18]，仰望鸾旗[19]者哉！故庐陵王，于营阳之世积怨犯上[20]，自贻非命[21]。不有所废，将何以兴[22]！耿弇不以贼遗君、父[23]，臣亦何负于宋室[24]邪！此皆王弘、王昙首、王华险躁猜忌[25]，谗构[26]成祸。今当举兵以除君侧之恶[27]。"

（以上为第八段，写宋文帝刘义隆决意攻打谢晦，拉拢宿将檀道济；谢晦废昏立明，一心只为报答刘裕知遇之恩，一心只为刘宋江山，感到无限委屈，上书陈情，起兵反抗，要清君侧之恶。）

【注释】

[1]同从北征：指当年一道跟刘裕北伐后秦，事见《资治通鉴》卷一百十八晋安帝义熙十二年(416)。[2]入关十策：指消灭姚泓的各项方针谋略。[3]才略：才干，谋略。明练：明达，纯熟。[4]殆(dài)为少敌：大概没有人能够与之相比。敌，敌手，对手。[5]孤军决胜：指率军独当一面而打败敌人。[6]戎事：指率军出阵杀敌。恐非其长：胡三省以为“其”下应有“所”字。[7]未陈而擒：不用等到摆好阵式就可以将其擒获。陈，同“阵”，列阵。[8]丁卯：正月十七日。[9]乐冏(jiǒng)：人名，刘宋官员，当时在江夏内史辅国将军程道惠府中任参军。[10]先举羡之、亮哀：先为徐羡之、傅亮治丧毕哀。[11]次发子弟凶问：而后再发布其子、其弟遇难的消息。问，同“闻”，消息。[12]自出射堂勒兵：自己到演武厅检阅部队。射堂，犹今所谓“演武厅”。[13]指麾(huī)：指挥。麾，古时军队指挥用的旗子。处分：处理，安排。[14]横被冤酷：无端遭受冤屈。冤酷，冤案。[15]执权：掌握权柄，指篡夺皇位。[16]不专为国：不是一心一意为国家着想。[17]溯(sù)流：即溯流而上，逆着水流的方向行进。[18]虚馆七旬：指皇位无人达七十天之久。五月乙酉刘义符被废，八月丙申刘义隆进宫，其间相隔七十天。[19]仰望鸾(luán)旗：仰望您的大驾光临。鸾旗，帝王的旌旗，这里指刘义隆从荆州来的旗号。[20]积怨犯上：指刘义真与谢灵运、颜延之等人一起胡说八道，对少帝刘义符不满。[21]自贻非命：犹言自寻死路。贻，给。非命，非正常死亡。[22]不有所废，将何以兴：他们不被杀，怎么会轮到你来做皇帝？言下之意，你应当感恩戴德才是，却如此忘恩负义。这两句也是当年里克说的话，见《左传·僖公十年》。[23]耿弇(yǎn)：字伯昭，东汉开国元勋。不以贼遗君、父：耿弇要在汉光武到达前把应消灭的敌人消灭干净。耿弇讨伐张步，受到挫折，刘秀将率兵来援。耿弇对部下说：“岂能以贼遗君父？”遂迅即发动进攻，消灭了敌人，以胜利迎接了刘秀的到来。事见《资治通鉴》卷四十一汉光武帝建武五年(29)。谢晦在这里用以比喻杀刘义真。[24]何负于宋室：没有什么对不起刘宋朝廷的。[25]险躁：险恶，粗暴。猜忌：猜疑，妒忌。[26]谗构：谗毁，罗织。[27]除君侧之恶：消除皇帝身边的恶人。汉景帝时，吴王刘濞发动七国叛乱，所打出的旗号就是“清君侧”，被后代对抗朝廷者所仿效。谢晦在这里实际上是对皇帝刘义隆不满，只是一个策略的说法。

秦王炽磐复遣使如魏，请用师于夏[1]。

初，袁皇后生皇子劭[2]，后自详视[3]，使驰白[4]帝曰：“此儿形貌异常，必破国亡家，不可举[5]。”即欲杀之。帝狼狈[6]至后殿户外，手拨幔[7]禁之，乃止。以尚在谅暗[8]，故秘之[9]。闰月，丙戌[10]，始言劭生。

帝下诏戒严，大赦，诸军相次进路以讨谢晦。晦以弟遁为竟陵内史，将万人总留任[11]，帅众二万发江陵，列舟舰自江津至于破冢[12]，旌旗蔽日。叹曰："恨不得以此为勤王之师。"

晦欲遣兵袭湘州刺史张卲[13]，何承天以卲兄益州刺史茂度与晦善，曰："卲意趣[14]未可知，不宜遽[15]击之。"晦以书招卲，卲不从。

二月，戊午[16]，以金紫光禄大夫王敬弘为尚书左仆射，建安太守郑鲜之为右仆射。敬弘，廙之曾孙也。

庚申[17]，上发建康。命王弘与彭城王义康居守，入居中书下省[18]；侍中殷景仁参掌留任[19]；帝姊会稽长公主留止台内[20]，总摄六宫[21]。

谢晦自江陵东下，何承天留府[22]不从。晦至江口[23]，到彦之已至彭城洲[24]。庾登之据巴陵[25]，畏懦不敢进。会霖雨连日，参军刘和之[26]曰："彼此共有雨耳，檀征北寻[27]至，东军方强，惟宜速战。"登之恇怯[28]，使小将陈祐作大囊[29]，贮茅悬于帆墙[30]，云可以焚舰，用火宜须晴，以缓战期。晦然之，停军十五日。乃使中兵参军孔延秀攻将军萧欣[31]于彭城洲，破之。又攻洲口栅[32]，陷之。诸将咸欲退还夏口[33]，到彦之不可，乃保隐圻[34]。晦又上表自讼[35]，且自矜[36]其捷，曰："陛下若枭四凶于庙庭[37]，悬三监于绛阙[38]，臣便勒众旋旗[39]，还保所任[40]。"

初，晦与徐羡之、傅亮为自全之计，以为晦据上流，而檀道济镇广陵，各有强兵，足以制朝廷；羡之、亮居中秉权，可得持久。及闻道济帅众来上[41]，惶惧[42]无计。

道济既至，与到彦之军合，牵舰缘岸[43]。晦始见舰数不多，轻之，不即出战。至晚，因风帆上[44]，前后连咽[45]；西人离沮[46]，无复斗心。戊辰[47]，台军至忌置洲尾[48]，列舰过江[49]，晦军一时皆溃。晦夜出，投巴陵，得小船还江陵。

先是，帝遣雍州刺史刘粹自陆道帅步骑袭江陵，至沙桥[50]，周超帅万余人逆战[51]，大破之，士卒伤死者过半。俄而晦败问[52]至。初，晦与粹善，以粹子旷之[53]为参军。帝疑之，王弘曰："粹无私，必无忧也。"及受命南讨[54]，一无所顾，帝以此嘉之。晦亦不杀旷之，遣还粹所。

丙子[55]，帝自芜湖[56]东还。

晦至江陵，无他处分[57]，唯愧谢周超而已。其夜，超舍军单舸诣到彦之降。晦众散略尽，乃携其弟遁等七骑北走。遁肥壮，不能乘马，晦每待之，行不得速。己卯[58]，至安陆延头[59]，为戍主光顺之所执[60]，槛送建康[61]。

到彦之至马头[62]，何承天自归[63]。彦之因监荆州府事[64]，以周超为参军；刘粹以沙桥之败告[65]，乃执之[66]。于是，诛晦、皭、遁及其兄弟之子，并同党孔延秀、周超等。晦女彭城王妃被发徒跣[67]，与晦诀[68]曰："大丈夫当横尸战场，奈何狼藉都市[69]！"庾登之以无任[70]，免官禁锢[71]，何承天及南蛮行参军新兴王玄谟等皆见原[72]。晦之走[73]也，左右皆弃之，唯延陵盖[74]追随不舍，帝以盖为镇军功曹督护[75]。

晦之起兵，引魏南蛮校尉王慧龙[76]为援。慧龙帅众一万拔思陵戍，进围项城[77]，闻晦败，乃退。

益州刺史张茂度受诏袭江陵；晦败，茂度军始至白帝[78]。议者疑茂度有贰心[79]，帝以茂度弟邵有诚节[80]，赦不问，代还[81]。

（以上为第九段，写刘宋文帝刘义隆率军攻打荆州刺史谢晦，多路并进，打败谢晦；谢晦逃跑而被活捉、斩首，相关人员均被处以极刑。）

【注释】

[1]请用师于夏：乞伏炽磐早在营阳王景平元年（423）就入贡于魏，并请求攻打胡夏，今又再次提出。 [2]劭：即刘劭，字休远，宋文帝刘义隆嫡长子，南朝宋第四位皇帝。立为皇太子，后私行巫蛊之术，使文帝萌生废立之意。后发动宫廷政变，闯宫弑父，自立为帝，改元太初。后受到武陵王刘骏的讨伐，兵败被杀。《宋书》卷九十九。 [3]详视：详细察看，仔细端详。 [4]白：告诉，告知。 [5]不可举：不能养活。举，给新生儿的洗沐礼，借指养育。 [6]狼狈：匆忙赶来的样子。 [7]手拨幔：亲手打开门帘，极言其心急火燎的样子。 [8]谅暗：亦作"谅阴"，原指天子居丧时所处的庐室，此指刘义隆正在为其父刘裕守孝。 [9]秘之：隐瞒没说。因古代儿女在为父母守孝的三年期间不能有婚娶同房等事。 [10]闰月，丙戌：闰正月六日。 [11]将：率领。总留任：总管留守荆州的事务。 [12]江津：古长江渡口名，在江陵城南。破冢：古长江渡口名，在江陵城东南三十里的长江东岸。 [13]湘州：州治在今湖南长沙市。张邵（shào）：字茂宗，刘裕心腹谋士。传见《宋书》卷四十六。 [14]意趣：思想动向。 [15]遽（jù）：着急，匆忙。 [16]戊午：二月九日。 [17]庚申：二月十一日。 [18]中书下省：当时中书省有上、中、

下三省，是皇帝之下的最高权力机关，负责为皇帝起草文件、制定政策。［19］殷景仁：本名殷秩，字景仁，东晋左光禄大夫殷茂之孙，南朝宋大臣、文人。传见《宋书》卷六十三。参掌留任：参与掌管留守朝廷的一切事宜。［20］会稽长公主：刘裕之女，刘义隆的姐妹。长公主，对皇帝姐姐的称呼。留止台内：在宫廷内住宿，以表示其昼夜不离宫廷。［21］总摄六宫：总管后宫的一切事务。摄，管理。［22］留府：留守谢晦在江陵的统帅府。［23］江口：也叫西江口，或叫夏浦，在今湖北监利市东南。［24］彭城洲：一作"彭城矶"，古地名，在今湖南岳阳市东北长江中。胡三省引《水经注》曰："江水过长沙下隽县北，又东经彭城口，水东有彭城矶。"［25］巴陵：郡名，郡治在今湖南岳阳市。［26］刘和之：庾登之的参军，即军事参谋。［27］檀征北：即檀道济，时任征北将军，统领着接续在到彦之之后的讨伐大军。寻：不久，即将。［28］恇（kuāng）怯：胆小怕事，怯懦。［29］陈祐：庾登之部属，为小将。大囊（náng）：大口袋。［30］帆墙：船帆与桅杆。墙，同"樯"。［31］孔延秀：谢晦党羽，为中兵参军。萧欣：刘宋朝廷方面的将领。［32］洲口栅（zhà）：彭城洲洲口的官军营垒阵地。栅，栅栏，用竹木铁条等做成的阻拦物。［33］诸将：指朝廷方面的将领。咸：皆，都。夏口：古地名，夏水（汉水）注入长江处，在今湖北武汉市。［34］隐圻（qí）：也称"隐矶"，在彭城洲东北（今湖南临湘市东北）的长江北岸。胡三省引《水经注》曰："江水自彭城矶东迳如山北，山北对隐几。"［35］自讼（sòng）：自我申辩，表白无罪。［36］矜（jīn）：夸矜，夸耀。［37］枭（xiāo）四凶于庙庭：把"四凶"一样的坏人的人头悬挂在太庙门前的高竿。枭，枭首示众。四凶，指舜时的四个大坏人，即共工、欢兜、三苗、鲧。这里代指王华、王昙首、王弘等刘义隆的亲信。［38］悬三监于绛（jiàng）阙：把"三监"一样的坏人的人头悬挂在宫廷的正门外。"三监"指西周成王时的管叔、蔡叔、霍叔。周公派他们三人去监视被封在朝歌的殷纣王的儿子武庚禄父，结果他们反而串联武庚禄父一道反对朝廷。这里也是比喻王华、王昙首、王弘等人。绛阙，宫廷正门的门楼。绛，深红色。［39］勒众：统领士兵。旋旗：指返回江陵。［40］还保所任：回到我受任的荆州地面上去。［41］来上：率兵到建康的上游来讨伐谢晦了。［42］惶惧：惶恐，惊惧。［43］牵舰缘岸：把舰船都停靠在岸边。［44］因风帆上：趁着风势，船帆向上游移来。［45］前后连咽：前后相连，堵塞江面，极言其多。连，谓沿江战舰连接不断；咽，谓战舰塞江，前后填咽。［46］离沮（jǔ）：分崩离析，涣散。［47］戊辰：二月十九日。［48］忌置洲尾：忌置洲的东部边沿。忌置洲，在今湖南岳阳市北的长江中。［49］列舰过江：摆开战船，排成浮桥，军队通过浮桥登上西岸。［50］沙桥：在江陵城北。［51］逆战：迎战。［52］俄而：不久。败问：失败的消息。问，同"闻"，消息。［53］旷之：即刘旷之，刘宋官员，刘粹之子，为谢晦参军。后继承建安县侯爵位，官至晋熙太守。［54］南讨：当时刘粹驻兵襄阳，江陵在襄阳之南，故曰"南讨"。［55］丙子：二月二十七日。［56］芜湖：古地名，别称"江城"，在今安徽芜湖市。［57］无他处分：没有再做别的部署。［58］己卯：二月三十日。［59］安陆延头：古地名，安陆县的延头，在今湖北安陆市西南，在江陵去北义阳（今河南信阳）的途中。［60］戍主光顺之：地方军事据点的头领，姓光名顺之。所执：抓获谢晦等。［61］槛（jiàn）送建康：装进囚车，押送到建康。槛，囚车。［62］马头：古地名，即马头戍，在江陵城南的长江南岸，北对江津戍。［63］自归：犹言“自首”，自己送上门来。［64］监：监管，临时代管。荆州府事：即荆州刺史府的一切事务。［65］以沙桥之败告：因周超曾在沙桥打得刘粹惨败，故刘粹阻止到彦之任用周超。［66］执之：指拘捕周超。［67］被发徒跣（xiǎn）：披散头发、光着脚，这是古代给君亲送葬的一种礼仪。［68］诀：诀别，最后的告别。［69］奈何狼藉都市：怎么能让人家拖到街头开刀问斩？狼藉，狼狈不堪。［70］无任：指不受谢晦任用，不追究他的罪行。［71］禁锢（gù）：指不准再进入仕途。［72］王玄谟：字彦德，时为谢晦部属南蛮行参军，非谢晦核心将领，被宽赦，后为刘宋名臣。传见《宋书》卷七十六。见原：被宽赦。［73］走：指出逃江陵时。［74］延陵盖：人名，姓延陵，名盖。［75］镇军功曹督护：镇军将军到彦之的功曹参军兼督护。［76］王慧龙：字慧龙，北魏名将。传见《魏书》卷三十八。［77］拔：攻拔，攻下。思陵戍：古地名，在今河南周口市淮阳区西北。项城：县名，县治在今河南沈丘县南。［78］白帝：古城名，在今重庆市奉节县。［79］疑茂度有贰心：张茂度是刘裕的元勋，但与谢晦“素善”，故有人疑之。［80］诚节：忠诚不渝的节操。［81］代还：令他人往代其任，召其本人回朝。

三月，辛巳[1]，帝还建康，征谢灵运为秘书监[2]，颜延之为中书侍郎[3]，赏遇甚厚。

帝以慧琳道人善谈论，因与议[4]朝廷大事，遂参权要[5]，宾客辐凑[6]，门车常有数十两[7]，四方赠赂相系[8]，方筵七八[9]，座上恒[10]满。琳著高屐[11]，披貂裘，置通呈、书佐[12]。会稽孔觊尝诣[13]之，遇宾客填咽[14]，暄凉[15]而已。觊慨然[16]曰：“遂有黑衣宰相[17]，可谓冠屦失所[18]矣！”

夏，五月，乙未[19]，以檀道济为征南大将军[20]、开府仪同三司、江州刺史，到彦之为南豫州刺史。遣散骑常侍袁渝等十六人分行[21]诸州郡县，观察吏政，访求民隐[22]，又使郡县各言损益[23]。丙午[24]，上临延贤堂听讼[25]，自是每岁三讯[26]。

左仆射王敬弘，性恬淡[27]，有重名[28]；关署文案[29]，初不省读[30]。尝预听讼[31]，上问以疑狱[32]，敬弘不对。上变色[33]，问左右：“何故不以讯牒副仆射[34]？”敬弘曰：“臣乃得讯牒读之[35]，正自不解[36]。”上甚不悦，虽加礼敬，不复以时务及之[37]。

六月，以右卫将军王华为中护军[38]，侍中如故。华以王弘辅政，王昙首为上所亲任，与己相埒[39]，自谓力用不尽[40]，每叹息曰："宰相顿有数人[41]，天下何由得治！"是时，宰相无常官[42]，唯人主所与议论政事、委以机密者，皆宰相也，故华有是言。亦有任侍中[43]而不为宰相者，然尚书令、仆[44]，中书监、令[45]，侍中、侍郎、给事中[46]，皆当时要官[47]也。

华与刘湛[48]、王昙首、殷景仁俱为侍中，风力局干[49]，冠冕一时[50]。上尝与四人于合殿[51]宴饮，甚悦。既罢出，上目送良久，叹曰："此四贤，一时之秀[52]，同管喉唇[53]，恐后世难继也。"

黄门侍郎谢弘微[54]与华等皆上所重，当时号曰"五臣[55]"。弘微，琰之从孙也。精神端审[56]，时然后言[57]，婢仆之前不妄语笑，由是尊卑大小，敬之若神。从叔混[58]特重之，常曰："微子异不伤物[59]，同不害正[60]，吾无间[61]然。"

上欲封王昙首、王华等，拊御床[62]曰："此坐非卿兄弟[63]，无复今日[64]。"因出封诏[65]以示之。昙首固辞曰："近日之事，赖陛下英明，罪人斯得[66]。臣等岂可因国之灾以为身幸！"上乃止。

（以上为第十段，写刘义隆将废昏立明的大臣尽数诛灭，重新安排人事，王华、刘湛、王昙首、殷景仁、谢弘微均得到重用，当时号曰"五臣"。）

【注释】

[1]辛巳：三月二日。[2]秘书监：秘书省的长官，掌管国家经籍图书著作等事。[3]中书侍郎：中书监与中书令的属官。中书省负责起草诏命，制定国家章程。[4]与议：参与讨论。[5]参权要：参与国家大政方针的决策。[6]辐凑：如车轮辐条集凑于车毂，以比喻众人归附之多。[7]门车：停在门前的前来拜会的车辆。两：同"辆"。[8]赠赂：赠与，贿赂。相系：接连不断。[9]方筵（yán）七八：每天都要摆一丈见方的筵席七八桌，极言其结交的人士之多。[10]恒：常。[11]著高屐（jī）：穿着带有高齿的拖板鞋。[12]置通呈、书佐：置有通呈、书佐两个侍从。通呈负责通报、传话；书佐负责记录与起草文件。[13]孔觊（jì）：字思远，会稽山阴（今浙江绍兴市）人，孔子第二十九世孙，书法家孔琳之之孙，孔邈之子，南朝宋大臣。传见《宋书》卷五十六。诣（yì）：到，前去拜访他。[14]填咽：拥挤不通。[15]暄凉：暖和与寒冷，犹寒暄，意为只能寒暄两句，顾不上说别的话。[16]慨然：感慨、愤激的样子。[17]黑衣宰相：国家竟然有了穿黑衣服的宰相。黑衣，指和尚穿的衣服。[18]冠履（jù）失所：国家执政者的冠屦，竟然让和尚穿戴起来了。真正的含义，是朝廷执政者的权柄转到和尚的手里去了。胡

三省曰："庐陵废而三人斥，徐、傅诛而三人进，可谓矫枉过正矣。"冠，帽。屦，用麻、葛等制成的一种鞋。［19］乙未：五月十七日。［20］征南大将军：国家方镇重将。［21］袁渝：刘宋官员，为散骑常侍。分行：分道下去视察。［22］民隐：百姓们不敢说的事情，实即民间的疾苦。［23］各言损益：阐述自己的优点和缺点、成绩与不足。［24］丙午：五月二十八日。［25］延贤堂：在建康城的华林园内。听讼：旁听有关官员审问犯人、判案。［26］每岁三讯：指华林园这种表演性的"审判"，一年要举行三次。［27］恬（tián）淡：不追求名利，淡泊。［28］重名：很大的名望。［29］关署文案：在下属请求批复的文件上签字。［30］初不省读：从来不审查把关。初，从来。省读，阅读。［31］预听讼：指跟着皇帝一道旁听法官判案。预，参与，参加。［32］疑狱：有问题的案例。［33］变色：改变脸色，非常生气。［34］讯牒（dié）：指有关该犯人的口供、定案资料。讯，口供。牒，文书或证件。副仆射：把副本送给仆射看。副，这里用如动词。［35］乃得讯牒（dié）读之：讯牒我已读过了。［36］正自不解：我根本看不懂。［37］不复以时务及之：不再与他商谈国家当前要解决的问题。［38］中护军：中护军将军的简称，负责统领警卫朝廷的军队，并主管国家各将领的选拔与任用。［39］与己相埒（liè）：与自己的地位和受宠信的程度不相上下。相埒，相等。［40］自谓力用不尽：王华自己觉得力量得不到充分发挥。实即对王弘、王昙首两个人瞧不起。［41］顿有数人：设立好几个人。顿，置，设有。［42］无常官：无固定的官职，不确定究竟哪个职务算是宰相。［43］侍中：门下省的长官，在帝王身边参谋顾问，在当时通常即宰相之职。［44］尚书令、仆：尚书令与尚书仆射。［45］中书监、令：中书监与中书令。［46］侍郎：即黄门侍郎。给事中：任职于殿中，以备参谋顾问。［47］要官：重要的官职。［48］刘湛（zhàn）：字弘仁，小字班虎，南朝宋功臣。因与尚书仆射殷景仁不和，遂与刘义康等结成朋党，专擅朝政。后为文帝所杀。传见《宋书》卷六十九。［49］风力局干：气度，才干。［50］冠冕一时：为当时群臣之首。［51］合殿：也称西殿，即当时宫中大殿后的西堂。［52］一时之秀：一个时期内的最优秀人才。［53］同管喉唇：都是我的咽喉与唇舌，指诸官为皇帝起草诏令，出纳王命而言。［54］谢弘微：本名谢密，字弘微，陈郡阳夏（今河南太康县）人，东晋名将、会稽太守谢琰从孙，刘宋大臣。职位显要，为官清廉。传见《宋书》卷五十八。［55］王臣：指王华、刘湛、王昙首、殷景仁、谢弘微五人。［56］精神端审：指为人正直、谨慎。［57］时然后言：到了该说话的时候才说话，即俗所谓"不苟言笑"。［58］混：即谢混，字叔源，小字益寿，会稽太守谢琰第三子，孝武帝司马曜女婿，东晋名士、外戚大臣。后因勾结刘毅，坐罪赐死。传见《晋书》卷七十九。［59］微子：对谢弘微的爱称。异不伤物：不同意别人的意见时能不伤人。［60］同不害正：赞同别人的意见时能坚持不失正道。［61］无间：找不到漏洞，挑不出毛病。［62］拊御床：摸着皇帝的宝座。［63］非卿兄弟：指王华、王昙首，二人是同族兄弟。［64］无复今日：我没有这一天，不可能坐到这个地方来。［65］封诏：准备封赏他们的诏书。［66］罪人斯得：犯罪的人都得到了应有的惩处。

魏主诏问公卿："今当用兵，赫连、蠕蠕[1]，二国何先？"长孙嵩、长孙翰、奚斤皆曰："赫连土著[2]，未能为患。不如先伐蠕蠕，若追而及之，可以大获；不及，则猎于阴山[3]，取其禽兽皮角以充军实[4]。"太常崔浩曰："蠕蠕鸟集兽逃[5]，举大众追之则不能及，轻兵追之又不足以制敌。赫连氏土地不过千里，政刑残虐，人神所弃，宜先伐之。"尚书刘絜、武京侯安原请先伐燕。于是，魏主自云中西巡至五原[6]，因畋[7]于阴山，东至和兜山[8]。秋，八月，还平城。

诏殿中将军吉恒聘[9]于魏。

燕太子永[10]卒，立次子翼为太子。

秦王炽磐伐河西[11]，至廉川[12]，遣太子暮末等步骑三万攻西安[13]，不克，又攻番禾[14]。河西王蒙逊发兵御之，且遣使说夏主，使乘虚袭枹罕[15]。夏主遣征南大将军呼卢古将骑二万攻苑川[16]，车骑大将军韦伐[17]将骑三万攻南安[18]。炽磐闻之，引归。九月，徙其境内老弱、畜产于浇河及莫河仍寒川[19]，留左丞相昙达守枹罕。韦伐攻拔南安，获秦秦州刺史翟爽、南安太守李亮。

吐谷浑握逵[20]等帅部众二万落叛秦，奔昴川[21]，附于吐谷浑王慕瓒。

大旱，蝗[22]。

左光禄大夫范泰上表曰："妇人有三从之义[23]，无自专之道。谢晦妇女犹在尚方[24]，唯陛下留意。"有诏原之[25]。

魏主闻夏世祖[26]殂，诸子相图[27]，国人不安，欲伐之。长孙嵩等皆曰："彼若城守，以逸待劳，大檀[28]闻之，乘虚入寇，此危道也。"崔浩曰："往年以来，荧惑再守羽林、钩已[29]而行，其占秦亡[30]；今年五星并出东方[31]，利以西伐[32]。天人相应[33]，不可失也。"嵩固争[34]之，帝大怒，责嵩在官贪污，命武士顿辱[35]之。于是，遣司空奚斤帅四万五千人袭蒲阪[36]，宋兵将军周几帅万人袭陕城[37]，以河东太守薛谨为乡导[38]。谨，辩之子也。

魏主欲以中书博士平棘李顺[39]总前驱之兵[40]，访于崔浩，浩曰："顺诚有筹略，然臣与之婚姻，深知其为人果于去就[41]，不可专委。"帝乃止。浩与顺由是有隙。

冬，十月，丁巳[42]，魏主发平城。

秦左丞相昙达与夏呼卢古战于嵻峎山[43]，昙达兵败。十一月，呼卢古、韦伐进攻枹罕。秦王炽磐迁保定连[44]。呼卢古入南城[45]，镇京将军赵寿生[46]率死士三百人力战，却之。呼卢古、韦伐又攻沙州刺史出连虔于湟河[47]，虔遣后将军乞伏万年[48]击败之。又攻西平[49]，执安西将军库洛干[50]，坑战士五千余人，掠民二万余户而去。

仇池氐杨兴平求内附[51]。梁、南秦二州刺史吉翰[52]遣始平太守庞咨据武兴[53]。氐王杨玄遣其弟难当[54]将兵拒咨，咨击走之。

（以上为第十一段，写西秦主乞伏炽磐攻打北凉，北凉极力抵御，又游说胡夏，胡夏主赫连昌便出兵袭击西秦，西秦连忙退兵；北魏主拓跋焘又乘机出兵攻打胡夏。）

【注释】

[1]赫连：赫连氏，代指胡夏国。蠕（rú）蠕：柔然。 [2]土著：居住在城郭屋舍的人，以别于游牧民族。 [3]阴山：山名，内蒙古境内东西走向的大山，横亘在呼和浩特、包头市以北。 [4]军实：军用物资。 [5]鸟集兽逃：来时如鸟之集，逃时如兽之散，极言其松散，难以捕捉。 [6]云中：郡名，在今内蒙古和林格尔县西北。五原：郡名，郡治在今内蒙古包头市西。 [7]畋（tián）：打猎。 [8]和兜山：古山名，在今内蒙古阴山山脉东段，约在今内蒙古乌兰察布市集宁区西北。 [9]诏：命令，这句的主语是刘宋政权。殿中将军：古将军名，掌宫廷侍卫。吉恒：刘宋将领，为殿中将军，曾出使北魏。聘：古时国与国遣使访问称“聘”。 [10]太子永：即冯永，北燕文成帝冯跋长子。冯跋即位，立为太子，兼任大单于，后病逝，其弟冯翼继为太子。 [11]河西：指匈奴人沮渠蒙逊建都于今甘肃武威市的北凉政权。 [12]廉川：古地名，在今青海海东市乐都区。 [13]西安：郡名，郡治在今甘肃张掖市东南。 [14]番禾：郡名，郡治在今甘肃永昌县。 [15]枹（fú）罕：都名，当时西秦乞伏氏政权的都城，在今甘肃临夏市东北。 [16]苑川：古城名，在今甘肃兰州市东北。 [17]韦伐：人名，胡夏将领，为车骑大将军。 [18]南安：郡名，郡治在今甘肃陇西县东。 [19]浇河：郡名，郡治在今青海贵德县。莫河仍寒川：即莫贺川，在当时的浇河郡西南，今青海共和县的南方。 [20]吐谷（yù）浑握逵：人名，西秦将领，后反叛，投奔吐谷浑王慕璝。 [21]昴（mǎo）川：古地名，在今四川阿坝藏族羌族自治州。 [22]大旱，蝗：既大旱，又有蝗灾。这句话的主语是刘宋，指刘宋王朝的统治区。 [23]三从之义：指在家从父，既嫁从夫，夫死从子。 [24]妇女：妻子和女儿。尚方：古官署名，负责为皇帝制造各种用品。这里指谢晦的妻女被发在这里为奴。 [25]原之：宽

恕、赦免了她们。［26］夏世祖：即赫连勃勃。［27］诸子相图：指赫连璝攻杀赫连伦，赫连昌又攻杀赫连璝。［28］大檀：即郁久闾大檀，当时柔然国的首领。［29］荧惑：在今之火星。再守羽林、钩己：两次擦羽林、钩己二星而过。守，靠近。羽林、钩己，都是星宿名。事见《资治通鉴》卷一百十七晋安帝义熙十一年（415）。［30］其占秦亡：它所表达的意思就是秦国将要灭亡。占，神秘现象所兆示的含义，犹今之所谓“预示”。［31］五星：指金、木、水、火、土五星。并出东方：指五大行星在日出前同时出现在东方，有利东方。［32］利以西伐：显示西征一定胜利。［33］天人相应：上天已经指示了人间应做的事情。［34］固争：坚决反对崔浩的言论，反对出兵攻打西秦。［35］顿辱：抓着人的头往地上撞，以此来侮辱之。［36］蒲阪（bǎn）：古黄河渡口名，也是历来的军事要地，在今山西风陵渡的北面，当时属胡夏。［37］宋兵将军：犹言“伐宋将军”，以攻取的对象为名，如汉代之“贰师将军”。周几：代郡平城（今山西大同市）人，顺阳侯周千之子，北魏将领，镇守黄河西南地区。后授宋兵将军，战死沙场。传见《魏书》卷三十。陕城：古城名，即陕县县城，陕县在今河南三门峡市西。［38］薛谨：字法顺，河东汾阴（今山西万荣县）人，雍州刺史薛辩之子，北魏大臣。传见《魏书》卷四十二。乡导：向导。［39］中书博士：中书省里的博士官，以知识渊博充参谋顾问之用。李顺：字德正，赵郡平棘人，平棘令李系之子，北魏大臣。传见《魏书》卷三十六。［40］总前驱之兵：总管先头部队。［41］果于去就：不把改换门庭、另找主子当成一回事，意即容易叛变。［42］丁巳：十月十一日。［43］嵻（kāng）崀（láng）山：古山名，在今甘肃临洮县北。［44］定连：古城名，在今甘肃临夏市东。［45］南城：枹罕城南面的城门。［46］赵寿生：西秦镇京将军。［47］沙州：州治在今青海海东市乐都区。出连虔（qián）：西秦官员。为征北将军，曾率领骑兵袭击并活捉北凉将领沮渠成都。后转任沙州刺史。传见卷《晋书》一百二十五。湟河：郡名，郡治在今青海尖扎县。［48］乞伏万年：西秦后将军。［49］西平：古城名，在今青海西宁市。［50］安西将军：古将军名，为方面大员。库洛干：人名，北魏安西将军。［51］杨兴平：仇池氐族人，称藩于刘宋的杨玄的部下。内附：指想归附刘宋，成为刘宋的郡县。［52］梁、南秦二州：属一个刺史管辖，州治在今陕西汉中市。吉翰：字休文，南朝宋龙骧将军、西戎校尉、梁南秦二州刺史。传见《宋书》卷六十五。［53］始平：郡名，郡治在今陕西兴平市东南。庞咨：刘宋官员，为始平太守。武兴：县名，县治在今陕西略阳县。［54］难当：即杨难当，白马氐人，前任后仇池国主杨盛之子、前秦名将杨定堂之侄，后仇池国第五任国主。传见《宋书》卷四十七。

魏主行至君子津[1]，会天暴寒，冰合，戊寅[2]，帅轻骑二万济河袭统万[3]。壬午[4]，冬至[5]，夏主方燕群臣[6]，魏师奄至[7]，上下惊扰。魏主军于黑水[8]，去城三十余里。夏主出战而败，退走入城。门未及闭，内三郎豆代田帅众乘胜入西宫[9]，焚其西门。宫门闭，代田逾宫垣[10]

而出。魏主拜代田勇武将军[11]。魏军夜宿城北，癸未[12]，分兵四掠，杀获数万，得牛马十余万。魏主谓诸将曰："统万未可得也，他年当与卿等取之。"乃徙其民万余家而还。

夏弘农太守曹达[13]闻周几将至，不战而走。魏师乘胜长驱，遂入三辅[14]。会几卒于军中，蒲阪守将东平公乙斗[15]闻奚斤将至，遣使诣统万告急。使者至统万，魏军已围其城。还，告乙斗曰："统万已败矣。"乙斗惧，弃城西奔长安，斤遂克蒲阪。夏主之弟助兴[16]先守长安，乙斗至，与助兴弃长安，西奔安定[17]。十二月，斤入长安，秦、雍氐羌[18]皆诣斤降。河西王蒙逊及氐王杨玄闻之，皆遣使附魏。

前吴郡太守徐佩之[19]聚党百余人，谋以明年正会[20]于殿中作乱，事觉，壬戌[21]，收斩之。

营阳太妃[22]张氏卒。

秦征南将军吉毗镇南漒[23]，陇西人辛澹[24]帅户三千据城逐毗，毗走还枹罕，澹南奔仇池。

魏初得中原[25]，民多逃隐。天兴[26]中，诏采诸漏户[27]，令输缯帛[28]。于是，自占为绌茧罗縠户[29]者甚众，不隶郡县[30]，赋役不均[31]。是岁，始诏一切罢之[32]，以属郡县[33]。

（以上为第十二段，写胡夏出兵攻打西秦，将其打败；北魏主拓跋焘率军攻打胡夏，偷袭其都城统万城，得胜而归；北魏将领奚斤长驱直入，攻下胡夏重镇长安。）

【注释】

[1]君子津：古渡口名，在今内蒙古清水河县与托克托县之间的黄河上。[2]戊寅：十一月三日。[3]济河：渡过黄河。统万：古都名，赫连勃勃的都城，在今内蒙古乌审旗南的白城子。[4]壬午：十一月七日。[5]冬至：节气名。[6]燕群臣：宴享群臣。燕，同"宴"。[7]奄（yǎn）至：突然来到。[8]黑水：无定河的上游，流经当时统万城的东北侧。[9]内三郎：北魏皇帝的宫内卫士，上属于幢将。豆代田：人名，北魏皇帝侍卫。西宫：统万城内赫连昌的西宫。[10]宫垣（yuán）：宫墙。[11]勇武将军：古将军名，为杂号将军。[12]癸未：十一月八日。[13]弘农：郡名，郡治弘农县，在今河南灵宝市东北的函谷关故城。曹达：胡夏官员，为弘农太守。[14]三辅：指京兆尹、左冯翊、右扶风，即管辖当时的长安城及其四周的三个郡。[15]东平公：封地东平郡，郡治在今山东东平县西北。乙斗：即赫连乙斗，匈奴铁弗部人，胡夏

主赫连勃勃之弟，封为右仆射。［16］助兴：即赫连助兴，匈奴铁弗部人，胡夏开国皇帝赫连勃勃之子，赫连昌之弟，胡夏将领，曾镇守长安，后西逃安定，长安失守。［17］安定：郡名，郡治在今甘肃泾川县西北。［18］秦、雍氐羌：秦、雍二州的氐人与羌人。秦州的州治在今甘肃天水市，雍州的州治即当时的长安城。［19］吴郡：郡名，郡治在今江苏苏州市。徐佩之：刘宋人，徐羡之之侄。徐羡之被杀时，刘宋文帝刘义隆特别赦免了他，后因谋作乱，被杀。［20］正会：正月一日大臣朝贺天子的集会。［21］壬戌：十二月十七日。［22］营阳太妃：营阳王刘义符的生母，刘裕之妃。［23］南漒（qiáng）：县名，县治在今青海东南部西倾山附近。［24］陇西：郡名，郡治襄武，在今甘肃陇西县东南。辛澹（dàn）：人名，陇西人。［25］初得中原：指打败后燕，占据燕都中山（今河北定州市）之时，事在晋安帝隆安元年（397）。［26］天兴：北魏主拓跋珪称帝后使用的年号，398 年十二月至 404 年十月，历时五年余。此前的年号是“皇始”（396—398）。［27］采诸漏户：清查没有纳入户籍的人。采，搜查，检查。［28］令输缯（zēng）帛：要求他们向国家上交丝织品。输，缴纳。缯，丝织品。［29］自占：自报。细（chōu）茧罗縠（hú）户：为政府抽丝织绸的专业户。细，同“抽”。罗縠，一种疏细的丝织品。［30］不隶郡县：不归当地的郡县管辖。［31］赋役不均：与其他农户的待遇不平等，交纳的赋税与所出劳役的多少不同。［32］一切罢之：指撤销对这些抽丝织绸专业户的管理章程。［33］以属郡县：把他们纳入所在郡县的管辖之内。

四年（丁卯，427 年）

春，正月，辛巳[1]，帝祀南郊。

乙酉[2]，魏主还平城[3]。统万徙民在道多死，能至平城者什才六七[4]。

己亥[5]，魏主如幽州[6]。夏主遣平原公定[7]帅众二万向长安。魏主闻之，伐木阴山，大造攻具，再谋伐夏。

山羌[8]叛秦。二月，秦王炽磐遣左丞相昙达招慰武始[9]诸羌，征南将军吉毗招慰洮阳[10]诸羌。羌人执昙达送夏；吉毗为羌所击，奔还，士马死伤者什八九[11]。

魏主还平城。

乙卯[12]，帝如丹徒[13]；己巳[14]，谒京陵[15]。初，高祖既贵，命藏微时耕具以示子孙。帝至故宫[16]，见之，有惭色。近侍或进曰：“大舜躬耕历山[17]，伯禹亲事水土[18]。陛下不睹遗物[19]，安知先帝之至德[20]，稼穑[21]之艰难乎！”

三月，丙子[22]，魏主遣高凉王礼镇长安[23]。礼，斤之孙也。又诏执金吾桓贷[24]造桥于君子津。

丁丑[25]，魏广平王连[26]卒。

丁亥[27]，帝还建康。

戊子[28]，尚书右仆射郑鲜之卒。

秦王炽磐以辅国将军段晖为凉州刺史，镇乐都[29]；平西将军麹景为沙州刺史，镇西平[30]；宁朔将军出连辅政为梁州刺史，镇赤水[31]。

夏，四月，丁未[32]，魏员外散骑常侍步堆等来聘[33]。

庚戌[34]，以廷尉王徽之为交州[35]刺史，征前刺史杜弘文[36]。弘文有疾，自舆[37]就路。或劝之待病愈，弘文曰："吾杖节三世[38]，常欲投躯帝庭[39]，况被征乎！"遂行，卒于广州。弘文，慧度之子也。

（以上为第十三段，写文帝刘义隆看到父亲刘裕早年使用的农具，深感惭愧；胡夏主赫连昌欲收复长安，北魏主拓跋焘派高凉王拓跋礼前往镇守，部署迎击胡夏事宜。）

【注释】

[1]辛巳：正月七日。[2]乙酉：正月十一日。[3]还平城：自统万前线返回都城平城。[4]什才六七：仅有十分之六七。什，同"十"。[5]己亥：正月二十五日。[6]幽州：郡名，郡治在今北京市，距当时北燕的边界不远。[7]定：即赫连定，胡夏先主赫连勃勃第五子，中主赫连昌之弟，为胡夏末代国主。初封平原郡公，镇守长安。赫连昌即位后，进封平原王，拜司徒、大将军。赫连昌兵败被擒后，赫连定逃奔平凉，正式即位，年号胜光，后被俘，处死。传见《晋书》卷一百三十。[8]山羌（qiāng）：指当时居住在武始、洮阳南山的羌族人。[9]武始：郡名，郡治在今甘肃临洮县西北。[10]洮（táo）阳：古地名，在今甘肃临潭县西南。[11]什八九：十分之八九。什，同"十"。[12]乙卯：二月十一日。[13]丹徒：县名，县治在今江苏镇江市南，刘裕的旧居在这里。[14]己巳：二月二十五日。[15]谒：拜祭。京陵：即兴宁陵，刘裕父亲刘翘的坟墓，在今江苏镇江市丹徒区。[16]故宫：即刘裕少时的旧居。胡三省曰："晋之东迁也，刘氏自彭城移居晋陵丹徒之京口里，陵墓及故宫在焉。"[17]大舜：即虞舜，曾躬耕于历山。历山，古地名，说法不一，一说在今山西运城市，一说在今山东济南市。[18]伯禹：即夏禹，亦称大禹。亲事水土：相传，禹曾治理滔天洪水，又划定九州，受舜禅让而继承帝位，奠定夏朝。纪见《史记》卷二。[19]遗物：指刘裕收藏的早年用过的耕具。[20]至德：最高的道德，盛德。[21]稼穑（sè）：耕种及收获，泛指农业劳动。穑，收割谷物。[22]三月：原

文作“二月”，据章校改。丙子：三月三日。［23］高凉王礼：高凉王拓跋斤之孙，平阳王拓跋乐真之子，袭封高凉郡王，出任长安镇都大将。传见《魏书》卷十四。［24］执金吾：也称中尉，掌京师治安警卫。桓贷：人名，北魏官员，为执金吾。［25］丁丑：三月四日。［26］连：即拓跋连，明元帝拓跋嗣七弟，封为广平王，无后裔。传见《魏书》卷十六。［27］丁亥：三月十四日。［28］戊子：三月十五日。［29］乐都：郡名，郡治在今青海海东市乐都区。［30］西平：郡名，郡治在今青海西宁市，当时也是沙州的州治所在地。［31］赤水：古地名，在今青海共和县东南的黄河边，在当时也是西秦的梁州州治所在地。［32］丁未：四月四日。［33］来聘：来作友好访问。［34］庚戌：四月七日。［35］交州：州治龙编，在今越南河内市东北，当时属于东晋。［36］征：征召，召其到朝廷。杜弘文：交趾（今越南河内市东南）人，交州刺史杜慧度长子，南朝宋交州刺史。因宽厚温和而得百姓欢心。宋文帝征召回京都，带病而行，死于途中。传见《宋书》卷九十二。［37］自舆：让人抬着。［38］杖节：指受朝廷任命，专治一方。节，旌节，朝廷授予使者或方面大员的信物，以竹为之，以旄牛尾为之饰。三世：指杜弘文与其祖父杜瑗、其父杜慧度，三世镇交州。［39］投躯帝庭：意即有幸到朝廷拜见皇帝。

魏奚斤与夏平原公定相持于长安。魏主欲乘虚伐统万，简[1]兵练士，部分[2]诸将，命司徒长孙翰等将三万骑为前驱，常山王素[3]等将步兵三万为后继，南阳王伏真等将步兵三万部送[4]攻具，将军贺多罗将精骑三千为前候[5]。素，遵之子也。五月，魏主发平城，命龙骧将军代人陆俟督诸军镇大碛[6]以备柔然。辛巳[7]，济君子津。

壬午[8]，中护军王华卒。

魏主至拔邻山[9]，筑城，舍辎重，以轻骑三万倍道先行。群臣咸谏曰：“统万城坚，非朝夕可拔。今轻军讨之，进不可克，退无所资[10]，不若与步兵、攻具一时俱往。”帝曰：“用兵之术，攻城最下[11]；必不得已，然后用之。今以步兵、攻具皆进，彼必惧而坚守。若攻不时拔[12]，食尽兵疲，外无所掠，进退无地。不如以轻骑直抵其城，彼见步兵未至，意必宽弛[13]。吾羸形[14]以诱之，彼或出战，则成擒[15]矣。所以然者，吾之军士去家二千余里，又隔大河[16]，所谓‘置之死地而后生[17]’者也。故以之攻城则不足，决战则有余矣。”遂行。

六月，癸卯朔[18]，日有食之。

魏主至统万，分军伏于深谷，以少众至城下。夏将狄子玉[19]降魏，言："夏主闻有魏师，遣使召平原公定，定曰：'统万坚峻[20]，未易攻拔。待我擒奚斤，然后徐往，内外击之，蔑不济[21]矣。'故夏主坚守以待之。"魏主患之[22]，乃退军以示弱，遣娥清及永昌王健[23]帅骑五千西掠居民。

魏军士有得罪亡奔夏者，言魏军粮尽，士卒食菜，辎重在后，步兵未至，宜急击之。夏主从之，甲辰[24]，将步骑三万出城。长孙翰等皆言："夏兵步陈难陷[25]，宜避其锋。"魏主曰："吾远来求贼[26]，惟恐不出。今既出矣，乃避而不击，彼奋我弱，非计也。"遂收众伪遁[27]，引而疲之。

夏兵为两翼，鼓噪[28]追之，行五六里，会有风雨从东南来，扬沙晦冥[29]。宦者赵倪[30]，颇晓方术[31]，言于魏主曰："今风雨从贼上来，我向之，彼背之，天不助人[32]；且将士饥渴，愿陛下摄骑[33]避之，更待后日。"崔浩叱[34]之曰："是何言也！吾千里制胜[35]，一日之中，岂得变易[36]！贼贪进不止，后军已绝[37]，宜隐军分出[38]，掩击不意[39]。风道在人[40]，岂有常也[41]！"魏主曰"善！"乃分骑为左右队以掎[42]之。魏主马蹶而坠[43]，几[44]为夏兵所获；拓跋齐以身捍蔽[45]，决死力战，夏兵乃退。魏主腾马得上[46]，刺夏尚书斛黎文[47]，杀之，又杀骑兵十余人，身中流矢，奋击不辍[48]，夏众大溃。齐，翳槐之玄孙也。

魏人乘胜逐夏主至城北[49]，杀夏主之弟河南公满及兄子蒙逊[50]，死者万余人。夏主不及入城，遂奔上邽[51]。魏主微服[52]逐奔者，入其城[53]。拓跋齐固谏，不听。夏人觉之，诸门悉闭。魏主因与齐等入其宫中，得妇人裙，系之槊[54]上，魏主乘之而上[55]，仅乃得免。会日暮，夏尚书仆射问至[56]奉夏主之母出走，长孙翰将八千骑追夏主至高平[57]，不及而还。

乙巳[58]，魏主入城，获夏王、公、卿、将、校及诸母、后妃、姊妹、宫人以万数，马三十余万匹，牛羊数千万头，府库珍宝、车旗、器物不可胜计，颁赐将士有差[59]。

初，夏世祖性豪侈[60]，筑统万城，高十仞[61]，基厚三十步[62]，上广十步，宫墙高五仞，其坚可以厉刀斧[63]。台榭[64]壮大，皆雕镂[65]图画，被以绮绣，穷极文采。魏主顾谓左右曰："蕞尔国而用民如此[66]，欲不亡，得乎！"

得夏太史令张渊、徐辩[67]，复以为太史令。得故晋将毛修之、秦将军库洛干，归库洛干于秦，以毛修之善烹调，用为太官令[68]。魏主见夏著作郎天水赵逸[69]所为文，誉夏主太过，怒曰："此竖[70]无道，何敢如是[71]！谁所为邪？当速推之[72]！"崔浩曰："文士褒贬，多过其实，盖非得已，不足罪也。"乃止。魏主纳夏世祖三女为贵人[73]。

奚斤与夏平原公定犹相拒于长安。魏主命宗正娥清、太仆丘堆帅骑五千略地关右[74]。定闻统万已破，遂奔上邽；斤追至雍[75]，不及而还。清、堆攻夏贰城[76]，拔之。

魏主诏斤等班师。斤上言："赫连昌亡保上邽，鸠合余烬[77]，未有蟠据之资[78]；今因其危，灭之为易。请益铠马[79]，平昌而还。"魏主不许。斤固请，乃许之，给斤兵万人，遣将军刘拔送马三千[80]匹，并留娥清、丘堆使共击夏。

辛酉[81]，魏主自统万东还，以常山王素为征南大将军、假节，与执金吾桓贷、莫云[82]留镇统万。云，题之弟也。

秦王炽磐还枹罕。

（以上为第十四段，写北魏主拓跋焘率领大军进攻胡夏，采用轻骑诱敌的方法，消灭胡夏有生力量，攻下胡夏都城统万城，将领奚斤率军继续追击逃亡的胡夏主赫连昌。）

【注释】

［1］简：选拔。［2］部分：部署，分配。［3］素：即拓跋素，常山王拓跋遵之子，继位常山王。传见《魏书》卷十五。［4］伏真：本姓丘穆陵氏，宜都文成王穆观之子，封南阳王。传见《魏书》卷二十七。部送：运送。［5］贺多罗：北魏尚书、平东将军、征西将军。前候：在大军之前，负责侦察、哨探。候，侦察。［6］陆俟（sì）：本为步六孤氏，代郡人，鲜卑族，上党太守陆突之子，北魏将领。传见《魏书》卷四十。大碛（qì）：犹言"大漠"，谓驻兵于今内蒙古北境的大沙漠之南。碛，沙石地。［7］辛巳：五月九日。［8］壬午：五月十日。［9］拔邻山：在今陕西北，当时统万城东北的黑水以东。［10］退无所资：退下来无所凭依。资，依靠。［11］攻

城最下：《孙子·谋攻》曰："上兵伐谋，其次伐交，其次伐兵，其下攻城。"［12］不时拔：不能及时攻下。［13］宽弛：松懈。［14］羸（léi）形：故意示敌以弱形。羸，瘦弱，弱。［15］成擒：被擒，就擒。［16］隔大河：指远离本土，悬军于黄河之西。［17］置之死地而后生：去国远斗，人皆致死，故其锋不可当。《孙子·九地》曰："投之亡地然后存，陷之死地然后生。"此化用其意。［18］癸卯朔：六月一日。［19］狄子玉：字子玉，天水郡（今甘肃天水市）人，羌族，胡夏大将。降魏，参与灭亡胡夏，立功授北魏泾州刺史。后与安定太守延普争夺权力，被大将军陆俟袭杀。［20］坚峻：坚固而高峻。［21］蔑不济：没有不成功的。蔑，无。［22］患之：患其坚守不出战。［23］健：即拓跋健，明元帝拓跋嗣之子，太武帝拓跋焘异母弟，封永昌王。传见《魏书》卷十七。［24］甲辰：六月二日。［25］步陈难陷：步兵排列的阵式难以攻破。［26］求贼：寻求与敌军开战。［27］伪遁：假装逃跑。［28］鼓噪：鸣鼓呐喊，耀武扬威。［29］晦冥（míng）：昏暗，阴沉。冥，同"暝"。［30］赵倪：北魏宦官。［31］方术：此指带有迷信色彩的天文气象之术。［32］天不助人：老天爷不向着我们。人，此处指我方。［33］摄骑：犹言"收兵"。摄，同"蹑"，悄悄地走。［34］叱：大声呵斥。［35］千里制胜：从好远的地方来奔袭敌军。［36］一日之中，岂得变易：怎能突然之间说变就变？胡三省曰："言先定必胜之计，故千里行师，不可以风雨之故变易成算于一日之间。"［37］后军已绝：已经没有后续部队。［38］隐军分出：把军队隐蔽起来，分成几支轮番交替地派出去。［39］掩击不意：出其不意地对他们发起攻击。掩，袭击。［40］风道在人：意谓风向是固定的，关键在于人的利用。胡三省曰："言风在人用之，分兵出其后，顺风击之，则风为我用，岂有常势哉！"［41］岂有常也：怎么可以硬套常规，就说对我们不利呢？［42］掎（jǐ）：拖住，牵制，即攻击他的侧翼。［43］马蹶（juě）而坠（zhuì）：因为马惊倒，从马上掉下来。蹶，倒下，跌倒。坠，坠落，掉下。［44］几：差不多，差一点。［45］拓跋齐：烈帝拓跋翳槐玄孙，太武帝拓跋焘堂兄，雄杰魁岸，英勇善战。曾用身体护卫胡夏士兵对拓跋焘的进攻，拼死搏战，打退敌兵。官至尚书令，进爵浮阳县公。传见《魏书》卷十四。捍蔽：遮挡，护卫。［46］腾马得上：腾身上马。［47］斛（hú）黎文：人名，胡夏官员，为尚书，被北魏主拓跋焘所杀。［48］辍（chuò）：中间停顿，停止。［49］城北：指胡夏都城统万城北。［50］满：即赫连满，胡夏主赫连昌之弟，封为河南公。蒙逊：即赫连蒙逊，胡夏主赫连昌之侄。赫连满、赫连蒙逊在败退中战死。［51］上邽（guī）：县名，县治在今甘肃天水市，当时为秦州的州治所在地。［52］微服：穿着便衣。［53］入其城：进入了胡夏都城统万城。［54］槊（shuò）：长矛。［55］乘之而上：撑着长矛爬上城墙，翻城而出。乘，登，踩着。［56］问至：人名，姓问，名至，胡夏尚书仆射。［57］高平：古地名，在今宁夏固原市。［58］乙巳：六月三日。［59］有差：根据功劳大小，赏赐的多少不同。［60］夏世祖性豪侈：胡夏主赫连勃勃生性豪华，奢侈。［61］十仞（rèn）：一仞八尺，总高约八丈。［62］三十步：一步五尺，基宽约十五丈。［63］厉刀斧：当做磨刀石，磨砺刀枪。赫连勃勃修统万城，事见《资治通鉴》卷一百十六。其中有所谓"蒸土筑城，锥入一寸，即杀作者而并筑之"。［64］台榭（xiè）：

泛指楼台等建筑物。［65］雕镂（lòu）：雕刻。［66］蕞（zuì）尔：极言其微小的样子。用民如此：如此地耗费平民百姓的人力物力。［67］张渊、徐辩：两人仕胡夏为太史令，后入魏仍为太史令。［68］太官令：为帝王管理伙食的官员。［69］赵逸：字思群，天水人，先仕后秦主姚兴，历中书侍郎。后被胡夏俘获，拜著作郎。北魏攻破胡夏都城统万城，又被北魏俘获，任中书侍郎，后拜宁朔将军、赤城镇将。［70］此竖：指赵逸。竖，奴才，骂人语。［71］何敢如是：指如此昧着良心写作称誉赫连勃勃的文章。［72］当速推之：要立即查办。推，推问，查办。［73］贵人：皇帝妃嫔封号之一，为最高位妃嫔称号，仅次于皇后。［74］略地关右：攻取关中地区的地盘。关右，古区域名，即关西，今函谷关以西的陕西中部地区。［75］雍：古城名，在今陕西宝鸡市凤翔区。［76］贰城：古城名，在今陕西黄陵县西。［77］鸠合余烬：犹言集合起残兵败将。鸠合，即纠合，集聚。余烬，烧剩下的灰。［78］蟠据：即盘踞，指坚守，存身。资：凭借，资本。［79］益：增加。铠马：铠甲与战马，这里即指人马。［80］刘拔：北魏将领，为将军。三千：原文为“三十”，据章校改。［81］辛酉：六月十九日。［82］莫云：莫含之孙，莫题之弟，北魏官员。传见《魏书》卷二十三。

秋，七月，己卯[1]，魏主至柞岭[2]。柔然寇云中，闻魏已克统万，乃遁去。

秦王炽磐谓群臣曰：“孤知赫连氏必无成，冒险归魏[3]，今果如孤言。”八月，遣其叔父平远将军渥头[4]等入贡于魏。

壬子[5]，魏主还至平城，以所获颁赐留台[6]百官有差。

魏主为人，壮健鸷勇[7]，临城对陈[8]，亲犯[9]矢石，左右死伤相继，神色自若，由是将士畏服，咸尽死力。性俭率[10]，服御饮膳[11]，取给而已[12]。群臣请增峻[13]京城及修宫室，曰：“《易》[14]云：‘王公设险，以守其国[15]。’又萧何[16]云：‘天子以四海为家，不壮不丽，无以重威[17]。’”帝曰：“古人有言：‘在德不在险[18]。’屈丐[19]蒸土筑城而朕灭之，岂在城也[20]？今天下未平，方须民力，土功之事，朕所未为。萧何之对，非雅言[21]也。”每[22]以为财者军国之本，不可轻费。至于赏赐，皆死事勋绩之家，亲戚贵宠未尝横有所及[23]。命将出师，指授节度[24]，违之者多致负败。明于知人，或拔士于卒伍之中，唯其才用所长，不论本末[25]。听察精敏[26]，下无遁情[27]，赏不违贱[28]，罚不避贵[29]，虽所甚爱之人，终无宽假[30]。常曰：“法者，朕与天下共之，何敢轻也。”然性残忍，果于杀戮，往往已杀而复悔之。

九月，丁酉[31]，安定[32]民举城降魏。

氐王杨玄遣将军苻白作[33]围秦梁州刺史出连辅政于赤水，城中粮尽，民执辅政以降。辅政至骆谷[34]，逃还。冬，十月，秦以骁骑将军吴汉[35]为平南将军、梁州刺史，镇南漒[36]。

十一月，魏主遣军司马公孙轨兼大鸿胪[37]，持节策拜[38]杨玄为都督荆·梁等四州诸军事、梁州刺史、南秦王[39]。及境，玄不出迎，轨责让之，欲奉策以还[40]，玄惧而郊迎。魏主善之[41]，以轨为尚书。轨，表之子也。

十二月，秦梁州刺史吴汉为群羌所攻，帅户二千还于枹罕。

魏主行如中山[42]；癸卯[43]，还平城。

（以上为第十五段，写西秦主乞伏炽磐派叔父渥头到北魏进贡；北魏派大鸿胪公孙轨持节封杨玄为南秦主；北魏国主拓跋焘出征身先士卒，赏罚分明，知人善任，但生性残忍。）

【注释】

[1]己卯：七月七日。 [2]柞（zuò）岭：即柞山，在今山西右玉县西。 [3]归魏：乞伏氏归附于魏，见《资治通鉴》卷一百一十九宋少帝景平元年（423）。 [4]渥（wò）头：西秦主乞伏乾归之弟，入魏朝贡，想借助北魏的力量抵抗胡夏和北凉。胡夏虽然被北魏重创，后还是灭亡了西秦。 [5]壬子：八月十一日。 [6]留台：帝王在京的留守处。 [7]鸷（zhì）勇：勇猛。鸷，凶猛的鸟，比喻凶猛。 [8]临城对陈：亲自率军攻城，与敌对阵。陈，同“阵”。 [9]犯：冒，不怕危险。 [10]俭率：俭朴、率真，在今所谓不讲究排场，不装腔作势。 [11]服御饮膳：穿的用的吃的喝的。御，用。[12]取给而已：能维持生活需要就行。[13]增峻：加高。峻，高峻。[14]《易》：即《易经》。儒家五经之一。 [15]王公设险，以守其国：语见《易经·坎卦·彖辞》。设险，指筑城挖沟。国，此处指京城。 [16]萧何：西汉开国丞相。传见《史记》卷五十四。[17]重威：提高其权威。重，加重，提高。以上三句，见《史记》卷五十三。 [18]在德不在险：语见《史记》卷六十五，是吴起对魏武侯说的话。险，险阻。 [19]屈丐：即赫连勃勃。 [20]也：同“耶”，反问虚词。[21]非雅言：不是好话，不应该奉为经典。[22]每：常。[23]横有所及：凭空地加以占有。横，无端，无理。 [24]指授：指点，传授。节度：指挥，调度。 [25]不论本末：不论他的出生与历史。 [26]听察精敏：听其言，察其实，了解得清清楚楚。 [27]无遁情：没法弄虚作假。遁，隐瞒，欺骗。 [28]赏不违贱：赏赐不避贫贱。 [29]罚不避贵：惩罚

不避贵戚。［30］终无宽假：意即有过必罚。宽假，宽大，饶恕。［31］丁酉：九月二十六日。［32］安定：郡名，郡治在今甘肃泾川县。［33］苻白作：人名，姓苻，名白作，氐王杨玄的将领。［34］骆谷：秦岭山中谷道名，是关中通往汉中的通道之一，北道口在今陕西周至县西。［35］吴汉：西秦将领，为骁骑将军，转平南将军、梁州刺史。［36］南漒（qiáng）：县名，县治在今青海东南部西倾山附近。［37］公孙轨：字元庆，广州刺史公孙表次子，北魏将领。传见《魏书》卷三十三。大鸿胪（lú）：古代朝廷掌管诸侯及藩属国事务的官员。［38］持节：手持皇帝所授予的旌节，以显示该使者的身份、规格之高。策拜：指帝王以策书命官。［39］南秦王：因当时乞伏炽磐在枹罕（今甘肃临夏市）称秦王（历史上的西秦），仇池（今甘肃成县西）在枹罕东南，故称杨玄为“南秦王”。［40］奉策以还：捧着魏主加封杨玄的策文回去，不给他加封了。策，皇帝加封某人为王时将诏令写在竹简或金玉制作的册页上，以示庄严。［41］善之：认为公孙轨这次出使的表现好。［42］中山：郡名，在今河北定州市。［43］癸卯：十二月四日。

【点评】

刘义隆诛杀拥立大臣。刘宋建立后，刘裕很快一命呜呼了，为把江山顺利传下去，刘裕还颇费了一番脑筋，他让长子刘义符接班，又遗命司空徐羡之、尚书仆射傅亮、领军将军谢晦及护军将军檀道济四人为顾命大臣，辅助太子刘义符。应当说，刘裕的这如意算盘还是打得不错的，即皇帝位的长子，是名正言顺的继承人；四位辅政大臣，都是德高望重、久经考验的文武大臣，对刘宋绝对忠诚。他曾经有一个基本的评价，认为这四人都兢兢业业，檀道济虽有武略，而无大志，徐、傅二人也没有什么野心。这样，他可以放心地走了。然而他哪里知道，后来所发生的事情，并不是他所能预料到的。这主要是：废掉少帝刘义符；贬退二子刘义真；杀掉他们兄弟二人；三子刘义隆即皇帝位；杀掉顾命大臣。这一连串事情，究竟孰是孰非？历来评价不一，褒贬不一。

首先，顾命大臣废掉少帝刘义符，是为国谋划，出以公心。刘义符即位时，是个十七岁的大小孩，由于刘裕对他的溺爱，他似乎生活在真空中，无忧无虑，只知道吃喝玩乐，不懂得人情世故。刘裕去世后，他在守丧期间，一味地玩耍嬉戏，不问政事。徐羡之等人看不下去了，担心这样下去不行。于是，就打算废掉少帝，另立他人。而按照继承顺序，应当立二子刘义真，可刘义真也不宜当皇帝。于是，他们来了一个釜底抽薪，先利用少帝和刘义真之间的矛盾，把刘义真贬为庶民，让他失去继位的资格。而他们非常看好三子刘义隆。于是，四位顾命大臣一商量，意见相当统一，没有谁提出异议，就这么做了，废昏立明。可以肯定地说，徐羡之等人这样做，是从国家利益的角度来考虑的，是想使刘裕开创的国家走上兴盛之路，并没有考虑多少个人的私利。如果他们不负责任，听之任之，也是能混下去的，因为刘义符也只是吃喝玩乐而已，并没有做出什么丑恶、过激的坏事，他对顾命大臣也还是比较尊重的，双方并没有多大的矛盾，只要稍加教育和引导，这皇帝也是能做下去的。殊不知，当年晋朝开国皇帝司马炎亲自选择接班人，也是选了个痴傻儿司马衷，还当了十七年的皇帝；东晋后期司马德宗即位，他连自己的基本生活都不能自理，甚至不知道饿饱，不知道寒暖，连话也说不周全，不也是照样当皇帝，而且一当就是二十四年吗？这刘义符总比他们要强多了，最多也只是一个傀儡皇帝而已。可徐羡之等人受先帝重托，深感责任重大，因此，效法汉朝霍光，果断地做出了废立之事。

其次，徐羡之等人杀掉刘义符、刘义真兄弟二人，实在不是明智之举，弄巧成拙，把自己的身家性命搭进去了。当时，刘义符已经被废黜，降为营阳王，按照魏文帝曹丕废掉汉献帝刘协、晋武帝司马炎废掉魏元帝曹奂的惯例，应仍然让他们优哉游哉地生活，度过最后的岁月。而徐羡之等人却要赶尽杀绝，刘义符退位不久，就被追杀；刘义真被贬后也被追杀。按道理说，他们退了位，并不对皇权构成威胁，为什么还要如此呢？徐羡之等人有一种理论，就是不把问题和矛盾交给新的皇上，把好事做到底。这实际上是一种冠冕堂皇的理由，他们真实的想法，是怕刘义符等人东山再起，一旦取得成功，首先要清算的，就是他们这些顾命大臣。于是，他们索性一不做二不休，将恶人做到底，让刘义符等人一命归天，不再有后顾之忧。殊不知，他们这样做，给新上任的刘义隆造成了极大的威胁，新皇帝觉得，这些顾命大臣为所欲为，怎么得了？人为刀俎，我为鱼肉，想想真是害怕啊！结果，徐羡之等人弄巧成拙，自己给自己挖了个大坑，栽在里面了。这也是咎由自取啊！

再次，徐羡之等人拥立刘义隆为帝，也是出以公心，以国家利益为重。废掉刘义符，究竟立谁为皇帝呢？顾命大臣也曾反复考虑过，二子刘义真不是理想的接班人，已经被他们处理了，而老三刘义隆最为合适，于是，他们费心劳碌地到老远的地方去迎接刘义隆。当时刘义隆在可立的兄弟中是最为年长的，而其他的都还是娃娃。如果他们出以私心，随便立一个可以控制的娃娃，也是经得起推敲的。要想做什么事情，难道还找不出理由吗？后来刘义隆攻打谢晦，谢晦的一番话说得很明白："我们这些人如果想长久地把握权柄，不一心为国家着想，我们当初在废掉营阳王时，皇上您远在荆州，武皇帝的儿子中还有幼童，我们完全可以拥戴小皇帝，发号施令，谁敢说个'不'字！怎么会逆流而上三千里，虚位七十多天，去迎接皇上？已故的庐陵王刘义真，在营阳王在位的时候，就曾积恨，冒犯皇上，是他自己死于非命。不有所废免，怎么会有兴起！耿弇不曾把贼寇遗留给君王，我又有什么地方辜负了皇室呢？"这番话说得情真意切，也是说的肺腑之言，可谓是一片忠心可对天，可是，刘义隆听得进去吗？

最后，刘义隆诛杀徐羡之等人，其目的究竟是什么？难道真的是为两位兄长报仇吗？才不是呢，报仇只是他找到的一个杀人的借口而已。当时，朝廷主管祭祀的大臣曾经预言，对谢晦说："你们接受先帝临终托孤大事，以社稷的兴衰为己任，废掉昏庸无道的君主，改立英明的皇帝，从道义上讲，没有什么不可。可是，你们杀害人家的两个哥哥，却又北面称臣，则有震主之威。以古推今，你们恐怕在劫难逃。"这话说得很直白，刘义隆对他们根本就不放心，就像汉朝文帝刘恒被立，他所放心的还是自己身边的宋昌等人，而对周勃等人，是有所提防的，但还是宽大为怀。而刘义隆则不同了，他开始也提拔徐羡之等人，那是做做样子、笼络人心而已，等到局势稳定，徐羡之等人就成了瓮中之鳖，想躲也躲不了，形势反转，刘义隆成为"刀俎"，而他们成了"鱼肉"。刘义隆杀掉他们，其理由就是他们杀掉了他的兄弟，这真是把好心当成了驴肝肺！说到底，刘义隆是害怕徐羡之等人活着，再来一次废立，自己就要倒大霉；而这些人活着，自己就整日提心吊胆，如芒刺在背！还是不如一了百了，让他们通通见鬼去吧！这样，刘义隆扮演了晋惠公的角色，徐羡之等人则是刘宋时代的里克。如此，刘义隆掌握了朝廷大权，不让任何人染指。从此，刘义隆也改变了自东晋时期以来权臣专权的局面，皇帝真正大权在握，朝纲独断了。

卷一二一　宋纪三

宋文帝元嘉五年至七年（428—430 年）

【起著雍执徐（戊辰，428 年），尽上章敦牂（庚午，430 年），凡三年】

【大事提要】

本卷记事起于公元 428 年，到公元 430 年，凡三年，时当宋文帝（刘义隆）元嘉五年至元嘉七年。本卷所载大事，主要是五个方面。其一，北魏生擒赫连昌。公元 428 年，北魏前锋部队围攻胡夏王赫连昌所在的上邽，赫连昌退到平凉据守。北魏大军到达安定，因战马染上瘟疫，被赫连昌率军围攻，监军侍御史安颉挑选精骑出战，赫连昌抵挡不住，被活捉，押到平城，赫连定继位，迁都平凉。其二，赫连定败北。公元 430 年，胡夏王赫连定派其弟赫连谓以代攻击北魏城池，被打败；赫连定又统率数万人攻打北魏，与刘宋约定，联合起来灭掉北魏，瓜分其地，北魏主拓跋焘率军袭击夏国都城平凉，派重兵围困，赫连定被打败，逃跑，向西退保上邽。其三，北魏国攻打柔然。公元 429 年，北魏主拓跋焘亲自率兵进攻柔然，柔然可汗率兵迎战，将拓跋焘重重围困，拓跋焘顽强死战，柔然士兵大惊而溃败，而后乘胜追击，柔然可汗忧愤成疾而病死。北魏后又突袭，纵横柔然境内东西五千里，南北三千里，重创柔然。其四，刘宋北伐大败。公元 430 年，宋文帝下令由中领军到彦之率军北伐，自淮入泗，进入黄河，北魏守军全部撤退。宋军推进至碻磝、滑台、虎牢、金墉、洛阳、潼关一线。后北魏军全面反攻，宋军大败，损兵折将，尽弃军资甲仗，步行逃到彭城。其五，北燕发生宫廷政变。公元 430 年，北燕主冯跋病危，命令皇太子冯翼主持朝政。宋夫人欲立其子，封锁冯跋病危消息，司徒冯弘闯入后宫，杀死宋夫人。冯跋不胜惊骇，霎时气绝。冯弘逼迫冯翼自杀，自称天王，改元太兴。冯跋一百多个儿子，全被冯弘杀死。

太祖文皇帝上之中

元嘉五年（戊辰，428 年）

春，正月，辛未[1]，魏京兆王黎[2]卒。

荆州刺史、彭城王义康，性聪察[3]，在州职事修治[4]。左光禄大夫范泰谓司徒王弘曰："天下事[5]重，权要[6]难居。卿兄弟盛满[7]，当深存降挹[8]。彭城王[9]，帝之次弟，宜征还入朝[10]，共参朝政。"弘纳其言。时大旱，疾疫，弘上表引咎逊位[11]，帝不许。

秦[12]商州刺史领浇河太守姚浚[13]叛，降河西[14]，秦王炽磐以尚书焦嵩代浚，帅骑三千讨之。二月，嵩为吐谷浑元绪[15]所执。

魏改元神䴥[16]。

魏平北将军尉眷攻夏主于上邽，夏主退屯平凉[17]。奚斤进军安定[18]，与丘堆、娥清军合。斤马多疫死，士卒乏粮，乃深垒自固。遣丘堆督租[19]于民间，士卒暴掠，不设警备，夏主袭之，堆兵败，以数百骑还城。夏主乘胜，日来城下钞掠，不得刍牧[20]，诸将患之，监军侍御史安颉[21]曰："受诏灭贼，今更为贼所困，退守穷城[22]；若不为贼杀，当坐法诛[23]，进退皆无生理。而诸王公晏然曾不为计[24]乎？"斤曰："今军士无马，以步击骑，必无胜理，当须京师救骑至合击之。"颉曰："今猛寇游逸[25]于外，吾兵疲食尽，不一决战，则死在旦夕，救骑何可待乎！等于就死[26]，死战，不亦可乎[27]！"斤又以马少为辞。颉曰："今敛[28]诸将所乘马，可得二百匹，颉请募敢死之士出击之，就[29]不能破敌，亦可以折其锐。且赫连昌狷而无谋[30]，好勇而轻[31]，每自出挑战，众皆识之。若伏兵掩击[32]，昌可擒也。"斤犹难之。颉乃阴与尉眷等谋，选骑待之。既而[33]夏主来攻城，颉出应之。夏主自出陈前搏战[34]，军士识其貌，争赴之[35]。会[36]天大风扬尘，昼昏，夏主败走；颉追之，夏主马蹶而坠[37]，遂擒之。颉，同之子也。

夏大将军、领司徒、平原王定[38]收其余众数万，奔还平凉，即皇帝位，大赦，改元胜光[39]。

三月，辛巳[40]，赫连昌至平城，魏主馆之于西宫[41]，门内器用皆给乘舆之副[42]，又以妹始平公主妻之；假常忠将军[43]，赐爵会稽公[44]。以安颉为建节将军，赐爵西平公[45]；尉眷为宁北将军，进爵渔阳公[46]。

魏主常使赫连昌侍从左右，与之单骑共逐鹿，深入山涧[47]。昌素有勇名，诸将咸以为不可。魏主曰："天命有在[48]，亦何所惧！"亲遇[49]如初。

奚斤自以为元帅，而昌为偏裨[50]所擒，深耻之。乃舍辎重[51]，赍[52]三日粮，追夏主于平凉。娥清欲循水[53]而往，斤不从，自北道邀其走路[54]。至马髦岭[55]，夏军将遁[56]，会魏小将有罪亡归于夏，告以魏军食少无水。夏主乃分兵邀斤，前后夹击之，魏兵大溃，斤及娥清、刘拔[57]皆为夏所擒，士卒死者六七千人。

丘堆守辎重在安定，闻斤败，弃辎重奔长安，与高凉王礼[58]偕奔蒲阪[59]，夏人复取长安。魏主大怒，命安颉斩丘堆，代将其众，镇蒲阪以拒之。

夏，四月，夏主遣使请和于魏，魏主以诏谕之使降。

壬子[60]，魏主西巡；戊午[61]，畋于河西[62]，大赦。

（以上为第一段，写北魏将领奚斤追击胡夏主赫连昌，反为所困；偏将安颉率军出击，活捉赫连昌；奚斤又追击新任的胡夏主赫连定，反被活捉；长安也被胡夏国夺回。）

【注释】

[1]辛未：正月二日。［2］黎：即拓跋黎，北魏开国皇帝道武帝拓跋珪第八子，明元帝拓跋嗣八弟，封为京兆王。传见《魏书》卷六。［3］聪察：聪慧，明察。［4］职事修治：职权范围内的事情都办得很好。［5］天下事：国家大事。［6］权要：掌握大权，地位显赫。［7］兄弟盛满：指王弘与其弟王昙首都身居要职。盛满，以喻位高权大，无以复加。［8］深存降挹（yì）：多想一想谦卑自贬。存，思考。降挹，谦退。因古代有所谓"亢龙有悔""满招损，谦受益"之古训，故范泰诫之。［9］彭城王：即刘义康，时封彭城王。［10］征还入朝：召回朝廷，在朝任职。当时刘义康任荆州刺史，驻节于江陵。［11］引咎逊位：称说由于自己为官有过，故而招致上天的谴责，应该提出辞职。汉代以来，根据阴阳五行家的说法，凡是天降"灾异"，就是意味着执政大臣有问题。今"大旱，疾疫"，故王弘引咎辞职。［12］秦：即鲜卑乞伏氏所建西秦。［13］商州：古地名，东晋前期张氏占据河西时，张祚曾称敦煌郡为商州，今乞伏氏又以"商州"遥称敦煌。领：兼任。浇河：郡名，郡治在今青海黄河南岸贵德县境。姚浚：西秦官员，为商州刺史兼浇河太守，当时所占据的是浇河郡，而所谓"商州刺史"，只是一个虚名。［14］降河西：投降了北凉沮渠蒙逊，时沮渠蒙逊自称"河西王"。［15］元绪：人名，姓元，名绪，吐谷浑的部落首领。［16］神䴥：北魏太武帝拓跋焘改用的第二个年号。北魏在定州（今河北定州市）捕获白䴥，即白鹿，遂改元神

麋。［17］平凉：古城名，在今甘肃华亭市西。［18］安定：县名，治今甘肃泾川县，当时为安定郡的郡治所在地。［19］督租：实际就是抢粮。［20］不得刍牧：城里的北魏军没法出来割草、放牲口。［21］监军侍御史安颉：安颉以朝廷侍御史的身份来奚斤军中任监军。侍御史，是御史大夫的属官，负责监察。安颉（jié），传见《魏书》卷三十。［22］穷城：危城。［23］当坐法诛：指当判以败军的死罪。［24］诸王公：当时奚斤被封为宜城王，丘堆被封为临淮公，娥清被封为东平公，故安颉如此相称。晏然：安然无事的样子，指对这种局面一点儿都不着急。晏，安。曾不为计：一点儿都不进行考虑，不做打算。［25］游逸：盛气凌人地骑马游荡。［26］等于就死：犹如陈涉之所谓"等死"，二者都是死。［27］死战，不亦可乎：《史记·陈涉世家》有所谓"今亡亦死，举大计亦死，等死，死国可乎？"此处安颉的话完全模仿《史记》陈涉口吻。［28］敛：搜集，集中使用。［29］就：即使。［30］狷（juàn）：癫狂，急躁。［31］轻：轻率，轻举妄动。［32］掩击：突然袭击。［33］既而：不久。［34］陈：同"阵"，此指敌军面前。搏战：这里即指挑战。［35］争赴之：犹今之所谓一齐扑上去。［36］会：恰巧。［37］马蹶（juě）而坠（zhuì）：因为马惊倒，从马上掉下来。蹶，倒下，跌倒。坠，坠落，掉下。［38］平原王：封地平原郡，郡治陵县，在今山东德州市陵城区。定：即赫连定，胡夏先主赫连勃勃第五子，中主赫连昌之弟。为胡夏末代皇帝。传见《晋书》卷一百三十。［39］胜光：胡夏主赫连定的年号，共三年余。［40］辛巳：三月十三日。［41］馆之于西宫：让他住宿在自己的西宫里。馆，招待住宿。［42］给：提供，给他使用。乘舆之副：给帝王替换使用的东西，意即一切都和拓跋焘用的一样。［43］假：加封，授予。常忠将军：为杂号将军名。［44］会稽公：封地会稽郡，郡治在今浙江绍兴市，时属刘宋管辖。此为虚封，意欲消灭刘宋，就能得到封地。［45］西平公：封地西平郡，郡治在今青海西宁市。［46］渔阳公：封地渔阳郡，郡治在今北京密云区西南。［47］山涧（jiàn）：山间流水的沟。［48］天命有在：意谓上天授命于我，让我做皇帝。［49］亲遇：亲密对待。［50］偏裨：副将、小将，指安颉是自己身边的副职与僚属。［51］辎（zī）重：军中的笨重物资。［52］赍（jī）：携带。［53］循水：指沿着泾水逆流而上。［54］邀其走路：截击其向北逃跑的道路。邀，拦截。［55］马髦（máo）岭：古地名，马髦山之岭，在今宁夏固原市东南，当时的平凉县北面。［56］遁：逃跑，逃躲。［57］刘拔：北魏将领，上年曾与奚斤一同进击胡夏。［58］礼：即拓跋礼，平阳王拓跋乐真之子，袭封高凉郡王，出任长安镇都大将。后受到胡夏平原公赫连定攻击，弃城逃入蒲坂。传见《魏书》卷十四。［59］偕（xié）：与，偕同，一起。丘堆与拓跋礼一起。蒲阪（bǎn）：城名，在今山西永济市西南的黄河边。［60］壬子：四月十五日。［61］戊午：四月二十一日。［62］畋（tián）于河西：在黄河以西打猎。河西，古区域名，此指君子津的黄河以西，在今内蒙古准格尔旗的东北方。

五月，秦文昭王炽磐卒，太子暮末即位，大赦，改元永弘[1]。

平陆令河南成粲复劝王弘逊位[2]，弘从之，累表陈请。帝不得已，六月，庚戌[3]，以弘为卫将军、开府仪同三司。

甲寅[4]，魏主如长川[5]。

葬秦文昭王于武平陵[6]，庙号太祖。秦王暮末以右丞相元基[7]为侍中、相国、都督中外诸军、录尚书事；以镇军大将军、河州牧谦屯[8]为骠骑大将军；征安北将军、凉州刺史段晖[9]为辅国大将军、御史大夫；叔父右禁将军千年[10]为镇北将军、凉州牧，镇湟河[11]；以征北将军木弈干为尚书令、车骑大将军；以征南将军吉毗为尚书仆射、卫大将军。

河西王蒙逊因秦丧，伐秦西平[12]，西平太守麹承谓之曰："殿下若先取乐都，则西平必为殿下之有；苟望风请服[13]，亦明主之所疾[14]也。"蒙逊乃释西平，攻乐都。相国元基帅骑三千救乐都[15]，甫入城[16]，而河西兵至，攻其外城，克之；绝其水道，城中饥渴，死者太半。东羌乞提从[17]元基救乐都，阴[18]与河西通谋，下绳引内[19]其兵，登城者百余人，鼓噪[20]烧门；元基帅左右奋击，河西兵乃退。

初，文昭王疾病，谓暮末曰："吾死之后，汝能保境则善矣。沮渠成都为蒙逊所亲重[21]，汝宜归之[22]。"至是，暮末遣使诣蒙逊，许归成都以求和。蒙逊引兵还，遣使入秦吊祭[23]。暮末厚资送成都，遣将军王伐[24]送之。蒙逊犹疑之，使恢武将军沮渠奇珍伏兵于扪天岭[25]，执伐并其骑士三百人以归。既而遣尚书郎王杼送伐还秦[26]，并遗暮末马千匹及锦罽银缯[27]。秋，七月，暮末遣记室郎中马艾如河西报聘[28]。

魏主还宫。八月，复如广宁观温泉[29]。

柔然纥升盖可汗[30]遣其子将万余骑寇魏边，魏主自广宁还，追之，不及；九月，还宫。

冬，十月，甲辰[31]，魏主北巡；壬子[32]，畋于牛川[33]。

秦凉州牧乞伏千年，嗜酒残虐，不恤[34]政事，秦王暮末遣使让[35]之，千年惧，奔河西[36]。暮末以叔父光禄大夫沃陵[37]为凉州牧，镇湟河。

徐州刺史王仲德遣步骑二千伐魏济阳、陈留[38]。

魏主还宫。

魏定州丁零鲜于台阳[39]等二千余家叛，入西山[40]，州郡不能讨。

闰月[41]，魏主遣镇南将军叔孙建讨之。

十一月，乙未朔[42]，日有食之。

魏主如西河校猎[43]；十二月，甲申[44]，还宫。

河西王蒙逊伐秦，至磐夷[45]，秦相国元基等将骑万五千拒之。蒙逊还攻西平，征虏将军出连辅政[46]等将骑二千救之。

秘书监谢灵运，自以名辈才能[47]，应参时政[48]，上唯接以文义[49]，每侍宴谈赏而已[50]。王昙首、王华、殷景仁，名位素出灵运下[51]，并见任遇[52]，灵运意甚不平，多称疾不朝直[53]；或出郭游行[54]，且二百里，经旬[55]不归，既无表闻[56]，又不请急[57]。上不欲伤大臣意，讽令自解[58]。灵运乃上表陈疾。上赐假，令还会稽[59]。而灵运游饮自若[60]，为法司所纠[61]，坐[62]免官。

是岁，师子王刹利摩诃[63]及天竺迦毗黎王月爱[64]皆遣使奉表入贡，表辞皆如浮屠之言[65]。

魏镇远将军平舒侯燕凤[66]卒。

（以上为第二段，写西秦主乞伏炽磐去世，太子乞伏暮末即位，改元永弘；北凉主沮渠蒙逊乘机率军攻打西秦，被打退；西秦归还北凉将领沮渠成都，请求和解。）

【注释】

[1]永弘：西秦主乞伏暮末的年号，共三年余。［2］成粲（càn）：刘宋平陆县令。逊（xùn）位：退位，辞职。［3］庚戌：六月十四日。［4］甲寅：六月十八日。［5］长川：古城名，在今内蒙古兴和县西北。［6］武平陵：西秦主乞伏炽磐的陵墓名，在枹罕，在今甘肃临夏市。［7］元基：即乞伏元基，西秦主乞伏炽磐长子，西秦右丞相。辅乞伏暮末即位，击退北凉的侵略，堪称西秦末期的中流砥柱。传见《晋书》卷一百二十五。［8］河州牧：河州的最高军事行政长官。河州，西秦州名，州治即乞伏氏政权的都城枹罕，在今甘肃临夏市。谦屯：即乞伏谦屯，西秦主乞伏乾归之子，西秦凉州刺史，镇守乐都。后为河州牧，辅乞伏暮末即位，任为骠骑大将军。传见《晋书》卷一百二十五。［9］凉州：西秦凉州治乐都，在今青海海东市乐都区。段晖：西秦凉州刺史，镇守乐都，乞伏暮末即位，任为辅国大将军、御史大夫。［10］右禁将军：古将军名，为四禁将军之一，统兵驻于京师。千年：即乞伏千年，西秦主乞伏乾归之子，乞伏暮末叔父，西秦右禁将军，乞伏暮末即位，任为镇北将军、凉州牧，镇守湟河。后投奔北凉。传见《晋书》卷一百二十五。［11］湟河：西秦郡名，郡治白土，在今青海同仁市东北。［12］西平：古城名，在今青海西宁市，当时为西平郡的郡治所在地。［13］苟望风请服：如果您的大军一到，我们西

平马上就赶着向您投降。苟，如果。请服，请求臣服。［14］明主：尊称北凉主沮渠蒙逊。所疾：所恨，所恼怒。因为奉命守城，不战而降，是“不忠”的表现，这种人谁也不喜欢，故麹承如此说。先取乐都，截断了西平与枹罕的联系，麹承再投降就有借口了。［15］救乐都：由枹罕出发，往援乐都。［16］甫（fǔ）入城：刚刚进入乐都城。甫，始，刚刚。［17］东羌乞提：东羌部落的头领，名叫乞提，当时归属于乞伏氏。从：跟随。［18］阴：私下，暗中。［19］下绳：从城上抛下绳索。内：同“纳”，进，入。［20］鼓噪：大声喧哗。［21］沮渠成都：沮渠蒙逊堂弟，北凉将领，先前征战中被西秦俘获。乞伏暮末即位后，予以归还。传见《晋书》卷一百二十九。亲重：亲信，重用。［22］归之：放沮渠成都回国，借以获得两国讲和。［23］入秦吊祭：他国有丧，遣人祭吊，是一种有礼的表现。［24］王伐：西秦将领，为将军，曾护送沮渠成都回北凉。［25］恢武将军：北凉人自己起的军官名，为杂号将军。沮渠奇珍：北凉恢武将军。扪（mén）天岭：古地名，在今甘肃永靖县西。［26］既而：不久。王杼：北凉尚书郎。送伐还秦：护送王伐回归西秦。［27］遗（wèi）：赠送。锦罽（jì）银缯：编织精美的毛制品和刺绣带有银饰的丝织品。罽，羊毛织物。［28］记室郎中：帝王身边的文秘人员。马艾：西秦官员，为记室郎中。如河西报聘：到北凉的都城姑臧做礼节性的回访。如，前往。报聘，回访。［29］广宁：郡名，郡治在今河北涿鹿县。观温泉：胡三省引《魏土地记》曰：“下洛城东南四十里有桥山，山下有温泉。”下洛城，即涿鹿城，在今河北涿鹿县东南。［30］纥（hé）升盖可汗：即柔然郁久闾大檀。［31］甲辰：十月十日。［32］壬子：十月十八日。［33］畋（tián）：打猎。牛川：古平川名，在今内蒙古呼和浩特市西南。［34］不恤（xù）：不忧虑，不关心。［35］让：责让，批评。［36］奔河西：往投河西王沮渠蒙逊。［37］沃陵：即乞伏沃陵，西秦主乞伏暮末叔父，代投奔北凉的乞伏千年镇守湟河。［38］济阳、陈留：古二县名，济阳的县治在今河南兰考县东北，陈留的县治在今河南开封市东南。［39］定州：古城名，在今河北定州市。鲜于台阳：姓鲜于，名台阳，定州丁零人，曾背叛北魏。［40］入西山：叛变后逃入西山。西山，古山名，在今河北曲阳县西面的太行山，在当时的定州城以西。［41］闰月：闰十月。［42］乙未朔：十一月一日。［43］西河：古区域名，在今内蒙古清水河县、托克托县一带的黄河，因其地处于魏国都城平城之西，故称“西河”。校猎：遮拦禽兽以猎取之，亦泛指打猎。［44］甲申：十二月二十一日。［45］磐夷：古地名，在今青海海东市乐都区西。［46］出连辅政：人名，西秦将领，为宁朔将军、梁州刺史，后为征虏将军。［47］名辈：犹名流。才能：有才能。［48］应参时政：应该参与当时朝廷重大问题的决策。［49］接以文义：只是作为一个文人来对待。文义，即指文章辞藻。［50］每侍宴谈赏：不时地陪着皇帝宴饮或是谈论鉴赏诗文人物。每，经常，不时地。［51］素出灵运下：历来处于谢灵运之下。［52］并见任遇：都得到了皇帝的信任、恩宠。［53］不朝直：不上朝、不到禁省里值班。直，同“值”。［54］出郭：出城，离开都城建康城。游行：游历，旅行。［55］经旬：经过了一旬，即十多天。十天为旬。［56］表闻：不上表奏明情况。［57］请急：请假。［58］讽令自解：示意让他自己提出辞职，指辞去秘书监的职务。解，辞职。［59］令还会稽：让他回到会稽闲居，但尚未免掉其职务。会稽，郡名，郡治在今浙江绍兴市，当时谢灵运的家在会稽。［60］游饮自若：旅行、纵酒，都与往常一样。［61］为法司所纠：于是受到了执法官员的抨击、检举。纠，弹劾。《宋书·谢灵运传》作“为御史中丞傅隆所奏”。［62］坐：因某事犯罪。［63］师子王刹利摩诃（hē）：师子国的国王名刹利摩诃。师子国，今斯里兰卡。［64］天竺（zhú）迦（jiā）毗（pí）黎王月爱：天竺国内的迦毗黎王名叫月爱。天竺，今印度。当时的天竺国内有迦毗黎、苏摩黎、斤陀利、婆黎等小国，皆事佛道。［65］表辞皆如浮屠之言：表章上使用的语言都与和尚们说的话一样。浮屠，这里指和尚。［66］燕凤：字子章，北魏开国功臣。历仕五帝，赐爵平舒侯，加镇远将军。传见《魏书》卷二十四。

六年（己巳，429 年）

春，正月，王弘上表乞解州、录[1]，以授彭城王义康，帝优诏不许[2]。

癸丑[3]，以义康为侍中，都督扬·南徐·兖三州诸军事、司徒、录尚书事、领南徐州刺史。弘与义康二府并置佐领兵[4]，共辅朝政。弘既多疾，且欲委远大权[5]，每事推让义康，由是义康专总内外之务。

又以抚军将军江夏王义恭为都督荆·湘等八州诸军事、荆州刺史，以侍中刘湛为南蛮校尉，行府州事[6]。

帝与义恭书，诫之曰：“天下艰难，家国事重，虽曰‘守成’，实亦未易。隆替[7]安危，在吾曹耳，岂可不感寻王业[8]，大惧负荷[9]！

汝性褊急[10]，志之所滞[11]，其欲必行[12]；意所不存[13]，从物回改[14]。此最弊事，宜念裁抑[15]。卫青遇士大夫以礼[16]，与小人有恩；西门[17]、安于[18]，矫性齐美[19]；关羽、张飞[20]，任偏同弊[21]：行己举事[22]，深宜鉴此！

若事异今日[23]，嗣子幼蒙[24]，司徒当周公之事[25]，汝不可不尽祗顺[26]之理。尔时天下安危，决汝二人[27]耳。

汝一月自用钱不可过三十万，若能省此[28]，益美。西楚府舍[29]，略所谙究[30]，计当不须改作[31]，日求新异。凡讯狱多决当时[32]，难可逆虑[33]，此实为难；至讯日，虚怀博尽[34]，慎无以喜怒加人。能择善者而从之，美自归己；不可专意自决，以矜独断之明[35]也！

名器深宜慎惜[36]，不可妄以假人[37]；昵近爵赐[38]，尤应裁量[39]。

吾于左右虽为少恩，如闻外论不以为非[40]也。

以贵凌物[41]，物不服；以威加人[42]，人不厌[43]；此易达事[44]耳。声乐嬉游[45]，不宜令过；蒲酒[46]渔猎，一切勿为。供用奉身[47]，皆有节度[48]，奇服异器，不宜兴长[49]。又宜数引见佐史[50]。相见不数[51]，则彼我不亲；不亲，无因得尽人情[52]；人情不尽，复何由知众事也[53]！”

夏酒泉公隽[54]自平凉奔魏。

丁零鲜于台阳等请降于魏[55]，魏主赦之。

秦出连辅政[56]等未至西平，河西王蒙逊拔西平，执太守麹承。

二月，秦王暮末立妃梁氏为王后[57]，子万载[58]为太子。

三月，丁巳[59]，立皇子劭为太子；戊午[60]，大赦。

辛酉[61]，以左卫将军殷景仁为中领军。帝以章太后[62]早亡，奉太后所生苏氏[63]甚谨。苏氏卒，帝往临哭，欲追加封爵，使群臣议之，景仁以为古典无之，乃止。

初，秦尚书陇西辛进从文昭王游陵霄观[64]，弹飞鸟，误中秦王暮末之母，伤其面。及暮末即位，问母面伤之由，母以状告。暮末怒，杀进并其五族二十七人。

夏，四月，癸亥[65]，以尚书左仆射王敬弘为尚书令，临川王义庆为左仆射，吏部尚书济阳江夷[66]为右仆射。

（以上为第三段，写刘宋首辅大臣王弘请求辞职，文帝刘义隆重用其弟刘义康、刘义恭，让其担任要职，并再三叮嘱，似将后事托付；北凉主沮渠蒙逊攻下西秦西平城。）

【注释】

[1]乞解州、录：请求免去扬州刺史与录尚书事两种重要职务。解，解除，免去。 [2]优诏不许：说客气话，加以慰勉，不允许辞职。 [3]癸丑：正月二十日。 [4]二府并置佐领兵：意谓让刘义康和王弘两处都设有录尚书事的僚佐，都执掌兵权。《宋书·王弘传》作：“义康由是代弘为司徒，与之分录。” [5]委远大权：把大权交给别人，自己离大权远点儿。 [6]行府州事：代为处理刘义恭都督府及荆州刺史府的一切事务。行，代管，兼管。 [7]隆替：兴隆与衰败。 [8]感寻王业：意指深思王业创建的艰难，而寻找长治久安的治国办法。 [9]大惧负荷：非常害

怕自己不能担当起治国的责任。《左传》昭公七年有所谓“其父析薪，其子弗克负荷”，后人引以为说不肖子弟不能继承发展父祖的事业。［10］褊（biǎn）急：气量小，性子急。［11］志之所滞（zhì）：自己弄不明白的事情。滞，凝滞，不通畅。［12］其欲必行：还一定坚持要办。［13］意所不存：自己没有想过的事情。存，想，思考。［14］从物回改：随着别人怎么说就怎么办。从物，顺从别人，没有主见。回改，改变自己的主张。［15］宜念裁抑：应该注意加以克制。裁抑，犹今之所谓“克制”。［16］卫青遇士大夫以礼：语见《史记》卷一百一十八，原文作：“大将军遇士大夫有礼，于士卒有恩，众皆乐为之用。”卫青，西汉武帝时征伐匈奴的名将，官至大将军。传见《史记》一百一十一。［17］西门：即西门豹，战国时魏国人。魏文侯时任邺令，趁河伯娶妻之机，惩治地方恶霸势力，随后颁布律令，禁止巫风，发动百姓在漳河开围挖掘了十二条灌溉渠，还实行“寓兵于农、藏粮于民”的政策，使邺城民富兵强，为东北重镇。传见《史记》卷一百二十六。［18］安于：即董安于，春秋时晋卿赵鞅的心腹家臣，受命出任第一任晋阳宰，治理中注重法治，耿直无私，执法严明，使晋阳政通人和。［19］矫性齐美：都能改变自己的性情，扬名于后世。相传西门豹性情刚急，常佩韦以提醒自己思缓；董安于性情宽缓柔弱，常佩弦以提醒自己思刚。［20］关羽、张飞：三国时蜀汉大将，辅佐刘备建立了蜀汉。两人传见《三国志》卷三十六。［21］任偏同弊：都因为偏狭任性，导致丧身辱国。［22］行己：犹言“持身”，即为人处世。举事：行事，办事。［23］事异今日：隐指日后自己身死。［24］嗣子：帝王的承嗣之子。幼蒙：年幼不懂事。［25］司徒当周公之事：指司徒刘义康，既为朝廷首辅，应当效法周公辅政敢于担当的样子。周公，西周初期杰出的政治家、军事家，被尊为“元圣”。传见《史记》卷三十三。［26］祗（zhī）顺：恭敬，顺从。［27］决汝二人：决定权在你们兄弟二人手里，指掌管朝廷大政的刘义康与刘义恭。［28］省此：少于这个数目。［29］西楚府舍：即指荆州刺史府，前刘义隆曾居，今刘义恭正居此。［30］谙（ān）究：熟悉，清楚。［31］计当不须改作：我想不必再盖新的。计，寻思，考虑。［32］讯狱：审判犯人。多决当时：都是根据当时审问的情况随即做出判决。［33］逆虑：事先考虑好。［34］虚怀博尽：要虚心地听取别人的意见。［35］以矜（jīn）独断之明：以夸耀自己见解的高明。矜，显示，夸耀。［36］名器：指官职、爵位和与此相应的冠服、仪仗、信物等。慎惜：珍惜，慎重把握。［37］妄以假人：随随便便地封赠于人。假，给予。［38］昵（nì）近爵赐：对身边亲近的人封赐爵位或赏赐东西。昵近，亲近，这里指亲近的人。［39］裁量：鉴别，衡量，意即不可胡乱赏赐。［40］如闻外论不以为非：听说外面的人议论我的这种所谓“少恩”的行为，并不认为我这种做法是不对的。如，似，好像。［41］以贵凌物：靠着出身高贵，盛气凌人。凌物，蔑视人。物，人。［42］加人：压人。加，压，居人之上。［43］不厌：不满，不平。［44］易达事：容易理解的道理。［45］声乐嬉游：歌舞，游乐。［46］蒲酒：赌博、酗酒。蒲，樗蒲，古代的赌博用具，类似今之掷骰子。［47］供用奉身：指衣、食、住、行等各种生活需要。［48］节度：规则，法则。［49］兴长：指喜爱、提倡。［50］数引见佐史：多和自己的僚属们在一起。数，多，频繁。佐史，当作“佐吏”，即参佐、僚属。［51］相见不数：见面的次数不多。[52]无因得尽人情：没法让人家说出全部的心里话。[53]复何由知众事也：还怎么能知道外面的各种事情呢？也，同“耶”，反问语词。[54]隽：即赫连隽，胡夏宗室，封酒泉公，投奔北魏。[55]请降于魏：丁零人鲜于台阳等去年叛变北魏逃往西山，今又请降。[56]出连辅政：人名。西秦梁州刺史，坐镇赤水。氐王杨玄派将军围攻，被百姓生擒，在被押送途中逃回西秦。后为侍中、征虏将军，投降胡夏。[57]王后：原文为“皇后”，据章校改。[58]万载：即乞伏万载，西秦主乞伏暮末之子，被立为太子。后西秦被胡夏主赫连定所灭，乞伏暮末被杀。乞伏万载下落不明。[59]丁巳：三月二十五日。[60]戊午：三月二十六日。[61]辛酉：三月二十九日。[62]章太后：姓胡，刘义隆的生母。刘义隆五岁时，胡氏被谴身死。文帝即位后，谥号曰“章”。[63]太后所生苏氏：此指章太后的生母，亦即刘义隆的外祖母，姓苏。[64]文昭王：即西秦主乞伏炽磐，谥号文昭。陵霄观：西秦王宫中馆阁名。[65]癸亥：四月二日。[66]江夷：字茂远，南朝宋大臣。传见《宋书》卷五十三。

初，魏太祖[1]命尚书邓渊撰《国记》[2]十余卷，未成而止。世祖[3]更命崔浩与中书侍郎邓颖等续成之，为《国书》三十卷。颖，渊之子也。

魏主将击柔然，治兵于南郊，先祭天，然后部勒行陈[4]。内外群臣皆不欲行，保太后[5]固止之，独崔浩劝之。

尚书令刘絜[6]等共推太史令张渊、徐辩[7]使言于魏主曰：“今兹己巳[8]，三阴之岁[9]，岁星袭月[10]，太白[11]在西方，不可举兵。北伐必败，虽克，不利于上。”群臣因共赞[12]之曰：“渊等少时尝谏苻坚南伐，坚不从而败，所言无不中，不可违也。”魏主意不快，诏浩与渊等论难于前[13]。

浩诘渊、辩[14]曰：“阳为德，阴为刑，故日食修德[15]，月食修刑[16]。夫王者用刑，小则肆诸市朝[17]，大则陈诸原野[18]。今出兵以讨有罪，乃所以修刑[19]也。臣窃观天文，比年[20]以来，月行掩昴[21]，至今犹然。其占[22]，三年天子大破旄头之国[23]。蠕蠕、高车[24]，旄头之众也。愿陛下勿疑。”渊、辩复曰：“蠕蠕，荒外无用之物[25]，得其地不可耕而食，得其民不可臣而使，轻疾无常[26]，难得而制，有何汲汲[27]，而劳士马以伐之？”浩曰：“渊、辩言天道，犹是其职[28]，至于人事形势，尤非其所知。此乃汉世常谈[29]，施之于今[30]，殊[31]不合事宜。何则？蠕蠕本国家北边之臣，中间叛去[32]。今诛其元恶[33]，收其良民，令复旧役[34]，非无用也。世人皆谓渊、辩通解数术[35]，明决成败[36]，臣请试问之：属者统万[37]未亡之前，有无败征？若其不知，是无术也；知而不言，是不忠也。”时赫连昌在坐，渊等自以未尝有言，惭不能对。魏主大悦。

既罢，公卿或尤[38]浩曰：“今南寇方伺[39]国隙，而舍之北伐，若蠕蠕远遁，前无所获，后有强寇，将何以待之？”浩曰：“不然。今不先破蠕蠕，则无以待南寇。南人闻国家克统万以来，内怀恐惧，故扬声动众以卫淮北[40]。比吾破蠕蠕，往还之间，南寇必不动也。且彼步我骑，彼能北来，我亦南往；在彼甚困，于我未劳。况南北殊俗，水陆异宜，设使国家与之河南[41]，彼亦不能守也。何以言之？以刘裕之雄杰，吞并关中，留其爱子[42]，辅以良将[43]，精兵数万，犹不能守，全军覆没[44]，号哭之声，至今未已。况义隆今日君臣，非裕时之比。主上英武，士马精强，彼若果来，譬如以驹犊[45]斗虎狼也，何惧之有！蠕蠕恃其绝远，谓国家力不能制，自宽[46]日久，故夏则散众放畜，秋肥乃聚，背寒向温[47]，南来寇钞[48]。今掩[49]其不备，必望尘骇散[50]。牡马护牝[51]，牝马恋驹[52]，驱驰难制[53]，不得水草，不过数日，必聚而困弊[54]，可一举而灭也。暂劳永逸，时不可失，患在上无此意。今上意已决，奈何止之！”寇谦之[55]谓浩曰：“蠕蠕果可克乎？”浩曰：“必克。但恐诸将琐琐[56]，前后顾虑，不能乘胜深入，使不全举[57]耳。”

先是，帝因魏使者还，告魏主曰：“汝趣归我河南地[58]！不然，将尽我将士之力。”魏主方议伐柔然，闻之，大笑，谓公卿曰：“龟鳖小竖[59]，自救不暇，夫何能为[60]！就使能来，若不先灭蠕蠕，乃是坐待寇至，腹背受敌，非良策也。吾行决矣。”

庚寅[61]，魏主发平城，使北平王长孙嵩、广陵公楼伏连居守。魏主自东道向黑山[62]，使平阳王长孙翰自西道向大娥山[63]，同会柔然之庭[64]。

（以上为第四段，写北魏主拓跋焘决意攻打柔然，朝廷上下都不同意，而太常崔浩极力赞成；崔浩与阻战派张渊、徐辩开展御前辩论，言辞犀利，坚定了魏主出兵决心。）

【注释】

[1]魏太祖：即北魏开国国主拓跋珪。传见《魏书》卷二。[2]邓渊：字彦海，前秦名将邓羌之孙，拓跋珪的得力文臣。博览群书，长于卜筮，为著作郎。后受累于和跋案，坐罪赐死。传见《魏书》卷二十四。《国记》：犹言“国史”，北魏的创建及其发展的历史。[3]世祖：即北魏太武帝拓跋焘，庙号世祖。传见《魏书》卷四上。[4]部勒：部署，约束。行陈：巡行军阵。陈，通“阵”。[5]保太后：姓窦，拓跋嗣之妃，拓跋焘的养母。保是称号。[6]刘絜（jié）：北魏官员，颇有智谋，封为会稽郡公，拜东部大人、太子属官。辅佐太子拓跋焘，参与机要事务，拜尚书令，封巨鹿郡公。后拥戴乐平王拓跋丕，事泄被杀，夷灭三族。传见《魏书》卷二十八。[7]张渊、徐辩：原胡夏太史令，北魏灭胡夏，留用仍为太史令。[8]今兹己巳：今年是“己巳”年。[9]三阴之岁：是个“三阴”的年头。古人把“天干”中的甲、丙、戊、庚、壬称为阳，把乙、丁、己、辛、癸称为阴；把“地支”中的子、寅、辰、午、申、戌称为阳，把丑、卯、巳、未、酉、亥称为阴。己、巳本身都是阴，“己巳”年又由二阴合成，故称“三阴”。[10]岁星袭月：木星将与月亮遇到一起。岁星，今之木星。[11]太白：今之金星，古人以为象征战争。[12]赞：助，帮着说。[13]论难于前：在魏主面前互相辩论。难，攻击，驳斥。[14]诘渊、辩：质问张渊、徐辩。诘，问，提出质问。[15]日食修德：天空出现日蚀，这意味着上天对人间帝王提出警告，帝王就得检讨自己，就得提高自己的道德修养了。食，同“蚀”。[16]月食修刑：天空出现月蚀，这是上天提示人间帝王应当使用刑罚。[17]肆诸市朝：小的用刑就是在市场处决犯人。肆，古时处死刑后陈尸示众。[18]大则陈诸原野：大的用刑就是调兵遣将，讨伐叛乱。陈诸原野，指行兵布阵，讨伐叛乱。[19]所以修刑：就是为了使用刑罚。[20]比年：连年。[21]月行掩昴（mǎo）：月亮掩蔽了昴星。昴，星名，二十八宿之一。[22]其占：“月行掩昴”所预示的征兆。占，含意，解释，指天文、星象以及卜筮所表现的征兆。[23]大破旄头之国：大破北方的民族之国。旄头，即昴星所分野的国家，古人以昴星对应塞外民族。胡三省曰：“昴为旄头，胡星也。”[24]蠕蠕：即柔然。高车：匈奴族的别种，当时居住在今内蒙古东部的西拉木伦河流域，其民族习惯乘高车，因而得名。[25]荒外：荒服以外。古人将所知的领土划为五圈，离天子都城最近的叫“甸服”，其次叫“侯服”，再次叫“绥服”，再次叫“要服”，最外叫“荒服”。意即荒远，不可羁勒之意。物：人。[26]轻疾无常：指骑马逐水草而居，时来时去，没有定数。[27]有何汲（jí）汲：又何必辛辛苦苦、费劲劳神地去讨伐他们。有，同“又”。汲汲，辛劳匆忙的样子。[28]犹是其职：还是他们分内的工作，意即还有谈这种话的资格。[29]汉世常谈：汉代反战派们的口头禅。汉武帝欲伐匈奴，韩安国以为“得其地不足以为广，有其众不足以为强”，其后主父偃、严安又说过类似的话。[30]施之于今：用在今天。[31]殊：完全。[32]中间叛去：柔然曾一度臣服于魏，后叛魏北走。[33]元恶：首恶，罪魁祸首。[34]令复旧役：使其仍归我们统辖，为我们服役。[35]通解数术：懂得一些沟通天人关系的法术。此处指观测天文星象以推测人世吉凶而言。数术，也作“术数”，术，指方术；数，指气数、数理。[36]明决成败：可

以预先判明成功与失败。［37］属者：前不久。统万：古都名，原为胡夏国的都城，在今内蒙古乌审旗南的白城子。［38］尤：责备，怪罪。［39］南寇：指刘宋政权。伺：观察，等待。［40］淮北：古区域名，即淮河以北，约当今河南东南部与安徽、江苏北部一带地区，当时为刘宋与北魏的交界处。上年刘宋将领王仲德曾派小部队攻击济阳、陈留，即崔浩所指。［41］设使：即使。与：给予。河南：古区域名，即黄河以南，今河南中部以及安徽、江苏西北部一带地区，当时被北魏所占。［42］爱子：指十二岁的刘义真。［43］辅以良将：指以王镇恶、沈田子等人为辅佐。［44］全军覆没：刘裕攻取关中的全部军队，驻守在长安、蒲阪、洛阳一线，后来都被胡夏人所消灭。事见《资治通鉴》卷一百十八晋安帝义熙十四年（418）。［45］驹犊：小马驹、小牛犊。［46］自宽：指自己松懈、麻痹。［47］背寒向温：想到南边来找个温暖的地方住着。［48］寇钞：劫掠。钞，同“抄”，抢掠。［49］掩：偷袭。［50］骇（hài）散：惊惶，逃散。［51］牡马护牝：公马护着母马。牡，公畜。牝，母畜。［52］牝马恋驹：母马舍不得丢下小马驹。［53］驱驰难制：指畜群难以驱赶。［54］困弊：困顿，疲敝。弊，同“敝”。［55］寇谦之：字辅真，北魏时期道教代表人物，大兴北朝道教，建立官方正统道教。传见《魏书》卷一百一十四。［56］琐琐：信心不足、畏首畏尾的样子。［57］不全举：不能整个端掉，彻底消灭。［58］趣归我河南地：赶紧把黄河以南的地区归还我们。趣，同“促”，迅速。河南地，古区域名，指中原黄河南岸，当今河南河洛一带。［59］龟鳖小竖：龟鳖一般的小竖子。因南方多水泽，故北方人以龟鳖骂江南人。［60］夫何能为：他们能干什么。夫，彼，他们，也可以说是发语词。［61］庚寅：四月二十九日。［62］黑山：古山名，也叫杀虎山，在今内蒙古呼和浩特市东南。［63］大娥山：古山名。［64］柔然之庭：柔然可汗的大本营，在今蒙古乌兰巴托市西的哈拉和林西北。

五月，壬辰朔[1]，日有食之。

王敬弘固让尚书令，表求还东[2]。癸巳[3]，更以敬弘为侍中、特进、左光禄大夫[4]，听其东归。

丁未[5]，魏主至漠南[6]，舍辎重，帅轻骑兼马[7]袭击柔然，至栗水[8]。柔然纥升盖可汗先不设备，民畜满野，惊怖散去，莫相收摄[9]。纥升盖烧庐舍，绝迹西走[10]，莫知所之[11]。其弟匹黎先主东部[12]，闻有魏寇，帅众欲就其兄，遇长孙翰，翰邀击[13]，大破之，杀其大人[14]数百。

夏主[15]欲复取统万，引兵东至侯尼城[16]，不敢进而还。

河西王蒙逊伐秦，秦王暮末留相国元基守枹罕，迁保定连[17]。

南安太守翟承伯等据罕幵谷以应河西[18]，暮末击破之，进至治城[19]。

西安太守莫者幼眷据汧川[20]以叛，暮末讨之，为幼眷所败，还于定连。

蒙逊至枹罕，遣世子兴国[21]进攻定连。六月，暮末逆击兴国于治城，擒之，追击蒙逊至谭郊[22]。

吐谷浑王慕璝遣其弟没利延将骑五千会蒙逊伐秦，暮末遣辅国大将军段晖等邀击，大破之。

柔然纥升盖可汗既走，部落四散，窜伏[23]山谷，杂畜布野，无人收视。魏主循栗水西行，至菟园水[24]，分军搜讨，东西五千里，南北三千里，俘斩甚众。高车诸部乘魏兵势，钞掠[25]柔然。柔然种类前后降魏者三十余万落，获戎马百余万匹，畜产、车庐[26]，弥漫[27]山泽，亡虑[28]数百万。

魏主循弱水[29]西行，至涿邪山[30]，诸将虑深入有伏兵，劝魏主留止，寇谦之以崔浩之言[31]告魏主，魏主不从。

秋，七月，引兵东还，至黑山，以所获班赐将士有差[32]。既而得降人言："可汗先被病[33]，闻魏兵至，不知所为，乃焚穹庐[34]，以车自载，将数百人入南山。民畜窘聚[35]，方六十里[36]，无人统领，相去百八十里[37]。追兵不至，乃徐西遁，唯此得免。"后闻凉州贾胡[38]言："若复前行二日，则尽灭之矣。"魏主深悔之。

纥升盖可汗愤悒[39]而卒，子吴提[40]立，号敕连[41]可汗。

（以上为第五段，写北魏主拓跋焘亲自率领骑兵攻击柔然，差点灭亡柔然；柔然纥升盖可汗忧愤交加，不久去世，儿子吴提即位，号敕连可汗。）

【注释】

[1]壬辰朔：五月一日。［2］还东：指还余杭县的老家，在今浙江杭州市西。［3］癸巳：五月二日。［4］特进、左光禄大夫：这时两种职务均是加官，是荣誉称号。［5］丁未：五月十六日。［6］漠南：古区域名，指蒙古高原大沙漠以南的地区，约今内蒙古自治区的边境一带。［7］兼马：一个人两匹马，以备替补。［8］栗水：古地名，在柔然可汗王庭南，今蒙古的达兰扎达嘎德北。［9］莫相收摄：犹今之所谓"互不统属"，谁也管不了谁。［10］绝迹西走：不留踪迹地向西方逃去，极言其害怕之甚。［11］莫知所之：没有人知道他们逃到了什么地

方。［12］匹黎：柔然人，郁久闾氏，地粟袁之孙，仆浑之子，柔然第四任可汗大檀之弟，主管东部，北魏主拓跋焘发兵攻打，被杀。先主东部：本来主管东部地区。［13］邀击：拦击，截杀。［14］大人：犹言“高官”，各部落的头领。［15］夏主：即赫连定，赫连昌之弟，赫连昌被北魏俘获后即位为帝。［16］侯尼城：古地名，约在今甘肃华亭市附近。［17］迁保定连：迁移到定连，在定连坚守。定连，古地名，约在今甘肃临夏市东。［18］罕幵（jiān）谷：古地名，约在今甘肃临夏市附近。河西：指北凉主河西王沮渠蒙逊政权。［19］治城：古城名，约在今甘肃临夏市东南。［20］西安：古郡名。莫者幼眷：人名，西秦西安太守。汧（qiān）川：古地名，当在今甘肃临夏市附近。［21］兴国：即沮渠兴国，北凉主沮渠蒙逊次子、太子。在攻斗中，被西秦主乞伏暮末擒获，封为散骑常侍。后因受伤而死。［22］谭郊：古地名，在今甘肃临夏市西北。［23］窜伏：逃窜，隐藏。［24］菟（tù）园水：古地名，在今蒙古乌兰巴托市西南，当时的栗水之西。［25］钞掠：抄掠，抢劫。钞，同“抄”。［26］车庐：车子与帐篷。［27］弥漫：充满。［28］亡虑：差不多，大概。［29］弱水：古水名，指菟园水西的河水。［30］涿邪山：古山名，在今蒙古的浚稽山西北。［31］崔浩之言：指“恐诸将琐琐，前后顾虑，不能乘胜深入，使不全举”之语。［32］有差：按功劳大小分出等级。［33］被病：患病，得病。［34］穹（qióng）庐：古代北方游牧民族居住的毡帐。［35］窘（jiǒng）聚：无可奈何地拥挤在一起。窘，处境窘迫，非常穷困。［36］方六十里：四字原无，据章校补。［37］相去百八十里：指魏兵所追到的地点，距柔然人窘聚之所在只有一百八十里。［38］凉州贾胡：从凉州到东方来做买卖的匈奴人。［39］愤悒（yì）：愤恨，忧郁。［40］吴提：即郁久闾吴提，柔然牟汗纥升盖可汗郁久闾大檀之子。北魏神䴥二年（429），其父大檀惨败于北魏，得疾而卒。吴提即位，号敕连可汗。向北魏求和，双方维持了一段时间的和好关系。后绝和，吴提病死。传见《魏书》卷一百三。［41］敕连：鲜卑语是“神圣”的意思。

武都孝昭王杨玄疾病，欲以国授其弟难当。难当固辞，请立玄子保宗[1]而辅之，玄许之。玄卒，保宗立。难当妻姚氏劝难当自立，难当乃废保宗，自称都督雍·凉·秦三州诸军事、征西大将军、开府仪同三司、秦州刺史、武都王。

河西王蒙逊遣使送谷三十万斛[2]以赎世子兴国于秦，秦王暮末不许。蒙逊乃立兴国母弟菩提[3]为世子，暮末以兴国为散骑常侍，以其妹平昌公主妻之。

八月，魏主至漠南，闻高车东部屯巳尼陂[4]，人畜甚众，去魏军千余里，遣左仆射安原等将万骑击之。高车诸部迎降者数十万落，获马牛羊百余万。

冬，十月，魏主还平城。徙柔然、高车降附之民于漠南，东至濡源[5]，西暨五原阴山[6]，三千里中，使之耕牧而收其贡赋；命长孙翰、刘絜、安原及侍中代人古弼[7]同镇抚之。自是魏之民间马牛羊及毡皮为之价贱。

魏主加崔浩侍中、特进、抚军大将军，以赏其谋画之功。浩善占天文，常置铜铤于酢器[8]中，夜有所见[9]，即以铤画纸作字以记其异。魏主每如浩家，问以灾异，或仓猝不及束带[10]；奉进疏食[11]，不暇[12]精美，魏主必为之举箸[13]，或立尝而还。魏主尝引浩出入卧内，从容谓浩曰："卿才智渊博，事朕祖考[14]，著忠三世，故朕引卿以自近。卿宜尽忠规谏[15]，勿有所隐。朕虽或时忿恚[16]，不从卿言，然终久深思卿言也。"尝指浩以示新降高车渠帅[17]曰："汝曹视此人尪纤懦弱[18]，不能弯弓持矛，然其胸中所怀，乃过于兵甲。朕虽有征伐之志而不能自决，前后有功，皆此人所教也。"又敕尚书[19]曰："凡军国大计，汝曹所不能决者，皆当咨浩[20]，然后施行。"

秦王暮末之弟轲殊罗烝[21]于文昭王左夫人秃发氏[22]，暮末知而禁之。轲殊罗惧，与叔父什寅[23]谋杀暮末，奉沮渠兴国以奔河西[24]。使秃发氏盗门钥[25]，钥误，门者以告暮末。暮末悉收其党，杀之，而赦轲殊罗。执什寅，鞭之，什寅曰："我负汝死，不负汝鞭[26]！"暮末怒，刳[27]其腹，投尸于河。

夏主少凶暴无赖，不为世祖所知[28]。是月，畋于阴槃[29]，登苛蓝山[30]，望统万城泣曰："先帝若以朕承大业者，岂有今日之事乎！"

十一月，己丑朔[31]，日有食之，不尽如钩；星昼见[32]，至晡方没[33]，河北地暗[34]。

魏主西巡，至柞山[35]。

十二月，河西王蒙逊、吐谷浑王慕璝皆遣使入贡[36]。

是岁，魏内都大官[37]中山文懿公李先[38]，青、冀二州刺史安同皆卒。先年九十五。

秦地震，野草皆自反[39]。

（以上为第六段，写仇池主杨玄传位其子杨保宗，随后被其弟杨难当取而代之；北魏主拓跋焘派军进攻高车，大获全胜；西秦主乞伏暮末处死谋反未遂的叔父乞伏什寅。）

【注释】

［1］保宗：即杨保宗，杨玄次子，为后仇池国第四任国主。旋即被叔叔杨难当废黜。［2］斛（hú）：古容量单位，一斛为十斗，即一担，120斤。［3］菩提：即沮渠菩提，沮渠蒙逊之子，立为世子，后被废。［4］巳尼陂：古地名，约在今内蒙古太仆寺旗一带。［5］濡源：古地名，因濡水之源而得名，在今河北丰宁县西北、赤城县东北。［6］暨（jì）：同“及”，至，达到。五原：县名，县治在今内蒙古包头市西，乌拉特前旗东。阴山：古山名，横亘于今呼和浩特市、包头市以北的东西走向大山。［7］古弼：历仕明元帝拓跋嗣、太武帝拓跋焘、敬寿帝拓跋余、文成帝拓跋濬四朝，拜侍中、尚书令，封建兴公。为外都大官，被诬获罪，伏诛。传见《魏书》卷二十八。［8］铜铤（tǐng）：铜条。铤，未经冶铸的铜铁。酢（cù）器：盛醋的器皿。酢，同“醋”，铜条置于醋中，起化学变化，可用以写字。［9］夜有所见：见到天文星象有何变化。［10］或：有的时候。仓猝不及束带：为匆忙迎驾而来不及系上袍带。［11］疏食：粗粝的饭食。［12］不暇：没有空闲，来不及。［13］举箸：即举箸吃饭，表示亲切。［14］祖考：祖指拓跋珪，考指拓跋嗣。［15］规谏：劝谏，以正义之道劝人改正言行的不当之处。［16］忿恚（huì）：愤怒，怨恨。［17］渠帅：大头领。［18］尪（wāng）纤：身材纤细、弱小。尪，孱弱、瘦弱。懦弱：柔弱。［19］敕（chì）：命令。尚书：此指尚书省诸官。［20］皆当咨浩：询问崔浩，征求崔浩的意见。［21］轲殊罗：即乞伏轲殊罗，乞伏氏，鲜卑人，西秦主乞伏炽磐之子，乞伏暮末之弟。与父亲的左夫人秃发氏私通，事泄。后西秦灭亡，被杀。烝（zhēng）：指子辈与父亲的妻妾私通。［22］文昭王：即乞伏炽磐，谥号文昭。左夫人：乞伏炽磐的嫔妃。夫人，是嫔妃的名号之一，有时也用作妃嫔的统称。［23］什寅：即乞伏什寅，乞伏炽磐异母弟。曾欲谋杀西秦主乞伏暮末，然后拥护一年前被暮末俘虏的北凉太子沮渠兴国以逃奔北凉，阴谋败露，被杀。［24］奔河西：指前去投降沮渠蒙逊。［25］门钥：西秦主乞伏暮末房门的钥匙。［26］我负汝死，不负汝鞭：你可以杀我，但不能打我。负，欠。［27］刳（kū）：剖，剖开。［28］不为世祖所知：得不到赫连勃勃的赏识。［29］畋（tián）：狩猎，打猎。阴槃（pán）：县名，县治在今甘肃平凉市东。［30］苛蓝山：古山名，在今甘肃华亭市南，当时的阴槃县西南。［31］己丑朔：十一月一日。［32］星昼见：白天出现了星星。［33］至晡方没：直到申时才落下去。晡，申时，在今之下午三至五时。［34］河北地暗：黄河以北地区一片黑暗。［35］柞（zuò）山：古山名，约在靠近今山西西北角的内蒙古境内，其地有北魏帝王的宫殿。［36］遣使入贡：派遣使者向刘宋王朝进贡。《宋书·文帝纪》元嘉六年十二月有所谓“河南国、河西王遣史献方物”。［37］内都大官：即内都坐大官，北魏官名，与中都坐大官、外都坐大官合称“三都大官”。掌刑狱，并主司品官。

[38]李先：西晋平阳太守李重之孙，历仕前秦、西燕，归顺北魏，授丞相左长史、安东将军，为魏初名将。传见《魏书》卷三十三。［39］野草皆自反：野草倒伏的方向都反了过来。

七年（庚午，430 年）

春，正月，癸巳[1]，以吐谷浑王慕璝为征西将军、沙州刺史、陇西公。

庚子[2]，魏主还宫；壬寅[3]，大赦；癸卯[4]，复如广宁[5]，临温泉。

二月，丁卯[6]，魏平阳[7]威王长孙翰卒。

戊辰[8]，魏主还宫。

帝自践位[9]以来，有恢复河南之志。三月，戊子[10]，诏简[11]甲卒五万给右将军到彦之，统安北将军王仲德、兖州刺史竺灵秀舟师入河[12]，又使骁骑将军段宏将精骑八千直指虎牢[13]，豫州刺史刘德武[14]将兵一万继进，后将军长沙王义欣[15]将兵三万监征讨诸军事。义欣，道怜之子也。

先遣殿中将军田奇[16]使于魏，告魏主曰："河南旧是宋土，中为彼所侵，今当修复旧境，不关河北[17]。"魏主大怒曰："我生发未燥[18]，已闻河南是我地。此岂可得！必若进军，今当权敛戍[19]相避，须冬寒地净，河冰坚合，自更取之。"

甲午[20]，以前南广平太守尹冲为司州[21]刺史。

长沙王义欣出镇彭城，为众军声援；以游击将军胡藩戍广陵[22]，行府、州事[23]。

（以上为第七段，写刘宋文帝刘义隆部署出兵攻打北魏，到彦之率领水军进入黄河；同时派兵进攻虎牢；并派使者出使北魏，宣布收复河南，北魏主拓跋焘闻之勃然大怒。）

【注释】

[1]癸巳：正月六日。［2］庚子：正月十三日。［3］壬寅：正月十五日。［4］癸卯：正月十六日。［5］广宁：郡名，郡治在今河北涿鹿县。［6］丁卯：二月十日。［7］平阳：原文为"阳平"，据章校改。［8］戊辰：二月十一日。［9］帝：此指刘宋文帝刘义隆。践位：登基，即位。

[10]戊子：三月二日。 [11]简：挑选，选拔，这里指调拨。 [12]竺（zhú）灵秀：刘宋开国功臣。曾跟随太尉刘裕征战四方，灭亡后秦有功，授太尉参军，出任宁远将军、兖州刺史。刘宋建立后，长期镇守边关。第一次元嘉北伐中，犯重大失职之罪，坐罪处死。传见《宋书》卷四十六。舟师入河：水军由汴水进入黄河。 [13]虎牢：古关名，在今河南荥阳市西北的古汜水镇，古成皋城的南侧。 [14]豫州：刘宋时州治寿阳，在今安徽寿县。刘德武：刘宋豫州刺史。 [15]义欣：即刘义欣，长沙景王刘道怜次子，刘义庆之弟，历任中领军、征虏将军、青州刺史。宋文帝时，进号后将军，加散骑常侍，为使持节，豫州刺史。传见《宋书》卷五十一。 [16]殿中将军：古将军名，掌宫廷侍卫。田奇：刘宋将领，为殿中将军。 [17]不关河北：与黄河以北的国家没有关系。[18]我生发未燥：从我刚降生头发未干的时候起。 [19]权敛戍：暂时收兵后退。敛戍，撤退驻守的将士。 [20]甲午：三月八日。 [21]尹冲：字子顺，先为后秦吏部郎，后与其弟尹泓南奔，任南广平太守。迁司州刺史，随到彦之北伐。战败降魏。司州：州治洛阳，现属北魏。刘义隆欲夺取河南，故先任命司州刺史。 [22]胡藩：字道序，刘裕的忠实部将，随刘裕南征北战，才略超群，被誉为“江右俊杰”。传见《宋书》卷五十。广陵：郡名，郡治在今江苏扬州市。 [23]行府州事：刘义欣当时为南兖州刺史，州治广陵，今率军驻彭城，故以胡藩代管其都督府与刺史府的日常事务。

壬寅[1]，魏封赫连昌为秦王[2]。

魏有新徙敕勒[3]千余家，苦于将吏侵渔[4]，出怨言，期[5]以草生马肥，亡归[6]漠北。尚书令刘絜、左仆射安原奏请及河冰未解，徙之河西[7]，向春冰解，使不得北遁。魏主曰：“此曹[8]习俗，放散日久，譬如囿[9]中之鹿，急则奔突，缓之自定。吾区处自有道[10]，不烦徙也。”絜等固请不已，乃听分徙三万余落于河西，西至白盐池[11]。敕勒皆惊骇[12]，曰：“圈我于河西，欲杀我也！”谋西奔凉州[13]。刘絜屯五原河北[14]，安原屯悦拔城[15]以备之。癸卯[16]，敕勒数千骑叛北走，絜追讨之，走者无食，相枕而死[17]。

魏南边诸将[18]表称：“宋人大严[19]，将入寇，请兵三万，先其未发，逆击[20]之，足以挫其锐气，使不敢深入。”因请悉诛河北流民在境上者，以绝其乡导[21]。魏主使公卿议之，皆以为当然。崔浩曰：“不可。南方下湿[22]，入夏之后，水潦[23]方降，草木蒙密，地气郁蒸[24]，易生疾疠[25]，不可行师。且彼既严备，则城守必固。留屯久攻[26]，则粮运不继；分军四掠，则众力单寡，无以应敌。以今击之，未见其利。彼若果能北来，宜待其劳倦，秋凉马肥，因敌取食[27]，徐往击之，此万全之计也。朝廷群臣及西北守将，从陛下征伐，西平赫连[28]，北破蠕蠕[29]，多获美女、珍宝，牛马成群。南边诸将闻而慕之，亦欲南钞[30]以取资财，皆营私计[31]，为国生事，不可从也。”魏主乃止。

诸将复表[32]：“南寇已至，所部[33]兵少，乞简幽州[34]以南劲兵助己戍守，及就漳水造船严备[35]以拒之。”公卿皆以为宜如所请，并署司马楚之、鲁轨、韩延之[36]等为将帅，使招诱南人。浩曰：“非长策也。楚之等皆彼所畏忌[37]，今闻国家[38]悉发幽州以南精兵，大造舟舰，随以轻骑，谓国家欲存立司马氏[39]，诛除刘宗[40]；必举国震骇[41]，惧于灭亡，当悉发精锐，并心竭力，以死争之，则我南边诸将无以御之。今公卿欲以威力却敌，乃所以速之[42]也。张虚声而召实害，此之谓矣。故楚之之徒，往则彼来[43]，止则彼息，其势然也。且楚之等皆纤利小才[44]，止[45]能招合轻薄无赖而不能成大功，徒使国家兵连祸结而已。昔鲁轨说姚兴以取荆州[46]，至则败散，为蛮人[47]掠卖为奴，终于祸及姚泓[48]，此已然之效也。”魏主未以为然。

浩乃复陈天时，以为南方举兵必不利，曰：“今兹害气在扬州[49]，一也；庚午自刑[50]，先发者伤，二也；日食昼晦[51]，宿值斗、牛[52]，三也；荧惑伏于翼、轸[53]，主乱及丧，四也；太白[54]未出，进兵者败，五也。夫兴国之君，先修人事，次尽地利，后观天时，故万举万全。今刘义隆新造[55]之国，人事未洽[56]；灾变屡见，天时不协[57]；舟行水涸[58]，地利不尽。三者无一可，而义隆行之，必败无疑。”魏主不能违众言，乃诏冀、定、相三州[59]造船三千艘，简幽州以南戍兵集河上[60]以备之。

秦乞伏什寅母弟前将军白养、镇卫将军去列[61]，以什寅之死，有怨言，秦王暮末皆杀之[62]。

夏，四月，甲子[63]，魏主如云中。

敕勒万余落复叛走，魏主使尚书封铁追讨，灭之。

六月，己卯[64]，以氐王杨难当为冠军将军、秦州刺史、武都王。

魏主使平南大将军、丹阳王大毗屯河上[65]，以司马楚之为安南大将军、荆州刺史[66]，封琅邪王[67]，屯颍川[68]以备宋。

（以上为第八段，写北魏俘虏的敕勒牧民不能忍受其压榨，多次叛逃，被灭；刘宋大举进攻北魏，北魏谋臣崔浩主张等待时机，而部将积极主战，拓跋焘不违众意。）

【注释】

[1]壬寅：三月十六日。 [2]封赫连昌为秦王：胡夏主赫连昌被北魏俘获后，一直被拘在拓跋焘身边，且娶拓跋焘之妹始平公主为妻。现封为秦王。 [3]新徙敕勒：即上年袭击巳尼陂所勒令搬迁来的敕勒人。敕勒，也叫“铁勒”，即高车人。 [4]将吏：指看管他们的北魏将吏，即长孙翰、刘絜、安原等将领的部下。侵渔：侵夺，从中侵吞牟利。 [5]期：准备，约好时间。 [6]亡归：逃归，逃回。 [7]徙之河西：把他们迁居到黄河以西，指今内蒙古鄂尔多斯市及所邻近的陕西、宁夏北部一带地区。 [8]此曹：犹言“这些人”。 [9]囿（yòu）：狩猎场。 [10]区处自有道：有办法安排、处置他们。 [11]白盐池：古地名，在今宁夏盐池县北。[12]惊骇（hài）：惊慌，害怕。 [13]西奔凉州：往投沮渠蒙逊。凉州，指甘肃河西走廊一带地区。 [14]五原河北：五原郡的黄河以北地区。五原，古郡名，郡治在今内蒙古包头市西，地处黄河以北。 [15]悦拔城：古城名，也叫代来城，在今内蒙古鄂尔多斯市东胜区西，杭锦旗东。[16]癸卯：三月十七日。[17]相枕而死：一个挨一个地死去。相枕，相互枕藉，极言其多而密。[18]南边诸将：守卫南部边境的将领。 [19]大严：大规模地处于军事状态。 [20]逆击：迎击，迎头抨击。 [21]绝其乡导：以防止他们给刘宋的军队当向导。乡，同“向”。 [22]下湿：地势低洼，潮湿。 [23]水潦：大雨，雨水。 [24]郁蒸：气压低，湿度大，气温高。 [25]疾疠（lì）：瘟疫，流行性急性传染病。 [26]留屯久攻：指魏军长时间地留下来攻打城市。 [27]因敌取食：到敌人的占领区去就地解决粮食问题。 [28]西平赫连：指攻拔统万，活捉赫连昌。事见《资治通鉴》卷一百二十宋文帝元嘉四年（427）。 [29]北破蠕（rú）蠕：即指上年大破柔然。 [30]南钞：向南抄掠刘宋王朝。钞，同“抄”，抄掠。 [31]皆营私计：都是为了个人的私利。 [32]复表：又上表请求。 [33]所部：自己所统领的部众。 [34]乞简：请求调拨。幽州：州治蓟城，在今北京市，当时属北魏管辖。 [35]漳水：古水名，发源于今山西东南部，其故道流经今河北磁县南，东北流经今邯郸市肥乡区、广宗县、武强县、沧州市，到天津市东南入海。严备：指严加防备各条河流的渡口。 [36]署：任命，派遣。司马楚之等皆投归北魏的东晋遗臣。 [37]彼所畏忌：因为司马楚之等都打着反对刘氏政权、复辟东晋王朝的旗号，是刘宋畏惧、高度提防的人。[38]国家：崔浩自指北魏国。 [39]欲存立司马氏：意即恢复东晋王朝。 [40]诛除刘宗：诛灭刘裕家族。 [41]震骇（hài）：震动，惊慌。 [42]乃所以速之：反而更招引敌人更快地来进攻我们。 [43]往则彼来：司马楚之等一去挑衅，就会把刘宋军队招惹来攻。 [44]纤利小才：意即要一些小聪明、玩一些小手段。 [45]止：同“只”。 [46]鲁轨说姚兴以取荆州：在晋安帝

义熙十二年（416），“秦王兴使鲁宗之将兵寇襄阳，未至而卒。其子轨引兵入寇，雍州刺史赵伦之击败之”。［47］蛮人：指东晋军队。［48］祸及姚泓（hóng）：指刘裕北伐，灭掉了姚氏的后秦政权。后秦主姚泓被押解到东晋都城建康，在闹市斩首。［49］害气在扬州：胡三省曰：“扬州于辰在丑，而是岁在午。丑为金库，午为火旺，以火害金，故害气在扬州。”害气，邪气，有害之气。刘宋若发动战争自己一定受害。［50］庚午自刑：胡三省曰：“岁在庚午：庚，金也；午，火也；以火克金，故为自刑。”［51］昼晦：白日光线昏暗。［52］宿值斗、牛：意谓去年十一月一日蚀的时候，太阳正运行到斗、牛二星之间。斗、牛，是吴地的分野，日蚀发生在这里，预示着时局对刘宋不利。［53］荧惑伏于翼、轸：火星运行到了翼、轸二星之间，意味着楚地将有死丧之祸。荧惑，在今之火星，古人认为这是一颗灾星。翼、轸，二十八宿中的星名，是楚地的分野。［54］太白未出：指不利于出兵。太白，在今之金星，古人认为这颗星表示兵象。［55］新造：新建立。［56］未洽：未融洽，指人心不稳，对政权不满意。［57］不协：不顺。［58］水涸：河水干枯。［59］冀、定、相三州：冀州的州治在今河北衡水市冀州区，定州的州治在今河北定州市，相州的州治邺城，在今河北临漳县西南。［60］戍兵：各军事据点上的驻兵。河上：黄河边。［61］前将军白养、镇卫将军去列：即乞伏白养、乞伏去列，西秦宗室，两人对乞伏暮末杀死乞伏什寅的残暴行为有怨言，又被杀死。［62］暮末皆杀之：胡三省对此批评曰：“暮末淫刑以逞，众叛亲离，不亡得乎？”［63］甲子：四月八日。［64］己卯：六月二十四日。［65］河上：黄河北岸。［66］荆州刺史：四字原无，据章校补。［67］琅邪王：东晋元帝司马睿曾被封为琅邪王，后渡江，在江南建立东晋。今北魏主拓跋焘封司马楚之为琅邪王，寓含深意，意味司马楚之应拥有江南。［68］屯颍川：驻兵于颍川。颍川，郡名，郡治在今河南长葛市东北。

吐谷浑王慕璝将其众万八千袭秦定连，秦辅国大将军段晖等击走之。

到彦之自淮入泗[1]，水渗[2]，日行才十里，自四月至秋七月，始至须昌[3]。乃溯河[4]西上。

魏主以河南四镇[5]兵少，命诸军悉收众北渡[6]。戊子[7]，魏碻磝戍兵弃城去；戊戌[8]，滑台戍兵亦去。庚子[9]，魏主以大鸿胪阳平公杜超为都督冀·定·相三州诸军事、太宰，进爵阳平王，镇邺[10]，为诸军节度。超，密太后[11]之兄也。庚戌[12]，魏洛阳、虎牢戍兵皆弃城去。

到彦之留朱修之守滑台，尹冲守虎牢，建武将军杜骥守金墉。骥，预之玄孙也。诸军进屯灵昌津[13]，列守南岸，至于潼关[14]。于是，司、兖[15]既平，诸军皆喜，王仲德独有忧色，曰：“诸贤不谙北土情伪[16]，必坠其计[17]。胡虏虽仁义不足，而凶狡有余，今敛戍[18]北归，必并力完聚[19]。若河冰既合，将复南来，岂可不以为忧乎！”

甲寅[20]，林邑王范阳迈[21]遣使入贡，自陈与交州不睦[22]，乞蒙恕宥[23]。

八月，魏主遣冠军将军安颉督护诸军，击到彦之。丙寅[24]，彦之遣裨将吴兴姚耸夫渡河攻冶坂[25]，与颉战。耸夫兵败，死者甚众。戊寅[26]，魏主遣征西大将军长孙道生[27]会丹杨王大毗屯河上以御彦之。

燕太祖寝疾[28]，召中书监申秀、侍中阳哲于内殿，属以后事。九月，病甚，辇而临轩[29]，命太子翼摄[30]国事，勒兵听政[31]，以备非常。

宋夫人欲立其子受居[32]，恶[33]翼听政，谓翼曰：“上疾将瘳[34]，奈何遽欲代父临[35]天下乎！”翼性仁弱，遂还东宫，日三往省疾。宋夫人矫诏绝内外，遣阍寺传问[36]而已，翼及诸子、大臣并不得见，唯中给事胡福[37]独得出入，专掌禁卫[38]。

福虑宋夫人遂成其谋，乃言于司徒、录尚书事、中山公弘[39]，弘与壮士数十人被甲入禁中[40]，宿卫皆不战而散。宋夫人命闭东阁[41]，弘家僮库斗头[42]劲捷有勇力，逾阁而入[43]，至于皇堂[44]，射杀女御[45]一人。太祖惊惧而殂[46]，弘遂即天王位，遣人巡城告曰：“天降凶祸，大行崩背[47]，太子不侍疾，群公[48]不奔丧，疑有逆谋，社稷将危。吾备介弟之亲[49]，遂摄大位[50]以宁国家。百官扣门入[51]者，进陛二等[52]。”

太子翼帅东宫兵出战而败，兵皆溃去，弘遣使赐翼死。太祖有子百余人，弘皆杀之。谥太祖曰“文成皇帝”，葬长谷陵[53]。

（以上为第九段，写刘宋将领到彦之出兵攻打北魏，北魏收缩战线，将河南四镇兵力全部调走；北燕主冯跋病重去世，发生宫廷政变，其弟冯弘入宫，杀死冯跋的众多儿子，自己登上王位。）

【注释】

[1]泗：泗水，古水名，淮河的一条最大的支流。[2]水渗：指泗水中的水位越来越低。[3]须昌：古地名，在今山东东平县西北，当时的济水边上，离黄河不远。[4]溯（sù）河：逆着黄河水流的方向走。[5]河南四镇：即金墉城（今河南洛阳市东，汉魏洛阳城西北角），为汉魏洛阳城的军事壁垒；虎牢城（今河南荥阳市西北汜水镇），为进入洛阳盆地的咽喉；滑台城（今

河南滑县东旧滑县城），北濒大河，控据河津；碻磝城（今山东聊城市茌平区西南古黄河南岸），为济北郡治所，西南临河水，为河渡要津。河南四镇均为南北朝时的军事要地。［6］收众北渡：把黄河以南的军队都收缩到黄河以北。［7］戊子：七月四日。［8］戊戌：七月十四日。［9］庚子：七月十六日。［10］邺（yè）：古城名，在今河北临漳县。［11］密太后：即杜贵嫔，明元帝拓跋嗣妃嫔，太武帝拓跋焘生母。拓跋焘即位后，追封皇后，谥号密，史称明元密皇后。传见《魏书》卷十三。［12］庚戌：七月二十六日。［13］灵昌津：也叫延津，古黄河渡口名，在今河南卫辉市东。［14］潼关：古关塞名，在今陕西潼关县境内，地处陕西、河南、山西三省的交界点。［15］司、兖：二州名，司州的州治洛阳，辖今黄河以南的河南中部地区；兖州，旧时的州治廪丘，在今山东郓城县西北，辖黄河以南的今河南东部与山东西南部一带地区。［16］诸贤：指到彦之等北伐诸将。不谙（ān）北土情伪：不了北魏国的真实情况。谙，了解，熟悉。情伪，犹言“虚实”。［17］坠（zhuì）其计：掉入北魏的圈套之中。［18］敛戍：收缩战线，放弃戍守。［19］并力完聚：意即积蓄力量。［20］甲寅：七月三十日。［21］林邑：古国名，南方境外的小国，在今越南中部，当时归附于刘宋。范阳迈：范诸农之子，南朝宋时林邑国王，遣使入贡，封为林邑王。［22］与交州不睦：林邑自范奴文称王以来，常与交州发生战争。交州的州治龙编，在今越南河内市东北，当时属刘宋。［23］恕宥（yòu）：饶恕，原谅。［24］丙寅：八月十二日。［25］裨（pí）将：小将，副将。吴兴：郡名，郡治乌程，在今浙江湖州市。姚耸夫：南朝宋将军。随到彦之北伐，手斩拓跋焘叔父。镇守洛阳，为杜骥诬陷，宋文帝刘义隆使建威将军郑顺之杀之于寿阳。传见《宋书》卷六十五。冶坂：古地名，在今河南孟州市西、洛阳市西北的黄河北岸。［26］戊寅：八月二十四日。［27］征西大将军：古高级将军名，为方镇重将。长孙道生：北平王长孙嵩之侄，北魏将领。传见《魏书》卷二十五。［28］燕太祖：即北燕国主冯跋，庙号太祖。传见《晋书》卷一百二十五。寝疾：卧床不起。［29］辇（niǎn）而临轩：出来坐在殿前的廊檐下。辇，古代称皇帝坐的车，这里用作动词，即乘车。［30］翼：即冯翼，北燕太祖冯跋太子。冯跋病重，命太子冯翼摄理国家大事，冯跋之弟冯弘带兵进宫，冯冀被杀。摄：摄政，统管。［31］勒兵：统领军队。听政：主持国政。［32］宋夫人：冯跋妃子、冯受居之母。受居：即冯受居，北燕太祖冯跋之子。［33］恶（wù）：厌恶，讨厌。［34］将瘳（chōu）：指皇上的病即将病愈。［35］奈何遽（jù）：怎么能这么迫不及待地。遽，着急，匆忙。临：监视，监临，引申为统治，治理。［36］阍（hūn）寺：这里指太监。阍，指看守宫门的人。寺，指帝王的侍者。传问：传达消息。［37］中给事：也称给事中，在宫廷内侍候帝王并充当参谋顾问的人。胡福：北燕官员，为中给事。［38］禁卫：指保卫帝王的军队，即禁卫军。［39］弘：即冯弘，字文通，长乐信都（今河北衡水市）人，文成帝冯跋之弟，北燕末代国君。冯跋在位时，任司徒、录尚书事，封中山郡公。冯跋死后，逼太子冯翼自杀，自立为君，年号大兴。太延二年（436），北魏兵临城下，冯弘逃往高句丽，被杀。传见《魏书》卷九十七。［40］被甲：穿着铠甲。禁中：指皇帝、后妃等居住的地方，因宫中禁卫森严，故称之。［41］东阁：后宫的东门。［42］家僮（tóng）：亦作“家童”，旧时对私家奴仆的统称。库斗头：人名，冯弘家童。［43］逾阁：翻墙越过宫门。［44］皇堂：内殿门前的设有四壁的厅堂。［45］女御：侍妾。［46］殂（cú）：死。［47］大行崩背：老皇帝去世。大行，古称已经去世，但尚未安葬的帝王。崩背，即去世。背，离开。［48］群公：指太子以外的其他皇子。［49］吾备介弟之亲：我作为老皇帝的大弟弟。介，大。［50］摄大位：登上王位。［51］扣门入：指自觉投靠、拥护我冯弘的人。［52］进陛二等：官爵提升两级。陛，借以登高的台阶，这里指官阶。［53］长谷陵：北燕主冯跋的陵寝，位于辽宁朝阳市北票市西官营镇。

己丑[1]，夏主遣其弟谓以代伐魏鄜城[2]，魏平西将军始平公隗归[3]等击之，杀万余人，谓以代遁去。夏主自将数万人邀击隗归于鄜城东，留其弟上谷公社干[4]、广阳公度洛孤守平凉[5]，遣使来求和[6]，约合兵灭魏，遥分河北：自恒山[7]以东属宋，以西属夏。

魏主闻之，治兵将伐夏，群臣咸曰："刘义隆兵犹在河中[8]，舍之西行，前寇未必可克，而义隆乘虚济河，则失山东[9]矣。魏主以问崔浩，对曰："义隆与赫连定遥相招引，以虚声唱和，共窥大国[10]，义隆望定进，定待义隆前，皆莫敢先入[11]。譬如连鸡[12]，不得俱飞，无能为害也。臣始谓[13]义隆军来，当屯止河中[14]，两道北上，东道向冀州[15]，西道冲邺，如此，则陛下当自讨之，不得徐行。今则不然。东西列兵径二千里[16]，一处不过数千，形分势弱[17]。以此观之，伫儿情见[18]，此不过欲固河自守，无北渡意也。赫连定残根[19]易摧，拟之必仆[20]。克定之后，东出潼关[21]，席卷而前[22]，则威震南极[23]，江、淮以北无立草[24]矣。圣策独发[25]，非愚近所及[26]，愿陛下勿疑。"甲辰[27]，魏主如统万[28]，遂袭平凉，以卫兵将军王斤[29]镇蒲坂[30]。斤，建之子也。

秦自正月不雨，至于九月，民流叛者甚众。

冬，十月，以竟陵王义宣为南徐州刺史[31]，犹戍石头[32]。

戊午[33]，立钱署[34]，铸四铢钱[35]。

到彦之、王仲德沿河置守，还保东平[36]。

乙亥[37]，魏安颉自委粟津[38]济河，攻金墉。金墉不治既久，又无粮食；杜骥欲弃城走，恐获罪。

初，高祖灭秦[39]，迁其钟虡于江南[40]，有大钟没于洛水[41]，帝使姚耸夫将千五百人往取之。骥绐[42]之曰："金墉城已修完，粮食亦足，所乏者人耳。今虏骑南渡，当相与并力御之[43]。大功既立，牵钟未晚[44]。"耸夫从之。既至，见城不可守，乃引去，骥遂南遁。

丙子[45]，安颉拔洛阳，杀将士五千余人。杜骥归，言于帝曰："本欲以死固守，姚耸夫及城遽走[46]，人情沮败[47]，不可复禁。"上大怒，诛耸夫于寿阳[48]。耸夫勇健，诸偏裨[49]莫及也。

魏河北诸军会于七女津[50]。到彦之恐其南渡，遣裨将王蟠龙溯流[51]夺其船，杜超等击斩之。安颉与龙骧将军陆俟[52]进攻虎牢，辛巳[53]，拔之。尹冲及荥阳太守清河崔模[54]降魏。

秦王暮末为河西[55]所逼，遣其臣王恺、乌讷阗请迎于魏[56]，魏人许以平凉、安定封之。暮末乃焚城邑，毁宝器，帅户万五千，东如上邽[57]。至高田谷[58]，给事黄门侍郎郭恒谋劫沮渠兴国以叛[59]，事觉，暮末杀之。夏主闻暮末将至[60]，发兵拒之。暮末留保南安[61]，其故地[62]皆入于吐谷浑。

十一月，乙酉[63]，魏主至平凉，夏上谷公社干等婴城[64]固守。魏主使赫连昌招之，不下，乃使安西将军古弼等将兵趣安定[65]。夏主自鄜城还安定，将步骑二万北救平凉，与弼遇，弼伪退以诱之。夏主追之，魏主使高车[66]驰击之，夏兵大败，斩首数千级。夏主还走，登鹑觚原[67]，为方陈以自固，魏兵就围之。

（以上为第十段，写胡夏主赫连定率军攻打北魏，又派使臣与刘宋联手对付北魏；北魏主拓跋焘左右开弓，分别攻打胡夏、刘宋；西秦主乞伏暮末举国向北魏投降。）

【注释】

[1]己丑：九月六日。 [2]谓以代：即赫连谓以代，胡夏主赫连勃勃之子，赫连昌、赫连定之弟。曾率兵攻打北魏的鄜城，被打败，逃跑。鄜（fū）城：县名，县治在今陕西洛川县东南。 [3]隗（wěi）归：即拓跋隗归，北魏平西将军，封始平公，曾率军攻打胡夏，获胜。 [4]社干：即赫连社干，胡夏主赫连勃勃之子，封上谷公，曾驻守平凉，后投降北魏。 [5]度洛孤：即赫连度洛孤，胡夏主赫连勃勃之子，封广阳公，曾驻守平凉，后投降北魏。平凉：城名，在今甘肃平凉市西南，当时的平凉郡治所在地。 [6]来求和：来与刘宋求和。 [7]恒山：山名，在今河北

曲阳县西的太行山上。这里指河北与山西交界的太行山。［8］河中：犹言“河上”，亦即黄河岸边。［9］失山东：此指太行山、恒山以东，在今河北南部一带地区。［10］共窥大国：共同打我们魏国的主意。窥，偷看，觊觎，阴谋下手。［11］皆莫敢先入：谁也不敢先对北魏发起进攻。［12］连鸡：两只拴在一起的鸡。［13］始谓：起先估计。［14］屯止河中：集中兵力于黄河的中段，在今河南浚县一带。［15］冀州：州治在今河北衡水市冀州区。［16］径二千里：战线拉得太常，宽达二千里。［17］形分势弱：兵力分散，形势衰弱。［18］佇（zhù）儿：懦弱的小孩子，蔑视语，指刘宋皇帝刘义隆。情见：真实意图已经露出。见，同“现”。［19］残根：残存的根基，处于微弱的状态。［20］拟之必仆：对准用力，必然倒下。拟，对准，这里即指攻击。仆，倒毙。［21］潼关：古代陕西、河南两地间的重要关塞，在今之陕西潼关县，在两省的交界线上。［22］席卷而前：指由西向东地收拾宋军。［23］南极：南方的尽头，指刘宋全境。［24］江、淮：长江、淮河。无立草：如同大风吹过，草皆倒伏。［25］圣策独发：主意只能由您自己提出，即由皇上亲自决策。［26］非愚近所及：不是那些见识短浅的人所能理解。［27］甲辰：九月二十一日。［28］统万：古都名，已被魏国所占的夏国都城，在今内蒙古乌审旗西南的白城子。［29］王斤：广宁西乐（今辽宁北镇市）人，真定郡公王建之子，北魏卫兵将军，随军灭亡胡夏。后不守法度，欺压百姓，坐罪赐死。传见《魏书》卷三十。［30］蒲坂（bǎn）：古代的黄河渡口名，在今山西运城市风陵渡镇北的古蒲州城。［31］南徐州：东晋以来的侨置郡，郡治在今江苏镇江市。［32］犹戍石头：刘义宣既任南徐州刺史，则应驻兵京口（今江苏镇江市），但战争时期，京城紧要，故仍令之驻守石头城。石头，古城名，在今江苏南京市清凉山。［33］戊午：十月五日。［34］钱署：铸造钱币的衙门。［35］四铢（zhū）钱：一种重量为四铢的铜钱。铢，一两的二十四分之一。［36］还保东平：他们自己的行营则设在东平郡。刘宋的东平郡治当时在须昌，在今山东东平县西北。［37］乙亥：十月二十二日。［38］委粟津：古黄河渡口名，约在洛阳城东北，洛阳城东南有委粟山。［39］高祖灭秦：指刘裕灭后秦。刘裕庙号高祖。［40］钟虡（jù）：泛称庙堂里的乐器。钟，编钟。虡，悬挂编钟的架子。江南：代指当时东晋都城建康，在今江苏南京市。［41］洛水：自西南流来，流经洛阳城南，东北至成皋西汇入黄河。［42］绐（dài）：欺骗。［43］并力御之：意即留姚耸夫在洛阳一道守城。［44］牵钟未晚：再打捞大钟也不迟。［45］丙子：十月二十三日。［46］及城遽（jù）走：到达了金墉城又急速逃去。遽，急忙，慌忙。［47］人情沮（jǔ）败：人心涣散、崩溃。［48］寿阳：县名，县治在今安徽寿县。［49］诸偏裨（pí）：指刘宋当时的一般将领。偏裨，偏将，副将。［50］七女津：古黄河渡口名，约在今河南范县东南的黄河上。［51］王蟠龙：刘宋将领，为副将。溯（sù）流：逆流而上。［52］陆俟：原文为“陆侯”，据章校改。陆俟（sì），北魏龙骧将军、给事中，掌吏部和御史台事务。迁冀州刺史，治理有方。改任外都大官，进爵东平郡王。传见《魏书》卷四十。［53］辛巳：十月二十八日。［54］崔模：字思范，清河东武城（今河北故城县）人，仕南朝宋，拜荥阳太守。投魏，拜宁远将军，封武陵县男。传见《魏书》卷二十四。［55］河西：指河西王沮渠蒙逊政权。［56］王恺、乌讷阗（tián）：西秦将领。请迎于魏：投降北魏，请派兵来迎。［57］东如上邽（guī）：向东方的上邽城进发。上邽，县名，县治在今甘肃天水市。［58］高田谷：古地名，约在今甘肃陇西县一带，还在上邽以西。［59］劫沮渠兴国以叛：郭恒想带着沮渠兴国一道去投奔北凉主沮渠蒙逊。沮渠兴国是沮渠蒙逊的太子，在此之前侵扰西秦，被西秦人所俘，被西秦主乞伏暮末一直带在身边。［60］夏主闻暮末将至：当时胡夏主赫连定率兵在鄜城，在今陕西黄陵县与黄龙县之间。［61］南安：郡名，郡治在今甘肃陇西县东南渭水东岸。［62］其故地：指今甘肃的兰州市、青海的西宁市及其以南的大片地区。［63］乙酉：十一月三日。［64］婴城：绕城，环城。［65］趣安定：往攻当时的胡夏都城安定。趣，同“趋”，趋赴。［66］高车：此指归附于魏国的高车族人。［67］鹑（chún）觚（gū）原：古地名，在今甘肃灵台县北。

壬辰[1]，加征南大将军檀道济都督征讨诸军事，帅众伐魏。

甲午[2]，魏寿光侯叔孙建、汝阴公长孙道生济河而南。

到彦之闻洛阳、虎牢不守，诸军相继奔败，欲引兵还。殿中将军垣护之[3]以书谏之，以为宜使竺灵秀助朱修之守滑台，自帅大军进拟河北[4]，且曰：“昔人有连年攻战，失众乏粮，犹张胆争前，莫肯轻退[5]。况今青州丰穰[6]，济漕流通[7]，士马饱逸[8]，威力无损。若空弃滑台[9]，坐丧成业[10]，岂朝廷受任之旨[11]邪！”彦之不从。护之，苗[12]之子也。

彦之欲焚舟步走，王仲德曰：“洛阳既陷，虎牢不守，自然之势也。今虏去我[13]犹千里，滑台尚有强兵，若遽[14]舍舟南走，士卒必散。当引舟入济[15]，至马耳谷口[16]，更详所宜[17]。”彦之先有目疾，至是大动[18]；且将士疾疫，乃引兵自清入济[19]。南至历城[20]，焚舟弃甲，步趋彭城。竺灵秀弃须昌，南奔湖陆[21]，青、兖大扰[22]。长沙王义欣在彭城，将佐恐魏兵大至，劝义欣委镇还都，义欣不从。

魏兵攻济南[23]，济南太守武进萧承之[24]帅数百人拒之。魏众大集，承之使偃兵[25]，开城门。众曰：“贼众我寡，奈何轻敌之甚！”承之曰：“今悬守穷城[26]，事已危急；若复示弱，必为所屠，唯当见强[27]以待之耳。”魏人疑有伏兵，遂引去。

魏军围夏主数日，断其水草，人马饥渴。丁酉[28]，夏主引众下鹑觚原。魏武卫将军丘眷[29]击之，夏众大溃，死者万余人。夏主中重创，单骑走，收其余众，驱民五万，西保上邽。魏人获夏主之弟丹杨公乌视拔[30]、武陵公秃骨[31]及公侯以下百余人。是日，魏兵乘胜进攻安定[32]，夏东平公乙斗[33]弃城奔长安，驱略数千家，西奔上邽。

戊戌[34]，魏叔孙建攻竺灵秀于湖陆，灵秀大败，死者五千余人。建还屯范城[35]。

己亥[36]，魏主如安定；庚子[37]，还，临平凉，掘堑围之。安慰初附，赦秦、雍之民，赐复[38]七年。夏陇西[39]守将降魏。

辛丑[40]，魏安颉督诸军攻滑台。

河西王蒙逊遣尚书郎宗舒[41]等入贡于魏，魏主与之宴，执崔浩之手以示舒等曰："汝所闻崔公，此则是也。才略之美，于今无比。朕动止咨之[42]，豫陈成败[43]，若合符契[44]，未尝失也。"

魏以叔孙建都督冀、青等四州诸军事。

（以上为第十一段，写刘宋北伐一事无成，被北魏打败，丢盔弃甲，狼狈逃回；北魏大军围攻胡夏重城安定，胡夏全军败溃，国主赫连定只身逃跑，长安弃守。）

【注释】

[1]壬辰：十一月十日。 [2]甲午：十一月十二日。 [3]殿中将军：古将军名，掌宫廷侍卫。垣护之：字彦宗，南朝宋著名将领。传见《宋书》卷五十。 [4]进拟河北：指到彦之要亲自率领大军做出要渡河向北进军的样子。 [5]莫肯轻退：不肯轻易向后退却。按："昔人"等句当指当年刘裕北伐取关中之事。 [6]青州丰穰（ráng）：青州地区年丰粮足。青州，州治东阳，在今山东青州市。穰，丰收。 [7]济漕流通：济水中的粮食运输畅通无阻。当时的济水可从须昌直通今山东北部的济南、渤海、乐陵等郡。 [8]饱逸：吃饱，安逸。 [9]空弃滑台：毫无理由地放弃滑台不守。滑台，在今河南滑县，当时在黄河边上，为军事重镇。 [10]坐丧成业：白白地丧失掉前已取得的业绩。 [11]岂朝廷受任之旨：这难道是朝廷授命予你的意思吗。受任，即委任。 [12]苗：即垣苗，原仕于南燕慕容超，为京兆太守，后与其兄垣尊一起投奔东晋，后归刘裕，任屯骑校尉。传见《宋书》卷五十。 [13]去我：距离我等。 [14]遽（jù）：着急，慌忙。 [15]引舟入济：把黄河中的战船都开进济水。 [16]马耳谷口：古地名，即马耳关，在今山东诸城市西南。 [17]更详所宜：再详细地商量下一步该怎么办。 [18]动：同"痛"，疼痛。[19]自清入济：从清口把船只开进了济水。清口，即汶水与济水的汇口，在今山东梁山县东南。[20]历城：城名，在今山东济南市。 [21]湖陆：县名，在今山东鱼台县东南。 [22]青、兖大扰：青州、兖州地区一片混乱。 [23]济南：郡名，郡治历城，在今山东济南市。 [24]武进：

县名，县治在今江苏丹阳市东南。萧承之：字嗣伯，东海兰陵（今山东枣庄市）人，南朝宋名将。传见《南齐书》卷一。［25］偃兵：放倒武器，故意示敌以不在乎、不畏惧。［26］悬守穷城：远离大后方的孤军防守，已处于穷途末路的城池。［27］见强：表现出强有力。见，同“现”，显现。［28］丁酉：十一月十五日。［29］丘眷：北魏武卫将领，拓跋焘时任武卫将军，参与伐夏战役，率兵击溃胡夏主赫连定。［30］乌视拔：即赫连乌视拔，胡夏主赫连勃勃之子，封丹杨公，被北魏俘获。［31］秃骨：即赫连秃骨，胡夏主赫连勃勃之子，封武陵公，被北魏俘获。［32］安定：县名，在今甘肃泾川县，当时为安定郡的郡治所在地。［33］乙斗：即赫连乙斗，匈奴铁弗部人，胡夏主赫连勃勃之弟，封为东平公，任右仆射。［34］戊戌：十一月十六日。［35］范城：古城名，即范县县城，在今山东梁山县西北。［36］己亥：十一月十七日。［37］庚子：十一月十八日。［38］赐复：免除劳役税赋。［39］陇西：郡名，郡治襄武，在今甘肃陇西县东南。［40］辛丑：十一月十九日。［41］宗舒：人名，原为北凉主沮渠蒙逊库部郎中，与兄同归北魏，赐爵句町男，加威远将军。［42］动止咨之：一举一动都要听取一下他的意见。［43］豫陈成败：预测未来的成功与失败。豫，同“预”。［44］若合符契（qì）：都与合符、合契一样地准确无误。符契，即兵符、契约，都是一分为二，双方各执一半，到时相合以为验。

魏尚书库结[1]帅骑五千迎秦王暮末。秦卫将军吉毗以为不宜内徙[2]，暮末从之，库结引还。

南安[3]诸羌万余人叛秦，推安南将军、督八郡诸军事、广宁太守焦遗[4]为主，遗不从。乃劫遗族子长城护军亮[5]为主，帅众攻南安。暮末请救于氐王杨难当。难当遣将军苻献[6]帅骑三千救之，暮末与之合击诸羌。诸羌溃，亮奔还广宁，暮末进军攻之。以手令与焦遗使取亮。十二月，遗斩亮首出降，暮末进遗号镇国将军。秦略阳太守弘农杨显[7]以郡降夏。

辛酉[8]，以长沙王义欣为豫州刺史，镇寿阳。寿阳土荒民散，城郭颓败，盗贼公行，义欣随宜经理[9]，境内安业，道不拾遗，城府完实[10]，遂为盛藩[11]。芍陂久废[12]，义欣修治堤防[13]，引河水[14]入陂，溉田万余顷[15]，无复旱灾。

丁卯[16]，夏上谷公社干、广阳公度洛孤出降，魏克平凉。

关中侯豆代田得奚斤、娥清等[17]，献于魏主。魏主以夏主之后[18]赐代田，命斤膝行执酒以奉代田，谓斤曰：“全汝生者，代田也。”赐代田爵井陉侯[19]，加散骑常侍、右卫将军，领内都幢将[20]。

夏长安、临晋、武功[21]守将皆走，关中悉入于魏。魏主留巴东公延普[22]镇安定。以镇西将军王斤镇长安。壬申[23]，魏主东还，以奚斤为宰士[24]，使负酒食以从[25]。

王斤骄矜[26]不法，信用左右，调役[27]百姓，民不堪命[28]，南奔汉川[29]者数千家。魏主案治得实[30]，斩斤以徇[31]。

右将军到彦之、安北将军王仲德皆下狱免官，兖州刺史竺灵秀坐弃军伏诛。上见垣护之书而善之，以为北高平[32]太守。

彦之之北伐也，甲兵资实[33]甚盛；及败还，委弃荡尽，府藏、武库[34]为之空虚。他日，上与群臣宴，有荒外[35]降人在坐。上问尚书库部郎顾琛[36]："库中仗[37]犹有几许？"琛诡对[38]："有十万人仗[39]。"上既问而悔之，得琛对，甚喜。琛，和之曾孙也。

彭城王义康与王弘并录尚书，义康意犹怏怏[40]，欲得扬州[41]，形于辞旨[42]。以弘弟昙首居中[43]，为上所亲委，愈不悦。弘以老病，屡乞骸骨[44]，昙首自求吴郡[45]，上皆不许。义康谓人曰："王公久病不起，神州讵宜卧治[46]！"昙首劝弘减府中文武之半以授义康[47]，上听割二千人[48]，义康乃悦。

（以上为第十二段，写南安羌人反叛西秦，被镇压；胡夏关中守将弃城，领土尽属北魏；刘宋北伐失败追责，到彦之等被免职；彭城王刘义康私心膨胀，欲独揽朝权。）

【注释】

［1］库结：人名，原姓库傉官，后改为库氏，史家记事取其简便，故预先如此称呼。北魏将领，为尚书。［2］不宜内徙：不应该撤到魏国境内去。［3］南安：郡名，郡治在今甘肃陇西县东。［4］广宁：郡名，郡治在今甘肃漳县西南。焦遗：南安人，西秦主乞伏乾归时为太子太师，参与军国大谋。后迁安南将军，都督八郡诸军事、广宁太守。受命斩杀背叛西秦的族子焦亮，进号镇国将军。［5］长城护军：长城县军政长官。长城，县名，县治在今甘肃平凉市西北。亮：即焦亮，焦遗族子，秦长城护军，背叛西秦，兵败投靠族叔广宁太守焦遗，被杀。［6］苻献：氐王杨难当部将，为将军。［7］略阳：郡名，郡治在今甘肃秦安县东北。杨显：弘农人，西秦官员，为略阳太守，曾以郡投降胡夏。［8］辛酉：十二月九日。［9］随宜经理：因地制宜地加以经营管理。［10］完实：完好，充实。［11］盛藩：富庶强盛的诸侯国。藩，篱，诸侯自称为中央天子的藩篱。［12］芍（què）陂（bēi）：古湖泊名，在今安徽寿县西南。陂，堤坝，湖泊的边

沿。［13］堤防：拦水的堤坝。［14］河水：指淝河之水。［15］顷：古代土地面积单位，一顷等于一百亩。［16］丁卯：十二月十五日。［17］关中侯：即汉之所谓“关内侯”，有侯爵，无封邑，仅代表荣誉，比列侯等级低。豆代田：人名，北魏的皇帝侍卫。得奚斤、娥清等：由于奚斤的错误指挥，奚斤、娥清等被胡夏军打败俘获，现被豆代田救出。［18］夏主之后：即胡夏主赫连定的皇后。［19］井陉侯：豆代田原为关中侯，今为井陉侯，有了封邑。井陉，县名，县治在今河北石家庄市西。［20］领：兼任。内都幢将：北魏官名，宫廷禁卫军中的将官。［21］临晋：县名，县治在今陕西大荔县东，靠近黄河。武功：郡名，郡治美阳，在今陕西周至县西北。［22］延普：代郡人，鲜卑族，北魏将领，为骁骑将军。拓跋焘时，出任雍州刺史，受封巴东公。后出任安定太守，平定叛乱，不知所终。［23］壬申：十二月二十日。［24］宰士：伙食管理员。［25］负酒食以从：背着酒水食物跟在北魏主拓跋焘身后。以其丧师被俘，故辱之如此。［26］骄矜（jīn）：骄傲，自负。矜，矜持，夸耀。［27］调役：征调赋税和徭役。［28］民不堪命：民众负担沉重，痛苦得活不下去。［29］汉川：即汉水，由西向东流经今陕西南部的略阳、汉中、安康等县市入河南。这一带地区当时属刘宋。［30］案治：考查，审问。［31］徇（xùn）：传首巡行示众。［32］北高平：郡名，郡治湖陆，在今山东鱼台县东南。［33］资实：指各种军用物资。［34］府藏：贮藏货币和各种物资的国库。武库：贮藏铠甲兵械的军用仓库。［35］荒外：这里即指国境以外。［36］尚书库部郎：掌管国家仓库的部长。顾琛：字弘玮，吴郡吴县（今江苏苏州市）人，东晋司空顾和曾孙，南朝宋大臣。传见《宋书》卷八十一。［37］库中仗：武库中的兵器。［38］诡对：隐瞒实际情况回答。［39］有十万人仗：有可供十万人使用的武器。仗，武器。［40］怏（yàng）怏：不满意、不服气的样子。［41］欲得扬州：想再兼任扬州刺史。扬州由于是国家都城所在的州，故其刺史权位极重，通常由皇帝最亲信的人兼理。［42］形于辞旨：说话时常流露出来。［43］居中：在宫中任职，指任侍中。［44］乞骸骨：退位的自谦词。［45］自求吴郡：要求辞掉相权，去任吴郡太守。吴郡，古郡名，郡治在今江苏苏州市。昙首自求吴郡以避让刘义康。［46］神州：代指国家。讵（jù）宜卧治：怎能让一个病人躺在床上治理国家？讵，岂，难道。卧治，实指挂空名，不管事。［47］减府中文武之半以授义康：将自己所管的事情连同管这些事情的下属官员拨出一半并给刘义康。意思是自己只管四分之一，让刘义康管四分之三。府中文武，指录尚书府中的参佐僚属。［48］上听割二千人：皇帝刘义隆没有答应王弘自己请求的“减府中文武之半”，只同意减少两千人。以上种种，都为刘义康日后的犯事倒台做伏笔。

【点评】

北魏雄主拓跋焘。拓跋焘，可以说是北魏一代雄主，他东征西讨，南征北斗，攻灭夏国，大败柔然，重创刘宋。仔细观察思考，他自有过人之处。

首先，临阵不惧，善于反败为胜，转危为安。拓跋焘是一个不可多得的军事人才，他不仅是一个出色的指挥员，还是一个英勇善战的战斗员。这在前期与柔然汗国的战斗中充分体现出来。当年，柔然可汗大檀听说北魏主拓跋嗣去世，就乘人之危，率领六万骑兵攻入北魏云中地区，攻陷了北魏的故都盛乐，包围了云中城。北魏主拓跋焘亲自率领轻骑兵前往攻打，快马加鞭三天两夜，才抵达云中。柔然可汗率领骑兵将拓跋焘的轻骑兵包围了五十多重，铁骑紧逼拓跋焘的马首，依次排列，如同铁桶一般。北魏士兵大为恐惧，而拓跋焘却临危不惧，神情自若，军心才安定下来。北魏兵用箭射杀了柔然大将于陟斤，柔然可汗大为恐慌，才率领大军逃之夭夭。这次北魏军的胜利，完全得益于拓跋焘的勇猛果敢，沉着冷静，发挥了"定海神针"的作用。否则，拓跋焘等人早就成了柔然铁骑的刀下之鬼了。史书记载，拓跋焘"临敌常与士卒同在矢石之间，左右死伤者相继，而帝神色自若"。要知道，这时候的拓跋焘才是一个不到十六岁的毛头少年啊！

其次，果断决策，善于听取谋议，从善如流。拓跋焘本人具有雄才大略，而他取得辉煌功绩，还得益于谋士崔浩等人。崔浩自比张良，被誉为"北魏第一谋士"，可谓名不虚传。这从他劝说拓跋焘攻打柔然汗国中完全体现出来。当时，拓跋焘为摆脱北面柔然与南朝刘宋腹背受敌的威胁，打算集中力量攻打柔然。可是，公卿大臣们死活不同意，他们怕宋军乘机北进，得不偿失，只有太常崔浩极力赞成，他精辟地分析当时形势，认为刘宋自从刘裕去世，元气一直没有恢复，对北魏构不成威胁。而柔然气焰嚣张，不可一世，如果调集精兵，以迅雷之势，长驱直入，攻其不备，一定能够大获全胜！可是群臣就是不同意，还推举通晓天文的张渊等出面劝阻。拓跋焘为了统一群臣的认识，安排了一场御前辩论，结果，崔浩把张渊等人驳得哑口无言。拓跋焘非常高兴，决计大举攻打柔然，亲率大军一路向前，纵横出击，东西五千里，南北三千里，柔然各部落投降北魏的有三十多万帐落，缴获战马一百多万匹。这里反映一个事实：有时候大多数人的意见，不一定是正确的和高明的。一般人都是习惯于听从多数人的意见，而拓跋焘的可贵之处，就在于他善于分析、判断，独断于一心。

再次，把控大势，善于左右开弓，各个击破。当刘宋大军北伐、攻打北魏时，夏国也趁火打劫，夏王赫连定亲自统率数万人马攻打北魏，又派出使臣出使刘宋，约定联合起来灭掉北魏，瓜分黄河以北地区。这时候，刘宋和胡夏两面夹攻，北魏面临着严峻挑战。对此，如何决策？拓跋焘做出惊人之举，决意调转马头，先攻打胡夏，再打刘宋。当时，大臣们都不同意这种做法，认为这样做太危险，他们说："刘宋的大军，还在黄河中游逗留，我们却要放弃南方的防御，胡夏的军队未必能一举攻克，而刘宋大军渡过黄河，乘虚而入，魏国危矣！"拓跋焘再次征求崔浩的意见，崔浩认为："刘宋大军北征，从东向西所设的防线，长达两千里，每个地方分布的兵力不过几千人。如此看来，他们困顿虚弱的本质已经暴露无遗，只不过是打算固守，并没有北伐的意图。这样，魏国完全可以出兵攻打夏国，获胜后，再东出潼关，席卷向前，所向无敌，江淮以北，将没有一根杂草可以生存！”这一番透彻的分析，使得拓跋焘攻打夏国的意志更加坚定。结果，一举攻下了夏国都城平凉，夏王赫连定只身骑马逃跑，退保上邽而已。

最后，出神入化，善于收拢五指，重拳出击。在反击刘宋北伐的战斗中，充分体现了这一点。当时，刘宋将领到彦之率五万大军由水路进军。而北魏军的主力正在北方作战。拓跋焘认为黄河以南的洛阳、虎牢、滑台、碻磝四个军事重镇的防守兵力太少，经不起打，便命令一律收兵，撤退到黄河以北。这一决策，有效地保存了实力，实在是高明之举。而刘宋北伐的将领则沾沾自喜，认为没有花什么力气，就得到了这一大片土地，于是，把全军一字长蛇摆开，守卫在黄河南岸两千多里的防线上。这样，张开五指，无形中分散了兵力，削弱了战斗力。而到了隆冬，黄河冰封，拓跋焘率领大军突然大举踏冰南下。刘宋北伐军数千里防线，各处都很薄弱，就像个鸡蛋壳，一碰就被打碎，被北魏军各个击破，四大军事重镇得而复失，刘宋军队只得来了个生死大逃亡，狼狈不堪。

如上评说，北魏主拓跋焘临阵不惧，果断决策，把控大势，出神入化，充分体现了他的军事才能和英雄本色，使得北魏逐渐强盛，后来才能统一中国北方，与南朝分庭抗礼。

卷一二二　宋纪四

宋文帝元嘉八年至十二年（431—435年）

【起重光协洽（辛未，431年），尽旃蒙大渊献（乙亥，435年），凡五年】

【大事提要】

本卷记事起于公元431年，到公元435年，凡五年，时当宋文帝（刘义隆）元嘉八年至元嘉十二年。本卷所载大事，主要有五个方面。其一，夏国灭西秦。公元431年，夏王赫连定突袭西秦大将姚献，大败姚献军，随即又派遣叔父北平公赫连韦伐率军攻打西秦主乞伏暮末据守的南安城。乞伏暮末穷途末路，用车辆载着空棺材出城投降，被押送到上邽斩杀。西秦国历四主，存在三十七年，灭亡。其二，吐谷浑灭夏。夏王赫连定劫持西秦百姓十多万人，西迁河西，从冶城渡黄河，打算袭击北凉，夺其国土。吐谷浑可汗慕容慕璝派遣将领统率三万骑兵，乘夏军渡河过半，予以截击，擒获了赫连定，送给北魏，将其斩杀。夏国历三帝，存在二十五年，灭亡。其三，檀道济北征。公元431年，刘宋大将檀道济率军北讨，曾多次大败北魏军，并欲沿黄河逆流而上，救援被北魏围困的军事重地滑台，遭到北魏将领叔孙建等的阻击。叔孙建放火烧掉大军粮仓，檀道济被迫撤退，他用计谋保全军队返回。北魏攻陷滑台。其四，冯弘即位。北燕主冯跋病重，其弟冯弘夺得王位，称帝，改年号为大兴，拥立慕容皇后的儿子冯王仁为太子。公元432年，北魏太武帝拓跋焘亲自率兵攻打，冯弘固城自守；后来，拓跋焘召太子冯王仁入朝侍奉，冯弘拒不接受。长子冯崇因不被立嗣，而归降北魏。其五，萧思话平定汉中。氐族首领杨难当起兵，侵扰、占领汉中，宋文帝刘义隆重新起用在北伐时弃城逃跑的萧思话，任为梁、南秦二州刺史。萧思话命萧承之为前锋急速进军，屡次击败氐人军队。临川王刘义庆遣将裴方明来助，最终平定汉中，失地全部收复。

太祖文皇帝上之下

元嘉八年（辛未，431年）

春，正月，壬午朔[1]，燕大赦，改元大兴[2]。

丙申[3]，檀道济等自清水[4]救滑台，魏叔孙建、长孙道生拒之。丁酉[5]，道济至寿张[6]，遇魏安平公乙旃眷[7]，道济帅宁朔将军王仲德、骁骑将军段宏奋击，大破之；转战至高梁亭[8]，斩魏济州刺史悉烦库结[9]。

夏主击秦将姚献[10]，败之，遂遣其叔父北平公韦伐帅众一万攻南安[11]。城中大饥，人相食。秦侍中、征虏将军出连辅政，侍中、右卫将军乞伏延祚，吏部尚书乞伏跋跋逾城奔夏。秦王暮末穷蹙，舆榇出降[12]，并沮渠兴国[13]送于上邽[14]。秦太子司直焦楷奔广宁[15]，泣谓其父遗[16]曰："大人荷国宠灵[17]，居藩镇重任。今本朝颠覆，岂得不率见众唱大义以殄[18]寇仇！"遗曰："今主上已陷贼庭，吾非爱死而忘义，顾以大兵追之，是趣绝其命[19]也。不如择王族之贤者，奉以为主而伐之，庶有济[20]也。"楷乃筑坛誓众，二旬之间，赴者万余人。会遗病卒，楷不能独举事，亡奔河西[21]。

二月，戊午[22]，以尚书右仆射江夷为湘州[23]刺史。

檀道济等进至济上[24]，二十余日间，前后与魏三十余战，道济多捷。军至历城[25]，叔孙建等纵轻骑邀[26]其前后，焚烧草谷，道济军乏食，不能进。由是，安颉、司马楚之等得专力攻滑台，魏主复使楚兵将军王慧龙[27]助之。朱修之[28]坚守数月，粮尽，与士卒熏鼠食之。辛酉[29]，魏克滑台，执修之及东郡太守申谟[30]，虏获万余人。谟，钟之曾孙也。

癸酉[31]，魏主还平城，大飨[32]，告庙[33]，将帅及百官皆受赏，战士赐复[34]十年。

于是，魏南鄙[35]大水，民多饿死。尚书令刘絜言于魏主曰："自顷[36]边寇内侵，戎车屡驾[37]；天赞圣明[38]，所在克殄[39]；方难[40]既平，皆蒙优锡[41]。而郡国之民，虽不征讨，服勤农桑[42]，以供军国，实经世[43]之大本，府库之所资[44]。今自山以东[45]，遍遭水害，应加哀矜[46]，以弘覆育[47]。”魏主从之，复[48]境内一岁租赋。

檀道济等食尽，自历城引还；军士有亡降魏者，具告之[49]。魏人追之，众恟惧[50]，将溃。道济夜唱筹量沙[51]，以所余少米覆[52]其上。及旦，魏军见之，谓道济资粮有余，以降者为妄而斩之。时道济兵少，魏兵甚盛，骑士四合。道济命军士皆被甲，己白服乘舆[53]，引兵徐出。魏人以为有伏兵，不敢逼[54]，稍稍[55]引退，道济全军而返。

青州刺史萧思话[56]闻道济南归，欲委镇保险[57]，济南太守萧承之[58]固谏，不从。丁丑[59]，思话弃镇奔平昌[60]。参军刘振之戍下邳[61]，闻之，亦委城走。魏军竟不至，而东阳积聚[62]已为百姓所焚。思话坐征[63]，系尚方[64]。

（以上为第一段，写刘宋大将檀道济率军救援被北魏围攻的滑台，屡战，多次获胜；北魏轻骑焚烧刘宋军的粮草，檀道济运用计谋，从历城安全撤军，滑台失守。）

【注释】

[1]壬午朔：正月一日。[2]大兴：北燕昭成帝冯弘更改的年号，共六年。大，读“太”。[3]丙申：正月十五日。[4]清水：古地名，即清口，清水入河之口，在今山东梁山县东南。[5]丁酉：正月十六日。[6]寿张：县名，县治在今山东东平县西南。[7]乙旃眷：即叔孙建。[8]高梁亭：古地名，约在今山东东平县北。[9]济州：北魏置，州治在碻磝城，在今山东东阿县西北的古黄河边。悉烦库结：人名，北魏济州刺史。[10]夏主：即赫连定。姚献：人名，西秦将领。[11]韦伐：即赫连韦伐，胡夏主赫连定叔父，封为北平公。南安：郡名，郡治在今甘肃陇西县东南，时为西秦残余力量据守，去年西秦主乞伏暮末曾逃居于此。[12]舆榇（chèn）出降：拉着棺材，以表示请罪，这是古代帝王、诸侯向人投降的一种仪式。乞伏氏政权历经乞伏国仁、乞伏乾归、乞伏炽磐、乞伏暮末四主，前后共历四十九年，现落下帷幕。榇，棺材。[13]并：连同。沮渠兴国：北凉主沮渠蒙逊次子、太子。于元嘉六年（429）在攻斗中被乞伏氏所擒，今将其一道送归夏国。封为散骑常侍。后因受伤而死。[14]送于上邽（guī）：当时胡夏的都城统万已被北魏占领，国主赫连定这时居住在上邽。上邽，城名，在今甘肃天水市西南。[15]太子司直：太子的属官，执掌监察、弹劾等事。焦楷：南安人，焦遗次子，西秦太子司直。西秦灭亡时，奔广宁，与其父欲择王族之贤者，奉以为主而攻打胡夏。乃筑坛誓众，二旬之间，赴者万余人。而后焦遗病死，焦楷不能举事，出奔河西。广宁：西秦郡名，郡治在今甘肃漳县西南。[16]遗：即焦遗，西秦忠臣。[17]荷国宠灵：蒙受国家的恩宠。荷，蒙受。宠灵，

恩宠。［18］见众：现有的兵力。见，同“现”。唱：同“倡”，倡议，倡导。殄（tiǎn）：消灭。［19］趣绝其命：如果西秦的士兵追赶胡夏人过急，可能促使胡夏人杀掉乞伏暮末。趣，促，加速。［20］庶有济：或许能有所成。济，成功。［21］亡奔河西：逃奔到北凉主沮渠蒙逊那儿去。河西，即河西王，沮渠蒙逊自称河西王。［22］戊午：二月七日。［23］湘州：州治在今湖南长沙市。［24］济上：济水边上。济，古水名，黄河下游的一条重要支流，自今河南荥阳市北之黄河分出，东流经开封，至山东之济南市北，东北入渤海。［25］历城：县名，建在当时的济水南岸，县治在今山东济南市。自汉以来属济南郡，刘宋时为冀州刺史治所。［26］邀：拦击。［27］王慧龙：东晋尚书左仆射王愉之孙、散骑侍郎王缉之子，投归北魏为名将。传见《魏书》卷三十八。［28］朱修之：字恭祖，东晋豫州刺史朱序之孙，益州刺史朱谌之子，南朝宋大臣。随到彦之北伐，坚守滑台数月，城破被俘。北魏任为侍中，后逃回。孝武帝时，为荆州刺史，征为左户尚书，转领军将军。传见《宋书》卷七十六。［29］辛酉：二月十日。［30］申谟（mó）：前燕大将军申钟曾孙，申恬之兄，刘宋东郡太守，曾与朱修之守卫滑台，为北朝俘虏，赐给妻子，生下儿子申灵度，后抛弃了在北魏的妻子儿女，逃回南朝，为竟陵太守。而儿子申灵度则受牵累受刑被废为阉人。传见《宋书》卷六十五。［31］癸酉：二月二十二日。［32］大飨（xiǎng）：大开宴席，宴请群臣。［33］告庙：祭告祖庙。［34］赐复：免除其劳役、赋税，为赏赐其北伐柔然、西伐胡夏、南御刘宋之功。［35］南鄙：南部边境地区。［36］顷：不久之前。［37］戎车屡驾：兵车屡次出动。［38］天赞圣明：老天爷帮助圣明的君主。赞，赞助。圣明，英明圣哲，无所不知，代称帝王。［39］所在克殄（tiǎn）：打到谁，谁就被消灭。殄，消灭。［40］方难：四方边境上的寇乱。［41］优锡：优待，赏赐。锡，同“赐”。［42］服勤：服持职事勤劳。农桑：种地与养蚕，泛指农业生产。［43］经世：治国。［44］所资：所凭借，所依赖。［45］自山以东：指太行山以东。［46］哀矜（jīn）：同情，怜悯。［47］弘覆育：扩大关怀面。覆，谓天之所覆盖。育，指造化之抚育万物。这里比喻帝王的恩德。［48］复：免除。［49］具告之：指把刘宋军的困难境遇告诉北魏军。［50］恟（xiōng）惧：惶恐不安。［51］唱筹量沙：把沙当做米，量时高呼数字，制造假象来迷惑敌人。［52］覆：覆盖。［53］白服乘舆：身着白色便服，坐着轿，以表现其从容闲暇。［54］逼：追赶，逼近。［55］稍稍：渐渐。［56］青州：州治东阳城，在今山东青州市，在此之前也叫广固城。萧思话：南兰陵郡兰陵县（今江苏常州市）人，前将军萧源之之子，刘宋名臣。传见《宋书》卷七十八。［57］委镇保险：指丢掉东阳城，另依托险要的地方防守。镇，州刺史与督军的驻防地点。保，依托，依靠。［58］萧承之：字嗣伯，东海兰陵（今山东枣庄市）人，齐高帝萧道成之父，南朝宋名将。传见《南齐书》卷一。［59］丁丑：二月二十六日。［60］平昌：县名，在今山东安丘市西南。［61］刘振之：刘宋官员，为参军。下邳（pī）：郡名，郡治在今江苏睢宁县西北古邳镇东。［62］东阳：古城名，时为青州州治所在地，在今山东青州市。积聚：指政府仓库的各种物资。［63］坐征：因此被调到京城。［64］系尚方：关押在尚方署的监狱里。

燕王[1]立夫人慕容氏为王后。

庚戌[2]，魏安颉等还平城。魏主嘉朱修之守节[3]，妻以宗女。

初，帝之遣到彦之也，戒之曰："若北国兵动，先其未至，径前入河；若其不动，留彭城勿进。"及安颉得宋俘，魏主始闻其言。谓公卿曰："卿辈前谓我用崔浩计[4]为谬，惊怖[5]固谏。常胜之家，始皆自谓逾人[6]，至于归终，乃不能及。"

司马楚之上疏，以为诸方已平，请大举伐宋，魏主以兵久劳，不许。征楚之为散骑常侍，以王慧龙为荥阳太守[7]。

慧龙在郡十年，农战并修[8]，大著声绩，归附者万余家。帝纵反间于魏，云"慧龙自以功高位下，欲引宋人入寇，因执司马楚之以叛。"魏主闻之，赐慧龙玺书[9]曰："刘义隆畏将军如虎，欲相中害[10]；朕自知之。风尘之言[11]，想不足介意[12]。"帝复遣刺客吕玄伯[13]刺之，曰："得慧龙首，封二百户男[14]，赏绢千匹。"玄伯诈为降人，求屏人[15]有所论，慧龙疑之，使人探其怀，得尺刀。玄伯叩头请死，慧龙曰："各为其主耳。"释之。左右谏曰："宋人为谋未已，不杀玄伯，无以制将来。"慧龙曰："死生有命，彼亦安能害我！我以仁义为捍蔽[16]，又何忧乎！"遂舍之。

夏，五月，庚寅[17]，魏主如云中[18]。

六月，乙丑[19]，大赦。

夏主杀乞伏暮末及其宗族五百人。

夏主畏魏人之逼，拥秦民[20]十余万口，自治城[21]济河，欲击河西王蒙逊[22]而夺其地。吐谷浑王慕璝[23]遣益州刺史慕利延[24]、宁州刺史拾虔[25]帅骑三万，乘其半济，邀击[26]之，执夏主定以归，沮渠兴国被创[27]而死。拾虔，树洛干之子也。

魏之边吏获柔然逻者[28]二十余人，魏主赐衣服而遣之。柔然感悦。闰月，乙未[29]，柔然敕连可汗[30]遣使诣魏，魏主厚礼之。

魏主遣散骑侍郎周绍来聘[31]，且求昏[32]，帝依违答之[33]。

荆州刺史江夏王义恭，年浸长[34]，欲专政事，长史刘湛每裁抑[35]

之，遂与湛有隙[36]。帝心重湛[37]，使人诘让[38]义恭，且和解之。是时，王华、王昙首皆卒，领军将军殷景仁素与湛善，白帝以时贤零落[39]，征湛为太子詹事[40]，加给事中[41]，共参政事。以雍州刺史张邵[42]代湛为抚军长史、南蛮校尉[43]。

顷之[44]，邵坐在雍州营私蓄聚[45]，赃满二百四十五万，下廷尉[46]，当死[47]。左卫将军谢述[48]上表，陈邵先朝旧勋[49]，宜蒙优贷[50]。帝手诏酬纳[51]，免邵官，削爵土[52]。述谓其子综[53]曰："主上矜邵夙诚[54]，特加曲恕[55]，吾所言谬会[56]，故特见酬纳[57]耳。若此迹宣布[58]，则为侵夺主恩[59]，不可之大者也[60]。"使综对前焚之[61]。帝后谓邵曰："卿之获免，谢述有力焉。"

（以上为第二段，写北魏主拓跋焘非常欣赏刘宋滑台守将朱修之坚守的气节；北魏官员王慧龙守卫荥阳十年，农战两宜，事业大成，刘宋使用反间计，随后又派人刺杀均未遂。）

【注释】

[1]燕王：即北燕主冯弘。[2]庚戌：二月一日是"壬子"，本月中无"庚戌"日，记载有误。[3]守节：指忠于刘宋，坚守滑台，抵抗北魏。[4]崔浩计：崔浩不主张首先对刘宋展开进攻，认为刘宋如对北魏发动进攻则必败。事见《资治通鉴》卷一百二十一元嘉七年（430）。[5]惊怖：惊慌，害怕。[6]自谓逾人：总以为自己比别人强。[7]荥（xíng）阳：郡名，郡治在今河南荥阳市东北的古荥镇。胡三省曰："魏虽置荥阳太守，实以虎牢为重镇。"虎牢关在今荥阳西北的古汜水镇，也就是楚汉战争时的成皋城的南侧，在当时荥阳城的西方。[8]并修：都搞得很好。[9]玺（xǐ）书：指盖有皇帝印章的书信，极表其郑重、宠信。[10]中害：中伤，陷害。[11]风尘之言：没有根据的谣传，犹今之所谓"流言蜚语"。[12]不足介意：不必把这件事放在心上。[13]吕玄伯：南朝人，刘宋文帝派出刺杀北魏荥阳太守王慧龙的刺客，被王慧龙的坦荡所感染，中途放弃，并成为王慧龙的部下。在王慧龙死后，终生为其守墓。[14]封二百户男：封给二百户的采邑，赐之为男爵。[15]屏（bǐng）人：打发开周围的人。屏，同"摒"，支开。[16]以仁义为捍蔽：意即以仁义待人，使人不忍加害。捍蔽，遮挡，护卫。[17]庚寅：五月十一日。[18]如：到，至。云中：郡名，郡治在今内蒙古托克托县东北，在北魏旧京盛乐的西北。[19]乙丑：六月十六日。[20]秦民：此指灭掉乞伏暮末后所俘获的西秦部众。[21]冶城：原为"治城"，据章校改。冶城，古城名，约在今甘肃兰州市西南的黄河边。[22]蒙逊：即北凉主沮渠蒙逊。[23]慕璝（guī）：吐谷浑第十任国主，对北魏和刘宋两附之。曾率军消灭夏国，

擒其主赫连定，被北魏封为大将军、西秦王。据有金城、枹罕、陇西三郡。朝贡刘宋，归还夏国俘虏的南朝将士，宋文帝封为陇西王。死后，北魏赐谥号惠王。［24］益州：州治在今四川成都市。这里的“益州”以及下句的“宁州”，仅是吐谷浑人的一种官号，不据有实地。慕利延：《南书》《南史》作慕延。吐谷浑惠王慕璝之弟，承袭惠王担任吐谷浑国主，为第十一任国主。传见《魏书》卷一百。［25］宁州：州治在今云南昆明市晋宁区东北。拾虔（qián）：吐谷浑第八任国主慕容树洛干之子，慕璝的堂弟，为宁州刺史。［26］邀击：半腰拦截，截击。［27］夏主定：即胡夏主赫连定，为第三任国主。被创（chuāng）：受伤。创，刀伤。［28］逻者：柔然派出的侦察哨兵，俗称探子。［29］闰月，乙未：闰六月十六日。［30］敕连可汗：即郁久闾吴提可汗，牟汗纥升盖可汗郁久闾大檀之子。传见《魏书》卷一百三。［31］来聘：出使来南朝刘宋访问。［32］昏：同“婚”。［33］依违：似依似违，像同意又不同意，在今之所谓“模棱两可”。［34］浸长：渐渐长大。浸，同“渐”。［35］裁抑：压制，不让插手。［36］有隙：有裂痕，有矛盾。自刘裕开始，封其幼子为州刺史，派心腹人为之任长史，掌握一切权力。今幼子长大，故与长史“有隙”。［37］帝心重湛：宋文帝心里十分敬重刘湛。［38］诘让：质问，责备。［39］时贤零落：眼下的贤臣死丧殆尽。时贤，一时之内的贤才。［40］太子詹事：掌管皇后与太子宫中的事务，下有太子家令、家丞等职。太子詹事并不是多么重要的官，已接近内宫，关键在于有下面的“加给事中”，可以进宫陪侍皇帝，于是就进入了核心集团。［41］给事中：任职于殿中，以备参谋顾问。［42］张卲（shào）：字茂宗，吴郡吴县（今江苏苏州市）人，刘裕心腹谋士，故文帝亲之，用以代刘湛监控刘义恭。传见《宋书》卷四十六。［43］抚军长史：抚军将军的长史，当时刘义恭任抚军将军。南蛮校尉：荆州刺史的下属，主管南方的蛮族事宜，是荆州地区重要的统兵将军之一。［44］顷之：不久。［45］坐：因某事犯罪。营私蓄聚：贪赃枉法地聚敛钱财。［46］下廷尉：交由全国最高的司法长官审判治罪。廷尉，犹如后代的刑部尚书。［47］当死：判处死刑。当，判定。［48］左卫将军：古将领名，主管宫廷侍卫。谢述：字景先，东晋太傅谢安侄孙，罗县县令谢允之子，刘裕的僚属，后为刘义隆所赏识，任左卫将军，为吴兴太守。传见《宋书》卷五十二。［49］先朝旧勋：给上代皇帝立过功勋的人，指曾助刘裕讨伐桓玄，又不依附刘毅。［50］优贷：宽容，宽恕。［51］手诏酬纳：亲手写回信，表明采纳。［52］爵土：即封地。［53］综：即谢综，谢述之子。少有才艺，善隶书，为太子中舍人，结识孔熙先，与舅氏范晔等以牵涉迎立彭城王刘义康事，被诛。［54］矜（jīn）卲夙（sù）诚：体怜张卲旧日的一向忠诚。矜，怜念。夙，平素，旧日。［55］曲恕：不该恕而恕，网开一面的加以饶恕。［56］谬会：刚好碰巧了。“谬”字是客气用语。［57］酬纳：接纳，采纳。［58］若此迹宣布：这件事如果传扬出去。此迹，指劝文帝刘义隆宽待张卲之事。［59］侵夺主恩：在今所谓“掠人之美”，抢着做人情。［60］不可之大者也：是大大的不妥啊！［61］对前焚之：当面把上书的草稿烧掉了。

秋，七月，己酉[1]，魏主如河西。

八月，乙酉[2]，河西王蒙逊遣子安周[3]入侍于魏。

吐谷浑王慕璝遣侍郎谢太宁奉表于魏，请送赫连定[4]。己丑[5]，魏以慕璝为大将军、西秦王。

左仆射临川王义庆固求解职[6]。甲辰[7]，以义庆为中书令，丹杨尹如故。

九月，癸丑[8]，魏主还宫。庚申[9]，加太尉长孙嵩柱国大将军，以左光禄大夫崔浩为司徒，征西大将军长孙道生为司空。道生性清俭[10]，一熊皮鄣泥[11]，数十年不易。魏主使歌工历颂群臣[12]曰："智如崔浩，廉若道生。"

魏主欲选使者诣河西[13]，崔浩荐尚书李顺[14]，乃以顺为太常[15]，拜河西王蒙逊为侍中，都督凉州·西域·羌·戎[16]诸军事、太傅、行[17]征西大将军、凉州牧、凉王，王武威、张掖、敦煌、酒泉、西海、金城、西平[18]七郡，册[19]曰："盛衰存亡，与魏升降[20]。北尽穷发[21]，南极庸、岷[22]，西被崐岭[23]，东至河曲[24]，王实征之[25]，以夹辅皇室[26]。"置将相、群卿、百官，承制假授[27]；建天子旌旗，出入警跸[28]，如汉初诸侯王故事[29]。

壬申[30]，魏主诏曰："今二寇摧殄[31]，将偃武修文[32]，理废职[33]，举逸民[34]。范阳卢玄、博陵崔绰、赵郡李灵、河间邢颖、勃海高允、广平游雅、太原张伟等，皆贤隽之胄[35]，冠冕周邦[36]。《易》[37]曰：'我有好爵，吾与尔縻之[38]。'如玄之比者[39]，尽敕州郡以礼发遣[40]。"遂征玄等及州郡所遣至者数百人，差次叙用[41]。崔绰以母老固辞。玄等皆拜中书博士[42]。玄，谌之曾孙。灵，顺之从父兄也。

玄舅崔浩，每与玄言，辄[43]叹曰："对子真[44]，使我怀古之情更深。"浩欲大整流品[45]，明辨姓族[46]。玄止之曰："夫创制[47]立事，各有其时；乐为此者，讵有几人[48]！宜加三思。"浩不从，由是得罪于众。

初，魏昭成帝[49]始制法令："反逆者族[50]；其余当死者听入金[51]、马赎罪；杀人者听与死家牛马、葬具以平[52]之；盗官物，一备五[53]；私物，一备十。"四部大人共坐王庭决辞讼[54]，无系讯连逮[55]之苦，境内安之。太祖入中原[56]，患前代律令峻密[57]，命三公郎王德删定[58]，务崇简易[59]。季年被疾[60]，刑罚滥酷[61]；太宗[62]承之，吏文亦深[63]。

冬，十月，戊寅[64]，世祖命崔浩更定[65]律令，除五岁、四岁刑[66]，增一年刑；巫蛊[67]者，负羖羊、抱犬沈[68]诸渊。初令官阶九品者得以官爵除刑[69]。妇人当刑而孕，产后百日乃决[70]。阙左悬登闻鼓以达冤人[71]。

魏主如漠南[72]。十一月，丙辰[73]，北部敕勒莫弗库若干[74]帅所部数万骑，驱鹿数百万头，诣魏主行在[75]。魏主大猎以赐从官。十二月丁丑[76]，还宫。

是岁，凉王改元义和[77]。

林邑王范阳迈寇九德[78]，交州[79]兵击却之。

（以上为第三段，主要写北魏主拓跋焘封吐谷浑可汗慕容慕璝为西秦王，封北凉主沮渠蒙逊为凉王；停止武备，发展文事，广招人才，重新制定律令，废除严刑。）

【注释】

[1]己酉：七月一日。[2]乙酉：八月七日。[3]安周：即沮渠安周，北凉主沮渠蒙逊之子，入魏为人质。后返国为北凉末代国君。传见《魏书》卷九十九。[4]请送赫连定：吐谷浑愿意献出所俘虏的胡夏主赫连定给北魏。[5]己丑：八月十一日。[6]固求解职：刘义庆时任尚书左仆射、中书令等职，有宰相之权，恳请解除以避嫌，宋文帝不许。[7]甲辰：八月二十六日。[8]癸丑：九月六日。[9]庚申：九月十三日。[10]清俭：清静，俭朴。[11]熊皮鄣泥：用熊皮制作的马鞍下的垫布，下垂于马腹两侧，以挡尘土。鄣，同“障”，阻隔，挡住。[12]历颂群臣：逐个地把大臣们歌颂一遍。[13]诣河西：出使北凉。北凉主自称河西王。[14]尚书：即尚书郎，尚书台官员，处理国家政务。李顺：字德正，赵郡平棘人，平棘令李系之子，北魏大臣。传见《魏书》卷三十六。[15]太常：为九卿之一，负责礼乐、祭祀诸事。[16]羌·戎：泛指当时中国西部各少数民族。主要为羌族。按：羌族，我国古代西疆民族，原住在以今青海为中心，南至四川，北接新疆的一带地区，东汉时移居今甘肃一带，东晋时建立后秦政权。戎，古代称西部民族。[17]行：代理。[18]武威、张掖、敦煌、酒泉：皆古郡名，郡治分别是现今的武威市、张掖市、敦煌市、酒泉市。西海、金城、西平：皆古郡名，西海的郡治居延，在今内蒙古额济纳旗东南；金城的郡治在今甘肃兰州市西北侧；西平的郡治在今青海西宁市。[19]册：也作“策”，皇帝加封子弟与功臣时所使用的一种文体，内容包括对该受封者所加的封号，所赐予的

疆土，所告诫、勉励的言语等。［20］与魏升降：犹言与北魏国同盛衰、共存亡。此与西汉时刘邦分封功臣时所谓的“黄河如带，泰山若砺，国土永存，爰及苗裔”含义相似。［21］北尽穷发：向北一直到极远的不毛之地。穷发，北极之下的无毛之地。毛，草。山以草木为发。［22］南极庸、岷：向南一直到上庸、岷山。上庸，古县名，县治在今湖北竹山县西南，是上庸郡的郡治所在地。岷山，在今四川松潘县北，是陕西北部与甘肃邻近地区的大山。［23］西被崐（kūn）岭：向西一直到昆仑山。被，加，这里也是“到达”的意思。崐，同“昆”，昆仑山。［24］东至河曲：犹言“河套”，在今内蒙古巴彦淖尔市一带地区。［25］王实征之：意即在以上广大的区域内，凡有不遵王命、不服管教的势力，你都可以征讨。《左传・僖公四年》写召康公曾对姜太公有所谓“五侯九伯，女实征之，以夹辅周室”，又赐太公履，曰“东至于海，西至于河，南至于穆陵，北至于无棣”云云，此文乃仿之。［26］夹辅皇室：以扶助、辅助我们魏国的皇室。夹辅，扶助、辅佐。夹，挟，挟辅。皇室，指北魏拓跋氏政权。［27］承制假授：以魏主的名义分封、任命所属地区的官爵。假授，委任。假，加，予。［28］警跸：指帝王出门时的清道、戒严。［29］如汉初诸侯王故事：像西汉初期所封的诸侯王韩信、彭越等那种样子。西汉初期诸侯王国的政权建置与中央天子相同，诸侯王有自己任命丞相、都尉以外其他官吏的权力。［30］壬申：九月二十五日。［31］二寇：指西秦乞伏氏与胡夏赫连氏政权。摧殄（tiǎn）：摧折，消灭。［32］偃（yǎn）武修文：停止战备，振兴文教。偃，停止。修，恢复，致力于。［33］理废职：重振已经荒废了的职业、事业。［34］举逸民：选拔任用遗漏在山村草野的卓越人才。［35］皆贤隽之胄：都是前代贤人的子孙。胄，后裔。［36］冠冕周邦：都是各州郡的佼佼者。冠冕，古代帝王、官员所戴的帽子，比喻居于首位。周，同“州”，据章校，有的版本作“州”。［37］《易》：即《易经》，儒家五经之一。此处引文见《易・中孚卦・象辞》。［38］我有好爵，吾与尔縻（mí）之：意思是我有一杯可口的美酒，我愿与你一同享用。爵，酒杯，这里代指酒。縻，分散，引申为分享。［39］如玄之比者：意即才能与卢玄相仿的人。［40］敕（chì）：命令。以礼发遣：按照礼节送他们到朝廷来。［41］差次叙用：排出等级顺序，依次任用。［42］中书博士：中书省里的博士官，以知识渊博充参谋顾问之用。［43］辄（zhé）：总是。［44］子真：即卢玄，字子真。［45］大整流品：指大力清理朝野士人的人品、等级。［46］明辨姓族：查清各家族姓氏统系的源流。［47］创制：建立新法规、新制度。［48］讵（jù）有几人：犹言“能有几人”，意谓赞成者不多。讵，岂，哪能。［49］昭成帝：即拓跋什翼犍，追谥为昭成皇帝，庙号高祖。传见《魏书》卷一。［50］族：灭族。［51］听：听任，听凭。入金：以入金赎罪。［52］平：抵偿。［53］一备五：指偷一赔五。备，赔偿。［54］四部大人：指东、西、南、北四大区的最高官长。决辞讼：审判案件。［55］系讯连逮：囚禁、审讯、连坐、逮捕。［56］太祖：指拓跋珪。庙号太祖。传见《魏书》卷二。中原：古区域名，泛指黄河中下游地区。［57］前代律令：指中原地区前代实行的律令。峻密：严厉，苛细。［58］三公郎：三公曹郎官，主法制，并奏读春、夏、秋、冬四时令。王德：北魏三公郎，曾主持修订法令。删定：修改审定法令条文。［59］务崇简易：极力推行简单易行的法令条文。

[60]季年被疾：拓跋珪因服寒食散，晚年时常犯病，暴躁无常。季年，晚年，末年。［61］刑罚：泛指对违法者实行的强制处分。滥酷：泛滥，严酷。［62］太宗：即拓跋嗣，庙号太宗。传见《魏书》卷三。［63］吏文：指法律条文。深：即深文，苛细，严峻。［64］戊寅：十月一日。［65］世祖：即拓跋焘，庙号世祖。更定：更改，修订。［66］除五岁、四岁刑：去除五年、四年期限的徒刑。［67］巫蛊（gǔ）：用以加害仇敌的巫术，陷人于生病、死亡。［68］负：背。羖（gǔ）羊：公羊。沈：同“沉”，沉没。［69］官阶九品：谓九品以上的官员。以官爵除刑：让出官爵以减免刑罚。［70］决：犹今之所谓“执行”。［71］阙（què）左：宫门的左侧。阙，古代的双阙，即后代的宫门两侧的五凤楼。悬登闻鼓：悬挂在宫前，让有事者自己击鼓以求见。达冤人：使有冤情的人得以上达。［72］漠南：古区域名，在今内蒙古境内的大沙漠以南。［73］丙辰：十一月十日。［74］敕勒莫弗库若干：敕勒族（即高车）的君主名叫库若干。莫弗，犹匈奴之所谓“单于”，是臣民对其君长的称呼。库若干，人名。［75］诣魏主行在：把野兽驱赶到北魏主拓跋焘出巡中途停息的地方。行在，天子以四海为家，停宿哪里，就称那里为“行在”，或“行在所”。［76］丁丑：十二月一日。［77］凉王：即北凉主沮渠蒙逊。义和：北凉主沮渠蒙逊更改的年号，共两年多。［78］九德：郡名，郡治在今越南荣市，时属交州，当时为刘宋王朝所管辖。［79］交州：州治龙编，在今越南河内市东北。

九年（壬申，432年）

春，正月，丙午[1]，魏主尊保太后窦氏[2]为皇太后，立贵人赫连氏为皇后，子晃[3]为皇太子；大赦，改元延和[4]。

燕王立慕容后之子王仁[5]为太子。

三月，庚戌[6]，卫将军王弘进位太保，加中书监。丁巳[7]，征南大将军檀道济进位司空，还镇寻阳[8]。

壬申[9]，吐谷浑王慕璝送赫连定于魏，魏人杀之。慕璝上表曰：“臣俘擒僭逆[10]，献捷王府，爵秩虽崇而土不增廓[11]，车旗既饰而财不周赏[12]；愿垂鉴察[13]。”魏主下其议[14]。公卿以为：“慕璝所致[15]唯定而已，塞外之民皆为己有，而贪求无厌，不可许也。”魏主乃诏曰：“西秦王[16]所得金城、枹罕、陇西[17]之地，朕即与之，乃是裂土[18]，何须复廓[19]？西秦款至[20]，绵绢随使疏数，临时增益[21]，非一赐而止[22]也。”自是慕璝贡使至魏者稍简[23]。

魏方士祁纤[24]奏改代为万年[25]，以代尹为万年尹，代令为万年令。崔浩曰：“昔太祖应天受命[26]，兼称代、魏以法殷、商[27]。国家积德，当享年万亿，不待假名以为益[28]也。纤之所闻[29]，皆非正义，宜复旧号。”魏主从之。

夏，五月，壬申[30]，华容文昭公[31]王弘卒。弘明敏有思致[32]，而轻率少威仪[33]。性褊隘[34]，好折辱[35]人，人以此少[36]之。虽贵显，不营财利[37]；及卒，家无余业。帝闻之，特赐钱百万，米千斛[38]。

魏主治兵于南郊，谋伐燕。

帝遣使者赵道生聘[39]于魏。

六月，戊寅[40]，司徒、南徐州刺史彭城王义康改领扬州刺史。

诏分青州置冀州[41]，治历城[42]。

吐谷浑王慕璝遣其司马赵叙[43]入贡，且来告捷[44]。

庚寅[45]，魏主伐燕。命太子晃录尚书事，时晃才五岁。又遣左仆射安原[46]、建宁王崇[47]等屯漠南以备柔然。

辛卯[48]，魏主遣散骑常侍邓颖来聘[49]。

乙未[50]，以吐谷浑王慕璝为都督西秦·河·沙三州[51]诸军事、征西大将军、西秦·河二州刺史，进爵陇西王，且命慕璝悉归南方将士先没于夏者[52]，得百五十余人。

又加北秦州刺史杨难当[53]征西将军。难当以兄子保宗[54]为镇南将军，镇宕昌[55]；以其子顺为秦州[56]刺史，守上邽。保宗谋袭难当，事泄，难当囚之。

壬寅[57]，以江夏王义恭为都督南兖等六州诸军事、开府仪同三司、南兖州刺史，临川王义庆为都督荆·雍等七州诸军事、荆州刺史，竟陵王义宣为中书监，衡阳王义季为南徐州刺史。

初，高祖[58]以荆州居上流之重[59]，土地广远[60]，资实兵甲居[61]朝廷之半，故遗诏令诸子居之[62]。上以义庆宗室令美[63]，且烈武王有大功于社稷[64]，故特用之。

（以上为第四段，写北魏主率军进攻北燕；吐谷浑可汗慕容慕璝脚踩两只船，在依附北魏的同时，又投归刘宋；宋文帝封慕容慕璝为陇西王，又授秦州刺史杨难当为征西将军，宋文帝又大封其弟，同时重用侄子刘义庆为荆州刺史。）

【注释】

［1］丙午：正月一日。［2］保太后窦氏：拓跋嗣之妃，拓跋焘的养母。保是谥号。［3］晃：即拓跋晃，拓跋焘长子，立为皇太子，代替太武帝监管国政。后为中常侍宗爱陷害，忧虑而死。传见《魏书》卷四下。［4］延和：北魏太武帝拓跋焘更改的年号，历时三年余。［5］王仁：即冯王仁，北燕主冯弘之子，被立为太子。［6］庚戌：三月六日。［7］丁巳：三月十三日。［8］还镇寻阳：由历城还军建康，又由建康回寻阳。寻阳，郡名，郡治在今江西九江市，当时的军事重地，又是江州的州治所在地。［9］壬申：三月二十八日。［10］俘擒：俘虏，擒获。僭（jiàn）逆：称王作乱者，指赫连定。［11］土不增廓：地盘没有增加、扩大。［12］车旗既饰：仪仗队是有了。车旗，指王者的车驾旌旗。财不周赏：指所得的钱财不多，还不够赏赐部下之用。此指与沮渠蒙逊所受的奖赏相比而言。［13］愿垂：希望请您留意，谦词。鉴察：鉴别，察看。［14］下其议：把他的请求交给群臣讨论。［15］所致：所送来的东西。［16］西秦王：指吐谷浑王慕璝，魏主新封之西秦王。［17］金城、枹（fú）罕、陇西：三郡名，金城郡的郡治在今兰州市西北侧，枹罕郡的郡治在今甘肃临夏市，陇西郡的郡治在今甘肃陇西县东南侧，以上地区是西秦的地盘，也有时被沮渠蒙逊或赫连氏政权所占有。此时都被吐谷浑所占据。［18］乃是裂土：这就等于是我所分封给你的土地了。但从实际而言是慕容慕璝自己开拓来的。［19］何须复廓：哪里还用我再给你另加扩大。［20］西秦款至：西秦归附的使者一到平城。款，真情，这里指衔命而来的使者。［21］绵绢随使疏数，临时增益：随着使臣来的次数多少，临时决定增减其赏赐数额。疏数，疏密。［22］非一赐而止：我已经赏赐过你们好多了。［23］稍简：略微减少了。简，精简，减少。［24］方士：方技之士与数术之士。祁纤：北魏河东人，方士，好相人，太武帝拓跋焘贤之，拜为上大夫。曾奏立四王，以日东西南北为名，欲以致贞吉，除灾异。诏司徒崔浩与学士议之。浩以为不可，帝从崔浩之议，停止了祁纤的请求。［25］改代为万年：把代县改名叫万年县，把代郡改名叫万年郡。代县令，改称万年县令，代郡守，改称万年郡尹。［26］太祖：即拓跋珪，庙号太祖。应天受命：顺应天道，承受天命，指帝王登基。［27］兼称代、魏：既可称代国，也可称魏国。就如同商朝也可称殷朝一样。以法殷、商：以取法于“殷朝”，也可以称为“商朝”。［28］不待假名以为益：没有必要靠着一个好名称来延长我们的年头。假，借用。益，延长。［29］所闻：所奏闻，所禀报。［30］壬申：五月二十九日。［31］华容文昭公：华容公是王弘的封号，文昭是王弘的谥号。［32］明敏：聪明机敏。思致：指人的思想意趣或性情、才思。［33］轻率：言行随便，不慎重，不严肃。威仪：庄严的容止仪态。［34］褊隘：狭隘，急躁。［35］好：喜欢。折辱：折其锐气，侮辱。［36］少：短，瞧不起。［37］不营财利：不善于理财，不积累财富。［38］斛（hú）：古容量单位，一斛为十斗，即一担，120 斤。［39］赵道生：刘宋官员，曾为使者，出使于北魏。聘：出使，访问。［40］戊寅：六月五日。［41］青州：刘宋时州治东阳城，前亦曾称广固，在今山东青州市。置冀州：刘宋的侨置冀州下辖广川、平原、清河、乐陵、魏郡、河间、顿丘、高阳、勃海九郡。［42］治历城：州治设在历城，在今山东济南市。［43］赵

叙：吐谷浑官员，为司马，曾出使刘宋。［44］告捷：指俘获胡夏主赫连定之捷。［45］庚寅：六月十七日。［46］安原：辽东胡人，征东大将军安同之子，北魏将领。传见《魏书》卷三十。［47］崇：即拓跋崇，代郡平城（今山西大同市）人，鲜卑族，明元帝拓跋嗣之子，太武帝拓跋焘异母弟，北魏宗室大臣。传见《魏书》卷十七。［48］辛卯：六月十八日。［49］邓颖：北魏官员，为散骑常侍，曾出使刘宋。［50］乙未：六月二十二日。［51］西秦·河·沙三州：西秦的州治在今甘肃天水市；河州的州治枹罕，在今甘肃临夏市；沙州州治在今甘肃敦煌市。［52］悉归：全部放回。南方将士先没于夏者：指刘宋景平二年（424）刘义真由长安溃败时被胡夏人俘去的将士，后吐谷浑消灭胡夏，这些人又被掳到了吐谷浑。［53］北秦州：州治安阳，在今甘肃秦安县北安伏镇。杨难当：白马氐人，后仇池国第五任国主。后投奔北魏，为营州刺史、外都大官。传见《宋书》卷四十七。［54］保宗：即杨保宗，为后仇池国第四任国主，被叔叔杨难当废黜，投奔北魏，封为武都王，再后欲背叛北魏，被杀。［55］宕昌：县名，在今甘肃宕昌县西南。［56］顺：即杨顺，杨难当之子，曾为秦州刺史。秦州：州治上邽，在今甘肃天水市。［57］壬寅：六月二十九日。［58］高祖：即刘宋武帝刘裕，庙号高祖，谥号武皇帝。传见《宋书》卷一。［59］居上流之重：指镇守长江上游的重镇荆州。［60］广远：指荆州所属的地盘大。［61］资实：指各种后勤物资。居，居于，占有。［62］令诸子居之：让他的儿子们轮流地在荆州任职。［63］令美：美好的名声。同义复词，令，也是“美”的意思，偏于指人的品德才干而言。［64］烈武王：即刘道规，字道则，刘裕三弟，东晋末期名将，封临川王，谥号烈武。传见《宋书》卷五十一。社稷：代指国家。

秋，七月，己未[1]，魏主至濡水[2]。庚申[3]，遣安东将军奚斤发幽州民及密云丁零[4]万余人，运攻具，出南道，会和龙[5]。魏主至辽西，燕王遣其侍御史崔聘奉牛酒犒师[6]。己巳[7]，魏主至和龙。

庚午[8]，以领军将军殷景仁为尚书仆射，太子詹事刘湛为领军将军。

益州刺史刘道济[9]，粹之弟也，信任长史费谦[10]、别驾张熙[11]等，聚敛兴利[12]，伤政害民，立官冶[13]，禁民鼓铸[14]而贵卖铁器，商贾失业，吁嗟[15]满路。

流民许穆之[16]，变姓名称司马飞龙，自云晋室近亲，往依氐王杨难当。难当因民之怨，资[17]飞龙以兵，使侵扰益州。飞龙招合蜀人，得千余人，攻杀巴兴令[18]，逐阴平[19]太守，道济遣军击斩之。

道济欲以五城人帛氐奴、梁显为参军督护[20]，费谦固执不与[21]。氐奴等与乡人赵广构扇[22]县人，诈言司马殿下犹在阳泉山[23]中，聚众得数千人，引向广汉[24]；道济参军程展会治中李抗之将五百人击之，皆败死。巴西人唐频[25]聚众应之，赵广等进攻涪城[26]，陷之。于是涪陵、江阳、遂宁[27]诸郡守皆弃城走，蜀土侨、旧俱反[28]。

燕石城太守李崇[29]等十郡降于魏。魏主发其民三万穿围堑以守和龙[30]。崇，绩之子也。

八月，燕王使数万人出战，魏昌黎公丘[31]等击破之，死者万余人。燕尚书高绍帅万余家保羌胡固[32]。辛巳[33]，魏主攻绍，斩之。平东将军贺多罗攻带方[34]，抚军大将军永昌王健攻建德[35]，骠骑大将军乐平王丕攻冀阳[36]，皆拔之。

九月，乙卯[37]，魏主引兵西还，徙营丘、成周、辽东、乐浪、带方、玄菟[38]六郡民三万家于幽州。

燕尚书郭渊劝燕王送款[39]献女于魏，乞为附庸[40]。燕王曰："负衅[41]在前，结忿[42]已深，降附取死，不如守志更图也。"

魏主之围和龙也，宿卫之士多在战陈[43]，行宫[44]人少。云中镇将朱修之[45]谋与南人袭杀魏主，因入和龙[46]，浮海南归；以告冠军将军毛修之[47]，毛修之不从，乃止。既而事泄，朱修之逃奔燕。魏人数伐燕，燕王遣修之南归求救。修之泛海至东莱[48]，遂还建康，拜黄门侍郎[49]。

赵广等进攻成都，刘道济婴城[50]自守。贼众屯聚日久，不见司马飞龙，欲散去。广惧，将三千人及羽仪诣阳泉寺[51]，诈云迎飞龙。至，则谓道人枹罕程道养[52]曰："汝但自言是飞龙，则坐享富贵；不则断头！"道养惶怖[53]许诺。广乃推道养为蜀王、车骑大将军，益·梁二州牧，改元泰始[54]，备置百官。以道养弟道助[55]为骠骑将军、长沙王，镇涪城；赵广、帛氏奴、梁显及其党张寻、严遐[56]皆为将军，奉道养还成都，众至十余万,四面围城。使人谓道济曰："但送费谦、张熙来，我辈自解去。"道济遣中兵参军裴方明[57]、任浪之[58]各将千余人出战，皆败还。

冬，十一月，乙巳[59]，魏主还平城。

（以上为第五段，写北魏主拓跋焘出兵攻打北燕；刘宋流民许穆之自称司马飞龙，利用益州的民怨反叛，而后被杀，而赵广等人打着司马飞龙的旗号，推程道养为首领，继续造反。）

【注释】

［1］己未：七月十七日。［2］濡水：古水名，在今河北东北部的滦河上游，流经今河北的沽源县、承德市、卢龙县，在乐亭县南入海。［3］庚申：七月十八日。［4］幽州：州治在今北京市。密云丁零：居住在密云的丁零族人。密云，曾是郡名，郡治白檀，在今北京市密云水库东北的长城边上。［5］和龙：古都城名，也叫龙城，在今辽宁朝阳市，当时为北燕冯氏政权的都城。［6］奉牛酒犒师：奉献牛酒慰劳北魏主护驾的军队。古时牛酒为高等级宴会食品。犒，用酒食或财物慰劳、奖励。［7］己巳：七月二十七日。［8］庚午：七月二十八日。［9］刘道济：沛郡萧县（今安徽萧县）人，安北将军刘粹之弟，刘宋大臣。为振武将军、益州刺史。暴政害民，民怨深重，发生赵广起义，攻逼成都，屡战失利，忧愤而死。传见《宋书》卷四十五。［10］费谦：刘宋益州刺史刘道济长史。［11］张熙：刘宋益州刺史刘道济别驾。［12］聚敛兴利：搜刮民财，牟利赚钱。［13］立官冶：开设官办的炼铁与制造事业。［14］禁民鼓铸：不许百姓鼓风铸造铁工具。［15］吁（xū）嗟（jiē）：唉声叹气，怨声载道。［16］流民：指因受灾而流亡外地、生活没有着落的人。许穆之：南朝宋流民。东晋末走仇池（今甘肃成县西北），投氐帅杨难当，改名司马飞龙。益州刺史刘道济聚敛无度，蜀人怨恨，杨难当遂资以兵力，使袭益州。乃自仇池入绵竹，得众千余，破巴兴，攻阴平，后为刘道济遣军击杀。［17］资：资助。［18］巴兴令：巴兴县令。巴兴，县名，县治在今四川篷溪县。［19］阴平：郡名，郡治在今四川剑阁县西北。［20］五城：古城名，在今四川三台县。帛氐奴、梁显：两人名，曾为益州刺史刘道济参军督护。参军督护：都督帐下的军事参谋。［21］不与：不给，不同意。［22］赵广：南朝宋伍城（今四川中江县东）人，元嘉九年（432）九月，与乡人帛氐奴等率众反抗益州刺史刘道济，屡败官军，连下广汉、涪城等地，乃迎枹罕道士程道养为蜀王，建元泰始，备置百官，两次围攻成都，不克，退保广汉。次年降宋，二年后因图再起被杀。构扇：编造事端，挑拨煽动。扇，同“煽”。［23］司马殿下：指司马飞龙。阳泉山：阳泉县的山区。阳泉，古县名，县治在今四川德阳市西。［24］广汉：郡名，郡治雒县，在今四川广汉市北。［25］巴西：郡名，郡治在今四川绵阳市东。唐频：刘宋时巴西豪强。［26］涪（fú）城：县名，县治在今四川三台县北。［27］涪陵、江阳、遂宁：郡名，涪陵的郡治在今重庆市涪陵区南，江阳的郡治在今四川泸州市，遂宁的郡治在今四川蓬溪县。［28］蜀土侨、旧俱反：居住在蜀地的北方流民和旧有的居民全都造反了。侨，指侨置郡县的流亡人口。［29］石城：郡名，郡治在今辽宁建昌县西。李崇：前燕太子中庶子李绩之子，北燕石城太守。［30］穿围堑：环城，深沟，使城中人不能出来。以守和龙：将和龙围困住。［31］丘：即拓跋丘，北魏宗室，封昌黎公。［32］高绍：北燕官员，为尚书。羌胡固：古地名。［33］辛巳：八月九日。［34］贺多罗：北魏平东将军、征西将军。带方：郡名，郡治在今朝鲜平壤南的沙里苑市东南。北燕冯氏政权的领域似难达此处，疑另有侨置带方郡在今辽宁西部。［35］健：即拓跋健，明元帝拓跋嗣之子，封永昌王，官至抚军大将军。传见《魏书》卷十七。建德：郡治在今辽宁建昌县西北。［36］丕：即拓跋丕，北魏明元帝拓跋嗣第二子，封乐平郡王，授骠骑大将军。

传见《魏书》卷十七。冀阳：郡名，郡治在今辽宁凌源市。［37］乙卯：九月十四日。［38］营丘、成周、辽东、乐浪、带方、玄菟：皆古郡名，都是后燕在今辽宁西部设置的小郡。［39］郭渊：北燕尚书。送款：指送表称臣，表示归降。［40］乞为附庸：请求做魏国的附属国。附庸，指附属于大国的小国。［41］负衅（xìn）：犹言“结仇”，指扣押北魏使者于什门。事见《魏书·节义传》。［42］结忿：结下仇恨。忿，同“愤”。［43］宿卫：值宿宫禁，担任警卫。战陈：犹言战争之中。［44］行宫：指魏主拓跋焘在外的临时住所。［45］云中：郡名，郡治盛乐，在今内蒙古和林格尔县北。朱修之：字恭祖，豫州刺史朱序之孙，益州刺史朱谌之子，南朝宋大臣。随到彦之北伐，被俘。北魏任为侍中，云中镇将，欲趁北魏主拓跋焘北巡之机起兵袭杀之，不果，逃回刘宋。孝武帝时，为荆州刺史，征为左户尚书，转领军将军。谥号贞侯。传见《宋书》卷七十六。［46］因入和龙：当时冯氏政权与刘宋通好，故可以向北燕借路南归。［47］毛修之：字敬之，亦被北魏俘获的刘宋将军，北魏主任为冠军将军，外部大人。朱修之与其密谋起兵，毛修之不从。后逃回刘宋。传见《宋书》卷四十八。［48］东莱：郡名，郡治在今山东莱州市。［49］黄门侍郎：皇帝身边的侍从官员。宋文帝任用逃归的毛修之为黄门侍郎。［50］婴城：环城。［51］羽仪：指用羽毛装饰的仪仗，这里即指仪仗队。诣（yì）：到，前去拜访。阳泉寺：阳泉山中的寺庙。［52］程道养：河州枹罕（今甘肃临夏市）人，南朝宋时益州起义军首领。早年加入道教，居于益州阳泉寺。赵广起事后，令其诈称司马飞龙，被拥立为蜀王，国号蜀，年号泰始。后起义军内部分化，为臣下王道恩所弑。［53］惶怖：惊惶，害怕。［54］泰始：南朝宋时益州程道养的年号，共计六年余。泰始，原是西晋司马炎的年号，赵广等以复晋为名，故仍用西晋年号以唤起人心。［55］道助：即程道助，程道养之弟，程道养被逼担蜀王后，封之为骠骑将军、长沙王，镇守涪城。［56］张寻、严遐：汉民首领，蜀王程道养时为将军。［57］中兵参军：益州刺史府的僚属，主管侍卫。裴方明：绛郡闻喜（今山西闻喜县）人，勇猛善战，为益州刺史刘道济中兵参军，领兵击败程道养，镇压赵广起义，拜龙骧将军。后随从刘道济攻灭后仇池国，击败氐王杨难当，封梁、南秦二州刺史。后坐贪污罪，论死。［58］任浪之：益州刺史刘道济的中兵参军。［59］乙巳：十一月四日。

壬子[1]，以少府中山甄法崇为益州刺史[2]。

初，燕王嫡妃王氏，生长乐公崇[3]，崇于兄弟为最长。及即位，立慕容氏为王后，王氏不得立，又黜崇，使镇肥如[4]。崇母弟广平公朗[5]、乐陵公邈[6]相谓曰：“今国家将亡，人无愚智皆知之。王复受慕容后之谮[7]，吾兄弟死无日矣。”乃相与亡奔辽西[8]，说崇使降魏，崇从之。会魏主使给事郎王德[9]招崇，十二月，己丑[10]，崇使邈如魏，请举郡降。燕王闻之，使其将封羽[11]围崇于辽西。

魏主征诸名士之未仕者，州郡多逼遣[12]之。魏主闻之，下诏令守宰以礼申谕[13]，任其进退[14]，毋得逼遣。

初，帝以少子绍[15]为庐陵孝献王嗣[16]，以江夏王义恭子朗[17]为营阳王[18]嗣；庚寅[19]，封绍为庐陵王[20]，朗为南丰县王[21]。

裴方明等复出击程道养营，破之，焚其积聚。

贼党江阳杨孟子将千余人屯城南[22]，参军梁儁之统南楼[23]，投书说谕孟子，邀使入城见刘道济，道济版为主簿[24]，克期讨贼。赵广知其谋，孟子惧，将所领奔晋原[25]，晋原太守文仲兴[26]与之同拒守。赵广遣帛氏奴攻晋原，破之，仲兴、孟子皆死。裴方明复出击贼，屡战，破之，贼遂大溃；程道养收众得七千人，还广汉，赵广别将五千余人还涪城。

先是，张熙说道济粜仓谷[27]，故自九月末围城至十二月，粮储俱尽。方明将二千人出城求食，为贼所败，单马独还，贼众复大集。方明夜缒[28]而上，道济为设食，涕泣不能食。道济曰："卿非大丈夫，小败何苦！贼势既衰，台兵垂至[29]，但令卿还[30]，何忧于贼！"即减左右以配之[31]。贼于城外扬言，云"方明已死"，城中大恐。道济夜列炬火[32]，出方明以示众，众乃安。道济悉出财物于北射堂[33]，令方明募人[34]。时城中或传道济已死，莫有应者。梁儁之说道济遣左右给使[35]三十余人出外，且告之曰："吾病小损[36]，各听归家休息[37]。"给使既出，城中乃安，应募者日有千余人。

初，晋谢混[38]尚晋陵公主[39]。混死，诏公主与谢氏绝婚[40]；公主悉以混家事委混从子弘微[41]。混仍世宰辅[42]，僮仆[43]千人，唯有二女，年数岁，弘微为之纪理生业[44]，一钱尺帛有文簿[45]。九年而高祖即位[46]，公主降号东乡君[47]，听还谢氏[48]。入门，室宇仓廪[49]，不异平日，田畴垦辟[50]，有加于旧[51]。东乡君叹曰："仆射平生重此子[52]，可谓知人；仆射为不亡[53]矣！"亲旧见者为之流涕。是岁，东乡君卒，公私咸谓赀财[54]宜归二女，田宅、僮仆[55]应属弘微。弘微一无所取，自以私禄[56]葬东乡君。

混女夫殷睿好摴蒱[57]，闻弘微不取财物，乃夺其妻妹及伯母、两姑之分以还戏责[58]。内人皆化弘微之让[59]，一无所争。或讥之[60]曰："谢氏累世财产，充殷君一朝戏责[61]，理之不允[62]，莫此为大。卿视而不言，譬弃物江海以为廉耳。设使立清名而令家内不足[63]，亦吾所不取[64]也。"弘微曰："亲戚争财，为鄙之甚[65]，今内人尚能无言，岂可导之使争[66]乎！分多共少[67]，不至有乏[68]，身死之后，岂复见关也[69]？"

（以上为第六段，写刘宋成都中兵参军裴方明等人再次出城进攻程道养的大营，大破叛军；谢弘微打理叔父谢混家业资产，井井有条，分文不取，赢得上下称赞。）

【注释】

[1]壬子：十一月十一日。[2]甄法崇：南朝宋大臣。初任江陵县令，有治绩；累迁尚书起部郎、少府卿，出任益州刺史，以取代贪酷而又无能的刘道济。[3]崇：即冯崇，昭成帝冯弘之子。北燕建立后，册封为太子，后废为长乐公。惧怕继母迫害，投靠北魏道武帝，受封车骑大将军、幽平二州牧、辽西王。传见《魏书》卷九十七。[4]肥如：县名，当时为辽西郡的郡治，在今河北迁安市东北。[5]朗：即冯朗，北燕昭成帝冯弘之子，冯崇之弟，出于北燕内乱，投降北魏。出任秦、雍二州刺史，封辽西郡公，后坐罪伏诛。[6]邈：即冯邈，昭成帝冯弘之子，封为乐陵公。后投靠北魏。追随冯朗发动叛乱，事败逃亡柔然，不知所终。[7]谮（zèn）：说人坏话。[8]辽西：郡名，郡治肥如，在今河北迁安市东北。[9]给事郎：皇帝的侍从官员。王德：北魏官员，为给事郎。[10]己丑：十二月十九日。[11]封羽：北燕将领，镇守凡城，后投降北魏。[12]逼遣：强行逼迫遣送。[13]守宰：郡守，县令，泛指地方官员。申谕：说明情况。[14]任其进退：入朝为官还是在野为民，都任其自便。[15]绍：《宋书》作"劭"，即刘劭，字休远，宋文帝刘义隆嫡长子，立为皇太子，后私行巫蛊之术，使文帝萌生废立之意。刘劭发动宫廷政变，闯宫弑父，自立为帝，改元太初。后受到武陵王刘骏的讨伐，兵败被杀。传见《宋书》卷九十九。[16]为庐陵孝献王嗣：宋文帝以刘劭为刘义真继嗣。刘义真，宋文帝二兄，封庐陵王，被权臣害死。[17]朗：即刘朗，字元明，江夏文献王刘义恭长子，出继少帝刘义符，封南丰县王。为湘州刺史，后被杀。[18]营阳王：即刘宋第二位皇帝刘义符，宋武帝刘裕长子，被权臣废为营阳王，随后被杀害。传见《宋书》卷四。[19]庚寅：十二月二十日。[20]庐陵王：封地庐陵郡，郡治在今江西吉水县北。[21]南丰县王：封地南丰县，县治在今江西广昌县东。[22]江阳：县名，县治在今四川泸州市。杨孟子：反叛朝廷者。城南：江阳县城南。[23]梁儁之：益州刺史府参军。统南楼：居于南门城楼，负责南城的守卫。统，管理。[24]版为主簿：任以为主簿。版，犹如今之委任状。主簿，州刺史的高级僚属，掌管文书。[25]将所领：率领

手下的部众。晋原：郡名，郡治在今四川崇州市西北。［26］文仲兴：刘宋官员，为晋原太守。［27］粜（tiào）仓谷：出售仓库的粮食。［28］缒（zhuì）：用绳子吊。［29］台兵垂至：朝廷的军队很快就要到来。垂，将要。［30］但令卿还：意谓只要你回来了就好。但，只。［31］减左右以配之：把自己身边的人拨出一部分归他统领。［32］炬火：火炬，火把。［33］射堂：古堂名，刺史衙门里的演武厅。［34］募人：招募军队。［35］左右给使：身边听候支使的人。［36］吾病小损：我的病情减轻。［37］各听归家休息：你们可以回家休息几天了。听，听任，任便。称自己的病情转好，令身边的人回家休息，是故意示人以从容闲暇。［38］谢混：字叔源，晋太保谢安之孙，会稽太守谢琰第三子，晋孝武帝司马曜女婿，东晋名士、外戚大臣。因坐罪党附刘毅，被刘裕处死。传见《晋书》卷七十九。［39］晋陵公主：东晋公主，孝武帝司马曜之女，谢混之妻。南朝宋建立后，公主降封为东乡君，因“节义可嘉”，得以返回谢氏。后去世。［40］与谢氏绝婚：谢混是刘毅一党，因反对刘裕被刘裕所杀，东晋安帝为保护公主，只好将其召回娘家。谢混被杀在安帝义熙八年（412）。［41］弘微：即谢弘微，本名谢密，字弘微，豫州刺史谢万曾孙，为谢混所知。南朝宋大臣。传见《宋书》卷五十八。［42］仍世宰辅：指谢混一连为几代辅相之臣。仍，意同“频”。［43］僮仆：仆役，仆人。［44］纪理生业：管理其全家的生计、生活。纪理，经营，管理。［45］一钱尺帛：一文钱，一尺帛，以言其一切开支。有文簿：都要登记上簿。［46］高祖即位：指刘裕受禅称帝。［47］降号东乡君：刘裕受禅后，自己的女儿称“公主”，旧时东晋皇帝的女儿则一律降号称“君”，故晋陵公主也就成了“东乡君”。［48］听还谢氏：允许她还回到婆家去居住。［49］仓廪（lǐn）：贮藏米谷的仓库。［50］田畴（chóu）：泛指田地。垦辟：开垦。［51］有加于旧：比过去经营得还要好。［52］仆射：指谢混，谢混曾为尚书左仆射。平生重此子：生前一向夸奖这个孩子，即十分器重谢弘微。［53］不亡：指谢混虽死犹生，没有死。也可说“瞑目”“死而无憾”。［54］赀（zī）财：钱财，财物。［55］僮（tóng）仆：佣人，仆人。［56］私禄：自己的俸禄。［57］殷睿：刘宋人，谢混女婿。摴（chū）蒱（pú）：古代博戏，近似于今之掷色子。［58］戏责：赌债。戏，博戏，即上所谓“摴蒱”。责，同“债”，赌输所欠的钱。［59］内人：指谢氏的家里的人。皆化弘微之让：被谢弘微不贪钱财的行为所感动。化，被感动。［60］讥之：讥讽谢弘微。［61］充殷君一朝戏责：被殷睿这个小子用来还了一个早晨的赌债。［62］理之不允：世界上最不公平的事情。不允，不公平，不合理。［63］设使：假使，假如。立清名：空立一个“清廉”的好名声。而令家内不足：到头来把家里弄得缺吃少穿。［64］亦吾所不取：这也是我们所不赞成的。［65］为鄙之甚：这是最鄙陋的事情了。［66］导之使争：引导他们为财产而争竞起来。［67］分多共少：犹言取有余补不足。共，同“供”。［68］不至有乏：能勉强过得去也就行了。［69］身死之后，岂复见关也：等人死了之后，有人关心这些钱财的事情吗？见，被。关，关心，关注。也，同“耶”，反问语气词。

秃发保周自凉奔魏[1]，魏封保周为张掖公。

魏李顺复奉使至凉。凉王蒙逊遣中兵校郎杨定归[2]谓顺曰："年衰多疾，腰髀不随[3]，不堪拜伏[4]；比三五日消息小差[5]，当相见。"顺曰："王之老疾，朝廷所知；岂得自安[6]，不见诏使[7]！"明日，蒙逊延顺入至庭中[8]，蒙逊箕坐隐几[9]，无动起之状。顺正色[10]大言曰："不谓此叟[11]无礼乃至于此！今不忧覆亡而敢陵侮天地[12]；魂魄逝矣[13]，何用见之[14]！"握节将出[15]。凉王使定归追止之，曰："太常既雅恕衰疾[16]，传闻朝廷有不拜之诏[17]，是以敢自安耳。"顺曰："齐桓公[18]九合诸侯[19]，一匡天下[20]，周天子赐胙[21]，命无下拜[22]，桓公犹不敢失臣礼，下拜登受[23]。今王虽功高，未如齐桓；朝廷虽相崇重[24]，未有不拜之诏！而遽自偃蹇[25]，此岂社稷之福[26]邪！"蒙逊乃起，拜受诏。

使还，魏主问以凉事。顺曰："蒙逊控制河右[27]，逾三十年[28]，经涉[29]艰难，粗识机变[30]，绥集荒裔[31]，群下畏服，虽不能贻厥孙谋[32]，犹足以终其一世[33]。然礼者德之舆[34]，敬者身之基[35]也，蒙逊无礼、不敬，以臣观之，不复年[36]矣。"魏主曰："易世[37]之后，何时当灭？"顺曰："蒙逊诸子，臣略见之，皆庸才也。如闻敦煌太守牧犍[38]，器性粗立[39]，继蒙逊者，必此人也。然比之于父，皆云不及。此殆天之所以资圣明[40]也。"魏主曰："朕方有事东方[41]，未暇西略。如卿所言，不过数年之外，不为晚也。"

初，罽宾沙门昙无谶[42]，自云能使鬼治病，且有秘术[43]。凉王蒙逊甚重之，谓之"圣人"，诸女及子妇皆往受术。魏主闻之，使李顺往征之[44]。蒙逊留不遣，仍杀之[45]。魏主由是怒凉。

蒙逊荒淫猜虐[46]，群下苦之。

（以上为第七段，写北凉主沮渠蒙逊荒淫无道，猜忌暴虐，傲慢无礼，不愿拜见北魏使者李顺，杀掉北魏征召的高僧昙无谶，彻底得罪北魏主拓跋焘，灭亡之期不远。）

【注释】

［1］秃发保周：南凉景王秃发傉檀之子，曾在西秦当人质，西秦被灭后，投奔北凉。自凉奔魏：秃发保周又从北凉投奔北魏。［2］中兵校郎：帝王的侍卫军官。杨定归：北凉官员，为中兵校郎。［3］腰髀不随：腰腿不太灵敏。指北凉沮渠蒙逊年衰多病，腰腿不灵。［4］不堪拜伏：不能下跪磕头。［5］比：及，等，犹今之所谓“再过”。消息小差：病症略好。消息，指体察斟酌病情。小，同“稍”，略微。［6］自安：贪图自己的舒适。［7］诏使：朝廷派来的使者。［8］庭中：宫中。［9］箕坐隐几：直伸两腿，上身还伏在小桌上。古人的所谓“坐”，即跪坐。如果臀部落席，直伸两腿，其状如箕，叫“箕坐”，是一种不礼貌、没有规矩的坐姿。隐几，上身靠在小几上，是一种懒散、休息的样子。［10］正色：态度严肃，神态严厉。［11］叟：老头儿。［12］覆亡：灭亡。陵侮天地：以喻其对魏国皇帝无礼。天地，以喻帝王，帝王对臣民如天之覆，如地之载。［13］魂魄逝矣：这个人的灵魂已经离开躯体，已经成了死人。［14］何用见之：还有什么必要再见他？［15］握节将出：准备立即回去，向北魏皇帝复命。节，旌节，以竹为之，以旄牛尾为饰，是皇帝特派人员所持的凭证。［16］太常：此为敬称李顺，李顺在北魏任太常。雅恕衰疾：宽容了我的疾病。雅，感谢对方的谦词。［17］传闻朝廷：我听说魏国。有不拜之诏：有允许臣子可以不拜谢的诏令。［18］齐桓公：春秋时齐国国君。传见《史记》卷三十二。［19］九合诸侯：多次召集诸侯会盟。［20］一匡天下：指稳定了周襄王的统治地位，维持了周王朝的统治秩序。匡，匡正，扶正。［21］赐胙（zuò）：把祭天祭祖用过的祭肉送给齐桓公。周天子将祭祀天地的肉分与诸侯大臣，是对该诸侯大臣的尊宠。［22］命无下拜：当时告诉齐桓公，让他不要下座位行拜谢之礼。［23］下拜登受：齐桓公还是坚持走下台阶行跪拜礼，再上台去接过祭肉。胡三省引《左传·僖公九年》曰：“齐桓公合诸侯于葵丘，王使宰孔赐胙，齐侯将下拜。孔曰：‘天子以伯舅耋老，加劳赐一级，无下拜。’对曰：‘天威不违颜咫尺。小白余敢贪天子之命无下拜？恐陨越于下，以遗天子羞，敢不下拜！’下拜，登受。”［24］崇重：尊重，重视。［25］遽（jù）自偃蹇：竟然摆出一种如此高傲怠慢的样子。遽，居然，竟然。偃蹇，骄横傲慢，盛气凌人。［26］此岂社稷之福：你这样的表现会对你们国家有好处吗？［27］河右：即河西，古地区名，指黄河以西，今甘肃中西部及青海东北部地区。［28］逾三十年：超过了三十年。沮渠蒙逊于晋安帝隆安五年（401）杀段业自立为王，至今已三十一年。［29］经涉：经过，涉猎。［30］粗识机变：很有一套权谋与随机应变的能力。粗识，稍微明白一点。这是在帝王面前说话的一种婉转艺术，也可以用为自己的谦词。［31］绥（suí）集荒裔（yì）：讨伐并安定了荒远的边地。绥集，安抚，集聚。［32］贻（yí）厥（jué）孙谋：为其儿孙作打算，意即传国于他的后代。贻，遗留。厥，其。［33］犹足以终其一世：在他统治凉州的时候，是不会被人消灭的。［34］礼者德之舆：重视礼节，是有德的表现。舆，车，装载的意思。［35］敬者身之基：对人恭敬，是立身的基础。［36］不复年：不能再活过一年。［37］易世：改代，指沮渠蒙逊死后，其子上台。［38］敦煌：郡名，郡治在今甘肃敦煌市。牧犍：即沮渠牧犍，字茂虔，沮渠蒙逊第三子，北凉第三位国主，同时交好

北魏和刘宋，被北魏所灭。传见《魏书》卷九十九。［39］器性粗立：气质、人格大致具备。粗，大致，初步。与前文“粗识机变”的“粗”字用法相同。［40］殆（dài）：大概，差不多。天之所以资圣明：老天爷用这种办法来帮助圣明的帝王完成统一天下的大业。资，资助，帮助。［41］有事东方：指讨伐北燕。［42］罽（jì）宾沙门：罽宾国来的和尚。罽，古西域国名，在今克什米尔一带，是佛教大乘教派的发源地。沙门，意即和尚。昙（tán）无谶（chèn）（意译法护）：北凉僧，中天竺人。幼出家，做达摩耶舍的弟子，聪敏出群。年二十诵大小乘经二百余万言，明解咒术。东晋末，由龟兹至姑臧，北凉主沮渠蒙逊接待甚厚。北魏主拓跋焘闻其名，遣使迎请，蒙逊不放。无谶请西行取经，蒙逊怀疑，将其杀害。［43］秘术：如所谓使妇女多子等。胡三省引《北史》曰：“昙无谶自云能使鬼疗病，令妇人多子。”［44］征：调，调其到魏国京城。［45］仍杀之：乃将其杀死。［46］猜虐：疑忌，暴虐。

十年（癸酉，433年）

春，正月，乙卯[1]，魏主遣永昌王健督诸军救辽西[2]。

己未[3]，大赦。

丙寅[4]，魏以乐安王范[5]为都督秦·雍等五州诸军事、卫大将军、开府仪同三司、长安镇都大将[6]。魏主以范年少，更选旧德平西将军崔徽[7]、征北大将军雁门张黎[8]为之副，共镇长安。徽，宏[9]之弟也，范谦恭宽惠，徽务敦大体[10]，黎清约[11]公平，政刑简易，轻徭薄赋，关中遂安。

二月，庚午[12]，魏主以冯崇为都督幽、平、东夷诸军事，车骑大将军，幽、平二州牧，封辽西王，录其国尚书事[13]，食辽西十郡，承制假授尚书、刺史、征虏[14]已下官。

魏平凉休屠征西将军金崖[15]、羌泾州刺史狄子玉[16]与安定镇将延普[17]争权，崖、子玉举兵攻普，不克，退保胡空谷[18]。魏主以虎牢镇大将陆俟[19]为安定镇大将，击崖等，皆擒之。

魏主征陆俟为散骑常侍，出为怀荒镇大将[20]，未期岁[21]，高车诸莫弗讼俟严急[22]无恩，复请前镇将郎孤[23]。魏主征俟还，以孤代之。俟既至，言于帝曰：“不过期年，郎孤必败，高车必叛。”帝怒，切责之，使以建业公归第[24]。明年，诸莫弗果杀郎孤而叛。帝大惊，立召俟问之曰：“卿何以知其然也？”俟曰：“高车不知上下之礼[25]，故臣临之以威，制之以法，欲以渐训导[26]，使知分限[27]。而诸莫弗恶臣[28]所为，讼臣无恩，称孤之美。臣以罪去，孤获还镇，悦其称誉，益收名声，专用宽恕待之。无礼之人，易生骄慢，不过期年，无复上下，孤所不堪，必将复以法裁之。如此，则众心怨怼[29]，必生祸乱矣。”帝笑曰：“卿身虽短，思虑何长也！”即日复以为散骑常侍。

壬午[30]，魏主如河西，遣兼散骑常侍宋宣来聘[31]，且为太子晃求婚，帝依违[32]答之。

刘道济卒，梁儁之、裴方明等密埋其尸于斋[33]后，诈为道济教命以答签疏[34]，虽其母妻亦不知也。程道养于毁金桥登坛郊天[35]，方明将三千人出击之。道养等大败，退保广汉[36]。

荆州刺史临川王义庆以巴东太守周籍之督巴西[37]等五郡诸军事，将二千人救成都。

三月，亡人司马天助[38]降于魏，自称晋会稽世子元显之子，魏人以为青、徐二州刺史，东海公[39]。

壬子[40]，魏主还宫。

赵广等自广汉至郫[41]，连营百数。周籍之与裴方明等合兵攻郫，克之，进击广等于广汉，广等走还涪及五城[42]。夏，四月，戊寅[43]，始发刘道济丧。

帝闻梁、南秦二州刺史甄法护[44]刑政不治，失氐、羌之和，乃自徒中起萧思话为梁、南秦二州[45]刺史。法护，法崇[46]之兄也。

（以上为第八段，写北魏主拓跋焘征召陆俟出任怀荒镇大将，陆俟被指控执法严苛而被免职，重新启用前镇将郎孤，陆俟预言郎孤必败，言中，陆俟再次被重用，官复原职。）

【注释】

[1]乙卯：正月十五日。[2]救辽西：冯弘之子冯崇以辽西郡降魏，冯弘派兵围之，故魏主发兵相救。辽西，郡名，郡治肥如，在今河北迁安市东北。[3]己未：正月十九日。[4]丙寅：正月二十六日。[5]范：即拓跋范，明元帝拓跋嗣第四子，封乐安王。后拜侍中、卫大将军、雍州刺史，奉命镇守长安。入为内都坐大官、中都坐大官。传见《魏书》卷十七。[6]长安镇都大将：长安军事区的最高长官，位同刺史，只管军事。胡三省曰：“都大将又在镇大将之上。”

长安，在今陕西西安市。［7］旧德：德高望重的老人。崔徽：北魏官员，为平西将军，协助镇守长安。［8］张黎：魏大臣。拓跋嗣时，拜侍中，封广平郡公，掌管机要事务。拓跋焘时，拜大司农，为征西大将军、雍州刺史，镇守长安。后又历仕拓跋余、拓跋濬两朝，被冤杀。传见《魏书》卷二十八。［9］宏：即崔宏，字玄伯，崔浩之父，北魏黄门侍郎、尚书左丞、通制三十六曹，为“八公”之一。传见《魏书》卷二十四。［10］务敦大体：注意搞好大的方面。敦，注意，讲究。［11］清约：清静，俭朴。［12］庚午：二月一日。［13］录其国尚书事：总管北燕国尚书省的一切事务。录，管理。［14］承制假授：以北魏主的名义任命所辖地区的官吏。征虏：指征虏将军，杂号将军名。［15］休屠：匈奴族的部落之一。金崖：平凉（今甘肃平凉市）人，族属休屠胡，北魏将领。拜征西将军，与安定镇将延普争权构隙，联合泾州刺史狄子玉攻打延普，后据险自固，为安定镇将陆俟所破，被执杀。［16］泾州：北魏时州治临泾，在今甘肃泾川县西北。狄子玉：字子玉，天水（今甘肃天水市）人，羌族，北魏大臣。与安定太守延普争夺权力，受到大将军陆俟袭击，兵败被杀。［17］安定镇将：镇守安定郡的将军。安定，古郡名，郡治在今甘肃泾川县西北，当时的临泾之南，相距不远。延普：鲜卑族，北魏将领。英勇善战，屡立功勋，授骁骑将军，出任安定太守，受到征西将军金崖、泾州刺史狄子玉攻击。在大将陆俟的领导下，平定叛乱，后不知所终。［18］胡空谷：古地名，在今陕西彬州市西南，《资治通鉴》前文曾有所谓“胡空堡”，即其地。［19］虎牢镇大将：虎牢关军事区域的长官，地位低于镇都大将，高于镇将。虎牢关在今河南荥阳市西北的古汜水镇，在古成皋城南侧。陆俟（sì）：本为步六孤氏，上党太守陆突之子，北魏将领。传见《魏书》卷四十。［20］怀荒镇：古地名，在今河北张北县。镇大将：北魏置，镇的副长官，佐镇将掌镇务。［21］未期岁：不到一周年。［22］高车诸莫弗：高车族的各个部落酋长。讼（sòng）俟：告陆俟的状。讼，起诉，告状。严急：严酷。［23］郎孤：人名，北魏官员，为陆俟前任怀荒镇将。后被反叛的高车人所杀。［24］以建业公归第：意即免其现有职务，带着“建业公”的爵位回家为民。［25］不知上下之礼：不懂得下级应该服从上级的道理。［26］以渐训导：慢慢地加以教育。渐，逐渐。［27］分限：本分、限度，指等级约束。［28］恶（wù）臣：讨厌，憎恨我陆俟。［29］怨怼（duì）：怨恨，怨望。［30］壬午：二月十三日。［31］宋宣：北魏官员，为兼散骑常侍，受命出使刘宋。聘：指国事访问。［32］依违：似依似违，在今之所谓“模棱两可”。［33］斋（zhāi）：屋舍。［34］诈为道济教命：假托刘道济的口气发布命令。教命，文体名，指王公将相以及方面大员给下属部门所发的文件、文告。以答签疏：以批复各种往来的公文、案牍。［35］毁金桥：古地名，在成都城外不远。郊天：帝王在都城南面祭天。郊，郊祭，祭祀。［36］广汉：郡名，郡治在今四川广汉市城北，当时称作雒县。［37］巴东：郡名，郡治鱼复，在今重庆市奉节县东。周籍之：刘宋官员，文帝刘义隆时为巴东太守，平定益州叛乱有功，升为益州刺史。巴西：郡名，郡治在今四川绵阳市东。［38］亡人：逃亡者。司马天助：东晋骠骑将军会稽世子司马元显之子，为躲避太尉刘裕的屠杀，流亡北魏，累迁征东将军、青徐兖三州刺史，受封东海公。招兵买马，多次袭击刘宋。后带兵攻击济南郡，随同拓跋焘北征，以身殉国。传见《魏书》卷三十七。［39］东海公：封地东海郡，郡治在今江苏新沂市南，当时属刘宋，此处只是用以为封号。［40］壬子：三月十三日。［41］郫（pí）：县名，县治在今四川成都市郫都区东。［42］五城：县名，县治在今四川中江县，在当时的广汉郡东。［43］戊寅：四月十日。［44］梁、南秦二州：州治都在今之陕西汉中市。甄（zhēn）法护：中山无极人，过江居南郡，刘宋官员，尝任梁州刺史。在任与少数民族失和，氐族杨难当袭汉中，法护弃镇北奔，赐死。［45］徒中：服劳役的囚犯中。起：启用，任用。萧思话：原任青州刺史，因被魏人打败，丢失领土而被朝廷下狱。［46］法崇：即甄法崇，甄法护之弟，南朝宋大臣。官至尚书左丞。传见《南史》卷七十。

凉王蒙逊病甚，国人共议，以世子菩提幼弱[1]，立菩提之兄敦煌太守牧犍为世子，加中外都督、大将军、录尚书事。蒙逊卒，谥曰“武宣王”，庙号太祖。

牧犍即河西王位，大赦，改元永和[2]。立子封坛[3]为世子，加抚军大将军、录尚书事。遣使请命于魏[4]。牧犍聪颖好学，和雅有度量[5]，故国人立之。

先是，魏主遣李顺迎武宣王女为夫人，会卒，牧犍称先王遗意[6]，遣左丞宋繇[7]送其妹兴平公主[8]于魏，拜右昭仪[9]。

魏主谓李顺曰：“卿言蒙逊死，今则验矣；又言牧犍立，何其妙哉！朕克凉州[10]，亦当不远。”于是赐绢千匹，厩马一乘[11]，进号安西将军，宠待弥厚，政事无巨细皆与之参议。

遣顺拜牧犍都督凉沙河三州、西域羌戎诸军事，车骑将军、开府仪同三司、凉州刺史、河西王，以宋繇为河西王右相。牧犍以无功受赏，留顺，上表乞安、平一号[12]，优诏不许。

牧犍尊敦煌刘昞为国师，亲拜之[13]，命官属以下皆北面受业。

五月，己亥[14]，魏主如山北[15]。

林邑王范阳迈遣使入贡，求领交州；诏答以道远，不许。

裴方明进军向涪城，破张寻、唐频，擒程道助，斩严遐，于是赵广等皆奔散。

六月，魏永昌王健、左仆射安原督诸军击和龙，将军楼勃别将五千骑围凡城[16]。燕守将封羽以凡城降，收其三千余家而还。

辛巳[17]，魏人发秦、雍兵一万，筑小城于长安城内。

秋，八月，冯崇上表请说降其父，魏主不听。

九月，益州刺史甄法崇至成都，收费谦，诛之。程道养、张寻将二千余家逃入郪山[18]，余党各拥众藏窜山谷，时出为寇不绝。

戊午[19]，魏主遣兼大鸿胪崔赜[20]持节拜氐王杨难当为征南大将军、开府仪同三司、秦·梁二州牧、南秦王。赜，逞之子也。

杨难当因萧思话未至，甄法护将下[21]，举兵袭梁州[22]，破白马[23]，获晋昌太守张范[24]，败法护参军鲁安期[25]等；又攻葭萌[26]，获晋寿太守范延朗[27]。冬，十一月，丁未[28]，法护弃城奔洋川之西城[29]。难当遂有汉中之地，以其司马赵温为梁、秦二州刺史。

甲寅[30]，魏主还宫。

十二月，己巳[31]，魏大赦。

辛未[32]，魏主如阴山[33]之北。

魏宁朔将军卢玄来聘。

前秘书监谢灵运，好为山泽之游，穷幽极险[34]，从者数百人，伐木开径；百姓惊扰，以为山贼。会稽太守孟𫖮与灵运有隙，表其有异志，发兵自防。灵运诣阙自陈[35]，上以为临川内史[36]。

灵运游放[37]自若，废弃郡事，为有司所纠。是岁，司徒遣使随州从事郑望生收灵运[38]。灵运执望生，兴兵逃逸[39]，作诗曰："韩亡子房奋[40]，秦帝鲁连耻[41]。"追讨，擒之。廷尉奏灵运率众反叛，论正斩刑[42]。上爱其才，欲免官而已。彭城王义康坚执[43]，谓不宜恕[44]。乃降死一等[45]，徙广州。

久之，或告[46]灵运令人买兵器，结健儿，欲于三江口篡取[47]之，不果。诏于广州弃市[48]。灵运恃才放逸[49]，多所陵忽[50]，故及于祸。

魏立徐州于外黄[51]，以刁雍[52]为刺史。

（以上为第九段，写北凉主沮渠蒙逊去世，国人放弃太子，立沮渠牧犍为王，改元永和，投靠北魏；刘宋前秘书监谢灵运纵情山水，恃才傲物，放荡不羁，而招来杀身之祸。）

【注释】

［1］世子菩提：沮渠蒙逊嫡子沮渠菩提。幼弱：年小体弱。蒙逊改立菩提庶兄为太子，继承王位。［2］永和：或作“承和”，北凉君主沮渠牧犍的年号，共计六年余。［3］封坛：即沮渠封坛，沮渠牧犍之子，北凉世子。［4］请命于魏：请求北魏主拓跋焘予以承认沮渠封坛为世子。［5］和雅：温和，文雅。度量：气量，气度。［6］遗意：遗愿，生前愿望。［7］宋繇：字体业，北凉吏部郎中，历左丞、河西王右相。传见《魏书》卷五十二。［8］兴平公主：北凉太祖沮渠蒙逊之女，嫁给北魏太武帝拓跋焘，封为右昭仪。［9］右昭仪：古代帝王嫔妃的称号，有左右二人，地位仅次于皇后。［10］凉州：此指北凉政权。［11］厩（jiù）马一乘：皇家御马棚中的马四匹。厩，马棚。乘，四匹。古称一车四马为一乘，这里即指四匹马。［12］乞安、平一号：请求加封为“安西将军”或是“平西将军”。［13］亲拜之：北凉主沮渠牧犍亲自给刘昞行跪拜之礼。［14］己亥：五月一日。［15］山北：武周山之北，武周也作“武州”，在今山西大同市。［16］楼勃：人名，北魏将军。凡城：古城名，在今河北平泉市境内。［17］辛巳：六月十四日。［18］郪（qī）山：郪县境内的山。郪县县治在今四川射洪市西南。［19］戊午：九月二十二日。［20］崔赜（zé）：字泰冲，北魏御史中丞崔逞之子，任北魏大鸿胪，持节策拜杨难当为南秦王，奉使数返，得到拓跋焘的肯定。后与方士韦文秀到王屋山造金丹，不就。传见《北史》卷二十四。［21］将下：将离任而去。［22］梁州：州治在今陕西汉中市。［23］白马：古地名，即白马戍，在今陕西勉县西的沔水北岸。［24］张范：刘宋晋昌太守，被氐王杨难当俘获。［25］鲁安期：刘宋官员，为甄法护的参军。［26］葭（jiā）萌（méng）：县名，也称葭萌关，县治在今四川广元市西南，剑门关的东南。［27］范延朗：刘宋晋寿太守，被氐王杨难当俘获。［28］丁未：十一月十二日。［29］护法弃城：甄法护放弃梁州的州治南郑，逃奔西城。西城：洋川郡的郡治西城，在今陕西西乡县。［30］甲寅：十一月十九日。［31］己巳：十二月五日。［32］辛未：十二月七日。［33］阴山：山名，横亘于今内蒙古呼和浩特、包头、河套以北的东西走向的大山。［34］穷幽极险：专门攀登那些隐蔽险要、人所不至的地方。［35］诣阙自陈：自己到朝廷说明情况。阙，宫阙，朝廷。［36］临川内史：临川王国的行政长官，级别相当于郡太守。临川，郡名，郡治在今江西抚州市西。［37］游放：纵情游览，狂放不羁。［38］司徒：刘宋时为朝廷首辅，相当于宰相。此指刘义康，时为司徒。随州从事：此语疑有误，当时无“随州”之名，只有随县，在今湖北境内，当时属于安陆郡。胡三省以为当时郑望生是任“江州从事”，江州的州治在今江西九江市。从事，即从事史，州刺史的高级僚属。郑望生：刘宋官员。收灵运：抓捕谢灵运。［39］兴兵逃逸：举兵反抗，后又逃跑。［40］韩亡子房奋：指韩国被秦始皇灭掉后，张良奋起报仇。［41］秦帝鲁连耻：秦王称帝，鲁仲连羞耻。秦帝，此指秦昭王，战国时秦国国君，发动长平之战，进攻赵国，魏国派使到赵国，劝赵王尊秦为帝，换取秦国撤兵。鲁连，又称鲁仲连，齐国高士，适在赵，与魏使辩论，认为尊秦为帝是奇耻大辱。按：谢灵运先以不服王弘、王昙首之获宠掌权，以自己不能“参机要”而耿耿于怀；今又以张良、鲁仲连自比，把自己打扮成晋

王朝的忠贞之士，反复无常，言不由衷，如同李斯之末路，遭弃市，咎由自取。［42］论正斩刑：论其罪，判处死刑。［43］坚执：坚持不改，固执。［44］恕：宽容，饶恕。［45］降死一等：降低一个等级，免除死罪，改为流徙。［46］或告：有人举报。史文用语如此，或，有人，乃暗示其强加罪名。［47］三江口：古地名，在今广州东南的珠江与东江的汇合口。因北江与西江在广州西合成珠江，再合东江为三江，故称“三江口”。篡取：武力劫取，即造反。［48］弃市：在人众集聚的闹市，对犯人执行死刑，以示为大众所弃的刑罚。［49］恃才放逸：倚仗着自己的才能而对自己的行为不加以约束。放逸，放纵。［50］多所陵忽：对很多人、很多事表现傲慢，目空一切。陵，同“凌”，凌辱。［51］外黄：县名，县治在今河南兰考县东南。［52］刁雍：字淑和，东晋右卫将军刁畅之子，北魏大臣。传见《魏书》卷三十八。

十一年（甲戌，434年）

春，正月，戊戌[1]，燕王遣使请和于魏，魏主不许。

杨难当以克汉中告捷于魏，送雍州流民[2]七千家于长安。萧思话至襄阳[3]，遣横野司马萧承之为前驱[4]。承之缘道收兵[5]，得千人，进据磝头[6]。杨难当焚掠汉中，引众西还，留赵温守梁州[7]；又遣其魏兴太守薛健据黄金山[8]。思话遣阴平太守萧坦攻铁城戍[9]，拔之。

二月，赵温、薛健与其冯翊太守蒲甲子合攻坦营[10]，坦击破之，温等退保西水[11]。临川王义庆遣龙骧将军裴方明将三千人助承之，拔黄金戍而据之。温弃州城[12]，退据小城，健、甲子退保下桃城[13]。思话继至，与承之共击赵温等，屡破之。行参军王灵济别将出洋川[14]，攻南城[15]，拔之，擒其守将赵英[16]。南城空无所资[17]，灵济引兵还，与承之合。

魏主以西海公主[18]妻柔然敕连可汗；又纳其妹为夫人，遣颍川王提往逆[19]之。丁卯[20]，敕连遣其异母兄秃鹿傀[21]送妹，并献马二千匹。魏主以其妹为左昭仪[22]。提，曜之子也。

辛卯[23]，魏主还宫[24]。三月，甲寅[25]，复如河西。

杨难当遣其子和[26]将兵与蒲甲子等共击萧承之，相拒四十余日，围承之数十重，短兵接，弓矢无所复施。氐悉衣犀甲[27]，戈矛所不能入。承之断稍[28]长数尺，以大斧椎[29]之，一稍辄贯[30]数人。氐[31]不能当，烧营走，据大桃[32]。闰月[33]，承之等追击之，至南城。氐败走，斩获甚众，悉收汉中故地，置戍于葭萌水[34]。

初，桓希既败[35]，氐王杨盛[36]据汉中，梁州刺史范元之、傅歆皆治魏兴[37]，唯得魏兴、上庸、新城三郡[38]。及索邈为刺史[39]，乃治南城。至是，南城为氐所焚，不可复固，萧思话徙镇南郑。

甲戌[40]，赫连昌[41]叛魏西走[42]。丙子[43]，河西候将格杀之[44]。魏人并其群弟诛之。

己卯[45]，魏主还宫。

辛巳[46]，燕王遣尚书高颙上表称藩[47]，请罪于魏，乞以季女充掖庭[48]。魏主乃许之，征其太子王仁入朝[49]。

燕王送魏使者于什门[50]还平城。什门在燕二十一年，不屈节[51]。魏主下诏褒称，以比苏武[52]，拜治书御史，赐羊千口，帛千匹，策告宗庙[53]，颁示天下。

戊子[54]，休屠金当川围魏阴密[55]。夏，四月，乙未[56]，魏征西大将军常山王素击之。丁未[57]，魏主行如河西。壬戌[58]，获当川，斩之[59]。

甄法护坐委镇[60]，赐死于狱。杨难当遣使奉表谢罪，帝下诏赦之。

河西王牧犍遣使上表，告嗣位[61]。戊寅[62]，诏以牧犍为都督凉·秦等四州诸军事、征西大将军、凉州刺史、河西王。

六月，甲辰[63]，魏主还宫[64]。

燕王不遣太子质魏[65]，散骑常侍刘滋[66]谏曰："昔刘禅有重山之险[67]，孙皓[68]有长江之阻，皆为晋擒。何则？强弱之势异也。今吾弱于吴、蜀而魏强于晋，不从其欲，将有危亡之祸。愿亟遣太子，而修政事，抚百姓，收离散，赈[69]饥穷，劝农桑，省赋役，社稷犹庶几[70]可保。"燕王怒，杀之。

辛亥[71]，魏主遣抚军大将军永昌王健等伐燕，收其禾稼，徙民[72]而还。

秋，七月，壬午[73]，魏主如美稷[74]，遂至隰城[75]，命阳平王它[76]督诸军击山胡白龙于西河[77]。它，熙之子也。

魏主轻山胡，日引数十骑登山临视之。白龙伏壮士十余处掩击[78]

之，魏主坠马，几[79]为所擒。内入行长代人陈建以身捍[80]之，大呼奋击，杀胡数人，身被十余创[81]，魏主乃免。

九月，戊子[82]，大破胡众，斩白龙，屠其城。冬，十月，甲午[83]，魏人破白龙余党于五原[84]，诛数千人，以其妻子赐将士。

十一月，魏主还宫。十二月，甲辰[85]，复如云中[86]。

（以上为第十段，写氐王杨难当攻下刘宋的汉中地区，又被刘宋夺回；前胡夏主赫连昌背叛北魏而西逃，被杀；北魏主拓跋焘派兵攻打北燕；大败山胡，斩杀酋长白龙。）

【注释】

[1]戊戌：正月四日。 [2]雍州流民：指长安一带过去流亡到汉中地区去的百姓。雍州，北魏的州治在长安，在今陕西西安市。 [3]襄阳：县名，县治在今湖北襄阳市襄城区。 [4]横野司马：为横野将军的司马，当时萧思话任横野将军。萧承之：字嗣伯，齐高帝萧道成之父，南朝宋名将。传见《南齐书》卷一。前驱：先锋。 [5]缘道收兵：一路行军，一路聚集兵马。缘，沿。[6]磝（áo）头：古地名，即当时的安康县，在今陕西汉阴县西北。 [7]梁州：州治南郑，在今陕西汉中市。 [8]黄金山：古山名，在今陕西洋县东，山下有黄金戍，为军事要地。 [9]铁城戍：古地名，在黄金山上，与山下的黄金戍相对。 [10]合攻坦营：氐王杨难当的梁州刺史赵温、冯翊太守蒲甲子合兵攻击刘宋阴平太守萧坦的军营，在铁城戍大战，氐王军大败。 [11]西水：胡三省注引《水经注》，以为当作“酉水”。酉水，汉水上游的支流，流经今陕西洋县东，离当时的黄金山不远。 [12]州城：即梁州的州城，州治南郑，在今陕西汉中市。 [13]下桃城：古城名，在当时的南郑城东。 [14]行参军：试用参军，犹今之所谓“候补”“试用”。王灵济：刘宋官员，为行参军。别将：另一支部队的统领。洋川：即洋水，流经今陕西西乡县东，在当时的南郑城东北流入汉水。 [15]南城：即褒中县，在当时的南郑县西南。 [16]守将赵英：氐王杨难当的南城守将。 [17]无所资：无所凭借，指没有吃的、用的，无法防守。 [18]西海公主：北魏和亲公主，太武帝拓跋焘时下嫁柔然敕连可汗郁久闾吴提。 [19]提：即拓跋提，拓跋珪之孙，河南悼王拓跋曜之子，拓跋焘的堂兄弟，受封颍川郡王，改封武昌郡王。先后镇守平原镇、统万镇，平定吐京的胡人叛乱，累迁车骑大将军。传见《魏书》卷十六。逆：迎。 [20]丁卯：二月四日。 [21]秃鹿傀：即郁久闾秃鹿傀，人名，柔然敕连可汗郁久闾吴提的异母兄。 [22]左昭仪：古代帝王的嫔妃封号，地位仅次于皇后。 [23]辛卯：二月二十八日。 [24]魏主还宫：北魏主拓跋焘巡视河西后回到平城皇宫。 [25]甲寅：三月二十一日。 [26]和：即杨和，氐王杨难当之子。 [27]衣犀甲：身穿犀牛皮所制的铠甲。 [28]断矟（shuò）：把矛的长柄截短。矟，长矛。 [29]椎（chuí）：敲打。 [30]贯：贯穿。 [31]氐：指杨难当的部下，杨难当是当时氐族

头领。［32］大桃：即大桃戍，在今陕西略阳县东。［33］闰月：闰三月。［34］葭萌水：即白水，自西北流来，在今四川广元市西南入嘉陵江。因其经过葭萌城下，故亦称葭萌水。葭萌，县名，县治在今四川广元市西南。［35］桓希既败：事在晋安帝元兴三年（404）。桓希，东晋官员，桓玄的族人、党羽。桓玄篡位后被任梁州刺史；桓玄失败后，被益州刺史毛璩打败于巴东一带，后被杀。［36］杨盛：略阳清水氐族人，杨难敌之孙，杨佛狗之子，后仇池国第二任国主。［37］范元之、傅歆（xīn）：两任东晋梁州刺史。皆治魏兴：因梁州的州治南郑被杨盛所据，故东晋所派的梁州刺史范元之、傅歆等人只好以魏兴郡当作梁州的州治。魏兴，郡治在今陕西安康市西北。［38］唯得魏兴、上庸、新城三郡：当时东晋的梁州只能管辖魏兴、上庸、新城三个郡。上庸郡的郡治在今湖北竹山县西南，新城郡的郡治在今湖北房县。［39］索邈为刺史：事在晋安帝义熙九年（413）。索邈，敦煌人，早年寓居汉中，后随刘裕征伐，被刘裕任为梁州刺史。［40］甲戌：闰三月十一日。［41］赫连昌：被北魏俘获的胡夏国主。传见《魏书》卷九十五。［42］叛魏西走：胡夏主赫连昌于宋文帝元嘉五年（428）被北魏将领安颉俘获，北魏主宠待之，赐爵会稽公，又以妹始平公主妻之。至今乃又叛走。［43］丙子：闰三月十三日。［44］河西候将：巡逻在河西地区的北魏国的侦察兵将领。河西，指内蒙古鄂尔多斯市一带的黄河之西。格杀之：拼斗杀死了赫连昌。［45］己卯：闰三月十六日。［46］辛巳：闰三月十八日。［47］高颙（yóng）：北燕尚书。称藩：自称藩属，向大国承认自己的附庸地位。［48］乞：乞求，请求。季女：最小的女儿。充掖庭：充当嫔妃。掖庭，指帝王的后宫。［49］王仁：即冯王仁，北燕主冯弘之子，被立为太子。入朝：意即到魏国充当人质。［50］于什门：北魏代人，魏坚贞之臣，于晋安帝义熙十年（414）为谒者，出使北燕，至和龙，舍外舍不入，欲冯跋出受。冯跋使人牵逼入之，入而不拜，抗辞不屈，被拘留。随身衣裳败坏而不受所赠。历21年，北燕冯弘上表称臣，乃送其归，拜治书侍御史。拓跋焘下诏褒美，比之苏武。［51］屈节：失去尊严、节操。［52］苏武：西汉武帝时出使匈奴，被扣留十九年，发配到北海，今西伯利亚贝加尔湖牧羊。他始终手执汉节不屈，年深日久，以致节毛尽落，十九年后终于回到汉朝。传见《汉书》卷五十四。［53］策告：以简策相告。宗庙：帝王的祖庙。［54］戊子：闰三月二十五日。［55］休屠：亦称“屠各”，匈奴族古部落名，后汉至刘宋，杂居于并州、凉州、关中等地。金当川：人名，平凉（今甘肃平凉市）人，征西将军金崖从弟，北魏时休屠胡首领。引兵围魏西川侯彭文晖于阴密。后为魏征西大将军、常山王拓跋素所败，被执送长安处死。阴密：县名，县治在今甘肃灵台县西南。［56］乙未：四月三日。［57］丁未：四月十五日。［58］壬戌：四月三十日。［59］获当川，斩之：拓跋素抓获了金当川，将其杀死。［60］坐：因某事犯罪。委镇：指其弃梁州城逃向洋州西城。［61］告嗣位：北凉主沮渠牧犍前已向北魏“告嗣位”，今又向刘宋“告嗣位”，两面都不得罪。嗣位，即位，继位。［62］戊寅：五月十六日。［63］甲辰：六月十三日。［64］魏主还宫：北魏主拓跋焘从河西回到都城皇宫。［65］质魏：到北魏为人质。［66］刘滋：北燕官员，为散骑常侍，曾晓以大义，直言劝谏北燕主冯弘送太子冯王仁到北魏为人质，因言辞激怒冯弘被诛杀。［67］刘禅（shàn）：三国时蜀汉后主，国灭降于魏。重山之险：指蜀国与曹魏隔着秦岭，江山险固。［68］孙皓：字元宗，东吴末代皇帝，国灭降晋，封为归命侯。［69］赈（zhèn）：赈济，救济。［70］庶几：或许。［71］辛亥：六月二十日。［72］徙民：实即劫掠其人口。［73］壬午：七月二十一日。［74］美稷：县名，县治在今山西汾阳市西北。［75］隰（xí）城：县名，在今山西汾阳市，当时为西河郡的郡治所在地。［76］它：即拓跋他，拓跋珪之孙，阳平王拓跋熙长子，袭封阳平王。传见《魏书》卷十六。［77］山胡：匈奴族的一支，当时居住在今山西离石以西、甘肃泾川县以东的陕西中北部地区。白龙：人名，山胡族的头领。西河：此指今山西与陕西交界的黄河。［78］掩击：突然袭击。［79］几：差点儿。［80］内入行长：武官名，北魏置，掌宿卫，在北魏主卧室内值班的卫士之长。内入，可以进入卧室，意即贴身卫士。行长，犹言"队长"。陈建：人名，北魏主拓跋焘时的卫士长。捍：保卫，抵御。［81］创：创伤。［82］戊子：九月二十八日。［83］甲午：十月五日。［84］五原：郡名，郡治在今内蒙古包头市西。［85］甲辰：十二月十六日。［86］云中：郡名，郡治盛乐，在今内蒙古托克托县东北。

十二年（乙亥，435年）

春，正月，己未朔[1]，日有食之。

辛酉[2]，大赦。

辛未[3]，上祀南郊[4]。

燕王数为魏所攻，遣使诣建康称藩[5]奉贡。癸酉[6]，诏封为燕王，江南谓之黄龙国[7]。

甲申[8]，魏大赦，改元太延[9]。

有老父投书于敦煌[10]东门，求之，不获。书曰："凉王三十年若七年[11]。"河西王牧犍以问奉常张慎[12]，对曰："昔虢[13]之将亡，神降于莘[14]。愿陛下崇德修政，以享三十年之祚[15]；若盘于游田[16]，荒于酒色，臣恐七年将有大变。"牧犍不悦。

二月，丁未[17]，魏主还宫。

三月，癸亥[18]，燕王遣大将汤烛[19]入贡于魏，辞以太子王仁有疾，故未之遣。

领军将军刘湛与仆射殷景仁素善，湛之入也，景仁实引之[20]。湛既至，以景仁位遇本不逾己[21]，而一旦居前，意甚愤愤；俱被时遇[22]，以景仁专管内任[23]，谓为间己[24]，猜隙[25]渐生。知帝信仗[26]景仁，不可移夺[27]，时司徒义康专秉朝权，湛尝为义康上佐[28]，遂委心自结[29]，欲因宰相之力以回上意[30]，倾黜[31]景仁，独当时务[32]。

夏，四月，己巳[33]，帝加景仁中书令、中护军[34]，即家为府[35]；湛加太子詹事[36]。湛愈愤怒，使义康毁景仁于帝，帝遇之益隆。景仁对亲旧叹曰："引之令入，入便噬人[37]！"乃称疾解职，表疏累上。帝不许，使停家养病。

湛议遣人若劫盗者[38]于外杀之，以为帝虽知，当有以解之[39]，不能伤义康至亲之爱[40]，帝微闻[41]之，迁护军府于西掖门[42]外，使近宫禁[43]，故湛谋不行。

义康僚属及诸附丽[44]湛者，潜相约勒[45]，无敢历[46]殷氏之门。彭城王主簿沛郡刘敬文父成[47]，未悟其机[48]，诣景仁求郡[49]。敬文遽往谢湛[50]曰："老父悖耄[51]，遂就殷铁干禄[52]。由敬文暗浅[53]，上负生成[54]，阖门惭惧[55]，无地自处。"唯后将军司马庾炳之[56]游二人之间，皆得其欢心，而密输忠[57]于朝廷。景仁卧家不朝谒[58]，帝常使炳之衔命往来[59]，湛不疑也。炳之，登之之弟也。

（以上为第十一段，写北燕主冯弘派遣使臣到建康进贡；刘宋领军将军刘湛与仆射殷景仁私交很好，后来刘湛争权，仇视殷景仁，必欲杀之，也导致文帝刘义隆兄弟反目。）

【注释】

[1]己未朔：正月一日。[2]辛酉：正月三日。[3]辛未：正月十三日。[4]上祀南郊：刘宋皇帝刘义隆到都城的南郊祭天。[5]建康：刘宋都城，在今江苏南京市。称藩：给人家做藩臣，即向人称臣。[6]癸酉：正月十五日。[7]江南：江南之地，代指刘宋。黄龙国：因其首都在和龙，故如此称。至金朝建国时有"黄龙府"，亦指此地。[8]甲申：正月二十六日。[9]太延：北魏太武帝拓跋焘更改的年号，历时五年余。[10]敦煌：县名，在今甘肃敦煌市西，当时沮渠牧犍逃居于此。[11]凉王三十年若七年：凉王可以在位三十年，也可以在位七年。若，或。[12]张慎：北凉官员，沮渠牧犍时为奉常。[13]虢（guó）：即虢国，春秋时代的小诸侯国名，国都在今河南三门峡市陕州区东南，前655年，晋献公采用假道伐虢之计，将其灭之，末代国君虢公丑携贵族逃往东周京师洛邑。[14]神降于莘（shēn）：虢国境内的莘地，有鬼神下界。《左传·庄公三十二年》，有所谓"神降于莘"。史嚣感慨地说："虢其亡乎！吾闻之：国将兴，听于民；将亡，听于神。"后七年，虢被晋所灭。莘，古地名，位于今陕西合阳县洽川镇。[15]祚

（zuò）：福，此指帝王之位。［16］盘于游田：只顾追求打猎行游的乐趣。盘，乐。［17］丁未：二月二十日。［18］癸亥：三月六日。［19］汤烛：北燕将领，冯弘时大将，曾奉命入贡于魏。［20］景仁实引之：其实是殷景仁建议让皇帝刘义隆把刘湛召到朝廷的。见《资治通鉴》卷一百二十一元嘉八年（431）。［21］位遇：地位、待遇。本不逾己：本来在自己之下。［22］俱被时遇：等被召进朝廷，两个人受宠的程度差不多了。时遇，一时的恩遇。［23］专管内任：当时殷景仁为侍中，负责为皇帝起草诏令，下达旨意。［24］谓为间己：认为殷景仁挑拨自己与皇帝的关系。［25］猜隙：猜疑，嫌隙。［26］信仗：信任，仰仗。［27］不可移夺：没法改变皇帝对殷景仁的宠信。［28］上佐：高级僚属，刘湛曾为刘义康长史。［29］委心：倾心，死心塌地。自结：巴结，逢迎。［30］宰相之力：指刘义康的力量，当时刘义康任司徒，位同宰相，总揽国政。以回上意：改变刘义隆对殷景仁信任、依赖的态度。［31］倾黜（chù）：倾倒，废免，在今之所谓“挤下去”。［32］独当时务：由自己来独揽朝权。［33］己巳：四月一日是“丁亥”，本月中无“己巳”，记载有误。［34］中书令：权同宰相，帮助皇帝在宫廷处理政务，掌握机要。中护军：古军事长官名，掌管禁军，主持选拔武官，监督管制诸武将。［35］即家为府：把中书令、中护军的办事机构都搬到殷景仁家里，亦即在家里办公。［36］湛加太子詹事：此句叙事疑有误，前文已有“征湛为太子詹事，加给事中，共参政事”，此处何烦再“加”太子詹事？［37］噬（shì）人：咬人，吃人。［38］议：准备，想要。遣人若劫盗者：派人装扮成土匪模样。若，像是。按：此言刘湛遣刺客杀殷景仁。［39］有以解之：有办法进行分说，解脱。［40］义康至亲之爱：刘义康与刘义隆的兄弟手足之情。［41］微闻：隐约听到。［42］护军府：即上述“中护军”的办事机关。西掖门：皇宫正门旁边的西侧门。［43］宫禁：皇宫。［44］附丽：趋附、巴结。丽，也是“附”的意思。［45］潜相约勒：悄悄地彼此相互约束。［46］历：过，前往。因知二人的矛盾之深，故有事也不敢往求。［47］彭城王主簿：刘义康的秘书长。刘义康被封为彭城王。沛郡：郡名，郡治在今江苏沛县。刘敬文父成：刘敬文的父亲刘成。［48］未悟其机：不懂得其中的奥秘，没有参透其中的利害。［49］求郡：求为郡太守。［50］遽（jù）往谢湛：赶紧去找刘湛解释。遽，着急，慌忙。［51］悖（bèi）耄（mào）：犹今之所谓“糊涂”。悖，迷乱，谬误。耄，古代九十谓“耄”，指年老、昏聩。［52］遂就殷铁干禄：竟然跑到殷景仁那里去讨官做。殷铁，殷景仁的小名。称人小名，表示轻蔑。干禄，讨官，求职。［53］暗浅：愚昧，浅薄，不懂事。［54］上负生成：辜负了“生我者，养我者”的人。生成，生养，成就。［55］阖（hé）门：全家。阖，合，全。惭惧：惭愧，害怕。［56］后将军司马：刘义隆之子始兴王刘浚的高级僚属。刘浚当时任后将军。庾炳之：字仲文，庾登之弟，南朝宋官员。文帝刘义隆与殷景仁定计杀刘湛，出彭城王刘义康，炳之参机密，后累迁侍中、吏部尚书，领义阳王师。后通货贿，坐免官。卒于家。传见《宋书》卷五十三。［57］密：私下，暗中。输忠：效忠。［58］不朝谒：不到朝廷拜见皇帝。［59］衔命：遵奉命令，接受使命。往来：来回走动，互通消息。

燕王遣右卫将军孙德来乞师[1]。

五月，庚申[2]，魏主进宜都公穆寿[3]爵为王，汝阴公长孙道生为上党[4]王，宜城公奚斤为恒农[5]王，广陵公楼伏连为广陵王[6]；加寿征东大将军。寿辞曰："臣祖父崇所以得效功[7]前朝，流福于后者，由梁眷[8]之忠也。今眷元勋未录[9]，而臣独奕世[10]受赏，心实愧之。"魏主悦，求眷后，得其孙，赐爵郡公。寿，观之子也。

龟兹、疏勒、乌孙、悦般、渴槃陁、鄯善、焉耆、车师、粟持[11]九国入贡于魏。魏主以汉世虽通西域，有求则卑辞而来，无求则骄慢不服，盖自知去中国绝远，大兵不能至故也。今报使往来，徒为劳费，终无所益，欲不遣使。有司固请，以为"九国不惮[12]险远，慕义入贡，不宜拒绝，以抑将来[13]。"乃遣使者王恩生等二十辈[14]使西域。恩生等始渡流沙[15]，为柔然所执，恩生见敕连可汗，持魏节不屈。魏主闻之，切责敕连，敕连乃遣恩生等还，竟[16]不能达西域。

甲戌[17]，魏主如云中。

六月，甲午[18]，魏主以时和年丰，嘉瑞沓臻[19]，诏大酺[20]五日，遍祭百神，用答天贶[21]。

丙午[22]，高句丽王琏[23]遣使入贡于魏，且请国讳[24]。魏主使录帝系[25]及讳以与之，拜琏都督辽海诸军事、征东将军、辽东郡公、高句丽王。琏，钊[26]之曾孙也。

戊申[27]，魏主命骠骑大将军乐平王丕、镇东大将军徒河屈垣[28]等帅骑四万伐燕。

扬州诸郡大水，己酉[29]，运徐、豫、南兖谷以赈之。扬州西曹主簿沈亮建议，以为酒糜谷而不足疗饥[30]，请权[31]禁止，诏从之。亮，林子之子也。

秋，七月，魏主畋于稒阳[32]。

己卯[33]，魏乐平王丕等至和龙，燕王以牛酒犒军，献甲三千。屈垣责其不送侍子[34]，掠男女六千口而还。

八月，丙戌[35]，魏主如河西；九月，甲戌[36]，还宫。

魏左仆射河间公安原，恃宠骄恣。或告原谋为逆，冬十月，癸卯[37]，原坐族诛。

甲辰[38]，魏主如定州[39]；十一月，乙丑[40]，如冀州[41]；己巳[42]，畋于广川[43]；丙子[44]，如邺[45]。

魏人数伐燕，燕日危蹙[46]，上下忧惧。太常杨岷[47]复劝燕王速遣太子入侍。燕王曰："吾未忍为此。若事急，且东依高丽以图后举。"岷曰："魏举天下以击一隅[48]，理无不克[49]。高丽无信，始虽相亲，终恐为变。"燕王不听，密遣尚书阳伊请迎于高丽[50]。

丹杨尹萧摹之[51]上言："佛化被于中国[52]，已历四代[53]，形像塔寺[54]，所在千数[55]。自顷[56]以来，情敬浮末[57]，不以精诚为至，更以奢竞[58]为重，材竹铜彩[59]，糜损无极[60]；无关神祇[61]，有累人事[62]，不为之防[63]，流遁未息[64]。请自今欲铸铜像及造塔寺者，皆当列言[65]，须[66]报乃得为之。"诏从之。摹之，思话从叔也。

魏秦州刺史薛谨击吐没骨[67]，灭之。

杨难当释杨保宗[68]之囚，使镇童亭[69]。

（以上为第十二段，写西域龟兹等九国派使臣向北魏进贡，说明北魏的影响和声誉超过刘宋；刘宋扬州发生严重水灾，朝廷下令禁止造酒；北魏派重兵攻打北燕。）

【注释】

[1]孙德：北燕将领，冯弘时为右卫将军，出使刘宋。乞师：请求出兵。 [2]庚申：五月四日。 [3]穆寿：本姓丘穆陵氏，代郡平城人，穆崇之孙，右弼穆观之子，北魏大臣。穆崇在拓跋珪危难之时，曾为之报信使其逃脱。穆观备受拓跋嗣信任。穆寿又为拓跋焘将领。穆氏三代仕北魏主三代，是为显臣。传见《魏书》卷二十七。 [4]汝阴：郡名，郡治汝阴，在今安徽阜阳市。上党：郡名，郡治在今山西长治市东北。 [5]恒农：即弘农，古郡名，郡治在今河南三门峡市西南，后世为献文帝拓跋弘避讳，改称"恒农"。 [6]广陵：郡名，郡治在今江苏扬州市。楼伏连：初封广陵公，晋升为广陵王。传见《魏书》卷三十。 [7]效功：建功，立功。 [8]梁眷（juàn）：匈奴族刘显的部下。拓跋珪势力尚弱时，亦属于刘显。刘显欲杀拓跋珪，梁眷使穆崇给拓跋珪报信，使拓跋珪得以逃脱。 [9]元勋未录：大功尚未褒奖。未录，未叙，没有提上日程。 [10]奕（yì）世：累世，代代。 [11]龟（qiū）兹（cí）、疏勒、乌孙、悦般、渴槃（pán）陁（tuó）、鄯（shàn）善、焉耆（qí）、车师、粟持：都是当时的西域国名，龟兹、疏勒、乌孙、鄯善、焉耆、车师，都是汉以来的古国，在今新疆自治区内；悦般，在今新疆西北部与哈萨克斯坦境内；渴槃陁，在今新疆西部与阿富汗境内；粟持，应作粟特，在葱岭西的塔吉克斯坦境内。 [12]惮（dàn）：害怕，

畏惧。［13］以抑将来：以至于堵塞了日后别的国家慕义前来的道路。［14］王恩生：北魏官员，曾为使者出使西域诸国。二十辈：二十伙人，二十个使团。辈，犹今之所谓“批”“起”。［15］流沙：古地区名，在今甘肃敦煌市以西、新疆罗布泊以东的白龙堆沙漠。［16］竟：到底，始终。［17］甲戌：五月十八日。［18］甲午：六月八日。［19］嘉瑞沓（tà）臻：好的神秘征兆屡屡出现。嘉瑞，犹言“祥瑞”，阴阳五行家所鼓吹的神秘征兆，如凤凰出、麒麟降、嘉苗生等。沓臻，屡至，屡屡出现。臻，至，到来。［20］大酺（pú）：全国性的欢聚痛饮。古代有时对饮酒有限制，故国家下令允许畅饮也写入历史。［21］用答天贶（kuàng）：以酬谢上天的赏赐。贶，赠送，赏赐。［22］丙午：六月二十日。［23］琏：高句丽国王。［24］请国讳：询问魏主拓跋焘的名字，高句丽也为“焘”字避讳。［25］帝系：北魏拓跋氏的帝王世系表。［26］钊（zhāo）：东晋初时的高句丽王，成帝咸康八年（342）被慕容皝打败，被百济人所杀。［27］戊申：六月二十二日。［28］徒河：郡名，郡治在今辽宁锦州市。屈垣（yuán）：字长生，徒河人，鲜卑族，屈须长子，北魏大臣。受太武帝拓跋焘信任。帝出，常留其镇守。为官公正。谥成公。传见《魏书》卷三十三。［29］己酉：六月二十三日。［30］酒縻（mí）谷：造酒浪费粮食。縻，耗，费。疗饥：解饿，充饥。［31］权：暂时。［32］畋（tián）：打猎。稒阳：县名，县治在今内蒙古包头市一带地区。［33］己卯：七月二十四日。［34］侍子：即质子。北燕王冯弘答应送太子冯王仁入北魏为质，而至今未送。［35］丙戌：八月一日。［36］甲戌：九月二十日。［37］癸卯：十月十九日。［38］甲辰：十月二十日。［39］定州：约今之甘肃中部和与之临近的青海西宁市等一带地区。［40］乙丑：十一月十二日。［41］冀州：州治在今河北衡水市冀州区。［42］己巳：十一月十六日。［43］广川：县名，县治在今河北景县西南。［44］丙子：十一月二十三日。［45］邺（yè）：古城名，在今河北临漳县。［46］日：一天比一天。危蹙（cù）：危险，迫在眉睫。［47］杨岷：北燕官员，冯弘时为太常，曾劝冯弘送太子到北魏为人质，以解燃眉之急。［48］举天下：以北魏全国的兵力。一隅（yú）：一个角落，指小小的北燕国。［49］理无不克：没有不被攻下的道理。克，战胜。［50］阳伊：北燕官员，冯弘时为尚书。请迎于高丽：投降高句丽，请高句丽派兵来接。因为他们已经不可能自己率部前往。［51］萧摹之：南兰陵（治今江苏镇江市）人，南朝宋思想家。元嘉中任丹阳尹，在任奏言崇佛之事縻损无极，有累人事，希望文帝加以限制，被文帝采纳。赠征虏将军。［52］佛化被于中国：佛教文化流行于中国。被，加，流行。［53］四代：指东汉、魏、晋、宋。［54］形像塔寺：塑造的神像与兴建的佛塔与寺庙。［55］所在千数：到处都成百上千。［56］自顷：最近。［57］情敬浮末：都是追求一些表面的东西，把真正的恭敬、信仰放在其次。［58］奢竞：以奢侈豪华相竞。［59］彩：指色彩斑斓的绸缎。［60］縻损：浪费损耗。无极：没有尽头。［61］无关神祇：与佛教的神灵不沾边。神祇（qí），天神和地神，泛指神明。［62］有累人事：对于百姓的生活影响可就大了。有累，有损，有害。人事，人的生活。［63］不为之防：如不加以限制、管理。防，限制。［64］流遁未息：指越发展越坏。流遁，耽乐，放纵。［65］列言：指向上提出申请。［66］须：必须。［67］吐没骨：当时的少数民族部落名，生活地区不详。［68］杨保宗：氐王杨盛之孙，杨玄次子。为后仇池国第四任国主。杨难当废黜杨保宗自立。杨保宗谋袭杨难当，事泄被囚。被释后保宗投奔北魏，被封为武都王，尚公主。后杨保宗欲背叛北魏，事泄，送到平城，杀之。［69］童亭：古地名，在今甘肃天水市东南。

【点评】

北燕之兴亡。在十六国中，以“燕”字作为国名的，就有五个，分别是前燕、后燕、西燕、南燕、北燕。这“五燕”一脉相承，大致来自于慕容氏，而北燕却有些变味，是冯跋灭掉后燕慕容氏而建立，存在了三十年，最后也只是苟延残喘，变成了逃亡政权。

冯跋，其父冯安曾任西燕的将军，西燕灭亡后，东迁到龙城。冯跋曾为后燕主慕容熙的中卫将军，因事获罪，与其弟逃入深山，后来一不做二不休，潜入龙城，杀掉慕容熙，拥立高句丽人慕容云为王，而后慕容云又被部下杀掉，冯跋只好自己称王了。他从公元409年即位，到公元430年被惊吓而死，当了二十二年的国王，在当时闹闹哄哄的乱世，能够当这么长时间的国王，这也是不多见的。他对国家政务勤勤恳恳，鼓励百姓务农种桑，减少徭役，降低赋税，应当说是一位不错的君王。

冯跋作为北燕一国之君，尚能稳定局势，守住国祚。北燕迅速败亡，问题出在接班人身上，以至于二世而亡。冯跋有一百多个儿子，他先立长子冯永为太子，冯永生病去世了；又立冯翼为太子，冯跋病重时，命其摄理国家大事，而冯翼比较懦弱，被冯跋宠幸的宋夫人有为其子图谋王位之意，冯跋的弟弟冯弘于是带兵进宫平变，便顺手牵羊，把王位抢过来，即位为王。冯弘的所作所为，可以说是天怒人怨。

首先，冯弘是靠阴谋夺得王位，并不是光明正大地继承王位，心术不正，不管其才如何，首先已是失德。他非常残暴，派人逼迫太子冯翼自杀，又把冯跋的一百多个儿子全部杀死，真是丧尽天良，人神共愤，不得人心。这样的人，暴虐无道，还能在王位上待得长久吗？

其次，冯弘废长立幼，种下仇怨。他废掉了原配妻子王氏，宠幸后妻慕容氏；又废掉王氏所生的长子冯崇，令其镇守肥如，把慕容氏所生的儿子冯王仁立为太子。结果，自家里闹起了矛盾，父子成了仇人。冯崇的同母弟弟广平公冯朗、乐陵公冯邈感觉非常危险，就劝说冯崇归降北魏，冯崇接受了他们的意见，弃城而去，被北魏封为辽西王，走到了北燕的对立面。

最后，冯弘昧于大势，昏招不断。当时的北魏非常强大，要想灭掉北燕，只不过是早晚的事情。冯弘曾派使臣出使北魏，请求和解，北魏主拓跋焘头昂得高高的，拒绝了他们的请求。而后冯弘又向拓跋焘请求，把小女儿送给他充当后宫嫔妃。拓跋焘见到有女子侍候，还是挺高兴的，就同意了他的请求，但又要求冯弘把太子冯王仁送来当人质。可是，冯弘拒不接受，他宁可舍掉女儿，也不愿意送去太子。散骑常侍刘滋曾极力劝说，认为鉴于北魏的强势，燕国只能如此，否则将有灭亡之祸。可是，冯弘铁了心，宁可亡国，也不遣送太子，一怒之下，便把刘滋杀了。

冯弘不遣送太子，直接导致了北魏大军压境，连苟延残喘的机会也没有了！就这一点来说，真是愚不可及矣！当然，这并不是说遣送太子，国家就太平无事，而是说，在火烧眉毛时，应当首先解决眼前的灾祸，然后再从长计议，如果缓过气来，收拢民心，增强国力，说不定就有转机。而这样一根筋不转弯，就是必死无疑了。尽管冯弘可能是溺爱太子，或者是不惧强暴，或者是不信北魏主有菩提心肠，但是，不管怎么说，这样做，直接将自己置于万劫不复的境地，连转圜的一点余地都没有了。这可不是明智之举，而是庸人所为！可以说，冯弘爱太子不爱江山，结果江山没有了，太子也没有了，悲夫！

后来，冯弘带着龙城内的成年男女逃亡高句丽，那也是走投无路的一种无奈之举，是小泥鳅滚到了沙滩上，离死没有多远了。有刚愎昏庸的国王如此，其结局只能注定是灭亡，而无他途！